Christian Bräuer

Finanzausgleich und Finanzbeziehungen im wiedervereinten Deutschland

VS VERLAG FÜR SOZIALWISSENSCHAFTEN

Bibliografische Information Der Deutschen Bibliothek
Die Deutsche Bibliothek verzeichnet diese Publikation in der Deutschen Nationalbibliografie; detaillierte bibliografische Daten sind im Internet über <http://dnb.ddb.de> abrufbar.

D 188

1. Auflage September 2005

Alle Rechte vorbehalten
© VS Verlag für Sozialwissenschaften/GWV Fachverlage GmbH, Wiesbaden 2005

Lektorat: Monika Mülhausen / Verena Dolz

Der VS Verlag für Sozialwissenschaften ist ein Unternehmen von Springer Science+Business Media.
www.vs-verlag.de

Das Werk einschließlich aller seiner Teile ist urheberrechtlich geschützt. Jede Verwertung außerhalb der engen Grenzen des Urheberrechtsgesetzes ist ohne Zustimmung des Verlags unzulässig und strafbar. Das gilt insbesondere für Vervielfältigungen, Übersetzungen, Mikroverfilmungen und die Einspeicherung und Verarbeitung in elektronischen Systemen.

Die Wiedergabe von Gebrauchsnamen, Handelsnamen, Warenbezeichnungen usw. in diesem Werk berechtigt auch ohne besondere Kennzeichnung nicht zu der Annahme, dass solche Namen im Sinne der Warenzeichen- und Markenschutz-Gesetzgebung als frei zu betrachten wären und daher von jedermann benutzt werden dürften.

Umschlaggestaltung: KünkelLopka Medienentwicklung, Heidelberg
Druck und buchbinderische Verarbeitung: MercedesDruck, Berlin
Gedruckt auf säurefreiem und chlorfrei gebleichtem Papier
Printed in Germany

ISBN 3-531-14634-3

Christian Bräuer

Finanzausgleich und Finanzbeziehungen im wiedervereinten Deutschland

Vorwort

Die vorliegendende Arbeit lag im Sommersemester 2004 dem Fachbereich Politik- und Sozialwissenschaften der Freien Universität Berlin als Dissertation vor. Sie ist im Wesentlichen auf dem Stand von Januar 2004; danach erschienene Literatur konnte nicht mehr berücksichtigt werden.

Zu großem Dank verpflichtet bin ich zunächst meinem Doktorvater Herrn Prof. Dr. Siegfried Mielke, auf dessen Anregung die Arbeit maßgeblich zurückgeht und von dem ich sehr viel lernen konnte. Herrn Prof. Dr. Wolfgang Renzsch gilt mein Dank für die lehrreichen Gespräche sowie die Erstellung des Zweitgutachtens.

Besonders bedanken möchte ich mich bei der Studienstiftung des deutschen Volkes, die mich während des Studiums und der Promotion finanziell und ideell gefördert hat. Dem Bundesrat und der Ernst-Reuter-Gesellschaft der Freunde, Förderer und Ehemaligen der FUB e.V. gilt mein Dank für die freundliche Unterstützung bei der Veröffentlichung dieser Arbeit.

Mein herzlicher Dank gilt Michael Zöllner, der mich mit Korrektur, Kritik und vielen Gesprächen entscheidend unterstützt hat.

Zu guter Letzt möchte ich mich bei meinen Eltern Vinzenz und Helga Bräuer bedanken, denen ich diese Arbeit widmen möchte.

Berlin, im Mai 2005   Christian Bräuer

Inhaltsverzeichnis

Vorwort	5
1 Einführung: Problemstellung, Ziele, Projektdesign	**11**
1.1 Forschungsstand	13
1.2 Wissenschaftliches Erkenntnisinteresse	16
1.2.1 Fragestellung und Zielsetzung	16
1.2.2 Grundlegende Überlegungen und Hypothesen	17
1.3 Problemstellungen und Objektbereich	19
1.3.1 Untersuchungsgegenstand: Finanzbeziehungen und Finanzausgleich	21
1.3.2 Spezifischer Charakter des Problemfelds	24
1.3.3 Entscheidungsstrukturelle Bedingungen und Interaktionsmodus	25
1.3.4 Akteure	27
1.3.5 Fazit: Schwerpunkte des Projekts	30
1.4 Bewertungskriterien: Performanz der Politikentwicklung	31
1.4.1 Leitfragen und Maßstäbe	32
1.4.2 Wertungsdimensionen und Indikatoren	33
1.5 Projektdesign: Forschungsressourcen und Analyseprogramm	35
2 Theoretische Forschungskonzeption	**39**
2.1 Handlungstheorien	43
2.1.1 Theorien rationalen Handelns	44
2.1.2 Konzept bedingt rationaler Wahlhandlung	49
2.1.3 Fazit: Chancen und Grenzen eines handlungstheoretischen Modells	51
2.2 Strukturalistische Erklärungsansätze	53
2.2.1 Institutionelle Bedingungen: Neoinstitutionalistische Modelle	53
2.2.2 Strukturelle Einflüsse des politisch-kulturellen Subsystems	56
2.2.3 Externe Bedingungen	60
2.2.4 Fazit: Relevanz struktureller Erklärungen	61
2.3 Exkurs: Politikverflechtung im deutschen Bundesstaat	62
2.4 Fazit: Forschungs- und Erklärungsansatz	65
2.4.1 Zusammenfassung und theoretische Konsequenzen	65
2.4.2 Erklärungsmodell	66
2.4.3 Konklusionen für die Studie	67

3 Entwicklungsgeschichtliche Dynamik 69

    3.1 Entwicklungslinien der föderalen Finanzbeziehungen von 1949 bis 1990 69
        3.1.1 Gestaltung der Finanzverfassung im Grundgesetz von 1949 70
        3.1.2 Entstehung und Entfaltung der unitarischen Finanzverflechtungen 73
        3.1.3 Die Finanzreform von 1969 und ihre Folgen für die Finanzordnung 78
        3.1.4 Resümee 83

    3.2 Bestimmungsfaktoren der bundesstaatlichen Finanzordnung 85
        3.2.1 Politisch-institutionelle Faktoren 85
        3.2.2 Materielle Rahmenbedingungen 87
        3.2.3 Kulturelle Einflüsse 90
        3.2.4 Konklusion 94

    3.3 Struktur und Verfassung des Finanzsystems vor der deutschen Einheit 94

    3.4 Fazit und Bewertung 96

4 Deutsche Einheit: Interimslösung für den Finanzausgleich 99

    4.1 Problemstellung und Rahmenbedingungen 100

    4.2 Akteursinteressen, Verhandlungsprozesse, Ergebnisse 103
        4.2.1 Währungsunion – Weichenstellung für die Finanzierung des Aufbau Osts 103
        4.2.2 Einigungsvertrag: Befristete Sonderstellung für das Beitrittsgebiet 124
        4.2.3 Exkurs: Änderungsbedarf und Nachbesserungen der Übergangslösung 140

    4.3 Erklärung 144

    4.4 Bewertung unter Beachtung der politischen und fiskalischen Folgeeffekte 157

5 Solidarpakt I: Neuordnung des Finanzausgleichs 167

    5.1 Problemstellung und Rahmenbedingungen 167

    5.2 Akteursinteressen, Verhandlungsprozesse, Ergebnisse 172
        5.2.1 Vorlauf und Abstimmungsprozesse zwischen den Ländern 172
        5.2.2 Bund-Länder-Verhandlungen 182
        5.2.3 Entscheidungsfindung beim Gipfeltreffen von Bund und Ländern 190

    5.3 Erklärung 196

    5.4 Bewertung unter Beachtung der politischen und fiskalischen Folgeeffekte 205

6 Finanzausgleichsreform 2005 und Solidarpakt II 213

    6.1 Problemstellung und Rahmenbedingungen 213

    6.2 Akteursinteressen, Verhandlungsprozesse, Ergebnisse 220
        6.2.1 Normenkontrollklagen: Infragestellung des kooperativen Föderalismus 220
        6.2.2 Mühselige Verhandlungen nach der Verfassungsgerichtsentscheidung 227
        6.2.3 Annäherung im Dreieck Bund – Süd-Länder – Hannoveraner Kreis 242
        6.2.4 Entscheidung beim Gipfeltreffen 252
        6.2.5 Umsetzung des Kompromisses im Solidarpaktfortführungsgesetz 263

    6.3 Erklärung 265

    6.4 Bewertung unter Beachtung der politischen und fiskalischen Folgeeffekte 276

7	**Föderale Finanzströme: Struktur, Entwicklung, Relevanz**		**289**
	7.1	Steuerzuteilung, Finanzausgleich, Mischfinanzierung	289
	7.1.1	Vertikale Steuerverteilung	290
	7.1.2	Horizontale Steuerverteilung und sekundärer Finanzausgleich	291
	7.1.3	Föderale Finanzierungskooperationen	298
	7.1.4	Föderale Finanzströme	301
	7.2	Exkurs: Transfers und Finanzierung der deutschen Einheit	302
	7.3	Öffentliche Schulden und haushaltswirtschaftliche Strukturdaten	305
	7.4	Wirtschaftliche Konvergenz im vereinten Deutschland	308
	7.5	Fazit: Würdigung des föderalen Finanzsystems im vereinten Deutschland	310
8	**Bilanz: Empirische Befunde, theoretische Schlussfolgerungen, Ausblick**		**313**
	8.1	Erkenntnisse	313
	8.1.1	Politisches Entscheiden: Resultate aus handlungstheoretischer Sicht	313
	8.1.2	Würdigung der Politikergebnisse und deren Folgen für den Bundesstaat	324
	8.2	Folgerungen	330
	8.2.1	Theoretische Schlüsse: Ableitungen für die Entwicklung des Politikfelds	330
	8.2.2	Föderalismusdebatte: Kompetitiver Föderalismus – eine Alternative?	331
	8.3	Perspektiven	335
	8.3.1	Empfehlungen für die wissenschaftliche Politikberatung	335
	8.3.2	Reformbedarf, neue Herausforderungen, Entwicklungshorizonte	337
	8.4	Zusammenfassung	339
9	**Anlage**		**345**
10	**Abkürzungsverzeichnis**		**373**
11	**Bibliographie**		**375**

1 Einführung: Problemstellung, Ziele, Projektdesign

Die Auseinandersetzung um die Gestaltung des föderativen Systems in Deutschland gewann in den 90er Jahren in der politischen und wissenschaftlichen Diskussion an Brisanz.[1] Neben der territorialen Gliederung des Bundesgebiets und der föderalen Kompetenzverteilung wurden speziell die Finanzverfassung und der Finanzausgleich, die mit ihren zahlreichen Verflechtungen der gebietskörperschaftlichen Ebenen in besonderer Weise den Charakter des deutschen Bundesstaates beschreiben[2], zur Disposition gestellt.[3] Der Unterschied zu früheren Jahren zeigte sich nicht in der *Föderalismusdebatte* als solcher, sondern in der Intensität, in der sie geführt wurde. Denn aufgrund der ihr inhärenten Dynamik steht die bundesstaatliche Ordnung in allen Föderalstaaten stets im Blickfeld der Fachöffentlichkeit. Dies betrifft auch die Bundesrepublik Deutschland: Hier wird die unitarisch-kooperative Ausrichtung des Bundesstaats bereits seit Mitte der 70er Jahre von verschiedenen Seiten kritisiert.[4] Die Hochkonjunktur, die dieses Thema aber in den 90er Jahren erreichte, fußt nicht nur auf den Herausforderungen der ökonomischen Globalisierung und der europäischen Integration, sondern insbesondere auch in der *deutschen Einheit*.[5]

Aufgrund der staatlichen Vereinigung änderten sich die *Rahmenbedingungen* des Bundesstaats ebenso schlagartig wie drastisch: Charakterisierte die „alte Bundesrepublik" noch ein ausgesprochen hoher Grad an Homogenität, prägten von nun an eklatante sozioökonomische, finanzwirtschaftliche und raumstrukturelle Entwicklungsdifferenziale zwischen dem früheren Bundesgebiet und dem Beitrittsgebiet das wiedervereinigte Deutschland. Die Herausforderungen, mit denen sich die Bundesrepublik von nun an konfrontiert sah, waren erheblich: Galt es doch im Gebiet der ehemaligen DDR eine leistungsfähige föderative Staatsorganisation aufzubauen, die neuen Länder institutionell, politisch- wie soziokulturell und sozioökonomisch in die Bundesrepublik zu integrieren und gleichzeitig die Transformation einer Planwirtschaft in die soziale Marktwirtschaft zu organisieren.

Starke Friktionen wirkten dabei im Kontext der dramatischen Finanz- und Strukturschwäche im Beitrittsgebiet vornehmlich auch auf das System der föderativen Finanzbezie-

---

[1] Zur Aktualität des Themas u.a. Braun 1996: 101, Henneke 1999: 61 ff., Luthardt 1999a: 168 ff., 176, Sturm 1999: 87, M.G. Schmidt 2001, Benz 2002a: 11. Einen Überblick über die politischen Reforminitiativen der letzten Jahre gibt Margedant 2003: 8 ff. Thaysen (2003: 17 ff.) beschreibt die seit 1983 erfolgten parlamentarischen Impulse für eine Neuordnung des Bundesstaats. Dazu auch U. Münch/Zinterer 2000: 659 ff.

[2] Zum inneren Zusammenhang zwischen dem Bundesstaatstyp und der Form des Finanzausgleichs vgl. Deuerlein 1972: 271. Die Verbindung zwischen Bundesstaats- und Finanzverfassungsreform beschreiben u.a. auch Schuppert 1995: 691, Renzsch 1997a: 86.

[3] Vgl. Braun 1996: 101, Luthardt 1999b, Schultze 1999, Sturm 1999.

[4] Im Fokus der Kritik am föderativen System stand und steht insbesondere die Politikverflechtung, d.h. die intensiven Verflechtungen zwischen den gebietskörperschaftlichen Ebenen bei der Kompetenzzuweisung staatlicher Aufgaben, der Verteilung der öffentlichen Einnahmen und Finanzierung öffentlicher Ausgaben. Vorwiegend aus der Wissenschaft kam deshalb wiederholt der Ruf nach einer Reform der föderativen Staatsorganisation. Vgl. z.B. Patzig 1981: 47, 50 f., Klatt 1991c: 51 f., Brümmerhoff 1992: 504 ff., Schultze 1993: 225 ff. und 2000, Scharpf 1994, Korioth 1997: 412 f., Donges u.a. 2000, Döring/Stahl 2000.

[5] Zur Themenkonjunktur vgl. Schatz u.a. 2000, T. Fischer/Große Hüttmann 2001: 131 ff.

hungen. Es war deshalb nicht allein ausreichend, die Unterschiede in der finanziellen Ressourcenausstattung anzugleichen, es musste auch die ökonomische, ökologische, städtebauliche und infrastrukturelle Modernisierung finanziert werden. Dies schloss die monetär bedeutsame Aufgabe ein, die Folgekosten des ökonomischen Transformationsprozesses, das heißt, die Konsequenzen aus dem Niedergang der kaum wettbewerbsfähigen ostdeutschen Wirtschaft, den der Aufwertungs- und Lohnkostenschock noch verstärkte, sozialpolitisch aufzufangen. Schließlich war es notwendig, Regelungen für die Übernahme und Tilgung der Verbindlichkeiten der ehemaligen DDR zu finden. Für das föderative System hieß das, gewaltige Transferleistungen zu Gunsten des Beitrittsgebiets bereitzustellen. Zudem konnte die massive Umverteilung von West nach Ost nicht mehr durch ökonomische Wachstumsdividenden im Bundesgebiet refinanziert werden. Im Gegenteil: Nachdem durch den Beitritt der ehemaligen DDR die durchschnittliche Pro-Kopf-Produktion sowie die staatlichen Pro-Kopf-Einnahmen sanken, mussten von den öffentlichen Haushalten materielle Einbußen hingenommen und zwischen dem Bund sowie den Ländern und Kommunen im Westen aufgeteilt werden. Der Anpassungsdruck auf das föderative System samt fiskalischer Ausgleichsmechanismen war folglich immens; der Bundesstaat stand vor seiner bislang größten „Bewährungsprobe".[6]

In der *Wissenschaft* dominierte die Auffassung, dass diese Herausforderungen nur mittels einer grundlegenden Bundesstaats- und Finanzreform zu bewältigen seien.[7] Andernfalls drohten Handlungsblockaden als Konsequenz aus den materiellen Interessendivergenzen zwischen den ost- und westdeutschen Ländern einerseits sowie zwischen dem Bund und westdeutschen Ländern andererseits. Für diesen Fall wurde die Gefahr einer Schwächung des Föderalismus durch weitere Zentralisierungen prognostiziert.[8] In der deutschen Einheit wurde damit zum einen das Erfordernis zu einschneidenden strukturellen Änderungen gesehen, andererseits wurde sie darüber hinaus von zahlreichen Betrachtern als Chance für notwendige Strukturreformen interpretiert.[9] Die Bewertungen über die Durchsetzbarkeit einer derartigen Reform fielen hingegen unterschiedlich aus.[10]

Obwohl seit 1990 einige *föderale Anpassungen* erfolgten, hat die staatliche Vereinigung entgegen den Prognosen aus der Wissenschaft weder nachhaltige Zentralisierungsschübe provoziert, noch hat sie zu grundlegenden Reformen der Finanzverfassung und des

---

6   Benz 1991a: 586. Renzsch (1995: 167) bezeichnet die „*finanzpolitischen Verteilungsprobleme als Nagelprobe für die Problemlösungsfähigkeit des Staates*", Wachendorfer-Schmidt (1999: 11) spricht vom idealen „*Test der Leistungsfähigkeit des deutschen Bundesstaats*". Vgl. auch Benz 1993: 454.
7   Zusammenfassend Czada 1994: 254, Benz 1995: 145 f., Renzsch 1997a: 85; vgl. auch Scharpf 1990b, Boldt 1991, Klatt 1991c, Lehmbruch 1991, Luthardt 1996.
8   Vgl. Scharpf 1990b: 12 f., J.J. Hesse/Renzsch 1991, Klatt 1991b: 439, Mäding 1992: 210, Schultze 1993: 237 f., Renzsch 1995: 168, Czada 1995c: 85 f., Wachendorfer-Schmidt 1999: 12.
9   Vgl. z.B. Klatt 1991b: 450, Schultze 1993: 251, Peffekoven 1994.
10 Ihre theoretische Fundierung erhielt die wissenschaftliche Diskussion in der Auseinandersetzung mit der Frage, wie die Kapazität des deutschen Bundesstaats mit neuen Herausforderungen umzugehen, zu beurteilen ist. Die *Theorie der Politikverflechtung* attestiert dem bundesdeutschen Mehrebenensystem ein geringes Steuerungsniveau. Die Gefahr, dass notwendige Veränderungen ob der entscheidungsstrukturellen Logik blockiert werden, gilt als systemimmanent. Als Konsequenz folgt aus diesen Überlegungen, dass vertikal verflochtene Systeme bestenfalls suboptimale Politikergebnisse zulassen und in Bezug auf ihre eigenen institutionellen Strukturen nur bedingt reformierbar sind (zum theoretischen Ansatz Scharpf u.a. 1976, Scharpf 1994: 11 ff.). Im Gegensatz hierzu geht die theoretische Betrachtung des deutschen Bundesstaats als „*dynamischen Föderalismus*" von Flexibilitätspotenzialen aus, die problemangemessene Strukturanpassungen an veränderte Rahmenbedingungen erlauben (vgl. Benz 1985, Benz 1987, J.J. Hesse/Benz 1988. Zusammenfassend vgl. auch Benz 1993: 454, Renzsch 1995: 169 f., Wachendorfer-Schmidt 1999: 6).

Bundesstaats geführt. Stattdessen reagierten die Akteure auf die veränderte Situation mit Strukturanpassungen innerhalb des bestehenden Systems: Nachdem sich Bund, Länder und die Regierung der DDR im Prozess der deutschen Einheit nur auf eine Interimslösung verständigen konnten, wurde den durch die Vereinigung ausgelösten finanziellen Herausforderungen mit dem 1993 einstimmig von den Regierungschefs von Bund und Ländern beschlossenen „*Föderalen Konsolidierungsprogramm*" begegnet. Eine dauerhafte Befriedung in diesem hoch konflikträchtigen Politikfeld konnte mit diesem Kompromiss dennoch nicht erreicht werden. Bereits 1998 – drei Jahre nach In-Kraft-Treten des gesamtdeutschen Finanzausgleichs – wandten sich die Länder Baden-Württemberg, Bayern und Hessen mit einer Normenkontrollklage an das Bundesverfassungsgericht zur Überprüfung der bestehenden Regelungen. Die hierauf erfolgte Entscheidung vom 11.11.1999[11], spätestens zum Jahr 2005 eine erneute Reform des Finanzausgleichs durchzuführen, forcierte die Föderalismusdebatte in Politik und Wissenschaft zum Ende der 90er Jahre.[12] In diesem Disput wurde, lauter denn je seit der Festigung des „*kooperativen Föderalismus*"[13] mit der Großen Finanzreform 1969, eine tief greifende Reform des Finanzsystems gefordert. Dennoch haben sich Bund und Länder mit der Verabschiedung des vom Bundesverfassungsgericht geforderten Maßstäbegesetzes, des Finanzausgleichsgesetzes und des Solidarpakts II einvernehmlich auf Neujustierungen verständigt, die wiederum keine strukturellen Veränderungen des föderativen Systems begründeten. Trotz dieser kürzlich erfolgten Neustrukturierung des Finanzausgleichs ist nicht damit zu rechnen, dass die Auseinandersetzung um die föderale Staatsorganisation und das Transfersystem künftig deutlich abebben wird. Selbst die Ergebnisse der derzeit tagenden Kommission zur „*Modernisierung der bundesstaatlichen Ordnung*" werden bestenfalls vorübergehend zu einer gewissen Beruhigung führen.

1.1 Forschungsstand

In der *wissenschaftlichen Literatur* wird die aktuelle Föderalismusdebatte vornehmlich mit dem Hinweis auf die „*dreifache Herausforderung*"[14] der Bundesrepublik geführt: die Bewältigung der Folgeprobleme der deutschen Einheit, der europäischen Integration und der ökonomische Globalisierung. Der akademische Diskurs über die gegenwärtige föderative Ordnung konzentriert sich dabei hauptsächlich auf die Kompetenz- und Finanzverflechtungen der bundesstaatlichen Ebenen und die damit korrespondierende Unitarisierung wesentlicher Entscheidungen.[15] In dieser Diskussion werden die dem unitarisch-kooperativen

---

11 Das Bundesverfassungsgericht (BVerfGE 101, 158) forderte den Bundesgesetzgeber auf, bis spätestens Ende 2002 ein Maßstäbegesetz zu erlassen, auf dessen Grundlage bis spätestens Ende 2004 das Finanzausgleichsgesetz novelliert werden sollte. Für den Fall, dass diese Neuregelungen nicht erfolgten, wäre das bestehende Gesetz mit Ablauf der jeweiligen Frist verfassungswidrig. Siehe Kapitel 6.2.1.
12 Der sachlich-politische Handlungszwang zu diesem Zeitpunkt ergab sich bereits aus dem 1993 verabschiedeten Finanzausgleichsgesetz: Dieses terminiert eine Vielzahl von Regelungen und Leistungen bis zum Ende des Jahres 2004. Siehe v.a. § 11 FAG i.d.F.v. 23.6. 1993 und IfG Aufbau Ost.
13 Zu diesem Terminus siehe Kommission für die Finanzreform 1966 (so genanntes Troeger-Gutachten).
14 J.J. Hesse 1999: 659.
15 Die Konsequenzen, die aus dieser Konstellation gezogen werden, sind unterschiedlich. Während teilweise die föderale Staatsorganisation als Teil des Problems betrachtet und deshalb eine Abkehr von wesentlichen Prinzipien des unitarisch-kooperativen Föderalismus als erforderlich betrachtet wird, gehen andere Betrachter davon aus, dass die Herausforderungen ohne Fundamentalreformen bewältigt werden können und lediglich Veränderungen im Sinne einer Weiterentwicklungen des bestehenden Systems erforderlich seien. Vgl. zur Diskussion z.B. Benda 1998, Schultze 1998, Benz 1999, Luthardt 1999b, Sturm 1999, M.G. Schmidt 2001.

Föderalismus zugeschriebenen Schwächen allerdings häufig nur isoliert expliziert, ohne sie in ihrem komplexen Entstehungs-, Entwicklungs- und Wirkungszusammenhang zu betrachten.[16] Es dominieren einerseits Beiträge, die sich relativ allgemein mit der Problematik auseinander setzen und primär deskriptiv-analytisch ausgerichtet sind. Andererseits beschäftigen sich zahlreiche Analysen damit, vorzugsweise unter einem finanzwissenschaftlichen Blickwinkel konkrete Reformmodelle zu entwerfen. Das Defizit dieser Beiträge liegt häufig darin, dass sie lediglich einzelne Teilbereiche der föderativen Staatsorganisation, speziell den Finanzausgleich, betrachten und dabei die kontextuellen Bedingungen aus den Augen verlieren. Außerdem rekurrieren die akademischen Vorschläge meist auf spezifischen, die vielschichtigen Wirkungszusammenhänge nur unzureichend erfassenden Theoriekonzepten. Folglich besteht zwischen den in der Forschung kursierenden Politikempfehlungen und der tatsächlichen politischen Entwicklung eine große Kluft, die mit den verwendeten theoretischen Ansätzen nicht aufgelöst werden kann.

Abgesehen von dem aktuellen Reformdiskurs existiert in der Politikwissenschaft hingegen eine deutlich begrenztere Anzahl von originären Forschungsarbeiten zum deutschen Bundesstaat. Im Fokus dieser Arbeiten stehen meist theoretische Überlegungen und empirische Studien über die allgemeinen Funktions- und Wirkungsmechanismen der föderativen Willensbildungs- und Entscheidungsstrukturen im Parteienstaat. Unter theoretischer Perspektive nimmt hierbei die in den vergangenen Jahrzehnten intensiv weiterentwickelte Literatur über die verhandlungstheoretischen Aspekte von politischen Mehrebenensystemen eine exponierte Stellung ein.[17] In diesen Untersuchungen wird vor allem unter akteurzentrierter Perspektive die Wirkung der institutionellen Arrangements, besonders der Entscheidungsregeln, auf Verhandlungssysteme untersucht.[18] Diese Analysen, die maßgeblich zum besseren Verständnis des kooperativen Föderalismus beigetragen haben, leiden aber im Empirietest darunter, dass sie den politischen Entscheidungsprozess isoliert betrachten und sich zu stark auf institutionelle Entscheidungsregeln fixieren; dabei verlieren sie andere kontextuelle Faktoren und Rahmenbedingungen, die ebenfalls auf das Politikergebnis einwirken, aus den Augen und bleiben dadurch in ihrer Erklärungskraft begrenzt.[19]

---

16 Die wissenschaftlichen Reformüberlegungen orientieren sich oft einseitig an funktionalen oder finanzwirtschaftlichen Kriterien sowie an theoretischen Konzeptionen, ohne die komplexen Erklärungs- und Wirkungsmechanismen adäquat zu berücksichtigen. Häufig erfolgt eine simple Übertragung disziplinspezifischer Modellüberlegungen auf das Finanzsystem. Ein Beispiel hierfür ist das v.a. in der Finanzwissenschaft propagierte Modell des kompetitiven Föderalismus, das auf der von der ökonomischen Theorie der öffentlichen Finanzen abgeleiteten ökonomischen Theorie des Föderalismus basiert (so z.B. Peffekoven 1990a: 502 f., Lenk 1993 und 1998, Henke/Schuppert 1993: 36 ff., Henke 1995, B. Huber 2000). Ein anderes Beispiel, das im Ergebnis inhaltlich in eine ähnliche Richtung zielt, ist die föderalismustheoretisch motivierte Forderung nach einer strikten Trennung der Kompetenzen nach dem Konzept des dualen Föderalismus. Zu den Reformvorschlägen vgl. u.a. Schultze 1985c: 101 f., Reissert 1989: 240 f., Thöni 1986: 32, Benz 1987: 50 f.
17 Vgl. die verhandlungs- und steuerungstheoretischen Analysen von Scharpf u.a. (1976), Scharpf (1994 und 2000), Mayntz (1995 und 1996), Benz/Scharpf/Zintl (1992), Benz (1993, 1995a, 1998), Schultze (1993).
18 Es kann zwischen eher theoretisch orientierten Beiträgen, die mittels eines spieltheoretischen Ansatzes die Bedingungen verhandlungsbasierter Politikentscheidungen untersuchen und dabei unter anderem das bundesdeutsche System betrachten (vgl. z.B. Benz/Scharpf/Zintl 1992, Benz 1995a, Scharpf 2000), und Studien, die sich eher empirisch-analytisch mit den konkreten Bedingungen der Politikverflechtung in Deutschland auseinandersetzen (so z.B. Scharpf u.a. 1976, Benz 1993, Schultze 1993, Scharpf 1994), unterschieden werden.
19 Neben der verhandlungstheoretisch ausgerichteten Literatur zur Politikverflechtung beschäftigen sich die Studien von Schultze (1985a, 1985c), M.G. Schmidt (1998), Renzsch (2001a) und Grande (2002) sowie insbesondere auch die Untersuchung von Lehmbruch (ursprgl. 1976, neu aufgelegt 1998 und 2000), die die konfligierenden Entscheidungsmechanismen zwischen Parteienwettbewerb und Bundesstaat in der Bundesrepublik nachhaltig hinterfragt, mit den Bedingungen des deutschen Föderalismus.

1.1 Forschungsstand

Neben diesen Studien, die allgemein die Strukturen und Bedingungen des föderativen Systems der Bundesrepublik diskutieren, beschäftigen sich nur wenige Forscher in der Politikwissenschaft – anders als in der Finanz- und Rechtswissenschaft[20] – eingehend mit konkreten Fragestellungen zur Struktur und Entwicklung der föderativen Finanzbeziehungen in Deutschland.[21] Vernachlässigt wird in der (politik-)wissenschaftlichen Literatur bisher die Erklärung des Finanzsystems unter Berücksichtigung des historischen Kontexts[22] sowie jener politisch-strukturellen, sozioökonomischen und finanzwirtschaftlichen Faktoren, die den politischen Problemverarbeitungsprozess determinieren.[23] Desgleichen bleibt die materielle Wirkung der bestehenden Regelungen meist zu wenig gewürdigt.[24]

Inhaltlich stellt sich damit die Frage, wie die Entwicklung der föderativen Finanzbeziehungen im vereinten Deutschland unter Berücksichtigung dieser Aspekte zu erklären und zu beurteilen ist. Es gilt deshalb, die Bedingungen und die Wirkung der Politikgestaltung im Bereich der Finanzordnung systematisch weiter zu erforschen. Nachdem sowohl zahlreiche akademische Prognosen Anfang der 90er Jahre über die Entwicklung des föderativen Systems nicht eintraten, als auch die in der Wissenschaft unter den Begriffen „*Reföderalisierung*" und „*Wettbewerbsföderalismus*" nachhaltig diskutierten und vielfach propagierten Reformvorschläge in der politischen Realität bisher nur sehr bedingt von praktischer Bedeutung waren, muss es dabei auch das Ziel sein, die wissenschaftliche Diskussion in diesem elementaren Feld der Staatsorganisation wieder näher an die realen Problemstellungen heranzuführen. Dabei ist es erforderlich, den in der Politikwissenschaft bereits beschrittenen Weg der Verknüpfung zwischen theoretischer und empirischer Forschung weiterzugehen.[25] In diesem Sinne sind für die empirischen Analysen theoriegeleitete Forschungsansätze erforderlich, welche die komplexen Interdependenzen zwischen histori-

---

20 In der Rechts- und Finanzwissenschaft hat die Auseinandersetzung mit der Finanzverfassung und dem Finanzausgleich eine größere Tradition. Vgl. die aktuelleren Gesamtdarstellungen von Häde (1996), Korioth (1997), Kesper (1998), Hidien (1999), Geske (2001).

21 Im Kontext der hier interessierenden Fragestellungen sind an erster Stelle die Analysen von Wolfgang Renzsch zu nennen, die in dem von der Sozialwissenschaft bisher nur wenig beachteten Politikfeld bedeutende Forschungsdesiderate aufgegriffen haben. Neben den Arbeiten von Renzsch (unter anderem 1989, 1991, 1994, 1995, 1997, 2000a, 2000b), die ein wichtiges Fundament für diese Untersuchung darstellen, beschäftigen sich auch die Analysen von Schwinn (1997), Altemeier (1999), Czada (1995), Mäding (u.a. 1992, 1995c, Reissert (1975) und Wachendorfer-Schmidt (1998, 2003) unter politikwissenschaftlicher Perspektive mit Fragen der Finanzverfassung und des Finanzausgleichs. Eingehend untersucht wurden in der Politikwissenschaft bisher zudem die Finanzverflechtungen (v.a. Scharpf u.a. 1976). Abgesehen hiervon werden in der politikwissenschaftlichen Literatur die föderativen Finanzbeziehungen häufig in ihrer gesamten Entwicklung und Wirkung deskriptiv analysiert oder im Rahmen von Gesamtdarstellungen zum Föderalismus (Kilper/Lhotta 1996, Laufer/U. Münch 1997) oder zum Regierungssystem (z.B. J. J. Hesse/Ellwein 1997) diskutiert.

22 Nachdem empirische Untersuchungen zeigen, dass die historische Pfadabhängigkeit gerade im politischen System der Bundesrepublik sehr ausgeprägt ist, kann eine fundierte Reformdebatte nur vor dem Horizont einer Analyse des bestehenden Finanzsystems geführt werden. Zur Bedeutung der Pfadabhängigkeit und der daraus resultierenden Konsequenzen für die sozialwissenschaftliche Forschung vgl. Kevenhörster 1997: 349, Lehmbruch 1998: 12 und 1999: 57 f., Wachendorfer-Schmidt 1999: 9, Lehmbruch 2002a.

23 Die Arbeiten von Renzsch sind primär empirisch ausgerichtet. Die Analyse von Altemeier (1999) basiert auf verhandlungstheoretischen Überlegungen. Die strukturellen Bedingungen des Politikfelds werden bei beiden nicht dezidiert im Forschungsansatz berücksichtigt.

24 Insbesondere die Bedeutung der materiellen Komponenten, die für die politischen Akteure im untersuchten Politikfeld von herausragender Wichtigkeit sind, wird in der politikwissenschaftlichen Diskussion nicht nachhaltig hinterfragt. Mäding (1995c 113) kritisiert deshalb, dass es bedauerlich sei, „*daß der zentralen Rolle des Geldes in der Gesellschaft, des öffentlichen Haushalts in der Volkswirtschaft, der Finanzpolitik in der Gesamtpolitik keine adäquate Beschäftigung der Politikwissenschaft mit finanzpolitischen Fragestellungen, mit den Eigenarten der Finanzpolitik entspricht*".

25 Vgl. Altemeier (1999), aber auch Renzsch (1995, 2000b) und Wachendorfer-Schmidt (1998, 1999).

schen Entwicklungslinien, existierenden institutionellen Konfigurationen und politisch-kulturellen wie sozioökonomischen Bedingungen einerseits und politischem Akteurshandeln andererseits hinreichend integrieren und deren strukturierte Analyse ermöglichen.

1.2 Wissenschaftliches Erkenntnisinteresse

1.2.1 Fragestellung und Zielsetzung

In dieser Arbeit soll analysiert werden, inwiefern die zentralen politischen Probleme im vereinten Deutschland – insbesondere die finanzpolitische Integration des Beitrittsgebietes – durch die gewählten Neujustierungen der föderalen Finanzbeziehungen qualitativ wie materiell adäquat gelöst wurden. Vor dem Horizont dieser projektleitenden Fragestellung ist es das Ziel, die Prozesse und (Aus-)Wirkungen der politisch-administrativen Bewältigung dieser Herausforderungen im Kontext ihrer historischen Entwicklung und unter Berücksichtigung der Implikationen für zukünftige Reformen systematisch zu untersuchen. Die Studie will die Entwicklung des Finanzsystems aber nicht nur erklären und würdigen. Sie strebt danach, auf der Grundlage einer theoriebasierten, den gesamten politischen Prozess einbeziehenden Analyse, Aussagen über strukturelle und materielle Aspekte sowie kausale Zusammenhänge und Beziehungen zu erzielen. Dabei sollen auf der Grundlage eines projektleitenden Forschungsansatzes methodisch gesicherte theoretische und empirische Erkenntnisse über das Zustandekommen, die Wirkungen und die Funktionsbestimmungen des Finanzsystems der Bundesrepublik Deutschland gewonnen werden.

In Anbetracht dieses konzeptionellen Anforderungsprofils besteht das *wissenschaftliche Erkenntnisinteresse* der Studie vornehmlich darin, zwei zentrale Fragekomplexe zu diskutieren. Erstens: Wodurch werden die Problemverarbeitungs- und Entscheidungsfindungsprozesse in diesem Problemfeld bestimmt? In jenem Kontext gilt es, die Politikergebnisse als Funktion akteurspezifischer Handlungsorientierungen sowie politisch-struktureller und materieller Kontextstrukturen zu beschreiben. Zweitens: Welche Effekte haben die getroffenen Lösungen und wie sind sie zu beurteilen? Im Blickfeld dieses Interessenschwerpunkts besteht die Intention in der Messung und Bewertung der finanz- und haushaltswirtschaftlichen Wirkungen sowie der politischen, ökonomischen und staatsorganisatorischen Implikationen der politischen Beschlüsse. Um diesen Aufgaben hinreichend gerecht werden zu können, sind vier elementare *Arbeitsziele* zu erfüllen.

1. Im Kontext der Annahme, dass der entwicklungsgeschichtlichen Dimension für die Erklärung der Politikentwicklung eine herausragende Rolle zukommt, ist eine einführende *historische Problemverortung* unerlässlich. Der Fokus muss darauf gerichtet sein, die zentralen Entwicklungslinien der Finanzordnung der Bundesrepublik Deutschland aufzuzeigen, die essenziellen Entwicklungsdeterminanten zu identifizieren und das Finanzgefüge zum Zeitpunkt der Einheit zu charakterisieren.
2. Auf dieser Grundlage ist es notwendig, in einzelnen *Fallstudien* die Politikergebnisse im Rahmen der ihnen zugrunde liegenden Problemverarbeitungsprozesse zu erklären. Hierbei gilt es, vornehmlich folgende Fragen zu beantworten: Wie wurden die politischen Entscheidungen produziert? Welche Akteure beeinflussten maßgeblich die Resultate? Von welchen Motiven ließen sie sich leiten? Welche strukturellen und mate-

riellen Faktoren wirkten auf die politische Willensbildung ein? Zugleich ist zu klären, welche Muster der Verknüpfung zwischen den Handlungen der Akteure und dem strukturellen Umfeld des Politikfelds bestehen. In diesem Sinne verfolgt die Untersuchung explizit die Absicht, die politische Gestaltung des Finanzsystems in seinen komplexen Kontextbeziehungen wahrzunehmen. Dabei sind ebenso die institutionellen, sozioökonomischen und finanzwirtschaftlichen Bedingungen wie auch die politisch-kulturelle Umwelt in die Betrachtung einzubeziehen.

3. Innerhalb der Fallstudien müssen auch die *Wirkungen der Politikergebnisse* gemessen werden. Es sind deshalb zunächst deren materiellen Implikationen zu untersuchen. Hierbei sind auch die fiskalischen Ausgleichsströme zu betrachten und in ihrer haushaltswirtschaftlichen Relevanz zu erfassen. Neben den budgetären Folgen sind darüber hinaus die politischen Neben- und Rückkoppelungseffekte offen zu legen, um die Politikformulierungen unter ökonomisch-finanzwissenschaftlichen, verfassungsrechtlich-staatsorganisatorischen und politischen Wertungsdimensionen beurteilen zu können.

4. Aus diesem Fallvergleich resultiert zum Abschluss die Aufgabenstellung, sowohl theoretische Folgerungen über die Politikformulierung zu ziehen, als auch daraus Aussagen über die Problemlösungskapazität des föderalen Systems abzuleiten. Für die *Bilanz* sind die einzelnen Fälle zu vergleichen, um langfristig stabile Bestimmungsgrößen manifestieren und die Qualität der politischen Problemverarbeitung in diesem Bereich abschätzen zu können. Dies ist gefordert, um Entwicklungshorizonte ausloten und Erfolgsaussichten politischer Reformbestrebungen identifizieren zu können.

1.2.2 Grundlegende Überlegungen und Hypothesen

Aus diesen Zielsetzungen leiten sich für das Projekt folgende *Leitfragen* ab:

Zum *ersten Arbeitsziel*: Wie ist die Entwicklung und Struktur der föderalen Finanzbeziehungen bis 1989 zu beschreiben? Welche Bestimmungsgrößen beeinflussten die früheren Weichenstellungen? Wie pfadabhängig sind die Reformen im Politikfeld? Welche früheren Erfahrungen lagen zum Zeitpunkt der deutschen Einheit vor?

Zum *zweiten Arbeitsziel*: Wie reagierten die politischen Akteure auf die Herausforderungen der deutschen Einheit? Wie definierten sie die Probleme und Zielsetzungen? Welche strategischen Optionen wählten, auf welche Alternativen verzichteten sie? Von welchen Orientierungen ließen sie sich leiten? Wie sehr beeinflussten die genuin politischen Strukturen, also die institutionellen und kulturellen Bedingungen, die Entscheidungen? Welche Relevanz kam dem finanzwirtschaftlichen und sozioökonomischen Kontext bei der Politikformulierung zu? Welcher Spielraum bleibt den Akteuren für freie Entscheidungen?

Zum *dritten Arbeitsziel*: Auf welche Problemlösungen verständigten sich die Akteure? Wodurch zeichnen sich die Politikergebnisse aus, worin liegen ihre Schwächen? Welche Folgeeffekte resultieren aus der Implementation – im Problemfeld, aber auch darüber hinaus? Wurden die Aufgaben entsprechend der sachlichen und normativen Problemdefinitionen hinreichend gelöst? Wie ist die Qualität der politisch-administrativen Bedingungen angesichts der komplexen strukturellen und materiellen Rahmenbedingungen zu bewerten?

Zum *vierten Arbeitsziel*: Wie ist die Problemlösungskapazität des zu charakterisieren? Welche Leistungen können erreicht werden? Warum bleiben die akademischen Reformüberlegungen in der politischen Praxis nur bedingt relevant? Wie ist die Kluft zwischen

Theorie und Praxis zu überwinden? Welche Herausforderungen und welche Perspektiven bestehen für die weitere Entwicklung des Finanzsystems?

Die Auseinandersetzung mit diesen Fragestellungen soll allerdings nicht kontextlos erfolgen, sondern auf der Grundlage forschungsleitender *Hypothesen*. In der akademischen Literatur wird an verschiedener Stelle die Auffassung vertreten, dass die Vereinigung die Notwendigkeit und Chance zu einer essentiellen Strukturreform der Finanzverfassung geboten hätte.[26] Im Gegensatz hierzu wird in der Analyse folgende These erörtert: Im Prozess der deutschen Einheit, aber auch danach waren die strukturellen und materiellen Bedingungen für eine elementare Reform der Finanzordnung mehr als ungünstig. Den politischen Akteuren ist es jedoch gelungen, mit den beiden Solidarpaktprogrammen budgetäre Neujustierungen zu vollziehen, die sowohl den finanzpolitischen Herausforderungen des Beitritts der ehemaligen DDR durch immense Transferleistungen angemessen und flexibel begegneten, als auch Defizite der jeweils zuvor gefundenen Lösungen beseitigten. Dabei werden nicht die vielzähligen technischen Optimierungspotenziale, allokativen Defizite und ökonomischen Folgeprobleme dieser Politikentscheide ignoriert. Aber die Anpassungsreformen mobilisierten Finanzmittel in einem bisher nicht gekannten und zuvor auch nicht für möglich gehaltenen Ausmaß. Sie ermöglichten damit eine beachtliche politische und soziale Integrationsleistung. Zugleich wurde die föderative Staatsorganisation – entgegen verschiedener Prognosen und Einschätzungen – nicht beschädigt, sondern eher stabilisiert. Wenn auch die Integration des Beitrittsgebiets zu keinen grundlegenden Änderungen führte, gewannen die Länder in diesen Prozessen eher an Einfluss und Handlungsspielraum. Trotz nicht zu vernachlässigender Schwächen sind die Leistungen der gewählten Lösungen daher besser zu bewerten, als dies in der aktuellen Debatte geschieht. Das liegt vornehmlich auch darin begründet, dass der herausragenden Stellung des finanziellen Ressourcenoutputs in der Literatur nicht angemessen Rechnung getragen wird.

Aus dieser Argumentation resultiert eine weitere zu hinterfragende Annahme: Die These des dynamischen Föderalismus gilt weiterhin. Zwar sind seit der deutschen Einheit keine fundamentalen Bundesstaatsreformen zu verzeichnen, aber dennoch gab es zahlreiche Modifizierungen und Weiterentwicklungen innerhalb des bestehenden Systems. Die Veränderungen erfolgten sukzessive, meist unterhalb der Schwelle von Verfassungsänderungen und sie zeigen sich zum Teil auch nur im Verhalten der Akteure sowie in der Anwendung der etablierten Standards. Dabei ist der unitarisch-kooperative Föderalismus weniger umstritten, als dies die akademische Diskussion suggeriert. Seine zentralen Prinzipien werden von den Akteuren weiterhin in einem hohen Ausmaß akzeptiert und verfolgt. Allerdings veränderte sich die Einschätzung über die Qualität seiner einzelnen Module. Lediglich an ihnen setzen die ernsthaften politischen Reformbestrebungen an.

Hierbei ist allerdings – so die dritte Hypothese – die Wahlfreiheit der Entscheidungsträger eng limitiert. Die strukturelle Bedingtheit des Akteurshandeln ist in diesem Problemfeld erheblich: Maßgebliche Bestimmungsgrößen sind einerseits die ausgeprägte Pfadabhängigkeit des Finanzsystems, das hauptsächlich in den vielfachen institutionellen Lock-in-

---

26 Vgl. z.B. Peffekoven 1990a, 1994, Klatt 1991b, J.J. Hesse/Renzsch 1991, SVR 1992: 212 ff., Schultze 1993: 251, Luthardt 1996 sowie zusammenfassend Benz 1995b: 145 f., 156. Die Mehrzahl der akademischen Kommentatoren ging davon aus, dass den Herausforderungen der deutschen Einheit nur durch eine grundlegende Finanzreform begegnet werden könnte (vgl. die Zusammenfassung bei Czada 1994: 265). Eine Chance sahen auch die Ministerpräsidenten der westdeutschen Länder (siehe Kapitel 4.2.2). Theoretisch hat diese Überlegungen bereits Popitz (1932: 331) formuliert. Popitz geht davon aus, dass in Krisenzeiten die Voraussetzung für eine Neuordnung des Finanzausgleichs eher gegeben ist.

Effekten sowie in den entscheidungsstrukturellen Arrangements begründet liegt.[27] Andererseits kommt in dem die Volkswirtschaft beeinflussenden Politikbereich gerade auch den kulturellen Strukturen ein beachtlicher Einfluss bei der Prämissensetzung und Zielformulierung zu. Trotz der massiven Kontextbezogenheit – die mittels der Definition der Handlungsanforderungen und -ressourcen durch die materiellen Umweltbedingungen noch verstärkt wird – bleibt den Akteuren stets ein gewisser Optionsspielraum für strategisches Handeln. Obwohl die Gefahr von Blockaden bekannt ist, versuchen die Protagonisten diese Bandbreite so zu nutzen, dass sie den Zustand der Handlungsunfähigkeit vermeiden.

Dies belegen gerade die Erfahrungen der deutschen Einheit: Wenn das föderative System unter erheblichem Druck steht und sich in seinen elementaren Bestandteilen gefährdet sieht, ist es in kurzer Zeit zu erstaunlichen Anpassungsleistungen fähig. Hieraus kann die These abgeleitet werden, dass dem Bundesstaat eine bemerkenswerte Problemlösungskapazität und der bundesstaatlichen Finanzverfassung eine erstaunliche Flexibilität und Stabilität attestiert werden kann. Die Arbeit muss prüfen, inwiefern die Hypothesen zutreffen. Um dies Erfolg versprechend unternehmen zu können, ist zunächst der Untersuchungsgegenstand samt der mit ihm verbundenen Problemstellungen zu präzisieren.

1.3 Problemstellungen und Objektbereich

Der Terminus *„föderative Finanzbeziehungen"* beschreibt ein ausgesprochen komplexes Thema, welches vielfältige interdependente Bestandteile umfasst sowie rechtliche, finanzwirtschaftliche und politische relevante Aspekte enthält. Um die soeben definierte Zielsetzung stringent zu verfolgen, ist es deshalb geboten, zunächst den *Untersuchungsbereich* zu erläutern und in seinen räumlichen, zeitlichen und sachlichen Dimensionen zu präzisieren.

Das Projekt beschäftigt sich, wie der Arbeitstitel bereits anzeigt, mit den direkten Beziehungen und Verflechtungen der Haushalte von Bund und Ländern im vereinten Deutschland. Dabei fokussiert die Studie den *Finanzausgleich*, d.h. die Verteilung der öffentlichen Einnahmen auf die Gebietskörperschaften, und die ihm inhärente Frage der Lastenverteilung der deutschen Einheit.[28] Die Konzentration auf diesen spezifischen Teil liegt darin begründet, dass das fiskalische Transfersystem die zentrale Rolle im Konzert der verschiedenen Elemente des Bund-Länder-Finanzgefüges spielt.[29] Im Blickfeld der Arbeit stehen die drei bisher essenziellen Interventionen in das fiskalische Ausgleichssystem:

1. Die 1990 im Einigungsprozess getroffene Interimsregelung.
2. Die Etablierung eines bundeseinheitlichen Finanzausgleichs ab 1995 mit dem 1993 verabschiedeten *„Föderalen Konsolidierungsprogramm"*.
3. Die 2001 beschlossene und ab 2005 wirksame abermalige Novellierung des Transfersystems mit dem Maßstäbegesetz und dem Solidarpaktfortführungsgesetz.

---

27 Vgl. Lehmbruch 2000b, 2000a. Ausführlicher dazu Kapitel 2.3.
28 Renzsch (1997: 81) bezeichnet die Lastenverteilung als *„das schwierigste Problem bei der Bewältigung der finanzpolitischen Herausforderung"* der deutschen Einheit.
29 Diese Feststellung trifft nicht erst auf die Zeit nach der deutschen Einheit zu, vielmehr war der Finanzausgleich bereits zuvor das exponierte Element der Bund-Länder-Finanzbeziehungen.

In diesen drei Fällen wurden die essenziellen politischen Weichenstellungen im Gebiet der föderalen Finanzbeziehungen getroffen. Hier haben sich die politischen Akteure explizit mit der Materie auseinander gesetzt und in den jeweiligen Beschlüssen über die qualitative wie budgetäre Gestaltung und damit über die weitere Entwicklung der Finanzordnung entschieden. Aus diesem Grund muss es in Anbetracht der leitenden Fragen die herausragende Aufgabe dieser Analyse seine, in jenen Fällen das Zustandekommen, das Ergebnis und die Wirkung der politischen Willensbildungsprozesse zu analysieren.

Im Gegensatz hierzu werden andere Aspekte der föderativen Finanzbeziehungen seit der Einheit nur kursorisch betrachtet. Dies betrifft insbesondere die dreimaligen Nachbesserungen[30] der im Vereinigungsprozess beschlossenen Interimslösung. Im Unterschied zu den Entscheidungen von 1990, 1993 und 2001 ging es bei diesen Anpassungen primär um eine Verbesserung der monetären Ausstattung der neuen Länder durch Korrekturen am bestehenden Regelwerk. Die Strukturen des Finanzsystems standen hingegen nicht prinzipiell zur Disposition. Ebenso wie diese Nachbesserungen können die Korrekturen der Umsatzsteuerverteilung in dieser Studie nur peripher thematisiert werden. Abgesehen von den genannten Regelungen beschränkte sich in den zwischen den drei Richtungsentscheidungen liegenden Zeiten das politisch-administrative Handeln bezüglich des Finanzausgleichs auf den Vollzug der bestehenden Regelungen. Die fiskalischen Entwicklungen in diesen Jahren werden daher im Rahmen der Wirkungsanalyse der Politikergebnisse erörtert.

Eine nachrangige Bedeutung kommt in der Untersuchung den Mischfinanzierungen zu. Die Analyse integriert sie explizit nur insoweit, als die Akteure sie im Kontext der Finanzausgleichsregelungen als additives Instrument einsetzten. Gleichwohl werden sie darüber hinaus in ihrer materiellen Entwicklung skizziert, um die finanzielle Dimension der föderalen Finanzströme im vereinten Deutschland erfassen zu können. Diese reduzierte Betrachtung gründet in dem Ausbleiben nennenswerter struktureller Reformen.

Neben dem Finanzausgleich und den Mischfinanzierungen umfassen die föderativen Finanzbeziehungen weitere Materien, die im Rahmen dieser Arbeit nicht untersucht werden können. Dies betrifft insbesondere die finanzielle Einbindung der sowie die Finanzbeziehungen mit der Europäischen Union.[31] Abzugrenzen von der Thematik dieser Studie ist ferner die indirekte staatliche Umverteilung, die außerhalb der direkten Kanäle des Finanzsystems erfolgte.[32] Jene kann hier ebenso wenig aufgearbeitet werden wie die staatliche Umverteilung über die Nebenhaushalte und die Sozialversicherungen.[33]

---

30 Die ersten Nachbesserungen erfolgten bereits im Februar und März 1991. Die zweite Revision wurde im Februar 1992 vollzogen. Die dritte Revision beschlossen Bund und Länder im Rahmen des *Föderalen Konsolidierungsprogramms*. Siehe Kapitel 4.2.3.

31 Die Kommunen werden in dieser Arbeit entsprechend dem Grundgesetz als Bestandteile der Länder begriffen. Diese Sichtweise folgt der inhaltlichen Logik des zu diskutierenden Gegenstands, da sich der Finanzausgleich und die Mischfinanzierungselemente jeweils summiert auf die Haushalte der einzelnen Ländern samt ihrer Kommunen beziehen. Die gleichermaßen bedeutende wie komplexe Materie des kommunalen Finanzausgleichs kann hier ebenso wenig diskutiert werden, wie die in den 90er Jahren stets an Bedeutung gewinnenden finanziellen Verflechtungen mit der Europäischen Union (zu denken ist hier insbesondere an die Finanzierung des EG/EU-Haushalts, die Mischfinanzierungen sowie die Verpflichtung zu einer stabilitätsorientierten Haushaltspolitik im Rahmen der Europäischen Währungsunion).

32 Staatliche Umverteilung erfolgt darüber hinaus über die horizontale Verteilungswirkung der Zentralhaushalte (direkte Finanzhilfen, Steuervergünstigungen, räumliche Verteilung der Leistungen (v.a. Investitionen) des Bundes, Sondervermögen, Altlasten, etc.) sowie in nicht unerheblichem Ausmaß den verdeckten Finanzausgleich in der Sozialversicherung. Vgl. dazu die empirische Studie von Ottnad/Linnartz 1997, hier: 86 ff.

33 Ausführlich gehen auf diese Aspekte die Analysen von U. Münch (1997) und Ottnad/Linnartz (1997) ein.

1.3 Problemstellungen und Objektbereich

Mehr oder weniger massive Rückkoppelungen auf die föderalen Finanzströme ergeben sich zudem durch zahlreiche weitere Regelungen. Unter anderem sind in diesem Kontext die Steuerpolitik und Steuerreformen, die Definition bundeseinheitlicher und von den Ländern sowie den Kommunen wahrzunehmender Aufgaben (z.B. im Bereich der Sozial- und Familienpolitik) sowie Entscheidungen der Wirtschafts-, Privatisierungs-, Deregulierungs- und Investitionspolitik des Bundes (z.B. Bahnreform) zu nennen. Im Rahmen dieser Untersuchung ist es nicht möglich, diese Bereiche zu erfassen.[34]

Vor dem Horizont der so abgesteckten Koordinaten des Untersuchungsbereichs gilt es, erstens den Objektbereich weiter zu präzisieren, zweitens die in ihm handelnden Akteure zu charakterisieren und drittens die Rahmenbedingungen der Politikformulierung aufzuzeigen.

1.3.1 Untersuchungsgegenstand: Finanzbeziehungen und Finanzausgleich

Die Eingrenzung des Objektbereichs hat bereits gezeigt, dass die Bund-Länder-Finanzbeziehungen ein in sachlicher Hinsicht äußerst komplexes Problemfeld darstellen. Die in diesem Kontext verwendeten sprachlichen Symbole werden in den staatswissenschaftlichen Teildisziplinen nicht immer einheitlich verwendet. Sie bedürfen deshalb, zumindest insoweit sie im Rahmen dieser Analyse von Bedeutung sind, einer semantischen Konkretisierung. Dies gilt zum einen für die essenziellen finanzverfassungsrechtlichen und finanzwirtschaftlichen Termini. Da das Finanzsystem ein elementarer Bestandteil der föderalen Staatsorganisation ist, betrifft das zum anderen auch den *Föderalismusbegriff*. In den staatswissenschaftlichen Teildisziplinen sind unterschiedliche Begriffsbestimmungen und Variationen des Föderalismus konventionalisiert. An dieser Stelle soll es ausreichen, den Terminus und seine adjektivischen Formen in dem in dieser Arbeit verwendeten Sinne zu erklären.[35] Auf eine Beschreibung der diversen Modelle und realen Ausprägungen des Fö-

---

34 Zu beachten ist auch, dass sich die politische Willensbildung in diesen Politikfeldern im Gegensatz zum Problemfeld der Finanzbeziehungen nicht primär auf föderale sondern auf parteipolitisch motivierte Konfliktlinien konzentriert. Die Auseinandersetzungen werden hier vornehmlich in der Arena das Parteienwettbewerbs ausgetragen, wenn auch Länderinteressen von den Landesregierungen durchaus nachdrücklich vertreten und Korrekturen erzwungen werden. In einzelnen Fällen konterkarieren diese Partikularinteressen grundsätzlich den Parteienwettbewerb. Beispiel hierfür ist das Steueränderungsgesetz von 1992. Nur mit Hilfe der Stimmen der von der SPD geführten Regierung in Brandenburg konnte das von der christlich-liberalen Bundesregierung entworfene Gesetz im Bundesrat verabschiedet und eine Blockade der SPD-regierten Ländermehrheit im Bundesrat verhindert werden. Im Frühsommer 2000 gelang es unter umgekehrten Vorzeichen der rot-grünen Bundesregierung, die Steuerreform durch die Stimmen der von der CDU mitregierten Länder Berlin, Brandenburg und Bremen durchzusetzen und eine Blockade durch die unionsregierten Länder zu vermeiden. In beiden Fällen wurden die Stimmen durch materielle Zugeständnisse an die zustimmenden Oppositionsländer „gekauft". Die Lösung der parteipolitisch hart umkämpften Steuerpolitik erfolgte in diesen Fällen also unter der Einbeziehung länderspezifischer Belange, an denen die betroffenen Regierungen ein stärkeres Interesse zeigten als an der ansonsten in diesem Politikfeld dominierenden parteipolitischen Loyalität.
35 In der akademischen Literatur liegen dem Begriff unterschiedliche Normierungen und Abgrenzungen zugrunde. Reissert (1985: 239 ff.) unterscheidet zum Beispiel vier Föderalismusdefinitionen: einen institutionell-funktionalistischen, einen verfassungsrechtlichen, einen soziologischen und einen sozialphilosophischen Föderalismusbegriff. Thöni (1986: 31 ff.) differenziert hingegen unter staatswissenschaftlichen Kategorien eine staatsrechtliche, eine politologische und eine ökonomische Definition. Zur Problematik einer Definition des Föderalismusbegriffs vgl. U. Münch 1997: 19, Šarčević 2000: 8 ff., Benz 2002a: 13 ff., Helms 2002: 126 f.

deralismus kann hier verzichtet werden.[36] Es werden lediglich die für den Typ des unitarisch-kooperativen Föderalismus symptomatischen Merkmale einführend expliziert.[37]

Der Begriff „*Föderalismus*" leitet sich von dem lateinischen Wort foedus, zu deutsch Bund bzw. Bündnis, ab. In dieser Studie wird der Terminus unter institutionell-funktionalistischen Kategorien interpretiert.[38] Der Begriff bezeichnet demzufolge eine politische Organisationsform, die neben der horizontalen eine vertikale Gewaltenteilung zwischen dem Bund und den regionalen Gebietskörperschaften vorsieht. Die Machtverteilung erfolgt mit dem Ziel, auch den dezentralen Ebenen (Teil-)Autonomien mit eigenständigen Entscheidungszentren zu gewähren.[39] Entsprechend dieser Definition werden unter dem Begriff der „*Zentralisierung*" die verschiedensten Formen der Stärkung des Einflussbereiches des Bundes zu Lasten der Gliedstaaten verstanden. Und vice versa meinen die Termini „*Reföderalisierung*" und „*Dezentralisierung*" die Ausweitung der Teilautonomien der regionalen Gliederungen. Unter „*Unitarisierung*" wird die Tendenz zur Vereinheitlichung der Politik im Bundesstaat verstanden. Kennzeichnend für unitarische Entwicklungen ist, dass an Stelle einer strikten Trennung[40] der Aufgaben und Finanzen vielfältige Kompetenzverflechtungen und Kooperationsbeziehungen zwischen den Gebietskörperschaften treten, durch die eine weitgehend einheitliche Problemlösung erreicht wird.[41]

Der bundesdeutsche Föderalismus wird in der wissenschaftlichen Literatur als *kooperativer Föderalismus*[42] charakterisiert. Als typische Eigenschaft wird ihm die föderale *Politikverflechtung* zugeschrieben.[43] Beide Begriffe beschreiben das spezifische Element des unitarischen Bundesstaates[44], das vertikale und horizontale Zusammenwirken der verschiedenen gebietskörperschaftlichen Ebenen bei der Erfüllung staatlicher Aufgaben. Signifikante Wesenszüge hierfür sind die Konzentration der staatlichen Entscheidungen beim Bund, die Beteiligung der Länder – in der Bundesrepublik der Länderexekutiven über den Bundesrat – an der politischen Willensbildung des Bundes sowie ebenso verfassungsrechtlich legitimierte wie in der Verfassung nicht vorgesehene Kooperationsbeziehungen zwischen Bund und Ländern. Am treffendsten beschrieben ist der bundesdeutsche Föderalismus deshalb mit dem Terminus des *unitarisch-kooperativen Föderalismus*. Die vielfältigen Aspekte, die dieser Begriff subsumiert, werden noch zu diskutieren sein.

---

36 Vgl. u.a. Schultze 1985b, Kilper/Lhotta 1996: 23 ff.
37 Früher differenzierte die deutsche Staatswissenschaft die Begriffe Bundesstaat und Föderalismus. Der erste Begriff charakterisierte ein bestimmtes staatliches Ordnungsprinzip, der Föderalismusbegriff wurde in einem allgemeineren Sinne als universales Gestaltungsprinzip für Zusammenschlüsse verschiedener Gemeinschaften unter Beibehaltung der jeweiligen Eigenart interpretiert (Ehringhaus 1971: 32). Diese strenge Unterscheidung wird heute nicht mehr vollzogen, der Bundesstaatsbegriff deckt sich im allgemeinen Verständnis mit der in dieser Arbeit verwendeten institutionell-funktionalistischen Auslegung des Föderalismusbegriffs.
38 Vgl. Reissert 1989: 239, J.J. Hesse/Renzsch 1991: 29.
39 Die vertikale Gewaltenteilung war insbesondere für den (west-)deutschen Bundesstaat nach dem 2. Weltkrieg ein zentrales Begründungsmoment. Vgl. K. Hesse 1962: 26 ff., Reissert 1989: 241, Lenk 1993: 39 f.
40 Eine strikte Trennung der Kompetenzen zwischen Bund und Gliedstaaten sieht das Modell des dualen Bundesstaats vor. Vgl. dazu Abromeit 1992, Kilper/Lhotta 1996.
41 Zur Differenzierung der Begriffe Zentralismus und Unitarismus vgl. Laufer/U. Münch 1997: 16.
42 In der akademischen Literatur werden je nach Betrachtungsweise verschiedene Begriffe zur Charakterisierung des deutschen Föderalismus herangezogen. Für die Ausrichtung des Bundesstaats dominieren dabei die Bezeichnungen „unitarisch" und „kooperativ". Es werden aber auch andere Begriffe verwendet. So sprechen zum Beispiel Ottnad/Linnartz (1997: 126 f.) vom „konzertierten Föderalismus" als geeigneterem Terminus.
43 Vgl. J.J. Hesse/Ellwein 1992: 78 ff. Politikverflechtung ist definiert als eine zwei oder mehrere Ebenen umfassende, vernetzte Entscheidungsstruktur. Vgl. Scharpf 1985: 349 ff., Benz 1998b: 561.
44 Vgl. die Definition bei Scharpf 1989: 121.

1.3 Problemstellungen und Objektbereich

Die Gesamtheit der finanziellen Verbindungen und Verflechtungen zwischen den gebietskörperschaftlichen Ebenen wird als *„föderale Finanzbeziehungen"* bezeichnet. Ihre zentralen Grundsätze sind in der *Finanzverfassung* des Grundgesetzes geregelt.[45] Diese bestimmt die Verteilung der Gesetzgebungs-, Verwaltungs- und Finanzierungskompetenzen bezüglich der öffentlichen Einnahmen und Ausgaben.[46] Als ein Eckpfeiler des föderativen Systems ordnet sie die materiellen Verhältnisse zwischen Bund und Gliedstaaten.[47] Es ist die essenzielle Funktion der Finanzverfassung, den Gebietskörperschaften die sachgemäße Erfüllung ihre rechtlichen Aufgabenverpflichtungen zu ermöglichen. Damit steht die Finanzverfassung in einer Interdependenz zur Aufgabenverteilung. Prinzipiell kommt der Finanzverfassung dabei eine dienende Funktion zu. Sie wird deshalb zu Recht auch als *„Folgeverfassung"*[48] bezeichnet.[49]

Neben der Verteilung der Ausgabenverantwortung nimmt innerhalb der Finanzverfassung der bundesstaatliche Finanzausgleich[50] eine exponierte Stellung ein. Der Begriff *Finanzausgleich* beschreibt das durch verfassungsrechtliche und einfachgesetzliche Normen bestimmte Ordnungs- und Verteilungssystem der öffentlichen Einnahmen, das die Finanzhoheitsrechte der föderalstaatlichen Glieder und die zwischen ihnen bestehenden Beziehungen regelt.[51] In der Staatspraxis der Bundesrepublik wird der Finanzausgleich in zwei Stufen durchgeführt.[52] Die originäre (Steuer-)Verteilung der öffentlichen Einnahmen wird in einem zweiten Prozess durch unmittelbare Finanztransfers zwischen den Gebietskörperschaften korrigiert.[53] Die zweite Phase, die horizontale und einer vertikale Komponenten enthält, entscheidet über die endgültige Ressourcenausstattung von Bund und Ländern.[54] Sie wird in der Arbeit entsprechend der Abgrenzung von Korioth[55] als *sekundärer Finanzausgleich*[56], die originäre Steuerverteilung als *primärer Finanzausgleich* definiert.

Unter dem Terminus *Finanzverflechtung* wird die Politikverflechtung im Bereich der öffentlichen Finanzen verstanden. Er bezeichnet die Vermischung von Kompetenzen im Bereich der öffentlichen Finanzen. Finanzverflechtungen können sowohl die öffentlichen Einnahmen (z.B. Verbundsteuern, zentrale Steuergesetzgebung für regionale und lokale

---

45 Die Bestimmungen des in der wissenschaftlichen Diskussion als Finanzverfassung titulierten Bereichs finden sich im zehnten Abschnitt des Grundgesetzes.
46 Vgl. Hansmeyer 1992: 165, Kesper 1998: 45 ff., Kirchhof 2003: 52 ff.
47 Vgl. Renzsch 1991: 11 f.
48 Nach Kirchhof: 1993: 80.
49 Vgl. hierzu auch Popitz 1927: 346, Wendt: 1996: 20, Korioth 1996: 341 und 1997: 445, Kesper 1998: 41, Hidien 1999a: 620, Renzsch 2000b: 41.
50 Dieser Begriff ist in der Fachliteratur nicht eindeutig umschrieben. Er wird vielfältig verwandt, zum Teil nur auf die Verteilung der Einnahmen bezogen, zum Teil sowohl im Hinblick auf die Einnahmen- als auch die Ausgaben- und Aufgabenverteilung (Pagenkopf 1981: 31 f., Lenk 1993: 37).
51 Definition nach Lenk 1993: 37 f., Korioth 1997: 21 ff.
52 Technisch erfolgt die Abwicklung in vier Stufen. Siehe dazu Kapitel 3.3 und Anlage 1.
53 Der Begriff vertikaler Finanzausgleich bezieht sich auf die budgetären Ausgleichsströme zwischen den Gebietskörperschaften verschiedener Ebenen. Diese werden hier als Gesamtheit betrachtet. Der horizontale Finanzausgleich erfolgt zwischen nachgeordneten Gebietskörperschaften der gleichen Ebene. Vgl. Lenk 1993: 38, Korioth 1997: 22 .
54 Diese zweite Phase stellt das prekärste Modul der föderativen Finanzbeziehungen dar und wird daher in der politischen und wissenschaftlichen Diskussion am kontroversesten diskutiert. Vgl. Heun 1992: 222.
55 Korioth 1997: 22.
56 In der politischen und populärwissenschaftlichen Diskussion wird unter dem Begriff Finanzausgleich häufig nur diese Phase verstanden. In der hier erfolgten begrifflichen Abgrenzung greift diese Bezeichnung zu kurz.

Steuern, sekundärer Finanzausgleich[57]) als auch die öffentlichen Ausgaben (z.B. Mischfinanzierung, d.h. die gemeinsame Finanzierung öffentlicher Aufgaben durch Bund und Länder) umfassen. Die mannigfachen Variationen föderativer Finanzverflechtungen sind typische Elemente des unitarisch-kooperativen Bundesstaats in Deutschland.

1.3.2 Spezifischer Charakter des Problemfelds

Die Finanzbeziehungen sind im engeren Sinne nicht als Politikfeld zu klassifizieren. Denn es handelt sich hierbei um keinen Objektbereich der wirtschaftlichen, sozialen oder kulturellen Umwelt, das politisch gesteuert oder gestaltet werden soll, sondern um einen substanziellen Teil der binnenstrukturellen Ordnung des politischen Systems. Da der Föderalismus neben der parlamentarischen Regierungsform die zweite zentrale Institution des politischen Systems in Deutschland ist, kann der Finanzordnung (das ein elementares Fundament der föderativen Staatsorganisation darstellt) zu einem gewissen Grad ein quasi-institutioneller Charakter beigemessen werden.[58]

Abgesehen von der Art der zu regelnden Materie – Staatsorganisation einerseits, Umwelt des politischen Systems andererseits – unterscheidet sich die politische Problembewältigung im Bereich der Bund-Länder-Finanzen von anderen Problemfeldern durch eine zentrale Eigentümlichkeit: Die Auswirkungen der Entscheidungen betreffen die Akteure selbst.[59] Denn die Konzeption des Finanzsystems bestimmt über die materielle Grundausstattung und die Finanzierungszuständigkeiten der einzelnen föderalen Glieder. Es entscheidet somit wesentlich über die Macht- und Einflussverteilung im Bundesstaat. Demzufolge birgt der Gegenstand ein beträchtliches Konfliktpotenzial.

Hinzu kommt, dass die politischen, finanzwirtschaftlichen und sozioökonomischen Rahmenbedingungen nicht statisch, sondern stets im Fluss sind. Mit jeder Änderung dieser Kontextvariablen modifizieren sich die Herausforderungen, mit denen das Finanzsystem konfrontiert wird. Aufgrund der dynamischen Umwelt und der hohen Relevanz des Objekts ergibt sich in diesem Bereich ein permanentes Spannungsverhältnis zwischen den föderalen Gliedern. Die Finanzordnung und die fiskalischen Ausgleichsmechanismen stehen dementsprechend relativ häufig auf der politischen Agenda.[60] Vor dem Horizont der Interessendivergenzen zwischen den einzelnen Gliedern dominieren in den Auseinandersetzungen um das Finanzsystem föderale Konfliktlinien.[61] Dies ergibt sich vor allem aus dem Gegenstand selbst, aber auch aus dem Umstand, dass das Thema aufgrund der hochgradigen vertikalen Integration im deutschen Parteiensystem[62] programmatisch nicht belegt ist.

---

57 Ein sekundärer Finanzausgleich ist in Bundesstaaten nicht zwangsläufig notwendig. Insbesondere der Länderfinanzausgleich in seiner gegenwärtigen Ausgestaltung ist ein spezifisch bundesdeutsches Phänomen. Vgl. Mäding 1992: 185, Renzsch 2000a.
58 Vgl. Altemeier 1999: 16.
59 Theoretisch greift die Budgetmaximierungshypothese (Niskanen 1971) diese Bedingungen auf. Sie betont die Allgemeingültigkeit des Instrumentarziels, die materielle Ressourcenausstattung zu verbessern, da diese sowohl die politische Gestaltungsmaxime als auch die Machterhaltungsmaxime (Böhret 1970) der Akteure begünstigt. Dazu auch Mäding 1992: 183.
60 Vgl. Altemeier 1999: 48 f., Renzsch 2000a: 42. Renzsch (1991) analysiert die Entwicklung der Auseinandersetzungen um den Finanzausgleich in der Bundesrepublik bis 1989.
61 Vgl. Altemeier 1999: 17.
62 Vgl. Schultze 1985a: 68 f.

1.3 Problemstellungen und Objektbereich   25

Trotz dieser Differenzen zeigen sich in den Problemverarbeitungsprozessen weitreichende Parallelen zur Gestaltung von wirtschaftlichen und gesellschaftlichen Politikfeldern. Das wissenschaftliche Instrumentarium, die Erkenntnisse und die bedeutenden Termini der Politikfeldanalyse lassen sich deswegen auf unseren Objektbereich übertragen. Es ist daher im Kontext des angestrebten Untersuchungsziels durchaus funktional, die Finanzbeziehungen analytisch als Politikfeld zu betrachten. In Anbetracht dieser heuristischen Klassifizierung muss im Hinblick auf die leitenden Fragestellungen geklärt werden, in welcher Form und von welchen Akteuren die Entscheidungen produziert werden.

1.3.3 Entscheidungsstrukturelle Bedingungen und Interaktionsmodus

Die Grundlagen der Finanzbeziehungen sind sowohl im Grundgesetz als auch in zustimmungspflichtigen Bundesgesetzen geregelt. Demzufolge sind zur Politikgestaltung in diesem Bereich nur die beiden Organe der Bundesgesetzgebung, der Bundestag und der Bundesrat, gemeinsam befähigt. Die *erforderlichen Mehrheiten* orientieren sich dabei an der Qualität des Gesetzes: Verfassungsänderungen bedürfen der Zweidrittelmehrheit in beiden Gesetzgebungsorganen, bei Bundesgesetzen genügt hingegen jeweils die einfache Stimmenmehrheit.[63] Also können weder der Bund noch einzelne Landesregierung in diesem zentralen Bereich der föderalen Staatsorganisation unabhängig Entscheidungen treffen. Angesichts dieser entscheidungsstrukturell bedingten Mehrebenenverflechtung[64] sind die Akteure grundsätzlich zu Verhandlungen als *Interaktionsmodus*[65] gezwungen.

Um die erforderlichen Mehrheiten zu erreichen, ist zwar die Bildung von Koalitionen zwischen dem Bund und einer Majorität im Bundesrat möglich. Prinzipiell streben die Verhandlungspartner aber eher nach einvernehmlichen Lösungen.[66] Die Ursache für diese soziale Handlungsorientierung liegt in den komplexen strukturellen Rahmenbedingungen des politischen Prozesses. Bekanntlich ist die Politikformulierung eingebunden in ein hoch organisiertes Institutionen- und Rechtssystem. Dieses begünstigt in verschiedener Hinsicht das Bestreben nach einem *konsensorientierten Verhalten*:[67]

1. Das Grundgesetz gibt nicht nur den Entscheidungsmodus vor, sondern garantiert auch in den zentralen Verfassungsgrundsätzen des sozialen und homogenen Bundesstaats den formalen Anspruch auf Gleichbehandlung der föderalen Bündnispartner. Mit dem Verfassungsauftrag zur Angleichung der Lebensverhältnisse besteht eine weitere elementare inhaltliche Vorgabe. Zudem müssen bei einfachen Bundesgesetzen die Bestimmungen der Finanzverfassung beachtet werden. Damit steckt die geltende Verfassungsordnung in normativer und sachlicher Hinsicht die Koordinaten ab, innerhalb de-

---

63 Im Prozess der deutschen Einheit galten hiervon abweichende entscheidungsstrukturelle Bedingungen: Die Gesetzgebung über die föderativen Finanzbeziehungen oblag zwar Bund und Ländern innerhalb der hier beschriebenen Entscheidungsregel, allerdings wurde die übergangsweise Gestaltung des Finanzsystems im vereinten Deutschland zwischen der Regierung der DDR und der Bundesrepublik ausgehandelt und in weiteren Verhandlungen von der Bundesregierung mit den Länderregierungen abgestimmt (beachte Kapitel 1.3.4).
64 Dieser Begriff impliziert, dass die politischen Prozesse zwischen verschiedenen Ebenen (hier: Bund und Länder) koordiniert werden müssen. Vgl. zu dieser Definition Benz 2000: 98.
65 Scharpf (2000: 91) unterscheidet vier Interaktionsformen: Verhandlungen, einseitiges Handeln, Mehrheitsentscheidungen und hierarchische Steuerung.
66 Vgl. Altemeier 1999: 62.
67 Vgl. die ausführlichen Erklärungen für die Handlungsorientierung der Akteure bei Altemeier 1999: 64 ff.

rer sich die Akteure bei der Politikformulierung bewegen müssen. Überdies existiert mit dem Bundesverfassungsgericht ein Organ, das – auf Anforderung – als „*Vetospieler*" die Einhaltung dieser Vorschriften einfordern kann. Entscheidungen können damit von der unterlegenen Minderheit Karlsruhe in einer Normenkontrollklage Überprüfung vorgelegt werden. Ein solches Verfahren ist nicht nur zeitaufwändig, es führt meist auch zu erheblichen Planungsunsicherheiten für alle Beteiligten.

2. Hiervon abgesehen begünstigen die strukturellen Bedingungen des deutschen Bundesstaates ein gemeinschaftliches Vorgehen. Jener ist als ebenso arbeitsteiliges wie eng verflochtenes System konstruiert.[68] Daraus resultieren gerade auch in der Finanz- und Haushaltswirtschaft hochgradige Interdependenzen zwischen den Gebietskörperschaften. Einseitige Politikergebnisse bergen die Gefahr, dass negative Wirkungen im Gebiet der in der Abstimmung unterlegenen Länder zu nachteiligen Rückkoppelungseffekten im gesamten System führen und damit dessen Funktionsfähigkeit bedrohen. Ein solches eindimensionales Ergebnis wird weder dauerhaft als befriedigend bewertet werden können, noch wäre es – siehe erstens – verfassungsrechtlich tragbar.

3. In enger Verwandtschaft hierzu steht Folgendes: Bund und Länder befinden sich angesichts der staatsorganisatorischen Kompetenzverschränkungen in einem kontinuierlichen Interaktionsverhältnis. In und zwischen den verschiedenen Politikfeldern liegen jeweils unterschiedliche Interessenpositionen mit vielfältigen Konfliktlinien vor. Dementsprechend ergeben sich häufig wechselnde Mehrheitskonstellationen. Mit langfristig stabilen Mehrheitskoalitionen kann deshalb kein Verhandlungspartner kalkulieren.[69] Im Gegenteil: Oft ist es schon innerhalb einzelner Problemfelder schwierig, solide Mehrheitsbündnisse zu schmieden. In Folge der meist hohen Problemkomplexität sind zugleich mit jedem Gesetz auch eine Vielzahl materieller Komponenten und technischer Details zu regeln. Von diesen sind die einzelnen Verhandlungspartner in einem unterschiedlichen Ausmaß betroffen.[70] Für die Entscheidungsträger leitet sich daraus nicht nur die Herausforderung ab, politische Mehrheiten zu finden. Es besteht auch die Gefahr, dass bei einseitig durchgesetzten Beschlüssen die unterlegene Minderheit in einer der nächsten Entscheidungen auf Ausgleich drängt. Damit können aufgrund der schwer prognostizierbaren zukünftigen Mehrheitsverhältnisse Gewinner von heute schnell Verlierer von morgen sein. Außerdem drohen bei einseitigen Entscheiden auch negative soziale Folgewirkungen in der zukünftigen Zusammenarbeit. Gerade das auf administrativer Ebene fest etablierte Expertennetzwerk der jeweils zuständigen Fachressorts der Regierungen versucht dies zu vermeiden.[71]

Die hier skizzierten Implikationen der strukturellen Bedingungen machen deutlich, dass die Akteure bei einseitig interessenmotivierten Mehrheitsentscheidungen mit erheblichen Unsicherheiten hinsichtlich der politischen Folgekosten sowie mit negativen materiellen Rück-

---

68 Vgl. Benz: 1989: 185.
69 Es gibt zwar Länder, die in ihren Problem- und Interessenstrukturen relativ homogen sind, diese Ähnlichkeiten gehen aber nicht soweit und betreffen auch nicht so viele Länder, als dass sich hieraus feste Koalitionen schließen lassen. Altemeier (1999: 64 f.) thematisiert diese Problematik. Er (1999: 65) verweist zudem darauf, dass die permanente Benachteiligung einer Minderheitsgruppierung durch ein dauerhaftes mehrheitsfähiges Bündnis gegen des Gebot der Bundestreue verstoßen würde und damit verfassungswidrig wäre.
70 Ein Beispiel: Während Hamburg der Gruppe der finanzstarken Länder zuzuordnen ist, gehört Bremen zu den finanzschwächeren West-Ländern. Trotz der hieraus resultierenden Interessendiskrepanz eint beide wiederum ihr spezifischer Charakter als Stadtstaat.
71 Vgl. auch Altemeier 1999: 71.

1.3 Problemstellungen und Objektbereich

koppelungseffekten zu rechnen haben. Demnach besteht zumindest potenziell die Gefahr von politischen Instabilitäten. Hinzu kommt, dass die Verhandlungspartner im zu analysierenden Objektbereich ohnedies mit Unsicherheiten im Hinblick auf die weitere sozioökonomische Entwicklung konfrontiert werden und zugleich ein ausgesprochen hoher Grad an Transparenz der einzelnen Interessen gegeben ist.[72] Vor dem Hintergrund dieser Rahmenbedingungen besteht die Tendenz, nach Möglichkeit einvernehmliche Lösungen zu erzielen. Ungeachtet dessen sind die genannten Perspektiven weder allein noch in der Summe ausreichend, um eine ausschließliche Fixierung der Verhandlungspartner auf einstimmige Entscheide zu begründen. Da das Grundgesetz Mehrheitsentscheide zulässt, agieren Bund und Länder prinzipiell im „*Schatten der Mehrheit*".[73] Es müssen daher immer die Konstellationen im Einzelfall geprüft werden. Nachdem die Form des Aushandelns im Bereich der föderalen Finanzbeziehungen als Konfliktregelungsmuster favorisiert wird[74], bleibt zu erörtern, welche Stellung den einzelnen Akteuren hierin zukommt.

1.3.4 Akteure

Im Untersuchungsbereich kommt dem Bund und den Ländern die exponierte Stellung zu: Einerseits handelt es sich bei ihnen – wie bereits beschrieben wurde – kraft Natur der Sache um die Hauptbetroffenen der Politikentscheidungen. Und andererseits sind sie qua rechtlicher Bestimmungen zur Politikformulierung befähigt.[75] Die Studie wird zeigen, dass in den der formalen politischen Willensbildung vorgelagerten *Verhandlungen zwischen den Regierungen von Bund und Ländern* die ausschlaggebenden Politikformulierungsprozesse stattfinden. In den informellen Gesprächen der Exekutiven werden die Entscheidungen nicht nur vorbereitet, sondern weitgehend auch getroffen. Der Bundestag und der Bundesrat vollziehen die Ergebnisse dieser Absprachen dann im Wesentlichen nur noch nach.[76]

Für die Analyse leitet sich aus dieser Erkenntnis Folgendes ab: Im Blickfeld muss die *informelle Arena*[77] des föderalen Aushandelns und damit die an ihr beteiligten Akteure stehen. Demgemäß sind nicht nur die politischen Funktionsträger der Exekutiven, also die

---

72 Mit Geld existiert eine eindeutige Mess- und Bewertungsgröße, die für die Beteiligten alle Verhandlungspositionen durchschaubar macht. Denn der politische Prozess wird von einer ausgesprochen professionalisierten Administration begleitet, die es vermag, jeden Vorschlag hinsichtlich seiner erwartbaren budgetären Wirkung zu prognostizieren. Zugleich können auch die jeweiligen materiellen Interessen in Verfahrensstrukturen transformiert werden. Das Finanzsystem bietet viele einzeln justierbare Instrumente und technische Mechanismen, die es ermöglichen, annähernd das gewünschte Verteilungsverhältnis zu realisieren. Vgl. Czada 1995c: 87 f.
73 Vgl. Altemeier 1999: 43.
74 Vgl. Altemeier 1999: 69, Lehmbruch 1999b.
75 Die zentralen Bereiche der Finanzverfassung sind in der Verfassung oder durch zustimmungspflichtige Bundesgesetze geregelt.
76 Die Informalisierung der Politik liegt hauptsächlich in den entscheidungsstrukturellen Bedingungen begründet. Aufgrund der Komplexität der Entscheidungsregeln nehmen die Verhandlungen der Exekutiven von Bund und Ländern eine wichtige Funktion im Willensbildungsprozess ein. Unter demokratietheoretischer Perspektive resultiert hieraus jedoch der Nachteil, dass in Folge dieser Ergebnisorientierung die Politikgestaltung der Parlamente präjudiziert wird. Vgl. J.J. Hesse/Renzsch 1991: 30 f., Schultze 1993: 229, Kilper/Lhotta 1996: 198 ff. Die Konsequenzen der Informalisierung werden demzufolge auch kritisiert: Dies betrifft insbesondere die Entparlamentarisierung mit den Konsequenzen der Intransparenz, der Verringerung der demokratischen Kontrolle und der Beeinflussung der sachlichen Prioritätensetzung der Parlamente. In Bezug auf das zweite Kriterium wird die Politikverflechtung im Rahmen der Theorie der Politikverflechtungsfalle kritisiert.
77 Der Begriff kennzeichnet die typischen Konflikt- und Konsensprozesse innerhalb eines Politikfelds. Zum Arenenbegriff vgl. Windhoff-Héritier 1987: 47 ff., Naßmacher 1994: 11, M.G. Schmidt 1995: 575.

Regierungschefs sowie die Finanzminister und -senatoren, maßgeblich in die politische Willensbildung involviert, sondern auch die ihnen zugeordneten Ministerialbürokratien.[78] Im Gegensatz dazu haben die formellen Beratungen im vom Parteienwettbewerb dominierten Parlament sowie Bundesrat nur ein geringes Gewicht. Sie werden deshalb auch nur peripher betrachtet. Noch begrenzter ist der Einfluss der Länderparlamente, da sie an der Entscheidung auch formal nicht unmittelbar beteiligt sind.[79]

Abgesehen von diesen allgemeinen Feststellungen muss beachtet werden, dass es hiervon im *Einigungsprozess* nicht unerhebliche Abweichungen gegeben hat. Die Gestaltung der gesamtdeutschen Finanzordnung wurde nicht ausschließlich innerhalb der Bundesrepublik verhandelt, sondern mit der DDR war der zweite deutsche Staat an der Willensbildung beteiligt. Die für die Ausformung der Finanzordnung im vereinten Deutschland bedeutendsten Entscheidungen, die im Vertrag über die Währungs-, Wirtschafts- und Sozialunion sowie im Einigungsvertrag dokumentiert sind, waren formal völkerrechtliche Verträge, die der Zustimmung beider deutscher Staaten bedurften. Zugleich konnten Änderungen im Finanzsystem der Bundesrepublik auch im Einigungsprozess nur innerhalb der Bestimmungen des Grundgesetzes, also lediglich gemeinsam von Bundestag und Bundesrat, verabschiedet werden. Damit kam im Einigungsprozess auch den föderalen Verhandlungen zwischen den Regierungen von Bund und Ländern eine herausragende Rolle zu. Für die Problembewältigung bedeutete dies, dass mit der Regierung der DDR ein weiterer, überdies exterritorialer Akteur hinzutrat.[80]

Lässt man diesen Sonderfall unberücksichtigt, kann konstatiert werden, dass die Zahl der Akteure, welche die Politikformulierung dominieren, auf die Regierungen von Bund und Ländern limitiert ist. Es handelt sich deshalb um ein relativ geschlossenes Policy-Subsystem, in dem die beteiligten Akteure ein eng geknüpftes Netzwerk[81] bilden.[82] Die Interaktionskonstellationen sind demnach über die Zeit relativ stabil. Zu beachten ist, dass der Einfluss der einzelnen Beteiligten nicht identisch ist: Der Bund hat schon allein aufgrund der Entscheidungsregel eine *hegemoniale Position* inne, da gegen sein Veto keine Entscheidungen getroffen werden können. Darüber hinaus ist der Bund den Ländern aber auch monetär überlegen: Er verfügt über die bessere finanzielle Ausstattung und ist in seiner Haushaltsführung weniger durch rechtliche Aufgabenverpflichtungen gebunden als

---

78 Es handelt sich hierbei um das Bundeskanzleramt, das Bundesfinanzministerium, die Staats- und Senatskanzleien der Länder sowie die Länderfinanzministerien. Ausführlich erläutert Altemeier (1999: 54 ff.) die formelle und informelle Koordination und Kooperation im Bereich der föderalen Finanzbeziehungen.

79 Ergänzend sei darüber hinaus erwähnt, dass zwei weitere Gruppen an der Gestaltung und Entwicklung der Finanzbeziehungen interessiert sind: Zum einen sind hier die Kommunen zu nennen. Sie sind indirekt von den Politikergebnissen betroffen, aber nicht in die formale Entscheidungsfindung integriert. Demnach können sie nur versuchen, über öffentlichkeitswirksame und interne Lobbyarbeit die politische Willensbildung zu beeinflussen. Zum anderen begleitet die Fachöffentlichkeit, die Wissenschaft und die Fachressorts der Medien die politische Debatte. Die Bedeutung beider Gruppen bleibt aber relativ bescheiden.

80 Die Länder im Bereich der ehemaligen DDR wurden erst nach der staatlichen Vereinigung rekonstituiert, so dass sie ohne direkte Vertretungen im Einigungsprozess blieben. Das von der DDR-Volkskammer am 22.7.1990 beschlossene Ländereinführungsgesetz sah zum 14.10.1990 die Bildung der Länder Brandenburg, Mecklenburg-Vorpommern, Sachsen, Sachsen-Anhalt und Thüringen vor. Die räumlichen Grenzen dieser Länder orientierten sich an den in der Nachkriegszeit bis 1952 bereits existierenden Gliederungen.

81 Der Begriff umfasst die entscheidungsrelevanten Akteure in einem Politikfeld. Vgl. hierzu die Definitionen bei Prittwitz 1994: 35, 93 und Kevenhörster 1997: 360. Zum Terminus vgl. Pappi 1993: 93.

82 In Folge der formellen und informellen Verflechtungen bestehen intensive und dauerhafte Interaktions- und Kooperationsbeziehungen zwischen den Ministerialbürokratien und den politischen Repräsentanten.

1.3 Problemstellungen und Objektbereich

seine Kontrahenten. Der Bund besitzt damit beachtliche Handlungsressourcen.[83] Die Länder können indes ihre Interessen entweder in einer Koalition mit dem Bund oder in einem in der Ländergesamtheit abgestimmten Verhalten gegen den Bund durchsetzen.

Neben der begrenzten Zahl der Beteiligten ist für die Analyse der Finanzbeziehungen eine spezifische Eigentümlichkeit der Beteiligten von essenzieller Relevanz: Es handelt sich bei ihnen um „*komplexe Akteure*"[84]. Die Individuen agieren also nicht für sich selbst, sondern im Auftrag der jeweiligen Regierung.[85] Diese Differenzierung ist für die weitere Analyse fundamental, weil die Institutionen als korporative Akteure unabhängig von den in ihnen wirkenden Protagonisten sowohl charakteristische Fähigkeiten und Handlungsressourcen aufweisen, als auch eigene Identitäten, Orientierungen, Präferenzen und Interessen entwickeln.[86] Dementsprechend können die Politikergebnisse auch nur unter Berücksichtigung jener signifikanten Akteurseigenschaften interpretiert werden. Es wird demnach vorausgesetzt, dass ein intentionales Agieren oberhalb der Ebene des Individuums zu verorten ist. Unter Beachtung dieser Annahme ist es möglich, die sprachlichen Symbole und das Instrumentarium der Akteurstheorie auf die komplexen Einheiten anzuwenden. Allerdings ist zunächst nur individuelles Handeln beobachtbar. Das individuelle Verhalten wird deshalb auf das kollektive soziale Aggregat bezogen, für die der Akteur agiert und aus dessen Perspektive das intentionale Handeln interpretiert werden soll. Ausgangspunkt für diese Verknüpfung des individuellen mit dem kollektiven Handeln ist die Überlegung, dass das Individuum hierbei in seinen Aktionen *soziale Rollen* übernimmt.[87] Jene konnotieren stets normative Erwartungen, die durch den Charakter, die Historie und die Interessen der kollektiven Einheit bestimmt sind. Ebenso verbinden sich mit den sozialen Funktionen spezifische Wahrnehmungs- und Deutungsmuster, die von den repräsentierten Institutionen bzw. Organisationen herrühren.[88] Um die Interaktionen erklären zu können, muss die jeweilige soziale Position und die mit ihr zusammenhängenden Erwartungen, Handlungsorientierungen und Identitäten analysiert werden.

Im vorliegenden Fall wird die Analyse dadurch erschwert, dass zumindest die Regierungschefs von Bund und Ländern als relevante politische Protagonisten drei *Funktionen* zu erfüllen haben[89]: Erstens sind sie als Repräsentanten kraft ihres Amtes der jeweiligen Gebietskörperschaft verpflichtet. Zweitens sind sie einflussreiche Vertreter ihrer jeweiligen Partei und haben damit zu ihr eine intensive Bindung. Drittens schließlich bilden sie die Führungsgruppe desselben politischen Systems. Sie sind damit einerseits aufgrund der vielfachen Interdependenzbeziehungen und Rückkoppelungseffekte im Bundesstaat abhän-

---

83 Vgl. Altemeier 1999: 17, 69. Handlungsressourcen sind definiert als jene Fähigkeiten, die es Akteuren erlauben, das Politikergebnis in ihrem Sinne zu beeinflussen. Vgl. Sabatier 1993: 131, Scharpf 2000: 86.
84 Zum Konzept des kollektiven bzw. korporativen Akteurs vgl. Coleman 1990, Scharpf 2000: 96 f.
85 Die Teilnehmer sind damit dadurch gekennzeichnet, dass sie in einem institutionellen oder organisatorischen Kontext in die Handlungssituation involviert sind. Dieser Kontext ist nicht identisch mit dem individuellen und kollektiven Lebenszusammenhängen der einzelnen Beteiligten.
86 Zur Abgrenzung und Differenzierung komplexer Akteure vgl. Scharpf 2000: 101 ff.
87 Organisationen und Institutionen zeichnen sich durch ihnen eigene Identitäten und Kulturen aus. Diese verfügen über eine einheitsstiftende Kraft. Verstärkt wird dieser Prozess durch hierarchische Strukturen, die die Beschäftigten zur Loyalität gegenüber der Führung und den Präferenzen der Institution bzw. Organisation anhält. Vgl. zu dieser Transformationsregel Braun 1997: 51.
88 Vgl. Scharpf 2000: 112.
89 Dies gilt nicht in gleichem Umfang für die Beschäftigten der Ministerialbürokratien. Diese sind qua Arbeitsvertrag an ihre Aufgabenstellung gebunden und damit ihrem jeweiligen Land und Ressort verpflichtet.

gig von der Funktionsfähigkeit des gesamten Systems.[90] Andererseits stehen sie – auch in der öffentlichen Meinung, die „die Parteipolitiker" häufig als Gesamtgruppe wahrnimmt – in der Verantwortung für dessen Leistungsfähigkeit. Die hier gewählte Reihenfolge spiegelt zugleich die Bedeutung wider, die die Akteure im Problemfeld der föderativen Finanzbeziehungen den einzelnen Rollen beimessen. Vordergründig dienen die Akteure – auch aufgrund der eigenen Betroffenheit – den Interessen ihrer Gebietskörperschaft; somit wiegt diese Funktion am schwersten.[91] Die an dritter Stelle genannte Rolle ist hingegen schwächer ausgeprägt und wirkt vor allem über die Wahrnehmung der Rahmenbedingungen und sachlichen Problemstellungen. In Anbetracht der sich zum Teil konterkarierenden Positionen der einzelnen Funktionen führt dies zu Spannungslagen und Zielkonflikten, mit denen sich die einzelnen Akteure auseinander setzen müssen.

Unabhängig von dieser herausragenden Stellung der sozialen Rollen bleibt aber zu beachten, dass die einzelnen Akteure eine gewisse Selbständigkeit bewahren und durchaus Eigeninteressen in Bezug auf das Handlungsobjekt hegen können. Somit verbinden sich im Typ des komplexen Akteurs sowohl Merkmale des kollektiven als auch des individuellen Akteurs.[92] In der Analyse sind daher die multiplen Rollen und Interessenlagen der einzelnen Protagonisten sowie die aus ihnen resultierende Akteurkonstellation[93] zu sondieren.[94]

1.3.5 Fazit: Schwerpunkte des Projekts

Vor dem Horizont dieser Befunde und sachlichen Abgrenzungen kann das Untersuchungsziel zusammenfassend wie folgt konkretisiert werden: Die Studie fokussiert die drei bislang zentralen Fälle der politisch-administrativen Problembewältigung im Objektbereich. Erstens die 1990 im Einigungsprozess getroffene Interimslösung mit der Auflegung des Fonds „Deutsche Einheit", zweitens die im Solidarpakt I 1993 verabschiedeten Regelungen zur Etablierung eines gesamtdeutschen Finanzausgleichs sowie drittens die 2001 im Rahmen des Solidarpakts II erfolgte Reform des Transfersystems. In der Analyse ist zu berücksichtigen, dass die strukturellen und materiellen Rahmenbedingungen in den beiden letztgenannten Fällen relativ homogen waren und somit ein Vergleich sehr gut möglich ist. Die Entscheidungsfindung im Jahr 1990 weicht hiervon jedoch zum Teil erheblich ab. Im Einigungsprozess wirkten sich drei Besonderheiten aus:

---

90 Benz (1989: 185) charakterisiert den deutschen Bundesstaat als hochkomplexes, arbeitsteiliges sowie durch Interdependenzen und Verflechtungserscheinungen geformtes System.
91 Vgl. Benz 2000: 98 f.
92 Vgl. Prittwitz 1994: 15.
93 Die „Akteurkonstellation" ist definiert als die Beschreibung der beteiligten Spieler samt ihrer jeweiligen Strategieoptionen, Handlungsressourcen, Wahrnehmungen und Präferenzen. Die (In-)Kompatibilität der verschiedenen Auszahlungswünsche bestimmt das Konfliktniveau im sozialen Interaktionsprozess (vgl. Scharpf 2000: 87 f., 128 f.).
94 Zur Veranschaulichung: Die Akteure verfolgen einerseits prinzipiell ihre eigenen Interessen wie Wiederwahl, Einflusssicherung bzw. -steigerung, Reputationsgewinn, Karrierechancen sowie Durchsetzung subjektiver Wertvorstellungen. Daneben suchen sie u.a. kraft ihrer Funktion das Budget und die Stellung ihrer Gebietskörperschaft zu maximieren (1. Rolle), durch Loyalität die Stellung der eigenen Partei zu erweitern und normative Zielsetzungen zu verfolgen (2. Rolle) sowie die Stabilität des öffentlichen Gemeinwesens zu fördern und übergreifende normative Prämissen umzusetzen (3. Rolle). Für die Wissenschaft resultiert hieraus ein erhebliches und letztlich nur bedingt auflösbares Mess- und Abgrenzungsproblem.

1. Der „Schock" der deutschen Einheit traf die Akteure unvorbereitet. Zugleich war der Zeit- und Handlungsdruck – gerade auch in Anbetracht der außenpolitischen Konstellation und der anhaltenden Binnenmigration – beträchtlich.
2. Die Unsicherheiten über die weitere ökonomische und finanzielle Entwicklung des Landes waren immens.
3. Mit der DDR-Regierung war ein zusätzlicher Akteur beteiligt, sodass die politische Willensbildung einerseits zwischen Bund und (west-)deutschen Ländern und andererseits zwischen den Regierungen der beiden deutschen Staaten erfolgte.

Um diese Fälle und ihre Konsequenzen für das Finanzsystem hinreichend analysieren zu können, sind sowohl die Politikformulierungsprozesse als auch die Ergebnisse und ihre Wirkungen zu erörtern. Damit muss sich die Studie mit zwei wesentlichen Aspekten auseinander setzen: Zum einen gilt es, die Willensbildung im Rahmen ihrer komplexen Umweltbedingungen systematisch zu untersuchen. Die formalen und materiellen Strukturen sowie die Prozesse im vorliegenden Politikbereich dienen dabei als erklärende Faktoren für die Gestaltung der Finanzordnung im vereinten Deutschland. Zu berücksichtigen sind deshalb sowohl die Akteure mit ihren Interessen und Handlungsorientierungen als auch die institutionellen, kulturellen und materiellen Bezugspunkte der Politikgestaltung. Zum anderen sind die Folgewirkungen der getroffenen Entscheidungen zu eruieren, um die Entwicklungen des Finanzsystems hinreichend erfassen und die Qualität der Problembewältigung bewerten zu können. Dazu müssen insbesondere Struktur, Charakter und Entwicklung der Finanzbeziehungen untersucht werden. Eine Beschreibung des Finanzsystems in seiner funktionellen Vielfalt und komplexen Funktionsfähigkeit kann hingegen nicht geleistet werden. Daneben sind die politischen und staatsorganisatorischen Folgeeffekte zu prüfen, um unter verschiedenen Wertungsdimensionen die Entscheidungen würdigen zu können.

Im Mittelpunkt der Analyse steht damit die Frage, wie die aus der deutschen Einheit resultierenden Redistributionsprobleme des fiskalischen Ausgleichssystems durch strategische Interaktionsprozesse innerhalb der institutionellen Regelstrukturen und der etablierten Verhandlungssysteme bewältigt wurden. Hierbei kann sich die Studie allerdings nicht auf eine Erklärung der Politikformulierungsprozesse beschränken. Im Hinblick auf das übergeordnete Gesamtziel, ein möglichst umfassendes Bild über das Problemfeld der föderativen Finanzbeziehungen zu gewinnen, gilt es auch, die Politikergebnisse zu bewerten.

1.4 Bewertungskriterien: Performanz der Politikentwicklung

Im Kontext des gewählten interaktionszentrierten Forschungsansatzes ist die Frage, wie die konkrete politisch-administrative Problembewältigung im Bereich der Finanzbeziehungen zu bewerten ist, anders zu diskutieren als bei einer problemorientierten Betrachtungsweise.[95] Denn das Wissen um die komplexen strukturellen Voraussetzungen für eine Politikformulierung, muss bei der Würdigung der erzielten Politikergebnisse mitberücksichtigt werden. Ziel muss deshalb die Erstellung einer Handlungsbilanz sein, die die gewählten und die ausgelassenen Optionen vor dem Hintergrund einer Restriktionsanalyse der Bedingungen, die wirkungsvolles Handeln begünstigen oder erschweren, beurteilt.

---

95 Zur Abgrenzung vgl. Scharpf 2000: 33 f.

1.4.1 Leitfragen und Maßstäbe

In Anbetracht der Problemstellung ist als Beurteilungsmaßstab ein problemorientierter Soll-Ist-Vergleich nicht ausreichend. Ein solches Konzept würde es nicht zulassen, die komplexen Wirkungsmechanismen bei der Produktion politischer Ergebnisse hinreichend einzubeziehen. Für die Zwecke dieser Studie bietet sich stattdessen mit der *Performanz* eine Norm der politischen Systemtheorie an. Dieses Leistungskriterium soll hier an der Effizienz und der Effektivität der Politiklösungen gemessen werden. Effizienz ist dabei definiert als Kosten-Nutzen-Relation, Effektivität als der Grad der Zielerreichung.[96] Der Vorteil dieser Maßstäbe liegt darin, dass die Wirkungsmechanismen und Restriktionen der institutionellen und kulturellen Strukturen sowie der materiellen Bedingungen in das Beurteilungsraster einfließen und damit eine enge Verbindung zum Forschungsansatz hergestellt wird.[97]

Analog zu dieser inhaltlichen Ausrichtung gilt es *primär*, die Qualität der Politikergebnisse zu diagnostizieren. Erst vor diesem Horizont geht es *sekundär* darum, auch Aussagen über die entscheidungsstrukturellen Bedingungen zu treffen.[98] Die Würdigung der Politiklösung darf sich indes nicht einseitig darauf fokussieren, inwieweit die einzelnen Maßnahmen als sachadäquat zu klassifizieren sind. Politische Lösungen müssen vielmehr unter diversen Dimensionen standhalten. Gerade im Hinblick auf den Aspekt der Verteilungsgerechtigkeit ist es erforderlich, dass sie von den politischen Akteuren auch akzeptiert werden. Ferner müssen sie den normativen Prämissen des politischen Gemeinwesens entsprechen.[99] Demzufolge gilt es, auch diese Kriterien hinreichend zu beachten. Dies bedeutet: Es sind nicht nur sachliche, sondern auch politische Leistungskriterien in die Analyse zu integrieren. Für den politischen Prozess leiten sich hieraus zwangsläufig spannungsgeladene inhaltliche Zielkonflikte ab. Dennoch setzt eine systemrationale Lösung voraus, dass

---

96 Als Kosten sind dabei nicht nur die monetären Aufwendungen, die im Rahmen der Entscheidungsfindungen (Transaktionskosten) und Durchführung anfallen, zu berücksichtigen. Hinzukommen ebenso die Opportunitätskosten, die durch den Verzicht auf andere Handlungsoptionen entstehen, sowie die legitimatorischen Kosten, die aus der Missachtung von Werten und Normen resultieren. Ausführlich dazu Prittwitz 1994: 63 ff.

97 Im Kontext der Erstellung eines Beurteilungsrasters sind zwei mögliche Betrachtungsweisen zu differenzieren. Erstens: Das strukturelle und materielle Umfeld wird als restriktiver Faktor der Politikproduktion berücksichtigt. Dies ist möglich, sofern und soweit diese Parameter vorgegeben und nur schwer bzw. nicht veränderbar sind und sie zugleich das politische Handeln nachhaltig beeinflussen. Dann bestimmen diese Wirkungsgrößen die Koordinaten der sachlich möglichen und entscheidungsstrukturell durchsetzbaren Handlungsspielräume. Sie determinieren damit sowohl die erreichbaren Nutzenpotenziale, wie sie den Kostenrahmen für bestimmte Maßnahmen definieren. Zweitens: Die restriktiven Bedingungen werden nicht oder nur bedingt relativierend in die Beurteilung einbezogen, vielmehr werden die institutionellen Bedingungen prinzipiell selbst zur Disposition gestellt. Im Zentrum dieser Sichtweise steht die Frage, inwieweit das System reformfähig in Bezug auf sich selbst ist und sachadäquate Lösungen zulässt. Je nachdem wie die Rahmenbedingungen eingeordnet werden, variiert die Bewertung des Politikergebnisses. Dem hier gewählten theoretischen Forschungsansatz entspricht der erstgenannte Zugang. Als Ausgangspunkt wird damit der institutionelle und kulturelle Status quo als Kontextvariablen des politischen Handelns akzeptiert (vgl. Renzsch 2000b: 39). Zwar steht auch die Leistungsfähigkeit des institutionellen Systems zur Diskussion, aber die hohen Anforderungen an einen institutionellen Systemwandel werden als Aufwendungen in die Kosten-Nutzen-Rechnung integriert. Konkret bedeutet dies: Das System des unitarisch-kooperativen Föderalismus ist die institutionelle Basis. Die Akteure können demnach nicht in jeder Entscheidung zwischen verschiedenen Föderalismusmodellen wählen. Folglich ist der Nutzen, den Fundamentalreformen eventuell versprechen, den Kosten eines Wandels (höhere Entscheidungshürden und damit aufwendigere Verhandlungen, Folgegesetze auch in anderen Bereichen, Unsicherheiten über konsistente Implementierung des Wandels etc.) gegenüberzustellen.

98 Es ist nicht nur zu fragen, wie weit der Einfluss der Institutionen reicht, sondern es ist auch zu beantworten, ob die Institutionen zur Problembewältigung beitragen oder selbst Probleme erzeugen.

99 Vgl. zu diesen Anforderungen Braun 2000a: 137.

nicht einzelne Ansprüche isoliert und zu Lasten anderer verfolgt werden. Um eine umfassende Beurteilung zu gewährleisten, darf sich die Betrachtung nicht nur auf das Politikergebnis („*Output*") und seine tatsächlichen Wirkungen („*Outcomes*") im Politikfeld selbst konzentrieren. Vielmehr sind auch die darüber hinaus resultierenden Nebeneffekte („*Impacts*") und Rückkoppelungseffekte zu untersuchen.[100]

Allerdings haften diesen komplexen Bewertungskriterien zwei zentrale *Probleme* an: Zum einen ist eine abschließende Operationalisierung dieser Maßstäbe unmöglich. Denn das föderale Finanzsystem muss unter finanzwissenschaftlichen und ökonomischen ebenso wie unter bundesstaatlichen und politischen Kriterien bestehen. Diese abstrakten Normen lassen sich zwar in verschiedene Indikatoren ausdifferenzieren. Diese können aber weder endgültig enumeriert, noch in einem fixen Verhältnis zueinander gewichtet werden. Dies offenbart eine andere Facette: Die Gestaltung der Finanzbeziehungen ist eine politische Frage. Dementsprechend ist die Definition der Zielsetzung ebenfalls eine politische Aufgabe. Das Politikergebnis darf daher nur daran gemessen werden, ob es den normativen Prämissen und Intentionen entspricht, oder ob andere Lösungen die Wünsche und Bedürfnisse im Interesse einer Gemeinwohlmaximierung besser befriedigt hätten. Dies impliziert allerdings für die Forschung das Dilemma, dass die Wahrnehmungen der Akteure nicht zwangsläufig dem bestmöglichen Wissen entsprechen[101] und Problemdefinitionen sowie Zielsetzungen unter Umständen im Kontext der diffizilen strukturellen Bedingungen im Voraus heruntergeschraubt oder modifiziert werden.[102]

Hieraus folgt für die Analyse das Problem, dass eine Quantifizierung der Bewertungsmaßstäbe in einer mathematischen Wohlfahrtsfunktion nicht darstellbar ist. Die unterschiedlichen finanzwirtschaftlichen, rechtlichen und politischen Leistungskriterien sind nicht vergleichbar, und die Konstruktion von Umrechnungsgrößen übersteigt die Kapazität der Studie.[103] Aus diesem Grund muss in diesem Projekt eine qualitativ-analytische Abwägung ausreichen. Um dennoch wissenschaftlich vergleichbare Aussagen treffen und die Politikergebnisse systematisch würdigen zu können, ist deshalb die Entwicklung von operationalisierten Wertungsdimensionen unerlässlich.

1.4.2 Wertungsdimensionen und Indikatoren

Prinzipiell sind verschiedene Wege denkbar, um *Wertungsdimensionen* zu definieren. In dieser Arbeit wird an Renzsch angeknüpft, der die Finanzbeziehungen im Spannungsfeld „*zwischen ökonomischer Effizienz, bundesstaatlicher Funktionalität und politischer Legitimität*" sieht.[104] Renzsch spricht drei Ebenen an, die hier als Basis für einen dreidimensionalen Bewertungsraum dienen sollen: die finanzwirtschaftlichen und ökonomischen Maßstäbe (ökonomische Effizienz), die politischen Leistungskriterien (politische Legitimität) sowie die verfassungsrechtlichen und staatsorganisatorischen Normen (bundesstaatliche Funktionalität). Hierbei bleibt zu beachten, dass diese Kategorien lediglich ein *heuristisches Ordnungssystem* bilden. Zugleich übersteigt es die Kapazität dieses Projekts,

---

100 Vgl. zur Differenzierung Berg-Schlosser 1999: 141.
101 Vgl. Scharpf 2000: 115.
102 Auch in der Wissenschaft existieren keine umfassenden Maßstäbe zur Beurteilung von Politikergebnissen. Es gibt nur modellspezifische Kriterien, diese genügen aber nicht den hier interessierenden Problemstellungen.
103 Vgl. zur Problematik Prittwitz 1994: 66.
104 Vgl. Renzsch 2000b.

die einzelnen Facetten der jeweiligen Wertungsebenen in ihrer gesamten Vielfalt und Komplexität darzustellen. Denn zur Entwicklung eines komplexen Bewertungssystems müsste in einem eigenständigen Forschungsprogramm ermittelt werden, wie die Merkmalsebenen theoretisch zu definieren und zu operationalisieren sind, wie sie zueinander in Verbindung stehen und wie sie empirisch zu messen sind. Dies geht allerdings über die Leistungsfähigkeit dieser Studie hinaus. Dementsprechend zielt die Operationalisierung ausschließlich darauf, bedeutende Indikatoren der einzelnen Maßstabsdimensionen kursorisch einzuführen. Demgemäß besitzt die Aufzählung potenzieller Indikatoren weder den Anspruch auf Vollständigkeit, noch wird ihr Stellenwert und ihre wechselseitige Beziehung geklärt. Sie liefern lediglich analytische Anhaltspunkte, um zu erkennen, wo Vorteile und Probleme der Politiklösungen liegen. Ihnen kommt daher also primär eine Orientierungsfunktion zu.

Die Finanzwissenschaft entwickelte verschiedene, in ihren fundamentalen Kernaussagen kongruente Wertungskriterien, um die Qualität politischer Problemlösungen zu beurteilen.[105] Als zentrale Indikatoren für die *ökonomische Wertungsdimension* werden die finanzwissenschaftlichen Leistungsmerkmale Allokation, Distribution und Stabilität von Musgrave[106] herangezogen.[107] Entsprechend dieser Funktionstrias sind die Politikergebnisse daraufhin zu überprüfen, ob sie den materiellen Problemstellungen hinreichend begegnen, ob sie die volkswirtschaftliche Entwicklung fördern oder hemmen, ob sie positive oder negative Anreize zu effizientem Staatshandeln aussenden und ob die Verteilungsregeln als ökonomisch gerecht zu betrachten sind.[108] Dabei ist auch zu klären, inwieweit das Finanzsystem in sich systemlogisch, transparent und stabil ist.[109]

Die Qualität der Politikergebnisse im Hinblick auf die *staatsorganisatorisch-verfassungsrechtliche Wertungsdimension* indizieren insbesondere folgende Kennzeichen: Erstens: Die Gestaltung der Finanzbeziehungen muss sich konsistent in das Bundesstaatsgefüge einordnen lassen. In diesem Kontext ist sowohl die kohärente Einpassung der Neuregelung in das bundesstaatliche System als auch das Zusammenspiel mit den Regelungen in sachlich verwandten Problemfeldern relevant. Zweitens: Die Handlungsfähigkeit der föderalen Glieder ist durch das Finanzsystem sicherzustellen, so dass sie ihre rechtlichen Aufgabenverpflichtungen erfüllen können. Drittens: Die Finanzausgleichsregelungen sollen sich durch ein Gleichgewicht zwischen Stabilität einerseits und Anpassungsfähigkeit bzw. prinzipieller Reformfähigkeit andererseits auszeichnen. Dies umschließt zum einen ebenso das Streben nach Rechtstaatlichkeit und Beständigkeit sowie die Erzielung eines Fundamentalkonsenses. Zum anderen erfordert es ein Flexibilitäts- und Anpassungsreservoir der Bestimmungen und der Entscheidungsstrukturen, um problemangemessene Lösungen zu erreichen. Viertens: Die Gestaltung des Finanzsystems muss gerade hinsichtlich der Verteilungsregeln den Verfassungsprinzipien und Staatszielen entsprechen.[110]

---

105 So z.B. das Prinzip der fiskalischen Äquivalenz, das Dezentralisierungstheorem, das Konnexitätsprinzip, das Korrespondenzprinzip und das Prinzip der institutionellen Kongruenz.
106 Musgrave u.a. 1992.
107 Anders als in zahlreichen finanzwissenschaftlichen Studien wird nicht das „Prinzip der fiskalischen Äquivalenz" als Maßstab herangezogen. Dieses Konzept der ökonomischen Theorie des Föderalismus lässt sich aufgrund umfassender Operationalisierungsprobleme in der Praxis kaum anwenden. Ferner bestehen Zweifel hinsichtlich der sachlichen Angemessenheit dieses Konstrukts. Vgl. Postlep/Döring 1996. Dazu Kapitel 8.2.2.
108 In diesem Kontext ist z.B. an positive und negative Nebeneffekte zu denken, die aus der Erhöhung oder Senkung von Staatsausgaben und Investitionen sowie Steuern und Lohnnebenkosten resultieren, die direkt oder indirekt im Zusammenhang mit dem föderalen Finanzsystem stehen.
109 Vgl. Kesper 1998: 184 ff., 194 ff.
110 Vgl. hierzu die Kriterien bei Kevenhörster 1997: 33 f., Kaiser 1999: 207 f.

1.5 Projektdesign: Forschungsressourcen und Analyseprogramm

Zentrale Indikatoren der *politischen Wertungsdimension* sind – erstens – die demokratische Legitimität sowie – zweitens – die Akzeptanz des Ergebnisses sowohl bei den Akteuren als auch in der Bevölkerung. In diesem Kontext ist ausdrücklich zu klären, ob die getroffene Entscheidung als gerecht empfunden wird und mit dem bestehenden kulturell normierten Wertekanon übereinstimmt.[111] Unter der politischen Perspektive ist – drittens – relevant, wie politische und soziale Konflikte aufgegriffen werden und ob die Lösungen eine entsprechende Integrationsleistung erbringen.[112] Hierzu steht ein – vierter – wichtiger Indikator in Beziehung: Der Beitrag des Ergebnisses zur politischen Stabilität. Dieser ist ebenso ein Produkt der Akzeptanz und Wertekonsistenz wie des materiellen Outputs. Ein politisches Zielkriterium ist – fünftens – die Wahrung der föderalen Machtbalance.

Zusammenfassend bleibt nochmals darauf hinzuweisen, dass die oben definierten Wertungsdimensionen lediglich eine heuristische Funktion haben.[113] Im Rahmen der vorliegenden Forschungsressourcen kann es die Studie nicht leisten, das Politikergebnis im Hinblick auf die genannten Indikatoren samt ihrer vielzähligen Konnotationen apodiktisch zu überprüfen und zu bewerten. Die empirische Analyse zielt demzufolge nicht darauf, das Bewertungsmodell als fixe Vorlage für die Bewertung der Politikergebnisse zu verwenden. Die entwickelten Untersuchungskriterien dienen als Ansatzpunkt, um die spezifischen Folgen der Politikgestaltung hinterfragen und einordnen zu können. Die Wertungsdimensionen und ihre Indikatoren liefern hierfür den Interpretationsrahmen, sie sind in diesem Sinne also als ein Raster zur analytischen Bewertung zu begreifen. Zugleich machen sie deutlich, dass Politiklösungen unter multiplen Anforderungsprofilen bestehen müssen.

1.5 Projektdesign: Forschungsressourcen und Analyseprogramm

In Anbetracht der bisherigen Überlegungen lässt sich ein Projektdesign entwerfen, das die Methoden, die Forschungstechniken und den Arbeitsplan definiert. Hinsichtlich der Zielsetzungen ist der Forschungsprozess wissenschaftstheoretisch als *interaktionszentrierte*[114] *Politikfeldforschung*[115] konzipiert.[116] Das *Untersuchungsprogramm* ist methodisch als theoriegeleiteter induktiv-nomothetischer Fallvergleich angeordnet, der auf der Grundlage in-

---

111 Vgl. Braun 2000a: 143.
112 Vgl. Kevenhörster 1997: 33 f. Zur Problematik der Konzeptionalisierung von politischen und sozialen Integrationsleistungen vgl. Schuppert/Bumke 2000.
113 Die Übergänge zwischen den von den einzelnen Indikatoren erfassten Merkmalsbereichen sind fließend. Zudem haben einzelne Aspekte in sich verschiedene Perspektiven: Der Indikator „*Verteilungsgerechtigkeit*" kann zum Beispiel unter ökonomischen, verfassungsrechtlichen und kulturellen Kriterien begriffen werden und je nach Betrachtungsweise unterschiedliche Anspruchspotenziale an die politische Lösung begründen (vgl. zu den Dimensionen der Verteilungsgerechtigkeit Scharpf 2000: 163 f.).
114 Zur Abgrenzung zwischen interaktionszentrierter und problemorientierter Politikfeldforschung vgl. Scharpf 2000: 32 ff.
115 Die angelsächsische Literatur differenziert Politikfeldanalysen nach ihrer Perspektive: Studien, die vor allem wissenschaftlich orientiert den Politikprozess ex-post analysieren, werden als „*policy-studies*" bezeichnet. Hiervon abgegrenzt werden stärker anwendungsorientierte, meist ex-ante argumentierende Studien (so genannte „*policy analysis*"). Vgl. Jann 1989: 713, M.G. Schmidt 1995: 568.
116 Die Begriffe „*Forschungsprozess*", „*Methoden*" und „*Techniken*" werden in der Literatur unterschiedlich verwendet (dazu Berg-Schlosser/Stammen 1995: 111 ff., 127). In dieser Studie steht der Terminus Forschungsprozess als Überbegriff für die gesamte wissenschaftliche Herangehensweise. Unter Methodik wird das spezifische Verfahren zur Gewinnung von Erkenntnissen sowie zur Überprüfung und Bildung von Hypothesen verstanden. Realisiert wird die Forschung mittels vielfältiger Arbeitstechniken zur Datenerhebung und Datenauswertung. Vgl. Berg-Schlosser/Stammen 1995: 127, Kersting 1999: 50.

terpretierender und Hypothesen generierender Fallstudien[117] beruht. Hierbei greift die Untersuchung auf vielfältige Forschungsressourcen zurück, indem sie sich sowohl qualitativer als auch quantitativer Arbeitstechniken bedient. Die Informationsgewinnung basiert auf der Inhaltsanalyse von Dokumenten (Gesetze, Rechtsprechung, Parlamentarische Drucksachen) und statistischen Aggregatdaten, auf der Sekundäranalyse politik-, finanz- und rechtswissenschaftlicher Literatur sowie auf der Durchführung von Hintergrundgesprächen (Experteninterviews).[118] Die Verarbeitung der Daten erfolgt mit Hilfe hermeneutischer und statistischer Methoden. Entsprechend der sachlichen Abgrenzung ist die Analyseebene zeitlich diachron. Räumlich bezieht sich die Studie auf die Bundesrepublik. Analyseeinheiten sind einerseits die politischen Akteure von Bund und Ländern und andererseits die institutionellen, kulturellen und materiellen Strukturen des politischen Systems.

Der empirisch-analytische Forschungsprozess zielt darauf, sowohl die Singularität der Einzelfälle zu erfassen als auch darüber hinausgehende theoretische Folgerungen abzuleiten. Es gilt demnach, theoretische und empirische Aussagen über akteurbezogene und strukturelle Aspekte sowie kausale Zusammenhänge zwischen ihnen zu manifestieren und mit dem Forschungsstand in Verbindung zu setzen. Grundlage dafür bildet die pragmatisch orientierte Verknüpfung der empirischen Studien mit der theoretischen Forschungskonzeption.[119] Trotz der ex-post Perspektive der Studien geht es damit auch darum, das erzielte Wissen für andere Fälle fruchtbar zu machen und Anregungen zur politikwissenschaftlichen Theorieentwicklung zu liefern. Der Arbeitsplan und die inhaltliche Struktur des *Untersuchungsdesigns* orientieren sich zum einen an der entwicklungsgeschichtlichen Dimension der Finanzbeziehungen und zum anderen am Zyklus der politisch-administrativen Problemverarbeitung.[120] Im Zentrum des Projekts steht die empirische Analyse der Gestaltung des Finanzsystems im vereinten Deutschland. Hierzu werden die Formulierung, die Implementierung und die Wirkung der drei Fälle diskutiert und deren Ergebnisse vergleichend betrachtet. Die historische Problemverortung und der Ausblick auf künftige Perspektiven und Handlungsspielräume in diesem Politikfeld umklammern diesen Fallvergleich.

---

117 Zu den wissenschaftlichen Grundlagen der Fallstudie vgl. Nohlen 1994a: 128 f., Prittwitz 1994: 199 ff.
118 Hintergrundgespräche wurden geführt mit Herrn Brunton (Senat für Finanzen, Berlin, 14.5.2003), Herrn Kröning (Mitglied des Bundestags, 9.5.2003), Herrn Michalk (Bundesministerium der Finanzen, 11.7.2003), Herrn Neuhaus (Zentrale Datenstelle der Länderfinanzminister, 9.5.2003/Telefoninterview), Herrn Rehbein und Frau Hoestermann (Ministerium der Finanzen, Brandenburg, 25.4.2003), Herrn Runde (Mitglied des Bundestags), Herrn Sennlaub (Bundesrat, 5.5.2003/Telefoninterview) und Herrn Wowereit (Regierender Bürgermeister von Berlin, 16.12.2003). Das *Experteninterview* ist eine methodisch noch wenig beleuchtete qualitativ-empirische Untersuchungstechnik (vgl. Meuser/Nagel 1991: 441 f.). In dieser Studie kommt den Experteninterviews eine additive Funktion im methodenpluralistischen Forschungskonzept zu. Sie wurden in einer leitfadenorientierten offenen Gesprächssituation durchgeführt. Der Leitfaden bildete dabei kein zwingendes Ablaufmodell. Da die Interviews nicht im Hinblick auf einen systematischen Vergleich der Aussagen ausgerichtet waren, erschien ein solches Vorgehen als die technisch sinnvollste Lösung. Mit dem zur interpretativen Sozialforschung zählenden Instrument sollte erreicht werden, zusätzlichen Informationen zu erhalten sowie Hintergrundwissen, aber auch Einschätzungen in Erfahrung zu bringen. Damit kam den Interviews eine explorativ-felderschließende Funktion zu (vgl. Schnell u.a. 1989: 295, Meuser/Nagel 1991: 445).
119 Das Leistungsvermögen des methodischen und theoretischen Instrumentariums darf nicht überschätzt werden. Der Forschungsansatz besitzt als eklektisches Konzept keine Theoriequalität. Er dient vielmehr als Ordnungssystem und deskriptive Sprache, um die systematische und nachvollziehbare Erklärung des Untersuchungsgegenstands zu erleichtern (vgl. Scharpf 2000: 64 f.). In diesem Sinne handelt es sich bei der Untersuchungskonzeption primär um ein heuristisches Modell. In theoretischer Hinsicht besitzt das Forschungsprojekt damit in erster Linie einen „nehmenden" Status. Vgl. Prätorius 1997: 298.
120 Zu den Phasen des Politikkreislaufs vgl. u.a. M.G. Schmidt 1995: 575, Kevenhörster 1997: 368 ff.

Den Ausgangspunkt und das Fundament der Studie bildet dabei die Formulierung eines untersuchungsleitenden Forschungsansatzes.

Entsprechend dieser Konzeption erfolgt im ersten Arbeitsschritt eine intertemporale Strukturanalyse der Finanzbeziehungen in der „alten Bundesrepublik". Hierbei werden zunächst die zentralen Entwicklungslinien aufgezeigt und darauf aufbauend die bedeutendsten Bestimmungsfaktoren manifestiert. Ziel des Kapitels ist dabei die Charakterisierung der zum Zeitpunkt der Vereinigung bestehenden Strukturen des Finanzsystems sowie der früheren Erfahrungen in diesem Politikfeld. Dies bildet die Basis, um die Organisation der Finanzbeziehungen im vereinten Deutschland im Rahmen der historischen Pfade interpretieren sowie den Einfluss von Traditionen und Rückkoppelungseffekten identifizieren zu können. Auf dieser Grundlage wird im Hauptteil der Arbeit untersucht, mittels welcher Maßnahmen den Herausforderungen der deutschen Einheit begegnet wurde. Dazu wird in drei Fallstudien die Produktion der entscheidenden politischen Einschnitte in das föderale Finanzsystem analysiert. Dabei sollen die Politikergebnisse zuerst durch eine Analyse der einzelnen Phasen des politisch-administrativen Problemverarbeitungsprozesses erklärt und die spezifischen Muster der Verknüpfung von Akteursinteressen und strukturellem Umfeld eruiert werden. Ergänzt werden die Untersuchungen durch eine Bewertung der gewählten Lösungen. Die Basis hierfür bildet eine Betrachtung der finanzwirtschaftlichen und politischen Wirkungen. In einem weiteren Schritt wird die Entwicklung der föderalen Finanzströme im vereinten Deutschland im Längsschnitt betrachtet. Mit Hilfe statistischer Aggregatdatenanalysen gilt es hierbei, die Finanzbeziehungen in ihrer materiellen Struktur und Entwicklung systematisch darzustellen und die finanz- und haushaltswirtschaftliche Relevanz der einzelnen Elemente insgesamt sowie bezogen auf einzelne Länder zu messen. Die Verknüpfung der Ergebnisse des Fallvergleichs mit der statistischen Längsschnittanalyse bildet das Fundament für eine zusammenfassende Bilanzierung der Art und Qualität der Politikformulierung. Im abschließenden Untersuchungsteil werden die Perspektiven und Parameter für die weitere Entwicklung des Finanzsystems ausgelotet. Zu diesem Zweck wird das erzielte Wissen vor dem Horizont der methodisch-theoretischen Forschungskonzeption ausgewertet und zentrale theoretische Befunde abgeleitet. Diese Schlussfolgerungen sind dann im Kontext der aktuellen wissenschaftlichen und politischen Föderalismusdiskussion zu reflektieren, um aktuelle Herausforderungen und Entwicklungshorizonte aufzuzeigen. Die Arbeit kann freilich keine Zukunftsprognosen geben. Jedoch werden die Koordinaten abgesteckt, die den Rahmen für die zukünftige Politikproduktion bilden.

Um diese Zielsetzungen systematisch verfolgen zu können, ist eine theoretische Forschungskonzeption als Basis für die empirischen Studien zu entwickeln. Vor dem Hintergrund der skizzierten Arbeitsschwerpunkte ist dafür ein strukturorientiertes Konzept nicht ausreichend, es sind vielmehr explizit auch prozessorientierte Überlegungen in einen komplexen Forschungsansatz zu integrieren.

2 Theoretische Forschungskonzeption

Mit dem die Untersuchung leitenden *Forschungsansatz* sollen die vorhandenen theoretischen und empirischen Erkenntnisse zusammengefasst und fruchtbar gemacht werden, um sich strukturiert der Problemstellung zu nähern.[1] Zugleich erweitert er die Möglichkeiten, die Politikentwicklung zu verstehen und zu erklären sowie Folgerungen über die zukünftigen Perspektiven zu generieren. In diesem Sinne bildet der Forschungsansatz den methodisch-theoretischen Rahmen für die empirischen Studien.[2] Nachdem dieses Projekt als interaktionszentrierte *Politikfeldanalyse*[3] konzipiert ist, bietet es sich an, zunächst auf deren grundlegende theoretische Überlegungen zurückzugreifen.[4] Die Politikfeldforschung befasst sich mit der Beschreibung, Erklärung und Bewertung der Ursachen und Wirkungen des öffentlichen Handelns.[5] Ihr Ziel ist die Offenlegung der Inhalte, Bedingungen und Handlungsspielräume staatlicher Politikgestaltung.[6] Auf der Basis einer theoriegeleiteten, den gesamten politischen Prozess einbeziehenden Analyse, will sie theoretische und empirische Befunde über strukturelle und materielle Aspekte sowie kausale Zusammenhänge und Beziehungen in einem Problemfeld erzielen.[7] Politik wird in diesem Konzept als Gestaltungsprozess interpretiert.[8] Dies setzt die in der Politikwissenschaft grundlegende Definition voraus, dass Politik als Produkt intentional handelnder Akteure zu begreifen ist.[9] In Anbetracht dieser Ausgangsprämisse wird der politische Prozess als Akt der Problemverarbeitung durch das politisch-administrative System interpretiert.[10] Demzufolge wird Politik unter funktionalistischen Kriterien aufgefasst.[11] In diesem Sinne rekurriert die Politikfeldanalyse auf wichtige Elemente der *funktionalistischen Politiktheorie*. Deren Annahmen und Begriffe zählen zum Standard der Politikwissenschaft, weshalb ihnen hier auch primär forschungsleitendes Potenzial zuzuschreiben ist.[12]

---

1 Vgl. Scharpf 2000: 64.
2 Der Forschungsansatz stellt folglich das Ordnungssystem für die wissenschaftliche Arbeit dar. Er definiert die deskriptive Sprache, die die Analyse und das Verständnis des Untersuchungsgegenstands sichert. Zugleich ermöglicht er als theoretisch fundierter Bezugsrahmen die Erklärung der politischen Prozesse und Ergebnisse. Ausführlich hierzu Prittwitz 1994: 223, Scharpf 2000: 64 f., 76.
3 Ausführlich zum Konzept der interaktionszentrierten Politikfeldforschung vgl. Scharpf 2000: 33 ff.
4 Zu den wissenschaftstheoretischen Grundlagen der Politikfeldanalyse vgl. Bandemer/Cordes 1989, Jann 1989, Schubert 1991, Naßmacher 1991 und 1994, M.G. Schmidt 1995, Kevenhörster 1997.
5 Zusammenfassend dazu Bandemer/Cordes 1998: 290 f.
6 Vgl. Prittwitz 1994: 228.
7 Ausführlicher zu den wissenschaftstheoretischen Hintergründen Jann 1989: 714.
8 Vgl. Prittwitz 1994: 227.
9 Vgl. Scharpf 2000: 47, 74.
10 Zur Definition vgl. Jann 1989: 712; dazu auch Mayntz 1982: 74.
11 Vgl. Jann 1994: 309.
12 Ausführlich zur Bedeutung funktionalistischer Theorien Hartmann 1995: 135 f. Für die Politikfeldforschung sind zwei Aspekte dieses Ansatzes elementar: *Erstens*: Das von David Easton (1965) entwickelte allgemeine *Systemmodell*. Easton illustriert das Spannungsverhältnis zwischen dem politischen Subsystem und seiner Umwelt. Dabei schreibt er dem politischen System Input- und Outputfunktionen zu. Das politisch-administrative System greift die Ansprüche und Leistungen (Inputs) auf und verarbeitet diese zu Politikergebnissen (Outputs). Die aus den politischen Interventionen resultierenden Änderungen der politischen Um-

Auf der Grundlage dieser theoretischen Konzepte entwickelte die Politikfeldforschung ein Erklärungsmuster zur Analyse politischer Prozesse: Die formale (polity) und die prozessuale Dimension (politics) werden als unabhängige Variablen zur Erklärung der inhaltlichen Dimension (policy) der Politik herangezogen.[13] Es geht ihr folglich darum, die Beziehungen zwischen den unterschiedlichen Politikdimensionen zu offenbaren.[14] Im hiesigen Kontext dienen das methodische Instrumentarium und die Theoriekonstruktion der Politikfeldforschung als fundamentaler Bezugsrahmen für den zu konzipierenden Forschungsansatz. Für die Studie bedeutet dies: Ihr liegt die bereits einleitend postulierte Annahme zugrunde, dass das zu untersuchende Problemfeld in komplexen Kontextbeziehungen zu seiner Umwelt steht und die Politikgestaltung von dieser beeinflusst wird. Aus diesem Umstand leitet sich ab, dass Politik(neu)formulierungen nur unter Berücksichtigung dieser multiplen und interdependenten Einflussfaktoren zu erklären sind.

Analog zu den Überlegungen der Politikfeldforschung geht die Untersuchung von folgender *Arbeitshypothese* aus: Bei den Determinanten der Politikformulierung handelt es sich nicht nur um die sozioökonomischen, finanzwirtschaftlichen und raumstrukturellen Gegebenheiten. Es wird vielmehr unterstellt, dass die Politikergebnisse im Wesentlichen auch auf der Grundlage des historischen Entwicklungspfads von genuin politischen Faktoren – den politisch-institutionellen Strukturen und dem politisch-kulturellen Umfeld – bestimmt werden. Demnach können die Politikergebnisse nur im Rahmen des spannungsreichen Wechselverhältnisses zwischen interessenbezogenem Akteurshandeln und diesen Kontextbedingungen erklärt werden.[15] Es gilt deshalb einen Forschungsansatz zu formulieren, der auf der Basis dieser fundamentalen Annahmen die bereits bekannten kausalen Zusammenhänge zwischen diesen Faktoren systematisch beschreibt und einen Bezugsrahmen zur Erklärung der Politikentwicklung im vereinten Deutschland liefert.[16]

Im Hinblick auf diese Zielsetzung muss deshalb zunächst geklärt werden, welche Theorien als Basis für das Forschungsmodell geeignet sind. Diese Aufgabe ist weniger simpel als sie erscheint, weil in der Politikwissenschaft kein umfassendes und universelles Modell

---

welt führen mittelbar wieder zu einem Wandel der Inputfunktionen (Rückkoppelungseffekte). Almond und Powell (1966) haben dieses Modell weiterentwickelt, indem sie die Standards der politikwissenschaftlichen Prozessanalyse in die funktionale Systemtheorie Eastons integrierten. Die zentralen Inputfunktionen sind darin die politische Sozialisation, die Interessenartikulation, die Interessenaggregation und die politische Kommunikation. Outputfunktionen bestehen in Bezugnahme auf Montesquieu in der Regelsetzung (Legislative), Regelausführung (Exekutive) und Regelkontrolle (Judikative). *Zweitens*: Der aus dem Eastonschen Systemmodell abgeleitete *Politikzyklus* (Jones 1977). Dieses Konzept versucht den politisch-administrativen Problemverarbeitungsprozess zu strukturieren, indem jener in verschiedenen Phasen differenziert wird. In der Literatur finden sich verschiedene Phaseneinteilungen. Häufig werden folgende Phasen unterschieden: Problemdefinition, Agendagestaltung, Politikformulierung, Politikimplementation, Politikevaluation, Neuformulierung. Indes ist zu beachten, dass dem Phasenmodell lediglich eine heuristische Funktion zuzubilligen ist. Es definiert sprachliche Symbole und Kategorien zur systematischen Analyse des politischen Prozesses. Die Kritiker am Phasenmodell verweisen gleichwohl zu Recht darauf, dass eine eindeutige Chronologie und Abgrenzung zwischen den Phasen nicht gegeben ist. Vgl. hierzu auch die zusammenfassenden Darstellungen bei Hartmann 1995: 132 f., Berg-Schlosser 1999: 139 f. Zur Verwendung des Phasenmodells in der Politikwissenschaft vgl. Jones 1977, Heinelt 1993: 316 f., Sabatier 1993: 116, 118, Kevenhörster 1997: 344 ff.

13 Vgl. Bandemer/Cordes 1989: 290 f. Zu den Dimensionen der Politik im Systemmodell Almond/Powell 1978.
14 Zentraler Ausgangspunkt dieser empirisch-analytischen Theoriekonzepte ist also die auch in dieser Untersuchung formulierte Prämisse, dass die Politikinhalte entscheidend von den institutionellen Rahmenbedingungen und dem politischen Willensbildungs- und Entscheidungsprozess geprägt werden. Vgl. dazu Kevenhörster 1997: 349, M.G. Schmidt 1995: 584, Lehmbruch 1998: 14.
15 Vgl. Prittwitz 1994: 12 f.
16 Vgl. Jann 1994: 312.

1.5 Projektdesign: Forschungsressourcen und Analyseprogramm

existiert, welches die komplizierten Entscheidungs- und Wirkungsmechanismen von politisch-administrativen Problemverarbeitungsprozessen erklären und als theoretischer Maßstab für die Untersuchung dienen könnte. Die Politik- und Verwaltungswissenschaft hat zwar etliche theoretische Ansätze hervorgebracht, die sich mit der politischen Problemlösung in der föderal-verflochtenen Parteiendemokratie sowohl direkt befassen, als auch spezielle Aspekte dieser Thematik ansprechen oder auf solche bezogen werden können.[17] Es handelt sich bei diesen Modellen aber um raum- und zeitgebundene empirische Theorien. Jene gelten nur unter bestimmten Bedingungen (Theorien mittlerer Reichweite) oder lediglich in eng umrissenen Materien (Gegenstandsbezogene Theorien).[18] Die theoretischen Überlegungen können deshalb lediglich Hypothesen über die Möglichkeiten, Grenzen und Bedingungen der Problembewältigung liefern, die in einen problemspezifischen Ansatz eingehen. Hingegen können sie aber nicht die mehrdimensionale Komplexität der zu untersuchenden Thematik beschreiben. Eine Erklärung ist daher nur im Einzelfall möglich, da in der Realität eine große Anzahl unabhängiger, aber zum Teil interdependenter Variablen auf die Politikformulierung einwirken.[19]

Neben dieser grundsätzlichen Problematik darf auch der Zweck der Studie nicht aus den Augen verloren werden: Jener besteht nicht darin, eine bestimmte Theorie im Empirietest zu bestätigen oder zu widerlegen, sondern in dem Ziel, möglichst umfassende Kenntnisse über die Politikgestaltung der Finanzbeziehungen zu eruieren, zu erklären und zu bewerten. Dabei soll das vorhandene theoretische Wissen die empirische Forschungsarbeit leiten. In diesem Sinne darf auch die theoretische Relevanz der Studie nicht fehlinterpretiert werden: Ihr kommt in theoretischer Hinsicht primär eine „*nehmende Funktion*" zu.[20] Dennoch verfolgt die Arbeit auch das Ziel, die ihr zugrunde liegenden theoretischen Module zu überprüfen, die Grenzen ihrer Anwendbarkeit aufzuzeigen und neue Erkenntnisse über Bedingungen und kausale Zusammenhänge zur Weiterentwicklung der Ansätze einzubringen. Somit stellt ein *methoden- und theorienpluralistischer Ansatz* das zweckdienlichste Fundament für die Untersuchung dar. Hierzu muss eklektisch auf Theorien rekurriert werden, aus denen geeignete Elemente zu extrahieren und zu einem konsistenten Ansatz zu kombinieren sind.[21] Demnach sind folgende Fragen zu beantworten: Welche Theorien sind relevant und wo liegen die jeweiligen Möglichkeiten und Grenzen ihrer Erklärungskraft für diese Studie? Die kritische Reflexion des Untersuchungsgegenstands und der projektleitenden Annahmen ergibt dabei, dass zwei, in der Wissenschaft häufig konkurrierende Theorierichtungen, von besonderem Interesse sind:[22]

1. Die Analyse des Untersuchungsobjekts hat gezeigt, dass die politischen Prozesse der Verhandlungen zwischen Bund und Ländern eine elementare Funktion für das Politikergebnis haben. Damit kommt den Akteuren mit ihren Interessen, Präferenzen und

---

17 Einen Schwerpunkt bildete die Entwicklung von Verhandlungstheorien in politisch-verflochtenen Mehrebenensystemen. Vgl. z.B. Scharpf (1978, 1991, 1993, 1992, 1996, 2000), Benz (1987, 1989, 1992, 1995a, 1998), Benz u.a. (1992). Von Interesse sind aber auch handlungs- und steuerungstheoretische (z.B. Bußhoff 1992, Braun 1993 und 1997, Mayntz 1993, Werle/Schimank 2000), politisch-institutionelle (vgl. z.B. M.G. Schmidt 1995: 583 f.) und entwicklungsgeschichtliche (vgl. Lehmbruch 1998, 2002) Modelle.
18 Dazu Patzelt 1997.
19 Vgl. Prittwitz 1994: 182, Scharpf 2000: 52 ff.
20 Vgl. Prätorius 1997. Prätorius (1997: 298) bezieht diese These grundsätzlich auf die Politikfeldforschung.
21 Vgl. Patzelt 1997, Scharpf 2000: 66.
22 Zur theoretischen Orientierung in der Politikfeldforschung vgl. Prittwitz 1993: 334.

Einstellungen eine bedeutende Funktion zu. Demzufolge sind *handlungstheoretische Ansätze* zur Erklärung der politischen Problemverarbeitung unverzichtbar.
2. Zugleich geht die Untersuchung von dem Axiom aus, dass genuin politische Faktoren die Politikgestaltung maßgeblich beeinflussen. Demnach resultieren aus der historischen Dimension des Gegenstands, dem institutionellen und kulturellen Umfeld sowie den sozioökonomischen, finanzwirtschaftlichen und raumstrukturellen Bedingungen massive Einflüsse auf das Verhalten der Akteure. Demnach sind auch *systemisch-strukturalistische Ansätze* zu berücksichtigen.

Für diese Studie gilt also: Erkenntnisse aus beiden Richtungen sind für die Analyse des Untersuchungsobjekts von zentraler Bedeutung. Es reicht deshalb nicht aus, sich auf Erklärungsmodelle zu beschränken, die entweder nur handlungstheoretisch oder nur systemisch argumentieren. Dass eine differenzierte Herangehensweise zur Erklärung politisch-administrativer Problemverarbeitungsprozesse erforderlich ist, wurde in der Politikwissenschaft erkannt. Es wurden deshalb verschiedene Ansätze modelliert, die sich um eine Verbindung des handlungstheoretischen und des strukturalistischen Paradigmas bemühen.[23] Diese Überlegungen, die hier unter dem Begriff des *„akteurzentrierten Strukturalismus"*[24] subsumiert werden sollen, bilden insofern einen geeigneten Anknüpfungspunkt zur Entwicklung des theoretischen Forschungsmodells.

Dabei dominieren in der Literatur Konzepte, in denen die Basis der Überlegungen die eigenmotivierten Handlungssubjekte darstellen.[25] Damit handelt es sich im Kern um handlungstheoretische Ansätze, die um Erkenntnisse und Module strukturalistischer Theorien erweitert werden. Aus diesem Grund soll zunächst erörtert werden, inwiefern sich aus Handlungstheorien Aussagen für einen untersuchungsspezifischen Erklärungsansatz gewinnen lassen.

---

23 Die Herangehensweise an die Problematik ist durchaus unterschiedlich. Während einerseits die Handlungstheorie um strukturelle Aspekte ergänzt werden soll, gehen andere Autoren von systemtheoretischen Überlegungen aus. Zur Verbindung der beiden Paradigmen vgl. Alexander 1985, Alexander/Colmy 1990, Burns/Baumgartner/Deville 1985, Schimank 1985 und 1995, Werle/Schimank 2000, Mayntz u.a. 1988, Mayntz/Scharpf 1995, Scharpf 1991b und 2000, Windhoff-Héritier 1991, Zürn 1992, Ostrom/Gardner/Walker 1994. Vgl. auch die Zusammenfassungen bei Braun 1993: 204 ff., Scharpf 2000: 73.
24 Vgl. zum Begriff V. Schneider 1997: 185. In der Wissenschaft werden unterschiedliche Termini für die Verbindung von handlungstheoretischen mit systemtheoretisch-strukturalistischen Ansätzen gebraucht. Sehr populär ist der auf Mayntz und Scharpf zurückgehende Terminus des akteurzentrierten Institutionalismus (vgl. Mayntz/Scharpf 1995 und Scharpf 2000). Da diese Bezeichnung aber nur insofern die Barrieren freier Wahlhandlung beschreibt, als es sich hierbei um institutionelle Strukturen handelt, wird in dieser Studie der Begriff Strukturalismus in Folge seiner breiteren Aussagekraft und flexibleren Verwendungsmöglichkeit vorgezogen. Dabei ist zu beachten, dass in der Wissenschaft der Terminus *„Struktur"* in vielfältigen Sinnvarianten verwendet wird (dazu H. Esser 1990). In dem hier gebrauchten Sinn geht der Strukturbegriff über den Terminus der Institutionen hinaus. Er umfasst auch im gesellschaftlichen Subsystem sozial konstruierte Bedingungen und Beschränkungen der natürlichen Umwelt, die außerhalb der formal-institutionellen Strukturen liegen (z.B. Muster und Regeln von Beziehungsnetzen). Strukturen sind demnach als Setzungen das Produkte einer historischen Wahl. Sie sind in ihrem Wirken beständiger und schwerer zu ändern als andere gesellschaftliche Regeln. Zugleich besitzen sie stets eine potenzielle Variabilität, das heißt es besteht prinzipiell in jederzeit die Möglichkeit, sie zu verändern. Strukturen sind insofern als Restriktionen zu verstehen, die das autonome Handeln der Akteure begrenzen. Dazu V. Schneider 1997: 185, Noetzel 1999: 38. Zur Differenzierung von Strukturebenen vgl. H. Esser 1993.
25 Vgl. V. Schneider 1997: 185.

2.1 Handlungstheorien

Unter *Handlungstheorien* werden sozialwissenschaftliche Konzepte verstanden, die die intentionalen Handlungen[26] individueller und kollektiver Akteure erklären. In Abgrenzung zu strukturalistischen und systemtheoretischen Politikmodellen werden in der Handlungstheorie gesellschaftliche Phänomene aufgrund der Präferenzen, Interessen, Identitäten, Normen, kognitiven Muster und sozialen Orientierungen der Akteure sowie der Interaktionen zwischen ihnen erklärt. Konstituierend ist dabei, dass den Akteuren prinzipiell eine gewisse Wahlfreiheit in ihren Handlungen zugesprochen wird.[27] Innerhalb der verschiedenen handlungstheoretischen Ansätze lassen sich zwei Hauptströmungen unterscheiden, die sich auf unterschiedliche Weise dem Grundproblem – die Interpretation des subjektiven Sinns der individuellen Handlungen – widmen.[28]

1. Zum einen handelt es sich dabei um die *Rationalitätsansätze*, die sich wiederum in zahlreiche Untergruppen differenzieren lassen. Diese Strömung versucht den subjektiven Sinn der Akteurshandlungen über intersubjektiv verbindliche Handlungslogiken zu definieren. Als zentrales Kriterium gilt dabei die Annahme eines an der Maximierung des Eigennutzens ausgerichteten (zweck-)rationalen Handelns. Die Analysen konzentrieren sich demnach in diesem Paradigma auf den einzelnen Akteur.[29]
2. Im Gegensatz hierzu nähern sich zum anderen die *Interaktionsansätze*[30] über die Hermeneutik der Problematik. Sie versuchen den Handlungssinn nicht durch die Entwicklung idealtypischer Basistypologien, sondern durch die Analyse des jeweiligen Einzelfalls zu entschlüsseln. Dabei gehen sie davon aus, dass sich im Prozess der sozialen Kommunikation durch wechselseitige Orientierungen und symbolische Interaktion die Bedeutungen und der subjektive Sinn des Handelns verändern. Demzufolge steht im Zentrum dieser Ansätze nicht der individuelle Akteur, sondern der Interaktionsprozess.[31]

In dieser Studie sind die Rationalitätskonzepte als Basis für einen systematischen Forschungsansatz gegenüber den Interaktionsmodellen vorzuziehen. Zwar eröffnet auch das

---

26 Für die Forschung bleibt die Unwägbarkeit, ob es sich bei dem, was Protagonisten als intentionale Handlung zugeschrieben wird, auch wirklich um eine solche handelt, oder ob etwas anderes bzw. nichts intendiert wurde oder der Akteur sich über seine Intention überhaupt nicht im Klaren ist.
27 Vgl. Braun 1995: 168 f.
28 Vgl. Braun 1995: 169, Scharpf 2000: 49 f.
29 Vgl. Braun 1995: 169, Braun 1997: 52 f.
30 Die Wurzeln dieses Ansatzes liegen in der Kulturanthropologie (vgl. die Konzepte und Variationen des symbolischen Interaktionismus bei Mead 1934, Blumer 1969, Habermas 1981), in der Ethnomethodologie (so Patzelt 1987) und im amerikanischen Pragmatismus. Zentrale Grundlagen bildeten dabei die phänomenologische Tradition Edmund Husserls (und daran anknüpfend Simmel 1922 und Schütz/Luckmann 1984) sowie die Definition sozialen Handelns bei Max Weber (1985). Die Überlegungen werden von der Frage geleitet, wie sich die Akteure überhaupt sinnvoll aufeinander beziehen können. Dabei gehen die Interpretationsansätze von der Annahme aus, dass erst im Interaktionsprozess subjektiver Sinn entsteht und in diesem Prozess Präferenzen und Erwartungen immer wieder neu konstituiert werden. Dies bedeutet: Es existieren keine festen Kriterien zur Beschreibung der subjektiven Dimension des Handelnden. Der Interaktionsprozess ist somit ein steter Prozess der Generierung von Bedeutungen. Hieraus folgt, dass die Sinngebung immer ein unvollendeter Prozess ist. Für die Wissenschaft leitet sich daraus die Herausforderung ab, den Interaktionsprozess aus der Perspektive der einzelnen Akteure interpretativ zu analysieren. Vgl. hierzu die Zusammenfassungen bei H. Esser 1990: 233, Braun 1995: 170, Braun 1997: 60 f., Noetzel 1999: 44 ff., R. Münch 2003: 189 ff.
31 Vgl. Braun 1995: 170, Braun 1997: 60 ff.

interpretative Paradigma interessante Perspektiven für die Analyse politischen Handelns[32], es ist aber mit essenziellen Nachteilen für die empirische Forschung behaftet. Entscheidend ist dabei das Problem der Messbarkeit: Um das Akteurshandeln wirklich verstehen zu können, müsste die Verhandlungssituation direkt beobachtet werden. Überdies sind die Ansätze nur sehr begrenzt auf korporative Einheiten anwendbar.[33] Im Unterschied hierzu sprechen für den Rekurs auf Module der Rationalitätsansätze wichtige Gründe:[34] Durch die Verwendung eines zentralen intersubjektiv vergleichbaren Kriteriums als Basis für die Handlungslogik der Akteure handelt es sich bei diesen Ansätzen um vergleichsweise einfache und sparsame Erklärungsmuster. Dadurch ist eine klare Modellierung möglich, wodurch die empirische Messbarkeit erleichtert wird. Dabei besteht in der leichteren Anwendbarkeit auf aggregierte Akteure ein zusätzlicher bedeutender Vorteil. Hinzu kommt: Die Politikwissenschaft beschäftigt sich gegenwärtig deutlich stärker mit diesem Paradigma. Daher wurden auch diverse innere und äußere Weiterentwicklungen des Grundmodells geschaffen, die bedeutende Hinweise für die Analyse politischer Ergebnisse liefern.[35] Es sollen deshalb relevante Annahmen und Überlegungen dieser handlungstheoretischen Variante für den Forschungsansatz diskutiert werden.

2.1.1 Theorien rationalen Handelns

In der Politikwissenschaft wurden verschiedene handlungstheoretische Rationalitätsmodelle entwickelt.[36] Diesen Konzepten ist gemein, dass sie das auf der Logik der Grenznutzen-/-kostenkalkulation basierende rationale Verhaltensmodell sowie das methodische Instrumentarium der Wirtschaftswissenschaft zur Erklärung politisch-administrativer Problemverarbeitung heranziehen.[37] Deshalb werden diese Ansätze in der wissenschaftlichen Literatur häufig unter dem Begriff „*Ökonomische Theorien der Politik*" zusammengefasst. Sie bilden damit eine spezielle Untergruppe einer allgemeinen Theorie rationalen Handelns.[38] Bei diesen Ansätzen handelt es sich um genuin akteurbezogene Denkansätze.[39] Sie gründen im methodologischen Individualismus. Das politische Strukturen und Prozesse erst auf der

---

32 Für die Analyse politischer Problemverarbeitung kommt den in diesen Ansätzen betonten Deutungsmustern eine hohe Relevanz zu. Da sie sich von keiner Annahme über intersubjektiv verbindliche Handlungsorientierungen leiten lassen, erlauben diese Theorien verschiedene Handlungslogiken, Vgl. Braun 1997: 64 f.
33 Vgl. Braun 1997: 65.
34 Vgl. Prittwitz 1994: 147, Braun 1997: 65.
35 Die Bevorzugung des Rationalitätsmodells stellt also kein Urteil über die beiden Theoriestränge dar. Sie liegt in dem den interpretativen Ansatz anhaftenden Nachteil begründet, dass die hier verfügbaren Forschungsressourcen seine empirische Anwendung nicht zulassen. Die getroffene Auswahl bedeutet daher auch nicht, dass den Interaktionsansätzen eine geringere Relevanz für die Erklärung politischen Handelns beigemessen wird und ihre theoretischen Erkenntnisse in der Analyse nicht weiter zu berücksichtigen sind.
36 Zu nennen sind im Kontext der hier interessierenden Fragestellungen speziell die ökonomischen Theorien der Demokratie, des Föderalismus und der Bürokratie. Einen umfassenden Überblick über die wissenschaftliche Literatur zum Rationalitätsansatz geben J. Schmidt/Zintl 1996. Vgl. auch Braun 1999: 18 ff.
37 Vgl. Holzinger 1995: 383, M.G. Schmidt 1995: 567, 576 f., Noetzel 1999: 39. Zentrale Grundlage für die Übertragung des wirtschaftswissenschaftlichen Gedankenguts auf die Politikwissenschaft bilden die Werke von Olson (1965), Niskanen (1971), Downs (1968) und Coleman (1990). Downs rekurrierte dabei in seinen Überlegungen insbesondere auf die Ansätze von Arrow (1951) und Schumpeter (1942). Theoriengeschichtlich verwurzelt ist der Rationalitätsansatz in der Vertragstheorie von Hobbes, im Utilitarismus sowie in der klassischen Ökonomie (David Hume, Adam Smith).
38 Vgl. Lehner/Schubert 1994: 278.
39 Vgl. hierzu Prittwitz 1994: 145, V. Schneider 1997: 181.

Grundlage von Eigenschaften und des Verhaltens von Individuen erklärt werden können, ist der Ausgangspunkt dieser Sichtweise. Die Ansätze operieren dabei konsequent mit dem Akteurskonzept.[40] Untersuchungseinheit ist prinzipiell der individuelle Akteur. Allerdings werden die methodischen Überlegungen auch auf aggregierte Einheiten angewendet.[41]

Die Unterstellung prinzipiell *freier Wahlhandlung* bildet die konstituierende Voraussetzung in den Rationalitätsansätzen. Vor diesem Hintergrund ist das *Rationalitätsprinzip* das zentrale Axiom. Dabei orientiert sich die Handlungslogik der Akteure am Leitmotiv der ökonomischen Maximierung des Eigennutzens. Das meint, die Individuen verhalten sich zweckrational und versuchen stets ihre individuelle Zielfunktion zu maximieren, indem sie ein optimales Kosten-Nutzen-Verhältnis in Bezug auf ihre Bedürfnisse anstreben. In diesem Kontext gehen die Rationalitätsansätze von folgenden grundlegenden Annahmen aus: Die Individuen können ihre Wünsche und Bedürfnisse in konsistente und stabile Präferenzordnungen bringen. Zugleich sind sie in der Lage, in jeder Situation unter den möglichen Handlungsoptionen diejenige auszuwählen, die für sie das bestmögliche Kosten-Nutzen-Verhältnis bietet. Voraussetzung hierfür ist die den Individuen zugeschriebene Fähigkeit, alle Alternativen nach ihrer Wirkung zu bewerten. Demzufolge würden Individuen in gleichen Situationen immer dieselbe Entscheidung treffen. In strategischen Interaktionsprozessen gehen die Akteure davon aus, dass der Kommunikationspartner ebenfalls zweckrational agiert, und orientieren daran ihr Verhalten.[42]

Mit der Fixierung auf wenige Grundannahmen und dem zentralen Axiom der zweckrationalen Handlungsorientierung der Individuen als intersubjektiv verbindlichem Maßstab erfolgt eine Reduzierung der Sichtweise menschlichen Verhaltens. Dies begründet die Schlichtheit und damit die empirische Zugänglichkeit der Theorien rationalen Handelns. Aber genau in diesen – zunächst sehr reizvoll erscheinenden – Grundlagen liegt zugleich auch ein elementares Problem dieser Ansätze: Schließlich kann wohl nicht bestritten werden, dass sich menschliches Handeln nicht allein auf das Prinzip zweckrationalen Handelns zurückführen lässt. Zwar dürfte der egoistisch-rationalen Handlungslogik durchaus eine besondere Rolle zukommen, aber die Individuen richten ihr Verhalten auch an anderen Orientierungen als der ökonomischen Effizienz aus. Diese Feststellung gilt schon für die Marktwirtschaft, also dem Bereich, in dem das Rationalitätsprinzip beheimatet ist.[43] Sie gilt folglich erst recht auch in anderen gesellschaftlichen Bereichen und in der Politik.[44] Wissenschaftsgeschichtlich findet sich dieser Einwand bereits in der Argumentation von Max Weber, der vier Handlungstypen definierte.[45] Dabei wies er der zweckrationalen Hand-

---

40 Vgl. die Darstellung bei Prittwitz 1994: 146.
41 Kollektive Akteure sind nicht gleichermaßen für handlungstheoretische Erklärungen geeignet. Organisationen und Institutionen entsprechen am ehesten den Ansprüchen der Rationalitätsansätze. Vgl. Braun 1997: 50 f.
42 Zu den Annahmen der Theorien rationaler Wahlhandlungen vgl. Downs 1968: 3 ff. Grafisch veranschaulicht wird der Ablauf im handlungstheoretischen Modell bei Braun (1997: 48).
43 Simon (1991) betont zwar, dass das Prinzip der Eigennutzenmaximierung in der Marktwirtschaft tatsächlich dominant ist. Allerdings sind schon in diesem Bereich auch andere Handlungsorientierungen präsent. Dass die Verhaltensannahmen der Wirtschaftstheorie menschliches Handeln korrekt beschreiben, wird deshalb schon in der Wirtschaftswissenschaft bezweifelt (vgl. North 1992: 21). Wenn aber bereits in der kapitalistischen Wirtschaft auch andere Handlungslogiken als die ökonomische Zweckrationalität existieren, dann gilt dies erst recht für andere gesellschaftliche Teilbereiche. Zur Kritik am leichtfertigen Gebrauch des Eigennutzaxioms vgl. auch Schimank/Werle 2000: 17.
44 Dies wird insbesondere in der soziologischen Kritik an ökonomischen Theorien der Politik betont. Vgl. z.B. Perrow 1986, Etzioni 1988, Kappelhoff 1997: 258. Vgl. hierzu Scharpf 1992b: 18.
45 Neben der zweckrationalen Handlungsorientierung sind das Folgende: wertrational, affektuell und traditional. Vgl. Weber 1985: 12 f. Zum Begriff des Handlungszwecks vgl. Luhmann 1968: 27.

lungslogik eine zentrale Funktion zu. Gleichzeitig betonte er aber auch, dass die absolute Zweckrationalität „*nur ein im wesentlichen konstruierter Grenzfall*" ist.[46]

Hinzu tritt ein weiterer zentraler Aspekt: Menschliches Handeln wird nicht nur von situationsspezifischen ökonomischen Interessen geleitet, sondern ist in ein soziales und institutionelles Umfeld integriert.[47] Dieses begründet ebenso einen zentralen Parameter individuellen Handelns: Zum einen definieren diese Bedingungen Restriktionen und begrenzen damit den Optionsspielraum der Handlungssubjekte. Zum anderen wirken sich die Gegebenheiten der teilsystemischen Umwelt handlungsprägend aus, indem sie als Sinnsysteme dienen und generalisierte, situationsübergreifende Handlungslogiken liefern.[48] Damit geht die These, dass sich Politikresultate ausschließlich über individuelles Verhalten erklären lassen, zu weit.

Jenseits dieser Defizite des Rationalitätsaxioms ist ein zusätzliches und für die Politikwissenschaft essenzielles Problem zu beachten: Wie entsteht *Gemeinwohl*? Diese Frage ist mit dem simplen Grundmodell der Theorien rationalen Handelns nicht zu beantworten. Denn analog zu den Annahmen ist jeder individuell zweckrationale Akteur an dessen Verteilung stärker interessiert als an dessen Mehrung.[49] Entsprechend der Logik kollektiven Handelns resultiert hieraus das „*Trittbrettfahrerproblem*".[50] Die isolierten Maßstäbe diese Paradigmas reichen damit nicht aus um zu erklären, wie dennoch Gemeinwohl gebildet werden kann. Ebenso wenig kann es demgemäß auch die Kluft zwischen eigennützigem und systemrational-gemeinwohlmaximierendem Verhalten begründen.

Diese ersten Befunde manifestieren, dass dem rigiden Rationalitätsbegriff im Grundmodell der ökonomischen Theorien der Politik nur eine begrenzt wirklichkeitsnahe Vorstellung der Vielfältigkeit menschlichen Handelns zugrunde liegt.[51] In diesem Sinne ist die Basisannahme der Rationalitätstheorien als unbefriedigend zu bezeichnen. Folglich darf in einer differenzierten Analyse nicht ausschließlich von einem Bild ausgegangen werden, das den Akteur auf sein Interesse an der Maximierung des ökonomischen Eigennutzens reduziert. Zwar muss dieser Handlungslogik eine wichtige Position in einem handlungstheoretischen Erklärungsansatz beigemessen werden, es sind aber überdies weitere Faktoren hinzuzuziehen, um das Akteurshandeln verstehen zu können.[52] Es ist deshalb angezeigt, vom eng gefassten Modell reiner ökonomischer Nutzenmaximierung abzurücken und eine verhaltenstheoretische Weiterentwicklung des Erklärungsmusters anzustreben.[53]

Hierzu ist es erforderlich, den Begriff der Handlungsrationalität nicht auf die Dimension der ökonomischen Zweckrationalität zu reduzieren, sondern an verschiedenen Wertmaßstäben auszurichten. In diesem Kontext bietet die Ausdifferenzierung der rationalen Handlungslogik bei Weber[54] ebenso einen Anhaltspunkt, wie die Annahme einer zusätzli-

---

46 Weber 1985: 13. Weber geht davon aus, dass das individuelle Handeln in der Regel von verschiedenen Handlungsmotiven geleitet wird. Die von ihm gewählten Kategorien bezeichnet er als für soziologische Zwecke gebildete Typen, denen das reale Handeln mehr oder minder stark entspricht.
47 Vgl. Braun 2000b: 166.
48 Vgl. Schimank 1992.
49 Vgl. Buchanan/Tullock 1962.
50 Dies entsteht speziell dann, wenn das Individuum von der Produktion kollektiver Güter unabhängig vom eigenen Beitrag profitiert. Zur Logik kollektiven Handelns vgl. Coase 1960, Olson 1965, Ostrom 1990. Zur Trittbrettfahrerproblematik vgl. Olson 1965, Braun 1999.
51 Vgl. Braun 1997: 66. Zur Kritik an den Grundannahmen der Rationalitätstheorien vgl. deLeon 1993: 473.
52 Vgl. Scharpf 2000: 116.
53 Vgl. Heinelt 1993: 322, Kappelhoff 1997: 258.
54 Vgl. Weber 1985: 12 f.

2.1 Handlungstheorien

chen sozialen Nutzenfunktion[55] als korrespondierendes Glied zum Konzept der Eigennutzenmaximierung.[56] Essenziell ist in diesen Konzepten die Aussage, dass die Handlungen nicht von einem alleinigen Motiv geleitet werden, sondern der Rationalitätsbegriff um weitere Facetten zu ergänzen ist. Dabei ist unumstritten, dass zumindest eine *normative Handlungsorientierung* einzubeziehen ist.[57] Darunter sind die jeweiligen Werthaltungen[58] der Akteure zu verstehen. Denn jeder individuelle oder kollektive Akteur orientiert sich an unterschiedlichen Werten.[59] Die einzelnen Werte sind dabei psychisch internalisiert und demzufolge relativ stabil.[60] Abgesehen vom ökonomischen Eigeninteresse und den Werthaltungen können sich die *Präferenzen* auch an weiteren Handlungsmotiven wie z.B. der sozialen Anerkennung, der emotionalen Gefühlslagen, der Funktionserfüllung und dem moralischen Gehorsam orientieren.[61] Hierbei stehen die einzelnen Handlungsprinzipien grundsätzlich in einem Spannungsverhältnis[62] zueinander; für das Konzept der Handlungstheorien entscheidend ist jedoch, dass die Akteure zwischen ihnen wählen und wechseln sowie sie kombinieren können.[63]

Im Kontext dieser Verbreitung des Rationalitätsbegriffs werden unter dem Terminus der *Handlungsorientierung* die spezifischen Wahrnehmungen und Präferenzen der jeweiligen Akteure subsumiert.[64] Diese zu analysieren wird dadurch erschwert, dass wir es mit korporativen Akteuren zu tun haben. Wie im vorausgehenden Kapitel bereits expliziert wurde, wird das beobachtbare individuelle Handeln auf die soziale Einheit bezogen, in dessen Auftrag der Akteur handelt. Grundlage dafür ist die bereits beschriebene Übernahme sozialer Rollen durch die Individuen. Um rollenbezogenes Verhalten verstehen zu können, ist es folglich erforderlich, einerseits die normativen Erwartungen[65], die mit einer Funktion verknüpft sind, und andererseits die Wahrnehmungen und Präferenzen, die von der kollektiven Einheit abgeleitet werden können, für die der Akteur handelt, zu kennen.[66]

Indessen kommt hier eine erhebliche Problematik hinzu: Wie bereits deutlich wurde, sind die Akteure mehreren *sozialen Rollen* verpflichtet. Daraus resultieren sowohl sich wechselseitig unterstützende Handlungsperspektiven, als auch Zielkonflikte zwischen den Interessen der einzelnen Funktionen. Daneben bleibt die ebenfalls bereits angesprochene Möglichkeit bestehen, dass der individuelle Akteur eigene Interessen im Hinblick auf das Handlungsobjekt entwickelt und diese über die Interessen der durch ihn vertretenen sozia-

---

55 Vgl. Lindenberg 1989, H. Esser 1993, Braun 1997: 56, 66.
56 Braun (1997: 66) verweist darauf, dass die moralisch-soziale Dimension früher in der individualistischen Theorie diskutiert wurde. Durch die Fokussierung des Ökonomischen ging diese Tradition jedoch verloren.
57 Vgl. Braun 2000a: 128.
58 Luhmann (1984: 433) definiert Werte als „*allgemeine, einzeln symbolisierte Gesichtspunkte des Vorziehens von Zuständen und Ereignissen*". Zum Wertebegriff vgl. Kluckhohn 1962: 495, Rokeach: 1973: 5. Zur Problematik des Terminus vgl. Thome 2003: 6 ff.
59 Hierbei ist zu differenzieren zwischen Zielwerten (angestrebte Zustände) und instrumentellen Werten (Verhaltensweisen, Mittel). Vgl. Prittwitz 1994: 18.
60 Ausführlich zur Wertorientierung vgl. Prittwitz 1994: 16 ff.
61 Vgl. Weber 1985: 12 f., Braun 1997: 67.
62 Zum Spannungsverhältnis zwischen Partialinteresse und Gemeinwohlorientierung vgl. Mayntz 1990a, 1993.
63 Vgl. Braun 2000a: 128. Braun (a.a.O.: 129 ff.) definiert sechs Bedingungen, unter denen ein Übergang von einer am Partialinteresse ausgerichteten zu einer am Gemeinwohl orientierten Handlungslogik möglich ist.
64 Vgl. zum Begriff Scharpf: 2000: 86.
65 Zur normativen Rollenerwartung und Identitätsbildung bei kollektiven Einheiten vgl. Scharpf 2000: 118 f.
66 Dass die sozialen Rollen, die die kollektiven Einheiten den für sie agierenden Akteuren auftragen, eingehalten werden, wird oft durch Sanktionen (z.B. Ächtung, Ausschluss, Strafe) unterstützt. In professionalisierten sozialen Gruppen werden zudem Mitarbeiter beschäftigt, die durch Bezahlung zu einer spezifischen Rollen- und Aufgabenerfüllung verpflichtet werden. Vgl. zum Konzept der sozialen Rollen Scharpf 2000: 112.

len Einheit stellt.[67] Dementsprechend müssten die spezifischen Präferenzen und Interessen[68] der Individuen und alle von ihnen in Bezug auf den Handlungsgegenstand eingenommenen Rollen in das Rationalitätsmodell integriert werden. Damit verlöre dieser Ansatz aber genau das, was ihn auszeichnet: seine einfache empirische Anwendbarkeit.

Handlungsorientierungen werden aber nach der oben gewählten Definition nicht nur von den Präferenzen, sondern auch von den *Wahrnehmungen der Akteure* bestimmt. Entscheidend ist daher auch, wie die individuellen und komplexen Akteure die Wirklichkeit wahrnehmen und deuten. Hierbei spielen kognitive Orientierungen und Muster[69] eine zentrale Rolle. Diese sind wie Wertorientierungen relativ stabil und erleichtern den Akteuren durch Komplexitätsreduzierung, sich ebenso allgemein in ihrer Lebenswelt sowie konkret in diffizilen Situationen zurechtzufinden.[70] Ein weiterer handlungsrelevanter Aspekt ist die *soziale Orientierung* des Akteurs.[71] Darunter wird verstanden, wie sich der Akteur gegenüber den anderen Handlungsbeteiligten verhält. Grundlage ist die Idee, dass Individuen mitunter nicht nur – spieltheoretisch formuliert – auf die eigenen Auszahlungen, sondern auch auf die der anderen achten.[72] Dabei können indifferent-individualistische, kooperativ-solidarische und kompetitiv-feindselige Orientierungen auftreten. Während die erste eine Gleichgültigkeit gegenüber den anderen Mitspielern indiziert und die alleinige Verfolgung des eigenen Nutzens betont, haben die Akteure bei der zweiten und dritten Einstellung zugleich auch ein positives bzw. negatives Interesse am Ergebnis der Mitbeteiligten.[73]

Zusammenfassend lässt sich deshalb konstatieren, dass die elementaren Grundüberlegungen der ökonomischen Theorien der Politik unterkomplex sind und deshalb die in der Wissenschaft erfolgten inneren Weiterentwicklungen des Modells zur Erklärung politisch-administrativer Problembewältigung unerlässlich sind. Akteurshandeln lässt sich nicht auf das Leitmotiv der Maximierung des ökonomischen Eigennutzens limitieren. Vielmehr wird das Verhalten an multiplen Handlungslogiken ausgerichtet. Eine exponierte Stellung kommt dabei – gerade in der Politik – auch den Wertorientierungen zu. Überdies wird die Handlungsorientierung nicht nur von den Präferenzen, sondern auch von der jeweils akteurspezifischen Wahrnehmung der Wirklichkeit bestimmt. Als weiterer wichtiger Parameter entscheidet die soziale Interaktionsorientierung der Beteiligten darüber, wie die einzelnen Handlungsoptionen bewertet werden. Nicht vernachlässigt werden darf außerdem ein weiterer Aspekt, der in seiner Relevanz noch zu diskutieren sein wird: Handlungen und Verhandlungen ereignen sich nicht isoliert, sondern stehen im Kontext der teilsystemischen

---

67 Vgl. Scharpf 2000: 112 f. Diese Problematik wird vom Konzept der Logik kollektiven Handelns aufgegriffen. Demnach agieren die Individuen nicht primär altruistisch am Gemeinwohl orientiert, sie verfolgen vielmehr auch ihren eigenen Nutzen. Vgl. dazu auch Olson 1968, Naßmacher 1991: 119 ff., Scharpf 1993b, M.G. Schmidt 1995: 580 ff., Perschau 1998: 21 ff.

68 Interessen liegen dann vor, wenn ein Akteur zu einem Gegenstand eine bewusste motivationale Fixierung einnimmt. Im Unterschied zu Wertorientierungen sind Interessen damit grundsätzlich auf eine bestimmte Handlungssituation bezogen. Vgl. zum Interessenbegriff Hillmann 1989: 71, vgl. dazu auch Prittwitz 1994: 24.

69 Kognitive Muster beinhalten verschiedene Deutungs- und Wissenselemente. Sie sind relativ stabil und dienen als Standardvorstellungen zur Komplexitätsreduzierung im Einzelfall. Vgl. Prittwitz 1994: 21.

70 Vgl. Prittwitz 1994: 21, Scharpf 2000: 114 f.

71 Vgl. Prittwitz 1994: 22. Scharpf (2000: 148 ff.) gebraucht hierfür den Begriff der Interaktionsorientierung.

72 Hier ist zum Beispiel die in der Verhaltenswissenschaft beobachtete Neigung zu nennen, andere für ein bestimmtes (regelwidriges) Verhalten zu bestrafen, auch wenn dadurch Kosten ohne gleichzeitig zu erwartenden Nutzen entstehen.

73 Scharpf definiert zwei weitere soziale Orientierungen: Die des Altruismus und die der vollkommenen Feindschaft. Bei beiden Konzepten spielen die eigenen Auszahlungen für die Akteure keine Rolle. Sie sind nur darauf aus, den Mitspielern einen größtmöglichen Gewinn bzw. Verlust zu bereiten. Vgl. Scharpf 2000: 152 f.

Umwelt und werden von ihr in vielfacher Weise direkt und indirekt geprägt. Nachdem im vorliegenden Fall komplexe Akteure handeln und damit neben den Eigeninteressen der individuellen Akteure auch die spezifischen Wahrnehmungen, Präferenzen und Identitäten der von ihnen ausgefüllten sozialen Rollen einzubeziehen sind, ergibt sich für den theoretischen Forschungsansatz und die empirische Untersuchung eine erhebliche Komplexitätssteigerung. Damit ist eine stringent spieltheoretische Modellierung für diese Untersuchung ausgeschlossen.[74] Dies ist aber hinzunehmen, da eine Einbeziehung weiterer Faktoren für diese Studie eine höhere analytische Erklärungskraft verspricht als eine strikte Orientierung am handlungstheoretischen Rationalitätsansatz. Vor dem Hintergrund dieser Erkenntnisse ist zu prüfen, welche Leistungen und Grenzen des so erweiterten Ansatzes für diese Untersuchung zu erwarten sind.

2.1.2 Konzept bedingt rationaler Wahlhandlung

Abgesehen von der Problematik, rationales Handeln ebenso operationalisierbar wie wirklichkeitsnah zu definieren, zeigen sich weitere interne und externe *Grenzen* bei der Anwendung des Ansatzes.[75] Eine zentrale Herausforderung liegt dabei darin, dass das Konzept der rationalen Wahlhandlung hohe Ansprüche an die Akteure stellt. Um sich rational im Sinne der ökonomischen Theorie zu verhalten, sind – sowohl was die Gewinnung von notwendigem Wissen als auch was dessen Verarbeitung betrifft – enorme kognitive Fähigkeiten erforderlich. Dies gilt nicht nur für komplexe Entscheidungssituationen, sondern bereits für simplere Interaktionen, da sich schon hier vielfache Handlungsoptionen aufzeigen.[76] Dieses Dilemma wird noch dadurch verstärkt, dass die Voraussetzungen, über vollkommene Informationen über das Handlungsobjekt, die strategischen Optionen und die potenziellen Auszahlungen zu verfügen, in der Realität kaum bzw. nicht gegeben sind. Im Gegenteil: Die Akteure haben sich meist mit immensen *Unsicherheiten* auseinander zu setzen. Ihnen sind in der Regel weder alle potenziellen Handlungsalternativen bekannt, noch können sie deren Konsequenzen exakt abschätzen und bewerten. Ebenso wenig sind sie dazu in der Lage, das Handeln der Interaktionspartner konkret zu kalkulieren und zu antizipieren.[77]

Nachdem also die technischen, materiellen und kognitiven Möglichkeiten zur Informationsbeschaffung und -verarbeitung limitiert sind, verfügen die Akteure entgegen den Annahmen des Rationalitätsmodells nicht über vollständiges Wissen. Zusätzlich wird die Problembewältigung dadurch erschwert, dass die Komplexität der zu lösenden Aufgabenstellungen meist enorm ist. Gerade aber bei diffizilen Problemstellungen verfügen die Akteure in der Regel über kein geschlossenes und kardinal skaliertes Präferenzsystem.[78]

---

74 Eine spezielle und in der theoretischen und empirischen Politikwissenschaft häufig benutzte Variante der Theorie rationalen Handelns ist die Spieltheorie (vgl. Holzinger 1995: 389). Ihr Ziel ist es, die Bedingungen strategischer Interaktionsprozesse mathematisch zu beschreiben. Hierzu dienen ihr spezifische Konzepte und Darstellungskonventionen. Ausführlicher dazu Prittwitz 1994: 147 ff., Scharpf 2000: 25 ff.
75 Ausführlich zur internen und externen Kritik am Rationalitätsmodell vgl. Behnke 1999: 325 ff.
76 Vgl. Zintl 1989, Simon 1993, V. Schneider 1997: 181.
77 In diesem Kontext ist zu beachten, dass die Wirklichkeit von den Akteuren nicht objektiv wahrgenommen werden kann, sondern subjektiv perzipiert wird. Ausführlich zum Informationsproblem bei korporativen Akteuren vgl. Scharpf 1993b: 64 f.
78 Ist damit eine eindeutige Prioritätensetzung im Kontext dieser Bedingungen ohnehin schon nur bedingt möglich, kommt erschwerend noch hinzu, dass die für soziale Einheiten handelnden Individuen zusätzliche rolleninterne Konflikte zu verarbeiten haben.

Aus diesen Rahmenbedingungen menschlichen Handelns leitet sich ab, dass die Wahl der effizientesten Handlungsalternativen im Allgemeinen nur bedingt und lediglich unter großen Unsicherheiten möglich ist; von vollständig rationalem Akteurshandeln ist demgemäß in der Regel nicht auszugehen.[79]

Angesichts dieser kognitiv-materiellen Grenzen wurde in der Wissenschaft der Rationalitätsansatz weiterentwickelt. Ziel dieser unter dem Begriff des „*bedingt rationalen Handelns*" subsumierten Konzeptionen ist es, das Grundmodell zu erweitern.[80] Dabei erkennen diese theoretischen Überlegungen den Modellcharakter der ökonomischen Theorie durchaus an. Allerdings soll durch Modifikationen und Ergänzungen den Problemen eines zu eng begrenzten Rationalitätsverständnisses begegnet werden.[81] Dies erfolgt einerseits häufig durch die bereits im vorherigen Abschnitt diskutierte Anerkennung multipler Zielkriterien mit der Einführung einer normativen Nutzenfunktion. Andererseits werden verstärkt auch die umweltbedingten Restriktionen freier Wahlhandlungen in den Ansätzen berücksichtigt.[82] Dabei werden Korrekturen am ökonomisch-rationalen Paradigma vorgenommen, indem die Bedingungen der Ungewissheit und der begrenzten Informationsverarbeitungskapazitäten in das Modell integriert werden.[83] Demnach streben die Akteure nicht danach, ihre individuelle Nutzenfunktion vollkommen zu maximieren, sondern geben sich mit dem Erreichen bestimmter Erwartungsniveaus zufrieden.[84]

Auf der Grundlage dieser Annahme kommt in diesem Paradigma den *institutionellen Arrangements* eine zentrale Bedeutung zu. Jenen wird dabei eine doppelte Funktion zugeschrieben: Sie dienen ebenso den Akteuren zur Bewältigung komplexer Situationen, wie sie das Fundament zur Erreichung gemeinwohlorientierten Verhaltens darstellen. Entsprechend dieser Bewertung wird die Existenz politischer Institutionen unter der Perspektive der ökonomischen Theorie der Politik pragmatisch-zweckrational erklärt.[85] Dieser Argumentation folgend werden Institutionen gebildet, um die kognitive Performanz zu erhöhen und die Opportunitäts- und Präferenzstrukturen zumindest temporär zu stabilisieren.[86] Die Senkung der Transaktionskosten ist daher der zentrale Effekt, der den Institutionen eingeräumt wird.[87] Institutionen liefern demgemäß einen Ordnungsraum, innerhalb dem sich die Akteure durch die Kenntnis von Repertoires an Verhaltensregeln zurechtfinden können und der ihnen dadurch ein gewisses Maß an Erwartungssicherheit bietet.[88] Dies erfolgt, indem Insti-

---

79 Vgl. H. Esser 1990: 233, North 1992: 30, Braun 1997: 57.
80 Dazu Kahnemann/Slovic/Tversky 1982, Elster 1989, H. Esser 1990, Simon 1993.
81 Vgl. Braun 1997: 59.
82 Vgl. Prittwitz 1994: 146, Braun 1995: 171 f., Braun 1997: 56.
83 Vgl. Braun 2000b: 172.
84 Eine optimale Nutzenmaximierung ist in diesem Konzept nicht möglich, da Unsicherheiten über die Zukunft, Informationsdefizite, Zeitdruck, aber auch rechtliche, ökonomische, politisch-institutionelle und politisch-kulturelle Bedingungen die Wahlfreiheit begrenzen. Aufgrund dieser formellen wie materiellen Beschränkungen kann der optimale Nutzen nicht erreicht werden. Die Akteure streben deshalb nach der für sie am vorteilhaftesten Kosten-Nutzen-Relation. Vgl. Scharpf 1993b, M.G. Schmidt 1995: 577.
85 Vgl. Czada 1995a: 205. Institutionenbildung wird in diesem Kontext als intentionale Setzung sozialer Regelwerke verstanden. Vgl. Czada/Schimank 2000: 23. Wissenschaftlich basiert die Betrachtung der Institutionen als zentralen Parameter rationalen Handelns im ökonomischen Neoinstitutionalismus (Williamson 1985, North 1990).
86 Vgl. V. Schneider 1997: 181; zu den theoretischen Grundlagen vgl. auch North 1992, Simon 1993.
87 Vgl. Williamson 1985.
88 Die Beteiligten können – das Vertrauen, dass sich die Mitspieler ebenfalls an die Regeln halten, vorausgesetzt – in Alltagssituationen ihr Handeln innerhalb der institutionell formierten Standards ausrichten, ohne in jedem Einzelfall alle Handlungsoptionen im Hinblick auf ihren Nettonutzen zu überprüfen (vgl. Kaiser 1999: 193).

tutionen die sozialen Interaktionsprozesse durch gemeinsames Wissen erleichtern und damit einen relativ hohen Grad an Vorhersehbarkeit ermöglichen.[89] Für die Akteure sind die institutionellen Arrangements aber nicht nur aufgrund der durch sie erreichten Berechenbarkeit von Bedeutung, sondern auch weil sie normorientiertes Verhalten fördern.[90] Dies geschieht durch die sinnstiftende Dimension der Institutionen, die Akteurshandeln insoweit reguliert, als sie individuelle Handlungsorientierungen modifiziert und limitiert.[91]

Die Ansätze des bedingt rationalen Handelns begegnen damit essenziellen Einwänden gegen die Rationalitätsansätze, indem sie explizite Verknüpfungen mit der funktionalistischen Institutionentheorie sowie mit dem interpretativen Paradigma der Handlungstheorie herstellen.[92] Dabei argumentieren sie dennoch stets aus einer ökonomisch-rationalen Perspektive. Für die Formulierung eines Forschungsansatzes liefern diese Erkenntnisse wichtige Hinweise: Dies gilt sowohl für die Weiterentwicklungen der Rationalitätstheorie als auch für die Diskussion kognitiver und umweltbedingter Limits freier rationaler Wahlhandlung. Letztere sind auch insofern von zentraler Bedeutung, als sie die Grenzen der Erklärungskraft ökonomischer Rationalitätsmodelle manifestieren.

2.1.3 Fazit: Chancen und Grenzen eines handlungstheoretischen Modells

Die Diskussion handlungstheoretischer Erklärungsansätze hat gezeigt, dass sie aufgrund ihrer situationsspezifischen Herangehensweise eine relativ detaillierte Analyse der Problemverarbeitung unter Berücksichtigung vielfältiger Variablen erlauben. Damit bieten sie die Möglichkeit, auch über funktionelle und strukturelle Bedingungen hinausgehende Erklärungsparameter offen zu legen.[93] Dies gilt insbesondere für Fälle, in denen die Entscheidungsfindung und das Entscheidungssystem als Determinanten für das Ergebnis herangezogen werden und/oder in denen die Motivationen der Akteure von zentraler Bedeutung sind.[94] Da beide Bedingungen auf unseren Untersuchungsgegenstand zutreffen, stellen handlungstheoretische Ansätze ein beträchtliches Analysepotenzial bereit. Deswegen eignen sie sich auch prinzipiell als Bezugsrahmen für den Forschungsansatz. Als Anknüpfungspunkt dient hierfür speziell das aus dem Grundmodell der ökonomischen Theorie der Politik (weiter-)entwickelte Konzept bedingt rationalen Handelns. Gleichwohl wurde auch deutlich, dass die explizierten inneren und äußeren Grenzen ökonomisch-rationaler Erklärungsmuster hinreichend zu beachten und entsprechend in das Forschungskonzept zu integrieren sind. Dies betrifft zum *einen* die im Basismodell der ökonomischen Theorie erfolgte

---

89 Vgl. North 1992: 30, Scharpf 2000: 80 f.
90 Vgl. V. Schneider 1997: 184.
91 Institutionen definieren demgemäß einen Regelkatalog angemessenen Verhaltens. Vgl. V. Schneider 1997: 184, Kaiser 1999: 193 f.
92 In diese Richtung zielt auch die Integration von „Habits" und „Frames" in die ökonomische Rationalitätstheorie (vgl. H. Esser 1990: 234 ff.). Beide Konzepte unterstützen die Akteure bei der Auswahl ihrer Handlungsalternativen durch Vereinfachung komplexer Situationen. Während „Habits" dabei die Orientierung der Individuen an standardisierten Verhaltensrepertoires bezeichnen, werden unter „Frames" Relevanzrahmen verstanden, die den Akteuren das Verstehen der jeweiligen Situation durch eine Simplifizierung der Struktur der Ziele erleichtern. Der Einsatz von „Habits" und „Frames" wird dahingehend als rational interpretiert, als er die Akteure in Alltagssituationen entlastet und sie lediglich dann zu einer Abweichung zwingt, wenn ihre elementaren Interessen betroffen sind. Damit wird anerkannt, dass verschiedene Handlungslogiken möglich und Entscheidungssituationen vielfältiger als im ökonomischen Grundmodell rationalen Handelns sind.
93 Vgl. Prittwitz 1994: 147.
94 Vgl. Braun 1997: 68 f.

Reduzierung der Handlungslogik auf das zweckrationale Eigennutzaxiom. Eine derartige Engführung der Handlungsmotive ist vor dem Hintergrund der Anforderungen, denen sich dieser Forschungsansatz stellen muss, nicht haltbar. Vielmehr nehmen in unserem Problembereich die Akteure verschiedene soziale Rollen ein, mit denen jeweils multiple und in sich nicht eindeutig konsistente Präferenzorientierungen verknüpft sind. Überdies sind die Interaktionen eingebettet in Wert- und Deutungskontexte, die durch das institutionelle und soziale Umfeld geprägt werden. Diese bilden folglich ebenso einen zentralen Parameter menschlichen Handelns.[95] Zum *anderen* sind in dem untersuchungsleitenden Erklärungsmodell sowohl die kognitiven als auch die umweltbedingten Grenzen rationaler Wahlhandlung zu erfassen. Die enormen Anforderungen, welche das ökonomische Modell an die Akteure stellt, können von diesen nicht erfüllt werden. Da sie weder allwissend sind, noch über unbegrenzte Kapazitäten der Informationsverarbeitung verfügen, sehen sie sich in ihren Handlungen permanent mit erheblichen Unsicherheiten konfrontiert. Außerdem agieren sie nicht isoliert, sondern im Kontext gesellschaftlicher und institutioneller Strukturen, die zentrale Rahmenbedingungen und Restriktionen für das Verhalten definieren.

Unter Abwägung dieser Einschränkungen der Erklärungskraft rationaler Handlungstheorien wird deutlich, dass zur Erfassung des vorliegenden Falls zwar zentrale Module dieser Konzepte von Bedeutung sind, eine isolierte Fixierung auf eine monokausale Erklärung mittels des Leitmotivs ökonomischer Rationalität der Aufgaben- und Problemstellung aber nicht gerecht wird.[96] In diesem Sinne darf die Leistungsfähigkeit ökonomischer Erklärungsansätze weder überschätzt, noch der Einfluss system-struktureller Bedingungen unterschätzt werden.[97] Da in der Schlichtheit der Annahmen nicht nur der Vorteil, sondern auch das Problem der Rationalitätsansätze liegt, fällt ein simples spieltheoretisches Erklärungsmodell als Forschungsansatz aus. Im Hinblick auf die Möglichkeiten handlungstheoretischer Erklärungen ist aber zu fragen, welche ihrer Annahmen, sprachlichen Symbole und analytischen Kategorien für das Forschungskonzept fruchtbar gemacht werden können.

Das in dieser Studie zugrunde gelegte Handlungskonstrukt lehnt sich pragmatisch am Prinzip der bedingten Rationalität an und fungiert in diesem Sinne primär als heuristisches Modell. Das Handeln wird von den situativen Wahrnehmungen und Präferenzen der Akteure sowie deren sozialer Interaktionsorientierung als ergänzendem Parameter geleitet. Die Protagonisten orientieren sich dabei nicht ausschließlich an der ökonomischen Eigennutzmaximierung, sondern an multiplen Handlungslogiken. Zudem erfüllen die Individuen in ihren Interaktionen mehrere soziale Funktionen, die wiederum ebenfalls mit spezifischen Wahrnehmungen und Interessen verknüpft sind. Dabei sind sich die Individuen ihrer verschiedenen und sich zum Teil widersprechenden Handlungsorientierungen bis zu einem gewissen Grad durchaus bewusst. Daher sind sie im Rahmen der externen Bedingungen in der Lage, bestimmte eigene oder rollenspezifische Interessen stärker zu fokussieren bzw. zu vernachlässigen. Zugleich kennen sie ihre Interdependenz und versuchen infolgedessen, das Verhalten der Interaktionspartner zu antizipieren. Daher kommt sowohl der tatsächlichen

---

95 Vgl. Braun 2000b: 166, Schimank/Werle 2000: 17.
96 Ausführlich zu den Grenzen der ökonomischen Theorie bei der Analyse politischer Prozesse vgl. Howlett/Ramesh 1993: 247 ff. Kritisch dazu auch Pesch (2000: 20): *„Die modellhafte Grundannahme, Verhalten sei immer darauf zurückzuführen, dass Menschen sich rational (im Sinne von: den eigenen Nutzen maximierend) verhielten, ist m.E. eine enorme intellektuelle Zumutung, nicht nur angesichts totalitärer Ideologien oder fundamentalistischer Religionen."* Ähnlich urteilt auch Balog 1999: 48 f.
97 Vgl. zur Einschätzung der Leistungsfähigkeit von Rationalitätsansätzen J. Schmidt/Zintl 1996: 596.

als auch der von den Akteuren wahrgenommen Akteurkonstellation[98] ein wichtige Erklärungskraft zu. Angesichts dieser Kompetenz agieren die Beteiligten dabei prinzipiell innerhalb eng begrenzter Rationalität, da ihr Wissen hochgradig reglementiert ist und ihre Wahrnehmungen und Präferenzen in der sozialen und institutionellen Umwelt eingebettet sind. Folglich stimmen die hier erzielten Erkenntnisse mit dem überein, was der Politikfeldansatz bereits implizit voraussetzt: Politisches Handeln ist nicht ausschließlich auf einer individuellen Ebene erklärbar. Vielmehr beeinflussen auch intersubjektive Strukturen und Institutionen die Handlungsorientierungen der Akteure und die Kontextbedingungen der Interaktionen. Um die Komplexität des Untersuchungsgegenstands genügend zu erfassen, sind deshalb auch genuin politikwissenschaftliche Überlegungen zu integrieren. Zu untersuchen ist daher, inwiefern sich aus institutionalistischen und strukturalistischen Ansätzen theoretische Module extrahieren lassen, welche die Entwicklung eines hinreichend komplexen Forschungs- und Erklärungsansatzes unterstützen. Dabei ist die Fragestellung breiter anzulegen als dies in der Regel in bedingt rationalen Erklärungsmodellen geschieht: Nicht nur die Bedeutung politisch-institutioneller, sondern auch systemstruktureller Gegebenheiten ist zu prüfen.[99] Hierbei ist ebenso zu klären, ob der Einfluss politischer Institutionen auf die in der ökonomischen Theorie definierten Funktionen reduziert werden kann.

2.2 Strukturalistische Erklärungsansätze

Welche subjektexternen Faktoren determinieren die Politikgestaltung? Zur Beantwortung dieser Frage sind sowohl die Wirkungskraft der genuin politisch-strukturellen als auch die der externen Bedingungen zu beleuchten: In welcher Art und Weise wirken diese auf das Akteurshandeln ein? Im Hinblick auf den Forschungsansatz ist zu erörtern, inwiefern aus institutionalistischen und system-strukturalistischen Erklärungsansätzen hierüber weiterführende Aussagen abgeleitet werden können. Es sind dementsprechend speziell theoretische Erkenntnisse über die strukturellen und umweltbedingten Grenzen freien Wahlhandelns als Basis für die theoretische Projektkonzeption zu ermitteln. Angesichts des Erkenntnisinteresses sind im folgenden Abschnitt hauptsächlich Erklärungsmodelle über den Einfluss der politischen Institutionen, über die Wirkungen des politisch-kulturellen Umfelds sowie über den Stellenwert der materiellen Rahmenbedingungen zu untersuchen.

2.2.1 Institutionelle Bedingungen: Neoinstitutionalistische Modelle

Die Politikwissenschaft befasste sich unter verschiedenen Perspektiven und theoretischen Zugängen mit der Stellung und dem Wirken politischer Institutionen.[100] Mit dem Einfluss

---

98 Die Akteurkonstellation beschreibt das Konfliktniveau in den sozialen Interaktionsprozessen in Bezug auf ein bestimmtes Gut. Sie ergibt sich aus der (In-)Kompatibilität der jeweiligen Fähigkeiten, Handlungsorientierungen und Handlungsressourcen der beteiligten Akteure (vgl. Scharpf 2000: 128 f.).
99 Es wird zwar darauf verwiesen, dass Berechenbarkeit und Gemeinwohlorientierung nicht nur durch Institutionen, sondern auch durch zahlreiche weitere Mechanismen und Strukturen ermöglicht wird. Diese werden aber in den Konzepten bedingt rationalen Handelns nicht weiter thematisiert. So z.B. Scharpf 2000: 81.
100 Vgl. Waschkuhn 1994: 188 ff.

von Institutionen[101] auf die politisch-administrative Problemverarbeitung setzten sich dabei insbesondere diverse unter dem Begriff des „*Neoinstitutionalismus*" subsumierte Theorien auseinander.[102] Ausgangspunkt dieser Denkansätze war die Beobachtung, dass im Zuge der wachsenden Vielfalt und Komplexität öffentlicher Aufgaben eine funktionale Spezialisierung, innere Segmentierung und äußere Entgrenzung der Staatsorganisation erfolgte.[103] In Anbetracht dieser Analyse entwickelten die neoinstitutionalistischen Modelle ein differenziertes Staatsbild. Danach wird der Staat als Konglomerat formal und informell vernetzter Organisationen und Institutionen begriffen.[104] Letztere werden als komplexe soziale Einheiten aufgefasst, die ein substanzielles Eigenleben führen und die ebenso miteinander wie mit der gesellschaftlichen Umwelt in Beziehung stehen.[105] Der moderne Staat ist damit ein komplexes Mehrebenensystem, in dem institutionelle Nebenregierungen als Vetospieler mehr oder weniger mächtig auf politische Prozesse einwirken. Weitere Kennzeichen des neoinstitutionalistischen Staatsverständnisses sind vielfältige Formen der Beteiligung politischer Interessengruppen und die Übertragung von Hoheitsrechten auf internationale Organisationen.[106] In Folge dieser Fragmentierung und Segmentierung des politischen Systems büßt der Staat nach innen und außen an Souveränität ein. Dadurch wird die politische Steuerung des gesellschaftlichen Umfelds zwar erschwert, der Staat bleibt aber in den neoinstitutionalistischen Konzepten ein einflussreicher Akteur.[107]

Vor dem Horizont dieser Überlegungen analysiert der Neoinstitutionalismus nicht nur die Institutionen selbst, sondern auch ihre Funktion als unabhängige Variable im politischen Prozess.[108] Ausgehend von dieser Fragestellung lassen sich die Ansätze in drei Kategorien unterteilen:[109] Zunächst ist dabei die bereits im vorherigen Untersuchungsabschnitt thematisierte Version des am Rationalitätsparadigma orientierten „*ökonomischen Institutionalismus*" zu nennen. Hierbei handelt es sich streng genommen um keinen originären institutionentheoretischen Ansatz, sondern um eine Übertragung der Modellüberlegungen der ökonomischen Theorie der Politik auf die Institutionen- sowie die Organisationstheorie. Diese Theorien vereint das Axiom, dass Institutionen einen zentralen Parameter rationaler Wahlhandlung darstellen.[110] Neben dem ökonomischen Institutionenkonzept lassen sich zwei weitere Strömungen identifizieren. Zum einen handelt es sich um eine strukturalisti-

---

101 Zum Institutionenbegriff vgl. Waschkuhn 1989: 376 f., Prittwitz 1994: 78 ff. Unter politischen Institutionen werden in der klassischen Politikwissenschaft vorzugsweise die Staatsorgane und Verfahrensregeln der jeweiligen Regierungssysteme verstanden. Hingegen assoziiert die neuere Literatur mit dem Begriff allgemein akzeptierte Regelsysteme. Dieses Verständnis von Institutionen erfasst neben den formalrechtlichen Regeln und Einrichtungen des politischen Systems auch soziale Normen, die relativ dauerhaft bestehen und von den Akteuren grundsätzlich beachtet und akzeptiert werden (vgl. Prittwitz 1994: 82 ff., Scharpf 2000: 77).
102 Seinen Ursprung findet dieses Paradigma speziell in den Arbeiten von March/Olsen (1984, 1989). Zentrale Impulse erhielt die neoinstitutionalistische Forschung aus der Politikfeldorientierung in der Politikwissenschaft, der allgemeinen Organisationstheorie, der normativen Theorie distributiver Gerechtigkeit sowie den ökonomischen Rationalitätsansätzen. Vgl. Berg-Schlosser 1999: 141.
103 Vgl. Czada 1995a: 210, Nahamowitz 1995.
104 Im Unterschied zur traditionellen Institutionentheorie erfolgt politisches Handeln damit in mannigfachen institutionellen Regimen. Vgl. Kaiser 1999: 191.
105 Vgl. Olsen 1991: 96, Czada 1995a: 210 f.
106 Vgl. Czada 1995a: 211.
107 Mayntz (1996: 165) verweist in diesem Kontext darauf, dass eine Steuerung in der funktionell-differenzierten Gesellschaft durchaus möglich ist, nicht aber eine Steuerung der Gesellschaft.
108 Zur „*Wiederentdeckung*" politischer Institutionen als unabhängige Prozessvariable vgl. March/Olsen 1989.
109 Ausführlich hierzu Kaiser 1999: 196 ff.
110 Vgl. die Ansätze von Coase (1960), Buchanan/Tullock (1962), Williamson (1985) und North (1992). Ausführlich zur Institutionenökonomie Döring 2001: 107 ff.

2.2 Strukturalistische Erklärungsansätze

sche Denkrichtung.[111] Sie nutzt ein breit angelegtes Verständnis von Institutionen und begreift diese als Bedeutungssysteme.[112] Dabei wird ein *kulturalistisch-interpretatives Institutionenbild* vertreten. Nach diesem determinieren die institutionellen Arrangements weitgehend die Präferenzbildung der Akteure, denen somit nur begrenzt freie Wahlhandlungen zugestanden werden.[113] Daher betrachtet die strukturalistische Institutionentheorie auch die institutionelle Handlungssteuerung im Sinne einer habituellen Regelbefolgung. Nachdem ein solches Verhalten beim hiesigen Untersuchungsobjekt aufgrund dessen besonderer Brisanz nicht vorausgesetzt werden kann, sind die Erwägungen jener Strömung in dieser Studie lediglich von kontextueller Bedeutung.

Als interessant gestaltet sich gleichwohl ein dritter Theoriestrang, der sich zwischen der ökonomischen und der strukturalistischen Orientierung in der Institutionentheorie positioniert. Dieser „*Integrationsansatz*" zeichnet sich durch seine Kompatibilität mit handlungstheoretischen Ansätzen aus, da er Institutionen keinen direkten Einfluss auf die Politikformulierung einräumt. Zwar wird ihre Relevanz betont, sie bewirken jedoch weder eine quasi-mechanische Steuerung des Akteurshandelns, noch werden sie auf eine Funktion als Parameter rationalen Wahlhandelns begrenzt. Dabei stehen die institutionellen Arrangements prinzipiell selbst für strategisches Handeln offen.[114] In diesem Sinne werden in jener mittleren Position Institutionen und Handlungen als zentrale und interdependente Determinanten politischer Prozesse interpretiert. In der komplementären Betrachtungsweise beider theoretischer Paradigmen liegt die Chance, wichtige Erkenntnisse aus dem Integrationsansatz für den Forschungsansatz zu extrahieren. Von Bedeutung für diese Studie ist deshalb die Frage, wie die Wirkung von Institutionen in solch einem Ansatz eingeschätzt wird.[115]

Generell wird den Institutionen eine zentrale Position bei der Generierung politischer Entscheidungen zugebilligt, da sie politisches Handeln bei der Entstehung politischer Willensbildung und Entscheidungsfindung maßgeblich strukturieren.[116] Zugleich prägen sie die sich erst im Interaktionsprozess vollziehende Präferenzbildung der Akteure im Hinblick auf die strategischen Optionen, indem sie bestimmte Handlungsalternativen begünstigen oder beschränken.[117] Dies geschieht mittels der Definition sachlich wie normativ gebotener, zulässiger oder verbotener Aktionen. Frühere Entscheidungen und institutionelle Vorgaben begrenzen damit die Bandbreite weiterer Entwicklungen.[118] Zudem verfügen Institutionen auch über eine identitätsstiftende und sinngebende Funktion. Diese erleichtert durch spezifische Regelungen die Erbringung der von dem Teilsystem erwarteten Leistungen.[119] Über diese fundamentalen Funktionen hinaus wirken Institutionen in den Modellüberlegungen auch insoweit, als sie Akteuren unterschiedliche Einflusschancen gewähren. Die Bedeutung institutioneller Regelungen bleibt in den neoinstitutionalistischen Ansätzen aber nicht auf

---

111 Vgl. March/Olsen 1989: 3 ff.
112 Vgl. Kaiser 1999: 196 f.
113 Vgl. Czada 1995a: 212, Kaiser 1999: 201.
114 Vgl. Czada 1995a: 212.
115 Zum Einfluss von Institutionen auf politische Prozesse vgl. Scharpf 1991b: 57 ff.
116 Vgl. Kevenhörster 1997: 349.
117 Vgl. zu diesen Annahmen Ostrom u.a. 1994: 38, Kaiser 1999: 197, Scharpf 2000: 79.
118 Vgl. M.G. Schmidt 1993a: 389.
119 Maßgeblich ist in diesem Kontext auch die Symbolbeziehung politischer Institutionen. „Indem Institutionen ihre Leitideen stets vermittels von Symbolen sichtbar machen, werden mit den Leitideen auch – solange sie zusammenstimmen – die zugrunde liegenden Werte und Ordnungsprinzipien präsent gehalten. In diesem Sinne machen politische Institutionen die grundlegenden Werte und Ordnungsprinzipien des Gemeinwesens für die Bürger deutlich." Göhler 1997: 31. Vgl. Braun 1993: 213, Kaiser 1999: 193 f.

ihre handlungsprägende und handlungslimitierende Funktion reduziert. Sie werden auch als Instrumente zur Realisierung politischer Interessen[120] sowie als Mittel zur Erleichterung der strategischen Interaktion im politischen Subsystem begriffen.[121]

Institutionen werden dabei als entwicklungsgeschichtlich vorgeformt aufgefasst. Für den politischen Prozess hat dies folgende Konsequenz: Die durch frühere Entscheidungen eingeschlagenen Entwicklungspfade[122] entfalten Wechselwirkungen mit anderen institutionellen Arrangements und verankern sich in kognitiver Hinsicht in den politischen Akteuren.[123] Hierdurch können Lock-in-Effekte[124] entstehen, so dass schon bestehende Weichenstellungen im Entwicklungsprozess der Institutionen die Bandbreite für einen zukünftigen institutionellen Wandel limitieren.[125] Folglich steht das institutionelle Gefüge für die Akteure nur begrenzt zur Disposition.[126] Dementsprechend sind politische Entscheidungen zugleich auch nur im Kontext der historischen Entwicklungspfade zu verstehen.[127]

Aus diesen Annahmen leitet sich ab, dass Institutionen Akteurshandeln einerseits prägen und begrenzen, andererseits aber auch Optionen für strategische Interaktionen eröffnen. Die theoretischen Ansätze treffen allerdings keine grundsätzlichen Aussagen darüber, wie weit der Einfluss der Institutionen dabei reicht.[128] Für unseren Fall gilt allerdings: Es ist von einem erheblichen Einfluss institutioneller Arrangements auszugehen. Die theoretische und empirische Forschung hat gezeigt, dass insbesondere die Entscheidungsregel eine maßgebliche Einflussgröße für das Handeln der Akteure darstellt. Institutionelle Einflüsse ergeben sich jedoch auch darüber hinaus durch die Beteiligung institutioneller Vetospieler wie dem Bundesverfassungsgericht, durch die komplexen Rechtsstrukturen des Bundesstaats und der Finanzbeziehungen sowie durch zentrale Verfassungsgrundsätze. Deshalb muss den entwicklungsgeschichtlich geprägten institutionellen Bedingungen eine zentrale Rolle im Erklärungsansatz beigemessen werden. Sie können nicht auf ihre Funktion als entscheidungsstruktureller Parameter rationalen Handelns reduziert werden. Vielmehr sind sowohl die handlungsermöglichenden als auch die handlungsprägenden und handlungslimitierenden Kräfte der institutionellen Arrangements in den Forschungsansatz einzubeziehen.

2.2.2 Strukturelle Einflüsse des politisch-kulturellen Subsystems

Abgesehen von den institutionellen Faktoren ist auch die Wirkung der strukturellen Einflüsse des politischen Systems auf die politisch-administrative Problemverarbeitung explizit

---

120 Institutionen schaffen demnach auch explizit Handlungsspielräume für politisches Handeln. In diesem Sinne sind Institutionen auch als Handlungsressourcen zu verstehen. Vgl. Czada 1995a: 210.
121 Durch Regeln und Regelsysteme wird ein gewisses Maß an Erwartungssicherheit, Handlungslogiken und Routinen bereitgestellt. Dieses ermöglicht strategische Interaktionen, senkt die Transaktionskosten, schafft gemeinsames Wissen und erlaubt damit bis zu einem bestimmten Grad die gegenseitige Vorhersehbarkeit. Vgl. Scharpf 2000: 80 f.
122 Zum Theorem der Entwicklungspfade vgl. North 1992, Lehmbruch 1999a: 57 und 2002.
123 Vgl. Lehmbruch 1999a: 58.
124 Vgl. Lehmbruch 1999a: 56.
125 Vgl. Lehmbruch 1999a: 58.
126 Vgl. Kevenhörster 1997: 349, Lehmbruch 1998: 12, Kaiser 1999: 205. Demgemäß verknüpfen Institutionen als langfristig stabile Strukturen historische Erfahrungen und Traditionen mit den kurzfristigen Situationswahrnehmungen und Präferenzen der Akteure. Vgl. Kaiser 1999: 201.
127 Vgl. Kaiser 1999: 197.
128 Der Einfluss wird in den verschiedenen Varianten unterschiedlich bewertet. Einig sind sie sich dahingehend, dass Institutionen eine bedeutende, nicht aber die einzige Bestimmungsgröße für Politikergebnisse sind.

2.2 Strukturalistische Erklärungsansätze

zu prüfen und in den Forschungsansatz zu integrieren. In der Politikwissenschaft existieren verschiedenste Makro- und Mesotheorien, welche die kausalen Beziehungen zwischen den gesellschaftsstrukturellen Bedingungen und der politischen Entwicklung diskutieren. Jedoch nehmen diese meist keine hinreichende Differenzierung zwischen den Strukturen und den in ihnen agierenden Akteuren vor.[129] Aufgrund dieses mangelnden Akteurbezugs sind genuin strukturalistische Ansätze nur bedingt kompatibel mit handlungstheoretischen Modellen.[130] In Anbetracht der projektleitenden Basisüberlegungen sind indes gerade sowohl handlungstheoretische als systemstrukturelle Bedingungen in einen komplexen Erklärungsansatz zu verbinden. In gleicher Weise hat auch die Erörterung der Aussagekraft handlungstheoretischer Modelle bereits manifestiert, dass in der institutionellen *und* sozialen Kontextbezogenheit des Akteurs ebenfalls ein essenzielles Bestimmungsmoment individuellen Handelns zu suchen ist.

Analog zur theoretischen Argumentation im vorhergehenden Kapitel über den Einfluss der Institutionen ist daher auch hier eine Orientierung an den strukturalistischen Ansätzen geboten, die einen „mittleren Weg" beschreiben. Diese Konzepte, die der Strömung des „*akteurzentrierten Strukturalismus*" zuzurechnen sind, versuchen den häufig proklamierten Graben zwischen dem strukturalistischen und handlungstheoretischen Paradigma zu überwinden. Den Ausgangspunkt bildet die Überlegung, dass die Verhaltensorientierung und Präferenzbildung der Akteure im Kontext der teilsystemischen Umweltbedingungen erfolgt.[131] Dabei dienen ihnen allgemeine teilsystemische Orientierungshorizonte als Sinnsysteme, die ihnen generalisierte, situationsübergreifende Handlungslogiken liefern.[132] Demnach beeinflussen konventionalisierte Ordnungskonzepte das, was Individuen als Sinn erfahren und interpretieren. Wahrnehmungs-, Deutungs- und Erkenntnismuster sind folglich in kognitiver Hinsicht nicht allein subjektiv ableitbar, sondern werden von einem kulturellen Umfeld sowie spezifischen Sozialisationsbedingungen geformt. Exkursorisch anzumerken bleibt, dass die Feststellung auch auf zweckrationales Verhalten zutrifft: Die in den Rationalitätsansätzen als selbstverständlich vorausgesetzte Handlungslogik, ist nicht einfach gegeben, sondern das Ergebnis langfristiger kultureller Prozesse.[133]

Vor dem Hintergrund dieser Erwägung kennzeichnet diese Ansätze die zentrale These, dass subjektexterne Strukturen das Verhalten der an sich eigenmotivierten Akteure prägen und limitieren.[134] Freilich ergibt sich hierbei für die Forschung ein zentrales Problem: Es kann per se kaum differenziert werden, ob und inwieweit Präferenzen einerseits kulturell vermittelt und damit strukturell herleitbar oder andererseits subjektiv generiert, also vom Individuum selbst bestimmt sind.[135] Denn über Sozialisations- und Interaktionsprozesse werden gesellschaftliche Wertvorstellungen internalisiert, die der einzelne Akteur oft nicht als abstrakte Ordnungskonzepte, sondern innerhalb eines bestimmten Rahmens als eigene

---

129 Im Gegensatz zu den Handlungstheorien gehen die systemstrukturellen Ansätze nicht vom methodologischen Individualismus, sondern vom methodologischen Holismus aus. Hierunter ist zu verstehen, dass dem Ganzen ein Mehrwert zukommt, der über die Summe seiner Bestandteile hinausgeht. Vgl. Braun 1997: 45, V. Schneider 1997: 184.
130 Vgl. Schimank 1985, V. Schneider 1997: 184.
131 Vgl. Braun 2000b: 166.
132 Vgl. Schimank 1992.
133 Vgl. zu den Voraussetzungen individuellen Handelns V. Schneider 1997: 185.
134 Vgl. V. Schneider 1997: 185.
135 Vgl. zur Problematik Heinelt 1993: 323. Von der hier getroffenen heuristischen Unterteilung bleibt die Diskussion um die Frage unberührt, ob sich Präferenzen prinzipiell außerhalb kulturell geformter Konzepte bewegen können. Überdies lassen sich individuelle Wünsche etc. auch nur über Konventionen vermitteln.

Wünsche, Bedürfnisse und Interessen begreift. Werte stellen somit ein Bindeglied zwischen der teilsystemischen Lebenswelt und dem individuellen Akteur dar.[136] Ebenso wie Werte werden auch kognitive Orientierungen und Verhaltensmuster[137] zum Teil individuell gebildet und zum Teil kulturell geprägt. Unabhängig von der nur bedingt auflösbaren Fragestellung, wie die Grenze zwischen individuell und strukturell definierten Präferenzen zu bestimmen ist, gilt daher: Intersubjektive Strukturen beeinflussen und erklären prinzipiell wesentliche Konstitutionsmerkmale der Subjekte.[138] Sie stellen damit einen bedeutenden Parameter menschlichen Handelns dar. Die Wirkung der system-strukturellen Bedingungen reicht dabei indes nicht soweit, dass sie den Akteuren jegliche Handlungsautonomie rauben. Zwar sind sie als tradierte Kontextvariablen über die Zeit relativ stabil und in der Gesellschaft fest verankert, aber Änderungen dieser sozial konstruierten Strukturen sind grundsätzlich genauso erreichbar, wie ein nicht regelkonformes Verhalten[139] möglich ist.

Aus der Zugrundelegung dieser elementaren Annahmen leitet sich die Anforderung ab, den Einfluss der Strukturen der teilsystemischen Umwelt auf den vorliegenden Untersuchungsgegenstand zu operationalisieren. Es wurde bereits darauf hingewiesen, dass der Strukturbegriff vielfältige Dimensionen mit zahlreichen Komponenten umfasst. Dementsprechend existieren auch verschiedene Konzepte, die jeweils bestimmte Aspekte dieses Bereichs betrachten. Zur Erfassung der strukturellen Einflüsse auf die Gestaltung der Finanzbeziehungen empfiehlt sich dabei besonders das theoretische Konstrukt der *„politischen Kultur"*. Unter diesem Terminus werden die in einer Gesellschaft in soziopolitischen Wert-, Deutungs- und Verhaltensrastern verankerten Prädispositionen subsumiert.[140] Damit ermöglicht dieses Konzept, strukturell bedingte Orientierungsmuster politischen Handelns abzubilden.[141] Je nach Bezugsgröße und Fragestellung unterscheidet sich dabei in der Politikwissenschaft der Ansatz[142], mit dem der Begriff der politischen Kultur operationalisiert wird und welche spezifischen Kriterien entwickelt werden. Nachdem hier die strukturelle Prägung der Einstellungen und Verhaltensorientierungen der politischen Akteure im Zentrum stehen, entspricht der *„wissenszentrierte Ansatz"* den Anforderungen dieser Untersuchung, da dieser auch mit einem handlungstheoretisch orientierten Forschungsansatz kompatibel ist. In dieser Konzeption wird Kultur als Muster aufgefasst.[143] Hierbei fußt der Ansatz auf der präzisen Verwendung des Kulturbegriffs: Kultur ist per definitionem ein sozia-

---

136 Vgl. Prittwitz 1994: 17.
137 Politische Gewohnheiten, Routinen, Verhaltensstile, Rituale etc. Vgl. Prittwitz 1994: 30.
138 Vgl. V. Schneider 1997: 185.
139 Dies meint hier die Ersetzung eines kulturellen Musters durch ein anderes.
140 Pesch (2000: 11) definiert die politische Kultur als die *„Summe der in einer bestimmten Gesellschaft spezifischen grundlegenden Einstellungen und Orientierungen hinsichtlich der verschiedenen Bereiche der Politik, die den Einzelnen im Prozess ihrer individuellen Sozialisation in Familie, Freundeskreis oder am Arbeitsplatz vermittelt werden und die sein politisches Handeln bestimmen."* Das Konzept der politischen Kultur bezieht sich demnach *„auf die ‚subjektive' Dimension der gesellschaftlichen Grundlagen politischer Systeme in all ihren Ausprägungen"* (Pesch 2000: 25). Dazu auch Berg-Schlosser 1994: 345, Prittwitz 1994: 31 f.
141 Dieses Konzept verknüpft sowohl Verhaltensmäßigkeiten als auch normativ konstituierte Handlungsmaßstäbe. Dementsprechend geht es über die früheren Ansätze politischer Kultur hinaus, die die Handlungsdimension noch nicht berücksichtigten. Vgl. Almond/Verba 1963: 12 ff.; zusammenfassend Prittwitz 1994: 31, Schwelling 2001: 604 ff.
142 Schwelling (2001) differenziert einen *„einstellungszentrierten"*, einen *„symbolzentrierten"* und einen *„wissenszentrierten"* Ansatz.
143 Basis hierfür ist die *„Pattern-Idee"* von Ruth Benedict (1934). Vgl. zu den Grundlagen des Ansatzes Schwelling 2001: 614 f. Kulturelle Muster sind keine real existierenden Erscheinungen, sie sind ein Postulat, das der Wissenschaft ermöglicht, sich Akteurshandeln zu nähern und dieses zu beschreiben.

2.2 Strukturalistische Erklärungsansätze

les Phänomen und damit grundsätzlich nur in den Beziehungen innerhalb einer Gruppe oder zwischen Individuen möglich.[144] Demgemäß existiert Kultur auch nicht losgelöst von Individuen, da sich erst durch deren soziale Interaktion kulturelle Muster entwickeln und bestehende Formen aufgegriffen, verändert oder ignoriert werden.[145] Während politische Kultur damit einerseits erst durch zwischenmenschliche Kommunikation entsteht, stellt sie andererseits zugleich eine maßgebliche Rahmenbedingung individuellen Handelns dar.

Als Bestandteil der allgemeinen Kultur umfasst die politische Kultur die Gesamtheit der politischen Wert- und Verhaltensorientierungen einer Gesellschaft.[146] Sie dient den Akteuren als sinnstiftende Grundorientierung und liefert ihnen handlungsleitende Wahrnehmungs-, Deutungs- und Verhaltensmuster. Werden die *kulturellen Muster* entsprechend dieser Definition gefasst, so lassen sie sich als gesellschaftliche Wissensvorräte verstehen, über die die Individuen verfügen.[147] Sie stellen damit eine fundamentale Kompetenz dar, auf deren Grundlage jedes politische Handeln gründet. Eine Modifizierung der politischen Kultur wirkt dann immer auch auf die Wert- und Handlungsmuster der Akteure ein.[148] Demnach sind kulturelle Muster immer auch an individuellem Verhalten beobachtbar.[149] Sie beziehen sich auf verschiedene Einheiten. Sie können sowohl die Makro-, Meso- und Mikroebene umfassen, sie können aber auch nur auf einzelne dieser Teilbereiche rekurrieren. Im vorliegenden Fall erstrecken sich die kulturellen Muster vor allem auf die mit Institutionen der Makroebene verbundenen Eliten. Deren kulturelle Orientierungshorizonte entsprechen nicht komplett jenen der Mikroebene. Sie werden damit nicht in jeder Hinsicht zur alltäglichen Selbstverständlichkeit aller Individuen des politischen Gemeinwesens, auch wenn sie mit deren generellen kulturellen Prädispositionen eng verbunden sind.[150]

Aus diesen theoretischen Überlegungen folgt, dass die strukturellen Bedingungen in ihrer Erklärungskraft für politische Entscheidungen nicht als bloße Residualkategorie zu betrachten sind. Da den teilsystemischen Umweltstrukturen sowohl eine handlungsprägende als auch eine handlungsermöglichende Funktion zukommt, stellen diese vielmehr ein wesentliches Bestimmungsmoment politischen Handelns dar. Demgemäß dürfen die politisch-kulturellen Einflussfaktoren in der Analyse auch nicht ausgeblendet werden. Im Ge-

---

144 Vgl. Schwelling 20001: 616. Das so gefasste Konzept umfasst nicht einfach die Summe aller subjektiven politisch relevanten Einstellung und Werte (so die Definition von Berg-Schlosser 1994: 345), sondern es beschreibt auch die sozial konstruierten und historisch tradierten gesellschaftlichen Orientierungshorizonte. Politische Kultur ist in diesem Sinne das „*Ergebnis von Sozialisationsprozessen, durch die bestimmte Denk- und Glaubensmuster, Wertbeziehungen und Ordnungsvorstellungen gelernt werden*" (Lepsius 1990, zitiert nach Pesch 2000: 26).
145 Vgl. Schwelling 2001: 616. Individuen besitzen also die Kompetenz, auf kulturelle Muster, Codes, Konventionen etc. zurückzugreifen.
146 Vgl. Schreyer/Schwarzmeier 2000: 78.
147 Theoretische Basis hierfür bildet die auf der phänomenologischen Tradition von Husserl und Schütz aufbauende Wissenssoziologie (Berger/Luckmann 1980). Angehörige einer sozialen Einheit teilen kulturelle Wissensvorräte. Sie stellen eine elementare Grundlage dar, damit sich die einzelnen Mitglieder dieser Einheit überhaupt sinnvoll aufeinander beziehen und sich in der komplexen Lebenswelt orientieren können. Die gesellschaftlichen Wissensvorräte sind dabei nicht identisch mit der Gesamtheit der subjektiven Wissensvorräte. Sie beruhen auf sozialer Interaktion; gesellschaftliche Wissensvorräte sind demzufolge sozial objektiviert und in den gesellschaftlichen Beziehungsgeflechten verwurzelt. Allerdings erscheinen den Individuen gesellschaftliche Wissensvorräte oft gar nicht als solche, da sie diese als selbstverständlich und subjektiv generiert ansehen. Vgl. Schwelling 2001: 618 ff.
148 Vgl. Prittwitz 1994: 32.
149 Vgl. Schwelling 2001: 616.
150 Die spezifischen kulturellen Muster der politischen Eliten existieren also nicht isoliert, sondern sind mit der allgemeinen und alle Ebenen ergreifenden politischen Kultur eng verknüpft. Vgl. Schwelling 2001: 615.

genteil: Der politischen Kultur ist in dem Forschungsansatz eine gewichtigere Position einzuräumen, als dies in der Regel in den Konzepten des akteurzentrierten Institutionalismus sowie in bedingt rationalen Erklärungsmodellen geschieht.[151] Fokussiert werden muss hierbei insbesondere das Spannungsverhältnis zwischen den systemisch-strukturellen Anforderungen und den subjektiven Orientierungen der Akteure.[152] In diesem Kontext ist das Ziel zu verfolgen, die Individuen in ihrer strukturellen Bedingtheit wahrzunehmen, ohne ihr Handeln vollkommen als deterministisches Produkt ihrer Umwelt erscheinen zu lassen.[153]

2.2.3 Externe Bedingungen

Neben den politisch-institutionellen und den politisch-prozessualen Kräften ist die Relevanz der externen Umweltbedingungen als weitere Einflussvariable des Politikergebnisses zu berücksichtigen.[154] Je nach Politikfeld wirken multiple Faktoren teils als eher dynamische, teils als relativ starre Parameter.[155] Im Bereich der Finanzbeziehungen sind dies hauptsächlich das sozioökonomische Umfeld, die raumstrukturellen Gegebenheiten sowie die finanzwirtschaftlichen Konditionen der gebietskörperschaftlichen Haushaltswirtschaft. Nachdem in dem Politikfeld „kraft Natur der Sache" pekuniäre Aspekte allein im Vordergrund stehen, kommt den materiellen Kontextstrukturen bereits deshalb per se eine erhebliche Wirkungskraft zu, da sich die Politikformulierung zumindest indirekt mehr oder weniger auf diese bezieht. Die Konstellationen dieser Bestimmungsmomente definieren die Art und den Umfang der materiellen Problemstellungen. Desgleichen geben sie in sachlicher Hinsicht die Koordinaten der strategischen Handlungsalternativen vor.[156] Dementsprechend kann damit auch ein Wandel der externen Strukturen zu neuen Herausforderungen und Problemlagen führen: Wie die Forschung zeigt, reichen hierfür in dem Problemfeld der Finanzbeziehungen schon geringfügige Verschiebungen aus.[157]

Abgesehen von den materiellen Rahmenbedingungen des Politikprozesses stellen auch die Gegebenheiten der Handlungssituation eine bedeutende Kontextvariable dar. Je formaler die Situation, desto stärker sehen sich die Protagonisten mit kulturell gesetzten Erwartungsniveaus und Routinen konfrontiert. Dementsprechend wirken Regelverstöße in derartigen Konstellationen wesentlich belastender. Hingegen bietet sich den Akteuren in wenig konventionalisierten Handlungslagen leichter die Möglichkeit, kulturelle Übereinkünfte zu verlassen.

Indem sie die Ressourcen politischen Handelns bestimmen und dadurch handlungslimitierend auf den Optionsspielraum der Akteure einwirken, stellen die Kontextbedingungen einen weiteren wichtigen Bestimmungsmoment politischer Entscheidungen dar. Demnach sind sie explizit im Forschungsansatz aufzunehmen. Allerdings existiert keine spezifische Theorie, die Hypothesen über die Wirkung dieser Faktoren formuliert, auf die hier rekurriert werden könnte. Jedoch sieht der projektleitende Politikfeldansatz explizit die

---

151 So zum Beispiel der Ansatz von Scharpf 2000. Vgl. zu dieser Einschätzung Braun 2000b: 172.
152 Vgl. Braun 2000b: 167.
153 Vgl. V. Schneider 1997: 187.
154 Vgl. V. Schneider 1997: 185.
155 Vgl. Sabatier 1993: 124 ff.
156 Hierbei ist zu beachten, dass die politischen Akteure mit zum Teil erheblichen Unsicherheiten hinsichtlich der zukünftigen Entwicklung der externen Faktoren konfrontiert sind.
157 Vgl. Altemeier 1999: 47.

Beachtung externer Einflussgrößen vor. Auf diese Überlegungen soll in dieser Arbeit zurückgegriffen werden. Vor diesem gedanklichen Hintergrund werden die exogenen Bedingungen unter Bezugnahme auf den Argumentationsstrang der Ansätze des akteurzentrierten Strukturalismus als ergänzende, nicht aber als allein verhaltensdeterministische Erklärungsvariable der Politikergebnisse interpretiert.

2.2.4 Fazit: Relevanz struktureller Erklärungen

Die Diskussion subjektexterner Erklärungsansätze zeigte, dass zahlreiche strukturelle Faktoren politisches Handeln beeinflussen und damit bei der Erklärung politischer Entwicklung notwendigerweise berücksichtigt werden müssen. Als zentrale Determinanten manifestierten wir sowohl die sozial konstruierten institutionellen und kulturellen Bedingungen des politischen Subsystems als auch die Gegebenheiten der politexternen Umwelt, in diesem Fall insbesondere die sozioökonomischen und finanzwirtschaftlichen Konstellationen.[158] Die *Wirkung dieser Bestimmungsgrößen* lässt sich dabei wie folgt zusammenfassen:

1. Die politisch-institutionellen und politisch-kulturellen Strukturen haben prinzipiell eine *handlungsermöglichende* Funktion: Kulturelle und institutionelle Gefüge konstruieren die elementare Voraussetzung, dass sich die Individuen sinnvoll aufeinander beziehen können. Sie erleichtern die konstruktive soziale Interaktion und bieten damit auch die Chance zur Interessenartikulation und Interessendurchsetzung.
2. Überdies wirken diese strukturellen Elemente auch *handlungsprägend*, indem sie den Individuen in sozialen Evolutionsprozessen entwickelte teilsystemische institutionelle und kulturelle Ordnungskonzepte und Orientierungshorizonte bereitstellen. Damit verfügen die politischen Strukturen auch über eine sinnstiftende Funktion, die die Wahrnehmungs-, Deutungs-, Wert- und Verhaltensmuster der Akteure beeinflusst.
3. In diesem Kontext kommt ihnen auch eine *handlungslimitierende* Dimension zu: Denn die gesellschaftlichen Bewertungsmaßstäbe geben vor, welche Optionen zulässig bzw. geboten sind und welche zu meiden oder untersagt sind. Unterstützt wird die Befolgung dieser Prämissen dabei häufig durch institutionelle und soziale Sanktionen.

Jenseits des normativen Aspekts resultieren Begrenzungen der individuellen Wahlfreiheit auch aus den bestehenden institutionellen Arrangements, die sowohl in sachlicher Hinsicht als auch unter Vorgabe der Entscheidungsregel bestimmte Handlungsalternativen begünstigen, erschweren oder ausschließen und Einflusschancen ungleich verteilen. Desgleichen können frühere Entscheidungen durch ihre Wechselwirkungen mit dem komplexen Gesamtsystem die Auswahl des weiteren Entwicklungspfads beschränken. Dies gilt genauso für die Gestaltung mit der Materie verknüpfter Politikfelder, die den Spielraum für Lösun-

---

158 Diese Kategorien lassen sich in der realen Lebenswelt nicht immer eindeutig trennen. So ist zum Beispiel das Ziel zur Herstellung einheitlicher Lebensverhältnisse im Bundesgebiet einerseits eine kulturell normierte Handlungsprämisse und andererseits ein institutionalisiertes Verfassungspostulat. Wechselwirkungen und Abgrenzungsprobleme bestehen aber nicht nur zwischen den politisch-institutionellen und politisch-kulturellen Parametern, sondern auch zwischen diesen und der externen Umwelt: Die finanzwirtschaftlichen Bedingungen der öffentlichen Haushalte sind nicht ausschließlich exogen vorgegeben, sie sind auch ein Resultat institutioneller Vorgaben. Die heuristischen Kategorien dienen hier deshalb analytischen Zwecken.

gen ebenfalls limitieren können. Schließlich – und nicht zuletzt – geben die externen Strukturen die materiellen Problemstellungen sowie Handlungsressourcen und -grenzen vor.

Die historisch gesetzten Strukturen begrenzen also nicht nur rationales Handeln im Sinne der ökonomischen Theorie, sie prägen ebenso die Akteure in ihren Präferenz- und Verhaltensorientierungen. Sie beeinflussen zugleich auch das, was von den Individuen als rational und erstrebenswert angesehen wird. Hieraus ist abzuleiten, dass politisches Handeln in mannigfacher Weise kontextuell bedingt ist. Demzufolge ist das strukturelle Umfeld kein schlichter Parameter rationaler Wahlhandlung, sondern besitzt eine maßgebliche Erklärungskraft für politische Entscheidungen.[159] Dabei ist freilich zu berücksichtigen, dass Strukturen nicht losgelöst von der individuellen Ebene existieren. Nachdem sie sozial konstruiert sind, sind die Subjekte in der Lage, sie durch Anwendung zu verstärken, sie zu modifizieren oder zu ignorieren.[160] Damit beeinflussen sie das Akteurshandeln nicht in deterministischer Weise, sondern sie stehen prinzipiell bis zu einem gewissen Grad stets auch selbst zur Disposition. Kulturelle und institutionelle Strukturen sind demnach immer auch raum- und zeitgebunden.[161] Strukturen und Handlungen stehen folglich in einem interdependenten Beziehungsgeflecht.[162] In diesem Sinne ist ein Forschungsansatz nötig, der die politischen Akteure in ihrer strukturellen Bedingtheit begreift, ohne dabei ihre Fähigkeit zu eigenmotivierten Handlungsorientierungen gänzlich in Frage zu stellen. Eine solche Konzeption erlaubt es, den Akteur im Kontext der situativen Konstellationen zu fassen, und erleichtert dadurch, die getroffenen Entscheidungen verstehen und erklären zu können.

2.3 Exkurs: Politikverflechtung im deutschen Bundesstaat

Ehe die erzielten theoretischen Erkenntnisse zu einer Projektkonzeption konkludiert werden, lohnt es sich exkursorisch zu rezipieren, welche Schlussfolgerungen aus Abhandlungen über den deutschen Bundesstaat vorliegen. Dies erleichtert es, den Forschungsansatz an der realen Problemstellung auszurichten und dadurch weiter zu optimieren. Im Mittelpunkt der Betrachtung muss die Frage stehen, wie die Muster der Verknüpfung zwischen handlungstheoretischen und strukturalistischen Erklärungen bei der politisch-administrativen Problembewältigung föderaler Streitfragen beschrieben werden. Die Politikwissenschaft befasste sich bislang bevorzugt mit den Implikationen der Entscheidungsstrukturen für die politisch-administrative Problembewältigung. Der wissenschaftliche Diskurs konzentrierte sich demgemäß auf die institutionellen Bedingungen. Dabei wird in der Literatur vordergründig aus einer handlungstheoretischen Perspektive argumentiert. Das institutionelle Gefüge wird in diesem Zusammenhang vor allem im Hinblick auf die von ihm ausgehenden formal-strukturellen Barrieren für die politische Willensbildung analysiert.[163] Entsprechend dieser Herangehensweise steht im Mittelpunkt jener Arbeiten das föderale Verhand-

---

159 Es bleibt das analytische Abgrenzungsproblem, inwieweit Wahrnehmungs-, Deutungs-, Wert- und Verhaltensmuster einerseits strukturell normiert und andererseits subjektiv generiert sind. Zumal die Individuen vieler dieser in Sozialisations- und Interaktionsprozessen erworbenen gesellschaftlichen Ordnungskonzepte als selbstverständlich begreifen und ihnen diese damit gar nicht als kulturell vorgeformt erscheinen. Vgl. Heinelt 1993: 323, Schwelling 2001: 622.
160 Vgl. Schwelling 2001: 616.
161 Vgl. Scharpf 2000: 82.
162 Vgl. Kaiser 1999: 197.
163 M.G. Schmidt (1995: 584) differenziert formell-ökonomische und formell-politische Schranken sowie materiell-ökonomische und materiell-politische Restriktionen staatlichen Handelns.

2.3 Exkurs: Politikverflechtung im deutschen Bundesstaat

lungssystem, das in der spezifischen Konfiguration des deutschen Bundesstaats als eng verflochtenes Mehrebenensystem verankert ist.[164] Theoretische Aussagen wurden demzufolge hauptsächlich über dessen Funktionsbedingungen und Funktionsfähigkeit erzielt.

Ausgangspunkt dieser *„Politikverflechtungsforschung"*[165] ist die schon im ersten Kapitel debattierte Problematik, dass in Folge der institutionellen Entscheidungsmechanismen Konsenslösungen der föderalen Partner erforderlich sind bzw. angestrebt werden.[166] Hieraus leitet sich die weiter oben beschriebene Gefahr von strukturell bedingten Entscheidungsblockaden ab.[167] Die Politikverflechtungsliteratur zeigt nun, dass die politischen Akteure die Implikationen der Entscheidungsregeln vor dem Hintergrund ihrer Erfahrungen antizipieren und ihre Verhandlungsstrategien daran ausrichten.[168] Sie sind sich also des Verhandlungsdilemmas[169] durchaus bewusst und versuchen dieses zu umgehen.[170] Aus diesem Grund dominieren Konfliktminimierungsstrategien den politischen Prozess.[171] Zur Vermeidung politischer Blockaden tendieren die Beteiligten dabei zu Ausgleichszahlungen oder komplexen Tauschgeschäften mit komplementären Kosten-Nutzen-Bilanzen, um asymmetrische Interessenkonstellationen auszugleichen.[172] Da diese strategische Orientierung langwierige und komplizierte Abstimmungsprozesse erfordert sowie häufig zur Konfliktvertagung[173] führt, resultieren aus ihr enorme Transaktionskosten.[174] Ferner hat sie zur Konsequenz, dass sich die Politikresultate durch eine Gleichbehandlung der Akteure, durch die Orientierung am Status quo[175] sowie durch die Erhaltung etablierter Strukturen auszeichnen. Demgemäß begünstigt die Politikverflechtung inkrementalistische Anpassungslösungen[176] und führt somit, so die Forschung, systematisch zu suboptimalen Problemlösungen.[177] Innovative Wege, schnelle Entscheidungen und die Reaktion auf veränderte Problemlagen sind in diesem Raster nur begrenzt möglich. Zugleich manifestierten die Arbeiten

---

164 Zum Begriff der Politikverflechtung vgl. Scharpf u.a. 1976, Zintl 1999: 471, Benz 2000: 98.
165 Zur wohlfahrtstheoretischen Diskussion politischer Koordination vgl. Coase 1960, Scharpf u.a. 1976, Scharpf 1978 und 1994, Benz 1992a und 1998b, Zintl 1992, Altemeier 1999. Die Politikverflechtungstheorie rekurriert in ihrer Argumentation auf der verfassungspolitischen Diskussion zum Föderalismus, der organisationstheoretischen Analyse zum *„interorganizational decision making"* sowie der ökonomischen Theorie des Föderalismus. Vgl. Wachendorfer-Schmidt 2003: 20.
166 Zur Ausrichtung der föderativen Finanzbeziehungen als Verhandlungssystem siehe Kapitel 1.3.3.
167 Diese Gefahr nimmt mit der Anzahl der verhandelnden Parteien zu. Scharpf (1993: 15 ff.) spricht vom *„Problem der großen Zahl"*. In der Bundesrepublik hat sich dieses Problem bekanntlich durch die Vereinigung und die mit ihr vollzogenen Erweiterung des Bundesstaats um fünf Bundesländer noch verstärkt.
168 Vgl. Lehmbruch 1998: 12.
169 Zum Verhandlungsdilemma vgl. Scharpf 1992b: 20 ff., Scharpf 2000: 199 ff.
170 Vgl. Benz 2000: 100.
171 In den Verhandlungen sind meist ebenso kooperative Orientierungen bei der Suche nach der besten Problemlösung wie auch konkurrierende Orientierungen bei Verteilungsfragen akut (so genannte *„Mixed-Motive-Games"*). Vgl. Altemeier 1999: 37, Scharpf 2000: 211.
172 Ausführlich dazu Scharpf 1991b: 20 ff., 1993b, 2000: 205 ff.
173 Daneben wird auch darauf verwiesen, dass sich die Entscheidungsstrukturen nicht nur auf die Verhandlungsstrategien auswirken, sondern auch auf die Relevanz der politischen Arenen, indem sie eine ebenso exekutive wie expertokratische Informalisierung der Politik begünstigen.
174 Zur Transaktionskostenproblematik vgl. Coase 1960, Buchanan/Tullock 1971: 96.
175 Insbesondere Umverteilungen sind nach dem Konzept kaum zu realisieren. Vgl. Scharpf 2000: 209.
176 Zum Begriff vgl. Nohlen 1994c: 187 f.
177 Die Politikverflechtung wird daher sowohl unter demokratietheoretischen wie politökonomischen Kriterien kritisiert. Dies betrifft im Hinblick auf den ersten Maßstab die Entparlamentarisierung (siehe Kapitel 1.3.4). In Bezug auf die politökonomische Wertungsdimension wird die allokative Fehlsteuerung und die mangelnde Effizienz der Politikergebnisse bemängelt. Vgl. zu diesen Aspekten z.B. Reissert 1975: 125 ff., Scharpf 1978: 28, 1985: 349 ff. und 2000: 209, J.J. Hesse/Renzsch 1991: 30 f., Schultze 1993: 229, Kilper/Lhotta 1996: 198 ff., Mayntz 1996: 164, Benz 1998b: 561, Renzsch 1999b: 383, Wachendorfer-Schmidt 2000a: 128.

aber auch, dass abgesehen von der Strategie der Minimierung der Verteilungskonflikte auch strukturelle Anreize existieren, die einen Ausweg aus dem Verhandlungsdilemma ermöglichen: Diese liegen in der Existenz eines hegemonialen Akteurs, in der Einbettung der Verhandlungen in ein professionelles und dauerhaftes Expertennetzwerk, in der Möglichkeit zu Mehrheitsentscheidungen[178] sowie in der Integration in die Rechtsordnung, die die Einhaltung grundlegender Prinzipien der Verteilungsgerechtigkeit einfordert.[179]

In der Rezeption des Politikverflechtungsansatzes verweisen *neuere Analysen* darauf, dass die entscheidungsstrukturellen Bedingungen in diesen Arbeiten zu isoliert betrachtet werden und damit wichtige Kontextvariablen nicht hinreichend Beachtung finden.[180] Als elementare mit dem Untersuchungsgegenstand in Verbindung stehende Einflussgrößen werden unter anderem die politisch-kulturellen und die sozioökonomischen Bedingungen sowie die Medien und die öffentliche Meinung genannt.[181] Des Weiteren wird auf die Bedeutung anderer institutioneller Vetospieler hingewiesen, die ebenso blockierend wie katalysierend wirken können.[182]

Neben der verhandlungstheoretischen Analyse des deutschen Föderalismus konzentrierte sich die akademische Diskussion in jüngerer Zeit verstärkt auch auf das Zusammenspiel von parlamentarischen Parteienwettbewerb und bundesstaatlicher Konsenserfordernis.[183] Diese Untersuchungen zeigen, dass die Wahlfreiheit der politischen Akteure aufgrund der institutionellen und situativen Kontextbedingungen eng limitiert ist.[184] Die ohnehin begrenzten Spielräume für strategische Interaktionen werden zudem durch die hohe entwicklungsgeschichtliche Relevanz in Folge der ausgeprägten Pfadabhängigkeit der Institutionenentwicklung und der historisch gewachsenen und fest etablierten normativen Leitbilder weiter reduziert.[185] Wie empirische Betrachtungen aber offenbaren, haben die politischen Akteure trotz dieser komplexen Ausgangslage die strukturellen Gegebenheiten des Regierungssystems antizipiert. Sie sind damit – entgegen der Wahrnehmung in der Öffentlichkeit – durchaus in der Lage, Kompetenzen zur Problemlösung bereitzustellen.[186]

Zusammengefasst kommt den jüngeren Werken das Verdienst zu, einerseits Defizite und Grenzen des Politikverflechtungsansatzes aufgezeigt und andererseits Überlegungen für dessen Weiterentwicklung eruiert zu haben. Dabei werden dessen zentrale Erkenntnisse nicht grundlegend in Frage gestellt. Im Hinblick auf unsere generellen theoretischen Erwägungen kann abschließend konstatiert werden, dass die bedeutende Rolle der institutionellen Strukturen in der Föderalismusliteratur umfassend analysiert wird. Die zentralen Erkenntnisse der Politikverflechtungsliteratur bilden daher auch wichtige Anknüpfungspunkte für diese Arbeit. Allerdings bleibt der Einfluss der kulturellen und materiellen Determinan-

---

[178] Die Forschung spricht von Entscheidungen im „*Schatten der Mehrheit*". Vgl. Scharpf 2000: 246.
[179] Ausführlich hierzu Prittwitz 1994: 162 ff., Altemeier 1999: 38 ff., Scharpf 2000: 245 ff.
[180] So z.B. Wachendorfer-Schmidt 1999.
[181] Vgl. Wachendorfer-Schmidt 1999: 8.
[182] Vgl. dazu das Vetospielertheorem von Tsebelis 1995, 2000.
[183] Vgl. Lehmbruch 1998, 1999 und 2002, Czada 1999, Renzsch 1999a und 2000.
[184] Vgl. Czada 1999: 401.
[185] Zum Konzept der Pfadabhängigkeit und seiner Rezeption in der Sozialwissenschaft: Hayek 1979: 11, North 1992: 123 ff., Kiwit/Voigt 1995, Leipold 1996, David 1997, Benz 1999: 135, Lehmbruch 1999a und 2002a, Wachendorfer-Schmidt 2000a: 114 ff., Döring 2001: 82 f.
[186] Die Totalblockade von Gesetzen ist die Ausnahme im Parteienwettbewerb. In der Regel gelingt es den Akteuren auch bei gegenläufigen Mehrheiten im Bundestag und Bundesrat, ungeachtet der entscheidungsstrukturellen Barrieren Konsenslösungen zu erzielen. Vgl. Renzsch 2000c.

ten bislang unterbelichtet. Zu wenig ausgefeilt ist desgleichen die Differenzierung der sozialen Rollen der Akteure. Diese Aspekte sind in der Studie besonders zu diskutieren.

2.4 Fazit: Forschungs- und Erklärungsansatz

Angesichts der erzielten Befunde gilt es, einen untersuchungsspezifischen Forschungsansatz zu entwickeln, der die empirische Studie systematisch leitet. Um die Erkenntnisse der theoretischen Betrachtungen möglichst optimal auszuschöpfen, werden diese zunächst im Forschungskontext reflektiert und in Bezug auf ihre Relevanz für die Konzipierung des projektleitenden Erklärungsmodells ausgewertet.

2.4.1 Zusammenfassung und theoretische Konsequenzen

Zunächst sind in diesem Kontext die zentralen *Ergebnisse* aus der Diskussion handlungstheoretischer und strukturalistischer Erklärungsansätze abzuleiten: Die Betrachtungen verdeutlichen, dass die politischen Akteure in ihrem Handeln in vielfacher Hinsicht kontextuell gebunden sind. Dabei orientieren sie ihr strategisches Verhalten keineswegs ausschließlich am ökonomischen Eigennutzaxiom; in ihrer Präferenzbildung lassen sie sich vielmehr von multiplen Handlungslogiken leiten. Zugleich agieren die Individuen nicht nur in ihrem eigenen Interesse, sie sind desgleichen als Vertreter für komplexe Akteure verschiedenen sozialen Rollen mit je spezifischen und zum Teil sich konterkarierenden Wahrnehmungen, Deutungen und Präferenzen verpflichtet. Das strukturelle und materielle Umfeld beeinflusst dabei in vielfacher Hinsicht handlungsprägend, handlungsermöglichend und handlungsbegrenzend die Akteure. Jedoch bestehen die institutionellen und kulturellen Strukturen nicht losgelöst von den Individuen: Sie entstehen erst durch soziale Interaktionen; demgemäß können sie von den Handlungssubjekten angewandt und verstärkt, aber auch modifiziert oder ignoriert werden. Akteure besitzen demzufolge die Kompetenz, auf kulturelle Muster, Konventionen, Codes, etc. zurückzugreifen. Damit wirken die Strukturen auch nicht so stark, als dass Politikergebnisse von ihnen akteursunabhängig prädisponiert werden.

Für die Formulierung des Forschungsansatzes folgt hieraus, dass die politischen Akteure zwar prinzipiell eine gewisse Wahlfreiheit besitzen, diese ist aber strukturell eng begrenzt. Strukturen und Individuen sind demnach interdependente Größen. Ziel des Forschungsansatzes muss es damit sein, deren spannungsreiche Wechselbeziehung widerzuspiegeln. Demnach dürfen in der Studie weder die individuelle Ebene noch die strukturellen und materiellen Gegebenheiten als Bestimmungsfaktoren isoliert betrachtet werden. Damit darf weder die handlungstheoretische noch die strukturelle Dimension vernachlässigt werden. Eine rein handlungstheoretisch motivierte, spieltheoretische Modellbildung scheidet daher konsequenterweise grundsätzlich aus.[187] Nachdem für die Erklärung politischer Entscheidungen sowohl handlungstheoretische als auch strukturalistische Theorien wichtige Hinweise liefern, muss der Forschungsansatz notwendigerweise eine Synthese aus Erklä-

---

[187] Die Anforderungen an einen spieltheoretischen Ansatz sind enorm (Vgl. Braun 1997: 68 f.). Die Vereinfachungen, die für ein anwendbares Modell erforderlich wären, würden an einen erheblichen Verzicht an Erklärungskraft bedeuten. Dies ist im Kontext des hier verfolgten Forschungszwecks nicht hinnehmbar.

rungsmodellen beider Paradigmen sein. Aus diesen Konzeptionen sind deshalb essenzielle und wechselseitig kompatible Überlegungen für unsere Zwecke zu extrahieren.

2.4.2 Erklärungsmodell

Diesen Ergebnissen entsprechend wird der *Forschungsansatz* als situatives Konzept modelliert. Er basiert auf den grundlegenden Modulen des Politikfeldansatzes. Eine herausragende Bedeutung für die Erklärung der jeweiligen Politikergebnisse wird dem politischen Prozess und den institutionellen Arrangements zugeschrieben. Die Akteure orientieren sich dabei nicht nur an der ökonomischen Maximierung ihrer individuellen Zielfunktion, sondern richten ihre Präferenzen auch an anderen Maßstäben aus, die normativ, sozial, emotional und funktional begründet sind. Zudem nehmen die Protagonisten in ihrer Position als individuelle Vertreter komplexer sozialer Einheiten auch spezifische Rollen ein, mit denen jeweils Wahrnehmungs-, Interessen- und Verhaltensmuster verbunden sind. Die Akteure sind bis zu einem gewissen Grad in der Lage, konkurrierende Handlungsorientierungen zwischen den einzelnen Funktionen und ihrem Eigeninteresse zu erkennen und bestimmte eigene oder rollenspezifische Bedürfnisse stärker zu betrachten bzw. zu vernachlässigen. Essenziell für die Problemverarbeitung ist dabei die jeweilige Akteurkonstellation, das heißt die (In-)Kompatibilität der Auszahlungswünsche der einzelnen Akteure.

Die Wahrnehmungs-, Deutungs-, Präferenz- und Verhaltensmuster werden in dem Modell aber nicht allein subjektiv generiert, sondern sind geprägt von den teilsystemischen institutionellen und kulturellen Strukturen. Diesen kommt damit eine sinnstiftende Funktion zu, indem sie den Akteuren in sozialen Evolutionsprozessen entwickelte Ordnungskonzepte und Orientierungshorizonte liefern. Zugleich bilden sie das Fundament, auf dem sich die Akteure sinnvoll aufeinander beziehen können. In diesem Sinne bieten sie auch Chancen zur erfolgreichen Interessendurchsetzung. Aus den strukturellen Bedingungen, aber auch aus den exogenen Umweltbedingungen leiten sich ferner Barrieren ab, die die Wahlfreiheit der Akteure limitieren, indem sie die Bandbreite möglicher Lösungen reduzieren und bestimmte strategische Optionen begünstigen oder erschweren. Damit geht der zugrunde gelegte Untersuchungsansatz nicht nur von kognitiven, sondern auch von strukturellen und umweltbedingten Grenzen des Akteurhandelns aus.

Auf der Grundlage dieses Erklärungsmusters lässt sich das Politikergebnis als abhängige Variable verstehen und ergibt sich somit aus der Funktion des komplexen Zusammenspiels der situationsspezifischen Akteursinteressen, der institutionellen und kulturellen Strukturen sowie der materiellen Umweltbedingungen. Das theoretische Programm ist damit eng angelehnt an dem Konzept des akteurzentrierten Strukturalismus. Hierin wird den strukturellen Faktoren ein Eigenwert zugeschrieben, der jenseits einer Funktion als Parameter rationalen Handelns liegt. Dabei kommt neben den institutionellen speziell auch den kulturellen Einflüssen eine beträchtliche Erklärungskraft zu, so dass sich diese nicht als bloße Residualkategorie marginalisieren lassen. Das *theoretische Erkenntnisinteresse* der Analyse liegt folglich vornehmlich darin, Politik im Kontext des komplexen Wechselverhältnisses zwischen Akteurshandeln und den institutionellen, kulturellen und materiellen Kontextbedingungen zu verstehen und Handlungsfreiräume aufzudecken. Hierzu ist in der Studie hauptsächlich folgende Frage zu beantworten: Welche Muster der Verknüpfung bestehen zwischen dem Handeln der Akteure und den strukturellen Umfeld? An welchen

2.4 Fazit: Forschungs- und Erklärungsansatz

Leitmotiven richten die Akteure ihr Verhalten aus und wie ist dabei der Einfluss der institutionellen und kulturellen Strukturen sowie der materiellen Lebenswelt zu gewichten? Wie stabil ist die Beeinflussung durch die einzelnen Module über die Zeit und welche Wahlfreiheit bleibt den Akteuren?

2.4.3 Konklusionen für die Studie

Die Formulierung dieses Handlungsmodells darf jedoch nicht die Erwartungen an die empirische Studie zu hoch schrauben. Um den Anforderungen gerecht zu werden, müsste der Forscher dazu in allen Stufen der politischen Willensbildung permanent präsent sein und dabei die Tendenz zum allwissenden Beobachter besitzen. Mit den verfügbaren Ressourcen und technischen Möglichkeiten können hingegen nicht alle Module exakt beobachtet, beschrieben und analysiert werden. Gerade Wahrnehmungs- und Deutungsmuster, aber auch alle Facetten der Handlungslogiken lassen sich nicht unbedingt direkt aus dem Verhalten der Protagonisten ableiten. Aussagen hierüber können zum Teil nicht oder nur – und unter Inkaufnahme möglicher Fehlinterpretationen – über eher allgemeine Annahme und Schlussfolgerungen getroffen werden. Deshalb würde der Anspruch einer peniblen Nachzeichnung der Politikprozesse mit dem Erklärungsraster die Arbeit empirisch überfordern. Dennoch bleibt die Zugrundelegung eines anspruchsvollen Modells sinnvoll: Dadurch bleibt stets im Bewusstsein, dass politisches Handeln und politische Entscheidungen einen komplexen Vorgang darstellen, der nicht auf krude Erklärungen – seien sie systemisch-struktureller, seien sie subjektspezifischer Natur – reduziert werden darf.

Die Konzeption dient daher nicht dazu, das Handeln der Akteure apodiktisch nachzuzeichnen. Sie liefert vielmehr einen forschungsleitenden Rahmen, um Fragen an den Untersuchungsgegenstand zu stellen. Indem wir eine Vorstellung davon haben, wie sich Handeln konstituiert, wissen wir, wo die Schwerpunkte der Forschung liegen müssen und welche Aspekte hauptsächlich zu betrachten sind. Der Ansatz erleichtert somit die kausale Rekonstruktion des Politikformulierungsprozesses. Demzufolge liefert der Ansatz ein Raster zur Analyse des politischen Handelns. Indes müssen die Untersuchungen zeigen, inwieweit die Realität mit dieser Konzeption zutreffend zu beschreiben und inwiefern sie zu modifizieren oder zu ergänzen ist. In diesem Sinne steht das aus dem vorhandenen theoretischen Wissen entwickelte Modell auch selbst zur Disposition. Hierbei bleibt der theoretische Anspruch des Projekts darauf begrenzt, auf der Basis der theoretischen Hypothesen die Einzelfälle zu erklären. Im Rahmen dieser Arbeit ist es lediglich möglich, Situationsmuster offen zu legen, die gegebenenfalls zur Bildung verallgemeinerungsfähiger Aussagen herangezogen werden können. Vor diesem Horizont darf auch die Leistungsfähigkeit der Studie nicht überstrapaziert werden: Weder kommt dem Forschungsansatz ein Theorienstatus zu, noch kann es die Analyse erreichen, eine eigenständige Theorie zu entwickeln.[188]

---

188 Vgl. zur Bildung von Situationsmustern Prittwitz 1994: 182.

3 Entwicklungsgeschichtliche Dynamik

Vor der Analyse der Entwicklungen des Finanzsystems im vereinten Deutschland müssen wir uns einen fundierten Überblick über die entwicklungsgeschichtliche Dimension des Politikfelds verschaffen.[1] Nur vor dem Hintergrund einer historischen Problemverortung kann es gelingen, den Einfluss von Traditionen und Rückkoppelungseffekten auf die Problemlösungen im vereinten Deutschland identifizieren, verstehen und bewerten zu können. Hierbei ist nicht nur an die Pfadabhängigkeit der institutionellen Konfiguration des Finanzsystems zu denken; im Blickfeld müssen wir ebenso behalten, inwiefern sich die Strategien der Akteure an früheren Erfahrungen mit dem Inhalt sowie den Entscheidungsregeln ausrichten und langfristig stabile Leitbilder oder Politikstile der Protagonisten vorliegen.

Angesichts solch eines Anspruchsniveaus verfolgt dieses Kapitel einen doppelten Zweck: *Einerseits* sind sowohl die Ursprünge und die zentralen Entwicklungslinien zu rekonstruieren als auch die essenziellen politikfeldspezifischen Bestimmungsfaktoren zu eruieren, um die Entscheidungen im vereinten Deutschland im Rahmen früherer Erfahrungen und Entwicklungspfade interpretieren zu können. *Andererseits* soll die Struktur und Verfassung der Finanzordnung zum Zeitpunkt der deutschen Einheit veranschaulicht werden, damit das Politikfeld samt seiner Problemskizzen hinreichend erfasst werden kann. Die folgenden Betrachtungen dienen dabei nicht dazu, das Finanzsystem der „alten Bundesrepublik" in seiner funktionellen Vielfalt detailliert zu beschreiben. Im Fokus der intertemporalen Strukturanalyse stehen vielmehr die Entstehung und Entwicklung des Finanzausgleichs sowie der Finanzverflechtungen. Diese Elemente prägen nicht nur maßgeblich die Finanzverfassung in der „alten Bundesrepublik", sie standen auch im Mittelpunkt bei der Integration der ehemaligen DDR in das Bund-Länder-Finanzgefüge.

3.1 Entwicklungslinien der föderalen Finanzbeziehungen von 1949 bis 1990

Hinsichtlich der zunächst anzustellenden Längsschnittskizze interessiert nicht nur, welche Trends für das Finanzsystem charakteristisch waren, sondern auch wie kontinuierlich dessen Entwicklung verlief. Wir müssen also untersuchen, ob eher stringente Tendenzen den historischen Prozess markierten oder ob sich deutlich unterscheidbare Phasen mit wesentlichen Einschnitten diagnostizieren lassen. In der wissenschaftlichen Literatur wird die Große Finanzreform von 1969, die den *„kooperativen Föderalismus"* verfassungsrechtlich institutionalisierte, oft als Zeitpunkt gewählt, um die föderale Entwicklungsgeschichte der früheren Bundesrepublik in zwei Phasen zu unterteilen: eine Zentralisierungsphase bis 1969

---

1 Ausgangspunkt der hiesigen Betrachtungen ist die Gründung der Bundesrepublik Deutschland. Damals wurden die elementaren Fundamente des deutschen Bundesstaats gelegt, die in ihren Grundzügen noch heute Bestand haben. Mit diesem Zeitrahmen soll jedoch die Perspektive auf zurückreichendere Betrachtungen nicht versperrt werden. Wie sich zeigen wird, knüpft die Gestaltung der Finanzverfassung auch an frühere Traditionen an. Ausführlich zur historischen Entwicklung des Finanzausgleichs Hidien: 1998: 94 ff.

und eine Politikverflechtungsphase seit 1969.[2] Aus der Distanz lässt diese Kategorisierung die Vermutung zu, dass durchaus tief greifende politische Reformen darstellbar sind, die zu Brüchen in der bundesstaatlichen Evolution führen. Um die Bedeutung des historischen Pfads in der „alten Bundesrepublik" bewerten zu können, muss daher im folgenden Abschnitt diskutiert werden, inwieweit diese Phaseneinteilung gerechtfertigt erscheint.[3]

3.1.1 Gestaltung der Finanzverfassung im Grundgesetz von 1949

Die Gestaltung der föderativen Staatsorganisation löste im *Parlamentarischen Rat* konfliktreiche Debatten aus.[4] In deren Zentrum stand neben der Struktur und Stellung der zweiten Kammer vornehmlich auch die Finanzverfassung, in welcher die Grundlagen der Finanzordnung in der Bundesrepublik Deutschland geregelt werden. Letzterer kam schon deshalb bei der Verfassungsgenese eine exponierte Bedeutung zu, da sie über die Verteilung des Einflusses im zukünftigen Bundesstaat mitentscheiden sollte. Demzufolge wurden finanzverfassungsrechtliche Fragen von den politischen Akteuren als Machtfragen vor dem Hintergrund der zu erwartenden Mehrheitsverhältnisse interpretiert.[5] Die Ausformung der Finanzordnung führte daher zu heftigen Kontroversen sowohl innerhalb der deutschen Seite als auch zwischen den deutschen Parteien und den westalliierten Besatzungsmächten.[6]

Allerdings war den Verhandlungsführern der demokratischen Parteien im Parlamentarischen Rat trotz ihrer Interessendivergenzen bewusst, dass nur eine breite Mehrheit und ein einheitliches Vorgehen ihre Position gegenüber den Alliierten stärken könne.[7] CDU, CSU, SPD, FDP und DVP verständigten sich deshalb in den Beratungen Anfang 1949 auf ein Junktim zwischen den föderalen Streitpunkten zweite Kammer und Finanzverfassung.[8] Der

---

2   Exemplarisch zum Bereich der föderativen Finanzbeziehungen Mäding 1995c: 103.
3   Vgl. zur wissenschaftlichen Kontroverse um die Phaseneinteilung Kilper/Lhotta 1996: 148 ff.
4   Ausführlich zur Föderalismusdiskussion im Parlamentarischen Rat vgl. Huhn 1992 und Oeter 1998.
5   Vgl. Renzsch 1991: 60, Borowsky 1993: 71.
6   Vgl. H.J. Fischer 1971: 184, Kleßmann 1991: 197 f., Thränhardt 1996: 71.
7   Die innerdeutsche Konfliktlinie orientierte sich im Parlamentarischen Rat zunächst primär, aber nicht ausschließlich an der Parteizugehörigkeit. In Fragen der Finanzverfassung plädierten die Vertreter von SPD, FDP, DVP, Zentrum, Teilen der CDU der britischen Zone und der KPD für einen starken und auch im Bereich der Finanzen dominierenden Bund. Ihre unitarische Position richtete sich primär an den Bedürfnissen eines einheitlichen Wirtschaftsgebietes aus. Die Argumentation basierte dabei auf pragmatischen sowie ökonomischen Überlegungen, nach denen die Verwirklichung dieses Ziels eine überwiegend einheitliche Finanz-, Wirtschafts- und Sozialpolitik erfordert. Vor diesem Hintergrund wollten sie ganz bewusst an den Fundamenten der Weimarer Finanzverfassung, d.h. an den Ergebnissen der Erzbergerschen Finanzreform andocken. Konträr dazu begehrten die Vertreter der CSU sowie die überwiegende Mehrheit der CDU aus grundsätzlich staatspolitischen Erwägungen eine dezentral ausgerichtete Finanzverfassung. Die von den Befürwortern einer unitarischen Lösung vertretenen Forderungen nach einer bundeseinheitlichen Finanzverwaltung, einer zentralen Steuergesetzgebung und einem bundesstaatlich geregelten Finanzausgleich wurden von den Anhängern eines dezentral organisierten Finanzsystems entschieden abgelehnt. Im Finanzausschuss des Parlamentarischen Rates dominierten zunächst unitarische Erwägungen. Maßgeblich geprägt wurde die Arbeit dieses Expertengremiums, das keineswegs repräsentativ für die Zusammensetzung des Parlamentarischen Rats war, von einem überzeugten Unitarier, dem Berichterstatter Hermann Höpker-Aschoff (FDP). Bereits in seinem Eingangsreferat distanzierte sich jener deutlich von dem im Herrenchiemseer Konvent unternommenen Versuch einer strikten Trennung der Finanzwirtschaft der Gebietskörperschaften, das offensichtlich schon im Ansatz mehrheitlich auf Ablehnung stieß. Vgl. Scharpf 1989: 137, Renzsch 1991: 25, 60 ff., Huhn 1992: 42 ff., Hidien 1998: 352 ff., Oeter 1998: 129 ff., Lehmbruch 2000b: 88.
8   Die Verknüpfung beider Materien deutete sich bereits im Herbst 1948 an, als der bayerische Ministerpräsident Hans Ehard (CSU) in einem Gespräch mit dem nordrhein-westfälischen Innenminister Walter Menzel

3.1 Entwicklungslinien der föderalen Finanzbeziehungen von 1949 bis 1990

Kompromiss sah die Bildung eines starken Bundesrates[9] bei einer unitarisch ausgerichteten Finanzverfassung vor.[10] In dieser Lösung kam das im Parlamentarischen Rat dominierende Ziel zum Ausdruck, hinsichtlich der abzusehenden Aufgabenbelastung und zur Festigung der Rechts- und Wirtschaftseinheit der Nachkriegsrepublik einen starken und lebensfähigen Bund zu installieren.[11] Der deutschen Position widersetzten sich indes die Besatzungsmächte, die massiv zu Gunsten einer stärker dezentralisierten Finanzordnung intervenierten.[12]

Ein Konsens konnte erst am 22.4.1949 nach dramatischen Verhandlungen gefunden werden.[13] Mit der erzielten Lösung konnten sich die westdeutschen Akteure erstmals zumindest teilweise inhaltlich gegen die Westalliierten durchsetzen. Als Ursache lassen sich hierfür zwei zentrale Aspekte anführen: Zum einen weigerten sich zuvor vor allem die SPD und ihr Vorsitzender Kurt Schumacher vehement, vollständig auf die alliierten Einwände einzugehen. Die SPD zeigte zwar Konzessionsbereitschaft, unter Androhung der Ablehnung des Grundgesetzes forderte sie jedoch die Bildung umfassenden Kompetenzen für den Bund in der Wirtschafts-, Finanz- und Sozialpolitik.[14] Wie jüngere Studien belegen, wurde der Teilerfolg der westdeutschen Parteien aber zum anderen auch dadurch erleichtert, dass die westlichen Alliierten schließlich weniger auf eine dezidiert föderative Lösung drängten. Im Kontext des einsetzenden Ost-West-Konflikts nahm speziell das Interesse der Regierung der USA an einem auch wirtschaftlich starken Weststaat zu.[15]

Zentrale Grundlage der Kompromissformel war die Trennung der steuerlichen Gesetzgebungskompetenz von der steuerlichen Ertragshoheit. Während der Bund mit Zustimmung des Bundesrats die Gesetzgebungskompetenz für nahezu alle Steuern[16] zugebilligt bekam, wurden die Steuererträge dual auf Bund und Länder verteilt.[17] Eine Steuerverbundmasse lehnten die Alliierten zwar zunächst formal ab, dennoch erhielt der Bund das Recht auf die

---

(SPD) Zugeständnisse der CSU und damit der Union in Fragen der Finanzverfassung in Aussicht stellte, falls die SPD eine Bundesratslösung mittragen würde. Vgl. Oeter 1998: 129, 133.

9   Als Alternative wurde das vor allem von der SPD bevorzugte Senatsmodell diskutiert. Mit der Bundesratskonstruktion für die zweite Kammer knüpften die Akteure damit an einer für den Charakter eines föderativen Systems zentralen Institution an die Tradition der deutschen Bundesstaatsgeschichte an. Vgl. zur historischen Entwicklung der Bundesratskonstruktion in Deutschland Rudolf 1998: 12 ff. und Lehmbruch 2002a: 30 ff.

10 Damit setzten sich die Protagonisten des Parlamentarischen Rats über die Vorstellungen der Alliierten hinweg, die zuvor bereits mit ihrem Memorandum vom 22.11.1948 eine stärker föderal orientierte Finanzverfassung anmahnten. Inhaltlich sah die Einigung im wesentlichen die Schaffung einer vorwiegend zentralen Bundesfinanzverwaltung, eine weitgehend bundeseinheitliche Steuergesetzgebung sowie ein Mischsystem bei der Steuerertragsverteilung mit einem Steuerverbund bei der Einkommen-, Körperschaft- und Umsatzsteuer vor. Vgl. Pagenkopf 1981: 141, Renzsch 1991: 61 f., 64, Oeter 1998: 134 f.

11 Zur Bedeutung unitarischer Positionen im Parlamentarischen Rat vgl. Huhn 1992: 42 ff., Oeter 1998: 131, Renzsch 1999a: 156.

12 Mit ihren Memorandum vom 2.3.1949 stemmten sich die Westalliierten gegen die Konsenslösung des Parlamentarischen Rats. Dabei lehnten sie eine Gemeinschaftsfinanzmasse entschieden ab und forderten statt dessen ein duales Steuerverteilungssystem. Ebenso wandten sie sich ausdrücklich gegen einen bundeseinheitlich geregelten Finanzausgleich sowie eine zentrale Bundesfinanzverwaltung.

13 Zu den Auseinandersetzungen mit den Alliierten vgl. Hidien 1998: 357 ff. und Oeter 1998: 136 f.

14 Vgl. Renzsch 1991: 65 ff., Thränhardt 1996: 71 f.

15 Vgl. Kilper/Lhotta 1996: 155.

16 Der Bund erhielt die ausschließliche Gesetzgebungskompetenz für Zölle und Finanzmonopole sowie die – schließlich vollständig ausgeschöpfte – konkurrierende Gesetzgebungskompetenz für alle übrigen Steuern. Einzige Ausnahme blieb die Länderkompetenz für Steuern mit örtlich begrenztem Wirkungskreis.

17 Die Zölle, die Einnahmen aus den Finanzmonopolen, die Verbrauchsteuern, die Umsatzsteuer, die Beförderungssteuer und die einmaligen Zwecken dienenden Vermögensabgaben flossen dem Bund zu, den Ländern die Biersteuer, die Einkommen- und Körperschaftsteuer, die Vermögensteuer, die Erbschaftsteuer, die Realsteuern, die Steuern mit örtlich begrenztem Wirkungskreis sowie die übrigen Verkehrsteuern.

Inanspruchnahme von Teilen der Einkommen- und Körperschaftsteuer.[18] Das von den Alliierten geforderte strikte Trennsystem wurde damit von Anfang an im Bereich der Steuergesetzgebung durch die zentrale Regelungskompetenz des Bundes und im Bereich der Steuerertragsverteilung durch die mögliche Inanspruchnahmeregelung durchbrochen. Diese Vermischung zog sich im Bereich der Finanzverwaltung fort. Hier einigten sich die westlichen Besatzungsmächte und der Parlamentarische Rat auf eine geteilte Finanzverwaltung von Bund und Ländern.[19] Ein Finanzausgleich sollte sowohl zwischen den Ländern als auch als Zuweisungssystem zwischen Bund und Ländern möglich sein. Im Überleitungsausschuss setzte sich der bis heute in seinen Grundzügen geltende Entwurf von Fischer-Menshausen durch. Dieser sah im Anschluss an die primäre Steuerverteilung nach dem Prinzip des örtlichen Aufkommens einen horizontalen Finanzausgleich vor.[20]

Durch ihr Einwirken erzwangen die Alliierten freilich eine stärker föderale Lösung, mit ihrem Beharren erreichten die deutschen Akteure jedoch, dass die bundesdeutsche Finanzordnung auch bemerkenswerte unitarische Züge kennzeichneten. Damit gelang es der amerikanischen Besatzungsmacht nicht, die im eigenen Land praktizierte dualistische Ausrichtung des Bundesstaats umfassend zu exportieren; vielmehr wurzelte die Konstruktion der föderativen Staatsorganisation zugleich ganz erheblich in der deutschen Verfassungstradition.[21] Außerhalb der Finanzordnung zeigte sich das Anknüpfen an historische Entwicklungspfade vor allem in der Beibehaltung des Bundesratsmodells sowie in der extensiven Fortführung der funktionalen Aufgabenteilung.[22] Dabei wurden die Länder zwar mittels der Erhöhung des Anteils der zustimmungspflichtigen Bundesgesetze gegenüber der Weimarer Verfassung relativ gestärkt, hieraus resultierte jedoch von Beginn an auch die Notwendigkeit zur umfassenden Kooperation von Bund und Ländern.[23]

Die Finanzverfassung wurde in ihren wesentlichen Grundzügen zunächst als *Provisorium* verfasst.[24] Eine endgültige Regelung sollte bis 31.12.1952, nach zweimaliger Verlängerung schließlich bis 31.12.1955 gefunden werden.[25] Die bloße Festlegung auf eine Übergangslösung hatte dabei im Wesentlichen zwei Ursachen: *Zum einen* verfügte der Finanzverfassunggeber über keine präzisen Prognosen bezüglich der zukünftigen Finanzentwicklung der öffentlichen Haushalte sowie den Finanzbedarf der Gebietskörperschaften. Weder die Steuerentwicklung, noch die absehbaren Besatzungskosten, die Kriegsfolgelasten sowie die Finanzkraftdisparitäten zwischen den Ländern konnten hinreichend kalkuliert werden.[26] *Zum anderen* wurde die Finanzverfassung unter einem immensen, zeitlichen und politi-

---

18 Der Bund konnte nach Art. 106 III GG mit Zustimmung des Bundesrates bei Bedarf durch sog. Inanspruchnahmegesetze Teile der Einkommen- und Körperschaftsteuer für sich beanspruchen. Damit wurde durch die Hintertür de facto ein Steuerverbund durchgesetzt. Vgl. Hidien 1998: 377, Oeter 1998: 137 f.
19 Vgl. Boldt 1989: 79.
20 Der Alternativentwurf des früheren preußischen Finanzministers und späteren Präsidenten des Bundesverfassungsgerichts Hermann Höpker-Aschoff sah einen Finanzkraftausgleich nach Bedarfsgesichtspunkten im Zuge der originären Steuerverteilung vor. Nach diesem Konzept hätte es keinen sekundären Finanzausgleich und damit keine „*gebenden*" und „*nehmenden*" Länder gegeben. Vgl. Renzsch 1991: 70 ff., Ottnad 2001: 176.
21 Vgl. Oeter 1998: 143 f., Lehmbruch 1999b: 409.
22 Vgl. zur Historie Rauh 1973, Laufer/U. Münch 1997: 33 ff., Oeter 1998, Lehmbruch 2002a: 26 ff.
23 Damit ist die These, die Bundesrepublik sei ursprünglich als dualer Bundesstaat konstruiert worden, nicht haltbar. Vgl. Benz 1999: 136, Wachendorfer-Schmidt 2000a: 116, Tammler 2003: 6 f.
24 Damit wird an dieser Stelle das Gliederungsprinzip der Verfassung durchbrochen, das im Übrigen an Organe und Staatsfunktionen anknüpft. Vgl. Korioth 1997: 4.
25 Die Steuerverteilung und der Finanzausgleich konnten vom Gesetzgeber durch ein einfaches Bundesgesetz mit Zustimmung des Bundesrates novelliert werden.
26 Dazu Pagenkopf 1981: 161 f.

schen Druck sowie in emotional angespannter Atmosphäre verabschiedet. Es war 1949 somit kaum möglich, für die gesamte Materie eine allgemein akzeptierte Lösung zu finden.[27] Als „*Stein der Weisen*" konnte der Kompromiss dann auch nicht bezeichnet werden.[28] Vielmehr wurde bald offensichtlich, dass die Finanzverfassung mit gravierenden Schwächen behaftet war.

3.1.2 Entstehung und Entfaltung der unitarischen Finanzverflechtungen

Die Defizite zeigten sich schon unmittelbar nach Verabschiedung des Grundgesetzes bei der *vertikalen Steuerertragsverteilung*: Abweichend vom allgemeinen Lastenverteilungsgrundsatz[29] nach Art. 120 GG i.d.F.v. 1949 oblag es dem Bund, für die Kriegsfolgelasten, die Besatzungskosten und die Zuschüsse zu den Sozialversicherungen aufzukommen. Allerdings waren die ihm zur Verfügung stehenden budgetären Ressourcen nicht ausreichend, um diese Aufgaben finanzieren zu können.[30] Aus diesem Grund wurden die Länder erstmals im Rechnungsjahr 1950 in äußerst umstrittener Weise verpflichtet, sich an den Aufwendungen des Bundes nach Art. 120 GG durch sog. „*Interessenquoten*" finanziell zu beteiligen.[31] Nachdem abzusehen war, dass die vertragliche Interessenquotenregelung den Bund im folgenden Rechnungsjahr nicht mit den erforderlichen Finanzmitteln ausstatten würde, favorisierte der Bund ab 1951 den verfassungsrechtlich vorgesehenen Weg der Inanspruchnahme von Teilen der Einkommen- und Körperschaftsteuer.[32] Es gelang ihm schließlich, mit Unterstützung der finanzschwachen Länder dieses Ansinnen durchzusetzen. Infolgedessen wurden von 1951 bis 1955 jährlich Inanspruchnahmegesetze erlassen sowie im Gegenzug die Interessenquoten sukzessive reduziert und 1953 schließlich abgeschafft. Das im Grundgesetz vorgesehene formale Trennsystem der Steuerertragsverteilung kam also gar nicht erst zur Geltung. Vielmehr entpuppte sich die Einkommen- und Körperschaftsteuer de facto als Verbundsteuer und diente als allgemeines Haushaltsdeckungsmittel mit ausgleichender Funktion.[33] Die Höhe des Bundesanteils an den beiden direkten Steuern wurde dabei jährlich in langwierigen Verfahren ausgehandelt. In den Gesprächen agierte der Bund wesentlich geschickter, indem er die Interessendivergenzen zwischen den finanzschwachen und finanzstarken Ländern für sich ausnutzte.[34] Auf diese Weise gelang es ihm,

---

27 Vgl. H.J. Fischer 1971: 186.
28 Vgl. zu dieser Einschätzung H.J. Fischer 1971: 184 ff., Renzsch 1991: 69, Abromeit 1992. Selbst dem Parlamentarischen Rat waren die Unzulänglichkeiten der Regelungen durchaus bewusst (Pagenkopf 1981: 176).
29 Die Finanzierung von öffentlichen Aufgaben orientierte sich prinzipiell an der Verwaltungszuständigkeit (Konnexitätsprinzip). Verfassungsrechtlich aufgegriffen wurde dieses seit 1949 praktizierte Prinzip erst mit der Finanzreform von 1955, eindeutig konkretisiert schließlich mit der Finanzreform von 1969.
30 Vgl. Renzsch 1991: 75.
31 Auf Wunsch der Mehrheit der Länder wurde auf den Erlass eines Inanspruchnahmegesetzes verzichtet und stattdessen der in der Verfassung nicht vorgesehene Weg der Interessenquotenregelung beschritten. Die Länder beteiligten sich je nach finanzieller Lage in Höhe von 10-25 % an den Verwaltungskosten des Bundes. Vgl. Pagenkopf 1981: 164.
32 Der Bund verwies ausdrücklich auch auf die negative horizontale Ausgleichswirkung der Interessenquoten. Denn die finanzschwachen Länder hatten 1950 relativ größere Beiträge zu finanzieren, da deren umfassenderen Flüchtlings- und Kriegsfolgelasten durch die niedrigeren Interessenquoten nicht hinreichend kompensiert wurden. Vgl. Renzsch 1991: 76.
33 Vgl. Pagenkopf 1981: 165 ff.
34 Nachdem die finanzstarken Länder eine hinreichende Aufstockung des Transfervolumens im Länderfinanzausgleich verweigerten, standen ihren ärmeren Bundesgenossen nicht genügend Finanzmittel zur Erfüllung

seine Anteile zunächst regelmäßig zu erhöhen sowie nach den sich abzeichnenden deutlichen Haushaltsüberschüssen ab dem Jahr 1953 konstant zu halten.[35]

Ebenso umstritten wie die vertikale Steuerverteilung war der sekundäre *horizontale Finanzausgleich*. Ein systematischer Länderfinanzausgleich wurde erstmals 1950 durchgeführt.[36] Dieser berücksichtigte, neben den Steuerkraftdisparitäten, auch die unterschiedlichen Belastungen der einzelnen Länder.[37] Dennoch blieb in der gesamten Zeit bis 1955 die Ausgleichswirkung des komplizierten Systems[38] aus mehreren Gründen unbefriedigend: Erstens lagen keine präzisen finanzwirtschaftlichen Daten vor, zweitens wurden Bedarfsgesichtspunkte schrittweise geringer angerechnet und drittens blockierten die finanzstarken Länder ein den Aufgabenverpflichtungen angemesseneres Nivellierungsniveau.[39]

Trotz dieser Defizite gewannen die föderativen Finanzbeziehungen in der Frühphase der Bundesrepublik eine gewisse Kontinuität. Problematisch blieben dabei aber die sich jährlich wiederholenden Verhandlungen um die Inanspruchnahmegesetze und den Länderfinanzausgleich. Jene verliefen nicht nur äußerst zäh, sondern sie waren in ihrem Ergebnis für die Haushaltswirtschaft auch nicht hinreichend berechenbar.[40] Neben dem Verfassungsauftrag entstand folglich zunehmend ein sachlicher Druck, das Finanzsystem auf eine stabilere und planbarere Grundlage zu stellen.

In den Verhandlungen zur *Finanzreform von 1955* spiegelten sich die Konfliktmuster der vergangenen Jahre wider. Der stärker in der Sache engagierte Bund kolierte primär mit der finanzschwachen Länderminderheit. Die entscheidenden Durchbrüche erzielte schließlich aber die Bundesregierung in einem informellen Abstimmungsprozess mit den unions-

---

ihrer Aufgaben zur Verfügung. Jene waren folglich seit Beginn der 50er Jahre auf ergänzende finanzielle Dotationen des Bundes bei der Wahrnehmung ihrer Aufgaben angewiesen. Der Bund konnte daher regelmäßig damit drohen, diese Beihilfen zu streichen. Für die finanzschwachen Länder war es deshalb „*billiger*", mit dem Bund zu stimmen. Durch Taktieren mit geschönten Daten konnte letzterer seine Position zusätzlich stärken. Vgl. Barbarino 1975: 105, Lenk 1993: 115 f. Zu den Verhandlungen vgl. Renzsch 1991: 77 ff.

35 Der Bund erhielt 1951 27 %, 1952 real 35,6 % sowie von 1953 bis 1955 38 % des Aufkommens der direkten Steuern. Nach Pagenkopf 1981: 165.

36 Im Jahr 1949 scheiterte ein systematischer Finanzausgleich am Widerstand der finanzstarken Ländermehrheit. Es wurden lediglich zwei Gesetze zur vorläufigen Regelung der Kriegsfolgelasten erlassen, nach denen die finanzstarken Länder rd. 300 Mio. € an die ärmeren Länder transferieren mussten (Pagenkopf 1981: 142 f.).

37 Es wurden die Kriegsfolge-, Kriegszerstörungs- und Soziallasten, die Flüchtlingskosten, die Dauerarbeitslosigkeit, die Zinslasten für Ausgleichsforderungen, die Hochschullasten und die Hafenlasten der Hansestädte berücksichtigt. Die Finanzkraft der ärmsten Länder wurde auf rd. 75 % des Länderdurchschnitts angehoben (Renzsch 1999a: 157).

38 Der Länderfinanzausgleich wurde vom Bundesverfassungsgericht am 20.2.1952 prinzipiell als verfassungskonform erachtet (BVerfGE 1, 117). Nach dieser Entscheidung ist die Ausgleichsintensität nicht justitiabel, da es sich primär um eine finanzpolitische und keine verfassungsrechtliche Frage handelt. Lediglich eine Nivellierung der Finanzkraft sowie eine übermäßige Schwächung der Leistungsfähigkeit der finanzstarken Länder sind nicht zulässig. Zugleich stellte das Gericht fest, dass es die verfassungsmäßige Pflicht der reichen Ländern ist, ihren finanzschwachen Bundesgenossen in gewissen Grenzen Hilfe zu leisten. Dabei komme es, so das Gericht, kraft Natur der Sache zu gewissen Beschränkungen der finanziellen Selbstständigkeit der Länder. In dem Urteil argumentiert das Gericht explizit mit der Entstehungsgeschichte des Grundgesetzes. Dabei wurde die Handschrift des Richters Hermann Höpker-Aschoff deutlich, der zuvor als preußischer Finanzminister, Berichterstatter im Parlamentarischen Rat sowie als Vorsitzender des Finanzausschusses im Bundestag wirkte. Vgl. Pagenkopf 1981: 169, Renzsch 1991: 113, Oeter 1998: 193 ff.

39 Vgl. Fuchs 1963: 23 ff. Die finanzschwachen Länder konnten 1952 lediglich mit Unterstützung des Bundes das Steuerzerlegungsgesetz durchsetzen, mit dem das Prinzip des örtlichen Aufkommens neu definiert wurde: Es gilt seitdem für Unternehmen (KöSt) das Betriebsstätten- (bisher: Ort des Firmensitzes) und für Arbeitnehmer (ESt) das Wohnortprinzip (bisher: Ort des Betriebs). Vgl. Renzsch 1991: 122 f.

40 Überdies entwickelten sich die stärker konjunkturreagiblen direkten Steuern in Folge der prosperierenden Wirtschaft wesentlich dynamischer als die Umsatzsteuer. Vgl. Pagenkopf 1981: 170, Littmann 1991: 35 f.

3.1 Entwicklungslinien der föderalen Finanzbeziehungen von 1949 bis 1990

regierten Ländern, die die Mehrheit im Bundesrat stellten.[41] Im Zentrum der Reform stand die Anpassung des Grundgesetzes an den finanzpolitischen Status quo, indem die Einkommen- und Körperschaftsteuer als Verbundsteuer verfassungsrechtlich institutionalisiert wurde. Die Verteilung der Erträge aus diesen Steuern sollte als flexibles Instrument den vertikalen Finanzausgleich stabilisieren.[42] Die Finanzreform novellierte aber nicht nur den vertikalen, sondern auch den horizontalen Finanzausgleich.[43] Mit der Verfassungsänderung wird dieser als verpflichtende Aufgabe des Bundesgesetzgebers definiert.[44] Dabei wird er nunmehr vorwiegend als Steuerkraftausgleich verstanden.[45] Mit den Bundesergänzungszuweisungen führte der Verfassunggeber zudem ein vertikales Element in den sekundären Ausgleich ein. Mittels dieses Instruments kann der Bund den Nehmerländern zur ergänzenden Deckung ihres Finanzbedarfs zweckungebundene Mittel zur Verfügung stellen.[46]

Die Reform beendete die Interimslösung und behob die Regelungsdefizite des Grundgesetzes von 1949. Die Finanzverfassung wurde im Hinblick auf den vertikalen und horizontalen Finanzausgleich sowie den Lastenverteilungsgrundsatz an die Verfassungswirklichkeit angepasst. Der Bund konnte insgesamt erhebliche Terraingewinne für sich verbuchen.[47] Materiell bedeutete die Lösung fernerhin vor allem eine Besserstellung der finanzschwachen Länder durch die verfassungsrechtliche Garantie sowie eine Intensivierung des Länderfinanzausgleichs. Qualitativ schuf die Neuregelung ein neues Fundament für die föderativen Finanzbeziehungen. Diese erreichten ein höheres Maß an Berechenbarkeit, da der vertikale wie der horizontale Finanzausgleich eine transparentere Grundlage erhielten.

Im Anschluss an die Reform von 1955 beruhigten sich die Auseinandersetzungen über die Finanzordnung nur für kurze Zeit. Denn schon bald stellte die sukzessive *Unitarisierung* des deutschen Bundesstaats[48] das System vor neue Herausforderungen: Charakterisiert wurde dieser seit Gründung der Bundesrepublik zu verzeichnende Prozess durch die Konzentration staatlicher Aufgaben beim Bund, die zentralistische Überlagerung der Verwal-

---

41 Die Union griff damit auf die bereits 1954 im Rahmen des Inanspruchnahmegesetzes gewählte Art der Vorabstimmung zurück. Vgl. Renzsch 1991: 162, 169.
42 Die Bund-Länder-Verteilung sollte zunächst bis 1957 im Verhältnis 1/3 : 2/3 und ab 1.1.1958 im Verhältnis 35 % : 65 % erfolgen. Danach konnten nach der Revisionsklausel die Quoten jeweils frühestens zwei Jahre nach einer Neufestsetzung (d.h. erstmals zum 1.1.1960) angepasst werden, um Veränderungen der Haushaltsdeckungsquoten von Bund und Ländern Rechnung zu tragen. Die Revisionsklausel sollte jährliche und unberechenbare Verhandlungsprozesse verhindern. Dem Bund wurde zudem die Möglichkeit eingeräumt, eine Ergänzungsabgabe zur Einkommen- und Körperschaftsteuer ohne Zustimmung des Bundesrates zu erheben.
43 Art. 106 GG regelt den vertikalen, Art. 107 GG den horizontalen Finanzausgleich. Zur Finanzreform Heckt 1973: 25 ff., Pagenkopf 1981: 170 ff., Biehl 1983: 92 ff., Renzsch 1991: 130 ff., Lenk 1993: 118 ff., Hidien 1998: 447 ff.
44 Der Bundesgesetzgeber wurde verpflichtet, für einen angemessenen Ausgleich zwischen leistungsstarken und leistungsschwachen Ländern zu sorgen. Allerdings berücksichtigte der Finanzausglich auf Drängen der reichen Länder die kommunale Finanzkraft nur zu 50 %. Die Mindestauffüllungsquote erhöhten Bund und Länder 1955 auf 88,75 % des Länderdurchschnitts angehoben.
45 Finanzielle Belastungsunterschiede werden seitdem nur noch in engen Grenzen berücksichtigt: Zunächst wurden – neben der Einwohnerwertung der Kommunen und der Stadtstaaten – nur die Seehäfen der Hansestädte sowie die übermäßigen Belastungen Schleswig-Holsteins eingerechnet. Letztere sind in den folgenden Jahren entfallen.
46 Zum Länderfinanzausgleichsgesetz sowie zum vierten Überleitungsgesetz vgl. Fuchs 1963: 93 ff.
47 Vgl. Hidien 1998: 453 ff., Lehmbruch 1998: 93.
48 Zuerst beschrieb K. Hesse (1962) die Phänomene der Unitarisierung. Wachendorfer-Schmidt (2000a: 117) unterscheidet zwei Unitarisierungswellen: eine erste im Zuge des Deutschlandvertrags nach 1955, die zweite Ende der 60er Jahre im Kontext des politischen Programms der Globalsteuerung.

tungszuständigkeiten der Länder[49], die Zunahme der Selbstkoordinierung der Länder[50] und die gestiegene Bedeutung des Bundesrats.[51] Der Schwerpunkt lag dabei im Bereich der Normsetzung. Unter dem Postulat des Einheitlichkeitsprinzips nach Art. 72 II GG[52] und mit einer dynamischen Interpretation des Sozialstaatsprinzips nach Art. 20 I GG schöpfte der Bund seine Möglichkeit zur konkurrierenden Gesetzgebung nach Art. 74 I GG ebenso extensiv aus, wie ihm weitere Regelungsbereiche übertragen wurden.[53]

Ein weiterer elementarer Aspekt der Zentralisierung bestand in dem seit Anfang der 50er Jahre zu verzeichnenden Trend zur Mitfinanzierung von Länderaufgaben durch den Bund.[54] In zunehmend expansiver Weise vergab der Bund im Rahmen der *Bundesfondsverwaltung* zweckgebundene Zuschüsse und Subventionen. Mittels der damit verbundenen Auflagen gelang es dem Bund, Einfluss auf die sachliche Politikgestaltung der Länder zu nehmen und seine politische Gestaltungsmacht zu erweitern.[55] Die im Grundgesetz nicht vorgesehene ebenenübergreifende Mischfinanzierung staatlicher Aufgaben wurde als *„gesetzesfreie Veraltung"* auf Grundlage der Haushaltsgesetze durchgeführt.[56] Aufgrund dieses juristischen Graubereichs war die Fondswirtschaft des Bundes von Anfang an verfassungsrechtlich umstritten.[57] Nicht nur deshalb wurde eine Neuregelung immer dringlicher, sondern auch weil das System mit seinen zahlreichen Förder- und Forschungsprogrammen äußerst intransparent und kaum kontrollierbar blieb.[58]

---

49 Gekennzeichnet war dieser Prozess insbesondere durch eine massive Erweiterung der Bundesverwaltung. Vgl. Oeter 1998: 260 f.
50 Die Selbstkoordinierung erstreckte sich auf nahezu alle den Ländern verbliebenen Aufgabenbereiche. Sie erfolgte über den Abschluss von Staatsverträgen und Verwaltungsabkommen sowie mittels sachlicher Angleichung von Verwaltungshandeln aufgrund gemeinsamer Beschlüsse von Ressortministerkonferenzen und Arbeitsgemeinschaften der Fachebenen. Vgl. Oeter 1998: 262 f., Hoppenstedt 2000: 162. Damit traten auch die Länder als Initiatoren der Unitarisierungswelle auf: Unter Akzeptanz eines gestiegenen zentralen Steuerungsbedarfs ließen sie sich auf vielfältige Kooperationsformen ein. Auf diese Weise suchten sie, ihre Handlungsfähigkeit zu sichern und weitere Eingriffe des Bundes in ihre Kompetenzen zu verhindern. Vgl. Postlep/Döring 1996: 24 f., Klatt 2002: 10.
51 Die Stärkung des Gewichts des Bundesrats korrespondierte mit der erweiterten Tätigkeit des Bundesgesetzgebers (ausführlich dazu Oeter 1998: 264 ff.). Nachdem in der ersten Legislaturperiode bereits 42 % der Bundesgesetze zustimmungspflichtig waren, erhöhte sich diese Quote in der 2. Wahlperiode auf 50 %. Seitdem bewegt sich die Quote zwischen 50 und 60 % (vgl. Dästner 2001: 160).
52 Nach einer Entscheidung des Bundesverfassungsgerichts ist dieser Artikel nicht justitiabel. In der wissenschaftlichen Literatur wird er in Folge der erschöpfenden Wahrnehmung der konkurrierenden Gesetzgebung als *„Einfallstor des Bundes"* bezeichnet. Vgl. Calliess 1997: 294 f., U. Münch 1999c: 5.
53 Der Schwerpunkt lag mehr in der nahezu vollständigen Wahrnehmung der Materien der konkurrierenden Gesetzgebung, denn in der Ausweitung des Katalogs der Bundeskompetenzen (vgl. Zintl 1999: 477). Die Kompetenzakkumulation beim Bund zeigte sich aber auch in der Rahmengesetzgebung: Dort tendierte der Bundesgesetzgeber entgegen der ursprünglichen Intention zu umfassenden Regelungen. Die Folge war eine sachliche Unitarisierung wichtiger Politikfelder. Vgl. hierzu die Analyse von K. Hesse (1962: 12 ff.), der mit dem Titel dieser Arbeit auch den Begriff des *„unitarischen Bundesstaats"* prägte.
54 Vgl. Pagenkopf 1981: 201 ff., Lenk 1993: 122 f.
55 Die Mitwirkung des Bundes an Aufgaben der Länder erfolgte meist mit Zustimmung bzw. auf Verlangen der Länder. Der Bund konnte somit seine starke finanzielle Stellung nutzen, um weitere Sachbereiche zu beeinflussen und zusätzliche Aufgaben an sich zu ziehen. Ausführlich dazu Renzsch 1999b: 373 ff.
56 Vgl. Reissert 1975: 6 f. In diesen Fällen wurde die Mitfinanzierungskompetenz des Bundes *„kraft Natur der Sache"* abgeleitet. Zur staatsrechtlichen Problematik vgl. Harms 1994: 409 ff.
57 Es ist anzunehmen, dass sie einem verfassungsgerichtlichen Normenkontrollverfahren nicht standgehalten hätten. Zur Kritik an den Dotationen Reissert 1975: 8, Pagenkopf 1981: 201 ff.
58 Offensichtlich wird dies schon daran, dass für die frühen Jahre kaum konkrete Daten über die Mischfinanzierung vorliegen. Der Umfang der Bundesaufwendungen zur Mitfinanzierung von Länderaufgaben betrug 1960 ca. 1 Mrd. € und stieg bis 1965 auf ca. 2,3 Mrd. € an. Insgesamt deckten die Bundeszuschüsse 1962 mehr als 10 % der Länderhaushalte. Dazu Reissert 1975: 7, Boldt 1989: 84.

3.1 Entwicklungslinien der föderalen Finanzbeziehungen von 1949 bis 1990

Die Notwendigkeit zu formalen Korrekturen der Finanzverfassung offenbarte sich im Laufe der 60er Jahre überdies im Bereich des vertikalen und horizontalen Finanzausgleichs. Mit Unterstützung der prosperierenden Wirtschaftsentwicklung in der zweiten Hälfte der 50er Jahre bewirkte die Finanzreform zwar zunächst eine Stabilisierung der Bund-Länder-Finanzordnung.[59] Jedoch führten die Forderungen des Bundes nach Erhöhung seiner Anteile an der Verbundsteuer zu Beginn der 60er Jahre und die Rezession von 1966 erneut zu harschen Auseinandersetzungen um die Steuerertragsverteilung.[60] Unverändert dominierte der Bund die Verhandlungen. Dabei agierte er klug mit taktisch überzogenen Forderungen. Einen Partner fand der Bund regelmäßig in den finanzschwachen Ländern, die in Abhängigkeit von den willkürlichen Dotationen des Bundes gerieten.[61]

Ein schwelender Konfliktherd blieb auch in den Jahren nach 1955 der *Länderfinanzausgleich*. Jener blieb zwar in seiner grundlegenden Systematik unverändert, Modifikationen ergaben sich gleichwohl 1959 mit der ersten Novelle des Länderfinanzausgleichsgesetzes, 1965 mit der kleinen Reform des Länderfinanzausgleichs und ab 1967 mit der Zahlung von Bundesergänzungszuweisungen im Zuge der Finanzausgleichsnovellen der Großen Koalition.[62] Die Stoßrichtung der Änderungen war einheitlich: Sie alle führten zu einer Intensivierung des Ausgleichsniveaus.[63] Aber trotz dieser Neujustierungen blieben die Finanzkraftdisparitäten zwischen den Ländern eklatant.[64]

Mit den Veränderungen des Bundesstaats stellte die Finanzverfassung schließlich keine stabile Grundlage mehr dar. Als besonders belastend wirkte sich dabei die Expansion der

---

59   Die stark konjunkturreagible Einkommensteuer führte durch den progressiven Tarif zu einer deutlichen Verbesserung der Haushaltslage der Länder. Die Erträge der direkten Steuern stiegen von 1955 bis 1965 um 340 %, das Umsatzsteueraufkommen im gleichen Zeitraum lediglich um 200 %. Vgl. Pagenkopf 1981: 208.

60   Im 1962 erstmals akut werdenden Verteilungskonflikt einigten sich Bund und Länder auf einen verfassungsrechtlich umstrittenen Zuschuss der Länder zum Bundeshaushalt in Höhe von 0,54 Mrd. €. In den folgenden Jahren beschränkten sich beide Seiten auf die Neufestsetzung der Verteilungsquote. Der Bundesanteil an den direkten Steuern wurde 1964 auf 39 % aufgestockt. Ab 1967 reduzierte sich der Bundesanteil auf 37 %, da die wirtschaftliche Rezession den Finanzbedarf der Länder und Kommunen erhöhte. Das vom Bund erfolgreich präferierte konjunkturpolitische Konzept der keynesianischen Globalsteuerung erforderte investive Tätigkeiten der nachgeordneten Gebietskörperschaften. Darüber hinaus führte die Steuerharmonisierung in der EG, die die wettbewerbsneutrale Mehrwertsteuer mit Vorsteuerabzug vorsah, ab 1968 zu erheblichen Mehreinnahmen des Bundes. Zusätzliche Einnahmen erzielte der Bund durch die ab 1968 (und bis 1979) erhobene Ergänzungsabgabe zur ESt und KöSt. Im Vorfeld der Finanzverfassungsreform und der Gemeindefinanzreform wurde der Bundesanteil deshalb im Jahr 1969 auf 35 % gesenkt. Vgl. Barbarino 1975: 105 ff., Pagenkopf 1981: 208 ff., Renzsch 1991: 175 ff, Lenk 1993: 124.

61   Im Gegenzug für sein zunehmendes Engagement in der Mischfinanzierung forderte der Bund eine Ausweitung seines Anteils am gesamtstaatlichen Steueraufkommen. Dies beschreibt Renzsch (1999b: 377) als „*Teufelskreis*" der Fondswirtschaft.

62   Insgesamt wurde der Finanzausgleich zwischen 1955 und 1969 siebenmal novelliert. Vgl. Fuchs 1963: 98 ff., Pagenkopf 1981: 213 ff., Renzsch 1991: 181 ff., Lenk 1993: 124 f., Hidien 1998: 447 ff.

63   Mit der ersten Novelle 1959 wurde zwar auch ein weiterer Abbau der berücksichtigten Belastungsmerkmale im Länderfinanzausgleich vollzogen. Dennoch wuchs der Nivellierungsgrad des Finanzausgleichs mittels einer Intensivierung des Finanzausgleichsvolumens: 1959 und 1969 erfolgte dies direkt durch die Erhöhung der Ausgleichsintensität. Die Zahlung von Bundesergänzungszuweisungen an Bayern, Niedersachsen, Rheinland-Pfalz, Saarland und Schleswig-Holstein bewirkte eine weitere Anhebung der Finanzkraft der leistungsschwachen Länder. Im Jahr 1969 erhöhte sich das Volumen des horizontalen Ausgleichs zudem durch eine unsystematische Einmalzahlung der Geber- an die Nehmerländer. Diese Zahlung wurde durch die Reduktion des Bundesanteils an den direkten Steuern jedoch überkompensiert. Nominal verzehnfachten sich die Transfers im sekundären Finanzausgleich zwischen 1950 und 1970; dies bedeutet real eine Versechsfachung dieser Finanzströme (vgl. Ottnad 2001: 177). Vgl. Renzsch 1991: 181, Lenk 1993: 124 f., Hidien 1998: 447 ff.

64   Die Ressourcenausstattung der Länder blieb primär von den direkten Steuern, d.h. von ihrer Wirtschaftskraft abhängig. Vgl. Fuchs 1963: 143 ff.

Finanzierungsverflechtungen aus. Bund und Länder standen sich in diesem Prozess nicht als gleich starke Partner gegenüber. Die Länder wurden vielmehr zunehmend abhängiger vom Bund, der seinen Einfluss ausweiten und schrittweise in genuine Länderkompetenzen eindringen konnte. Neben dem intransparenten Komplex der Mischfinanzierungen resultierten sachliche Impulse für eine erneute Reform der Finanzverfassung aus der unterschiedlichen finanzwirtschaftlichen Entwicklung von Bund und Ländern sowie dem Dissens um die Finanzierungszuständigkeit der gebietskörperschaftlichen Ebenen.[65]

3.1.3 Die Finanzreform von 1969 und ihre Folgen für die Finanzordnung

Nachdem die Regierungen Adenauer und Erhard eine Neujustierung des Finanzsystems nur sehr zögerlich angingen, räumte die Große Koalition dem Problemfeld nicht nur eine exponierte Stellung in ihrer Reformagenda ein, sie leitete sogar ihre Existenzberechtigung unter anderem aus dem Anpassungsbedarf der Finanzverfassung ab. Mit einer erneuten Finanzverfassungsreform sollte für die Bund-Länder-Finanzbeziehungen ein transparenteres und gerechteres Fundament geschaffen werden.[66] In der Koalition forcierte vornehmlich die SPD die Neuordnung, da sie sich mit diesem Thema, an dem sie bereits seit der Bundestagswahl 1961 arbeitete, profilieren wollte. Konzeptionell fußte die Reform auf dem keynesianischen Paradigma der Globalsteuerung. Im modernen Interventionsstaat[67] sollte die gesamtwirtschaftliche Entwicklung durch eine alle Ebenen umfassende, gesamtstaatliche Ressourcenallokation gesteuert werden.[68] Die Grundgedanken griff die 1964 von Bund und Ländern eingesetzte *Kommission für die Finanzreform* auf. Unter dem Leitmotiv des *„kooperativen Föderalismus"*[69] entwickelte das unter dem Vorsitz von Heinrich Troeger arbeitende Gremium umfassende Reformüberlegungen für die föderalen Finanzbeziehungen. In ihrem im Frühjahr 1966 veröffentlichten Gutachten[70] plädierte sie im Kern für eine intensivierte Bund-Länder-Kooperation bei der Erfüllung öffentlicher Aufgaben.[71] Die Ergebnisse der Troeger-Kommission bildeten fortan die Basis für die programmatischen Überlegungen zur *Finanzreform von 1969*.[72] Eingebettet wurden diese durch das weithin akzeptierte Leitbild, einheitliche Lebensverhältnisse im Bundesgebiet zu schaffen.[73]

---

65 Vgl. Biehl 1983: 97.
66 Vgl. Pagenkopf 1981: 207, Renzsch 1991: 209 f., Abromeit 1992.
67 Zum Modell des steuernden Interventionsstaates vgl. Mayntz 1996.
68 Vgl. Boldt 1989: 84 f., Mäding 1992: 186, Renzsch 1999a: 157, Lehmbruch 1999a: 56 f. Zur Globalsteuerung Bombach u.a. 1976, Kromphardt 1987, Sturm 1995.
69 Der Begriff wird erstmals zur Beschreibung des amerikanischen Bundesstaats der 30er Jahre verwandt; dort kam es in Folge des *„New Deal"* zu Verflechtungen zwischen dem Bund und den Staaten. Vgl. U. Münch 1997: 25; zum Leitbild des *„kooperativen Föderalismus"* vgl. Oeter 1998: 266 ff.
70 Kommission für die Finanzreform 1966 (sog. Troeger-Gutachten).
71 Konkret empfahlen die Gutachter u.a. einen großen Steuerverbund aus Einkommen-, Körperschaft- und Umsatzsteuer, eine verfassungsrechtliche Generalklausel für Mischfinanzierungen, die *„Flurbereinigung"* öffentlicher Aufgaben, die Neuregelung der Lastenteilung, die partielle Korrektur der horizontalen Steuerertragsverteilung bei den Verbundsteuern und eine Gemeindefinanzreform.
72 Die erfolgreiche Bewältigung der Rezession von 1966 mit einer keynesianischen Wirtschafts- und Fiskalpolitik bestärkte die Akteure der Bundesebene in ihren Absichten. Während die Bundestagsfraktionen und die Bundesregierung das Gutachten daher wohlwollend aufnahmen, reagierten die Länderregierungen skeptischer, da sie infolge der vorgeschlagenen Kompetenzverschiebungen die Staatsqualität der Länder bedroht sahen. Vgl. Oeter 1998: 282.
73 Vgl. Benz 1999: 139, Renzsch 1999b: 378.

3.1 Entwicklungslinien der föderalen Finanzbeziehungen von 1949 bis 1990

In den schwierigen Verhandlungen reichten die Konfliktlinien quer durch die Parteien.[74] Umstritten war neben dem Konzept der Gemeinschaftsaufgaben speziell der Steuerverbund.[75] Eine dominante Rolle nahm in diesem Prozess speziell der finanzpolitische Experte der SPD, der spätere Bundesfinanzminister Alex Möller, ein. Entscheidend für die Konsensfindung zwischen Bund und Ländern war neben der SPD letztlich auch die CSU. Ihrem Parteivorsitzenden und damaligen Bundesfinanzminister Franz-Josef Strauß glückte es, die verhärteten Fronten aufzubrechen und die Blockade in der Union zu beenden.[76]

Qualitativ bedeutete der letztlich einstimmig im Bundesrat akzeptierte *Reformkompromiss* zuvorderst eine Ausweitung der föderalen Finanzverflechtungen, indem die bereits seit den 50er Jahren praktizierte Mischfinanzierung von Länderaufgaben verfassungsrechtlich legalisiert wurde. Bund und Länder schufen hierzu zum einen das Institut der Gemeinschaftsaufgaben nach Art. 91a, b GG.[77] Zum anderen kann der Bund den nachgeordneten Gebietskörperschaften unter bestimmten Bedingungen Finanzhilfen für Investitionen nach dem neu eingeführten Art. 104a IV GG gewähren.[78] Diese Bestimmungen beendeten die intransparente Angebotsdiktatur des Bundes und enumerierten die Bereiche der Gemeinschaftsfinanzierung öffentlicher Aufgaben.[79] Zugleich präzisierte der Verfassunggeber in diesem Kontext auch den Lastenverteilungsgrundsatz. Explizit regelt nunmehr Art. 104a I GG, welcher der novellierten Finanzverfassung vorangestellt wurde, dass sich die Finanzierungszuständigkeit an der Verwaltungszuständigkeit orientiert.[80]

Bund und Länder reformierten darüber hinaus die Steuerverteilung, indem sie den Steuerverbund auf die Umsatzsteuer ausweiteten und damit den vertikalen Finanzausgleich korrigierten.[81] Während die Einnahmeverteilung der Einkommen- und Körperschaftsteuer im Grundgesetz fixiert wurde, fungierte nun die Umsatzsteuer als neues flexibles Instru-

---

74 Dies galt sowohl für die SPD als auch für die Union. Dabei stellte die SPD vornehmlich die Regierungen in den finanzstarken Ländern, die Union vor allem jene der Nehmerländer. Interessengemäß traten daher die Ministerpräsidenten der traditionell unitarisch orientierten SPD als Wahrer der Länderrechte auf, während die von der traditionell föderalistischer gesinnten Union gestellten Länderregierungen eher pro Zentralisierung votierten. Strapaziert wurden insbesondere die CSU und die SPD. Letztere, da die Interessendivergenzen zwischen der Bundestagsfraktion und den Ministerpräsidenten der leistungsstarken Länder sehr ausgeprägt waren. In der CSU hingegen personalisierte sich die Kluft auf ihren Vorsitzenden Franz-Josef Strauß, der zugleich als Bundesfinanzminister dem Kabinett angehörte und in dieser Funktion stärker Bundesinteressen als die Parteiinteressen vertrat. Vgl. Renzsch 1991: 253, Oeter 1998: 282 f., U. Münch 1999b: 21 ff.

75 Die Länder standen der Reform sehr ambivalent gegenüber. Einen gewachsenen zentralen Steuerungsbedarf erkannten sie zwar an, sie wollten aber Zentralisierungen verhindern. Zur Dialektik der Gemeinschaftsaufgaben aus Sicht der Länder vgl. U. Münch 1999c: 8.

76 Strauß bezeichnete die Entscheidungsfindung auch als die Suche nach einem Kompromiss und nicht nach der besten Verteilungssystematik. Vgl. Renzsch 1991: 232 ff., 259, Oeter 1998: 282 ff., U. Münch 1999b: 21 ff.

77 Bund und Ländern werden nach Art. 91a GG in bestimmten Bereichen (Aus- und Neubau von Hochschulen, Verbesserung der regionalen Wirtschaftsstruktur und der Verbesserung von Agrarstruktur und Küstenschutz) die gemeinsame Planung, Durchführung und Finanzierung von Länderaufgaben ermöglicht. Nach Art. 91b GG können Bund und Länder in der Bildungsplanung und der Forschungsförderung zusammenwirken. Ausführlicher dazu Heckt 1973: 43 ff., Pagenkopf 1981: 237 ff., Klein 1993, Henneke 1990, Faber u.a. 1991.

78 Zur Investitionshilfekompetenz vgl. Pagenkopf 1981: 242 ff., Klein 1993.

79 Im Ergebnis reichte die Mischfinanzierung damit längst nicht soweit, wie dies die Troeger-Kommission ursprünglich vorgeschlagen hatte.

80 Neben den bereits erwähnten Gemeinschaftsaufgaben und Finanzhilfen wurden mit der Bundesauftragsverwaltung und den Geldleistungsgesetzen zwei weitere mögliche Ausnahmen von diesem Prinzip definiert. Jene sind in Art 104a II, III geregelt. Zur Lastenverteilung vgl. Heckt 1973: 51 ff., Biehl 1983: 98 ff., Borrmann 1992: 49 f., Lenk 1993: 126 f.

81 Vgl. zum großen Steuerverbund: Heckt 1973: 55 ff., Pagenkopf 1981: 257 ff., Renzsch 1991: 239 ff.

ment des vertikalen Steuerausgleichs.[82] Die Verteilung dieser indirekten Steuer kann bei einer unterschiedlichen Entwicklung der Haushaltsdeckungsquoten durch ein zustimmungspflichtiges Bundesgesetz geändert werden. Zugleich galt mit der Einwohnerzahl bei der Verteilung des Länderanteils dieser Steuer ein anderer und abstrakt ausgleichswirksamer Maßstab als für die Erträge aus der Einkommen- und Körperschaftsteuer. Potenziell noch verstärkt wurde die Nivellierungswirkung der horizontalen Umsatzsteuerverteilung durch die Möglichkeit, bis zu einem Viertel des Länderanteils vorab an finanzschwache Länder zu vergeben. Eine zusätzliche Angleichung der Finanzkraft der Länder erreichten die Verhandlungspartner über eine Anhebung der Mindestauffüllungsquote im Länderfinanzausgleich auf 95 %.

Im Ergebnis passte die Finanzreform der Großen Koalition das Grundgesetz in erster Linie an die bereits praktizierte Verfassungswirklichkeit an. Mit der Erweiterung des Steuerverbunds verwirklichte sie zudem die ursprüngliche Intention des Parlamentarischen Rats, deren Umsetzung damals von den Besatzungsmächten blockiert wurde. Mit der verfassungsrechtlichen Institutionalisierung der Mischfinanzierungen verfestigte sie die Verflechtung der bundesstaatlichen Ebenen, die ja darüber hinaus sowohl die Steuergesetzgebung als auch den vertikalen wie horizontalen Finanzausgleich umfasst. In Folge dieser Intensivierung der föderativen Verhandlungszwänge[83] kam es ebenso zu einer weiteren Gewichtsverlagerung zu Gunsten der Exekutiven, wie sich die ohnehin ausgeprägte zentripetale Ausrichtung der politischen Prozesse noch steigerte.[84] Eine einschneidende Stärkung des Bundes gegenüber den Ländern trat hingegen nicht ein. Zwar wurden dessen sozial- und regionalpolitische Ausgleichsaufgaben[85] aufgewertet, einen breiteren Einfluss auf originäre Länderkompetenzen konnte er aber nicht erzielen.

Die Finanzverfassungsreform des Jahres 1969, die im Wesentlichen das bis heute gültige Recht beschreibt, führte zunächst zu einer Stabilisierung der Haushalte von Bund, Ländern und Kommunen. Speziell die materielle Position der leistungsschwächeren Länder besserte sich vorerst erheblich durch die Intensivierung der Ausgleichselemente im Finanzausgleich.[86] Jedoch verursachten die Abschwächung der wirtschaftlichen Wachstumsraten seit 1974[87], die strukturellen Krisen in bestimmten Wirtschaftsbranchen sowie die daraus resultierende Zunahme der Arbeitslosigkeit neue regionale Disparitäten in der Leistungskraft der Länder.[88] Die betroffenen Gliedstaaten waren daher verstärkt auf zusätzliche Finanzmittel angewiesen. Transferiert erhielten sie diese durch den Bund: anfangs über eine

---

82 An diesen Steuern werden seitdem auch die Gemeinden mit einem Vorabzug von 14 % beteiligt. Im Gegenzug erhielten Bund und Länder 40 % der Gewerbesteuer. Der Anteil der Kommunen erhöhte sich 1979 auf 15 %. Der Länderanteil wird weiterhin nach dem Aufkommensprinzip verteilt. Die reichen Länder konnten damit verhindern, dass auch hierfür das ausgleichswirksame Einwohnerprinzip angewandt wird.
83 Die neuen Instrumente zur Regelung der Finanzbeziehungen, die Umsatzsteuerverteilung sowie die Mischfinanzierung, erforderten eine Ausweitung der informellen und formellen Koordination und Kooperation. Vgl. Benz 1999: 140, Lehmbruch 1999a: 42, 49 f.
84 Eingeschränkt wurde insbesondere der Handlungsspielraum der Länderparlamente, deren Entscheidungen durch die Ergebnisse der Exekutivabsprachen maßgeblich präjudiziert wurden.
85 Vgl. Renzsch 1999b: 379.
86 Nach einer Phase der Stärkung der Haushalte von Ländern und Kommunen im vertikalen Finanzausgleich kam es bis zur Einheit zu einer relativen Stagnation der Ertragsverteilung. Vgl. Renzsch 1997a: 82.
87 In den Jahren 1974 sowie 1980 bis 1982 sank das reale Bruttoinlandsprodukt.
88 Betroffen von der Stahl- und Werftenkrise waren vor allem Nordrhein-Westfalen, Hamburg, Schleswig-Holstein und Bremen. Niedersachsen profitierte zunächst von Ölfördergewinnen. Positiv entwickelte sich die Wirtschaftskraft der süddeutschen Länder (insbesondere Hessen und Bayern). Vgl. Benz 1987: 45, Renzsch 1991: 262.

3.1 Entwicklungslinien der föderalen Finanzbeziehungen von 1949 bis 1990

qualitative, später auch über eine quantitative Expansion der Mischfinanzierungen sowie mittels einer Erhöhung der Bundesergänzungszuweisungen.[89] Dadurch verdreifachten sich die Gesamtleistungen des Bundes an die Länderhaushalte in den 70er Jahren.[90]

Diese Entwicklung blieb nicht lang unumstritten. Im Zuge der schwierigen ökonomischen Entwicklung nahm die Kritik am deutschen Verbundföderalismus im Allgemeinen und an den föderativen Finanzverflechtungen im Besonderen bald zu.[91] Nachdem sich die ursprünglich gepriesenen Vorteile der gesamtstaatlichen Ressourcenkoordination zum Zweck der Globalsteuerung nicht erfüllten, kam es in der wissenschaftlichen und politischen Föderalismusdiskussion – wie auch in der politischen Ökonomie – zu einem *Paradigmenwechsel*.[92] Demnach sollte die Eigenstaatlichkeit der Länder durch eine Reföderalisierungs- und Entflechtungspolitik gestärkt und so die Effizienz politischer Entscheidungen erhöht werden.[93] Der daraufhin noch von der sozialliberalen Koalition eingeleitete Entflechtungsprozess wurde nach der Bonner Wende 1982 von der Regierung Kohl fortgesetzt. Die Erfolge der Reföderalisierungsbestrebungen blieben aber insgesamt sehr begrenzt. Die christlich-liberale Koalition reduzierte zwar zunächst quantitativ das Engagement des Bundes im Bereich der Mischfinanzierung, neue Reformimpulse bewirkte sie damit aber nicht.[94] Hierfür zeichneten sich zwei Ursachen verantwortlich: *Einerseits* entsprang das von der Bundesregierung postulierte Entflechtungsdogma stärker ihrem machtpolitischen Kalkül als ihrer ausgeprägten föderalen Gesinnung.[95] *Andererseits* wog in Folge der sich verstärkenden regionalen Entwicklungsdifferenziale vor allem für die leistungsschwachen Länder der potenzielle Verlust von Finanzmitteln aus der Mischfinanzierung schwerer als ihr Interesse an formaler Eigenständigkeit.[96] Am abstrakten Ziel der Politikentflechtung hielten die politischen Akteure dennoch weiterhin fest, ein Konsens über konkrete Schritte konnte hingegen schon in Folge der Orientierung am materiellen Status quo nicht erzielt

---

89 Die Bundesergänzungszuweisungen erhöhten sich in den 70er Jahren von rd. 51 Mio. € (1970) auf über 0,7 Mrd. € (1980).
90 Vgl. Boldt, 1989: 87.
91 Die Folge war eine veränderte Bewertung der Leistungsfähigkeit des „*kooperativen Föderalismus*". Die Debatte setzte bereits Mitte der 70er Jahre ein und gewann zunehmend Aufmerksamkeit (vgl. Barbarino 1975, Scharpf u.a. 1976, Klatt 1982; eine Zusammenfassung der Diskussion um die Politikverflechtung zu Beginn der 80er Jahre findet sich bei Patzig 1981: 75 ff.). Beanstandet werden die Unitarisierung, die langwierigen Verhandlungsprozesse samt ihrer ineffizienten Problemlösungen, das Demokratiedefizit, der Strukturbruch zwischen dem parlamentarischen und dem föderativen System (Lehmbruch 1976) sowie die „*Politikverflechtungsfalle*" (Scharpf 1985). Zur Kritik vgl. u.a. Stern 1975: 36 f., Schultze 1985c: 100, Scharpf 1989: 127, Klatt 1991c: 51 f., Brümmerhoff 1992: 504 ff., Henke/Schuppert 1993: 27, Lenz 1993: 155 f., Klein 1993: 29 f., Kirste 1995: 109 ff., Huckemann 1997: 12 ff., Große Hüttmann 2002: 295 ff. Vgl. auch Benz 1987: 50 f., Loeffelholz 1993: 52 f., Oeter 1998: 318 ff., Schoder 2002: 78.
92 Vgl. Scharpf 1987. Zum Scheitern der Globalsteuerung vgl. Benz 1999: 141 f., Lehmbruch 1999a: 54 f.
93 Die Dezentralisierungsforderungen wurden mit verschiedenen Motiven begründet und mit vielfältigen Konzepten verfolgt. Vgl. dazu und zum Begriff Benz 1987: 47, 50 f.
94 Nachdem der Bund bereits seit der zweiten Hälfte der 70er Jahre seine Finanzhilfen gemessen an seinen Nettoausgaben relativ reduzierte, senkte er nach 1982 sein Engagement auch absolut. Seit Anfang der 80er Jahre beendete der Bund zudem in verschiedenen Bereichen sein Engagement; hierbei handelte es sich allerdings nur in einem Fall (Krankenhausfinanzierungsgesetz) um eine unbefristeten Finanzhilfe. In der zweiten Hälfte der 80er Jahre stieg das vom Bund in der Mischfinanzierung eingesetzte Volumen wieder an. Dazu Scharpf 1989: 134, Klatt 1991a: 238 ff., Häberle 1993: 229, Huckemann 1997: 14 f., Bösinger 1999: 287.
95 Vgl. die Untersuchungen von Renzsch (1989: 337, 1991: 266). U. Münch (1999: 9) verweist darauf, dass der Bund zwar partiell auf die Finanzierung verzichtete, nicht aber auf die politische Einflussnahme.
96 Den Ländern ist es deshalb nicht gelungen, sich auf eine gemeinsame Position zu verständigen. Vgl. Benz 1989, Renzsch 1997a: 111.

werden.[97] Im Gegenteil: Mit dem 1988 verabschiedeten Strukturhilfegesetz[98] erreichte der Umfang der Mischfinanzierung sogar seinen vorläufigen Höhepunkt.

Abbildung 1: Entwicklung des Finanzausgleichs von 1970 bis 1990

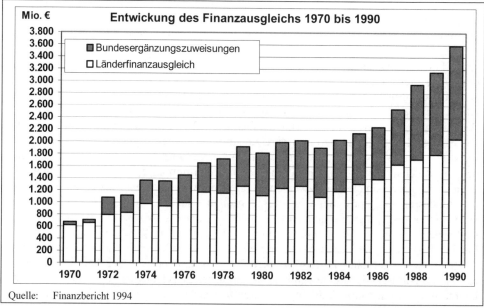

Quelle: Finanzbericht 1994

Nicht weniger problematisch als die Mischfinanzierung verlief in den 80er Jahren die *Entwicklung des Finanzausgleichs*. Die Hauptursache für den verschärften Verteilungsstreit lag dabei in den raumstrukturellen Entwicklungsdifferenzialen, die aus den regional unterschiedlich verteilten Branchenkrisen resultierten.[99] Zugespitzt wurde die Krise um den Finanzausgleich schließlich durch die Verlagerung der Entscheidungsprozesse von den verfassungsrechtlich vorgesehenen Institutionen in parteipolitische, also informelle Gremien: Die Konsensfindung zwischen der Bundesregierung und einer parteipolitisch definierten Mehrheit im Bundesrat ging in dieser Phase einseitig und wiederholt zu Lasten der

---

97 Zentrales Problem der Entflechtung der Mischfinanzierungsprogramme sind die ersatzweise erforderlichen Kompensationszahlungen. Neben der Höhe stellt sich dabei vor allem die horizontale Verteilung äußerst diffizil dar (vgl. Wissenschaftlicher Beirat beim BMF 1992: 10, Petersen 2000). Begrenzt werden die Reformbestrebungen zudem dadurch, dass mit den jeweiligen Programmen starke Klientelinteressen verknüpft sind (vgl. Lehmbruch 1999a: 54). Lehmbruch (1998: 127) konstatiert daher, dass das institutionelle System der Politikverflechtung auch nach 1982 nie wirklich zur Disposition gestellt wurde. Vgl. zu den Entflechtungsbemühungen Benz 1987: 52, Renzsch 1991: 284.

98 Der Streit um die Verteilung der Sozialhilfelasten mündete im Strukturhilfegesetz. Das Gesetz sieht für den Zeitraum von 10 Jahren zusätzliche Finanzhilfen des Bundes nach Art. 104a IV GG in Höhe von 1,25 Mrd. € p.a. für bedeutsame Investitionen der Länder (mit Ausnahme von Hessen und Baden-Württemberg) vor. Mit den Strukturhilfemitteln sollten in Ergänzung zum Finanzausgleich die Ursachen der Leistungskraftdisparitäten behoben werden. Dieses Ziel wurde aufgrund methodischer Schwächen nicht erreicht. Vgl. Mäding 1989: 576 ff., Renzsch 1991: 269 ff., Sturm 1991: 165, Huckemann 1997: 45 ff., 118 f., Lehmbruch 2000c: 161 f.

99 Vgl. Mäding 1992: 187, Renzsch 1997a: 83 f., Lehmbruch 1998: 129.

3.1 Entwicklungslinien der föderalen Finanzbeziehungen von 1949 bis 1990

von der SPD geführten Bundesländer.[100] Erst nachdem die übervorteilten Länder mit ihrer Klage in Karlsruhe 1986 gesiegt hatten, erfolgte 1988 eine Revision des sekundären Finanzausgleichs.[101] Auch diese Novelle brachte jedoch keine Befriedung in dem stark umstrittenen Politikfeld.[102] Dennoch: Ungeachtet der Interessendivergenzen setzte sich auch in den 80er Jahren die Tendenz zu einer Intensivierung des sekundären Finanzausgleichs – primär durch Expansion der Bundesergänzungszuweisungen – fort (Abbildung 1).[103]

Die Finanzreform von 1969 führte zwar vorübergehend zu einer Konsolidierung der Finanzbeziehungen. Aufgrund der zunehmenden regionalen Entwicklungsdifferenziale verfestigte sich indes die materielle Abhängigkeit der leistungsschwachen Länder von den Bundeszuschüssen im Finanzausgleich sowie bei den Mischfinanzierungen.[104] Die wirtschaftlichen Strukturprobleme lösten freilich in Verbindung mit dem politökonomischen Paradigmenwechsel einen gewissen Wandel in der Staatstätigkeit aus, die Reföderalisierungsbestrebungen fanden dabei aber keine verfassungsrechtliche Entsprechung.[105] Trotz der monierten Defizite scheiterten die Entflechtungsbemühungen genauso, wie die Intensivierung des Finanzausgleichs die Konflikte über dessen Gestaltung und Nivellierungsgrad nicht befrieden konnte.[106] Das bundesstaatliche Finanzsystem war somit schon im Vorfeld der deutschen Einheit höchst umstritten und zumindest partiell reformbedürftig.

3.1.4 Resümee

Wie uns die Retrospektive offenbarte, bestimmten von Anfang an nicht nur föderale, sondern auch unitarisch-kooperative Momente die bundesdeutsche Finanzordnung. Das Grundgesetz von 1949 sah zwar auf Druck der Westalliierten bei der Verteilung der öffentlichen

---

100 Vgl. Renzsch 1989: 344, J.J. Hesse 1993: 441, Renzsch 1997a: 84.
101 In seinem zweiten Urteil zum bundesstaatlichen Finanzausgleich machte das Gericht zum Teil präzise Vorgaben für die Novellierung (BVerfGE 72, 330); Die Karlsruher Richter forderten eine Neuordnung des Finanzausgleichs zum Jahr 1988. Insbesondere mahnten sie dabei eine Gleichbehandlung der leistungsschwachen Länder bei den allgemeinen Fehlbetragsbundesergänzungszuweisungen an. Die Berücksichtigung der Seehafenlasten sowie die Einwohnerwertung der Stadtstaaten beanstandeten sie hingegen nicht. Vgl. Renzsch 1991: 266 ff., Renzsch 1997a: 83.
102 Die Neuregelung, die wiederum zwischen der Bundesregierung und den unionsregierten Ländern vorverhandelt wurde, führte umgehend zu neuen Klagen.
103 Sowohl das Volumen des Länderfinanzausgleichs als auch das der Bundesergänzungszuweisungen nahmen in den 80er Jahren zu. Dynamischer entwickelten sich dabei die Bundesergänzungszuweisungen. Im langfristigen Trend hat sich insbesondere die finanzielle Situation in Hessen, Bayern und Schleswig-Holstein verbessert. Verschlechtert haben sich vor allem Nordrhein-Westfalen und Bremen. Vgl. Lenk 1993: 129 ff.; vgl. auch Deutsche Bundesbank 1990: 23, Wissenschaftlicher Beirat beim BMF 1992: 5, 15, Renzsch 1996b: 334.
104 Vgl. Selmer 1995: 233.
105 Seit Mitte der 70er Jahre vollzog sich de facto eine Dezentralisierung, in dem die Länder verstärkt versuchten, mit eigenen struktur- und arbeitsmarktpolitischen Programmen die regionale Wirtschaftsentwicklung positiv zu beeinflussen. Hauptsächlich die großen und reichen Länder entwickelten autonome industrie- und technologiepolitische Konzepte. Hingegen blieben die armen Länder auf die Finanzhilfen des Bundes angewiesen (Vgl. zu den Dezentralisierungsprozessen J.J. Hesse/Benz 1990: 78 ff., Benz 1999: 142, Benz u.a. 1999: 69, Lehmbruch 1999a: 55). In der Staatstätigkeit setzte zudem ein – allerdings nur begrenzt erfolgreicher – Trend zur Entbürokratisierung und Entstaatlichung ein, der die Expansion der Staatstätigkeit ablösen sollte (vgl. Jann 1999: 528 f.). Trotz dieser strategischen Tendenzen blieben auch gegenläufige Strömungen bedeutsam: So wurde zum Beispiel die Unitarisierung im Steuerrecht ebenso fortgesetzt (vgl. Färber 1999a: 104 f.), wie der Bund auch weiterhin in erheblichem Umfang auf die Ausführung von Bundesgesetzen Einfluss nahm (vgl. Schodder 1989: 65 f., Renzsch 1999b: 364).
106 Zum 3.10.1990 lagen beim Bundesverfassungsgericht fünf Klagen bezüglich des Finanzausgleichs vor.

Einnahmen prinzipiell ein Trennsystem vor, die Steuergesetzgebung war jedoch schon damals beim Bund konzentriert. Mit den Finanzreformen von 1955 und 1969 setzte sich der Trend zur Verflechtung der Finanzbeziehungen mit der Institutionalisierung des Steuerverbunds und der Mischfinanzierung öffentlicher Aufgaben fort.[107] In beiden Fällen vollzogen sich in erster Linie die Anpassungen des Verfassungsrechts an die Bedingungen der bereits zuvor praktizierten Verfassungswirklichkeit. Die Folge war nicht nur eine sachliche Unitarisierung samt zentripetaler Ausrichtung der politischen Prozesse, sondern auch eine Verfestigung der föderativen Verhandlungszwänge und damit eine Zementierung des im deutschen Bundesstaat historisch tradierten gouvernementalen Prinzips.[108] Nach der Finanzreform von 1969 blieb das System der Finanzbeziehungen damit in seinen verfassungsrechtlichen Bestimmungen weitgehend unverändert:[109] Die Dezentralisierungsbemühungen, die Mitte der 70er Jahre im Zuge der zunehmenden Kritik am „*kooperativen Föderalismus*" einsetzten, hatten nur bedingt Erfolg. Die Aufgabenwahrnehmung in einzelnen Politikfeldern wurde korrigiert oder durch neue Instrumente ergänzt, ohne dabei grundlegende Veränderungen an den föderalen Strukturen zu vollziehen. Diese Bestrebungen verdeutlichen, dass die bundesstaatliche Dynamik nicht stets automatisch in Richtung Unitarisierung weisen muss.[110] Gleichwohl zeigte sich trotz der politischen Absichten in quantitativer Hinsicht sogar eine Ausweitung der Mischfinanzierungen sowie eine Intensivierung und Vertikalisierung des sekundären Finanzausgleichs.[111]

Im Hinblick auf die einleitend gestellte Frage manifestierte die Untersuchung, dass die Entwicklung der föderativen Finanzbeziehungen eine relativ kontinuierliche Tendenz in Richtung Unitarisierung und Politikverflechtung aufzeigt. Es wurde eruiert, dass sowohl zentralistische als auch kooperative Momente von Anfang an die bundesstaatliche Finanzverfassung und den deutschen Föderalismus prägten. Sie verstärkten sich in qualitativer wie in quantitativer Hinsicht bis 1990. Die ersten vier Jahrzehnte der bundesdeutschen Finanzordnung waren somit nicht durch kategorische (Um-)Brüche, sondern durch einen kontinuierlichen und hochgradig pfadabhängigen Entwicklungsprozess charakterisiert, der offensichtlich in den deutschen Bundesstaatstraditionen wurzelte. Dennoch sind innerhalb der zentralen Entwicklungslinie durchaus strukturelle und materielle Veränderungen im Bund-Länder-Verhältnis messbar. Diese Modifikationen erfolgten jedoch im Wesentlichen sukzessive, ungeplant und ohne grundlegend revisionistische Ideen. In Anbetracht der iterativen Evolution lässt sich die Entwicklung des Bundesstaats und der Finanzverfassung kaum in streng getrennte Phasen gliedern. Wir können zwar verschiedene Perioden mit symptomatischen Merkmalen beobachten, diese gehen aber fließend ineinander über und lassen sich daher primär lediglich für heuristische Betrachtungen segmentieren.[112]

---

107 Hinzu tritt noch die geteilte Finanzverwaltung mit den Oberfinanzdirektionen als gemeinsame Mittelbehörde von Bund und Ländern.
108 Zur Historie vgl. Scharpf 1990b: 2 ff., Abromeit 1992: 33 ff., Lehmbruch 2002a: 30 ff.
109 Kein Bereich des Grundgesetzes war stärker von Änderungen betroffen als das föderative System. Dabei schloss sich an den Unitarisierungsprozess mit zahlreichen Verfassungsnovellierungen bis 1969 eine Phase der relativen Verfassungsstabilität mit nur wenigen Revisionen an. Ausführlich dazu A. Busch 1999, T. Schmidt 2001: 31, 55.
110 Vgl. Benz 1991c: 224.
111 Diese Entwicklungen indizieren, dass der Bund aufgrund seiner Finanzmacht stets der hegemoniale Akteur blieb. Trotz der relativen Konstanz des Länderanteils am gesamten Steueraufkommen blieben speziell die finanzschwachen Länder von den Finanzzuweisungen des Bundes abhängig. Vgl. Renzsch 1991: 13.
112 Vgl. Kilper/Lhotta 1996: 148 ff., Czada 1999: 400.

3.2 Bestimmungsfaktoren der bundesstaatlichen Finanzordnung

Wie sich diese relative Kontinuität in der Entwicklung der föderativen Finanzbeziehungen erklären lässt, wird in der akademischen Literatur häufig nur am Rande thematisiert. Meist beschränken sich die Betrachtungen entweder auf die Betonung einzelner Bestimmungsgründe oder auf die Enumeration verschiedener Einflussfaktoren.[113] Einen komplexen Erklärungsansatz kann die vorliegende Studie freilich auch nicht erstellen. Hierfür müssten die jeweiligen situativen Bedingungen, politischen Kräfteverhältnisse sowie Motivationen der beteiligten Akteure in den Entscheidungssituationen analysiert werden.[114] Dennoch ist es für die Analyse der Finanzbeziehungen im vereinten Deutschland hilfreich, nicht nur über einen groben Überblick der Entwicklungsgeschichte zu verfügen, sondern auch deren elementaren Rahmenbedingungen zu erfassen. Denn bloß so lassen sich Veränderungen des politikfeldspezifischen Kontexts hinreichend identifizieren. Und gerade diese Beobachtungen sind in Anbetracht des vorliegenden Forschungsansatzes von zentraler Bedeutung. Wir interessieren uns daher speziell für jene Faktoren, die im gewählten Handlungsmodell eine gewichtige Rolle spielen. Sie gilt es im folgenden Abschnitt herauszustellen.

In der akademischen Debatte wird häufig das im Grundgesetz von 1949 angelegte Unitarisierungs- und Verflechtungspotenzial als maßgebliche Ursache für die Entwicklungsdynamik des Bundesstaats in Richtung Kooperation und Mehrebenenverbund interpretiert.[115] Diese These soll uns als Aufhänger dienen, um zunächst den Einfluss der institutionellen Arrangements im Längsschnitt zu betrachten. Es wird sich zeigen, dass diese allein natürlich den unitarisch-kooperativen Trend nicht hinreichend begründen können. Sodann gilt es, auch die Relevanz des materiellen und kulturellen Umfelds zu skizzieren.

3.2.1 Politisch-institutionelle Faktoren

Die grundsätzlich bedeutendste Entscheidung des Parlamentarischen Rates in Bezug auf das föderative System war zweifellos die funktionale Aufgabenverteilung in Verbindung mit der Bundesratskonstruktion. Von Anfang an wurde dem Bund die Regelung weitreichender Materien ermöglicht. Dies betraf – wie wir gesehen haben – ganz besonders auch für den Bereich der Steuergesetzgebung und den Finanzausgleich. Kontrastiert wurden diese umfassenden Gesetzgebungsbefugnisse durch zweierlei: die Regelzuständigkeit der Länder im Bereich der Verwaltung sowie die umfangreichen intrastatlichen Beteiligungsrechte des Bundesrats an der Willensbildung des Bundes. Diese eigentümliche Kompetenzverteilung zwang den Bund und die Länder(-exekutiven) seit jeher zur permanenten und engen Kooperation.[116] Alle elementaren Aspekte des Bundesstaats und der Finanzordnung

---

113 Umfassendere Analyse der Erklärungsfaktoren liefern z.B. Reissert 1975, Schultze 1985a, 1985c, 1999, Edling (1984). Zusammenfassende Darstellungen: Benz 1989: 183 ff., Hansmeyer 1992: 173 f., Braun 1996: 104 f., Kilper/Lhotta 1996: 158 f., Ottnad/Linnartz 1997: 130 ff., Lehmbruch 1998: 106 ff.
114 Dies hat Renzsch (1991) in seiner Studie über die Entwicklung der Finanzordnung in der „*alten Bundesrepublik*" unternommen.
115 Vgl. z.B. J.J. Hesse/Renzsch 1991, Abromeit 1992, Kilper/Lhotta 1996: 99, Boldt 1989: 84. In diesen Überlegungen wird die weitere Entwicklung als logische Konsequenz der Bundesstaatskonstruktion des Parlamentarischen Rates ausgelegt. Abromeit bezeichnet deswegen die Kompetenz- und Finanzverteilung des Grundgesetz als „*Geburtsfehler*" des deutschen Föderalismus (1992).
116 Damit war der föderative Verbund seit Gründung der Bundesrepublik bedeutender als die Autonomie der politischen Subsysteme. Vgl. Schultze 1985a: 67 f., Schultze 1985c: 91.

konnten nur durch zustimmungspflichtige Bundesgesetze bzw. Verfassungsänderungen geregelt werden. Damit kommt den *Entscheidungsregeln* eine exponierte Stellung zu: Für die Revision der bestehenden Normen sind relativ hohe Quoren erforderlich; diese bedingen Konsenslösungen der föderalen Partner und begünstigen grundsätzlich die Strukturerhaltung.[117] Aber trotz dieser Bedingungen bleibt festzuhalten: Die Entscheidungsmechanismen erschweren zwar Reformen, sie verhindern sie aber nicht prinzipiell und geben auch keine Richtung für Novellierungen vor.

Erst aus dem Zusammenspiel zwischen *funktionaler Aufgabenteilung*, allgemeinem Lastenverteilungsgrundsatz und zentraler Steuergesetzgebung leiten sich inhaltliche Vorgaben und damit eine Begrenzung der Wahlfreiheit der Akteure bei Reformen des Bundesstaats ab: Aus der zentralisierten Gesetzgebung resultieren vielfältige sachliche und politische Vorgaben zur bundeseinheitlichen Leistungserfüllung. Diese determinieren ebenso umfangreiche Aufgaben- wie Ausgabenverpflichtungen für die Länder und erfordern somit hierfür eine hinreichende Ressourcenausstattung der Gliedstaaten. Da die Verfassung den Ländern keine Kompetenz zur originären Mittelbeschaffung zuweist, nimmt der Druck in Richtung Intensivierung des Finanzausgleichs mit jeder Ausweitung der gesamtstaatlichen normierten Finanzierungsverpflichtungen für die Länder zu.[118]

Verstärkt wird diese Unitarisierungstendenz durch die *Verfassungsgrundsätze* des sozialen und homogenen Bundesstaats sowie durch das Postulat der Einheitlichkeit der Lebensverhältnisse.[119] Die Normen, die sich konsequent in das Bundesstaatsgefüge einfügen, entfalten elementare Impulse für eine sachliche Vereinheitlichung der Politik im Bundesgebiet.[120] Allerdings handelt es sich bei diesen Vorgaben nicht um verbindliche Gebote, vielmehr stehen sie als Verfassungsziele in einem prinzipiellen Spannungsverhältnis zur bundesstaatlichen Heterogenität.[121] Der Verfassungstext bleibt damit unbestimmt und entfaltet an sich keinen präzisen Unitarisierungsgrad. Anders ausgedrückt: Die breite Interpretation des Sozialstaatsgebots und des Einheitlichkeitspostulats in der Verfassungswirklichkeit lässt sich nicht allein mit den Leitzielen des Grundgesetzes begründen.[122]

Fassen wir diese Erkenntnisse zusammen, so wird deutlich, dass die konsequente Ausschöpfung des im ursprünglichen Grundgesetz angelegten Unitarisierungspotenzials mit der

---

117 Vgl. u.a. Reissert 1975, Lehmbruch 1976, Scharpf u.a. 1976, Scharpf 1978 und 1994, Benz 1992a und 1998b, Zintl 1992. Die hieraus resultierenden Phänomene wurden von der sozialwissenschaftlichen Forschung über die Politikverflechtung hinreichend beschrieben. Siehe dazu die Kapitel 1.3.3 und 2.3 mit ausführlicheren Erläuterungen und weiteren Quellenhinweisen.

118 Verstärkend wirkt in diesem Kontext die verfassungsrechtliche Vorschrift zur Durchführung eines „*angemessenen Ausgleichs*" (Art. 107 II GG), die mit der Finanzreform von 1955 grundgesetzlich verankert wurde. Renzsch (2000b: 46) verweist deshalb zu Recht darauf, dass ein „*Finanzausgleich, der einzelnen oder allen Ländern die Erfüllung von bundesstaatlich vorgegebenen oder anderen Pflichtaufgaben (...) nicht ermöglicht, (...) schwerlich als angemessen zu bezeichnen (wäre)*". Die funktionale Aufgabenteilung verstärkt also den ohnehin engen Zusammenhang zwischen Kompetenz- und Finanzverteilung im Bundesstaat. Die Finanzverfassung ist infolgedessen kein unabhängiger Bestandteil des deutschen Föderalismus: Da sich die Ausgabenverantwortung an der Aufgabenverteilung orientiert, steht die Finanzverfassung als Folgeverfassung in einer inneren Logik zur gesamten Bundesstaatskonstruktion. Vgl. Korioth 1997.

119 Vgl. Lhotta 1993: 127 f., Schultze 1999: 174.

120 Vgl. Benz 2002a: 22.

121 In der staatsrechtlichen Literatur wird den Verfassungsgrundsätzen meist keine verbindliche Leitnorm zugeschrieben (vgl. U. Münch 1997: 143, 147 ff., Kesper 1998: 61 ff.). Dennoch wurde ohne großen Widerspruch lange das „*Verfassungsgebot*" der einheitlichen Lebensverhältnisse postuliert (vgl. Oeter 1998: 532 ff.). Eine Gegenposition vertritt z.B. Carl (1995: 20, 23, 172), der ein Egalisierungsgebot aus den Staatszielbestimmungen ableitet.

122 Vgl. auch U. Münch 2000: 59.

institutionellen Grundkonfiguration nicht hinreichend erklärt werden kann. Die vom Parlamentarischen Rat gewählte Bundesstaatskonstruktion legte durchaus bedeutende Fundamente, welche die Entwicklung zum unitarisch-kooperativen Föderalismus begünstigten; einen zwangsläufigen Automatismus bestimmte sie aber nicht.[123] Denn die erschöpfende Inanspruchnahme der konkurrierenden Gesetzgebungskompetenz durch den Bund, die weitere Verlagerung von Aufgaben an den Bund sowie die ausufernde vertikale und horizontale Kooperation folgten keiner automatischen Logik, ihnen lagen freie Entscheidungen zugrunde, die teilweise sogar die qualifizierte Mehrheit in beiden Kammern erforderten. Es ist demzufolge eine Fehlinterpretation, die Verfassung als zentrale monokausale Determinante der kontinuierlichen unitarisch-kooperativen Entwicklung zu betrachten.

3.2.2 Materielle Rahmenbedingungen

Damit können wir uns den Faktoren zuwenden, die darüber hinaus das föderale Finanzsystem beeinflussten. Als Anknüpfungspunkt dient uns zunächst das materielle Umfeld, das einen weiteren zentralen Parameter politischen Handelns darstellt. Dabei müssen wir speziell folgende Fragen im Auge behalten: Mit welchen soziökonomischen und finanzwirtschaftlichen Rahmenbedingungen wurden die Akteure konfrontiert und inwiefern begünstigten diese den eingeschlagenen Entwicklungspfad?

Ausgehen wollen wir hier von der These, dass das *Ungleichgewicht in der vertikalen und horizontalen Finanzverteilung*, das in der Frühphase der Bundesrepublik auftrat, den unitarisch-kooperativen Trend prägte.[124] Wie wir gesehen haben, gelang es dem Bund in den Gründungsjahren bis 1951, seinen Anteil am gesamtstaatlichen Steueraufkommen drastisch zu steigern.[125] Durch diese Verbesserung seiner fiskalischen Position konnte er in den 50er Jahren sogar sukzessive Haushaltsüberschüsse in Milliardenhöhe erzielen.[126] Im Gegensatz hierzu entwickelte sich die Finanzwirtschaft der Länder in dieser Zeit problematischer.[127] Denn aus der ausufernden und kostenintensiven Bundesgesetzgebung resultierten erhebliche finanzielle Belastungen für die Länder.[128] Besonders problematisch zeigte sich

---

123 Czada (1999: 400) stellt in gleicher Weise fest, dass mit der Geburtsstunde der Bundesrepublik längst nicht alle strukturellen Gestaltungsfragen beantwortet waren, jedoch wurde „mit dem im Grundgesetz etablierten Staatsaufbau (...) ein entwicklungsgeschichtlicher Möglichkeitsraum aufgeschlagen, in dessen Grenzen das weitere Geschehen ablief".
124 Zu dieser These Barbarino 1971: 92 und 1975: 103 ff. Vgl. auch Edling 1983: 101 f., Benz 1989: 184.
125 Der Bundesanteil am gesamten Steueraufkommen hat von 43,4 % im Jahr 1949 auf 54,8 % im Jahr 1951 zugenommen. Seit 1951 blieb das vertikale Verteilungsverhältnis relativ stabil.
126 Dem Bund ist es in den frühen 50er Jahren gelungen, durch Haushaltsüberschüsse Milliardenbeträge anzusparen. Dieser sog. „*Juliusturm*" wuchs bis 1956 auf 3,6 Mrd. € an (Barbarino 1975: 105, Renzsch 1991: 99). Die Finanzmittel wurden schließlich vorwiegend für den Verteidigungshaushalt sowie im Vorfeld der Bundestagswahl 1957 für „*Wahlgeschenke*" (Rentenversicherung und Kriegsopferfürsorge) verwendet. Darüber hinaus dienten Anteile der Finanzierung des „*grünen Plans*", dem faktischen Vorläufer der Gemeinschaftsaufgabe zur Verbesserung von Agrarstruktur und Küstenschutz. Vgl. Reissert 1975: 15.
127 Für die Haushaltsüberschüsse des Bundes bei gleichzeitiger Verschuldung der Länder in den 50er Jahren lassen sich nur begrenzt sachlich-motivierte Rechtfertigungen anführen: Dies trifft zum Beispiel auf den verzögerten Einzug von Besatzungskosten durch die Alliierten, das Scheitern der Europäischen Verteidigungsgemeinschaft und Anlaufschwierigkeiten bei der Bundeswehr zu (vgl. Reissert 1975: 16).
128 Zentrale Ursache hierfür war die Expansion wohlfahrtsstaatlicher Aufgaben (speziell im Gesundheits- und Bildungswesen). Damit wurden immer größere Teile der Länderhaushalte durch bundesrechtlich determinierte Aufgaben gebunden; zugleich dezimierte sich der finanzpolitische Handlungsspielraum der Länder.

hierbei die Situation für die struktur- und leistungsschwachen Staaten.[129] Aufgrund ihrer insuffizienten Ressourcenausstattung waren sie besonders auf ergänzende Finanzmittel zur Erfüllung ihrer Aufgabenverpflichtung angewiesen. Nachdem ihnen die leistungsstarken Länder einen intensivierten Länderfinanzausgleich zunächst versagten, orientierten sie sich am finanzkräftigen Bund. Jener instrumentalisierte die Interessendivergenzen der Länder – sowohl um Einfluss und Kompetenzen zu gewinnen, als auch um zusätzliche Finanzmittel im vertikalen Finanzausgleich zu aggregieren.[130] An dieser Grundkonstellation änderte sich auch in den folgenden Jahrzehnten nichts elementar.[131]

Die finanzwirtschaftlichen Rahmenbedingungen haben damit durchaus die Entwicklung in Richtung Unitarisierung und Kooperation begünstigt.[132] Als zentrale Ursache für diese Tendenz können sie jedoch nicht bezeichnet werden. Denn dahinter steht die Frage, weshalb – mit Zustimmung der Länder – so ausufernd Vorgaben zur gleichwertigen Leistungserfüllung definiert wurden. Begründet wurde dies regelmäßig mit dem Leitbild, einheitliche Lebensverhältnisse im Bundesgebiet zu verwirklichen. Dieses Anspruchsniveau lässt sich aber nicht mit den bisher untersuchten Variablen erklären. Außerdem ist noch nicht beantwortet, ob die Länder im Falle einer besseren Finanzausstattung zur autonomen Problemlösung in der Lage gewesen wären. Es muss deshalb die These überprüft werden, dass *sozio- und politökonomische Motive* den unitarisch-kooperativen Trend mitbegründeten und einen Druck zur Egalisierung der Lebensverhältnisse ausübten.[133] Die Retrospektive auf die Entwicklungsgeschichte der Bundesrepublik offenbart dabei speziell vier Prozesse, in denen die politischen Akteure den politischen und sozioökonomischen Herausforderungen mit Unitarisierungsprogrammen begegneten:

---

129 In den 50er Jahren bestanden noch relativ starke regionale Disparitäten in der Wirtschafts- und Sozialstruktur. Zugleich war das horizontale Ausgleichsniveau bis zur Finanzreform 1955 sehr niedrig und erreichte auch in der zweiten Hälfte der 50er Jahre lediglich eine Mindestauffüllungsquote von knapp 90 % bezogen auf die durchschnittliche Länderfinanzkraft. Die leistungsschwächeren Gliedstaaten hatten damit sowohl einen wesentlich höheren Finanzbedarf als auch eine niedrigere Finanzkraft als ihre wirtschafts- und finanzkraftstärkeren Bundesgenossen. Ausführlicher dazu die Studie von Ottnad/Linnartz 1997; vgl. auch Reissert 1975: 21 ff.

130 Dies vollzog sich in zweifacher Hinsicht: Zum einen versuchten sie einen stark vom Bund determinierten Finanzausgleich zu erzielen, um die Ausgleichsintensität zu erhöhen. Zum anderen beteiligten sie den Bund an der Finanzierung ihrer Aufgaben. Dieses Interesse der finanzschwachen Länder deckte sich mit der Strategie des Bundes. Im Gegenzug für sein finanzielles Engagement forderte jener Einfluss auf die Politikgestaltung bzw. die gänzliche Übertragung von Kompetenzen. Dabei handelte es sich um ein schon historisch tradiertes Verhalten des Bundes. Popitz (1927: 384) konstatierte bereits für die Weimarer Republik, dass der Bund intervenierte und weitere Kompetenzen an sich zog, wenn arme Länder ihre Aufgaben nicht erfüllen konnten. Vgl. auch Renzsch 1995: 168.

131 Die Länder traten zwar in vertikalen Auseinandersetzungen einheitlicher gegenüber dem Bund auf und konnten weitere finanzielle Gewichtsverluste vermeiden, die horizontalen Interessendivergenzen blieben aber erhalten. Daran konnte auch die kontinuierliche Erhöhung des Volumens des sekundären Finanzausgleichs nichts ändern, da dieser kein Instrument ist, das primär auf die Beseitigung struktureller Disparitäten zielt (vgl. Müller-Overheu 1994: 50 ff.; zu den Differenzen in der Problembelastung und Leistungsfähigkeit der Länder vgl. Scharpf 1994: 73, Benz 1999: 139). Während die finanzstarken Länder im Zuge des politökonomischen Paradigmenwechsels zunehmend auf autonome Raumstrukturpolitik setzen konnten, blieben die ärmeren Länder auf das Mischfinanzierungsengagement angewiesen. Auf eine gemeinsame Entflechtungs- und Reföderalisierungsstrategie konnten sich die Länder daher auch nie verständigen.

132 Unter homogeneren finanzwirtschaftlichen Bedingungen der Länder oder mittels einer gleichmäßigeren Verteilung der Finanzmittel auf die Gebietskörperschaften wären andere politische Kräfteverhältnisse und damit alternative Entwicklungsdynamiken vorstellbar gewesen. Vgl. zu dieser Einschätzung Reissert 1975: 19 ff., Edling 1984: 103 f., Benz 1989: 183 f., Hansmeyer 1992: 173.

133 Zu dieser These vgl. Reissert 1975: 12.

3.2 Bestimmungsfaktoren der bundesstaatlichen Finanzordnung

1. Ein erster sachpolitischer Unitarisierungsschub erfolgte bereits in den Gründungsjahren. Ausgelöst wurde dieser durch die Kriegsfolgenbeseitigung und die Flüchtlingsfrage, von denen die Länder in unterschiedlichem Maße betroffen waren.[134] Da außerdem nicht alle Gliedstaaten zur alleinigen Problembewältigung in der Lage schienen[135], galt eine gesamtstaatliche Lösung dieser Aufgaben als ebenso notwendig wie sinnvoll.[136] Die Folge war nicht nur eine einheitliche Regelung des Lastenausgleichs, sondern auch eine frühzeitige Beteiligung des Bundes an den Ausgaben der Länder.
2. In den folgenden Jahren wirkte hauptsächlich die Entwicklung zum modernen Wohlfahrtsstaat als Unitarisierungsmotor. Verbunden mit dem Leitbild, einheitliche Lebensverhältnisse zu verwirklichen, vollzog sich vornehmlich in der Sicherheits-, Wirtschafts-, Finanz-, Bildungs-, Sozial- und Gesundheitspolitik eine Zentralisierung der Aufgabenwahrnehmung.[137] In dieser Phase war die Einschätzung weit verbreitet, dass es gerade in den genannten Materien Projekte gebe, die von herausragender Bedeutung und damit vom Bund zu verantworten oder mitzufinanzieren seien.[138]
3. Im Zuge des politökonomischen Paradigmas der keynesianischen Globalsteuerung wurde der Konzertierung der Staatstätigkeit auch eine konjunkturpolitische Relevanz zugeordnet.[139] Vor dem Horizont der Kompetenzverteilung des Grundgesetzes, die dem Bund primär die Verantwortung für die Wirtschaftspolitik, aber die Zuständigkeit für die Investitionen vorwiegend den Ländern und Kommunen zuspricht, erachteten die Akteure eine integrierte Aufgabenplanung und -finanzierung als angemessen.[140] Auf diese Weise sollten die knapper werdenden öffentlichen Haushaltsmittel einer optimalen Ressourcenallokation unterzogen werden.[141]
4. Schließlich setzte die politische und ökonomische Integration Westeuropas eine stärkere Koordination deutscher Politik in vielen Bereichen voraus. Der Bund war einerseits nach § 32 I GG allein für die auswärtigen Beziehungen zuständig und konnte andererseits nach Art. 24 I GG i.d.F. bis zum 2.12.1992 Hoheitsrechte auf zwischenstaatliche Einrichtungen übertragen. Gleichfalls oblag es ihm, für eine einheitliche Durchsetzung der von den Europäischen Gemeinschaften dominierten Politikfelder zu sorgen. Damit bedeutete nicht erst die Übertragung von originären Länderkompetenzen auf supranationale Einrichtungen eine zusätzliche Unitarisierung, bereits aus der Ab-

---

134 Die Flüchtlinge wurden speziell von den stark agrarisch strukturierten, ärmeren Länder aufgenommen. Vgl. Lehmbruch 1998: 126.
135 Zu den Disparitäten der Länder in der Problembelastung und Leistungsfähigkeit vgl. Schultze 1985c: 90, Scharpf 1994: 73, Benz 1999: 139, U. Münch 1999c: 7.
136 Vgl. zur Einschätzung der Probleme in der Nachkriegszeit K. Hesse 1962: 13, Scharpf 1989: 132, Kilper/Lhotta 1996: 158, U. Münch 1999c: 4 f., Renzsch 1999a: 156. In diesem Kontext galt ein (finanz-)starker Bund als wichtig, um Krisen und Herausforderungen bewältigen zu können. Vgl. dazu die Politikempfehlung des Instituts „Finanzen und Steuern" (1956: 46) aus den 50er Jahren.
137 Vgl. Pagenkopf 1981: 197 f., Lehmbruch 1998: 108, Renzsch 1999b: 383, Schmid 2002a: 299.
138 Vgl. Boldt 1989: 85. Die Bund-Länder-Kooperation wurde von den Akteuren meist als adäquates Mittel zur Problemlösung und als logische Konsequenz des Staatsinterventionismus im Wohlfahrtsstaat interpretiert. Vgl. Geiger 1962: 25 ff., Schultze 1985a: 58.
139 Vgl. Hansmeyer 1992: 173 f. Zur Veränderung im Staatsverständnis vgl. Ottnad/Linnartz 1997: 140 f.
140 Vgl. Postlep/Döring 1996: 24 f.
141 Forciert wurde dieses Engagement durch die Handlungsmaxime der gleichen Aufgabenerfüllung im Bundesgebiet. Vgl. Reissert 1975: 12 f., Boldt 1989: 84 f., Renzsch 1999a: 157.

tretung von Bundesaufgaben leiteten sich vielfältige innerstaatliche Koordinations- und Kooperationsnotwendigkeiten ab.[142]

Im Zuge dieser Entwicklungen nahmen die regionalen Interdependenzen zu.[143] In Verbindung mit der gewachsenen Problemkomplexität[144] bestanden somit relevante Motive für die Koordination und Kooperation von Bund und Ländern sowie die Zentralisierung von Kompetenzen. Aber dennoch zeigt der Vergleich mit anderen westlichen Industriestaaten, dass derartige sozioökonomische Verhältnisse nicht automatisch unilinear in Richtung Unitarismus und Kooperation deuten. Wie die komparative Betrachtung zeigt, ist die Bundesrepublik zentralisierter organisiert als Staaten mit vergleichbaren Bedingungen.[145] Bedenken gegenüber einer einseitigen Interpretation der materiellen Einflüsse resultieren zugleich aus der historischen Analyse: Bereits seit der Gründung des deutschen Bundesstaats von 1871 ist dessen Entwicklung von unitarisch-kooperativen Tendenzen geprägt.[146]

Wenn die Kriegsfolgenbeseitigung, die Entfaltung des modernen Interventionsstaates und die europäische Integration auch eine gewisse Vereinheitlichung begründeten, einen zwingenden Druck, die Politikverflechtung derart zu intensivieren, übten sie nicht aus.[147] Die Entwicklung des deutschen Bundesstaats lässt sich also mit den bisher erörterten Faktoren nicht begründen. Ihre spezifische Wirkung entfalteten die untersuchten Variablen erst in Verbindung mit der Handlungsmaxime der Egalisierung der Lebensverhältnisse.[148]

3.2.3 Kulturelle Einflüsse

In der Literatur findet sich regelmäßig – und im Wesentlichen unbestritten – der Verweis, dass die Entwicklung des Föderalismus und der Finanzverfassung in der Bundesrepublik vom übergreifenden *Leitbild* der Verwirklichung *einheitlicher Lebensverhältnisse* geprägt wurde.[149] Versuchen wir, diese Handlungsmaxime auf ihren Erklärungsgehalt zu überprüfen, stoßen wir auf zwei elementare Probleme. *Erstens*: (Wie) Lässt sich die Relevanz die-

---

142 Verstärkt wurden diese durch den Anspruch des Bundesrats, umfassender an den Willensbildungsprozessen der Europäischen Gemeinschaften beteiligt zu werden. Vgl. Reissert 1975: 13, Kilper/Lhotta 1996: 208 ff. Zur Erweiterung föderaler Finanzbeziehungen um die europäische Ebene vgl. Häde 1996: 324 ff.
143 In diesem Zusammenhang ist auch der Anstieg der Bevölkerungsmigration und der Mobilität zu nennen. Vgl. Edling 1984: 104, Lehmbruch 1998: 108.
144 Vgl. Benz 1989: 184.
145 Vgl. Edling 1984: 130, Schultze 1985c: 101, Lehmbruch 1998: 106 f., Renzsch 2000a, Wachendorfer-Schmidt 2000c.
146 Vgl. U. Münch 1997: 57 ff., Oeter 1998, Lehmbruch 2002a.
147 Zudem löste gerade die transnationale ökonomische Verflechtung auch Tendenzen in Richtung regionale Vielfalt und Wettbewerb aus. Wenn die Wirkung der materiellen Rahmenbedingungen wirklich deterministisch wäre, hätte sich hieraus – gerade in Verbindung mit der finanzwirtschaftlichen Kritik an den Mischfinanzierungen – eine Entflechtung der Gebietskörperschaften ergeben oder zumindest wesentlich leichter realisieren lassen müssen. Vgl. Renzsch 1999b: 383.
148 Vgl. zum Zusammenspiel der Kontextbedingungen Schmid 2002a: 299.
149 Vgl. zum Beispiel K. Hesse 1962: 19, Edling 1984: 30, Benz 1987: 43 und 1999: 139, Zimmermann 1987: 41, 43, Hansmeyer 1992: 173, Mäding 1992: 185, Heide 1994: 25 ff., Braun 1996: 104, Postlep/Döring 1996: 23 f., Ottnad/Linnartz 1997: 138 f., Oeter 1998: 532 ff., Dolzer 1999: 27, Lehmbruch 1999b: 410, 420 und 2002a, Luthardt 1999b: 18 f., Schultze 1999: 175, Hoppenstedt 2000: 155. U. Münch (2000: 59) beschreibt das handlungsleitende Motiv als „*Orientierung an dem einer Bevölkerungsmehrheit unterstellten und von den meisten Bundes- und Landespolitikern unterstützen Wunsch nach einer weitgehenden Einheitlichkeit der Lebensverhältnisse*".

3.2 Bestimmungsfaktoren der bundesstaatlichen Finanzordnung

ses Postulats für die Entwicklungsdynamik überhaupt belegen? *Zweitens*: Inwieweit haben wir es bei hier mit kulturellen Einflüssen zu tun? Beide Fragen können wissenschaftlich kaum endgültig beantwortet werden[150]; allerdings verleihen etliche Indizien der These, dass hier eine kulturell verwurzelte Prämisse vorliegt, eine beachtliche Plausibilität.[151]

Bereits im Parlamentarischen Rat dominierten offensichtlich unitarische Gesinnungen.[152] Dies manifestierte sich hauptsächlich im politischen Primat der Schaffung bzw. Wahrung der Rechts- und Wirtschaftseinheit sowie der Herstellung prinzipiell einheitlicher Lebensverhältnisse im Bundesgebiet.[153] Die hier zu beobachtenden unitarischen Tendenzen knüpften ebenso an historisch gewachsene und in weiten Kreisen akzeptierte Leitideen an, wie das dabei deutlich werdende funktionale Föderalismusverständnis[154] schon früher breit verankert war.[155] Die Beratungen im Parlamentarischen Rat spiegelten zugleich die kulturellen Orientierungen der Bevölkerung wider, bei der föderative Wertvorstellungen überwiegend nur mäßig ausgeprägt waren.[156] Während die föderative Staatsorganisation erst

---

150 Es liegen keine Untersuchungen vor, die sich hinreichend mit dem Phänomen der „*Einheitlichkeit der Lebensverhältnisse*" auseinandersetzen. Für Präzisierungen wären nicht nur quantitative Erhebungen, sondern auch Einzelfallstudien erforderlich. Letztlich lässt sich aber „*Kultur*" nicht empirisch messen. Heide (1994: 25 ff.) thematisiert die materielle Relevanz der Leitidee der einheitlichen Lebensverhältnisse in der Bundesrepublik; ausführlicher dazu auch Reissert 1975, U. Münch 1997a.
151 Vgl. U. Münch 1997: 142, 144.
152 Vgl. Huhn 1992: 42 ff., Oeter 1998: 134, Lehmbruch 2000b: 73 und 2002a: 6.
153 Die Unitarisierung der Kompetenzverteilung (v.a. in der Sozialpolitik) erfolgte ohne grundlegende Meinungsverschiedenheiten. Vgl. Renzsch 1991: 60 ff., U. Münch 1997: 79, Lehmbruch 1998: 92 , 2000b: 73, 87 f.
154 Im Vordergrund standen nicht die (Teil-)Autonomien der Gebietskörperschaften, sondern die Machtbegrenzung und die Machtbalance im Bundesstaat bei gleichzeitigem Bekenntnis zur Wahrung einheitlicher Lebensverhältnisse. Der Föderalismus entwickelte sich zwar zum elementaren Bestandteil des demokratischen Selbstverständnisses in der Bundesrepublik. Sein Wert wurde aber primär funktional aus der vertikalen Gewaltenteilung, nicht aus der Integration geographisch, historisch oder landsmannschaftlich heterogen definierter Bevölkerungsteile abgeleitet. Partikularinteressen, die den Bund als solchen gefährden konnten, waren bereits vor Gründung der Bundesrepublik negativ belegt. Vgl. Kilper/Lhotta 1996: 155 ff., Zintl 1999: 472 ff., Wachendorfer-Schmidt 2000a: 116.
155 Unitarische Normorientierungen bestimmten schon seit der Reichsgründung von 1871 maßgeblich die Entwicklung des deutschen Bundesstaats (vgl. Benz 1989: 182 f. und 1999: 135, Lehmbruch 1998: 109 ff., U. Münch 1999c: 7). Ursächlich hierfür war die unitarische Gesinnung des liberalen Bürgertums, dessen spezifische kulturelle Orientierung eine hegemoniale Position weit über die nationalliberalen Grenzen hinaus gewann (vgl. Lehmbruch 2002a: 27). In diesem Kontext haftete der regionalen Differenzierung in der öffentlichen Diskussion bald der Makel der „*Kleinstaaterei*" an (vgl. Lehmbruch 2002a: 39). Korrespondierend zu dieser Grundhaltung setzte *einerseits* ein Trend zur Zentralisierung der gesellschaftlichen Machtzentren ein (vgl. Beyme 1999: 32 f.). *Andererseits* vollzog sich eine Unitarisierung zentraler Bereiche der Rechts-, der Wirtschafts- und der Sozialpolitik. Mit Verzögerung nahm sogleich die wechselseitige Ressourcenabhängigkeit im Bereich der Finanzverfassung zu und durchbrach damit auch dort zunehmend das von Anfang an nicht stringent angelegte Trennsystem (vgl. Institut „*Finanzen und Steuern*" 1954: 40 ff., Rauh 1973, Witt 1992: 79 f., Oeter 1998: 43 f., Lehmbruch 1999a: 56, Holste 2002: 200 f.). Nach dem ersten Weltkrieg setzten sich auch in der Weimarer Republik die mithin feststellbaren Entwicklungslinien fort. Vornehmlich die Liberalen, aber auch die Sozialdemokraten und Teile der katholischen sowie konservativen Politiker waren unitarisch eingestellt (vgl. Lehmbruch 2000b: 72). Speziell im Bereich der Sozialpolitik erfolgte eine bislang nicht gekannte Unitarisierung (vgl. U. Münch 1997: 76). Überdies bedeutete die Erzbergersche Finanzreform von 1919/20 nicht nur eine Gewichtsverschiebung zu Gunsten des Reiches, sondern auch eine drastische Ausweitung der gebietskörperschaftlichen Finanzverflechtungen sowie die Verankerung des sozialen Gedankens im deutschen Finanzwesen auf breiter Basis (vgl. Institut „*Finanzen und Steuern*" 1954: 52 ff. und 1956: 18 ff., Witt 1993: 93 f., Oeter 1998: 64 ff., Wildberger 2000: 74 f., 226, Holste 2002: 394 ff.). Ausführlich diskutiert U. Münch (1997: 57 ff.) die unitarische Entwicklung im Kaiserreich und der Weimarer Republik. Vgl. zur historischen Entwicklung u.a. Rauh 1973, Oeter 1998, Holste 2002, Lehmbruch 2002a.
156 Die Mehrheit der Bevölkerung befürwortete eine Zentralisierung (vgl. die Auswertung von Umfragen des Instituts für Demoskopie Allensbach bei Grube 2001: 101 f.). Gleichfalls war das Leitbild einheitlicher Le-

sukzessive an Akzeptanz gewinnen musste[157], bestand der Wunsch nach einheitlichen Lebensverhältnissen bereits in der Gründungsphase der Bundesrepublik. In den nachfolgenden Dekaden verstärkte und festigte sich der Wunsch nach einem einheitlichen Angebot öffentlicher Leistungen und einem Ausbau des Sozialstaats in den Einstellungen der Bürger.[158]

Jene in der Gesellschaft breit verankerten Normorientierungen offenbarten sich auch in den Haltungen der politischen Protagonisten. Das Verhalten der meisten Akteure – auf Bundes- wie auch auf Landesebene – orientierte sich an unitarischen Ansichten sowie am Leitbild der einheitlichen Lebensverhältnisse.[159] Dabei zeigten sich die einheitsstaatlichen Tendenzen bei allen gesellschaftlich relevanten Gruppen.[160] Einher ging dieses Handlungsaxiom mit der eigentümlichen Struktur der politischen Interessenorganisation in der Bundesrepublik, die die unitarischen Strömungen noch zusätzlich beförderte. Bereits das Parteiensystem, das sowohl durch gesamtstaatlich orientierte Integrationsparteien als auch durch eine Kongruenz zwischen Bundes- und Landesebene charakterisiert wurde, begünstigte prinzipiell Zentralisierungsschübe.[161] Dasselbe galt auch für die Organisation der größeren politischen Interessenverbände: Angelehnt an den Staatsaufbau und das Parteiensystem sind diese zwar meist auch föderativ organisiert, jedoch genießen die bundesweit agierenden Spitzenverbände eine mächtige Stellung.[162] Dabei sind sie relativ stark unitarisiert[163] und tendieren demzufolge ebenfalls dazu, grundlegende Entscheidungen zu zentralisieren.[164] Diese zentripetale Ausrichtung bleibt nicht auf die politischen Interessenagenturen beschränkt, sie findet sich auch im Handeln der Ministerialbürokratie wider. Aufgrund ihrer

---

bensverhältnisse breiter verankert als die Akzeptanz föderativer Heterogenität. Vgl. Kilper/Lhotta 1996: 156 f., Wachendorfer-Schmidt 2000a: 116.

157 Die Akzeptanz der föderalen Glieder stabilisierte sich zwar im Zeitablauf, allerdings wurde deren Einfluss auch als „*gerade richtig*" eingestuft (vgl. Grube 2001: 102 f.). Ein Föderalismusbild, das sich am Modell des dualen Bundesstaats ausrichtet, fand hingegen nie eine größere Zustimmung. Vgl. Postlep/Döring 1996: 23, Sturm 1999: 83.

158 Vgl. die Auswertung empirischer Erhebungen bei Grube 2001: 109; dazu auch Haus 2000: 957, Hoppenstedt 2000: 226. Die Legitimation des Gemeinwesens basierte maßgeblich auf der ökonomischen Leistungsfähigkeit sowie der sozialstaatlichen Teilhabe (vgl. Rohe 1993). Verstärkt wurde die Anspruchshaltung gegenüber dem Staat im Kontext der etatistischen Züge in der politische Kultur (vgl. Schultze/Zinterer 2002: 261).

159 Vgl. Beyme 1996: 334, Haus 2000: 957, U. Münch 2000: 57, Lehmbruch 2002a: 17.

160 Vgl. Postlep/Döring 1996: 23.

161 Vgl. Schultze 1985a: 68 f., Sturm 1999: 85, J.J. Hesse 2000: 23, Grande 2002: 196 f., Beyme 2003: 250. Auch hier zeigt sich eine Verwurzelung in den historischen Entwicklungsprozessen. Seit der Reichsgründung von 1871 dominierten Parteien mit bundespolitischer Ausrichtung. Diese stehen föderativer Heterogenität prinzipiell skeptisch gegenüber (vgl. Renzsch 2000b: 42). Zugleich passten sie ihre Strukturen so an das föderale Regierungssystem an, dass sie als Bindeglieder zwischen den staatlichen Ebenen vermitteln und fungieren können. Vgl. Braun 1996: 104 f., Renzsch 2000c: 58, 60, 75. Typisch für diese Konstellation sind u.a. folgende Phänomene: Landtagswahlen werden häufig maßgeblich von der Bundespolitik geprägt, Spitzenpolitiker der Landesebene sind auf Bundesebene stark vertreten, Kanzlerkandidaten der Opposition stammen oft aus der Ministerpräsidentenriege. Vgl. Renzsch 1995: 171 f., Schultze 1999: 175 f., Hough/Jeffery 2003. Schultze (1985c: 92) zeigt, dass die Doppelrolle der bayerischen CSU als Bundes- und Regionalpartei hierfür geradezu ein markantes Beispiel ist.

162 Zur vertikalen Differenzierung der Verbände vgl. Mayntz 1990b: 145 f. und 1995: 138 f., Benz 2002b: 397, Lehmbruch 2003: 261.

163 Vgl. Armingeon 2002: 228, Lehmbruch 2003: 259 ff.

164 Trotz des mehrstufigen Aufbaus wurden gerade ökonomische Interessen in der Regel zuerst auf Bundesebene formuliert. Erst wenn sie dort nicht reüssierten, versuchten die Interessenverbände ihren Einfluss über die Landespolitik geltend zu machen. Vgl. Reissert 1975: 26, Schultze 1985a: 62, Lehmbruch 2003: 259.

exponierten Stellung im Exekutivföderalismus wirkte sie als treibende Kraft der horizontalen und vertikalen Koordination.[165]

Die genannten Phänomene legen den Schluss nahe, dass es sich bei dem Wunsch nach einheitlichen Lebensverhältnissen und dem unitarischen Grundkonsens *auch* um kulturell verankerte Normen und nicht bloß um sich kumulierende Akteursinteressen oder institutionelle Vorgaben[166] handelt. Letztlich auflösen lässt sich diese Abgrenzungsproblematik in Folge der intensiven Wechselwirkungen zwischen diesen Bestimmungsgrößen jedoch keinesfalls.[167] Vielmehr werden diese noch verstärkt durch das spezifische Zusammenspiel zwischen politischer Kultur und materiellem Umfeld: Es darf davon ausgegangen werden, dass der Abbau bzw. das Ausbleiben essenzieller gesellschaftlicher und kultureller Antagonismen und der relativ hohe Grad ökonomischer Homogenität im Bundesgebiet die Verfestigung der unitarischen Grundhaltung noch unterstützten.[168]

---

165 Nicht nur die Bundesbürokratie, sondern auch die Länderverwaltung war überwiegend unitarisch gesinnt. Die Präferenz lag demgemäß eher in der Intensivierung der Politikverflechtung, denn in der Bewahrung oder Ausweitung der Spielräume des Landesgesetzgebers. Vgl. Kilper/Lhotta 1996: 158, Lehmbruch 1998: 65, Benz 1999: 140, Renzsch 1999e: 1, Sturm 1999: 86, U. Münch 2002: 339 f. Nicht weiter eingegangen wird hier auf die Rechtsprechung des Bundesverfassungsgerichts. Gerade in den Richtungsentscheidungen in den 50er Jahren werden unitarische Perspektiven deutlich. Vgl. Postlep/Döring 1996: 23, Oeter 1998: 231 f.

166 Die Verfassungsnormen des Sozialstaatspostulats und des Einheitlichkeitsgebots stellen weder aus verfassungsrechtlicher noch aus bundesstaatstheoretischer Perspektive eine verbindliche Handlungsmaxime dar. Ihre Triebkraft entfalteten die Verfassungsnormen erst in ihrer Interpretation in der Verfassungswirklichkeit. Die Art und Weise, wie dieser politische Ermessensspielraum des Grundgesetzes genutzt wurde, ist maßgeblich auch kulturell normiert. Vgl. zur Problematik auch Isensee 1992: 148 ff., Oeter 1998: 542.

167 Inwieweit hier *einerseits* subjektiv generierte und situationsspezifische Akteursinteressen und *andererseits* kulturell verwurzelte Prämissen vorliegen, kann letztlich nicht beantwortet werden. Selbst Einzelfallstudien würden lediglich präzisere Plausibilitätsschlüsse, nicht aber endgültige Ergebnisse zulassen. Ein Beispiel: Die unitarische Triebkraft der Ministerialbürokratie resultiert nicht nur aus kulturell basierten Überzeugungen, sondern folgt auch dem Eigeninteresse der Verwaltung. So tendieren zum Beispiel einzelne Fachressorts auf bundeseinheitliche Regelungen, um ihre Positionen und Interessen im Kabinett und gegenüber den Kassenwarten zu behaupten. Generell liegt in der Absicherung gegen eine ausufernde Politisierung der Charme unitarischer Regelungen für die Administration. Vgl. Benz 1999: 140, Renzsch 1999b: 372, U. Münch 2002: 339 f. Ähnliche Verquickungen von kulturellen Einflüssen, institutionellen Bedingungen und Akteursinteressen ließen sich auch für andere Segmente vortragen.

168 Die ökonomischen Erfolge des Wiederaufbaus und des Wirtschaftswunders, die Integration der Vertriebenen, das Zusammenwachsen der Lebensräume sowie die zunehmende Binnenmigration hatten zur Folge, dass keine belasteten ethnischen, konfessionellen, kulturellen und sozioökonomischen Disparitäten blieben. Im Bundesgebiet entwickelte sich sogar eine im internationalen Vergleich ausgesprochen hohe soziokulturelle und wirtschaftliche Homogenität. Vgl. K. Hesse 1962: 12, Schultze 1985a: 58 ff, 1985c: 90, Scharpf 1989: 132, Benz 1999: 139, Renzsch 1999a: 158. Im Kontext dieser gesellschaftlichen Rahmenbedingungen avancierte das grundgesetzlich fixierte Einheitlichkeitsgebot zum gesellschaftlichen Anspruchsniveau und politischen Leitmotiv. Vgl. Edling 1984: 30, Benz 1987: 43, Hansmeyer 1992: 173, Braun 1996: 104. Damit zeigen sich auch hier Rückkoppelungseffekte: Die sozialstaatliche Politik führte zu homogeneren Lagen im Bundesgebiet; diese festigten daraufhin den unitarischen Konsens und die wohlfahrtsstaatlichen Erwartungen in der Bevölkerung. Dass der unitarisch-kooperative Bundesstaat in Folge der teilweise als unbefriedigend empfundenen Problemlösungen seit Mitte der 70er Jahre zunehmend hinterfragt wurde, widerspricht nicht der dargelegten Argumentation: Noch verstärkt durch die gestiegenen regionalen Disparitäten wurde die Basis zur Durchsetzung einheitlicher Lebensverhältnisse geschwächt. Zwar zeigte der Trend in den 80er Jahren, dass sich die bundesstaatlichen Strukturen nicht automatisch in Richtung Unitarisierung bewegen (vgl. Benz 1991c: 224), ein grundlegender Wandel der gesellschaftlich breit verankerten Normen war dabei aber nicht zu beobachten. Für die diffusen Prozesse – eigenständigere Politik und stärkeres Bewusstsein speziell der leistungsstarken Länder und volumenmäßige Ausweitung der Finanzbeziehungen andererseits – zeichnen sich eher funktionale Überlegungen als gewandelte Leitbilder verantwortlich. Dennoch bleibt damit nicht ausgeschlossen, dass die veränderten materiellen und funktionalen Bedingungen langfristig auch die kulturell etablierten Prämissen beeinflussen und ändern können.

3.2.4 Konklusion

Der unitarisch-kooperative Bundesstaat ist durch die bei der Verfassunggebung vorherrschenden, historisch verwurzelten Leitvorstellungen sowie die bereits zentralistisch ausgerichtete politische Interessenorganisation zu erklären. In der Folgezeit lösten die Struktur des Parteiensystems und der Interessenverbände, die kulturell verankerten unitarischen Leitbilder sowie die gesellschaftlichen, ökonomischen und kulturellen Rahmenbedingungen *einerseits* sich jeweils wechselseitig verstärkende zentripetale Impulse aus und wurden *andererseits* wiederum durch die Institutionen des unitarischen Bundesstaats und dessen Politikergebnisse selbst konsolidiert.[169] Vor dem Hintergrund dieser Einflussgrößen ist die Entwicklungsdynamik des Bundesstaats als Folge von Konsensprozessen zu verstehen, die stets auch die jeweiligen situativen Bedingungen, Akteursinteressen und politischen Kräfteverhältnisse widerspiegeln.

Bereits seit Mitte der 70er Jahre zeichnete sich ein diffuser Wandel der Kontextvariablen ab, die zwar weiterhin starke unitarische Momente hatten, aber auch einer Vereinheitlichung und Verflechtung widerstrebende Motivationen freisetzten. Eine grundlegende Neuorientierung in der föderalen Dynamik lösten sie jedoch nicht aus. Mit der deutschen Einheit sollten sich die Rahmenbedingungen abrupt ändern. Wie sich dies auf die Politikgestaltung auswirkte, werden wir noch analysieren. Der Vergleich mit den unternommenen entwicklungsgeschichtlichen Beobachtungen wird uns dabei helfen, ebenso Kontinuitäten wie Veränderungen zu eruieren und die Relevanz der Einflussgrößen zu identifizieren.

3.3 Struktur und Verfassung des Finanzsystems vor der deutschen Einheit

Bevor wir uns den Untersuchungsfällen zuwenden, soll die Analyse der historischen Dimension des föderalen Finanzsystems mit einem problemorientierten Überblick über dessen Struktur und Verfassung im Vorfeld der deutschen Einheit abgeschlossen werden. Diese Querschnittsbetrachtung wird uns erleichtern, die Auseinandersetzungen um den Finanzausgleich auch sachlich hinreichend zu erfassen.[170] Nur kursorisch sei hier nochmals die Verteilung der Gesetzgebungs- und Ausgabenkompetenz angerissen: Wie uns die Längsschnittanalyse verdeutlichte, findet sich in der grundgesetzlichen Zuweisung der *Gesetzgebungszuständigkeiten* für Steuern und Abgaben eine ausgeprägte unitarische Ausrichtung. Dies bedeutet, dass dem Bundesgesetzgeber ein weitreichender rechtlicher Gestaltungsspielraum zusteht. Dieser umfasst die Bundessteuern, und Gemeinschaftssteuern (Art. 105 II GG), die Zölle und Finanzmonopole (Art. 105 I GG) sowie alle weiteren Steuern, deren Ertrag den Ländern oder Gemeinden zusteht (Art. 105 III GG). Letztere ist zwar als konkurrierende Gesetzgebungsmaterie an die Bedingungen des Art. 72 II GG geknüpft; diese entfalteten aber wie wir gesehen haben keinen hinreichenden Schutz vor Inanspruchnahme durch den Bundesgesetzgeber. Nachdem jener erschöpfend sein potenzielles Gestaltungsrecht wahrnahm, bleibt den Ländern lediglich eine marginale originäre Steuerfindungs-

---

169 Die Unitarisierung ist folglich kein ausschließlich institutionelles Phänomen, sondern auch eine politisch-kulturell tief verwurzelte Disposition. Vgl. Armingeon 2002, Benz 20002b: 397 f., Lehmbruch 2002a: 37, Schultze/Zinterer 2002: 261.

170 Gleichwohl müssen wir uns hier auf eine komprimierte Darstellung beschränken. Hier sei daher auf finanzrechtliche und finanzwirtschaftliche Gesamtdarstellungen verwiesen: vgl. z.B. Carl 1995, Häde 1996, Korioth 1997, Hidien 1998, Kesper 1998, Geske 2001a.

3.3 Struktur und Verfassung des Finanzsystems vor der deutschen Einheit

kompetenz.[171] Ihnen obliegt speziell die Regelung der örtlichen Verbrauchs- und Aufwandsteuern sowie von Steuern mit örtlich begrenztem Wirkungskreis. Für die Gemeinden ist schließlich hauptsächlich das verfassungsrechtlich verankerte Recht zur Festsetzung der Hebesätze der Realsteuern relevant (Art. 106 IV S. 2 GG).[172] Die *Finanzierungszuständigkeit* für öffentliche Ausgaben orientiert sich am Prinzip der Vollzugskausalität, das heißt die Ebene, die die staatliche Aufgabe verwaltet und ausführt, hat diese auch zu finanzieren (Art. 104a I GG). In Folge der funktionalen Aufgabenteilung tragen damit die Länder – sofern dies nicht anderweitig geregelt ist – auch die Kosten für den Vollzug der Bundesgesetze sowie der europäischen Rechtsnormen.[173] Dieses Lastenverteilungsprinzip durchbricht das Grundgesetz durch mannigfache Ausnahmen, die hier nur aufgezählt werden sollen: die Bundesauftragsverwaltung (Art. 104a II GG), die Geldleistungsgesetze (Art. 104a III GG), die Finanzhilfen (Art. 104a IV GG) und Gemeinschaftsaufgaben (Art. 91a, b GG) sowie die Sozialversicherungslasten (Art. 120 I 4 GG).[174]

Der *Finanzausgleich*, also die Verteilung der öffentlichen Einnahmen, erfolgt nach der Karlsruher Rechtsprechung in vier Stufen, die nicht beliebig austauschbar oder überspringbar sind.[175] In der *ersten Stufe*, dem *primären vertikalen Finanzausgleich*, erfolgt die Aufteilung der Steuererträge zwischen dem Bund und der Länderebene (Art. 106 I-IV, 106a GG). Hierbei differenziert die Verfassung vier Finanzmassen (Bundes-, Länder-, Gemeinde- sowie Gemeinschaftssteuern). Kernstück des vertikalen Finanzausgleichs ist dabei die vertikale Umsatzsteuerverteilung, die als variables Instrument die „*gleichmäßige*" Deckung der Haushalte der Gebietskörperschaften sichern soll (Art. 106 III S. 4 GG).[176]

Die *zweite Stufe*, der *primäre horizontale Finanzausgleich*, verteilt die der Länderebene zustehenden Steuererträge auf die einzelnen Länder. Die Verteilung der Einkommen- und Körperschaftsteuer sowie der Gewerbesteuerumlage orientiert sich dabei am Prinzip des örtlichen Aufkommens (Art. 107 I GG). Hingegen wird die Umsatzsteuer, die örtlich nur begrenzt zuzuordnen ist, prinzipiell nach der Einwohnerzahl verteilt (Art. 107 I 4 GG). Bis zu 25 % des Länderanteils an der Umsatzsteuer kann Ländern mit unterdurchschnittlicher Steuerkraft im Sinne eines vorgezogenen Finanzkraftausgleichs zugeteilt werden.

Der *sekundäre horizontale Ausgleich*, der sog. Länderfinanzausgleich, bildet die *dritte Stufe*. Er vollzieht eine Korrektur der primären Steuerverteilung mittels Umverteilung zwischen Ländern (Art. 107 II S. 1, 2 GG). Die Struktur und Technik des Länderfinanzausgleichs, der als Finanzkraftausgleich angelegt ist, regelt das Finanzausgleichsgesetz.[177] Als abstraktes Bedarfskriterium dient dabei das Einwohnerprinzip; auf die Berücksichtigung von Sonderbedarfsmerkmalen wird hingegen weitgehend verzichtet.[178]

---

171 Zum begrenzten Gestaltungsspielraum der Länder vgl. Kesper 1998: 96 f.
172 Die Festlegung von Gebühren und Beiträgen ist an die jeweilige Sachkompetenz geknüpft. Bund und Länder können zudem auf Basis der Art. 73 ff. GG Sonderabgaben erheben.
173 Vgl. Kesper 1998: 75.
174 Ausführlich zur Lastenverteilung Heckt 1973: 51 ff., Biehl 1983: 98 ff., Borrmann 1992: 49 f., Lenk 1993: 126 f., Kesper 1998: 77 ff.
175 Nach BVerfGE 72, 330: 383, 389 f. sowie wiederholt in BVerfGE 101, 158.
176 Zur Problematik der Deckungsquotenberechnung vgl. Korioth 1997: 476 ff.
177 Das komplizierte Verfahren sieht zunächst die Berechnung der Finanzkraft (Steuereinnahmen der Länder unter anteiliger Berücksichtigung der Realsteuerkraft der Gemeinden abzüglich anrechenbarer Belastungen) vor. Die Finanzkraftmesszahl wird in Relation zur Ausgleichsmesszahl (d.h. die nach der Bevölkerungszahl des Landes umgerechnete durchschnittliche Finanzkraft) gesetzt. Die Länder müssen an Hand der ausgehandelten Quoten überschüssige Beträge teilweise abführen bzw. erhalten Fehlbeträge anteilig aufgefüllt.
178 Bedeutende Ausnahmen bilden die Einwohnergewichtung bei der Ermittlung der Ausgleichsmesszahl sowie die Berücksichtigung der Seehafenlasten.

Der *sekundäre vertikale Ausgleich* schließt als *vierte Stufe* den Bund-Länder-Finanzausgleich ab. Die unterschiedliche Finanzkraft der Länder wird hier durch Ergänzungszuweisungen des Bundes zusätzlich angeglichen (Art. 107 II S. 3 GG). Dabei wird zwischen allgemeinen Fehlbetrags-Bundesergänzungszuweisungen, die sich am Finanzkraftdefizit nach dem Länderfinanzausgleich orientieren, und Sonderbedarfs-Bundesergänzungszuweisungen unterschieden. Wie der Name schon vermuten lässt, orientieren sich die Letzteren – entgegen dem Prinzip der vorherigen Verteilungsschritte – nicht an der Steuerkraft, sondern an anerkannten Sonderbedarfsmaßstäben.

Ein Überblick über die elementaren Module des 1990 praktizierten sekundären Finanzausgleichs kann Anlage 1 entnommen werden. Ergänzend sei nochmals erwähnt, dass darüber hinaus innerhalb der Gemeinschaftsaufgaben (Art. 91 a, b GG) und der Finanzhilfen (Art. 104a IV) vertikale Finanzströme bestehen, deren erklärtes Ziel eine regional variierende Verteilung zur Angleichung der Lebensverhältnisse ist.[179] Charakteristisch für die Ende der 80er Jahre bestehende Finanzordnung, deren Fundamente auf der Finanzreform von 1969 gründeten, sind somit eine starke Zentralisierung und ebenenübergreifende Verflechtung. Die intrastaatlichen Finanzströme konzentrieren sich dabei auf den Finanzausgleich sowie die Mischfinanzierungen, wechselseitige Ressourcenabhängigkeiten resultieren darüber hinaus aber speziell aus der zentralisierten Steuergesetzgebung der Vollzugskausalität als Lastenverteilungsgrundsatz. Die ohnehin ausgeprägte Komplexität der Materie wird noch dadurch erschwert, dass die Finanzverfassung kein autonomer Bestandteil des Grundgesetzes ist, sondern als Folgeverfassung in einem logischen inneren Zusammenhang zur Aufgabenverteilung steht. In diesem Sinne kommt ihr eine dienende Funktion zu. Dies wird am deutlichsten beim sekundären Finanzausgleich. Wie wir erfahren haben, folgt dieser nicht nur normativen Überzeugungen, er ist auch eine unentbehrliche Nebenwirkung der sachlichen Unitarisierung und der funktionalen Aufgabenteilung.[180] Gleichwohl: Noch über diesen Rückkoppelungsprozess hinaus zeigt sich im Finanzausgleich eine in der Einheitlichkeitsmaxime verwurzelte, selektive inhaltliche Auslegung des Prinzips des *„angemessenen"* Finanzausgleichs (Art. 107 II GG) in der Verfassungswirklichkeit.[181] Der Bundesgesetzgeber nutzte damit (sehr einseitig) den Spielraum, den ihm die Finanzverfassung zugesteht.[182] Der sekundäre Finanzausgleich folgt damit in hohem Maße den Vorgaben und der Systemlogik des Grundgesetzes, letztlich bleibt seine Ausformung aber – innerhalb der Bandbreite der institutionellen Bestimmungen – eine politische Gestaltungsfrage.

3.4 Fazit und Bewertung

Eine zusammenfassende Bewertung der Finanzbeziehungen in der früheren Bundesrepublik muss zu einem differenzierten Urteil führen: Die verfassungsrechtlichen und einfachgesetzlichen Normen der Finanzordnung konnten obgleich ihrer hohen Regelungsdichte zu keinem Zeitpunkt auch nur annähernd als vollendet bezeichnet werden. Ihre technische Aus-

---

179 In diesem Kontext sind auch die sonstigen Transfers nach Art. 106 VIII, 106a GG zu sehen. Vgl. Kesper 1998: 101.
180 Vgl. Altemeier 1999: 49 f., Hoppenstedt 2000: 226, Renzsch 2000b: 45 f.
181 Vgl. Zimmermann 1987: 54, Pilz/Ortwein 1992: 43 ff., Selmer 1993: 20 f., Altemeier 1999: 52 f.
182 Verantwortlich hierfür ist auch das außerordentlich hohe Abstraktionsniveau der Finanzverfassung. Intensiv setzte sich das Bundesverfassungsgericht (BVerfGE 101, 158) in seiner jüngsten Entscheidung mit der Abstraktion der Finanzverfassung auseinander.

3.4 Fazit und Bewertung

formung war nie ausgereift und die Bestimmungen blieben an zentralen Stellen inkonsistent, fragmentarisch oder ausgesprochen abstrakt.[183] Demzufolge fehlte auch nie Kritik an der Finanzverfassung. In Politik, Wirtschaft und Wissenschaft wurde abermals – unter politökonomischen ebenso wie unter demokratie- und föderalismustheoretischen Argumentationstopoi – auf Defizite und Reformnotwendigkeiten hingewiesen. Trotz der permanenten akademischen und politischen Auseinandersetzungen – speziell um den Finanzausgleich – erwies sich das Finanzsystem nicht nur als hochgradig pfadabhängig, sondern auch als erstaunlich leistungsfähig. Es zeigte eine gewisse Flexibilität, die es ermöglichte, auf veränderte materielle und politische Rahmenbedingungen sowie normative Prämissen zu reagieren. Außerdem verhinderte der hohe Nivellierungsgrad des Finanzausgleichs, dass belastende regionale Entwicklungsdifferenziale entstanden sind; vielmehr gewährte jener eine relativ ausgeprägte Homogenität in der Versorgung mit öffentlichen Gütern und Leistungen.[184] Auf diese Weise hat der Finanzausgleich ganz erheblich zur politischen Stabilität sowie zum sozialen Frieden in der früheren Bundesrepublik beigetragen.

Konstitutiv für diese Entwicklungsdynamik war dabei speziell Folgendes: Die Finanzordnung war zwar hinsichtlich der einzelnen Bestimmungen und der budgetären Wirkungen stets hart umkämpft, in ihren Grundzügen wurde sie aber über alle parteipolitischen Grenzen und föderalen Ebenen hinweggetragen.[185] In den 80er Jahren entwickelten sich die Bund-Länder-Finanzbeziehungen außerordentlich problematisch. Ursächlich hierfür waren die Unzufriedenheit mit den Ergebnissen der Politikverflechtung, die regional auseinanderklaffenden Wachstumspfade sowie die Informalisierung in der Ära Kohl, in der die wesentlichen Entscheidungen unter Ausschluss der oppositionell geführten Länderregierungen präjudiziert wurden. Infolgedessen nahmen die Forderungen nach einer erneuten Finanzreform zu; ernsthafte Reformbestrebungen blieben jedoch schon deshalb aus, weil sich die Länder aufgrund ihrer divergierenden Interessen auf kein gemeinsames Konzept verständigen konnten. Die föderalen Finanzkonflikte hatten damit schon im Vorfeld der staatlichen Vereinigung ein nicht zu vernachlässigendes Ausmaß erreicht. Die deutsche Einheit, die die Bundesrepublik quasi unerwartet mit veränderten Rahmenbedingungen konfrontierte, wurde nun von den Ländern als Chance interpretiert, den Bundesstaat im Sinne einer Reföderalisierung zu reformieren.[186]

---

183 Vgl. Kesper 1998: 100 ff.
184 Vgl. zu den Leistungen Wachendorfer-Schmidt 2000a: 114 (mit weiteren Quellen), 134, M.G. Schmidt 2001: 48, Renzsch 2002b: 362.
185 Vgl. Renzsch 1999a: 158 f.
186 Bezüglich der Finanzverfassung des vereinten Deutschlands forderten sie u.a. die Prüfung einer Steuerhoheit der Länder, die Konkordanz zwischen Gesetzgebungszuständigkeit und finanzieller Lastenteilung, eine sachgerechte Änderung der Gemeinschaftsaufgaben und der Finanzhilfen sowie eine klare Aufgabentrennung bei einer Stärkung der Finanzkraft der Länder. Vgl. die Übereinkunft der Ministerpräsidenten vom 5.7.1990: „Gemeinsamer Beschluß: Eckpunkteerklärung für die bundesstaatliche Ordnung im vereinten Deutschland".

4 Deutsche Einheit: Interimslösung für den Finanzausgleich

Mit der Forderung nach einer Reform des Bundesstaats standen die Ministerpräsidenten der Länder nicht allein. Auch in der Wissenschaft wurde die deutsche Einheit als bislang größte „*Bewährungsprobe*" des deutschen Bundesstaats interpretiert.[1] Dabei überwog zumindest hinsichtlich der Einschätzung der Leistungsfähigkeit des föderalen Finanzsystems eine beachtliche Skepsis: Nur mittels einer grundlegenden Finanzreform, so war die Mehrzahl der Forscher seinerzeit überzeugt, ließen sich die fiskalischen Herausforderungen der Wiedervereinigung mittelfristig bewältigen.[2] Die Möglichkeiten einer solchen institutionellen Veränderung schätzten die Akademiker freilich sehr unterschiedlich ein: *Einerseits* sahen viele Gelehrte im Beitritt der ostdeutschen Länder nicht nur die Notwendigkeit zur Revision der Finanzordnung; er galt ihnen auch als passende Gelegenheit, um die unterstellten und seit langem kritisierten Defizite des Finanzausgleichs zu beheben.[3] *Andererseits* waren aber auch deutlich pessimistischere Töne unter dem Verweis auf historische Erfahrungen sowie die Erkenntnisse der Politikverflechtungsliteratur zu vernehmen. Jene Stimmen befürchteten eher Handlungsblockaden angesichts der Interessendivergenzen zwischen den Ländern und prognostizierten daher eine weitere Zentralisierung.[4] Ihre theoretische Fundierung fand die politikwissenschaftliche Debatte in der Auseinandersetzung um die Problematik, wie die Fähigkeit des deutschen Bundesstaats zu beurteilen sei, neue Herausforderungen zu bewältigen. Während der *Politikverflechtungsansatz*[5] der Bundesrepublik aufgrund der Entscheidungsstrukturen nur ein geringes Steuerungsniveau zuschreibt, geht die *Theorie des dynamischen Föderalismus*[6] von Flexibilitätspotenzialen aus, die problemangemessene Strukturanpassungen an veränderte Bedingungen durchaus erlauben.

Wie wir heute wissen, führte die deutsche Einheit im föderalen Finanzsystem weder zu folgenschweren Handlungsblockaden, noch zu seiner fundamentalen Revision. Damit stellen sich uns gleich mehrere Fragen: Warum scheiterte der in der Wissenschaft so populäre Vorsatz, die Finanzordnung und den Bundesstaat im Zug des Beitritts der DDR zu novellieren? Ist es dennoch gelungen, die finanzpolitische Herausforderung angemessen zu lösen und das Finanzsystem auf ein solides Fundament zu stellen? Wohin tendiert der deutsche Bundesstaat: Bewegt er sich weiter im bisherigen Entwicklungstrend oder wurde anknüpfend an den bisherigen Pfad eine neue Richtung eingeschlagen?

---

1 Vgl. Voigt 1991: 39, Benz 1993: 454, Renzsch 1995: 167.
2 Zusammenfassungen dazu bei Czada 1994: 254, Benz 1995b: 145 f., Renzsch 1997a: 85. Vgl. auch Mayntz 1990c: 296, Scharpf 1990b, Boldt 1991, Klatt 1991c, Lehmbruch 1991, Schultze 1993: 238 f., Luthardt 1996.
3 Vgl. z.B. Klatt 1991b: 450, Schultze 1993: 251, Peffekoven 1990a.
4 Vgl. Scharpf 1990b: 12 f., Mäding 1992: 210, Renzsch 1995: 168, Czada 1995c: 85 f.
5 Nach diesen Überlegungen ist die Gefahr von Blockaden systemimmanent. Sofern Politiklösungen gefunden werden, sind diese in Folge der komplizierten Abstimmungs- und Konsenserfordernissen systematisch suboptimal. Zur Theorie vgl. Scharpf 1978 und 1985.
6 Die Theorie besagt, dass innovative Problembewältigungen und Lernprozesse im Bundesstaat möglich sind. Allerdings erfolgen die Veränderungen als sukzessive Anpassungsreformen. Vgl. Benz 1985 und 1987, J.J. Hesse/Benz 1988. Einen Überblick zur Theorie gibt Wachendorfer-Schmidt 2003: 32.

Entgegen der öffentlichkeitswirksam bekundeten Absicht der Ministerpräsidenten wurde eine Reform der Finanzbeziehungen erst gar nicht versucht. Vielmehr setzte sich die von Wolfgang Schäuble (CDU, Verhandlungsführer der westdeutschen Delegation) ausgegebene Devise durch, Änderungen im institutionellen Gefüge der Bundesrepublik auf ein absolutes Minimum zu beschränken.[7] Infolgedessen gaben sich die Akteure mit einer Interimslösung zufrieden. Sie verzichteten damit auf prinzipielle Einschnitte im Finanzgeflecht; eine solche Neuordnung erschien ihnen als nicht zu bewerkstelligen.

4.1 Problemstellung und Rahmenbedingungen

Die Herausforderungen, die im Prozess der deutsch-deutschen Einigung zu meistern waren, offenbaren sich dabei auch im Rückblick als sehr brisant. Schlagartig sollten sich mit dem Beitritt der ehemaligen DDR die gesellschaftlichen, sozioökonomischen, staatsorganisatorischen, finanzwirtschaftlichen und raumstrukturellen Bedingungen der Bundesrepublik wandeln. Ausschlaggebend war dabei nicht in erster Linie, dass die Bevölkerung um rd. ein Viertel anwuchs und künftig 16 statt 11 Länder am föderalen Verhandlungstisch Platz nahmen, sondern viel stärker die eklatanten *Disparitäten in den sozioökonomischen Strukturen* und dem materiellen Entwicklungsgrad. Schon in ihrer grundlegenden Organisation – soziale Marktwirtschaft hier, sozialistische Planwirtschaft dort – unterschieden sich die beiden Volkswirtschaften elementar. Doch darüber hinaus zeigten sich auch massive Produktivitätsrückstände in den einzelnen Wirtschaftszweigen.[8] Die ökonomische Leistungsfähigkeit – gemessen am realen Bruttoinlandsprodukt pro Kopf – im Beitrittsgebiet erreichte 1991 nicht einmal ein Drittel des Niveaus im früheren Bundesgebiet (Abbildung 2).[9] Vielschichtig gestalteten sich dabei die Defizite der ostdeutschen Ökonomie: Deren markanteste Merkmale waren der vollkommen verschlissene Kapitalstock samt technisch rückständiger Industrieausstattung, die ineffizienten Strukturen in der Arbeitsorganisation und Produktion, die überholte Produktpalette, die Verschwendung knapper Ressourcen, das fehlende Fachwissen sowie die zu hohe Beschäftigtenzahl bzw. die Vergeudung von Arbeitskräften. Nicht besser stellten sich die sozioökonomischen Bedingungen dar: abgenutzte Infrastruktur, verfallene Städte, erschreckende Umweltverschmutzung.[10] In Anbetracht dieser Verhältnisse stand der ostdeutsche Staat am Rande des wirtschaftlichen Ruins.[11]

Für die Bundesrepublik bedeutete dies, dass mit der Einheit gesamtstaatlich betrachtet die aggregierten ökonomischen Kennzahlen sanken. In Folge des wirtschaftlichen Leistungsgefälles lag die Pro-Kopf-Produktion des vereinten Deutschlands im Jahr 1991 mit rund 86 % etwa ein Siebtel unter dem Wert von 1990 (Abbildung 2).[12] Indes hatte der wirtschaftlich geschwächte Staat schwerwiegende Aufgaben zu bewältigen: Der öffentliche Sektor im Gebiet der ehemaligen DDR musste vollkommen neu strukturiert werden. Galt es

---

7 Vgl. Schäuble 1991: 125.
8 Vgl. Czada 2000a: 469.
9 Im 2. Halbjahr 1990 – also nach der Währungsunion – betrug die Wirtschaftskraft in diesem Gebiet rd. 27 % des Westniveaus. Zur historischen Entwicklung des wirtschaftlichen Leistungsgefälles der beiden deutschen Staaten vgl. die Studie von Ottnad/Linnartz 1997: 20 ff.
10 Ausführlich dazu Jacobsen o.J.; zu den Ursachen der Leistungskraftdifferenzen siehe A. Busch 1991: 186 ff.
11 Aufgrund der beständig rückläufigen Außenhandelsrentabilität war eine eklatante Verschuldung nötig. Gleichwohl blieb die Staatsverschuldung lange Zeit eines der am besten gehüteten Geheimnisse der DDR; noch im Mai 1990 hatte die demokratisch gewählte Regierung keinen exakten Überblick. Vgl. Jacobsen o.J.
12 Vgl. zur Problematik Engel 1991: 170, Selmer 1993: 62.

doch, im Gebiet der ehemaligen DDR eine leistungsfähige föderative Staatsorganisation aufzubauen, diese in die Bundesrepublik zu integrieren und gleichzeitig die ostdeutsche Planwirtschaft in die soziale Marktwirtschaft zu transformieren. Für die Verwirklichung eines derart tief greifenden Systemwechsels gab es jedoch weder theoretische Konzepte noch historische Erfahrungen. Zudem bestanden immense Unsicherheiten hinsichtlich der Aufbaukosten sowie der zukünftigen wirtschaftlichen Entwicklung im Beitrittsgebiet.[13]

Abbildung 2: Wirtschaftskraft in der Bundesrepublik Deutschland 1987 bis 1994

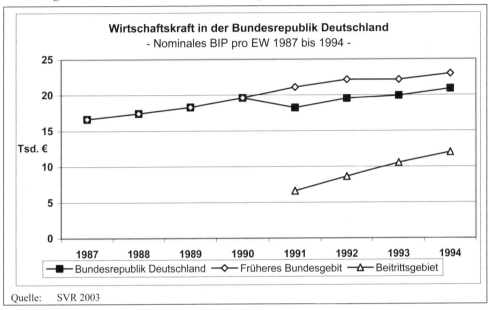

Quelle: SVR 2003

Dennoch waren sich alle Beteiligten frühzeitig darüber im Klaren, dass aus der ökonomischen, ökologischen, städtebaulichen und infrastrukturellen Modernisierung sowie der Übernahme der inneren und äußeren Verbindlichkeiten der ehemaligen DDR beträchtliche und langfristige Belastungen resultieren würden. Hinzu trat das finanziell nicht minder bedeutsame Erfordernis, die Konsequenzen aus dem Niedergang der kaum wettbewerbsfähigen ostdeutschen Wirtschaft, den der Aufwertungs- und Lohnkostenschock noch verstärkte, sozialpolitisch aufzufangen.[14] Weitere budgetäre Verpflichtungen, die unmittelbar im Zusammenhang mit der Wiedervereinigung stehen, sollten zudem aus der Übernahme der DDR-Altschulden sowie den Kosten der formalen Herstellungen der Einheit folgen.[15]

Unter diesen Voraussetzungen waren einschneidende *Folgewirkungen für das föderale Finanzgefüge* unvermeidbar: Während sich die Pro-Kopf-Steuereinnahmen in Folge der gesunkenen Wirtschaftskraft je Einwohner reduzierten, stiegen die Ausgaben des Staates in

---

13 Die „*Schönfärberei*" der amtlichen Statistik der DDR zeichnete die Realität nicht annähernd ab. Vgl. A. Busch 1991: 186.
14 Vgl. Bach/Vesper 2000: 194.
15 Zu denken ist hier speziell an die Altschulden des Staatsapparats einschließlich der Verpflichtungen der DDR-Unternehmen, die Kosten der Währungsumstellung und des Staatsaufbaus sowie die Ausgleichszahlungen an die Sowjetunion und ihrer Nachfolgestaaten. Vgl. Schwinn 1997: 7 f.

Anbetracht dieser einigungsbedingten Belastungen. Zwar zeigten sich die öffentlichen Haushalte angesichts der günstigen konjunkturellen Entwicklung in der zweiten Hälfte der 80er Jahren insgesamt in relativ guter Verfassung, doch für die fiskalische Herausforderung der deutschen Einheit waren sie nicht ohne Weiteres gerüstet.[16]

Vor dem Horizont dieser Problemskizze schied eine schlichte Integration der neuen Länder und (Ost-)Berlins in die etablierte Finanzordnung aus. Speziell der bundesstaatliche Finanzausgleich wäre ohne Anpassungen den Problemen nicht gerecht geworden:[17] *Einerseits* hätte er den Finanzbedarf der ostdeutschen Gebietskörperschaften nicht hinreichend decken können.[18] *Andererseits* wäre das Volumen des Länderfinanzausgleichs deutlich angestiegen, mit der Folge dass nahezu alle bisherigen Empfänger dann hätten Ausgleichszahlungen leisten müssen. Gerade für die finanzschwachen alten Länder bestand deshalb die Gefahr einer existenziellen Überforderung.[19]

Die Herausforderung, die politische und wirtschaftliche Pleite der DDR sowie den Aufbau Ost zu finanzieren, war immens. Immerhin musste angesichts der frappanten Entwicklungsdifferenziale zwischen den alten und neuen Ländern auch eine beträchtliche und bisher nicht gekannte Verschiebung der föderalen Finanzströme von West- nach Ostdeutschland mobilisiert werden.[20] Erschwert wurde diese Aufgabe nicht nur dadurch, dass der in der früheren Bundesrepublik beliebte Weg, neue finanzielle Lasten durch Wachstumsdividenden zu amortisieren, ausfiel;[21] vielmehr mussten sich die Akteure unter der Maßgabe des weithin unbestrittenen Postulats der einheitlichen Lebensverhältnisse im Bundesgebiet auf enorme und langfristige Transferzahlungen einstellen.[22]

Die Neujustierung der Finanzbeziehungen stand damit unweigerlich als zentrale Herausforderung auf der Agenda des politischen Vereinigungsprozesses. Damit sahen sich die Akteure mit zwei zentralen Fragen konfrontiert. *Erstens*: Wie hoch ist der Finanzbedarf der ostdeutschen Haushalte? *Zweitens*: Wie sollen die prognostizierten Kosten der Einheit auf die gebietskörperschaftlichen Ebenen verteilt und refinanziert werden? Beiden Aspekten kam dabei eine kolossale politische Brisanz zu. Während die Debatte um die Höhe und Bereitstellung der West-Ost-Transfers zu massiven Verteilungskonflikten in der föderalen Arena führte, verlieh die Auseinandersetzung um die Kosten der Einheit sowie deren Refinanzierung auf Bundesebene dem *Parteienwettbewerb* eine erhebliche Sprengkraft.

---

16 Diese Situation konnte auch durch die Einsparung teilungsbedingter Lasten nicht grundlegend korrigiert werden. Zur finanzpolitischen Lage Ende der 80er Jahren vgl. Deutsche Bundesbank 1990: 21 ff., Andersen 1992b: 229, Kitterer 1993a: 41 f., Weizsäcker 1999: 601, Bach/Vesper 2000: 200.
17 Vgl. Peffekoven 1990b: 348 f., Renzsch 1997a: 82. Neben den budgetären Rigiditäten hätte eine Integration der neuen Länder auch technische Adaptionsprobleme verursacht. Vgl. Müller-Overheu 1993: 111 ff.
18 Der Finanzausgleich hätte zwar die Finanzausstattung der Ost-Länder an den Länderdurchschnitt angehoben, die überdurchschnittlichen Belastungen, die aus den Folgelasten der deutschen Teilung resultierten, wären damit aber nicht zu finanzieren gewesen.
19 Bereits im Februar 1990 simulierten einzelne Bundesländer die Auswirkungen einer Einbeziehung Ostdeutschlands in den bestehenden Länderfinanzausgleich. Das Volumen hätte sich nach diesen Berechnungen von rd. 2 Mrd. € auf über 10 Mrd. € erhöht. Eine Ausgleichsverpflichtung wäre für alle westdeutschen Länder mit Ausnahme von Bremen entstanden. Vgl. Geske 1991: 34, Mäding 1992: 188; zur Problematik siehe auch Renzsch 1997a: 53, Altemeier 1999: 77 f.
20 Vgl. Renzsch 1997a: 50, Altemeier 1999: 15 f.
21 Vgl. Renzsch 1997a: 82.
22 Die Prämisse der Annäherung der Lebensverhältnisse war ein zentraler Parameter des Einigungsprozesses. Er wurde ebenso normativ wie verfassungsrechtlich hergeleitet. Vgl. Andersen 1992b: 228, Henke/Schuppert 1993: 49 f., Renzsch 1997a: 50, Altemeier 1999: 77, Wachendorfer-Schmidt 1999: 11.

Angefacht wurde dieser durch die Ende 1990 anstehende Bundestagswahl. Dadurch überschatteten zunehmend die parteitaktischen Erwägungen des Wahlkampfes die Einigungspolitik. Zudem wendeten sich Mitte 1990 noch die Mehrheitsverhältnisse im Bundesrat: Nachdem im Mai 1990 die Landtagswahl in Niedersachsen zur Regierungsübernahme durch Rot-Grün unter Gerhard Schröder (SPD) führte, sah sich die christlich-liberale Koalition erstmals seit der Bonner Wende von 1982 mit einer oppositionellen Mehrheit im Bundesrat konfrontiert. Dadurch schied ab diesem Zeitpunkt die in den 80er Jahren regelmäßig praktizierte parteiinterne Vorabstimmung föderaler Verteilungsfragen aus.

Eingebettet blieb die Neuordnung der Finanzbeziehungen jedoch stets in der Herstellung der staatlichen Einheit. Das Finanzsystem war zwar ein elementares Folgeproblem, für das eine Lösung gefunden werden musste, dieses blieb aber stets diesem Hauptziel untergeordnet. Damit wirkten sich die politischen und sachlichen Friktionen des Einigungsprozesses voll auf die Revision der Finanzordnung aus. Abgesehen von den komplizierten internationalen Voraussetzungen[23] betraf dies speziell den Handlungsdruck, den die sich nach der Maueröffnung verstärkende Ost-West-Migration, aber auch die anhaltenden Demonstrationen in der DDR auslösten. Mit jenem friedlichen, aber entschiedenen Protest forderten die DDR-Bürger die Überwindung der staatlichen Teilung Deutschlands.

4.2 Akteursinteressen, Verhandlungsprozesse, Ergebnisse

4.2.1 *Währungsunion – Weichenstellung für die Finanzierung des Aufbau Osts*

Schon bald stellte sich die Bundesregierung diesen veränderten Rahmenbedingungen, die mit der Öffnung des *„eisernen Vorhangs"* am 9.11.1989 schlagartig einen ersten Höhepunkt fanden.[24] Dabei ergriff Helmut Kohl (CDU) am 28.11.1989 selbst die Initiative. Während der zweiten Beratung des Haushaltsgesetzes für das Folgejahr stellte er im Bundestag ein *„Zehn-Punkte-Programm zur Überwindung der Teilung Deutschlands und Europas"* vor.[25] Hierin entwickelte der Bundeskanzler ein erstes konkretes Einigungsszenario, in dem er einen langfristigen und mehrstufigen Prozess zur Herstellung der deutschen Einheit skizzierte. Mit dem offensiven Bekenntnis Kohls zur Wiedervereinigung stand die Lösung der deutschen Frage im Zentrum der operativen Tagespolitik.[26] Zugleich übernahm Kohl die Führungsrolle und dominierte damit von Beginn an den politischen Einigungspro-

---

23 An erster Stelle sind hierbei die internationalen Prozesse zur Herstellung der Einheit Deutschlands zu nennen. Dies betrifft speziell die Verhandlungen mit den alliierten Besatzungsmächten, aber auch die Integration des Beitrittsgebiets in die Europäischen Gemeinschaften. Ausführlich schildern Teltschik (1991) und Zelikow/Rice (1995) die außenpolitischen Entwicklungen zur Herstellung der deutschen Einheit.

24 Ausgelöst wurden die konkreten Überlegungen zur staatlichen Einheit Deutschlands im Bundeskanzleramt durch ein Gespräch von Nikolai Portugalew mit Horst Teltschik am 21. November 1989. In diesem erkundigte sich der Mitarbeiter der Internationalen Abteilung des ZK der KPdSU – zur Verwunderung seines Gesprächspartners – über die Bonner Position zur Wiedervereinigung Deutschlands. Vgl. Küsters 1998: 61 ff.

25 Über Kohls Vorstoß wusste nur sein engster Beraterkreis im Kanzleramt Bescheid. Weder wurde der Koalitionspartner informiert, noch fand eine – den diplomatischen Gepflogenheiten entsprechende – Vorabunterrichtung der Westmächte statt. Lediglich dem US-Präsidenten George Bush wurde der Text eine Stunde vor Redebeginn übermittelt. Ausführlich zur Entstehung und Hintergründen des Kohlschen Programms siehe Teltschik 1991: 50 ff., Küsters 1998: 61 ff., Jäger 1998: 58 ff.

26 Nur kurze Zeit wurde ernsthaft der Fortbestand einer souveränen DDR im Kontext einer friedlichen Beendigung der politischen Spaltung Europas debattiert. Dazu Seibel 1995: 222, Jacobsen o.J.

zess.²⁷ Das Engagement des Kanzlers lässt sich dabei sicher auch darauf zurückführen, dass er qua Amt zur Lösung der bestehenden Probleme herausgefordert war. Überdies erkannte er aber frühzeitig die Chancen, welche die neue politische Lage bot. Einher ging dies freilich mit dem Anreiz, durch aktives Handeln die Tagesordnung zu bestimmen und so die Bundesregierung zu profilieren, anstatt auf Vorstöße von anderer Seite reagieren zu müssen. Denn bereits zuvor zeichnete sich in der öffentlichen Meinung ein sprunghafter Anstieg der Befürworter der deutschen Einheit – im Osten wie im Westen – ab.²⁸

Schnell gewann der Prozess der staatlichen Vereinigung an Dynamik. In Anbetracht der dramatisch expandierenden Übersiedlungsströme sowie dem immer deutlicher zu Tage tretenden desolaten Zustand der ostdeutschen Volkswirtschaft war ein langfristiges Übergangsszenario, wie es der Kanzler noch in seinem „Zehn-Punkte-Programm" beschrieb, bald überholt. Auf der politischen Agenda stand damit die zügige Verwirklichung der deutschen Einheit. Die Herausforderungen für das bundesdeutsche Finanzsystem waren dabei eng verknüpft mit der Bildung einer deutsch-deutschen *Währungsunion*, dem ersten Schritt zur Schaffung der deutschen Einheit. Um die Geldwertstabilität nicht zu gefährden, galt es frühzeitig zu bestimmen, wie hoch der Finanzierungssaldo der öffentlichen Kassen der DDR nach der Einführung der Deutschen Mark sein wird bzw. sein darf. Nachdem mit der Währungs- auch eine Wirtschafts- und Sozialunion verbunden war, musste mit erheblichen ökonomischen Friktionen sowie immensen sozialen Folgekosten gerechnet werden. Daher war ein enormes Haushaltsdefizit abzusehen, das teilweise durch Transfers gedeckt werden sollte. Somit eröffnete sich die Frage, in welchem Verhältnis sich die westdeutschen Gebietskörperschaften an diesen Mitteln beteiligen.

In diesem Prozess ging es ursprünglich lediglich um die Finanzierung der Haushaltsdefizite der DDR; die Organisation der föderalen Finanzbeziehungen im vereinten Deutschland spielte anfangs noch keine Rolle. Als die Währungsunion politisch geplant wurde, war der zeitnahe Beitritt Ostdeutschlands nicht absehbar. Als sich dies zunehmend herauskristallisierte, sollte die für die Währungsunion getroffene Vereinbarung auch im wiedervereinigten Deutschland Bestand haben und als Interimslösung die Finanzierung des Beitrittsgebiets sicherstellen. Dem entsprechend wurden die Transferbestimmungen der *Währungs-, Wirtschafts- und Sozialunion* im Wesentlichen durch den *Einigungsvertrag* bestätigt. Im Folgenden soll nun analysiert werden, wie es zu dieser Entwicklung kam.

Erste Überlegungen zur wirtschafts- und währungspolitischen Integration stellten die Experten des Bundesfinanzministeriums noch im Dezember 1989 an, nachdem sich ihnen in einer Besprechung mit ostdeutschen Vertretern am 17.12.1989 der ausweglose Zustand der Volkswirtschaft der DDR manifestierte.²⁹ Dieses deprimierende Bild spiegelte sich auch in dem internen „*Szenario zur weiteren Entwicklung des Währungsproblems in der DDR*" des Leiters des Referats „*Nationale Währungsfragen*" Thilo Sarrazin wider, das mit der Einschätzung abschloss, dass die Grenzöffnung zwangsläufig zum wirtschaftlichen

---

27 Die Reaktion auf Kohls Überraschungscoup war über Parteigrenzen hinweg positiv. Vgl. Küsters 1998: 63 f.
28 Im ZDF-Politbarometer vom 20.11.1989 begrüßten 70 % der Befragten die deutsche Einheit. In einer am selben Tag veröffentlichten Umfrage in der DDR-Bevölkerung betrug die Zustimmung ebenfalls 70 %. Vgl. Jäger 1998: 61.
29 An dieser Diskussion in der Ständigen Vertretung der DDR in Bonn nahmen für die Bundesrepublik der Bundesbank-Vizepräsident Helmut Schlesinger sowie aus dem Bundesfinanzministerium der Staatssekretär Hans Tietmeyer und der Abteilungsleiter Horst Köhler teil. Ihre Gesprächspartner waren die damalige Vize-Finanzministerin der DDR, Herta König, und der Präsident der Außenhandelsbank der DDR Werner Polze. In dieser Runde zeichnete sich zwar der finanzwirtschaftliche Zusammenbruch der DDR ab, eine Währungsunion als geldpolitische Konsequenz thematisierten die Experten jedoch noch nicht. Vgl. Köhler 1994: 118.

4.2 Akteursinteressen, Verhandlungsprozesse, Ergebnisse

Zerfall Ostdeutschlands führe.[30] Die Erwägungen, die daraufhin noch vor Weihnachten angestellt wurden, kursierten jedoch noch um einen Stufenprozess zu einem Währungs- und Wirtschaftsverbund.[31] Damit bewegten sich die Haushälter in ihren Vorstellungen im Kontext der allgemeinen politischen Entwicklungen. Denn bei seinem Treffen mit dem ostdeutschen Ministerpräsidenten Hans Modrow am 19.12.1989 in Dresden vereinbarte der Bundeskanzler die Bildung einer Vertragsgemeinschaft der beiden deutschen Staaten. Dies brachte auch die westdeutschen Ministerpräsidenten auf den Plan, die in ihrer Jahresabschlusskonferenz zwei Tage später in Bonn die Einhaltung ihrer verfassungsgemäßen Mitwirkungsrechte bei diesem Projekt anmahnten. Dabei sicherte Kohl den Ländern die Beteiligung an den Vorbereitungen zur Vertragsgemeinschaft zu.[32]

Während die Übersiedlerströme auch nach der Dresdener Erklärung anhielten und die katastrophale ökonomische Lage der DDR immer deutlicher zu Tage trat, setzte im Kanzleramt ausgehend von Kohls Eindrücken vom 19.12.1989 ein Strategiewechsel ein:[33] Statt einer passiven Wiedervereinigungspolitik galt nun die Devise, schnellstmöglich die deutsche Einheit herbeizuführen.[34] Damit gewann die *Debatte über eine Währungs- und Wirtschaftsintegration* rasch an Dynamik.[35] Als erste Politiker forderten Ingrid Matthäus-Maier (SPD) und Kurt Biedenkopf (CDU) Mitte Januar eine Währungsunion zu einem baldigen Stichtag ohne einen vorherigen, mehrstufigen Angleichungsprozess.[36] Ein „Stichtagsmodell" lehnten die zuständigen Fachminister Theo Waigel (CSU, Bundesfinanzminister) und Helmut Haussmann (FDP, Bundeswirtschaftsminister) zunächst allerdings ebenso explizit ab, wie dies die wissenschaftliche Politikberatung mit ihren Voten für ein Stufenkonzept tat.[37] Dennoch setzte in der Folgezeit in der Politik wie in Fachkreisen eine intensive Diskussion über den Weg des währungspolitischen Zusammenschlusses ein.[38] Diese wurde in der Öffentlichkeit zunehmend aufgeregter geführt: Indem sich in der DDR im Zuge der politischen Überlegungen die Forderungen nach einer Währungsunion verstärkten, offenbarte sich in der Bundesrepublik eine markante Verunsicherung vieler Bürger.[39]

Parallel zum öffentlichen Disput fand das Konzept einer „Stichtagslösung" auch in den internen Beratungen des Bundesfinanzministeriums Beachtung.[40] Am 30.1.1990 erörterte die Hausleitung auf einer Klausurtagung in der bayerischen Landesvertretung in Bonn die Vorzüge und Nachteile der konkurrierenden Modelle „Stufenplan" und „Stichtag".[41] Unter

---

30 Vgl. Sarrazin 1994: 169 ff.
31 Vgl. Köhler 1994: 118, Sarrazin 1994: 175 ff.
32 Vgl. Dästner 1998: 34, Küsters 1998: 103, Oschatz/Podschull 2002: 143.
33 Kohl wurde bei diesem „*Schlüsselerlebnis*" deutlich, dass die DDR „*am Ende*" sei. Vgl. Kohl 1996: 213.
34 Jede weitere Vereinbarung mit der DDR sollte ein unumkehrbarer Schritt zur Wiedervereinigung sein. Vgl. Küsters 1998: 77, 80.
35 Seit Mitte Januar beschäftigte sich die Wirtschaftsabteilung im Bonner Kanzleramt mit der Währungsunion. Vgl. Küsters 1998: 81.
36 Matthäus-Maier formulierte ihre Forderung in der Zeit vom 19. Januar, Biedenkopf trat für dieses Konzept in einem Interview mit dem Bonner Generalanzeiger ein, das am selben Tag erschien. Vgl. zu den Artikeln sowie den Hintergründen der Diskussion A. Busch 1991: 194, Grosser 1998: 153 f.
37 Vgl. Jäger 1998: 112, 119.
38 Vgl. Grosser 1998: 156 f.
39 Deutlich wurde dies auch im souveränen Sieg von Oskar Lafontaine (SPD) bei den Landtagswahlen im Saarland Ende Januar 1990. Lafontaine griff in seinem Wahlkampf auch die Ängste der Westdeutschen vor den Begleiterscheinungen der deutschen Einheit (speziell vor Inflation und Arbeitsplatzverlust) auf. Vgl. Grosser 1998: 158, Wachendorfer-Schmidt 2003: 74.
40 Vgl. Haller 1994: 150 f.
41 Zur Vorbereitung legte Sarrazin am 29.1.1989 ein Grundsatzpapier über die alternative Konzeptionen vor. Dabei votierte der Verfasser für die Stichtagslösung. Vgl. Sarrazin 1994: 182 ff., Grosser 1998: 165 ff.

Betonung der Risiken wurde eine „Stichtagsunion" – in Verbindung mit marktwirtschaftlichen Reformen – als prinzipiell denkbares Verfahren bewertet. In Anbetracht der fortgeschrittenen Entwicklung gab Waigel in dieser Besprechung grünes Licht zur Vorbereitung eines Wirtschafts- und Währungsverbundes. Hierfür setzte er die abteilungsübergreifende Arbeitsgemeinschaft „*Innerdeutsche Beziehungen*" ein, die den Plan einer Wirtschafts- und Währungsunion entwerfen sollte.[42]

Etwa zur selben Zeit eroberte die Währungsintegration auch die operative Agenda der Bundesregierung. In der Sitzung am 31.1.1990 konstituierte das Kabinett die ressortübergreifende Arbeitsgemeinschaft „*Deutschlandpolitik*" unter der Leitung des Kanzleramtsministers Rudolf Seiters (CDU), die dem zu bildenden Kabinettsausschuss „*Deutsche Einheit*" zuarbeiten sollte. Damit stand auch die Frage der Übertragung der Deutschen Mark im Raum. Am 2. Februar diskutierte Kohl mit seinem Finanzminister die alternativen Ansätze, ohne sich jedoch auf einen Kurs festzulegen. Nach Ansicht der Kanzlerberater musste aber die Entscheidung noch vor dem Mitte Februar anstehenden Besuch von Modrow getroffen werden. Der DDR-Regierungschef – der am 1. Februar die Initiative übernahm und das 4-Phasenmodell „*Für Deutschland, einig Vaterland*" zur Einheit Deutschlands präsentierte[43] – wiederholte nämlich in einem Gespräch mit Kohl beim Weltwirtschaftsforum in Davos am 3. Februar seine Forderung nach einer Soforthilfe von rd. 7,7 Mrd. €.[44] Der Kanzler hatte damit die Wahl auf diesen Appell einzugehen oder das Angebot einer Währungsgemeinschaft zu unterbreiten. Dabei rieten ihm die Beamten des Kanzleramts zur zweiten Option.[45] Sie verwiesen bereits in ihrem Vermerk vom 2. Februar sowohl auf den Übersiedlerstrom und die Forderungen der Demonstranten im Osten, als auch auf die Ängste sowie den Druck der Opposition im Westen.[46] Gleichzeitig erwarteten sie eine Verbesserung der Wahlchancen der Ost-CDU bei der Volkskammerwahl.[47] Denn als am 5. Februar das Wahlbündnis „*Allianz für Deutschland*" von den Parteien CDU, DSU und Demokratischer Aufbruch gegründet wurde, standen dessen Chancen wahrlich noch nicht gut.[48]

Die Entscheidung traf der Bonner Regierungschef schließlich – symptomatisch für die erste Phase des Einigungsprozesses[49] – am *6. Februar* im engsten Kreis mit seinen Vertrauten Horst Teltschik[50] und Rudolf Seiters im Kanzleramt.[51] In der darauf folgenden Bespre-

---

42 Trotz der Bedenken, die Waigel wegen der SPD-Mitgliedschaft Sarrazins hatte, wurde dieser zum Vorsitzenden der AG ernannt. Zur Klausurtagung siehe Haller 1994: 151, Köhler 1994: 119, Sarrazin 1994: 190, Grosser 1998: 172.
43 In einer Beratung mit Modrow am 30.1.1990 erklärte Michail Gorbatschow (Generalsekretär der KPdSU und Vorsitzender des Obersten Sowjets der UdSSR), dass er prinzipiell keine Einwände gegen die staatliche Vereinigung habe. Die Niederschrift des Treffens ist dokumentiert in Nakath/Stephan 1996: 288 ff.
44 Bereits am 25. Januar übergab Modrow den Entwurf einer Vertragsgemeinschaft an Seiters. Damit verbunden war die Forderung nach einer Finanzhilfe in der genannten Höhe. Vgl. Küsters 1998: 82.
45 Vgl. hierzu mit einem Abdruck von Auszügen aus dem Vermerk der Fachebene vom 2.2.1990 Grosser 1998: 174 ff.
46 Um nicht deutschlandpolitisch weiter in die Defensive zu geraten, sollte die Bundesregierung mit dem Vorschlag einer Währungsunion das Tempo forcieren und sich „*wieder an die ‚Spitze der Bewegung' setzen*". Zugleich sollte die Popularität des Regierungschefs, die durch die Binnenmigration ramponiert war (vgl. Zelikow/Rice 1995: 201), wieder verbessert werden. Dazu auch Küsters 1998: 89 f.
47 Mit der Ankündigung einer Währungsunion sollte eine eindeutige Botschaft im Wahlkampf vermittelt werden: „*Dieses Konzept wollen wir sofort nach dem 18. März gemeinsam mit Helmut Kohl in die Tat umsetzen.*"
48 Vgl. Seibel 1995: 225, Grosser 1998: 180.
49 Schwinn 1997: 39.
50 Horst Teltschik war damals als Abteilungsleiter im Bundeskanzleramt tätig. Er gilt als engster und einflussreichster politischer Berater Kohls während des Einigungsprozesses (vgl. A. Fischer 1996: 105 f.).

4.2 Akteursinteressen, Verhandlungsprozesse, Ergebnisse

chung der Vorsitzenden der Koalitionsparteien – Kohl (CDU), Waigel (CSU), Otto Graf Lambsdorff (FDP) – einigten sich diese auf die Formel *„Die Bundesregierung erklärt sich bereit, mit der DDR unverzüglich in Verhandlungen über eine Währungsunion mit Wirtschaftsreformen einzutreten"*. Mit diesem Kompromiss blieb die Koalition noch relativ vage in der Aussage, wie und wann der ökonomische Verbund erfolgen solle.[52] Noch während der abendlichen Fraktionssitzung, in der die Unionsabgeordneten über das Angebot unterrichtet wurden, kündigte der Kanzler in den ARD-*„Tagesthemen"* der erstaunten Öffentlichkeit den Vorstoß an.

Am nächsten Tag beschloss das Kabinett auch formal die Offerte, Verhandlungen über eine konditionierte Währungsunion zu führen.[53] Damit verband die Regierung die Hoffnung, dass von der monetären Maßnahme die größte Symbolwirkung ausgehen und so der Übersiedlungsdruck abebben würde.[54] Inhaltlich blieb die Thematik zwischen den Koalitionsparteien jedoch höchst umstritten: Waigel skizzierte in der Sitzung zwar drei Modelle[55] eines Währungsverbundes, eine Einigung darüber erreichten die Ressortchefs indes nicht. Ein Konsens konnte lediglich darüber erzielt werden, dass die Währungsunion an Wirtschaftsreformen gekoppelt werden müsse, gleichzeitig föderative Strukturen in der DDR zu bilden seien und die Verhandlungen nach der Volkskammerwahlen beginnen sollten.[56] Außerdem setzte die Bundesregierung den Kabinettsausschuss *„Deutsche Einheit"* ein.[57] Neben dem außenpolitischen Ausschuss, der die *„Zwei-plus-Vier-Gespräche"* vorzubereiten hatte, kam der Gruppe *„Finanzfragen und Schaffung einer Währungsunion"* unter der Federführung des Bundesfinanzministeriums eine herausragende Rolle zu.[58]

Die Öffentlichkeit nahm das Angebot der Koalition sehr überrascht zur Kenntnis, die Brisanz, die der Koalitionsbeschluss hinsichtlich der drei diskutierten Wege zur Währungsgemeinschaft barg, ignorierte sie jedoch schlichtweg. Die Ökonomen deuteten das Vorhaben der Koalition im Sinne einer „Stichtagslösung". Zugleich äußerten sie massiv *Kritik an*

---

51 Teltschik erfuhr zuvor vom Stuttgarter Finanzminister Gerhard Meyer-Vorfelder, dass sein Regierungschef für den 7. Februar eine Regierungserklärung plane, in der er eine Wirtschafts- und Währungsunion fordern wolle. Nachdem sich Kohl sehr verstimmt über das Vorpreschen seines Parteigefährten zeigte, überwog im Kanzleramt die Einschätzung, selbst die Initiative zu ergreifen. Vgl. Teltschik 1991: 129 f., Jäger 1998: 117. Siehe auch den Vermerk des Regierungsdirektors Nehring: Sprechzettel für BK. Betr. Wirtschafts- und Währungsunion (WWU) mit DDR (Bonn 6. Februar 1990), abgedruckt in Küsters/Hofmann 1998: 761.
52 Vgl. Jäger 1998: 119.
53 An diesem Treffen nahmen neben der Kabinettsriege auch die Partei- und Fraktionsvorsitzenden der Koalition sowie der Präsident der Deutschen Bundesbank Karl-Otto Pöhl teil. Letzterer echauffierte sich darüber, dass er von dem Regierungsvorstoß erst über Journalisten erfahren hatte. Er befürwortete in seinen Ausführungen einen „Stufenprozess" als ökonomisch sinnvollere Lösung, machte aber auch deutlich, dass letztlich die Regierung entscheiden und die Verantwortung tragen müsse. Vgl. Grosser 1998: 184.
54 Vgl. A. Busch 1991: 189, Seibel 1995: 223.
55 Das erste Modell, der sog. *„Königsweg"*, sah einen mehrstufigen Prozess vor, an dessen Ende der Währungsverbund stand. Im zweiten Weg wären feste, von der Bundesbank garantierte Wechselkurse als Vorstufe zur Währungsunion festgelegt worden. Das dritte Konzept sah eine unverzügliche Währungsgemeinschaft im Zusammenhang mit der Unterstellung der Geld- und Finanzpolitik unter die Aufsicht der Deutschen Bundesbank. Siehe das Schreiben des Bundesministers Waigel an die Mitglieder der Fraktion der CDU/CSU im Deutschen Bundestag: *„Währungsunion mit Wirtschaftsreformen"* (Bonn, 7. Februar 1990), abgedruckt in Küsters/Hofmann 1998: 766 ff. Vgl. auch Teltschik 1991: 130 ff., Schwinn 1997: 38.
56 Vgl. Zelikow/Rice 1995: 199 f.; zum regierungsinternen Disput siehe Jäger 1998: 112 f.
57 Diesem wurden sechs Arbeitsgruppen zugeordnet. Unter dem Vorsitz des Bundeskanzlers gehörten dem Ausschuss als ständige Mitglieder der Außen-, der Innen-, der Justiz-, der Finanz-, der Wirtschafts-, der Arbeits- und der Umweltminister sowie der innerdeutsche Minister an. Vgl. Jäger 1998: 112.
58 Vgl. Schäuble 1991: 53.

diesem Konzept, sprachen sie sich doch davor mehrheitlich für ein „Stufenmodell" aus.[59] Skeptische Positionen fanden sich aber auch in der Politik: Zwar fand die Koalition mit ihrem Vorgehen auch Fürsprecher in der oppositionellen SPD, besonders in der Bundestagsfraktion um Matthäus-Maier und Hans-Jochen Vogel, allerdings war von dieser Seite naturgemäß auch Missbilligung zu hören. Speziell Lafontaine, der nach seinem fulminanten Wahlsieg zum unantastbaren Kanzlerkandidaten avancierte, wies auf die absehbaren Belastungen hin und beschwor gleichzeitig eine Stufenlösung.[60] Neben der Opposition reagierte vor allem die FDP verstimmt. Sie bevorzugte ebenfalls einen gemächlicheren Integrationsprozess. Infolge der Präjudizierung, die mit der öffentlichen Rezeption des Regierungsbeschlusses erfolgte, fühlte sie sich von ihren Koalitionspartnern übergangen.[61]

Während im Bundesfinanzministerium die Vorbereitungen zur Währungsunion anliefen,[62] begegnete der „*Runde Tisch*" in Ost-Berlin dem Vorschlag Kohls mehrheitlich mit großer Zurückhaltung. Im Vorfeld des *Modrow-Besuchs in Bonn* stützte er dessen Forderung nach einer Soforthilfe in Milliardenhöhe.[63] Diese Position wiederholte der DDR-Ministerpräsident am *13. und 14. Februar* in der Bundeshauptstadt. Zugleich forderte er, dass ein Sozialverbund eine Währungs- und Wirtschaftsunion kompensieren müsse.[64] Dabei wollte er eine sofortige Preisgabe der ostdeutschen Finanzhoheit vermeiden. Mit seinen Vorstellungen konnte sich Modrow jedoch nicht durchsetzen. Darin spiegelte sich auch wider, dass die Bundesregierung, auf deren Wohlwollen die ostdeutsche Delegation angewiesen war, diese nicht als gleichberechtigten Partner betrachtete.[65] Kohl wandte sich gegen zusätzliche unkonditionierte Finanzhilfen, indem er seine Offerte eines Währungs- und Wirtschaftsbundes unterstrich.[66] Diese koppelte er an zwei Bedingungen: Einerseits an die Übertragung der Geldpolitik der DDR auf den westdeutschen Staat sowie andererseits an die irreversible Einführung der ordnungspolitischen Strukturen der Bundesrepublik in Ostdeutschland.[67] Schließlich einigten sich die Regierungschefs darauf, eine Kommission zu bestellen, welche die Bedingungen einer Wirtschafts- und Währungsgemeinschaft entwi-

---

59 Ebenso wie die Bundesbank präferierte auch der Sachverständigenrat einen iterativen Prozess. Vgl. dazu mit weiteren Belegen Schwinn 1997: 38. Ein Überblick über die wirtschaftswissenschaftliche Diskussion im Vorfeld des Regierungsbeschlusses findet sich bei Hoffmann 2000: 154 ff. Zur Kritik am Koalitionskonzept vgl. A. Busch 1991: 190 ff., Seibel 1995: 220, Grosser 1998: 193 ff., Hoffmann 2000: 157, Jacobsen o.J. Ausführlich debattierte Handelsblatt in einem 5-seitigen Sonderteil am 8.2.1990 das Angebot einer Währungsunion (Titel: Gesunde Währung darf nicht auf marode Wirtschaft aufgesetzt werden).

60 In der Sozialdemokratie konkurrierten in dieser Frühphase des staatlichen Einigungsprozesses zwei Strömungen: Eine „*patriotisch-nationale*" Gruppierung um Willy Brandt, Klaus von Dohnanyi und Hans-Jochen Vogel sowie eine „*postnationale*" Linie um Oskar Lafontaine und Peter Glotz. Zur Debatte in der SPD siehe Grosser 1998: 189 ff., Wachendorfer-Schmidt 2003: 73 f.

61 Damit war auch das „*Drei-Stufen-Konzept*", das der FDP-Wirtschaftsminister Haussmann erst am 6. Februar publizierte und das einen Währungs- und Wirtschaftsbund bis Anfang 1993 modellierte, obsolet. Vgl. A. Busch 1991: 194, Grosser 1998: 184, 191.

62 Gorbatschow deutete am 9.2.1990 in einem Gespräch mit Kohl in Moskau seine Zustimmung zu einer Währungsunion sowie zum Selbstbestimmungsrecht der Deutschen bezüglich ihrer staatlichen Zukunft an. Ausführlich zu dieser Besprechung siehe Grosser 1998: 185 ff., Küsters 1998: 99 f.

63 Am „*Runden Tisch*" setzte sich damit die kritische Position der PDS sowie der Bündnis 90-Gruppe durch. Vgl. Grosser 1998: 203 f.

64 Vgl. Sarrazin 1994: 193.

65 Die westdeutsche Delegation bezweifelte ebenso die Legitimation wie die Kompetenz der DDR-Regierung. Sie lehnte daher weitere Abkommen mit dem Kabinett Modrow schon aus prinzipiellen Erwägungen ab. Mit dieser Haltung setzte sie sich jedoch dem Vorwurf der Arroganz aus, da sich die ostdeutschen Akteure zu Bittstellern degradiert sahen. Vgl. Grosser 1998: 206, Küsters 1998: 82.

66 Vgl. Schäuble 1991: 294, Sarrazin 1994: 193.

67 Vgl. Tietmeyer 1994: 61.

ckeln sollte.[68] Über das Ergebnis des Staatsbesuchs berichtete Kohl am 15.2.1990 nicht nur im Bundestag, er informierte am selben Tag bei einem gemeinsamen Treffen auch die Regierungschefs der Länder.[69] Dabei sicherte er ihnen zu, sie fortan kontinuierlich über den Fortgang des Einigungsprozesses zu unterrichten und sie umfassend an den Verhandlungen zu beteiligen.[70] Bereits bei diesem Treffen formulierten die Länder den Wunsch, die Bund-Länder-Finanzbeziehungen von den aktuellen Entwicklungen unberührt zu lassen. Der mittelfristige Finanzausgleich sollte demnach so konzipiert werden, dass die in der DDR neu entstehenden Länder an diesem bis Ende 1994 nicht partizipieren würden. Erst für die Zeit ab 1995 dürfte über einen gesamtdeutschen Finanzausgleich entschieden werden.[71]

Das von Kohl und Modrow vereinbarte Gremium konstituierte sich am 20. Februar in Ost-Berlin. In drei Plenarsitzungen erörterte die *Expertenkommission* unter der Leitung von Horst Köhler, der mittlerweile Staatssekretär im Bundesfinanzministerium war, die Grundlagen der Währungs- und Wirtschaftsintegration.[72] Wie der Abschlussbericht vom 13. März dokumentiert, konnte dabei die Westseite ihre Positionen durchsetzen.[73] Dies betrifft speziell das Junktim zwischen der Einführung der D-Mark und marktwirtschaftlichen Reformen in Ostdeutschland.[74] Festgelegt wurden sowohl das Programm für den Fortgang der Verhandlungen als auch die Grundstruktur der späteren Währungs-, Wirtschafts- und Sozialunion.[75] In dem vorausgegangen Prozess gelangte die DDR-Regierung offensichtlich sukzessive zur Überzeugung, dass die Währungsgemeinschaft nicht nur unausweichlich, sondern auch im Interesse ihrer Volkswirtschaft sei.[76]

Die Fortschritte in der Expertenrunde spiegelten die außen- wie innenpolitischen Strömungen des *Einigungsprozesses vor der Volkskammerwahl* wider. Während eines Gesprächs mit dem US-Präsidenten George Bush am 24. Februar in Camp David sicherte sich

---

68 Vgl. Zelikow/Rice 1995: 200 f., Grosser 1998: 205 f.
69 Siehe das Protokoll der Besprechung des Bundeskanzlers Kohl mit den Regierungschefs der Länder (Bonn, 15. Februar 1990), abgedruckt in Küsters/Hofmann 1998: 834 ff.
70 Der Bundeskanzler sagte den Länderchefs eine gleichberechtigte Mitwirkung an den Vorbereitungen über die künftige Staatsstruktur in Deutschland zu. Zudem erklärte er sich bereit, die Länder umfassend und fortlaufend über die Vorhaben der Bundesregierung auf dem Weg zur Wiedervereinigung zu informieren. Dabei wollte er vor der abschließenden Entscheidungsfindung den Ländern Gelegenheit geben, ihre abgestimmte Position vorzutragen. Bei Verhandlungsgegenständen, die ausschließlich in die Kompetenz der Länder fallen, sollten jene die Verhandlungsführung in der paritätisch von Bund und Ländern besetzten Delegation übernehmen. Als Grundlage für die Länderbeteiligung wurde die schriftliche Verständigung des Bundeskanzlers mit den Ministerpräsidenten vom 17.12.1987 über die Beteiligung der Länder an Verhandlungen mit der DDR verabredet. Vgl. Schäuble 1991: 295, Dästner 1998: 34, Oschatz/Podschull 2002: 143. Später rügten die Länder, dass diesem Versprechen keine Taten folgten (vgl. Dästner 1998: 34).
71 Zugleich setzten die Regierungschefs eine Bund/Länder-Arbeitsgruppe ein, die einen Vorschlag zur Neuverteilung der Umsatzsteuer entwickeln sollte. Vgl. Küsters 1998: 105.
72 Weitere Mitglieder der westdeutschen Delegation waren Vizepräsident der Bundesbank Schlesinger sowie die Staatssekretäre Dieter von Würzen (Bundeswirtschaftsministerium) und Bernhard Jagoda (Arbeits- und Sozialministerium). Die Ost-Seite wurde angeführt von Walter Romberg (SPD, seit Februar Minister ohne Geschäftsbereich). Seine Gruppe ergänzten mit Walter Siegert (Finanzminister der DDR), Horst Kaminsky und Wolfried Stoll (Präsident bzw. Vizepräsident der Staatsbank) sowie Karl Grünheid (Minister für Leichtindustrie) ausschließlich etablierte Vertreter des früheren Regimes. Vgl. Tietmeyer 1994: 61, Sarrazin 1994: 196, Grosser 1998: 211.
73 Der Bericht ist abgedruckt in Köhler 1994: 129 ff.
74 Vgl. Tietmeyer 1994: 62.
75 Vgl. Köhler 1994: 128, Sarrazin 1994: 197.
76 Vgl. Grosser 1998: 126. Zugleich musste auch die westliche Seite erschreckt den fatalen wirtschaftlichen Zustand zur Kenntnis nehmen, der sich in dem gemeinsam erstellten Datenmaterial als äußerst fataler darstellte. Dazu Tietmeyer 1994: 62.

der westdeutsche Regierungschef die Unterstützung der Vereinigten Staaten in seinem Bestreben, die DDR so schnell als möglich und direkter als bislang geplant zu „übernehmen".[77] Zur selben Zeit entwarfen im Bundesfinanzministerium die Spezialisten um den Abteilungsleiter Bruno Schmidt-Bleibtreu bis zum 1. März die Umrisse eines deutsch-deutschen Staatsvertrags, die dem späteren Kontrakt bereits sehr ähnelten.[78] Noch im Februar begannen sich auch die Bundesländer über ihren finanziellen Status quo nach der Vereinigung zu sorgen. Daher berechneten die Finanzministerien der Länder Baden-Württemberg und Niedersachsen, welche materiellen Konsequenzen sich im Falle einer Integration der neuen Länder in den bestehenden Finanzausgleich ergeben würden. Das Ergebnis ließ sie aufschrecken: Das Finanzausgleichsvolumen würde sich, so die Prognosen, von rd. 1,8 Mrd. € in 1989 auf rd. 10 Mrd. € erhöhen. Zudem würden fast alle Länder zu Zahlern.[79] Anfang März forderten die Chefs der Staats- und Senatskanzleien der Länder in ihrer turnusgemäßen Besprechung den Kanzleramtschef Seiters auf, die Länder umfassender über die Entwicklungen im Einigungsprozess zu informieren.[80]

Die Erkenntnis über den desolaten Zustand der DDR einschließlich der daraus ableitbaren Folgekosten setzte sich damit in Fachkreisen wie auch auf dem politischen Parkett durch. Gepaart mit dieser Ernüchterung zeichnete sich der Trend in Richtung Währungs- und Finanzunion ab. Verstärkt wurde die Dynamik durch eine bedeutende Vorentscheidung über die Gestaltung der staatlichen Einheit, die am 6. März wiederum direkt im Bonner Kanzleramt getroffen wurde: Indem sich Kohl nun auch öffentlich auf einen Beitritt nach Art. 23 GG i.d.F.v. 1990 als einzig akzeptablen Weg zur Wiedervereinigung festlegte, musste ein baldiger Wirtschafts- und Währungsbund der territorialen Erweiterung der Bundesrepublik vorausgehen.[81]

Derweil drehte sich die seit dem spektakulären Währungsunionsangebot der Koalition hitziger werdende öffentliche Auseinandersetzung noch stärker um die Gefahren, die aus dem drohenden Bankrott des ostdeutschen Staates resultieren könnten. Damit setzte auch eine mediale Debatte über die Kosten sowie die Finanzierung der deutschen Einheit ein.[82] Hierbei zeigte sich, dass die Westdeutschen – anders als dies im Nachhinein oft dargestellt wurde – mehrheitlich nicht zu budgetären Opfern für ihre Nachbarn bereit waren.[83] Gleichzeitig polarisierte das Angebot der Währungsgemeinschaft den Wahlkampf in der DDR: Das Konzept einer zügigen Einführung der D-Mark und einer baldigen Einheit der bürgerlichen Allianzparteien stand den abgestuften Einigungsprogrammen der konkurrierenden

---

77 Siehe das Protokoll des Gesprächs des Bundeskanzlers Kohl mit Präsident Bush (Camp David, 24. Februar 1990), abgedruckt in Küsters/Hofmann 1998: 860 ff.; vgl. auch Zelikow/Rice 1995: 212 f.
78 Vgl. Sarrazin 1994: 199, Schmidt-Bleibtreu 1994: 231.
79 Vgl. Frankfurter Rundschau vom 28.2.1990: Angst vor fünf armen Vettern; siehe auch Schwinn 1997: 50.
80 Bereits bei ihrer gemeinsamen Besprechung am 30. Januar konnten sich beide Seiten nicht über die Form der Länderbeteiligung an den Vorbereitungen zu einem Staatsvertrag verständigen. Sie verblieben daher mit der Absprache, dies „pragmatisch" auf Grundlage der schriftlichen Verständigung des Bundeskanzlers mit den Ministerpräsidenten vom 17.12.1987 zu entscheiden. Siehe das Protokoll der Besprechung des Chefs des Bundeskanzleramtes Seiters mit den Chefs der Staats- und Senatskanzleien der Länder (Bonn, 30. Januar 1990), abgedruckt in Küsters/Hofmann 1998: 899 ff. sowie das Protokoll der Besprechung des Chefs des Bundeskanzleramtes Seiters mit den Chefs der Staats- und Senatskanzleien der Länder (Bonn, 2. März 1990), abgedruckt in Küsters/Hofmann 1998: 899 ff.
81 Vgl. Zelikow/Rice 1995: 202.
82 Vgl. z.B. Die Zeit vom 23.2.1990: Wer zahlt die Medizin? Die Bonner Politiker streiten um die Finanzierung der DDR-Hilfe.
83 Nach einer Infas-Umfrage lehnten zwei Drittel der Befragten eigene finanzielle Beiträge ab (vgl. Die Zeit vom 23.2.1990).

Parteien gegenüber.[84] Ihrem Konzept verlieh die Union dadurch zusätzliches Gewicht, dass sie ein Umtauschverhältnis von 1:1 suggerierte.[85]

Die *Volkskammerwahl am 18.3.1990* endete mit einem ebenso überraschenden wie triumphalen Sieg der „*Allianz für Deutschland*". Bei einer Wahlbeteiligung von 93,4 % erreichten die Bündnisparteien CDU, DSU und DA zusammen 48,0 % der Stimmen, während die SPD, die bis zum Schluss auf eine eigene absolute Mehrheit hoffte, lediglich 21,9 % der Stimmen erhielt.[86] Damit setzten sich die Allianzparteien sowohl mit dem auf Kohl zentrierten Wahlkampf personell als auch programmatisch durch: Von der Währungsunion versprach sich die Mehrheit der Wähler eine rasche Verbesserung ihrer Lebensverhältnisse, da sie die D-Mark als Symbol für den wirtschaftlichen Aufschwung und den Wohlstand der Bundesrepublik betrachteten. Die Abstimmung war aber nicht allein ein überwältigendes Votum für eine zügige Währungs- und Wirtschaftsintegration, sie wirkte auch als Plebiszit für eine schnelle Vereinigung nach den Vorstellungen des Bundeskanzlers.[87]

Nach Kohls Erdrutschsieg im Osten beschleunigte sich der ohnehin schon dynamische Einigungsprozess auf nationaler wie auf internationaler Ebene.[88] Am 20.3.1990 legte sich die Regierungskoalition – ohne vorherige Einschaltung der legislativen Verfassungsorgane[89] – auf den 1.7.1990 als Termin für die deutsch-deutsche Währungsunion fest.[90] Berücksichtigt man noch das erforderliche Ratifizierungsverfahren, war der Zeitkorridor von 8 Wochen für die politischen Verhandlungen angesichts der Herkulesaufgabe äußerst knapp bemessen. Zudem musste die Regierung der DDR erst noch formiert werden.

Von nun an liefen die *Vorbereitungen innerhalb der Bundesregierung* auf Hochtouren. Ihr Ziel war es, Ende April bis Anfang Mai die Einzelheiten der Währungsunion mit der DDR-Regierung zu besprechen. Bis dahin wollte sie intern die Bedingungen und Ziele der Währungsunion sowie des Beitritts abstimmen.[91] Einen ersten Rohentwurf erstellten die Spezialisten des Bundesfinanzministeriums in einer Mammutsitzung am 30.3./1.4.1990[92] Auf der Basis dieses Rohentwurfs sowie des Zwischenberichts der Expertenkommission begannen Anfang April die Planungen der Bundesregierung für die deutsch-deutschen Gespräche. Hierfür betraute die Bundesregierung Hans Tietmeyer, der als persönlicher Berater des Kanzlers die Expertengespräche leiten und die politischen Schlussverhandlungen vorbereiten sollte.[93] Während dieser Phase, in der die Grundlinien der Währungsunion entwickelt und damit das Fundament der staatlichen Einheit Deutschlands errichtet wurde, blieben das Parlament ebenso wie die Ländervertreter von den konkreten Vorbereitungen ausgeschlossen. Dies beklagte Wolfgang Clement (SPD, NW), Chef der Staatskanzlei des vorsitzführenden Landes in der Ministerpräsidentenkonferenz. In der Besprechung der

---

84 Vgl. Seibel 1995: 225.
85 Vgl. Handelsblatt vom 14.3.1990: Haussmann bestätigt Umtausch der DDR-Spargelder im Verhältnis 1:1.
86 Die weiteren Ergebnisse: PDS 16,4 %, BFD (bestehend aus DFP, FDP und LDP) 5,3 %, Bündnis 90 2,9 %, Grüne 2,0 %.
87 Vgl. Grosser 1998: 267 f., Jäger 1998: 413.
88 Vgl. Zelikow/Rice 1995: 230 f., 235.
89 Die unzureichende Information der A-Länder schildert Dästner 1998: 34.
90 Vgl. zur Verständigung der Bonner Koalition und des Bundeskabinetts Schäuble 1991: 76.
91 Vgl. Teltschik 1991: 184 f.
92 Als Basis für den über 90 Seiten umfassenden Vertragstext diente die bereits Anfang März im BMF erstellte Rohskizze. Ausführlich zum Entwurf Grosser 1998: 243 ff.; vgl. auch Sarrazin 1994: 200 f.
93 Tietmeyer wechselte erst drei Monate vorher vom Bundesfinanzministerium zur Bundesbank. Für seine Tätigkeit im Kanzleramt wurde er von seinen Funktionen bei der Notenbank freigestellt. Seit Anfang April besprach er mit Waigel, den Beamten des BMF sowie Vertretern anderer Ressorts die Grundzüge des ersten Staatsvertrags. Vgl. Tietmeyer 1994. 57 f., Grosser 1998: 256.

Chefs der Staats- und Senatskanzleien mit dem Kanzleramtschef am 30.3.1990 forderte er – wenngleich ergebnislos – eine bessere Information der Länderexekutiven.[94]

Diese Fachgespräche ereigneten sich im Schatten der öffentlichen Debatte, die hauptsächlich der zunehmend eskalierende Streit um den Umrechnungskurs der Ost-Mark beherrschte. Das Gerücht, die Bundesregierung beabsichtige einen Umtauschkurs von 1:2, stachelte die Auseinandersetzung am 1. April noch weiter an. Ausgelöst wurde dies durch eine der Presse zugespielten Stellungnahme der Bundesbank, in der diese der Bundesregierung eine generelle Umrechnung aller Schuldverhältnisse in der Relation 1:2 empfahl.[95] In der ostdeutschen Bevölkerung, aber auch bei allen ostdeutschen Parteien, löste diese Absicht einen heftigen Groll gegen die Bundesregierung aus, der Wortbruch vorgeworfen wurde.[96] Zugleich beharrten die ostdeutschen Stimmen hartnäckig auf eine Währungsumstellung im Verhältnis 1:1.[97] Die Entrüstung blieb aber nicht auf die DDR begrenzt. Die *Währungsumstellung* entfachte desgleichen in der Bundesrepublik den parteipolitischen Streit. Speziell die SPD und die Gewerkschaften forderten für die Umrechnung der Löhne ein Umtauschverhältnis von 1:1. Zudem monierten sie die restriktive Informationspolitik Kohls, der die Einheit nach ihrer Auffassung als *„Privatangelegenheit"* behandle.[98]

Die Bundesregierung beriet am 4.4.1990 die Stellungnahme des Zentralbankrats der Bundesbank. Eine Verständigung über den Umrechnungskurs konnte sie dabei jedoch noch nicht erzielen. Zwar folgten Waigel und Haussmann den Vorstellungen der Währungshüter, im Kabinett überwog jedoch die Skepsis über die Vermittelbarkeit der Konzeption der Notenbank.[99] Während eine Einigung über die brisanten Aspekte des Projekts Währungsunion in Folge der Meinungsverschiedenheiten nicht gelöst werden konnten (neben den Umtauschmodalitäten war dies speziell die Leistungsbreite der sozialen Sicherungssysteme sowie die Eigentumsfrage), debattierte die Bundesregierung die Grundzüge für den ersten Staatsvertrag. Diese Leitlinien, die am darauf folgenden Tag nochmals koalitionsintern abgestimmt wurden,[100] bildeten die Grundlage für die Überarbeitung des im Bundesfinanzministerium formulierten Rohentwurfs zu einer *„Erste(n) Skizze für einen Vorschlag an die DDR"*.[101] Mit dieser 50-seitigen Vertragsversion versuchte die Bundesregierung, die Vorreiterrolle im Entscheidungsprozess zu behalten, den sie noch vor den Kommunalwahlen in der DDR am 6.5.1990 abschließen wollte. Dabei war dem Kanzler und seiner Minis-

---

94 Das Gesuch der Präsidentinnen und Präsidenten der Landesparlamente, mit zwei Vertretern an den CdS-Gesprächen über deutschlandpolitische Entwicklungen teilzunehmen, lehnte die Konferenz jedoch ab. Siehe das Protokoll der Besprechung des Chefs des Bundeskanzleramtes Seiters mit den Chefs der Staats- und Senatskanzleien der Länder (Bonn, 30. März 1990), abgedruckt in Küsters/Hofmann 1998: 993 ff.

95 Durch eine wohl gezielte Indiskretion gelang der Zentralbankbeschluss vom 29.3.1990, der streng vertraulich gefasst wurde, über Frankfurter Rundschau an die Öffentlichkeit. Vgl. Sarrazin 1994: 205, Tietmeyer 1994: 64, Grosser 1998: 251, Küsters 1998: 143.

96 Tatsächlich hatte die Regierung Kohl im Wahlkampf zwar nie einen Umstellungskurs von 1:1 explizit zugesichert, sie unternahm aber auch nichts gegen die öffentliche Wahrnehmung, dass sie bei einem Wahlsieg ein paritätisches Umtauschverhältnis anstreben würde.

97 Lothar de Maizière (CDU), designierter Chef der DDR-Regierung, wandte sich sofort gegen einen Umtauschkurs von 1:2. Bereits am 3.4.1990 einigten sich die künftigen Mitglieder der großen Koalition in ihren Koalitionsverhandlungen darauf, auf einen Umrechnungskurs von 1:1 zu insistieren. Vgl. Jäger 1998: 435.

98 Ausführlich zum Diskurs über die Währungsumstellung Grosser 1998: 245 ff., Hoffmann 2000: 157 ff.

99 Vor allem Sozialminister Norbert Blüm (CDU) forderte einen Umtauschkurs von 1:1. Seine Position vermittelte Blüm dem Kanzler bereits in einem Schreiben vom 27.3.1990. Vgl. Küsters 1998: 143.

100 Bei der Besprechung wurde der 1. Juli als Termin für die Währungsunion bestätigt. Vgl. Küsters 1998: 143.

101 Der Entwurf vom 1.4.1990 wurde in den Tagen vom 7. bis zum 10. April auf Basis der Kabinettsbeschlüsse weiterentwickelt. Hierbei wurde der ursprüngliche Entwurf entsprechend der politisch diktierten Maßgabe entschlackt, den Vertrag auf das Nötigste zu begrenzen. Vgl. Grosser 1998: 256 ff.

4.2 Akteursinteressen, Verhandlungsprozesse, Ergebnisse

terriege schon zu diesem Zeitpunkt bewusst, dass die Währungsunion zu massiven ökonomischen Problemen sowie einem sprunghaften Anstieg der Arbeitslosigkeit führen würde.[102] Einig war sich die Koalition deshalb darin, an den finanzpolitischen Risiken die westdeutschen Länder und Gemeinden beteiligen zu wollen.[103]

Während das Bonner Kabinett bereits konkrete Vorstellungen über den ersten Staatsvertrag hatte, blieben die Länderregierungen, deren Zustimmung der Bund im Ratifizierungsverfahren benötigte und deren finanzielles Engagement sie einplante, noch immer weitestgehend unbeteiligt.[104] Der zweite Verhandlungspartner und demokratische Repräsentant der hauptsächlich betroffenen Bevölkerung, die *Regierung der DDR*, hatte sich noch gar nicht konstituiert. Als sich die große Koalition am 12. April formierte und Lothar de Maizière (CDU) zum Ministerpräsidenten wählte,[105] wichen deren Vorstellungen noch erheblich von den Überlegungen der Bundesregierung ab. Diese orientierten sich gleichwohl zuvorderst noch am Wünschbaren, weniger jedoch an den materiellen Problemstellungen sowie dem politisch Durchsetzbaren. So forderte die Ost-Berliner Regierung in der Koalitionsvereinbarung einen *„Innerdeutschen Finanzausgleich zur Sicherstellung der Finanzierung des Staatshaushalts der DDR, Anschubfinanzierung durch die Bundesrepublik bei der Sozialversicherung und beim Umweltschutz, finanzielle Unterstützung durch die BR beim Ausbau der Infrastruktur"*.[106] Ferner plädierte sie nachdrücklich dafür, die geplante Währungs- und Wirtschaftsunion um eine Sozialunion zu erweitern und die Währung paritätisch umzustellen.[107]

In den intensiven Vorarbeiten und Vorabstimmungen, die bis zum formalen Verhandlungsbeginn am 25. April folgten, musste de Maizières Kabinett bereits elementare Abstriche an seiner Programmatik hinnehmen. Die Bundesregierung nutzte diese Phase, Herrin des Verfahrens zu bleiben. Hierbei versuchte sie den Eindruck zu vermeiden, sie beabsichtige eine Fernsteuerung ihres ostdeutschen Pendants mit dem Ziel, die DDR zu übernehmen. Gleichwohl achtete sie stets darauf, die Zügel in der Hand zu behalten und die wesentlichen Entscheidungen im Kanzleramt zu fällen.[108] Dennoch musste sie sich auch Zuge-

---

102 Vgl. Teltschik 1991: 191 f.
103 Vgl. Grosser 1998: 256 f.
104 In einem Gespräch mit Ludewig (Abteilungsleiter im Bundeskanzleramt) und Tietmeyer am 9.4.1990 sicherte Jacques Delors, Kommissionspräsidenten der EG, seine Unterstützung bei der Angleichung des Gemeinschaftsrechts und der EG-Politik hinsichtlich der DDR zu. Vgl. Tietmeyer 1994: 67.
105 Erst nach langem Zögern trat die SPD dem Kabinett bei, dem neben den Allianzparteien auch der liberale Bund Freier Demokraten angehörte. De Maizière bemühte sich sehr, die Sozialdemokraten einzubinden, um eine breite Basis zur Bewältigung der Herausforderungen zu haben. Der Ost-SPD gelang es so, ihre inhaltlichen und personellen Überlegungen in beachtlichem Ausmaß durchzusetzen. Sie besetzte neben dem Außen- (Markus Meckel) und dem Arbeitsministerium (Regine Hildebrandt) mit dem Finanzministerium (Walter Romberg) Schlüsselpositionen im deutsch-deutschen Einigungsprozess. Kohl, dem die kommenden Probleme klar waren, kommentierte die Ressortverteilung zufrieden: *„Die Sauereien sind gleichmäßig verteilt worden."* Zitiert nach Teltschik 1991: 196. Vgl. zu den Koalitionsverhandlungen Grosser 1998: 270 ff.
106 Siehe die Koalitionsvereinbarung der DDR-Regierungsparteien vom 12.4.1990.
107 Die Forderung nach einer Sozialunion führte zwar auf westdeutscher Seite zu vielseitigen Widersprüchen. Dennoch dominierte auch dort ein politisch motivierter Druck, der eine Zurückstellung der Sozialunion massiv blockierte. Vgl. Tietmeyer 1994: 66.
108 Um den Eindruck eines Bonner Diktats zu vermeiden, wurden bewusst bestimmte Themen offen gelassen oder wieder gestrichen. Außerdem wurde der Vertragsentwurf als Bonner „*Überlegungen*" zum Staatsvertrag tituliert. Vgl. Sarrazin 1994: 204, Tietmeyer 1994: 75 f. Teltschik (1991: 197 ff.) bezeichnete es als das interne Ziel der Regierung, das *„Gesetz des Handelns"* nicht aus der Hand zu geben.

ständnisse abringen lassen, über deren Ausmaß entschied sie aber weitgehend selbst.[109] Speziell betraf dies die politisch hochexplosive Frage der Umstellungsmodalitäten. Bald zeichnete sich ab, dass Kohl dem politischen Druck der ostdeutschen Führung, der Opposition im Westen sowie der öffentlichen Meinung nachgeben würde.[110] Am 22. April beschloss das Kabinett in seiner abschließenden Beratung vor Beginn der offiziellen Verhandlungen das Angebot, Löhne, Gehälter und Sparguthaben bis 4.000 Ost-Mark im Verhältnis 1:1 umzutauschen.[111] Mit dieser Entscheidung versuchte die Bundesregierung das aus ihrer Perspektive unvermeidliche Nachgeben im Streit um den Umrechnungskurs vorwegzunehmen und nicht den Eindruck entstehen zu lassen, die DDR-Administration hätte dies erst in schwierigen Verhandlungen erkämpfen müssen.[112]

Einen Tag später, am 23. April, reisten Schäuble und Tietmeyer nach Ost-Berlin, um mit de Maizière die *Rahmenbedingungen der Verhandlungen* zu klären und ihm die sozioökonomischen Folgen der Währungsunion zu vermitteln. Dabei übergaben sie dem Ost-Berliner Ministerpräsidenten die Grundzüge des im Bundesfinanzministerium erarbeiteten Vertragsentwurfs. Als der DDR-Finanzminister Walter Romberg hinzukam, hegte er offensichtlich Bedenken gegen eine Durchführung der Währungsunion zum 1. Juli. Mit dem Hinweis auf den Koalitionsvertrag und die Regierungserklärung de Maizières wies Schäuble daraufhin Rombergs Einwände strikt zurück. Zwar teilte auch de Maizière, dem wohl erst bei diesem Treffen die ökonomischen Konsequenzen richtig klar geworden waren, die Sorgen seines Finanzministers, er war aber nicht mehr bereit, den Termin in Frage zu stellen. Dennoch kritisierte auch er den Bonner Kabinettsvorschlag zur Währungsumstellung als noch zu einseitig. Es gelang auch Kohl nicht, seinen Amtskollegen bei dessen Besuch am 24. April in Bonn vom Angebot der Bundesregierung zu überzeugen, das er als das Äußerste bezeichnet, was wirtschaftlich vertretbar sei.[113] Obwohl ihm spätestens hier die Grenzen seines Handlungsspielraums deutlich vor Augen geführt wurden, versuchte sich de Maizière ebenso wie Romberg mit ganzer Kraft und entsprechend seiner Überzeugung für die Interessen der DDR-Bevölkerung einzusetzen.

In der Unterredung zwischen Schäuble, Tietmeyer und de Maizière am 23. April wurden erstmals auch die Finanzhilfen für Ostdeutschland eingehender thematisiert. Parallel dazu setzte auch in der Öffentlichkeit nach Bekanntwerden des Vorschlags der Bundesre-

---

109 Am 14. April teilten Tietmeyer und Ludewig in Ost-Berlin Lothar de Maizière, Klaus Reichenbach (Minister im Amt des Ministerpräsidenten und Vorsitzender der sächsischen CDU) und Günther Krause (Parlamentarischer Staatssekretär im Amt des Ministerpräsidenten und Vorsitzender der CDU-Fraktion in der Volkskammer) die Bonner Bedenken gegen eine 1:1-Umrechnung mit. Dabei plädierten sie für eine Umrechnung im Verhältnis 1:2. Die ostdeutschen Vertreter hielten jedoch – schon aufgrund der Versprechungen im Wahlkampf und der Erwartungen der Bürger – an einem Wechselkurs von 1:1 zumindest für die laufende Zahlungen fest. Vgl. Grosser 1998: 259.

110 Nicht allein der öffentliche Druck in Ostdeutschland war hierfür entscheidend. Auch für viele westdeutsche Politiker aller Parteien war dies selbstverständlich. So traten neben Norbert Blüm auch der Unionsfraktionsvorsitzende Dregger und der FDP-Vorsitzende Lambsdorff für ein Umtauschverhältnis von 1:1 ein. Vgl. Tietmeyer 1994: 70 f., Grosser 1998: 259.

111 Faktisch bedeutete dies einen Sieg des Arbeitsministeriums gegenüber den Ressorts Wirtschaft und Finanzen. Vgl. Grosser 1998: 264.

112 Am 23.4.1990 billigten die Spitzen der Koalition sowie der Unionsfraktion im Bundestag die Offerte. In Folge der Sezessionstendenzen im Baltikum wollte die Regierung unbedingt am Zeitplan festhalten, um die erreichte Entwicklungsdynamik im Einigungsprozess nicht aufs Spiel zu setzen. Zugleich wollte sie damit der ostdeutschen Seite signalisieren, dass sie gewillt sei, die Verhandlungsbedingungen für die DDR verträglicher zu gestalten. Vgl. Teltschik 1991: 203 f., Grosser 1998: 264 f., Küsters 1998: 146.

113 Vgl. Handelsblatt vom 25.4.1990: Kohl: Angebot das Äußerste, was wirtschaftlich zu tragen ist.

4.2 Akteursinteressen, Verhandlungsprozesse, Ergebnisse

gierung zur Währungsumstellung die *Diskussion um die Finanzierung der Einheit* ein.[114] In dieser Angelegenheit gab es im April auf westdeutscher Seite zunächst Fortschritte. Gleichwohl zeichnete sich schon frühzeitig ab, als Maßstab für die Höhe der Transferzahlungen nicht den prognostizierten Finanzbedarf der öffentlichen Kassen in DDR, sondern die Leistungsfähigkeit bzw. Zahlungsbereitschaft der Geberhaushalte in der Bundesrepublik heranzuziehen.[115] Dies ging jedoch keineswegs allein darauf zurück, dass noch immer kein hinreichender Überblick über die finanzwirtschaftliche Lage der DDR bestand.[116] Vielmehr entsprach dies den Interessen der westdeutschen Zahlerhaushalte.

Offenkundig wurde dies schon am *20. April*, als die *Verhandlungen zwischen Bund und Ländern über die Kosten der Einheit* begannen.[117] In der Konferenz der Finanzminister beider Ebenen unterbreitete die Bundesregierung einen ersten Vorschlag zur Refinanzierung der Transferleistungen. Dabei bezifferte Bundesfinanzminister Theo Waigel (CSU) die zu erwartenden Haushaltsdefizite in Ostdeutschland mit 10-20 Mrd. € im 2. Halbjahr 1990 sowie mit 20-30 Mrd. € im folgenden Kalenderjahr.[118] Gleichfalls betonte er die gemeinsame Verantwortung von Bund und Länder und appellierte deshalb, die kalkulierten Defizite des Haushalts der DDR paritätisch zwischen dem Bund, den westdeutschen Ländern und der DDR bzw. den neuen Ländern aufzuteilen. Die öffentlichen Haushalte im Beitrittsgebiet sollten demnach ihren Drittel-Anteil durch Kreditaufnahme bestreiten. Seinen Anteil refinanzieren wollte der Bund durch Einsparungen teilungsbedingter Lasten wie der Berlin- und der Zonenrandförderung sowie durch überplanmäßige Steuereinnahmen in Folge hoher Wachstumsraten, die er im Zuge der Währungsunion erwartete. Für den Beitrag der Länder sah Waigel eine befristete, jedoch noch nicht näher präzisierte Korrektur der Umsatzsteuerverteilung zu Gunsten des Bundes vor. Abgesehen von der Mitfinanzierung der Haushaltsdefizite der ostdeutschen Gebietskörperschaften sollten die Mittel auch für einen zweckgebundenen Solidarbeitrag zur Modernisierung der Wirtschaftsstruktur im Osten verwendet werden. Unabhängig von diesen Leistungen beanspruchte der Bund zusätzlich sechs Prozentpunkte der Umsatzsteuer für sich.[119]

Den Vorschlag Waigels wiesen dessen Länderkollegen als völlig inakzeptable Maximalforderung zurück. Sie warfen ihm vor, den Einigungsprozess zu monopolisieren, gleichzeitig aber eine nicht unerhebliche budgetäre Beteiligung von ihnen vorauszusetzen.[120] Zwar bestritten die Länderfinanzminister nicht gänzlich ihre finanzielle Mitverantwortung, allerdings lagen ihre Vorstellungen deutlich unter den Erwartungen des Bun-

---

114 Vgl. Handelsblatt vom 24.4.1990: Nach der Währungsunion wird es im DDR-Haushalt eine DM-Lücke geben; Lafontaine: Einheit nicht aus der Portokasse zu bezahlen.
115 Vgl. Grosser 1998: 263.
116 Seit März 1990 arbeiteten die Haushaltsabteilung des Bundesfinanzministeriums und das Ministerium der Finanzen der DDR an einer finanzpolitischen Bestandsaufnahme (vgl. Sarrazin 1994: 210). Die tatsächliche Situation blieb aber bis zum Abschluss der Vertragsverhandlungen unbekannt. Vgl. Klemm 1994: 139.
117 Vgl. zur Finanzministerkonferenz Geske 1991: 35, Renzsch 1994: 119, Grosser 1998: 368 f., Küsters 1998: 151, Altemeier 1999: 78 ff.
118 Bereits am 2. April schätzte Sarrazin in einer internen Prognose des BMF das zu erwartende Haushaltsdefizit im ersten Jahr nach Einführung der Währungsunion auf 23-26 Mrd. €. Vgl. Grosser 1998: 263.
119 Neben den Transfers für Ostdeutschland begründete der Bund den Anspruch auf die Umsatzsteuerkorrektur mit den erhöhten Abführungsbeiträgen an die EG (vgl. Geske 1991: 34). Exler (1991: 90) spricht von informellen Bundesforderungen von bis zu 15 Prozentpunkten des Umsatzsteueraufkommens.
120 Vgl. Sturm 1991: 169 f., Renzsch 1994: 119.

des.[121] Dabei monierten sie auch, dass die vom Bundesfinanzministerium aufgestellte Berechnung den Wegfall teilungsbedingter Lasten nicht berücksichtige.[122] Vor allem wollten sie aber ihre Belastungen in kalkulierbaren Grenzen halten.[123] Während sie eine Änderung der Umsatzsteuer im laufenden Jahr grundsätzlich ablehnten, wehrten sie eine vorübergehende Abtretung zweckgebundener Umsatzsteueranteile ab 1991 nicht rundweg ab.[124] Allerdings votierten die Finanzminister von Bayern, Niedersachsen, Nordrhein-Westfalen, Rheinland-Pfalz, Saarland und Schleswig-Holstein nachdrücklich dafür, die West-Ost-Transfers vor allem über einen vom Bundeshaushalt separierten, langfristig zu bedienenden Fonds zu finanzieren.[125] Durch die Schuldenfinanzierung wollten sie die Belastungen für ihre laufenden Haushalte begrenzen.

Wie bei der Ministerpräsidentenkonferenz im Februar wandten sich die Länder auch diesmal entschieden gegen eine sofortige Integration der neuen Länder in den regulären Finanzausgleich.[126] Sie forderten vielmehr, dass ihre Leistungen für das Beitrittsgebiet mit der zu verabredenden Lösung abschließend geregelt sein müsse.[127] Der Bund nahm die Position der Länder hin, sah er doch keine Möglichkeit, sich gegen die massive Abwehrfront der Länder durchzusetzen.[128] Einer Fondslösung verweigerte er sich nicht grundsätzlich, hatte er dies schon zuvor intern als alternative Lösung gesehen, falls die Länder eine Korrektur der Umsatzsteuerverteilung blockieren sollten.[129] Nachdem ebenfalls die dominierenden Kräfte im Finanzausschuss des Bundesrats, Bayern und Nordrhein-Westfalen, eine Fondsregelung favorisierten, war faktisch eine Vorentscheidung gefallen. Steuererhöhungen, die für manche Länder durchaus einen Reiz gehabt hätten, lehnte der Bund hingegen schon aus wahltaktischen Gründen ab.[130]

Vor diesem Hintergrund sollten die konkrete Höhe und die Verteilung der Einheitslasten einer der kompliziertesten Aspekte des Währungsunionsvertrags bleiben. Während der Interessenhorizont der Bundesregierung breiter gespannt und die Finanzierungsfrage lediglich eine Hürde auf dem Weg zur Verwirklichung der Währungsunion als primären Ziel war, konnten die Länder höher pokern: Sie behielten stärker ihre budgetären Interessen im Auge, wurde doch in der öffentlichen Wahrnehmung fast ausschließlich die Bundesregierung für die Entwicklung der Einigungspolitik verantwortlich gemacht. An eine schnelle Lösung des Verteilungskonflikts war deshalb nicht zu denken, schon gar nicht vor Beginn

---

121 Ihrer finanzverfassungsrechtlichen Pflicht konnten sich die Länder nicht entziehen. Eine Finanzierung der deutschen Einheit nach Art. 120 GG als reine Bundesaufgabe kam damit von Anfang an nicht in Betracht. Vgl. Renzsch 1997a: 81, Altemeier 1999: 79.
122 Die Länder prognostizierten teilungsbedingte Einsparungen des Bundes (u.a. Zonenrandförderung, Berlin-Hilfe) in einer Höhe von bis zu 20 Mrd. € (vgl. Engel 1991: 171).
123 Vgl. Renzsch 1997a: 55.
124 Vgl. Küsters 1998: 151.
125 Vgl. Geske 1991: 35, Renzsch 1991: 119, Sturm 1991: 170, Grosser 1998: 369, Altemeier 1999: 79.
126 In diesem Zusammenhang verwiesen die Länder auch auf die sechs in Karlsruhe anhängenden Normenkontrollverfahren zum Finanzausgleich. Die Klage führenden Länder wollten erst die Entscheidung des Gerichts abwarten, erhofften sie sich hierdurch eine Verbesserung ihrer Verhandlungsposition. Vgl. Süddeutsche Zeitung vom 31.7.1990: DDR-Hilfen erfordern eine Verfassungsreform.
127 Vgl. Renzsch 1991: 275, Altemeier 1999: 79.
128 Bereits im März 1990 stellten die Experten im Bundesfinanzministerium fest, dass die Länder einer sofortigen Ausweitung des Finanzausgleichs nicht zustimmen würden. Vor allem die strukturschwachen Länder wollten die Übernahme von Lasten nach Möglichkeit umgehen. Vgl. Schuh 1997: 268 f., Grosser 1998: 369.
129 Vg. Grosser 1998: 369.
130 Hessen und Baden-Württemberg forderten zudem zur Refinanzierung eine Änderung bzw. Abschaffung des Strukturhilfegesetzes, von dem lediglich die anderen Länder profitierten. Vgl. Küsters 1998: 151.

4.2 Akteursinteressen, Verhandlungsprozesse, Ergebnisse

der formalen Vertragsverhandlungen. Zumal speziell bei den SPD-geführten Ländern die späte und spärliche Information nach wie vor Verdruss auslöste.[131] Die Entrüstung der Länder kulminierte, als sie erst am 24. April, also einen Tag vor Verhandlungsbeginn über den Staatsvertragsentwurf informiert wurden.[132] In der öffentlichen Aufmerksamkeit spielte dies ebenso wie die Bund-Länder-Fehde bezüglich der Einheitsfinanzierung nur eine Nebenrolle. Dominiert wurde die öffentliche Debatte von der Frage der Währungsumstellungsmodalitäten einschließlich der sozialen Abfederung der Folgewirkungen. Daneben bestimmten vor allem die parteipolitisch überlagerte Auseinandersetzung um die Geschwindigkeit und den Weg des Einigungsprozesses (Art. 23 GG vs. Art. 146 GG), die Übernahme sozialpolitischer Errungenschaften der DDR sowie die Eigentums- und Vermögensfragen[133] den öffentlichen Diskurs.

Die *offiziellen Gespräche zum ersten Staatsvertrag* eröffnete de Maizière am *25. April* in Ost-Berlin. Da die DDR-Delegation, die ohnehin über geringere Verhandlungserfahrung und Fachkompetenz verfügte, kaum Zeit hatte, sich auf den Entwurf der Westdelegation vorzubereiten, konnten zunächst nur die Zeitplanung sowie die Gesprächsmodalitäten geklärt werden.[134] Die Länder wurden an den formellen Gesprächen, an denen Vertreter der beiden Zentralregierungen sowie der jeweiligen Notenbanken teilnahmen, ohnehin nicht beteiligt.[135] Sie sollten – so wurde am 26.4.1990 bei der CdS-Besprechung mit dem Kanzleramtschef Seiters abgesprochen – erst bei den Verhandlungen auf politischer Ebene mit zwei Regierungsvertretern hinzugezogen werden.[136] Stattdessen leistete sich die Bundesregierung neben den Ost-West-Gesprächen mit den parallelen Bund-Länder-Verhandlungen eine zweite Verhandlungsarena. Dieser blieben die Beratungen über die Finanzierung der Einheit – die zunächst auf Beamtenebene fortgeführt wurden – vorbehalten.[137]

Die deutsch-deutschen Expertenverhandlungen, die bis zur Nacht vom 12. auf den 13. Mai andauerten, zielten prinzipiell darauf ab, die von der Bundesregierung beschlossenen und vorformulierten Positionen im ersten Staatsvertrag zu übernehmen. Der DDR-Delegation eröffnete sich zwar durchaus ein gewisser Gestaltungsspielraum, aber in wel-

---

131 Anders als die A-Länder wurden die B-Länder unmittelbar über das CDU-Präsidium informiert. Vgl. Bösinger 1999: 61.
132 Vgl. Oschatz/Podschull 2002: 142 f.
133 Die Eigentums- und Vermögensfragen besaßen nicht nur innenpolitische Brisanz, sie waren auch für die sowjetische Regierung von hohem Interesse. Ausführlich dazu Schäuble 1991: 101 ff., Küsters 1998: 147 ff.
134 Lediglich Romberg legte bereits am 23.4.1990 eine erste Stellungnahme zum Entwurf vor. Vgl. Tietmeyer 1994: 75, Grosser 1998: 280.
135 Die bundesdeutsche Delegation wurde von Tietmeyer angeführt. Ihr gehörten zudem Köhler und Klemm (beide BMF), die Staatssekretäre von Würzen (BMWi) und Jagoda (BMA) sowie der Bundesbank-Vizepräsident Schlesinger an. Je nach Bereich wurden Staatssekretäre weiterer Ministerien hinzugezogen. Die DDR-Delegation leitete Günther Krause (Parlamentarischer Staatssekretär im Amt des Ministerpräsidenten), weitere Mitglieder waren die Staatssekretäre Walter Siegert (Ministerium der Finanzen) und Alwin Ziel (Ministerium für Arbeit und Soziales), die Abteilungsleiter Peter Grabley und Siegfried Wenzel (beide Ministerium für Wirtschaft) sowie der stellvertretende Präsident der Staatsbank Wolfried Stoll. Vgl. Grosser 1998: 256 f., 280.
136 Hierauf verständigte sich Seiters bereits in der Vorbesprechung mit den Kanzleichefs aus Bayern und Nordrhein-Westfalen. Zwar wurden die Kanzleichefs der Länder von Tietmeyer über die geplante Währungs-, Wirtschafts- und Sozialunion sowie den Stand der Verhandlungen unterrichtet, jedoch reichte dies den Länderregierungen nicht aus, weshalb sie ihre Kritik an der unzureichenden Informationspolitik der Bundesregierung wiederholten. Siehe das Protokoll der Besprechung des Chefs des Bundeskanzleramtes Seiters mit den Chefs der Staats- und Senatskanzleien der Länder (Bonn, 26. April 1990), abgedruckt in Küsters/Hofmann 1998: 1059 ff.; vgl. Dästner 1998: 34 f.
137 Die Finanzartikel des Währungsunionsvertrags blieben in den Expertengesprächen stets ausgeklammert. Vgl. Tietmeyer 1994: 110.

chen Bereichen und in welchem Ausmaß entschied in erster Linie die Bundesregierung. Die ostdeutsche Regierung konnte daher nur in ausgewählten und für die Bürgerinnen und Bürger der DDR elementaren Bereichen mitbestimmen. Alle maßgeblichen Entscheidungen wurden ohnehin in Kohls „*Küchenkabinett*"[138] getroffen.

Der Staatsvertragsentwurf des Bundesministeriums der Finanzen wurde demgemäß als Verhandlungsgrundlage akzeptiert. Die dennoch vorhandenen vielfältigen Änderungswünsche der DDR-Regierung behandelten die Delegationen in den folgenden Gesprächsrunden am 27. April in Ost-Berlin (2.), 30. April/1. Mai in Bonn (3.) und 3./4. Mai in Ost-Berlin (4.). Die brisante Frage der *Währungsumstellungssätze und -modalitäten* sollte jedoch nicht in den großen Runden, sondern im kleinsten Kreis getroffen werden.[139] Dies geschah in der Nacht vom 30. April zum 1. Mai im Bonner Kanzleramt. Nachdem die Würfel in dieser entscheidenden Frage gefallen waren, arbeiteten die Experten um Tietmeyer an dem Entwurf einer „*12-Punkte-Erklärung*", welche die Koalitionsrunde noch am Abend des 1. Mai billigte.[140] Erst in der darauf folgenden Nacht unterrichtete Tietmeyer die ostdeutsche Regierung über die „*12-Punkte-Erklärung*", die diese am nächsten Tag akzeptierte.[141] Damit erreichte Kohl sein Ziel, Klarheit über die Umtauschmodalitäten zu schaffen, lastete doch ein massiver öffentlicher und politischer Druck auf diesem Thema. Zudem konnte der Kanzler, nachdem die elementaren Parameter festgelegt waren, die Verhandlungen noch weiter forcieren.[142] Geglückt war es ihm damit auch, eine Einigung in diesem Bereich noch vor den Kommunalwahlen in der DDR am 6. Mai zu erzielen.[143] Dies dankten ihm die Bürgerinnen und Bürger der DDR, die Kohl einen ähnlichen Sieg wie bei der Volkskammerwahl bescherten und damit seine Politik der schnellen D-Mark-Einführung bestätigten.

Nachdem die Koalition am 9. Mai wiederum intern den Zeitplan[144] für den weiteren Verlauf der Verhandlungen terminiert hatte, wurden am 11./12. Mai die Expertengespräche zwischen der Bundesrepublik und der DDR abgeschlossen. In dieser 5. Verhandlungsrunde thematisierten beide Delegationen erstmals intensiver das Finanzkapitel des Währungsunionsvertrags. Hierbei skizzierte Staatssekretär Peter Klemm vom Bundesministerium der Finanzen die von der Bundesregierung beabsichtigten Regelungen.[145] Nach diesen Überlegungen sollten die Kreditermächtigungen für die öffentlichen Haushalte der DDR im Vertrag fixiert werden und Überziehungen nur mit Zustimmung des Bundesministeriums der Finanzen möglich sein. Die bis zur staatlichen Einheit auflaufende Verschuldung sollte mit dem Treuhandvermögen[146] verrechnet und der Rest hälftig vom Bund und den neuen Län-

---

138 Schwinn 1997: 43.
139 Ausführlich zu den Verhandlungsrunden: Tietmeyer 1994: 79 ff., Grosser 1998: 282 ff.
140 Zu den Entwicklungen siehe Tietmeyer 1994: 83 ff.; vgl. auch Schwinn 1997: 43 ff.
141 Siehe die 12-Punkte-Erklärung der Bundesregierung und der Regierung der DDR zur Währungsumstellung vom 2.12.1990, abgedruckt in Grosser 1998: 288. Löhne und Gehälter sowie andere laufende Zahlungen wie Mieten, Renten und Stipendien sollten demnach im Verhältnis 1:1 gewechselt werden (Stichtag: 1.5.1990). Für Bestandsgrößen wurde hingegen ein Umtauschkurs von 1:2 vorgesehen. Lediglich für Sparguthaben im Wert von – altersabhängig – 2.000, 4.000 bzw. 6.000 Ostmark galt eine Rate von 1:1.
142 Vgl. Sarrazin 1994: 206.
143 Der Disput innerhalb der DDR-Regierung, der infolge die Kritik der Ost-SPD an den Kriterien zur Währungsumstellung schwelte, war durch das eindeutige Ergebnis und das schwache Abschneiden der SPD (21 %) vorerst beigelegt. Vgl. Grosser 1998: 293 f.
144 Diesen Zeitplan, der u.a. den Verhandlungsabschluss am 16.5.1990 und eine Ratifizierung im Bundestag am 21.6.1990 vorsah, konnte die Bundesregierung realisieren. Vgl. Tietmeyer 1994: 95.
145 Vgl. Tietmeyer 1994: 108.
146 Die Treuhandanstalt wurde noch im März 1990 von der letzten sozialistischen DDR-Regierung gegründet. Diese umfasste nahezu die gesamte Wirtschaft der DDR (45.000 Betriebsstätten in 8.000 eigenständigen Un-

dern übernommen werden. Auch die Höhe der Finanztransfers wollte der Bund im Vertrag selbst regeln.[147] Diese noch nicht weiter präzisierten Vorstellungen konnten die Experten jedoch nur zur Kenntnis nehmen, behielt es sich die Bonner Regierung doch vor, erst in den politischen Schlussverhandlungen das Finanzkapitel zu verhandeln.

Die Vorbereitungen hierzu erfolgten bereits parallel zu den deutsch-deutschen Verhandlungen auf Beamtenebene zwischen Bund und Ländern. Schon in seiner Besprechung mit den Chefs der Staats- und Senatskanzleien der Länder am 26. April führte Kanzleramtschef Seiters aus, dass Kohl Fragen des Finanzausgleichs und der Beteiligung der Länder an der Finanzierung der Einheit in einer Sonderkonferenz der Regierungschefs von Bund und Ländern beraten möchte.[148] Die DDR-Regierung wurde über den Verlauf der Bund-Länder-Beratungen lediglich informiert, teilnehmen durfte sie indes nicht.[149] Ursprünglich forderte sie noch, Formulierungen in den Staatsvertrag aufzunehmen, die faktisch auf unbegrenzte Finanzhilfen hinausliefen. Indem sie jedoch signalisierte – eine andere Wahl blieb ihr wohl ohnehin kaum – auf eine solche Generalklausel zu verzichten, wenn im Staatsvertrag die West-Ost-Transfers verbindlich geregelt würden, hatten die westdeutschen Partner prinzipiell freie Hand für ihre Gespräche.[150] Die Bundesregierung beharrte in den Vorabstimmungen mit den Ländern zunächst auf ihrer Position: Demnach sollten die Einigungslasten zwischen dem Bund, den westdeutschen Ländern sowie den DDR-Haushalten gedrittelt werden, wobei der Länderbeitrag über eine Korrektur der Umsatzsteuerverteilung bereitzustellen war. Nach Möglichkeit wollte der Bund eine über die Finanzierung der DDR-Haushalte hinausgehende Änderung der Steuerverteilung zu seinen Gunsten durchsetzen. Der besondere Reiz dieser Lösung bestand für ihn auch darin, dass er sich hiervon eine Stärkung seiner Position versprach: Er hätte die Leistungen nicht allein finanzieren müssen, zugleich wären aber die gesamten Transferleistungen über den Bundeshaushalt ausgeschüttet worden.[151]

Die Länderregierungen forderten hingegen weiterhin mehrheitlich eine kreditfinanzierte Fonds-Lösung. Speziell der bayerische Finanzminister Gerold Tandler (CSU) plädierte hartnäckig für eine langfristige Schuldenfinanzierung. Die Länder bezweckten mit einer solchen Übergangsregelung, die Risiken für ihre Haushalte zu begrenzen sowie Zeit für eine – als langwierig und konfliktträchtig erwartete – Neuverhandlung des Finanzausgleichs zu gewinnen. In den vergleichsweise sehr ruppigen Verhandlungen auf Fachebene zeichnete sich dann auch – wie bereits in der Finanzministerkonferenz am 20. April – eine Einigung auf eine Fondsregelung ab. Eine zahlenmäßige Präzisierung des Fonds-Konzepts unterblieb zwar noch in den Fachgesprächen, es deutete sich aber bereits an, dass die Til-

---

ternehmen, 20.000 Gaststätten und Ladengeschäfte, 1.839 Apotheken, 390 Hotels, ferner Kinos, Sportplätze, Brücken, Landungsstege, die gesamte Energie- und Wasserversorgung sowie die ÖPNV-Betriebe). Aus deren Veräußerung erhoffte man sich Erlöse in dreistelliger Milliardenhöhe (DM). Vgl. Czada 2000a: 468 f.

147 Ein weiteres Thema der abschließenden Expertenrunde war die Finanz- und Steuerverwaltung. Dazu Tietmeyer 1994: 107 f.

148 Wie Seiters seinen Länderkollegen außerdem zusicherte, sollten keine Vorfestlegungen hinsichtlich beider Bereiche in den deutsch-deutschen Expertengesprächen erfolgen. Siehe das Protokoll der Besprechung des Chefs des Bundeskanzleramtes Seiters mit den Chefs der Staats- und Senatskanzleien der Länder (Bonn, 26. April 1990), abgedruckt in Küsters/Hofmann 1998: 1059 ff., ferner siehe die beiden Schreiben des Staatssekretärs Clement an Bundesminister Seiters vom 30.4.1990, abgedruckt in Küsters/Hofmann 1998: 1067 f., 1069.

149 Vgl. Schwinn 1997: 50.

150 Vgl. Jacobsen o.J.

151 Vgl. Schwinn 1997: 51 f.

gungsleistungen hälftig von Bund und Ländern erbracht werden und die Kommunen am Anteil der Länder mit 40 % beteiligt werden sollten.[152]

Eine Entscheidung über die zentralen Finanzfragen sollte erst bei den *abschließenden Verhandlungen auf politischer Ebene* getroffen werden, die unter Leitung der Finanzminister Waigel und Romberg standen. Im Gegensatz zum bisherigen Verlauf wurden die Länderregierungen bei diesen Gesprächen umfassender integriert, hatte der Bund doch ein Interesse, diese an der Finanzierung zu beteiligen, und brauchte er doch ihre Zustimmung im Bundesrat. Zumal durch den Wahlsieg Gerhard Schröders (SPD) bei der Landtagswahl in Niedersachsen am 13. Mai die Union erstmals seit der Bonner Wende 1982 ihre Mehrheit im Bundesrat verlor. Damit musste sie sich darauf einstellen, dass sie im weiteren Einigungsprozess den Bundesrat und damit die Opposition stärker einbeziehen würde müssen. Die politischen Gespräche begannen am 14. Mai in Ost-Berlin. Vor Beginn der offiziellen Gespräche stimmte die westdeutsche Delegation, der neben dem Bundesfinanzminister Waigel als Ländervertreter die Finanzminister Schleußer (Nordrhein-Westfalen, SPD) und Tandler (CSU, Bayern) angehörten, ihre Verhandlungslinie ab. In diesem Briefing vermittelte Waigel seinen Länderkollegen die Grundpositionen des Bundes. Die Eckpunkte bezüglich der Größenordnung der Finanzminister sowie der Aufteilung der Schulden des DDR-Haushalts fanden dabei die Zustimmung der Länderfinanzminister.[153]

Die daran anschließende erste politische Verhandlungsrunde, an der Krause neben Romberg als zweiter Politiker für die DDR teilnahm, gestaltete sich ausgesprochen schwierig.[154] In den Beratungen über die Haushaltslage der DDR, die Höhe bundesdeutscher Finanzhilfen sowie die Eigenleistungen zeigten sich massive Spannungen innerhalb der DDR-Delegation.[155] Romberg, der dem Staatsvertrag deutlich kritischer gegenüberstand als sein Kollege Krause, forderte umfangreichere Finanztransfers auch über 1991 hinaus sowie eine größere Eigenständigkeit der Gebietskörperschaften der DDR in ihrer Haushaltswirtschaft.[156] Durchsetzen konnte er sich damit freilich – schon wegen der noch ausstehenden Gespräche zwischen dem Bund und den westdeutschen Ländern – nicht.[157]

Diese waren für die folgenden beiden Tage terminiert. Das Interesse der Bundesregierung orientierte sich an einer kurzfristig wirksamen Lösung der Finanzfragen für die Jahre 1990 und 1991. Längerfristige Arrangements hatten zunächst keine Priorität, da mit der staatlichen Einheit ohnehin eine grundlegende Neuordnung der föderalen Finanzbeziehungen notwendig sein würde. Die Wirtschaftsabteilung des Kanzleramts präferierte deshalb nach wie vor eine zweckgebundene Abtretung von Umsatzsteueranteilen durch die Länder. Infolge der ausgeprägten Bedenken hinsichtlich der Durchsetzbarkeit galt die Fondslösung als „*Alternative B*". Nicht allein für die Länder, auch für den Bund bestand der Reiz dieser

---

152 Vgl. Jacobsen o.J., Schwinn 1997: 51 f.
153 Die bis zur staatlichen Einheit auflaufenden Schulden sollten mit dem Treuhandvermögen verrechnet und der Rest hälftig vom Bund und den neuen Ländern getragen werden. Vgl. Tietmeyer 1994: 111.
154 Neben Waigel, Tandler, Schleußer, Romberg und Krause wirkten auf westdeutscher Seite Tietmeyer und Staatssekretär Klemm sowie für die DDR Stoll (Vizepräsident der DDR-Notenbank) und Siegert (Ministerium der Finanzen) mit.
155 Vgl. Schäuble 1991: 300.
156 Vgl. Tietmeyer 1994: 111, Carl 1995: 125.
157 Es blieb ihm jedoch nichts anderes übrig, als die von der westdeutschen Seite dargelegten Positionen zu akzeptieren. Zu Spannungen zwischen den Ländervertretern und Romberg führte auch, dass Letzterer keine Angaben über die Eckwerte des DDR-Haushalts nach der Währungsumstellung machen konnte. Doch trotz des massiven Drucks der Länderfinanzminister, wollte Romberg keine Rahmendaten nennen. Vgl. Sarrazin 1994: 212 f., Tietmeyer 1994: 111.

Lösung in der zeitlichen Streckung der Haushaltsbelastungen. Nach den Erwägungen der Wirtschaftsexperten in der Bonner Regierungszentrale sollte der Schuldendienst am – als Sondervermögen des Bundes nach Art. 110 GG einzurichtenden – Fonds „Deutsche Einheit" in den Bundeshaushalt eingestellt werden. Die Finanzierungsverantwortung oblag indes beiden Ebenen entsprechend ihrer Anteile am Gesamtsteueraufkommen, wobei der Länderbeitrag über eine Abtretung von Umsatzsteueranteilen zu leisten war.[158]

Mit dieser Position begann die Bundesregierung ihre Verhandlungen mit den Ländern. Den Auftakt bildete die *Konferenz der Finanzminister von Bund und Ländern* am *15. Mai* in Bonn. Hierbei versuchte Waigel zunächst, die Länder nach der in den 80er Jahren erfolgreich praktizierten Strategie des „divide et impera" zu spalten. Damit scheiterte er jedoch an der massiven Abwehrfront der Länderfinanzminister. Diese insistieren auf eine Fondslösung sowie auf einer Suspendierung der neuen Länder vom Länderfinanzausgleich für eine Übergangsperiode. Nachdem sich die Finanzminister der B-Länder zu einer nochmaligen Besprechung mit ihrem Parteikollegen Waigel zurückgezogen hatten, präsentierte der bayerische Finanzminister Tandler die Kompromissformel:

Bund-Länder-Kompromiss zur Finanzierung der ostdeutschen Haushalte:
- Schaffung eines kreditfinanzierten Fonds „Deutsche Einheit" zur Bereitstellung der Finanztransfers an die ostdeutschen Gebietskörperschaften
- Keine Umsatzsteuerkorrektur bis einschließlich 1993
- Ausschluss der neuen Länder aus dem Länderfinanzausgleich bis Ende 1994
- Alle weiteren finanziellen Risiken trägt der Bund

Entsprechend Tandlers Vorschlag sollte der Fonds *„Deutsche Einheit"* mit einem Gesamtvolumen von 58,80 Mrd. € ausgestattet werden. Dabei sah die Verteilung der Fondsmittel auf die Jahre 1990 bis 1994 stark degressive Raten vor: 11,25 Mrd. € im 2. Halbjahr 1990, sodann 17,90 Mrd. € (1991), 14,32 Mrd. € (1992), 10,23 Mrd. € (1993) und 5,11 Mrd. € (1994). Der veranschlagte Betrag fußte zwar formal auf einer sehr spekulativen Prognose im Hinblick auf die Entwicklung der Wirtschafts- und Steuerkraft der ostdeutschen Haushalte. Faktisch orientierte er sich jedoch an der Leistungsbereitschaft der Länder.[159] Im Anschluss an die Finanzministerkonferenz berichtete Waigel in der Koalitionsrunde über seine konkreten Pläne für die abschließenden Gespräche über das Finanzkapitel des ersten Staatsvertrags. Hierbei erwähnte er auch die mit den Ländern bereits vereinbarte Errichtung eines Fonds „Deutsche Einheit". Überdies wurde die komplette Endfassung des ersten Staatsvertrages der Koalitionsrunde vorgestellt, die diesen auch sogleich beschloss.[160]

Am *16.5.1990* gingen die *Bund-Länder-Verhandlungen* in die *zweite Runde*. Diesmal rangen die Regierungschefs von Bund und Ländern nochmals hart um die Einigung, letztlich akzeptierten sie die von den Finanzministern präjudizierte Fondslösung.[161] Demnach sollte der Fonds „Deutsche Einheit" erstmals 1991 vom Bund und den westdeutschen Ländern hälftig bedient werden, wobei die Länder selbst noch einen Vorschlag für den horizontalen Verteilungsschlüssel dieser Lasten sowie für die Beteiligung der Kommunen unter-

---

158 Zu den Vorüberlegungen im Bundeskanzleramt siehe Küsters 1998: 151 f.
159 Vgl. Schäuble 1991: 177, Milbradt 1993: 275, Carl 1995: 125, Schwinn 1997: 53, Altemeier 1999: 79 f.
160 Vgl. Teltschik 1991: 235, Tietmeyer 1994: 112. Auch den Ländern wurde erst an diesem Tag der gesamte Vertragstext übermittelt. Vgl. Oschatz/Podschull 2002: 143.
161 Siehe das Protokoll der Besprechung des Bundeskanzlers Kohl mit den Regierungschefs der Länder (Bonn, 16. Mai 1990), abgedruckt in Küsters/Hofmann 1998: 1122 ff., vgl. auch Exler 1991.

breiten wollten.[162] Von den veranschlagten 58,80 Mrd. € wurden 48,57 Mrd. € als Schattenhaushalt des Bundes kreditfinanziert, die restlichen 10,23 Mrd. € hatte der Bund durch Umschichtungen in seinem Haushalt aufzubringen. Im Übrigen goutierten die Regierungschefs die Absprachen ihrer Finanzminister zur Verschiebung der im Februar verabredeten Umsatzsteuerkorrektur[163], zur Suspendierung eines gesamtdeutschen Finanzausgleichs bis 1995[164] sowie der Plafondierung des Länderbeitrags an der Finanzierung der Wiedervereinigung auf deren Beiträge am Fonds „Deutsche Einheit".[165] Entsprechend dieser Vereinbarung übernahm der Bund allein die Anschubfinanzierung der Renten- und Arbeitslosenversicherung in der DDR. Zum Stand der Verhandlungen mit der DDR sowie zum Vertragstext, über die Kohl seine Kollegen in Kenntnis setzte, äußerten sich einige Länderchefs sehr kritisch, konkrete Einwendungen trugen sie aber nicht vor.[166] Allerdings versprach der Kanzler, die Länder bei den Verhandlungen zum zweiten Staatsvertrag umfassender zu beteiligen, wozu ihm angesichts der fehlenden Mehrheit im Bundesrat ohnehin keine Alternative blieb.[167]

Mit diesen Regelungen trotzten die Ministerpräsidenten dem Kanzler beachtliche Konzessionen ab. Hierbei profitierten sie davon, dass Kohl auf ihre Zustimmung und Mitfinanzierung angewiesen war. Andernfalls wäre der Einigungsprozess – den er bislang maßgeblich nach eigenen Bedingungen diktieren konnte – zumindest in der bisherigen Form und damit sein eigener Erfolg gefährdet gewesen. Obgleich die Länderchefs die Forderungen des Bundes weitgehend abwehren konnten, erschien ihnen ihr Finanzierungsbeitrag noch immer kolossal.[168] Für den weiteren Einigungsprozess bedeutete diese Vereinbarung –

---

162 Da der Regierende Bürgermeister von Berlin, Walter Momper (SPD), vehement darauf hinwies, dass die veranschlagten sieben Jahre zum Abbau teilungsbedingter Lasten ausgesprochen eng bemessen seien, sollte Berlin von Beitragsleistung zum Fonds „Deutsche Einheit" befreit werden. Im weiteren Einigungsprozess wurde diese in Art. 30 § 6 des Zustimmungsgesetzes zum ersten Staatsvertrag fixierte Sonderstellung allerdings revidiert; Berlin musste sich deshalb für den Westteil der Stadt anteilig am Schuldendienst des Fonds „Deutsche Einheit" beteiligen. Der Anteil der Kommunen am Länderbeitrag zum Fonds „Deutsche Einheit" wurde – wie sich bereits in den Vorbereitungen abzeichnete – mit 40 % taxiert, die über eine Erhöhung der Gewerbesteuerumlage zu Gunsten der Länder zu erbringen waren (Art. 33 des Zustimmungsgesetzes). Die jährliche Annuitätsrate wurde mit 10 % angesetzt. Hieraus resultierten ab 1991 jährliche Belastungen für Bund und Länder in Höhe von jeweils 0,51 Mrd. € (1991) 1,28 Mrd. € (1992), 2,05 Mrd. € (1993), 2,35 Mrd. € (1994) sowie ab 1995 2,42 Mrd. €. Vgl. Mäding 1992: 289, Grosser 1998: 370, Küsters 1998: 152.
163 Art. 32 des Zustimmungsgesetzes.
164 Die neuen Länder sollten nur dann ab 1995 am regulären Länderfinanzausgleich teilnehmen, wenn deren finanzwirtschaftliche Entwicklung dies auch zuließe.
165 Die Lastenbegrenzungsabsprache wurde im Ratifizierungsverfahren schriftlich fixiert. In seiner Stellungnahme zum Entwurf der Bundesregierung für das Zustimmungsgesetz zum ersten Staatsvertrag (BR-Drs. 350/90) hielt der Bundesrat hinsichtlich Art. 30 § 5 fest: „*Der Bundesrat stellt in Übereinstimmung mit der Bundesregierung fest, daß die Höhe der Länderbeteiligung an den ‚Kosten der Einheit' durch den vorliegenden Gesetzentwurf abschließend geregelt ist. Risiken, die über die festgelegten Beträge hinausgehen, sind daher vom Bund zu tragen.*" (BT-Drs. 11/7351: 5). In ihrer Gegenäußerung schreibt die Bundesregierung: „*Der Feststellung des Bundesrates wird nicht widersprochen.*" (BT-Drs. 11/7351: 8).
166 Der nordrhein-westfälische Ministerpräsident Johannes Rau (SPD) sowie Hamburgs Erster Bürgermeister Henning Voscherau (SPD) monierten nochmals die unbefriedigende Unterrichtung und Beteiligung der Länderregierungen an den Vorbereitungen der Verhandlungen. Vgl. Tietmeyer 1994: 113, Küsters 1998: 152.
167 Vgl. Schäuble 1991: 114.
168 Im Vergleich zu den bisherigen horizontalen Transfers bedeuteten die West-Ost-Transfers mittelfristig einen sprunghaften Anstieg. „*Die Welt*" bezeichnete die Transferleistungen der Länder als überraschend hoch. (Die Welt vom 17.5.1990: DDR erhält zur Defizit-Finanzierung 115 Milliarden DM aus Sonderfonds). In der Öffentlichkeit stieß die Fondslösung zunächst eher auf Unsicherheit denn auf eindeutige Befürworter bzw. Kritiker. Steuererhöhungen, die die natürliche Alternative zur Kreditfinanzierung dargestellt hätten, waren nicht populär und erhielten daher kaum Zustimmung. Vgl. Grosser 1998: 371.

4.2 Akteursinteressen, Verhandlungsprozesse, Ergebnisse

die ohne Beteiligung eines Vertreters der DDR getroffen wurde – eine maßgebliche Richtungsentscheidung: Die ostdeutschen Länder werden nicht mit dem staatlichen Beitritt in den regulären Finanzausgleich integriert, stattdessen erhalten sie die föderalen Transferleistungen über den Fonds „*Deutsche Einheit*".

Die ostdeutsche Seite wurde formal erst am *17. Mai* bei den *offiziellen Schlussverhandlungen* in Bonn über die Bund-Länder-Einigung in Kenntnis gesetzt.[169] Romberg billigte hierbei zwar den westdeutschen Kompromiss über die westdeutschen Finanzhilfen, er verwies aber sogleich darauf, dass der Finanzbedarf voraussichtlich deutlich höher liegen würde. Für die Arbeitslosen- und Rentenversicherung bezifferten Waigel und Romberg ferner die Anschubfinanzierung des Bundes auf 1,4 Mrd. € (1990) und 1,5 Mrd. € (1991).[170] Der Treuhandanstalt räumten die Vertragspartner einen Kreditermächtigungsrahmen von max. 3,6/5,1 Mrd. € (1990/1991) ein. Zugleich legten sie eine Begrenzung der Nettokreditaufnahme der DDR auf 5,1/7,2 Mrd. € (1990/1991) fest.[171] Faktisch ging damit die Finanzhoheit der DDR auf das Bundesfinanzministerium über. Mit diesen Entscheidungen endeten die Verhandlungen über den ersten Staatsvertrag. Jener legte die D-Mark als gemeinsame Währung fest. Zugleich wurden die Grundsätze des Arbeitsrechts, der Sozialversicherung, der Finanzpolitik, der Finanzverwaltung, der Steuern und der Staatsausgaben der Bundesrepublik auf die DDR übertragen.[172] Der Vertrag manifestierte damit eine weitgehende Angleichung des Rechts der DDR an die Strukturen in der Bundesrepublik.

Nicht nur Romberg, auch der Bundesregierung war zu diesem Zeitpunkt längst klar, dass beträchtliche ökonomische, soziale und damit auch finanzielle Folgewirkungen aus der Währungsunion resultieren würden. Diese Risiken vermittelte Kohl dem US-Präsidenten Bush am selben Tag in einem Vier-Augen-Gespräch im Oval Office in Washington.[173] Ungeachtet dieser Bedenken beschloss das Kabinett noch am selben Tag den Entwurf eines „*Gesetzes zu dem Vertrag vom 18. Mai 1990 über die Schaffung einer Währungs-, Wirtschafts- und Sozialunion zwischen der Bundesrepublik Deutschland und der Deutschen Demokratischen Republik*"[174] sowie einen Entwurf zum zweiten Nachtragshaushalt für das Jahr 1990. Bei der anschließenden Vertragsunterzeichnung durch Waigel und Romberg im alten Kabinettssaal des Palais Schaumburg in Bonn nahmen auch die Regierungschefs Kohl und de Maizière teil. Sie feierten die Währungsunion als bedeutenden Schritt zur deutschen

---

169 Dem Bundestagsausschuss „*Deutsche Einheit*" erläuterten Seiters und Tietmeyer das Vertragskonzept ebenfalls erst am Nachmittag des 16.5.1990. Vgl. Tietmeyer 1994: 113.
170 Davon entfielen nach Art. 28 des ersten Staatsvertrages als Anschubfinanzierung für die Rentenversicherung im 2. Halbjahr 1990 rd. 383 Mio. € sowie für die Arbeitslosenversicherung 1,02 Mrd. €. Die 1,53 Mrd. € für 1991 wurden komplett für die Arbeitslosenversicherung vorgesehen.
171 Art. 27 des Vertrags über die Schaffung einer Währungs-, Wirtschafts- und Sozialunion.
172 Siehe Kapitel V (Staatshaushalt und Finanzen) des Staatsvertrags über die Währungs-, Wirtschafts- und Sozialunion. Damit mussten die Gebietskörperschaften der DDR auch ihre Haushalte an die Haushaltsstrukturen und die Haushaltsorganisation der Bundesrepublik anpassen. Der Vertrag über die Schaffung einer Währungs-, Wirtschafts- und Sozialunion zwischen der Bundesrepublik Deutschland und der Deutschen Demokratischen Republik vom 18. Mai 1990 enthält 38 Artikel, ein Gemeinsames Protokoll über die Leitsätze sowie neun Anlagen. Zugleich finden sich im ersten Staatsvertrag auch Festlegungen für den weiteren Einigungsprozess: Demnach sollte die Einheit über Art. 23 GG hergestellt und mit der Schaffung föderativer Strukturen im Gebiet der DDR verbunden werden.
173 Kohl erläuterte Bush den Stand der Vertragsverhandlungen. Hierbei stellte er auch die erwarteten Schwierigkeiten für die Betrieben und den Arbeitsmarkt dar, die durch die erschreckend hohe verdeckte Arbeitslosigkeit noch verschärft würden. Vgl. Tietmeyer 1991: 237.
174 BR-Drs. 350/90.

Einheit. Bis zu deren Vollendung, so dachten die meisten Akteure seinerzeit, würde aber wahrscheinlich noch mindestens ein Jahr vergehen.[175]

Zunächst stand jedoch die *Ratifizierung des ersten Staatsvertrages* an. Schon bald nach Unterzeichnung wurde der Ruf nach Verbesserungen von Seiten der SPD-Opposition laut. Allen voran forderte ihr Kanzlerkandidat Lafontaine protektionistische Maßnahmen für die DDR-Wirtschaft zur Vermeidung sozialer Verwerfungen. In einem Spitzengespräch zwischen der SPD und der Regierungskoalition am 29. Mai debattierten beide Seiten zwar verschiedene Maßnahmen, Vertragskorrekturen konnte die Bundesregierung jedoch vermeiden. Der weitere Gesetzgebungsprozess verlief rasch und ohne größere Spannungen.[176] Am 21. Juni stimmten im Bundestag 445 Abgeordnete für den Entwurf, 60 lehnten ihn ab (1 Enthaltung).[177] Der Bundesrat ratifizierte den Vertrag am 29. Juni mit den Stimmen von 9 der 11 Länder (37:8 Stimmen; dagegen stimmten Niedersachsen und Saarland). In der Volkskammer votierten – bei 82 Nein-Stimmen und einer Enthaltung – 302 Abgeordnete für den ersten Staatsvertrag.

4.2.2 Einigungsvertrag: Befristete Sonderstellung für das Beitrittsgebiet

Indes spitzte sich der politische, finanzielle und wirtschaftliche Kollaps der DDR noch während des Ratifizierungsverfahrens zu.[178] Mit der Einführung der D-Mark eskalierte die Situation endgültig: Denn die Währungsunion beschleunigte den ohnehin schon rasanten Zusammenbruch der ostdeutschen Volkswirtschaft. Indem zahlreiche Unternehmen ihre Abgaben nicht mehr zahlten, zeichnete sich überdies auch ein Besorgnis erregender Autoritätsverlust des Staates ab, dessen Verwaltung längst nicht mehr hinreichend funktionierte.[179] Die Steuereinnahmen blieben daher auf niedrigem Niveau, während die Sozialausgaben explodierten, so dass sich die *Krise der öffentlichen Haushalte* weiter verschärfte. Die Regelungen des ersten Staatsvertrages – die sowohl den Finanzbedarf der DDR unter- als auch deren Finanzkraft überschätzte – entbehrten damit schon im Juli jeder Grundlage.[180]

Die fragile sozioökonomische Verfassung ging an der DDR-Regierung natürlich nicht spurlos vorüber. Wollte sie sich bislang nicht auf einen bestimmten Zeitpunkt für die staatliche Einheit festlegen lassen, führte ihre zunehmende Überforderung mit den wirtschaftlichen und sozialen Verwerfungen zu einem *Richtungswechsel in der Einigungspolitik*: Speziell der Regierungschef, der bislang eher an eine Vereinigung in zwei bis drei Jahren dachte, favorisierte bald einen raschen Beitritt zur Bundesrepublik, nach Möglichkeit noch im selben Jahr.[181] Als elementare Bedingung hierfür erachtete de Maizière einen zweiten

---

175 Vgl. Grosser 1998: 310, 325.
176 Gesetz zu dem Vertrag vom 18. Mai 1990 über die Schaffung einer Währungs-, Wirtschafts- und Sozialunion zwischen der Bundesrepublik Deutschland und der Deutschen Demokratischen Republik vom 25.6.1990 (Zustimmungsgesetz). Zum Ratifizierungsprozess vgl. Grosser 1998: 311 ff., Oschatz/Podschull 2002: 144.
177 Alle Mitglieder der Regierungsfraktionen, die Mehrheit der SPD, zwei Grüne und eine Fraktionslose nahmen das Zustimmungsgesetz an. Dagegen stimmten 25 Mitglieder der SPD-Fraktion sowie 35 Grüne. Die Enthaltung kam von den Grünen.
178 Vgl. Grosser 1998: 325.
179 Vgl. Schwinn 1997: 65.
180 Vgl. Grosser 1998: 373, Jacobsen o.J.
181 Am 17. Juni, dem „*Tag der deutschen Einheit*", stellte ein DSU-Abgeordneter in der Volkskammer den Antrag auf Abstimmung über den sofortigen Beitritt nach Art. 23 GG. Das Gesuch wurde zwar zurückge-

Staatsvertrag, der die Konditionen des Beitritts regeln und die Interessen der ostdeutschen Bevölkerung wahren würde.[182] Nicht zuletzt sollte damit auch symbolisch deutlich werden, dass es sich um einen freiwilligen Zusammenschluss und nicht um einen Anschluss oder eine Übernahme handele.[183] Die Bundesregierung bevorzugte aus politischen Motiven eine Wiedervereinigung noch in der laufenden Wahlperiode, also bis Dezember 1990.[184] Allerdings vertrat sie die Auffassung, ein Beitritt nach Art. 23 GG sei auch ohne Einigungsvertrag möglich, indem der Bundesgesetzgeber nach der staatlichen Vereinigung die erforderlichen Übergangsbestimmungen regelt. Gleichwohl bevorzugte auch sie eine Staatsvertragslösung.[185] Dessen ungeachtet lag es vornehmlich an der DDR-Regierung, ihr Interesse an einem zweiten Staatsvertrag zu artikulieren.[186]

Dass die *Finanzierungsfragen des Einigungsvertrages* zu den konfliktträchtigsten und kompliziertesten Materien zählen würden, war allen Beteiligten bewusst. Zumal mit dem fatalen Zerfall der ostdeutschen Wirtschaft vorhersehbar war, dass deutlich umfangreichere Transferleistungen für Ostdeutschland mobilisiert werden müssten. Indessen erfolgten die Verhandlungen über die Finanzbeziehungen im Schatten des parteipolitisch überlagerten Streits darüber, in welcher Form die Kosten der Einheit überhaupt thematisiert werden sollten. Während sich die Bundesregierung in der „*rhetorischen Beschwörung der Kräfte des Marktes*"[187] übte, beanstandete speziell Lafontaine die Einigungspolitik des Kanzlers. Er warf ihm die Täuschung der Bevölkerung hinsichtlich der wahren Lasten der Wiedervereinigung vor und mahnte Steuererhöhungen an.[188] Diese im Wahljahr medienwirksame Debatte überlagerte den ohnehin diffizilen föderalen Verteilungsdisput zusätzlich.

Im Gegensatz zum bisherigen Einigungsprozess änderten sich nun die *Rahmenbedingungen der politischen Willensbildung*. Das Bundeskanzleramt und die Bundesregierung behielten zwar eine tonangebende Stellung, die zentralistische Phase war aber beendet. Die beiden Arenen, in denen der erste Staatsvertrag vorbereitet wurde, die deutsch-deutschen Verhandlungen einerseits, die Bund-Länder-Abstimmungen andererseits, gewannen hingegen an Einfluss. Dabei waren Letztere von grundsätzlich bedeutenderem Gewicht. Nicht allein weil die Bonner Koalition mit der Wahl der rot-grünen Landesregierung in Niedersachsen am 21. Juni ihre eigene Mehrheit verlor, benötigte diese eine engere Einbindung des Bundesrates sowie der SPD-Opposition. Mit dem Einigungsvertrag, so viel war klar, würden auch Grundgesetzänderungen notwendig sein, für die eine zwei Drittel-Mehrheit in beiden legislativen Kammern erforderlich ist. Aus diesen institutionellen Bedingungen

---

stellt, spätestens zu diesem Zeitpunkt war allerdings absehbar, dass die staatliche Einheit wesentlich schneller als bislang angenommen vollzogen werden würde. Vgl. Grosser 1998: 325 f.
182 Vgl. Schäuble 1991: 37.
183 Neben de Maizière engagierte sich speziell Krause für einen zweiten Staatsvertrag. Vgl. Grosser 1998: 326 f.
184 Vgl. Schwinn 1997: 65.
185 Prinzipiell waren zwei Wiedervereinigungsstrategien nach Art. 23 GG denkbar: *Erstens* über einen Staatsvertrag, der die Übergangsbestimmungen normiert. Bei dieser – später gewählten – Option, erklärte die DDR ihren Beitritt auf Grundlage des Staatsvertrages (Einigungsvertrag). Der Bundesgesetzgeber stimmte dem Einigungsvertrag zu und verschaffte dem Vertragsinhalt nach Art. 59 II GG im Innern Geltung. Alternativ konnte – *zweitens* – die Volkskammer der DDR ohne Staatsvertrag ihren Beitritt zur Bundesrepublik erklären. Zugleich hätte der Bundestag bei dieser Lösung ein oder mehrere Überleitungsgesetz(e) beschließen müssen, mit denen das Grundgesetz sowie die Gesetze der Bundesrepublik im Gebiet der DDR in Kraft gesetzt worden wären. Vgl. Schwinn 1997: 67, Küsters 1998: 205.
186 Vgl. Schäuble 1991: 113.
187 Zohlnhöfer 1999: 5.
188 Vgl. Küsters 1998: 215.

resultierte ein Bewusstseinswandel bei der Bundesregierung.[189] Die frühzeitige Einbeziehung der Länder stand außer Frage, mussten sich doch erst Bund und Länder sowie die Bundesregierung mit der Opposition abstimmen, bevor die christlich-liberale Koalition der ostdeutschen Regierung verbindliche Zusagen geben konnte.

Im Zuge der *parteipolitischen Polarisierung des Einigungsprozesses* verschoben sich die tatsächlichen Verhandlungsarenen: Im Vordergrund standen fortan die Auseinandersetzungen zwischen der Regierung Kohl und der SPD-Opposition. Daneben verlief die zweite Konfliktlinie – speziell in Fragen der Finanzierung der deutschen Einheit – zwischen der DDR-CDU und der DDR-SPD.[190] Dadurch erlangten die bereits engen Koordinationen zwischen den jeweiligen West-Ost-Schwesterparteien eine noch größere Relevanz. Aus dieser Konstellation profitierte speziell die Bundesregierung, da die Ost-CDU die maßgebliche politische Kraft in der Ost-Berliner Delegation war und sie über eine sehr enge Abstimmung mit de Maizière und vor allem den Verhandlungsführer Krause verfügte.[191] Zwar verliefen Gespräche zwischen beiden Staatsregierungen nicht weniger heikel, sie blieben aber konzilianter als die Bund-Länder-Verhandlungen sowie die Beratungen innerhalb der Regierung der DDR.[192] Dennoch gestalteten sich auch die Koordinierungsbestrebungen sowohl innerhalb der Bundesregierung als auch innerhalb der SPD keinesfalls unproblematisch. So bestanden häufig Auffassungsunterschiede zwischen dem Bundeskanzleramt und dem Bundesfinanzministerium hinsichtlich der finanziellen Risiken, die mit dem Einigungsvertrag verbunden seien.[193] Zudem schwächten sich das liberal geführte Wirtschafts- sowie das unter christlich-sozialer Leitung stehende Finanzministerium oft gegenseitig. Hintergrund waren nicht selten parteipolitisch bestimmte Dissonanzen in der Einschätzung politischer Sachverhalte. Beachtliche Interessengegensätze waren desgleichen zwischen der SPD-Opposition im Bundestag und den sozialdemokratisch regierten Ländern zu beobachten.[194] Während Erstere speziell die parteipolitisch umstrittenen Problemfelder – gerade hinsichtlich der Bundestagswahl – im Blick hatte, vertraten die SPD-Regierungschefs daneben besonders die Anliegen ihrer Länder.[195] Später sollte sich zeigen, dass die Bundesregierung diese Differenzen durch eine taktische Finesse für sich ausnutzen konnte.

Die *Vorbereitungen zum zweiten Staatsvertrag* liefen bereits vor der Einführung der Währungsunion. Seit April 1990 erarbeiteten die Mitarbeiter des Bundesinnenministeriums an den Grundzügen für ein Abkommen über die Herstellung der staatlichen Einheit Deutschlands. Diese – wohl eher aus symbolischen Gründen denn aus Bescheidenheit – als „*Diskussionselemente*"[196] bezeichnete Vertragsgrundlage überreichte Bundesinnenminister

---

189 Vgl. Schäuble 1991: 108 ff.
190 Schäuble (1991: 110 f.) spricht von „*schwierigen Verhandlungen in der nicht sehr konsistenten Koalition*" in der DDR. Vgl. Küsters 1998: 207.
191 Zudem verlieh sie viele Berater an die DDR-Regierung und verfügte damit über ein engmaschiges Netzwerk. Vgl. Schwinn 1997: 68.
192 Vgl. Grosser 1998: 375.
193 Waigel bezeichnete diese als nicht prognostizierbar. Kohl und Schäuble befürchteten jedoch, dass eine grundlegende Neubewertung der budgetären Lasten zwangsläufig zu Verzögerungen der Verhandlungen führen würden, die den Einigungsprozess insgesamt gefährden könnten. Vgl. Schäuble 1991: 121 f.
194 Schwinn (1997: 66) identifizierte acht Koordinierungsrunden: Bundesregierung und DDR-Regierung, Bundesregierung und Länderregierungen, Bundesregierung und Bundestagsopposition, DDR-Regierung und Volkskammeropposition sowie die Abstimmungen innerhalb der Bundesregierung, der Länderregierungen, der SPD (speziell: Bundestagsfraktion und Ländervertreter) und der DDR-Regierung.
195 Vgl. Schäuble 1991: 117.
196 Diskussionspapier des Bundesministers des Innern mit Elementen einer zur Herstellung der deutschen Einheit zu treffenden Regelung, abgedruckt in Küsters/Hofmann 1998: 1267 ff.

4.2 Akteursinteressen, Verhandlungsprozesse, Ergebnisse

Schäuble dem designierten ostdeutschen Verhandlungsführer Krause am 23. Juni. Erst zwei Tage später bestätigte der Kabinettsausschuss „Deutsche Einheit" die Federführung des Bundesinnenministeriums in den Angelegenheiten des zweiten Staatsvertrags. Nachdem er zugleich das formelle Einvernehmen über die „Diskussionselemente" als Basis für den zweiten Staatsvertrag erzielte, erfolgte im Anschluss an die Sitzung die Weiterleitung an die Presse sowie der Versand an alle Bundestagsfraktionen und Länderregierungen.[197]

Die Ministerpräsidenten zeigten sich bereits bei ihrer Konferenz am 22. Juni sehr besorgt über den Fortgang des Einigungsprozesses. Sie wollten vermeiden, wieder weitgehend von der Bundesregierung übergangen zu werden, und forderten daher eine umfassende und frühe Information und Beteiligung in der Weise, dass eine maßgebliche Mitbestimmung möglich sei. Ferner verlangten sie, im deutsch-deutschen Regierungsausschuss eine gleichgewichtige Vertretung im Verhältnis zur Bundesregierung zu stellen. Die Vorsichtsmaßnahmen hinsichtlich des Verfahrensprozederes gründeten jedoch nicht allein in den Erfahrungen der zurückliegenden Monate. Sie ging zudem auf die von den Ländern gehegte Befürchtung zurück, der Bund wolle die deutsche Einheit für eine Zentralisierung des Bund-Länder-Verhältnisses nutzen. Sie beauftragten deshalb ihre Kanzleichefs, kurzfristig „*Eckpunkte der bundesstaatlichen Ordnung im vereinten Deutschland*" zu formulieren.[198] Vorgelegt und verabschiedet wurde die „*Eckpunkteerklärung*"[199] der Länderregierungen am 5. Juli, einen Tag vor Beginn der offiziellen Verhandlungen über den zweiten Staatsvertrag.[200] In diesem Papier fassten die Länder ihre – überwiegend einvernehmlich erzielten – Standpunkte bezüglich der Gestaltung der Wiedervereinigung zusammen. Einen Schwerpunkt darin bildeten die Statements zu den föderalen Finanzbeziehungen, wobei die Kernbotschaft die Forderung darstellte, die neuen Länder bis (mindestens) Ende 1994 von der Teilnahme am regelgebundenen sekundären Finanzausgleich zu suspendieren.[201] Im Übrigen sprachen sie sich hauptsächlich für eine Kompetenzstärkung der Länder im Sinne einer Reföderalisierung des Bundesstaates aus.[202] Bei der „*Eckpunkteerklärung*" handelte es sich somit teils um eine Maximalposition der Länder in der Einigungspolitik und teils um eine

---

197 In dieser Sitzung wurde auch ein Konsens darüber erzielt, dass die notwendigen Elemente eines Überleitungsgesetzes auch in einem Staatsvertrag vereinbart werden können. Vgl. Schäuble 1991: 113 f.
198 Dies erfolgte auf Initiative und unter der Leitung Hamburgs. Siehe das Schreiben des Ministerialdirigenten Hessing an Bundesminister Seiters betreffend der Beschlüsse der Ministerpräsidentenkonferenz vom 22. Juni 1990 (Düsseldorf, 3. Juli 1990), abgedruckt in Küsters/Hofmann 1998: 1286 f.
199 Eckpunkte der Länder für die bundesstaatliche Ordnung im vereinten Deutschland vom 5. Juli 1990, abgedruckt als Anlage des Schreibens des Ministerpräsidenten Rau an Bundeskanzler Kohl (Düsseldorf, 5. Juli 1990) in Küsters/Hofmann 1998: 1304 ff.
200 Zur Verknüpfung zwischen dem Eckpunktepapier und dem Verhandlungsbeginn siehe Oschatz/Podschull 2002: 145.
201 Im Hinblick auf die Finanzordnung forderten die Länder des Weiteren a) eine Überprüfung der Bund-Länder-Finanzbeziehungen im Herbst 1991, b) leistungsstarke Länder als Träger eines lebensfähigen Föderalismus, c) eine Beseitigung der wirtschaftlichen und sozialen Disparitäten, d) eine Finanzausgleichsreform nach objektiven Kriterien unter Prüfung der Rolle von Bedarfsgesichtspunkten, e) eine Prüfung eigener Finanzquellen (Steuerhoheit) der Länder, f) die Änderung des Lastenverteilungsgrundsatzes im Sinne einer Konkordanz zwischen Gesetzgebungszuständigkeit und finanzieller Lastentragung, g) eine sachgerechte Änderung der Gemeinschaftsaufgaben und sonstigen Mischfinanzierungen, h) eine Überprüfung der Steuerzerlegung sowie i) eine Aufgabentrennung bei Stärkung der Finanzkraft der Länder.
202 Weitere Schwerpunkte der Erklärung waren a) die Beteiligung der Länder im Einigungsprozess, b) die Stärkung der Gesetzgebungskompetenzen der Länder, c) die Ausweitung der Mitsprache der Länder bei der Festlegung der deutschen Position in der Europapolitik und d) die Änderung der Stimmenverteilung im Bundesrat (Berlin, Bremen, Rheinland-Pfalz und das Saarland wollten eine Entscheidung hierüber erst im vereinten Deutschland). Eine Einigung zur Hauptstadtfrage konnte hingegen nicht erzielt werden.

abstrakte – und, weil nur so zustimmungsfähig, partiell widersprüchlichen – Zielbestimmung bezüglich der künftigen Ausrichtung des föderativen Systems.

Um ihre Interessen einbringen zu können, galt es deshalb für die Länder, eine möglichst umfassende Beteiligung sicherzustellen. Richtungweisend sollte hierfür schon die Vorabstimmung des Kanzleramtschefs Seiters mit den Kanzleichefs Klaus Rauscher (Bayern, CSU), Wolfgang Clement (Nordrhein-Westfalen, SPD) und Dieter Schröder (Berlin, SPD) unter Beteiligung des Bundesinnenministers am 26. Juni sein.[203] Hierbei erläuterte Schäuble die „*Diskussionselemente*" sowie den beabsichtigten Zeitplan.[204] Zugleich unterstrich er seine Position, den Umfang der Verfassungsänderungen auf das Minimum zu beschränken.[205] Hartnäckig verhandelten beide Seiten über die Beteiligung der Länder an dem deutsch-deutschen Regierungsausschuss. Zwar zeichnete sich ein Kompromiss[206] bereits ab, endgültig erzielt wurde dieser aber erst am 5. Juli bei der Besprechun von Schäuble und Seiters mit den Kanzleichefs aller Länder anlässlich des Beginns der offiziellen Gespräche am Folgetag.[207] Mit ihrer nachdrücklichen Haltung konnten die Ländervertreter durchsetzen, dass sie mit fünf Vertretern der CdS-Ebene in der westdeutschen Delegation vertreten sein würden. Zudem wurde dem Berliner Senatskanzleichef ein Teilnehmerrecht aufgrund der besonderen Betroffenheit seines Landes gewährt. Die übrigen Länder sollten nach der Absprache auf Beamtenebene mit Beobachterstatus mitwirken.[208] Eine Beteiligung der Landtage an den politischen Verhandlungen lehnten die Kanzleichefs von Bund und Länder unter „*verfassungsrechtlichen Gründen*" jedoch ab.[209]

Nicht nur der Wunsch der Länderregierungen nach einer stärkeren Mitwirkung war dafür entscheidend, dass die – paritätisch besetzten – Delegationen der Bundesrepublik und der DDR gegenüber den Beratungen zum ersten Staatsvertrag deutlich aufgebläht wurden. Es wollten auch die Ressorts, die vom Einigungsvertrag betroffen waren (und das waren nahezu alle), auf Staatssekretärsebene vertreten sein, als am *6. Juli* in Ost-Berlin die *Verhandlungen für den zweiten Staatsvertrag*[210] unter der Leitung von Schäuble und Krause

---

203 Vgl. Dästner 1998: 40. Bei diesem Treffen trugen die Kanzleichefs Clement (Nordrhein-Westfalen) und Rauscher (Bayern) ihre Forderung nach einer Änderung der Stimmenverteilung im Bundesrat zu Gunsten der bevölkerungsstarken Bundesländer vor. Zugleich drängte Nordrhein-Westfalen erfolgreich darauf, die Hauptstadtfrage aus dem zweiten Staatsvertrag auszuklammern. Vgl. Dästner 1997: 40, Küsters 1998: 202.
204 Die Verhandlungen sollten spätestens nach der Fußball-WM in Italien beginnen und bis Ende August/Anfang September abgeschlossen werden. Im Übrigen erläuterten Schäuble und Seiters den Ländervertretern die aktuellen Entwicklungen, den Ablaufplan sowie die Zielsetzungen der Bundesregierung.
205 Schäuble wollte einen „*schlanken*" Vertrag, der nur die rechtstechnischen Anpassungen des Grundgesetzes umfasst, die unmittelbar zur Herstellung der staatlichen Einheit erforderlich sein würden. Materielle Änderungen strebte er grundsätzlich nicht an, sofern die DDR nicht konkrete Wünsche hierzu äußern sollte, die im Zusammenhang mit der Verfassungswirklichkeit in Ostdeutschland stehen. Vgl. Küsters 1998: 40 f.
206 Vgl. Dästner 1998. 41.
207 Siehe das Protokoll der Besprechung des Chefs des Bundeskanzleramtes Seiters mit den Chefs der Staats- und Senatskanzleien der Länder (Bonn, 5. Juli 1990), abgedruckt in Küsters/Hofmann 1998: 1299 ff.
208 Die Kanzleichefs benannten daraufhin als Delegationsmitglieder ihre Kollegen aus Baden-Württemberg, Bayern, Hamburg, Nordrhein-Westfalen und Niedersachsen. Im Zuge des zunehmenden Parteienstreits nahm der saarländische Kanzleichef Reinhold Kopp (SPD) ab der zweiten Runde den Platz Niedersachsens ein, um so Lafontaine einen direkteren Zugang zu den Verhandlungen zu gewähren. Kopp kam fortan neben dem Sprecher der Länder, dem Düsseldorfer Kanzleichef Clement, eine zentrale Rolle zu. Beide vertraten zugleich auch die Interessen der SPD und ihres Kanzlerkandidaten. Vgl. Schäuble 1991: 115.
209 Dies forderte die Präsidentin des Schleswig-Holsteinischen Landtags Lianne-Maren Paulina-Mürl (SPD) in ihrem Schreiben an Bundeskanzler Helmut Kohl vom 10.5.1990. Vgl. Küsters 1998: 203 ff.
210 Siehe das Ergebnisprotokoll der Ersten Verhandlungsrunde über den Vertrag zur Herstellung der Einheit Deutschlands (Einigungsvertrag) (Berlin, 6. Juli 1990), abgedruckt in Küsters/Hofmann 1998: 1324 ff.

4.2 Akteursinteressen, Verhandlungsprozesse, Ergebnisse   129

begannen.[211] In seiner engagierten Eröffnungsrede benannte de Maizière seine Vorstellungen zum zweiten Staatsvertrag, dem er den Titel *„Einigungsvertrag"* verlieh. Dabei orientierte er sich an der von Schäuble ausgegebenen Maxime, Grundgesetzänderungen auf das Nötigste zu limitieren. Hiervon abweichend forderte er jedoch die vertragliche Verständigung über vier Punkte, zu denen er unter der Losung *„Teilung sei nur durch Teilung zu überwinden"* auch die Finanzen der neuen Bundesländer zählte.[212] Im weiteren Sitzungsverlauf wurden speziell der Zeitplan sowie der Themenkatalog[213] besprochen.[214]

Dieser Themenkatalog bildete die Basis für die *Ressortgespräche auf Arbeitsebene vom 6. bis 20. Juli*.[215] Dabei wurden die Verhandlungen im Bereich der föderalen Finanzen angesichts der massiven Interessendivergenzen ausgesprochen hartnäckig geführt.[216] Als das Bundesfinanzministerium sowie das Ministerium der Finanzen – wie die übrigen Ressorts auch – am 20. Juni ihren Zwischenbericht vorlegten, überwogen dann auch die Dissonanzen.[217] Ein Konsens zeichnete sich vorerst nur bezüglich der elementaren Grundsatzfragen[218] ab, die materiellen Regelungen blieben dagegen strittig. Dabei standen zwei Fragen im Mittelpunkt: *Erstens* die Höhe des Finanzbedarfs der neuen Länder und *zweitens* die Verteilung der Einheitskosten auf Bund und westdeutsche Länder. Prinzipiell versuchten sich die Länder jeglicher weiterer Belastung mit dem Hinweis auf die Absprache vom 16. Mai zu entziehen, nach der ihr Beitrag mit dem Anteil zum Fonds *„Deutsche Einheit"* abschließend geregelt sei und die weiteren finanziellen Risiken allein der Bund trage.[219] Vor

---

211 Ferner nahm Carlo Trojan als Vertreter der EG-Kommission beratend an den Verhandlungen teil. In der Ost-Berliner Delegation waren ebenfalls die Staatssekretäre der meisten Ressorts vertreten. Ferner gehörten ihr pro neues Land zwei Vertreter an, die von der Volkskammer quotiert nach Fraktionen gewählt wurden. Wohl auch um die Position der Bundesregierung zu festigen, legte Schäuble großen Wert auf eine einheitliche Verhandlungsführung. Um dies zu untermauern und um *„Palaver auf jeden Fall zu vermeiden"*, ließ er auf beiden Seiten nur ein festes Mikrofon installieren. Vgl. Schäuble 1991: 118.

212 Die weiteren Punkte waren a) die politische Einigung über die Eigentumsfrage, b) die Zuständigkeit und Verantwortlichkeit der Treuhandanstalt, deren Erträge er allein den neuen Länder zukommen lassen wollte sowie c) die Staatssymbole. Speziell seine Vorschläge zum letzten Punkt lehnte Schäuble in seiner Entgegnung ab. Für eine Umbenennung des Staates (de Maizières Vorschlag: Deutsche Bundesrepublik) sowie eine Änderung der Nationalhymne (de Maizières Vorschlag: zur Komposition von Haydn als erste Strophe den Text der DDR-Hymne, als zweite Strophe den Text der bisherigen dritten Strophe) sah er keinen Bedarf. Die Hauptstadtfrage wollte er zudem – wie er dies mit Clement abgestimmt hatte – erst von den Verfassungsorganen im vereinten Deutschland entscheiden lassen. Vgl. Schäuble 1991: 113 f., Dästner 1998: 41 f.

213 Abgestimmter Katalog der Verhandlungsthemen zum Vertrag über die Herstellung der Einheit Deutschlands (Einigungsvertrag), abgedruckt in Küsters/Hofmann 1998: 1328 ff. Der Themenkatalog enthielt u.a. auch folgende Finanzfragen: a) Eingliederung des Haushaltssystems der DDR in das Haushaltssystem der Bundesrepublik, b) Anwendung der Finanzverfassung, c) Bedingungen und Zeiträume für die volle Vereinheitlichung des Steuer- und Zollrechts, d) finanzielle Förderung der fünf neu gebildeten Länder und Berlins.

214 Sowohl der von de Maizière vorgeschlagene Zeitplan (Verhandlungsabschluss im August, Ratifizierung im September) als auch der von Krause vorgelegte Themenkatalog basierten auf den Vorüberlegungen der Bundesregierung. Vgl. Schäuble 1991: 126, 137.

215 Vgl. Schäuble 1991: 168, Dästner 1998: 42, Küsters 1998: 206.

216 Vgl. Grosser 1998: 374 f.

217 Zwischenbericht der Staatssekretäre Dr. Siegert (Ministerium der Finanzen) und Dr. Klemm (Bundesministerium der Finanzen) vom 20. Juli 1990. Siehe dazu den Vermerk des Regierungsdirektors Lehnguth für die Sitzung des Kabinettsausschusses *„Deutsche Einheit"* am 24. Juli 1990 (Bonn, 23. Juli 1990), abgedruckt in Küsters/Hofmann 1998: 1406 ff.

218 Die Inkraftsetzung der Vorschriften des Grundgesetzes über das Finanzwesen im weiteren Sinne, die grundsätzliche Übernahme des Haushalts- und Steuerrechts einschließlich der Zölle sowie die Organisation der Finanzverwaltung in den Ländern und Gemeinden.

219 Vgl. Altemeier 1999: 83.

dem Hintergrund dieser Grundhaltung konzentrierten sich die Auseinandersetzungen um die föderalen Finanzbeziehungen auf folgende *Problemfelder*:[220]

1. *Übergangsregelungen für den sekundären Finanzausgleich*:
    Während aus der DDR-Regierung anfangs der Wunsch nach einer sofortigen Integration der neuen Länder in den Finanzausgleich zu vernehmen war, lehnten dies der Bund und die Länder für die Laufzeit des Fonds „Deutsche Einheit" einvernehmlich ab.[221] Ausschlaggebend hierfür war speziell die Bund-Länder-Absprache vom 16. Mai. Zudem verwiesen die Länderregierungen auf die Plafondierungszusage. Doch auch die Bonner Koalition hatte kein Interesse an einer Neujustierung des Finanzausgleichs. Sie befürchtete langwierige Gespräche, die den zügigen Fortgang des Einigungsprozesses gefährden könnten. Außerdem wollte sie keine kritische öffentliche Debatte über die waghalsige Prophezeiung entfachen, dass der die „blühenden Landschaften" bringende Aufschwung Ost die Kosten der Einheit bald selbst finanzieren werde.[222] Angesichts dieses Bund-Länder-Konsenses über die Suspendierung einer Finanzausgleichsanpassung hatte die Ost-Berliner Delegation kaum eine Chance, ihr Anliegen durchzusetzen. Bereits der Zwischenbericht listete diese Frage nicht mehr als Unstimmigkeit auf.

2. *Horizontale Umsatzsteuerverteilung*:
    Ein erbitterter Streit entzündete sich an der Frage, wie der Länderanteil am Umsatzsteueraufkommen horizontal zu verteilen sei. Die Bundesregierung plädierte für eine Aufteilung nach dem Einwohnerprinzip. Dies lehnten die West-Länder jedoch vehement ab, da sie hierdurch zusätzliche Einnahmeausfälle in Höhe von rd. 2,6 Mrd. € erwarteten.[223] Sie wollten den neuen Ländern daher lediglich einen Anteil nach ihrer tatsächlichen Leistungskraft gewähren und die Regelung der einwohnerbasierten Umsatzsteuerverteilung samt Umsatzsteuervorabauffüllung auf den Westteil des Landes begrenzen.[224] Die DDR-Regierung wollte sich eine Umsatzsteuerverteilung nach den

---

220 Weitere Streitpunkte waren die Verteilung der Erlöse sowie die rechtliche Stellung des Treuhandvermögens. Seinerzeit bestand noch die Hoffnung, die Treuhandanstalt werde einen Überschuss in dreistelliger Milliardenhöhe erwirtschaften. Diesen beanspruchte die DDR-Regierung für die neuen Länder, die Bundesregierung wollte hiervon jedoch zunächst die Altschulden tilgen und sodann den verbleibenden Saldo hälftig auf den Bund und die neuen Länder übertragen.
221 Siehe Süddeutsche Zeitung vom 12.7.1990: Streibl: Für DDR-Länder vorerst kein Finanzausgleich. Vgl. auch Schwinn 1997: 70, Grosser 1998: 374, Altemeier 1999: 83.
222 Die Strategie der Bundesregierung war sowohl einigungspolitisch wie wahlkampftaktisch motiviert. Ihr war längst klar, dass die im ersten Staatsvertrag vereinbarten Finanzhilfen nicht ausreichend sein würden. Vgl. Zohlnhöfer 1999: 7.
223 In Folge der niedrigeren Wirtschaftskraft und der schwächeren Haushaltseinkommen in den neuen Ländern war für dieses Gebiet ein erheblich geringeres Pro-Kopf-Aufkommen bei der Umsatzsteuer abzusehen. Bereits am 5. Juli verwies daher der Sprecher der Finanzministerkonferenz Guntram Palm (CDU, Finanzminister in Baden-Württemberg) darauf, dass eine Umsatzsteuerverteilung nach dem Einwohnerprinzip de facto ein Vorabausgleich zu Lasten des bisherigen Bundesgebiets sei. In seinem Schreiben an Waigel vom gleichen Tag bezeichnete er dies als nicht mit der Plafondierungszusage und dem Zustimmungsgesetz zum Währungsunionsvertrag vereinbar. Die Umschichtungseffekte bezifferte er auf 2,0-2,6 Mrd. €. Vgl. Schäuble 1991: 180.
224 Siehe Frankfurter Allgemeine Zeitung vom 10.7.1990: Bundesländer verteidigen ihre Einnahmen aus der Umsatzsteuer. Der Vorschlag der Länder sah zwei getrennte Verteilungsmassen für die bisherigen Staatsgebiete vor. Als Basis für die Berechnungen sollte die Konjunkturprognose des DIW herangezogen werden. Diese rechnete für 1991 mit einem Pro-Kopf-Aufkommen in Ostdeutschland in Höhe von ca. 50 % des Westniveaus. Demnach sollte nach dem Modell der westdeutschen Länder das Beitrittsgebiet 1991 je Einwohner 50 % des westdeutschen Pro-Kopf-Anteils erhalten. Die Anhebung in den Jahren 1992 bis 1994 ergab sich nach dem Ländervorschlag entweder anhand der zukünftigen Zuwachsraten des Bruttoinlandsprodukts oder

Bestimmungen des Art. 106 GG, allerdings musste sie an diesem Punkt die Dominanz von Bund und Ländern hinnehmen, die diese Frage untereinander regelten. Denn mit der Regelung der horizontalen Umsatzsteuerverteilung war die Konfrontation um die Beteiligung der Länder an den Kosten der Einheit unmittelbar verknüpft. Dem Bund war klar, dass seine Zuschüsse an die neuen Länder umso größer ausfallen mussten, desto schlechter diese bei der Steuerverteilung gestellt würden.[225] In Folge der Hartnäckigkeit der Länder musste der Bund bald von seiner Position Abstand nehmen und die Verteilung des Umsatzsteueraufkommens in zwei Verteilungsgebiete akzeptieren. Umkämpft blieb aber die Festlegung des Anteils der Verteilungsmasse Ost.[226]

3. *Verteilung der Fondsmittel und Finanzbedarf der neuen Länder*:
Nach dem Willen Rombergs sollten die Fondsmittel möglichst komplett an die Ost-Länder fließen. Da die Bundesregierung den neuen Ländern direkt nur 50 % der Fondsgelder übertragen und den Rest selbst für zentralstaatliche Aufgaben im Beitrittsgebiet behalten wollte, war diese nicht durchsetzbar. Daher plädierte das Ost-Berliner Kabinett – ebenso wie die Länder – für eine variable, jährlich neu festzulegende Verteilung.[227]

4. *Verteilung der im Beitrittsgebiet zu erzielenden Steuereinnahmen*:
Nachdem die DDR-Regierung die Fondsleistungen als nicht zufrieden stellend erachtete, verlangte sie, dass bis Ende 1994 das gesamte auf dem Gebiet der bisherigen DDR erzielte Steueraufkommen – also auch die Bundessteuern sowie der Bundesanteil an den Gemeinschaftssteuern – bei den neuen Ländern verbleiben müsse. Die Bundesregierung lehnte dies ab und sprach sich für eine Verteilung nach Art. 106 GG aus.

5. *Integration der neuen Länder in die Mischfinanzierungen*:
Die ostdeutschen Vertreter forderten die sofortige und uneingeschränkte Beteiligung des Beitrittsgebiets an den einzelnen Mischfinanzierungstatbeständen. Prinzipiell erkannte dies die Bonner Führung an, gleichwohl hielt sie lediglich eine sukzessive Ausweitung der Ausführungsgesetze unter Beachtung der Strukturunterschiede und der finanziellen Möglichkeiten des Bundes für darstellbar. Speziell bei der Gemeinschaftsaufgabe „Regionale Wirtschaftsförderung" sah sie einen natürlichen Präferenzvorsprung der neuen Länder gegenüber dem bisherigen Bundesgebiet.[228] Die Länderregierungen äußerten jedoch einen grundsätzlichen Vorbehalt in Anbetracht der Las-

---

sie konnte im Vorfeld stufenweise auf der Grundlage der Annahmen über die Entwicklung des Umsatzsteueraufkommens erfolgen. Vgl. Geske 1991: 36 f., Renzsch 1991: 276, Carl 1995: 120 ff., Schwinn 1997: 76.

225 Formal verwies die Bundesregierung vor allem auf die Steuermehreinnahmen der westdeutschen Länder in Folge des Einigungsbooms. Für die Länder war jedoch die Plafondierungsabsprache über ihre Kostenbeteiligung maßgeblich. Vgl. Schwinn 1997: 69, 74 f.
226 Vgl. Schwinn 1997: 76.
227 Romberg warnte wiederholt vor den verheerenden Folgen für die Haushaltswirtschaft der neuen Länder, wenn die ohnehin zu knapp bemessenen Fondsmittel noch in größerem Umfang dem Bund für seine Aufgaben im Beitrittsgebiet überlassen werden würden. Vgl. Schwinn 1997: 69 f., 75, Grosser 1998: 374 f., Zohlnhöfer 1999: 9.
228 Am 31. Juli kündigte Otto Schlecht, Staatssekretär im Bundeswirtschaftsministerium, die Integration des Beitrittsgebietes in die Gemeinschaftsaufgabe zur Förderung der regionalen Wirtschaftsstruktur (Art. 91a GG) ab 1991 an. Er erklärte ferner, dass dies zu einer Ausweitung des Fördervolumens führe, gleichfalls aber eine sukzessive Umschichtung zu Gunsten des Beitrittsgebiets erfolgen werde. Im Kontext des sozioökonomischen Entwicklungsrückstands in Ostdeutschland sah er einen Präferenzvorsprung dieser Länder.

tenbegrenzungszusage. Sie befürchteten budgetäre Nachteile und wandten sich daher gegen ein In-kraft-treten der Kofinanzierungen im Beitrittsgebiet.[229]

6. *Altschuldenregelung*:
Übereinstimmung bestand hier nur insoweit, als bis Ende 1993 die Übertragung der Gesamtverschuldung des Republikhaushalts der DDR auf ein Sondervermögen (Kreditabwicklungsfonds) erfolgen sollte. Nach Auffassung Bonns sollten die Zinsen zu je einem Drittel vom Bund, dem Treuhandvermögen sowie den neuen Ländern aufgebracht werden. Ost-Berlin wollte jedoch Letztere nicht beteiligt sehen und favorisierte daher eine hälftige Bedienung durch den Bund und die Treuhandanstalt.

Trotz des erbitterten Widerstands Rombergs galten für die Jahre 1990 und 1991 die im ersten Staatsvertrag festgelegten Größen für den DDR-Staatshaushalt als Fundament für die Verhandlungen zum Einigungsvertrag. Dies entsprach *einerseits* sowohl dem Wunsch Kohls, die Einheit schnellstmöglich zu vollenden, als auch den wahlkampfmotivierten Versprechungen der Bundesregierung, die deutsche Einheit führe zu einem Wirtschaftswunder Ost, aus dessen Vereinigungsdividende sich die Kosten der Einheit bald amortisieren würden.[230] *Andererseits* kam es den Forderungen der westdeutschen Länder entgegen, ihre Belastungen zu begrenzen.[231] Im Übrigen kamen sich die Regierungen von Bund und Ländern zunächst aber nicht näher. Bei der Besprechung von Schäuble mit den Kanzleichefs der Länder am 25. Juli zeichnete sich noch keine essenzielle Annäherung bei den föderalen Konfliktfeldern ab. Lediglich bei der horizontalen Umsatzsteuerverteilung signalisierte Schäuble ein Entgegenkommen.[232] Zur selben Zeit rückten die Finanzierungsprobleme stärker ins Bewusstsein der Öffentlichkeit. Auslöser waren die steigenden Sozialausgaben sowie der massive Rückgang der Industrieproduktion in der DDR. Gepaart mit der medialen Debatte eskalierte seit Ende Juli zunehmend der parteipolitische Disput über die Kosten der Einheit sowie deren Refinanzierung.[233]

---

229 Zwischen dem 20. Juli und dem 1. August fanden die Verhandlungen zwischen der Bundesregierung und der EG-Kommission bezüglich der EG-Regionalförderung für die neuen Bundesländer statt. Hierbei ging es sowohl um die Übergangsregelungen für das Beitrittsgebiet als auch um die finanziellen Auswirkungen der deutschen Einheit für die EG. Vgl. Küsters 1998: 194 f.
230 Am 15. und 16. Juli verständigte sich Kohl mit Gorbatschow in Moskau und Archys (Kaukasus) über die internationalen Rahmenbedingungen der deutschen Einheit. Dabei konnte der Bundeskanzler die volle Souveränität sowie die freie Bündniswahl des vereinten Deutschlands durchsetzen. Im Anschluss daran begannen am 17. Juli die Zwei-Plus-Vier-Verhandlungen. Siehe das Protokoll des Gesprächs des Bundeskanzlers Kohl mit Präsident Gorbatschow (Moskau, 15. Juli 1990), abgedruckt in Küsters/Hofmann 1998: 1340 ff., ferner das Protokoll des Delegationsgesprächs des Bundeskanzlers Kohl mit Präsident Gorbatschow (Moskau, 15. Juli 1990), abgedruckt in Küsters/Hofmann 1998: 1352 ff. und das Protokoll des Gesprächs des Bundeskanzlers Kohl mit Präsident Gorbatschow im erweiterten Kreis (Archys/Bezirk Stawropol, 16. Juli 1990), abgedruckt in Küsters/Hofmann 1998: 1355 ff.
231 Beide Seiten stuften daher das verankerte Transfervolumen des Fonds „*Deutsche Einheit*" als hinreichend ein. Vgl. Geske 1991: 38 f., Selmer 1991: 189, Schwinn 1997: 69, Zohlnhöfer 1999: 5, 7.
232 Siehe das Protokoll der Besprechung des Bundesministers Schäuble mit den Chefs der Staats- und Senatskanzleien der Länder (Bonn, 25. Juli 1990), abgedruckt in Küsters/Hofmann 1998: 1412 ff. Schäuble billigte eine Verteilung nach makroökonomischen Kennzahlen. Ferner bahnte sich eine Lösung für die Stimmenspreizung im Bundesrat an. Eine Behandlung der „*Eckpunkteerklärung*" der Ministerpräsidenten wies er indes zurück, da dies zu langwierig für den Einigungsprozess sei. Vgl. Küsters 1998: 206, 209.
233 Siehe Handelsblatt vom 1.8.1990: Kalte Füße. Lücken im DDR-Haushalt. Am 16. Juli kehrte der nach einem Attentat schwer verletzte SPD-Kanzlerkandidat Lafontaine, treibende Kraft der Opposition im Streit um die Kosten der Wiedervereinigung, in die aktive Politik zurück.

4.2 Akteursinteressen, Verhandlungsprozesse, Ergebnisse

Zu Beginn der *zweiten Verhandlungsrunde*, die vom *1. bis 3. August* im Staatsratsgebäude in Ost-Berlin stattfand, legte die DDR-Delegation einen Rohentwurf des Einigungsvertrags als Basis für die weiteren Verhandlungen vor. Diese „*Rohskizze*" fußte auf den „*Diskussionselementen*" des Bundesinnenministeriums und war das Produkt der intensiven Koordinierung zwischen der CDU-West und der CDU-Ost.[234] Dabei war der Entwurf innerhalb der *DDR-Regierung* heftig umstritten. Die SPD-Minister Markus Meckel (Außenminister) und Walter Romberg reklamierten speziell die Finanzartikel, die nach ihrer Auffassung keine hinreichende Finanzausstattung für die neuen Länder gewährleisten würden. Obgleich dieser Differenzen gab sich die ostdeutsche Delegation gerade bei den Finanzbestimmungen sehr kämpferisch.[235] Ihr Verhandlungsführer Krause beanspruchte die sofortige Integration der neuen Länder in den regelgebundenen Finanzausgleich sowie die gleichberechtigte Teilnahme des Beitrittsgebiets an den Mischfinanzierungen. Da er erwartete, dass selbst eine vollständige Beteiligung am Finanzausgleich nicht die hinreichenden Finanzmittel für den Aufbau Ost mobilisieren würde, forderte Romberg überdies, dass sämtliche in diesem Gebiet erzielten Steuern für eine Übergangsfrist bei den neuen Ländern und Gemeinden verbleiben müssen.[236] Die Bundesregierung lehnte jedoch die Ansinnen der DDR-Politiker rundweg ab. Waigel wandte sich aus den bereits oben angeführten Gründen gegen eine Neuverhandlung des Finanzpakets des ersten Staatsvertrags. Lediglich zu Nachträgen bei der Anschubfinanzierung der DDR-Sozialversicherungen erklärte er sich bereit. Außerdem kam er Ost-Berlin bei der Verteilung der Fondsmittel entgegen. Die neuen Länder sollten nicht 50 %, sondern 80 % der Fondsmittel direkt übertragen bekommen, während sich die Bundesregierung mit einem 20 %-Anteil für zentralstaatliche Aufgaben im Beitrittsgebiet begnügen wollte.[237]

Noch heftiger als der West-Ost-Verteilungsstreit verlief die *Kontroverse zwischen Bund und Ländern*. Die Ländervertreter pochten stur auf die Lastenbegrenzungsabsprache vom 16. Mai. Sie sahen keinen weiteren Handlungsspielraum und verweigerten nicht nur die Beteiligung der neuen Länder am Finanzausgleich, sondern nach wie vor auch eine Verteilung der Umsatzsteuer nach dem Einwohnerprinzip.[238] Schäuble akzeptierte zwar die Aufteilung des Länderbetrags in einen West- sowie einen Ost-Anteil, seinen Vorschlag zur Bemessung des Ost-Anteils (1990: 50 %, 1991: 60 %, 1992: 70 %, 1993: 80 %, 1994: 90 % pro Kopf des West-Niveaus) schlugen die Länder jedoch aus. Eine Verständigung wurde daher bis zum Ende der Verhandlungen aufgeschoben.[239] Damit zählte die Umsatzsteuerverteilung zu den kniffligsten Materien beim Aushandeln des Einigungsvertrags.[240]

---

234 Vgl. Schäuble 1991: 113. Dästner (1998: 44) spricht von einem „*abgekarteten Spiel*", welches speziell die SPD-regierten Länder verärgerte, da sie den Vertragsentwurf erst eine Stunde vor Verhandlungsbeginn erhielten. Vgl. Dästner 1998: 42 ff., Oschatz/Podschull 2002: 146.
235 Zu den Ergebnissen siehe die interne Zusammenfassung der zweiten Verhandlungsrunde über den Vertrag zur Herstellung der Einheit Deutschlands (Einigungsvertrag) (Berlin (Ost), 1. bis 3. August 1990) von den Ministerialdirigenten Busse und Stern (Bundeskanzleramt), abgedruckt in Küsters/Hofmann 1998: 1449 ff.
236 Vgl. Schäuble 1991: 176 f., Schwinn 1997: 70.
237 Vgl. Schäuble 1991: 180 f.
238 Vgl. Schäuble 1991: 180, Schwinn 1997: 70.
239 Als Ergebnis wurde nur festgehalten, dass die Verteilung nach makroökonomischen Kriterien erfolgen sollte. Vgl. Schäuble 1991: 170.
240 Vgl. Schäuble 1991: 179, 182 f. Vorbehalte äußerten die westdeutschen Länder auch weiterhin gegen eine Beteiligung ihrer neuen Bundesgenossen an der Gemeinschaftsaufgabe zur Förderung der Regionalen Wirtschaftsstruktur sowie am Strukturhilfegesetz.

Offenkundig wird hierbei die Entscheidungslogik der zweiten Phase des Einigungsprozesses: Sobald die westdeutschen Länder elementare Interessen geltend machten, konzentrierten sich die Konfrontationen auf die Bund-Länder-Arena; Ost-Berlin hatte keinen Einfluss mehr. Abgesehen von den hochkontroversen Finanzregelungen verlief die zweite Runde in guter Atmosphäre. Dabei zeigten sich die Länder prinzipiell sehr konstruktiv und ließen meist Kompromissbereitschaft erkennen. Trotz einiger Krisen[241] und Konfliktpunkte kamen die Verhandlungen ein großes Stück voran.[242] Allerdings offenbarten sich auch erhebliche Spannungen innerhalb der DDR-Delegation. Speziell deren Verhandlungsführer Krause bezog wiederholt rigoros Stellung gegen die eigene Seite und wies seine Kollegen abermals rüde zu Recht.[243]

Der *Konflikt innerhalb DDR-Regierung* über die Finanzierung der Einheit sollte sich auch nach der zweiten Verhandlungsrunde nicht mehr beruhigen.[244] Als das Forschungsinstitut beim Ministerium der Finanzen am 8. August eine detaillierte Prognose für die Haushaltsentwicklung der neuen Länder vorlegte, löste dies das endgültige Zerwürfnis der großen Koalition aus.[245] Das Gutachten schloss mit dem Fazit, dass die neuen Länder bis Ende 1994 sich um rd. 46 Mrd. € verschulden müssen, sollten der Finanzdeal des ersten Staatsvertrages nicht korrigiert werden.[246] Romberg wiederholte deshalb seine Forderung nach einer Aufstockung der Finanztransfers sowie den Verbleib aller im Beitrittsgebiet erwirtschafteten Steuereinnahmen bei den neuen Ländern.[247] Weder die westdeutschen Länder noch die Bundesregierung hatten aber ein Interesse an einer Revision der West-Ost-Finanztransfers. Sie ignorierten daher das Zahlenwerk Rombergs. Für die Bonner Koalition stand zudem noch mehr auf dem Spiel, da an dem Gutachten der Parteienstreit über die Kosten der Einheit entbrannte.[248] Sie übte deshalb massiven Druck auf ihre ostdeutschen

---

241 Ein Eklat folgte, als de Maizière in einer Pressekonferenz am 3. August erklärte, die gesamtdeutsche Bundestagswahl solle bereits am 14.10.1990 erfolgen. Dies fassten die SPD-Verhandlungsmitglieder als Affront auf, galt bislang der 2.12.1990 als frühestmöglicher Wahltermin. Verbunden mit der plötzlichen Vorlage eines Vertragsentwurfs, fühlten sich die Sozialdemokraten von der Union hintergangen und stellten vorübergehend die gemeinsame Fortführung der Gespräche in Frage. Für Entspannung sorgte Bundespräsident Richard von Weizsäcker (CDU). Er signalisierte dem Bundesinnenminister, dass er eine vorgezogene Neuwahl in Folge einer taktisch gescheiterten Vertrauensfrage nicht mittragen werde. Damit waren die zuvor am Wolfgangsee zwischen Kohl, Krause und de Maizière abgestimmten Pläne zum Vorziehen der Bundestagswahl vom Tisch. Vgl. Schäuble 1991: 158 ff., Dästner 1998: 33, 44 f., Küsters 1998: 212, Oschatz/Podschull 2002: 146 f.
242 Diese Einschätzung teilten alle Beteiligten. Vgl. Schäuble 1991: 150 ff., Dästner 1998: 44 f., Oschatz/Podschull 2002: 147.
243 Vgl. Dästner 1998: 45, Küsters 1998: 212.
244 Als Widersacher standen sich speziell Krause und Romberg gegenüber. Romberg gingen die Forderungen der Ost-CDU nicht weit genug, er insistierte auf seiner Position, dass das gesamte im Beitrittsgebiet erzielte Steueraufkommen dort verbleiben solle. Krause lehnte das ab und begründete dies mit den ohnehin nur schwach ausfallenden Steuereinnahmen nach dem Motto *„100 % von nichts ist nichts"*. Vgl. Grosser 1998: 376 f.
245 Bereits in der zweiten Julihälfte traten die Liberalen (BFD) aus der DDR-Regierung aus, da sie – im damals schwelenden Streit um den Wahlvertrag – keine getrennten Wahlgebiete wollten. Siehe Handelsblatt vom 24.7.1990: Der Kompromiss in der Beitrittsfrage kann den Riss kaum vergessen machen. Dazu auch Küsters 1998: 210 f., Oschatz/Podschull 2002: 147.
246 Das Gutachten erfolgte im Austausch mit westdeutschen Forschungsinstituten und nach Vorabstimmung der Basisdaten mit dem Bonner Finanzministerium. Siehe Süddeutsche Zeitung vom 9.8.1990: DDR-Länder brauchen 1991 Kredit von 36,7 Milliarden Mark.
247 Vgl. Geske 1991: 38 f., Abromeit 1992: 82 ff., Schwinn 1997: 81 f., Altemeier 1999: 87.
248 Die Bundesregierung warf Romberg vor, keine verlässlichen Daten zu präsentieren. Kritik am Verhalten der DDR-Regierung wurde auch aus Bayern laut. Der Ministerpräsident Max Streibl (CSU) forderte die Bundesregierung auf, die Zahlungen an die DDR vorläufig einzustellen. Nach Streibls Auffassung sollten die dilettantischen *„DDR-Hobbypolitiker (wieder) in ihren erlernten Beruf gehen"*. Siehe Handelsblatt vom 14.8.1990: FDP meldet Wünsche an.

Parteikollegen aus, um zu vermeiden, dass das Gutachten zur offiziellen Verhandlungsposition der DDR wird.[249] Da de Maizière die Vertragsverhandlungen nicht gefährden wollte, beugte er sich dem westdeutschen Diktat und wies seinen Finanzminister auch öffentlich zurecht.[250] Am 14. August bestellte der Regierungschef Romberg ein und forderte ihn auf, von dem Gutachten des Forschungsinstituts Abstand zu nehmen und die innerhalb der CDU bestimmte Haltung zur Finanzierung der Einheit zu übernehmen.[251] Als der Finanzminister sich weigerte, gegen seine Überzeugung zu handeln, sah de Maizière die Handlungsfähigkeit der DDR-Regierung gefährdet und entließ daraufhin Romberg sowie weitere Minister.[252] Dies führte unweigerlich zum Scheitern der großen Koalition am 20. August.[253]

Eingebettet war der Koalitionsbruch in die parteipolitische Überlagerung der Einigungspolitik in der Bundesrepublik.[254] Für eine Kompromissfindung bei den ohnehin schon kniffligen Finanzthemen war diese Entwicklung nicht förderlich. Zumal in diesem Komplex bis zum Beginn der dritten Verhandlungsrunde am 20. August kaum Fortschritte erzielt wurden. Allerdings zeichnete sich bei der *Finanzministerkonferenz am 9. August* ab, dass die Bundesregierung noch stärker auf ihre Verhandlungspartner zusteuern würde. Für die *horizontale Umsatzsteuerverteilung* schlug sie einen neuen Verteilungsschlüssel vor, der den westdeutschen Ländern erheblich entgegenkam: Demnach sollte der Pro-Kopf-Anteil der Länder im Beitrittsgebiet 55 % (1991)/ 60 % (1992)/ 65 % (1993)/ 70 % (1994) des Westniveaus betragen. Zugleich beschränkte sich die Bundesregierung auf einen 15 %-Anteil am Fonds „*Deutsche Einheit*".[255] Die Länderfinanzminister empfanden diesen Vorschlag ihres Kollegen noch immer als nicht angemessen. Sie wiesen ihn zurück, da sie den ostdeutschen Haushalten nur einen geringeren Betrag zugestehen mochten. Ebenso ergebnislos wie die Finanzministerkonferenz verliefen die Bund-Länder-Abstimmungsgespräche auf Arbeitsebene im Bundesinnenministerium am 16. August. Auch hier zeigten sich die Fronten hinsichtlich der horizontalen Umsatzsteuerverteilung festgefahren. Überdies versuchten die Länder weiterhin eine Einbeziehung des Beitrittsgebiets in die etablierten *Mischfinanzierungstatbestände* nach Art. 91a, b und 104a III, IV GG zu verhindern. Eine Anwendung dieser Normen in den neuen Ländern wollten sie nur billigen, sofern ihre fiskalischen Besitzstände nicht angegriffen würden.[256] Mit dieser Maximalposition konnten sich die Länderregierungen indessen nicht durchsetzen. Die Fachgespräche drehten sich daher

---

249 Eine Neuverhandlung des Finanzpaktes hätte sich leicht als Eingeständnis der Bundesregierung interpretieren lassen können. Diesen Eindruck versuchte sie jedoch unbedingt zu verhindern. Vgl. Schwinn 1997: 82, Zohlnhöfer 1999: 8.
250 Er übte Kritik an denen, „*die mit Milliardenbeträgen spielen, als wäre die Mark nichts anderes als Spielgeld.*" Siehe Handelsblatt vom 13.8.1990: SPD-Politiker fordern schnellen DDR-Beitritt.
251 De Maizière teilte zwar die Bedenken seines Kollegen, er befürchtete jedoch, den Verhandlungserfolg zu gefährden. Indes forderte Krause bereits Anfang August die Ablösung Finanzminister. Siehe Die Welt vom 16.8.1990: Krause: Neuer Finanzausgleich erst 1995. Ferner Schäuble 1991: 158 f.
252 Vgl. Renzsch 1991: 277, Schwinn 1997: 69, 71. Zudem schloss er Romberg von allen weiteren Verhandlungen aus. Entlassen wurden ebenfalls der von der SPD nominierte Landwirtschaftsminister Peter Pollack sowie die Minister für Wirtschaft und Justiz.
253 Siehe Die Zeit vom 24.8.1990: Der programmierte Notfall. Die DDR-Regierung zerbrach am Streit über die Länderfinanzen.
254 Offenkundig wurde dies bei der Generaldebatte des Bundestages über den Stand der deutschen Einheit am 9. August. Lafontaine nutzte diese, um die Einigungspolitik der Bundesregierung fundamental zu kritisieren.
255 Damit wollte die Bundesregierung vermeiden, dass ihr Einlenken bei der Umsatzsteuerstaffelung zu Lasten der neuen Länder gehen könnte. Vgl. Schäuble 1991: 183, Schwinn 1997: 76 f.
256 Siehe den Vermerk des Regierungsdirektors Lehnguth (Bonn 17. August 1990), abgedruckt in Küsters/Hofmann 1998: 1466 ff.

nicht mehr prinzipiell um das Ob, sondern um die Bereiche und vor allem den Umfang der Ausweitung der Mischfinanzierungen auf die neuen Länder. Eine Entscheidung konnte aber erst in den abschließenden Verhandlungen auf politischer Ebene gefunden werden.

Diese fanden aber – nachdem die Situation mit der Entlassung Rombergs und dem Scheitern der großen Koalition eskaliert war – gänzlich im *Zeichen des Parteienwettbewerbs* statt. Am Vorabend der abschließenden dritten Verhandlungsrunde stimmten die sozialdemokratischen Ministerpräsidenten ihre Positionen ab.[257] In einer acht Punkte umfassenden und mit der SPD-Bundestagsfraktion abgesprochenen Erklärung äußerten sie verschiedene Nachbesserungswünsche.[258] Dabei forderten sie auch eine Änderung der Finanzverfassung sowie eine Modernisierung des Bundesstaats auf Basis der *„Eckpunkteerklärung"*. Zugleich sollte die finanzielle Handlungsfähigkeit der neuen Länder verbessert werden. Deutlicher als zuvor zeigte sich in diesem Papier die Handschrift der Bundestagsfraktion, die den Einfluss der A-Länder zurückzudrängen versuchte.[259] Mit der Handlungslinie stellte die SPD zugleich den Fortgang der Verhandlungen prinzipiell in Frage. Bei der Übermittlung des Positionspapiers am Folgetag kündigte Clement dem Verhandlungsführer Schäuble an, gegebenenfalls aus der Vertragslösung auszusteigen, und brachte stattdessen eine rechtliche Regelung der deutschen Einheit mit Überleitungsgesetzen ins Spiel.[260] Die Fronten blieben auch verhärtet, als sich die Kanzleichefs der Länder mit Seiters und Schäuble am Vormittag des 20. August zur Vorbesprechung der dritten Verhandlungsrunde trafen. Die B-Länder wiesen die Forderungen der A-Seite weitgehend zurück, während Schäuble am Einigungsvertrag festhielt. Allerdings erklärte er sich bereit, in Arbeitsgruppen über den Forderungskatalog der Sozialdemokraten zu beraten.[261] Damit konnten die Beratungen fortgeführt werden. In den zwischen Bund und Ländern strittigen Punkten konnte indes noch keine Einigung erzielt werden. Immerhin deutete sich an, dass die Länder eine horizontale Umsatzsteuerverteilung in der Form mittragen würden, wie ihn Waigel in der Finanzministerkonferenz am 9. August vorgeschlagen hatte.[262]

„Die Vorzeichen hätten schlimmer nicht sein können", so fasste Schäuble[263] rückblickend die Ausgangsbedingungen zur *dritten Verhandlungsrunde (20.-24.8.1990)* treffend zusammen. Während Regierung de Maizière nach dem Koalitionsbruch[264] die Mehrheit in der Volkskammer fehlte, drohten die SPD-Opposition sowie die A-Länder, die Beratungen scheitern zu lassen. Als die Volkskammer in der Nacht vom 22. zum 23.8. den Beitritt zur Bundesrepublik zum 3.10.1990 beschloss, erhöhte dies den Druck, zu einer Einigung zu kommen. Bei der Regelung der föderalen Finanzen – die lediglich in der Fachöffentlichkeit

---

257 Vgl. Dästner 1998: 48 f.
258 Erklärung der Regierungschefs der SPD-geführten Länder vom 19. August 1990, abgedruckt in Küsters/Hofmann 1998: 1478 f.
259 Vgl. Oschatz/Podschull 2002: 148.
260 Vgl. Schäuble 1991: 188 f., Dästner 1998: 52. Bereits Mitte August wurde diese Alternative im Kanzleramt für den Fall des Scheiterns des Einigungsvertrags diskutiert. Den entscheidenden Nachteil sah die Bonner Schaltzentrale darin, dass bei Überleitungsgesetzen mehr Mitbestimmungsmöglichkeiten für das Parlament bestünden. Beim Einigungsvertrag kann der Bundestag nur über das Abkommen als Ganzes entscheiden, bei Überleitungsgesetzen steht hingegen prinzipiell jedes Gesetz zur Disposition. Vgl. Küsters 1998: 214.
261 Vgl. Küsters 1998: 215.
262 Vgl. Schäuble 1991: 189.
263 Schäuble 1991: 189.
264 Nachdem die Staatssekretäre die Position ihrer Minister einnahmen, waren von da an in der ostdeutschen Delegation die Ressortchefs selbst vertreten. Da der Regierung jedoch die Mehrheit in der Volkskammer fehlte, gewannen die Parlamentarier in der ostdeutschen Delegation an Einfluss. Vgl. Schäuble 1991: 187.

4.2 Akteursinteressen, Verhandlungsprozesse, Ergebnisse

Beachtung fand[265] – beharrten zunächst alle Seiten auf ihren bekannten Standpunkten. Erst am Abend des 21. August signalisierten die B-Länder[266] ihre Zustimmung zu Schäubles Angebot zur Umsatzsteuerstaffelung (1991-1994: 55 %/60 %/65 %/70 %) sowie zur Fondsverteilung (85 % Länder im Beitrittsgebiet, 15 % Bund). Der Durchbruch gelang gleichwohl erst bei einer internen Besprechung Schäubles mit den Vertretern der Länder am 23. August. Nachdem Schäuble nochmals betonte, dass mit seinem Lösungsvorschlag der Handlungsspielraum des Bundes erschöpft sei, stellten auch die A-Länder ihren Widerstand ein. Eine endgültige Entscheidung der Finanzaspekte behielten sie sich allerdings noch vor. Diese könne, so unterstrich der Sprecher der A-Länder Clement, nur bei einem Spitzengespräch auf Chefebene getroffen werden.[267] Dennoch brachte Schäuble seinen Entwurf in die deutsch-deutschen Verhandlungen ein. Auch dort blieb er unwidersprochen. Gleichfalls zeichnete sich eine Lösung der weiteren Finanzthemen ab: Danach sollten

- der „Präferenzvorsprung" des Beitrittsgebietes bei der Gemeinschaftaufgabe zur Verbesserung der regionalen Wirtschaftsstruktur in Art. 28 EV[268] festgehalten,
- die *DDR-Staatsschulden* einschließlich der *Auslandsverbindlichkeiten* von einem Fonds (als Sondervermögen des Bundes) übernommen und die Zinsen vom Bund sowie der Treuhandanstalt je zur Hälfte[269] bestritten,
- von einem Fonds auch die *Ausgleichsforderungen*[270] getragen werden, die aus der Währungsunion resultierten,
- auf Wunsch der DDR eine *Revisionsklausel* in Art. 7 VI EVertr aufgenommen sowie
- die *Treuhandanstalt* eine bundesunmittelbare Anstalt öffentlichen Rechts werden.[271]

Als die dritte Runde am 24. August zu Ende ging, lag ein Vertragsentwurf vor, der in den meisten Punkten abgestimmt war. Allerdings blieben neben den Finanzen noch weitere politisch brisante Themen offen, die erst abschließend auf Chefebene geregelt werden konnten.[272] Von da an fanden die entscheidenden Gespräche fast ausschließlich zwischen der Bundesregierung und der SPD-Opposition statt. Erster Höhepunkt war am *26. August* ein *Spitzengespräch im Bundeskanzleramt*, das die SPD-Fraktion erzwang, um selbst an

---

265 Vgl. Schwinn 1997: 80 f. Die Mehrheit der westdeutschen Bürger begrüßte zwar die Forderung von verstärkten Finanzhilfen für die DDR (66 %), zu Steuererhöhungen waren sie allerdings mehrheitlich nicht breit (39 % Zustimmung, 55 % Ablehnung). Unumstritten war die deutsche Einheit: Sowohl im Westen (71 %) als auch im Osten (88 %) sprach sich eine breite Mehrheit für die Wiedervereinigung aus. Vgl. Forsa-Umfrage im Auftrag des Sterns, zitiert nach Handelsblatt vom 15.8.1990: Mehrheit für die Einheit.
266 Baden-Württemberg, Bayern, Hessen, Rheinland-Pfalz.
267 Siehe die Vorlage des Ministerialdirigenten Busse und des Ministerialdirigenten Stern an den Chef des Bundeskanzleramtes Seiters (Bonn, 23. August 1990), abgedruckt in Küsters/Hofmann 1998: 1490 ff. Vgl. auch Schäuble 1991: 194.
268 Die Kosten für die vereinbarten Maßnahmen wurden für 1991 auf 2,3 Mrd. € geschätzt.
269 Damit wurden die neuen Länder bis 1994 vom Schuldendienst für DDR-Altschulden bis 1994 befreit.
270 Diese ergaben sich aus der Deckungslücke zwischen den teilweise im Verhältnis 1:1 umgestellten Sparguthaben und den mit einem Kurs von 1:2 umgerechneten Forderungen der Staatsbank an die Betriebe.
271 Vgl. Grosser 1998: 377 f.
272 Neben den Finanzen waren die Hauptstreitpunkte kurz vor Vertragsabschluss das Eigentumsrecht, das Abtreibungsrecht, die Regelung des öffentlichen Dienstes in der DDR einschließlich der Entlassung von bis zu 650.000 Mitarbeitern, der Umgang mit den Stasi-Akten sowie die Stimmenspreizung im Bundesrat. Vgl. Küsters 1998: 216.

den Verhandlungen beteiligt zu sein.[273] Hierbei kamen beide Lager darin überein, zu den verbliebenen Streitpunkten parteiübergreifende Arbeitsgruppen einzurichten. Während die meisten Entscheidungen nun in den Abstimmungsprozessen zwischen der Bundesregierung und der West-SPD vorbereitet wurden, erfolgte die Klärung der Finanzbestimmungen bei der *Finanzministerkonferenz* von Bund und Ländern am *28. August* in Bonn. Bei diesem Treffen, das von dem beiderseitigen Wunsch nach Konsensfindung beseelt war, gelang es den Budgetchefs ihre Kontroversen beizulegen.[274] Ohne Beteiligung eines Vertreters der DDR-Regierung verständigten sie sich bezüglich der horizontalen Umsatzsteuerverteilung und der Vergabe der Fondsmittel auf den von Schäuble in der dritten Runde unterbreiteten Vorschlag. Am 29. August akzeptierten die Regierungschefs von Bund und Ländern bei ihrem Gipfel die Verabredung der Finanzminister. Eine Einigung über die Mischfinanzierungen erreichten beide Seiten indes erst bei diesem abschließenden Gespräch.[275] In dem vereinbarten Statement lehnte der Bundesfinanzminister generelle Besitzstandsgarantien für die westdeutschen Länder ab, da die zukünftige Gestaltung dem Gesetzgeber obliege und er diesen nicht rechtlich binden könne. Allerdings sicherte er den Ländern zu, dass die Bundesregierung nicht beabsichtige, den Bundesanteil an den Mischfinanzierungen für das bisherige Bundesgebiet zu senken. Allein bei der Gemeinschaftsaufgabe zur Förderung der regionalen Wirtschaftsstruktur avisierte die Bundesregierung eine Neubewertung der regionalen Prioritäten.[276] Da sich aus dieser Absprache durchaus Verluste für die westdeutschen Länder ergaben, glückte es Bonn zumindest an dieser Stelle, den Ländern noch Konzessionen abzuringen. Verbunden war damit jedoch die abermalige Zusage des Bundesfinanzministers, dass nunmehr die Beiträge der West-Länder abschließend geregelt seien.[277]

Auf Basis der Einigung im Bonner Kanzleramt erfolgten nunmehr die letzten Vertragskorrekturen. Am 31.8.1990 unterzeichneten Günther Krause und Wolfgang Schäuble den Einigungsvertrag.[278] Prinzipiell wurde mit diesem Vertrag das bundesdeutsche Recht auf das Beitrittsgebiet übertragen. Für den Bereich der föderalen Finanzbeziehungen enthält er gleichwohl bedeutende Übergangs- und Interimsbestimmungen:

---

273 Zwar blieb bei der SPD der Chef der nordrhein-westfälischen Staatskanzlei Clement federführend für die Verhandlungen, jedoch gewannen die SPD-Bundestagsfraktion sowie der Kanzlerkandidat Lafontaine merklich an Gewicht. Vgl. Dästner 1998: 52, 55, Küsters 1998: 218.
274 Vgl. Schwinn 1997: 77.
275 Siehe das Ergebnisprotokoll der Besprechung des Bundeskanzlers Kohl mit den Regierungschefs der Länder (Bonn, 29. August 1990), abgedruckt in Küsters/Hofmann 1998: 1508 ff. Neben den Finanzen wurde in dieser letzten Runde auch die Stimmrechtsverteilung im Bundesrat geklärt. In dem Kompromiss einigten sich die Verhandlungspartner auf eine Stärkung der bevölkerungsreichen Länder durch Erweiterung der Gewichtung auf 3 bis 6 Stimmen je Bundesland. Die Forderung nach einer Spreizung auf 3 bis 8 Stimmen war damit vom Tisch. Die DDR-Regierung – die zuvor eine Neuregelung der Stimmrechtsverteilung vor der Vereinigung ablehnte – billigte diese Absprache. Mit 24 Stimmen verfügen die vier bevölkerungsstärksten Länder nun über die Sperrminorität im Bundesrat (insgesamt ab dem 3.10.1990 68, mittlerweile 69 Stimmen). Ausführlich zu den Verhandlungen über die Stimmengewichtung Schäuble 1991: 219 ff., Oschatz/Podschull 2002: 157 ff.
276 Überdies sollten Sonderprogramme zu Gunsten des Beitrittsgebiets auf Basis der Art. 91b GG und 104a IV GG konzipiert werden. Ausführlich dazu Renzsch 1997: 57 ff., vgl. auch Exler 1991: 95, Klatt 1991c: 59.
277 Siehe Frankfurter Allgemeine Zeitung vom 30.8.1990: Die Finanzminister sind sich über die Verteilung der Umsatzsteuer einig.
278 Vertrag zwischen der Bundesrepublik Deutschland und der Deutschen Demokratischen Republik über die Herstellung der Einheit Deutschlands vom 31. August 1990 – Einigungsvertrag –. Ferner: Vereinbarung zwischen der Bundesrepublik Deutschland und der Deutschen Demokratischen Republik zur Durchführung und Auslegung des am 31.8.1990 in Berlin unterzeichneten Vertrages zwischen der Bundesrepublik Deutschland und der Deutschen Demokratischen Republik über die Herstellung der Einheit Deutschlands vom 31. August 1990 – Einigungsvertrag – (Vereinbarung vom 18. September 1990).

4.2 Akteursinteressen, Verhandlungsprozesse, Ergebnisse

Sonderregelungen bezüglich der föderalen Finanzbeziehungen im Einigungsvertrag:

- *Finanzausgleich*:
  Art. 7 III EVertr bestätigte die mit dem ersten Staatsvertrag vereinbarte Suspendierung des Beitrittsgebiets vom westdeutschen Finanzausgleich. In beiden bisherigen Staatsgebieten sollte bis 31.12.1994 jeweils getrennt der Länderfinanzausgleich durchgeführt werden. Bundesergänzungszuweisungen wurden den neuen Ländern nicht gewährt.[279]

- *Horizontale Umsatzsteuerverteilung*:
  Für den Übergangszeitraum bis 31.12.1994 sollten die neuen Länder nach Art. 7 III EVertr einen durchschnittlichen Umsatzsteueranteil je Einwohner in Höhe von 55 % (1991)/ 60 % (1992)/ 65 % (1993)/ 70 % (1994) des durchschnittlichen Umsatzsteueranteils je Einwohner der westdeutschen Länder (jeweils ohne Berlin) erhalten.[280]

- *Fonds „Deutsche Einheit"*:
  Als Ersatzleistung für einen gesamtdeutschen Finanzausgleich bestätigten die Vertragsparteien den mit dem ersten Staatsvertrag aufgelegten Fonds „Deutsche Einheit", der rechtlich als Sondervermögen des Bundes konstruiert war. Die Tranchen blieben unverändert: 11,25 Mrd. € (2. Hj. 1990)/ 17,90 Mrd. € (1991)/ 14,32 Mrd. € (1992)/ 10,23 Mrd. € (1993)/ 5,11 Mrd. € (1994). Das Gesamtvolumen belief sich damit auf 58,80 Mrd. €, wovon 10,23 Mrd. € der Bund direkt durch Zuschüsse beisteuern musste, die er durch die Einsparung teilungsbedingter Lasten refinanzieren wollte. Die übrigen 48,57 Mrd. € sollten kreditfinanziert werden, wobei den Schuldendienst hälftig Bund und westdeutsche Ländern zu tragen hatten. 85 % der Fondsmittel dienten der Unterstützung der neuen Länder inklusive Berlin/Ost. Sie erhielten die Mittel nach der Einwohnerzahl.[281] Die restlichen 15 % konnte der Bund „*zur Erfüllung zentraler öffentlicher Aufgaben*" im Beitrittsgebiet verwenden (Art. 7 V EVertr).

- *Mischfinanzierungen nach Art. 91a, b und 104a III, IV GG*:
  Nach Art. 7 IV EVertr nahm das Beitrittsgebiet ab dem 1.1.1991 an den Mischfinanzierungen teil. Konkrete budgetäre Regelungen wurden nicht vereinbart, allerdings stellte Art. 28 II EVertr einen „*Präferenzvorsprung*" des Beitrittsgebietes bei den Maßnahmen zur regionalen Wirtschaftsförderung sicher. Die westdeutschen Länder konnten hingegen keine Festschreibung ihres finanziellen Besitzstandes durchsetzen, jedoch erhielten sie diesbezüglich weitgehende Garantieerklärungen der Bundesregierung (s.o.).

- *Kreditabwicklungsfonds*:
  Zur Abfinanzierung der Schulden der DDR sowie der Verpflichtungen aus der Währungsumstellung wurde nach Art. 23 I EVertr der Kreditabwicklungsfonds als Sondervermögen des Bundes errichtet. Bis Ende 1993 mussten der Bund und die Treuhandanstalt jeweils zur Hälfte die Zinsleistungen für den Fonds erbringen (Art. 23 III EVertr). Zum 31.12.1993 sollten die Verbindlichkeiten des Kreditabwicklungsfonds jeweils zu einem Drittel vom Bund, den Ländern im Beitrittsgebiet (einschließlich Berlin/Ost) sowie der Treuhandanstalt übernommen werden (Art. 23 IV EVertr).

- *Treuhandanstalt*:
  Nach Art. 25 EVertr wurde das Treuhandgesetz vom 17.6.1990 mit einigen Änderungen übernommen. Dabei überführten die Unterzeichner die Treuhandanstalt in eine bundesunmittelbare Anstalt öffentlichen Rechts (Art. 25 I EVertr). Art. 25 IV EVertr erhöhte die im ersten Staatsvertrag genehmigten Kreditmächtigungen von 8,69 Mrd. € auf bis zu 12,78 Mrd. €.

- *Revisionsklausel*:
  Als Sicherungsmechanismus sollten bei einer grundlegenden „*Veränderung der Gegebenheiten*" weitere Hilfen „*zum angemessenen Ausgleich der Finanzkraft*" für die Länder im Beitrittsgebiet von Bund und Ländern geprüft werden (Art. 7 VI EVertr).

- *Berlin*:
  Berlin behielt seine Sonderstellung und nahm am Länderfinanzausgleich weder in West- noch in Ostdeutschland teil. Stattdessen erhielt Berlin weiterhin Zuschüsse des Bundes nach § 11 II, III FAG der damaligen Fassung.[282] Der Anteil Berlins an der Umsatzsteuer berechnete sich nach der Einwohnerzahl. Der Ost-Teil der Stadt wurde anteilig mit Fonds-Mittel subventioniert, während der West-Teil der Stadt Finanzierungsbeiträge für den Fonds zu leisten hatte.

---

279 Hierzu wurde in einem Zusatzprotokoll zum Einigungsvertrag das Finanzausgleichsgesetz novelliert.
280 Ferner wurden das Deckungsquotenverfahren sowie die Bestimmungen für die Neufestsetzung der vertikalen Umsatzsteuerverteilung nach Art. 106 III S. 4 und IV GG für die Übergangszeit bis Ende 1994 ausgesetzt (Art. 7 II Nr. 1 EVertr).
281 Vom Länderbeitrag waren 40 % für die kommunalen Haushalte bestimmt (Art. 7 II Nr. 3 EVertr).
282 Basis war das Dritte Überleitungsgesetz vom 4.1.1952 i.d.F. des Dritten Gesetzes zur Änderung des Dritten Überleitungsgesetzes vom 11.5.1956, das zunächst auch weiterhin galt.

Bereits mit dem damaligen Erkenntnisstand konnte es keine Zweifel geben, dass die vereinbarten Transferleistungen den Finanzbedarf der ostdeutschen Gebietskörperschaften nicht decken könnten.[283] Der parteipolitische Streit um die Finanzierung der Einheit begleitete deshalb den Ratifizierungsprozess sowie den Bundestagswahlkampf. Die Opposition warf dabei der Regierung vor, die Wiedervereinigung sei nicht solide finanziert. Die Koalition wies diese Kritik jedoch als unbegründet zurück und schloss Steuererhöhungen nochmals explizit aus. Gleichwohl verlief das Ratifizierungsverfahren reibungslos.[284]

4.2.3 Exkurs: Änderungsbedarf und Nachbesserungen der Übergangslösung

Die breite Öffentlichkeit erkannte erst nach dem Beitritt der DDR das Ausmaß der Probleme, die mit der staatlichen Einheit auf das Land zukamen. Als sich die krisenhafte Entwicklung der ostdeutschen Volkswirtschaft entgegen den Wirtschaftswunderprophezeiungen der Bonner Koalition weiter zuspitzte. Den erheblich hinter den Erwartungen zurückbleibenden Steuereinnahmen standen kolossale finanzielle Belastungen für Sozialleistungen und Modernisierungsinvestitionen auf der Ausgabenseite gegenüber.[285] Dies führte schon bald zu einer äußerst prekären Situation der öffentlichen Haushalte der neuen Länder.[286] Damit war offenkundig, dass rasche Nachbesserungen der finanziellen Regelungen der beiden deutsch-deutschen Staatsverträge unvermeidlich sein würden.

Bis zur Bundestagswahl am 2.12.1990 hielten sich die Regierungen der ostdeutschen Länder – die mit Ausnahme von Brandenburg allesamt seit den Landtagswahlen vom 14.10.1990 unter Führung der Union standen – mit Forderungen nach einer Erhöhung der Transferleistungen zurück. Pflegte doch die Bundesregierung bis zum Wahltag ebenso die „*rhetorische Beschwörung der Kräfte des Marktes*"[287], wie sie Steuererhöhungen für die deutsche Einheit kategorisch ausschloss.[288] Vorzeitige Nachverhandlungen hätten diese Strategie durchkreuzt, da mit einer Ausweitung der Subventionen für Ostdeutschland zwangsläufig die Refinanzierung geregelt werden musste.[289] Unmittelbar nach der Bundes-

---

283 Siehe Handelsblatt vom 31.8.1990: Eine schlechte Nachricht für die DDR-Finanzierung.
284 Am 20.9.1990 stimmten im Bundestag 442 Abgeordnete für, 47 Abgeordnete gegen den Einigungsvertrag (3 Enthaltungen). Am selben Tag ratifizierte die Volkskammer den zweiten Staatsvertrag (229 Ja-Stimmen, 80 Nein-Stimmen, 1 Enthaltung). Der Bundesrat nahm das Zustimmungsgesetz zum Einigungsvertrag am 21.9.1990 einstimmig an. Gesetz zu dem Vertrag vom 31. August 1990 zwischen der Bundesrepublik Deutschland und der Deutschen Demokratischen Republik über die Herstellung der Einheit Deutschlands vom 31. August 1990 – Einigungsvertrag – und der Vereinbarung vom 18. September 1990 (Einigungsvertragsgesetz vom 23. September 1990). Der Zwei-plus-Vier-Vertrag wurde am 12.9.1990 unterzeichnet und mit dem Vertragsgesetz vom 11.10.1990 ratifiziert.
285 Die zusätzlichen Ausgaben konnten besonders auf die Herstellung der Rechtseinheit, Preisstützungsausgaben für den öffentlichen Personennahverkehrs sowie den Wohnungs- und Energiebereich (25% der Ausgaben), den infrastrukturellen Nachholbedarf und die sozialen Folgekosten der Wirtschafts- und Währungsunion zurückgeführt werden. Für die geringen Einnahmen waren neben der schwachen Wirtschaftstätigkeit auch die Steuervergünstigungen in den neuen Ländern verantwortlich. Vgl. Milbradt 1991a: 306, Färber 1993: 309 ff., Mäding 1993: 322, Renzsch 1997a: 77, Jacobsen o.J.
286 Vgl. Mäding 1992: 192.
287 Zohlnhöfer 1999: 5.
288 Vgl. Die Zeit vom 19.10.1990: Arme helfen Ärmsten. Die schleswig-holsteinische Finanzministerin Heide Simonis (SPD) ging bereits zu diesem Zeitpunkt davon aus, dass es spätestens im Januar „krachen" würde („*Die jetzigen Finanzzusagen werden nicht ausreichen*").
289 Neben der Refinanzierung durch Kreditaufnahme waren vor allem Steuererhöhungen denkbar. Denn eine Mittelbeschaffung durch kurzfristig wirksame globale Minderausgaben wäre kaum darstellbar gewesen und

4.2 Akteursinteressen, Verhandlungsprozesse, Ergebnisse

tagswahl flammte die *Debatte um eine Korrektur der Finanzhilfen* auf.[290] Von nun an drängten die Kabinette der neuen Länder mit Verve auf Nachbesserungen. In ihren ersten Hochrechnungen prognostizierten die Finanzminister schon für 1991 ein Haushaltsdefizit ihrer Länder in Höhe von 18-26 Mrd. €.[291] Sie appellierten daher an den Bund und ihre westdeutschen Partner, die finanziellen Hilfen spürbar aufzustocken. Unter Androhung von Verfassungsklagen stellten sie dabei umfassende Forderungen:[292]

Kernforderungen der neuen Länder Anfang 1991:
- Bundeseinheitliche Verteilung des Länderanteils an der Umsatzsteuer nach den bis zum 3.10.1990 und im Westteil des Landes noch geltenden Prinzipien: Verteilung der Umsatzsteuer nach dem Einwohnerprinzip rückwirkend zum 1.1.1991 und ab dem 1.1.1992 Teilnahme der ostdeutschen Länder an der steuerkraftbezogenen Verteilung der Umsatzsteuerergänzungsteile
- Stufenweise Integration in den regelgebundenen sekundären Finanzausgleich
- Erhöhung der Mittel des Fonds „Deutsche Einheit"[293]
- Zusätzliche Investitionen des Bundes
- Fondslösung für ihre Subventionslasten[294]
- Verzicht des Bundes auf seinen Anteil am Fonds „Deutsche Einheit"[295]

Zwar stießen die ostdeutschen Länder mit ihrem Anliegen nach höheren Finanztransfers nicht prinzipiell auf Widerstand, protegiert wurden sie aber vor allem von der Bundesregierung. Speziell einer Gleichstellung bei der horizontalen Umsatzsteuerverteilung stimmte die Bundesregierung zu, ging diese schließlich allein zu Lasten der westdeutschen – vorwiegend SPD-regierten – Länder.[296] Jene reagierten auf den Nachbesserungsbedarf uneinheitlich: Während die von der CDU/CSU geführten Länder einer Revision der Umsatzsteuerverteilung wohlwollend gegenüberstanden, lehnten dies die A-Länder ab.[297] Neben materiellen Interessen spiegelte sich in dieser Haltung auch die Verbitterung der SPD über ihre Niederlage bei der Bundestagswahl wider, für die sie die „Wahllügen" der Koalition hinsichtlich der Finanzierung der deutschen Einheit mitverantwortlich machte.[298] Anfangs

---

hätte ebenso bei den betroffenen Gruppen zu Protesten geführt. Auch Privatisierungen hätten nicht sofort umgesetzt werden können. Vgl. Zohlnhöfer 1999: 26 f.

290 Schon Mitte Dezember 1990 forderten die Finanzminister der ostdeutschen Länder sowie der Berliner Finanzsenator in einer „Gemeinsamen Erklärung" Nachverhandlungen entsprechend der Revisionsklausel in Art. 7 VI EVertr. Vgl. z.B. Süddeutsche Zeitung vom 12.12.1990: Neue Länder brauchen mehr Geld.

291 Vgl. Klatt 1991c: 63 f., Milbradt 1993: 280. Zum Vergleich: Im August 1990 ging Romberg für 1991 von einem Haushaltsfehlbetrag der Gebietskörperschaften im Osten in Höhe von knapp 19 Mrd. € aus, sollten die im ersten Staatsvertrag vereinbarten Finanzhilfen angehoben werden.

292 Zu den Forderungen Klatt 1991c: 63 f., Milbradt 1991b: 60, 62, Milbradt 1993: 281 f., Bösinger 1999: 77.

293 Die neuen Länder und Berlin forderten in ihrer Erklärung vom 4.1.1991 eine Aufstockung des Fonds „Deutsche Einheit" um insgesamt über 50 Mrd. € (12,8 Mrd. € p.a.). Siehe Süddeutsche Zeitung vom 5.1.1991: Neue Länder verlangen verdoppelte Finanzhilfe.

294 Hierüber sollte der Bund die im Einigungsvertrag festgelegten Subventionen für Energiekosten, den ÖPNV sowie Mieten übernehmen.

295 Seit Mitte Dezember 1990 wiederholten die ostdeutschen Landesregierungen regelmäßig ihre Ansprüche nach einer Verbesserung der finanziellen Ausstattung der Länder und Gemeinden im Beitrittsgebiet. Von Beginn an koordinierten sie dabei ihre gemeinsamen Interessen. Auf Chefebene erfolgte dies am 13./14.2.1991 in Dresden im Rahmen der neu gebildeten Ministerpräsidentenkonferenz/Ost (Neue Länder und Berlin).

296 Ihre Position untermauerte die Bundesregierung mit dem Hinweis, dass die West-Länder 1991 in Folge des einigungsbedingten Booms Umsatzsteuermehreinnahmen in Höhe von 3,0 Mrd. € verbuchen können.

297 Sie begründeten dies damit, dass der Bund einerseits in einem erheblich stärkeren Maße von dem prosperierenden Umsatzsteueraufkommen profitiert hätte und andererseits über das größere Potenzial einigungsbedingter Sparmöglichkeiten verfüge. Vgl. Mäding 1992: 193, Milbradt 1993: 281.

298 Indem sie eine Beteiligung an der finanziellen Besserstellung der ostdeutschen Länder ablehnten, wollten sie die Bundesregierung dazu drängen, ihre Fehler in der Einigungspolitik einzugestehen. Diese sahen die SPD-

waren daher die sozialdemokratischen Regierungschefs der westdeutschen Länder lediglich zu einer Aufstockung des Fonds „Deutsche Einheit" in Höhe von 3,07 Mrd. € bereit.[299] Zwischen den Ländern im Westen schwelte zudem der Streit in der Frage, ob das Strukturhilfegesetz abgeschafft und die Bundesergänzungszuweisungen sowie der Bundesanteil an den Mischfinanzierungen teilweise in die ostdeutschen Länder umgeleitet werden sollten. Dies forderten die finanzstarken Länder, die von diesen Leistungen nicht oder nur in geringem Ausmaß profitieren, um so ihre fiskalische Beteiligung in Grenzen zu halten.

Gestützt wurde die Position der ostdeutschen Länder durch die öffentliche Meinung, die das geringe finanzielle Engagement der westdeutschen Bundesgenossen zunehmend tadelte.[300] Angesichts des medialen Interesses und der immensen haushaltswirtschaftlichen Probleme der ostdeutschen Gebietskörperschaften, mussten die westdeutschen A-Länder ihren Widerstand bald aufgeben. Nachdem die Besprechung der Regierungschefs von Bund und Ländern am 9.1.1991 scheiterte, erzielten sie bei ihrer Folgebesprechung am 28.2.1991 nach intensiven Vorverhandlungen auf Fach- und Finanzministerebene eine Einigung über die *Zusatzleistungen für das Beitrittsgebiet*.[301] Den Grundstein hierfür lieferte das Bundeskabinett, das bereits zwei Tage zuvor die Einrichtung des Gemeinschaftswerks „Aufschwung Ost" mit einem Volumen von je 6,14 Mrd. €[302] in den Jahren 1991 und 1992, ihren Verzicht auf den 1991 fälligen Bundesanteil am Fonds „Deutsche Einheit" in Höhe von 2,68 Mrd. € sowie Steuererhöhungen[303] beschloss. In Anbetracht dieser Konzessionen der Bonner Koalition verständigten sich die Regierungschefs bei ihren Verhandlungen zum Haushaltsbegleitgesetz 1991 darauf, rückwirkend zum 1.1.1991 den Länderanteil an der Umsatzsteuer komplett nach der Einwohnerzahl auf die Verteilungsgebiete Ost und West auszuschütten.[304] Die Refinanzierung der Bundesleistungen erfolgte nicht nur durch die einigungsbedingten, konjunkturellen Steuermehreinnahmen der westdeutschen Gebietskörperschaften, sondern auch durch Steuererhöhungen und Leistungskürzungen nach dem Haushaltsbegleitgesetz 1991[305], dem Solidaritätsgesetz[306] sowie dem Steueränderungsge-

---

Ministerpräsidenten z.B. bei den *„Steuergeschenken"* im Beitrittsgebiet, im Verzicht auf Steuererhöhungen, bei den Preissubventionen sowie bei der Währungsumstellung. Gleichfalls sollten den Bürgerinnen und Bürgern die Verwerfungen des Regierungshandelns demonstriert werden. Vgl. Mäding 1993: 321 f.

299 Vgl. Klatt 1991c: 64.
300 Vgl. Mäding 1992: 193.
301 Vgl. Bösinger 1999: 80.
302 Dieser Betrag enthielt eine Investitionspauschale für die Kommunen in Höhe von 2,56 Mrd. € im Jahr 1991. Rechtlich konzipiert wurde das Gemeinschaftswerk als Finanzhilfe nach Art 104a IV GG. Vgl. Mäding 1995b: 404 f., Ottnad/Linnartz 1997: 98, Renzsch 1997a: 58, 60 f.
303 Die Steuererhöhungen in Höhe von rd. 10 Mrd. € (1991) wurden öffentlich vor allem mit den aus dem Golfkrieg entstandenen Kosten (8,2 Mrd. €) begründet.
304 Eine Ausweitung des Umsatzsteuervorabausgleichs auf Ostdeutschland konnten die West-Länder hingegen abwehren. Ebenso unterblieb eine vorzeitige (sukzessive) Integration in den sekundären Finanzausgleich. Vgl. Renzsch 1991: 277, Carl 1995: 126, Mäding 1995b: 404 f. Überein kamen die Regierungschefs auch darüber, Bremen und das Saarland aufgrund ihrer Haushaltsnotlage von ihren Leistungen am Fonds „Deutsche Einheit" zu befreien. Deren Beiträge sollten fortan die übrigen westdeutschen Länder übernehmen.
305 Gesetz über Maßnahmen zur Entlastung der öffentlichen Haushalte sowie über strukturelle Anpassungen in dem in Artikel 3 des Einigungsvertrages genannten Gebiet (Haushaltsbegleitgesetz 1991 – HBeglG 1991). Darin wurden die Absprachen vom 28.2.1991 gesetzlich normiert. Ferner wurde die Ablieferung der Deutschen Bundespost an den Bundeshaushalt bis 1993 auf 10 % der Betriebseinnahmen angehoben.
306 Gesetz zur Einführung eines befristeten Solidaritätszuschlags und zur Änderung der Verbrauchsteuer und anderen Gesetzen (Solidaritätsgesetz). Danach wurde zum 1.7.1991 zunächst befristet für ein Jahr ein Solidaritätszuschlag von 7,5 % zur Einkommen- und Körperschaftsteuer erhoben. Überdies wurden die Versicherung-, die Mineralöl- und die Erdgassteuer zum 1.7.1991 sowie die Tabaksteuer zum 1.3.1992 erhöht.

4.2 Akteursinteressen, Verhandlungsprozesse, Ergebnisse

setz[307] (alle vom 24.6.1991). Materiell ging aus diesen Gesetzesänderungen der Bund als Sieger hervor[308], in der öffentlichen Wahrnehmung zeigte die Kampagne der SPD jedoch Erfolge. Nachdem die Bild-Zeitung den Kanzler seiner *„Steuerlüge"* wegen als den *„Umfaller"* bezichtigte, führte dies zu einem Reputationsverlust der Bundesregierung. Dies begünstigte sicherlich den Machtwechsel in Rheinland-Pfalz.[309]

Nachdem sich das erhoffte Wirtschaftswunder auch in den folgenden Jahren nicht einstellen mochte, musste die im Einigungsprozess festgeschriebene Finanzausstattung wiederholt angehoben werden. Zwar blieb der Nachbesserungsbedarf stets unbestritten, da die Lastenverteilung auf Bund und West-Länder ebenso wenig an politischer Brisanz verlor wie die Refinanzierungsstrategie, konnten sich die beteiligten Akteure aber jeweils nur auf situative Anpassungsmaßnahmen verständigen. Bereits im Herbst 1991 herrschte Konsens darüber, dass angesichts der drohenden Haushaltskrise der neuen Länder eine *Aufstockung des Fonds „Deutsche Einheit"* unumgänglich sei. Allerdings löste die Frage der Refinanzierung sowohl harsche Verteilungskonflikte zwischen dem Bund und den westdeutschen Ländern als auch Interessengegensätze zwischen den Parteien aus.[310] In den teils ruppig geführten Verhandlungen standen sich in der föderalen Arena auf Länderseite drei Gruppen gegenüber: die neuen Länder und Berlin, die finanzkraftstärkeren Länder sowie die finanzkraftschwächeren westdeutschen Länder.[311] Nachdem sich die SPD-Opposition, die ihre Niederlage bei der Bundestagswahl 1990 noch immer nicht überwunden hatte, vornahm, die Regierungspläne zu dem gleichzeitig beratenen Steueränderungsgesetz 1992 zu unterminieren, setzte die Bonner Koalition auf eine Divide-et-impera-Strategie.[312] Damit entwickelten sich die Verhandlungen zu einem *„Paradebeispiel"*[313] für die Vermengung föderaler Verteilungsfragen mit dem Parteienwettbewerb. Hierbei setzte sich Kohl abermals erfolgreich durch. Maßgeblich war dabei, dass er Brandenburg – das einzige SPD-geführte Land im Beitrittsgebiet – mit Zugeständnissen aus dem A-Länder-Block herausbrechen konnte.[314] Entsprechend der Konfliktlinien ging die Entscheidung einseitig zu Lasten der SPD-Opposition sowie der westdeutschen A-Länder.[315] Das Volumen des Fonds *„Deutsche Einheit"* wurde für die Jahre 1992 bis 1994 um insgesamt 16,0 Mrd. € gesteigert.[316] Zugleich revidierten die Verhandlungspartner die Umsatzsteuerverteilung für die Jahre

---

307 Gesetz zur Förderung von Investitionen und Schaffung von Arbeitsplätzen im Beitrittsgebiet sowie zur Änderung steuerrechtlicher und anderer Vorschriften (Steueränderungsgesetz 1991 – StÄndG 1991). Dieses Gesetz umfasste die Änderung des Berlinförderungsgesetzes, die Änderung des Zonenrandförderungsgesetzes, das Investitionszulagengesetz sowie das Fördergebietsgesetz.
308 Der Bund sicherte sich durch die Steuererhöhungen eine permanente Verbesserung seiner Einnahmen von jährlich rd. 10 Mrd. €. Unter Einbeziehung des Solidaritätszuschlag erzielte der Bund in den Jahren 1991 und 1992 Steuermehreinnahmen von rd. 23,5 Mrd. €. Vgl. Renzsch 1998a: 78, Zohlnhöfer 1999: 11 f.
309 Im Heimatland Kohls übernahm im April 1991 nach 44 Jahren Unionsherrschaft die sozialliberale Koalition unter Rudolf Scharping (SPD) die Regierung.
310 Ausführlich schildert Altemeier (1999: 95 ff.) die Rahmenbedingungen und Verhandlungsprozesse der ersten Aufstockung des Fonds *„Deutsche Einheit"*. Dazu auch Leunig 2003: 174 ff.
311 Vgl. zu den Positionen Altemeier 1999, Bösinger 1999: 82 ff., Leunig 2003: 178 ff.
312 Die Bundesregierung – die zu diesem Zeitpunkt über keine eigene Mehrheit im Bundesrat verfügte – setzte nicht von vorneherein auf diese Strategie. Erst nach der Eskalation des vornehmlich von der SPD-Opposition provozierten parteipolitischen Konflikts steuerte sie um. Vgl. Altemeier 1999: 146, Bösinger 1999: 86 ff.
313 Altemeier 1999: 96.
314 In dessen Folge votierte auch die große Koalition in Berlin für beide Gesetze. Zu den Verhandlungen Altemeier 1999: 111 ff., vgl. auch Renzsch 1994: 120, Mäding 1995b: 405.
315 Vgl. Altemeier 1999: 146.
316 Das Fondsvolumen wurde für 1992 auf 17,33 Mrd. €, für 1993 auf 16,11 Mrd. € und für 1994 auf 12,22 Mrd. € angehoben.

1993 und 1994 um zwei Prozentpunkte zu Gunsten der Länder.[317] Zur Refinanzierung beschlossen beide Ebenen, das Strukturhilfegesetz – von dem die finanzkraftschwächeren, vorwiegend SPD-regierten West-Länder profitierten – zum 31.12.1991 aufzuheben.[318] Überdies wurde die Umsatzsteuer zum 1.1.1993 von 14 % auf 15 % erhöht.

Bald zeigte sich, dass auch diese Korrektur nicht ausreichen sollte, um das Beitrittsgebiet mit einer angemessenen Ressourcenausstattung zu versorgen. Im Zuge des im März 1993 verabschiedeten „*Föderalen Konsolidierungsprogramms*" beschlossen Bund und Länder daher eine zweite Aufstockung des Fonds „*Deutsche Einheit*" um 7,36 Mrd. €.[319] Damit belief sich das Fondsvolumen bis Ende 1994 auf insgesamt 82,16 Mrd. €. Der West-Ost-Transfer erhöhte sich – unter Berücksichtigung des Verzichts des Bundes an seinem Anteil am Fonds – folglich um über 60 % gegenüber der im Einigungsprozess veranschlagten Summe.[320] Entgegen dem von der Bundesregierung im Wahljahr 1990 abgegebenen Versprechen wurden zur Refinanzierung zahlreiche Steuererhöhungen und spürbare Sozialabgabensteigerungen vollzogen.[321] Ferner reduzierte der Bund seine Leistungen für die westdeutschen Länder.[322] Doch trotz dieser Maßnahmen erfolgte der Aufbau Ost vorerst hauptsächlich über einen exorbitanten Anstieg der Staatsverschuldung.

Daraus folgt, dass die Bewältigung der finanzpolitischen Herausforderungen der deutschen Einheit nicht mittels eines großen Kraftakts im Einigungsprozess erfolgte, sondern mittels sukzessiver Anpassungen in einem iterativen Prozess. Ursächlich hierfür waren nicht allein die erheblichen Unsicherheiten und Fehleinschätzungen, sondern auch die heftigen Verteilungskonflikte, die den Akteuren jegliche weiterführende Regelungen als nicht durchsetzbar erscheinen ließen.[323] Für das Beitrittsgebiet schufen die Übergangslösungen mit ihrer begrenzten Halbwertzeit einen unbefriedigenden Zustand. Zwar waren ihre Nachforderungen an sich unumstritten, dennoch mussten sie regelmäßig als Bittsteller auftreten.

4.3 Erklärung

Damit erging es den neuen Ländern ähnlich wie vier Jahrzehnte vorher den finanzkraft- und strukturschwachen Ländern in der neu gegründeten Bundesrepublik. Im historischen Vergleich sind gewisse Parallelen zwischen der Problemlösung im Parlamentarischen Rat 1949 sowie der Entscheidungsfindung im Einigungsprozess nicht von der Hand zu weisen. In beiden Fällen verständigten sich die Akteure angesichts der Interessendivergenzen und der immensen Unsicherheiten auf provisorische Übergangslösungen, die jeweils durch mehrfa-

---

317 Die Umsatzsteuer wurde ab 1993 im Verhältnis 63:37 zwischen Bund und Länder aufgeteilt.
318 An den Leistungen des Strukturhilfegesetzes waren alle westdeutschen Länder mit Ausnahme von Baden-Württemberg und Hessen beteiligt. Für 1992 leistete der Bund an die betroffenen Länder einmalige pauschalierte Überbrückungshilfen nach Art. 104 a IV GG.
319 Ausführlich dazu Kapitel 5. 1993 gewährte der Bund ferner eine weitere Investitionspauschale für die ostdeutschen Kommunen in Höhe von 0,77 Mrd. €. Vgl. Renzsch 1994: 120, Mäding 1995b: 405.
320 Die nachträglichen Anhebungen des Fondsvolumens bestritten Bund und Länder aus ihren laufenden Haushalten. Wie ursprünglich beabsichtigt wurden insgesamt 48,57 Mrd. € über den Kapitalmarkt finanziert, wobei Bund und Länder hälftig den Schuldendienst leisteten. 25,36 Mrd. € der Fondsmittel brachte der Bund, 8,23 Mrd. € die Länder über ihre Kassen auf. Vgl. Finanzbericht 1994: 146.
321 Weitere Steuererhöhungen folgten im Zuge des „*Föderalen Konsolidierungsprogramms*". Vgl. zu den Steuererhöhungen Renzsch 1997a: 77 ff., Zohlnhöfer 1999.
322 Schwerpunkte bildeten der Abbau der „*Berlinhilfe*" und der Zonenrandförderung sowie die Aufhebung des Strukturhilfegesetzes.
323 Vgl. Bach/Vesper 2000: 195.

4.3 Erklärung

che Anpassungen und Ergänzungen korrigiert werden mussten. Welche strukturellen und situativen Bedingungen, welche Präferenzen und Motive waren maßgeblich dafür, dass die Protagonisten 1990 wie 1949 einer Interimsregelung den Vorzug gaben? Um die finanzpolitische Bewältigung der deutschen Einheit bewerten zu können, müssen wir diese Frage klären. Hierbei soll uns der einführend erarbeitete Erklärungsansatz helfen.

Ein elementarer Teil der Antwort liegt in den spezifischen Bedingungen. Diese unterscheiden sich in vielerlei Hinsicht von den Entscheidungskonstellationen vor und nach der staatlichen Einheit. Hierin liegt auch begründet, weshalb die Entwicklung des Einigungsprozesses relativ ausführlich beschrieben wurde, statt allein die Verhandlungen über die Finanzbeziehungen in den Vordergrund zu stellen. Erst in Kenntnis der engen Verzahnung mit der Währungsunion und Wiedervereinigung lassen sich die komplexen Problemstellungen, der Handlungsdruck, aber auch die Relevanz der Finanzfragen sowie ihre Einbettung in die vielseitigen sachlichen Herausforderungen der deutschen Einheit hinreichend nachvollziehen. Mit dem abrupten Zusammenbruch der DDR und der sich anbahnenden raschen Vollendung der deutschen Einheit galt es quasi unverzüglich, das Finanzsystem binnen kürzester Zeit an vollkommen veränderte Bedingungen anzupassen. In Folge des fatalen sozioökonomischen Zustands des Beitrittsgebiets, der oben bereits eingehend illustriert wurde, befanden sich die ostdeutschen Haushalte in einer prekären Situation. Weder waren sie in der Lage, ihre laufenden Ausgaben zu bestreiten, noch konnten sie die immensen Modernisierungskosten finanzieren. Zumindest zur teilweisen Kompensation der zu erwartenden Deckungslücke mussten daher finanzielle Mittel umverteilt werden, deren Ausmaß die föderalen Transfers in eine gänzlich neue Dimension vorstießen ließ. Im Raum stand damit sowohl die Frage nach der Refinanzierungsstrategie, also auch die Lastenverteilung von Bund und westdeutschen Ländern. In Anbetracht der früheren Erfahrungen bedeutete dies eine Herkulesaufgabe, waren bereits die vergleichsweise gemäßigten föderalen Finanzströme in der früheren Bundesrepublik höchst umstritten. Verschärft wurden die damit ohnehin schon äußerst komplizierten *externen Bedingungen* durch die Einbettung der finanzpolitischen Integration in den Prozess der staatlichen Einheit. Die Finanzreform war kein isoliertes politisches Anliegen, sondern selbst Teil einer erheblich größeren und komplexeren politischen Aufgabe – dem formalen Beitritt der DDR zur Bundesrepublik bzw. der faktischen Übernahme der DDR durch den Weststaat. Die entscheidenden Herausforderungen lagen dabei nicht allein in den innenpolitischen als vielmehr noch in den außenpolitischen Weichenstellungen. Deutschlandpolitisch musste ebenso dem Migrationsdruck entgegengesteuert wie die eindringlichen Forderungen der DDR-Bürger nach Partizipation am westdeutschen Wohlfahrtsstaat erfüllt werden.[324] Gleichzeitig galt es, die sozialen Ängste der westdeutschen Bevölkerung vor der deutschen Einheit zu stillen. Außenpolitisch bestand die Bewährungsprobe darin, die Zustimmung der alliierten Siegermächte zur deutschen Einheit irreversibel sicherzustellen. Ein Experiment, für dessen erfolgreichen Verlauf gerade angesichts der instabilen politischen Lage in der Sowjetunion außerordentlich viel politische Sensibilität und diplomatisches Geschick gepaart mit günstigen situativen Bedingungen erforderlich waren. Nachdem sich 1990 das Tor zur Wiedervereinigung schneller als erwartet öffnete und die zukünftige politische Entwicklung der Sowjetunion angesichts der Sezessionstendenzen ungewiss war, lastete ein mächtiger Zeitdruck auf der

---

324 Thierse (2001: 47 f.) hält rückblickend fest, dass sich die überwältigende Mehrheit der Bürgerinnen und Bürger der DDR in ihrem Wunsch nach der deutschen Einheit von dem Motto „*Klarheit und Sicherheit statt neue Experimente*" leiten ließ.

Klärung aller einigungsrelevanten Materien, wollte man die Gunst der Stunde nutzen.³²⁵ Zu diesen zählten die Finanzfragen, zumal die zerfallende Weltmacht im Osten finanzielle und wirtschaftliche Zugeständnisse für ihre Unterstützung der staatlichen Einheit unter den Bedingungen der westlichen Welt erwartete.³²⁶ Wäre der Eindruck der materiellen Überforderung durch die Kosten der Einheit frühzeitig genährt worden, hätte dieser Zweifel an der Glaubhaftigkeit und Realisierbarkeit der politischen Zusagen aufkommen lassen und somit zusätzliche Verunsicherung stiften können.³²⁷

In Anbetracht der sich radikal zuspitzenden Krise der DDR sowie der hochkomplexen außen- wie deutschlandpolitischen Lage bestand nicht nur ein gewaltiger sachlicher Problemdruck, sondern auch ein schmaler zeitlicher Handlungskorridor. Einher gingen damit beträchtliche Informationsdefizite über den Stand sowie die Entwicklung der ökonomischen und gesellschaftlichen Bedingungen der DDR. Da zu diesem Zeitpunkt weder die Wiedervereinigung erwartet wurde, geschweige denn irgendwelche Vorüberlegungen oder Pläne für den Anschluss der DDR an die Bundesrepublik existierten, nahmen die Unsicherheiten noch weiter zu.³²⁸ Für die Akteure bedeutet diese spezifische Konstellation der exogenen Kontextfaktoren eine wahrlich äußerst diffizile Aufgabe.³²⁹

Restriktionen wirkten jedoch nicht nur aus den politischen, gesellschaftlichen und ökonomischen Rahmenbedingungen, sondern auch aus dem *institutionellen Umfeld*. Bereits die Entscheidungsstrukturen bedingten eine umfassende Abstimmung der Akteure. Leichter stellten sich diese noch beim ersten Staatsvertrag zur Währungs-, Wirtschafts-, und Sozialunion dar: Hier genügte immerhin die absolute Mehrheit im Bundestag und Bundesrat. Alldieweil die Union in beiden Kammern über die Mehrheit verfügte, war dies eine günstige Konstellation für die Bundesregierung, um den Einigungsprozess in der ersten Phase zu dominieren. Allerdings strapazierte die Regierung Kohl ihre ausschließliche Kompetenz zur Pflege der auswärtigen Beziehungen nach Art. 32 I GG. Kraft dieses Privilegs konnte sie einerseits deutschlandpolitisch die Gespräche mit der DDR-Regierung und andererseits innenpolitisch die Verhandlungen mit dem Bundesrat relativ getrennt voneinander führen. Indes verschlechterten sich diese verhältnismäßig günstigen Entscheidungshürden bei den Verhandlungen zum Einigungsvertrag. Der Bundesregierung kam nicht nur die Mehrheit in der zweiten Kammer abhanden, für die Ratifizierung des Staatsvertrages war zusätzlich – ob der darin enthaltenen Verfassungsänderungen – eine qualifizierte Mehrheit in beiden Häusern notwendig. Damit gewann die Bundestagsopposition an Einfluss, erforderlich war nunmehr praktisch eine *„große Koalition"*.³³⁰

---

325 Zu den internationalen Verhandlungen u.a. Teltschik 1991, Zelikow/Rice 1995, Küsters/Hofmann 1998.
326 Die Sowjetunion erhielt für den Truppenabzug unmittelbar Finanzhilfen in Höhe von 6,13 Mrd. € sowie 1,53 Mrd. € als zinsloses Darlehen. Der Gesamtbetrag überstieg zwar die Hoffnungen Kohls und Waigels, unter Beachtung der bisherigen Gesamtkosten der Einheit handelte sich aber doch um eine *„drittrangige Größenordnung"* (Andersen 1992b: 238). Allerdings summierten sich auch die weiteren Unterstützungsmaßnahmen für die Sowjetunion bzw. deren Nachfolgestaaten auf ein Vielfaches. Vgl. Andersen 1992b: 228, Waigel 1994: 56, Zelikow/Rice 1995: 352, Grosser 1998: 432 f. Die USA bekamen keine unmittelbaren Zuwendungen, gleichwohl zeigte sich Bonn großzügig mit budgetären Leistungen während der Golfkrise.
327 Auch die politische Überzeugung der westeuropäischen Bündnispartner Frankreich und Großbritannien sowie die Einbindung des Beitrittsgebiets in die Europäischen Gemeinschaften stellte eine hohe internationale Hürde auf dem Weg zur deutschen Einheit dar.
328 Lehmbruch (2002c: 36 f.) spricht deshalb von enormen Grenzen rationalen Verhaltens in Krisenzeiten.
329 Selbst wenn sich die Akteure nicht auf eine rasche Einheit verständigt hätten, wären massive staatliche Finanzhilfen unvermeidlich gewesen, wollte man nicht den totalen Zusammenbruch der DDR in Kauf nehmen.
330 Indem zufälligerweise mit Nordrhein-Westfalen das größte und einflussreichste SPD-geführte Bundesland den Vorsitz in der Ministerpräsidentenkonferenz innehatte, wurde für die Bundesregierung die Kooperation

4.3 Erklärung

Dennoch behielt die Bonner Koalition auch in der Schlussphase des Einigungsprozesses ihre hegemoniale Stellung. Gestützt wurde diese nicht zuletzt durch die größere finanzielle Gestaltungsmacht des Bundes.[331] Hingegen konnten die Länder ihr institutionelles Gewicht gerade dann ausspielen, wenn sie einvernehmlich agieren und bestenfalls ihr Vetorecht bei anderen Gesetzesvorhaben an Konzessionen des Bundes bei den vertikalen Finanzfragen ketten. Ihre formal starke Position – immerhin musste auch die Volkskammer beide Staatsverträge ratifizieren – konnte die DDR-Regierung hingegen nur begrenzt ausschöpfen, da der Beitritt ihr ausdrücklicher Wille sowie der Wunsch ihrer Bevölkerung war. Tatsächlich kam ihr damit eher die Rolle des Bittstellers zu, über deren Forderungen und Vorstellungen letztlich die Bundesregierung, der Bundesrat und die SPD-Opposition entschieden.[332] Schon in diesem Abriss manifestiert sich die bedeutende Stellung der institutionellen Regeln. Zugleich wurde deutlich, dass diese erst im Zusammenspiel mit den Kontextbedingungen sowie den Akteursinteressen zum Tragen kommen.

Allerdings wirkte der Einfluss der institutionellen Arrangements vermittels der entscheidungsstrukturellen Parameter, er bestimmte auch die Koordinaten, innerhalb derer sich die sachliche Problemlösung vollziehen musste. Maßgeblich war hierbei die bereits veranschaulichte Wechselwirkung aus funktionaler Aufgabenteilung, weitgehend zentralisierter Gesetzgebung, Lastenverteilungsgrundsatz sowie kaum vorhandener Steuergesetzgebungskompetenzen der Länder. Wie wir bereits in früheren Abschnitten gesehen haben, bestehen für die Länder umfassende rechtliche und politische Anforderungen zur bundeseinheitlichen Aufgabenerfüllung. Diese Vorgaben, die hauptsächlich auch in der Sozialpolitik staatliche Leistungen auf hohem Niveau definieren, mussten auch von den Gebietskörperschaften im Beitrittsgebiet eingehalten werden.[333] Nachdem der wirtschaftliche Zusammenbruch im Beitrittsgebiet zu gravierenden sozialen Folgeproblemen führte, resultierten aus den bundesgesetzlich normierten Vorgaben beachtliche finanzielle Belastungen für die Ost-Länder.[334] Zugleich waren ihre formalen wie materiellen Potenziale[335] zur Ressourcenbeschaffung sehr kärglich. Für Bund und Länder leitete sich hieraus ebenso nach Art. 106 III Nr. 2 GG in Verbindung mit Art. 107 GG eine erhebliche finanzielle Beistandspflicht ab, wie sie für die Aufbau- und Modernisierungskosten angesichts der Prinzipien der bündischen Solidarität und des sozialen Bundesstaats eine Mitverantwortung hatten.

---

mit der SPD erleichtert. Auf diese Weise konnte sie die Auseinandersetzung mit der Bundestagsopposition zumindest anfänglich noch umgehen. Gleichwohl gewannen die Bundestagsfraktion sowie der Kanzlerkandidat Lafontaine im weiteren Verfahren an Gewicht.

331 Der Bund verfügt im Vergleich zu den Ländern über einen geringeren Anteil an durch rechtliche Verpflichtungen gebundene Haushaltsmittel. Ferner besaß er in größerem Umfang die Möglichkeit zur Einsparung teilungsbedingter Lasten. Überdies obliegen ihm – auch wenn er diese zu diesem Zeitpunkt nicht nutzen wollte – weitgehend die Steuergesetzgebungskompetenzen, so dass ihm prinzipiell die Refinanzierung über Steuererhöhungen leichter offen steht als den Ländern.

332 Ihr größtes Gewicht konnte sie deshalb mit der Drohung entfalten, ohne Staatsvertrag den Beitritt zur Bundesrepublik nach Art. 23 GG zu erklären. Doch diese Option lag nicht im Interesse ihres Regierungschefs.

333 Dies leitet sich auch aus den Garantien der Verfassungsgrundsätze des sozialen und homogenen Bundesstaats (Homogenitätsgebot, Sozialstaatsklausel, Grundsatz der Bundestreue, Anspruch nach einheitlichen bzw. gleichwertigen Lebensverhältnissen) ab. Vgl. Donner/Berlit 1992: 331, Lhotta 1993: 128, Schultze 1999: 174.

334 Ausführlich dazu Kapitel 2.2.1.

335 Im Kontext der zentralisierten Steuergesetzgebung sind die Möglichkeiten zur Mittelbeschaffung für die Länder vor allem auf den Kapitalmarkt begrenzt. In Folge der geringen Wirtschaftskraft war zudem nicht nur die Steuerkraft dieser Länder relativ gering, selbst bei Erhöhung der Steuersätze hätten die Erträge nicht zur Haushaltsdeckung ausgereicht. Im Kontrast zu dieser Option setzte die Bundesregierung zur Ankurbelung der Wirtschaft im Beitrittsgebiet auf Anreize durch Steuersenkungen, weshalb das ohnehin geringe Steuerreservoir noch weniger ausgeschöpft wurde.

Indes gründete der Finanzausgleichsdruck nicht allein technokratisch in der Bundesstaatskonstruktion, sondern auch normativ, indem das bereits in der früheren Bundesrepublik bedeutende Postulat der Einheitlichkeit der Lebensverhältnisse zum zentralen Leitbild des Einigungsprozesses avancierte. Ebenen-, partei- und staatsübergreifend bestand weitgehend Einigkeit darin, dass die Herstellung der Rechts- und Wirtschaftseinheit sowie die Verwirklichung gleichwertiger Lebensverhältnisse das oberste Ziel der Deutschlandpolitik sei. Dabei prägte diese Prämisse auch die finanzpolitischen Verhandlungen.[336] Bedeutende Indizien hierfür sind die Entscheidung der Bundesregierung für eine frühzeitige Stichtagswährungsunion, die Festlegung des Währungsumrechnungskurses, die Koppelung der Sozial- an die Währungs- und Wirtschaftsunion sowie die rasche Angleichung der Löhne und Transferzahlungen. All diese Weichenstellungen wurden primär politisch motiviert getroffen mit dem Ziel, die Lebensbedingungen im Osten an die bundesrepublikanischen anzunähern.[337] Um diese Handlungsmaxime zu erklären, reichen verfassungsrechtliche Interpretationen nicht aus.[338] Ihr liegen vielmehr ebenso interessengeleitete wie kulturelle Motive zugrunde. Wir können empirisch nicht bestimmen, welcher Anteil hierbei der *politischen Kultur* beizumessen ist. Die weitgehende Selbstverständlichkeit, mit der sich die Akteure trotz massiver föderaler wie parteilicher Interessenkonflikte auf eine gemeinsame Basis bezüglich der Problemsicht und Zieldefinition verständigten, lässt jedoch darauf schließen, dass es sich hierbei nicht allein um die zufällige Koinzidenz der subjektiv generierten Interessen der überwiegenden Mehrzahl der Akteure handelte.[339]

Zur Erklärung der finanzpolitischen Entscheidungen des Einigungsprozesses sind die dargestellten Determinanten allein nicht hinreichend. Erst im Zusammenspiel mit den *Akteurspräferenzen* können diese umfassend nachvollzogen werden. Am eindeutigsten lassen sich die Handlungsorientierungen der *westdeutschen Länder* bestimmen. Alle Länder strebten eine Begrenzung ihres finanziellen Beitrags und eine Minimierung ihres Risikos an. Hierbei verfügten sie über relativ gleichgerichtete Positionen, die sie rasch zu einer gemeinsamen Verhandlungsposition gegenüber dem Bund formieren konnten. Ihre Stärke in der Kontroverse mit dem Bund resultierte indes nicht nur aus ihren einheitlich vertretenen Ansprüchen. Die Länder hatten darüber hinaus noch einen weiteren entscheidenden Vorteil zu verzeichnen: Sie verfügten über eine eindeutige Präferenzskala, bei der die vertikalen Lastenteilung an oberster Stelle rangierte. Alle weiteren Aspekte traten dahinter prinzipiell zurück. Auch sämtliche Parteiinteressen – die ansonsten die Länder im politischen Einigungsprozess wiederholt nach dem A-/B-Muster spaltete – wurden dem untergeordnet. Ursächlich für diese Handlungsorientierung sind vornehmlich folgende Aspekte:

1. Die Länder befürchteten eine Überforderung ihrer Haushalte, sollten ihre Finanzhilfen für den Osten nicht in kurzfristig darstellbaren Größenordnungen limitiert werden.

---

336 Vgl. Schäuble 1991: 150 ff., 178, 212, Tietmeyer 1994: 70 f. Dazu auch Czada 1995c: 95, Abromeit/Wurm 1996: 16, Renzsch 1997a: 52 f., Schwinn 1997: 190, Altemeier 1999: 77, 97, Oschatz/Podschull 2002: 149.
337 Um die Kosten der Einheit zu begrenzen, hätte das Niveau öffentlicher Leistungen im Beitrittsgebiet dauerhaft deutlich unter dem Westniveau liegen müssen. Dies wurde allerdings nie von der Bundesregierung oder einem anderen Akteur ernsthaft in Erwägung gezogen. Vgl. Schwinn 1997: 190.
338 Abgesehen von der Verfassungsinterpretation des sozialen Bundesstaats (Art. 20 I GG) enthielt das Grundgesetz in Art. 72 II GG und Art. 106 III Nr. 2 GG das Postulat der einheitlichen Lebensverhältnisse. Seit der Grundgesetzänderung vom 27.10.1994 gilt in Art. 72 II GG nur noch der Maßstab der gleichwertigen Lebensbedingungen; Art. 106 III Nr. 2 GG blieb jedoch unverändert.
339 Umstritten waren weniger die Ziele der Einigungspolitik als vielmehr die Mittel und Wege, mit denen diese erreicht werden sollten.

4.3 Erklärung

Speziell die leistungsschwächeren Länder, die teilweise erheblich unter den Branchenkrisen litten, bangten um ihre Existenz.

2. Da die Bundesregierung die Einigungspolitik ebenso zentralisierte wie dominierte, sahen sie diese auch in der Pflicht, den größeren Teil der Lasten und vor allem die Risiken der deutschen Einheit zu tragen. Speziell die A- Länder misstrauten Kohls Kabinett, da sie sich weitgehend von der Entscheidungsfindung ausgeschlossen fühlten.[340]
3. Gleichfalls wähnten sie, der Bund könne die Vereinigung für eine Zentralisierung sowie für eine weitere Kräftigung seiner Finanzkraft nützen. Daher besannen sie sich zurück auf bisherige Erfahrungen im föderativen Kräftemessen: Diese lehrten sie, dass sie ihre Interessen (nur) mit einer einheitlichen Formation würden wahren können.[341]
4. Sobald elementare Landesinteressen auf dem Spiel stehen – und das war hier zweifelsfrei gegeben – haben diese Vorrang vor Parteiinteressen. Wie sich bereits in vergleichbaren früheren Fällen zeigte, sehen sich die Regierungschefs (und ihre Finanzminister) zuerst als Vertreter ihrer Institution und erst danach als Parteipolitiker, gehen doch mit der „*Funktionserfüllung*" ihres Amtes gleichsam ihre persönliche Reputation sowie die Wiederwahlchancen einher. Damit verstärken sich die Eigeninteressen der Akteure mit den Präferenzen der von ihnen repräsentierten Organisationen wechselseitig.[342]
5. Die Länder sind zwar qua Verfassung zu bundestreuem Verhalten gezwungen, im Gegensatz zum Bund obliegt ihnen aber nicht die gesamtstaatliche Verantwortung.

Freilich traten durchaus auch Interessengegensätze zwischen den Ländern zu Tage, ob der genannten Punkte entfalteten diese jedoch kaum Wirkung.[343] Vielschichtiger als bei den Ländern gestalteten sich die Handlungsorientierungen der *Bundesregierung*. An oberster Stelle ihrer Präferenzskala stand das Ziel, die deutsche Einheit schnellstmöglich national wie international sicherzustellen. Um hierbei erfolgreich zu sein, schöpfte sie alle ihr formal zustehenden Optionen aus.[344] Die finanzpolitischen Entscheidungen genossen zwar ebenfalls eine hohe Brisanz, allerdings mussten diese dem Primärziel dienlich sein.[345] Hierbei zeigten sich innerhalb der Bundesregierung durchaus erhebliche Wahrnehmungs- und Interessenunterschiede. In unserem Fall betraf dies speziell das Bundeskanzleramt und das Bundesfinanzministerium. Während dem sich das Finanzressort intensiv mit der Sicherung der Währungsstabilität sowie den fiskalischen Risiken der deutschen Einheit befasste,

---

340 Vgl. Dästner 1998.
341 Vgl. Altemeier 1999: 187.
342 Ein Ministerpräsident, der billig die finanziellen Interessen seines Landes auf dem parteipolitischen Altar opfern würde, hätte landesintern einen schwierigen Stand, würde doch die Opposition versuchen, hieraus Kapital zu schlagen. Überdies würde ein mediales „Outing" als Verlierer das Image beschädigen. In einer Gesellschaft, in der „Gewinnertypen" eher gewählt werden, wäre dies ein großer Makel. Neben diesen, zuvorderst der politischen Psychologie zuzurechnenden Motiven, bestehen auch weitere Anreize: Geld ist meist die Basis, um in der Politik handeln zu können. Je umfangreicher die budgetäre Ressourcenausstattung ausfällt, desto größer ist der Gestaltungsspielraum.
343 Gleichwohl zeigten sich auch länderinterne Verteilungsdifferenzen, wie z.B. der Vorschlag Hessens, das Strukturhilfegesetz sowie die Mischfinanzierungen zur Refinanzierung der West-Ost-Finanzhilfen zu streichen oder zumindest abzuschmelzen. Doch diese horizontalen Konfliktpunkte wurden rasch dem vertikalen Disput untergeordnet. Insgesamt vertraten Berlin und Hamburg zum Beispiel eine „*einheitsfreundlichere*" Politik als andere Länder. Vgl. Schäuble 1991: 117, Küsters 1998: 199.
344 Zu diesem Zweck versuchte die Bundesregierung unter bewusster Umgehung vertraut gewordener Routinen und Aushandlungsprozesse den Einigungsprozess zu zentralisieren. Vgl. Lehmbruch 1991: 587.
345 Vgl. Zelikow/Rice 1995: 366.

schielte die Zentrale auf den Erfolg der gesamten Einigungspolitik.[346] Im Zuge der Richtlinienkompetenz beherrschte der Kanzler die regierungsinterne Prioritätensetzung.[347] Prinzipiell lassen sich für dessen Handeln vielfältige Motive anführen, angefangen von einer tief verankerten Grundüberzeugung für die Wiedervereinigung, der Festschreibung der Wiedervereinigung als Staatsziel der Bundesrepublik und der Chance, Geschichte zu schreiben. Neben diesen Zielen, über deren relativen Stellenwert hier nur spekuliert werden könnte, treten weitere Aspekte, die zumindest mittelbar in einem Zusammenhang mit den Finanzverhandlungen standen. Die gesamtstaatliche Verantwortung lastet in föderativen Systemen prinzipiell und in der unitarisch ausgerichteten Bundesrepublik ganz besonders stärker auf dem Bund. Die öffentlichen Erwartungen konzentrierten sich demnach hauptsächlich auf die Bonner Regierungskoalition. Gleichfalls trug diese auch außenpolitisch die Verantwortung für die Einigungspolitik, weshalb sie auch die Interessen der USA, der Sowjetunion sowie der europäischen Nachbarstaaten zu berücksichtigen hatte.[348] Man könnte daher diesen auf der Bundesregierung lastenden Problemlösungsdruck als die zweite Seite der Medaille ihrer hegemonialen institutionellen Stellung bezeichnen. Daneben bot sich dem Bundeskabinett ein eigener Antrieb zum Handeln. Wir wollen dahin gestellt lassen, inwieweit wahlkampftaktische Überlegungen das Engagement der Bundesregierung für die Wiedervereinigung leiteten. Die Art und Weise, wie sie ihre Strategien in der Einigungspolitik ausrichtete und welche Mittel sie zur Zielerreichung anstrebte, dienten ganz sicher auch der parteipolitischen Profilierung bei der Volkskammer- und Bundestagswahl.[349] Zum Zeitpunkt der Maueröffnung sah es danach aus, als würde die Bundestagswahl 1990 zu einem Regierungswechsel führen. Bis ins Frühjahr 1990 lagen die SPD und ihr designierter Spitzenkandidat Oskar Lafontaine in den Umfragen vorn. Sie wirkte personell gut aufgestellt und kompetenter als die damalige Regierung und bestimmte die innenpolitische Agenda. Zugleich war die innerparteiliche Stellung Kohls angekratzt, nachdem dieser erst am Rande des Bremer Parteitags vom September 1989 ein Aufbegehren unzufriedener Parteigefährten hatte abwiegeln können. Vor diesem Hintergrund bot die deutsche Einigung eine herausragende Chance, wieder die Führungsrolle in der operativen Tagespolitik zu übernehmen und ein potenziell wahlentscheidendes Thema zu besetzen. Der Bundeskanzler ergriff sie ebenso mit seinem „Zehn-Punkte-Programm" vom November 1989 wie mit der Option einer raschen Währungsunion im Vorfeld der Volkskammerwahl oder den Zugeständnissen bei der Währungsumstellung und der Sozialunion.

An dieser Präferenzdisposition richtete sich auch das Handeln der Bundesregierung bei den Beratungen der Finanzkapitel aus. Da sie die Dynamik des Einigungsprozesses nicht gefährden wollte, galt es, langwierige Verhandlungen unbedingt zu vermeiden. Desgleichen unternahm die Bundesregierung alles, um den Eindruck von Sicherheit und Stabilität nach Innen wie nach Außen zu vermitteln. Den Bürgern im Osten sollte die Aussicht auf „blühende Landschaften" ebenso beruhigen, wie die auch auf parteiprogrammatischen

---

346 Die Haushälter behielten bei der Suche nach Lösungen stärker die finanzwirtschaftliche Vertretbarkeit im Auge. Hingegen orientierte sich das Kanzleramt auch an den Befindlichkeiten der Bevölkerungsmehrheit, an der sozialen Tragweite der Regelungen sowie an den internationalen Ansprüchen. So verfolgte Waigel zum Beispiel bezüglich der Währungsumstellung und der Sozialunion anfangs Vorstellungen, die sich stärker an den ökonomischen Bedingungen orientierten. Er gab dann aber dem politischen Druck des Kanzlers nach.
347 Vgl. Küsters 1998: 151.
348 Vgl. Wachendorfer-Schmidt 2003: 72 f.
349 Der Ausblick auf die Bundestagswahl lieferte für die Bundesregierung die Selektionskriterien für ihre Entscheidungen in der Einigungspolitik. Vgl. Schwinn 1997: 185.

4.3 Erklärung

Überzeugungen[350] basierende „*rhetorische Beschwörung der Kräfte des Marktes*"[351], die Ängste der westdeutschen Bevölkerung vor sozialen Einschnitten abbauen sollte. Überdies galt es den Finanzmärkten Stabilität zu suggerieren und Deutschland in den internationalen Verhandlungen zur Wiedervereinigung als verlässlichen und soliden Partner darzustellen. Der Bundesregierung lag damit weniger an langfristigen Strategien, als an kurzfristigen Improvisationen und Problemvereinfachung.[352] Prinzipiell hatte sie dabei zwei Interessen. *Erstens*: Eine angemessene, möglichst hälftige Beteiligung der Länder an den Lasten der Einheit. *Zweitens* wollte auch sie ihre finanziellen Beiträge decken.[353] Dadurch ließen sich sowohl die Finanzverhandlungen vereinfachen, als auch der Eindruck erwecken, die Einigungsfinanzierung sei leicht beherrschbar. Die Alternative – eine offene Debatte über die Kosten der Einheit – hätte nicht nur den Einigungsprozess erschwert, sie hätte Kohl wohl auch dazu genötigt, zur Refinanzierung auf Steuererhöhungen zurückzugreifen. Seit dem Frühjahr 1990 erklärte das christlich-liberale Kabinett hingegen mehrmals, dass eine Anhebung der Steuersätze für die Wiedervereinigung nicht erforderlich sei, da diese sich nach einer Anschubfinanzierung durch ein ostdeutsches Wirtschaftswunder tragen werde. Damit begegnete sie der mehrheitlichen Auffassung der Bundesbürger, die zwar die deutsche Einheit wollten, allerdings nach Möglichkeit ohne dafür finanzielle Einbußen in Kauf nehmen zu müssen.[354] Eine Änderung ihrer Grundhaltung kam für die Bundesregierung auch im Sommer 1990 nicht in Frage, als sich nach Einführung der Währungsunion der ökonomische Verfall des Beitrittsgebiets immer deutlicher abzeichneten. Denn mit einer realistischeren Prognose des Transferbedarfs wären nicht nur unpopuläre Mehrbelastungen für die Bürgerinnen und Bürger unumgänglich gewesen, zugleich hätte dies in der öffentlichen Meinung leicht als Eingeständnis von Fehleinschätzungen interpretiert werden können. Wohlmöglich hätte dies die Wiederwahlchancen geschmälert, zumal der Streit um die Finanzierung der Einheit doch zum zentralen Thema des Bundestagswahlkampfs hochstilisiert wurde.[355] Es gibt deshalb auch keine Indizien dafür, dass ein Appell an die Opferbereitschaft der westdeutschen Bevölkerung auf positive Resonanz gestoßen wäre.[356] Zwar

---

350 Vgl. Schwinn 1997: 56 ff.
351 Zohlnhöfer 1999: 5.
352 Vgl. Andersen 1992a: 343, Mäding 1995c: 105, Seibel 1995: 227, Schwinn 1997: 79.
353 Vgl. Dästner 1998: 36 f., Grosser 1998: 365.
354 Die Popularität der Bundesregierung litt bereits Anfang 1990 mächtig unter dem Übersiedlerstrom, da in der westdeutschen Bevölkerung soziale Ängste verbreitet waren. Es herrschte zwar überwiegend eine einheitsfreundliche Stimmung in Westdeutschland, ohne dass dabei aber Einheitsbegeisterung aufkam. Stattdessen blieben die Befürchtungen vor Arbeitsplatzverlust und Inflation im gesamten Einigungsprozess präsent. Vgl. Zelikow/Rice 1995: 199, 201, Jäger 1998: 138.
355 Nach ihrer frühen Festlegung, dass sich die Einheit nach einer Anschubfinanzierung selbst finanziert, befürchtete die Bundesregierung, dass jede graduelle Korrektur in Anbetracht des parteipolitischen Disputs der Opposition zum Vorteil verhelfe. Vor allem Kohl hegte starke Zweifel, ob die westdeutsche Bevölkerung zu Steuererhöhungen bereit sei. Vgl. Zohlnhöfer 1999: 29, V. Busch 2002: 60. Der Bundestagswahlkampf 1990 konzentrierte sich letztlich – wie dies in demokratischen Wahlen meist der Fall ist – auf Personen sowie wenige Themen und Symbole. Vgl. Schwinn 1997: 79, Zohlnhöfer 1999: 9, 25.
356 Hartnäckig hielt sich im Nachhinein die Auffassung, mit einer „*Geld-, Schweiß- und Tränenrede*" hätte der Kanzler die Zahlungsbereitschaft der westdeutschen Bevölkerung wecken können (vgl. zum Beispiel Bredemeier 1996: 186, Wachendorfer-Schmidt 2000a: 123). Ob eine solche Strategie tatsächlich von Erfolg gekrönt geworden wäre, muss schon in Anbetracht der enormen Brisanz der Finanzpolitik bezweifelt werden. Hierfür wäre zweifellos eine „*große Koalition*" erforderlich gewesen. Denn die Opferbereitschaft war nur sehr schwach ausgeprägt, so dass Steuererhöhungen sehr unpopulär blieben. Von besonderen Anstrengungen für die Wiedervereinigung wollten weder die West- noch die Ostdeutschen etwas wissen. Vgl. die Einschätzung von Grosser 1998: 371 f., 381, Zohlnhöfer 1999: 8, 27, Jacobsen o.J.

war sich die Bundesregierung durchaus frühzeitig der Risiken bewusst, dennoch zog sie das Kleinrechnen der Wiedervereinigungslasten in Folge einer Mischung aus naiver Hoffnung, enormer Unsicherheit und vor allem taktischen Verschleiern vor.[357]

Am verzwicktesten stellte sich die Position der *ostdeutschen Regierung* dar. Sie vertrat ebenso eigene Interessen, wie sich in ihr die westdeutschen Positionen kreuzten. Als große Koalition spiegelten sich bei ihr die Grabenkämpfe zwischen Union und SPD[358] wider, zumal der zentripetal orientierte Parteienwettbewerb der Bundesrepublik rasch auf die DDR überschlug.[359] Zugleich vertrat sie sowohl das gesamtstaatliche Interesse an einer erfolgreichen Wiedervereinigung als auch die Anliegen der neu gegründeten Länder. Allerdings dominierte die Ost-CDU, die die Einigungspolitik im Amt des Ministerpräsidenten bündelte. die Strategie der DDR.[360] Wie die Bundesregierung verfolgte auch sie vorrangig mit der Währungsunion sowie der zügigen Vollendung der Einheit die „*großen Ziele*". Damit blieb sie nicht nur ihren Wahlkampfversprechungen treu, sie reagierte auch auf den politischen Druck ihrer Landsleute. Allerdings hatte die Ost-Berliner Führung gegenüber ihren Verhandlungspartnern bedeutende Nachteile zu kompensieren: Ihr fehlte ebenso die Verhandlungserfahrung wie das Fachwissen über elementare politische Problemfelder im Allgemeinen und das bundesdeutsche Rechtssystem im Besonderen. Ihre Position war ferner dadurch geschwächt, dass es sich ob der Begleitumstände nicht um einen Zusammenschluss auf gleicher Augenhöhe, als vielmehr um eine politisch gewünschte, freundliche Übernahme handelte.[361] Ferner hatte sie mit massiven Reputationsproblemen und angesichts der sich zuspitzenden Krise auch mit enormen Handlungsengpässen zu kämpfen.[362]

Diesen Defiziten begegneten die maßgeblichen Akteure der Ost-CDU, indem sie eine sehr enge Abstimmung mit ihren Bonner Kollegen suchten.[363] Ihre Verhandlungslinie stellte demnach eine Mischung aus West-Positionen und eigenen Überzeugungen dar, die sie gewiss nicht immer glücklich vertraten.[364] Besonders deutlich wurde dies bei den Finanzberatungen: In ihren ursprünglichen Forderungen ging die ostdeutsche Regierung noch relativ weit und pochte auf eine erhebliche Besserstellung der Finanzausstattung der ostdeutschen Länder. Sukzessive akzeptierte die Ost-CDU schließlich die westdeutschen Positionen. Zwar hegte de Maizière durchaus Bedenken, ob das vereinbarte Finanzvolumen ausreiche, indes befürchtete er, den Erfolg der Einigungsverhandlungen zu gefährden, wenn er sich mehr Renitenz gegenüber seinen westdeutschen Parteigefährten leisten würde. „*Vorauseilender Gehorsam und Überanpassung*"[365] sind wohl zu harte Urteile über die Handlungsorientierung von de Maizière und seinem Adjutanten Krause, versuchten sie doch durchaus,

---

357 Auch wenn das Bundesfinanzministerium noch im Sommer 1990 die Kosten der Einheit beträchtlich unterschätzte, waren der Bundesregierungen die Risiken ebenso wie der Anstieg des Transferbedarfs bewusst (vgl. Schäuble 1991: 121 f., Teltschik 1991: 191 f., 232, Grosser 1998: 365). Das Festklammern an der Marktillusion diente deshalb auch dazu, keine Alternativen vor der Bundestagswahl debattieren zu müssen, die zu Belastungen für die Bürger führen. Vgl. Grosser 1998: 367. Sturm (1998a: 187) sieht daher im Verhalten der Bundesregierung eine Mischung aus Fehleinschätzung und Wahlkampf.
358 Vgl. Schäuble 1991: 112.
359 Die westdeutschen Parteien versuchten bereits im Vorfeld der Volkskammerwahl, ihren Einfluss in der DDR auszubauen. Ihr Ziel war es, ihre Stimmenpotenziale zu erweitern und die Ostgliederungen aufzunehmen. Vgl. Benz 1992a: 347.
360 Vgl. Jäger 1998: 439.
361 Vgl. Berlit 2000: 429 f.
362 Vgl. Jäger 1998: 450.
363 In ähnlicher Weise koordinierte sich auch die Ost-SPD mit ihrer westdeutschen Schwesterpartei.
364 Vgl. Schäuble 1991: 158 ff., Tietmeyer 1994: 68 f.
365 Abromeit 1992: 87 ff.

4.3 Erklärung

die Interessen der ostdeutschen Bevölkerung in den Verhandlungen einzubringen.[366] Nicht von der Hand zuweisen ist gleichwohl, dass die Suche nach enger Anbindung im Sinne einer Rückversicherung für das eigene Verhalten ein zentrales Motiv für das Verhalten der Ost-CDU darstellte, wodurch die Anliegen der neuen Länder zumindest partiell ins Hintertreffen gerieten. Hier kam sicher auch zum Ausdruck, dass sich der Zeithorizont der DDR-Regierung lediglich bis zur deutschen Einheit erstreckte; sie konnte weder wieder gewählt werden, noch hatte sie die Haushaltswirtschaft in den neuen Ländern selbst zu vertreten.[367]

Dass die DDR-Regierung bei den Gesprächen über die Finanzierung der deutschen Einheit nur über ein äußerst schwaches *Verhandlungsgewicht* verfügte, war die logische Konsequenz aus den dargestellten Akteurspräferenzen sowie den sozioökonomischen und institutionellen Kontextbedingungen: Ihr fehlten einerseits das Fachwissen, die Verhandlungserfahrung und oft sogar die „*schlichte Verhandlungstechnologie*"[368] und andererseits die Reputation in der eigenen Bevölkerung.[369] Sie flüchtete daher in die deutsche Einheit, wobei sie ob der volkswirtschaftlichen Krise auf sofortige und dauerhafte Finanzhilfen des Westens angewiesen war. In Verbindung mit dem Wunsch nach einer engen Anbindung an die Bundesregierung, verlor sie de facto ihre Selbstständigkeit. Auch wenn die Bonner Koalition den Eindruck einer „*Fernsteuerung*"[370] vermeiden wollte, nutzte sie die Schwäche der DDR-Regierung taktisch geschickt, um den Einigungsprozess zu beherrschen.[371] Das politische Gespür des Einen gepaart mit dem Intellekt des Anderen führte dazu, dass Kohl und Schäuble die herausragenden Figuren der Wiedervereinigung wurden. Die Entscheidungen um die föderalen Finanzbeziehungen, die für viele ostdeutsche Politiker kaum nachvollziehbar[372] waren, fielen dementsprechend bei beiden Staatsverträgen ohne Beteiligung Ost-Berlins. Gerade weil die Bundesregierung die Einigungspolitik so sehr zentralisierte und die Marschrichtung für die Agenda sowie die Zeitpläne bestimmte, hatten die Länderregierungen in den Finanzverhandlungen einen beachtlichen Vorteil. Während der Bundeskanzler mit der Einigungspolitik andere Primärziele verfolgte, rangierten in der Präferenzordnung der Länderchefs die budgetären Aspekte an erster Stelle. Da die Bonner Koalition die Zustimmung der Länder zum Einigungsvertrag benötigte und sowohl durch

---

366 An dieser Stelle kann es nicht geleistet werden, den Einfluss der Persönlichkeiten de Maizière, Krause und Romberg auf die Politik der DDR-Regierung und die Ergebnisse des Einigungsprozesses im Detail zu untersuchen. Eine sehr umstrittene Person war Romberg, dem auch von seinen politischen Gegnern – zumindest in der Bundesregierung – Autorität, persönliche Integrität, Besonnenheit und hohes Engagement bescheinigt wurden (vgl. Schäuble 1991, Haller 1994: 154, Köhler 1994: 128). Allerdings tat sich der bisher als Universitätsprofessor tätige schwer mit der Rigidität des politischen Tagesgeschäfts. Speziell von den sozialen Errungenschaften der DDR wollte er nicht Abschied nehmen, denen er einen hohen Wert zuschrieb. Im Kontrast zu Romberg verkörperte dessen Gegenspieler Krause eher den wendigen, anpassungsfähigen Charakter, für dessen Antriebskraft persönliche Karriereinteressen im vereinten Deutschland nicht nebensächlich waren.
367 Im Unterschied zu ihr setzten die Landesregierungen der Ost-Länder schon unmittelbar nach ihrer Konstituierung alles daran, Nachbesserungen der Interimsregelungen durchzusetzen.
368 Vgl. Renzsch 1997a: 64, Lehmbruch 2002c: 49.
369 Vgl. Renzsch 1997a: 64.
370 Vgl. Sarrazin 1994: 204, Tietmeyer 1994: 75 f., Küsters 1998: 146.
371 Von „*Scheinverhandlungen*" mit einer politisch gleichgeschalteten DDR-Regierung spricht deshalb Dästner (1998: 46). Im Rückblick stimmen die Fachexperten der Bundesregierung darüber ein, dass mit Romberg bzw. einer SPD-geführten DDR-Regierung die Verhandlungen nicht so reibungslos für die Bonner Koalition verlaufen wären. Vgl. Tietmeyer 1994: 111, Klemm 1994: 145.
372 Siehe Handelsblatt vom 23.5.1990: Volkskammer-Abgeordnete schienen mit einer echten Diskussion überfordert zu sein. Renzsch (1997a: 64) hält fest, dass für die ostdeutschen Akteure die parteipolitisch motivierte Kontroverse um die ostdeutsche Wirtschaftsentwicklung im Vordergrund stand, während sie der Debatte um die Finanzierung der Einheit nur schwer folgen konnten.

faktische Zwänge, als auch durch selbst gewählte enge Zeithorizonte unter enormen Handlungsdruck stand, konnten die Länder relativ hoch pokern. Gleichwohl blieben die Finanzfragen für die Bundesregierung nicht nebensächlich, überforderten die absehbaren Transfers – sollten keine weiteren Vorkehrungen getroffen werden – auch ihr Budget. Deshalb musste sie sich auf die Verhandlungslinie der Länderregierungen einlassen.

Einer Einigung entgegen kam dabei, dass beide Ebenen trotz des vertikalen Verteilungsstreits eine ähnliche Bewertung der Probleme und Ziele sowie durchaus auch fiskalische Interessen teilten. Nicht nur die deutsche Einheit als Hauptziel war unumstritten, sondern auch dass den öffentlichen Händen im Beitrittsgebiet über einen längeren Zeitraum erhebliche finanzielle Ressourcen bereitgestellt werden müssten. In dieser Problembetrachtung, die konstitutiv für den Verlauf und das Ergebnis der Verhandlungen war, mischten sich zwar primär die jeweiligen Präferenzen samt den kulturell normierten Wertvorstellungen.[373] Sie sind aber auch ein Beleg dafür, dass die Akteure zugleich als Amtsträger des politischen Systems agierten. Für den Erfolg bzw. Misserfolg zentraler politischer Themen werden in der öffentlichen Meinung gerade bei erforderlichen Konsensentscheidungen alle beteiligten Parteien und Politiker verantwortlich gemacht. Eine Blockadehaltung konnte sich demnach kein Beteiligter leisten, ohne mit Reputationsverlusten rechnen zu müssen. Zumal ein destruktives Handeln die Funktionsfähigkeit des Bundesstaats insgesamt hätte gefährden können. Zuvorderst ist dies eine Folge der institutionellen Verflechtung, die den Akteuren eine „*dritte soziale Rolle*" aufbürdet.[374] Freilich ist diese tertiär, sie begünstigte indes ebenso eine übergreifende Problemwahrnehmung als auch die Konsensbildung.

Im Kontext dieser Befunde bezüglich der Bedingungen sowie der Akteurspräferenzen ist eine Erklärung der Entscheidungen möglich. Jenseits des Konsenses über die Ausgangsprämissen blockierten sich die Bundesregierung und die Länder angesichts der hochgradigen Verteilungskonflikte gegenseitig, ein tragbares Finanzierungskonzept zu entwickeln. Verbindend wirkte lediglich, dass die westdeutschen Gebietskörperschaften zu einer Deckelung der Transferleistungen mittels einer zeitlich befristeten Übergangslösung neigten, um eine ansonsten notwendige sofortige Neujustierung des regelgebundenen Finanzausgleichs zu vermeiden. Der Bund, weil er eine Diskussion der Kosten und Refinanzierung ebenso ausweichen wollte wie langwierigen Verhandlungen über eine Revision der Finanzordnung. Die Länder, weil sie eine Überlastung ihrer Haushalte ahnten und die finanziellen Risiken nicht tragen mochten. Die Festlegung der Finanztransaktionen orientierte sich deshalb nicht an einer validen Prognose des Finanzbedarfs des Beitrittsgebiets, sondern an der Zahlungsbereitschaft der Geberhaushalte im Westen.[375] Nachdem auch der Bund kein Interesse an einer Korrektur zeigte, setzten die Länder ihre Lastenbegrenzungsprämisse mit der Fortschreibung der Finanzierungsregelungen des ersten Staatsvertrages im Einigungsvertrag durch. Damit konnten sie die finanziellen Risiken vorwiegend auf den Bund abwälzen. Obwohl die Bestimmungen des ersten Staatsvertrages schon im Sommer überholt waren,[376] konnte die Ost-CDU aufgrund ihrer ebenso faktischen wie teils selbst provozierten Verhandlungsschwäche keine elementaren Verbesserungen erreichen. Entsprechend der evozierten Prämissen und Präferenzen übten sich Bund und Länder mit der Schaffung einer

---

373 Vgl. Czada 1995c: 95.
374 Schäuble (1991: 182) fasste dies rückblickend so zusammen: „*Alle wollten ja zum Fortschritt und zum Fortgang der Verhandlungen beitragen.*"
375 Weder wurde der tatsächliche Finanzierungsbedarf ermittelt, noch ein tragfähiges Finanzierungskonzept entwickelt. Vgl. Altemeier 1999: 80, Wachendorfer-Schmidt 2000a: 123.
376 Vgl. Grosser 1998: 373, 378.

4.3 Erklärung

Übergangslösung in der Konfliktvertagung.[377] Dem Prinzip der Konsenskostenminimierung folgend, entschieden sich die westdeutschen Regierungen mit der Kreditfinanzierung über den Schattenhaushalt des Fonds *„Deutsche Einheit"* für den seinerzeit elektoral am wenigsten sensiblen Bereich und föderal für den Weg des geringsten Widerstandes.[378] Zwar lenkten die Landesfürsten bei der Umsatzsteuerverteilung und der Mischfinanzierungen angesichts des öffentlichen Drucks[379] noch geringfügig ein, materiell bewegte sich dennoch die Bundesregierung deutlich stärker. Im Gegenzug konnte sie mit dieser Strategie die Interessen der A-Länder nach finanzieller Lastenbegrenzung gegen die parteipolitischen Ziele der SPD-Opposition ausspielen.[380] Ermöglicht wurde dies durch die bereits oben aufgezeigte unterschiedliche Präferenzordnung. Allerdings gelang es lediglich, die Übergangsregelungen für die Integration der neuen Länder in den Finanzausgleich festzulegen. Hinsichtlich der parteipolitischen Relevanz der Finanzpolitik war eine „große Koalition" zur Entwicklung einer Refinanzierungsstrategie nicht möglich.[381] Entgegen der symbolischen Forderung der Länder spielte zudem eine Reform des Finanzgefüges ebenso wenig eine Rolle wie eine Neujustierung der bundesstaatlichen Ordnung.[382] Da kein tragfähiges Konzept vorlag, eine Einigung nicht in Sicht gewesen wäre und überdies die Bundesregierung kein Interesse an weitreichenden Verfassungsänderungen hatte,[383] verzichteten beide Seite darauf, die institutionelle Machtverteilung im Bundesstaat überhaupt eingehend zu debattieren.[384]

Resümierend lassen sich die *Handlungsmuster im Einigungsprozess* damit wie folgt charakterisieren: In Anbetracht des enormen Zeit- und Entscheidungsdrucks bei gleichzeitig erheblicher Sachkomplexität und Unsicherheit reagierten die maßgeblichen Akteure mit

---

377 Vgl. Geske 1991: 38, Milbradt 1991a: 305 f.
378 Der Vorteil der zeitlichen Streckung der Finanzierungsbeiträge für die Haushalte von Bund und Ländern lag auf der Hand. Mit dem Gang über den Schattenhaushalt (Fonds *„Deutsche Einheit"* als Sondervermögen des Bundes) wurde die Belastung der öffentlichen Haushalte optisch geschönt. Vgl. Andersen 1992b: 231, Wissenschaftlicher Beirat beim BMF 1992: 30, Schultze 1993: 235, Grosser 1998: 372, Zohlnhöfer 1999: 26 f.
379 In den Medien nahm die Einschätzung zu, die westdeutschen Länder würden sich aus egoistischen Gründen der bündischen Solidarität entziehen. Vgl. Schwinn 1997: 77 f.
380 Vgl. Schäuble 1991: 117. Gleichfalls divergierten auch die Interessen innerhalb der SPD. Berlin beispielsweise forcierte den Einigungsprozess ebenso wie Hamburg. Auch die Länder Bremen, Niedersachsen und Schleswig-Holstein hielten sich mit parteipolitisch motivierten Diskussionen in den Verhandlungen zurück. Einen strategischen Vorteil hatten die A-Länder gegenüber der SPD-Opposition, indem die Verhandlungen und Entscheidungen vornehmlich in der föderalen Arena geführt und die Opposition im weiteren Einigungsprozess hierüber integriert wurde. Damit konnten die Ländervertreter leichter ihre Interessen zur Geltung bringen. Für die Bundesregierung leitete sich daraus der Vorteil ab, dass sie mit ihrer „Divide-et-impera-Strategie" ihre vorrangigen Ziele erreichen konnte. Im Zuge der parteipolitischen Überlagerung der Einigungspolitik übernehmen die Bund-Länder-Verhandlungen damit eine Brückenfunktion, die eine parteiübergreifende Verständigung über den Einigungsvertrag erst ermöglichte (vgl. Dästner 1998: 38 f.). Trotz der theoretisch immensen Blockadegefahr wirkte der Föderalismus an dieser Stelle als „Schmiermittel". Czada (1995b) bezeichnet deshalb den Föderalismus als *„Problemzerstäuber"*.
381 Die Eskalation des parteipolitischen Streits im Sommer 1990 verhinderte weitgehend, dass die deutsche Einheit als *„nationales Projekt"* zwischen Regierung und Opposition verstanden wurde. Verschärft wurde dies, in dem sich die finanzpolitischen Konfliktlinien auch innerhalb der Bundesregierung (FDP und Bundesfinanzministerium vs. Arbeitnehmerflügel der CDU) erstreckten. In Anbetracht dieser Interessenkonstellation war die Grenze des Machbaren schnell überschritten. Vgl. Zohlnhöfer 1999: 26 ff.
382 Vgl. Bösinger 1999: 70.
383 Die unkalkulierbaren Risiken neuer Wege ließ die Akteure inhaltlich und strategisch am Bewährten festhalten: Im Bereich der Finanzbeziehungen bedeutete dies, dass das alternative Finanzierungsinstrument des Fonds *„Deutsche Einheit"* weniger Unsicherheiten versprach als eine Neuordnung des Finanzausgleichs. Vgl. zur Strategie Czada 1995c: 87, 95, Lehmbruch 1998: 12.
384 Wachendorfer-Schmidt (2000a: 122) verweist in diesem Zusammenhang zu Recht auch auf die Widersprüchlichkeiten der *„Eckpunkteerklärung"* der Ministerpräsidenten vom 5.7.1990.

einer Strategie der Problemvereinfachung sowie der Konfliktvertagung. Dabei versuchten sie die Risiken zu begrenzen, indem sie institutionelle Änderungen soweit als möglich vermieden.[385] Dieses inkrementalistische Verhalten – Kontinuität im Westen, Systemtransformation im Osten[386] – forderte den Akteuren nicht nur einen immensen Lernprozess[387] ab, sondern führte zugleich zu einem iterativen Prozess der finanzpolitischen Bewältigung der deutschen Einheit. Im Vordergrund der sichtlich vom Parteienwettbewerb gezeichneten Einigungspolitik stand weniger die ökonomische Sach- als vielmehr eine politische Handlungslogik: Die wirtschaftlichen Konsequenzen der deutschen Einheit sowie die sozioökonomischen Folgewirkungen der Entscheidungen spielten deshalb in der Willensbildung nicht die alleinige Hauptrolle.[388] Sämtliche Weichenstellungen im Einigungsprozess – sei es die Entscheidung für eine schnelle Stichtags-Währungsunion[389], die Festlegung des Umrechnungskurses, die Sozialunion oder die Lohnanpassung[390] – waren in erster Linie politisch motiviert.[391] Dasselbe trifft auf die Finanzberatungen zu. Auch deren Ergebnisse folgten der politischen Rationalität. Ein Konzept zur Lösung der Finanzprobleme wurde hinsichtlich des Zeitdrucks, mangels politischer Vorbilder sowie aufgrund der parteipolitischen Querelen gar nicht erst angestrebt. Stattdessen trat die Bundesregierung die „*Flucht nach vorn*"[392] an, indem sie nur in den Bereichen kurzfristig durchsetzbare und umsetzbare Lösungen anstrebe, die sie für die rasche Vollendung der deutschen Einheit als relevant einstufte. Beschränkte sich die Politikformulierung im Einigungsprozess ohnehin vollständig auf die informellen Gremien der beteiligten Regierungen,[393] konnte eine Einigung über die föderalen Finanzierungsaspekte bei beiden Staatsverträgen erst in den abschließenden Ge-

---

385 Vgl. Schwinn 1997: 185 f., Altemeier 1999: 87 f., Wachendorfer-Schmidt 2000a: 121.
386 Vgl. Berlit 2000: 428 ff., Reißig 2000: 86.
387 Vgl. Lehmbruch 2002c: 37.
388 Der Einigungspolitik lag zu keinem Zeitpunkt und von keiner Seite ein schlüssiges Gesamtkonzept zugrunde. Lehmbruch (1991) spricht deshalb von der „*improvisierten Vereinigung*", Jacobsen (o.J.) von der „*Sturzgeburt*". Ebenso im Urteil Schwinn 1997: 48, Czada 1995c: 76, Zohlnhöfer 1999: 24 f., Jacobsen o.J.
389 Von der Einführung der D-Mark erhoffte sich die Bundesregierung die größte Symbolwirkung, um den Exodus aus der DDR zu bremsen. Denn der Übersiedlerstrom lag keineswegs in westdeutschem Interesse, schürte er doch soziale Ängste. Darüber hinaus wollte die Bundesregierung mit diesem Konzept a) die Wahlchancen ihrer Schwesterpartei im Osten verbessern, b) die Führungsrolle im Einigungsprozess – die sie nach dem Jahreswechsel erlangt hatte – zurückerobern und c) die gute internationale Stimmung nutzen, um irreversible Fakten im Einigungsprozess zu schaffen. Die ökonomischen Risiken kannte die Bundesregierung, für ihre Entscheidung waren jedoch die politischen Motive maßgeblich. Vgl. A. Busch 1991: 189, 192 f., 197 ff., Seibel 1995: 221, 223 ff., 227, Zelikow/Rice 1995: 199, 201, Schwinn 1997: 39, Grosser 1998: 177, 179, Jäger 1998: 109, 111, 116, Hoffmann 2000: 156.
390 Unter dem Leitmotiv der gleichwertigen Lebensverhältnisse galten einheitliche Sozialstandards weitgehend als politisches Selbstverständnis. Trotz kritischer Töne bestand von Beginn an kein Spielraum, die Sozialunion zurückzustellen. Ebenso blieben die Währungsumstellung sowie die Lohn- und Rentenangleichung sozialpolitisch motiviert und in der Grundtendenz wenig umstritten, auch wenn mit der Verstärkung des Transformationsschocks der Preis hierfür immens hoch war. Vgl. Tietmeyer 1994: 64, Klemm 1994: 135 f.
391 Nicht die sachlogische Argumentation war für den Kanzler vorrangig, sondern die Forderungen der Bürger im Osten sowie das, was ihm für die Wähler im Westen als vertretbar erschien. Vgl. Grosser 1998: 257.
392 Seibel 1995: 227. Die politische Vorgabe lautete demzufolge, im Zweifelsfall „*auf Sicht*" zu fahren. Vgl. Sarrazin 1994: 210.
393 Bundestag und Volkskammer als kollektive Organe spielten im Einigungsprozess vornehmlich die Rolle von Akklamationsorganen, die über die von den Regierungen von Bund, Ländern und der DDR verhandelten Verträge als Gesamttexte entschieden. Die Landtage hatten keine originäre Mitwirkungsmöglichkeit. Das Gesuch der Landtagspräsidenten, an dem informellen Konsultationen teilzunehmen, lehnten die Regierungen mit dem fadenscheinigen Hinweis auf verfassungsrechtliche Bedenken ab.

sprächen auf Ebene der Regierungschefs erzielt werden.[394] Da diese äußerst umstritten und im Einigungsvertrag zudem extrem politisiert waren,[395] konnte die Expertenebene die Vorstellungen und Lösungen der politischen Ebene letztlich nur zur Kenntnis nehmen.

Auch den später erfolgten Nachbesserungen lag keine fundierte Programmatik zugrunde. Vielmehr setzten die Akteure weiter auf kurzfristige budgetäre Anpassungslösungen. Dabei beließen sie es bei einer Kaschierung der Kosten der Einheit, indem diese auf mehrere Ebenen und Träger verteilt und über verschiedene Refinanzierungswege bestritten wurden. Im Unterschied zum Einigungsprozess wurden nun aber die neuen Länder in den Verhandlungen aktiv vertreten, zugleich verringerten sich der Zeitdruck sowie die Unsicherheiten.[396]

4.4 Bewertung unter Beachtung der politischen und fiskalischen Folgeeffekte

Wie ist angesichts dieser Befunde die Problemlösung im Einigungsprozess zu bewerten? Um dies beantworten zu können, sind abgesehen vom Politikergebnis (Output) und dessen Folgen im Politikfeld (Outcomes)[397] auch dessen finanzwirtschaftliche, staatsorganisatorische und politische Nebenwirkungen (Impacts) zu beachten. Jedoch sind diese nur bedingt identifizierbar, da es sich – gerade was die finanzwirtschaftlichen und sozioökonomischen Folgen betrifft – um keine monokausalen Erklärungen handelt, d.h. die Regelung der föderalen Finanzen stellt nur eine Teilerklärung der beobachteten Entwicklung dar. Erschwerend kommt hinzu, dass die finanzorganisatorische Integration des Beitrittsgebiets nicht vollkommen losgelöst von der Einigungspolitik betrachtet und beurteilt werden darf. Denn diese ist, wie wir gesehen haben, eng verflochten mit den wirtschafts-, finanz- und währungspolitischen Grundsatzentscheidungen zur Herstellung der staatlichen Einheit.

Allen voran ist hierbei die Währungs-, Wirtschafts- und Sozialunion samt der Währungsumstellungsmodi zu nennen. Zwar gab es innerhalb der Bundesregierung durchaus auch alternative Überlegungen, die Beschlüsse erfolgten aber allein unter politischen Motiven und ohne finanzpolitische Strategie. Die Bundesregierung war sich der sozioökonomischen Risiken zwar von Anfang an bewusst, gab sich jedoch der Wirtschaftswunderillusion hin. Unter *ökonomischen Gesichtspunkten* war dies gleichwohl ein denkbar verwerflicher Weg. Denn für die ohnehin daniederliegende DDR-Volkswirtschaft bedeutete das eine massive Währungsaufwertung.[398] Während dies für die Sparer und Rentenempfänger höchst erfreulich war, brach die Wettbewerbsfähigkeit der ostdeutschen Wirtschaft in Folge des Währungsschocks nahezu völlig zusammen. Die Exporte, die noch kurze Zeit künstlich

---

394 In der ersten Phase des Einigungsprozesses gelang es Kohl noch, unter äußerster Ausreizung der Richtlinienkompetenz und unter intensiver Inanspruchnahme des Kontaktprivilegs der Exekutiven in der Außenpolitik den Einigungsprozess bei weitestgehender Umgehung des Bundesrats und der Deutschen Bundesbank zu bestimmen und im Kanzleramt zu zentralisieren (vgl. hierzu auch Lehmbruch 1991: 587, Donner/Berlit 1992: 321, Renzsch 1997a: 56, Schwinn 1997: 39, 41, 59 ff., Jäger 1998: 117, U. Münch 2000: 60 f.). Allerdings bezog sich diese Dominanz nicht auf die Regelungen der Finanzfragen, die die Bundesregierung weder beim ersten noch beim zweiten Staatsvertrag ohne die Länder präjudizieren konnte.
395 Vgl. Schäuble 1991: 194.
396 Vgl. Czada 1995b, Schwinn 1997: 188, Altemeier 1999: 90 f. Ausführlich dazu Altemeier 1999.
397 Eingehend wird die finanzwirtschaftliche Entwicklung der Finanzbeziehungen in Kapitel 7 untersucht.
398 Der Schwarzmarktkurs lag im Frühjahr 1990 bei rd. 1:7, der von den Experten geschätzte Kurs bei rd. 1:4. Vgl. Jacobsen o.J.

aufrechterhalten werden konnten,[399] sanken ebenso dramatisch wie die Industrieproduktion[400].[401] Dies führte zu einem immensen Anstieg der Arbeitslosigkeit sowie zu einer sozialen Desillusionierung vieler ostdeutscher Bürgerinnen und Bürger. Allerdings ist die Währungsunion als „Geburtsfehler der Vereinigungspolitik"[402] nicht allein für die wirtschaftliche Misere im Osten verantwortlich.[403] Auch weitere wirtschafts- und arbeitsmarktpolitische Entscheidungen – wie das Modernisierungs- und Hochlohnparadigma[404] sowie die Privatisierungspolitik[405] – trugen zur Krise bei. In diesem Zusammenhang ist besonders das Wirken der Treuhandanstalt umstritten.[406]

In einem engen inneren Zusammenhang zu diesen in sozioökonomischer Hinsicht äußerst prekären Weichenstellungen stand die *Finanzierung des Beitrittsgebiets*, deren Lösung zu nicht minder misslichen Begleiterscheinungen führte. Auch hier lag die Crux bereits in den politischen Ausgangsprämissen. Als verheerend sollte sich dabei herausstellen, dass der veranschlagte Transferbedarf der Realität nicht annähernd entsprach. Sicherlich war die Plan- und Berechenbarkeit angesichts des unzureichenden Datenmaterials sehr diffizil, selbst zahlreiche Wirtschaftsforschungsinstitute und Wirtschaftswissenschaftler verfielen zunächst dem Wirtschaftswunder-Szenario.[407] Aus heutiger Sicht besteht aber kein Zweifel, dass die Folgekosten erheblich präziser hätten bestimmt werden können und auch wurden.[408] Doch – aus wahlkampftaktischen Motiven, aus Unwissenheit bzw. Fehleinschätzung über den Zustand der DDR[409] sowie aus naiver programmatischer Marktüber-

---

399 Um die Exporte zu subventionieren (u.a. Hermes-Bürgschaften, Festlegung eines festen Wechselkurses für den Transferrubel), wurden zusätzlich 1,53 Mrd. € bereitgestellt. Dennoch erreichten die Exporte 1991 nur noch ein Drittel des Wertes von 1990. Vgl. Jacobsen o.J.
400 Bis Ende Dezember 1990 ging die Industrieproduktion auf 46 % des Vorjahresniveaus zurück. Vgl. Seibel 1995: 228 ff.
401 Im Vergleich zu anderen osteuropäischen Volkswirtschaften konnte das Beitrittsgebiet nicht nur von immensen Finanzhilfen, sondern auch von der Glaubwürdigkeit einer soliden Währungsordnung sowie einem stabilen ordnungspolitischen Umfeld profitieren.
402 Czada 2000a: 468.
403 Zur Erklärung der problematischen gesamtwirtschaftlichen Entwicklung siehe Bohnet/Heck 1998: 31 ff.
404 Zur Modernisierungs- und Hochlohnstrategie siehe Czada 1998: 38 ff., Lehmbruch 2000a: 91 f.
405 Vgl. Seibel 1995: 228 ff.
406 Die Treuhandanstalt stand mit ihrer zentralistischen Struktur ebenso im Widerspruch zur föderativen Staatsorganisation wie mit ihrem massiven Staatsinterventionismus zur marktwirtschaftlichen Ordnung (vgl. Seibel 1995: 218, Wollmann 2001: 40). Sie stellte das „*institutionelle Kernstück der Transformationspolitik*" (Seibel 1995: 250) dar. Vorgeworfen wird ihr, keine aktive Sanierungspolitik betrieben zu haben (vgl. Nolte 1995: 82 ff.). Behindert in ihrer Arbeit wurde die Treuhand vor allem durch die politischen Konflikte mit dem Vermögensamt. Dessen Prinzip der „*Rückgabe vor Entschädigung*" konterkarierte das von der Treuhand verfolgte Ziel der „*Vorfahrtsregelung*" für Investitionen (vgl. Czada 2000a: 469 f., 485). Zur Politik der Treuhandanstalt vgl. Czada 2000a, Seibel 2002.
407 Das Frühjahrsgutachten der Wirtschaftsforschungsinstitute bestätigte die These des sich selbst finanzierenden Aufbau Osts. Vgl. Handelsblatt vom 9.4.1990: DDR-Lasten erfordern keine Steuererhöhungen. Weitere Beispiele für Fehlprognosen geben Schwinn 1997: 46 f., Grosser 1998: 366 f.
408 Nicht nur die Berechnungen von Walter Romberg, die zum Bruch der großen Koalition in Ost-Berlin führten, lagen deutlich näher am tatsächlichen Ergebnis, sondern auch die Berechnungen der EG-Kommission (vgl. Mäding 1992: 188, Czada 1995c: 76 ff.). Auch von Seiten der Wissenschaft wurden realistischere Vorhersagen vorgelegt. Siehe dazu mit Belegen Jacobsen o.J.
409 Neben der Produktion wurde vor allem die Aktivseite der DDR falsch eingeschätzt. Offenkundig wird dies am Ergebnis der Treuhandanstalt. Die Verwertung des DDR-Staatsvermögens brachte nicht den erhofften Überschuss von rd. 306 Mrd. €, sondern bis Ende 1994 einen Verlust von 130,9 Mrd. €. Zwischen Erwartung und Ergebnis klafft somit eine Lücke von rd. 435 Mrd. €. Vgl. Weltring 1997: 53 f., Grosser 1998: 366 f., Czada 2000a: 469, Lehmbruch 2002c: 47 f.

4.4 Bewertung unter Beachtung der politischen und fiskalischen Folgeeffekte

zeugung[410] – setzte die Bonner Koalition auf viel zu rosige Prognosen. Aus den bekannten und ausführlich dargelegten Gründen wurde nicht einmal versucht, den tatsächlichen Finanzbedarf zu berechnen, obwohl im Sommer 1990 sowohl die Bundesregierung als auch die Länder wussten, dass die im ersten Staatsvertrag angesetzten Transferhilfen bei weiten nicht den Erfordernissen entsprechen würden.[411] Hierin liegt der zweite Kardinalfehler des deutschen Einigungsprozesses.[412] Zum Ausdruck kommt jener nicht nur in der Höhe der veranschlagten Finanzhilfen, sondern auch in der Art der Refinanzierung. Die Leistungen des Fonds „*Deutsche Einheit*" genügten weder in der gewährten Form noch in ihrem Umfang den Bedürfnissen der neuen Länder. Damit wurde die Entscheidung über ein tragfähiges Finanzierungskonzept für Ostdeutschland faktisch ausgeblendet.[413] Zudem schoben Bund und Länder mittels der vorwiegenden Kreditfinanzierung des Fonds „*Deutsche Einheit*" die Refinanzierung in die Zukunft. Statt frühzeitig ihre Haushalte durch Ausgabenkürzungen und Privatisierungen an die veränderte Lage auszurichten und durch dosierte Steuererhöhungen den Grundstein für eine solide Einigungsfinanzierung zu legen, schonten sie zunächst sich und die westdeutschen Bürger.[414]

Dass Nachbesserungen zu Gunsten des Beitrittsgebiets notwendig sein würden, war schon im Sommer 1990 offenkundig. Nachdem die tatsächlichen sozioökonomischen Verhältnisse in Ostdeutschland bis zur Wiedervereinigung weitgehend ignoriert und keine längerfristigen Konzepte definiert wurden, musste auch die nicht erwartete, unübersichtliche Kostenexplosion beherrscht werden.[415] In „*hektischem Aktionismus*"[416] folgten deshalb etliche finanzpolitischer Einzelmaßnahmen. Allerdings gelang es der Bundesregierung –

---

410 Angesichts positiver Erfahrungen setzte die Regierung auch aus parteiprogrammatischer Grundüberzeugung auf das marktwirtschaftliche Konzept. Vgl. Schwinn 1997: 56 ff.
411 Vgl. Schäuble 1991: 182, Küsters 1998: 149 f.
412 Selbst Experten des Bundesfinanzministeriums äußern sich deshalb rückblickend selbstkritisch. So urteilt der damalige Staatssekretär Klemm, die Bewertung der Einheitskosten hätte anders erfolgen müssen. Vgl. Klemm 1994: 146 f.
413 In diesem Sinne urteilt auch Altemeier (1999: 83, 87 f.), indem er feststellt, dass die Frage der Finanzierung der deutschen Einheit de facto nicht geregelt, sondern vertagt wurde.
414 Hierbei wirkte speziell auch der Vereinigungsboom mit. Ausgelöst wurde dieser vornehmlich durch die expansiven Nachfrageimpulse der öffentlichen Hand. Bach und Vesper (2000: 200 f.) beziffern diesen für 1991 auf 2,13 % des nominalen Bruttoinlandsprodukts. Dadurch koppelte sich die deutsche Konjunktur von der weltwirtschaftlichen Talfahrt ab. Durch die steuerlichen Rückflüsse konnten die westdeutschen Haushalte gleichzeitig Mehreinnahmen verbuchen. Nachdem 1990 aufgrund der dritten Stufe der Steuerreform die öffentlichen Einnahmen um 5,9 Mrd. € einsackten, hatten die West-Länder in den Jahren 1991 (+ 10,9 %) und 1992 (+ 6,9 %) ein beachtliches einigungsbedingtes Einnahmeplus zu verzeichnen. Sie unterließen es aber, damit ihre Haushalte zu konsolidieren, stattdessen steigerten sie ihre Ausgaben. Es kann nur spekuliert werden, inwiefern hierfür Fehlanreize der Deckungsquotenberechnung nach Art. 106 III GG ursächlich waren. Immerhin brachte der nordrhein-westfälische Ministerpräsident Rau bereits bei der Besprechung der Regierungschefs von Bund und Ländern am 16.5.1990 die Befürchtung der Länder zur Sprache, dass die Kreditaufnahme und in dessen Folge die zunehmenden Zinsausgaben sowie die Einsparungen des Bundes zu ihren Lasten gehen würden (siehe das Protokoll der Besprechung des Bundeskanzlers Kohl mit den Regierungschefs der Länder (Bonn, 16. Mai 1990), abgedruckt in Küsters/Hofmann 1998: 1122 ff.). Die expansive Ausgabenpolitik könnte somit auch darin begründet sein, bei der Neufestsetzung der Umsatzsteuerverteilung Vorteile gegenüber der jeweils anderen Ebene erzielen zu wollen. Vgl. Deutsche Bundesbank 1995: 35 ff., Mäding 1995c: 108, Renzsch 1997a: 76, Bach/Vesper 2000: 220.
415 Die streuende Verteilung der Lasten ergab sich in Folge der anfänglichen Unübersichtlichkeiten sowie der Dezentralisierung und Sektoralisierung im weiteren Vereinigungsprozesses. Vgl. Lehmbruch 1991: 586 f., 596 und 1995: 185, Czada 1995c: 95, 97.
416 Sturm 1998a: 198.

auch im Kontext der parteienwettbewerblichen Brisanz[417] – nicht, eine tragfähige Strategie für ihre Finanzpolitik zu entwerfen. Statt weitsichtiger Maßnahmen wurstelte sich die Bundesregierung – dem Glauben an rosigere Zeiten fest ergeben[418] – mit kurzfristigen Anpassungsänderungen durch. Zwar blieb sie im Grundsatz ihrer angebotsorientierten Linie treu, de facto hantierte sie eher unmotiviert an den diversen Refinanzierungsstellschrauben.[419] Gleichfalls eruptierte die *Staatsverschuldung*. Dies vermittelt uns ein Blick auf die jährliche Veränderung der Gesamtverschuldung der öffentlichen Haushalte (Abbildung 3). Nach der Konsolidierungsphase in den 80er Jahren, in der das jährliche Wachstum auf Werte um 6 % (1984-88) und 1989 sogar auf 2,9 % gesenkt werden konnte, kletterte die jährliche Veränderungsrate von 1990 bis 1993 wieder auf Werte von über 10 %. Mit der Abkopplung des Schuldenanstiegs von der Entwicklung des Bruttoinlandsprodukts sowie der kassenmäßigen Steuereinnahmen von 1992 bis 1994 löste dies eine Krise der öffentlichen Haushalte aus.

Abbildung 3: Staatsverschuldung, Steuereinnahmen, nominales BIP 1980 bis 1994

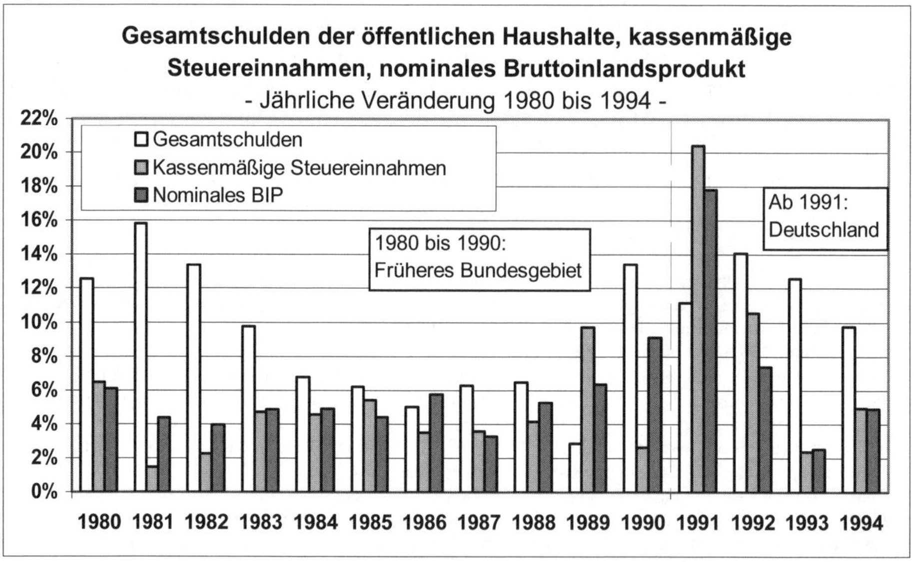

Quelle: Eigene Berechnungen nach StatBA FS 14 R. 5 2001, SVR 2003

Betrug die öffentliche Verschuldung bis Ende 1989 eine knappe halbe Billion Euro (0,473 Bill. €), erreichte sie Ende 1995 bereits mehr als das Doppelte (1,009 Bill. €). Die einigungsbedingten Finanzierungsbeiträge wickelte Bonn nicht nur über den Bundeshaushalt,

---

417 Sowohl die kabinettsinternen Kompromisse als auch die Kompromisse mit dem Bundesrat, in dem die Bundesregierung seit April 1991 über keine eigene Mehrheit verfügte, lösten eine Verwässerung finanzpolitischer Maßnahmen aus. Vgl. Zohlnhöfer 1999: 24 f.
418 Entsprechend wagemutig fielen abermalig die Prognosen der Regierung aus. Vgl. Zohlnhöfer 1999: 29.
419 Neben etlichen Steuer- und Sozialabgabenerhöhungen senkte die Bundesregierung auch ihre Ausgaben. Abgabenerhöhungen und die Ausweitung der Staatsverschuldung widersprechen prinzipiell dem Ziel einer angebotsorientierten Wirtschafts- und Finanzpolitik. Angesichts ihrer programmatischen Grundüberzeugung fiel es dem Bundeskabinett sichtlich schwer, sich auf die strukturellen Besonderheiten der Wiedervereinigung einzulassen und mit einem schlüssigen Konzept zu reagieren.

4.4 Bewertung unter Beachtung der politischen und fiskalischen Folgeeffekte 161

sondern auch über als Sondervermögen des Bundes geführte Nebenhaushalte ab (siehe Anlage 2). Neben dem Fonds „*Deutsche Einheit*" erfolgte dies speziell über den Kreditabwicklungsfonds[420], den Entschädigungsfonds[421] und das ERP-Sondervermögen[422].[423] Für die Regierung Kohl ermöglichte diese „*Flucht aus dem Budget*" die Umgehung der Verschuldungsgrenzen des Art. 115 I S. 2 GG.[424] Überdies diente es auch der Verschleierung des Finanzierungsdilemmas vor den Wählern, war der Bund doch als zentralstaatliche Instanz der Hauptfinancier der Finanztransaktionen gen Osten. Allerdings ging der exorbitante Anstieg der Staatsverschuldung auch auf die Kreditaufnahmen der Länder und Gemeinden zurück. Angesichts der unzureichenden Finanzausstattung näherte sich dabei die Pro-Kopf-Verschuldung der ostdeutschen Gebietskörperschaften bald an das Niveau Westdeutschlands an.[425] Zweifelsohne rechtfertigte die deutsche Einheit als „*Jahrhundertereignis*" die Verteilung der Lasten über mehrere Generationen, vermehrt sich mit den öffentlichen Investitionen gleichfalls das staatliche Anlagevermögen.[426] Dennoch überreizten die Akteure dieses Refinanzierungsinstrument derart, dass der Schuldendienst die finanzpolitischen Handlungsspielräume bis heute massiv einschränkt.[427] Die zur Haushaltskonsolidierung notwendigen Ausgabenkürzungen gingen vor allem auf Kosten kurzfristig steuerbarer Bereiche wie der Investitionen, der Forschung und Entwicklung und damit vornehmlich zu Lasten der zukünftigen Daseinsvorsorge.[428] Zudem entsprangen der Finanzierungspolitik negative geld-, währungs-, fiskal- und außenwirtschaftlichen Folgen.[429] Nicht besser fällt die Bilanz bei einem Blick auf die Entwicklung der Staatsquote aus. Seit 1991 wurde wiederholt an der Abgabenschraube gedreht, die zu Beeinträchtigungen der Standortqualität

---

420 In diesem wurden die DDR-Altschulden sowie die Verbindlichkeiten der Währungsunion anfallenden erfasst.
421 Zur Entschädigung für die in der DDR enteigneten Vermögenswerte.
422 Zur Finanzierung von Fördermaßnahmen für die ostdeutsche Wirtschaft wurde die Kreditaufnahme dieses Sondervermögens erweitert.
423 Vgl. Bach/Vesper 2000: 218 f.
424 Mit dem Sondervermögen wurde die Verfassungskonformität des Bundeshaushalts gesichert, denn andernfalls hätte die Neuverschuldung 1990, 1991 und 1993 rechtswidrig (Art. 115 I GG) über den Investitionen gelegen. Vgl. Andersen 1992b: 231, Wissenschaftlicher Beirat beim BMF 1992: 30, Schultze 1993: 235, Weltring 1997: 58 f., Grosser 1998: 372, Zohlnhöfer 1999: 26 f.
425 Trotzdem sie 1990 ohne Verschuldung gestartet waren, erreichten die ostdeutschen Flächenländer Ende 1994 schon 82 % des Pro-Kopf-Verschuldungsniveaus der finanzstarken westdeutschen Flächenländer (BW,BY, HE, NI) bzw. 63 % des durchschnittlichen Werts der finanzschwachen Länder Niedersachsen, Rheinland-Pfalz und Schleswig-Holstein.
426 Vgl. Bach/Vesper 2000: 220 f.
427 Erstmals offenkundig wurde dies in der Stabilisierungsrezession 1993, als die finanziellen Ressourcen fehlten, um der Wirtschaftskrise gegenzusteuern. Vgl. Seibel 1995: 246, Bach/Vesper 2000: 220.
428 Vgl. Wachendorfer-Schmidt 2000a: 124.
429 Die Zinsbelastung traf nicht nur unmittelbar die öffentlichen Haushalte (steigende Zinsausgaben), die Zinssatzerhöhungen führten ferner zur Verteuerung privater Investitionen. Damit wurden zinssensible Privatinvestitionen ausgebootet. Zugleich manifestierten die Zinserhöhungen die Überbewertung des britischen Pfunds und der italienischen Lira im Europäischen Währungssystem. Bereits im Februar 1990 meldeten beide Länder ihre Bedenken an (vgl. Handelsblatt vom 26.2.1990: Ausland prophezeit große Risiken für die D-Mark). Nachdem sich die übrigen EWS-Länder zu Stützungskäufen genötigt sahen, löste dies Spekulationswellen an den Devisenbörsen aus. Die Devisenhändler verscherbelten beide Währungen im Wissen um die währungspolitischen Verpflichtungen der EWS-Mitgliedsländer. Mit dem Austritt Italiens und Großbritanniens aus dem EWS am 17.9.1992 stand dieses faktisch vor dem Aus. Indes war diese Entwicklung nicht nur für die Nachbarstaaten problematisch (der französische Ministerpräsident Bérégovoy mokierte sich, ganz Europa müsse die deutsche Einheit mit Arbeitslosigkeit bezahlen), sondern sie zeitigte auch Nachteile für die Bundesrepublik. Indem die mit den Zinssteigerungen angelockten Kapitalimporte in Deutschland zunahmen, stieg der Wert der D-Mark. Importe und Reisen wurden damit zwar billiger, allerdings verteuerte dies die Exporte, weshalb diese einbrachen. Vgl. Czada 1995c: 83, Renzsch 1997a: 73, 109 f., Zohlnhöfer 2001: 1555 f.

sowie der Wirtschaftstätigkeit führten.[430] Arbeitsmarktpolitisch besonders folgenschwer wirkten sich die mehrfach gestiegenen Sozialversicherungsbeiträge aus.[431] Gleichzeitig zeigte die Förderung privater Investitionen angesichts des Förderdschungels, der mangelnden Koordinierung der Fördergelder sowie der Mitnahmeeffekte und Kapitalfehllenkungen nicht die erhoffte Wirkung.[432]

Im Kontext der Unsicherheiten über den Zustand und die Entwicklung der sozioökonomischen Verfassung Ostdeutschlands, die Verflechtung und Dezentralisierung politischer Entscheidungen sowie die Sektoralisierung ergab sich eine eher konzeptionslose *Verteilung der Beitrittskosten* auf verschiedene Ebenen und Träger.[433] Damit wurden die Bürger und Unternehmer zwar in verschiedenen Bereichen gleichzeitig belastet, gleichwohl aber die wahren Kosten der Einheit kaschiert. Für die politischen Verantwortungsträger war dies der einfachste Weg, um die immensen Finanzierungsmittel kurzfristig zu mobilisieren.[434] Als außerordentlich problematisch ist die damit verbundene gesellschaftliche Lastenverteilung zu bewerten. Besonders beansprucht wurden mit der intertemporalen Kostenverlagerung die zukünftigen Generationen sowie die Beitragszahler durch die Abgabenerhöhungen. Schließlich gingen die Ausgabenreduzierungen der öffentlichen Haushalte nicht allein zu Lasten wichtiger Zukunftsaufgaben, sondern sie trafen durch Leistungskürzungen vornehmlich die Empfänger staatlicher Transferzahlungen.[435]

In Anbetracht der prekären ökonomischen, finanzwirtschaftlichen und sozialen Folgewirkungen fällt die *Bewertung der Finanzpolitik* in den frühen 90er Jahren in der Literatur niederschmetternd aus. Die Kritik wurde dabei sowohl unter neoklassischer und monetaristischer (steigende Staatsquote) als auch unter neokeynesianischer Perspektive (kein konsistentes Steuerungsprogramm) geäußert.[436] Sicherlich können viele Argumente angeführt werden, die dieses Urteil abmildern: Es gab keine historischen Vorbilder; es herrschte ein immenser Zeitdruck bei gleichzeitig beachtlichen Ungewissheiten; selbst viele Wissenschaftler täuschten sich; die Entscheidungen mussten in der Regel, sei es koalitionsintern, sei es mit dem Bundesrat, in komplizierten Verhandlungsprozessen abgestimmt werden. Diese Gründe können erklären und das Urteil des politischen Handelns relativieren, die materiellen Ergebnisse verbessern sie indes nicht.

---

430 Vgl. Sturm 1998a: 198 f., Wachendorfer-Schmidt 2000a: 124, Jacobsen o.J.
431 Zwar wurde der Rentenversicherungsbeitrag im April 1991 noch von 18,7 % auf 17,7 % gesenkt, in den folgenden Jahren wuchs der Beitrag aber sukzessive bis zum Regierungswechsel 1998 auf 20,3 % an. Die Abgaben für die Arbeitslosenversicherung erhöhten sich schon im April 1991 von 4,3 % auf 6,8 % (ab Januar 1993: 6,5 %). Damit verteuerte sich der Produktionsfaktor Arbeit, weshalb die Grenzanreize für Erwerbstätigkeit abnahmen. Dies provozierte die Flucht in die Schattenwirtschaft oder in besondere Beschäftigungsverhältnisse (Scheinselbstständigkeit, 630 DM-Jobs, heute: Mini-Jobs). Dazu Bach/Vesper 2000: 215 ff., Zohlnhöfer 2001: 1553 f.
432 Abgesehen von der Gemeinschaftsaufgabe zur Förderung der regionalen Wirtschaftsstruktur (Höchstfördersatz hierbei 23 %) konzentrierte sich die Investitionsförderungspolitik hauptsächlich auf steuerliche Anreize. Neben der allgemeinen Investitionszulage (anfangs 12 %, ab 1992 8 %, sowie von Mitte 1994 bis Ende 1997 5 %) konnten Sonderabschreibungen (50 % der Anschaffungs- und Herstellungskosten) getätigt werden. Ein Kurswechsel wurde in Anbetracht der genannten Probleme Ende der 90er Jahre eingeleitet. Statt der Breitenförderung setzt die Politik nun auf selektive Förderprogramme. Vgl. Bach/Vesper 2000: 213 f.
433 Vgl. Lehmbruch 1991: 586 f., 596, 1995: 185, Czada 1995c: 95, 97.
434 Vgl. Schwinn 1994: 188.
435 Vgl. Gottfried/Wiegard 1991: 461, Weltring 1997: 240, Renzsch 1998a: 84, Bach/Vesper 2000: 218, V. Busch 2002: 175 f., Wachendorfer-Schmidt 2003: 114, Jacobsen o.J.
436 Vgl. SVR 1991: 183, 1992: 141, 1996: 122, 1997: 110, Schwinn 1997: 152, Sturm 1998a: 198 ff., Zohlnhöfer 1999: 24 ff., Bach/Vesper 2000: 222, Wachendorfer-Schmidt 2000a: 124.

4.4 Bewertung unter Beachtung der politischen und fiskalischen Folgeeffekte

Das Angebot der Währungsunion stellt zweifelsohne die bedeutendste Initiative der Bundesregierung im Einigungsprozess dar, die den Weg zur deutschen Einheit in festen Bahnen ebnete.[437] Retrospektiv wurde sie deshalb zwar oft als der ökonomisch falsche, aber politisch einzig realisierbare Weg beschrieben.[438] Allerdings muss dieser These widersprochen werden, weil sämtliche Überlegungen über alternative Handlungsszenarien auch im Nachhinein ins Spekulative abdriften müssen. Hoffmann ist deshalb in seiner Bemerkung zuzustimmen, dass dies „*bei Lichte besehen, (...) der verständliche Versuch (ist), eine schwierige politische Entscheidung mit unerwartet schlechtem Ausgang im Nachhinein als unvermeidlich darzustellen.*"[439] Gleichwohl wären angesichts der komplexen Bedingungen alternative Strategien ebenso mit massiven Problemen und Tücken behaftet gewesen. Einen Masterplan für diese Aufgabe gab es sicherlich nicht. Fehler, soviel steht wohl unbestritten fest, waren unabwendbar. Die Frage, ob mit anderen währungs-, wirtschafts- und finanzpolitischen Weichenstellungen die politischen Ziele mit weniger verheerenden sozioökonomischen Folgen zu erreichen gewesen wäre, bleibt damit spekulativ. Dass es der Bundesregierung aber nicht gelang, Herrin der negativen Begleiterscheinungen des Experiments Währungsunion zu werden, trug mit zu ihrer Wahlniederlage 1998 bei.[440]

Vor diesem Horizont stellt sich die Frage, welche *politischen Folgewirkungen* die Interimsregelung hatte. Dabei ist zu prüfen, ob eine positive politische Handlungsbilanz die Defizite der ökonomischen Betrachtung kompensiert. Der finanzwirtschaftlichen Kritik lässt sich entgegenstellen, dass die Hauptziele, die friedliche Herstellung der deutschen Einheit, innen- wie außenpolitisch erreicht wurden, ohne die Kontinuität und Stabilität des politischen Systems zu gefährden. Jenseits dieser historischen Leistung bleibt zu klären, welche Effekte die politischen Entscheidungen für die bundesstaatliche Ordnung im Allgemeinen und die Finanzbeziehungen im Besonderen hatten. In einer kurzfristigen, unmittelbar auf den Einigungsprozess bezogenen Betrachtung fällt die Bewertung relativ einfach: Die Länder konnten ihren verfassungsrechtlich starken Einfluss geltend machen und ihre finanziellen Interessen weitgehend durchsetzen.[441] Selbst wenn ihr Finanzierungsbeitrag für damalige Verhältnisse zunächst relativ hoch anmutete und ihre freiwilligen Personal- und Verwaltungshilfen im Zuge der Patenschaftsprogramme[442] für die neuen Länder nicht unterschätzt werden dürfen, sind sie zunächst noch relativ glimpflich davongekommen.[443] Das erzielte Ergebnis entsprach ebenfalls den Vorstellungen der Bonner Regierung, bestimmte sie alle elementaren Weichenstellungen im Einigungsprozess und erreichte somit ihre Primärziele, die deutsche Einheit und die Wiederwahl. Finanziell kam ihr die Lastenbegren-

---

437 Vgl. Grosser 1998: 150.
438 Vgl. Grosser 1998: 502 f., Hoffmann 2000: 161.
439 Hoffmann (2000: 161) weiter: „*Jede Rekonstruktion von Alternativen einer historischen Entwicklung ist problematisch. Das Zusammenwirken der verschiedenen gesellschaftlichen Kräfte ist so komplex, dass selbst Ex-post-Prognosen mit großen Unsicherheiten behaftet sind. Insofern kann niemand das Recht für sich beanspruchen, zuverlässig beurteilen zu können, was bei einer anderen Entscheidung über den Weg der deutschen Vereinigung tatsächlich geschehen wäre. Dennoch ist unübersehbar, dass die Entscheidung für die rasche Währungsunion eine Entscheidung wider die ökonomische Vernunft war.*"
440 Mit der anhaltenden finanzpolitischen Krise nahm die Glaubwürdigkeit der Bundesregierung ab. Dies brachte ihr Reputationsverluste ein, da ihr immer stärker die Problemlösungskompetenz abgesprochen wurde. Vgl. Schwinn 1997: 153 f., Zohlnhöfer 1999: 24 ff.
441 Vgl. Grosser 1998: 369 f., Zohlnhöfer 1999: 13.
442 Zu den Patenschaftsprogrammen vgl. Engel 1991: 176 f., Renzsch 1997a: 81.
443 Eine sofortige Integration des Beitrittsgebiets in den regelgebundenen Finanzausgleich wäre für die westdeutschen Länder deutlich teurer gewesen. Hauptprofiteure waren dabei die finanzstarken Länder. Vgl. Lenk/Birke 2000: 729, V. Busch 2002: 174.

zungsstrategie der Länder entgegen. Dass sie dabei hauptsächlich die budgetären Risiken trug, konnte sie angesichts der umfassenderen Refinanzierungspotenziale des Bundes verkraften. Zumindest in fiskalischer Hinsicht weniger erfreulich war der Finanzierungskompromiss für die Ost-Länder. Wie Romberg bereits im Sommer 1990 zu Recht unkte, hatten sie erhebliche Mühe, das im Einigungsprozess verlorene Terrain wieder gutzumachen.[444]

Aus dem „Zwei-Klassen-System" der Finanzordnung resultierte zumindest vorübergehend eine *Belastung für die bundesstaatliche Ordnung*. Zwar blieb der budgetäre Nachbesserungsbedarf stets unbestritten, nachdem die Korrekturen jeweils nur als kurzfristige Anpassungsleistungen erfolgten, mussten die neuen Länder wiederholt als Bittsteller auftreten.[445] Dass dies materiell in mehrfacher Hinsicht heikel war, haben wir bereits gesehen. Überdies überzeugt der Ausschluss Ostdeutschlands vom regelgebundenen Finanzausgleich auch unter staatsorganisatorischen Gesichtspunkten nicht, verstieß dies offenkundig gegen das föderale Gleichbehandlungsgebot. Kontrovers diskutierten die Staatsrechtslehrer die Frage, inwiefern die vorübergehende Ausnahme den grundgesetzlichen Bestimmungen entsprach.[446] Zu dieser verfassungsrechtlichen Problematik kam hinzu, dass die neuen Länder zur Verbesserung ihrer finanziellen Ressourcenausstattung besonders der Unterstützung des Bundes bedurften.[447] Zwar erfolgten keine institutionellen Änderungen der föderalen Kräfteverteilung, faktisch bedeutete dieses Abhängigkeitsverhältnis– zumindest bezogen auf das Beitrittsgebiet – eine gewisse Machtverschiebung zu Gunsten des Bundes.[448] Denn mit seinen mannigfachen wirtschaftspolitischen, infrastrukturellen und kulturellen Interventionen sicherte sich der Bund einen realen Kompetenz- und Einflusszuwachs.[449] Noch verschärft wurde dieser durch die zentralistischen Strukturen der Treuhandanstalt[450] und der Gauck-Behörde.[451] In Anbetracht dieser Befunde ist die Übergangslösung ebenfalls unter föderalismustheoretischen Überlegungen zu beanstanden. Kein besseres Urteil erlaubt eine *demokratietheoretische Betrachtung*: Der gesamte Einigungsprozess war zuvorderst eine

---

444 Vgl. Dästner 1998: 36 f.
445 Dennoch hatten sie eine deutlich bessere Stellung als die DDR-Regierung, die nach in Kraft treten der Währungsunion finanzpolitisch in die „*Mündelrolle*" verfiel. Vgl. Sarrazin 1994: 210.
446 Vgl. z.B. Koritoh 1991: 1054, Selmer 1991: 195 ff., Wendt 1991: 217 ff., Carl 1995: 138 f.
447 Zum einen war der Bund – angesichts der größeren Refinanzierungspotenziale sowie seiner gesamtstaatlichen Verantwortung – materiell freizügiger als die westdeutschen Länder. Zum anderen benötigten sie den Bund als Paten, um ihre Interessen mit dessen hegemonialer Stellung bei den föderalen Nachverhandlungsprozessen durchzusetzen. Vgl. Schultze 1993: 235, Lehmbruch 1998: 133.
448 Die anfängliche Zentralisierung reduzierte sich bereits bei den Verhandlungen zum Einigungsvertrag wieder, so dass sich weder aus den Verfassungsänderungen noch aus den Entscheidungsprozessen eine dauerhafte Änderung des Bund-Länder-Gleichgewichts ableitete. Die Frühphase blieb daher eine Ausnahme. Lehmbruch (1991, 1995, 1999b, 2000a) beschreibt die Phasen der Einigungspolitik wie folgt: In der ersten hochgradig zentralisierten Phase reizte der Bundeskanzler seine institutionellen und prozessualen Machtressourcen auf das Äußerste aus, um die Weichen für eine schnellstmögliche Vollendung der deutschen Einheit irreversibel sicherzustellen. In der zweiten, von Dezentralisierung und Sektoralisierung gekennzeichneten Phase wurden die Probleme entsprechend der tradierten Konfliktlösungsmechanismen differenziert. Hier strebte der Bund unter machtpolitischem Kalkül danach, seinen Einfluss zu mehren.
449 Damit griff der Bund in zahlreiche originäre Länderkompetenzen ein. Vgl. J.J. Hesse/Renzsch 1991: 35, Benz 1993: 457 ff., Renzsch 1994: 118 f., U. Münch 1997: 170 ff., 2000: 61.
450 Aufgrund der Regelungen nach Art. 25 EVertr konnte der Bund über die zentral verwaltete Treuhandanstalt, welche die zentrale Schnittstelle zwischen Markt und Staat darstellte, die Modernisierung der ostdeutschen Wirtschaft steuern. Die zentripetale Konstruktion des Treuhand-Regimes widersprach jedoch den Grundprinzipien der bundesstaatlichen Ordnung. Relativierend ist aus heutiger Sicht allenfalls anzuführen, dass sich die Zentralisierungstendenzen sukzessive abschwächten. Vgl. Lehmbruch 1991: 596 f., 1998: 133, Seibel 1995: 218, Wollmann 2001: 40, Oschmann/Raab 2002: 471 f.
451 Vgl. Wachendorfer-Schmidt 2000a: 121 f.

4.4 Bewertung unter Beachtung der politischen und fiskalischen Folgeeffekte

Veranstaltung der Exekutiven. Deren Hintergrund waren a) die bekannte institutionelle Konfiguration des Bundesstaates mit ihrer Fokussierung auf die Regierungen, b) der parlamentarische Dualismus zwischen Regierung/Regierungsmehrheit und Opposition, der angesichts der funktionalen Parlamentskultur der Bundesrepublik den Regierungen ein herausragendes Gewicht einräumt, und c) das Kontaktprivileg der Bundesregierung in der Außenpolitik. Auch auf eine direktdemokratische Beteiligung der Bevölkerung, die über den Weg einer neuen Verfassung nach Art. 146 GG möglich gewesen wäre, verzichtete die christlich-liberale Koalition unter funktionalen wie interessengeleiteten Motiven frühzeitig.

Damit war die Chance auf eine institutionelle Neuausrichtung des deutschen Bundesstaats dahin. Der seit 1871 beschrittene Pfad wurde mit einer beachtlichen Kontinuität fortgesetzt.[452] Zugleich schränkte dies die Bandbreite für Korrekturen innerhalb des Systems ein. Dies gilt ganz besonders auch für den Finanzausgleich, steht jener doch in einem inhärenten Zusammenhang zum föderativen Staatsaufbau. Wie ist deshalb die bundesstaatliche Ordnung im Hinblick auf seine *Problemlösungskapazität* zu bewerten? Pessimistisch im Sinne von: Selbst der Einigungsschock schaffte es nicht, eine grundlegende Reform auszulösen? Oder eher optimistisch: Trotz aller Defizite gelang es – wenn auch mit zahlreichen negativen Begleiterscheinung – die „*Übernahme*"[453] der DDR durch die Bundesrepublik stabil und friedlich zu regeln? Die Antwort liegt einerseits in der grundlegenden Wertschätzung des Betrachters für die Leistungsfähigkeit und Maßstäbe des etablierten Systems. Andererseits kann darüber hinaus festgestellt werden, dass eine Fundamentalreform die Verhandlungssysteme überfordert hätte und zugleich – zumindest unter demokratietheoretischen Aspekten – nicht als fair zu bezeichnen wäre, da die Bürgerinnen und Bürger der beitretenden Länder nicht angemessen und gleichberechtigt vertreten worden wären. Langfristig allerdings – das werden die weiteren Fallstudien noch zeigen – resultierte aus der Wiedervereinigung gleichwohl ein Anpassungsbedarf.

Daher kann der Politik das Ausbleiben einer Fundamentalreform nicht per se als mangelnde Problemlösungskompetenz vorgeworfen werden. Relativiert werden muss die umfassende Detailkritik überdies bei einem Blick auf die Leistungen, die mit dem gewählten Weg erzielt wurden und die sich keineswegs allein auf das exzellente Gelingen des Mammutprojekts deutsche Einheit bezogen. Mit dem politisch akzeptierten Provisorium konnte eine fatale „*föderale Zerreißprobe*"[454] zwischen den alten und neuen Ländern vermieden werden. Ferner zeichnete sich die Lösung durch Kalkulierbarkeit, Transparenz und Pragmatismus aus. Noch relevanter als dies war der Beweis, dass das föderal verflochtene Verhandlungssystem durchaus in der Lage ist, ebenso rasch wie flexibel zu reagieren, selbst wenn dabei in erheblichen Umfang materielle Umverteilungen geleistet werden müssen. Zwar gelang die finanzpolitische Bewältigung der deutschen Einheit nur mit iterativen Anpassungen, im Großen und Ganzen funktionierte das improvisiert Übergangskonzept einigermaßen. Allein das schien den Akteuren angesichts der Unberechenbarkeiten des Einigungsschocks als elementar. Im Hinblick auf die komplexe Herausforderung kann man diese Grundhaltung nachsehen oder zumindest verstehen. Denn eine faire, allseits politisch akzeptierte und problemangemessene Neuordnung der regelgebundenen Finanzbeziehungen wäre vor dem Hintergrund des Handlungsdrucks wahrlich nur sehr schwer realisierbar

---
452 Vgl. Lehmbruch 2002a.
453 Zelikow/Rice 1995: 284.
454 Franke 1991: 539.

gewesen.[455] In diesem Sinne hatte ein provisorischer Ausgleich immerhin zwei Vorteile: Einerseits verfügten die Verantwortungsträger am Ende des Übergangszeitraums über fundiertere Erkenntnisse der finanzwirtschaftlichen Auswirkungen der deutschen Einheit und andererseits konnten die neuen Länder gleichberechtigt über das Finanzsystem des vereinten Deutschlands mitentscheiden.

Ziehen wir eine *Gesamtbilanz*, so werden die berechtigten sachlichen Vorwürfe konterkariert durch die politischen Verdienste der Einigungspolitik. Da diese nicht in einer wohlfahrtsökonomischen Restriktionsanalyse gegeneinander aufgerechnet werden können, muss die politisch-administrative Bewältigung der finanzpolitischen Herausforderungen der deutschen Einheit ambivalent bewertet werden. Die politischen Akteure haben ihre Primärziele erreicht. Diese richteten sich allerdings nicht auf die Optimierung des föderalen Finanzsystems, sondern auf die pragmatische Integration des Beitrittsgebiets in die Finanzordnung unter den Motiven der Lastenbegrenzung und Kalkulierbarkeit. Im Detail stellte die im Einigungsprozess vereinbarte „*Notunterkunft*"[456] ein in vielerlei Hinsicht unbefriedigendes Finanzierungskonzept dar, dessen politische und materielle Folgekosten ausgesprochen teuer waren. Die Regelung muss damit als die Achillesferse der Einigungspolitik bezeichnet werden. Vor dem Hintergrund der komplizierten Rahmenbedingungen war sie unter Berücksichtigung der materiellen Nachbesserungen befristet akzeptierbar. Als gelungene Lösung kann sie nicht bezeichnet werden. Die weiteren Fallstudien werden uns zeigen, welche langfristigen Auswirkungen die Einigungspolitik hatte. Im Zentrum stehen dabei zwei Fragen. *Erstens*: Wie verliefen die Verhandlungsprozesse, um die ostdeutschen Länder ab 1995 in den regelgebundenen Finanzausgleich zu integrieren? *Zweitens*: Wurden die Schwächen der Übergangsregelung behoben und ein tragfähigeres Konzept zur Finanzierung des Beitrittsgebietes etabliert?

---

455 Vgl. Scharpf 1990b: 14 f., Boldt 1991: 42, J.J. Hesse 1993: 442.
456 Lehmbruch 1991: 589.

5 Solidarpakt I: Neuordnung des Finanzausgleichs

5.1 Problemstellung und Rahmenbedingungen

Nachdem den Ost-Ländern im Einigungsprozess ein bundeseinheitliches Finanzausgleichssystem noch verwehrt wurde, blieb dessen Schaffung nach der staatlichen Einheit auf der politischen Agenda. Da Art. 7 III EVertr die Übergangslösung bis zum 31.12.1994 terminierte, bestand für diese Aufgaben ein enger Zeitrahmen.[1] Mit der Entscheidung des Bundesverfassungsgerichts vom 27.5.1992 verstärkte sich der rechtliche Druck zur Neuordnung der Finanzbeziehungen weiter. In ihrer Entscheidung forderten die Karlsruher Richter die Korrektur einzelner Bestimmungen, einen Nachteilsausgleich für die Länder Bremen und Nordrhein-Westfalen sowie unverzügliche Hilfsleistungen für die in eine Haushaltsnotlage geratenen Länder Bremen und Saarland.[2] Indes bestand nicht nur ein verfassungsrechtlicher und verfassungsgerichtlicher Auftrag, angesichts der unliebsamen binnen- und außenwirtschaftlichen Nebenwirkungen drängten auch die *sozioökonomischen Rahmenbedingungen* zur Beendigung der Interimsregelung, da der Konjunkturmotor bald zu stottern begann. Auf den kurzlebigen Vereinigungsboom in Westdeutschland, der nur bis zum Frühjahr 1992 anhielt, folgte schließlich 1993 die erste konjunkturelle Krise im vereinten Deutschland. Unterdessen blieb das ersehnte Wirtschaftswunder in Ostdeutschland aus. Zwar entwickelten sich die Wachstumsraten im Beitrittsgebiet dynamischer,[3] jedoch vollzog sich die Annäherung an den Westen erheblich langsamer als erhofft.[4] Damit lag auch die originäre Steuerkraft dieser Länder massiv unter dem Westniveau. Für 1995 prognostizierten die Finanzexperten, dass die originären Pro-Kopf-Steuereinnahmen im Beitrittsgebiet nur rund 50 % des Wertes der westdeutschen Länder erreichen würde.[5] Wie sich bereits mit den

---

[1] Nach Art. 143 II GG hätte der Interimszeitraum um ein Jahr, d.h. bis zum 31.12.1995, verlängert werden können. Diese Option wurde jedoch nie ernsthaft in Erwägung gezogen.

[2] BVerfGE 86, 148. Das Gericht beanstandete u.a. die Ländersteuergarantieklauseln des § 10 III FAG. Da nach Auffassung der Richter der Nachteilsausgleich für Bremen und Nordrhein-Westfalen für die Jahre 1983 bis 1986 zu niedrig ausgefallen war (gem. BVerfGE 72: 330 vom 24.6.1986), sprach es diesen Ländern einen weiteren Nachteilsausgleich zu. Ferner sah Karlsruhe eine Benachteiligung Bremens bei den Sonderbedarfsbundesergänzungen für die Kosten politischer Führung in den Jahren 1987 bis 1991. Überdies stellte das Gericht einen weiteren Nachteilsanspruch für Bremen fest. Am weitesten reichte die Rechtssprechung bezüglich der *extremen Haushaltsnotlage* eines Gliedes. Nach der Gerichtsentscheidung erfährt das bundesstaatliche Prinzip „*seine Konkretisierung in der Pflicht aller anderen Glieder der bundesstaatlichen Gemeinschaft, dem betroffenen Glied mit dem Ziel der haushaltswirtschaftlichen Stabilisierung auf der Grundlage konzeptionell aufeinander abgestimmter Maßnahmen Hilfe zu leisten*". Für Bremen und das Saarland stellte Karlsruhe diesen Hilfsanspruch fest. Für seine Begründung nahm sich das Gericht viel Raum. Mit 179 Seiten handelte es sich um die zweitlängste Entscheidung nach dem KPD-Verbot von 1956.

[3] Hatte das reale Pro-Kopf-Bruttoinlandsprodukt im früheren Bundesgebiet (ohne Berlin) 1992 noch einen marginalen Zuwachs von 0,4 % gegenüber dem Vorjahr, betrug die jährliche Veränderungsrate im Folgejahr -3,6 %. In den fünf neuen Ländern lagen indes die realen Steigerungsraten bei 9,1 % (1992) bzw. 12, 5 % (1993). Vgl. StatLÄ R. 1 B. 5.

[4] Die reale Wirtschaftskraft der fünf neuen Bundesländer lag mit 40 % (1991), 44 % (1992) und 51 % (1993) noch weit hinter dem Westniveau (ohne Berlin) zurück. Vgl. StatLÄ R. 1 B. 5.

[5] Vgl. Altemeier 1999: 154.

finanziellen Nachbesserungen des Fonds „*Deutsche Einheit*" abzeichnete, mussten daher auch zukünftig die ostdeutschen Gebietskörperschaften massiv subventioniert werden.[6] In Anbetracht der immensen Finanzierungssalden der ostdeutschen Haushalte galt es vielmehr sogar, die Transferleistungen aufzustocken. Denn angesichts des hinkenden Aufholprozesses war absehbar, dass sowohl die Abfederung der sozialen Folgekosten der Transformation als auch die volkswirtschaftliche Modernisierung weiterhin viel Geld verschlingen würde.[7]

Doch nicht nur die Finanzausstattung der Ost-Länder musste dringend verbessert werden, auch die Konsolidierung der öffentlichen Haushalte des Bundes und der westdeutschen Gebietskörperschaften war von eminenter Wichtigkeit. Besonders brisant stellte sich die ausufernde Staatsverschuldung dar.[8] Diese ging nicht allein auf die Besorgnis erregende Entwicklung der staatlichen Haushalte zurück, sondern auch auf die prekäre Verfassung der einigungsbedingten Sonderrechnungen des Bundes.[9] Der Stand der Verbindlichkeiten dieser Schattenhaushalte summierte sich bis Ende 1994 auf mehr als 200 Mrd. €.[10] Die überbordenden Defizitraten der öffentlichen Haushalte bargen zwei akute Probleme: *Einerseits* engten die anschwellenden Zinsquoten den Handlungsspielraum der öffentlichen Kassen erheblich ein. *Andererseits* wurde damit die Konjunkturkrise zum Teil selbst verschuldet.[11] Denn die exorbitante Kreditaufnahme der öffentlichen Haushalte rief ebenso eine Hochzinspolitik hervor wie der Inflationsdruck, der sowohl aus dem von der Währungsumstellung bedingten Kaufkraftüberhang im Osten als auch durch die damit in Verbindung stehende Vereinigungskonjunktur ausgelöst wurde. Die Misere bestand nun darin, dass das hohe Zinsniveau genauso Gift für die rezessive Wirtschaft war wie für die öffentlichen Kassen.[12] Die erforderlichen Zinssenkungen knüpfte die Bundesbank an eine Reduzierung der Nettoneuverschuldung samt Sanierung der Staatsfinanzen.[13] Um weitere unheilvolle

---

6 Die regelmäßigen budgetären Nachbesserungen des Fonds „*Deutsche Einheit*" indizierten bereits den hohen Finanzbedarf sowie die Insuffizienz des bestehenden Regelwerks. Siehe dazu Kapitel 4.4, vgl. Fuest/Kroker 1993: 6 f., Renzsch 1996c: 80 f.

7 In Folge des Zusammenbruchs der ostdeutschen Wirtschaft stieg die Arbeitslosigkeit im Beitrittsgebiet (zur Entwicklung der Arbeitslosigkeit siehe Ottnad/Linnartz 1997: 34 f.). Damit nahm die Abhängigkeit der Bevölkerung von staatlichen Transfers zu. Dies hatte das zur Konsequenz, dass die Finanzhilfen vornehmlich für konsumtive Zwecke aufgewandt wurden. Eine weitere bedenkliche Folge der Transformation war die anhaltende Ost-West-Migration, da speziell viele junge und leistungsfähige Ostdeutsche ihre Heimat verließen.

8 Während die Nettokreditaufnahme der schuldenfrei gestarteten ostdeutschen Gebietskörperschaften von Beginn an erschreckend hoch war, zeigten sich 1992 auch erste Alarmsignale bei den westdeutschen Ländern und Gemeinden. Im Zuge der einbrechenden Konjunktur verschlechterte sich die Situation bei allen öffentlichen Haushalten. Ausführlich zur Staatsverschuldung siehe Kapitel 7.

9 Die Defizitquote (Anteil des Finanzierungsdefizits an den Gesamtausgaben) der Länder betrug 1992 8 % und 1993 9 %. Unterdessen hatte der Bund Defizitquoten von 9 % (1992) bzw. 14 % (1993) zu verkraften (Berechnungen nach SVR 2003).

10 Neben dem Fonds „*Deutsche Einheit*" (46 Mrd. €) und dem Treuhandvermögen (105 Mrd. €) stammten die Verbindlichkeiten aus dem Kreditabwicklungsfonds (52 Mrd. €). Hinzu kam die anstehende Teilübernahme von Schulden der staatlichen und genossenschaftlichen Wohnungswirtschaft der DDR in Höhe von rd. 16 Mrd. €. Vgl. StatBA FS 14 R. 5 (2001).

11 Die Nettokreditaufnahme des Bundes erreichte 1993 mit rd. 35 Mrd. € knapp das Doppelte des ursprünglich veranschlagten Wertes (rd. 20 Mrd. €). Vgl. Zohlnhöfer 1999: 14.

12 In Folge der Zinserhöhungen verteuerten sich zum einen die Investitionen im Bundesgebiet. Zum anderen wurde die Exportindustrie durch die mit dem hohen Zinsniveau korrespondierende DM-Aufwertung schwer belastet. Zu den binnen-, außen- und währungswirtschaftlichen Zusammenhängen siehe Kapitel 4.4.

13 Nachdem die Bundesbank im Einigungsprozess kaum politischen Einfluss hatte, war ihre Stellung in der weiteren Transformationspolitik sehr stark. Ihre Forderung nach einer Konsolidierung der öffentlichen Kassen unterstrich die Zentralbank, indem sie mit jeder in diese Richtung weisenden politischen Maßnahme sukzessive den Zinssatz abschmolz. Ausführlich dazu Czada 1995c: 85 f.

5.1 Problemstellung und Rahmenbedingungen

Verwerfungen zu vermeiden, musste der Bundesgesetzgeber deshalb die Finanzierung der deutschen Einheit im Kontext der Revision der föderalen Finanzbeziehungen neu regeln.[14]

Verstärkt wurde der rechtliche und sachliche Handlungszwang noch durch einen *politisch motivierten Druck*. 1994 stand ein „Superwahljahr" an, in dem unter anderem der Deutsche Bundestag sowie 8 Landtage, darunter die der fünf neuen Länder, gewählt werden sollten.[15] Wollten die politischen Verantwortungsträger das innerparteilich kontroverse, aber nur bedingt wählerwirksame Thema aus den Wahlkämpfen heraushalten, mussten sie eine Einigung bis zur Sommerpause 1993 anstreben. Dabei verfolgte die Fachwelt die anstehende Neuordnung intensiv. Hauptsächlich aus der Finanzwissenschaft verlautete abermalig Kritik an der geltenden Finanzausgleichssystematik. Unter Rückgriff auf die ökonomische Theorie des Föderalismus kreideten viele Ökonomen die allokativen Unzulänglichkeiten sowie die Überbetonung der Verteilungsziele an. Um die Funktions- und Leistungsfähigkeit des Finanzausgleichs zu sichern, hielten sie daher eine grundlegende Reform für unvermeidlich.[16] Zugleich fühlten sich viele Wissenschaftler dazu bemüßigt, ihre Forderungen mit zum Teil detaillierten Reformkonzepten zu untermauern.[17] Derweil beschränkte sich die Debatte nicht bloß auf die Wissenschaft, auch in der Politik war die Finanzreform ein substanzielles Thema. Konkrete Vorschläge für eine Novellierung der Finanzverfassung formulierten die Präsidentinnen und Präsidenten der deutschen Landesparlamente auf ihrer Konferenz am 24.9.1991.[18] Bei den politischen und wissenschaftlichen Reformbestrebungen handelte es sich um keine vollkommen neuen Impulse, vielmehr knüpften sie nahtlos an die bereits in den 80er Jahren keimende Föderalismusdiskussion an. Lediglich die Resonanz nahm angesichts der Herausforderungen der deutschen Einheit, der europäischen Integration sowie der transnationalen ökonomischen Verflechtungen zu.

Angesichts der außergewöhnlich diffizilen *Agenda*, die mit der im Einigungsprozess vertagten Neujustierung des föderalen Finanzsystems bevorstand, konnte die Aufmerksamkeit für die anstehende Reform nicht verwundern. Musste doch das komplizierte Ausgleichssystem, das auf einer langen, pfadabhängigen Entwicklung gründet, an vollkommen neue fiskalische Bedingungen angepasst werden.

---

14 Das Konsolidierungserfordernis leitete sich ferner auch aus der konjunkturellen Baisse in Westeuropa und der Krise des Europäischen Währungssystems ab. Nachdem die deutschen Bündnispartner im Europäischen Währungssystem eine Neufestsetzung der Wechselkurse im Hinblick auf die bevorstehende Währungsunion vermeiden wollten, mussten sie der Hochzinspolitik der Deutschen Bundesbank folgen. Dies verschärfte jedoch die Konjunkturkrise, die auch diese Staaten erfasste. Um eine Belastung der internationalen Beziehungen in der Europäischen Gemeinschaft abzuwenden, galt es für die Bundesregierung, auf eine Zinssenkung hinzuwirken (vgl. Altemeier 1999: 158 f.). Überdies übten die Maastrichter Konvergenzkriterien einen Sanierungsdruck aus. Als Voraussetzung für den Eintritt in die dritte Stufe der Europäischen Währungsunion nannte Art. 109j I EG-Vertr i.d.F. vom 1.1.1995 u.a. folgende Kriterien: Zum einen darf der Finanzierungssaldo des öffentlichen Sektors in Relation zum nominalen Bruttosozialprodukt 3 % nicht übersteigen. Zum anderen darf die Bruttogesamtverschuldung nicht mehr als 60 % des nominalen Bruttosozialprodukts betragen. Die Einhaltung beider Kriterien war durch die hohe Staatsverschuldung stark gefährdet.
15 Landtagswahlen fanden außerdem in Bayern, Niedersachsen und Saarland statt. Ferner gab es zahlreiche Kommunalwahlen, die Wahl des Bundespräsidenten sowie des Europäische Parlaments.
16 Vgl. H. Fischer 1992: 41.
17 Eine kritische Bestandsaufnahme der Reformvorschläge findet sich bei Heilemann (1992). Vgl. auch Altemeier 1999: 156 f.
18 NI LT-Drs. 12/2797. Die Vorschläge der Landtagsvorsitzenden gingen in ihrer inhaltlichen Reichweite noch über die „Eckpunkteerklärung" der Ministerpräsidenten vom 5.7.1990 hinaus. Sie forderten u.a. den Abbau der Mischfinanzierungen sowie die Ausweitung der Länderkompetenzen. Allerdings verpufften die Impulse der Präsidentinnen und Präsidenten, da sie weder an der „Gemeinsamen Verfassungskommission" noch an den Bund-Länder-Gesprächen zur Finanzreform beteiligt wurden. Vgl. U. Münch/Zinterer 2000.

Agenda zur Reform der föderalen Finanzbeziehungen:
- Integration der ostdeutschen Länder in den gesamtstaatlichen, regulären Finanzausgleich
- Verbesserung der Ressourcenausstattung der öffentlichen Hände im Beitrittsgebiet
- Gerechte Verteilung der Transferlasten auf die westdeutschen Gebietskörperschaften sowie den Bund
- Konsolidierung der öffentlichen Haushalte samt Eindämmung der Finanzierungsdefizite
- Übernahme der Verbindlichkeiten der einigungsbedingten Nebenhaushalte (Altschuldenregelung)[19]
- Finanzierung der Europäischen Gemeinschaften und der Bahnreform
- Aufstockung des Fonds „*Deutsche Einheit*" für die Jahre 1993 und 1994

Eine Integration der ostdeutschen Länder in die geltende Finanzausgleichsordnung hätte nach damaligen Schätzungen das Länderfinanzausgleichsvolumen von 1,7 Mrd. € (1992) auf 14-15 Mrd. € expandieren lassen.[20] Für die West-Länder wirkte dieses Szenario wie ein Damoklesschwert, dominierte doch die Rechtsauffassung, dass dies automatisch zum 1.1.1995 erfolgen würde, sollte nicht zuvor eine Reform erfolgen.

Speziell für die finanzkraftschwachen Länder sah dieser Ausblick ausgesprochen düster aus. Nicht nur dass sie alle – mit Ausnahme von Bremen – nicht mehr Empfänger, sondern Beitragszahler geworden wären. Zudem drohte auch der Verlust von Bundesergänzungszuweisungen, deren Transfervolumen mit 2 Mrd. € (1992) noch höher war als das des Länderfinanzausgleichs.[21] Sie waren daher sehr auf eine Revision des Finanzausgleichs erpicht, befürchteten sie doch, wie die leistungskraftstarken Länder im Übrigen auch, die rechnerischen Verluste nicht angemessen kompensieren zu können.[22] Mit diesem Interesse standen sie nicht allein, auch die Ost-Länder mussten auf eine Neuordnung der Finanzordnung hinwirken. Denn das prognostizierte Ausgleichsvolumen von 15 Mrd. €, von dem die West-Länder eine Überforderung ihrer Kapazitäten wähnten, hätte ihren Finanzbedarf nicht decken können.[23] Vor dem Horizont ihres nach wie vor bestehenden Nachholbedarfs setzten sie einen jährlichen Transferbedarf von mindestens 25 Mrd. € an.[24]

Zwar einte die Länder das Interesse an einer Neuregelung des Finanzausgleichs, ansonsten waren aber die Interessengegensätze sowohl zwischen den Ländern als auch zwischen den Ländern und dem Bund gravierend. Im Gegensatz zur früheren Bundesrepublik standen sich nun drei statt zwei Ländergruppen gegenüber, die über ein ähnlich starkes Gewicht im Bundesrat verfügten: die sechs ostdeutschen Länder (23 Stimmen), die finanz-

---

19 Nachdem die einigungsbedingten Sondervermögen des Bundes entscheidend zur Staatsverschuldung beitrugen, war die Frage, welche Träger die Abfinanzierung übernehmen sollten, höchst brisant. Konkret stand die Abwicklung des Kreditabwicklungsfonds, des Treuhandvermögens sowie von Teilen der Schulden der DDR-Wohnungsbaugesellschaften an. Nach Art. 23 I EVertr hätten die Schulden des Kreditabwicklungsfonds bereits zum 1.1.1994 auf den Bund, die Treuhandanstalt sowie die Länder im Beitrittsgebiet überführt werden müssen. Diese Frist wurde bis zum 31.12.1994 verlängert. Das Treuhandvermögen – damals gingen die Vertragspartner von einem Gewinn aus – stand nach Art. 22 I EVertr zu gleichen Teilen dem Bund und den Ländern im Beitrittsgebiet zu. In Anbetracht der immensen Verschuldung beider Sondervermögen sowie des kriselnden Zustands der ostdeutschen Kassen waren die Ursprungsregelungen obsolet. Vgl. Färber 1993: 107, Peffekoven 1994: 288 f., Mäding 1995a: 150, Grosser 1998: 363 f.
20 Vgl. Geske 1992: 257.
21 Neben den Fehlbetragsbundesergänzungszuweisungen, deren Umfang mit 2 % des Umsatzsteueraufkommens dynamisiert war, erhielten die kleinen, finanzschwachen Länder Bundesergänzungszuweisungen für die Kosten der politischen Führung. Ferner bekamen 1992 die Länder Bremen und Nordrhein-Westfalen einen Nachteilsausgleich gemäß der Karlsruher Entscheidung vom 27.5.1992.
22 Für den Fall einer Integration des Beitrittsgebiets in das bestehende Regelwerk errechnete Hüther (1993: 45 f.) für die West-Länder Finanzkrafteinbußen zwischen 5 % (Schleswig-Holstein) und 30% (Hamburg).
23 Vgl. Peffekoven 1994a: 288, Renzsch 1994: 118.
24 Diese Summe bezieht sich auf die gesamten Transferleistungen, nicht allein auf den Länderfinanzausgleich. In den verschiedenen Konzeptionen schwankte das Umverteilungsvolumen zwischen 25 Mrd. € und 40 Mrd. €. Vgl. Schwinn 1997: 157.

5.1 Problemstellung und Rahmenbedingungen

kraftschwächeren West-Länder (20 Stimmen) sowie die finanzkraftstarken Länder (25 Stimmen).[25] Neben den horizontalen bestanden zudem beträchtliche vertikale Verteilungskonflikte. Denn je höher der Finanzierungsbeitrag des Bundes für das Beitrittsgebiet sein würde, desto niedriger fielen die Belastungen für die westdeutschen Länder aus. Die Interessendivergenzen erschienen den Regierungen von Bund und Ländern so komplex, dass sie – trotz der expliziten Empfehlung des Art. 5 EVertr – darauf verzichteten, die Revision der Finanzverfassung in der *„Gemeinsamen Verfassungskommission von Bundestag und Bundesrat"* zu bewerkstelligen.[26] Ungeachtet des inhärenten Zusammenhangs zwischen der Aufgaben- und der Finanzverteilung im Bundesstaat konnten sie sich nicht vorstellen, eine Einigkeit über beide Themenkomplexe im Sinne einer grundlegenden Reform des föderativen Systems zu erzielen. Während die *„Gemeinsame Verfassungskommission"* die Kompetenzverteilung nur geringfügig korrigierte, erfolgte die grundlegendste Anpassung des Bund-Länder-Gefüges im Zuge der Ratifizierung der Maastrichter Verträge. Neben dem Finanzkomplex war die Europapolitik die zweite Materie, über welche die Regierungen beider Ebenen außerhalb der *„Gemeinsamen Verfassungskommission"* und zeitlich vorgelagert entschieden. Hierbei stellten die Ministerpräsidenten ein politisches Junktim zwischen der erforderlichen Zustimmung zu den Maastrichter Verträgen und der Mitwirkung der Länder an der Politik der EG/EU her. Indem sie diese Position mit einer *„erstaunliche(n) Einheitsfront"*[27] vertraten, konnten sie ihre Reformforderungen weitgehend durchsetzen. Mit der Stärkung der europapolitischen Beteiligungsrechte des Bundesrats in Art. 23 GG konnten die Länderregierungen zwar ihren Einfluss mehren, gleichfalls bedeutete dies eine noch intensivere Verflechtung der staatlichen Ebenen.[28]

---

25 Jenseits dieser Grobgliederung existierten in Detailfragen davon abweichende Interessenkonstellationen. Zu nennen sind z.B. die gemeinsame Präferenz der Stadtstaaten an der Sicherung der Einwohnerwertung oder das Interesse der Küstenländer an der Berücksichtigung der Seehafenlasten. *Hinweis*: Finanzkraftstarke Länder: Baden-Württemberg, Bayern, Hamburg, Hessen, Nordrhein-Westfalen. Finanzkraftschwächere westdeutsche Länder: Bremen, Niedersachsen, Saarland, Schleswig-Holstein. Ostdeutsche Länder: Berlin, Brandenburg, Mecklenburg-Vorpommern, Sachsen, Sachsen-Anhalt, Thüringen.
26 Deutscher Bundestag 1993: 227 ff. Zu den Motiven der Ausklammerung vgl. Korioth 1997: 415.
27 Beyme 1999: 37.
28 War mit dieser Lösung im staatlichen Vereinigungsprozess eine grundsätzliche Überprüfung der föderativen Standards vermieden worden, sollten nach Art. 5 EVertr die gesetzgebenden Körperschaften binnen zwei Jahren eine Neujustierung des Bund-Länder-Verhältnisses beraten. Die daraufhin eingesetzte *„Gemeinsame Verfassungskommission"*, die sich paritätisch aus Vertretern beider Organe zusammensetzte, hatte bereits explizit den Auftrag, den Komplex der Finanzverfassung nicht zu thematisieren (vgl. Bundesrat 1992: 5). Hinsichtlich der föderalismusrelevanten Materien beraubten die Regierungen von Bund und Ländern die Kommission faktisch an jegliche Kompetenzen, da alle diesbezüglichen Fragen außerhalb der Routinen dieses Gremiums behandelt wurden (vgl. Bremers 2001: 317). Damit wurde eine durchgreifende Bundesstaatsreform gar nicht erst versucht. Die Kommissionsarbeit führte nur zu eng begrenzten Korrekturen des Bund-Länder-Verhältnisses. Die Verfassungsänderungen konzentrierten sich vorwiegend auf die konkurrierende Gesetzgebung sowie die Rahmengesetzgebung. Von symbolischer Relevanz war dabei die Neufassung der Bedürfnisklausel bei der konkurrierenden Gesetzgebung (Art. 72 II GG): *„gleichwertige"* statt "einheitliche Lebensverhältnisse" sind nunmehr eine der drei Optionen, unter welchen dem Bund hier die Gesetzgebungskompetenz zusteht. Eine wesentliche Modifizierung des Bund-Länder-Verhältnisses begründeten die Änderungen an der Verteilung der Gesetzgebungskompetenzen allerdings nicht. Essenziell gestärkt wurden die Länder(regierungen) allein hinsichtlich ihrer europapolitischen Beteiligungsrechte. Mit dem neu formulierten Art. 23 GG wurden deren Mitwirkungs- und Mitbestimmungsrechte erheblich erweitert. Zudem setzten die Länder bei der Formulierung der Maastrichter Verträge die Verankerung des Subsidiaritätsprinzips sowie die Konstituierung des Ausschusses der Regionen auf europäischer Ebene durch. Abgesehen von den Aspekten der föderativen Staatsorganisation gab es im November 1994 ein *„Sammelsurium von Verfassungsänderungen mit unterschiedlicher Reichweite"* (Berlit 2000: 431). Vgl. Beyme 1999: 37, Hennecke 1999: 69, U. Münch 1999a, Berlit 2000: 430 ff., Bremers 2001, Mielke/Bräuer 2002: 144 f.

Obgleich der Abkopplung von der „*Gemeinsamen Verfassungskommission*" konnte die Finanzreform nicht isoliert vom *Parteienwettbewerb* behandelt werden. Denn die Konsolidierung der öffentlichen Haushalte berührte parteipolitisch heftig umstrittene Materien. Indem der christlich-liberalen Koalition seit Juni 1992 eine Mehrheit der SPD-regierten Länder im Bundesrat[29] gegenüberstand, bestand verstärkt die Gefahr einer wechselseitigen Überlagerung von parteipolitischen und föderalen Konflikten.[30] Noch gesteigert wurde dieses Dilemma durch die parteipolitische Färbung der Landesregierungen. Die im Bundestag opponierende SPD war mit Ausnahme von Bayern in allen Regierungen der West-Länder, im Osten aber nur in den Kabinetten von Berlin und Brandenburg vertreten. Dazu zählten lediglich zwei große Koalitionen (Baden-Württemberg und Berlin jeweils unter CDU-Führung), sodass West-Ost-Transfers auch Umverteilungen von SPD- zu CDU-geführten Ländern zur Folge gehabt hätten. Die ohnehin komplexe föderale Interessengemengelage vereinfachte dies nicht. Hinsichtlich des extrem misslichen Kontexts zeigten sich die wissenschaftlichen Kommentatoren ebenso wie die Fachpresse[31] sehr skeptisch, ob eine rechtzeitige Kompromissfindung überhaupt möglich sei oder die Verhandlungen in einer wechselseitigen Blockade münden würden.[32]

5.2 Akteursinteressen, Verhandlungsprozesse, Ergebnisse

5.2.1 Vorlauf und Abstimmungsprozesse zwischen den Ländern

Desgleichen war den Ländern die Komplexität der anstehenden Aufgabe bewusst. Ihre Erfahrungen lehrten sie, dass eine Einigung in diesem hoch konfliktträchtigen Politikfeld nur schwer zu erzielen sei. Die Ministerpräsidenten ergriffen deshalb frühzeitig die Initiative und leiteten die politische Diskussion über die Neuordnung der Finanzbeziehungen ein. In ihrer Konferenz vom 4.7.1991 beschlossen sie die Bildung einer *Arbeitsgruppe „Finanzreform 1995"*.[33] Bereits zuvor forderten die Chefs der neuen Länder sowie Berlins bei der Ministerpräsidentenkonferenz/Ost am 11.5.1991 in Schwerin, die Finanzfragen noch vor dem Bundestagswahlkampf 2004 zu regeln. Der sächsische Ministerpräsident Kurt Biedenkopf (CDU) prognostizierte schon im Vorfeld dieser Tagung den Finanzbedarf des Beitrittsgebiet auf rd. 50 Mrd. € jährlich bis zum Jahr 2000. Daher beanspruchten die ostdeutschen Länder neben dem Finanzausgleich zusätzliche Bundesleistungen, um den Aufholprozess zu finanzieren sowie übermäßige Haushaltsdeckungslücken zu vermeiden.

Die Arbeitsgruppe *„Finanzreform 1995"*, die ab dem 12.9.1991 auf Referenten- und Ministerebene tagte, sollte einen gemeinsamen Entwurf der Länder erarbeiten. Ihr Arbeitsauftrag orientierte sich zunächst noch relativ allgemein an den Programmpunkten der „*Eck-*

---

29 Das A-Lager zählte 33 Stimmen, die B-Länder 21 Stimmen und der neutrale Block (große Koalitionen, SPD/FDP-Koalition in Rheinland-Pfalz) 14 Stimmen. Zusammen mit der sozialliberalen Koalition verfügte die A-Gruppe somit über die absolute Mehrheit.
30 Vgl. Altemeier 1999: 152, 166.
31 Vgl. zum Beispiel Handelsblatt vom 7.10.1992: Bei Reform des Finanzausgleichs kämpfen Bund und Länder mit harten Bandagen. Darin werden die Finanzverhandlungen als der „*in der Geschichte der Bundesrepublik (...) wohl härteste Verteilungskampf zwischen Bund, Ländern und Gemeinden*" beschrieben.
32 Desgleichen zweifelte die Fachpresse am Zustandekommen einer Einigung. Vgl. Scharpf 1990b: 12 f., Mäding 1992: 210, Renzsch 1995: 168, Czada 1995c: 85 f., Schwinn 1997: 157, Altemeier 1999: 166, Wachendorfer-Schmidt 1999: 12.
33 Vgl. Renzsch 1994: 122, Carl 1995: 171 f.

punkteerklärung" der Ministerpräsidenten vom 5.7.1990.[34] Damit standen anfangs alle elementaren Bereiche der Finanzverfassung auf der anspruchsvollen Agenda. Zur systematischen Bearbeitung gliederte die Finanzministerkonferenz am 5.12.1991 die zentralen Fragen der Reformkommission in drei große Themenbereiche: a) die Aufgaben- und Ausgabenverteilung, b) die Einnahmeverteilung, c) der sekundäre Finanzausgleich. Für jede der insgesamt 12 Materien erstellten Unterarbeitsgruppen sowohl eine finanzwirtschaftliche als auch eine rechtliche Bewertung der offenen Fragen.[35] Dabei prallten bald die unterschiedlichen Länderinteressen – die sich fast ausschließlich an den spezifischen finanziellen Interessen orientierten – heftig aufeinander, wobei sich im Wesentlichen die bereits dargestellte Dreiteilung der Länder herauskristallisierte. Daher galt es für die Arbeitsgruppe, zuerst die divergierenden Interessen dieser Blöcke abzustimmen.[36]

Die *finanzkraftstarken Länder* plädierten für eine Finanzreform im Sinne einer größeren Eigenständigkeit der Länder. Sie traten für eine Ausweitung ihrer Gesetzgebungskompetenzen, eine begrenzte Steuerautonomie für die Länder in Form von Hebesätzen zur Einkommen- und Körperschaftsteuer sowie den Abbau der Gemeinschaftsaufgaben und Finanzhilfen ein. Die *finanzkraftschwächeren alten Länder* argwöhnten, dass sie die Verlierer der Neuordnung werden könnten. Vordergründig versuchten sie deshalb, ihre finanziellen Verluste zu limitieren. Konkret wollten sie einerseits verhindern, dass ihre finanziellen Pro-Kopf-Belastungen über diejenigen der reichen Länder hinausgehen. Andererseits hegten sie ein Interesse am Fortbestand der Mischfinanzierungen, da sie eine angemessene budgetäre Kompensation als nicht darstellbar ansahen. Das primäre Anliegen der *Ost-Länder* war die volle und gleichberechtigte Integration in das bestehende Regelwerk, wobei sie eine Reduzierung der Ausgleichsintensität ablehnten. Gleichfalls forderten sie supplementäre Mittel für die Modernisierung ihrer Infrastruktur. Wie ihre finanzkraftschwächeren Bundesgenossen im Westteil des Landes wandten sie sich gegen einen Abbau der Gemeinschaftsaufgaben und Finanzhilfen, fürchteten sie doch dadurch eine Senkung der Transfers.

Angesichts dieser tief greifenden Interessengegensätze manifestierte sich frühzeitig, dass die Kommission ihre ehrgeizigen Reformziele nicht würde erfüllen können. Nachdem die Beratungen dezidiert von den Besitzständen sowie den potenziellen Umverteilungswirkungen geprägt wurden, zeichnete sich lediglich bei den Geldleistungsgesetzen nach Art. 104a III GG eine Übereinstimmung der Länder ab.[37] Einigkeit herrschte ferner in den vertikalen Verteilungsfragen. Die Länder lehnten ebenso eine Beteiligung an den EG-Zahlungen ab, wie sie der Regionalisierung des öffentlichen Personennahverkehrs im Zuge der Bahnreform nur bei einer finanziellen Kompensation der entstehenden Lasten zustimmen wollten.[38] In den übrigen Themenbereichen fanden sich dagegen keine Mehrheiten. Aus diesem

---

34 Als Leitpunkte für die Diskussion wurden u.a. die Stärkung der Länder, objektivere Kriterien zur Angleichung der Finanzkraft unter den Ländern, die Ausweitung der Einnahmeautonomie der Länder, die Konkordanz zwischen der Gesetzgebungskompetenz und der Lastentragung (Lastenteilungsgrundsatz), die Änderung der Mischfinanzierungen, die Überprüfung der Steuerzerlegung sowie die Neuordnung des Finanzausgleichs vorgegeben. Vgl. Stauch u.a. 1993: 13.
35 Vgl. Stauch u.a. 1993: 13.
36 Vgl. zu den Länderpositionen: Färber 1993: 305, Senator für Finanzen der Freien Hansestadt Bremen 1993: 83 ff., Renzsch 1994: 123 f., Kilper/Lhotta 1996: 254 ff., Altemeier 1999: 178 ff.
37 Nicht nur für die finanzausgleichsrelevanten Fragen fanden sich keine hinreichenden Mehrheiten, sondern auch für die darüber hinausgehenden Regelungsvorschläge wie die Stärkung der Steuerautonomie der Länder, die deutlichere Schwerpunktsetzung bei den Mischfinanzierungen zu Gunsten der strukturschwachen Länder oder die Änderung der Lohnsteuerzerlegung. Vgl. Stauch u.a. 1993: 14.
38 Vgl. Bösinger 1999: 96 f.

Grund votierte die Kommission daher schon bald mehrheitlich dafür, von Grundgesetzänderungen abzusehen und damit von dem Ziel einer grundlegenden Finanzreform abzurücken.[39] Dies spiegelte sich in den konkreten Verhandlungen wider, die im März 1992 unmittelbar nach der Entscheidung über das Steueränderungsgesetz sowie der ersten Aufstockung des Fonds „Deutsche Einheit"[40] begannen.[41] Während die übrigen Materien sukzessive ausgeblendet wurden, spitzten sich die Gespräche immer mehr auf den Bereich des Finanzausgleichs zu.[42] Dies bewirkte auch die Übereinkunft der Länder, die Reorganisation der Finanzbeziehungen vor der Bundestagswahl 1994 abzuschließen.

Eine Annäherung in der Sache konnten die Länder freilich zunächst nicht erreichen, da sie teilweise diametral entgegengesetzte Positionen trennten. Während die neuen Länder am bestehenden System festhalten wollten, insistierten die West-Länder auf Modifikationen, um ihre jeweiligen finanziellen Einbußen zu begrenzen. Deshalb legten im weiteren Ver-Verlauf sechs der zehn alten Länder vollständige *Modelle* zur Neuregelung vor.[43] Da diese Konzeptionen zuvorderst den budgetären Präferenzen des jeweiligen Urhebers entsprachen, wurden sie verworfen und blieben somit für die Problemlösung irrelevant.[44]

Einzige Ausnahme bildete der am 15.5.1992 vom bayerischen Finanzminister Georg Waldenfels (CSU) eingebrachte Entwurf.[45] Das „*Bayern-Modell*" fußte darauf, die Transfers im Finanzausgleich, die Waldenfels auf rd. 15 Mrd. € schätzte, zwischen Bund und West-Ländern im Verhältnis 2:1 zu teilen. Technisch sollte dies durch eine Erhöhung des Länderanteils am Umsatzsteueraufkommen um 8 Prozentpunkte (ca. 10 Mrd. €) erfolgen. Damit konnte wie bisher die Steuerkraft der finanzschwächsten Länder im Rahmen der Verteilung der Umsatzsteuerergänzungsteile auf ein Niveau von 92 % des Länderdurchschnitts angehoben werden. Der Länderfinanzausgleich blieb in dieser Skizze unverändert, wobei die Kalkulation von einer Umverteilungsmasse von 5 Mrd. € ausging. Der Vorzug des bayerischen Entwurfs lag für die Länder ganz offensichtlich darin, dass er sowohl das Interesse der ostdeutschen Bundesgenossen an einer Beibehaltung der Ausgleichsintensität berücksichtigte, als auch die westdeutschen Länder nicht überstrapazierte. Dessen Schwäche bestand darin, dass er die außerordentlich umstrittenen und fiskalisch besonders relevanten Detailregelungen des Länderfinanzausgleichs ausblendete.[46] Damit blieb zwar noch

---

39 Vgl. Stauch u.a. 1993: 13, Altemeier 1999: 177.
40 Ausführlicher dazu Kapitel 4.2.3.
41 Vgl. Schwinn 1997: 159.
42 Vgl. Stauch u.a. 1993: 14.
43 Baden-Württemberg, Bayern, Bremen, Hessen, Rheinland-Pfalz und Saarland. Ausführlich zu den Modellen: Senator für Finanzen der Freien Hansestadt Bremen 1993: 83 ff. (Dokumentation des „*Bremen-Modells*" und das „*Bayern-Modells*"), Hüther 1993: 47, Carl 1995: 152 ff., Schuppert 1995: 681, Schwinn 1997: 159 ff., Bösinger 1999: 303 f. (Synopse). Die vorgestellten Konzeptionen basierten alle auf Modifikationen des bestehenden Regelwerks und unterschieden sich in erster Linie im Hinblick auf das materielle Ergebnis. Lediglich das baden-württembergische sowie das rheinland-pfälzische Modell orientierten sich an rationalen Effizienzkriterien. Weitere Modelle entwickelten der Sachverständigenrat (SVR 1992: 215 ff.) und der Wissenschaftliche Beirat beim Bundesfinanzministerium (Wissenschaftlicher Beirat 1992).
44 Um die jeweiligen Interessen argumentativ zu untermauern, aber auch zur Klärung von Sachverhalten wurden zudem zahlreiche Gutachten erstellt. Vgl. z.B. Wissenschaftlicher Beirat beim BMF 1992, Kitterer 1993a, Wieland 1993, Hummel/Nierhaus 1994, Nierhaus 1994. Intensiv befasste sich auch die finanzwissenschaftliche Literatur mit der Reform, wobei sie mehrheitlich für grundlegende Reformen plädierte. Vgl. z.B. Fuest/Lichtblau 1991, Littmann 1991, SVR 1992: 212 ff., Föttinger/Spahn 1993, Hüther 1993.
45 Siehe das Schreiben des Bayerischen Staatsministers der Finanzen an die Finanzministerinnen, -minister und -senatoren der Länder vom 15. Mai 1992, abgedruckt in Senator für Finanzen der Freien Hansestadt Bremen 1993: 91 ff.
46 Vgl. Altemeier 1999: 174 ff.

eine gewisse Gestaltungsbreite, so wie der Vorschlag unterbreitet wurde, führte er aber zu einer auffallend unterschiedlichen Pro-Kopf-Belastung der westdeutschen Länder, weshalb er nicht sofort die Zustimmung aller Länder fand.[47] Trotz der bestehenden Defizite resultierten aus dem „*Bayern-Modell*" zwei für den weiteren Abstimmungsprozess der Länder elementare Effekte: *Einerseits* geriet die Formel von 2:1 für die Lastenteilung zwischen Bund und Ländern zum Ausgangspunkt für alle weiteren Modelle und Überlegungen. *Andererseits* drängte es parteipolitische Loyalitäten in den Hintergrund, indem das SPD-geführte Nordrhein-Westfalen das bayerische Konzept unterstützte.[48]

Überdies forcierte der bayerische Vorstoß in Verbindung mit der bereits illustrierten *Bundesverfassungsgerichtsentscheidung vom 27.5.1992* den Verhandlungsprozess. Denn bis zur Urteilsverkündung hielten sich die klagenden, ausschließlich westdeutschen Länder mit konkreten Festlegungen zurück, ersehnten sie sich doch Vorteile vom Richterspruch. Nachdem nun Klarheit über die rechtlichen Rahmenbedingungen herrschte, fielen diese Vorbehalte weg.[49] Dennoch gelang den Ländern zunächst keine Annäherung zwischen den Ländern. Der Zwischenbericht der AG „*Finanzreform 1995*" vom 29.5.1992 dokumentierte nochmals die – durch den jeweiligen Finanzstatus motivierten – Interessengegensätze der Länder. Gleichfalls wiederholten die Haushaltschefs der sechs ostdeutschen Länder am 4.6.1992 bei der Finanzministerkonferenz/Ost lautstark ihre Forderungen: Neben der Verbesserung ihrer Finanzausstattung beanspruchten sie verstärkte Infrastrukturhilfen sowie die Aufstockung des Fonds „*Deutsche Einheit*" für 1993 und 1994. Ferner lehnten sie eine Beteiligung am Schuldendienst für den Kreditabwicklungsfonds, die Treuhandanstalt sowie die Altschulden der DDR-Wohnungswirtschaft prinzipiell ab.

Abermals offenbarten sich die unterschiedlichen Vorstellungen der Länder bei der *Klausur der Finanzreferenten* aller Länder vom *26. bis 28.8.1992* in Maurach am Bodensee. Hier beharrten die Länder zunächst auf ihren Maximalpositionen. Deshalb stellte sich bei den Beteiligten unmittelbar nach der Tagung das Gefühl der Ratlosigkeit gepaart mit den Zweifeln ein, ob eine Einigung in Anbetracht der Dissonanzen überhaupt möglich sein würde. Speziell die A-Länder argwöhnten aufgrund ihrer Erfahrungen mit dem Steueränderungsgesetz 1992, der Bund könne wiederum die Interessengegensätze der Länder nutzen, um seine Positionen durchzusetzen.[50] Wie sich später jedoch herauskristallisieren sollte, bahnte sich bei dieser Konferenz der entscheidende Durchbruch zu einer einheitlichen Länderposition an. Wissend um die vertrackte Situation und den aufkeimenden Zeitdruck, setzte sich endgültig der Entschluss durch, den Umfang der Finanzreform drastisch zu reduzieren und allein die Revision des Finanzausgleichs zu fokussieren. Zugleich nahmen die Länderfinanzministerien Abstand von Grundgesetzänderungen. Vielmehr sollte das Ergebnis am Status quo anknüpfen, um die Konfliktpunkte zu minimieren. Anstelle des Insistierens auf die jeweiligen Standpunkte, gewann die Bereitschaft zum Kompromiss die Oberhand. Eine konkrete Verständigung misslang zwar, allerdings verständigten sich die Fi-

---

47 Kurz darauf legten deshalb die finanzschwachen alten Länder, deren Zusammenarbeit die Länder Bremen und Niedersachsen koordinierten, ein Gegenmodell („*Bremen-Modell*") vor. Dieses basierte auf derselben Ausgangsbasis bezüglich der vertikalen Lastenteilung, führte jedoch für die bisherigen Empfängerländer zu günstigeren Ergebnissen. Vgl. Altemeier 1999: 179 f.
48 Ebenso begrüßte das sozialdemokratisch regierte Hessen das „*Bayern-Modell*". Vgl. Renzsch 1994: 124 f., Altemeier 1999: 172 f.
49 Vgl. Süddeutsche Zeitung vom 29.5.1992: Bremen siegt, doch wer soll zahlen?
50 Vgl. Altemeier 1999: 186 f.

nanzreferenten ausgehend vom bayerischen Vorschlag auf richtungweisende Eckpunkte, die als Grundlage für die länderinternen Verhandlungen dienen sollten:[51]

- Gleichberechtigte Integration der sechs ostdeutschen Länder in den Finanzausgleich ab 1995
- Transfervolumen im regelgebundenen Finanzausgleich: 15 Mrd. € zzgl. der ursprünglich angesetzten „Berlinhilfe" (3,4 Mrd. €)
- Lastenverteilung zwischen Bund und westdeutschen Ländern in der Relation 2:1

Bei der Sitzung des Finanzausschusses des Bundesrats am 10.9.1992 wurden diese Richtwerte einstimmig bzw. mit überwiegender Mehrheit angenommen. Damit verfestigte die Mauracher Tagung die zuvor bereits ersichtliche Tendenz, dass nicht die strukturelle Gestaltung, sondern allein die budgetären Umverteilungseffekte und damit folgende Fragen im Mittelpunkt der Finanzreform stünden:[52]

1. Wie hoch ist der Transferbedarf der ostdeutschen Länder?
2. In welchem Verhältnis tragen der Bund und die West-Länder diese Zuschüsse?
3. Wie verteilt sich der Länderbeitrag auf die einzelnen Gliedstaaten?

Fiskalische Interessen prägten indes auch die Überlegungen der Bundesregierung, die sich unterdessen in die Verhandlungen einschaltete. Ihre Positionen formulierte sie in dem „Thesenpapier des Bundes zur Neuordnung der Bund/Länder-Finanzbeziehungen" vom 8.9.1992.[53] In dem am 11.9.1992 an die Finanzminister und -senatoren sowie an die Chefs der Staats- und Senatskanzleien der Länder weitergeleiteten Konzept plädierte der Bundesfinanzminister Theo Waigel (CSU) für einen Lastenverteilungsschlüssel zwischen Bund und West-Ländern von 1:3. Realisiert werden sollte dies durch eine Korrektur der Umsatzsteuerverteilung, allerdings ab 1995 um 4,5 Prozentpunkte zu Gunsten des Bundes sowie eine weitere Steigerung seines Anteils um 0,5 Prozentpunkte ab 1996. Damit lagen beide Ebenen in dieser Grundsatzposition um 12,5 Prozentpunkte (!) auseinander, wobei Bonn von den Ländern noch die Übernahme weiterer Lasten durch die Bahnreform sowie eine Beteiligung an der EG-Finanzierung einforderte.[54] Daneben wollte Waigel den sekundären Finanzausgleich nach folgenden Maßstäben grundlegend modifizieren.

Vorschläge des Bundes zur Reform des Finanzausgleichs:
- Streichung des Umsatzsteuervorabausgleichs
- Zusammenfassung des Länderfinanzausgleichs und der finanzkraftbezogenen allgemeinen Bundesergänzungszuweisungen
- Beibehaltung der Einwohnerwertung der Stadtstaaten
- Streichung des Hafenlastenabzugs und der von Karlsruhe monierten Ländersteuergarantie
- Absenkung der Ausgleichsintensität durch eine Reform der Tarifstruktur (Auffüllung auf mindestens 95 % und maximal 99 % des Länderdurchschnitts

Zusätzlich stellte das Finanzministerium sowohl dem Beitrittsgebiet zeitlich befristete und zum Teil degressiv gestaltete Sonderhilfen in Höhe von rd. 16 Mrd. € (1995) als auch den finanzkraftschwächeren westdeutschen Ländern Überbrückungshilfen in Form von Bundes-

---

51 Zu den Eckpunkten: Schwinn 1997: 163, Altemeier 1999: 182.
52 Vgl. Altemeier 1999: 183.
53 Wissenschaftlicher Beirat beim BMF 1992.
54 Diese bezifferten sich auf rd. 7,6 Mrd. €.

5.2 Akteursinteressen, Verhandlungsprozesse, Ergebnisse

ergänzungszuweisungen in Aussicht.[55] Für die Altschuldenregelung sah der Bundesentwurf die Schaffung eines Erblastentilgungsfonds als Sondervermögen des Bundes vor, den der Bund und die Ländergesamtheit zu gleichen Teilen bedienen sollten.

Strukturell orientierte sich das Bundesmodell eng am Entwurf von Baden-Württemberg, weshalb dies allseits als Indiz für bilaterale Abstimmungen eingeschätzt wurde.[56] Das „*Thesenpapier*" sah zwar technisch größere Änderungen als das „*Bayern-Modell*" vor, einen fundamentalen Systemwechsel postulierte es ebenso wenig. Im Kontrast zu den Ländern, die sich sehr um eine einheitliche Linie bemühten, richtete die Bundesregierung ihre Strategie offensichtlich entgegengesetzt aus. Wie in den 80er Jahren sowie beim Steueränderungsgesetz 1992 erfolgreich praktiziert, intendierte Waigel, die Länder nach partei- und finanzpolitisch motivierten Gesichtspunkten zu spalten, um somit die Bundesinteressen durchzusetzen.[57] Dementsprechend begünstigte das Bundeskonzept die vorwiegend unionsregierten neuen und finanzstarken Länder, während es den finanzkraftschwächeren, ausschließlich SPD-geführten westdeutschen Ländern überproportionale Beiträge abverlangte. Allerdings drohten den Ländern insgesamt massive Belastungen. Betroffen wären davon nicht nur die alten Bundesländer gewesen, für die allesamt das „*Bayern-Modell*" budgetär lukrativer war, sondern auch die ostdeutschen Länder. Immerhin lag die Offerte des Bundes noch unter dem Niveau der damaligen (1992) West-Ost-Transfers. Dies widersprach den Vorstellungen der betroffenen Länder, die eine Erhöhung der Transferleistungen beanspruchten. Mit seinem Versuch, die Diskussion zu polarisieren und damit sein zentralistisches Konzept[58] zu lancieren, scheiterte der Bund indessen gewaltig. Legte die Mauracher Tagung bereits das Fundament für eine einheitliche Position, so hielten es jetzt alle Länderregierungen für angebracht, sich gegen den Bund zu solidarisieren.[59] Die Länder konterten daher mit lautstarkem Widerspruch. Vor allem die erfahreneren westdeutschen Regierungen erkannten die Gefahren, die aus der Zentralisierung sowie dem auf Spaltung zielende Manöver des Bundesfinanzministeriums drohten.

Mit dem Einstieg des Bundes in die Debatte um die Neuordnung der Finanzbeziehungen dynamisierte sich der Prozess. Die nächste Phase läutete dabei Kohl selbst ein, indem er noch im September die oppositionelle SPD, die Länder, die Gewerkschaften sowie die Wirtschaftsverbände zu einem Gipfeltreffen ins Kanzleramt einlud, um über einen „*Solidarpakt für Ostdeutschland*" zur Überwindung der Einigungskrise zu beraten. Dabei gestand die Bonner Koalition erstmals ein, dass sie die Kosten der Einheit nicht richtig eingeschätzt hatte.[60] Ungeachtet dieses Zugeständnisses beherrschte der Kampf um die Refinanzierungsstrategie nach wie vor den Parteienwettbewerb,[61] womit eine parteipolitische Über-

---

55 Sonderbedarfs-BEZ für die Kosten der politischen Führung sah der Bundesentwurf indes nicht (explizit) vor.
56 Vgl. Altemeier 1999: 167, 187.
57 Vgl. Stauch u.a. 1993: 17, Renzsch 1994: 122 f., Schwinn 1997: 165, Altemeier 1999: 166, 170 f.
58 Die Gewährung von Finanzhilfen außerhalb des regelgebundenen Finanzausgleichs hätte die Abhängigkeit der begünstigten Länder vom Bund gesteigert und damit diesem einen faktischen Machtzuwachs gesichert. Vgl. Schwinn 1997: 165, Altemeier 1999: 168.
59 Vgl. Stauch u.a. 1993: 17.
60 Vgl. Schwinn 1997: 100 f., 154.
61 Während der Bundesfinanzminister und die FDP relativ ausgedehnte Kürzungen im Sozialbereich vornehmen wollten, plädierten die ostdeutschen Abgeordneten und der Arbeitnehmerflügel der Union für Steuererhöhungen. Desgleichen lehnte die SPD einen Abbau staatlicher Sozialleistungen strikt ab. Stattdessen plädierte sie für eine Ergänzungsabgabe für Besserverdienende sowie für eine Arbeitsmarktabgabe für Beamte und Selbstständige. Vgl. Zohlnhöfer 1999: 13.

lagerung der Finanzverhandlungen potenziell möglich war.[62] Allerdings erfolgte vorerst noch keine Verquickung der Solidarpaktthemen, die Abstimmungsprozesse zur Finanzreform blieben in der föderalen Arena beheimatet. Zunächst versuchten sich am 10. und 11.9.1992 in Krickenbeck die Finanzminister und -senatoren der SPD-regierten Länder sowie der Wirtschaftschefs von Baden-Württemberg und Berlin an einer Lösung der horizontalen Verteilungskonflikte. Zwar fehlte ihnen nicht der politische Willen, wohl aber die erforderliche Sachkenntnis über die technischen Feinheiten des Finanzausgleichs. So waren die vereinbarten Eckpunkte hinfällig, da sich die relativ schwammigen Zielformulierungen nicht in ein tragfähiges Konzept transformieren ließen.[63]

Mehr Erfolg hatten die Finanzreferenten der West-Länder, die am 19.9.1992 in Wiesbaden zu einer Tagung zusammentrafen. Hierbei wiederholten sie ihre vehemente Ablehnung des Bundesmodells.[64] Es bestand Einvernehmen, dieses in der vorgelegten Form verhindern zu wollen. Sie bestätigten deshalb, was sich in Maurach bereits abzeichnete, die endgültige Abkehr von der Modelldiskussion. Da als einziges Konzept das „Bayern-Modell" nicht nur den bisher vereinbarten Eckpunkten entsprach, sondern darüber hinaus auch flexibel und entwicklungsfähig war, wurde dieses von den Beteiligten als Grundlage für die weiteren Verhandlungen akzeptiert.[65] Elementar waren dabei folgende Maßstäbe:

- Erhöhung des Länderanteils an der Umsatzsteuer um 8 Prozentpunkte
- Beibehaltung der Vorabauffüllung bei der horizontalen Umsatzsteuerverteilung auf 92 % der durchschnittlichen Ländersteuerkraft (Umsatzsteuervorabausgleich)
- Beibehaltung der bisherigen Finanzausgleichssystematik unter Berücksichtigung der Rechtsprechung des Bundesverfassungsgerichts

Im Gegenzug zur Verständigung auf das „Bayern-Modell" insistierten die finanzkraftschwächeren Bundesgenossen darauf, dass ihre gegenüber den reichen Ländern zu erwartenden überproportionalen Pro-Kopf-Verluste kompensiert werden müssten.[66] Zwar stimmten diese dem „Ausgewogenheitsgrundsatz", gegen den sie sich bislang vehement stemmten, noch nicht endgültig zu, allerdings signalisierten sie ihr Einverständnis.[67]

Die politische Anerkennung dieses Leitsatzes ließ allerdings nicht mehr lang auf sich warten. Schon bei der *Finanzministerkonferenz am 1.10.1992* in Berlin einigten sich die West-Länder darauf, dass ein leistungskraftschwaches westdeutsches Land je Einwohner nicht stärker belastet werden solle als ein finanzkraftstarkes Land.[68] Als die Finanzminister der alten Länder über die Ergebnisse der Tagung ihrer Finanzreferenten vom 19.9.1992 beraten und entscheiden wollten, kam es jedoch zum Eklat.[69] Die Budgetchefs der unions-

---

62 Als Reaktion auf das Signal der Bundesregierungen senkte die Deutsche Bundesbank den Diskontsatz von 8,75 % auf 8,25 %, um somit einen positiven Anreiz zur Realisierung des Solidarpakts sowie zur Fortführung des Konsolidierungskurses zu setzen.
63 Ausführlich dazu Altemeier 1999: 120 f., 189.
64 Allein Baden-Württemberg begrüßte prinzipiell die Finanzausgleichssystematik des Bundeskonzepts, da dieses eng am eigenen Modell angelehnt war. In budgetärer Hinsicht stimmte indes der Südweststaat mit den übrigen Ländern überein. Vgl. Altemeier 1999: 189 f.
65 Vgl. Renzsch 1994: 124, Altemeier 1999: 186.
66 In dessen Folge zogen die Vertreter der finanzschwachen alten Länder das „Bremen-Modell" zurück.
67 Während sich der bayerische Vertreter aufgeschlossen zeigte, blieben dessen hessische und baden-württembergische Kollegen anfangs noch zurückhaltend. Offen blieben hauptsächlich noch der Umfang und die Ausgestaltung der Kompensationsleistungen. Vgl. Stauch u.a. 1993: 17, Schwinn 1997: 165.
68 Vgl. Stauch u.a. 1993: 16 f.
69 Siehe Handelsblatt vom 5.10.1992: Eklat beim Ministertreffen. Vgl. zu den Motiven und Hintergründen des Eklats Schwinn 1997: 165 f., Altemeier 1999: 191 f.

5.2 Akteursinteressen, Verhandlungsprozesse, Ergebnisse

regierten neuen Länder sowie der Berliner Finanzsenator fühlten sich brüskiert, dass sie die Beschlussvorlage für eine Stellungnahme der Länder zum Bonner „*Thesenpapier*", die mittlerweile von den West-Ländern erarbeitet worden war, erst am Vorabend erhielten. Zudem hatten sie inhaltliche Einwände gegen den Abstimmungsentwurf. *Einerseits* sahen sie darin allein die Interessen des Westens berücksichtigt, während ihre Forderung nach einer dezidierten Erhöhung der Transfers in das Beitrittsgebiets nicht erwähnt wurde. *Andererseits* hielten sie sowohl eine Stellungnahme zum Bundesmodell als auch ein einheitliches Vorgehen zu diesem Zeitpunkt nicht für erforderlich. In ihrer Haltung, eine Konfrontation mit der Bundesregierung zu vermeiden, trat nicht zuletzt auch die parteipolitische Loyalität zur Bonner Koalition zutage. Angesichts des Vorpreschens misstrauten sie noch den West-Ländern, weshalb sie sich eine strategische Koalition mit dem Bund offen halten wollten. Als einziger ostdeutscher Vertreter blieb Brandenburgs Finanzchef Klaus-Dieter Kühbacher (SPD) im Saal. Ihm gelang es noch, das Ländervotum zum „*Thesenpapier*" im Interesse der neuen Länder zu modifizieren:[70]

Eckpunkte der Stellungnahme der Länder vom 1.10.1992 zum „Thesenpapier" des Bundes[71]
- Lastenverteilungsverhältnis zwischen Bund und West-Länder im Verhältnis 2:1 statt 1:3 (*Abstimmungsergebnis*: 11:0)
- Einbringung des Volumens der „*Berlinhilfe*" (1995 rd. 2,4 Mrd. €) in den vertikalen Finanzausgleich
- Beibehaltung der dynamisierten Bundesergänzungszuweisungen zur Stärkung der allgemeinen Finanzkraft im Umfang von mindestens 2 % des gesamtdeutschen Umsatzsteueraufkommens (11:0)
- Verfassungsrechtliche sowie systematische Bedenken gegen das Bundesmodell (10:1 bzw. 11:0)
- Ablehnung einer Beteiligung der Länder an den künftigen zusätzlichen EG-Finanzlasten sowie am Kapitaldienst für die Schulden des Kreditabwicklungsfonds und der Treuhandanstalt (11:0)

Mit ihrer Stellungnahme zum Bonner „*Thesenpapier*" konnten sich die West-Länder durchsetzen. Bezüglich der potenziellen Ost-West-Spaltung, die hauptsächlich aus dem Konflikt zwischen den SPD-regierten alten sowie den unionsgeführten ostdeutschen Ländern drohte, erhöhte sich gleichwohl der Handlungsdruck auf diese Länder. Speziell die finanzkraftschwächeren alten Länder befürchteten, im Kräftespiel zwischen den drei Länderblöcken das Nachsehen zu haben.[72] Deshalb luden Bremen, Niedersachsen, Rheinland-Pfalz, Schleswig-Holstein und Saarland das einzige SPD-regierte ostdeutsche Land Brandenburg ein, gemeinsam ein konsensfähiges Modell auf Basis des bayerischen Entwurfs zu entwickeln.[73] Die Bemühungen dieser sechs Länder waren nicht umsonst. Am 5.11.1992 konnten sie ein neues Konzept präsentieren.[74] Dieses „*Hannover-Modell*" orientierte sich eng am bayerischen Plan, in den Details ging es aber deutlich über jenes hinaus.

Eckpunkte des „Hannover-Modells":
- Erhöhung des Länderanteils an der Umsatzsteuer um 8 Prozentpunkte[75]
- Umsatzsteuervorabausgleich wie bisher

---

70 Vgl. Renzsch 1994: 125.
71 Siehe dazu die Stellungnahme der Konferenz der Länderfinanzminister und -senatoren vom 1. Oktober 1992, abgedruckt in Senator für Finanzen der Freien Hansestadt Bremen 1993: 117 ff.
72 Vgl. Altemeier 1999: 192.
73 Als weiterer Ausgangspunkt diente die in den bisherigen Verhandlungen erstellte Dissensliste, die die Positionen aller Länder verzeichnete. Vgl. Czada 1995c: 95.
74 Zur Entwicklung des „*Hannover-Modells*" vgl. Schwinn 1997: 166, Bösinger 1999: 128 f.
75 Das entspricht +21,6 % gegenüber dem bisherigen Länderanteil.

- Änderung des Stufentarifs für die Ausgleichszuweisungen im Länderfinanzausgleich: Ausgleich bis 85 % der durchschnittlichen Länderfinanzkraft zu 100 %, danach Auffüllung der auf 100 % fehlenden Finanzkraft zu 66,6 % (Mindestauffüllung 95 %)
- Keine Änderung des Zahlertarifs (Modifizierung bleibt den finanzstarken Ländern vorbehalten)
- Einhaltung des „*Ausgewogenheitsgrundsatzes*" (keine überproportionale Pro-Kopf-Belastung der ärmeren westdeutschen Länder)
- Beibehaltung der BEZ für die Kosten der politischen Führung
- Bereitstellung der zusätzlichen Finanztransfers an die neuen Länder über Sonderbedarfs-BEZ und/oder Finanzhilfen nach Art. 104a IV GG
- Sonderbedarfs-BEZ zur Bereinigung der Haushaltsnotlage für Bremen und Saarland

Nachdem sich die sechs Länder auf diesen Entwurf verständigt hatten, bestand für sie das Hauptanliegen darin, die übrigen Ost-Länder vom Nutzen eines ländereinheitlichen Vorgehens zu überzeugen. Denn diese hatten sich am 21.10.1992 in einer „*Gemeinsamen Stellungnahme*" im Grundton sehr aufgeschlossen zum „*Thesenpapier*" geäußert. Darin begrüßten sie ebenso das Angebot erheblicher Finanzzuweisungen und Investitionshilfen, wie sie das Finanzausgleichskonzept des Bundes als prinzipiell geeignet anerkannten. Allerdings forderten sie auch Nachbesserungen wie a) eine Anhebung der Mindestauffüllung im neu konzipierten Finanzausgleich auf 99 % (statt 95 %), b) keine finanzielle Beteiligung der Ost-Länder am Schuldendienst des Erblastentilgungsfonds und c) einen „*Ausgewogenheitsgrundsatz*" bei der Lastenverteilung zwischen den West-Ländern.[76]

Während sich im Westen die Abstimmungsprozesse intensivierten,[77] stellte sich das Lager im Osten sehr uneinheitlich und kaum einschätzbar dar.[78] Auf der Ministerpräsidentenkonferenz am 29./30.10.1992 in Dresden konnten sich die Länder deshalb noch nicht auf einen gemeinsamen Länderstandpunkt einigen. Vor allem die Höhe des Transfervolumens blieb umstritten, wobei die Vorstellungen über den Umfang mit Summen von 15 bis 30 Mrd. € noch enorm variierten. Eine West-Ost-Annäherung zeichnete sich erst im November ab. Da sich die Ost-Länder vom Bundesfinanzministerium zunehmend in die Rolle des Bittstellers gedrängt sahen, gaben sie sukzessive ihre Vorbehalte gegen eine länderinterne Koordinierung auf.[79] Ein entscheidender Durchbruch gelang bei der außerordentlichen Arbeitstagung der Finanzreferenten in der Bremer Landesvertretung am 11./12.11.1992 in Bonn. In der Sitzung, die auf Vorschlag des Bremer Vertreters anberaumt wurde, verliefen die Beratungen anfangs ausgesprochen heikel, letztendlich aber zeigte sich die überwiegende Mehrheit sehr konzessionsbereit. Hierbei erklärten sich die West-Länder zu Zugeständnissen an ihre östlichen Bundesgenossen bereit.[80] Damit erreichten sie, dass sich auch Berlin, Sachsen und Thüringen der Mehrheitsgruppe anschlossen. Lediglich die unionsregierten Länder Baden-Württemberg, Mecklenburg-Vorpommern und Sachsen-Anhalt

---

76 Vgl. Bösinger 1999: 124 f.
77 Nicht nur die finanzschwächeren Länder, auch Bayern und Nordrhein-Westfalen koordinierten sich noch enger. Von den ostdeutschen Ländern nahm hingegen nur Brandenburg an den Abstimmungsprozessen teil. Vgl. Bösinger 1999: 124.
78 Vgl. Altemeier 1999: 192.
79 Die ostdeutschen Länder signalisierten der Bundesregierung wiederholt ihre Bereitschaft zu Separatverhandlungen über den Aufbau Ost. Zwar gab es seit dem Frühsommer 1992 regelmäßige Konsultationen, die die westdeutschen Länder mit Argwohn beobachteten, allerdings ließ sich der Bund weder auf Konzessionen ein, noch behandelte er die neuen Länder als gleichberechtigte Partner. Damit gewann die Orientierung an den westdeutschen Ländern an Reiz. Vgl. Altemeier 1999: 196 f., Bösinger 1999: 134 f.
80 Dies betraf die Schaffung von zusätzlichen Bedarfselementen im Finanzausgleich sowie die Etablierung von Finanzhilfen. Überdies wurde ein Regelungsbedarf für die Finanzschwäche der Kommunen implizit akzeptiert. Vgl. Altemeier 1999: 194.

äußerten noch Einwände. Am Ende hielten die Finanzreferenten die erreichten Übereinstimmungen für hinreichend, um einen „*Gemeinsamen Länderstandpunkt*" zu formulieren. Dessen Eckpunkte basierten im Wesentlichen auf dem aus dem bayerischen Vorschlag hervorgegangenen „*Hannover-Modell*".[81]

Eckpunkte des „Gemeinsamen Länderstandpunkts":
- Umsatzsteuervorausgleich und Länderfinanzausgleich: Fortführung des bisherigen Regelwerks unter Anpassung der Tarifstrukturen (Empfängertarif wie im „*Hannover-Modell*")
- Erhöhung des Länderanteils an der Umsatzsteuer um 8 Prozentpunkte zzgl. 3,4 Mrd. € der bisherigen „*Berlinhilfe*"
- Ausgleich der überproportionalen Belastungen der finanzkraftschwächeren westdeutschen Länder
- Beibehaltung der bestehenden Bundesergänzungszuweisungen
- Degressive Übergangs-Bundesergänzungszuweisungen für die finanzkraftschwächeren alten Länder
- Sonderbedarfs-Bundesergänzungszuweisungen für Saarland und Bremen zur Haushaltssanierung
- Sonderbedarfs-Bundesergänzungszuweisungen für die neuen Länder
- Ergänzende Finanzhilfen für das Beitrittsgebiet zum Abbau der bestehenden Infrastrukturdefizite
- Ablehnung einer Länderbeteiligung an der Abfinanzierung der Schulden des Erblastentilgungsfonds
- Beitrag des Bundes für die noch unterentwickelte Finanzausstattung der Kommunen im Beitrittsgebiet

Trotz der Übereinstimmung hierüber blieben noch drei diffizile Fragen offen:

1. *Berücksichtigung der kommunalen Finanzkraft*:
   Die finanzschwachen Länder forderten eine vollständige Berücksichtigung der kommunalen Finanzkraft im Finanzausgleich (bisher: 50 %), da dies eine zusätzliche West-Ost-Umverteilung von rd. 3 Mrd. € bewirken würde. Die West-Länder erkannten zwar die Gefahr einer finanziellen Unterausstattung der Kommunen im Osten an, vor allem die reichen Länder lehnten aber eine höhere Berücksichtigung der gemeindlichen Finanzen strikt ab. Als Kompromiss wurde eine Lösung außerhalb des Länderfinanzausgleichs angestrebt. Die westdeutschen Länder dachten dabei speziell an Sonderbedarfs-Bundesergänzungszuweisungen. Dies bewerteten die ostdeutschen Länder mit Skepsis, weshalb eine konkrete Klärung unterblieb.
2. *Kompensation der überproportionalen Belastungen der finanzkraftschwächeren, westdeutschen Länder*:
   Die betroffenen Länder beanspruchten eine Änderung der Tarifstruktur mit einem Umverteilungsvolumen von rd. 0,6 Mrd. €. Hiergegen wandten sich die finanzstarken Länder, da dies losgelöst vom vorübergehenden Kompensationsbedarf dauerhafte Umverteilungswirkungen zur Folge haben würde. Zugleich hielten sie den Betrag für zu hoch angesetzt. Bayern bezifferte die überproportionale Belastung mit lediglich rd. 0,2 Mrd. €. Im Ergebnis wurde den finanzkraftschwächeren westdeutschen Länder zwar ein Kompensationsbedarf zugestanden, Art und Höhe mussten aber noch vereinbart werden.
3. *Lastenverteilung zwischen den finanzstarken Ländern*:
   Umstritten blieb auch noch die Regelung des Zahlertarifs. Es lagen verschiedene Modelle vor (Proportional- und Stufentarife), eine Einigung erzielten die betroffenen Länder indes nicht.

Politisch beschlossen wurde der „*Gemeinsame Länderstandpunkt*" bei der *Finanzministerkonferenz am 19.11.1992*.[82] Insgesamt votierten 13 Länder für das in der vorherigen Woche erarbeitete Konzept. *Baden-Württemberg*, das sich stark am Leitbild des „*Wettbewerbsföderalismus*" orientierte, sträubte sich vehement gegen den Entwurf, da dieser zu einer Übernivellierung führe.[83] *Mecklenburg-Vorpommern* und *Sachsen-Anhalt* enthielten sich der Stimme. Im Kontrast zu Baden-Württemberg pochten sie auf eine Ausweitung des Finanzausgleichs und eine zufrieden stellende Lösung für die unterdurchschnittliche Finanzkraft

---

81 Zur Arbeitstagung der Finanzreferenten vgl. Stauch u.a. 1993: 18 f., Altemeier 1999: 193 f.
82 Zur Finanzministerkonferenz vgl. Stauch u.a. 1993: 19, Altemeier 1999: 194 f.
83 Siehe das Beratungsergebnis der Finanzministerkonferenz vom 19. November 1992 in Bonn („*Gemeinsamer Länderstandpunkt*"), abgedruckt in Senator für Finanzen der Freien Hansestadt Bremen 1993: 126 f.

der ostdeutschen Kommunen.[84] Obgleich der noch vorhandenen Widerstände bedeutete die Zustimmung von vier der sechs Ost-Länder einen beachtlichen Fortschritt auf dem Weg zu einer einheitlichen Länderposition. Ausschlaggebend für die Unterstützung dieser Länder waren die budgetären Vorteile des Ländermodells.[85]

5.2.2 Bund-Länder-Verhandlungen

Unmittelbar im Anschluss an die Finanzministerkonferenz begannen am 19. November die informellen *Bund-Länder-Verhandlungen* am Rande der 76. Sitzung des Finanzplanungsrates.[86] Auf Einladung Waigels trafen sich die Budgetchefs von Bund und Ländern, um über a) die Reform der föderalen Finanzbeziehungen, b) die Konsolidierung der öffentlichen Haushalte sowie c) die Haushaltssanierung der Länder Bremen und Saarland[87] zu beraten.[88] Bis dahin verhielt sich die Bundesregierung sehr zurückhaltend, sie suchte nicht das Gespräch mit den Ländern und signalisierte auch keine Verhandlungsbereitschaft.[89] Nun unterbreitete Waigel seinen Länderkollegen erstmals persönlich die Bundesposition zur Regelung der drei Problemkreise. Seine Überlegungen stießen gleichwohl auf das entschiedene Missfallen der Ländervertreter. Ein Konsens lag demnach in weiter Ferne, dennoch bekundeten alle Beteiligten ihre Bereitschaft, ein gemeinsames Ergebnis zu finden. Sie beriefen deshalb drei Arbeitsgruppen, die Lösungsvorschläge zu den Regelungsbereichen entwickeln sollten. Der auf Finanzstaatssekretärsebene relativ hoch angesiedelten AG *„Neuordnung der Finanzbeziehungen"* wurden dabei die Themen Länderfinanzausgleich, Transfervolumen, Bund-Länder-Lastenverteilung sowie Altschuldenregelung zugewiesen.

In den daran anschließenden Verhandlungen kamen sich beide Seiten nicht näher. Die Gesandten des Bundesfinanzministeriums vertraten stets Maximalpositionen.[90] Zentrale Streitpunkte waren dabei einerseits die Höhe der Finanztransfers für den Osten und andererseits die Lastenverteilung zwischen Bund und Ländern. Manifest wurde dies am 16.12.1992, als die AG *„Neuordnung der Finanzbeziehungen"* ihren *Zwischenbericht* vorlegte.[91] Dieser illustrierte die konträren Positionen zwischen den föderalen Ebenen. Bezüglich der *Regelung der Transferleistungen* variierten die Vorstellungen zwischen der Bun-

---

84 Zudem bezweifelten diese Länder, ob der Bund sich neben der im Ländermodell vorgesehenen Revision der Umsatzsteuerverteilung bereit erklären würde, zusätzliche Mittel für den Aufbau Ost bereitzustellen. Vgl. Renzsch 1994: 126.
85 Die Leistungen waren für die Ost-Länder wesentlich attraktiver. Zum einen bot das Ländermodell deutlich höhere Pro-Kopf-Zahlungen als der Bundesentwurf (212 €). Zum anderen waren langfristig garantierte Transfers sicherer als einseitig und kurzfristig reduzierbare Subventionen des Bundes.
86 Zum Verhandlungsbeginn vgl. Stauch u.a. 1993: 19, Altemeier 1999: 198, Bösinger 1999: 127.
87 Bremen und das Saarland versuchten zuvor, die Hilfsleistungen zur Beseitigung der Haushaltsnotlage von der Finanzreform zu entkoppeln. Hiergegen hatten aber die übrigen finanzschwächeren westdeutschen Länder Bedenken, da sie eine Schwächung ihrer Position fürchteten. Eine Loslösung lehnte auch das Bundesfinanzministerium ab, das nur zur gemeinsamen Regelung aller Finanzfragen bereit war, um die übrigen Länder an den Sanierungshilfen beteiligen zu können. Ausführlich dazu Bösinger 1999: 125 ff.
88 Einschließlich der Altschuldenregelung stand nach Schätzungen Waigels ein Volumen von insgesamt rd. 40-50 Mrd. € zur Disposition.
89 Erstmals arrangierte das Bundesfinanzministerium Anfang November 1992 ein Treffen auf Arbeitsebene. Hierbei erläuterten die Bundesvertreter nur die im *„Thesenpapier"* vorgelegte Position. Gespräche hierüber lehnten sie aber ab, was von den Ländern als arrogant betrachtet wurde. Vgl. Altemeier 1999: 196 f.
90 Vgl. Schwinn 1997: 166 f.
91 Siehe den Zwischenbericht der Bund/Länder-Arbeitsgruppe zur Neuordnung der bundesstaatlichen Finanzbeziehungen vom 16. Dezember 1992.

5.2 Akteursinteressen, Verhandlungsprozesse, Ergebnisse

desregierung (rd. 25 Mrd. €[92]) und den Ost-Ländern (rd. 40 Mrd. €) gewaltig. Noch komplizierter gestaltete sich der Streit um die *Lastenteilung zwischen dem Bund und den alten Ländern*. Sowohl die Bundesregierung als auch die Länder reklamierten eine Deckungsquotenlücke, woraus beide einen Anspruch auf eine Erhöhung der eigenen Umsatzsteueranteile ableiteten. Besonders umstritten war die Finanzdatenbasis. Die Länderfinanzministerien hielten dabei den Haushältern des Bundes vor, sowohl die Entlastungen des Bundes ab 1995 nicht in die Berechnungen zu integrieren („*Berlinhilfe*", Wegfall der bisherigen BEZ, Bundesleistungen an den Fonds „*Deutsche Einheit*"), als auch seine neu entstehenden Belastungen zu hoch anzusetzen (Schuldendienst für den Erblastentilgungsfonds).[93] Eine über den bisherigen Verhandlungsstand hinausgehende Annäherung stellte sich daher nicht ein. Angesichts der immensen Interessenunterschiede erzielte auch der Bundeskanzler bei seiner Beratung mit den Ministerpräsidenten am 18.12.1992 noch keinen Fortschritt.[94] Lediglich die Zahlung des verfassungsgerichtlich vorgegebenen Nachteilsausgleichs für Bremen und Nordrhein-Westfalen wurde noch Ende 1992 geregelt.[95]

Weiter zugespitzt wurde der Konflikt zwischen Bund und Ländern, als die Bonner Koalition nach zweitägiger Beratung am 19.1.1993 den ersten *Gesetzesentwurf des „Föderalen Konsolidierungsprogramms"*[96] beschloss. Nachdem die Gespräche der Bund-Länder-Arbeitsgruppen erfolglos versandeten und sich der außenpolitische Handlungsdruck auf die Bundesregierung in Anbetracht der währungswirtschaftlichen und konjunkturellen Folgen der Hochzinspolitik verschärfte, sah sich die Bundesregierung zu diesem Vorstoß gezwungen.[97] Mit dem Konzept für ein Artikelgesetz wollte die Regierung a) die Finanzausstattung der ostdeutschen Länder, b) die Revision des bundesstaatlichen Finanzausgleichs sowie c) die Altschuldenfrage regeln. Die Neuordnung der Finanzbeziehungen basierte dabei im

---

92 Der Bundesentwurf entsprach einem Gesamtausgabenniveau je Einwohner in Höhe von 105 % des Niveaus der westdeutschen Länder sowie Pro-Kopf-Investitionsausgaben von 180 % des Westniveaus. Im Kontrast dazu beanspruchten die Ost-Länder eine Finanzausstattung je Einwohner von 120 % (Gesamtausgaben) bzw. 250 % (Investitionsausgaben) des Westniveaus.

93 Eine Konsens zwischen den Finanzministerien bestand lediglich darin, a) keine Grundgesetzänderungen anzustreben, b) die ostdeutschen Länder in den sekundären Finanzausgleich ohne weitere Übergangslösung zu integrieren sowie c) diesen Ländern über die Regelleistungen des Finanzausgleichs zusätzliche Mittel bereitzustellen. Ergebnislos verlief die AG „*Konsolidierung der öffentlichen Haushalte*". Sie scheiterte trotz intensiver Beratungen daran, dass die beiden SPD-Vertreter Heinz Schleußer (Nordrhein-Westfalen) und Heide Simonis (Schleswig-Holstein) nicht autorisiert waren, die in hohem Maße vom Parteienwettbewerb geprägten sozialpolitischen Themen zu präjudizieren (vgl. Altemeier 1999: 200). Lediglich die AG „*Sanierung der Länder Bremen und Saarland*" schaffte es, konstruktive Konzepte für die weiteren Beratungen zu entwickeln. Die Konflikte konzentrierten sich a) auf den Beginn der Hilfsleistungen (1993, 1994 oder 1995), b) auf das Volumen (Vorschlag der Bundesregierung: insgesamt 1,28 Mrd. € p.a., Position der betroffenen Länder insgesamt 1,74 Mrd. € p.a.) sowie c) auf die Beteiligung der übrigen Länder an den Hilfszahlungen. Siehe den Bericht der Bund/Länder-Arbeitsgruppe vom 20. Januar 1993 zur Haushaltssanierung Bremen/Saarland, abgedruckt in Senator für Finanzen der Freien Hansestadt Bremen 1993: 406 ff. sowie den Zwischenbericht der Bund/Länder-Arbeitsgruppe vom 11. Dezember 1992, abgedruckt in Senator für Finanzen der Freien Hansestadt Bremen 1993: 387 ff. Vgl. auch Stauch u.a. 1993: 27 ff., Bösinger 1999: 141 ff.

94 Bereits am 7.12.1992 trafen sich Kohl und Waigel mit den Verhandlungsführern der Länder, Oskar Lafontaine (SPD, Saarland) und Kurt Biedenkopf (CDU, Sachsen). Eine Annäherung konnte bei diesen Treffen nicht erzielt werden, allerdings bekräftigte Lafontaine, dass die SPD-regierten Länder prinzipiell zur Mitarbeit am Solidarpakt bereit seien.

95 Siehe Bundesgesetzblatt Teil I 1992 Nr. 58 vom 24.12.1992: 2124.

96 Seit dem Spätherbst 1992 firmierte die gesetzgeberische Umsetzung des Solidarpakts für Ostdeutschland und der Haushaltskonsolidierung unter dem Arbeitstitel „*Föderales Konsolidierungsprogramm*".

97 Vgl. Altemeier 1999: 201.

Wesentlichen auf dem „*Thesenpapier*" des Bundesfinanzministeriums vom September 1992. Davon abweichend sah der Entwurf folgende Ergänzungen und Korrekturen vor:

Eckpunkte des Gesetzentwurfs der Bundesregierung: Abweichungen gegenüber dem „Thesenpapier"
- Jährliches Finanzvolumen von über 56 Mrd. € (davon Finanzausgleichsvolumen 33 Mrd. € und Kapitaldienst für Altschulden rd. 23,5 Mrd. €
- Korrektur der Umsatzsteuerverteilung um 4 Prozentpunkte zu Gunsten des Bundes (Verteilung im Bund-Länder-Verhältnis von 67 % : 33 % statt bisher 63 % : 37 %)
- Erhöhung der zusätzlichen Finanztransfers an die ostdeutschen Länder: insgesamt rd. 16,6 Mrd. €, davon zwei Drittel als degressiv veranschlagte Sonderbedarfs-Bundesergänzungszuweisungen und ein Drittel als Investitionshilfen nach Art. 104a IV GG
- Übergangs-Bundesergänzungszuweisung für die bisherigen Empfänger von Bundesergänzungszuweisungen für 5 Jahre (degressive Gestaltung, Anfangsbetrag rd. 1,3 Mrd. €)

Zur Refinanzierung der Transfers und zur Konsolidierung der öffentlichen Haushalte plante Bonn überdies die Neuauflage des Solidaritätszuschlags zur Einkommen- und Körperschaftsteuer sowie ein umfangreiches Sparpaket, das sich vornehmlich auf soziale Leistungsgesetze[98] bezog. Da das Bundeskonzept die Mehrbelastungen vornehmlich den Ländern zuschob, wiesen deren Regierungen den Gesetzentwurf als inakzeptabel zurück.[99]

Im Endeffekt führte der Entwurf nicht bloß zu einer Intensivierung der Spannungen zwischen den Ebenen, er motivierte die Länder auch, einen eigenen Gesetzentwurf auf Basis des „*Gemeinsamen Länderstandpunkts*" zu formulieren.[100] Vor allem die leistungskraftschwächeren alten Länder versuchten sich schon bald an einer Weiterentwicklung des „*Hannover-Modells*", um dessen Zustimmungsfähigkeit speziell im Hinblick auf die noch wankelmütigen Ost-Länder Sachsen-Anhalt und Mecklenburg-Vorpommern zu verbessern.[101] Unterdessen probte auch die Sozialdemokratie eine parteiinterne Koordinierung. Auf Einladung Lafontaines, dem Koordinator der SPD für den Solidarpakt, kamen am 28.1.1993 30 führende Politiker aus Bund und Ländern in der saarländischen Landesvertretung in Bonn zusammen. Obwohl sich die SPD schon zuvor um eine intensive Abstimmung bemühte, gelang es auch dieser Runde angesichts der Interessengegensätze zwischen Bundes- und Landespolitikern nicht, eine gemeinsame Line zu verabreden. Bezüglich der föderalen Finanzbeziehungen positionierte sich die SPD sehr nahe an den Ländern, allerdings spielte dieses Thema für die Parteipolitik nur eine untergeordnete Rolle.[102] Auswirkungen der parteiinternen Abstimmung auf die verhärteten Fronten zwischen den gebietskörperschaftlichen Ebenen blieben deshalb aus.

Diese zeigten sich wieder am 3. Februar beim Treffen der Regierungschefs. Nicht ein einziger Ministerpräsident bekundete seine Zustimmung zu den Bonner Plänen.[103] Gleichwohl einigten sich die Landesfürsten über das weitere Verfahrensprozedere. Um einen Vermittlungsausschuss mit ungewissem Ausgang zu vermeiden, bevorzugten die Länder die

---

98 Speziell beabsichtigt waren Leistungssenkungen beim Erziehungsgeld, bei der Ausbildungsförderung, bei der Sozialhilfe, beim Wohngeld und Wohnungsumbau sowie bei den Lohnersatzleistungen. Das Programm sah ferner Ausgabenkürzungen und die Streichung steuerlicher Vergünstigungen in den Bereichen öffentlicher Dienst, Verteidigung, Landwirtschaft, Kohlehilfe und Werften vor.
99 Die finanzstarken Länder wurden zwar vergleichsweise geringer belastet, ihre Pro-Kopf-Belastung im Bundesmodell lag aber immer noch deutlich über dem Niveau des Ländermodells. Vgl. Stauch u.a. 1993: 19.
100 Vgl. Schwinn 1997: 167, Bösinger 1999: 146.
101 Diesbezüglich erarbeiteten sie am 27.1.1993 ein erstes Argumentationspapier. Vgl. Altemeier 1999: 151.
102 Ausführlich zur Koordination innerhalb der SPD: Bösinger 1999: 147 ff.
103 Vgl. Altemeier 1999: 205. Ebenso wenig konnte eine Einigung beim Gespräch zwischen Kohl, Waigel, Biedenkopf und Lafontaine am 26.1.1993 erzielt werden.

Einberufung eines informellen Gipfeltreffens. Aus diesem Grund beraumten die Regierungschefs eine Klausurtagung unter Beteiligung der Fraktionsvorsitzenden des Bundestages an. Zu deren Vorbereitung setzten sie zudem eine Arbeitsgruppe ein, der die Finanzminister des Bundes sowie der Länder Baden-Württemberg, Nordrhein-Westfalen, Sachsen und Schleswig-Holstein angehörten. Diese sollte vor allem die Ausgangsdaten abgleichen sowie die budgetären Ausgleichsfolgen der einzelnen Regelungen für die Verhandlungspartner berechnen. Direkt im Anschluss an das Treffen mit Kohl verabredeten die Länderchefs, eine Sonder-Ministerpräsidentenkonferenz am 26./27.2.1993 in Potsdam abzuhalten, um auf der Grundlage des „*Gemeinsamen Länderstandpunkts*" einen eigenen Gesetzentwurf zu formulieren.[104]

Das Fundament hierzu legten die Finanzminister bei ihrer Konferenz am 18.2.1993 in Bonn. Gegen die Stimme Baden-Württembergs und bei Enthaltung Sachsen-Anhalts und Mecklenburg-Vorpommerns beschlossen die Minister der 13 weiteren Länder einen eigenen *Gesetzentwurf der Länder*. Die Vorarbeiten dafür leisteten die Finanzreferenten Bremens und Niedersachsens.[105] Mit der Ende Januar erstellten „*Niedersachsen-Fassung*" versuchten sie die Eckpunkte des „*Gemeinsamen Länderstandpunkts*" in Gesetzesform zu transformieren und gleichfalls die noch offenen Fragen zu lösen. Diese berieten sie in bilateralen Gesprächen mit Vertretern der drei Länderblöcke, um die Konsensfähigkeit des Modells zu verbreitern. Dessen ungeachtet spiegelte letzten Endes der Entwurf auch die besonderen Interessen der Urheber wider.[106] Dennoch segnete die Konferenz mit nur geringfügigen Änderungen die „*Niedersachsen-Fassung*" ab.[107] Ungeklärt blieb der Zahlertarif, der zwischen den finanzstarken Ländern höchst kontrovers war.[108] Außerdem befürchteten die beiden sich enthaltenden Länder, dass ihre Bundesgenossen im Westen mit dem vorliegenden Entwurf zu sehr geschont und damit dem Bund die Ressourcen für den Aufbau Ost fehlen würden.[109]

Angesichts dieser fortbestehenden Dissonanzen wurde die *Potsdamer Ministerpräsidentenkonferenz* mit Spannung erwartet. Am 26. und 27.2.1993 trafen sich die Länderchefs und ihre Finanzminister im Schloss Cäcilienhof, um eine gemeinsame Verhandlungsposition sowohl hinsichtlich der föderalen Finanzbeziehungen als auch der weiteren Themen (Einsparvorschläge, Steuererhöhungen, sonstige Einnahmeverbesserungen) zu entwickeln. Die Abstimmungsprozesse – die a) im Plenum, b) getrennt nach Parteizugehörigkeit und c) nach finanzpolitischer Interessenlage geführt wurden – verliefen ausgesprochen diffizil, wobei ein Scheitern der Tagung ernsthaft drohte. Unter der Führung Bayerns und Nordrhein-Westfalens und dank des Engagements der Finanzminister Klaus-Dieter Kühbacher (Brandenburg, SPD) und Georg Milbradt (Sachsen, CDU) konnte dies jedoch vermieden werden. Die Letztgenannten, aus Westdeutschland stammenden Minister, waren ebenso wie ihre Kollegen der West-Länder davon überzeugt, dass nur durch eine gemeinsame Position

---

[104] Vgl. Altemeier 1999: 208 f.
[105] Zu den Vorarbeiten Altemeier 1999: 209 ff.
[106] Zu nennen sind z.B. die Beibehaltung der Hafenlasten, die verfassungskonforme Weiterentwicklung der Ländersteuergarantie oder die Berücksichtigung der kommunalen Finanzkraft in Höhe von 50 %. Vgl. Bösinger 1999: 152.
[107] Korrigiert wurden die Sonderbedarfs-Bundesergänzungszuweisung für die ostdeutschen Länder, die BEZ für die Kosten der politischen Führung sowie die Garantieklauseln. Vgl. Stauch u.a. 1993: 19.
[108] Baden-Württemberg drohte mit einer Normenkontrollklage, falls die „*tote Zone*" sowie die Vollabschöpfung im Zahlertarif beibehalten werden sollten. Desgleichen empfand Hessen die bestehende Regelung als ungerecht und stimmte dem Entwurf nur unter Vorbehalt zu (vgl. Altemeier 1999: 213).
[109] Vgl. Bösinger 1999: 152.

weitere Kompetenzverlagerungen zu Gunsten des Bundes verhindert werden könnten.[110] Besonders die noch unschlüssigen Länder *Sachsen-Anhalt* und *Mecklenburg-Vorpommern* ließen sich erst in langwierigen Gesprächen vom Vorteil eines ländereinheitlichen Vorgehens überzeugen. Indem Kühbacher und Milbradt ihren ostdeutschen Kollegen die Gefahren einer noch stärkeren Abhängigkeit vom Bund aufzeigten, gelang es ihnen schließlich, diese Länder doch noch für den gemeinsamen Entwurf zu gewinnen.[111] Provoziert hatte diese Umkehr nicht zuletzt das Bundesfinanzministerium selbst, da es durch seine unnachgiebige Haltung die Länder noch stärker zu einem einvernehmlichen Vorgehen disziplinierte.[112] *Baden-Württemberg* ließ sich noch bekehren, da es keine Durchsetzungsmöglichkeit für sein am „*Wettbewerbsföderalismus*" orientiertes Modell sah.[113]

Ausschlaggebend für das Umschwenken dieser drei Länder waren nicht zuletzt materielle Zugeständnisse. *Einerseits* betraf dies das Entgegenkommen an Baden-Württemberg und Hessen bezüglich der *Gestaltung des Zahlertarifs*. Bis zum Schluss blieb der Verteilungskonflikt innerhalb der reichen Länder eine der vertracktesten und kontroversesten Materien. Im Prinzip einigten sich die finanzstarken Länder auf den Kompromissvorschlag Hessens, welcher die Abschaffung der „*toten Zone*" sowie der Vollabschöpfung vorsah. Eine endgültige Klärung erreichten sie indes nicht, vielmehr enthielt das Protokoll lediglich die amorphe und sachlich in sich widersprüchliche Aussage, dass ein linear progressiver Tarif mit konkreten Stufen gebildet werden solle.[114] *Andererseits* wurde dies durch die *Anhebung der West-Ost-Transfermasse* erreicht. Hier standen sich die Forderung der Ost-Länder nach Leistungen im Umfang von knapp 40 Mrd. € p.a. und das Angebot ihrer westdeutschen Genossen auf Zahlungen von knapp 31 Mrd. € gegenüber. Mit dieser Offerte legten die West-Regierungen gegenüber den bisherigen Zahlen noch einmal nach, gleichwohl lehnten sie weitere Konzessionen ab, da sie nicht die Realisierung ihrer Positionen im regelgebundenen Finanzausgleich gefährden wollten. Wie beim Zahlertarif erreichten die Länder auch bei dieser Materie keine abschließende Einigung. Allerdings verständigten sie sich auf ein Transfervolumen von 30,7 Mrd. €, ohne dass die Ost-Länder formal auf ihre Position verzichteten. Im Gegenzug kamen die westdeutschen Vertreter ihren Kollegen bei der Verstetigung des Fonds „*Deutsche Einheit*" noch weiter entgegen. Im Kontrast zum Bund, der für 1993/1994 eine Aufstockung um insgesamt 5,2 Mrd. € zugestand, boten sie insgesamt 7,4 Mrd. €. Maßgeblich für das Einverständnis der ostdeutschen Ministerpräsidenten war neben diesem Zugeständnis, dass das Ländermodell a) voluminöser als der Bundesentwurf ausfiel (30,7 Mrd. € statt 29,4 Mrd. €), b) einen größeren Anteil regelgebundener Leistungen offerierte und damit mehr Unabhängigkeit vom Bund gewährte sowie c) keine Degression bei den Transfers ansetzte. Mittels dieser Kompromisse schafften die Länder, was ihnen kaum ein Kommentator zutraute: die einstimmige Verabschiedung eines eigenen Gesetzentwurfs zur Umsetzung des „*Föderalen Konsolidierungsprogramms*".[115]

---

110 Vgl. Renzsch 1994: 123, 126.
111 Vgl. Schwinn 1997: 168.
112 Vgl. Altemeier 1999: 214.
113 Bis zur Potsdamer Konferenz blieb Baden-Württemberg von den übrigen Ländern relativ isoliert. Vgl. Stauch u.a. 1993: 19.
114 Vgl. Stauch u.a. 1993: 19, Altemeier 1999: 214 f.
115 Siehe das Ergebnisprotokoll der Konferenz der Regierungschefs der Länder in Potsdam am 26. und 27. Februar 1993, abgedruckt in Senator für Finanzen der Freien Hansestadt Bremen 1993: 145 ff.

5.2 Akteursinteressen, Verhandlungsprozesse, Ergebnisse

Rahmendaten des Gesetzentwurfs der Länder:[116]
- Korrektur der Umsatzsteuerverteilung um 8 Prozentpunkte zu Gunsten der Länder zzgl. eines der *„Berlinhilfe"* entsprechenden Betrags (3,43 Mrd. €)
- Beibehaltung des Umsatzsteuervorabausgleichs mit einer Auffüllung auf mindestens 92 % der durchschnittlichen Pro-Kopf-Ländersteuerkraft
- Weitgehend unveränderte Fortführung des Länderfinanzausgleichs bei einer Auffüllung auf mindestens 95 % der durchschnittlichen Länderfinanzkraft (Ausgleichsmesszahl)
- Verfassungskonforme Modifizierung und Halbierung der Ländersteuergarantie
- Korrektur der Fehlbetrags-BEZ mit einer Auffüllung auf mindestens 99,5 % des Länderdurchschnitts
- Sonderbedarfs-BEZ für die Kosten der politischen Führung in Höhe von 0,786 Mrd. € p.a. an die Länder Berlin, Brandenburg, Bremen, Mecklenburg-Vorpommern, Rheinland-Pfalz, Saarland, Sachsen-Anhalt, Schleswig-Holstein und Thüringen
- Sonderbedarfs-BEZ für die Ost-Länder im Volumen von 7,16 Mrd. € p.a. für die Dauer von 10 Jahren
- Investitionshilfen für das Beitrittsgebiet in Höhe von 3,38 Mrd. € p.a. für die Dauer von 10 Jahren
- Übergangs-BEZ für die bisherigen Empfänger von Bundesergänzungszuweisungen für 10 Jahre (degressive Ausformung, Ausgangsbetrag 0,688 Mrd. €)
- Sanierungs-BEZ für Bremen und Saarland im Umfang von 1,74 Mrd. € p.a. für 5 Jahre ab 1993
- Umschichtung der Annuitätsbeiträge für den Fonds *„Deutsche Einheit"* zu Lasten der reichen Länder zum Ausgleich der überproportionalen Belastungen der finanzkraftschwächeren westdeutschen Länder (befristet für 10 Jahre, degressive Festbeträge, Ausgangswert 0,433 Mrd. €)
- Abfinanzierung des Erblastentilgungsfonds allein durch den Bund[117]
- Aufstockung des Fonds *„Deutsche Einheit"* in den Jahren 1993 und 1994 um insgesamt 7,36 Mrd. €

Die übrigen, vom Parteienwettbewerb bestimmten Materien des *„Föderalen Konsolidierungsprogramms"* blieben hingegen weitgehend umstritten. Zwar bestand Einigkeit über die Notwendigkeit von Steuererhöhungen, nicht aber über die Höhe, den Beginn und die Art. Keine Annäherung erfolgte bezüglich der von der SPD geforderten Arbeitsmarktabgabe sowie der Kürzungen von Sozialleistungen. Lediglich hinsichtlich der Höhe (rd. 4,62 Mrd. €) und der Aufteilung des Sparpakets (1,15 Mrd. € Ausgabenkürzungen, 3,47 Mrd. € Abbau von Steuervergünstigungen) konnten sich die Länder verständigen.[118]

Wie nicht anders zu erwarten war, lehnte die Bundesregierung die Ergebnisse der Potsdamer Klausurtagung vehement ab. Zur Untermauerung ihres Standpunkts verabschiedete das Kabinett noch im Vorfeld der Solidarpaktklausur am 4.3.1993 ihren als besonders eilbedürftig gekennzeichneten Gesetzentwurf.[119] Im Gegensatz zum Koalitionsentwurf vom 20.1.1993 besserte Bonn nochmals zu Gunsten der Länder nach, indem die Leistungen für die neuen Länder geringfügig angehoben wurden und der Schuldendienst für den Erblastentilgungsfonds allein dem Bund obliegen sollte (!). Ferner präzisierte der Entwurf die Position der Bundesregierung.

---

116 Siehe auch den Entwurf der Finanzministerkonferenz für ein Gesetz zur Neuordnung des bundesstaatlichen Finanzausgleichs vom 18. Februar 1993, abgedruckt in Senator für Finanzen der Freien Hansestadt Bremen 1993: 128 ff.
117 Ein Politikum war die Übernahme der kommunalen Altschulden. Die Bundesregierung forderte, dass sich die neuen Länder hälftig beteiligen. Die SPD engagierte sich hier entschieden für die Ost-Länder, die eine Beteiligung ablehnten. Sie konnte so mit unionsregierten Ländern gegen die Bundesregierung stimmen und gleichzeitig ihren Einsatz für den Osten unter Beweis stellen. Zudem verabschiedete die SPD-Bundestagsfraktion einen Tag vor der Potsdam Konferenz einen 20-Punkte-Katalog zum Solidarpakt, der u.a. mehr Mittel für den Aufbau Ost vorsah. Vgl. Singer 1993: 200 f, Czada 1995c: 89, Renzsch 1997a: 93 ff.
118 Vgl. MPK 1993: 147 f., Altemeier 1999: 213 f.
119 BR-Drs. 121/93. Zur Beschleunigung des Verfahrens brachten die Koalitionsfraktionen einen textidentischen Gesetzentwurf im Bundestag ein (BT-Drs. 12/4401).

Eckpunkte des Gesetzentwurfs des Bundes:
- Erhöhung des Anteils des Bundes an der Umsatzsteuer von 63 % auf 67,5 % (1995) und 68 % (1996)
- Wegfall des Umsatzsteuervorabausgleichs
- Neuordnung des Länderfinanzausgleichs im Wesentlichen analog des „*Thesenpapiers*" des Bundes (Zuweisungen: bis 85 % der Ausgleichsmesszahl werden Fehlbeträge zu 75 % ausgeglichen, zwischen 85 und 98 % erfolgt dies zu 50 %; Beiträge: Proportionaltarif bei Abschaffung der „*toten Zone*")
- Fehlbetrags-BEZ zur Finanzierung von einem Drittel der Zuweisungen im Länderfinanzausgleich (Ausgleichsintensität: max. 99 %)
- Streichung der Hafenlasten und der Bundesergänzungszuweisungen für die Kosten der politischen Führung
- Übergangs-BEZ für die bisherigen Empfänger von Bundesergänzungszuweisungen für 5 Jahre (degressive Gestaltung, Anfangsbetrag 1,28 Mrd. €)
- Sanierungs-BEZ für Bremen und Saarland (5 Jahre ab 1995, Volumen insgesamt 1,28 Mrd. € p.a.)
- Sonderbedarfs-BEZ für die ostdeutschen Länder für 10 Jahre (Ausgangsbetrag 11,50 Mrd. €; jährliche Absenkung um 10 % vom Ursprungsbetrag)
- Infrastrukturprogramm Ost für 10 Jahre im Umfang von 5,11 Mrd. € p.a.
- Überführung der Verbindlichkeiten des Kreditabwicklungsfonds und der Treuhandanstalt ab 1.1.1995 in den Erblastentilgungsfonds; Schuldendienst allein durch den Bund bei einer Abfinanzierung über 30 Jahre
- Aufstockung des Fonds „*Deutsche Einheit*" für die Jahre 1993 und 1994 um insgesamt 5,16 Mrd. €

Verbunden mit weiteren Lastenverschiebungen zum Nachteil der Länder, die sich im Zuge der Regionalisierung des schienengebundenen ÖPNV ergaben, führte das Programm der Bonner Koalition zu einer nachhaltigen finanzpolitischen Stärkung des Bundes.[120] Allerdings manifestierte der leicht revidierte Entwurf auch die Strategie des Bundes. Mit dem Entgegenkommen an die reichen sowie die ostdeutschen Ländern signalisierte die Bonner Koalition die Bereitschaft zum Einlenken. Damit setzte sie auf die Option, sich doch noch mittels einer Spaltung der Länder durchsetzen zu können, was einseitig zu Lasten der finanzkraftschwächeren, allesamt SPD-regierten West-Länder gegangen wäre.[121]

Durch den Vorstoß des Bundes ließen sich die Länderregierungen indes nicht mehr in ihrem Willen beirren, eine gemeinsame Position zu vertreten. Entsprechend der Potsdamer Beschlüsse brachten die Länder Bayern, Nordrhein-Westfalen, Berlin und Mecklenburg-Vorpommern am 5.3.1993 einen *Gesetzentwurf der Länder* ein.[122] Zuvor verständigten sich die reichen Länder auf einen linear-progressiven Zahlertarif, der den Interessen Baden-Württembergs und Hessens entgegenkam.[123] Die beiden Gesetzesanträge unterschieden sich schon in der technischen Systematik, wobei der Länderentwurf nicht nur die bisherige Aufgliederung in Umsatzsteuervorabausgleich, Länderfinanzausgleich und finanzkraftbezogene allgemeine Bundesergänzungszuweisungen beibehielt, sondern auch die einzelnen Elemente wie die Hafenlastenanrechnung und die Ländersteuergarantie nur partiell änderte.[124] Noch gewichtiger als die strukturellen waren die budgetären Differenzen der zwei Vorlagen. Wie Anlage 4 zeigt, unterlag für alle Länder das Bundeskonzept im direkten Vergleich. Überdies zogen die ostdeutschen Gebietskörperschaften Vorteile aus dem Ländermodell: Gemessen am absoluten Transferumfang im Basisjahr 1995 variierten die Konzepte zwar weniger, allerdings sah der Bundesentwurf zahlreiche degressiv angesetzte Leistungen vor, weshalb er dynamisch betrachtet aus Ost-Perspektive unterlegen war. Zudem enthielt

---

120 Vgl. die Einschätzung von Altemeier 1999: 203.
121 Der Wegfall der Hafenlasten und der Ländersteuergarantie, die Verringerung der Ausgleichsintensität sowie die Reduzierung der BEZ hätten vorwiegend diese Länder getroffen. Vgl. Bösinger 1999: 158.
122 BR-Drs. 163/93. Am 9.3.1993 wurde der Entwurf im Bundesrat erstmals behandelt.
123 Abschöpfung zwischen 100 und 101 % der durchschnittlichen Länderfinanzkraft zu 15 %. zwischen 101 und 110 % zu 70 % und für Beträge über 110 % zu 80 %. Damit entfielen sowohl die Vollabschöpfung als auch die „*tote Zone*".
124 Eine Synopse beider Gesetzesanträge ist bei Bösinger (1999: 310 f.) zu finden.

5.2 Akteursinteressen, Verhandlungsprozesse, Ergebnisse

das Länderkonzept einen höheren Anteil an regelgebundenen Zuweisungen, was einen größeren Grad an Haushaltsautonomie implizierte (siehe Anlage 3).[125] Neben dem Volumen der Finanztransfers war die Lastenverteilung zwischen dem Bund und den West-Ländern unverändert der Knackpunkt vor dem Gipfeltreffen. Im Zentrum der Solidarpaktgespräche standen damit vordergründig vertikale, nicht horizontale Verteilungskonflikte.

Angeheizt wurden diese durch die Auseinandersetzungen um die Datenbasis. Mehrfach tagte die extra zu deren Klärung eingesetzte Bund-Länder-Arbeitsgruppe, jedoch scheiterte sie im Bemühen, sich auf eine einheitliche Berechnungsmethode und Zahlengrundlage zu verständigen. Bereits im Herbst keimte der Dissens um die Quantifizierung der Solidarpaktauswirkungen auf. Unmittelbar vor der Solidarpaktklausur entbrannte an dieser Frage der Streit zwischen den Ebenen. Sowohl über die Methode als auch über die Durchführung der Deckungsquotenberechnung, die bekanntermaßen die Basis der vertikalen Umsatzsteuerverteilung bildet, konnten sich die Beteiligten nicht einigen.[126] Als maßgeblicher Zankapfel kristallisierten sich kurz vor der Klausurtagung die Entlastungen des Bundes durch den Entfall der bisherigen Regelungen heraus. Die Länderfinanzministerien konnten ihrem Gegenpart Waigel mit Unterstützung der Zentralen Datenstelle der Länderfinanzminister vorhalten, dass dieser den Wegfall a) der Bundeszuschüsse zum Fonds *„Deutsche Einheit"*, b) der *„Berlinhilfe"*, c) des Schuldendienstes zum Kreditabwicklungsfonds und d) der bisherigen Bundesergänzungszuweisungen in seinen Berechnungen nicht auswies. Sie monierten daher noch vor Beginn des Solidarpaktgipfels die „Rechentrickereien" des Bundesfinanzministeriums, ohne damit Waigel beeindrucken zu können.[127]

Politisch nicht minder brisant als die föderalen Finanzen zeigten sich die weiteren Themen des *„Föderalen Konsolidierungsprogramms"*. An der Frage der wirtschaftlich sinnvollsten und sozial gerechtesten *Refinanzierungsstrategie* schieden sich Bundesregierung und Opposition. Während die Koalition hauptsächlich auf Leistungskürzungen im Sozialbereich setzte, plädierte die SPD vorwiegend für Steuererhöhungen und eine Arbeitsmarktabgabe für Beamte, Selbstständige, Minister und Abgeordnete. Die Wiedereinführung des Solidaritätszuschlags zeichnete sich zwar schon vor der Klausurtagung ab, Zeitpunkt und Höhe der Ergänzungsabgabe zur Lohn- und Einkommensteuer blieben aber noch offen.[128] Angesichts des parteipolitisch enorm zugespitzten Disputs war nicht absehbar, ob und wie sich das Bonner Kabinett mit dem von der SPD dominierten Bundesrat würde arrangieren können. Zumal weder innerhalb der Koalition noch innerhalb der SPD Einigkeit über die Solidarpaktziele herrschte.[129] Während in der Union der Arbeitnehmerflügel, die ostdeutschen Abgeordneten sowie die Ministerpräsidenten der Beitritts-

---

125 Die Anlagen 3 und 4 dienen lediglich der näherungsweisen Illustration der Auswirkungen der beiden Gesetzesentwürfe. Die Anlage 3 basiert auf leicht abweichenden Daten (Quelle: Renzsch 1994) gegenüber der Anlage 4 (Quelle: Hüther 1993). Diese Differenzen gehen auf die Prognoseunsicherheiten über die Zukunft zurück. Je nach Schätzung der öffentlichen Einnahmen im Jahr 1995 wurden unterschiedliche Transfermassen errechnet.
126 Ausführlich dazu Altemeier 1999: 216 ff., Bösinger 1999: 160 ff.
127 Sie warfen der Bundesregierung vor, dass diese sich arm und die Länder reich rechne. Am 10.3.1993 schrieb Schleußer an Waigel, um ihn nochmals auf den Fehler aufmerksam zu machen.
128 Die SPD, die prinzipiell eine Ergänzungsabgabe für Besserverdienende dem Solidaritätszuschlag vorzog (10 % auf Einkommen ab 30.678/61.355 €), forderte die Einführung des Solidaritätszuschlags vor dem 1.1.1995. Dies lehnte die Bonner Koalition jedoch ab. Ferner stritten beide Seiten über die Höhe der Ergänzungsabgabe. Daneben strebte die Opposition eine Arbeitsmarktabgabe für die genannten Gruppen in Höhe von 2 % bis zu einer Bemessungsgrenze von 3.681 € an. Damit wollte sie Kürzungen von Sozialleistungsgesetzen verhindern, was die Bundesregierung vorschlug.
129 Vgl. Altemeier 1999: 204 f.

länder Sympathien für die Arbeitsmarktabgabe hegten und die Einführung des Solidaritätszuschlags zum 1.7.1993 befürworteten, missbilligten dies der Wirtschaftsflügel und die FDP. In der SPD verliefen die Auffassungsunterschiede vor allem zwischen der Bundestagsfraktion und den Länderchefs. Für Letztere standen die haushaltswirtschaftlichen Implikationen des Finanzausgleichs im Vordergrund, alldieweil für die Oppositionsfraktion die parteipolitisch relevanten Konsolidierungsmaßnahmen an oberster Stelle rangierten. In Anbetracht dieser unübersichtlichen Gemengelage glaubten viele Forscher ebenso wenig wie die Presse daran, dass eine allseits akzeptierte Lösung gelingen würde.[130]

5.2.3 Entscheidungsfindung beim Gipfeltreffen von Bund und Ländern

Bevor die Klausurtagung am späten Nachmittag des 11.3.1993 im Nato-Saal des Bundeskanzleramtes begann, trafen sich die Ministerpräsidenten zuerst separiert nach A- und B-Ländern sowie im Anschluss daran bei einem gemeinsamen Mittagessen, um sich auf die einheitliche Position einzuschwören. Derweil tagte die *Finanzministerkonferenz der Länder*. Dabei bewies der nordrhein-westfälische Finanzminister Heinz Schleußer (SPD) nochmals den Rechenfehler des Bundesfinanzministeriums, woraufhin alle Finanzminister die Haltung Waigels monierten.[131] Währenddessen drängten die Präsidenten der Spitzenverbände der Industrie, der Arbeitgeber und des Handwerks in einem Gespräch Kohl dazu, Klarheit über die zukünftigen wirtschafts- und steuerpolitischen Rahmenbedingungen zu schaffen. Damit erhöhte sich der Einigungsdruck auf den Bundeskanzler noch mehr.

Dieser versuchte, sich zu *Beginn des Solidarpaktgipfels* der Chefs der Staats- und Senatskanzleien sowie der Länderfinanzminister zu entledigen, und komplimentierte sie aus dem Saal. Damit wollte er die Debatten von der Sachebene loslösen und stattdessen vornehmlich politisch fortführen. Durchsetzen konnte sich der Kanzler mit diesem Vorstoß nicht. Neben den Adlaten der Ministerpräsidenten nahmen auch die Vorsitzenden der Bundestagsfraktionen der Union (Wolfgang Schäuble), der FDP (Hermann Otto Solms) sowie der SPD (Hans-Ulrich Klose) teil. Für die Opposition waren ferner Rudolf Dreßler sowie Herta Däubler-Gmelin, für die Bundesregierung neben Waigel weitere Bundesminister vertreten. Die Gespräche über die Neuordnung des Finanzausgleichs gerieten rasch ins Stocken, da sich die Experten beider Ebenen an dem Streit um die Zahlentableaus festbissen. Dabei forderten die Länder die Bundesseite zunächst vergeblich auf, in ihrem Datenmaterial die Entlastungen des Bundes durch den Entfall der bisherigen Regelungen einzustellen. Hierbei handelte es sich immerhin um ein Volumen von geschätzten 16,9 Mrd. €. Obwohl die Bundesbediensteten dem Einwand der Länder argumentativ nichts entgegensetzen konnten, beharrten sie auf ihren Berechnungen.[132]

---

130 Dazu mit diversen Zitaten Altemeier 1999: 219.
131 Einstimmig forderten die Länderfinanzminister außerdem eine umfassendere finanzielle Beteiligung des Bundes bei Geld- und Sachleistungen, die durch Bundesgesetze bestimmt werden (sog. „Geldleistungsgesetze" nach Art. 104a III GG). Der Antrag Hamburgs, die Rangfolgeneutralität im Finanzausgleich ebenso wie die Bundesergänzungszuweisungen für das Beitrittsgebiet verfassungsrechtlich festzuschreiben, fand hingegen keine Mehrheit. Vgl. Bösinger 1999: 164.
132 Altemeier (1999: 219) führt dies darauf zurück, dass das Bundesfinanzministerium bei früheren Verhandlungen um die vertikale Umsatzsteuerverteilung mit dieser Taktik des „Schönrechnens" Erfolg hatte. Angestachelt wurde der Disput um die vertikale Umsatzsteuerverteilung noch durch die Bahnreform sowie die EG-Finanzierung. Hier weigerten sich die Länder weiterhin vehement, sich an den Lasten zu beteiligen.

Kohl erzürnte bald die langatmige Kontroverse um die Berechnungsgrundlagen, da er hinsichtlich des immensen Handlungszwangs ein Scheitern des Gipfels unbedingt vermeiden wollte.[133] Er beendete deshalb den Konflikt, indem er die Zahlen des Bundesfinanzministeriums zurückzog.[134] Da sich auch in den übrigen Bereichen keine Einigung abzeichnete, wichen die Klausurteilnehmer am 12.3.1993 vom ursprünglichen Zeitplan ab und setzten einen dritten Verhandlungstag an.[135] Zugleich berief Kohl drei Arbeitsgruppen, um die abschließende und nun für Samstag, den 13.3.1993 terminierte große Sitzungsrunde vorzubereiten. Neben der Arbeitsgruppe „*Finanzausgleich*", deren Vorsitz Waigel innehatte, benannte der Kanzler die Arbeitsgruppen „*Steuern und soziale Gerechtigkeit*" (Vorsitz: Wolfgang Schäuble) und „*Einsparmöglichkeiten und Bahnreform*" (Vorsitz: Hans Eichel, SPD, Ministerpräsident von Hessen). Die Arbeitsgruppen setzten sich am Nachmittag des 12.3.1993 daran, der unter teils chaotischen Zuständen leidenden Klausurtagung zu einem erfolgreichen Abschluss zu verhelfen. In allen Bereichen zeichneten sich dabei Annäherungen ab, wobei alle Beteiligten die Bereitschaft zeigten, sich zu einigen.[136]

Die Finanzausgleichsdiskussion erhielt bereits am Morgen des 12. März frischen Schwung, als Waigel neue Zahlen vorlegte, die der Datenbasis der Länder weitestgehend entsprachen.[137] Damit erzielten die Länder einen Triumph, der ihnen den Weg zur Durchsetzung ihrer Forderungen ebnen sollte.[138] Nachdem sich beide Seiten auf ein einheitliches Zahlentableau verständigten, konnte sich die Arbeitsgruppe „*Finanzausgleich*", der neben Waigel die Ministerpräsidenten Max Streibl (Bayern, CSU), Erwin Teufel (Baden-Württemberg, CDU) und Rudolf Scharping (Rheinland-Pfalz, SPD) sowie die Finanzchefs Volker Kröning (Bremen, SPD) und Heinz Schleußer (Nordrhein-Westfalen, SPD) angehörten, den Sachfragen widmen. Nachdem die Bundesvertreter ob des Einbruchs mit ihrem Zahlenwerk reichlich verwirrt waren, behielten die Länderdelegierten das Heft des Handelns in der Hand.[139] Bereits zum Auftakt unterbreitete Streibl seinem Parteikollegen das entscheidende Lösungsmodell.[140] Er schlug die Übernahme des Gesetzentwurfs der Länder vor, wobei die daraus gegenüber dem Bundesmodell resultierenden Mehrbelastungen für den Bund in Höhe von rd. 15 Mrd. € überwiegend kompensiert werden sollten. Für die eine Hälfte des Mehrbetrages sah Streibl die Erhöhung des Solidaritätszuschlags auf 7,5 % vor, wodurch der Bund zusätzliche jährliche Einnahmen in Höhe von insgesamt 14 Mrd. € statt bislang angesetzten 6 Mrd. € erzielten sollte. Die andere Hälfte der Zusatzbelastung des Bundes sollten in gleichen Teilen von Bund und Ländern getragen werden. Hierfür würden die Länder auf Mittel der bisherigen „*Berlinhilfe*" in Höhe von 3,4 Mrd. € verzichten sowie sich mit einer Anhebung ihres Umsatzsteueranteils auf 44,5 % statt 45 % begnügen. Dieses Paket billigte Waigel nach kurzen Beratungen mit seinen Experten ohne weitere Verhandlungen. Als Bedingung für die Neuregelung der vertikalen Umsatzsteuerverteilung nannte

---

133 Vgl. Sally/Webber 1994: 26 f.
134 Vgl. Altemeier 1999: 219, Bösinger 1999: 165.
135 Ursprünglich wurde der Solidarpaktgipfel lediglich für zwei Tage anberaumt.
136 Höhe und Zeitpunkt der Wiedereinführung des Solidaritätszuschlags blieben zwar am 12. März noch offen, sowohl die von der SPD geforderte Arbeitsmarktabgabe als auch die von der Union beabsichtigte Herabsetzung von Leistungssätzen waren jedoch vom Tisch.
137 Die Länder bezifferten die Entlastungen des Bundes ab 1995 mit 17,9 Mrd. € geringfügig höher als Waigel (16,9 Mrd. €).
138 Über die Gründe dieses Rechenfehlers kann nur spekuliert werden. Die Position der Länder wurde de facto durch diesen Lapsus gestärkt. Vgl. Renzsch 1994: 128 f.
139 Vgl. Schwinn 1997: 70.
140 Vgl. Stauch u.a. 1993: 21 f.

der Bundesfinanzminister lediglich, dass Einsparungen und Streichungen von Steuervergünstigungen im Umfang von mindestens 4,6 Mrd. € erfolgen müssten.[141]

Am 13. März sorgten zunächst erneute Computerfehler in der Delegation des Bundesfinanzministers für erhebliche Irritationen, weshalb die Sitzung bereits mit einstündiger Verspätung begann. Sodann forderte Waigel Nachverhandlungen, da die Berechnungen im Bundesfinanzministerium auf der Grundlage des am Vortag erzielten Kompromisses eine Deckungslücke von 2,6 Mrd. € auswiesen. Daraufhin bildete die Arbeitsgruppe „*Finanzausgleich*" eine Unter-AG, an der Waigel, Streibl, Scharping und Schleußer mitwirkten. Nach Vorabstimmungen auf Länderseite bot Scharping dem Bundesfinanzminister den Verzicht der Länder auf einen weiteren halben Prozentpunkt an der Umsatzsteuer an (Länderanteil: 44 % statt 44,5 %).[142] Die Bundesregierung akzeptierte diese Offerte schließlich ebenso wie die Aufstockung des Fonds „*Deutsche Einheit*" um die von den Ländern geforderte Summe von 7,4 Mrd. €. Gleichwohl stand mit der Steuerfrage der Erfolg des Gesamtpakets abermals auf dem Spiel. Der SPD-Fraktionsvize Rudolf Dreßler drängte seine Parteikollegen, auf Steuererhöhungen vor 1995 zu insistieren. Hiermit konnte er sich nicht gegen die Ministerpräsidentenriege durchsetzen, für die die Erhöhung des Länderanteils an der Umsatzsteuer um 7 Prozentpunkte ausgesprochen lukrativ erschien. Diese Zusage der Bundesregierung wollten sie nicht mehr für eine Fehde um den Zeitpunkt von Steuererhöhungen riskieren. Als um kurz nach 20 Uhr Waigel das *Ergebnis*[143] verkündete, musste sich die Bundestagsopposition deshalb mit dem Trostpflaster zufrieden geben, eine Erhöhung der Vermögensteuer erreicht sowie den Abbau von Sozialleistungen abgewendet zu haben.[144] Für Kohl ging damit die Strategie vollkommen auf, erst die föderalen Konflikte zu klären, bevor er die parteipolitisch brisante Frage der Steuererhöhungen anging. Er konnte den Solidarpaktgipfel erfolgreich abschließen, indem er die Handlungsfähigkeit seiner Regierung unter Beweis stellte und die Wiedereinführung des Solidaritätszuschlags auf die Zeit nach der Bundestagswahl 1994 verschieben konnte.[145] Die Freude blieb dabei nicht allein bei Kohl, auch die Länderchefs feierten ihren budgetären Erfolg. Sie konnten sowohl ihre Vorstellungen fast vollständig durchsetzen, als auch die Ansprüche des Bundes auf Beteiligung an der EG-Finanzierung sowie der Bahnreform[146] abwehren.[147] Offen blieb die

---

141 Vgl. Altemeier 1999: 222 f.
142 Vgl. Schwinn 1997: 170 f., Bösinger 1999: 166.
143 Siehe die Ergebnisse der Klausurtagung des Bundeskanzlers mit den Regierungschefs der Länder sowie den Partei- und Fraktionsvorsitzenden vom 11. bis 13. März 1993 in Bonn, abgedruckt in Senator für Finanzen der Freien Hansestadt Bremen 1993: 149 ff.
144 Der *Solidaritätszuschlag* wurde mit 7,5 % mehr als doppelt so hoch angesetzt wie von der Bonner Koalition geplant. *Soziale Regelleistungen* sollten nach dem Kompromiss nicht gekürzt werden, allerdings beschlossen beide Seiten, den Missbrauch wirtschaftlicher und sozialer Leistungen stärker zu bekämpfen. Außerdem erhöhten die Akteure die *private Vermögensteuer* (bei gleichzeitiger Anhebung der Freibeträge) sowie die *Versicherungsteuer*. Als Maßgabe für die *Minderausgaben* einigten sie sich auf einen Zielwert von 4,86 Mrd. €. Erreicht werden sollte diese Summe durch Ausgabenkürzungen, den Abbau von Steuervergünstigungen sowie Maßnahmen zur Missbrauchsbekämpfung bei Leistungen der Arbeitsverwaltung.
145 Siehe Handelsblatt vom 15.3.1993: Heimspiel für den Kanzler.
146 Die Regierungschefs konnten sich lediglich darauf verständigen, dass „*grundsätzlich Einigung über die Notwendigkeit der Bahnreform*" bestehe (Ergebnisprotokoll Punkt 4). Bund und Länder entkoppelten damit die Bahnreform vom Solidarpakt und verschoben sie in die zweite Jahreshälfte.
147 Die Länder mussten nur geringfügige Abstriche gegenüber den Potsdamer Beschlüssen hinnehmen. Ihr Anteil an der Umsatzsteuer erhöhte sich um 7 statt 8 Prozentpunkte auf 44 %. Zudem wurde der Wegfall der „*Berlinhilfe*" von 3,4 Mrd. € nicht kompensiert.

5.2 Akteursinteressen, Verhandlungsprozesse, Ergebnisse

Gestaltung des Ausgleichstarifs im Länderfinanzausgleich. Die Konsensfindung hierüber überließ die Bundesregierung den Ländern.[148]

Dies betraf die Lastenverteilung zwischen den finanzstarken Ländern, die sich nach Abschluss der Klausurtagung mit dem Thema befassten.[149] Hierbei blieben der *Zahlertarif sowie die Ländersteuergarantien* sehr kontrovers, indes wollten die Länderregierungen den Solidarpaktkompromiss nicht mehr an diesen Details scheitern lassen. Unter der Leitung des sächsischen Landeschefs und Vorsitzenden der Ministerpräsidentenkonferenz Kurt Biedenkopf (CDU) suchten die betroffenen Länder Baden-Württemberg, Bayern, Hamburg, Hessen und Nordrhein-Westfalen nach Lösungen. Konzessionsbereit zeigten sich besonders Bayern und Nordrhein-Westfalen, die schon zuvor die Formierung der Einheitsfront der Länder maßgeblich unterstützten. Der Ende April erzielte Kompromiss ging dann auch zu Lasten dieser Länder. Dieser korrigierte den Zahlertarif wie folgt:

- Beträge zwischen 100 % und 101 % der Ausgleichsmesszahl werden zu 15 % abgeschöpft
- Beträge zwischen 101 % und 110 % der Ausgleichsmesszahl werden zu 66 % abgeschöpft
- Beträge über 110 % der Ausgleichsmesszahl werden zu 80 % abgeschöpft

Überdies wurde das Finanzausgleichsgesetz dahingehend geändert, dass die Einhaltung der Finanzkraftreihenfolge nunmehr garantiert ist (§ 10 IV FAG). Weniger diffizil stellte sich der Streit um die Ländersteuergarantien dar, der bereits Ende März geschlichtet werden konnte (§ 10 III FAG[150]). Mit diesen Beschlüssen konnte auch noch Baden-Württemberg befriedigt werden, das angesichts der Einigung seine Normenkontrollklage zurückzog.

Weniger ersprießlich als diese länderinternen Auseinandersetzungen verliefen die *Nachverhandlungen zwischen Bund und Ländern*. Bereits unmittelbar nach dem Gipfeltreffen kündigte das Bundesfinanzministerium nachträgliche Korrekturen an. Ausgelöst wurde dies einerseits durch das abstrakt formulierte Ergebnisprotokoll, das einen gewissen Interpretationsspielraum beließ. Andererseits hatten die Finanzexperten des Bundes schon während der Gipfelklausur Schwierigkeiten, das Ergebnis rechnerisch darzustellen. Sie waren auf die Abkehr vom eigenen Zahlenwerk und Modell offensichtlich nicht vorbereitet und hatten den Länderentwurf nicht elektronisch aufbereitet. Als ihnen dies gelang, entdeckten sie eine vermeintliche Deckungslücke zwischen der vereinbarten West-Ost-Transfermasse sowie den Belastungen für Bund und westdeutsche Länder. Was folgte, war ein teils äußerst barsch geführter Verteilungskampf, in dem das Bundesfinanzministerium versuchte, verlorenes Terrain im Nachhinein wieder gutzumachen.[151] Am 18.3.1993 legte die Bundesregierung im Finanzausschuss des Bundesrats eine Dissensliste mit zahlreichen Punkten vor, die noch einer Lösung bedurften. Hierzu zählten unter anderem der Beginn der Sanierungs-BEZ für Bremen und das Saarland, die Regelung der Pol-BEZ sowie der Ausgleich der auf über 2 Mrd. € bezifferten Deckungslücke bei der Aufbringung der Transfers für Ostdeutschland. Überdies gestand die Bonner Koalition den Ländern entgegen der getroffenen Absprache nur einen Umsatzsteueranteil von 42,5 % zu. Diese Haltung des Bundes verstanden die Länder als unfaires Nachhaken.[152] Sie wiesen deshalb die Forderungen des

---

148 Vgl. Bösinger 1999: 167.
149 Zur Debatte um den Zahlertarif vgl. Carl 1995: 177 f., Altemeier 1999: 225 f., Bösinger 1999: 176 f.
150 Fehlbeträge an der Ländersteuerkraft werden demnach bis 95 % zur Hälfte („*Bremen-Klausel*") und bis 100 % zu einem Viertel („*Hamburg-Klausel*") ersetzt.
151 Vgl. Altemeier 1999: 224 f.
152 Zur Position des Bundes siehe BT-Drs. 12/4748.

Bundes zurück. Ihren Standpunkt auf Einhaltung des Gipfelkompromisses wiederholten die Länder bei der Ministerpräsidentenkonferenz am 25.3.1993. Für die Gespräche mit dem Bund benannten sie eine Verhandlungskommission, der neben dem Leiter Rudolf Scharping die vier Finanzminister Heinz Schleußer, Gerhard Mayer-Vorfelder (Baden-Württemberg, CDU), Georg Waldenfels und Georg Milbradt (Sachsen, CDU) angehörten.[153]

Unterdessen konkretisierte Waigel seine Ansprüche auf 2,3 Mrd. €, ohne in verschiedenen Bund-Länder-Zirkeln ein Entgegenkommen der Länder zu erreichen.[154] Als der Bundesrat am 16.4.1993 den Gesetzentwurf der Bundesregierung beriet, pochte er in seiner Stellungnahme u.a. auf folgende Änderungen:[155]

- Vertikale Umsatzsteuerverteilung: Länderanteil 44 % statt 42,5 %
- Sonderbedarfs-BEZ für die neuen Länder: keine Befristung, keine Degression
- Pol-BEZ: 0,77 Mrd. € statt 0,36 Mrd. €
- Investitionsförderungsgesetz „Aufbau Ost": 15 Jahre statt 10 Jahre
- BEZ 1994: wie bisher statt Abzug von 0,3 Mrd. €

Damit spitzte sich die Krise zwischen Bund und Ländern weiter zu. Auf dem Spiel stand nicht nur der Finanzausgleich, sondern der Solidarpakt insgesamt. Sich dessen bewusst, unternahmen beide Seiten obgleich aller Animositäten nichts, was den Kompromiss insgesamt hätte gefährden können. Vielmehr wollten die Regierungen unter allen Umständen Neuverhandlungen sowie einen Vermittlungsausschuss vermeiden.[156] Sie einigten sich deshalb auf ein *Solidarpaktgespräch im Bundeskanzleramt*. Dieses fand am 23.4.1993 unter Beteiligung des Kanzleramtsministers Friedrich Bohl (CDU) mit Waigel, Scharping und Biedenkopf statt. Hierbei erzielten Bund und Länder die abschließende Einigung. Den Ländern gelang es, ihre Positionen bei der Umsatzsteuerverteilung und den Bundesergänzungszuweisungen weitgehend zu wahren. Im Gegenzug erklärten sie sich bereit, vom Bund Annuitätszahlungen am Fonds „*Deutsche Einheit*" in Höhe von 1,07 Mrd. € p.a. zu übernehmen. Überdies setzte sich die Bundesregierung lediglich beim Investitionsförderungsgesetz „*Aufbau Ost*" durch, dessen Laufzeit auf 10 Jahre terminiert wurde.[157]

Bereits am 1.4.1993 einigte sich die für Haushaltseinsparungen zuständige Bund-Länder-Arbeitsgemeinschaft auf Kürzungen von Steuervergünstigungen und Ausgabensenkungen im Umfang von knapp 6 Mrd. €. Bei den Beratungen der Arbeitsgruppe wurden bei den SPD-Vertretern die schon auf der Klausurtagung zu beobachtende Teilung offensichtlich: Für ihre Ländervertreter rangierten die föderalen Verteilungsaspekte vor den parteipolitischen Sozial- und Steuerfragen. Da die Kommission Abschlussvollmacht besaß, musste die SPD-Bundestagsfraktion weitgehend tatenlos zusehen, wie sich Schleußer und Simonis auf die Regierungspositionen zum Sparpaket einließen. Ausgelöst wurde dieses Verhalten durch das Junktim, das Waigel bei der Solidarpaktklausur zwischen der Modifizierung der Umsatzsteuerverteilung und den Einsparmaßnahmen aufstellte. Nachdem die Länderdelegierten am Finanzausgleichskompromiss festhalten wollten, kamen sie der Bundesregierung bei der Ausgabenkonsolidierung entgegen.[158]

---

153 Vgl. Bösinger 1999: 172.
154 Vgl. Bösinger 1999: 172.
155 BR-Drs. 121/93.
156 Vgl. Altemeier 1999: 225, Bösinger 1999: 174.
157 Siehe das Ergebnisprotokoll des Solidarpaktgesprächs im Bundeskanzleramt am 23. April 1993, abgedruckt in Senator für Finanzen der Freien Hansestadt Bremen 1993: 159 f.
158 Vgl. Altemeier 1999: 223, 226 f.

5.2 Akteursinteressen, Verhandlungsprozesse, Ergebnisse

Als damit alle noch offenen Punkte zwischen den Regierungen geklärt waren, verlief der weitere *Gesetzgebungsprozess* unspektakulär. Faktisch wurde der Bundestag wie auch 1990 in die Rolle des Akklamationsorgans zurückgedrängt, konnte er doch über das Gesamttableau nur abschließend befinden. Das Gesetz zur Umsetzung des Föderalen Konsolidierungsprogramms enthielt am Ende 43 Artikel, die sich in drei Abschnitte (1: Einschränkung von Ausgaben, 2: Steuerliche Maßnahmen, 3: Neuordnung des bundesstaatlichen Finanzausgleichs und Bewältigung der finanziellen Erblasten im Zusammenhang mit der Herstellung der Einheit Deutschlands) gliederten.[159] Gelöst wurde die Integration der Ost-Länder in den Finanzausgleich mittels einer einfachgesetzlichen Normierung, die als „*budgetäre Anpassung*"[160] des bestehenden Regelwerks zu klassifizieren ist. Sie erfolgte mittels einer immensen Expansion der Ausgleichsmasse, die insgesamt mehr als verfünffacht wurde.[161] Vorwiegend handelte es sich um eine Vertikalisierung des Finanzausgleichs. Durch die Korrektur der vertikalen Umsatzsteuerverteilung um 7 Prozentpunkte, die der Finanzierung des horizontalen Umsatzsteuervorabausgleichs dient, wurde dies teilweise kaschiert.

Eckpunkte der Neuordnung der föderalen Finanzbeziehungen ab 1.1.1995 (siehe Anlage 1):
- Korrektur der vertikalen Umsatzsteuerverteilung[162] um 7 Prozentpunkte zu Gunsten der Länder[163]
- Beibehaltung der horizontalen Umsatzsteuerverteilung samt Umsatzsteuervorabausgleich (Auffüllung auf mindestens 92 % der länderdurchschnittlichen Steuerkraft)
- Integration der neuen Länder und Berlin[164] in den weitgehend unveränderten Länderfinanzausgleich (Auffüllung auf mindestens 95 % der länderdurchschnittlichen Ausgleichsmesszahl)[165]
- Modifikation der finanzkraftbezogenen Fehlbetrags-BEZ: Auffüllung auf 90 % der nach dem Länderfinanzausgleich an 100 % fehlenden Länderfinanzkraft (Mindestauffüllung: 99,5 % des Länderdurchschnitts)[166]
- Fortführung der Pol-BEZ (0,786 Mrd. € p.a.)[167]
- Sanierungs-BEZ für Bremen/Saarland: *ab 1994* für 5 Jahre (HB 0,920 Mrd. € p.a., SL 0,818 Mrd. € p.a.)[168]

---

159 Gesetz über Maßnahmen zur Bewältigung der finanziellen Erblasten in Zusammenhang mit der Herstellung der Einheit Deutschlands, zur langfristigen Sicherung des Aufbaus in den neuen Ländern, zur Neuordnung des bundesstaatlichen Finanzausgleichs und zur Entlastung des öffentlichen Haushalts (Gesetz zur Umsetzung des Föderalen Konsolidierungsprogramms – FKPG) vom 23. Juni 1993. Bundesgesetzblatt Teil I 1993 Nr. 30 26.6.1993: 944.
160 Renzsch 1997a.
161 Unter Berücksichtigung des Umsatzsteuervorabausgleichs, des Länderfinanzausgleichs, der Bundesergänzungszuweisungen sowie der Leistungen nach dem Investitionsförderungsgesetz „*Aufbau Ost*" (Gesamtvolumen 1994: 5.267 Mrd. €, 1995: 28.037 Mrd. €). Werden zudem die Sanierungs-BEZ berücksichtigt, ergibt sich im Vergleich 1995 zu 1993 (Gesamtvolumen von 3.981 Mrd. €) ein Anstieg der Finanzausgleichsmasse um mehr als das Siebenfache. Ausführlich zur quantitativen Dimension des Finanzausgleichs siehe Kapitel 7.
162 Zudem verständigten sich Bund und Länder darauf, den Bundesbankgewinn bei der Deckungsquotenberechnung nicht zu berücksichtigen. Vgl. Fuest/Kroker 1993: 36 f., Schultze 1993: 249 f., Renzsch 1997a: 74 f.
163 Die Umsatzsteuerverteilung erfolgte damit ab 1.1.1995 im Bund-Länder-Verhältnis von 56 %:44 %. Die Länder erhielten einen Prozentpunkt weniger als gefordert. Insgesamt resultierte hieraus eine Lastenverschiebung zu Gunsten der Länder um rd. 8 Mrd. €.
164 Berlin (West) wurde bis 1.1.1995 am Länderfinanzausgleich beteiligt. Der Bund garantierte dem Land auf der Grundlage des § 16 I des 3. Überleitungsgesetzes vom 4.1.1952 Bundeshilfen „*zur Deckung eines auf andere Weise nicht zu deckenden Haushaltsfehlbedarfs*". Der Bund alimentierte mit Finanzhilfen, Sonderleistungen und Sondervergünstigungen bis zur Vereinigung über die Hälfte des Berliner Haushalts. Dieser Sonderstatus wurde seit der Einheit rapide abgebaut. Dazu Ottnad/Linnartz 1997: 95 f.
165 Der Finanzausgleich blieb bis auf den Zahlertarif und die Garantieklauseln unverändert. Die Stadtstaatenregelung wurde auf Berlin und der Seehafenlastenabzug auf Mecklenburg-Vorpommern ausgedehnt.
166 Die Bundesergänzungszuweisungen sind in ihrer Gesamtsumme nicht mehr wie bisher auf einen bestimmten Prozentsatz des Umsatzsteueraufkommens (bislang 2 %) limitiert.
167 Zum bisherigen Empfängerkreis (HB, RP, SL, SH) kamen mit Ausnahme Sachsens alle Ost-Länder (BE, BB, MV, ST, TH), womit ab 1995 9 von 16 Ländern aufgrund ihrer geringen Größe unterstützt wurden.

- Übergangs-BEZ für die bisherigen BEZ-Empfänger (Ausgangsbetrag 0,688 Mrd. € degressiv für 10 Jahre)
- Sonder-BEZ für das Beitrittsgebiet zum Abbau teilungsbedingter Lasten in Höhe von 7.158 Mrd. € p.a. (befristet für 10 Jahre)
- Finanzhilfen nach Art. 104 a IV GG für das Beitrittsgebiet nach dem Investitionsförderungsgesetz „*Aufbau Ost*" zur Modernisierung der Infrastruktur (befristet für 10 Jahre in Höhe von 3,375 Mrd. € p.a.)[169]
- Übernahme der Verbindlichkeiten der Treuhandanstalt, des Kreditabwicklungsfonds sowie Teile der Wohnungsbauwirtschaft der ehemaligen DDR[170] in den vom Bund zu bedienenden Erblastentilgungsfonds[171]
- Revision der Schuldendienstleistungen für den Fonds „*Deutsche Einheit*": Übernahme einer jährlichen Annuitätsrate in Höhe von 1,07 Mrd. € vom Bund durch die westdeutschen Länder
- Entlastung der finanzkraftschwachen westdeutschen Länder durch die reichen Länder mittels einer teilweisen Übernahme von Tilgungsverpflichtungen am Fonds „*Deutsche Einheit*" (befristet für 10 Jahre bei degressiver Ansetzung der Entlastungsbeträge, Ausgangswert 0,433 Mrd. €)[172]
- Ferner: Aufstockung des Fonds „*Deutsche Einheit*" für die Jahre *1993* (+ 1,892 Mrd. €) und *1994* (+ 5,471 Mrd. €) um insgesamt 7,363 Mrd. € (siehe Kapitel 4.2.3)[173]

Am 27.5.1993 beschloss der Bundestag das „*Gesetz zur Umsetzung des Föderalen Konsolidierungsprogramms*" mit den Stimmen der Koalition und der SPD. Bündnis 90/Die Grünen sowie die PDS lehnten das Gesetz ab.[174] Am darauffolgenden Tag nahm auch der Bundesrat – einstimmig (!) – die Finanzreform an.[175]

5.3 Erklärung

Entgegen den Unkenrufen aus der Wissenschaft gelang es den Akteuren damit nach intensiven Verhandlungen, eine Blockade zu vermeiden und einen bundeseinheitlichen Finanzausgleich zu etablieren. Dabei genügte ihnen – ebenso im Widerspruch zu zahlreichen akademischen Vorhersagen – eine Weiterentwicklung des bestehenden Regelwerks, die primär auf einer technischen (nicht strukturellen) Erweiterung der Transferkanäle sowie einer

---

168 Die Länder forderten eine Bereitstellung der Sanierungs-BEZ ab 1993, der Bundesentwurf sah hingegen erst eine Zahlung ab 1995 vor. Der Termin war damit ein Kompromiss, im Übrigen (Höhe der BEZ sowie keine Mitfinanzierung durch die anderen Länder) setzten sich die Länderchefs mit ihrem Konzept durch.

169 Konkretisiert wurde das in Art. 35 FKPG geregelte Gesetz mit der Verwaltungsvereinbarung vom 9.6.1994. Im Gegensatz zu früheren Gesetzen und Vereinbarungen blieb der Bundeseinfluss eng begrenzt. Danach besaßen die Ost-Länder eine große Gestaltungsfreiheit in der Wahl der Fördermaßnahmen. Überdies mussten die Länder den Bund nur unverbindlich über ihre Planungen informieren. Erst im Nachhinein erfolgte die konkrete Mitteilung über die Mittelverwendung an den Bund. Bei einer nicht gesetzeskonformen Mittelverwendung gingen die Bundeszuschüsse nicht verloren, sondern konnten für andere Projekte auch in den nachfolgenden Haushaltsjahren verwendet werden. Vgl. Renzsch/Schieren 1996: 642 f., Renzsch 1996c: 85 f.

170 Nach dem Kompromiss für die Altschulden der DDR-Wohnungswirtschaft werden Verbindlichkeiten in Höhe 15,850 Mrd. € in den Erblastentilgungsfonds übernommen.

171 Der Fonds wurde nach dem Erblastentilgungsfonds-Gesetz (Art. 37 FKPG) konstituiert. Der Bund übernahm die jährliche Annuität in Höhe von 7,5 % (rd. 12,8 Mrd. € p.a.) des ursprünglichen Schuldenstands (rd. 171 Mrd. €). Bis zum 31.12.1994 wurden die Zinsen dieser Nebenhaushalte über Kredite finanziert. Die Staatsschuldenbegrenzungsregel nach Art. 115 I GG erstreckte sich auch auf den Erblastentilgungsfonds (vgl. Selmer 1995: 243 f.; zur Regelung der Alt- und Folgeschulden der DDR vgl. Fuest/Kroker 1993: 34 f., Renzsch 1997a: 74 f.). Als Nachfolgeorganisation der Treuhand wurde zum 1.1.1995 die Bundesanstalt für vereinigungsbedingte Sonderaufgaben konstituiert. 1995 legte diese einen ausgeglichenen Haushalt vor. Vgl. zu den Sondervermögen: Boss/Rosenschon 1996: 4 f.

172 Mit einem Anteil von 40 % wurden die westdeutschen Gemeinden an den Lasten ihrer Länder durch Anhebung der Gewerbesteuerumlage sowie durch Absenkung des kommunalen Finanzausgleichs beteiligt. Vgl. Mäding 1995c: 107.

173 Die beiden Fondserhöhungen trugen jeweils hälftig der Bund und die alten Länder.

174 Plenarprotokoll 12/161: 13799, BT-Drs. 12/4801, 12/5051.

175 BR-Drs. 350/93 (Beschluß).

5.3 Erklärung

Aufblähung der Umverteilungsmasse beruhte. Weshalb entschieden sich die politischen Verantwortungsträger für den dargestellten Weg der Problemlösung und Ergebnisauswahl? Mit Hilfe des Analyseansatzes wollen wir uns dieser Fragen nähern, um das Ergebnis systematisch erklären und Lehren über die Verhandlungs- und Entscheidungslogik sowie die Relevanz der Kontexteinflüsse ziehen zu können.

Ähnlich wie im Einigungsprozess kommt dem sachlichen, rechtlichen und politischen Handlungsdruck eine bedeutende Erklärungskraft zu, da diese das Thema auf die operative Agenda setzten und die Kompromissfindung maßgeblich forcierten. Von erheblichem Gewicht waren hierbei die *sozioökonomischen Gegebenheiten*, die an dieser Stelle nur noch zusammenfassend skizziert werden müssen. Sowohl der konjunkturelle Einbruch nach dem kurzen Einigungsboom in Westdeutschland, als auch die deutlich hinter den Erwartungen zurückbleibende wirtschaftliche Prosperität in Ostdeutschland führten bald zu einer krisenhaften Entwicklung der öffentlichen Finanzwirtschaft. Diese manifestierte die Verwerfungen der ohnehin unbefriedigenden Übergangslösung, die speziell in der exorbitanten Staatsverschuldung bestanden (siehe Kapitel 4.4). Um die politischen Weichenstellungen für einen wirtschaftlichen Aufschwung sowie eine Wiedergewinnung der finanzpolitischen Gestaltungsspielräume zu treffen, musste dringend die Konsolidierung der öffentlichen Haushalte eingeleitet werden. Die Schaffung eines soliden Fundaments für die Finanzierung der deutschen Einheit bildete indes die unabdingbare Voraussetzung für diese Schritte. Es galt also, das föderale Finanzsystem an die realen Verhältnisse anzupassen, indem das West-Ost-Transfervolumen aufgestockt sowie die Lasten auf Bund und West-Länder verteilt werden mussten. Nachdem die Deutsche Bundesbank die sehnlichst erwartete Zinssenkung an die Sanierung der Staatsfinanzen koppelte, verstärkte sie den Handlungszwang.[176] Da die Hochzinspolitik der deutschen Notenbank in Folge der währungs- und außenwirtschaftlichen Verflechtungen auch die Konjunktur der westeuropäischen Bündnispartner massiv belastete, übten auch deren Staatsregierungen erheblich Druck auf die Bundesregierung aus, die Bedingungen für eine ökonomische Erholung zu schaffen. Damit bestand neben dem sachlichen auch ein maßgebliches politisches Gebot, die Bund-Länder-Finanzbeziehungen neu zu regeln. Angesichts der Maßgaben des Art. 7 EVertr musste dies ohnehin bis spätestens zum 31.12.1994 erfolgen. Andernfalls hätten die ostdeutschen Länder in den bestehenden Finanzausgleich integriert werden müssen, was dessen horizontale Umverteilungsmasse nach Schätzungen etwa versiebenfacht hätte.[177] Dies hätte nach allgemeiner Ansicht besonders die finanzkraftschwächeren, aber auch die reichen westdeutschen Länder übermäßig belastet. Hinsichtlich dieses Kontexts bestand über den einzuschlagenden Weg – Haushaltskonsolidierung durch Reform des Finanzsystems samt Revision der Finanzierung der Ost-Länder – de jure wie faktisch kein Handlungsspielraum. Mit dem Bundesverfassungsgericht schaltete sich zudem ein zweiter institutioneller Vetospieler ein. Durch dessen Bestimmungen zur Unterstützung der Länder Bremen und Saarland bei der Bereinigung ihrer Haushaltsnotlage, zum Nachteilsausgleich für Bremen und Nordrhein-Westfalen sowie zur Korrektur und Überprüfung technischer Details setzte auch Karlsruhe Vorgaben zur Modifizierung des Finanzausgleichs.

---

176 Die Zentralbank senkte den Leitzins von 8,75 % auf 8,25 %, nachdem der Bundesfinanzminister im September 1992 sein „*Thesenpapier*" vorgelegt hatte. Zum Höhepunkt der Solidarpaktverhandlungen, im Februar 1993, reduzierte sie den Diskont auf 8,0 %. In der Woche nach der Einigung beim Solidarpaktgipfel setzte die Bundesbank abermals den Leitzins herab (7,7 %). Vgl. Czada 1995c: 84 ff.

177 Diese Prognosen entsprachen der späteren Realität. Das Volumen der horizontalen Umverteilung (Umsatzsteuervorausgleich /Länderfinanzausgleich) stieg 1995 gegenüber dem Vorjahr um das 7,58-fache.

Vor dem Horizont dieser spezifischen Ausgangslage prägten die *politisch-institutionellen Faktoren* als zentrale Parameter die Art der Problembewältigung und der Politikgestaltung. Im Hinblick auf die inhaltliche Ausrichtung beeinflusste die bereits erörterte Komplexität der föderativen Ordnung die Entscheidungsfindung. Im Zuge der funktionalen Aufgabenteilung des Grundgesetzes existieren mannigfache rechtliche und politische Vorschriften zur bundeseinheitlichen Aufgabenerfüllung. Da sich diese Normen auch auf das Beitrittsgebiet erstreckten, trug der Bundesgesetzgeber die Verantwortung dafür, dass die dortigen Gebietskörperschaften in der Lage seien, diesen Verpflichtungen nachzukommen. Indem zugleich den Ländern weder Freiräume zur originären Mittelbeschaffung obliegen, noch das Potenzial zu Steuererhöhungen in Beitrittsgebiet bestand, resultierte hieraus ein verfassungsrechtliches Gebot zur Kompensation der beträchtlichen Haushaltsdeckungslücken der ostdeutschen Haushalte über den bundesstaatlichen Finanzausgleich. In Verbindung mit den Verfassungsgrundsätzen des Sozialstaats-, des Einheitlichkeits- und des Homogenitätsprinzips leitete sich überdies eine Priorität für das Ziel der Angleichung der Lebensverhältnisse ab.[178] Lediglich hinsichtlich des Ausmaßes der anzustrebenden Vereinheitlichung bestand ein gewisser politischer Handlungsspielraum, nicht aber in der Prämisse. Unter Beachtung der vertrackten Entwicklung der Finanzwirtschaft in den neuen Ländern stellte die Intensivierung der West-Ost-Transfers die logische Konsequenz der formalen Vorgaben dar. Indes bestimmte die Bundesstaatskonstruktion nicht allein den Kurs hinsichtlich der Unterstützungsleistungen für den Aufbau Ost, sondern auch deren Aufbringung durch den Bund und die West-Partner. In Folge der weitestgehend zentralisierten Steuergesetzgebung verbleibt nur dem Bund eine breitere Refinanzierungsoption. Im Kontrast dazu verfügten die West-Länder, deren Haushalte durch rechtliche und politische Ausgabenverpflichtungen größtenteils gebunden sind, nicht über die finanzpolitische Bewegungsfreiheit, um den verfassungsrechtlich und politisch gebotenen Ressourcentransfer ohne beträchtlichere Friktionen zu bestreiten. Sowohl die westdeutschen als auch die ostdeutschen Länder waren damit auf die umfangreiche Einbeziehung des Bundes in den Finanzausgleich angewiesen, wollten sie budgetäre Verwerfungen in ihrer Haushaltswirtschaft vermeiden. Dementsprechend standen vertikale Verteilungsfragen im Vordergrund, wobei dem Bund dank seiner Finanzkraft eine hegemoniale Stellung zukam.

Im Unterschied zum Einigungsprozess wurde dessen Position noch dadurch gestärkt, dass diesmal die Länder die Mitfinanzierung des Bundes beanspruchten und nicht umgekehrt.[179] Verstärkt wurde dessen Gewicht durch die bereits thematisierten Entscheidungsregeln, nach denen die Zustimmung des Bundes zur Reform der Finanzbeziehungen obligatorisch ist. Allerdings beschränkte sich der Einfluss der entscheidungsstrukturellen Parameter nicht auf das Verhandlungsgewicht der Akteure, sondern erstreckte sich auch auf deren Strategieauswahl. Bezüglich der immensen Interessenkonflikte stellte die Zustimmungserfordernis an eine Finanzverfassungsreform eine ausgesprochen hohe Verfahrenshürde dar. Selbst eine einfachgesetzliche Finanzausgleichsnovellierung bedurfte noch immer der Mehrheit im Bundestag und Bundesrat. In Anbetracht der komplexen Entscheidungssituation griffen die politischen Verantwortungsträger auf strategische Repertoires zurück, die

---

178 Das Postulat der Einheitlichkeit der Lebensverhältnisse (Art. 106 III Nr. 2 GG) stellt unverändert die normative Prämisse des Finanzausgleichs dar. Vgl. zur staatswissenschaftlichen Beurteilung Carl 1995: 23 ff.
179 Vgl. Altemeier 1999: 164. Lediglich bei der Altschuldenregelung verfügten die westdeutschen Länder über die günstigere Ausgangslage, da sie der Einigungsvertrag ausdrücklich von einer Mitfinanzierungspflicht befreite. Dasselbe galt für die Bahnreform einschließlich der Regionalisierung des ÖPNV.

sich in der Vergangenheit bewährten.[180] Um eine drohende Blockade abzuwenden, verlagerten sie die Politikformulierungsprozesse in die Arena der föderalen Exekutivverhandlungen.[181] Dabei war eine parteiinterne Konfliktlösung, wie sie die Union in den 80er Jahren abermals praktiziert hatte, angesichts der gegenläufigen Mehrheiten in beiden Häusern kaum möglich.[182] Faktisch herrschte damit seit April 1991 eine „große Koalition".

Eingebettet in diesen soziöokonomischen und institutionellen Kontext bildeten die spezifischen *Akteurspräferenzen* das Fundament für die Form und den Inhalt der Problemlösung. Im Zuge der bereits thematisierten zentripetalen Grundorientierung im politischen System, die ebenso kulturell wie institutionell motiviert ist, richtete sich die öffentliche Aufmerksamkeit hauptsächlich auf die *Bundesregierung*.[183] Für das Bonner Kabinett bestand daher in weitaus größerem Maß die Gefahr, die allemal schon ramponierte Reputation weiter zu beschädigen. Gleichfalls bot sich damit die Chance, bei einem Gelingen des Solidarpakts die eigene Führungskraft unter Beweis zu stellen und die Früchte des Erfolgs zu ernten, zumal der Kanzler diesen selbst initiierte.[184] Allerdings mussten hierzu nicht nur die föderalen Finanzbeziehungen reorganisiert, sondern auch die parteipolitisch brisante Haushaltskonsolidierung geklärt werden. Während für den Bundesfinanzminister die haushaltswirtschaftlichen Implikationen die oberste Priorität genossen, folgte der Bundeskanzler – ebenso wie in der Vereinigungspolitik – einem breiteren Interessenspektrum. Zwar lag ihm an der Lösung beider Materien, allerdings räumte er den parteipolitischen Themen – schon hinsichtlich des kommenden „Superwahljahrs" – eine exponierte Stellung ein. Für Kohl stand somit die rasche und medienwirksame Einigung im Vordergrund, um verlorenes Vertrauen zurückzuerobern.[185] Speziell vermeiden wollte er die Wiedereinführung des Solidaritätszuschlags vor der Bundestagswahl, desgleichen lehnte er die von der SPD geforderten Belastungen für „*Besserverdienende*" sowie die Arbeitsmarktabgabe aus prinzipieller Überzeugung ab. Strategisch verquickte er daher beide Materien zu einem politischen Junktim, wobei er die befürchteten Rigiditäten des parteipolitischen Wettbewerbs[186] über die Bande der föderalen Arena so weit als möglich umgehen wollte.[187]

Im Unterschied zur Bundesregierung rangierten in der Präferenzskala der *Länderregierungen* die budgetären Implikationen der Finanzreform unangefochten an oberster Stel-

---

180 Vgl. Lehmbruch 1998: 15.
181 Vgl. Renzsch 1994: 130 f., Czada 1995c: 87. Lehmbruch (1998: 14) weist zu Recht darauf hin, dass das Handeln der Akteure keine automatische und mechanische Reaktion auf die formalen Bedingungen darstellt. Diese Vorgaben werden von den politischen Akteuren auf der Grundlage ihrer Erfahrungen und im Rahmen ihrer grundsätzlichen Verhaltensmuster antizipiert.
182 Die Erfahrungen des Steueränderungsgesetzes 1992 lehrten, dass eine parteiinterne Koordinierung weiterhin den Ausgangspunkt für die Entscheidungsfindung darstellen kann.
183 Dennoch hätten sich die negativen Folgewirkungen eines Scheiterns auf alle Beteiligten ausgewirkt. Somit waren auch die Länder – wenn auch mit geringerem öffentlichen Druck – einem Einigungszwang ausgesetzt. Vgl. Czada 1995c: 92, Mäding 1995a: 150.
184 Nicht nur der Misserfolg wird vornehmlich der Bundesregierung angekreidet, ihr gilt in der Regel primär auch das Lob bei erspießlichen Leistungen, die gemeinsam von Bundestag und Bundesrat getragen werden. Vgl. Schwinn 1997: 179.
185 Vgl. Schwinn 1997: 155.
186 Die SPD fühlte sich noch immer um den Wahlsieg 1990 betrogen. Verantwortlich hierfür machten sie insbesondere Kohls „Steuerlüge". Daher hegte sie noch immer Ressentiments gegen die Bundesregierung, die verbunden waren mit dem Wunsch, diese für ihre „Fehlentscheidungen" im Einigungsprozess politisch haftbar zu machen. Zu diesem Befinden trat hinzu, dass die Steuer- und Haushaltspolitik massiv dem parteipolitischen Wettbewerb ausgesetzt ist und seinerzeit unterschiedliche Wertvorstellungen über den geeignetsten finanzpolitischen Kurs aufeinanderprallten.
187 Vgl. zur Strategie des Kanzlers Renzsch 1994: 130 ff., Altemeier 1999: 226 f.

le. Während für die neuen Länder die Integration in die bestehende Finanzausgleichssystematik durchaus eine lukrative Option darstellte, drohten ihren westlichen Partnern für diesen Fall beträchtliche Besitzstandsverluste. Deshalb forcierten ausschließlich die alten Länder die Reformdebatte sowie die Modelldiskussion. Gleichwohl benötigten auch die neuen über die Standardregelungen des sekundären Finanzausgleichs hinausgehende Transfers, weshalb auch sie ein Interesse an Finanzverhandlungen hatten. Nachdem sich die Bundesregierung und die West-Länder in eine Art Wettstreit um die Gunst Ostdeutschlands begaben, setzten sie auf das höchste Gebot. Dieses kam letztlich auf horizontaler Ebene zustande, indem sich ihre Kollegen zu Konzessionen – die speziell zu Lasten des Bundes gingen – hatten hinreißen lassen. Ausschlaggebend hierfür war die tief sitzende Überzeugung der überwiegenden Mehrheit der alten Länder, allein mittels einer einheitlichen Positionierung dem Bund Paroli bieten zu können. Zur Erklärung dieses für die Entscheidungsfindung elementaren Aspekts lassen sich vielfältige Motive anführen. Den maßgeblichen Ausgangspunkt bildete die Wahrnehmung der Verhandlungssituation durch die alten Länder, welche die hegemoniale Stellung des Bundes antizipierten. Angesichts dieser Einschätzung gewannen sie die Überzeugung, dass sie nur durch ein gemeinsames Handeln eine Zentralisierung verhindern könnten. Im Sinne dieser Argumentation setzten sie ihr jeweiliges Eigeninteresse, am begrenzten Ressourcenaufkommen möglichst umfassend zu partizipieren, mit den föderalen Interessen der Ländergesamtheit in Beziehung.

Maßgeblich hierfür waren Lerneffekte der Länder, die ebenso auf früheren wie auf jüngeren Erfahrungen beruhten. Bereits in den ersten vier Jahrzehnten der „alten Bundesrepublik" erkannten die Länder wiederholt, dass sie nur dann eine Chance in vertikalen Streitfragen gegenüber dem Bund besitzen, wenn sie sich zu einem einheitlichen Block formieren. Lassen sie sich hingegen spalten, kann dies einzelnen Ländern zwar spürbare Vorteile verschaffen, die Ländergesamtheit wird dadurch aber insgesamt in ihrer Stellung im föderalen Kräftegleichgewicht geschwächt. Der Streit um den Finanzausgleich in den 80er Jahren verdeutlichte dieses Dilemma. Indem die übervorteilten Länder eine fixe Revision, sei es auf politischem Weg, sei es über eine Normenkontrollklage suchten, zeichneten sich die einseitig getroffenen Beschlüsse zudem durch politische und rechtliche Instabilität aus. Ebenso wie in den 80er Jahren mussten zahlreiche westdeutsche, von der SPD-regierte Länder bei der Verabschiedung des Steueränderungsgesetzes 1992 in den „sauren Apfel" beißen. Als Abstimmungsverlierer trugen sie mit der Abschaffung des Strukturhilfegesetzes die Hauptlasten der ersten Fondsaufstockung. Der Schock dieser Niederlage, der sich während der Vorabstimmungen zur Finanzreform ereignete, mahnte nicht nur die Betroffenen, der Bund könne sich beim Solidarpakt auf dem Rücken der Ländergesamtheit entlasten.[188] Sicherlich spielte hierbei auch eine nicht unwesentliche Rolle, dass die überwiegende Mehrheit der westdeutschen Länder zum A-Lager zählte und damit keine parteiliche Bindung zur Bundesregierung besaß. Da dieser Gruppe zudem alle bisherigen BEZ-Empfänger angehörten, welche die potenziellen Hauptverlierer eines gesamtdeutschen Finanzausgleichs waren, galt eine Spaltungsstrategie des Bundes zudem prinzipiell ebenso als aussichtsreich wie bedrohlich. Diese bestimmte Länder betreffenden Erfahrungen paarten sich indes mit der Entfaltung eines Länderselbstbewusstseins, die seit den 70er Jahren speziell bei den leistungskräftigeren Bundesgenossen beobachtet wird.

---

188 Ausführlich zum Lerneffekt aus den Erfahrungen des Steueränderungsgesetzes Altemeier 1999: 187, 240, 253 ff. Ferner dazu Renzsch 1994: 125 f., Schwinn 1997: 168.

5.3 Erklärung

Anfang der 90er Jahre schürte die Europäisierung zahlreicher Politikbereiche in den Maastrichter Verträgen die Debatte um die Aushöhlung der Länderstaatlichkeit. In den Ratifizierungsverhandlungen, die 1992 parallel zu den Solidarpaktvorverhandlungen liefen, konstruierten die Länder daher ein politisches Junktim zwischen ihrer Zustimmung zu den Maastrichter Beschlüssen und ihren Interessen an einer Stärkung ihrer Beteiligungsrechte an der europapolitischen Willensbildung sowie bei der Abtretung von Hoheitsrechten. Unter Spekulation auf den Zeitdruck der Bundesregierung setzten die Länderchefs in den informellen Verhandlungsrunden ihre gemeinsame Linie durch.[189] Ähnlich verhielten sich die Länderregierungen im Hinblick auf die anstehende Regionalisierung des schienengebundenen ÖPNV. In dieser Frage schmiedeten sie ebenfalls frühzeitig eine Einheitsfront in der Absicht, sich die Zustimmung zur Bahnreform so teuer als möglich abkaufen zu lassen. Selbst wenn sich keine direkten Bezüge in der Strategiebildung der Länder zu diesen Politikfeldern nachweisen lassen, die positiven Erfahrungen der Ratifizierung der Maastrichter Verträge sowie die vergleichbare Dynamik in anderen Bereichen dürfte das Streben nach einer einheitlichen Länderposition psychologisch beflügelt haben.

All diese Erfahrungen bildeten lediglich den Rahmen der Problemwahrnehmung durch die Akteure. Ermöglicht wurde die Länderallianz erst, indem die Befürworter dieser Strategie so lange unter ausnahmslos budgetären Kriterien an ihrem Modell feilten, bis es jedem der 16 Ministerpräsidenten mehr Vorteile versprach als der Bundesentwurf. Dies erforderte ebenso eine intensive Überzeugungsarbeit wie fiskalische Konzessionen an die potenziell Abtrünnigen. Desgleichen bedingte der Zusammenschluss der Länder die Ausblendung der horizontalen Verteilungskonflikte sowie der strukturellen Fragen zum Finanzsystem. Überdies hegten die Länderchefs ein Interesse daran, den Parteienwettbewerb als möglichen Störfaktor auszuschließen, um die Einheitsfront nicht zu gefährden. Die Länderinteressen rangierten für sie eindeutig vor den jeweiligen Parteianliegen. Maßgeblich hierfür war die Achse Bayern/ Nordrhein-Westfalen. Die beiden Länder, die kraft ihrer Größe im Finanzausschuss des Bundesrats eine dominierende Position einnehmen, initiierten und unterstützten die länderinterne Koordinierung entscheidend. Damit blieb die Rolle der Parteien eng begrenzt. Lediglich die parteiinternen Integrations- und Kompromissbildungsverfahren dienten als föderales Scharnier, indem sie der Schaffung einer gemeinsamen Länderposition den Weg ebneten.[190]

Ausschlaggebend für die einvernehmliche Problemlösung war gleichwohl, dass die Regierungen von Bund und Ländern eine *gemeinsame partei- und ebenenübergreifende Problemsicht* und Zielsetzung definieren konnten, die jenseits ihrer spezifischen Interessen

---

189 Das Koppelgeschäft *„Ratifizierungsgesetz/Verfassungsänderung"* prägte die Verhandlungen seit ihrem Beginn im Januar 1992. Die Bundesregierung stand hierbei unter Handlungsdruck, da die Ratifizierungsurkunde bis Dezember des Jahres hinterlegt sein sollte. Zentrale Vorentscheidungen wurden zwischen Bund und Ländern schon vor der Expertenanhörung im Mai 1992 getroffen. Die Verabschiedung der Grundgesetznovellierung und die Ratifizierung der Maastrichter Beschlüsse erfolgten im Dezember 1992. Am 12.3.1993, also parallel zur Solidarpaktklausur, wurde das Gesetz über die Zusammenarbeit von Bund und Ländern in Angelegenheiten der EU (EUZBGL) verabschiedet, das die Beteiligung des Bundestags und des Bundesrats in der Europapolitik ergänzend zu Art. 23 GG konkretisiert. Die Auseinandersetzungen überlagerten sich somit zeitlich teilweise mit den Verhandlungen um die Neujustierung des Finanzsystems. Die Entscheidungsfindung vollzog sich aber in beiden Fällen unabhängig voneinander. Die zeitliche Nähe und die Analogien in den gewählten Entscheidungsregeln und den strategischen Verhaltensweisen deuten auf Lerneffekte hin. Zur Verhandlung über die Neufassung des Art. 23 GG und die Ratifizierung der Maastrichter Beschlüsse siehe Schultze 1993: 244 ff., Benz 1995b: 152 ff., Kilper 1996: 78 f., Beyme 1999: 37.

190 Der interparteilichen Koordinierung zwischen Bayern und Nordrhein-Westfalen sowie Brandenburg und Sachsen folgte die intraparteiliche Zusammenführung. Vgl. Renzsch 1994: 133, Schwinn 1997: 181.

lagen. Gleichermaßen wie im Einigungsprozess bestand zwischen allen Beteiligten überwiegend Einigkeit in der Prämisse, dass die Herstellung einheitlicher Lebensverhältnisse im Bundesgebiet nach wie vor das vorrangige Ziel sei. Dementsprechend stand die massive Subventionierung der ostdeutschen Länder nie zur Disposition.[191] In Anbetracht der nüchterneren Einschätzung der sozioökonomischen und finanzwirtschaftlichen Rahmenbedingungen seit 1992[192] blieb deshalb die Forderung der ostdeutschen Regierungschefs nach einer monetären Besserstellung an sich unbestritten. Indes gewichteten die Akteure mit dieser politischen Prioritätensetzung die distributiven Effekte des Finanzausgleichs höher als die allokativen. Diese Handlungsmaxime ließ sich weder allein auf das institutionelle[193] oder sozioökonomische Umfeld zurückführen, noch handelte es sich um die zufällige Übereinstimmung subjektiv generierter Akteurspräferenzen. Plausibler erscheint vielmehr, dass hier das in der *politischen Kultur* tief verankerte und weithin akzeptierte Leitziel der einheitlichen Lebensverhältnisse zum Ausdruck kommt.[194]

Die zweite für das Politikergebnis elementare Prämisse – der *Verzicht auf eine Fundamentalreform* – basierte hingegen weniger in der Kultur. Daneben spielten weitere Bestimmungsmomente eine gewichtigere Rolle dafür, dass die Akteure eine Strukturreform mehrheitlich weder als erstrebenswert noch als realisierbar befanden. Einerseits erschienen ihnen die Unsicherheiten eines Wandels angesichts der enormen Problemkomplexität zu groß.[195] Andererseits antizipierten sie vor dem Horizont ihrer Erfahrungen die föderale Verhandlungslogik. Im Kontext des faktischen Zeitdrucks erachteten sie einen „großen Wurf" als politisch nicht durchsetzbar.[196] Sie versuchten sich deshalb gar nicht erst an einer umfassenden Reform.[197] In den Vordergrund rückten sie stattdessen allein die Verteilungs-

---

191 Zu dieser Bewertung kommen auch Mäding (1995a: 149), Renzsch (1997a: 53) und Altemeier (1999: 236).
192 Vgl. Renzsch 1997a: 82.
193 Ungeachtet aller unitarischen Grundzüge der Verfassung verbleibt dem Gesetzgeber ein Gestaltungsspielraum hinsichtlich der Ausgestaltung des Maßes an Einheitlichkeit oder Vielfalt. Immerhin konstruieren das Sozialstaatsprinzip und das Bundesstaatsprinzip einen Zielkonflikt, wobei die bundesstaatliche Heterogenität die homogenisierenden Wesensmerkmale des Bundesstaats konterkariert.
194 Vgl. die Einschätzung von Renzsch (1999a: 157, 1999c: 27). In der Bevölkerung spiegelte sich diese Tendenz ebenfalls wider, wobei es zur Schizophrenie in den kulturell verankerten Präferenzen der Bürger zählt, dass sie mehrheitlich einheitliche Lebensverhältnisse im Bundesgebiet als Maßstab anerkennen, gleichfalls aber die Opferbereitschaft eher begrenzt ist. In einer Emnid-Umfrage für den Spiegel (Der Spiegel 24/1993: Wieviel für Aufbau Ost?) erklärten 39 % der Befragten, dass sie keine Beiträge für den Aufbau Ost leisten möchten. Auf die Frage, wie viel Prozent ihres Einkommens sie für den Aufbau Ost ausgeben würden, waren zugleich 55 % zu Beiträgen bereit (41 % würden auf 1-5 % verzichten, 13 % auf 6-10 %, 1 % auf 11-15 %).
195 Hierfür waren ebenso sachliche wie kognitive Barrieren maßgeblich (vgl. Altemeier 1999: 229). Die Vielzahl der Modelle war nicht nur ein Ausdruck der Interessendivergenzen, sondern auch ein Zeichen der Unsicherheit bezüglich der Fortführung des Finanzausgleichs. Immerhin handelte es sich bei der Finanzreform um die Integration von fünf finanzwirtschaftlich vergleichsweise stark unterentwickelten Ländern. Zudem bestanden erhebliche Unsicherheiten hinsichtlich des weiteren ökonomischen Aufholprozesses. Dies hätte die Risiken potenziert, die strukturellen Neuerungen in diesem Segment generell anhaften.
196 Vgl. Benz 1995b: 156, Renzsch 1997a: 111. In der akademischen Literatur wurde in diesem Zusammenhang abermals darauf verwiesen, dass die ostdeutschen Länder für einen „*Wettbewerbsföderalismus*" noch nicht reif gewesen wären und deshalb die ungleichen Startchancen einer Fundamentalreform widersprächen. In der Praxis spielte dies jedoch höchstens argumentativ eine Rolle. Vielmehr lehnte die Mehrzahl der Landesregierungen (auch in Westdeutschland) dieses Bundesstaatsmodell unter materiellen Kriterien wie auch unter Wertmaßstäben ab. Somit gab es in der Politik anders als in der Finanzwissenschaft keine Mehrheit – geschweige denn eine verbreitete Akzeptanz – für einen Systemwandel.
197 Im Kontrast zu den Finanzreformen von 1955 und 1969 verzichteten Bund und Länder von Beginn an auf die Einsetzung einer Reformkommission. Vgl. Schwinn 1997: 159, Altemeier 1999: 178.

fragen,[198] wobei sie ebenso auf die vielfach erprobten Strategien der Risikobegrenzung, Komplexitätsreduzierung, Konfliktminimierung und Strukturerhaltung bauten.[199] Infolgedessen spielte die akademische Debatte in den Verhandlungen keine Rolle, da deren Anregungen und Vorschläge die Problemhorizonte der Politiker nicht tangierten.[200]

Zwei weitere politische Grundentscheidungen untermauerten schließlich die Abkehr von einer strukturellen Neuausrichtung der Bund-Länder-Finanzbeziehungen: *Zum einen* die thematische Entkopplung der Finanzverhandlungen von der Behandlung der föderalen Aufgabenverteilung in der *„Gemeinsamen Verfassungskommission"*, womit eine sachgerechte und konsistente Bundesstaatsreform nicht mehr möglich war.[201] *Zum anderen* unterband der politisch definierte *„Ausgewogenheitsgrundsatz"*, wonach die Belastungen eines armen West-Landes die eines reichen nicht übersteigen durften, prinzipiell jegliche Reformimpulse. Von Beginn an bestimmten damit politisch normierte Prämissen und Leitbilder sowie distributive Überlegungen die Verhandlungsprozesse zur Neuordnung der Finanzbeziehungen, die ökonomische Sachlogik hatte indessen nur eine geringe Relevanz.

Neben der inhaltlichen Zielsetzung folgte gleichfalls die *Arenenauswahl* den politischen Prämissen. Nachdem die Länderregierungen ebenso wie der Kanzler den parteipolitischen Wettbewerb zu umgehen suchten, beschritten beide Ebenen den in föderalen Streitfragen routinemäßig gewählten Weg der informellen Exekutivverhandlungen. Sowohl die Abstimmungsprozesse als auch die Entscheidungsfindung sollten weder in der Arena des Parteienwettbewerbs geschweige denn in den formalen Gremien erfolgen. In Anbetracht der vertikalen Interessengegensätze hätte der Gang durch die institutionellen Entscheidungsorgane zwangsläufig im Vermittlungsausschuss gemündet. Ein Vermittlungsverfahren erschien den Beteiligten als zu langwierig,[202] zu unflexibel und nur schwer kontrollierbar. Eingedenk der streng strukturierten Entscheidungslogik in Vermittlungsausschüssen befürchteten sie politisch instabile Mehrheitsentscheidungen sowie sachlich wie verfassungsrechtlich fragliche Lösungen.[203] Die Klärung in den institutionellen Foren galt deshalb allseits als ultima ratio für den Fall, dass das bereits in früheren Jahren sowie im Einigungsprozess favorisierte Verfahren der Klausurtagung scheitern sollte. Diese Prioritätensetzung hatte einerseits – die beabsichtigte – Folge, dass der Einfluss der kleinen Koalitionäre in Bund[204] und Ländern sowie der Bundestagsfraktionen strikt limitiert blieb. Anderer-

---

198 Als Basis der Verhandlungen diente die Ex-ante Definition einerseits des Transfervolumens für das Beitrittsgebiet und andererseits die Lastenverteilung zwischen Bund und westdeutschen Ländern. Die politisch gesetzten Werte wurden sodann von den Fachexperten in die Verfahrensmodalitäten rückübersetzt. Vgl. Czada 1995c: 87 ff., Benz 1995b: 157, Korioth 1997: 468.
199 Vgl. Altemeier 1999: 230, 241. Deshalb bevorzugten die Akteure auch denjenigen Entwurf, der sich am engsten an das bestehende System anlehnte (vgl. Czada 1994: 254).
200 Vgl. Vesper 1993: 652, Schwinn 1997: 162. Während die Wissenschaft sich um die Steigerung der allokativen Effizienz des Finanzausgleichs sorgte, hatten die politischen Akteure schwer damit zu kämpfen, die Verteilungsfragen einvernehmlich zu regeln.
201 Die Parallelen zur *„Gemeinsamen Verfassungskommission"* sind stark ausgeprägt. Fundamentale Reformen wurden auch in dieser Kommission ausgeblendet. Die *„Gemeinsame Verfassungskommission"* vollzog in zentralen Fragen lediglich die vorgelagerten Bund-Länder-Verhandlungsergebnisse nach. Kritisch dazu Benz 1995b: 149 ff., vgl. auch Mäding 1995c: 105.
202 Diese Einschätzung basierte auch auf negativen Erfahrungen in der Vergangenheit. Die Finanzreform 1955 erstreckte sich über mehrere Verhandlungsrunden und dauerte 56 Wochen, der Vermittlungsprozess zur Finanzreform 1969 erforderte immerhin 19 Wochen. Vgl. Renzsch 1991, Altemeier 1999: 206 f.
203 Vgl. Schwinn 1997: 188, Altemeier 1999: 206 ff., Bösinger 1999: 117.
204 Um einen Konsens nicht zu verhindern, beteiligte die Union ihre Koalitionspartnerin FDP nicht an den informellen Abstimmungsprozessen. Vgl. Peffekoven 1994: 290, Renzsch 1994: 131 f., Czada 1995c: 96.

seits setzte das informelle Abstimmungsverfahren die Entscheidungsträger noch mehr unter Erfolgszwang, wobei dieser am stärksten auf den Schultern der Bundesregierung lastete. Ein Scheitern hätte die Absicht Kohls, sich auf der Klausurtagung zu profilieren, ins Gegenteil verkehrt.[205]

Da ohnehin ein immenser sachlicher Handlungsbedarf bestand, verschärfte nicht allein der medial aufmerksam beäugte Solidarpaktgipfel den *situativen Einigungsdruck*. Die Kohl-Regierung stand massiv unter Druck, nachdem die Unionsfraktion am 4.3.1993 den Kabinettskompromiss zur Erhöhung der Mineralölsteuer im Bundestag überraschend kippte. Dieses Ausbrechen aus der üblichen treuen Gefolgschaft löste eine Krise aus, in der die CSU wie die FDP das öffentliche Erscheinungsbild der Koalition nachdrücklich monierten. Somit stand Kohls Ansehen auch innerhalb der Regierung auf dem Spiel. Nachdem die Finanzpolitik bereits seit der deutschen Einheit als konzeptionslos wahrgenommen wurde,[206] brauchte der Kanzler dringend positive Schlagzeilen, wollte er nicht weiter ins Abseits geraten. Indem die Bundesregierung den Nachtragshaushalt 1993 mit dem Solidarpakt verquickte, minimierte sie zudem selbst den verbleibenden Zeitkorridor.[207] Daneben konnte sich auch die SPD keine Obstruktion erlauben, andernfalls drohte ihr, als destruktive Kraft stigmatisiert zu werden.[208] Offenkundig wurde dies bei den Kommunalwahlen in Hessen am 7.3.1993, als beide Volksparteien schmerzliche Niederlagen erlitten.[209] Um den manifesten Verdruss an dem Gebaren der großen Parteien nicht noch weiter anzuheizen, musste die Union wie die SPD ihre Problemlösungskompetenz unter Beweis stellen. Eine Nichteinigung beim Solidarpaktgipfel hätte folglich vielfältige unerwünschte Folgen für alle Seiten bedeutet.[210] Dabei wird wiederum manifest, dass angesichts der eminenten Verflechtungen von der Bundesregierung wie vom Bundesrat die Gewährleistung der Funktionsfähigkeit des politischen Systems erwartet wird. Diese „*dritte soziale Rolle*"[211] entspringt somit, wie wir bereits feststellten, einer Vermengung aus den institutionellen Bedingungen sowie den Interessen des Amtes. Entgegen den skeptischen Erwartungen der Wissenschaft und der Medien war eine Blockade somit angesichts der immanenten politischen und sachlichen Zwänge sehr unwahrscheinlich.

Das konkrete Ergebnis war schließlich das Resultat der spezifischen Interessen- und Kräftekonstellation bei der Solidarpaktklausur. Die Länder ließen sich von der Spaltungsstrategie des Bundesfinanzministers nicht irritieren und blieben in ihrer Einheitsfront stand-

---

205 In der Öffentlichkeit erschien der Bundeskanzler nach Abschluss des Solidarpakts auch als Problemlöser. An Kohls Seite gewann der rheinland-pfälzische Ministerpräsident Rudolf Scharping (SPD) an überregionaler Popularität. In den Nachverhandlungen trug der Sozialdemokrat dazu bei, den Bund-Länder-Konsens des Solidarpaktgipfels zu wahren. Vgl. Czada 1995c: 86, 89.
206 Vgl. Schwinn 1997: 155, Zohlnhöfer 1999.
207 Eine Lösung sollte daher bis zum Sommer 1993 verabschiedet werden. Der Zeithorizont der Länder erstreckte sich hingegen bis zu Beginn des „*Superwahljahrs*" 1994. Vgl. Renzsch 1994: 31.
208 Zu dieser Einschätzung gelangt auch Schwinn (1997: 157 f.).
209 SPD (36,4 %, 1989: 44,8 %) und CDU (32,0 %, 1989: 34,8 %) erreichten zusammen weniger als 70 % der Stimmen, während die sonstigen Parteien 15,5 % erhielten. Vor allem in den Großstädten hatten die Republikaner (insgesamt 8,3 %) große Erfolge.
210 Ein Scheitern des Gipfels hätte jedoch eher das Gegenteil bewirkt, woran kein Beteiligter ein Interesse haben konnte. Zudem hätte dies das Ansehen der Bundesregierung wie der verantwortlichen Politiker weiter ramponiert. Fernerhin drohte eine Verlagerung der Verhandlungen in den Vermittlungsausschuss, was zumindest den Ablaufvorstellungen der Regierungen von Bund und Ländern widersprach.
211 Regierungschefs (und etwas abgestuft ihre Kabinettsmitglieder) vertreten damit nicht nur ihre Gebietskörperschaft und ihre Ressort (Amt) sowie ihre Partei, sondern tragen in der öffentlichen wie in der Selbstwahrnehmung auch Verantwortung für die gesamtstaatliche Politik.

haft. Somit bestand für die Bundesregierung keine Möglichkeit, einseitig ihr Konzept mit finanziellen Konzessionen an willige Länder durchzuboxen. Gleichsam profitierten sie vom Erfolgszwang, dem sich zuvorderst der Kanzler ausgesetzt sah. Ihm lag deshalb an einer Einigung um jeden Preis! Gepaart mit der technisch wie taktisch kärglichen Präsentation des Bundesfinanzministeriums hatten die Länderchefs alle Trümpfe in der Hand, ihr Konzept zu realisieren.[212] Indem der bayerische Ministerpräsident Streibl seinem Parteikollegen Waigel die Lösungsformel unterbreitete, gelang den Ländern ein weiterer cleverer Schachzug. Denn dies bewahrte den Bundesfinanzminister vor einem Gesichtsverlust.[213] Die Zahlungsbereitschaft des Bundes bildete somit die elementare Voraussetzung für die Einigung, denn erst damit konnten die horizontalen Umverteilungswirkungen abgemildert werden.[214] Am Ende einigten sich die Regierungschefs auf eine Paketlösung, die sich inhaltlich durch Strukturerhaltung und materiell durch immense Anpassungsleistungen auszeichnete.[215] Hierbei wurden die einigungsbedingten Mehrausgaben und die Haushaltsrisiken zwar weitgehend auf den Bund übertragen[216], gleichwohl konnte der Bundeskanzler anders als Waigel durchaus seine Präferenzen durchsetzen. Mit dem Junktim zwischen den steuer- und haushaltspolitischen Fragen sowie dem Finanzausgleich, gewann er mit der vertikalen Umsatzsteuerkorrektur die Zustimmung der A-Länder zu seinen Vorstellungen in der für ihn brisanteren, weil wahlkampfrelevanteren Steuerfrage. Noch mehr zählte, dass er als Initiator des Solidarpakts diesen auch erfolgreich abschloss. Die SPD-Opposition musste sich hingegen mit der Errungenschaft begnügen, soziale Einschnitte bei den Ausgabenkürzungen (vorerst) verhindert zu haben. Angesichts des Vorrangs des Finanzausgleichs in der föderalen Arena vermochte sie nicht höher zu spekulieren.

5.4 Bewertung unter Beachtung der politischen und fiskalischen Folgeeffekte

Fernab dieser situativen Würdigung des Solidarpaktkompromisses aus Sicht der beteiligten Akteure müssen wir uns weitere Fragen stellen, um das Ergebnis beurteilen zu können: Wer sind in der retrospektiven Betrachtung die tatsächlichen Gewinner und Verlierer? Welche politischen und soziökonomischen Folgeeffekte resultierten aus dem „*Föderalen Konsolidierungsprogramm*"? Welche Leistungen, Probleme und Defizite sind hieraus abzuleiten? Betrachten wir die *budgetären Auswirkungen* der neu geordneten Finanzbeziehungen, zeichnet sich die günstigste Position für die *neuen Bundesländer* ab (Anlage 5[217]). Mit der gleichberechtigten Integration in den bundesstaatlichen Finanzausgleich verbesserte sich

---

212 Vgl. Altemeier 1999: 227 f. Das Team um Waigel unterschätzte die Konsensbereitschaft zwischen den Ländern. Verbunden mit ihrem arroganten Auftreten im Vorfeld verspielten sie die Chance auf einen Erfolg des Bundeskonzepts.
213 Vgl. Altemeier 1999: 223 f.
214 Durch die Umsatzsteuerkorrektur konnten die Besitzstandsverluste der alten Länder reduziert, die überproportionalen Lasten der bisherigen BEZ-Empfänger kompensiert sowie die Finanzausstattung der ostdeutschen Länder substanziell verbessert werden.
215 Die gesamt Verhandlungsmasse im föderalen Solidarpakt betrug knapp 50 Mrd. € (!). Vgl. Czada 1995c: 90, Mäding 1995c: 107.
216 Vgl. Renzsch 1994: 129, Czada 1995c: 88, Mäding 1995c: 112.
217 Zu beachten ist bei dieser Abbildung, dass die Entwicklung der Steuer- sowie der Gesamteinnahmen keine monokausale Folge der Solidarpaktentscheidung darstellt, sondern von vielfältigen konjunkturellen, regionalen sowie finanzpolitischen Faktoren abhängig ist. Bei den angegebenen Daten handelt es sich um die kumulierten Werte für die Länder einschließlich ihrer Kommunen.

nicht nur ihr institutioneller Status, verbunden mit den zeitlich befristeten Sonderleistungen stieg ihre Finanzausstattung gegenüber dem Status quo beträchtlich (vgl. Tabelle 1). Im Zuge des Umsatzsteuervorabausgleichs, der formal Bestandteil der originären Steuerverteilung ist, erhöhten sich die Pro-Kopf-Steuereinnahmen der fünf neuen Länder 1995 gegenüber dem Vorjahr um 603 € (Sachsen-Anhalt) bis 734 € (Brandenburg).[218] Insgesamt verbuchten sie 1995 im Vergleich zum Vorjahr Mehreinnahmen von 312 € (Mecklenburg-Vorpommern) bis 443 € (Sachsen) je Einwohner. Differenzierter hingegen stellen sich die Solidarpaktregelungen für die *westdeutschen Länder* dar. Im Kontrast zur Übergangsperiode von 1990 bis 1994 wurden sie seit 1995 erheblich stärker an der Finanzierung der Einheit beteiligt als zuvor. Unter Betrachtung der Be- und Entlastungen der Kompromissformel sind sie die Hauptlastträger der Reform (siehe Tabelle 1). Dennoch konnten sie – gemessen an den Effekten des alternativen Bundesmodells – ihre Verluste limitieren. Ihre Einbußen im Länderfinanzausgleich beliefen sich daher 1995 auf Werte zwischen 66 €/EW (Bremen) und 208 €/EW (Baden-Württemberg) im Vergleich zum Vorjahr (Anlage 6[219]). Entsprechend der politischen Intention wichen die Pro-Kopf-Verluste der finanzkraftschwächeren alten Länder, welche die potenziellen Verlierer eines gesamtdeutschen Länderfinanzausgleichs waren, durchschnittlich nicht nennenswert von denen der reichen Länder ab.[220] Bei der Entwicklung der Steuer- und Gesamteinnahmen der alten Länder zeigen sich uneinheitlichere Ergebnisse, wobei die Abweichungen zum Vorjahr um Werte von +/- 150 €/EW variieren (Ausnahme: Hamburg). Hauptverlierer unter den Ländern war das vormals stark subventionierte *Berlin*, das den sukzessiven Abbau der „Berlinhilfe" in der ersten Hälfte der 90er Jahre – trotz der zuerkannten Stadtstaateneinwohnerwertung – nicht kompensieren konnte. Indes konnten *Bremen* und *Saarland* infolge der Sanierungshilfen, die sie bereits seit 1994 erhielten,[221] ihre haushaltswirtschaftliche Lage beträchtlich verbessern und ihre Existenz vorläufig sichern.

Tabelle 1: Be- und Entlastung durch das „*Föderale Konsolidierungsprogramm*" 1995[222]

Angaben in Mrd. €	Bund	Länder/West	Länder/Ost und Berlin
Belastungen	-32,41	-4,29	24,70
Entlastungen	35,38	2,25	-20,35
Summe	2,97	-2,04	4,35

Für den *Bund* fiel der Verlust von 7 Prozentpunkten bei der vertikalen Umsatzsteuerverteilung weniger tragisch aus, als dies die Bewertungen unmittelbar nach der Solidarpaktklausur erahnen ließen. Zwar schmolz sein Anteil an den gesamtstaatlichen Steuereinnahmen von jeweils 48 % (1991 bis 1994) auf 45 % (1995), dennoch konnte er seine fiskalische Stellung insgesamt wahren. Verantwortlich hierfür waren einerseits die Refinanzierungs-

---

218 Die originären Steuereinnahmen der Länderhaushalte im Beitrittsgebiet (ohne Gemeinden) erhöhten sich 1995 um + 128,4 % des Vorjahresniveaus (Quelle: StatBA FS 14 R. 4: 4. Vierteljahr und Jahr 1995).
219 Berücksichtigt sind der Umsatzsteuervorabausgleich, der Länderfinanzausgleich sowie die BEZ. Nicht berücksichtigt sind der Schuldendienst sowie die Zuschüsse zum Fonds „*Deutsche Einheit*".
220 Unter Beachtung des Nebenfinanzausgleichs, der mittels der Teilübernahme von Schuldendienstverpflichtungen zum Fonds „*Deutsche Einheit*" der armen durch die reichen westdeutschen Länder erfolgte, verbesserte sich die Position der bisherigen BEZ-Empfänger weiter.
221 Die finanzwirtschaftlichen Verbesserungen kommen deshalb in den Vergleichstabellen der Jahre 1994 und 1995 nicht zum Ausdruck.
222 Quelle: Eigene Berechnungen nach Bach/Vesper 2000: 199

5.4 Bewertung unter Beachtung der politischen und fiskalischen Folgeeffekte

maßnahmen (Solidaritätszuschlag und weitere Steuererhöhungen, Ausgabensenkungen) als auch die Entlastungen durch den Entfall der bisherigen Regelungen. Kumuliert ergibt sich hieraus sogar eine Entlastung des Bundes um knapp 3 Mrd. € im Jahr 1995 (Tabelle 1). Überdies erzielte der Bund 1995 im Vergleich zum Vorjahr – ungeachtet der schwächeren Entwicklung der Pro-Kopf-Steuereinnahmen – nur unwesentlich geringere Pro-Kopf-Mehreinnahmen als die Länder (Anlage 5).[223] Der These, die Solidarpaktentscheidungen belasteten unverhältnismäßig stark den Bund, muss somit widersprochen werden.[224]

Insgesamt ging die *Ländergesamtheit* dank ihres einheitlichen Auftretens in fiskalischer Hinsicht als Punktsieger aus dem Solidarpaktgipfel hervor. Sie profitierte sowohl von der Korrektur der vertikalen Umsatzsteuerverteilung[225] als auch von der Expansion der vertikalen Module im sekundären Finanzausgleich.[226] Gleichwohl blieb das Resultat ebenso für den Bund wie für die einzelnen Länder akzeptabel.[227] Indem die Länder überdies ihr Modell gegen die zentralistische Variante durchsetzen konnten, blieb die *föderale Balance* zwischen beiden Ebenen gewahrt.[228] Die Länder festigten somit nicht nur ihre fiskalische Position, sondern behaupteten zudem ihr politisches Gewicht.[229] Für das bundesstaatliche Gefüge mindestens gleichermaßen relevant war zudem die Normalisierung der Bund-Länder-Finanzbeziehungen. Mit der Beteiligung Ostdeutschlands am regelgebundenen Finanzausgleich merzte die Solidarpaktlösung die bedenklichen Begleiterscheinungen des bisherigen „Zwei-Klassen-Systems" im Finanzausgleich ohne Folgeverwerfungen aus. Als erstaunlichste Leistung ist hierbei zu werten, dass immense Umverteilungen obgleich der eklatanten Interessengegensätze einvernehmlich (!) mobilisiert werden konnten. Bei diesem Kraftakt erwiesen sich die Finanzverfassung und der Finanzausgleich entgegen der Prophezeiungen als ausgesprochen flexibel.[230] Eine Trendwende in Richtung dualem „*Wettbewerbsföderalismus*" leiteten die Akteure indes nicht ein. Vielmehr stabilisierten sie – speziell in Verbindung mit der Stärkung der Beteiligungsrechte des Bundesrats in der Europapolitik des Bundes – die unitarisch-kooperativen Strukturen.[231] Damit enttäuschte die Politik manch Wunschvorstellung der Finanzwissenschaft. Deren Kritikpunkte griffen die Regierungen nicht auf. Die massiven Defizite, welche die Ökonomen vornehmlich unter allo-

---

[223] Berücksichtigen wir zudem, dass die Ausgabenkürzungen teils auch zu Lasten der Länder und Kommunen gingen (z.B. Abbau der Mischfinanzierungen und Arbeitslosenhilfe), korrigiert sich der Bund-Länder-Vergleich abermals. Vgl. Döring 2001: 239.

[224] Zu diesem Urteil kommen auch Bach/Vesper 2000: 199, Wachendorfer-Schmidt 2000a: 125.

[225] Kraft der Abtretung dynamischer Umsatzsteueranteile kommt eine prosperierende ökonomische Entwicklung und eine Verbesserung der Situation Ostdeutschlands primär den Ländern zu Gute.

[226] Zu den finanzkraftbezogenen Fehlbetrags-BEZ, die in ihrem absoluten wie relativen Gesamtvolumen anstiegen (bis 1994: 2 % des Umsatzsteueraufkommens, seit 1995 > 2,0 %), und den Pol-BEZ traten drei weitere Sonderbedarfskreise (Sanierungs-BEZ, Übergangs-BEZ, BEZ zum Abbau teilungsbedingter Lasten). Ferner erhielt das Beitrittsgebiet Leistungen nach dem Investitionsförderungsgesetz *„Aufbau Ost"*, die nach ihrem Gewährleistungsanspruch faktisch mit BEZ gleichzusetzen sind.

[227] Allerdings kann der Solidarpakt als Einigung zu Lasten Dritter bezeichnet werden. Den Gemeinden wurde zwar die Teilnahme an dem Gespräch versagt, jedoch beteiligten die Regierungschefs die westdeutschen Kommunen dauerhaft an der Finanzierung der Einheit. Vgl. Mäding 1995c: 107 ff., Czada 1995c: 92.

[228] Am folgenschwersten war die Differenz beider Konzepte für die ostdeutschen Gebietskörperschaften, gewährte ihnen das Ländermodell auffallend mehr haushaltswirtschaftliche Unabhängigkeit vom Bund. Vgl. Renzsch 1994: 134, Wachendorfer-Schmidt 2000a: 125.

[229] Perspektivisch resultierten hieraus wichtige Lerneffekte für die Länder. Vgl. Renzsch 1995: 168, 1999a: 160.

[230] Unter rechtswissenschaftlicher Sicht bewertet dies Bauer 1997: 302.

[231] Mit der Novellierung des Art. 23 GG wurde die Politikverflechtung um die europäische Ebene erweitert. Vgl. dazu Schultze 1993: 250 f., Benz 1995b: 157, Mäding 1995c: 112, Abromeit 1996: 17, Braun 1996: 118 f., Sturm 1998b: 13 f., Luthardt 1999a: 173.

kationstheoretischen Gesichtspunkten vortrugen, blieben deshalb erhalten. Infolgedessen fällt deren Urteil über den Solidarpakt verheerend aus. Beanstandet wird die generelle Systematik des Finanzausgleichs („Übernivellierung", „Intransparenz", „Strategieanfälligkeit"), da sie nach Einschätzung vieler Wirtschaftswissenschaftler den wachstumspolitischen Erfordernissen entgegenwirkt. Neben den Fehlanreizen, die besonders aus der garantierten Angleichung der finanzschwachen Länder auf 99,5 % resultieren, werden fernerhin einzelne Module und Details des Transfersystems getadelt.[232]

Neben der Reorganisation der Finanzbeziehungen rügten Wirtschaftswissenschaftler wie Wirtschaftsverbände desgleichen die weiteren Regelungen sowie die *ökonomischen und finanzwirtschaftlichen Folgewirkungen* des Solidarpakts. Sie bemängelten einesteils die unzureichenden Einsparbemühungen und wandten sich andernteils gegen die Steuererhöhungen. Speziell von der Wiedereinführung des Solidaritätszuschlags erwarteten sie wachstumsfeindliche Effekte. Inwieweit die steuerlichen Maßnahmen tatsächlich für die weiterhin stockende Konjunktur[233] mit verantwortlich war, kann hier nicht beantwortet werden. Fakt ist, das von den Nettolasten der deutschen Einheit, die schätzungsweise 4,25 % bis 5 % des BIP p.a. betragen, die Steuer- und Beitragszahler rund zwei Drittel entrichte(te)n.[234] Nicht besser fällt die Bewertung der Konsolidierung der öffentlichen Ausgaben aus. Mit dem „*Föderalen Konsolidierungsprogramm*" beschlossen die Politiker zwar erstmals seit der Einheit ein umfassenderes Sparpaket, dessen Einschnitte genügten aber nicht zur Refinanzierung der Transferlasten. Daher mussten bald weitere Steuererhöhungen und Ausgabenkürzungskonzepte verabschiedet werden. Das „*Spar-, Konsolidierungs- und Wachstumsprogramm*" der Bundesregierung, das im Dezember 1993 den Vermittlungsausschuss passierte, enthielt ein weiteres Entlastungsvolumen von knapp 9 Mrd. €.[235] Die Maßnahmen betrafen hauptsächlich Kürzungen im Sozialbereich, die auf der Solidarpaktklausur nicht durchzusetzen waren.[236] Überdies gingen die Einsparungen besonders zu Lasten von Zukunftsaufgaben.[237] Beiden Sparpaketen lagen keine überzeugenden konzeptionellen Überlegungen zugrunde, stattdessen strebte die Politik primär die Erreichung eines bestimmten Kostensenkungsvolumens an. Erschwerend kam hinzu, dass die Ausgabensenkungen als kontraktiver staatlicher Nachfrageimpuls die konjunkturelle Entfaltung hemm-

---

232 Moniert werden u.a. die Einwohnerwertung der Stadtstaaten (wegen der negativen Spill-over-Effekte für Länder, die nicht an Stadtstaaten grenzen), die Hafenlasten (als singulärer Sonderbedarfstatbestand), die Übergangs-BEZ, die BEZ für die Kosten der politischen Führung (wegen der Fehllenkung öffentlicher Mittel) und der vertikale Finanzausgleich (wegen der Strategieanfälligkeit). Siehe dazu Kapitel 6.4, 8.2.2. Ausführlich bewerten Hummel/Nierhaus (1994: 103 ff.) und Bösinger (1999: 202 ff.) unter allokationstheoretischer Perspektive die Neuordnung des Finanzausgleichs ab 1995.
233 Zwischen 1995 und 1997 blieb das Wachstum des realen Bruttoinlandsprodukts jeweils unter 1,5 %. Erst danach verbesserte sich die Wirtschaftskraft, die Steigerungsrate blieb aber auch 1998 und 1999 unter 2 %.
234 Vgl. Wachendorfer-Schmidt 2000a: 125.
235 Vgl. Heilemann u.a. 1996: 239, Weltring 1997: 68. Das nächste nennenswerte Sparpaket folgte 1996 und umfasste Ausgabenkürzungen im Bundeshaushalt im Umfang von rd. 11 Mrd. € (1997).
236 Der Bundesregierung ist es gelungen, die Mehrzahl ihrer Vorhaben in Form von nicht zustimmungspflichtigen Gesetzen vorbei am Widerstand der oppositionellen Mehrheit im Bundesrat durchzusetzen (vgl. Zohlnhöfer 1999: 15 f.). Bis heute folgten zahlreiche Einschnitte in der Sozialpolitik sowie bei den Sozialversicherungen, die zumindest teilweise auf die Lasten der Einheit zurückzuführen sind. Weitere Faktoren sind die stotternde Wirtschaftentwicklung gepaart mit der hohen Arbeitslosenrate sowie die demografische Entwicklung.
237 Diese sind durch rechtliche Vorgaben weniger stark gebunden und damit flexibler zu steuern, weshalb sie von Sparmaßnahmen sowie den wiederholt verhängten Haushaltssperren häufiger erfasst wurden.

5.4 Bewertung unter Beachtung der politischen und fiskalischen Folgeeffekte

te.[238] Damit lösten die Ausgabenkürzungen eine in sozialer wie wirtschaftlicher Hinsicht fragliche Dynamik aus.

Trotz der diversen Aktionen zur Steigerung der Einnahmen und Senkung der Ausgaben erreichten die Haushalte von Bund und Ländern nicht die erhoffte Entspannung.[239] Sukzessive verbesserten sich hingegen die Finanzierungssalden der öffentlichen Haushalte, wobei sich ungeachtet der weitgehenden Steuerkraftnivellierung die Finanzlage der Länder sehr uneinheitlich entwickelte.[240] Zugleich konnte der dramatische Schuldenanstieg deutlich gebremst, aber nicht gestoppt werden.[241] Erheblich besser als zuvor stattete das „*Föderale Konsolidierungsprogramm*" die neuen Länder aus. Damit konnten sie ihre Defizitquoten verringern, dennoch verharrten diese im Schnitt über dem Niveau der westdeutschen Länder.[242] Gleichfalls erlahmte der Aufholprozess in der zweiten Hälfte der 90er Jahre trotz der Bildung regionaler Wachstumspole. Als besonders problematisch erwiesen sich einerseits der zu hohe konsumtive Anteil an den Finanztransfers und andererseits die überhöhte Subventionierung des Faktors Kapital.[243] Für all diese sozioökonomischen und finanzwirtschaftlichen Entwicklungen waren etliche Faktoren maßgeblich, sie waren aber mit dem Solidarpakt eng verknüpft. Summa summarum lässt sich als dessen großer Erfolg anführen, dass die Finanzbeziehungen auf ein solideres und zumindest vorübergehend akzeptiertes Fundament gestellt wurden. Gleichwohl versäumten es die Akteure, – vornehmlich infolge der parteipolitischen Animositäten –, eine tragfähige und konsistente Finanzierungsstrategie zu formieren. Damit blieb der finanzpolitische Handlungsspielraum eng begrenzt.

Doch nicht nur unter ökonomischer, auch unter *demokratietheoretischer Perspektive* ist das Zustandekommen des Ergebnisses bedenklich. Die Vorabstimmungen wie die essenziellen Entscheidungsfindungsprozesse vollzogen sich außerhalb der Parlamente von Bund und Ländern. In exorbitanter Weise schotteten sich die Regierungen sowie die Solidarpaktverhandlungsführer von ihren Fraktionen ab. Damit konnten die Abgeordneten und generell die kleinen Parteien FDP, Bündnis 90/Die Grünen und PDS faktisch kaum an der Gestaltung eines elementaren Bereichs der Staatsorganisation mitwirken. Verantwortlich für diese bekannte Tendenz zur Entparlamentarisierung ist einerseits der Strukturbruch zwischen den Entscheidungsregeln der Mehrheitsdemokratie und des Bundesstaats.[244] Andererseits ist sie das Produkt des Dualismus zwischen der Regierung und der sie tragenden Mehrheitsfraktionen und der Opposition. Zu dieser strukturellen Erklärung tritt hinzu, dass die Bundestagsabgeordneten in föderalen Fragen zwischen ihrem Mandat als Bundespolitiker und ihrer landsmannschaftlichen Herkunft – auch im Zuge des Wahlsystems – ungern Position beziehen. Das Ausmaß, mit dem sich die Parlamentarier aus der Finanzreform heraushielten, ist nicht nur als Defizit der institutionellen Politikverflechtung, sondern auch als erschreckende und ärmliche Selbstbeschränkung des Bundestags zu beurteilen, die mit funktionalen Argumenten nicht hinreichend zu rechtfertigen ist.[245]

---

238 Vgl. Bach/Vesper 2000: 201.
239 Vgl. SVR 1997: 110, Zohlnhöfer 1999: 15 f.
240 Vgl. Deutsche Bundesbank 2001: 59 ff.
241 Bis 1997 wuchs die öffentliche Gesamtverschuldung stärker als das Bruttoinlandsprodukt und die kassenmäßigen Steuereinnahmen. Erst ab 1998 (bis 2000) sank deren jährliche Veränderungsrate unter die beiden Vergleichswerte. Ausführlich dazu Kapitel 7.
242 Einzig Sachsen, das früh auf solide Finanzen setzte, bildet die rühmliche Ausnahme von diesem Trend.
243 Zum Aufbau Ost vgl. DIW u.a. 2002, Kitterer 2002: 125 ff.
244 Vgl. Lehmbruch 1976, Benz 1995a: 84.
245 Vorzuwerfen ist dem Bundestag, dass er keinen Versuch startete, die Exekutivverhandlungen politisch zu begleiten. Dies wäre ohne Negierung der Entscheidungslogik sowie ohne parteipolitischer und landsmann-

Wie ist angesichts dieser politischen und ökonomischen Befunde die *Problemlösungskapazität* einzuschätzen? Vorab bleibt positiv anzumerken, dass zwei Thesen, die in der Wissenschaft Anfang der 90er Jahre eine gewisse Popularität genossen, nicht zu halten sind. *Erstens*: Widerlegt wurde die Annahme, ein solidarisches Vorgehen der Länder sei in Anbetracht ihrer Heterogenität nicht mehr möglich. Sowohl beim Solidarpakt als auch in anderen Bereichen (z.B. Ratifizierung der Maastrichter Verträge) gelang es den Ländern eindrucksvoll, die Separatanliegen hinter den gemeinsamen Interessen zurückzustellen. *Zweitens*: Gleichfalls entkräftete der Solidarpaktkompromiss die Blockadethese, nach der die Handlungsunfähigkeit des föderalen Systems generell in Frage gestellt wurde. Anzuerkennen ist ferner, dass die Regierungschefs von Bund und Ländern die selbstgesetzten Ziele prinzipiell erreichten. Denn eine Strukturreform peilten sie nicht an, um zunächst die vereinigungsbedingten Verteilungsfragen zu beantworten. Dabei hatten sie auch nicht den Anspruch, die Finanzbeziehungen langfristig zu regeln, wie aus der Befristung zahlreicher Bestimmungen hervorgeht. Vielmehr sollte für eine Übergangs- und Anpassungszeit ein solideres und planbareres Fundament für den Finanzausgleich geschaffen werden. Zumindest im Hinblick auf das Gesamtergebnis bewältigten die Akteure diese Aufgabe der materiellen Neujustierung der Finanztransfers relativ erfolgreich.[246] Immerhin erforderte dies immense Budgetverlagerungen zwischen den öffentlichen Haushalten. Somit bewiesen Bund und Länder erheblich mehr Flexibilität, als ihnen zugetraut wurde.[247]

Angesichts dieser Bewertung bleibt folgender Einwand zu klären: Wurden die Ziele von den Politikern falsch oder zu eng gesteckt? Während von finanzwissenschaftlicher Seite diese These überwiegend bejaht wird, ist unter den mehrdimensionalen Gesichtspunkten dieser Studie ein differenzierteres Urteil vorzuziehen. Vor dem Horizont des äußerst komplexen Kontexts hätte eine grundlegende Finanzreform das politische System überfordert. Die Verteilungsprobleme waren ohnehin so kompliziert, dass eine Überlagerung mit strukturellen Aspekten rasch die Problemlösungskapazitäten unterminiert hätte. Zumal eine konsistente „große Lösung" nicht allein die Finanzbeziehungen, sondern auch die Aufgabenverteilung hätte erfassen müssen. Denn eine Wettbewerbsausrichtung in der Finanzverfassung gepaart mit einer funktionalen Orientierung der Kompetenzverteilung wäre gewiss eine außerordentlich fragile Bundesstaatskonstruktion. Fernerhin fehlte den neuen Ländern bei weitem die Leistungskraft, um in einem Wettbewerb bestehen zu können. In diesem Sinne waren die akademisch publizierten Reformansprüche unangebracht.[248]

Die finanzwissenschaftlichen Reformmodelle fanden deshalb keinen Widerhall in der Praxis, weil ihre Ansätze den staatsrechtlichen und politischen Kriterien nicht entsprachen.[249] Neben der dargebotenen Sachargumentation ist ihnen als simpelstes und gewich-

---

schaftlicher Illoyalität möglich gewesen. Die (Selbst-)Unterforderung der Abgeordneten ist damit auch Ausdruck einer stark auf funktionalen Maßstäben basierenden Parlamentskultur.

246 Die befristete Bestätigung des gegenwärtigen Finanzausgleichs durch die Bundesverfassungsgerichtsentscheidung vom 11.11.1999 stützt diese These.
247 Vgl. U. Münch 2000: 62.
248 Von einer „*vertane(n) Chance*" (Schultze 1993, Peffekoven 1994) kann demnach nicht gesprochen werden. Eine stärkere Betonung der Eigenverantwortlichkeit der Länder hätte die Gefahr impliziert, dass das Beitrittsgebiet noch stärker auf den Bund angewiesen wäre. Eine Rückverlagerung der Kompetenzen zu diesem Zeitpunkt hätte sich nach H.-P. Schneider (1999: 5) als „*Danaergeschenk*" für die finanzschwachen Länder erwiesen. Angesichts des schwierigen Umfelds war 1993 daher der falsche Zeitpunkt für einen Paradigmenwechsel. Vgl. zu dieser Einschätzung Mäding 1992: 201, Vesper 1993: 652, Selmer 1995: 235, 244, Renzsch 1996a: 52 f., Korioth 1997: 419, Lehmbruch 1998: 136, Altemeier 1999: 229, 257.
249 Zur Kritik an den damaligen Reformmodellen vgl. Heilmann 1992: 96 f., 102.

tigstes Argument entgegenzuhalten, dass ihnen die Mehrheitsfähigkeit fehlte. Unter der Unsicherheit über die zukünftige wirtschaftliche Entwicklung sowie den Aufholprozess Ostdeutschlands stellte die inkrementalistische Anpassungsstrategie durchaus einen geeigneten Orientierungsrahmen dar.[250] Hinsichtlich der eklatanten sozioökonomischen und finanzwirtschaftlichen Entwicklungsrückstände des Beitrittsgebiets rückten die Akteure vollkommen zu Recht allein die distributiven Aspekte in den Vordergrund.[251] Vielleicht wird es sich langfristig sogar als stärkend für den deutschen Föderalismus herausstellen, in der einmaligen historischen Situation dem Solidaritätsgesichtspunkt die einzige Priorität eingeräumt zu haben. Die Regierungen haben somit die Fragen richtig gestellt und zumindest hinsichtlich der Finanzbeziehungen auch eine zufrieden stellende Antwort geliefert.

Vorzuhalten ist ihnen, keine schlüssige finanzpolitische Strategie zur Refinanzierung der Einheitskosten entworfen zu haben. Freilich lässt sich relativierend anfügen, dass es sich hierbei schon aufgrund der Höhe der jährlichen Transferleistung um eine ausgesprochen anspruchsvolle Aufgabe handelte. Zudem erschweren die eingeengten haushaltspolitischen Gestaltungsspielräume, die aus den sprunghaft gestiegenen Zinsquoten resultierten, diese Herausforderung noch. Obendrein hatten auch alle alternativen Refinanzierungsstrategien (vornehmlich Steuererhöhungen und Ausgabenkürzungen[252]) ihre Tücken. Angefangen mit der geringen Popularität derlei Maßnahmen, führen solche ferner leicht zu konjunktur- und wachstumspolitisch kontraproduktiven Verwerfungen und politisch als ungerecht empfundenen Belastungsquoten. Damit standen politische Wertungen – sowohl hinsichtlich des zweckmäßigsten finanzpolitischen Instrumentariums als auch bezüglich der gesellschaftlich gewünschten Verteilungswirkung – auf der Agenda. Angesichts der parteipolitischen Differenzen war dies wahrlich eine diffizile Herausforderung. An ihr scheiterten die Akteure. Es gelang ihnen nicht, jenseits der parteipolitischen Wertungsmuster und des Blicks auf die nächste Wahl ein gleichermaßen pragmatisches wie solides Finanzierungskonzept zu entwickeln. Während mit dem Solidarpakt im Binnenverhältnis zwischen den Gebietskörperschaften Klarheit über die Finanzierung der neuen Länder geschaffen wurde, blieb diese im Außenverhältnis den Bürgerinnen und Bürgern sowie der Wirtschaft als Träger der Refinanzierungen versagt. Allerdings verknüpfte erst der Bundeskanzler mit seiner Solidarpaktoffensive die Finanzreform mit den Haushaltskonsolidierungsmaßnahmen, obwohl kein zwingender Zusammenhang beider Themen bestand. Damit können die beanstandeten Defizite die unbestreitbaren Leistungen nicht unmittelbar schmälern.[253]

Die *Performanz der politischen Problemverarbeitung* ist damit alles in allem positiv zu bewerten. Prinzipiell erreichen die Regierungschefs von Bund und Ländern die politisch definierten Ziele, wobei die Kosten-Nutzen-Relation für föderale Abstimmungsprozesse durchaus akzeptabel war. Die größte Leistung des „*Föderalen Konsolidierungsprogramms*" liegt sicherlich darin, dass einvernehmlich eine immense West-Ost-Umverteilung ohne hinreichende Wachstumsdividenden organisiert wurde. Damit eröffneten die Verhandlungs-

---

250 Zum Inkrementalismus als prinzipiell problemangemessenen Lösungsweg vgl. Benz 1999: 150.
251 Diese politische Prioritätensetzung kann unter staatsrechtlichen wie politikwissenschaftlichen Maßstäben nicht beanstandet werden. Vgl. Selmer 1994: 352, Vesper 2000a: 18.
252 Hinzuzuzählen sind noch Privatisierungen, allerdings ist deren Potenzial längst nicht so ausgeprägt wie das der übrigen Strategien (Ausgaben, Steuern, Schulden).
253 Mittelbar ergaben sich durch das politische Junktim zwischen beiden Materien sehr wohl Auswirkungen auf die Refinanzierungsmaßnahmen. Denn eine Blockade zwischen Bund und Ländern wurde vermieden, indem die Lasten auf den Steuerzahler sowie die Empfänger staatlicher Ausgaben verschoben wurden. Dies ist per se noch nicht verwerflich, bedauerlicherweise erfolgten die Schritte jedoch ohne eine schlüssige Strategie.

partner den ostdeutschen Gebietskörperschaften nicht nur eine gleichberechtigte Teilhabe am Finanzausgleich, sondern auch eine solidere haushaltswirtschaftliche Perspektive. Mit der Regelung der Lastenverteilung und der Altschuldenfrage gelang zudem eine zumindest vorübergehend tragfähige Abstimmung über die Finanzierungskompetenzen. Damit legten die Akteure den Grundstein für eine Konsolidierung der öffentlichen Haushalte. Daneben konnten die Länder mit diesem Ergebnis eine weitere Aushöhlung der föderativen Substanz verhindern. Hierin besteht der zweite große Erfolg des Solidarpakts. Dessen Defizit lag gleichwohl in den kompensatorischen Refinanzierungsprogrammen, denen ob des Kompromisses jede Strategie fehlte. Insgesamt erfolgte mit der Neuordnung der Finanzbeziehungen, die zu Recht als „*Paradebeispiel inkrementalistischer Anpassung*"[254] bezeichnet wird, politisch eine außerordentlich beachtenswerte Integrationsleistung und sachlich eine relativ zweckdienliche, aber temporär begrenzte Problembewältigung.[255] Denn wie sich bald herausstellen sollte, wurde der Konsens mit der Abweichung der wirtschaftlichen Entwicklung vom prognostizierten Wachstumspfad aufgekündigt.

---

[254] Altemeier 1999: 230.
[255] In diesem Sinne argumentieren auch Renzsch 1997a: 110, Schwinn 1997: 178, Vesper 2000a: 18 f.

6 Finanzausgleichsreform 2005 und Solidarpakt II

6.1 Problemstellung und Rahmenbedingungen

Schon bald nach In-Kraft-Treten des gesamtdeutschen Finanzausgleichs zum 1.1.1995 verlautete Kritik über das Transfersystem von Seiten der finanzkraftstarken Länder. Sie fühlten sich von den Umverteilungswirkungen übervorteilt, zumal regressive Beitragsverpflichtungen angesichts des hinkenden Anpassungsprozesses in Ostdeutschland in immer weitere Ferne rückten. Am hartnäckigsten beanstandeten die unionsregierten Länder Bayern und Baden-Württemberg das bestehende Regelwerk, doch auch das Hauptzahlerland Hessen stöhnte abermals über die Finanzausgleichslasten. Diese Länder forderten deshalb einen Umbau des Bundesstaats nach dem Leitbild des *„Wettbewerbsföderalismus"*, von dem sie sich ebenso mehr Autonomie und Effizienz wie niedrigere horizontale Umverteilungen ersehnten. Ihren Wunsch nach einer Finanzausgleichsrevision, die faktisch auf erheblich geringere Transfers hinauslief, lehnten die Empfängerländer indes dezidiert ab. Infolgedessen wandten sich die süddeutschen Rebellen mit einer Normenkontrollklage an das Bundesverfassungsgericht, um auf diesem Wege ihre Vorstellungen und Interessen durchzusetzen. In seiner Entscheidung vom 11.11.1999 befasste sich Karlsruhe jedoch nicht mit den normativen Prämissen der Klageschriften. Vielmehr gab es dem Bundesgesetzgeber – sichtlich genervt von den fortwährenden Gerichtsanrufungen – auf, die abstrakten Vorgaben der Finanzverfassung in einem Maßstäbegesetz zu präzisieren, um auf dessen Basis den Finanzausgleich zu novellieren. Hierfür sahen die Richter enge Fristen vor. Demnach mussten das Maßstäbegesetz binnen drei Jahren (31.12.2002) und das neue Finanzausgleichsgesetz spätestens bis Ende 2004 erlassen werden. Diesen Zeitrahmen verband Karlsruhe mit der Sanktionsandrohung, dass im Falle der Nichteinhaltung das bestehende Regelwerk seine Gültigkeit verlöre.

Damit stand die Finanzreform unweigerlich auf der Agenda. Doch nicht allein aufgrund des Urteils musste eine Neuordnung des Finanzausgleichs zum 1.1.2005 erfolgen, desgleichen forderten dies die gegebenen rechtlichen und materiellen Bedingungen. Bekanntermaßen liefen die Solidarpakthilfen für die neuen Länder zum 31.12.1994 aus. Zugleich blieb die *sozioökonomische Entwicklung* im Beitrittsgebiet weit hinter den Erwartungen zurück. Ungeachtet gewisser Fortschritte stockte der Aufholprozess. Während bis 1994 die reale Wirtschaftskraft um bis zu knapp 13 % (1993) gegenüber dem Vorjahr stieg, schmolzen die jährlichen Wachstumsraten ab 1995 beträchtlich (Abbildung 4). Seit 1997 pendelten die jährlichen Veränderungsraten im Beitrittsgebiet nur noch um den westdeutschen Vergleichswert, wobei sie 1998 und 2000 sogar noch schwächer als dieser ausfielen.

In der Haushaltswirtschaft der neuen Länder zeigten sich in Anbetracht der verbesserten Finanzausstattung durchaus Konsolidierungserfolge, wenngleich sich deren Zinsquote in nur 10 Jahren an jene der alten Länder angenähert hatte. Besonders problematisch entwickelten sich die kommunalen Haushalte. Bis Ende der 90er Jahre erreichten diese eine Steuerkraft von 39 % der westdeutschen Gemeinden, weshalb der kommunale Finanzausgleich ungleich relevanter blieb als im Westen.[1] Nicht wesentlich besser stellte sich die Situation der Länderhaushalte dar. Somit erreichten die neuen Länder Ende der 90er Jahre lediglich eine originäre Finanzkraft vor Umsatzsteuerverteilung von weniger als 40 % des Durchschnitts. Überdies konnte der Rückstand in der Infrastrukturkapitalausstattung in der ersten Dekade nach der Einheit längst nicht aufgeholt werden. Zwar gab es teilweise massive Fortschritte, wovon die einzelnen Branchen und Standorte allerdings sehr unterschiedlich profitierten. Summa summarum war abzusehen, dass auch im Jahr 2005 der Nachholbedarf noch beträchtlich sein würde – auch wenn Quantifizierungen ob der empirischen Abgrenzungsprobleme hohe Fehlerwahrscheinlichkeiten anhafteten.[2]

Abbildung 4: Entwicklung der Wirtschaftskraft in West- und Ostdeutschland

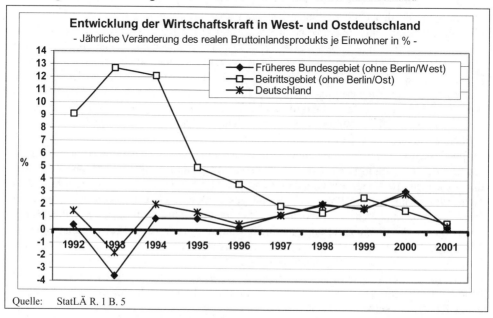

Quelle: StatLÄ R. 1 B. 5

Nachdem der Aufholprozess in Ostdeutschland sogar noch hinter den Erwartungen zurückblieb, verlief die für 1999 nach § 11 IV S. 2 FAG vorgesehene Überprüfung der Solidarpakthilfen ausgesprochen unspektakulär.[3] Zwar erstellten die betreffenden Länder einen Fortschrittsbericht, den das Bundesfinanzministerium zustimmend zur Kenntnis nahm, es fand aber weder eine gemeinsame Beratung von Bund und Ländern noch eine parlamentarische Debatte über die unverminderte Fortführung der Transfers statt.[4] Nicht ein vorzeitiger Abbau der West-Ost-Hilfen war damit das Thema, vielmehr verlangten die ostdeutschen Ministerpräsidenten frühzeitig einen *Solidarpakt II als Anschlusslösung*, um den Aufbau Ost weiter voranzubringen sowie einen Ruin ihrer Haushalte abzuwenden. Dieser Appell

---

1 Vgl. Bach/Vesper 2000: 207 f.
2 Vgl. Bach/Vesper 2000: 209 ff.
3 Allerdings senkte die christlich-liberale Koalition noch vor der Bundestagswahl 1998 den Solidaritätszuschlag um 2 Prozentpunkte.
4 Vgl. Peffekoven 2001b: 433.

6.1 Problemstellung und Rahmenbedingungen

blieb an sich unumstritten. Indessen konterkarierte er das Drängen der reichen Länder nach einer Entlastung im Finanzausgleich. Zwar lagen die West-Ost-Transfers innerhalb des bei der Solidarpaktklausur im März 1993 geschätzten Korridors, jedoch zeichnete sich entgegen der Erwartungen keine fallende, sondern eine steigende Tendenz ab (Abbildung 5). Die Umverteilungsmasse im sekundären Finanzausgleich[5] stieg von 1995 bis 2000 um 22,7 %. In diesem Zeitraum wuchsen die Beiträge für die sechs ostdeutschen Länder um immerhin 20,1 %. Deren Anteil an den Gesamtleistungen betrug damit kontinuierlich über 80 %.

Abbildung 5: Transfers für die neuen Länder und Berlin

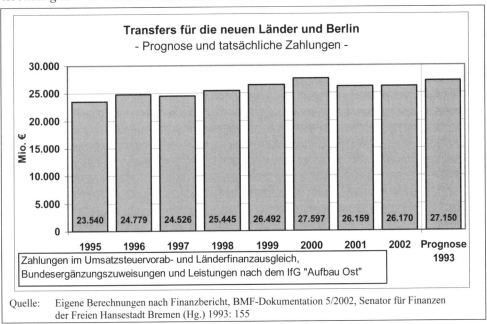

Quelle: Eigene Berechnungen nach Finanzbericht, BMF-Dokumentation 5/2002, Senator für Finanzen der Freien Hansestadt Bremen (Hg.) 1993: 155

Indem allein das horizontale Ausgleichsvolumen[6] zwischen 1995 und 2000 um 27,3 % wuchs, steigerte sich die Frustration der Zahlerländer über das bestehende Regelwerk. Verstärkt wurde diese im Zuge der gescheiterten Fusion von Berlin und Brandenburg.[7] Denn damit existierte mit der Hauptstadt vorerst dauerhaft ein dritter Stadtstaat, der Anspruch auf die überproportionale Gewichtung seiner Einwohner im Länderfinanzausgleich besaß.[8] Da in Berlin über 40 % (2000: 43 %) mehr Menschen ihren ersten Wohnsitz haben als in Hamburg und Bremen zusammen, bedeutete dies eine quantitativ massive Aufwertung dieses

---

5 *Anm.:* Umsatzsteuervorabausgleich, Länderfinanzausgleich, Bundesergänzungszuweisungen.
6 *Anm.:* Umsatzsteuervorabausgleich und Länderfinanzausgleich.
7 Mit dem Gesetz zur Regelung der finanziellen Voraussetzungen für die Neugliederung der Länder Berlin und Brandenburg vom 9.8.1994 wurde eine Übergangslösung für den Fall der Fusion geregelt, um eine sofortige finanziell Schlechterstellung des neuen Landes abzuwenden. Danach wäre die Einwohnerwertung für Berlin für 15 Jahre fortgesetzt worden, wobei die Gewichtung ab dem 11. Jahr degressiv angesetzt wurde.
8 Nach § 9 II FAG wird bei der Ermittlung der Ausgleichsmesszahl der Steuereinnahmen der Länder die Einwohnerzahlen der Länder Berlin, Bremen und Hamburg mit dem Faktor 1,35 gewichtet.

Sonderprivilegs.⁹ Dank der Einwohnerwertung erhielt Berlin seit 1995 mit Abstand die größten Zuwendungen im Länderfinanzausgleich. Erschwerend kam zu dieser – aus Sicht der reichen Länder – Besorgnis erregenden *Entwicklung der horizontalen Transfers* hinzu, dass sich die Konjunktur auch in Westdeutschland sehr fragil darbot (Abbildung 4). Sehr bescheiden prosperierte die deutsche Wirtschaft bei jährlichen Veränderungsraten der realen Wirtschaftskraft von unter 2 % (1995-1999). Lediglich 2000 erreichte die Progression knapp 3 %, verglichen mit Steigerungsraten in der alten Bundesrepublik allerdings ein immer noch ausgesprochen moderater Wert. Von Wachstumsdividenden, aus denen die immensen Transfers aufgebracht werden könnten, war somit auch künftig nicht auszugehen. Verbunden mit der mageren Wirtschaftsprogression blieb die öffentliche Haushaltswirtschaft auch beim Bund und den West-Ländern angespannt. Zwar sanken die Defizitquoten in der zweiten Hälfte der 90er Jahre, angesichts der gewachsenen Zinslastquoten, der hohen Arbeitslosigkeit[10] sowie der heiklen demografischen Perspektive bestanden aber nach wie vor kaum finanzpolitische Handlungsspielräume. Zudem führte die Wachstumsdelle 1996 und 1997 zu erheblichen Steuerausfällen auch bei den reichen Ländern.

In Anbetracht des diffizilen sozioökonomischen und haushaltswirtschaftlichen Umfelds kündigten sich beträchtliche horizontale Verteilungskonflikte hinsichtlich der Revision des Finanzausgleichs an. Ruhig wurde es ohnehin nie um die föderalen Finanzbeziehungen. Regelmäßig beschäftigten sich Bund und Länder seit der Verabschiedung des „*Föderalen Konsolidierungsprogramms*" mit Aspekten der Finanzordnung. So wurden z.B. Ende 1993 die Bahnreform bei gleichzeitiger Kompensation der den Ländern entstehenden Lasten verabschiedet,[11] zweimal die Annuitätsleistung für den Fonds „*Deutsche Einheit*" gesenkt,[12] die degressive Fortführung der Sanierungs-BEZ für die Länder Bremen und Saarland von 1999 bis 2004 beschlossen[13] und die vertikale Umsatzsteuerverteilung[14] mehrmals

---

9   Der Wegfall der Einwohnerwertung hätte z.B. 1998 Berlin rd. 1,99 Mrd. €, Hamburg 0,77 Mrd. € und Bremen 0,36 Mrd. € gekostet. Vgl. Geske 1999: 487, 492.
10 In Westdeutschland stieg die Arbeitslosigkeit seit 1993 sprunghaft.
11 Kompensiert wurde die Übernahme des schienengebundenen ÖPNV durch die Länder mit einem Anteil am Mineralölsteueraufkommen. Die Basis hierfür bildete der neu eingefügte Art. 106a GG, wonach den Ländern ab dem 1.1.1996 ein Betrag des Bundes für den ÖPNV zusteht. Dazu Finanzbericht 2003: 156 f.
12 Angesichts der günstigen Zinsentwicklung konnte das Sondervermögen zunächst schneller als vorgesehen abgebaut werden. Erstmals reduzierten daher beide Ebenen auf Antrag der Länder für die Jahre 1998 bis 2000 die jährliche Annuität auf 6,8 % des Ausgangsbetrags. Die Jahresrate sank damit auf 3,30 Mrd. € (vorher: 4,86 Mrd. €). Ende 2000 beschlossen Bund und Länder die Fortsetzung der Annuitätssenkung um 1,55 Mrd. € p.a. bis Ende 2003. Änderungen ergaben sich auch beim Erblastentilgungsfonds. Zum 1.1.1997 übernahm dieser die Altschulden der gesellschaftlichen Einrichtungen der DDR (4,3 Mrd. €). Ab 1.7.1999 stellte der Bund die Schulden dieses Sondervermögens in seinen Haushalt ein.
13 Während Waigel noch eine Fortführung der Sanierungs-BEZ an die Beteiligung der übrigen Länder koppelte, erklärte sich sein Amtsnachfolger, der vormalige saarländische Ministerpräsident Oskar Lafontaine (SPD), bereit, die Sanierungshilfen für beide Länder weiterhin allein zu schultern. Im Zeitraum 1999 bis 2004 erhielten beide Länder BEZ in Höhe von insgesamt 6,49 Mrd. € (Bremen 3,94 Mrd. €, Saarland 2,56 Mrd. €). Die Beträge wurden dabei degressiv angesetzt (Bremen: von 0,92 Mrd. €/1999 bis 0,36 Mrd. €/2004; Saarland: von 0,61 Mrd. €/1999 bis 0,26 Mrd. €/2004). Ferner wurde 1995 das Finanzausgleichsgesetz geändert, um mögliche systemwidrige Verteilungsergebnisse bei der so genannten „Ländersteuergarantie" zu vermeiden (Änderung § 10 III, IV FAG, Neueinfügung Art. 10 V FAG; siehe BuGBl. Teil I 1995 Nr. 22).
14 Im Zuge der Neuordnung des Familienleistungsausgleichs wurde 1996 der Anteil der Länder an der Umsatzsteuer um 5,5 Prozentpunkte angehoben (Bund-Länder-Verteilungsverhältnis 50,5 %:49,5 %). 1998 erhielt der Bund einen Vorabbetrag zur Refinanzierung des zusätzlichen Bundeszuschusses zur gesetzlichen Rentenversicherung in Höhe von 3,64 % (ab 1999: 5,63 %), der aus der Umsatzsteuererhöhung von 15 % auf 16 % zum 1.4.1998 resultierte. Seit 1998 bekamen die Gemeinden zudem 2,2 % des Umsatzsteuervolumens nach Abzug des Bundeszuschusses für die gesetzliche Rentenversicherung (entspricht 2,07 % des Gesamtaufkom-

6.1 Problemstellung und Rahmenbedingungen

revidiert. In keinem dieser Fälle stand jedoch die Struktur des Finanzsystems samt der budgetären Implikationen so grundlegend zur Disposition wie nach dem Karlsruher Urteil.

Im Vergleich zu 1993 stellten sich die *politischen Rahmenbedingungen* eher noch unübersichtlicher und vertrackter dar. Bekanntlich löste im Herbst 1998 die rot-grüne Bundesregierung unter Gerhard Schröder das Kabinett Kohl ab. Wenige Monate später verlor die SPD mit den Wahlniederlagen in Hessen (7.2.1999) und im Saarland (5.9.1999) sowie dem Verlust der Alleinregierung in Brandenburg (5.9.1999) ihre Mehrheit im Bundesrat. Die Verhandlungen zur Finanzreform 2005 erfolgten damit im Kontrast zu den Solidarpaktberatungen unter umgekehrten parteipolitischen Vorzeichen in den legislativen Kammern. Gegenüber 1993 setzten sich die Landesregierungen überdies noch scheckiger zusammen. Die SPD koalierte in den Ländern mittlerweile mit den vier weiteren im Bundestag vertretenen Parteien (CDU, Bündnis 90/Die Grünen, FDP, PDS). Das Lager der A-Länder verfügte – unter Einrechnung der rot-roten Koalition in Mecklenburg-Vorpommern – seit 1999 über 26 Stimmen. Derweil kamen die B-Länder auf 28 Stimmen, während vier Länder aufgrund „großer" (BE, BB, HB) bzw. sozialliberaler (RP) Koalitionen keinem Block zugerechnet werden konnten (15 Stimmen). Unverändert ausgeglichen gestaltete sich die Stimmenverteilung zwischen den finanzkraftstarken (26 Stimmen), den finanzkraftschwachen alten (20 Stimmen) und den ostdeutschen Ländern (23 Stimmen). Allerdings spiegelte sich die Heterogenisierung der Landeskabinette diesmal auch stark innerhalb dieser finanzpolitischen Interessengruppen wider. Waren 1993 noch die alten Länder fast ausschließlich SPD regiert und der Osten vorwiegend unter Unionsherrschaft, bestand nun keine so prägnante Zuordnung mehr, wie die folgende Matrix zeigt.

Tabelle 2: Zusammensetzung des Bundesrats vom Oktober 1999 bis zum 16.6.2001[15]

	A-Länder:	B-Länder:	Neutrale Länder:	Stimmen:
„Reiche" Länder:	HH (3)/NW (6)	BW (6)/BY (6)/ HE (5)		26
„Arme alte" Länder:	NI (6)/SH (4)	SL (3)	HB (3)/RP (4)	20
Ostdeutsche Länder:	MV (3)/ST (4)	SN (4)/TH (4)	BE (4)[16]/BB (4)	23
Stimmen:	26	28	15	69

Die beiden Volksparteien waren somit in jedem der drei Blöcke in mindestens zwei Kabinetten vertreten, wobei der Schwerpunkt der SPD (10 Kabinettsbeteiligungen) bei den finanzkraftschwächeren alten und den ostdeutschen Ländern lag (beteiligt an 8 der 11 Regierungen). Im Kontrast dazu verteilten sich die Unionsregierungen gleichmäßiger (9 Beteiligungen, darunter 4 bei den Ost- sowie 3 bei den reichen Ländern). „Natürliche Mehrheitskoalitionen" boten sich damit nicht an. Außerdem stand wie bei der Neujustierung 1993 auch diesmal – im Herbst 2002 – eine Bundestagswahl bevor, die eine Entscheidung im Wahlkampf hinsichtlich der unterschiedlichen Mehrheitsverhältnisse erschweren würde.

---

mens) als Kompensation für den Wegfall der Gewerbekapitalsteuer. Im Rahmen der Anpassung des Familienleistungsausgleichs erhielten die Länder ferner seit 1998 zusätzlich 0,9 Prozentpunkte des nach Abzug der vorgenannten Beträge verbleibenden Umsatzsteueraufkommens (Bund-Länder-Teilungsverhältnis 49,6 %:50,4 %). Mit der Neuregelung des Familienleistungsausgleichs sowie den Ausgleichszahlungen für den ÖPNV wurde der vertikale Steuerverbund nochmals intensiviert.

15 *Anm.*: Bundesratsstimmen in Klammern
16 Nach der Regierungsübernahme in Berlin am 16.6.2001 durch die rot-rote Koalition unter Klaus Wowereit (SPD) verfügte der A-Block kurz vor dem abschließenden Gipfeltreffen über 30 Stimmen. Für das Verhandlungsergebnis spielte dies keine Rolle.

Eingebettet waren die Reformverhandlungen in eine erregte *Debatte in der Wissenschaft*, den Fachmedien und der Politik. Dabei avancierte die Föderalismusreform zu einem der großen Modethemen der letzten Jahre. Nachdem Bund und Länder 1992/93 die Anstöße aus der Finanzwissenschaft gänzlich dem politischen Kompromiss opferten, forderten zahlreiche Ökonomen eine Revision des Finanzausgleichs gepaart mit der Neuausrichtung des Bundesstaats nach dem Muster des dualen Konkurrenzföderalismus.[17] Zu deren zentralem Schlagwort gerierten die „*Fehlanreize*"[18] des Finanzausgleichs, die durch eine Hinwendung zu mehr Wettbewerb zwischen den Ländern überwunden werden sollten.[19] Sie eroberten mit ihren Vorstellungen rasch die Meinungsführerschaft, indem sie mit einer penetranten Wiederholung der immer gleichen, auf der ökonomischen Theorie des Föderalismus fußenden Argumentationskette alle Aspekte des Finanzausgleichs und der bundesstaatlichen Ordnung durchdeklinierten.[20] Bald fand sich der finanzwissenschaftliche Begründungstopos auch in der Rechts- und der Politikwissenschaft wieder. Dadurch verkoppelte sich die ökonomische Betrachtungsweise mit der seit Jahrzehnten geübten Kritik an den unitarisch-kooperativen Strukturen. Angesichts der Ineffizienz und Intransparenz der Entscheidungsmechanismen galt das bestehende System vielen Experten als hinderlich, um in Zeiten der transnationalen ökonomischen Verflechtungen[21] sowie der europäischen Integration im „Wettbewerb der Regionen" zu bestehen.[22] Abgesehen von dieser Literatur, die für einen Systemwechsel plädierte, gab es vor allem in der Rechts- sowie der Politikwissenschaft Beiträge, die sich mit den Defiziten des Bundesstaats auseinandersetzten, sie aber ungleich

---

17 Zahlreiche Finanzwissenschaftler legten konkrete Reformmodelle vor. Siehe dazu Kapitel 8.2.2.
18 Die Fehlanreize ergeben sich danach vor allem aus den zu hohen Grenzbelastungen des Systems. Moniert wird dabei, dass zusätzliche von einem Land erwirtschaftete Steuereinnahmen größtenteils im Länderfinanzausgleich abgeschöpft werden (Mindestauffüllung/Nivellierung). Aus diesem Grund lohne sich weder, die Steuerkraft durch eigene Anstrengungen anzuheben, noch bestehe ein Anreiz für eine rigide Steuerverwaltung. Damit bestrafe der Finanzausgleich wirtschaftlich erfolgreiche Länder und hemme das Wirtschaftswachstum. Strategieanfälligkeit orteten die Ökonomen zudem in den Verschuldungsanreizen bei der Deckungsquotenberechnung, bei der Einwohnerwertung der Stadtstaaten sowie den Pol-BEZ (Verhinderung von Länderfusionen). Kritisiert werden ferner die fehlende Steuerautonomie der nachgeordneten Gebietskörperschaften, das Konnexitätsprinzip der Lastenverteilung sowie die Mischfinanzierungen. Vgl. u.a. Homburg 1994, OECD 1998: 81 ff., Ottnad 1998: 397 f., Sturm 1999, Baretti 2001: 40 ff., Baretti u.a. 2001: 38.
19 Vgl. z.B. SVR 1997: 194 ff., SVR 1998: 228 ff., SVR 2000: 208 ff., Baretti u.a. 2000: 122 ff., Donges u.a. 2000, Schultze 2000. Zur akademischen Debatte vgl. Henneke 1998: 97 ff. Die Reformbereiche aus Sicht des „*kompetitiven Föderalismus*" beschreiben u.a. Döring/Stahl (2000) und Schoder (2002: 97 ff.). Aus ausländischer Perspektive analysiert Gunlicks (2000: 541 ff.) die Reformdebatte.
20 Dies spiegelt sich in der Konjunktur des Begriffs „Wettbewerbsföderalismus" wider. Vgl. Schatz u.a. 2000.
21 Die Internationalisierung der Märkte, hauptsächlich der Finanzmärkte in Folge des Scheiterns des Bretton-Woods-Systems Anfang der 70er Jahre, führte zu einer Externalisierung ökonomischer Effekte, da die Grenzen des Nationalstaates sich nicht mehr mit denen der wirtschaftlichen Aktivitäten deckten. In dessen Folge reduzierte sich die politische Steuerungsfähigkeit, da eingeleitete Maßnahmen nicht auf die eigene Volkswirtschaft beschränkt bleiben und nicht allein von dieser bestimmt werden. Die „Globalisierung" führte somit zu einer Begrenzung des wirtschafts-, beschäftigungs-, sozial- und umweltpolitischen Gestaltungsspielraums der nationalen Volkswirtschaften. Der europäische Binnenmarkt sowie die Wirtschafts- und Währungsunion verstärkten diese Wirkungen. Als Reaktion auf diese Entwicklung nahm der Wettbewerb zwischen den nationalen und regionalen Standorten um die mobilen Produktionsfaktoren zu. Zum Ausdruck kam dieser vorwiegend in einer kompetitiven Deregulierung. Die Europäische Währungsunion weitete diese Konkurrenz noch aus, indem das Wechselkursrisiko als Standortdeterminante im Währungsraum entfiel, unterdessen aber keine weitergehende und verbindliche Harmonisierung der Finanz-, Arbeits-, und Sozialpolitik vereinbart wurde.
22 Dies ging einher mit der Standortdebatte um die Krise des „*Modells Deutschland*" (vgl. Czada 1998: 24 ff.). Neben den Fehlentwicklungen des kooperativen Föderalismus sowie der geringen Steuerbarkeit wirtschaftlicher und sozialer Prozesse begünstigte die Stärkung des Regionalismus und des föderalen Gedankens in Europa die Präferenz für eine zunehmende Konkurrenzorientierung des deutschen Bundesstaats. Vgl. zur Dominanz kompetitiver Föderalismusvorstellungen in der Reformdebatte Kesper 1998: 133 ff.

6.1 Problemstellung und Rahmenbedingungen

differenzierter reflektierten.[23] Leider genossen diese nicht die ihnen gebührende Aufmerksamkeit in der Diskussion.[24] In der „*meinungsbildenden*" Berichterstattung der großen deutschen Tages- und Wochenzeitungen dominierten vielmehr die Plädoyers für einen Umbau des Finanzsystems im Sinne des „*kompetitiven Föderalismus*".[25]

In der Politik griffen vor allem zwei Gruppen von Initiatoren den akademischen Föderalismusdiskurs auf.[26] Beheimatet war die Debatte um die Reform des Bundesstaats einerseits bei der FDP, den marktliberalen Flügeln der Union und der SPD sowie den Wirtschaftsverbänden.[27] Diese Zirkel begriffen das unitarisch-kooperative System als Teilproblem des Standorts Deutschland im europäischen und internationalen Wettbewerb. Andererseits versuchten die reichen Länder vorwiegend über die Presse sowie mittels wissenschaftlicher Gutachten Impulse in Richtung eines wettbewerbsorientierten Föderalismus zu setzen. Hiervon versprachen sie sich ebenso finanzielle Vorteile wie eine Stärkung ihres politischen Einflusses.[28] Abseits der konkreten Umbaupläne nach dem Modell des „*Wettbewerbsföderalismus*" blieb die „*Modernisierung der bundesstaatlichen Ordnung*" als vage Zielvorstellung in der politischen Diskussion präsent. Deren Hintergrund blieb die bereits in der früheren Bundesrepublik formulierte Unzufriedenheit mit den Mechanismen und der Zentralisierung der Politikverflechtung. Auffällig war dabei allerdings, dass die Auseinandersetzung hauptsächlich Politiker der alten Länder führten.[29] Die „Revitalisierung" der Länder sowie die Entflechtung der Verantwortlichkeiten blieb ein gern bei feierlichen Veranstaltungen erhobener Appell.[30] Bestand in dem abstrakten Ziel noch allseits Einvernehmen, änderte sich dieses im Detail schlagartig, wenn die finanziellen Interessen nicht übereinstimmten.[31] In der Auseinandersetzung um die Finanzausgleichsreform untermauerte das Ringen um unterschiedliche Überzeugungssysteme die jeweiligen Positionen.[32] Die Klageländer traten hierbei als Profiteure eines Systemwechsels relativ forsch auf, während die Nutznießer des bestehenden Regelwerks als potenzielle Verlierer rasch als „Besitzstandswahrer" in die Defensive gerieten. Im Zuge dessen eskalierten frühzeitig die horizontalen Verteilungskonflikte.

---

23 Zu nennen sind u.a. die Beiträge von Benz, Czada, Geske, Kesper, Korioth, Lehmbruch, Renzsch und Vesper.
24 Akademisch umstritten blieben desgleichen die Fehlanreize. Beanstandet wurde die mangelnde empirische Fundierung der theoretischen Analysen. Überdies wurde bemängelt, dass die neoklassischen Ansätze zu isoliert argumentieren und Anreize außerhalb des Systems verkennen würden. Vgl. Ebert/Meyer 1999, Mäding 2000: 33, Schatz u.a. 2000: 53, Vesper 2000b: 403, Fox 2001: 342, Geske 2001a: 92 f.
25 Schatz u.a. (2000) analysierten die Berichterstattung in der FAZ, im Handelsblatt, in der Süddeutschen Zeitung, im Focus sowie im Spiegel. Eine ausgewogene Themendarstellung stellten sie in ihrer qualitativen Studie lediglich in der SZ fest (a.a.O.: 39). Ansatzweise diskutiert wurde die Finanzausgleichsreform zudem in der FAZ und im Handelsblatt. In der redaktionellen Kommentierung überwogen in der FAZ, im Handelsblatt sowie im Focus eindeutig die Forderungen nach einem Wettbewerbsföderalismus. Allein die SZ kommentierte die politische Debatte ausgeglichener.
26 Zusammenfassende Darstellungen der Debatte geben H.-P. Schneider 1998: 3757 ff., Benz 2002b: 391.
27 Vgl. z.B. Sarrazin 1998, Friedrich-Naumann-Stiftung 1998 und 1999, Bertelsmann-Kommission „*Verfassungspolitik & Regierungsfähigkeit*" 2000, Friedrich-Naumann-Stiftung 2002b.
28 Vgl. z.B. Arndt 1997, Stamm/Merkl 1998. Die Kritik Bayerns am kooperativen Föderalismus fasst U. Münch (1999b: 34 ff.) zusammen. Die Vorteile einer Regionalisierung der Sozialversicherungen und der Arbeitsmarktpolitik der Bundesanstalt (*heute*: Bundesagentur) für Arbeit beschreibt U. Münch 1997: 197 ff.
29 Vgl. Schatz u.a. 2000: 39.
30 Vgl. die Analyse der Antrittsreden der Bundesratspräsidenten von Henneke (1998: 107 f.).
31 Vgl. Kesper 1998: 143 f., Kurth/Milbrandt 2001.
32 Vgl. Braun 1998: 101, T. Fischer/Große Hüttmann 2001: 141.

6.2 Akteursinteressen, Verhandlungsprozesse, Ergebnisse

6.2.1 Normenkontrollklagen: Infragestellung des kooperativen Föderalismus

In Anbetracht der sozioökonomischen und finanzwirtschaftlichen Situation drängten die Zahlerländer Baden-Württemberg, Bayern und Hessen bereits im Lauf des Jahres 1996 auf eine baldige Neuregelung des Finanzausgleichs. Ihre Forderung nach einer Entlastung stützten sie schon Ende 1996 mit der Drohung, im Falle der Nichteinigung in Karlsruhe eine Normenkontrollklage gegen das bestehende Regelwerk zu erheben. Während Hessen als erstes Land die fiskalischen Wirkungen des gesamtdeutschen Finanzausgleichs beanstandete, unternahmen dessen südliche Nachbarn Anfang Juli 1997 den ersten konkreten Vorstoß. Sie legten auf Basis des für diesen Zweck erstellten *„Arndt-Gutachtens"*[33] Vorschläge zur Reform des Finanzausgleichs vor. Zentral ging es in der Expertise um die Übertragung des so genannten *„Halbteilungsgrundsatzes"* im Steuerrecht auf die Leistungsverpflichtungen der reichen Länder im Finanzausgleich. Demnach sollte die den Bundesdurchschnitt übersteigende Finanzkraft zu maximal 50 % abgeschöpft werden dürfen. Überdies stellten *Bayern und Baden-Württemberg* unter dem Verweis auf Arndt weitere Elemente des Transfersystems wie die Einwohnerwertung der Kommunen und der Stadtstaaten sowie die Anrechnung der Hafenlasten in Frage. Dabei stellten beide Länder klar, dass sie zwar zunächst Verhandlungen auf der Grundlage ihrer Überlegungen anstrebten, sollten sie damit aber keinen Erfolg haben, den Gang nach Karlsruhe antreten würden.[34] Nachdem die unionsregierten Süd-Länder mit ihrem Anliegen sowohl in der Finanzminister- als auch in der Ministerpräsidentenkonferenz abblitzten, legten sie im März 1998 in der Finanzministerkonferenz ein gemeinsames Finanzausgleichsmodell mit folgenden Eckwerten vor:

Gemeinsames Modell der Länder Baden-Württemberg und Bayern:[35]
- Abschaffung des Umsatzsteuervorabausgleichs: Verteilung des Länderanteils nach der Einwohnerzahl
- Länderfinanzausgleich: Abschöpfungs- bzw. Ausgleichsquote von Überschüssen bzw. Fehlbeträgen zur durchschnittlichen Finanzkraft zu 50 % (analog dem *„Halbteilungsgrundsatz"*)
- Streichung der Einwohnerwertung der Stadtstaaten und Kommunen sowie der Anrechung von Hafenlasten
- Bundesergänzungszuweisungen: Streichung der Fehlbetrags-BEZ sowie der Pol-BEZ
- Besitzstandsregelung: 50 Jahre Übergangszeit ab dem 1.1.1999, in der Gewinne oder Verluste gegenüber dem geltenden Recht mit pauschalen, degressiv angesetzten Transfers abgeschöpft bzw. ausgeglichen werden (jährliche Degression der Transfers um 2 Prozentpunkte)

Mit diesem Konzept wollten die beiden Länder ihre Beitragsverpflichtungen im Länderfinanzausgleich langfristig erheblich absenken. Obgleich der langen Übergangsfrist intendierten sie mit dem Vorschlag offensichtlich eine Länderneugliederung.[36] Hiervon versprachen sich Stuttgart und München ebenso eine finanzielle Besserstellung wie einen stärkeren Einfluss im Bundesrat durch den Wegfall von Stimmen der fusionierten Länder.[37] Wahrscheinlich verwunderte es deshalb nicht einmal die Urheber, dass die Ländermehrheit Verhandlungen auf Basis dieses Entwurfs, der auf einen radikalen Systemwandel abzielte,

---

33 Arndt 1997.
34 Wiederholt stellten sie diese Position auch in der Öffentlichkeit dar. Vgl. E. Huber 1998: 73.
35 Bayerisches Staatsministerium der Finanzen 1998: 12 ff.
36 Vgl. zu dieser Einschätzung Lammers 1999: 429, Schweinitz 2003: 40 f.
37 Berlin und Brandenburg kämen beispielsweise nach einem Zusammenschluss auf 4 statt bisher 8 Stimmen, Niedersachsen und Bremen auf 6 statt 9 Stimmen, Saarland und Rheinland-Pfalz sowie Hamburg und Schleswig-Holstein jeweils auf 4 statt 7 Stimmen.

kategorisch ablehnte. Hauptsächlich die finanzschwächsten Länder befürchteten, noch mehr in die Abhängigkeit des Bundes zu geraten, da das Modell zu wenig Flexibilität bei unerwarteten sozioökonomischen Entwicklungen bot.[38] Sie begriffen die süddeutsche Initiative als Angriff auf ihre Existenz und Aufkündigung des Solidarpakts.[39]

Statt zu einer Annäherung auf politischem Weg führte der bayerisch-baden-württembergische Vorschlag zu einer beträchtlichen Verhärtung der Fronten. Während die Autoren des Entwurfs ihre Klageandrohung bei ausbleibendem Verhandlungserfolg abermals vortrugen, verdichtete sich der Widerstand der bisherigen Empfängerländer. Nachdem eine Abstimmung auch bei der Tagung der Ministerpräsidenten am 19.6.1998 in Potsdam in unerreichbarer Ferne lag, beschlossen die Kabinette der Länder Bayern und Baden-Württemberg bei ihrer gemeinsamen Sitzung am 25.6.1998 in Neu-Ulm Ende Juli, eine *Normenkontrollklage* einzureichen.[40] Zwar rügte die Präsidentin des Bundesverfassungsgerichts Jutta Limbach das Ansinnen der Regierungen von Edmund Stoiber (Bayern, CSU) und Erwin Teufel (Baden-Württemberg, CDU), davon ließen sich diese aber nicht mehr abbringen.[41] Rechtzeitig vor der bayerischen Landtagswahl am 13.9.1998 stellten beide Länder ihre Normenkontrollanträge. Empört wiesen die überwiegende Mehrheit der Nehmerländer sowie die Stadtstaaten das Vorgehen der süddeutschen Länder zurück. Lediglich die unionsregierten Ost-Länder Thüringen und Sachsen bekundeten ihre Bereitschaft für eine – allerdings politische, nicht verfassungsgerichtliche – Revision des Finanzausgleichs. Verständnis signalisierten auch die Zahlerländer Nordrhein-Westfalen und Hessen, wobei Wiesbaden sich eine eigene Klage vorbehielt. Beide Länder bevorzugten aber (zunächst) eine Lösung über politische Verhandlungen. Unterdessen legte Bundesfinanzminister Theo Waigel (CSU), der ebenfalls eine gewisse Sympathie für die Gerichtsanrufung erkennen ließ, sein Konzept „*Symmetrische Finanzpolitik 2010*" vor, mit dem er eine grundlegende Umgestaltung des Föderalismus anpeilte.[42] Eine Chance zur Realisierung seiner Ideen gaben ihm die Bürger indes nicht mehr, sie stimmten Ende September mehrheitlich für eine rot-grüne Koalition unter Bundeskanzler Gerhard Schröder (SPD).

Nach dem Regierungswechsel unternahmen Bund und Länder nochmals einen Vorstoß zur Anpassung der Finanzbeziehungen auf politischem Parkett. Bei der Ministerpräsidentenkonferenz am 3./4.12.1998 in Potsdam blieb der Finanzausgleich zwar eine heiß umkämpfte Materie, allerdings verständigten sich die Regierungschefs auf Ziele und Verfahren einer Verhandlungslösung.[43] Ihr Vorhaben sprachen sie bei dem *Treffen der Regierungschefs beider Ebenen am 17.12.1998* mit dem neuen Kanzler in Bonn ab.[44] Demnach streb-

---

38 Vgl. Brunton u.a. 2002: 234.
39 Die Einbußen für die neuen Länder und die Stadtstaaten schätzten sie auf mehr als 5 Mrd. € jährlich.
40 Siehe Handelsblatt vom 26.6.1998: Klage gegen Finanzausgleich.
41 Limbach sprach sich für eine politische Lösung aus. Siehe Handelsblatt vom 29.6.1998: Limbach rügt Klage gegen Finanzausgleich.
42 Siehe Börsen-Zeitung vom 5.8.1998: Waigel will den Föderalismus reformieren. Der nordrhein-westfälische Finanzminister Schleußer (SPD) wies Waigels Konzept als „*realitätsfremd*" zurück. Derweil bekannte sich die SPD in ihrem Bundestagswahlprogramm ausdrücklich zum Solidarpakt. Nach Ankündigungen ihrer Finanzexperten Volker Kröning und Joachim Poß sollte ein neuer Finanzausgleich frühestens 2005 in Kraft treten. Beide warnten davor, den Solidarpakt aufzukündigen und die Finanzausgleichsneuregelung ab 2005 mit einer Systemdiskussion zu überfrachten. Da der bestehende Finanzausgleich besser als sein Ruf sei, plädierten sie für eine Anschlusslösung für den Solidarpakt sowie eine „*kleine Finanzreform*". Siehe den Beitrag von Volker Kröning in der Süddeutschen Zeitung vom 23.6.1998: Nicht schlank, sondern vital!
43 Siehe Süddeutsche Zeitung vom 5.12.1998: Beharren auf Finanzreform sowie Frankfurter Allgemeine Zeitung vom 5.12.1998: Kompromiss zur Neuordnung der Finanzbeziehungen.
44 Siehe Süddeutsche Zeitung vom 19.12.1998: Bund und Länder wollen neue Finanzverfassung.

ten sie einvernehmlich eine Bundesstaatsreform an. Hierzu sollten alle Finanzströme zwischen Bund, Ländern und Gemeinden sowie die Aufgabenteilung überprüft werden. Für Februar 1999 planten sie deshalb die Einsetzung einer Bund-Länder-AG „Finanzreform". Basierend auf deren Ergebnisse beabsichtigten sie in einer zweiten Stufe, eine Gemeinsame Kommission von Bundestag und Bundesrat Ende 1999 einzusetzen, um eine Verfassungsänderung vorzubereiten. Wie wir heute wissen, konstituierte sich die *Kommission zur Modernisierung der bundesstaatlichen Ordnung* erst am 7.11.2003. Die Umsetzung der Beschlüsse vom 4.12.1998 und 17.12.1998 scheiterte damals an der Blockade der klagenden Länder. Deren Regierungen zeigten sich überzeugt von ihrem Erfolg in Karlsruhe und hielten deshalb an ihren Klagen fest.[45]

Mittlerweile gesellte sich *Hessen* zu seinen südlichen Nachbarn, indem es im Januar 1999 ein eigenes Normenkontrollverfahren anstrengte. Ähnlich wie Bayern im Sommer erschien es der Wiesbadener Regierung ein geeigneter Weg, um sich im Landtagswahlkampf als Wahrer der regionalen Interessen zu profilieren.[46] Im Kontrast zu Bayern half dies dem rot-grünen Kabinett unter Hans Eichel (SPD) nicht mehr. Dessen Nachfolger Roland Koch (CDU) beharrte auf der Klage und pflegte anders als sein Vorgänger eine intensive Beziehung zu seinen süddeutschen Amtskollegen und Parteigenossen. In ihrem formalen Aufbau ähnelten sich die Anträge Baden-Württembergs und Hessens, die beide ebenso eine Verfassungswidrigkeit des Gesamtsystems wie einzelner Bestimmungen beweisen wollten, während Bayern das Gesamtsystem attackierte. Hingegen wiesen inhaltlich die Anträge Bayerns und Baden-Württembergs eine größere Nähe auf. Die beiden Länder ließen sich in ihren Klageschriften stark vom Wettbewerbsgedanken leiten, den sie im bestehenden Finanzausgleich zu wenig berücksichtigt sahen. Ihre Kernbotschaft bestand in der Unterstellung, der „Halbteilungsgrundsatz" im Steuerrecht gelte auch für die Länder im Transfersystem.[47] Im Gegensatz dazu argumentierte Hessen vornehmlich auf der Basis der bisherigen Rechtsprechung des Bundesverfassungsgerichts.[48]

Nachdem Karlsruhe die mündliche Verhandlung überraschend schnell ansetzte, blieben weitere Vorstöße zur politischen Regulierung des Finanzstreits aus.[49] Im Gegenteil: In der Zeit bis zur Entscheidung des Verfassungsgerichts verschärften sich die Verbalgefechte zwischen den „Klägern" und den „Bewahrern". Auf Initiative der Länder Bremen und Niedersachsen formierten sich im *Hannoveraner Kreis* zehn Länder, die allesamt die Ziele der

---

45 Siehe Süddeutsche Zeitung vom 22.9.1999: Dem Föderalismus geht das Geld aus.
46 Vgl. die Bewertung von Schweinitz 2003: 39, 41. Zugleich lastete auf dem hessischen Kabinett nach der Klageeinreichung der süddeutschen Nachbarn ein beträchtlicher Druck. Da Hessen der Hauptzahler war, stand die Frage im Raum, warum sich die rot-grüne Koalition anders als Bayern und Baden-Württemberg nicht gegen die Beitragsverpflichtungen gewehrt hatte.
47 In politischer Hinsicht noch radikaler ging Baden-Württemberg in seiner Argumentation vor. Es verwies explizit darauf, dass die Länderneugliederungsoptionen genutzt werden müssten, um die fiskalischen Probleme der armen Länder zu lösen. Siehe den Normenkontrollantrag des Landes Baden-Württemberg vom 29.7.1998 und den Normenkontrollantrag des Landes Bayern vom 30.7.1998.
48 Ähnlich wie Bayern und Baden-Württemberg monierte Hessen die Nivellierung im Länderfinanzausgleich, die Einwohnerwertung der Stadtstaaten, die Anrechnung von Hafenlasten, die ungleichen Schuldendienstverpflichtungen der westdeutschen Länder zum Fonds „*Deutsche Einheit*" als Nebenfinanzausgleich sowie die Bundesergänzungszuweisungen für die Kosten der politischen Führung. Siehe den Normenkontrollantrag des Landes Hessen vom 5.1.1999. Ausführlich analysiert Schweinitz (2003: 42 ff.) die Normenkontrollanträge.
49 Vgl. Kröning 2003: 10.

6.2 Akteursinteressen, Verhandlungsprozesse, Ergebnisse

süddeutschen Normenkontrollanträge ablehnten.[50] Als einziges Zahlerland schloss sich der hamburgische Senat dieser Koordinierungsgruppe an, da er bei einem Wegfall der Einwohnerwertung für Stadtstaaten massive Einbußen zu befürchten hatte.[51] Hingegen hielten sich die unionsregierten Ost-Länder Sachsen und Thüringen sowie das heftig von Bayern umworbene sozialdemokratische Nordrhein-Westfalen mit einer Positionierung zurück. Indessen spitzte sich die Polarisierung der Länder auch vor dem Bundesverfassungsgericht zu. Am 28.4.1999 stellten die Länder Bremen, Niedersachsen und Schleswig-Holstein einen Normenkontrollantrag, um die Verfassungskonformität der von den süddeutschen Ländern beanstandeten Bestimmungen des Finanzausgleichsgesetzes feststellen zu lassen.[52] Mit diesem Vorgehen verfolgten sie allein das Ziel, ihre Informationsbasis zu verbessern und somit schlagkräftiger auf die drei Klagen reagieren zu können.[53]

Derweil setzten noch vor der Verfassungsgerichtsentscheidung die Abstimmungen der Ost-Länder hinsichtlich einer Nachfolgeregelung für die Ende 2004 auslaufenden Finanzhilfen ein. Bei der *MPK/Ost am 10.3.1999* in Dresden entwickelten sie eine *Strategie für einen Solidarpakt II*. Danach sollte zuerst bis Ende 1999 der für 2005 zu prognostizierende finanzielle Nachholbedarf ermittelt werden. Auf dieser Basis wollten sie – unter Kopplung des Solidarpakts an die Neuordnung des Finanzausgleichs – eine Anschlusslösung noch in der laufenden Bundestagslegislaturperiode verabschieden. In ihrer Reaktion sicherte die Bundesregierung den Ost-Länderchefs prinzipiell ihre Unterstützung zu.

Bei der mündlichen Verhandlung am 22. und 23.9.1999 nutzten neben den Klägern mit Ausnahme von Nordrhein-Westfalen sämtliche Landesregierungen sowie die Bundesfinanzministerium das Recht zur Stellungnahme.[54] Analog zur Vorgehensweise der drei norddeutschen Klageländer verteidigten die übrigen Stellung beziehenden Länder teils mit akribischer Argumentation die jeweiligen Interessenpositionen und betonten das Vertrauen

---

50 Neben den Initiatoren zählten zu dieser Gruppe: Berlin, Brandenburg, Hamburg, Mecklenburg-Vorpommern, Niedersachsen, Rheinland-Pfalz, Saarland, Sachsen-Anhalt und Schleswig-Holstein. Vgl. Brunton u.a. 2002: 235.
51 Die Regierungschefs der Länder Berlin (Eberhard Diepgen, CDU), Hamburg (Ortwin Runde, SPD) und Bremen (Henning, Scherf, SPD) stimmten sich bereits frühzeitig über Strategien zur Sicherung der Einwohnerwertung der Stadtstaaten ab.
52 Siehe den Normenkontrollantrag der Länder Bremen, Niedersachsen und Schleswig-Holstein vom 28. April 1999. Ausführlich dazu Schweinitz 1999: 51 ff.
53 Vgl. Schweinitz 2003: 43, 51. Im Vergleich zu den übrigen Ländern, die lediglich ein Recht auf Stellungnahme hatten, konnten die norddeutschen Klageländer Einsicht in die Akten nehmen (§ 20 BVerfGG), eine mündliche Verhandlung erzwingen (§ 25 I BVerfGG), an Beweisterminen teilnehmen und Fragen an Zeugen und Sachverständige stellen (§ 29 BVerfGG) sowie Richter wegen Befangenheit ablehnen (§ 19 I BVerfGG). Speziell das letzte Privileg versuchten sie zu nutzen, indem sie einen Befangenheitsantrag gegen den Richter Paul Kirchhof stellten, da dieser 1986 die Vertretung Baden-Württembergs im damaligen Normenkontrollverfahren innehatte. Das Bundesverfassungsgericht lehnte den Antrag als unbegründet ab.
54 Der erste Verhandlungstag galt für politischen Ebene. Hier begründeten die Ministerpräsidenten und ihre Finanzminister die Position des jeweiligen Landes. Am zweiten Tag stand hingegen die juristische Auseinandersetzung der Prozessbevollmächtigten an. Hier zeigte sich besonders die Dominanz des Verfassungsrichters Paul Kirchhof als zuständiger Berichterstatter des Zweiten Senats. Nach Eindruck der Presse konnte seinen Fragen eine gewisse Sympathie für die Argumente der Klägertroika entnommen werden. Der Prozessbevollmächtigte der norddeutschen Länder, Joachim Wieland, wies das Gericht daher darauhin: *„Sie sind nicht aufgerufen, den besten Finanzausgleich zu machen. Sie sind aufgerufen, den bestehenden auf seine verfassungsrechtliche Vereinbarkeit zu prüfen."* Siehe Frankfurter Allgemeine Zeitung vom 23.9.1999: Grundverschiedene Ansichten zwischen *„Gebern"* und *„Nehmern"*, ferner Der Tagesspiegel vom 23.9.1999: Länderchefs streiten in Karlsruhe um die Finanzen, Süddeutsche Zeitung vom 23.9.1999: Sankt Martin und die dicken Kinder, Frankfurter Allgemeine Zeitung vom 24.9.1999: Welcher Ausgleich ist angemessen? Zur mündlichen Verhandlung vgl. Christmann 2000: 315 ff.

auf die bisherige Rechtsprechung. Während Hamburg und Berlin beispielsweise vorwiegend die Einwohnerwertung der Stadtstaaten rechtfertigten, fokussierten die ostdeutschen Länder speziell die nur hälftige Anrechnung der Kommunalfinanzen als Privileg der West-Länder. Gleichfalls versuchten sie die Unterstellung der Süd-Länder zu widerlegen, dass der Finanzausgleich zu einer (Über-)Nivellierung führe.[55] Wie die äußerungsberechtigten Länder wies auch die Bundesregierung die Klagen im Wesentlichen zurück. Insgesamt hatte sie sich mit dem geltenden Finanzausgleich gut arrangiert. Zugleich befürchtete sie die Risiken, die im Falle einer Verfassungswidrigkeit entstehen würden.[56]

Seine Entscheidung fällte das *Bundesverfassungsgericht* bereits sieben Wochen später am *11.11.1999*.[57] Mit seinem einstimmigen,[58] offensichtlich stark vom zuständigen Berichterstatter Paul Kirchhof geprägten Urteil, überraschte Karlsruhe die betroffenen Gebietskörperschaften ebenso wie die Fachöffentlichkeit.[59] Es gab dem Bundesgesetzgeber die Formulierung eines *Maßstäbegesetzes* auf, das die abstrakten Begriffe der Finanzverfassung konkretisieren und ergänzen sollte. Das Verfassungsgericht leitete die Verpflichtung zu einer solchen „*lex superior*"[60], das den Gesetzgeber im Finanzausgleichsgesetz bindet, aus der Unbestimmtheit des Grundgesetzes ab. Bislang wurde eine Maßstabsgesetzgebung im finanzverfassungsrechtlichen Schrifttum nicht behandelt. Desgleichen spielte es bei der mündlichen Verhandlung nur am Rande und lediglich hinsichtlich der vertikalen Umsatzsteuerverteilung eine Rolle.[61] Nunmehr sahen sich die Karlsruher Richter nicht zu einer abschließenden Würdigung einzelner Regelungen oder des Gesamtsystems in der Lage, bevor keine verfassungsgerechte Ausformung finanzausgleichsrechtlicher Maßstäbe erfolgt sei.[62] Gleichfalls wies das Gericht die Maßstabbildung als politische Aufgabe dem Bundesgesetzgeber zu. Damit enthielten sich die Richter inhaltlich und gaben den „Ball zunächst zurück". Hierin kam die bereits zuvor von der Gerichtspräsidentin Jutta Limbach öffentlich bekundete Haltung zum Ausdruck, die Politik, nicht Karlsruhe solle den Finanzstreit lösen.

Nach Auffassung der Verfassungshüter hätte infolge der unterlassenen Maßstabbildung das bestehende Finanzausgleichsgesetz nicht unbefristet fortgelten können. Daher wies es an, dass jenes als Übergangsrecht längstens bis zum 31.12.2004 angewendet werden dürfe. Als Voraussetzung hierfür müsse aber bis spätestens zum 31.12.2002 ein Maßstäbegesetz erlassen werden, andernfalls verlöre das Finanzausgleichsgesetz bereits ab 2003 seine Geltungskraft.[63] Mit den Fristen orientierte sich das Gericht bewusst an dem vom Gesetzgeber selbst beabsichtigten Termin für eine Teilrevision. Zur Begründung ihrer Rechtsprechung bedienten sich die Richter rechtsphilosophischer Argumentationstopoi. Dabei rekurrierten sie einerseits auf Gerhart Husserls[64] „*rechtsstaatlichen Auftrag eines gesetzlichen Vorgriffs auf die Zukunft*" sowie andererseits auf der Entscheidung unter dem

---

55 Ausführlich zu den Stellungnahmen der Länder siehe Schweinitz 2003: 51 ff.
56 Im Falle der existenziellen Überforderung einzelner Länder bestand die Gefahr, dass schnell der Ruf nach zusätzlichen Bundeshilfen erschallen würde. Ausführlich dazu Schweinitz 2003: 69 f.
57 BVerfGE 101, 158.
58 An der Entscheidung wirkten sechs der acht Richter des Zweiten Senats mit, die Richter Sommer und Winter waren krankheitsbedingt an einer Teilnahme verhindert.
59 Vgl. BMF 2003: 25.
60 Schweinitz 2003: 337.
61 Vgl. Berlit/Kesper 2000: 613.
62 BVerfGE 101, 158: 238.
63 Der strenge Ton, die engen Fristen sowie die peniblen Handlungsaufgaben wurden in der Literatur als richterliche Kritik am Willen und an der Leistungsfähigkeit der Politik interpretiert. Vgl. Schatz u.a. 2000: 56.
64 Husserl 1955, BVerfGE 101, 158: 217.

6.2 Akteursinteressen, Verhandlungsprozesse, Ergebnisse

„*Schleier des Nichtwissens*" aus John Rawls[65] „*Theorie der Gerechtigkeit*". Analog zu diesen Überlegungen sollte die Regelung des Steuerverteilungs- und Transfersystems nicht dem freien Spiel der politischen Kräfte obliegen. Mit der zeitlichen Voranstellung des Maßstäbegesetzes wollte die Judikative eine allein am Budgetären orientierte Verständigung über den Finanzausgleich verhindern oder zumindest erschweren. Sachlich verfolgte sie damit drei Ziele: a) die Sicherung der Transparenz der Mittelverteilung, b) die Gewährleistung der haushaltswirtschaftlichen Planbarkeit und Voraussehbarkeit der finanzwirtschaftlichen Grundlagen sowie c) die Distanz zu den Betroffenen, damit eine gewisse Dauerhaftigkeit der Regeln sichergestellt wäre.[66]

Das Urteil stellt dahingehend eine Strategieänderung zur bisherigen Rechtsprechung dar, als es mit der Maßstäbegesetzgebung verfahrensrechtliche und nicht materielle Aspekte in den Vordergrund rückte.[67] Zugleich proklamierte es einen möglichen Rangunterschied zwischen zwei einfachen Gesetzen und wies dem Maßstäbegesetz dabei den Vorrang vor dem Finanzausgleichsgesetz zu.[68] Entsprechend der Karlsruher Begründung kann die unverzichtbare Ordnungsfunktion der Finanzverfassung allein durch eine maßstabbildende Konkretisierung und Ergänzung des Grundgesetzes gewahrt werden. Als elementare Eigenschaften der Maßstäbe benannten die Richter, dass diese a) allgemein, b) auf langfristige Dauer angelegt, c) fortschreibungsfähig, d) ebenso anwendbar wie abstrakt sein sowie e) den Finanzausgleichsgesetzgeber selbst binden sollten.[69] Außerdem galt es sicherzustellen, dass alle Beteiligten die finanzverfassungsrechtlich vorgegebenen Ausgleichstatbestände in gleicher Weise erfüllen und dieselben Indikatoren zugrunde legen würden.

Mit dem verfahrensrechtlichen Auftrag zur Maßstabsgesetzgebung verbanden die Verfassungshüter materielle Prüfaufträge, wobei sie in einem Rekurs auf das Urteil von 1986[70] festhielten, dass die einzelnen im Grundgesetz festgelegten Stufen des Finanzausgleichs weder beliebig austauschbar noch überspringbar seien.[71] Für alle vier Komponenten mussten nunmehr die Verfassung konkretisierende Maßstäbe gebildet werden. In puncto Ausgleichsintensität verlor das Gericht kein Wort über den „*Halbteilungsgrundsatz*", auf dem die Normenkontrollanträge Bayerns und Baden-Württembergs maßgeblich fußten. Im Wesentlichen beschränkte sich Karlsruhe mit dem „*Nivellierungsverbot*"[72], dem Gebot zur Einhaltung der Finanzkraftreihenfolge[73] sowie dem „*Schwächungsverbot*"[74] auf seine älteren Judikate. Im Übrigen hielten die Richter ausdrücklich fest, dass die geltende Anhebung

---

65 Rawls 1975, BVerfGE 101, 158: 218.
66 BVerfGE 101, 158: Leitsätze.
67 Ausführlich zum Urteil Kroll 2000: 45 ff., Degenhart 2000: 81 ff., Schweinitz 2003: 71 ff.
68 Karlsruhe wandte sich damit gegen das gewöhnlich unterstellte vertikale Ordnungsprinzip, wonach ein Rangunterschied nur zwischen Verfassung, Gesetz, Rechtsverordnung und Satzung besteht.
69 BVerfGE 101, 158: 215 ff.
70 BVerfGE 72, 330: 383.
71 *Anm.*: 1. Vertikale Umsatzsteuerverteilung (Art. 106 III S. 4 GG), 2. Umsatzsteuervorabausgleich als Abweichung von der horizontalen Umsatzsteuerverteilung nach dem Einwohnerprinzip (Art. 107 I S. 4 2. Hs. GG), 3. Länderfinanzausgleich (Art. 107 II S. 2 GG), 4. Bundesergänzungszuweisungen (Art. 107 II S. 3 GG). Unter Bezugnahme auf das Finanzausgleichsurteil von 1986 wies das Gericht dabei explizit darauf hin, dass die Umsatzsteuerergänzungsteile Bestandteile der originären Steuerverteilung sind. Damit lehnte es die Auffassung der Länder Baden-Württemberg und Bayern ab. BVerfGE 72, 330: 385, BVerfGE 101, 158: 221.
72 Diesem Grundsatz folgend darf der Länderfinanzausgleich zu keiner vollkommen gleichmäßigen Verteilung der Pro-Kopf-Finanzkraft führen. BVerfGE 101, 158: 222, BVerfGE 72, 330: 398, BVerfGE 1, 117: 131.
73 BVerfGE 101, 158: 222, BVerfGE 72, 330: 418 f.
74 Demnach dürfen Geberländer durch den Länderfinanzausgleich in ihrer Haushaltswirtschaft nicht entscheidend geschwächt werden. BVerfGE 101, 158: 222, BVerfGE 1, 117: 131.

der Finanzkraft der Empfängerländer „*auf 95 % der durchschnittlichen Finanzkraft (...) eine vertretbare Balance zwischen Landesautonomie und bundesstaatlicher Solidargemeinschaft her(stellt)*".[75] Ebenfalls keine Stellungnahme gab das Gericht bezüglich einer grundgesetzlich gebotenen Hinwendung zum Wettbewerbsföderalismus. Vielmehr obliegt nach der Entscheidung die Ausformung des Bundesstaats innerhalb der verfassungsrechtlichen Normen als politische Aufgabe dem Bundesgesetzgeber. Somit scheiterten die Kläger hinsichtlich ihrer Hoffnung, einen Auftrag für eine grundlegende Neuausrichtung des Finanzausgleichs zu erhalten. Mehr Erfolg hatten sie im Hinblick auf ihrer Beanstandung von Einzelregelungen. Wenn sich das Gericht auch nicht zum Föderalismusleitbild äußerte, griff es zumindest den Grundgedanken der finanzwissenschaftlichen Kritik am bestehenden Finanzausgleich auf. Die Formulierung der Prüfaufträge orientierte sich eindeutig an den ökonomischen Kriterien.[76] Gleichwohl trafen die Richter hierüber nur bedingt materielle Aussagen. Zwar bekundeten sie Zweifel an zahlreichen Bestimmungen wie etwa der Höhe der Berücksichtigung der kommunalen Einnahmen bei der Ermittlung der kommunalen Finanzkraft, der Anrechnung der Hafenlasten, der Einwohnerwertung der Stadtstaaten und Kommunen oder der BEZ für die Kosten der politischen Führung, allerdings definierten sie hierfür lediglich einen Begründungs- und Systematisierungszwang. Auf konkrete inhaltliche Vorgaben verzichteten sie hingegen.[77]

Prüfaufträge des Bundesverfassungsgerichts:[78]
- Stärkere Verrechtlichung der Deckungsquotenberechnung bei der vertikalen Umsatzsteuerverteilung (insbesondere: Ausformulierung der Tatbestände „*laufende Einnahmen*" und „*notwendige Ausgaben*")[79]
- Prüfung und Begründung der Einwohnerwertung der Stadtstaaten bzw. besonders dünn besiedelter Flächenländer sowie Prüfung der gestaffelten Einwohnerwertung der Gemeinden
- Prüfung bzw. Begründung der Höhe der insgesamt zu berücksichtigenden kommunalen Einnahmen bei der Ermittlung der kommunalen Finanzkraft
- Prüfung und Begründung im Falle der Anrechnung abstrakter Sonderlasten (z.B. Hafenlasten)
- Korrektur oder Abschaffung der „*Ländersteuergarantie*"Definition des Begriffs der Leistungsschwäche als Bedingung für die Gewährung Fehlbetrags-BEZ
- Begründungs- und Benennungsgebot für die Pol-BEZ
- Neuregelung der Abfinanzierung des Fonds „*Deutsche Einheit*" nach sachgerechten Kriterien

Als politische Fragen ließ Karlsruhe die elementaren Streitpunkte zwischen Geber- und Nehmerländern unbeantwortet. Damit waren nun Bund und Länder gezwungen, auf politischem Weg ein Maßstäbegesetz sowie eine Reform des Finanzausgleichs zu formulieren. Alle Seiten zeigten sich dementsprechend demonstrativ zufrieden mit dem Urteilsspruch.[80]

---

75 BVerfGE 101, 158: 231 f.
76 Vgl. Peffekoven 1999: 715, Spahn/Franz 2000: 713. Offenkundig wird dies in der Einforderung „*ökonomisch rationaler Indikatoren*" (BVerfGE 101, 158: 228).
77 Die Zulässigkeit des Normenkontrollantrags der drei norddeutschen Länder, die eine Übereinstimmung der von den süddeutschen Ländern beanstandeten Bestimmungen mit dem Grundgesetz feststellen lassen wollten, ließ das Bundesverfassungsgericht bewusst offen. BVerfGE 101, 158: 214.
78 BVerfGE 101, 158: 227 ff.
79 Obwohl die vertikale Umsatzsteuerverteilung in den Normenkontrollanträgen nur punktuell thematisiert wurde, räumte Karlsruhe diesem Aspekt – für alle Beobachter sehr überraschend – viel Raum ein. Vgl. Renzsch 1999d: 716 f., Vesper 2000b: 396, Brunton u.a. 2002: 230.
80 Alle Betroffenen hofften nun, im Prozess der Maßstabsbildung ihre Interessen durchzusetzen (vgl. Hanebeck 2000: 262, Lenk 2001a: 212). Dies spiegelte sich auch in der Kommentierung durch die Presse wider, welche die Entscheidung als „*Richterspruch mit Augenmaß*" (Börsen-Zeitung vom 12.11.1999: Richterspruch mit Augenmaß) und „*salomonisches Urteil*" (Neue Zürcher Zeitung vom 12.11.1999: Lücken beim innerdeutschen Finanzausgleich) würdigten.

Während die Regierungen der Klage führenden Länder das Judikat als Auftrag zur Neuordnung des Finanzausgleichs auf Basis ökonomischer Gesichtspunkte interpretierten, konnte nach Auffassung der Länder des Hannoveraner Kreises das geltende Regelwerk im Wesentlichen fortbestehen. Sie verweisen darauf, dass das Gericht dieses nicht verworfen, sondern hauptsächlich den Mangel der Maßstabbildung beanstandet hatte. Unterdessen konzentrierte sich die Bundesregierung vornehmlich auf den vertikalen Ausgleich, in dem sie eine Schieflage zu Gunsten der Länder sah. Gleichfalls hielt sie eine ökonomische Fundierung des Steuerverteilungs- und Ausgleichssystems für unerlässlich.[81]

6.2.2 Mühselige Verhandlungen nach der Verfassungsgerichtsentscheidung

Nachdem Karlsruhe entschieden und die Beteiligten das überraschende Urteil verdaut hatten, beschlossen die Regierungschefs von Bund und Ländern bei ihrer gemeinsamen Tagung am 16.12.1999 abermals, eine Regierungskommission zu konstituieren, die Vorschläge für eine Bundesstaatsreform entwickeln sollte.[82] Hierbei knüpften sie an ihren Beschluss vom Dezember 1998 an. Der Kanzler sowie die Ministerpräsidenten betrachteten die Neuordnung der Finanzbeziehungen einschließlich der Umsetzung der Verfassungsgerichtsentscheidung als elementaren Bestandteil des Projektes „Modernisierung der bundesstaatlichen Ordnung". Sie setzten daher zwei Arbeitsgruppen ein, wobei die eine Vorschläge für eine Reform der Aufgabenverteilung und die andere Konzepte für die Anpassung des Finanzsystems vorlegen sollte. Wie sich bald zeigte, blieben diese Bemühungen wiederum fruchtlos, da der budgetäre Streit um das Transfersystem die höhere Priorität genoss. Da die Verteilungsfragen angesichts der Interessengegensätze hart umkämpft waren, fehlte ebenso die Basis wie die Bereitschaft für eine konsensuale Lösung struktureller Materien. Mehr Tragweite als die Arbeitsgruppen zur Föderalismusreform erreichte deshalb der am selben Tag von den Ministerpräsidenten gestellte Auftrag an die Finanzministerkonferenz, bis zum 20.2.2000 die Rahmenbedingungen für die Revision des Finanzausgleichs zu klären.[83] Hierzu sollten diese a) die zur Entscheidung anliegenden Grundsatzfragen herausarbeiten, b) mögliche Lösungsalternativen darstellen sowie c) Eckpunkte einer Konzeption des Maßstäbegesetzes formulieren. Mit Hilfe des Berichts ihrer Haushaltschefs wollten die Länderchefs bei einer Sonderkonferenz am 24./25.3.2000 das weitere Vorgehen erörtern.

Die erste gemeinsame inhaltliche Beratung erfolgte bei der *Finanzministerkonferenz am 10.2.2000* unter der Leitung des rheinland-pfälzischen Finanzministers Gernot Mittler (SPD).[84] Alle Seiten bemühten sich, das Urteil im jeweils eigenen Interesse zu interpretieren. Dabei blieb die Stimmung zwischen den Klage führenden und den Klage abweisenden Ländern noch unterkühlt. Im Kontrast zur Phase bis zum Karlsruher Entscheid wandelten sich die Argumentationen dahingehend, dass sie nun von der Grundtendenz auf eine Problemlösung zielten. Gleichwohl trugen die Länder vorerst noch ihre Maximalpositionen vor, sodass eine Annäherung noch in weiter Ferne lag. Wie sich bereits zuvor abzeichnete, for-

---

81 Vgl. Brunton u.a. 2002: 234 f.
82 Siehe Handelsblatt vom 3.1.2000: Ein Grundgesetz für den Länderfinanzausgleich.
83 Die Ministerpräsidentenkonferenz tagte am 16.12.1999 unmittelbar vor der gemeinsamen Besprechung mit dem Bundeskanzler. Siehe dazu das Ergebnisprotokoll der Besprechung der Regierungschefs der Länder am 16. Dezember 1999 in Bonn.
84 Siehe Handelsblatt vom 11.2.2000: Keine Annäherung bei Länderfinanzausgleich, Frankfurter Allgemeine Zeitung vom 11.2.2000: Stadtstaaten fürchten um ihre Existenz.

mierten sich hierbei zwei Gruppen, die bis zum erfolgreichen Abschluss der Verhandlungen die Länder polarisieren sollten. Auf der einen Seite standen die Süd-Länder Baden-Württemberg, Bayern und Hessen, die mit Nordrhein-Westfalen ein gemeinsames Positionspapier vorlegten, wobei Düsseldorf nicht alle Punkte unterstützte. Demgegenüber stabilisierte sich die Hannoveraner Allianz, die sich ebenfalls auf Eckpunkte verständigte. Unter ihnen wehrten sich insbesondere die Stadtstaaten heftig gegen eine Abkehr von der Einwohnerwertung. Die Länder Thüringen und Sachsen hielten sich weiterhin beiden Zirkeln fern. Ihre Repräsentanten hegten zwar strukturell Sympathien für die südlichen Bundesgenossen, allerdings lagen ihre materiellen Bedürfnisse erheblich näher bei den übrigen Nehmerländern. Deshalb zeigten sich in den Stellungnahmen der beiden Länder viele Ähnlichkeiten zu den Vorstellungen des Hannoveraner Kreises.[85]

Das Aufeinanderprallen der Vorstellungen beider Ländergruppen führte im Anschluss an die Finanzministerkonferenz zu einer sukzessiven *Stabilisierung des Hannoveraner Kreises*. Ursprünglich war dieser lediglich ein Zweckbündnis zur Abwehr als bedrohlich empfundener Forderungen der Süd-Länder. Seine Mitglieder einte daher das Bewusstsein, dass sie mit ihrer Stimmenmehrheit im Bundesrat Änderungen vereiteln konnten, die ihren Interessen eminent zuwiderliefen. Darüber hinaus schätzte sich dieser Block jedoch zunächst selbst als ausgesprochen fragil ein. Hierfür sprach in der Wahrnehmung der Beteiligten zweierlei:[86] Einerseits herrschte die Auffassung, dass bei entscheidenden Abstimmungen die Parteiloyalität ein gemeinsames Auftreten verhindern würde. Hierbei zweifelten vorwiegend die sozialdemokratisch geführten Teilnehmerländer speziell an der Bündnisfähigkeit des Saarlands (CDU-Regierung unter Peter Müller) sowie der großen Koalitionen Berlin, Bremen und Brandenburg. Andererseits hatte das Lager diffizile interne Interessenkonflikte zu bewältigen, gehörten ihm doch Länder mit unterschiedlichen raumstrukturellen und finanzwirtschaftlichen Bedingungen an. Außerdem versuchten die Süd-Länder abermals, den Hannoveraner Kreis zu spalten, indem sie sich speziell mit Hamburg sowie den ostdeutschen Ländern um eine Abstimmung bemühten.[87] Dementsprechend schwer ließ sich der Kreis koordinieren, weshalb er seine Ziele allein am strukturellen und materiellen Status quo ausrichtete.[88] Jede über die Besitzstandswahrung hinausgehende politische Gestaltung hätte hingegen die Gruppe überstrapaziert. Das Fundament für die Kooperation bildeten daher drei Prämissen:

4. Ablehnung von Änderungen mit unvertretbaren finanziellen Abweichungen vom bestehenden Regelwerk
5. Begrenzung der Änderungen auf ein Minimum
6. Wechselseitige Akzeptanz der Interessen aller Teilnehmer

In diesem Sinne konzentrierten sich die zehn Länder in ihrer Abstimmung darauf, das bestehende Transfersystem lediglich insoweit zu reformieren, dass es den Karlsruher Vorga-

---

85 Im Unterschied zum Hannoveraner Kreis beanstandeten beide Länder die Einwohnerwertung der Stadtstaaten sowie die Anrechnung von Hafenlasten. Thüringen beanspruchte ferner die Berücksichtigung der Lasten durch die Dünnbesiedelung.
86 Vgl. Brunton u.a. 2002: 243 f.
87 Hamburg sollte die Abkehr vom Hannoveraner Kreis mittels einer Korrektur der Lohnsteuerzerlegung sowie einer Absenkung der Ausgleichsintensität schmackhaft gemacht werden. Die ostdeutschen Länder wollten sie indes mit Sonderhilfen gewinnen. In beiden Fällen blieben die Avancen in fiskalischer Hinsicht zu unrealistisch und damit nicht lukrativ genug für die Umworbenen.
88 Für Hannover als Ort sprachen vor allem geostrategische Gründe. Damit avancierte die niedersächsische Landesregierung zu einem wichtigen Moderator der Allianz.

ben entspräche. Den Solidarpakt II klammerte die Allianz indessen zunächst aus, da dessen Beratung nicht bei den Finanzministern, sondern bei der MPK/Ost und damit bei den Kanzleichefs angesiedelt war. Mit dieser Strategie gelang es dem Hannoveraner Kreis, allmählich zu einem festen Block heranzureifen, der zunehmend als Bedrohung empfunden wurde.[89] Unterdessen verlief die *Zusammenarbeit der drei süddeutschen Länder* im Vergleich zur Koordination der zehn Länder erheblich reibungsloser. Förderlich hierfür waren sowohl die gemeinsame Zugehörigkeit zum Unionslager als auch ihre ähnlichen fiskalischen Anliegen. Mühevoller gestaltete sich für sie lediglich die Abstimmung mit dem sozialdemokratisch geführten Nordrhein-Westfalen, das sich nie gänzlich auf einen Zusammenschluss einließ. Außerdem besaßen sie den Vorteil, dass sie als Reformpromotoren die Agenda bestimmten und Begriffe belegten, während die übrigen Länder als potenzielle Verlierer prinzipiell aus der Defensive reagierten. Diesen Nachteil konnte der Hannoveraner Kreis lediglich durch seine strukturelle Mehrheit aufwiegen.

Endgültig festgezurrt wurde die *Polarisierung auf zwei Blöcke* im Zuge der Ministerpräsidentenkonferenz am 24. und 25.3.2000 in Berlin.[90] Im Wesentlichen hielten dort beide Gruppen an ihren Standpunkten fest, gleichwohl sendeten die Landesfürsten erste Signale der Annäherung. Am Ende verständigten sie sich einvernehmlich auf „*Eckpunkte zur Weiterentwicklung des bundesstaatlichen Finanzausgleichs*"[91]. In diesen bekundeten sie das Ziel, eine gemeinsame Lösung unter Beachtung der Interessen aller Länder anzustreben. Im Inhaltlichen blieb der Beschluss indes noch sehr vage. Danach sollte der Länderfinanzausgleich entsprechend den Vorgaben des Bundesverfassungsgerichts mit einer Lösung weiterentwickelt werden, die über den Status quo hinausführen, das Ausgleichssystem vereinfachen und ein ausgewogenes Verhältnis zwischen der Eigenständigkeit und der Solidarität der Länder herstellen würde. Präziser äußerten sich die Regierungschefs bezüglich der Existenzfähigkeit der Länder. Diese dürfe durch die Reform nicht gefährdet werden. Nach dem Kompromiss müsse das Steuerverteilungs- und Ausgleichssystem „*weiterhin die politische Eigenständigkeit und finanzielle Handlungsfähigkeit aller Länder mit einer aufgabengerechten Finanzausstattung gewährleisten*". Eine Länderneugliederung – die nicht nur implizit ein Anliegen der baden-württembergischen und bayerischen Klagen war – stand somit nicht mehr zur Debatte. Damit errang der Hannoveraner Kreis seinen ersten eminent wichtigen Punktsieg. Dasselbe galt für das Bekenntnis der Länder, den Solidarpakt über 2004 hinaus fortsetzen zu wollen. Überdies einigten sich die Regierungschefs auf einen Fragekatalog für die Finanzausgleichsverhandlungen. In diesem thematisierten sie 9 Problemkreise. Hierzu zählten die Kriterien für die Einwohnerwertung im Länderfinanzausgleich, die Steigerung der Leistungsanreize, die Höhe der finanziellen Mindestausstattung armer Länder sowie die Definition des Grundsatzes gleichwertiger Lebensverhältnisse unter fiskalischen Gesichtspunkten. Daneben erteilten sie der Finanzministerkonferenz den Auftrag, den Rahmen für die Ausgestaltung des Maßstäbegesetzes abzustecken.[92] Wenn auch vorerst noch äußerst zähe Verhandlungen anstanden, bildeten diese Beschlüsse ein bedeutendes Ventil zur politischen Problemlösung.

---

89 Vgl. Geske 2002: 281 f.
90 Siehe das Ergebnisprotokoll der Besprechung der Regierungschefs der Länder am 24./25. März 2000 in Berlin.
91 Eckpunkte zur Weiterentwicklung des bundesstaatlichen Finanzausgleichs.
92 Vgl. Brunton u.a. 2003: 244.

Einen bedeutenden Coup landeten die Regierungschefs der Ost-Länder bei ihrer *MPK/Ost am 29.3.2000* in Magdeburg. Sie präsentierten der Öffentlichkeit mehrere Gutachten, die den *Nachholbedarf des Beitrittsgebietes* unter verschiedenen Fragestellungen wissenschaftlich untermauerten.[93] Nach diesen Studien musste in 2005 mit einer Infrastrukturlücke von rd. 150 Mrd. €, mit einem Nachholbedarf beim Kapitalstock der ostdeutschen Betriebe von rd. 50 Mrd. € sowie mit einer kommunalen Steuerkraft von rd. 4,5 Mrd. € p.a. unter dem Westniveau kalkuliert werden. Diese Werte erklärten die sechs Länderchefs in ihrem „*Eckpunktepapier*" zu den Zielgrößen für die Verhandlungen zum Solidarpakt II.[94] Mit Hilfe der Gutachten verfolgten sie die Strategie, sich frühzeitig gegen Angriffe abzusichern und gleichzeitig mit der Vielzahl der akademischen Ansätze jeglichen Raum für Gegenargumente zu unterminieren. Mit der Größenordnung von 150 Mrd. € konnten sie zudem einen konkreten Richtwert für den Solidarpakt II vorgeben, auch wenn dieser von der Bundesregierung als politisch gesetzte Größe interpretiert wurde.[95]

Unterdessen arbeiteten beide Gruppen fieberhaft an der Formulierung von Grundsatzpositionen für das Maßstäbegesetz sowie den Finanzausgleich. Hierbei setzte sich mehrheitlich die Überzeugung durch, dass Maßstäbe nicht formuliert werden könnten, ohne die monetären Implikationen zu kennen.[96] Zuerst legte der Hannoveraner Kreis am 11.4.2000 sein Eckpunktepapier vor, am 19. April folgte das von den Süd-Ländern und Nordrhein-Westfalen verfasste Gegenstück.[97] Diese Zielkataloge bildeten die Basis für die Gegenüberstellung der Positionen im *Bericht der Finanzministerkonferenz*, den diese am 3.5.2000 erstellte.[98] Einzig Sachsen und Thüringen leisteten es sich nach wie vor, Einzelstandpunkte zu vertreten. Einen Konsens erzielten die Budgetchefs lediglich bezüglich der *vertikalen Umsatzsteuerverteilung*.[99] Im Unterschied dazu blieb der Länderfinanzausgleich hart umkämpft. Dabei kristallisierten sich drei *Hauptstreitpunkte* heraus.

1. *Höhe der einzubeziehenden kommunalen Finanzkraft*:
   Während die vier Geberländer für eine Absenkung des bisher hälftigen Ansatzes der gemeindlichen Steuereinnahmen angesichts der gestärkten Finanzautonomie der Kommunen plädierten, bevorzugte der Hannoveraner Kreis den entgegengesetzten Weg einer deutlich höheren Berücksichtigung. Demnach sollten die Ge-

---

93 Das IW Halle (Dreger u.a. 2000) untersuchte die Auswirkungen von Transferkürzungen auf den wirtschaftlichen Aufholprozess, das DIW (Seidel/Vesper 2000) verglich das Bruttoanlagevermögen der Ost- und West-Länder und Gemeinden, das ifo-Institut (Behring u.a. 2000) unternahm eine Bestandsaufnahme der realwirtschaftlichen Infrastrukturlücke, das RWI (RWI 2000) ermittelte den ostdeutschen Kapitalstock, der eine mit den West-Ländern vergleichbare Wirtschaftsleistung zulässt, und das IfLS (Biehl u.a. 2000) erforschte den infrastrukturellen Nachholbedarf. Ausführlicher zu den Expertisen: Brunton u.a. 2002: 246 f.
94 Siehe Berliner Zeitung vom 30.3.2000: Der Osten braucht weiterhin Milliardenhilfen.
95 Vgl. Brunton u.a. 2002: 247.
96 Vgl. Brunton u.a. 2002: 240.
97 Siehe Handelsblatt vom 13.4.2000: Zehn Länder einigen sich auf Eckpunkte zu Finanzausgleich, Süddeutsche Zeitung vom 20.4.2000: Süd-Länder und NRW sind sich beim Finanzausgleich einig.
98 Siehe die „Folgerungen aus dem Urteil des Bundesverfassungsgerichts vom 11. November 1999 zum Finanzausgleich – Eckpunkte –" vom 3.5.2000.
99 Der Bericht benennt die zwischen Bund und Ländern umstrittenen Aspekte der Deckungsquotenberechnung: Berücksichtigung der Einnahmen und Ausgaben der Verbundhaushalte (Länder: pro, Bund: contra), Brutto- oder Nettoveranschlagung der im Bundeshaushalt angesetzten EU-Anteile, ÖPNV-Mittel und BEZ (Bund: Netto-, Länder: Bruttostellung), Anrechnung der mehrfach veranschlagten Mittel im Zahlungsverkehr zwischen Bund und Ländern (Länder: Belastungs-, Bund: Dispositionsprinzip) und Anrechnung von Veräußerungserlösen und Sanierungs-BEZ als laufende Einnahmen (Bund: pro, Länder: contra). Zu diesen Dissenspunkten gesellte sich die Auseinandersetzung um die Lastenverteilung beim Familienleistungsausgleich. Siehe die „*Eckpunkte*" vom 3.5.2000: 6 f. Zum Streit um die Deckungsquotenberechnung siehe SoA-Drs. 27, SoA-Drs. 94, SoA-Drs. 138.

meindeanteile an der Einkommen- und Umsatzsteuer grundsätzlich vollständig einbezogen und die Kürzung des normierten Realsteueraufkommens beibehalten werden. Diese Formel enthielt bereits einen Kompromiss zwischen den west- und den ostdeutschen Ländern, die hinsichtlich der Steuerschwäche ihrer Gemeinden prinzipiell für eine volle Einbeziehung der gesamten kommunalen Finanzkraft votierten.
2. *Einwohnergewichtung für die Stadtstaaten*:
Die Zehn-Länder-Gruppe, der alle drei Stadtstaaten angehörten, vertrat die Auffassung, dass die seinerzeit geltende Einwohnerwertung von 135 % weiterhin angemessen sei. Hingegen hielten die Süd-Länder diese Regelung als nicht mit der Rechtsprechung des Bundesverfassungsgerichts vereinbar. Immerhin signalisierten sie, dass eine Abweichung vom abstrakten Bedarfsprinzip des natürlichen Einwohners denkbar sei, sofern dies besonders – und anders als bisher – begründet und gerechtfertigt sei. Faktisch intendierten sie damit eine Abschaffung oder zumindest Absenkung der Einwohnerwertung.
3. *Ausgleichsniveau und Einbau von Anreizelementen*:
Die Zahlerländer forderten de facto eine Absenkung der Ausgleichsintensität sowie eine Verankerung von Anreizelementen, indem die Tarifgestaltung sicherstellen sollte, dass von Steuermehreinnahmen bei allen Ländern ein deutlicher Eigenanteil verbliebe. Indes hielt die Hannover-Gruppe eine stärkere Anreizorientierung nicht für erforderlich, da die bestehenden Antriebe innerhalb wie außerhalb des Systems keiner weiteren Kräftigung bedürften. Desgleichen lehnten sie eine Reduzierung des Nivellierungsniveaus ab.

Abgesehen von diesen drei Bereichen, die vor allem aufgrund ihrer eminenten materiellen Relevanz im Zentrum standen, waren weitere Bestimmungen zwischen den Blöcken besonders umkämpft. Hierzu zählte die Absetzung der *Seehafenlasten* von der Länderfinanzkraft, die fiskalisch zwar eher eine zweitrangige Rolle spielte, dafür aber eine besondere symbolische Strahlkraft besaßen. Den Geberländern waren sie – ebenso wie der Finanzwissenschaft – seit langem ein Dorn im Auge. Dagegen votierte der Hannoveraner Kreise – in vollkommener Loyalität mit seinen Seehafenländern – für deren Beibehaltung. Ähnlich gestaltete sich die Auseinandersetzung um die Fortführung der *BEZ für die Kosten der politischen Führung*. Sah die „Geberseite" diesen Posten als ungebührlich an, beharrte die „Nehmerseite" darauf, dass dieser auch künftig statthaft und angemessen seien. Dissonanzen zeigten sich ferner im Hinblick auf die weitere *Abfinanzierung des Fonds „Deutsche Einheit"*. Die Hannoveraner verwiesen darauf, dass der Fonds seinerzeit ein Surrogat für den gesamtdeutschen Finanzausgleich dargestellt hätte. Folgt man dieser Argumentation, müssten die ostdeutschen Länder von einer Zahlungsverpflichtung (eher) freigestellt werden, zumal die Transferleistungen bis Ende 1994 ohnehin zu knapp bemessen waren und die Empfängerhaushalte deshalb überproportionale Defizitquoten zu verzeichnen hatten. Im Gegensatz dazu vertrat die Vierergruppe die Ansicht, dass alle Länder nach einem finanzkraftorientierten Schlüssel am Schuldendienst zu beteiligen seien.

Bezüglich des Erfordernisses einer *Anschlussregelung für den Solidarpakt* herrschte hingegen im Prinzip Übereinstimmung. Allerdings präzisierte der Hannoveraner Kreis – wie auch Sachsen und Thüringen – die teilungsbedingten Sonderbedarfe. Demnach kamen für eine Berücksichtigung bei der Festlegung des zweiten Solidarpakts in Betracht: a) der infrastrukturelle Nachholbedarf, b) der Sonderbedarf für Wirtschaftsförderungsmaßnahmen sowie c) die unterproportionale Finanzkraft, soweit diese nicht im Finanzausgleich kompensiert werden würde. Überdies zeichnete sich etwas weniger Konfliktstoff bei den übrigen Bestimmungen wie der *Steuerzerlegung*[100], der *horizontalen Umsatzsteuerverteilung*[101]

---

100 Hinsichtlich der Steuerzerlegung sahen die Länder keinen Anpassungsbedarf. Der Hannoveraner Kreis regte lediglich eine Prüfung der Zerlegung der Kapitalertragsteuer an. Siehe die „*Eckpunkte*" vom 3.5.2000: 12 f.
101 Einig waren sich beide Seiten darin, dass die Verteilung nach dem Einwohnerprinzip fortgeführt werden solle. Die Ergänzungsteile sollten nach dem Willen der Empfänger in unveränderter Höhe und Struktur gewährt werden. Die Geber plädierten dagegen für einen anreizgerechten Vorabausgleich. Das bestehende Volumen wollten sie nicht verringern. Siehe die „*Eckpunkte*" vom 3.5.2000: 13 f.

sowie den *allgemeinen finanzkraftverstärkenden BEZ*[102] ab. Die Eckpunkte Sachsens und Thüringens wichen nicht wesentlich von den Positionen des Hannoveraner Kreises ab. Beide hoben allerdings die ostdeutschen Anliegen besonders hervor. Sachsens Protagonisten Biedenkopf und Milbradt versteiften sich zudem frühzeitig darauf, die kommunale Finanzkraft künftig voll einzubeziehen. Dementsprechend akribisch versuchte die sächsische Regierung ihre Position darzulegen. Im Übrigen plädierte Sachsen für ein nach rationalen Kriterien aufgebautes Transfersystem.[103] Im Vergleich zu ihren Nachbarn gab Thüringen nicht nur zu ausgewählten, sondern allen Punkten eine Stellungnahme ab, wobei es sich stets an den fiskalischen Landesinteressen orientierte.

Bei der *Jahreskonferenz der Finanzminister der Ländern am 25./26.5.2000* in Potsdam konnten die Länder inhaltlich freilich noch keine Fortschritte erzielen.[104] Einig zeigten sie sich lediglich darin, dass der Bund sein Finanzvolumen im Transfersystem beibehalten solle. Überdies legten sie das *Fundament für den weiteren Verfahrensweg*. Nach Auffassung der Haushälter war eine Zweiteilung der Gesetzgebung – zuerst das Maßstäbegesetz, später das Finanzausgleichsgesetz – nicht machbar. Einhellig forderten sie deshalb, die beiden Materien gemeinsam mit dem Solidarpakt II noch in der laufenden Legislaturperiode zu regeln. Mit diesen verfahrenstechnischen Prämissen war die zeitliche Abfolge zwischen Maßstabbildung und Festlegung des Finanzausgleichs, die sich Karlsruhe wünschte, faktisch schon zu Beginn der Verhandlungen vom Tisch. Die Chance, die Karlsruhe in diesem Vorgehen sah, teilten die Praktiker nicht. Sie maßen den konkreten Ausgleichsfolgen eine zu große Bedeutung zu, als dass sie hierüber unter dem „Schleier des Nichtwissens" entscheiden wollten.

Wenige Tage später goutierte der Kanzler bei seinem Treffen mit den ostdeutschen Ministerpräsidenten am 29.5.2000 in Berlin die sachliche Verkopplung von Maßstäbegesetz, Finanzausgleich und Solidarpakt II.[105] Nachdem die Maßstabbildung bis Ende 2002 abgeschlossen sein musste, galt somit auch für die anderen beiden Materien dasselbe Zeitfenster. Eine Verabschiedung 2002 kam angesichts der Bundestagswahl aus Sicht der Akteure nicht in Frage. Schröder vertrat deshalb wie die Chefs der sechs Ost-Länder die Position, dass die drei Gesetze bis 2001 abgeschlossen werden sollen. Absprachen über die Höhe sowie die Gestaltung der Anschlussregelung fanden indes noch nicht statt. Die Länderchefs bekräftigten allein ihre Forderungen (Eckwerte: 150 Mrd. € Infrastrukturnachholbedarf, 50 Mrd. € zusätzlich zur Wirtschaftsförderung).[106]

Unterdessen setzten nicht nur die Ost-Länder auf *wissenschaftliche Expertisen*, sondern auch ihre Bundesgenossen. Bereits im Zuge des Normenkontrollverfahrens unterstrichen zahlreiche Länder ihre Positionen durch akademische Studien. Dieser Trend verstärkte sich noch nach der Gerichtsentscheidung. Für diese „Gutachtenschlacht" waren zwei Grün-

---

102 Die Süd-Länder griffen hinsichtlich des Begriffs der Leistungsschwäche die Formulierung des Verfassungsgerichts auf. Im Übrigen legten sie Wert darauf, dass die Leistungen nach Anreizgesichtspunkten vergeben würden und die Finanzkraft der finanzschwachen Länder nicht zu sehr nivelliert würde. Dagegen wollte der Hannoveraner Kreis die Fehlbetrags-BEZ zwar verfassungskonform umgestalten, aber in Funktion und Dotation erhalten. Siehe die „*Eckpunkte*" vom 3.5.2000: 22 f.
103 Dabei verwies Sachsen darauf, dass das geltende System Länder mit steuerstarken Gemeinden – also vornehmlich die finanzstarken Länder (*Anm. des Verfassers*) – erheblich bevorzuge. Siehe die „*Eckpunkte*" vom 3.5.2000: 11, 16 f.
104 Siehe Der Tagesspiegel vom 26.5.2000: In einem Schritt oder zweigeteilt?.
105 Siehe Berliner Zeitung vom 30.5.2000: Solidarpakt Ost wird nach 2004 weitergeführt.
106 Am selben Tag trafen sich die Ministerpräsidenten der SPD. Ihr Versuch, eine einheitliche Linie bezüglich der Neuordnung des Finanzausgleichs zu finden, scheiterte an Nordrhein-Westfalen.

de verantwortlich. *Einerseits* die Rechtsunsicherheit nach dem Gerichtsurteil. Indem das Verfassungsgericht eine ausgefeiltere Begründungspflicht für finanzausgleichsrelevante Tatbestände einforderte, sahen sich alle Beteiligten genötigt, mit Hilfe wissenschaftlicher Zeugnisse die Verfassungsmäßigkeit der jeweiligen Interessen abzusichern. *Andererseits* dienten die Gutachten auch nach dem Urteil der Festigung der eigenen Haltung, indem so die fiskalischen Begehren mit inhaltlichen Argumenten gestützt werden sollten. Die akademische Politikberatung avancierte damit zum heimlichen Gewinner des Urteils. Die Expertisen gaben – je nach Auftraggeber und Themenstellung – bestenfalls sachlich fundierte Anhaltspunkte für die Neuregelung des Finanzausgleichs (z.B. Einwohnerwertung, Solidarpakt). Im Übrigen blieb ihre Relevanz begrenzt.[107]

Bei ihrer Besprechung am 15.6.2000 in Berlin billigten die Ministerpräsidenten die Absprache ihrer Finanzminister hinsichtlich des weiteren Verfahrensablaufs.[108] In der unmittelbar daran anschließenden Unterredung mit dem Bundeskanzler segneten die Regierungschefs beider Ebenen diesen Plan ab.[109] Damit verständigten sie sich auf die verfahrenstechnischen sowie inhaltlichen Prämissen für die Reform des Finanzausgleichs:

1. *Kontext*: Verknüpfung der Materien Maßstäbegesetz/Finanzausgleichsreform/Solidarpakt II
2. *Zeitziel*: Verabschiedung aller Materien in der laufenden Legislaturperiode
3. *Aufbau Ost*: Gesamtstaatliche Aufgabe und zentrales Element der solidarischen Finanzpolitik
4. *Verfahrensziel*: Sachgerechte Verständigung auf der Basis eines möglichst breiten Einvernehmens

Mit dieser politisch durchaus gewichtigen Erklärung gaben die Landesfürsten die Marschroute für die Entscheidungsfindung vor. Trotz der Interessendivergenzen strebten sie eine möglichst konsensuale Lösung an, womit den Sympathien in manchen Finanzministerien für eine Mehrheitsentscheidung eine Absage erteilt wurde. Zudem wurde der Fortführung des Solidarpakts einvernehmlich Priorität eingeräumt. Gepaart mit der Verkürzung der vom Bundesverfassungsgericht eingeräumten Frist resultierte aus den politisch gesetzten Vorgaben überdies die Begrenzung des inhaltlichen Anspruchs an die Revision. Wie bei den Verhandlungen zum ersten Solidarpakt war somit eine grundlegende Finanzreform ebenso frühzeitig vom Tisch wie eine umfassende Bundesstaatsmodernisierung.[110] Verantwortlich

---

107 Gutachten wurden vorgelegt von: Färber 1999b (SL), B. Huber 1999 (BY), Jacobs u.a. 1999 (NW), RWI 1999 (HH), Färber 2000 (NI), Hidien 2000 (BW/BY/HE/NW), Hummel 2000 (BE/HB/HH), Korioth 2000b (HB/MV/NI), Lenk 2000 (SN), Baretti u.a. 2001 (BW/BY/HE/NW), Junkernheinrich u.a. 2001 (HH), Lenk 2001c (SN), Lenk 2001d (SN), Renzsch 2001b (HH), RWI 2001 (NW), W. Scherf 2001 (HE/Hessen-Modell für den Finanzausgleich), Vesper 2001b (BE), Wendt 2001 (SL), Wieland 2001a, Wieland 2001b, Eltges u.a. 2002 (BMF), Seitz 2002 (BB/MV). Ferner Behring u.a. 2000, Biehl 2000 (u.a.), Dreger u.a. (2000), RWI 2000, Seidel/Vesper 2000 (jew. für BE/BB/MV/SN/ST/TH; s.o.). Die Inhalte der Expertisen können meist den Titeln entnommen werden. In Klammern steht jeweils der Auftraggeber. Überdies legte der Wissenschaftliche Beirat beim BMF (Wissenschaftlicher Beirat 2000) eine Stellungnahme zum Urteil vor. Der Sachverständigenrat (SoA-Drs. 93) erarbeitete konzeptionelle Überlegungen für eine Revision des Länderfinanzausgleichs, die er auch hinsichtlich der finanziellen Auswirkungen konkretisierte (Eckpunkte: Abschaffung der Umsatzsteuervorabausgleichs, linearer Ausgleichstarif, volle Einbeziehung der kommunalen Finanzkraft, Abschaffung der Garantieklauseln, Streichung des Seehafenlastenabzugs, Einwohnerwertung der Stadtstaaten mit 120 % statt 135 %. Fiskalische Folgen des Modells: 6 Gewinner: BW/BY/HE/NW/RP/SH, 10 Verlierer (übrige Länder); Streuung der Auswirkungen zwischen + 78 € je EW (Hessen) und – 235 € je EW (Bremen); Verlust für die Ländergesamtheit gegenüber dem Bund: 2 € je EW/182 Mio. €).
108 Siehe das Ergebnisprotokoll der Besprechung der Regierungschefs der Länder am 15. Juni 2000 in Berlin.
109 Siehe das Ergebnisprotokoll der Besprechung des Bundeskanzlers mit den Regierungschefs der Länder am 15. Juni 2000 in Berlin.
110 Mittelfristig hielten die Länder an dem Ziel einer „*Modernisierung der bundesstaatlichen Ordnung*" fest. Allerdings entkoppelten sie bei ihrer Tagung am 15.6.2000 die Bereiche Kompetenzverteilung, Zustim-

hierfür zeigten sich zwei Ursachen: *Einerseits* erschien den Länderregierungen ein „großer Wurf" angesichts der eklatanten Interessengegensätze als politisch nicht darstellbar. *Andererseits* hatte von Seiten des Berliner Kabinetts die Einordnung der Finanzreform in die Themen der nationalen wie europäischen Reformagenda[111] Vorrang.[112]

Offenkundig wurde dies am 14.7.2000 bei der *Verabschiedung der Steuerreform* der rot-grünen Koalition. Dieser fehlte bekanntlich eine eigene Mehrheit im Bundesrat. Für einen Erfolg des Reformwerks benötigte Schröder die Stimmen von mindestens 3 der 5 Länder, die nicht allein unter der Führung der Berliner Regierungsparteien standen (BE, BB, HB, RP, MV). Mittel umfassender inhaltlicher (RP) und monetärer (übrige Länder) Zugeständnisse gelang es ihm, die Zustimmung des gesamten „neutralen Blocks" zu gewinnen und die Steuerreform eindrucksvoll durchzuboxen.[113] Abgesehen von verschiedenen länderspezifischen Zusagen sicherte der Kanzler der Bremer CDU zu, dass eine finanzwirtschaftliche Schlechterstellung des Stadtstaats durch die Steuerreform sowie die Finanzreform auszuschließen sei. De facto garantierte die Bundesregierung dem Bremer Senat die Erhaltung des finanziellen Status quo. Nachdem dieser in den Finanzausgleich hinsichtlich a) der Einwohnerwertung der Stadtstaaten, b) der Anrechnung der Hafenlasten sowie c) der Gewährung von BEZ für die Kosten der politischen Führung von den finanzstarken Ländern in Frage gestellt wurde, interpretierte die große Koalition in Bremen die abstrakt verfasste politische Zusage des Kanzlers in den Verhandlungen wiederholt als Zusage für den Fortbestand dieser Elemente.[114] Selbst wenn die Berliner Versicherung zurückhaltender ausgelegt würde, resultierten hieraus für die Finanzausgleichsverhandlungen prinzipiell nicht nur materielle, sondern auch strukturelle Konsequenzen. Sollte die

---

mungserfordernis bei der Bundesgesetzgebung und EU-Kompetenz von der Finanzausgleichsreform. Wenig später – bei der Finanzministerkonferenz am 14.9.2000 – beschlossen die Länder zudem, auch die Themen Steuerautonomie und Mischfinanzierungen von der Reformagenda loszueisen.

111 Schwerpunkte: Rentenreform, Steuerreform, Pflegeversicherung, Kindergelderhöhung, Ratifizierung des Vertrags von Nizza.

112 Vgl. die Einschätzung von Kröning 2003: 11 f.

113 *Berlin* versprach der Bund 38 Mio. € p.a. für die hauptstadtbedingten Polizeikosten, höhere Zuschüsse zur Renovierung des Olympiastadions sowie die Verringerung des Berliner Eigenanteils bei der Sanierung der Museumsinsel von 43 Mio. € auf 31 Mio. €. *Mecklenburg-Vorpommern* sicherte der Bund steuerliche Vorteile für das Gaswerk Lubmin sowie den Bau einer Straße und einer Bahnlinie zu. *Brandenburg* sollte Fördermittel für den Straßenbau in Höhe von 200-250 Mio. € schneller als geplant erhalten. Die *FDP* (via RP) trotzte der Bundesregierung inhaltliche Korrekturen bei der Steuerreform ab (Senkung des Spitzensteuersatzes von 43 % auf 42 %, Erleichterung der Unternehmensübergabe für den Mittelstand). Der *PDS* (via MV) erhielt die Zusage, zukünftig an Konsensgesprächen beteiligt zu werden. Damit wiederholte sich – unter umgekehrten parteilichen Vorzeichen – dasselbe Schauspiel wie bei der Verabschiedung des Steueränderungsgesetzes 1992. Siehe dazu Kapitel 4.2.3.

114 Der Brief des Kanzlers enthielt weder Zusagen hinsichtlich konkreter Beträge noch bezüglich bestimmter Instrumente. Eindrücklich schildert das Geschacher um die Steuerreform die Frankfurter Allgemeine Zeitung vom 19.7.2000: Was der Länderfinanzausgleich mit der Steuerreform zu tun hat. Ein Zeugnis der unionsinternen Pannen gibt der in diesem Artikel zitierte Brief des Bremer CDU-Vorsitzenden Bernd Neumann an den Unionsfraktionschef Friedrich Merz. Darin heißt es u.a.: *„Aus dem sozialdemokratischen Bereich ist an uns herangetragen worden, dass die Bundesregierung wie auch die SPD-regierten Länder gegebenenfalls bereit wären, im Rahmen des Finanzausgleichs die für die Existenz des kleinsten Bundeslandes unverzichtbare Besserstellung bei der Einwohnerbewertung sowie der Anrechnung der Hafenlasten auch künftig zu garantieren. Gleichzeitig würde man allerdings davon ausgehen, dass das Land Bremen der Steuerreform im Bundesrat zustimmt. (...) Eine einheitliche Linie der CDU insgesamt* (Anm. beim Finanzausgleich) *gibt es nicht. (...) In jedem Fall wird sich die Bremer CDU im Sinne Bremens Entscheiden. Das heißt, gegebenenfalls wird Bremen im Bundesrat der Steuerreform zustimmen, obwohl normalerweise Enthaltung angesagt wäre. Es ist dann auch nicht auszuschließen, dass das Verhalten der großen Koalition in Bremen Auswirkungen auf die beiden anderen großen Koalitionen in Berlin und Brandenburg hat."*

6.2 Akteursinteressen, Verhandlungsprozesse, Ergebnisse

finanzielle Position der leistungskraftschwachen Länder nicht angetastet werden, blieb der Optionsspielraum für inhaltliche Änderungen eng begrenzt. Eine rechtlich bindende Wirkung konnte der Kanzlerbrief nicht entfalten, gleichwohl muss ihm politisch ein immenses Gewicht beigemessen werden.

Daneben zeitigte der Deal um die Steuerreform auch unmittelbare Auswirkungen auf die Abstimmungsprozesse zur Neuregelung des Finanzausgleichs. Der Optimismus der Süd-Länder, ihre Kontrahenten im weiteren Verlauf spalten zu können, wurde merklich erschüttert. Denn das Abstimmungsverhalten der Länder Berlin und Bremen deuteten sie als imposanten Beweis dafür, dass die budgetären Länderinteressen als oberste Priorität das Abstimmungsverhalten maßgeblich prägen. Da dies bereits bei der stark parteipolitisch motivierten Steuerreform galt, mussten sie von einem ähnlichen Verhalten bei der Finanzreform ausgehen.[115] Zumal einerseits alle unionsinternen Koordinierungsversuche an unüberbrückbaren Interessengegensätzen scheiterten und andererseits die Abmachung zwischen Bremen und dem Kanzler mit allen SPD-regierten Ländern, also auch mit Nordrhein-Westfalen, abgesprochen war. Zwar widersprach der nordrhein-westfälische Finanzminister Peer Steinbrück (SPD) der Interpretation des Bremer Finanzsenators Hartmut Perschau (CDU), sein Land verabschiede sich damit vom Geberblock, gleichwohl bedeutete die zumindest passive Kenntnisnahme eine gewisse Schwächung der Süd-Länder.[116]

Ein endgültiger Zusammenschluss zwischen dem bevölkerungsstärksten Bundesland und den übrigen, sämtlich im Hannoveraner Kreis organisierten A-Ländern misslang auch bei der *Klausurtagung der sozialdemokratischen Länderfinanzminister am 31.8./1.9.2000* in der Düsseldorfer Landeszentralbank.[117] Obgleich die beabsichtigte Verknüpfung von Hannoveraner Kreis und A-Ländern fehlschlug, verständigten sich beide Seiten auf inhaltliche Eckpfeiler sowie das weitere Vorgehen. Der folgenschwerste Beschluss bestand darin, dass sich die finanziellen Auswirkungen der Neuordnung innerhalb bestimmter Leitplanken bewegen müssen. Demnach durfte die Änderung keine unausgewogenen Gewinner oder Verlierer haben. Als Maßstab hierfür einigten sie sich auf einen maximalen Effekt je Land von +/- 6 € je Einwohner. Überdies sollte die Einwohnerwertung der Stadtstaaten beibehalten sowie der Solidarpakt nach Dotierung und Struktur fortgesetzt werden. Die Akteure hielten gleichsam am Beschluss der Regierungschefs fest, wonach bei der Neuregelung die Existenzfähigkeit aller 16 Länder sicherzustellen ist. Dissonanzen bestanden indes darin, wie sehr unter den vorstehenden Maßgaben das System reformiert werden könne.

Unter der politischen Prämisse des 6-€-Korridors war de facto eine grundlegende Reform nicht darstellbar. Der Länderfinanzausgleich 2005 musste damit mehr oder weniger am bestehenden Regelwerk andocken: Strukturelle Modifizierungen mit fiskalischer Relevanz ließen sich damit bestenfalls sukzessive realisieren. Die SPD-internen Absprachen begrenzten allerdings nicht allein den Optionsspielraum für die politischen Lösungen, sie änderten zugleich auch die Dynamik der folgenden Abstimmungsprozesse. Bis dato verfolgte die Zehn-Länder-Gruppe die Strategie, alles Wünschbare zu vertreten, ohne dabei den Bund über Gebühr zu belasten. Dies führte zu erheblichen Mehrbelastungen für die Zahlerländer. Mit dem 6-€-Korridor waren alle bisherigen Modelle obsolet. Es galt daher, Konzepte mit finanziell weitgehend neutralen Ergebnissen zu konstruieren. Daneben gelang

---

115 Vgl. zur Reaktion der „*großen Zahlerländer*" Brunton u.a. 2002: 244.
116 Vgl. Handelsblatt vom 26.7.2000: Kampf um die Länderfinanzen.
117 Vgl. BMF 2003: 19 sowie Frankfurter Allgemeine Zeitung vom 2.9.2000: SPD-Minister verständigen sich über Länderfinanzausgleich.

es den Vertretern der Hannoveraner Allianz, Nordrhein-Westfalen wenn auch nicht ganz, so doch ein stückweit von der sich im Frühjahr anbahnenden Kooperation mit den süddeutschen Länder loszueisen. Clement und Steinbrück vertraten zwar weiterhin dezidiert die Landesinteressen, die sie stärker in einer Koalition mit den Süd-Ländern realisiert sahen, daneben versuchten sie aber auch zwischen beiden Lagern zu moderieren. Das sozialdemokratisch geführte Bundesfinanzministerium kommentierte die parteiinterne Koordinierung zurückhaltend positiv. Die Parlamentarische Staatssekretärin Bärbel Hendricks (SPD) sicherte zu, die Position der SPD-Länderfinanzminister in die Eckpunkte des Maßstäbegesetzes einzuarbeiten.

Inhaltlich schaltete sich das Bundesfinanzministerium am 15.9.2000 mit einem *Eckpunktepapier der Bundesregierung* in die Beratungen ein.[118] Zuvor führten die Experten des Bundesfinanzministeriums bereits Gespräche mit einzelnen Ländern, an systematischen Verhandlungen beteiligte sich der Bund indes erst viel später. Die Zeit bis zur Präsentation der Eckpunkte, die mehrmals verschoben wurde,[119] nutzten die Bundeshaushälter vornehmlich zur internen Sondierung der fiskalischen wie strukturellen Zielvorstellungen. Hierbei gab Eichel drei maßgebliche Direktiven aus:[120]

1. Wahrung der materiellen Interessen des Bundes
2. Anknüpfung der monetären Auswirkungen des neuen Finanzausgleichs an den Status quo
3. Gewährleistung der Rechtssicherheit durch Beachtung der Karlsruher Vorgaben

Daneben ließen sich die Ministerialen offenkundig – ähnlich wie die vier Geberländer – von der Argumentation sowie der Kritik der Finanzwissenschaft leiten.[121] Im Ergebnis liefen die Überlegungen des Bundesfinanzministeriums konzeptionell auf eine Mischung der einzelnen Länderstandpunkte hinaus, wobei stets die für den Bund lukrativere Lösung gewählt wurde.[122] Insgesamt blieb das Papier relativ abstrakt, wobei die Eckpunkte keine Differenzierung zwischen Maßstäbe- und Finanzausgleichsgesetz vornahmen.

Eckpunkte des Bundesfinanzministeriums:
- Anreizsteigerung bei der Verteilung der horizontalen Umsatzsteuerverteilung
- Beibehaltung der Einwohnerwertung der Stadtstaaten (Höhe nach objektivierbaren Indikatoren)
- Volle Berücksichtigung der kommunalen Finanzkraft
- Streichung des Seehafenlastenabzugs im Länderfinanzausgleich
- Transparenter und einfacher Abschöpfungs- und Zuweisungstarif
- Streichung der Garantieklauseln
- Begrenzung der BEZ: Betonung der volumenmäßigen Nachrangigkeit der BEZ
- Fehlbetrags-BEZ: Senkung durch engere Begrenzung des Begriffs der Leistungsschwäche
- Sonderbedarfs-BEZ: Gewährung generell nur noch befristet
- Streichung der BEZ für die Kosten der politischen Führung

---

118 Bundesministerium der Finanzen: Umsetzung des Urteils des BVerfG vom 11. November 1999. Stand der Überlegungen der Bundesregierung, Eckpunkte, abgedruckt in BMF 2003: 150 ff.
119 Ursprünglich kündigte das Bundesfinanzministerium an, seine Eckpunkte im Mai vorzulegen. Ende Mai verschob Eichel die Veröffentlichung angesichts der Abstimmung zur Steuerreform auf Anfang September.
120 Vgl. Wachendorfer-Schmidt 2003: 249.
121 Vgl. Geske 2002: 282 f., 295.
122 Von der vollen Einbeziehung der kommunalen Finanzkraft würde der Bund profitieren, weil dann die Forderung der ostdeutschen Länder nach Sonderbedarfs-BEZ zum Ausgleich der unterproportionalen kommunalen Steuerkraft obsolet wäre. Bei der Einwohnerwertung der Stadtstaaten gilt ein ähnliches Prinzip: Würden diese zu sehr abgeschmolzen oder ganz abgeschafft, käme der Ruf nach Sonderbedarfs-BEZ zum Ausgleich von stadtstaatenspezifischer Sonderleistungen. Eine zu starke Senkung des Nivellierungsgrads des Länderfinanzausgleichs hätte zur Folge, dass die Fehlbetrags-BEZ angestiegen wären.

6.2 Akteursinteressen, Verhandlungsprozesse, Ergebnisse

- Haushaltssanierungs-BEZ: generell befristet und degressiv unter Beteiligung der Länder
- Fonds „*Deutsche Einheit*": Komplette Übernahme der Abfinanzierungslasten durch den Bund bei anteiliger Verminderung des Länderanteils an der Umsatzsteuer

Im Hinblick auf die vertikale Umsatzsteuerverteilung vertrat die Bundesregierung unverändert ihre Position im seit längeren schwelenden Streit um die Deckungsquotenberechnung. Daneben plädierte sie vehement für eine innerstaatliche Umsetzung des Europäischen Stabilitäts- und Wachstumspakts vom Dezember 1996. Demnach sollte der Finanzplanungsrat gemeinsame verbindliche Ausgabenlinien zur Begrenzung des gesamtstaatlichen Defizits festlegen. Insgesamt lief Eichels Konzept auf eine budgetäre Besserstellung des Bundes hinaus. Die Länderregierungen wehrten sich daher mehrheitlich gegen das Bundeskonzept. Ausschlaggebend hierfür waren einerseits gegensätzliche Interessen bei einzelnen Festlegungen sowie andererseits die Befürchtung, Schröders Kabinett wolle sich auf dem Rücken der Länder entlasten. Im Kontrast zur Veröffentlichung des Bonner Thesenpapiers zum Solidarpakt 1 im September 1992 blieben die Reaktionen erheblich weniger aufgeregt, einige Länder konnten sehr gut mit den Berliner Eckpfeilern leben.[123]

Bei der *Finanzministerkonferenz der Länder am 9.10.2000* in Berlin stemmten diese sich – ebenso routinemäßig wie einvernehmlich – gegen die Absicht der Bundesregierung, ihre Leistungen im Finanzausgleich ab 2005 abzubauen.[124] Sie erhoben daher die Forderung, der Bund müsse seine gesamtstaatliche Verantwortung im bisherigen Umfang Rechnung tragen. Weiterhin bestand auch Einvernehmen zwischen den Ressortchefs der Länder, dass alle drei Regelungsmaterien (Maßstäbegesetz, Finanzausgleich, Solidarpakt II) unbedingt noch in der laufenden Wahlperiode zu verabschieden seien. Damit hörten schon die Gemeinsamkeiten zwischen den Ländern auf. Die Mehrheit der A-Länder sowie die Mitglieder des Hannoveraner Kreises stellten Grundsätze über den neuen Finanzausgleich zur Abstimmung, die offensichtlich auf den Ergebnissen der internen Koordinierungstagung der Länder vom 31.8./1.9.2000 fußten. Nach dem vorgelegten Eckpunktepapier sollten a) in Folge der Neuregelung – gemessen am bestehenden System – keine unausgewogenen Vor- oder Nachteile für die einzelnen Länder entstehen, b) die Einwohnerwertung der Stadtstaaten beibehalten werden sowie c) der Solidarpakt II nach Struktur und Dotierung fortgeführt werden. Diesem Konzept stimmten der Hannoveraner Klub und Nordrhein-Westfalen zu, während sich Sachsen und Thüringen enthielten. Die Süd-Länder lehnten die Eckpunkte ab. Diese unterstrichen ihre Forderungen nach einer Überprüfung der Einwohnerwertung der Stadtstaaten sowie nach Erhöhung der Anreizelemente im Finanzausgleich. Desgleichen wandten sich die drei Unionsländer dezidiert gegen eine Einbeziehung der kommunalen Finanzkraft zu mehr als 50 %. In einer abschließenden Gesamtabstimmung über alle am Tag verabschiedeten Aspekte zum Finanzausgleich votierte zum ersten Mal Sachsen mit den Ländern des Hannoveraner Kreises. Damit stimmten 12 Länder für das Gesamtpaket. Trotz dieses Mehrheitsentscheids hielten die Finanzminister an einer 16:0 Lösung fest.

---

123 Die Geberländer beanstandeten die Vollanrechnung der kommunalen Finanzkraft, die Seehafenländer die Streichung ihres Sonderprivilegs, die kleinen Nehmerländer die Streichung der BEZ für die Kosten der politischen Führung. Bremen berief sich außerdem auf die Zusagen im Zuge der Steuerreform. Daneben bemängelten zahlreiche Länderregierungen, dass das Bundespapier zu vage bliebe.
124 Zur Finanzministerkonferenz siehe Handelsblatt vom 10.10.2000: Länderstreit um Finanzausgleich hält an, Frankfurter Allgemeine Zeitung vom 10.10.2000: Länder dringen auf neuen Finanzausgleich.

Bei ihrer Jahreskonferenz vom 25. bis 27.10.2000 in Schwerin bewegten sich die Ministerpräsidenten indes noch nicht substanziell aufeinander zu.[125] Die Diskussion über den Finanzausgleich endete im Streit, wobei sich wie bisher der Hannoveraner Kreis (10 Länder) und die Süd-Länder bei Neutralität der drei übrigen Länder gegenüberstanden. Sie bekräftigten lediglich das Ziel, die drei Materien vor der Bundestagswahl 2002 zu beschließen. Um eine rechtzeitige Einigung zu gewährleisten, beriefen sie für Ende Januar 2001 eine Sonderkonferenz zur Finanzausgleichsreform ein.[126] Unterdessen wiederholten die sechs Regierungschefs der Ost-Länder bei ihrer Konferenz am 15.11.2000 in Magdeburg ihre Positionen für die Nachfolgeregelung des bestehenden Solidarpakts.[127] Ihren Nachholbedarf bezifferten sie wiederum auf insgesamt 200-250 Mrd. €. Die in der Finanzministerkonferenz beschlossene Forderung, den Solidarpakt in Struktur und Dotierung fortzusetzen, veranschlagten sie nunmehr konkret auf 10 Jahre à 20,5 Mrd. €.

Anders als 1993 bestand diesmal frühzeitig auch der Bundestag darauf, die Willensbildung zur Finanzausgleichsreform parlamentarisch zu begleiten. Das Primat der Exekutiven tastete er allerdings zu keiner Zeit an. Nachdem die Pläne einer Enquete-Kommission zur Zukunft der Finanzbeziehungen ebenso schnell auf Eis gelegt wurden wie die Idee einer Bundesstaatskommission, sollte eine Integration innerhalb der routinemäßigen parlamentarischen Arbeit erfolgen.[128] Union und FDP lehnten aber einen von der SPD angeregten Unterausschuss des Finanzausschusses ab. Die SPD-Fraktion entschied sich deshalb, einen *Sonderausschuss „Finanzausgleichsgesetz/Maßstäbegesetz"* zu konstituieren, da die Opposition die Einrichtung eines solchen Gremiums nach der Geschäftsordnung nicht verhindern konnte. Als maßgeblicher Initiator zog der ehemalige Bremer Finanzsenator Volker Kröning (SPD) in fraktionsinternen Abstimmungen die Strippen für eine gründliche parlamentarische Befassung mit dem Thema. Kröning wurde folgerichtig mit dem Vorsitz des am 12.10.2000 eingesetzten Sonderausschusses betraut.

Der Ausschuss begann, sich frühzeitig mit der Materie und dem Karlsruher Urteil vertraut zu machen. Dabei zeichnete sich seine sehr ambitionierte Arbeit durch eine ausgesprochen systematische Herangehensweise aus.[129] Hierbei zeigte sich auch die üblicherweise enge Verquickung zwischen Exekutive und Legislative, stammte ein Gros der Expertisen und Arbeitsdokumente doch vom Bundesfinanzministerium. Gleichfalls stellte das Finanzressort Mitarbeiter für den Ausschuss ab. Der Sonderausschuss setzte sich ebenso unter finanz- wie rechtswissenschaftlichen Aspekten mit dem Thema auseinander, wie er sich mit Kabinettsmitgliedern des Bundes und der Länder sowie den kommunalen Spitzenverbänden beriet. Angesichts seiner engagierten Befassung mit der Materie erwarb sich der Ausschuss bei den Regierungen beider Ebenen große Anerkennung. Indem die Parlamentarier darauf verzichteten, das Exekutivmonopol zu attackieren, geriet der Ausschuss gleichwohl bald in den Strudel der Logik der Regierungsverhandlungen. Demzufolge verschob sich die Diskussion von der abstrakten Modellebene, die im Sonderausschuss anders als bei den Regie-

---

125 Siehe das Ergebnisprotokoll der Jahreskonferenz der Ministerpräsidenten der Länder vom 25.-27.10. 2000 in Schwerin.
126 Bei der Ministerpräsidenkonferenz am 14.12.2000 in Berlin wurde das Thema folglich nur erörtert. Siehe das vorläufige Ergebnisprotokoll der Konferenz der Ministerpräsidenten der Länder am 14. Dezember 2000 in Berlin.
127 Siehe dazu die tageszeitung vom 15.2.2000: Die Farbe des Geldes.
128 Die rot-grüne Koalitionsvereinbarung vom Herbst 1998 sah die Bildung einer Enquete-Kommission vor. Diese wurde aber angesichts des Karlsruher Verfassungsstreits bald zurückgestellt. Nach dem Urteil war der Zeitkorridor für eine Enquete-Kommission zu kurz.
129 Zur Systematik der Ausschussberatungen siehe BT-Drs. 14/6533: 13 ff.

rungsgesprächen anfangs noch dominierte, auf die konkrete Erfüllung der Karlsruher Vorgaben. Damit blieben auch in der parlamentarischen Arbeit Gedankenspiele über die Weiterentwicklung der Föderation rasch auf der Strecke. Zudem gewannen Überlegungen bezüglich der materiellen Auswirkungen an Gewicht. In den Beratungen wurde deutlich, dass die Einschätzung über einzelne Bestimmungen nicht allein von der Parteizugehörigkeit, sondern maßgeblich von der landsmannschaftlichen Herkunft geprägt wird. Trotz der umfassenden Sacharbeit schaffte es das Parlament auch aus diesem Grund nicht, in die Phalanx der Exekutiven vorzustoßen. Zum Ende der Verhandlungen geriet er daher zunehmend in eine notarielle Rolle.[130]

Zurück zur Ebene der Regierungsverhandlungen: Rechtzeitig vor der Sonderkonferenz der Ministerpräsidenten Ende Januar 2001 präsentierte der *Hannoveraner Kreis* bei der Sondersitzung der Finanzministerkonferenz in Berlin am 12.1.2001 ein „*Reformmodell*"[131] zur Neuordnung des Finanzausgleichs.[132] Mittlerweile schloss sich auch Sachsen – nicht wirklich zur Freude des Bundesfinanzministeriums[133] – dieser Formation an. Ausschlaggebend für diesen Schritt waren die übereinstimmenden materiellen Positionen. Für die sächsische Regierung bedeutete dies eine teilweise Abkehr von ihren bisherigen Überlegungen. Hauptsächlich bedeutete dies, auf das Dogma der vollen Einbeziehung der kommunalen Finanzkraft sowie einem auf Sachrationalität beruhenden Finanzausgleich zu verzichten. Nachdem sich zuvor Biedenkopf wie Milbradt nachhaltig für diese Prämissen verwandt hatten, dürfte dies kein einfacher Entschluss gewesen sein. Für den Hannoveraner Kreis war dies gleichfalls eine wichtige Stärkung, zählte das Bündnis nunmehr 11 Mitglieder, davon 3 Regierungen unter CDU-Führung sowie 5 der 6 Ost-Länder. Ihr Konzept generierten die Hannoveraner in einem „*Trial-and-Error*"-Verfahren. Entscheidend war dabei nicht nur die budgetäre Auswirkung im Jahr 2005, sondern auch die zukünftige dynamische Entwicklung. Daneben lag die zweite Prämisse darin, alle von Karlsruhe aufgeworfene Fragen unter geringstmöglicher Änderung des Status quo verfassungskonform zu lösen. Nach eigener Ansicht ist es ihnen geglückt, diese Vorgaben sowie die Interessen aller Kooperationspartner unter einen Hut zu bekommen. Gleichwohl konnten sie die Geberländer damit nicht beglücken. In der förmlichen Abstimmung votierten lediglich die 11 Urheber für das „*Reformmodell*". Sowohl *Nordrhein-Westfalen* als auch die *Süd-Länder* lehnten das Konzept ab. Letztere kündigten zudem an, ein eigenes Modell noch vor der Ministerpräsidentenkonferenz vorzulegen. Dies geschah mit dem „*Konsensmodell*"[134] am 24.1.2001.

Damit standen sich in Wiesbaden bei der *Sonderkonferenz der Ministerpräsidenten am 27./28.1.2001* zwei Modelle der großen Blöcke gegenüber. Bezeichnenderweise nannte die Südgruppe, die das bestehende Regelwerk angefochten und damit den Solidarpaktkompro-

---

130 Zur Arbeit des Sonderausschusses siehe BT-Drs. 14/6533: 13 ff., BT-Drs. 14/7646: 23 ff., Kröning 2003: 12 ff., Stünker 2003: 16 f.
131 Siehe die Beschreibung des Modells der Länder Berlin, Brandenburg, Bremen, Hamburg, Mecklenburg-Vorpommern, Niedersachsen, Rheinland-Pfalz, Saarland, Sachsen, Sachsen-Anhalt und Schleswig-Holstein zu Möglichkeiten einer Reform des Bundesstaatlichen Finanzausgleichs („*Reformmodell*"), abgedruckt in SoA-Drs. 39.
132 Zur Sondersitzung siehe Frankfurter Allgemeine Zeitung vom 13.1.2001: Länder streiten um neuen Finanzausgleich sowie Frankfurter Rundschau vom 12.1.2001: Fronten im Streit über den Finanzausgleich verhärtet.
133 Der Entwurf des Bundesfinanzministeriums entsprach weitgehend den ursprünglichen sächsischen Vorstellungen (volle Berücksichtigung der kommunalen Finanzkraft, sachrationale Erwägungen).
134 Siehe das Konsensmodell der Länder Baden-Württemberg, Bayern und Hessen für eine Neugestaltung des Finanzausgleichs – „*Eigenverantwortung stärken – Solidarität wahren*" –, abgedruckt in SoA-Drs. 46.

miss von 1993 aufgekündigt hatte, ihr Konzept *Konsens*modell, während der strukturkonservative Hannoveraner Kreis seine Positionen als *Reform*modell titulierte.[135]

Tabelle 3: Synopse: Geltendes Recht, „*Reformmodell*", „*Konsensmodell*"

		Geltendes Recht	Reformmodell	Konsensmodell
1. Horizontale Umsatzsteuerverteilung:				
Ergänzungsteile:	Auffüllungsgrenze	92 %	90 %	92 %[136]
	Auffüllungsgrad	100 %	90 %	100 %
2. Länderfinanzausgleich:				
a. Finanzkraftmesszahl:				
Landessteuern:	Vollanrechnung	Ja	Ja	Ja
	Hafenlasten	Ja	Neuberechnung	Nein
	Stadtstaatenlasten	Nein	Nein	Ja[137]
Gemeindesteuern	Gemeinschafsteuern	50 %	90 %	50 %
	Realsteuern	50 %	50 %	50 %
b. Ausgleichsmesszahl (AMZ):				
Einwohnerwertung Landesanteil:		Wie bisher	Wie bisher	Alle Länder 100 %
Einwohnerwertung Gemeindeanteil:		100 % - 130 %; > 500.000 EW nach Einwohnerdichte	Dichteansatz mit Sozialhilfelastkomponente	Bisherige Staffelung erweitert auf Zone oberhalb 1 Mio. EW
c. Ausgleichstarif:				
Tarifbeschreibung für Zuweisungen:		Bis 92 % der AMZ: 100 %; 92 % bis 100 % der AMZ: 37,5 %	Formeltarif mit linear-degressiver Komponente	Bis 90 % linear, danach linear-degressiv
Tarifbeschreibung für Beiträge:		100 % - 101 % der AMZ: 15 % 101 % - 110 % der AMZ: 66 % > 110 % AMZ: 80 %	Formeltarif mit linear-progressiver Komponente	Spiegelbildlich zu Zuweisungen
3. Bundesergänzungszuweisungen:				
Fehlbetrags-BEZ:	Auffüllungsgrenze	100 %	100 %	99 %
	Auffüllungsgrad	90 %	66,67 %	25 %
Pol-BEZ:		0,79 Mrd. €	0,51 Mrd. €	0,15 Mio. €
Teilungsbedingte Sonderlasten:		7,16 Mrd. €	6,30 Mrd. €	7,16 Mrd. €

Wie aus der Synopse ersichtlich wird, bewegten sich beide Blöcke aufeinander zu, dennoch blieben die Distanzen immer noch beträchtlich. Als Hauptstreitpunkte zeigten sich unverändert die Einwohnerwertung, die Anrechnung der kommunalen Finanzkraft sowie die Ausgleichsintensität samt der damit verbundenen Einführung von Anreizelementen in der Tarifgestaltung. In Anbetracht dieser ungebrochenen Interessengegensätze konnten die Länderchefs freilich keinen gemeinsamen Standpunkt erzielen. Im Unterschied zur Schweriner Ministerpräsidentenkonferenz vom Herbst 2000 endete das Treffen nicht im offenen Disput. Nach zähem Ringen vereinbarten die Ministerpräsidenten in der abschließenden

---

135 Dies vermittelt eindrucksvoll die Relevanz politischer Symbolik. Teils ging es den Antipoden mit diesen Bezeichnungen um den „Verkauf" bzw. die Vermittlung der eigenen Position, teils signalisierten sie damit die tatsächliche Bereitschaft zum Kompromiss.
136 Bei anreizorientierterer Bemessung.
137 Finanzkraftabzug: BE 1.329,4 Mio. €, HB 179,0 Mio. €, HH 639,1 Mio. €, dynamisiert in den Folgejahren mit je 1,5 %.

6.2 Akteursinteressen, Verhandlungsprozesse, Ergebnisse

Kaminrunde *Eckpunkte für die weiteren Verhandlungen*.[138] Sie waren sich darin einig, auf Mehrheitsentscheidungen verzichten zu wollen und stattdessen eine einvernehmliche Lösung anzustreben, die sich an folgenden Grundsätzen orientiert: *Erstens* sollten die geschätzten Auswirkungen des neue Finanzausgleichs im Referenzjahr (2005) eine Be- oder Entlastung von maximal 6,14 € je Einwohner nicht übersteigen dürfen, wobei Verschiebungen zwischen den drei Ausgleichsstufen (Umsatzsteuerergänzungsteile, Länderfinanzausgleich und Bundesergänzungszuweisungen) vorgenommen werden können.[139] *Zweitens* sollten die Anrechnung der kommunalen Finanzkraft (50 %) sowie die Einwohnerwertung der Stadtstaaten (135 %) auf dem bisherigen Niveau beibehalten werden.[140] Überdies müsste die Neuregelung – *drittens* – eine stärkere Anreizorientierung sowie einen höheren Selbstbehalt gegenüber dem geltenden Recht gewährleisten. Auf der Grundlage dieser Kriterien sollten die Finanzminister rechtzeitig bis zur Ministerpräsidentenkonferenz am 5.4.2001 konsensfähige Vorschläge für eine Neuordnung vorlegen.

Seinerzeit erschienen den Akteuren die Wiesbadener Eckpunkte als sehr fragiler Kompromiss, retrospektiv stellte die Verständigung indes die zentrale Weichenstellung dar. Galt es bis Wiesbaden, (mit gewissen Abstrichen) das Wünschbare zu vertreten, stand nunmehr die Suche nach einer allseits akzeptierten politischen Problemlösung auf der operativen Agenda. Maßgeblich hierfür war der Vorsatz einer 16:0 Lösung. Durch dieses politische Votum wurde die Kampflust gestutzt, die auf Finanzministerebene wie auf Arbeitsebene stärker vorhanden war. Die Fachadministration musste nun, teils gegen die eigene Überzeugung, an konsensfähigen Konzepten arbeiten.[141] Auf beiden Seiten erhöhte sich seit Wiesbaden ebenso die Kompromissbereitschaft, wie der Ton bei den Abstimmungsprozessen auf Referentenebene konzilianter wurde. Offenkundig wurde dies bei der Finanzministerkonferenz am 7.2.2001. Die Lager intensivierten den Informations- und Datenaustausch und kündigten neue Modelle für Ende März an.[142] Dadurch gewann der Verhandlungsprozess beträchtlich an Dynamik. Neben dieser verfahrenstechnischen Prämisse prägten auch die inhaltlichen Leitplanken substanziell die weiteren Vorarbeiten. Mit dem 6-€-Korridor existierte ein politisches Diktat, das nur relativ begrenzte Abweichungen vom bisherigen System zuließ.[143] Eine Umverteilung von Nehmer- zu Geberländern war somit höchstens im Umfang von rd. 200 Mio. € im Referenzjahr möglich.[144] Gemessen am Volumen des

---

138 Siehe das Ergebnisprotokoll der Sonderkonferenz der Ministerpräsidenten der Länder vom 27. bis 28. Januar 2001 in Wiesbaden. Dazu auch Frankfurter Allgemeine Zeitung vom 29.1.2001: Ziel einer Neuregelung des Finanzausgleichs vereinbart, Die Welt vom 29.1.2001: Vom Durchbruch beim Finanzausgleich ist schon nicht mehr die Rede, den Bonner-Generalanzeiger vom 29.1.2001: Annäherung beim Finanzausgleich sowie Der Tagesspiegel vom 29.1.2001: Die Einigkeit der Hasenfüße.

139 Damit wurde das zuvor verankerte Prinzip der Vermeidung unausgewogener Vor- oder Nachteile auf jenen Wert konkretisiert, den die Finanzminister der A-Länder bereits im Spätsommer 2000 in Düsseldorf ins Auge gefasst hatten. Der Hannoveraner Kreis unternahm mehrere Vorstöße, den Referenzzeitraum zu erweitern, konnte sich damit aber nicht durchsetzen.

140 Vgl. Brunton u.a. 2002: 244 f.

141 Bis Wiesbaden vertraten Teile der Arbeitsebene des Hannoveraner Kreises die Auffassung, eine Mehrheitslösung sei angesichts der als dreist empfundenen Aufkündigung des Solidarpaktkompromisses durch die Klagen der Süd-Länder durchaus angemessen. Hierfür suchten sie lange nach einem Konsens mit Nordrhein-Westfalen, um so die Stimmenmehrheit auch im Bundestag sicherzustellen.

142 Siehe Financial Times Deutschland vom 8.2.2001: Neue Modelle für Finanzausgleich bis Ende März.

143 Nach Ansicht des Bundesfinanzministeriums wurde der Gestaltungsspielraum dadurch unnötig begrenzt. Vgl. BMF 2003: 20.

144 In den Nehmerländern lebten 2000 rd. 33,7 Mio. Menschen. Hochgerechnet mit einer Abweichung von 6,14 € ergibt sich ein maximales Umverteilungsvolumen von 207 Mio. €.

Länderfinanzausgleichs 2000 (8.273 Mio. €) entspricht dies lediglich 2,5 %; es handelte sich also um eine ausgesprochen geringe Summe. Faktisch war von da an die Forderung nach einem „Wettbewerbsföderalismus" nur noch eine Chimäre. Die Süd-Länder hielten an ihr zwar noch symbolträchtig fest, für eine ernsthafte Diskussion in der Ministerpräsidentenkonferenz taugte diese Bundesstaatskonzeption indes nicht mehr.

Die *Regierungschefs der Ost-Länder*, die mittlerweile am 19.1.2001 eine Unterredung mit dem Bundeskanzler zum Solidarpakt hatten, präzisierten in ihrer Separatbesprechung am 27.1.2001 in Wiesbaden wiederum ihre *Position zum Solidarpakt II.*[145] Im Anklang an die Abstimmung mit Schröder blieb ihre Forderung maßvoller als noch im Herbst. Nunmehr beanspruchten sie ab 2005 für die Dauer von 10 Jahren ein jährliches Solidarpaktvolumen von 15,3 Mrd. € (statt zuvor 20,5 Mrd. €). Obendrein verlangten sie, dass ab 2015 eine Anschlussregelung zwingend vorgesehen wäre. In den Verhandlungen mit der Bundesregierung kristallisierten sich derweil folgende Dissenspunkte heraus:[146]

1. Ausgleichstatbestände:
   - Bund: Ausschließlich teilungsbedingte Infrastruktur
   - Länder: Zusätzlich Wirtschaftsförderung sowie kommunale Steuerschwäche
2. Dotierung:
   - Bund: Keine Gefährdung des Konsolidierungskurses (haushaltspolitisch vertretbare Größen)
   - Länder: 15,3 Mrd. € p.a. für 10 Jahre
3. Art der Gewährung:
   - Bund: Degressiv und teilweise zweckgebunden
   - Länder: Linear und zweckungebunden
4. Anschlussregelung (Solidarpakt III):
   - Bund: Nein; Solidarpakt II als abschließende Regelung festschreiben
   - Länder: Anschlussregelung; Verhinderung einer Festlegung des endgültigen Ablaufs der Hilfen

Da der Bundeskanzler offenkundig ein politisches Interesse am Solidarpakt als Zeichen seines Engagements für den Aufbau Ost – gerade auch im Hinblick auf die Bundestagswahl 2002 – hegte,[147] verliefen diese Verhandlungen, die losgelöst von den Finanzausgleichsberatungen stattfanden, wenn auch nicht einfach, so doch wesentlich reibungsloser.

6.2.3 Annäherung im Dreieck Bund – Süd-Länder – Hannoveraner Kreis

Wenige Tage nach der Wiesbadener Konferenz unterbreitete Hans Eichel am 1.2.2001 seinen *Entwurf für das Maßstäbegesetz*. Nachdem bislang weder in den Verhandlungen zwischen den Ländern noch im Eckpunktepapier des Bundes explizit zwischen Maßstäbe- und Finanzausgleichsgesetz differenziert wurde, lag nun erstmals ein politisches Konzept für die neue „lex superior" vor. Es sollte auch bis zum Abschluss der Willensbildung das einzig relevante Modell und daher die Grundlage für das im Juli beschlossene Maßstäbegesetz bleiben. Das Kabinett verabschiedete den Entwurf am 21.2.2001.[148] Damit

---

145 Siehe den vorläufigen Ergebnisvermerk der Besprechung der Regierungschefs der ostdeutschen Länder zum Solidarpakt II am 27. Januar 2001 in Wiesbaden.
146 Vgl. Brunton u.a. 2002: 261 f.
147 Vgl. zur Einschätzung Brunton u.a. 2002: 262.
148 BR-Drs. 161/01: Entwurf eines Gesetzes über verfassungskonkretisierende allgemeine Maßstäbe für die Verteilung des Umsatzsteueraufkommens, für den Finanzausgleich unter den Ländern sowie für die Gewährung von Bundesergänzungszuweisungen (Maßstäbegesetz – MaßstG).

6.2 Akteursinteressen, Verhandlungsprozesse, Ergebnisse

setzte das Berliner Kabinett gleichzeitig zu den informellen Regierungsberatungen den formalen Gesetzgebungsprozess in Gang. Als oberste Maxime versuchte das Bundesfinanzministerium in seinen Vorschlägen, die Argumentation des Bundesverfassungsgerichts akribisch nachzuzeichnen, wobei es an den heiklen Punkten auf eine extensive Zitierung des Grundgesetzes, der bisherigen Rechtsprechung sowie selbstverständlicher rechtsstaatlicher Prinzipien zurückgriff.[149] Daneben entschieden die Fachexperten des Bundes den Dualismus zwischen Abstraktion und Anwendbarkeit des Maßstäbegesetzes ganz bewusst zu Gunsten der Ersteren, um Freiräume für politische Lösungen zu eröffnen.[150] Prinzipiell wahrte der Entwurf – wie bereits die Eckpunkte vom September 2000 – stets die monetären Positionen des Bundes. Im Übrigen ließ sich der Bund von den Zielen Transparenz, Vereinfachung und Anreizstärkung leiten, die offensichtlich der finanzwissenschaftlichen Kritik folgten. Inhaltlich enthielt die Version speziell die folgenden Regelungen.

Rahmendaten des Maßstäbegesetzentwurfs der Bundesregierung vom 21.2.2001:
1. *Vertikale Umsatzsteuerverteilung*:
   - Wahrung der bisherigen Rechtsposition des Bundes
2. *Horizontale Umsatzsteuerverteilung*:
   - Ergänzungsteile für Länder mit unterdurchschnittlicher Steuerkraft
   - Anreizgerechter Tarif: Verbleib eines Eigenanteils bei Änderung der Einnahmen
3. *Länderfinanzausgleich*:
   - Einbeziehung der kommunalen Finanzkraft in voller Höhe
   - Einwohnerwertung der Stadtstaaten ist verpflichtend (Höhe: Regelung im FAG)
   - Einwohnerwertung dünnbesiedelter Länder kann gewährt werden
   - Einwohnerwertung der Kommunen ist weiterhin möglich
   - Stärkung des Eigenbehalts beim Ausgleichstarif wird verbindlich festgeschrieben
4. *Bundesergänzungszuweisungen*:
   - Prinzip der BEZ: Nachrangiger und ergänzender Charakter analog der Rechtsprechung
     Folgerung: Umfang der BEZ darf relativ zu dem des Länderfinanzausgleichs nicht beträchtlich sein
   - Allgemeine BEZ: Heranführung nicht mehr bis unmittelbar an den Bundesdurchschnitt
   - Sonderbedarfs-BEZ: Gewährung generell nur befristet sowie lediglich zwei Zwecke
     a) Haushaltsnotlage: bei anteiliger Finanzierungsbeteiligung der übrigen Länder
     b) Teilungsbedingte Lasten: für den starken infrastrukturellen Nachholbedarf der ostdeutschen Länder
5. *Nationaler Stabilitätspakt*:
   - Umsetzung des Europäischen Stabilitäts- und Wachstumspakts durch nationale Regelung
   - Verankerung der Konsolidierungspolitik (Ziel: ausgeglichene Haushalte) im Maßstäbegesetz
6. *Fonds „Deutsche Einheit" (nachrichtlich)*:
   - Regelung im Maßstäbegesetz entbehrlich
     - Übernahme der weiteren Abfinanzierung durch den Bund
     - Kompensation durch Verminderung des Länderanteils an der Umsatzsteuer

Hinsichtlich der Konkretisierung der Finanzverfassung hielt sich die Bundesregierung weitgehend zurück. Lediglich bei einzelnen Bestimmungen erfolgten präzisere Vorgaben für das spätere Finanzausgleichsgesetz. In all diesen Fällen entsprang dies den finanziellen Präferenzen des Bundes. Dennoch machten sich die Koalitionsfraktionen – entgegen der sonstigen Routine – den Kabinettsentwurf nicht zu Eigen. Damit fehlte dem Kabinett die parlamentarische Unterstützung. Hierbei zeichnete sich ab, dass der Bundestag sowie die Fraktionen maßgeblich auch hinsichtlich der landsmannschaftlichen Gebundenheit gespal-

---

149 Vgl. die Einschätzung von Kerber 2001: 13 f. und Kirchhof 2002: 227.
150 Vgl. BMF 2003: 20.

ten waren. Als Interessenvertreter des Bundes im föderalen Verteilungsstreit trat somit bezeichnenderweise allein die Exekutive, nicht aber die Legislative auf.[151]

In Anbetracht der bundesfreundlichen Ausgestaltung reagierten die Länderregierungen pikiert auf Eichels Regierungsvorlage. In ihren Stellungnahmen lehnten sie den Entwurf vehement ab und forderten Nachbesserungen.[152] Besonders umstritten zwischen beiden Ebenen waren a) die Übernahme des Länderanteils am Fonds „Deutsche Einheit" durch den Bund sowie die damit verknüpfte Kompensation, b) die Frage einer Korrektur der Umsatzsteuerverteilung im Zuge einer Änderung des BEZ-Volumens, c) der Nationale Stabilitätspakt als Pendant des europäischen Stabilitäts- und Wachstumspakts, d) die Beteiligung der übrigen Länder an den BEZ zur Haushaltssanierung sowie e) die Methodik der Deckungsquotenberechnung.[153] Angesichts der unterschiedlichen Berechnungsweisen beanspruchten Bund und Länder eine Verschiebung der Umsatzsteuerverteilung zu den jeweils eigenen Gunsten. Hierzu traten auch nicht finanzausgleichsrelevante Motive wie die beabsichtigte Kindergelderhöhung zum 1.1.2002. Heftig wehrten sich die Länderchefs zudem gegen die Übernahme des Fonds „Deutsche Einheit" durch den Bund, auf den das Bundesfinanzministerium von Beginn an insistierte.[154] Die Länder befürchteten einen Tausch befristeter und nominaler Beträge gegen eine unbefristete und dynamische Abtretung von Umsatzsteueranteilen. Überdies protestierten die ostdeutschen Länder (und mit ihnen der Hannoveraner Kreis) sowohl aus symbolischen als auch aus fiskalischen Motiven gegen eine solche Lösung.[155] Sie begriffen den Fonds „Deutsche Einheit" nach wie vor als Ersatzinstrument für den Finanzausgleich von 1990 bis 1994, weshalb sie die Verantwortung für dessen Abfinanzierung allein dem Bund und den West-Ländern zuordneten. Zudem waren sie bislang nicht an der Abfinanzierung beteiligt. Sollten sie nun durch die kompensatorische Abtretung von Umsatzsteueranteilen Nachteile erleiden, würde dies eine monetäre Schlechterstellung naach sich ziehen.

Materiell relevanter als die Abfinanzierung des Fonds „Deutsche Einheit" war für die sechs Ost-Länder indes die Fortführung des Solidarpakts. Auf der *Regionalkonferenz der Regierungschefs der ostdeutschen Länder am 28.3.2001* in Berlin befassten sie sich deshalb ausführlich mit Eichels Konzept des Maßstäbegesetzes. Hierbei begrüßten sie zwar grundsätzlich, dass nach § 14 V MaßstG-Entwurf auch künftig die Gewährung von Sonderbedarfs-BEZ für das Beitrittsgebiet beabsichtigt ist, gleichwohl artikulierten sie in ihrer Stellungnahme auch Kritik an den Plänen der Bundesregierung.[156] Hauptsächlich beanstandeten sie bei den Sonderbedarfs-BEZ a) die angesetzte Degression der Mittelzuwendung, b) den beabsichtigten Ablauf der teilungsbedingten Hilfsleistungen mit dem Auslaufen des Soli-

---

151 In den Augen vieler sozialdemokratischer Abgeordneter entsprach der Entwurf zu sehr den Interessen der Süd-Länder. Einen alternativen Bundesentwurf strebten sie gleichfalls nicht an. Sie zogen es vor, die Ergebnisse der Regierungsverhandlungen abzusegnen.
152 Siehe z.B. Frankfurter Rundschau vom 3.2.2001: Ländern wittern „Leimrute".
153 Vgl. Brunton u.a. 264 f.
154 Hiermit bezweckten die Finanzexperten des Bundes, die von Karlsruhe aufgeworfenen verfassungsrechtlichen Fragen bezüglich der Abfinanzierung des Fonds durch Ausklammerung aus dem Finanzausgleich zu umgehen. Vgl. Brunton u.a. 2002: 265.
155 Die Süd-Länder sprachen sich hingegen in ihrem „*Konsensmodell*" implizit für eine Einbeziehung der neuen Länder in die Abfinanzierung des Fonds „Deutsche Einheit" aus. Vgl. Lenk/Birke 2000: 725 f.
156 Siehe die Stellungnahme zur Regelung der Sonderbedarfs-Bundesergänzungszuweisungen an die ostdeutschen Länder im Entwurf eines Gesetzes über verfassungskonkretisierende allgemeine Maßstäbe für die Verteilung des Umsatzsteueraufkommens, für den Finanzausgleich unter den Ländern sowie für die Gewährung von Bundesergänzungszuweisungen (Maßstäbegesetz – MaßstG –) vom 23.2.2001 der 25. Regionalkonferenz der Regierungschefs der ostdeutschen Länder am 28. März 2001 in Berlin.

6.2 Akteursinteressen, Verhandlungsprozesse, Ergebnisse   245

darpakts II sowie c) deren Begründung allein mit dem Tatbestand des starken infrastrukturellen Nachholbedarfs. Bezüglich des letzten Punktes wiesen sie einerseits auf die *„wirtschaftliche Strukturschwäche"* als weiteres Motiv für die Gewährung von BEZ hin, weshalb sie als Rechtfertigungsgrund den Begriff der *„teilungsbedingten Sonderlasten"* im Maßstäbegesetz verankert sehen wollten. Andererseits beanspruchten sie als weiteren Ausgleichstatbestand die *„kommunale Finanzschwäche"*, sollte – anders als in der Bundesvorlage geregelt – die gemeindliche Finanzkraft im Länderfinanzausgleich nicht voll angerechnet werden. Gleichfalls konkretisierten die sechs Länderchefs im Zuge der Kommentierung des Gesetzentwurfs abermals ihre Forderungen für den Solidarpakt II.[157]

Forderungen der ostdeutschen Länder zum Solidarpakt II:
- Keine finanzielle Schlechterstellung der ostdeutschen Länder durch die Finanzausgleichsneuordnung
- Fortführung des Investitionsförderungsgesetzes *„Aufbau Ost"* für 10 Jahre: Umfang wie bisher 3,4 Mrd. €
- Fortschreibung der überproportionalen Bundeszuweisungen an die ostdeutschen Länder im Rahmen der Mischfinanzierungen (Art. 91a, b GG, Art. 104a IV GG, Art. 106 GG)
- Zusätzlicher Ausgleich, falls die Ost-Länder ab 2006 geringere Mittel aus den EU-Strukturfonds erhalten
- Unveränderte Beibehaltung des Investitionszulagengesetzes zur Investitionsförderung von 2005 bis 2014

Die Bundesregierung leistete sich hingegen noch immer keine eigenständige Position zur Solidarpaktfortführung. Der Bundeskanzler sicherte seinen Länderkollegen lediglich zu, dass die Gutachten eine bedeutende Datenbasis liefern würden. Vor dem Horizont dieses Gesprächsstands gelang den Fachexperten im Bundesfinanzministerium ein geschickter Schachzug. Bei ihrer Prüfung der fünf von den ostdeutschen Ländern vorgelegten Gutachten kamen sie vor allem beim Gutachten des DIW zu einer positiven Einschätzung. Nach ihrer Ansicht lieferte dieser Ansatz am ehesten verwertbare Resultate, allerdings beanstandeten sie methoden- und datenbezogene Aspekte, die vermutlich zu einer beträchtlichen Überzeichnung des infrastrukturellen Nachholbedarfs führen. Daher gaben sie beim DIW – ohne das Wissen der Ost-Länder – eine ergänzende Expertise in Auftrag.[158] Im Kontrast zum ersten DIW-Gutachten[159] (128 Mrd. €) bezifferte die zweite Untersuchung einen erheblich geringeren Rückstand im öffentlichen Anlagevermögen (80 Mrd. €).[160] Die ostdeutschen Länder zeigten sich verschnupft über die List des Bundes, glaubten sie mit ihren fünf qualitativ wie quantitativ breit angelegten Studien keinen Spielraum mehr für Gegenargumentationen gelassen zu haben.[161] Diese Strategie, alle Entgegnungen von vornherein platt zu walzen, durchkreuzte die Bundesregierung mit ihrem Manöver. Denn die Ergebnisse der Ergänzungsexpertise konnten die Länderregierungen nicht ignorieren. Dadurch geriet die Höhe der Infrastrukturlücke – vordergründig ausgetragen in der politischen Debatte um die Gutachten[162] – zur entscheidenden Frage der Solidarpaktverhandlungen.

---

157 Siehe das Ergebnisprotokoll der 25. Regionalkonferenz der Regierungschefs der ostdeutschen Länder am 28. März 2001 in Berlin.
158 Ausführlich zu den Überlegungen im Bundesfinanzministerium: Brunton u.a. 248 f.
159 Seidel/Vesper 2001.
160 Ursächlich für das abweichende Ergebnis war einerseits die Berücksichtigung von Infrastrukturbereichen, in denen die Ost-Länder über Ausstattungsvorsprünge verfügen (z.B. öffentliche Elektrizitäts-, Gas-, Wasser- und Verkehrsunternehmen). Andererseits war die Datenbasis beim zweiten Gutachten präziser. Neben den Haushaltsrechnungen der Länder und Gemeinden lagen diesmal auch die Jahresabschlüsse der öffentlichen Einrichtungen und Unternehmen vor. Ferner erfolgten weitere Bereinigungen. Vgl. Vesper 2001b.
161 Hinzu kam Kritik am DIW angesichts dessen Arbeit für zwei konkurrierende Auftraggeber.
162 Der wissenschaftliche Gehalt der Studien spielte dabei keine Rolle. Die Untersuchungen dienten allein der argumentativen Unterstreichung der jeweiligen Position. Vgl. Brunton u.a. 2002: 249.

Inzwischen überarbeiteten sowohl der Hannoveraner Kreis als auch die Süd-Länder ihre Modelle auf der Basis der Beschlüsse vom Januar. Daneben entwickelte auch Nordrhein-Westfalen ein eigenes Konzept. Damit standen sich bei der Finanzministerkonferenz am 29.3.2001 drei Entwürfe gegenüber:[163] das „*MPK-Umsetzungsmodell*"[164] der 11er-Gruppe, das „*Rechenmodell*"[165] der Süd-Länder und das „*modifizierte NRW-Modell*"[166].

Tabelle 4: Synopse: Ländermodelle vom 29.3.2001[167]

		NRW-Modell	MPK-Umsetzung	Rechenmodell
1. Horizontale Umsatzsteuerverteilung:				
Ergänzungsteile:	Gewährung	Ja	Ja	Ja
	Auffüllungsgrenze	99 %	90 %	90 %[168]
	Auffüllungsgrad	95 %	90 %	85 %
2. Länderfinanzausgleich:				
a. Finanzkraftmesszahl:				
Landessteuern:	Vollanrechnung	Ja	Ja	Ja
	Hafenlasten	Nein	Neuberechnung	Nein
Gemeindesteuern	Gemeinschaftsteuern	50 %	*50 %*	50 %
	Realsteuern	50 %	*50 %*	50 %
b. Ausgleichsmesszahl (AMZ):				
Einwohnerwertung des Landesanteils:		Wie bisher	Wie bisher	*Wie bisher*
Einwohnerwertung des Gemeindeanteils:		100 % bis 130 %, Wegfall der Dichteklausel	Dichteansatz mit Sozialhilfelastkomponente	Bisherige Staffelung erweitert auf Zone oberhalb 1 Mio. EW
c. Ausgleichstarif:				
Zuweisungen:	Tarifbeschreibung:	Auffüllung bis 90 % linear, danach linear-degressiv	Formeltarif mit linear-degressiver Komponente	*Auffüllung bis 86 % linear, danach linear degressiv*
Beiträge:	Tarifbeschreibung	Spiegelbildlich zu Zuweisungen; Grenzbelastung für Zahler bei 80 %	Formeltarif mit linear-progressiver Komponente (*neue Formel*)	*Spiegelbildlich zu Zuweisungen; Grenzbelastung für Zahler bei 80 %*
3. Bundesergänzungszuweisungen:				
Fehlbetrags-BEZ:	Auffüllungsgrenze	100 %	100 %	99 %
	Auffüllungsgrad	85 %	*82,5 %*	40 %
Pol-BEZ:		Nein	*0,47 Mrd. €*	*0,50 Mio. €*
Teilungsbedingte Sonderlasten:		7,16 Mrd. €	*5,94 Mrd. €*	7,16 Mrd. €

Allerdings entsprach keines der Modelle komplett den Wiesbadener Beschlüssen. *Zum einen* bemängelten am Konzept der Hannoveraner deren Gegenspieler die fehlende Anreizorientierung. Die Gegenüberstellung der Selbstbehaltquoten des „*MPK-Umsetzungsmodells*" sowie des „*Rechenmodells*" verdeutlicht, dass diese im Letzteren deutlich höher sind. Es beließ jedem Land von Mehreinnahmen bei der veranlagten Einkommensteuer mindestens 24 %, während das „*MPK-Umsetzungsmodell*" für sechs Länder Werte von weniger als

---

163 Zur Finanzministerkonferenz siehe Süddeutsche Zeitung vom 30.3.2001: Länder über Finanzausgleich tief zerstritten sowie Die Welt vom 30.3.2001: Keine Einigung der Länder über den Finanzausgleich.
164 Abgedruckt in SoA-Drs. 64.
165 Abgedruckt in SoA-Drs. 66.
166 Abgedruckt in SoA-Drs. 71.
167 Anm.: *Kursiv* gedruckt sind Änderungen gegenüber den Modellen vom Januar
168 Bei anreizorientierterer Bemessung.

6.2 Akteursinteressen, Verhandlungsprozesse, Ergebnisse

20 % vorsah (Anlage 7). Derweil verletzte *zum anderen* das „*Rechenmodell*" die Gewinn- und Verlustbegrenzungsklausel. Betrachten wir die finanziellen Auswirkungen der Modelle – beide Lager verständigten sich auf einheitliche Basisdaten – so entstünden beim „*Rechenmodell*" sowohl im Vergleich zur vorläufigen Finanzausgleichsabrechnung 1999 als auch im Vergleich zur vorläufigen Finanzausgleichsabrechnung 2000 teils erhebliche Abweichungen vom politisch gesetzten 6,14-€-Korridor (Anlage 8). Im Vergleich beider Ansätze wird deutlich, dass sie von einer nahezu identischen Transfermasse im Referenzjahr ausgehen. Allerdings verteilten sie dieses Volumen sehr unterschiedlich auf die einzelnen Stufen. Am auffälligsten ist dabei der eigentliche Länderfinanzausgleich. Hier strebten die süddeutschen Länder eine deutlich geringere Umverteilungsmasse an als der Hannoveraner Kreis, der in seinem Entwurf im Gegensatz zum geltenden Recht sogar eine Intensivierung der horizontalen Transfers vorsah. Nordrhein-Westfalen vertrat eine Mittelposition, die jedoch in den Diskussionen nicht zum Tragen kam.[169]

Den Finanzministern offenbarte sich damit der unüberbrückbare Widerspruch der Wiesbadener Kompromissformel. Eine stärkere Anreizorientierung respektive eine Absenkung der Ausgleichsintensität war bei unveränderter Berücksichtigung der Gemeindefinanzkraft im vorgegebenen 6,14-€-Zielkorridor ohne zusätzliche Ausgleichskomponente nicht darstellbar. Die Finanzminister blieben deshalb tief über die Reformziele zerstritten. Ohne die Ministerpräsidenten konnten sie keine Fortschritte erreichen. Diese kamen am 5.4.2001 zu ihrem *Sondergipfel in Berlin* zusammen.[170] Dort drohte die Suche nach einer einvernehmlichen Lösung endgültig zu Scheitern, nachdem die Finanzminister des Hannoveraner Kreises ihr Modell bei der Sondersitzung des Bundesrats am 27.4.2001 als Stellungnahme der Länder zum Maßstäbegesetzentwurf der Bundesregierung beschließen wollten. Diesem Ansinnen schoben die Regierungschefs allerdings einen Riegel vor. Die Häupter des 11er Blocks zügelten ihre Haushälter, da sie einerseits neue Klagen verhindern[171] und andererseits im gemeinsamen Vorgehen gegen den Bund Stärke zeigen wollten. Die Länder verständigten sich darauf, die Vorlage der Bundesregierung im Bundesrat einvernehmlich abzulehnen, ohne ein – mehrheitlich oder einvernehmliches – Länderkonzept entgegenzustellen. Stattdessen sollte jedes Lager seine Motive der Ablehnung des Bundesmodells ausführen. Trotz ihrer Dissonanzen strebten die Landesfürsten einen Abschluss bei ihrer Sonder-MPK am 21./22.6.2001 an. Notfalls sollte der Verhandlungsmarathon auf einen dritten Tag ausgedehnt werden, um eine gemeinsame Lösung zu finden. Sie beauftragten daher ihre Staatskanzleien damit, einen konsensfähigen Vorschlag zu entwickeln.[172]

Entsprechend den Vorgaben erarbeiteten die Finanzminister am 19.4.2001 im Finanzausschuss die *Stellungnahme des Bundesrats* zum Gesetzentwurf der Bundesregierung. Der Bundesrat folgte am 27.4.2001 der Empfehlung des Finanzausschusses.[173] Dem ging eine engagierte Debatte voraus, an der sich Eichel, neun Länderchefs sowie fünf weitere Ländervertreter beteiligten.[174] Dabei unterstrichen die Redner nochmals ihre jeweiligen Positi-

---

169 Vgl. Wachendorfer-Schmidt 2003: 247.
170 Zur Ministerpräsidentenkonferenz siehe Frankfurter Rundschau vom 6.4.2001: Konsenssuche der Regierungschefs geplatzt, Frankfurter Allgemeine Zeitung vom 6.4.2001: Keine Einigung über Finanzausgleich.
171 Unmittelbar vor der Klausurtagung drohte der nordrhein-westfälische Ministerpräsident Clement, im Falle eines gemeinsamen Vorgehens des Bundes mit dem Hannoveraner Kreis eine neue Verfassungsklage einzureichen. Siehe Bonner General-Anzeiger vom 2.4.2001: Clement droht mit Verfassungsklage.
172 Siehe das vorläufige Ergebnisprotokoll der Konferenz der Ministerpräsidenten der Länder am 5. April 2001 in Berlin.
173 BR-Drs. 161/01 (Beschluss) vom 26.4.2001.
174 Siehe das Plenarprotokoll 762 des Bundesrates: 171 B ff.

onen. Dennoch bekräftigen alle ihre Kompromissbereitschaft, wobei speziell den Süd-Ländern eine gewisse Skepsis hinsichtlich der Einigungschancen anzumerken war. In ihrer Stellungnahme zeigten sich die Länder darin einig, den Bundesentwurf zurückzuweisen.[175] Allerdings führten sie hierfür in den Ausführungen sehr unterschiedlich Motive an. Konsens herrschte lediglich hinsichtlich der *vertikalen Verteilungskonflikte*. Dies betraf einerseits die vertikale Umsatzsteuerverteilung, bei der sie ihre Positionen wiederholten.[176] Dabei monierten sie, dass der Bund in § 4 des Entwurfs einseitig seine Sicht im Maßstäbegesetz festgeschrieben hatte.[177] Andererseits verwiesen die Länder übereinstimmend auf die gesamtstaatliche Verantwortung des Bundes für die Fortführung des Aufbaus Ost.[178]

Damit erschöpften sich schon die Gemeinsamkeiten der Länder. Bei den horizontalen Streitfragen kam der Dissens der Länder deutlich zum Vorschein. Mit diesen befasste sich folglich das Gros der Stellungnahme des Bundesrats. Im vierten Teil artikulierten die beiden Länderblöcke sowie Thüringen ihre jeweiligen Vorstellungen. Nordrhein-Westfalen verzichtete indes auf eine Sonderrolle und äußerte sich gemeinsam mit den süddeutschen Ländern. In ihrer mehr als 100 Seiten (!) umfassenden Ausführung legten die Mitglieder des *Hannoveraner Kreises* einen eigenen Gesetzentwurf samt erschöpfender Begründung vor.[179] Auf diese Weise verfolgten sie zwei Ziele. Einesteils wollten sie beweisen, dass eine verfassungskonforme Fortschreibung des (finanziellen) Status quo auch unter den Vorgaben der Karlsruher Rechtsprechung möglich wäre. Andernteils demonstrierten sie nochmals den Zusammenhalt des Bündnisses. Sie verstanden dies zugleich als Signal, eine Lösung zu ihren Lasten im Zweifelsfall mit der Einbringungen eines eigenen Gesetzentwurfs zu unterlaufen.[180] Ihr 28 Paragraphen zählender Gesetzentwurf war maßgeschneidert auf das „*Reformmodell*", das sie im Januar im Vorfeld der Wiesbadener Ministerpräsidentenkonferenz entwickelt hatten. Im Vergleich zur Bundeskonzeption determinierte dieser Ansatz eines Maßstäbegesetzes das spätere Finanzausgleichsgesetz deutlich stärker.[181]

Anders als die 11er-Gruppe gaben sich die vier *Geberländer* mit bescheidenen 14 Seiten zufrieden.[182] Sie konnten mit der Struktur des Bundesentwurfs sowie dessen hohen Abstraktionsgrad sehr gut leben. Daher kommentierten sie diesen nur und unterbreiteten punktuelle Änderungsvorschläge. Am schärfsten kritisierten sie die volle Einbeziehung der kommunalen Finanzkraft. Nachdrücklich forderten sie die Festschreibung eines „*Autono-*

---

175 Siehe Punkt II der Stellungnahme des Bundesrates (BR-Drs. 161/01 (Beschluss) vom 26.4.2001).
176 Siehe Punkt III der Stellungnahme des Bundesrates (BR-Drs. 161/01 (Beschluss) vom 26.4.2001).
177 Nach den unterschiedlichen Berechnungsmethoden ergeben sich folgende Deckungsquoten (DQ, siehe SoA-Drs. 27, 27a, 118):

	DQ nach Berechnung des Bundes		*DQ nach Berechnung der Länder*	
	DQ Bund	DQ Länder/Gemeinden	DQ Bund	DQ Länder/Gemeinden
1995	89,2	91,0	89,8	88,0
1996	82,8	92,0	88,5	88,5
1997	85,6	93,3	89,8	89,2
1998	87,6	96,7	91,6	92,5
1999	89,4	97,9	92,6	95,0
2000	90,2	97,7	*108,4**	95,6 * w/UMTS-Erlöse von 50,8 Mrd. €

178 Siehe Punkt I der Stellungnahme des Bundesrates (BR-Drs. 161/01 (Beschluss) vom 26.4.2001).
179 Siehe Punkt IV.1. der Stellungnahme des Bundesrates (BR-Drs. 161/01 (Beschluss) vom 26.4.2001).
180 Zur Motivation des Hannoveraner Kreises vgl. Brunton u.a. 2002: 253.
181 Der Entwurf des Hannoverner Kreises für ein Maßstäbegesetz (siehe Punkt IV.1d. der Stellungnahme des Bundesrates; BR-Drs. 161/01 (Beschluss) vom 26.4.2001) war gänzlich auf das eigene Finanzausgleichsmodell abgestimmt. In den weiteren Verhandlungen spielte er keine Rolle.
182 Siehe Punkt IV.2. der Stellungnahme des Bundesrates (BR-Drs. 161/01 (Beschluss) vom 26.4.2001).

mieabschlags". Daneben bemängelten sie die qualitative wie volumenmäßige Limitierung der Bundesergänzungszuweisungen.[183]

Die nur mühevoll zusammengezimmerte Stellungnahme des Bundesrats offenbarte, dass die Möglichkeiten zur Konsensfindung aufgezehrt waren.[184] Zugleich erhöhte sich der Handlungsdruck, sollte das Maßstäbegesetz noch vor der Sommerpause im politisch gesetzten Zeitfenster verabschiedet werden. Indem das Maßstäbegesetz ebenso als Faustpfand für das Finanzausgleichsgesetz wie für den Solidarpakt II verstanden wurde, konnte dies nicht geschehen, bevor nicht eine Festlegung auf einen konkret durchgerechneten Finanzausgleich erfolgt war. Wollte das rot-grüne Bundeskabinett, das eine Konsenslösung befürwortete, das Gelingen der Finanzreform nicht gefährden, musste sie sich in die Debatte einschalten. Dies geschah Anfang Mai. Damit änderte sich die Verhandlungskonstellation grundlegend. Nicht mehr allein die Antipoden Hannoveraner Kreis und Süd-Länder standen sich gegenüber, es bildete sich nunmehr ein um die Bundesregierung erweitertes Dreieck, womit gleichfalls die vertikale Ausgleichskomponente an Gewicht gewann. Überdies verlagerten sich die Abstimmungsprozesse verstärkt von der Arbeitsebene auf die politische Ebene. Aus Sicht des Bundesfinanzministeriums existierte eine Länderposition angesichts deren anhaltenden Dissenses nicht. Bundeskanzler Schröder ergriff daher am 5.5.2001 bei seiner Unterredung mit den sozialdemokratischen Ministerpräsidenten selbst die Initiative.[185] Er stellte den Ländern einerseits einen „Einigungszuschuss" des Bundes in Höhe von 0,51 Mrd. € bis 0,77 Mrd. € in Aussicht und sprach andererseits gleichzeitig mit seinen Kollegen die folgenden Leitplanken des neuen Finanzausgleichs ab.[186]

Eckpfeiler für die Neuordnung des Finanzausgleichs nach der SPD-internen Absprache vom 5.5.2001:
- Übernahme des Fonds „Deutsche Einheit" durch den Bund
- Übertragung von 0,51 Mrd. € bis 0,77 Mrd. € vom Bund an die Länder im Zuge der Fondsübernahme („*Einigungszuschuss*")
- „*Schwarze Null*" für alle Länder (anstelle des Korridors von +/- 6 €: Neuregelung des Finanzausgleichs darf für kein Land zu keinen Einbußen gegenüber dem geltenden Recht führen)
- Beibehaltung der Einwohnerwertung der Stadtstaaten in Höhe von 135 %
- Berücksichtigung der kommunalen Finanzkraft bis zu einer Höhe von 67 % fakultativ
- Anreizsteigerung im Länderfinanzausgleich mit einem „*Prämienmodell*"[187]

Mit der Freizügigkeit wollte der Kanzler die festgefahrenen Verhandlungen forcieren, um mit einem erfolgreichen Abschluss sowohl seine Handlungsfähigkeitfähigkeit als auch sein Engagement für den Aufbau Ost demonstrieren zu können. Immerhin plante Schröder für den Sommer seine Werbetour durch die neuen Länder, deren Erfolg nicht durch die noch offenen Finanzausgleichsverhandlungen in Gefahr gebracht werden sollte. Außerdem stan-

---

183 Auf diesen Punkt zielte auch die *Thüringer Regierung* in ihrem eine Seite umfassenden Statement ab. Neben der Ausweitung der quantitativen Dimension beanspruchte sie eine Verbreiterung der Begründungstatbestände der Sonderbedarfs-BEZ für das Beitrittsgebiet entsprechend der Position der ostdeutschen Landeschefs. Siehe Punkt IV.3. der Stellungnahme des Bundesrates (BR-Drs. 161/01 (Beschluss) vom 26.4.2001).
184 Vgl. zur Einschätzung Wachendorfer-Schmidt 2003: 248.
185 Zur SPD-internen Besprechung siehe Handelsblatt vom 7.5.2001: 1,5 Mrd. (*Anm.*: DM) mehr für Finanzausgleich, Handelsblatt vom 7.5.2001: Länderfinanzausgleich: Umverteilung soll begrenzt werden sowie Financial Times Deutschland vom 7.5.2001: Schröder kauft Zustimmung der SPD-Länder.
186 Vgl. Brunton u.a. 2002: 245, 256, Geske 2002: 284, BMF 2003: 21.
187 Die saarländische Regierung unterbreitete diesen Vorschlag zuerst im Hannoveraner Kreis. Demnach sollten statt einer merklichen Abflachung des Ausgleichstarifs die überproportionalen Zuwächse beim Steueraufkommen teilweise ausgleichsfrei gestellt werden, indem sie bei der Finanzkraftberechnung nicht berücksichtigt werden sollten (ursprünglicher Vorschlag: 10 %). Vgl. Brunton u.a. 2002: 245.

den parallel die *Rentenreform* sowie die *Kindergelderhöhung* zum 1.1.2002 an. Diese parteipolitisch relevanten Themen hatten für den Berliner Regierungschef ein höheres Gewicht als die ebenso sperrige wie spröde Materie des Finanzausgleichs. Bei der Besprechung am 5.5.2001, die bis tief in die Nacht dauerte, koppelte er daher die Reformkomplexe. Mit dem „*Einigungszuschuss*" beim Finanzausgleich steigerte er erheblich die Wahrscheinlichkeit, dass seine Vorhaben den Bundesrat passieren würden. Damit bot sich Schröder die Aussicht, gleich „drei Fliegen mit einer Klappe zu schlagen". Mit dieser Stimmenkaufstrategie durchkreuzte der Kanzler gleichwohl die Pläne seines Finanzministers, die Fortsetzung der Konsolidierungspolitik als oberste Maxime für den neuen Finanzausgleich zu erheben.

Selbst wenn Eichel durchaus zu härteren Verhandlungen bereit war, musste er sich nun dem Willen seines Chefs beugen. Damit erging es ihm ähnlich wie seinem Amtsvorgänger Waigel, der sich den breiter gesteckten Zielen Kohls bei den Solidarpaktgesprächen 1993 unterzuordnen hatte. Aus der SPD-internen Absprache folgte de facto, dass der Bund alle finanziellen Veränderungen im horizontalen Finanzausgleich bezahlen würde. Dadurch sollte die Integration der Süd-Länder erreicht werden.[188] Vorerst ging diese Strategie jedoch noch nicht auf. Denn der Versuch, Nordrhein-Westfalen zu einem Schulterschluss mit dem Hannoveraner Kreis zu bewegen, scheiterte am Beharrungsvermögen von Clement und Steinbrück. Die parteipolitische Koordinierung verlief demnach nur begrenzt erfolgreich, die Verhandlungen und ihr Ergebnis blieben offen.[189] Dennoch verlieh die Vereinbarung den stockenden Gesprächen neue Dynamik, in die sich von da an auch das Bundesfinanzministerium mit eigenen Modellen einschaltete.

Bei der Vorlage ihres Maßstäbegesetzesentwurfs im Bundestag am 7.5.2001[190] unterstrich die Bundesregierung noch ihre Positionen. In der am 9.5.2001 eingereichten Gegenäußerung[191] wies sie die Stellungnahme des Bundesrats zurück, ließ aber zugleich ihre Kompromissbereitschaft erkennen. Am 10.5.2001 begann die *parlamentarische Beratung* des Gesetzentwurfs mit der ersten Lesung im Bundestag. In einer regen Debatte wiederholten die Redner – der Bundesfinanzminister, drei Ministerpräsidenten sowie drei Landesminister – ihre Positionen. Gleichwohl beschworen sie aber auch die Erzielung eines Konsenses.[192] Die Abgeordneten überwiesen sodann die Regierungsinitiative zur weiteren Beratung an an den Sonderausschuss „*Maßstäbegesetz/Finanzausgleichsgesetz*" (federführend) sowie den Haushaltsausschuss. Vorläufiger Höhepunkt der Ausschussberatung war die öffentliche Anhörung am 22.5.2001. Dort kommentierten 14 Wissenschaftler (7 Staatsrechtslehrer, 6 Finanzwissenschaftler, 1 Politologe), 4 Wirtschaftsforschungsinstitute (DIW, ifo-Institut, RWI, ZEW Mannheim), die 3 kommunalen Spitzenverbände (Deutscher Städtetag, Deutscher Städte- und Gemeindebund, Deutscher Landkreistag) und 2 Räte (SVR, Wissenschaftlicher Beirat beim BMF) den Gesetzentwurf der Bundesregierung.[193] Die Kritik richtete sich indes nicht allein auf einzelne Bestimmungen der Regierungsvorlage. Viele Sachverständige monierten überdies die Realitätsferne des Bundesverfassungsgerichts angesichts der Vorgabe einer Maßstabbildung. Unter Duldung von CDU/CSU warte-

---

188 Vgl. Geske 2002: 284.
189 Die Kritik der Union an der „Kungelrunde" der SPD durfte freilich nicht fehlen, wenngleich auch der hessische Ministerpräsident Koch den Vorstoß begrüßte. Siehe Financial Times Deutschland vom 8.5.2001: Koch begrüßt Vorstoß bei Finanzausgleich.
190 BT-Drs. 14/5951.
191 BT-Drs. 14/5971.
192 Siehe Plenarprotokoll 14/167 des Deutschen Bundestags: 16266 A ff.
193 SoA-Drs. 78, 78a, 84, 85.

te der Sonderausschuss auf Druck der Koalitionsparteien allerdings bis zum Abschluss der Regierungsverhandlungen mit einer Stellungnahme zum Kabinettsentwurf.[194] Mit dem Verzicht auf die Formulierung einer eigenen Position adaptierten die Parlamentarier die gängige föderale Entscheidungslogik. Somit nahm der Sonderausschuss trotz des hohen sachlichen Niveaus der Arbeit seine Degradierung zum Akklamationsorgan hin. Auf die Entscheidung hatte er somit am Ende kaum Einfluss.

Die Verhandlungen verlagerten sich im Zuge der *Gipfelvorbereitung Anfang Juni* verstärkt auf die politische Ebene. Zwischen dem 11.6.2001 und dem 20.6.2001 fanden mehrere, teils ganztägige Beratungen zwischen den Finanzministern des Bundes und der Länder in Berlin statt. Dabei gliederten sich die Gespräche in drei Bereiche: a) den Länderfinanzausgleich, b) den Solidarpakt II sowie c) die Abfinanzierung des Fonds „*Deutsche Einheit*" samt Anpassung der vertikalen Umsatzsteuerverteilung.[195] Vor dem Horizont des finanziellen Entgegenkommens des Kanzlers zeichneten sich in den Abstimmungsrunden bald markante Fortschritte auf einzelnen Feldern ab. So galten bereits vor dem Gipfeltreffen sowohl die Einwohnerwertung der Stadtstaaten als auch ein Ausgleich der Hafenlasten – beides Sonderregelungen, deren Abschaffung die Normenkontrollklagen intendierten – als kaum mehr strittig.[196] Obgleich dieser Fortschritte blieben die Kompromisse fragil, da noch substanzielle Punkte ungelöst waren. Besonders heikel stellte sich die Auseinandersetzung um die Bundesübernahme des Fonds „*Deutsche Einheit*" dar, standen mit ihr doch mehrere brisante Aspekte im Raum.[197] Allerdings offenbarte sich zunehmend, dass der Fonds „*Deutsche Einheit*" – so wie dies Nordrhein-Westfalen von Beginn an einschätzte – als flexibles Verhandlungselement im vertikalen Verteilungsstreit angesehen wurde. Daher konzentrierten sich die Debatten nicht nur auf die Art der Anrechnung des „*Einigungszuschusses*" im Zuge einer Übernahme des Fonds durch den Bund, sondern auch auf dessen Höhe. Speziell die Südgruppe und Nordrhein-Westfalen forderten eine Verdoppelung der finanziellen Zusage des Bundes, da sich aus ihrer Sicht noch kein zufrieden stellender Finanzausgleich konstruieren ließ.[198] Denn unter der Prämisse der „*schwarzen Null*" konnten sie mit dem von Schröder in Aussicht gestellten Betrag die Anreizorientierung des Transfersystems nicht im gewünschten Maße ausweiten.

Hinsichtlich des Länderfinanzausgleichs gestaltete sich ferner die Anrechnung der kommunalen Finanzkraft ausgesprochen kontrovers. Die Geberländer, die ursprünglich deren Berücksichtigung unter die 50 %-Marke drücken wollten, haderten mit der SPD-internen Absprache, die eine Einbeziehung von bis zu 67 % erlaubte. Sie feilschten daher um jeden Prozentpunkt, um die hieraus resultierenden Mehrbelastungen zu limitieren.[199] Im Vergleich dazu verliefen die Verhandlungen zum Solidarpakt II relativ reibungslos. Dessen ungeachtet schacherten der Bund und die Ost-Länder auch bei diesem Punkt. In Anbetracht des vom Bundesfinanzministerium vorgelegten Ergänzungsgutachtens standen Volumen,

---

194 Vgl. Wachendorfer-Schmidt 2003: 263.
195 Vgl. Brunton u.a. 2002: 254.
196 Siehe Die Welt vom 20.6.2001: Länder um Einigung im Finanzstreit bemüht, Handelsblatt vom 20.6.2001: Ostdeutschland macht Länderfinanzausgleich.
197 Bei diesem Punkt verliefen die Konfliktlinien unverändert. Die Ost-Länder sträubten sich ebenso unter materiellen wie symbolischen Gesichtspunkten gegen eine (indirekte) Beteiligung an der Abfinanzierung des Fonds. Überdies wehrten sich alle Länder gegen die unbegrenzte und dynamische Abtretung von Umsatzsteueranteilen für die Übernahme einer befristeten und nominalen Last durch den Bund.
198 Siehe Handelsblatt vom 11.6.2001: Länder fordern mehr Geld beim Finanzausgleich, Süddeutsche Zeitung vom 11.6.2001: Länder fordern mehr Geld von Eichel.
199 Siehe Die Welt vom 20.6.2001: Länder um Einigung im Finanzstreit bemüht.

Laufzeit und Degression der Leistungen nach wie vor zur Disposition. Hierbei insistierte Eichel auf eine zeitliche Streckung und degressive Gestaltung der Finanzhilfen, um die Leistungen mit Ablauf des Solidarpakts II endgültig einstellen zu können.[200]

Bis zum Gipfeltreffen der Regierungschefs konnte somit kein beschlussfähiges Konzept erarbeitet werden. Einzelnen Elementen kam ein zu hoher Symbolgehalt (z.B. Anreizorientierung oder Beteiligung der ostdeutschen Länder an der Abfinanzierung des Fonds „Deutsche Einheit") oder zu großes fiskalisches Gewicht (z.B. kommunale Finanzkraft) zu, als dass unterhalb der Chefebene eine Einigung erzielt werden konnte. Als hinderlich zeigte sich dabei, dass bis zum Schluss eine häufig isolierte Argumentation bei bestimmten Modulen erfolgte. Selbst auf politischer Ebene entbrannten wiederholt Streits über technische Details. Dabei ging es jedoch nicht nur um die finanziellen Interessen, sondern auch um die Eitelkeit einiger Politiker.[201] Sukzessive gewann dabei die kumulierte Betrachtung aller Regelungen an Bedeutung. Indes wurden die drei Materien Maßstäbegesetz, Finanzausgleich und Solidarpakt erst bei der Ministerpräsidentenkonferenz zu einem Gesamtpaket zusammengeschnürt. Vor dem Gipfeltreffen hegten die vier Geberländer immer noch Zweifel, ob eine konsensuale Lösung gelingen könne. Im Vorfeld der Klausurtagung betonten daher alle Seiten nochmals ihre Positionen. Zugleich verwies Hamburgs Erster Bürgermeister Ortwin Runde (SPD) auf den „Einigungszwang", da andernfalls der Gang in den Vermittlungsausschuss drohe, den die beteiligten Regierungsvertreter wie schon 1993 als ultima ratio betrachteten.[202] Trotz der Dissonanzen und der sie begleitenden Kraftmeierei zeugten die Vorbereitungen von der prinzipiell vorhandenen Einigungsbereitschaft. Überdies gab nicht allein der Bundeskanzler die Botschaft aus, die Verhandlungen zum Abschluss führen zu wollen.[203] Im Kontrast zu 1993 zweifelten diesmal die Medien nicht an einer Einigung. Die Blockadegefahr erkannten sie zwar, gleichwohl trauten sie mittlerweile den Verhandlungspartnern mehr Flexibilität zu.

6.2.4 Entscheidung beim Gipfeltreffen

Ungeachtet des Einigungswillens zeigte sich auf Ministerpräsidentenebene bei dem abschließenden *Gipfeltreffen vom 21. bis 23.6.2001* in Berlin ausgeprägte Nervosität. Zu groß war das Volumen, dass für die einzelnen Länder auf dem Spiel stand, zu unsicher die Ausgangslage und zu unberechenbar die Dynamik der Grüppchenbildungen zwischen den Besprechungen im Plenum. Zudem verliefen die Gespräche, die an den ersten beiden Tagen in der Hamburger Landesvertretung stattfanden, zunächst hoch kontrovers. Es bedurfte daher zahlreicher Sitzungsunterbrechungen, in denen die Beratungen in verschiedenen Zirkeln fortgeführt wurden. Stets präsent blieb die Arbeitsebene, die am Rande die Überlegungen der politischen Ebene auf ihre Finanzierbarkeit prüften und Vorschläge zur Konsensfindung unterbreiteten. Die unmittelbar vor der Sonderkonferenz der Ministerpräsidenten von den

---

200 Siehe Frankfurter Allgemeine Zeitung vom 21.6.2001: Bundesbank ermahnt zu „weitgehender" Reform.
201 Entsprechend kommentierte Eichel die Verhandlungen: *„Beim Länderfinanzausgleich ist sehr viel Prestige mit im Spiel."* Zitiert nach der Süddeutschen Zeitung vom 21.6.2001: Arm gegen Reich, Nord gegen Süd, West gegen Ost.
202 Siehe Frankfurter Allgemeine Zeitung vom 21.6.2001: Bundesbank ermahnt zu „weitgehender" Reform.
203 Heike Göbel spekulierte in der Frankfurter Allgemeinen Zeitung darüber, inwieweit Stoibers Ambitionen auf die Kanzlerkandidatur seine Kompromissbereitschaft beflügeln würden. Siehe Frankfurter Allgemeine Zeitung vom 22.6.2001: Mitmachen bis zuletzt und dann nach Karlsruhe gehen.

6.2 Akteursinteressen, Verhandlungsprozesse, Ergebnisse

Süd-Ländern postulierte Forderung, der Bund müsse weitere 0,51 Mrd. € bereitstellen, um eine Einigung zu ermöglichen, überschattete zunächst den Beginn der Tagung.[204] Bei den übrigen Ländern stieß dieser Appell auf ein gemischtes Echo. Hauptsächlich die sozialdemokratischen Ministerpräsidenten stemmten sich ihm entgegen, da sie eine Überstrapazierung des Bundes befürchteten und ihn gleichfalls als unrealistisch betrachteten. Überdies witterten sie dahinter auch eine politische Attacke der Union auf die rot-grüne Bundesregierung, um deren Konsolidierungskurs zu torpedieren. Nordrhein-Westfalen unterstütze anfänglich die Position der unionsregierten Südallianz, distanzierte sich aber nach intensiver Bearbeitung durch die A-Länderkollegen. In der fünfstündigen Sitzung untermauerten zuerst alle Beteiligten nochmals ihre Positionen. Ein erster Durchbruch zeichnete sich am frühen Donnerstagabend bei dem Treffen der Finanzminister von Bund und Ländern ab. Hier präsentierte Hans Eichel den späteren Lösungsweg für die vertikale Umsatzsteuerverteilung sowie die Übernahme des Fonds „*Deutsche Einheit*" durch den Bund. In diesem Kontext stellte er eine Aufstockung des „*Einigungszuschusses*" von 0,77 Mrd. € auf die von den Süd-Ländern geforderten 1,28 Mrd. € in Aussicht. Allerdings trägt davon der Bund unmittelbar lediglich die bisher zugesagten 0,77 Mrd. €, der Rest sollte über eine Streckung der Tilgungsleistungen am Fonds „*Deutsche Einheit*" buchungstechnisch kompensiert werden. Die Lasten würden somit in die Zukunft transferiert, indem der Fonds erst Ende 2019 statt bislang vorgesehen Ende 2015 abfinanziert wäre.

Als am Freitagnachmittag (22.6.2001) die Verhandlungen auf Ministerpräsidentenebene fortgesetzt wurden, gestalteten sich die Gespräche anfangs weiterhin vertrackt. Inzwischen drehten sich die Beratungen weniger um einzelne Module, die lediglich eine geringe fiskalische Relevanz besaßen.[205] Diese Aspekte, zu denen zum Beispiel die Neugestaltung der Hafenlasten zählte, waren lediglich Petitessen. Der *horizontalen Verteilungsstreit* konzentrierte sich zuvorderst auf die Höhe der Einbeziehung der kommunalen Finanzkraft sowie auf die Tarifgestaltung samt „*Prämienmodell*". Die Eckpunkte, auf die sich die SPD am 5. Mai intern verständigte, trugen dabei in den Abstimmungsrunden als wichtige Pfeiler. Hinsichtlich der kommunalen Finanzkraft bedeutete dies, dass die Süd-Länder eine Anrechnung in der Nähe der 67 %-Marke hinnehmen mussten. Dennoch kämpften sie ungebremst unter Androhung einer Zustimmungsverweigerung. Allerdings akzeptierten sie das „*Prämienmodell*", jedoch forderten sie einen Abzug von 15 % statt 10 % der überdurchschnittlichen jährlichen Mehreinnahmen bei der Errechnung der Finanzkraft.

Eine bedeutende Vermittlerrolle kam den sozialdemokratischen Länderchefs Wolfgang Clement und Ortwin Runde zu, da beide zugleich auch Geberländer vertraten. Runde repräsentierte zudem während der gesamten Klausurtagung den Hannoveraner Kreis als dessen Wort- und Verhandlungsführer. Ihnen gelang es, die Fronten langsam aufzubrechen. Unterdessen ergaben sich auch beim Solidarpakt und den vertikalen Finanzfragen Fortschritte, ohne dass eine abschließende Einigung erzielt werden konnte. Einerseits stand noch die Zusage Eichels hinsichtlich der am Vorabend skizzierten Anhebung des Bundeszuschusses aus. Diesbezüglich rechneten die Länderchefs damit, diese am Samstag im Bundeskanzleramt zu erhalten. Andererseits kristallisierte sich beim Solidarpakt eine Stre-

---

[204] Zum ersten Verhandlungstag siehe Frankfurter Allgemeine Zeitung vom 22.6.2001: Bund und Länder beim Solidarpakt nochweit auseinander, Financial Times Deutschland vom 22.6.2001: Union erschwert Einigung im Finanzstreit. Süd-Länder fordern höheren Beitrag des Bundes zum Länderfinanzausgleich.

[205] Zum zweiten Verhandlungstag siehe Neue Zürcher Zeitung vom 23.6.2001: Feilschen um den deutschen Finanzausgleich, Frankfurter Allgemeine Zeitung vom 23.6.2001: Vermittler im Finanzstreit.

ckung auf 15 Jahre mit degressiver Mittelzuweisung heraus. Das Volumen der Transfers und der Zeitpunkt, ab dem die Degression beginnen sollte, blieben indes noch umstritten. Ebenso wie beim Fonds „Deutsche Einheit" erwarteten die Beteiligten bei diesem Punkt eine Lösung erst am Samstag (23.6.2001).

Die horizontalen Streitfragen sollten jedoch zuvor geschlichtet werden. Wie es zum Ritual derartiger Veranstaltungen gehört, konnte dies erst nach harten, bis tief in die Nacht dauernden Verhandlungen erreicht werden. An den abschließenden Verhandlungen nahmen Ortwin Runde für den Hannoveraner Kreis sowie für die A-Länder, Roland Koch für die B-Länder sowie Edmund Stoiber und Erwin Teufel für die Süd-Länder teil. Runde saßen somit die drei Vertreter der Süd-Länder gegenüber. Hierbei beharrten die drei Unions-Landesfürsten auf einer Stärkung der Anreizorientierung sowie einer Entlastung in der Stufe des eigentlichen Länderfinanzausgleichs. Damit verbanden sie nicht allein materielle Interessen, sondern auch persönliche politische Ziele. Vor allem Teufel pokerte nochmals damit, sich einen weiteren Gang nach Karlsruhe vorzubehalten. Dagegen signalisierte Koch Kompromissbereitschaft. Letztlich gelang Runde das, womit alle Beteiligten bereits am frühen Abend gerechnet hatten. Mit Zugeständnissen an einzelnen Stellschrauben konnte er ein Einvernehmen mit seinen drei Amtskollegen über den neuen Finanzausgleich erzielen, der nach den Schätzungen der Finanzexperten 2005 entsprechend der Vorgabe der „schwarzen Null" auf Länderseite nur Gewinner erzeugen würde.

Um den noch abtrünnigen Süd-Ländern entgegenzukommen, wurde die Einbeziehung der kommunalen Finanzkraft mit einem nur politisch begründbaren Wert von 64 % sowie die Höhe der Mehreinnahmen, die nicht bei der Berechnung der Finanzkraft angerechnet werden („Prämienmodell"), auf 12 % statt 10 % festgelegt. Des Weiteren senkt der neue, symmetrisch konzipierte Zahler- und Empfängertarif, der keine Mindestauffüllung mehr vorsieht, das Nivellierungsniveau im Länderfinanzausgleich.[206] Dabei deckelt eine neue Garantieklausel die maximale Abschöpfungsquote der Zahlerländer auf 72,5 %, wovon vermutlich höchstens Hessen profitieren wird („Hessen-Klausel"). Ferner billigten die Nehmerländer eine anreizorientierte Gestaltung des Tarifs im Umsatzsteuervorabausgleich sowie eine demselben Zweck dienende Absenkung der allgemeinen Fehlbetrags-BEZ. Im Gegenzug zur ansatzweisen Durchsetzung des Anreizdogmas in allen Stufen sicherte der Hannoveraner Kreis das Grundprinzip des Finanzausgleichs, indem dieser auch künftig primär ein solidarisches, an der Gleichwertigkeit der Lebensverhältnisse ausgerichtetes Transfersystem darstellt. In diesem Sinne behauptete er die Einwohnerwertung der Stadtstaaten, die Hafenlasten – wenn auch mit reduziertem Volumen, fünf statt vier Empfängern (neu: SH) und außerhalb des Finanzausgleichs (allerdings weiterhin auf Kosten der Ländergesamtheit)[207] – sowie die abgeschmolzenen BEZ für die Kosten der politischen Führung (mit SN 10 statt bisher 9 Empfänger). Die Verluste durch den abgespeckten Ausgleichstarif können die Nehmerländer einesteils durch die Verbreiterung der Bemessungsgrundlage im Länderfinanzausgleich kompensieren, die aus der stärkeren Integration der kommunalen Finanzkraft resultiert. Andernteils wurde der Umsatzsteuervorabausgleich – trotz Ausweitung des Selbstbehalts bei Mehreinnahmen gegenüber dem Vorjahr[208] – volumenmäßig

---

206 Statt eines Stufentarifs enthält der neue Finanzausgleich jeweils eine Linearzone (Finanzkraftmesszahl > 120 % bzw. < 80 % der AMZ) sowie zwei Progressions- (Geber) bzw. Degressionszonen (Empfänger).

207 Punkt 6 des Ergebnisprotokolls der Sonderkonferenz der Ministerpräsidenten der Länder am 21./22. Juni 2001. Trotz ihres nachrangigen Finanzvolumens blieben die Hafenlasten stets ein heikles Thema.

208 Anstelle einer maximalen Grenzauffüllung bis 92 % der durchschnittlichen Ländersteuerkraft erfolgt ab 2005 eine relative Auffüllung mit einem linear-stetigen Grenzauffüllungstarif.

6.2 Akteursinteressen, Verhandlungsprozesse, Ergebnisse

erheblich intensiviert. An ihm sind ab 2005 alle Länder mit unterdurchschnittlicher Steuerkraft beteiligt (vorher nur diejenigen mit einer Steuerkraft unter 92 %). Daneben entschlackten und vereinfachten die Verhandlungspartner die Gemeindeeinwohnerwertung grundlegend: Anstelle komplizierter Größenklassenwertungen gilt hier als neuer Maßstab ab 2005 prinzipiell eine Gewichtung der Einwohner mit 100 %. Allein die Einwohner der Stadtstaaten (135 %) sowie der dünnbesiedelten Länder Mecklenburg-Vorpommern (105 %), Brandenburg (103 %) und Sachsen-Anhalt (102 %) werden fortan zum Ausgleich des Mehrbedarfs höher gewertet.[209] Apropos: Fast um zu demonstrieren, wie hanebüchen die Hoffnungen des Bundesverfassungsgerichts hinsichtlich der Zweiteilung der Gesetzgebung sind, erhält Rheinland-Pfalz einen Sonderzuschuss in Höhe von 10,23 Mio. € p.a. zu Lasten der Ländergesamtheit. Damit sollen die ansonsten von den Beteiligten als ungerecht empfundenen finanziellen Auswirkungen für dieses Land verbessert werden. Verbrämt wurde diese Zulage durch überproportionale Pol-BEZ für den Südweststaat.[210] Überdies einigten sich die Länderchefs darauf, die seit langem geplante Bundesstaatsreform bis 2004 zum Abschluss zu bringen. In dieser sollten einerseits die Kompetenzverteilung und andererseits die Finanzverfassung überprüft werden.[211]

Nachdem sich die Ministerpräsidenten nach jahrelangem Ringen am Morgen des 23. Juni auf eine Neuordnung des Finanzausgleichs verständigten, konnten auch die offenen vertikalen Fragen beim Fonds „*Deutsche Einheit*" sowie beim Solidarpakt geklärt werden.[212] Der Kanzler signalisierte, dass eine Einigung rasch möglich sei.[213] In einer knapp zweistündigen Besprechung im Kanzleramt legten die Regierungschefs die Eckpunkte für den neuen vertikalen Finanzausgleich fest. Danach orientierte sich *einerseits* das auf 15 Jahre bemessene *Solidarpaktvolumen* mit insgesamt 156 Mrd. € am Zielwert der ostdeutschen Regierungschefs,[214] die sich ebenso mit der Bezeichnung wie mit den Begründungstatbeständen überwiegend durchsetzen konnten.[215] Die Mittel teilen sich auf in einen Korb I mit einem Umfang von 105,3 Mrd. €. Dieser umfasst die bisherigen Solidarpakthilfen (Sonder-BEZ zum Ausgleich teilungsbedingte Lasten und die Finanzhilfen des Investitionsförderungsgesetzes „*Aufbau Ost*"), die bereits ab 2002 zusammengefasst und als Sonderbedarfs-BEZ gewährt werden.[216] Daneben enthält Korb II die Absichtserklärung des Bundes, im Solidarpaktzeitraum (2005 bis 2019) den Ost-Ländern überproportionale Leistungen und Investitionen (v.a. über die Gemeinschaftsaufgaben und Finanzhilfen) in Höhe von

---

209 Als Basis hierfür diente das vom Bund in Auftrag gegebene Gutachten von Eltges u.a. 2002.
210 Punkt 7 des Ergebnisprotokolls der Sonderkonferenz der Ministerpräsidenten der Länder am 21./22. Juni 2001. Refinanziert wird der Betrag durch eine nominale Korrektur der vertikalen Umsatzsteuerverteilung in Höhe des Betrags zu Gunsten des Bundes.
211 Siehe Punkt II des Ergebnisprotokolls der Sonderkonferenz der Ministerpräsidenten der Länder am 21./22. Juni 2001.
212 Zum abschließenden Verhandlungstag siehe Süddeutsche Zeitung vom 25.6.2001: Viele Sieger und ein stiller Verlierer, Handelsblatt vom 25.6.2001: Länderfinanzausgleich und Solidarpakt II beschlossen sowie Frankfurter Allgemeine Zeitung vom 25.6.2001: Finanzausgleich und Solidarpakt bis 2020 geregelt.
213 Vgl. Wachendorfer-Schmidt 2003: 253.
214 Aus Sicht des Bundesfinanzministeriums lag das Ergebnis am oberen Ende dessen, was als noch vertretbar angesehen wurde. Vgl. Brunton u.a. 2002: 264.
215 Die BEZ werden auch künftig dem allgemeinen Zweck der „*Deckung teilungsbedingter Sonderlasten*" dienen. Als Begründungstatbestände gelten der starke infrastrukturelle Nachholbedarf sowie der Ausgleich der unterproportionalen Finanzkraft. Nicht erwähnt sind die Wirtschaftsförderungsmaßnahmen.
216 Dafür müssen die ostdeutschen Länder ab 2002 einen Fortschrittsbericht „*Aufbau Ost*" vorlegen, der die Mittelverwendung sowie die Entwicklungen im Aufholprozess dokumentiert.

51,1 Mrd. € zu gewährleisten.[217] Im Gegenzug bleibt der Solidaritätszuschlag von 5,5 % solange unangetastet, wie der Bund überproportional beim Aufbau Ost gefordert ist. Andererseits gewährte der Bund den Ländern im Zuge der Übernahme des Fonds „Deutsche Einheit" eine Verrechnung von 1,28 Mrd. €, wobei die zusätzlichen 0,51 Mrd. € in der von Eichel am 21. Juni erläuterten Form der Tilgungsstreckung ab 2002 bereitgestellt wurden.[218] Die Abfinanzierung des Fonds soll daher erst Ende 2019 statt Ende 2015 abgeschlossen sein. Nach Verrechnung aller finanzieller Verschiebungen und unter Abzug des „Einigungszuschusses" verblieb insgesamt eine Korrektur der Umsatzsteuerverteilung ab 1.1.2005 um nominal 1,32 Mrd. € zu Gunsten des Bundes.[219]

Mit dem Entgegenkommen beim Solidarpakt sowie beim Fonds „Deutsche Einheit", die Schröder zuvor andeuten ließ, musste Eichel seine an der Konsolidierungspolitik orientierten Ziele zurückstecken. Dasselbe galt für den Nationalen Stabilitätspakt.[220] Anstelle konkreter Vorgaben fanden sich zunächst nur allgemein gehaltene Prämissen im Ergebnisprotokoll. Verhindern konnten die Länderregierungen überdies die Festschreibung der Bundespositionen zum Deckungsquotenverfahren[221] sowie eine Beteiligung der Länder bei den Haushaltssanierungs-BEZ. Trotz der Konzessionen, die speziell Eichel und seine finanzpolitische Strategie trafen, konnten das Bundeskanzler und sein Finanzminister mit dem Ergebnis sehr zufrieden sein. Sie setzten wesentliche Kernforderungen wie die Übernahme des Fonds „Deutsche Einheit", die erhöhte Berücksichtigung der kommunalen Finanzkraft, die Absenkung der Bundesergänzungszuweisungen sowie die ab 2009 spürbare Degression der Solidarpakthilfen (Anlage 9) durch. Andererseits verhinderten sie nicht nur – anders als 1993 – Verluste im vertikalen Finanzausgleich, vielmehr erreichten sie, wenn auch nicht als dynamische Prozentanteile, sondern als nominalen Festbetrag, eine Korrektur der Umsatzsteuerverteilung zu Gunsten des Bundes. Überdies bewältigte der Kanzler nicht nur die Finanzausgleichsreform, er legte auch das Fundament zur Verabschiedung der Kindergelderhöhung sowie der Rentenreform. An einer endgültigen Klärung offener Detailfragen hatte Schröder hingegen kein Interesse, diese wollte er während des abschließenden Gesetzgebungsprozesses, der mit drei Wochen ausgesprochen knapp terminiert wurde, geregelt sehen. Stattdessen drängte er an die Presse, um den Abschluss selbst zu verkünden. Vermittels der geschickt gewählten Vokabel des „Einigungszuschusses" betonte er hierbei

---

217 Festgehalten wurde dies in den Entschließungen von Bundestag und Bundesrat (BT-Drs. 14/6577: 3, BR-Drs. 485/01 (Beschluss): 4).
218 Von 1998 bis 2001 betrugen die jährlichen Annuitäten rd. 3,3 Mrd. € statt ursprünglich angesetzter 4,9 Mrd. €. Ab 2002 sah der Bund-Länder-Kompromiss vom Juni 2001 folgende Annuitäten vor: 2002: 2,5 Mrd. €, 2003: 2,3 Mrd. €, 2004: 2,3 Mrd. €, ab 2005: 3,6 Mrd. €. Siehe die Änderung des § 6 IIa, VI sowie die Neueinfügung des § 6b III Nr. 4 des Gesetzes über die Einrichtung eines Fonds „Deutsche Einheit" (Art. 8 SFG).
219 Der Betrag errechnete sich aus Ländersicht wie folgt: Der Entfall des Länderanteils an der Abfinanzierung des Fonds „Deutsche Einheit" (+ 3,50 Mrd. €), der Verlust der Fehlbetrags-BEZ (-0,67 Mrd. €), der Verlust der Pol-BEZ (-0,27 Mrd. €) sowie Übernahme Hafenlasten durch den Bund (+ 0,04 Mrd. €) ergeben in der Summe einen Zugewinn der Länder in Höhe von 2,60 Mrd. €. Dieser ist in der vertikalen Umsatzsteuerverteilung auszugleichen. Allerdings gewährt der Bund einen „Einigungszuschuss" in Höhe von 1,28 Mrd. €. Unter Abzug des Zuschusses verbleibt ein Betrag von 1,32 Mrd. €, den die Länder ab 2005 an den Bund abtreten. Siehe BT-Drs. 14/6577: 7, sowie § 1 FAG i.d.F. ab 2005.
220 Die Neueinfügung von § 51a in das Haushaltsgrundsätzegesetz (Art. 7 SFG) enthielt zunächst nur unverbindliche Ziel- und Verfahrensregelungen.
221 Mangels Einigung klammerten die Akteure diesen Punkt aus. Die §§ 3 bis 6 MaßstG des Bundesentwurfs wurden zusammengestrichen. Der schließlich verabschiedete § 4 MaßstG wiederholt im Wesentlichen die Formulierung des Grundgesetzes. Den vom Bundesverfassungsgericht gestellten Auftrag, das Deckungsquotenverfahren zu regeln, erfüllten die Politiker somit nicht.

die Rolle der Bundesregierung als handlungsfähiger Moderator im föderalen Verteilungsstreit. Zugleich unterstrich er sein Engagement für den Aufbau Ost. Die Pose des Gewinners, die ihm durchaus zugestanden hätte, vermied er klugerweise.

Offensichtlich führte die Rechtsprechung zu keiner Änderung der Logik der Finanzausgleichsverhandlungen. Am Ende hatten outputorientierte Paketlösungen wiederum den Vortritt vor an der Sachrationalität ausgerichteten Systemfragen. Hierbei dienten die einzelnen Module des Finanzausgleichs als Stellschrauben, denen ein bestimmter finanzieller und symbolischer Wert beigemessen wurde. Im Vordergrund standen die fiskalisch gewichtigeren Elemente, während die Bestimmungen mit eher nachrangigen Größenordnungen als Komponenten zur Feinsteuerung des gewünschten materiellen Gesamtergebnisses dienten. In der verbleibenden Zeit galt es nun, die konkreten Prämissen für das Transfersystem in allgemeine, die Verfassung konkretisierende Maßstäbe zurückzuübertragen.

Tabelle 5: Synopse: Geltendes Recht und Neuregelung des Finanzausgleichs ab 2005[222]

		Geltendes Recht	Neuregelung ab 2005
1. Vertikale Umsatzsteuerverteilung:			
Korrektur der Umsatzsteuerverteilung:		a. Stand 1.1.1995: Bund: 56 % Länder: 44 % Seitdem: diverse Korrekturen b. Stand 23.6.2001 1. Abzug Bund 5,63 % 2. Abzug Gemeinden 2,2 % (vom Restbetrag nach 1.) 3. Bund: 50,25 %/Länder 49,75 %	Ab 1.1.2005 erhält der Bund 1,32 Mrd. € von den Ländern im Zuge der Neuordnung des Finanzausgleichs; weitere Änderungen aufgrund des Familienleistungsausgleichs:[223] 1. Vorabzug Bund 5,63 % 2. Abzug Gemeinden 2,2 % (vom Restbetrag nach 1.) 3. Bund: 49,6 % + 1,32 Mrd. € Länder 50,4 % - 1,32 Mrd. €
2. Fonds „Deutsche Einheit":			
Vertikale Lastenteilung:		Bundesanteil 1,35 Mrd. €/ Länderanteil 3,50 Mrd. €; seit 1998 Streckung der Tilgungsleistungen	Bund übernimmt den Fonds; Verrechnung des Länderanteils durch Korrektur der vertikalen Umsatzsteuerverteilung; Abfinanzierung des Fonds zum 31.12.2019
Horizontale Lastenteilung:		Je zur Hälfte nach EW und FK (BE nur EW) zzgl. Lastenausgleich	Alle Länder durch Abtretung eines Umsatzsteuerfestbetrags an den Bund
3. Horizontale Umsatzsteuerverteilung:			
Umsatzsteuervorabausgleich:		Auffüllung um 100 % auf 92 % des Länderdurchschnitts	Auffüllung um 95 % auf 97 % des Durchschn., danach degressiv fallend auf 60 % bei 100 %
4. Länderfinanzausgleich:			
a. Finanzkraftmesszahl (FMZ):			
Landessteuern:	Anteil	100 %	100 %
	Hafenlasten	153,4 Mio. € (4 Länder: HH/HB/MV/NI)	Gestrichen (siehe 7.)
	Prämienmodell	Nein	Ländern mit überproportionalen Pro-Kopf-Steuermehreinnahmen ggü. Vorjahr: 12 % der Mehreinnahmen bleiben unberücksichtigt

---

222 Zur besseren Übersicht werden hier bereits die Eckpfeiler des neuen Finanzausgleichs so festgehalten, wie sie im Solidarpaktfortführungsgesetz Ende 2001 geregelt wurden. Auf die geringfügigen Änderungen, die sich im Gesetzgebungsprozess ergaben, wird in den Fußnoten sowie in den weiteren Ausführungen hingewiesen.

223 Ferner setzten die Länder im Zuge der vereinbarten Kindergelderhöhung ihre Position zum Familienleistungsausgleich durch. Demnach werden die Lasten zwischen Bund und Ländern wie bisher im Verhältnis 74:26 geteilt. Dadurch erhöhte sich ihr Anteil an der Umsatzsteuerverteilung ab 1.1.2002 um 0,65 Prozentpunkte. Ihre Forderung (0,75 Prozentpunkte) konnten die Länder somit fast vollständig durchsetzen. Ab 1.1.2002 erhalten die Länder 50,4 %, der Bund 49,6 % der Umsatzsteuer (nach den Vorababzügen).

Gemein-	Anteil	50 %	64 %[224]
dest.	Realst.	Über einheitlich Hebesätze	Ohne Hebesätze
b. Ausgleichsmesszahl (AMZ):			
Landesanteil: Einwohnerwertung		Stadtstaaten 135 % Flächenländer 100 %	Stadtstaaten 135 % Flächenländer 100 %
Gemeindeanteil: Kommunale Einwohnerwertung		100 % - 130 %; > 500.000 EW Zuschläge nach Einwohnerdichte	Stadtstaaten 135 % MV 105 %/BB 103 %/ST 102 % Übrige Länder 100 %
c. Ausgleichstarif:			
Zuweisungstarif für Empfänger (FMZ < AMZ):		< 92 % des Länderdurchschnitts (AMZ) 100% 92 %-100 % der AMZ 37,5 %	< 80 % AMZ 75 %; 89 %-93 % AMZ degressiv-fallend von 75 % auf 70 %; 93 %-100 % AMZ degressiv-fallend von 70 % auf 44 %
Abschöpfungstarif für Beitragszahler (FMZ > AMZ):		100 %-101 % AMZ 15 % 101 %-110 % AMZ 66 % > 110 % AMZ 80 %	100 %-107 % AMZ progr.-steigend von 44 % auf 70 %; 107 %-120 % AMZ progr.-steigend von 70 % auf 75 %; > 120 % AMZ 75 %
Garantieklauseln:		Diverse	„Deckelung" der Abschöpfung der Geberländer auf 72,5 % der überproportionalen Finanzkraft
5. Bundesergänzungszuweisungen:			
Fehlbetrags-BEZ:		Auffüllung um 90 % der auf 100 % des Durchschn. fehlenden Finanzkraft	Auffüllung um 77,5 % der auf 99,5 % des Länderdurchschnitts fehlenden Finanzkraft
Pol-BEZ:		0,79 Mrd. € für 9 Länder	0,52 Mrd. € für 10 Länder[225]
Sanierungs-BEZ:		1994 bis 2004 für HB und SL	Entfallen
Übergangs-BEZ		1995 bis 2004 für 5 Länder	Entfallen
Teilungsbedingte Sonderlasten (Solidarpakt):		1995-2001: 7,16 Mrd. € Seit 2002: 10,53 Mrd. €[226] (siehe dazu 7./IfG „Aufbau Ost")	*Korb I*: degressive BEZ von 10,53 Mio. € (2005) bis 2,10 Mio. € (2019) (Anlage 10); jährliche Vorlage von Fortschrittsberichten[227]
6. Geltungsdauer:		Prinzipiell unbefristet; Einzelregelungen terminier bis 31.12.2004	31.12.2019
7. Sonstige Regelungen:			
IfG „Aufbau Ost"		1995-2001: 3,37 Mrd. €	Entfällt (siehe oben)
Solidarpakt: *Korb II*		–	Überproport. Zahlungen an die Ost-Länder (u.a. Gemeinschaftsaufgaben und Finanzhilfen in Höhe von insgesamt 51,1 Mrd. € (2005-2019)[228]
Hafenlasten		Siehe oben	38,3 Mio. € als Finanzhilfen[229]

Nach den Schätzungen zum Zeitpunkt des Verhandlungsabschlusses würde die Neuregelung nur zu maßvollen Umverteilungen zwischen den Ländern führen. Dank des „*Einigungszuschusses*" des Bundes können alle Länder im Referenzjahr mit Pro-Kopf-Zugewinnen zwischen 9 € (NW, RP) und 43 € (HB) rechnen. Innerhalb des Finanzausgleichs wird die horizontale Komponente wieder gewichtiger als die vertikale. Dies hängt

---

224 Hierdurch erweitert sich die Bemessungsgrundlage im Jahr 2005 um rd. 9,5 Mrd. €. Vgl. SVR 2001: 134.
225 Diese Leistungen sollen ab 2008 im 5-Jahres-Rhythmus überprüft werden.
226 Das Investitionsförderungsgesetz „Aufbau Ost" wurde zum 31.12001 eingestellt. Dessen für 2002 bis 2004 vorgesehene Leistungen wurden als Sonder-BEZ für teilungsbedingte Lasten gewährt.
227 Bis Ende September des Folgejahres sind jeweils von diesen Ländern Fortschrittsberichte zu erstellen (erstmals für das Rechnungsjahr 2002), die mit einer Stellungnahme der Bundesregierung dem Finanzplanungsrat vorgelegt werden.
228 Allerdings handelt es sich hierbei um eine rechtlich unverbindliche Absichtserklärung des Bundesgesetzgebers. Siehe BT-Drs. 14/6577: 3.
229 Finanziert werden die Hafenlasten nach wie vor von der Ländergesamtheit, indem diese einen Festbetrag bei der vertikalen Umsatzsteuerverteilung an den Bund abtritt (siehe BT-Drs. 14/ 6577: 7). Die Beträge wurden bis einschließlich 2019 festgeschrieben.

6.2 Akteursinteressen, Verhandlungsprozesse, Ergebnisse 259

nicht allein mit der Absenkung der Fehlbetrags-BEZ und der Pol-BEZ, sondern speziell auch mit dem Auslaufen der Übergangs- und Sanierungs-BEZ zusammen. Mit der Degression der Solidarpakthilfen wird das vertikale Element weiter an Relevanz verlieren. Bei den horizontalen Ausgleichsstufen findet eine weitere Aufwertung des Umsatzsteuervorabausgleichs statt. Dessen Anteil am sekundären Finanzausgleich beträgt nach den Kalkulation zum Zeitpunkt der Entscheidungsfindung 29 % (Länderfinanzausgleich 27 %, Bundesergänzungszuweisungen 44 %, Anlage 10). Das Volumen des Länderfinanzausgleichs wird sich trotz der Abflachung des Tarifs nur geringfügig reduzieren.[230] Wie sich der Finanzausgleich tatsächlich nach 2005 entwickelt, wird sich zeigen. In diesem Sinne blieb und bleibt zumindest ein gewisser „Schleier des Nichtwissens".

Der Kompromiss der Regierungschefs von Bund und Ländern präjudizierte die *parlamentarischen Abschlussberatungen* grundlegend. Nachdem die Neuregelung samt den erwarteten Ausgleichsfolgen in einem ausführlichen Ergebnisprotokoll festgehalten worden war, blieb nur ein minimaler Spielraum für die Ausformulierung der Gesetze.[231] Die noch offen Detailfragen sowie die auf dem Gipfelkonsens basierenden Änderungen des Gesetzentwurfs der Bundesregierungen stimmten die Finanzministerien beider Ebenen miteinander sowie dem Bundestags-Sonderausschuss ab. Hierbei ergaben sich an vereinzelten Stellen Dissonanzen bezüglich der Interpretation mancher Bestimmungen. Angesichts der hohen finanziellen Beträge, die für alle Beteiligten auf dem Spiel standen, ist ein derartiges Nachhaken wohl unvermeidlich. Im Kontrast zu 1993 verliefen die Gespräche jedoch alles in allem sehr verträglich. Überdies bedurften speziell einige vertikale Streitpunkte wie der Ausgleich der Kindergelderhöhung, der Methodenstreit zur Deckungsquotenberechnung sowie der nationale Stabilitätspakt[232] der Nachverhandlung auf Ministerebene.

Etwas brisanter gestaltete sich jedoch die *Fixierung der Solidarpaktformulierung* in der gemeinsamen Entschließung von Bundestag und Bundesrat. Das Bundesfinanzministerium bestand auf seiner Auslegung, wonach der Aufbau Ost mit dem Solidarpakt II abschließend geregelt sei. Der Festschreibung einer „Null" für den Nachholbedarf des Beitrittsgebiets im Jahr 2020 widersetzten sich jedoch die ostdeutschen Regierungen. Sie konnten sich lediglich vorstellen, sich hinsichtlich des infrastrukturellen Bereichs auf eine derartige Regelung festnageln zu lassen. Angesichts ihrer unterproportionalen kommunalen Finanzkraft weigerten sie sich aber strikt, einer generellen Abschlussklausel zuzustimmen, da jene auch künftig nicht vollständig im Länderfinanzausgleich angerechnet werde. Mit ihrer Haltung konnten die Länder ihr Ziel erreichen. In den Entschließungen wurde deshalb festgehalten: „*Der Deutsche Bundestag* (respektive *Der Bundesrat*) *nimmt zur Kenntnis und begrüßt die Erklärung der Regierungschefs der ostdeutschen Länder, dass damit nach einer Generation, d. h. ab 2020, ein teilungsbedingter infrastruktureller Nachholbedarf nicht mehr geltend gemacht wird.*"[233] Somit bleibt offen, inwiefern und auf welchem Weg eine 2020 noch vorhandene unterdurchschnittliche kommunale Finanzkraft nivelliert wird.

Äußerst heikel verlief ferner die gesetzliche Regelung der *Abfinanzierung des Fonds „Deutsche Einheit"*. Im Beschlussprotokoll der Ministerpräsidentenkonferenz hieß es noch,

---

230 Siehe BT-Drs. 14/6577: 7. Ausführlicher dazu Kapitel 6.4.
231 Vgl. Brunton u.a. 2002: 255.
232 Die minimalen Bestimmungen, die in § 4 III MaßstG schließlich aufgenommen wurden, mussten erst noch gegen den erbitterten Widerstand der Länder in einer Sitzung unter Beteiligung des Sonderausschussvorsitzenden Volker Kröning durchgefochten werden.
233 Punkt II.4. der gleichlautenden Entschließungsanträge. BT-Drs. 14/6577: 2, BR-Drs. 485/01 (Beschluss): 3. Hervorhebung des Verfassers.

dass der Bund am 31.12.2019 die verbleibende Restschuld trage.[234] Allerdings hatten sich die Experten des Bundesfinanzministeriums an diesem Punkt verrechnet. Nach ihren hektisch anberaumten Nachberechnungen erklärte die Bundesregierung, ihre Abfinanzierungszusage gelte nur bis zu einer verbleibenden Verbindlichkeit von 6,54 Mrd. € am Ende des Jahres 2019. Es erhitzte sich daher die Debatte, welche Ebene mit welchem Anteil die darüber hinausgehende Restschuld tragen müsse. Nachdem die Modalitäten geklärt waren (siehe oben), bestanden Union wie SPD mit Erfolg darauf, den Länderanteil von 53,3 % auf die westdeutschen Länder sowie Berlin/West zu begrenzen. Irritationen gab es schließlich ebenfalls bei der Definition des Umsatzsteuerfestbetrags, den die Länder ab 2005 an den Bund abtreten müssen. Im Ergebnisprotokoll wird dieser noch mit 1.252,7 Mio. € beziffert.[235] Im Nachhinein stellte der Bund diesen Betrag in Frage. Beide Ebenen verständigten sich in einer Neuberechnung auf einen Festbetrag von 1.322,7 Mio. €.[236]

Am 29.6.2001, also nur sechs Tage nach der Einigung, übernahm der Sonderausschuss *„Maßstäbegesetz/Finanzausgleichsgesetz"* mit seinen Änderungsbeschlüssen zum Kabinettsentwurf des Maßstäbegesetzes den Beschluss der Regierungen. Der Einfluss der Abgeordneten – hauptsächlich derer der Opposition – blieb in dieser Phase äußerst limitiert.[237] Im Wesentlichen stimmten die Finanzministerien die Formulierungen ab. Nur mit viel Mühe konnte der Sonderausschuss einige wenige Korrekturen einbringen. Im Ergebnis wurde das ohnehin schon äußerst vage Maßstäbegesetz noch weiter aufgeweicht, wobei speziell folgende Modifizierungen des ursprünglichen Konzepts vorgenommen wurden.[238]

1. *Vertikale Umsatzsteuerverteilung*:[239]
   - Allgemeine Verfahrensregelungen anstelle konkreter (die Bundesposition widergebender) Bestimmungen zur Deckungsquotenberechnung als Basis der vertikalen Umsatzsteuerverteilung
   - Unverbindliche Ziel- und Verfahrensbestimmung statt konkreter Vorgaben zum nationalen Stabilitätspakt als innerstaatliches Pendant des europäischen Stabilitäts- und Wachstumspakts
2. *Finanzausgleich*:
   - Stärkung des *„Eigenbehaltsprinzips"* als Prämisse für den gesamten Finanzausgleich[240]
   - Streichung der finanzwissenschaftlichen Erkenntnisse als Maßstab für das Finanzausgleichsgesetz[241]
3. *Länderfinanzausgleich*:[242]
   - Kommunale Finanzkraft: Anstatt der obligatorischen Vollanrechnung der Gemeindefinanzkraft ist unter bestimmten Bedingungen ein Teilabschlag vorgesehen
   - Stärkung der Einwohnerwertung durch eine *„Ist"*- statt *„Kann"*-Bestimmung: *„Die Einwohnerzahl (...) ist zu modifizieren"*

---

234 Punkt 8 des Ergebnisprotokolls der Sonderkonferenz der Ministerpräsidenten der Länder am 21./22. Juni 2001.
235 SoA-Drs. 96a.
236 SoA-Drs. 96b, BT-Drs. 14/6577: 7, BR-Drs. 485/01 (Beschluss): 10. Da uns Rechenfehler nicht weiter beirren sollen, wurden in Tabelle 5 bereits die Endergebnisse aufgeführt.
237 Der Sonderausschuss tagte am 25., 28. und 29.6.2001. Vor allem die Oppositionsparteien CDU/CSU und FDP monierten, dass das Maßstäbegesetz unmittelbar nach der Klausurtagung im *„Hau-Ruck-Verfahren durchgepeitscht"* worden ist. Vgl. BT-Drs. 14/6533: 31.
238 Siehe die Synopse des ursprünglichen Entwurfs sowie der Beschlüsse des Sonderausschusses: BT-Drs 14/6533: 4 ff.
239 §§ 3, 4, 5, 6 Entwurf, § 4 I, II, III MaßstG vom 9.9.2001.
240 § 7 II, 11 II, 13 III Entwurf, § 3 MaßstG vom 9.9.2001.
241 Der Entwurf der Bundesregierung sah vor, dass das Finanzausgleichsgesetz den finanzwirtschaftlichen Verhältnissen Rechnung tragen und die *finanzwissenschaftlichen Erkenntnisse einbeziehen* müsse (§ 2 II Entwurf). Auf Druck des Sonderausschusses wurde der zweite Teilsatz gestrichen (§ 2 II MaßstG vom 9.9.2001), da dessen Mitglieder zu Recht zu der Auffassung gelangten, dass übereinstimmende finanzwissenschaftliche Erkenntnisse zu den Themen Anreizsteigerung und Grenzbelastung nicht existieren. Vgl. Geske 2002: 295.
242 § 9 II, 10 I Entwurf, §§ 7 II, 8 I, IV MaßstG vom 9.9.2001.

6.2 Akteursinteressen, Verhandlungsprozesse, Ergebnisse

4. *Bundesergänzungszuweisungen:*[243]
   - Stärkung der allgemeinen Fehlbetrags-BEZ durch Verbreiterung der Definition von Leistungsschwäche: „*Die Finanzkraft eines Landes ist unangemessen (...), wenn sie erkennbar unterhalb der länderdurchschnittlichen Finanzkraft liegt*" (Entwurf: „*deutlich*")
   - Erweiterung der Option zur Gewährung von Sonderbedarfs-BEZ: Voraussetzung hierfür sind „*besondere Gründe*" (Entwurf: „*außerordentliche Gegebenheiten*")
   - Schaffung der Voraussetzung zur unbefristeten Gewährung von Pol-BEZ
   - Haushaltssanierungs-BEZ: Streichung der Mitfinanzierung der übrigen Länder
   - Erweiterung der Bestimmungsgründe zur Gewährung Sonderbedarfs-BEZ für die ostdeutschen Länder um den „*Ausgleich unterproportionaler kommunaler Finanzkraft*"

In der Schlussabstimmung votierten die Abgeordneten von SPD, CDU/CSU, Bündnis 90/Die Grünen und PDS für den Gesetzentwurf in der vom Ausschuss geänderten Fassung, während ihn die Ausschussmitglieder der FDP zurückwiesen.[244] Seinen Änderungsbeschlüssen fügte der Sonderausschuss einen mehr als 23 Seiten umfassenden detaillierten Tätigkeitsbericht bei. Dieser zeugt von einer respektablen Facharbeit und hohen Kompetenz des Ausschusses. Verglichen mit dem betriebenen Aufwand ist jedoch das Ergebnis, das vornehmlich die outputorientierte Logik der Regierungsverhandlungen widerspiegelt, ernüchternd. Den Frust hierüber ließen sich nicht nur die Finanzexperten der Oppositionsfraktionen der Union und der FDP anmerken. Gleichwohl fehlte nicht allein der SPD-Fraktion der Mut zu einer eigenen Position. Deren abschließende Stellungnahme gilt wohl auch für das Verhalten der Unionsabgeordneten: „*Im Gegenteil sei die Beratung im Ausschuss von der Sorge gekennzeichnet gewesen, zwischen den Vorgaben des Bundesverfassungsgerichts und den realen Bedingungen des föderalen Systems einen Weg zu beschreiten, der sowohl den Vorgaben des Gerichts Rechnung trage als auch der Gesamtheit der Länder, deren Zustimmung zu einem solchen Gesetz unabdingbar sei.*"[245] Formal bestand für den Bundestag jederzeit die Möglichkeit, sich als starken Spieler in die Verhandlungen einzumischen. Hierzu fehlte indes nicht allein die Courage, sondern eine eigene – gleich ob von den Regierungsfraktionen oder von einem fraktionsübergreifenden Zusammenschluss der Abgeordnetenmehrheit getragene – Bundestagsposition.

Zu einem Eklat hätte allerdings fast noch geführt, dass sich der Sonderausschuss in seiner Empfehlung vom 29.6.2001 mit den Stimmen der Regierungsmehrheit weigerte, den Wunsch der Union nach einer *Befristung des Maßstäbegesetzes zum 31.12.2019* nachzukommen.[246] Dagegen protestierten speziell Edmund Stoiber und Erwin Teufel heftig. Sie drohten mit einer Ablehnung des Gesamtpakets, sollte die Befristung nicht nachträglich aufgenommen werden. Ihre Haltung leuchtet ein, da die Geberländer bei einer singulären Betrachtung der neuen Finanzausgleichsregelungen Verluste zu erwarten gehabt hätten. Erst im Zusammenspiel mit der Fondsverrechnung und dem „*Einigungszuschuss*" werden auch sie zu Gewinnern. Da der Fonds „*Deutsche Einheit*" Ende 2019 abfinanziert werden soll, fällt diese Kompensation für die reichen Länder weg. Über SPD-Länderchefs wie den Hamburger Ortwin Runde, der nächtens den Kompromiss mit seinen süddeutschen Amtskollegen aushandelte, übten sie Druck auf Bundesfinanzminister Eichel aus. Die Bundesre-

---

243 § 13 I, 14 I, IV, V Entwurf, § 11 I, 12 I, IV, V, VI MaßstG vom 9.9.2001.
244 BT-Drs. 14/6533: 32.
245 BT-Drs. 14/6533: 31.
246 Ausschlaggebend hierfür waren prinzipielle Erwägungen, wonach eine Befristung bei einem Gesetz, das die Verfassungsvorgaben ausformt, verfassungswidrig sei und das Maßstäbegesetz damit sinnentleert werde. Zum Streit um die Befristung siehe Frankfurter Allgemeine Zeitung vom 5.7.2001: Streit um die Befristung des Maßstäbegesetzes.

gierung gab nach, das Maßstäbegesetz wurde bis zum 31.12.2019 befristet und Volker Kröning gab als Zeichen seines Protests hierüber den Sonderausschussvorsitz an seinen Fraktionskollegen Joachim Stünker ab.

Am 5.7.2001 nahm der Bundestag das Maßstäbegesetz in der vom Sonderausschuss gebilligten Fassung[247] samt Befristung[248] an. Dafür stimmten 532 Abgeordnete (SPD, PDS sowie die überwiegende Mehrheit von CDU/CSU und Bündnis 90/Die Grünen), dagegen 34 Abgeordnete (FDP sowie die finanzpolitischen Kompetenzträger der Grünen Antje Hermenau, Oswald Metzger, Christine Scheel), zwei Abgeordnete der Union enthielten sich. Daneben billigte der Bundestag mit den Stimmen von SPD, Bündnis 90/Die Grünen und PDS einen *Entschließungsauftrag*, der die Ergebnisse des Gipfeltreffens hinsichtlich des Solidarpakts und des Finanzausgleichs widergibt und der die Geschäftsgrundlage für das Solidarpaktfortführungsgesetz dokumentiert.[249] Im Wesentlichen enthält der Antrag, der wenige Tage später vom Bundesrat in textidentischer Fassung ebenfalls verabschiedet wurde, das nachgebesserte Ergebnisprotokoll der Klausurtagung der Regierungschefs. Der Vorrang des Maßstäbegesetzes wurde somit formell eingehalten, materiell erfolgte indes ein gleichzeitiger Erlass. Die FDP stimmte konsequenterweise gegen den Entschließungsantrag, während sich die Union, die bislang dem Treiben der Regierungen billigend zusah, enthielt. Am 13.7.2001 bestätigte auch der Bundesrat – einstimmig wie 1993 (!) – das Maßstäbegesetz sowie mit der Mehrheit den Entschließungsantrag.[250] Das am 9.9.2001 verkündete Maßstäbegesetz enthält folgende Bestandteile:

Eckpunkte des Maßstäbegesetzes vom 9.9.2001[251]:
1. Allgemeine Grundsätze und Bindungswirkung der Maßstäbe (§§ 1, 2 MaßstG):
   - Finanzwissenschaftliche Verhältnisse als elementarer Maßstab für den Finanzausgleich (§ 2 II MaßstG)
2. Prinzip der Sicherung des Eigenbehalts im Finanzausgleich (§ 3 MaßstG)
3. Vertikale Umsatzsteuerverteilung und nationaler Stabilitätspakt (§ 4 MaßstG):
   - Allgemeine Verfahrenshinweise und zur vertikalen Umsatzsteuerverteilung
   - Zielsetzungen zur nationalen Umsetzung des europäischen Stabilitäts- und Wachstumspakts
4. Horizontale Umsatzsteuerverteilung:
   - Ermöglichung von Umsatzsteuerergänzungsteile entsprechend der verfassungsrechtlichen Vorgaben (Soll-Bestimmung; § 5 MaßstG)
5. Länderfinanzausgleich (§§ 6 bis 9 MaßstG):
   - Vorwiegend allgemeine, selbstverständliche bzw. das Grundgesetz oder die Rechtsprechung zitierende Aussagen; konkretere Bestimmung hinsichtlich folgender Komponenten:
   - Einbeziehung der kommunalen Finanzkraft erfolgt nur teilweise (§ 8 IV MaßstG)
   - Obligatorisch: Einwohnerwertung der Stadtstaaten (Höhe: Regelung im FAG) (§ 8 III MaßstG)
   - Optional: Einwohnerwertung für dünnbesiedelter Länder (§ 8 III MaßstG)
   - Optional: Einwohnerwertung der Kommunen (§ 8 II MaßstG)
6. Bundesergänzungszuweisungen (§§ 10 bis 12 MaßstG):
   - Funktionen der BEZ: ergänzender Ausgleich an leistungsschwache Länder (als leistungsschwach gelten grundsätzlich nur ausgleichsberechtigte Länder; § 10 I MaßstG)
   - Allgemeine BEZ: Optional, sofern die Finanzkraft nach dem Länderfinanzausgleich erkennbar unter dem Länderdurchschnitt liegt (§ 11 I MaßstG)
   - Sonderbedarfs-BEZ: Gewährung prinzipiell befristet und im Regelfall degressiv (§ 12 III MaßstG) sowie explizit für folgende Begründungstatbestände:

---

247 BT-Drs. 14/6533.
248 BT-Drs. 14/6581 (Antrag der SPD, CDU/CSU, Bündnis 90/Die Grünen), § 15 MaßstG vom 9.9.2001.
249 BT-Drs. 14/6577.
250 BR-Drs. 485/01 (Beschluss).
251 Gesetz über verfassungskonkretisierende allgemeine Maßstäbe für die Verteilung des Umsatzsteueraufkommens, für den Finanzausgleich unter den Ländern sowie für die Gewährung von Bundesergänzungszuweisungen.

6.2 Akteursinteressen, Verhandlungsprozesse, Ergebnisse

      a) Sanierungshilfen bei extremer Haushaltsnotlage: unter strikten Bedingungen und Auflagen optional
      (keine Mitfinanzierungspflicht der übrigen Länder) (12 IV MaßstG)
      b) Deckung teilungsbedingter Lasten: zum Abbau des starken infrastrukturellen Nachholbedarfs sowie zum Ausgleich der unterproportionalen kommunalen Finanzkraft (§ 12 V MaßstG)
      c) Kosten der politischen Führung: *unbefristete* Gewährung ist möglich (§ 12 VI MaßstG)
7. Befristung bis 31.12.2019 (§ 15 MaßstG)

Im Vergleich zum Bundestag ergänzte der Bundesrat seine Entschließung um einen weiteren Punkt.[252] Danach verfolgten die Ministerpräsidenten die Absicht, mit dem Bund Verhandlungen über die „*Modernisierung der bundesstaatlichen Ordnung*" aufzunehmen und diese bis 2004 zum Abschluss zu bringen.

6.2.5 Umsetzung des Kompromisses im Solidarpaktfortführungsgesetz

Im Kontrast zu den intensiven Nachverhandlungen bis zur Sommerpause verlief die Umsetzung des Kompromisses zur Neuregelung des Finanzausgleichs sowie des Solidarpakts unproblematisch. Da einzelne Teile wie die Umwandlung des Investitionsförderungsgesetzes „*Aufbau Ost*" oder die Tilgungsstreckung beim Fonds „*Deutsche Einheit*" bereits im darauf folgenden Jahr in Kraft treten sollten, blieb der Zeithorizont eng begrenzt. Beide Materien sollten deshalb zusammengefasst und gemeinsam in einem Artikelgesetz, dem Solidarpaktfortführungsgesetz, verabschiedet werden. Die Vorarbeiten hierfür begannen noch während der Sommerpause im Bundesfinanzministerium.[253] Es folgten Vorgespräche auf Arbeitsebene mit den Finanzressorts der Länder, bevor das Bundeskabinett den im Wesentlichen unstrittigen *Gesetzentwurf am 24.9.2001* billigte. Anders als im Frühjahr beim Maßstäbegesetz machten sich die Koalitionsfraktionen den Regierungsentwurf, der am 27.9.2001 an den Bundesrat übermittelt wurde, zu Eigen.[254] Am 9.10.2001 legten sie im Bundestag zur Verfahrensbeschleunigung einen textidentischen Gesetzentwurf vor.[255]

    Im Bundesrat fand der Gesetzentwurf prinzipiell Anklang, allerdings monierten die Länderchefs einzelne Bestimmungen. Diese griffen sie in ihrer am 19.10.2001 einstimmig beschlossenen Stellungnahme auf und formulierten hierzu konkrete Änderungsvorschläge.[256] Die Meinungsverschiedenheiten bestanden vorwiegend hinsichtlich der vertikalen Finanzbeziehungen, beim horizontalen Finanzausgleich beschränkten sie sich indes auf vereinzelte Detailregelungen.[257] Die Bundesregierung wies in ihrer Gegenäußerung[258] die Einwände des Bundesrats zurück. Folgende Aspekte standen dabei im Mittelpunkt:[259]

- *Antrag Sachsen/Bundesrat*: Fortführung des IfG „*Aufbau Ost*" in Sachsen noch bis Ende 2002 (statt 2001), im Gegenzug Aufstockung Sonder-BEZ für Sachsen um die IfG-Mittel ebenfalls erst ab 2003 (Hintergrund:

---

252 BR-Drs. 485/01 (Beschluss): 8.
253 Vgl. BMF 2003: 22 f.
254 BR-Drs. 734/01.
255 BT-Drs. 14/7063.
256 BR-Drs. 734/01 (Beschluss).
257 Ferner reklamierte eine Mehrheit der Länder die Ankopplung einer Änderung des Gesundheitsstrukturgesetzes an die Finanzreform (Art. 3 SFG). Mit ihrer Missbilligung konnte sie sich jedoch nicht durchsetzen.
258 BT-Drs. 14/7256.
259 BT-Drs. 14/7646: 6 ff., 14/7256: 10 ff.

Doppelhaushalt 2001/2002 mit verbindlicher Regelung der IfG-Mittel)
Bundesregierung: Ablehnung aus prinzipiellen Erwägungen sowie wegen des bürokratischen Aufwands
Ergebnis: Änderungsantrag des Bundesrats scheitert
- *Antrag Bundesrat*: Forderung nach Abschaffung des bisherigen IfG-Prüfverfahrens
Bundesregierung: Ablehnung aus sachlichen und rechtlichen Überlegungen
Ergebnis: Änderungsantrag des Bundesrats scheitert
- *Antrag Bundesrat*: Festschreibung des Familienleistungsausgleichs als zweiten Regelkreis
Bundesregierung: Ablehnung aus materiellen Erwägung (Länderformulierung wahrt einseitig Länderposition bei der Frage der Bewertung des Familienleistungsausgleich
Ergebnis: Benennung der Verrechnungen des Familienleistungsausgleichs (§ 1 FAG, Art. 5 SFG)
- *Antrag Bundesrat*: Forderung nach unverbindlicherer Regelung für den nationalen Stabilitätspakt
Bundesregierung: Ablehnung; Bundesvorschlag entspricht lediglich der Minimalanforderungen für eine sachgerechte Regelung
Ergebnis: Kompromiss; Nationaler Stabilitätspakt ab 2005, allerdings mit relativ unverbindlichen Verfahrens-, Ziel- und Sanktionsvorgaben (§ 51a Haushaltsgrundsätzegesetz, Art. 7 SFG)

Bei einer gemeinsamen Besprechung mit einigen Amtskollegen der Länder verständigte sich Eichel am 8.11.2001 bezüglich dieser Materien.[260] Am selben Tag fand relativ unspektakulär die erste Beratung des Gesetzentwurfs im Bundestag statt. Der Sonderausschuss befasste sich bereits seit dem 25.9.2001 mit der Umsetzung der Beschlüsse vom Juli 2001. Unmittelbar nach Eichels Einigung mit den Ländern reichten die Koalitionsfraktionen am 9.11.2001 Änderungsanträge ein, die auf den vom Bundesfinanzministerium erstellten Formulierungshilfen basierten.[261] Am 27.11.2001 nahm der Sonderausschuss das um zwei weitere Artikel aufgedunsene Solidarpaktfortführungsgesetz[262] mit den Stimmen von SPD, Bündnis 90/Die Grünen, PDS sowie der Mehrheit der Union bei Gegenstimmen der FDP sowie eines Abgeordneten der Union an.[263] Der Ausschuss vollbrachte wieder wertvolle Sacharbeit, gleichwohl blieb er relativ machtlos. Offenkundig wurde dies bei der ebenfalls verabschiedeten Entschließung, die bis Ende 2019 festgeschriebene Erhöhung des Landesvervielfältigers zur Ermittlung der Gewerbesteuerumlage um 29 Prozentpunkte schon im Jahre 2010 von Bund und Ländern zu überprüfen. Mit der erhöhten Gewerbesteuerumlage werden die westdeutschen Kommunen seit 1995 an der Refinanzierung des Solidarpakts beteiligt. Von deren Fortschreibung bis Ende 2019 fühlten sich die kommunalen Spitzenverbände übervorteilt. In ihren am 9.11.2001 im Sonderausschuss vorgelegten Stellungnahmen plädierten sie daher für eine degressive Gestaltung der Solidarpaktumlage. Damit gewannen sie zwar das Verständnis der Fraktionen, die Länderregierungen lehnten dieses Ansinnen jedoch ab. Infolgedessen blieb es bei dem unverbindlichen Entschließungsantrag, dem am 30.11.2001 außer der FDP, die generell für eine Abschaffung der Gewerbesteuer eintrat, alle Fraktionen zustimmten.

Die Entschließung wurde dem Solidarpaktfortführungsgesetz angehängt, das der Bundestag am selben Tag beschloss. Dagegen stimmte lediglich die FDP sowie Jochen-Konrad Fromme (CDU), der Rest des Hauses votierte komplett für das Gesetz. Am 20.12.2001 segnete der Bundesrat einstimmig das Gesetz sowie die Entschließung ab.[264] Bundestag und Bundesrat vollzogen damit die Beschlüsse vom Sommer zum Solidarpakt und Finanzausgleich nach (s.o. Abb. 10). Deutlich wurde dies an den Rednerlisten. Im Bundestag fiel

---

260 Siehe Handelsblatt am 9.11.2001: Eichel steckt im Streit mit Ländern zurück.
261 SoA-Drs. 124, 127.
262 Art. 10 SFG Änderung des Körperschaftsteuergesetzes, Art. 11 SFG Änderung des Gewerbesteuergesetzes (Hintergrund: Schaffung der Rechtsgrundlage für die Besteuerung der ARD).
263 BT-Drs. 14/7646.
264 BR-Drs. 999/01 (Beschluss).

sie knapp aus, im Bundesrat gaben nur noch zwei Ländervertreter (Kurt Biedenkopf, Sachsen/CDU und Klaus Böger, Berlin/SPD) eine Erklärung zu Protokoll.

Einen Konsens im *Methodenstreit zur Deckungsquotenberechnung* bei der vertikalen Umsatzsteuerverteilung konnten Bund und Länder indes nicht finden. Beide Seiten wahrten in einer gleichlautenden Entschließung ihre Rechtsposition hinsichtlich dieser Frage. Bis heute blieb der – äußerst fragwürdige – verfassungsgerichtliche Auftrag zur Formulierung von Maßstäben unerfüllt. Die Regierungen strebten zwar noch eine Klärung dieser Frage in der 14. Legislaturperiode an, in Anbetracht des beträchtlichen Finanzvolumens, das hinter den jeweiligen Definitionen steht, konnten jedoch keine Fortschritte erzielt werden.[265]

Mehr Erfolg hatte das Bundesfinanzministerium mit dem innerstaatlichen Stabilitätspakt. Nachdem sich die Länder lange Zeit unter dem Deckmantel der Haushaltsautonomie gegen verbindliche Regelungen gesträubt hatten, beschloss der Finanzplanungsrat in seiner Sitzung am 21.3.2002, den *nationalen Stabilitätspakt* schon ab 1.7.2002 mit konkreten Vorgaben in Kraft treten zu lassen.[266] Demnach wurde das nach den Maastrichter Kriterien zulässige Defizit für die Jahre 2004 bis 2006 im Verhältnis 55:45 auf Länder (einschließlich Kommunen) und den Bund aufgeteilt. Nach diesen Vorgaben wollten die Länder und Gemeinden ihr jährliches Ausgabenwachstum in den Jahren 2003 und 2004 auf jeweils 0,5 % limitieren, während der Bund seine Ausgaben jeweils um 0,5 % vermindern sollte.[267]

6.3 Erklärung

Trotz des erbitterten Streits zwischen den Ländern, der infolge der Aufkündigung des Solidarpaktkonsenses durch die Süd-Länder vollends entbrannte, einigten sich die 16 Länder und der Bund wiederum einvernehmlich über die Reform der föderalen Finanzbeziehungen ab 2005. Dabei standen erneut immense Transfersummen zur Debatte, so dass eine isolierte Betrachtung der Verhandlungskonstellation eine Blockade als nicht unwahrscheinliches Szenario hätte erscheinen lassen. Hierzu ist es nicht gekommen, und im Unterschied zu 1993 nahmen die Beobachter die rechtzeitige Problemlösung weniger überrascht auf, sie hatten sie sogar erwartet. Dabei kommentierten sie das Ergebnis eher kritisch. Ihnen reichten die Anpassungen nicht, erwarteten sie doch einen Paradigmenwechsel zu einem vornehmlich wettbewerbsorientierten Finanzsystem, optimalerweise gepaart mit einer grundlegenden Kompetenzentflechtung zwischen Bund und Ländern. Einerseits ging dies zurück auf die Lippenbekenntnisse der Politiker anlässlich von Feierstunden, die großen Ziele der süddeutschen Länder und das interpretationsfähige Karlsruher Urteil, das mehr die Fantasie anregte, als es inhaltliche Richtungen vorgab. Andererseits betrachtet der Mainstream in der Wissenschaft und den Medien eine Bundesstaatsreform längst als überfällig, um das Potenzial der föderativen Ordnung besser auszuschöpfen. Bevor wir erörtern, inwiefern diese Einschätzung dem Politikergebnis gerecht wird, müssen wir hinterfragen, welche Faktoren die Entscheidungsfindung beeinflusst haben und ob es hierbei im Vergleich zu 1993 auffällige Unterschiede zu verzeichnen gibt.

---

265 Siehe SoA-Drs. 133, 136, 138.
266 Ursprünglich sollten die Regeln zum nationalen Stabilitätspakt erst ab 1.1.2005 gelten (Art. 7 SFG). BT-Drs. 14/8979, 14/9154.
267 Damit wird der Finanzplanungsrat aufgewertet. Materiell kam Eichel seinen Länderkollegen mit den Quoten weit entgegen.

Differenzierter zu betrachten ist der Einfluss des *sozioökonomischen und finanzwirtschaftlichen Umfelds*. Unverändert kommt ihm eine maßgebliche Rolle dahingehend zu, wie sich die Länder in fiskalischer Hinsicht positionieren und die einzelnen Handlungsoptionen bewerten. Deshalb waren die Protagonisten stets darauf erpicht, mit den Daten der jeweils aktuellsten Steuerschätzung die einzelnen Modellkonfigurationen durchzukalkulieren. Allerdings drängten anders als 1990 und 1993 die materiellen Bedingungen diesmal nicht zur Eile. Längst zerplatzte die Illusion über einen raschen Aufholprozess und die ökonomischen wie sozialen Folgewirkungen der deutschen Einheit konnten mittlerweile besser taxiert werden. An sich funktionierte das Finanzsystem einigermaßen ordentlich, und wenn die öffentlichen Haushalte auch nicht nachhaltig konsolidiert werden konnten, so wurden doch die exorbitanten Defizitquoten gestoppt. Ein zwingender haushaltswirtschaftlicher Druck zu einer Finanzreform vor dem Auslaufen der Regelungen des ersten Solidarpakts Ende 2004 bestand somit nicht. Nichtsdestoweniger trug die ökonomische Situation erneut beträchtlich zum „Agenda setting" bei. Da der Wachstumsprozess in Ostdeutschland wider allen Hoffnungen ins Trudeln geriet und damit die West-Ost-Transfers tendenziell zu- statt abnahmen, empfanden die süddeutschen Geberländer die ihnen obliegenden Lasten bald als unerträglich. Verbunden mit der Ebbe in den öffentlichen Haushalten erschien ihnen der Finanzausgleich als passable Option, um zusätzliche Finanzmittel zu ergattern.[268] Zugleich fürchteten die leistungsschwächsten Länder, deren Kassenlage sich noch angespannter darbot, um ihre Existenz, sollte das Umverteilungsvolumen entsprechend dem Willen ihrer Antipoden gedrosselt werden. Betroffen zeigten sich hiervon speziell diejenigen Länder, deren Besitzstände von den Klagen unmittelbar angegriffen wurden. An vorderster Stelle traf dies auf die Stadtstaaten Berlin, Bremen und Hamburg, überdies jedoch auch auf die ostdeutschen Länder und das Saarland zu. Wie immer bestimmte damit zuvorderst der jeweilige materielle Kontext, wie die Probleme und Lösungsalternativen bewertet wurden. Darüber hinaus – und jenseits des üblichen Verteilungsstreits – beeinflusste er das inhaltliche Reformprogramm insoweit, als eine Anschlusslösung für den Solidarpakt I angesichts des unvermindert eklatanten Entwicklungsrückstands und der schwachen originären Finanzausstattung der Ost-Länder allseits als unentbehrlich erachtet wurde.

All diese Punkte genügten nicht, um das Thema auf die operative Tagesordnung zu setzen. Aus diesem Grund wählten die Süd-Länder den Gang zum Bundesverfassungsgericht, das sich einmal mehr als mächtiger Vetospieler inszenierte. Dessen Urteil übte angesichts der engen Fristen einen beachtlichen Handlungsdruck aus. Im Hinblick auf den Bundestagswahlkampf 2002, in dessen Rahmen eine Einigung als aussichtslos eingeschätzt wurde, verkürzte sich der Zeithorizont abermals. Im Unterschied zu früheren Urteilen definierten die Richter vornehmlich verfahrensrechtliche Anforderungen, mit inhaltlichen Prämissen hielten sie sich erstaunlicherweise zurück. Vor dem Hintergrund des dennoch strengen Richterspruchs prägten die *institutionellen Arrangements* maßgeblich das Verhalten und den fakultativen Gestaltungsspielraum. Inhaltlich normierte unverändert die spezifische Konfiguration des Bundesstaats die Parameter für einen ebenso verfassungskonformen wie verfassungskonsistenten Finanzausgleich. Nachdem die Wechselwirkung von funktionaler Aufgabenteilung, zentralisierter Steuergesetzgebungskompetenz sowie den Verfassungsgrundsätzen des Sozialstaats-, des Einheitlichkeits- und des Homogenitätsprinzips bereits ausführlich dargestellt wurde, müssen wir dies hier nicht wiederholen. Mit dem stockenden Aufholprozess der Ost-Länder änderten sich die Bedingungen gegenüber 1993 nicht grund-

---

268 Vgl. die Einschätzung von Vesper 1998: 2.

6.3 Erklärung

legend, so dass nach wie vor nicht nur ein sachliches, sondern auch ein grundgesetzliches Gebot für eine Anschlusslösung zum Solidarpakt I bestand.

Hinsichtlich der Neuordnung des sekundären Finanzausgleichs bot sich den Akteuren – so wie dies Karlsruhe auch betonte – in Anbetracht des Zielkonflikts zwischen dem Bundesstaats- und dem Sozialstaatsprinzip sowie dem hohen Abstraktionsgrad der Finanzverfassung durchaus ein gewisser Handlungsspielraum. Als Folgeverfassung müssen sich die Finanzordnung sowie der Finanzausgleich rechtlich wie substanziell in das Bundesstaatsgefüge einordnen. Eine funktionale Aufgabenteilung verträgt sich nicht mit einem Wettbewerb im Bereich der Finanzen. Offenkundig wird dies in der Karlsruher Rechtsprechung. Die Richter segneten explizit den bestehenden Nivellierungsgrad im Länderfinanzausgleich ab, während sie das Konzept des Wettbewerbsföderalismus nicht mit einem Wort würdigten. Entsprechend begriffen die Akteure das Urteil. Neujustierungen innerhalb des Systems, die zu einem wie auch immer als „angemessen" zu interpretierenden Ausgleich führen würden, wurden versucht. Mit dem Argument eines verfassungsgerichtlichen Auftrags zu einem Systemwechsel konnten die Klage führenden Länder jedoch nicht wuchern. Vielmehr lässt sich die Maßgabe des *„angemessenen Ausgleichs"* im Urteil dahingehend interpretieren, dass sich die Ausgleichsansprüche hauptsächlich an der Aufgaben- und Lastenzuordnung und nicht an der Abschöpfungsquote orientieren sollen.[269] Damit weisen auch die Richter auf den inhärenten Zusammenhang des Finanzausgleichs mit der Kompetenz- und Finanzierungsverantwortungsverteilung hin.[270]

Neben der Bandbreite möglicher Lösungen beeinflussten die institutionellen Bedingungen auch die Strategieauswahl sowie das Verhandlungsgewicht der Akteure. Ausschlaggebend hierfür sind die Entscheidungsregeln. Im Hinblick auf die eklatanten Interessengegensätze bildete die Zustimmungserfordernis an eine Finanzverfassungsreform eine schier unüberwindbare Verfahrenshürde, zumal sich keine „natürliche Mehrheitsformation" im Bundestag und Bundesrat anbot. Im Gegenteil: Zwischen beiden Kammern herrschte eine doppelte Pattsituation: Einerseits fehlte der rot-grünen Bundesregierung eine eigene Mehrheit im Bundesrat, andererseits stand dem deutlichen Stimmenübergewicht der Nehmerländer im Bundesrat eine Dominanz von Bundestagsabgeordneten aus den vier Geberländern gegenüber. Letzteres hatte eine umso stärkere Relevanz, als diesmal horizontale und nicht vertikale Streitfragen die Gemüter erregten. Angesichts der tatsächlichen Mehrheitsverhältnisse drängte sich somit eine parteiinterne Konfliktlösung nicht auf. Die Regierungen beider Ebenen bevorzugten daher wie eh und je, das Verfahren in informelle Kanäle zu verlagern. Aus Sorge um unverhältnismäßige Ergebnisse eines Aushandlungsprozesses im von Generalisten bestimmten Vermittlungsausschuss, pochten sie auf eine Präjudizierung des Gesetzgebungsverfahrens. In der bei föderalen Streitfragen etablierten Arena der Exekutivverhandlungen ist die Bundesregierung aus zweierlei Gründen weiterhin unangefochten der hegemoniale Akteur. Zum einen kann sie relativ leicht eine Mehrheit im Bundestag organisieren, während eine Landesregierung im Bundesrat über einen erheblich geringeren Einfluss verfügt. Somit steht ihr angesichts der obligatorischen Zustimmungspflicht des Bundesparlaments de facto eine Vetoposition zu. Zum anderen verfügt sie über relativ vielfältigere finanzpolitische Gestaltungsreservoirs.

---

269 Vgl. die Bewertung von Bach/Vesper 2000: 213.
270 *„Die Ausgleichspflicht des Art. 107 Abs. 2 GG fordert deshalb (...) eine ihren Aufgaben entsprechende hinreichende Annäherung ihrer Finanzkraft."* BVerfGE 101, 158: 222, ebenso: BVerfGE 86, 148: 215.

Allerdings formierten sich die *Präferenzen der Bundesregierung* nicht vollends harmonisch. Wie sein Amtsvorgänger Waigel 1990 und 1993 musste auch Hans Eichel das Primat seines Chefs bei der Richtliniensetzung respektieren. Ebenso wie Kohl verfügte der Abstraktpolitiker Gerhard Schröder über einen breiteren Interessenhorizont. Für ihn war die Durchsetzung seiner Reformagenda – speziell der Steuerreform, der Kindergelderhöhung sowie der Rentenreform – vorrangig. Die parteipolitisch kaum relevante Finanzreform stellte für ihn eher ein zusätzliches Pflichtprogramm dar, das auch zu absolvieren war. Lediglich der Solidarpakt II weckte sein Interesse, betrachtete er diesen doch als wichtige Stütze des Bundestagswahlkampfs. Noch vor seiner für die Sommerpause 2001 terminierten Reise durch die neuen Länder wollte er deshalb die Anschlusslösung geregelt wissen. Neben dem Beweis des Engagements seines Kabinetts für den Aufbau Ost verfolgte er außerdem das Ziel, seine Handlungsfähigkeit zu beweisen und eine Blockade zu verhindern. Zugleich hatte er die parteienwettbewerbliche Pattsituation vor Augen. Eine Spaltungsstrategie, wie sie Waigel 1993 anpeilte, hätte bei den unterlegenen unionsregierten Süd-Ländern[271] zu Missstimmung geführt, welche leicht die Umsetzung seiner Reformprogrammatik hätten gefährden können. Wie sein Amtsvorgänger ließ sich Schröder von der Maxime leiten, den Verbundföderalismus so kalkulierbar wie möglich zu halten, um die Machtstellung im Parteiensystem nicht zu gefährden. Daher gab er intern frühzeitig die Losung aus, sich mit den Ländern bloß nicht die „Augen auszuhacken", sondern materiell eine am Status quo anknüpfende Konsenslösung anzustreben.

Dieser von Schröder ausgegebenen Prämisse musste der Spezialist Eichel seine eigenen Prioritäten unterordnen. Für ihn standen die finanzpolitischen Auswirkungen der Neuordnung im Vordergrund. Diese sollten seine Konsolidierungspolitik nicht torpedieren, mit der nicht nur die Bundesregierung anfangs in der öffentlichen Meinung punktete, sondern der auch der Finanzminister sein Renommee innerhalb des Kabinetts verdankte. Frenetisch verfocht er seinerzeit das Projekt, 2006 einen ausgeglichenen Haushalt zu präsentieren. Aus diesem Grund drängte er darauf, die Weichenstellungen hierfür auch in den Finanzverhandlungen zu legen. Allerdings kollidierte dieser Wunsch mit den Absichten des Kanzlers. Mehrmals musste er daher seine Vorstellungen zurückschrauben. Erstmals offenkundig wurde dies mit der von den Ländern geforderten Verkopplung des Maßstäbegesetzes mit dem Finanzausgleich und dem Solidarpakt II. Auf eine solche Strategie hätte die Bundesregierung nicht gesetzt. Gleichwohl akzeptierte Schröder das Begehren der Länderchefs. Aus Sicht des Bundesfinanzministeriums verlor der Bund damit ein wichtiges Faustpfand, konnte er dadurch fortan nicht mehr den Ländern im Gegenzug für eine gleichzeitige Festlegung des neuen Finanzausgleichs Zugeständnisse beim Maßstäbegesetz abringen. Dessen ungeachtet blieb Eichel keine Alternative, als die Position des Kanzlers zu übernehmen, zumal die Koalitionsfraktionen sich ohnehin weigerten, sich den Kabinettsentwurf zum Maßstäbegesetz zu Eigen zu machen. Abgesehen von diesen Zielen versuchte das Bundesfinanzministerium, inhaltlich wie materiell die Bundesposition zu wahren. Im Mittelpunkt standen dabei der vertikale Finanzausgleich sowie Komponenten des horizontalen Transfersystems mit Folgewirkungen für den Bund. Überdies strebte der Bund nach Rechtssicherheit, um vorzeitige Neuverhandlungen zu verhindern, da diese die Planbarkeit untergraben und leicht zu Lasten des Bundes gehen könnten. Entsprechend ihrer Konsensstrategie hielt sich die Bundesregierung mit allzu konkreten Festlegungen hinsichtlich der Details des neuen

---

271 Eine Spaltungsstrategie war nur im Zusammenspiel mit dem Hannoveraner Kreis denkbar, in dem mit Ausnahme von Nordrhein-Westfalen alle SPD-regierten Länder vertreten waren.

6.3 Erklärung

Finanzausgleichs weitgehend zurück und überließ zunächst den Ländern die Entwicklung konkreter Modelle.

In der Präferenzordnung der *Länderregierungen* nahmen wie bisher die fiskalischen Folgen der Reform mit Abstand den ersten Rang ein. Im Kontrast zu 1993 standen nunmehr aber die horizontalen Verteilungsfragen im Zentrum. Hauptsächlich lässt sich dies auf den ersten Solidarpakt zurückführen. Um ihre materiellen Interessen gegen den Bund durchzusetzen, stellten die Länder seinerzeit sämtliche länderinterne Streitpunkte zurück. Mit dem Erfolg ihrer Strategie konnten sie die Lasten für den Aufbau Ost vorwiegend auf den Bund abwälzen. Damit war dessen Spielraum für ein zusätzliches Engagement im Finanzausgleich weitgehend ausgereizt. Mit dem zögerlichen Aufholprozess und den anschwellenden Transfers im Länderfinanzausgleich brachen die 1993 übertünchten Streits zwischen den Ländern wieder aus. Nachdem sich die *süddeutschen Geberländer* im Bundesrat in der Minderheit befanden und die Mehrheit der Nehmerländer jegliche vorzeitige Neuverhandlungen ablehnten, pokerten sie mit dem Gang nach Karlsruhe. Vornehmlich bezweckten sie damit, das Thema auf die operative Agenda zu bringen und ihre Ausgangsposition für die Reform der Finanzbeziehungen zu stärken. Gleichsam nutzten sie die Klagen zur medienwirksamen Inszenierung ihrer Anliegen. Diese untermauerten sie mit dem Leitbild des „*Wettbewerbsföderalismus*". Obgleich dies sicherlich auch den in Süddeutschland stärker verankerten föderalen Wertvorstellungen entsprang, diente ihre Argumentation doch in erster Linie ihren monetären Interessen. Allerdings verknüpften sie beide Aspekte mit einer derartigen Vehemenz, dass ihr Ansinnen einer stärkeren Anreizorientierung im Finanzausgleich nicht nur einen materiellen, sondern auch einen hohen symbolischen Wert besaß. Mit ihrer kompromisslosen Aufkündigung des Solidarpaktkonsenses schweißten sie indes die ostdeutschen Länder sowie die finanzschwachen westdeutschen Länder zu einer gemeinsamen Abwehrfront zusammen.

Aus der vom finanziellen Status aus betrachteten Dreiteilung der Länder formierten sich im Verhandlungsprozess durch den *Zusammenschluss der potenziellen Verlierer* im Hannoveraner Kreis lediglich zwei Lager. Als einziges Geberland schloss sich Hamburg dem Bündnis an, da dessen finanzieller Besitzstand mit der Infragestellung der Einwohnerwertung der Stadtstaaten ebenfalls massiv attackiert wurde.[272] Als konstitutives Merkmal einte die Allianz die Überzeugung, nur gemeinsam stark zu sein. Angesichts der unsicheren Mehrheitsverhältnisse musste jedes einzelne Land befürchten, am Ende überstimmt zu werden. Deshalb verankerte sich das Bewusstsein, als fester Block den größten Schutz zu genießen.[273] Um den potenziell fragilen Klub zusammenzuhalten und die internen Interessendivergenzen zu überbrücken, verlangte dies von allen Beteiligten eine engagierte Zusammenarbeit. Der enge Zeitkorridor stützte dies allerdings eher, weil die Gefahr einer Verfassungswidrigkeit des bestehenden Finanzausgleichs wie ein Damoklesschwert über den Abstimmungsprozessen schwebte. Nachdem die Mitglieder aus unterschiedlichen Motiven die Forderungen der Süd-Länder abwehrten, verständigten sie sich auf den Grundkonsens, die jeweiligen Elementarinteressen zu akzeptieren und Änderungen am bestehenden

---

272 Die süddeutschen Länder versuchten mehrfach, Hamburg aus dem Hannoveraner Kreis loszueisen. Hauptsächlich boten sie eine andere Steuerzerlegung an. Für Hamburg war das durchaus verlockend, gleichwohl hätte dies zu massiven Konflikten mit den Nachbarstaaten geführt. Angesichts der intensiven regionalen Interessenverknüpfung lehnte der hamburgische Senat aus prinzipiellen Erwägungen eine Gegnerschaft mit den angrenzenden Flächenländern ab, zumal die Region insgesamt Verluste erlitten hätte.
273 Indem sie Hamburg die Sprecherfunktion übertrugen, banden sie den Stadtstaat noch stärker in das Bündnis ein. Überdies konnte Hamburg als Geber auf gleicher Augenhöhe mit den süddeutschen Ländern verhandeln.

Regelwerk zu minimieren. Aus dieser strukturkonservativen Haltung heraus galt für sie der Maßstab, den bestehenden Finanzausgleich an den Karlsruher Vorgaben auszurichten. Neben der Abwendung von finanziellen Verlusten galt ihre oberste Maxime der Erzielung einer verfassungskonformen Neuregelung, da sie abermalige Klagen unbedingt verhindern wollten. Strategisch favorisierten sie hierfür eine politische Lösung.[274]

Drei Länder widersetzten sich zunächst der Lagerzuordnung. Während *Sachsen*, das sich als potenziell reiches Land betrachtete, seine auf wissenschaftlichen Überlegungen basierenden Konzepte schließlich verwarf und die materiellen Landesinteressen vor die Sachrationalität stellte, blieb *Thüringen* trotz seiner Interessenidentität mit dem Hannoveraner Bündnis bis zum Schluss seiner Außenseiterrolle treu. Damit ist das Thüringer Verhalten ein herausragendes Beispiel dafür, dass die politische mit einer ökonomischen Rationalität nicht gleichzusetzen ist, bestand doch zu keiner Zeit die Chance, einen monetären Vorteil aus dieser Extravaganz zu ziehen. Ausschlaggebend für die Erfurter Positionierung waren vermutlich parteipolitische Erwägungen und die enge Kooperation mit Hessen. Segensreich gestaltete sich für die neuen Länder und Berlin die intensive Kooperation bezüglich der Solidarpaktfortführung mit dem Bund. Hierauf lag das Hauptaugenmerk aller *ostdeutschen Regierungen*, standen doch beträchtliche Summen auf dem Spiel. Um ihre Interessen zu wahren, verquickten sie den Solidarpakt entscheidungstechnisch mit der Finanzausgleichsreform, verhandelten diesen aber zunächst separat mit dem Bund. Angesichts der Priorität auf der Anschlussfinanzierung für den Aufbau Ost, die zugleich vom Hannoveraner Kreis durch die dort beteiligten Länder mitvertreten wurde, konnte sich Thüringen die eigenständige Positionierung hinsichtlich der Finanzausgleichsreform leisten.

Wesentlich bedeutsamer als die Sonderrolle der beiden Ost-Länder gestaltete sich die ambivalente Position der *nordrhein-westfälischen Regierung*. Anfangs kooperierte sie stärker mit den Süd-Ländern, übernahm nach dem Steuerreformbeschluss jedoch stärker eine Schiedsrichterfunktion, die am Ende sehr hilfreich werden sollte. Clement und Steinbrück führten zwar eine lose Kooperation mit den süddeutschen Ländern fort, gleichwohl hielten sie sich aber auch andere strategische Allianzen offen. Maßgeblich für die Nähe der nordrhein-westfälischen Regierung zu den süddeutschen Ländern war deren Selbstverständnis, zu den großen Zahlerländern zu gehören. Hierbei nutzte Düsseldorf seine starke Stellung innerhalb der Ländergemeinschaft. Als bevölkerungsreichstes Land (der Weststaat hat mehr Einwohner als das Beitrittsgebiet) verfügt es generell über einen hohen Einfluss bei finanzpolitischen Entscheidungen des Bundesrats. Zum Ausdruck kommt dies darin, dass Nordrhein-Westfalen permanent den Vorsitz im Finanzausschuss des Bundesrats innehat. Zu dieser strukturellen Stärke kam im vorliegenden Fall noch eine situative Schlüsselrolle des größten Bundeslandes hinzu. Die Hannoveraner Allianz verfügte zwar über die Stimmenmehrheit im Bundesrat, im Bundestag stellte sie allerdings nicht die Mehrzahl der Abgeordneten. Nordrhein-Westfalen blieb daher das „Zünglein an der Waage", es hätte theoretisch die Chance gehabt, einer Mehrheitslösung den Weg zu ebnen. Indem es sich aus den genannten Erwägungen den Anwerbeversuchen der 11-Länder-Gruppe widersetzte, die vornehmlich über die A-Länder-Schiene erfolgten, und gleichzeitig eine Brücke zwischen beiden Blöcken schlug, determinierte die Positionierung der nordrhein-westfälischen Regierung maßgeblich den Reformweg.

Wie an der Haltung Nordrhein-Westfalens ersichtlich wird, blieb der Versuch der parteiinternen Koordinierung nur bedingt erfolgreich. Während Parteien bei föderalen Streifra-

---
274 Vgl. Kurth/Milbrandt 2001: 699.

6.3 Erklärung

gen häufig eine Scharnierfunktion einnehmen, gelang dies bei der Finanzreform lediglich ansatzweise. Im Gegensatz zu den Verhandlungen 1992/93, als Bayern und Nordrhein-Westfalen frühzeitig bewusst parteipolitisch motivierte Fraktionierungen des Länderlagers unterbanden, versuchten sich diesmal beide Seiten an einer Fruchtbarmachung *parteiinterner Abstimmungskanäle*. Allerdings zeigte sich schon bald nach dem Karlsruher Urteil, dass eine Koordination zwischen den B-Ländern in Anbetracht der existenziellen Interessengegensätze kaum möglich war. Bis zum Verhandlungsabschluss blieben die Regierungschefs der Union in der Frage des Finanzausgleichs hoch zerstritten. Sicherlich erleichterte die parteipolitische Affinität die Bildung des Süd-Länderblocks, zur Entscheidungsfindung trug die Zusammenarbeit der B-Länder obgleich nicht bei. Relevanter war hingegen die Abstimmung zwischen den A-Ländern. Allerdings gelangten auch hierüber lediglich gewisse Weichenstellungen für das weitere Verfahren. Indem Düsseldorf aber ein gemeinsames Vorgehen ablehnte, konnte hierüber die Reform nicht präjudiziert werden.

Nachdem auf den parteiinternen Treffen kein Konsens erzielt werden konnten, gewann die Kooperation innerhalb der Lager sowie der Ministerpräsidentenkonferenz an Bedeutung. Gleichfalls verfügte die Arbeitsebene über einen gewissen Einfluss auf die Problemverarbeitung.[275] Im Gegensatz dazu blieb dem Bundestag, dessen Mitglieder sich in ihrer Willensbildung eher an der landsmannschaftlichen Herkunft als an bundes- oder parteipolitischen Überlegungen orientierten,[276] trotz des Engagements des Sonderausschusses wiederum nur der Part des Akklamationsorgans.[277] Damit blieben auch die Mitwirkungschancen der kleinen Parteien[278] minimal. Ihnen ging es kaum besser als den Landesparlamenten und den Kommunen, die die Verhandlungen ebenso nur aus der Ferne beobachten konnten.

Angesichts der hohen Relevanz des Themas für alle Beteiligten sowie der hochgradigen *Outputorientierung* der Länder, die am offenkundigsten in der Kondition zu Tage trat, das Maßstäbegesetz nur auf der Grundlage von Eckpfeilern über die Ausgleichsfolgen und

---

275 Besonders manifestierte sich dies bei den Fachexperten des Bundesfinanzministeriums. Bei der Konzipierung des Maßstäbegesetzentwurfs, der das Fundament des später verabschiedeten Gesetzes bildete, blieben ihnen innerhalb der mit der Leitung abgestimmten Zielsetzung gewisse Gestaltungsspielräume. Die Eckpunkte stimmte die Fachebene mit der Hausleitung ab, die Ausgestaltung blieb aber vornehmlich Sache der Experten. Deren „Handschrift" im Maßstäbegesetz ist zu erkennen, auch wenn der materielle Gehalt der Bestimmungen den politischen Vorgaben folgt.

276 Vgl. Stünker 2003: 17. Zahlreiche Abgeordnete, die sich mit dem Thema befassten, pflegten in dieser Frage Rückkopplungen mit ihren Landesverbänden oder – bei gleicher Parteimitgliedschaft – mit der Regierung ihres Herkunftslandes. Prinzipiell vertraten die Union und die FDP, aber auch das Bundesfinanzministerium das Ziel einer Stärkung der Anreize im Finanzausgleich. Vor allem sozialdemokratische Abgeordnete die in Mitgliedsländern des Hannoveraner Kreises beheimatet waren, konnten die Argumentation ihrer Regierung nicht nachvollziehen. So machte sich die Fraktion den Maßstäbegesetzentwurf des Kabinetts nicht zu Eigen, da er nach ihrer Auffassung zu sehr der Position der süddeutschen Länder folgte. Konsens herrschte innerhalb der Regierungsfraktionen hinsichtlich der Zielsetzung, dass im Jahr 2005 der neue Finanzausgleich materiell am Status quo andocken sollte.

277 Die Parlamentarier adaptierten die etablierten Spielregeln der Exekutivverhandlungen. Mit einer Stellungnahme zum Kabinettsentwurf wartete der Sonderausschuss bis zum Erfolg der Regierungsgespräche ab.

278 Die FDP, als kleine Oppositionspartei jeglicher Mitverantwortung beraubt, nutzte die Finanzreform daher taktisch geschickt, um „Schaufensterpolitik" zu betreiben. Sie vertrat konsequent das Credo des „Wettbewerbsföderalismus". Die liberalen Regierungsmitglieder in Mainz hinderte diese Haltung indes nicht, den „Sonderbonus" für Rheinland-Pfalz billigend in Kauf zu nehmen. Allerdings besaß auch der kleine Koalitionspartner im Bund nur ein geringes Gewicht. Im Kontrast zur FDP disziplinierte die Grünen das Regierungsbündnis. Abweichende Meinungen konnten sich daher nur einige grüne Abweichler erlauben, die sich mit der Materie zuvor sehr vertraut gemacht hatten. Zum Aufbegehren gegen den großen Koalitionspartner taugte das Thema aus zwei Gründen nicht: Einerseits ist es für die Wähler nicht interessant und andererseits war ohnehin die Mehrheit im Parlament gesichert.

den Solidarpakt II zu billigen, gestaltete sich der Weg zur Einigung ausgesprochen steinig. Erschwert wurde diese durch die außerordentlich vertrackte Akteurskonstellation. Während es 1993 beim Solidarpaktgipfel zum Showdown zweier Blöcke mit kompletten und miteinander unvereinbaren Lösungsmodellen kam, standen sich diesmal drei Lager (Bund, Hannoveraner Kreis, Süd-Länder) gegenüber, die drei prinzipiell trennbare Materien (Maßstäbegesetz, Finanzausgleich, Solidarpakt) mit drei inhärent verknüpften materiellen Ebenen (horizontaler und vertikaler Finanzausgleich sowie Solidarpakt) zu regeln hatten, ohne dass auch nur eine Seite ein umfassendes Programm hierfür vorlegen konnte. Daneben spielten im Gegensatz zu den letzten drei Jahrzehnten zuvor, wenn auch nicht Systemfragen, so doch symbolische Aspekte eine bedeutende Rolle.[279] Vor allem die Regierungen von Baden-Württemberg und Bayern verbanden ihre Positionen mit dem Kampf um Überzeugungssysteme. Dahinter stand ein Mix aus fiskalischen und machtpolitischen Interessen sowie Werthaltungen, wobei pekuniäre Belange zweifellos an erster Stelle rangierten.

Im Kontext mit der seit langem bei politischen Feierstunden erhobenen Forderung nach einer Reföderalisierung sowie dem gleichlautenden Appell aus Wissenschaft und Fachpresse drängt sich dennoch die Frage auf, worum es sich hierbei handelt. Beobachten wir einen sukzessiven (kulturellen) Wandel, oder handelt es sich lediglich um eine Reaktion auf veränderte materielle Bedingungen, die zur Suche nach neuen Instrumenten innerhalb kulturell normierter Prämissen und des bestehenden Systems führt? Die Indizien sprechen eher für Letzteres. Diese These wird dadurch nahegelegt, dass die Vorstöße zuvorderst durch Interessen motiviert waren, während es sich in der Wissenschaft um eine technokratische und relativ abstrakte Modelldebatte handelt. Daneben und darüber hinaus sprechen weitere wichtige Argumente gegen einen grundlegenden Kulturwandel. Sicherlich ist die politische Kultur stets ein dynamisches Phänomen, und ein 15 Jahre nach der deutschen Einheit haben sich einige auffällige Verschiebungen ergeben. Hierzu zählt hinsichtlich der föderalen Staatsorganisation speziell eine Tendenz zu mehr Vielfalt. Doch trotz dieser Entwicklung formierte sich weder im politisch-gesellschaftlichen Umfeld noch bei den staatlichen Einheiten eine Kultur des Wettbewerbs.[280] Weitgehend unumstritten sind nach wie vor die Rechts- und Wirtschaftseinheit sowie die Bereitstellung gleichwertiger öffentlicher Leistungen im Bundesgebiet. Dementsprechend wurde der Aufbau Ost auf hohem Niveau von allen im Bundestag vertretenen Parteien unterstützt.[281] Ein bedeutender Indikator ist in diesem Kontext auch der Bundestagswahlkampf 2002. Stoiber, der die sicherlich am stärksten dezentral ausgerichtete Partei führt, positionierte sich nicht ansatzweise – anders als George W. Bush im Präsidentenwahlkampf in den USA – als Föderalist. Summa summarum ist deshalb davon auszugehen, dass die Überlegungen zur Etablierung eines „*Wettbewerbsföderalismus*" zu keinem Zeitpunkt eine reelle Option darstellten. Vielmehr blieb die Orientierung an gleichwertigen Lebensverhältnissen prinzipiell unangetastet.[282] Dessen

---

279 Mit dem Karlsruher Urteil war die Forderung nach einem Systemwechsel faktisch obsolet.
280 Vgl. die Einschätzung von Lehmbruch 2000b.
281 Vgl. Brunton u.a. 2002: 247, Kröning 2003: 11. Trotz gelegentlichem, an Zynismus grenzendem Populismus stellte kein führender Politiker den Aufbau Ost in Frage. Als der bayerische Staatskanzleichef Erwin Huber etwa nach Bildung der SPD/PDS-Koalition in Mecklenburg-Vorpommern drohte, die West-Ost-Transfers einzustellen, wiesen die Generalsekretärin der CDU, Angela Merkel, und der Parteichef der CSU, Edmund Stoiber, umgehend darauf hin, dass Huber „*missverstanden*" worden und eine Beendigung der West-Ost-Hilfen nicht beabsichtigt sei. Vgl. Handelsblatt vom 8.1.1999: Hubers Vorstoß löst Empörung aus sowie Süddeutsche Zeitung vom 9.1.1999: Merkel weist Hubers Forderung zurück.
282 Die Zeitschrift blickpunkt bundestag (Heft 3/2001: 71) beschrieb die Arbeit des Bundestagssonderausschusses wie folgt: „*Das grundgesetzlich verankerte Ziel, durch den Finanzausgleich ‚die Einheitlichkeit der Le-*

6.3 Erklärung

ungeachtet erschwerte das vordergründige Ringen um unterschiedliche Überzeugungssysteme die Annäherung beider Lager erheblich. Denn damit stand nicht allein ein horizontaler Verteilungskonflikt mit unterschiedlichen fiskalischen Interessen auf der Tagesordnung, mit ihrer Argumentation stellten die Süd-Länder die Positionen ihrer Antipoden teilweise grundsätzlich auf ihre inhaltliche Berechtigung in Frage.

Trotz der extrem widersprüchlichen Akteurspräferenzen konnten die Länder sich geradezu routiniert und entsprechend dem Zeitplan erneut auf eine einvernehmliche Lösung verständigen. Ausschlaggebend hierfür war zuvorderst, dass sich die Regierungen von Bund und Ländern auf eine gemeinsame *partei- und ebenenübergreifende Problemsicht und Zieldefinition* verständigen konnten. Unverändert genoss die Prämisse der Herstellung gleichwertiger Lebensverhältnisse einen hohen Stellenwert. Die „Selbstverständlichkeit", mit der nach wie vor die immensen Unterstützungsleistungen für die neuen Länder akzeptiert worden sind, lässt sich indes nicht allein durch die institutionellen Bedingungen und das sozioökonomische Umfeld, geschweige denn durch die zufällige Übereinstimmung subjektiv generierter Interessen erklären. Vielmehr handelte es sich unverändert um eine tief in der *politischen Kultur* verankerte Handlungsmaxime. Daneben kam mit der *Konsensorientierung* einer zweiten, verfahrenstechnischen Prämisse eine hohe Relevanz zu. Schon bald setzten es sich die Regierungschefs zum Ziel, eine einvernehmliche Lösung zu finden.[283] Diese Haltung lässt sich auf vielfältige Bestimmungsmomente zurückführen. Hierzu zählen auch die Akteursinteressen. Des Weiteren wirkten sich ebenfalls Lerneffekte sowie institutionelle und kulturelle Bedingungen aus.[284]

Mit der Konsensorientierung stand eine Grundentscheidung in Verbindung, die das Ergebnis maßgeblich prägte. Frühzeitig verzichteten die Regierungen auf eine Fundamentalreform, um damit die Basis für eine gemeinsame Problemlösung zu schaffen. Angesichts des engen Zeithorizonts sowie der eklatanten Interessengegensätze erschien ihnen vor dem Hintergrund ihrer Erfahrungen mit der Verhandlungslogik eine grundlegende Revision der Finanzbeziehungen als nicht realisierbar. Ausschlaggebend hierfür war speziell auch die Handlungsorientierung der Mitglieder des Hannoveraner Kreises. Denn angesichts der unkalkulierbaren Finanzrisiken von Neuerungen erachteten sie eine größtmögliche Kontinuität des Systems als optimale Lösung. Mit dieser strukturkonservativen Position fehlte die Mehrheit für einen Wandel des Finanzsystems. Zum Ausdruck kam die Abkehr von der substanziellen Neujustierung der Finanzordnung mit der abermaligen Entkopplung der Finanzausgleichsverhandlungen von der Überprüfung der föderalen Aufgabenverteilung. Indem Bund und Länder die Einsetzung einer Verfassungskommission erneut vertagten, war eine konsistente Bundesstaatsreform nicht mehr möglich. Doch auch die Losungen, wonach der neue Finanzausgleich kein Land in seiner Existenzfähigkeit bedrohen und zu keinen unausgewogenen Gewinnen oder Verlusten bei den einzelnen Staaten führen dürfe, limitierten den Anpassungsspielraum radikal. Speziell hatten damit Wettbewerbsansätze keine Chance mehr. Entsprechend dieser Maßgabe entwickelten die Akteure – entgegengesetzt zur Reform von 1992/93 – keine grundlegend neuen Finanzausgleichskonzeptionen.

---

bensverhältnisse im Bundesgebiet' zu garantieren, gibt dem Sonderausschuss nicht nur die Richtung vor, sondern wirkt auch konsensbildend."
283 Vgl. Stünker 2003: 17.
284 In der föderalen Arena werden routinemäßig aus vielerlei Gründen Konsensentscheidungen bevorzugt. AUsführlich dazu Kapitel 1.3.3; vgl. Altemeier 1999: 64 ff..

Wie bei früheren Finanzausgleichsreformen bestimmten damit distributive Überlegungen sowie politisch normierte Prämissen und Leitbilder die Entscheidungsfindung. Hingegen nahmen sachrationale Argumente, die in erster Linie der Untermauerung der jeweiligen Position dienten, nur eine untergeordnete Stellung ein.[285] Es mangelte demzufolge an einem politischen Willen zur Maßstabsbildung, weshalb die Intention, welche Karlsruhe mit dem Vorranggesetz verbunden hatte, in der Realität nicht trug. Das Maßstäbegesetz wurde allein erlassen, weil eine verfassungsgerichtliche Weisung hierzu bestand. Wenn die Idee auch einige Anhänger in der Praxis fand, konnte sich die überwiegende Mehrheit hierfür nicht begeistern. Daneben setzten die Akteure unvermindert auf die Strategien der Komplexitätsreduzierung, der Konfliktminimierung, der Risikobegrenzung und Strukturerhaltung. Dies manifestierte sich in der politischen Kopplung des Finanzausgleichs und des Solidarpakts an das Maßstäbegesetz. Angesichts dieser Handlungslogik war der Weg zur Einigung vorgezeichnet. Auf der Basis einer fiskalischen Status-quo-Orientierung musste eine Anpassung des geltenden Rechts erfolgen, die den Forderungen der Süd-Länder entgegenkam, ohne sich zu sehr von den etablierten Strukturen zu entfernen.[286]

Ungeachtet dieser Wegbeschreibung stießen die Länder im Unterschied zu 1993, als sie vertikale Fragen in den Vordergrund rückten, an ihre Grenzen. Erst als die Möglichkeiten zur länderinternen Konfliktlösung offenkundig erschöpft waren, schaltete sich die Bundesregierung mit eigenen Konzepten in die Verhandlungen ein. Um ihre Reformagenda nicht zu gefährden, hielt sie sich lange mit eigenen Vorschlägen zurück.[287] Für sie waren – unter der Maßgabe der Verfassungskonformität – vielfältige Regelungsvarianten denkbar.[288] Da ein Scheitern der von ihr verfolgten Konsensstrategie drohte, nutzte der Bundeskanzler die finanzielle wie entscheidungsstrukturelle Hegemonie, um sich als (freilich nicht uneigennütziger) Moderator zu profilieren und die Schneise für eine einmütige Lösung zu schlagen. Mit der Offerte eines „*Einigungszuschusses*" schaffte er den entscheidenden Durchbruch. Damit griff er auf die klassische Strategie zurück, durch eine Mittelzuführung eine redistributive Entscheidung in eine distributive zu transformieren.[289] Denn erst damit eröffnete sich den Ländern die Option, einen für alle zustimmungsfähigen Kompromiss unter dem Grundsatz der „*schwarzen Null*" zu erzielen.

Dies allein war allerdings noch kein Garant für den Erfolg. Ausschlaggebend kam hinzu, dass neben der Bundesregierung auch beide Länderblöcke einen *situativen Einigungsdruck* verspürten. Für die im Hannoveraner Kreis verbündeten Länder war nicht nur ein Abschluss innerhalb des vorgegebenen Zeitrahmens erforderlich, um eine Unwirksamkeit des bestehenden Finanzausgleichs abzuwenden. Ihnen lag überdies an einer Rechtssicherheit und Planbarkeit des neuen Finanzausgleichs. Dies konnten sie nur erreichen, indem sie den Geberländern, die bereits vor dem abschließenden Gipfeltreffen mit neuen Klagen drohten, substanziell entgegenkamen. Derweil mussten die Süd-Länder erkennen, dass sie sich auf Länderseite in der Minderheit befanden und der Spielraum zur politischen Durchsetzung ihrer Vorstellung bald ausgereizt war. Wollten sie nicht eine Niederlage riskieren,

---

285 Vgl. Brunton u.a. 2002: 249, Geske 2002: 296.
286 Vgl. die Einschätzung von Geske 2002: 317.
287 Vgl. BMF 2003: 18.
288 Auch wenn sie sich erst spät in die Verhandlungen eingeschaltet hatte, war sie angesichts ihrer institutionellen Macht stets präsent. Die beiden Länderblöcke suchten deshalb bereits im Vorfeld auf Arbeitsebene die Rückkoppelung mit dem Bundesfinanzministerium, um dessen Positionen zu eruieren und zu prüfen, was die Bundesregierungen mittragen würde.
289 Vgl. Benz 1999: 141.

6.3 Erklärung

verblieb ihnen nur die Option, ihre Zustimmung so teuer als möglich zu verkaufen und soviel „Anreizkosmetik" als möglich durchzusetzen. Überdies hielt sich – zumindest in der Presse – das Gerücht, dass Stoiber angesichts seiner Ambitionen auf die Kanzlerkandidatur der Union ein Interesse an einem Abschluss hegte, um nicht als Widersacher des Solidarpakts seine Wahlchancen in Ostdeutschland zu verringern.[290] Überdies lag wie schon 1993 keinem Verhandlungsbeteiligten daran, die Problemlösung von der informellen Arena der Regierungsverhandlungen in die formellen Kanäle des Vermittlungsausschusses zu verlagern. Im Hinblick auf dessen strikt geregelte Entscheidungslogik galt dieses Forum wiederum als ultima ratio.[291] Damit setzte das selbstgewählte Verfahren des Gipfeltreffens der Regierungschefs alle Beteiligten unter Erfolgszwang. Bekräftigt wurde dieser noch dadurch, dass in Anbetracht der engen Verflechtung der Gebietskörperschaften sowie der öffentlichen Erwartung, die Funktionsfähigkeit des Bundesstaats sicherzustellen, für alle Beteiligten keine Anreize bestanden, die Konsensfindung zu blockieren. Somit wirkte sich wieder das Phänomen aus, das wir zuvor als *„dritte soziale Rolle"* charakterisierten.

Das Endergebnis der Klausurtagung resultierte schließlich aus der spezifischen Interessen- und Kräftekonstellation beim Gipfeltreffen im Juni 2001. Angesichts der unverändert scharfen horizontalen Spannungen stand jeder Fortschritt bis zum endgültigen Abschluss auf tönernen Füßen. Während die Hauptkonfliktlinie zwischen den Ländern verlief, taktierte die Bundesregierung stets im Hintergrund mit, da ihr Kanzler eine Einigung um jeden Preis erreichen wollte. Sie musste dann auch tiefer in die Tasche greifen und den Zuschuss an die Länder nochmals aufstocken. Allerdings modellierte sie die Erhöhung mittels der Tilgungsstreckung buchungstechnisch so geschickt, dass sich deren Gestaltung, die für die Länder positive Liquiditätseffekte hatte, zumindest an ihre Konsolidierungsstrategie anschmiegte. Im Unterschied zum ersten Solidarpakt agierte die Bundesregierung diesmal klüger. Dabei profitierte sie auch von der Spaltung des Länderlagers. Im Übrigen siegte, ebenso wie 1993, der Kanzler, da er sich im Gegenzug für seine Zugeständnisse im Finanzausgleich die Durchsetzung der Rentenreform und der Kindergelderhöhung sicherte. Womit abermals bewiesen war, dass bei Themen, die originär die Länderinteressen berühren, die Rolle des Ministerpräsidenten schwerer wiegt als die des Parteipolitikers. Vor dem Hintergrund einer willigen Bundesregierung konzentrierte sich der Disput der Länderchefs auf die Neuregelung des Finanzausgleichs. Im Vordergrund standen hierbei Verteilungsfragen, wobei für die Süd-Länder außerdem eine stärkere Anreizorientierung als zusätzliches Zustimmungskriterium hinzukam. Ungeachtet des *„Einigungszuschusses"* hatten die Länderregierungen massive Schwierigkeiten, ein System zu konstruieren, bei dem alle Beteiligten gewinnen.[292] Letzteres war jedoch die Ausgangsprämisse, die der neue Finanzausgleich unbedingt zu erfüllen hatte. Darüber hinaus musste der Anreizgedanke, dem die süddeutschen Geberländer bekanntlich einen hohen symbolischen Wert beimaßen, im neuen Trans-

---

[290] Siehe Frankfurter Allgemeine Zeitung vom 22.6.2001: Mitmachen bis zuletzt und dann nach Karlsruhe gehen.
[291] Ein Vermittlungsverfahren erachteten die Beteiligten als zu langwierig, zu unflexibel und zu schwer kontrollierbar. Die Finanzminister beobachteten es mit Skepsis, wenn das Thema zu sehr in die Hände der Abstraktpolitiker geriet. Ihnen lag daran, die Finanzreform auf ihrer Ebene zu behalten. Bereits die Abstimmungen der Chefs der Staats- und Senatskanzleien beäugten sie kritisch. Ebenso skeptisch betrachteten sie die „freihändigen" Entscheidungen in den Kaminrunden der Ministerpräsidentenkonferenz. Sie achteten deshalb auf ein bestmögliches Briefing ihrer Regierungschefs. Gleichwohl verfügten nur diese über den politischen Handlungsspielraum, um die Konflikte zu lösen.
[292] Vgl. Peffekoven 2001b: 431.

fersystem berücksichtigt werden.[293] Im Übrigen positionierten sich die Mitgliedsländer des Hannoveraner Kreises dank ihrer Stimmenmehrheit strategisch so gut, dass das geltende Recht als Grundlage diente und dessen Sondertatbestände prinzipiell – wenn auch teils in veränderter Form oder mit geringerem Volumen – erhalten bleiben sollten. An diesen Kriterien orientierten sich die Regierungschefs, um zumindest auf der Zielgeraden noch eine einvernehmliche Länderposition zu erreichen. Als Basis für alle Überlegungen diente das bestehende Regelwerk. Dabei beschränkten sie sich auf vereinzelte Innovationen, im Wesentlichen variierten sie lediglich einzelne Bausteine. Hierbei interpretierten die Akteure die einzelnen Stufen und Elemente – im Gegensatz zur Wissenschaft – als aufeinander aufbauende Module mit technischer Stellschraubenfunktion, die teilweise solange nach dem „Trial-and-Error-Prinzip"[294] kombiniert wurden, bis ein allseits akzeptables finanzielles Ergebnis erzielt wurde.[295] Von herausragender Relevanz war die Kopplung der erhöhten Einbeziehung der kommunalen Finanzkraft mit der Stärkung des Selbstbehalts in allen Stufen des sekundären Finanzausgleichs. Mit ergänzenden Korrekturen – wie der überproportionalen Gewährung von Sonderbedarfs-BEZ für Rheinland-Pfalz – konfigurierten sie letztendlich ein für alle zustimmungsfähiges Ergebnis. Die ostdeutschen Regierungschefs setzten den Solidarpakt II, den sie bislang abgeschirmt von den Finanzausgleichsberatungen mit dem Bund berieten, im „Windschatten dieses Tauziehens"[296] durch. Maßgeblich hierfür war daneben ihre kluge Argumentation und Öffentlichkeitsarbeit, mit der sie ihr Anliegen im Hinblick auf den kommenden Bundestagswahlkampf für die Parteien interessant machten. Mit dieser Strategie erreichten sie den Kanzler, der sich als spendabler Förderer des Aufbaus Ost inszenierte, in der Hoffnung dadurch seine Wiederwahlchancen in Ostdeutschland zu steigern. Mit dem Konsens über alle drei Bereiche bewiesen die Regierungschefs beider Ebenen, dass das föderale System ungeachtet der eklatanten Interessengegensätze und der großen Zahl der Beteiligten auch im vereinten Deutschland funktioniert.

6.4 Bewertung unter Beachtung der politischen und fiskalischen Folgeeffekte

Wie ist nun die Qualität der Problembewältigung unter Beachtung der Komplexität der Rahmenbedingungen? Die Politiker selbst gaben sich im Anschluss an den Gipfelkompromiss überschwänglich. Man sprach von einem großen Tag für den Föderalismus, an dem Bund und Länder eindrucksvoll ihre Reform- und Handlungsfähigkeit bewiesen, wodurch das ganze Land gewonnen hätte.[297] Ob dies eine zutreffende Beschreibung des Politikergebnisses ist, müssen wir im Folgenden hinterfragen. Dabei stellt sich das Problem, dass

---

293 Vgl. Geske 2002: 297 f. Hierbei handelte es sich am Ende nicht nur um ein Überzeugungssystem. Es ging für die Regierungen der Geberländer auch um Gesichtswahrung, schließlich wäre eine generelle Abkehr von der Anreizdogmatik in der Öffentlichkeit als Niederlage aufgefasst worden, selbst wenn sie finanzielle Zugewinne zu verzeichnen gehabt hätten.
294 Lenk 2002: 339.
295 Im Kontrast dazu gestehen die Staatsrechtslehrer und die Wirtschaftswissenschaftler allen Bestandteilen des Finanzausgleichs eine eigene Wertigkeit zu. Vgl. Geske 2002: 317.
296 Wachendorfer-Schmidt 2003: 269.
297 Siehe Süddeutsche Zeitung vom 25.6.2001: Viele Sieger und ein stiller Verlierer, Frankfurter Allgemeine Zeitung vom 25.6.2001: Finanzausgleich und Solidarpakt bis 2020 neu geregelt, Handelsblatt vom 25.6.2001: Länderfinanzausgleich und Solidarpakt II beschlossen. Ferner dazu die Regierungserklärung von Bundeskanzler Gerhard Schröder vom 29.6.2001, abgedruckt in Deutscher Bundestag: Stenographischer Bericht der 180. Sitzung (Plenarprotokoll 15/180). Vgl. auch Peffekoven 2001b: 427.

die Neuregelungen größtenteils erst kürzlich in Kraft getreten sind. Speziell über die *sozioökonomischen und finanzwirtschaftlichen Folgewirkungen*, denen wir uns in den vorherigen Fallstudien aufmerksam widmeten, können daher nur bedingt Aussagen getroffen werden. Denn hierfür sind vielfältige Parameter mitverantwortlich, die bislang nicht hinreichend abzuschätzen sind. Eine umfassende Bewertung darüber, ob sich die Entscheidungen als problemangemessen erweisen, kann die Wissenschaft erst in einigen Jahren leisten.

Aus heutiger Sicht lässt sich lediglich fragen, welche diesbezüglichen Effekte von dem Solidarpaktfortführungsgesetz zu erwarten sind. Im Wesentlichen stechen zwei Entscheidungen hervor, die sich als Rahmenbedingungen zumindest mittelbar auf die künftige öffentliche Finanzwirtschaft sowie die wirtschaftliche Entwicklung auswirken. Einerseits handelt es sich hierbei um die Tilgungsstreckung des Fonds „*Deutsche Einheit*", die bereits seit 1998 praktiziert und die mit dem Bund-Länder-Kompromiss fortgeschrieben wurde. Legt man den ursprünglichen Finanzierungsplan zugrunde, bedeutet dies de facto eine Neuverschuldung, womit die Lasten in die Zukunft transferiert werden.[298] Gleichfalls folgt hieraus, dass die öffentlichen Kassen noch über insgesamt 15 Jahre den Schuldendienst zu tragen haben. Dies beschneidet über den gesamten Zeitraum den finanzpolitischen Gestaltungsspielraum. Andererseits enthielt die Einigung keine Aussage zum Solidaritätszuschlag. Dieser bleibt deshalb vorerst in Höhe von 5,5 % bestehen. Während sich die Regierungschefs auf eine Degression beim Solidarpakt verständigten, ließen sie offen, ob und wann die Ergänzungsabgabe zur Einkommen- und Körperschaftsteuer abgebaut wird. Dem Bund verbleibt dadurch ein gewisser steuerpolitischer Handlungsspielraum. Die volkswirtschaftlichen Kosten der Neuregelung bleiben damit aber noch offen. Beide Maßnahmen – der verdeckten Kreditaufnahme sowie der Option zur Beibehaltung des Solidaritätszuschlags – kaschieren, dass die Reform nicht gänzlich ohne zusätzliches Geld zu finanzieren war. Welche Beeinträchtigungen aus diesen Regelungen resultieren, wird sich zeigen.

Besser als die Nebeneffekte („*Impacts*"), die über das Bund-Länder-Finanzgefüge hinausgehen, lassen sich unmittelbare Konsequenzen im Politikfeld selbst absehen und würdigen. Bevor wir uns mit den fiskalischen Implikationen für die Gebietskörperschaften befassen, gilt es, das neue Regelwerk eingehender zu betrachten. Bislang beschäftigten uns die technischen Finessen des Finanzausgleichs nur am Rande. Bereits mehrfach stießen wir hierbei auf die vornehmlich finanzwissenschaftliche Kritik am Transfersystem. Eine umfassende Analyse der diversen Elemente ist freilich nicht das Ziel der vorliegenden Studie. Dies ist die Aufgabe problemorientierter Analysen der Rechts- und der Finanzwissenschaft. Nachdem bei der Reform 2001 neben den Umverteilungsströmen auch das System als solches in Frage gestellt wurde, ist es dennoch angebracht, dessen Logik zu analysieren. In der *akademischen Literatur* werden bislang das Maßstäbegesetz und das neue Finanzausgleichsgesetz kontrovers diskutiert, wobei beide staatswissenschaftlichen Nachbardisziplinen unterschiedliche Betrachtungsschwerpunkte haben. Während sich die Staatsrechtslehrer vornehmlich auf die neue „*lex superior*" konzentrieren, erörtern die Ökonomen hauptsächlich die Allokations- und Verteilungsfragen. Für unsere Zwecke ist es nicht erforderlich, die neue Norm in ihre Module zu zerlegen, um die rechts- oder finanzwissenschaftliche Argumentation im Einzelnen nachzuvollziehen. Es genügt vielmehr, einen Überblick über die Kritik zu gewinnen und diese unter mehrdimensionalen, die politischen Rigiditäten des Verhandlungsprozesses einbeziehenden Gesichtspunkten zu bewerten, um die Qualität sowie die Dimension der jüngsten Problemlösung hinreichend zu erfassen.

---

298 Vgl. Renzsch 2002b: 365.

Beginnen wir mit einem Blick auf das neue rechtliche Institut des Bund-Länder-Finanzausgleich, das *Maßstäbegesetz*. Die Schaffung einer solchen Norm entsprang nicht dem originären Willen des Bundesgesetzgebers. Dieser setzte lediglich den entsprechenden Auftrag des Bundesverfassungsgerichts um. Die Entscheidung der Karlsruher Richter – das Grundgesetz verlange ein Gesetz, in dem die abstrakten Begriffe der Finanzverfassung durch Maßstäbe konkretisiert und ergänzt werden[299] – nahm die Staatsrechtslehre mit großer Verwunderung und mehrheitlich sehr verhalten auf. Viele juristische Kommentatoren mokierten sich über die Form, den Inhalt, die Zulässigkeit, die Sinnhaftigkeit sowie die Realitätsferne des Urteils.[300] Dabei wird bereits unter verfassungsdogmatischen Motiven bemängelt, dass sich entgegen der Auffassung der Verfassungshüter ein Zwang zu einem Maßstäbegesetz mitnichten aus der Finanzverfassung ableiten lässt. Da der Judikative zudem die Kompetenz fehlt, dem Maßstäbegesetz einen normativen Vorrang vor einem formell gleichrangigen Gesetz zu verleihen, überschritten die Richter massiv ihre Grenzen gegenüber der Legislative. Die Mehrzahl der Juristen verweisen in diesem Kontext auf die klassische Normenhierarchie, nach der eine Selbstbindung auf gleicher Ebene nicht geschaffen werden kann.[301] Abseits dieser staatsrechtlichen Perspektive kommt zudem eine unter demokratietheoretischen Aspekten problematische Konnotation des Urteils darin zum Ausdruck, dass die Maßstäbe zu einer „Entpolitisierung" der Entscheidungsfindung beitragen sollen. In Anbetracht des hochpolitischen Gehalts des Finanzausgleichs[302] ist dies ausgesprochen bedenklich, zumal eine unbestrittene sachrationale Lösung aufgrund der Vielschichtigkeit der Anforderungsprofile bei zahlreichen Bestimmungen nicht existiert.

Zugleich wich das Gericht damit von seiner bisherigen Rechtsprechung ab, wonach der Finanzausgleich angesichts der hohen Abstraktion der Finanzverfassung nur bedingt justitiabel sei. Mit der angepeilten Stärkung der verfassungsgerichtlichen Kontrollierbarkeit durch Maßstäbe strebten die Richter nicht nur eine Versachlichung an, sondern festigten gleichfalls die Stellung des Gerichts. Dessen Kontrollbefugnisse wurden ausgeweitet, indem die Möglichkeiten zu Normenkontrollklagen verdoppelt wurden, da neben dem Finanzausgleichsgesetz auch das Maßstäbegesetz rechtlich beanstandet werden kann. Mit dieser Kräftigung des eigenen Gewichts relativierte Karlsruhe seine begrüßenswert zurückhaltende Entscheidung im Hinblick auf materielle Vorgaben.[303]

Sachlich übersah der Zweite Senat, dass sich die von ihm erhoffte Chance auf mehr Sachgerechtigkeit und Transparenz[304] hinsichtlich zahlreicher unbestimmter Rechtsbegriffe der Finanzverfassung nicht darstellen lässt, ohne die Finanzausgleichsregelung vorwegzunehmen. Im Übrigen existieren in vielen Bereichen keine objektivierbaren Maßstäbe. Am deutlichsten wird dies bei der vertikalen Umsatzsteuerverteilung. Aufgrund der Unterschiedlichkeit der Aufgaben beider Ebenen ist ein sachlicher Vergleich schlichtweg unmög-

---

299 BVerfGE 101, 158: 158.
300 Vgl. Becker 2000: 3742 f., Linck 2000: 325, Pieroth 2000: 1086 f., Rupp 2000: 269 f., Schneider/Berlit 2000: 841, 843, 845, Geske 2001b: 214 und 2002: 274 f., Peffekoven 2001a: 207 f., Brunton u.a. 2002: 240. Positiv hingegen: Schweinitz 2003: 337 ff.
301 Vgl. Berlit/Kesper 2000: 616 ff., Bull/Mehde 2000: 308 f., Hanebeck 2000: 267, Linck 2000: 326 ff., Pieroth 2000: 1086 f., Kirchhof 2001: 151 ff., Röper 2001: 216 f., Helbig 2002: 39 f. Der Hinweis, es widerspräche dem Demokratieprinzip, dass der Gesetzgeber eine später neu gewählte Legislative nicht rechtlich binden könne, erübrigt sich dahingehend, dass es auch dem künftigen Gesetzgeber offen steht, im gleichen Verfahrensablauf und mit derselben Mehrheit beide Gesetze zu ändern. Vgl. Schweinitz 2003: 341 f.
302 Vgl. J.J. Hesse 2000: 28.
303 Vgl: Berlit/Kesper 2000: 622, Kerber 2001: 16, Lenk 2001a: 212.
304 Vgl. Wissenschaftlicher Beirat beim BMF 2000: 1.

6.4 Bewertung unter Beachtung der politischen und fiskalischen Folgeeffekte

lich. Bei allen denkbaren verfahrenstechnischen Verbesserungen wird die Umsatzsteuerverteilung zwischen Bund und Ländern stets politisch gelöst werden müssen.[305]

Abgesehen von den verfassungsdogmatischen Bedenken wird die Konzeption eines Maßstäbegesetzes unter dem Hinweis auf die vorstehenden Argumente in der akademischen Literatur ebenso in Bezug auf ihre Inhalte als auch auf die Zweiteilung des Gesetzgebungsprozesses als praxisfern bezeichnet. Am dezidiertesten wird dabei die Rawlsche Prämisse des „Schleier(s) des Nichtwissens"[306] attackiert, da die Politiker nicht nur über das Recht, sondern auch über die Pflicht verfügen, die Folgen ihres Handelns abzuschätzen. Mit dieser Begründung stieß eine zweistufige Gesetzgebung in der vom Bundesverfassungsgericht beabsichtigten Form bei den politischen Akteuren auf erhebliche Skepsis. Vor allem die Länderregierungen beharrten bekanntlich auf einer engen Verzahnung beider Normen, um schon bei der Maßstabsgesetzgebung die konkreten Ausgleichsfolgen so gut als möglich kalkulieren zu können. Gleichwohl nahmen alle Beteiligten den Richterspruch sehr ernst, um die juristische Angreifbarkeit der künftigen Norm zu minimieren. Materiell beschlossen sie beide Gesetze gleichzeitig, wobei im Zentrum der Debatten die einzelnen Ausgleichstatbestände und nicht die Maßstäbe standen. De jure wahrten sie einen zeitlichen Abstand zwischen der Verabschiedung des Maßstäbegesetzes und des Finanzausgleichsgesetzes, um an diesem Punkt beide Regelwerke nicht anfechtbar zu machen. Den Vorstellungen des Zweiten Senats mag dies widersprechen, unter Beachtung der oben genannten Bedenken kann dies aber der Politik nicht angelastet werden. Vielmehr spiegelt sich hier der in der Wissenschaft geäußerte Einwand wider, nach dem Karlsruhe in seinem Urteil die politische Handlungslogik negierte. Den Zielkonflikt zwischen Abstraktheit und Anwendbarkeit der Maßstäbe, den das Gericht selbst aufzeichnete, beantwortete der Gesetzgeber im Sinne der Abstraktion.[307] Um bei der Formulierung des Finanzausgleichsgesetzes einen größtmöglichen politischen Gestaltungsspielraum zu belassen, verzichtete der Bundesgesetzgeber weitgehend darauf, mit dem Maßstäbegesetz das Transfersystem zu präjudizieren. Die neue „*lex superior*" ist demnach inhaltlich ausgesprochen vage, was der Intention des Verfassungsgerichts zuwiderläuft. Ob damit jedoch der Auftrag nicht erfüllt wurde, ist eher zu bezweifeln. Gegebenenfalls wird dies aber im Rahmen eines neuen Normenkontrollverfahrens zu überprüfen sein.

Prekärer sind hingegen die Befristung des Maßstäbegesetzes sowie die unterbliebene Regelung der vertikalen Umsatzsteuerverteilung. Erstere widerspricht der Maßgabe, nach der die Maßstäbe auf langfristige Geltung angelegt sein sollen,[308] letztere dem konkreten Prüfauftrag des Verfassungsgerichts.[309] Welche rechtlichen Konsequenzen hieraus folgen werden, muss an anderer Stelle geklärt werden. Feststeht: Die disziplinierende Wirkung, die sich Karlsruhe von einem Maßstäbegesetz erhoffte, ist letztlich ausgeblieben.[310] Ob das Bundesverfassungsgericht damit einen *„sowohl verfassungsdogmatischen als auch verfas-*

---

305 Vgl. Sachverständigenkommission zur Vorklärung finanzverfassungsrechtlicher Fragen 1981, Peffekoven 1999: 710 f. und 2001a: 211, 213, Renzsch 1999d: 717 f., Spahn/Franz 2000: 714, Vesper 2000b: 396, Wissenschaftlicher Beirat beim BMF 2000: 12 ff., Geske 2001b: 218, Kerber 2001: 12.
306 Selbst unter der Annahme, dass das Gericht diese Metapher nur als Gedankenexperiment verstand, um den Zweck der zeitlichen Vorherigkeit des Maßstäbegesetzes zu erläutern (vgl. Schweinitz 20003: 92 f.), forderte es damit eine Handlungslogik, die den bis dahin praktizierten Entscheidungsroutinen entgegenstand.
307 Vgl. Donges u.a. 2000: 73, Schweinitz 2003: 94.
308 BVerfGE 101, 158: 215.
309 BVerfGE 101, 158: 219 ff.
310 Vgl. Helbig 2002: 42 f.

sungspolitischen Irrweg beschritten"[311] hat, oder ob sich das Maßstäbegesetz noch als innovatives Element erweist, wird die Zukunft zeigen. Die elementare Voraussetzung für einen späteren Erfolg wäre, dass die politischen Akteure den Sinn einer solchen Gesetzgebung erkennen und den Willen zur Verabschiedung substanzieller Maßstäbe haben. Angesichts der bisherigen Erfahrungen muss eine solche Entwicklung allerdings bezweifelt werden. Folglich kann in einer politikwissenschaftlichen Würdigung angesichts der verfassungsdogmatischen und demokratietheoretischen Bedenken nicht beanstandet werden, dass die Legislative die Karlsruher Vorgaben aufgriff, ohne sich den politischen Handlungsspielraum zu beschneiden. Im Umkehrschluss bedeutet dies: Selbst wenn ein fassbareres Maßstäbegesetz verfahrenstechnisch wie materiell einen Fortschritt begründen könnte, kann der Anstoß dazu nur vom Bundesgesetzgeber selbst kommen, da es letztlich immer eine politische Frage bleiben wird, die Maßstäbe und ihre materielle Reichweite zu definieren.

Während die Juristen mit der Zweistufigkeit der gesetzlichen Regelung des Transfersystems hadern, moniert die Mehrheit der Finanzwissenschaftler die fehlende Allokationseffizienz des künftigen Finanzausgleichs. Sie bemängelt die unzureichende Beachtung der finanzwissenschaftlichen Expertisen. Zwar erkennt sie einzelne Detailverbesserungen an, im Wesentlichen jedoch seien die schädlichen allokativen Wirkungen kaum beseitigt worden. Außerdem bleibe das Transfersystem intransparent.[312] Die Kritik setzt bereits beim *horizontalen Umsatzsteuervorabausgleich* ein. Dieser wird grundlegend abgelehnt, da er als systemfremdes Element zu Verzerrungen führe und die tatsächliche Nettozahlerposition eines Landes verschleiere. Überdies nehme nur für die finanzkraftschwächsten Länder der Anreiz zur Erwirtschaftung eigener Steuereinnahmen zu, während die Nivellierung in dieser Stufe insgesamt sogar noch steige.[313] Dass die Fortgewährung der Ergänzungsteile von den Politikern bewusst herbeigeführt wurde, um eine Anschwellung des Umverteilungsvolumens im Länderfinanzausgleich zu verhindern, besänftigt die Ökonomen nicht.

Hingegen erkennen sie zahlreiche Verbesserungen im *Länderfinanzausgleich* an. So zum Beispiel die Tendenz der Tarifänderung, die Streichung der bisherigen Garantieklauseln, die Deckelung der Ausgleichslasten, die Streichung des Hafenlastenabzugs[314] sowie die Vereinfachung der Berechnung der Gemeindefinanzkraft.[315] Ungeachtet dieser Fortschritte beklagen sie das als zu hoch empfundene Nivellierungsniveau, das unverändert nur geringe Anreize für eine effiziente Wirtschafts- und Finanzpolitik berge.[316] Daneben werden zwei Bestimmungen besonders kontrovers diskutiert. *Einerseits* handelt es sich um die Einbeziehung der kommunalen Finanzkraft. Während die Mehrheit eine Vollanrechnung präferiert und somit die erhöhte Berücksichtigung als Schritt in die richtige Richtung lobt, votieren andere Stimmen für eine lediglich anteilige Berücksichtigung und befürchten Fehlanreize durch die Verbreiterung der Bemessungsgrundlage.[317] *Andererseits* ist die Einwohnerwertung der Stadtstaaten sehr umstritten. War sie den meisten Ökonomen lange

---

311 Linck 2000: 329.
312 Vgl. SVR 2001: 132, Fehr 2001: 579, Peffekoven 2001b: 427, 429, Steden 2003: 17 f.
313 Vgl. Fehr 2001: 579, Peffekoven 2001b: 428.
314 Allerdings gilt auch das neue Verfahren als nicht überzeugend. Vgl. Lenk 2001b: 429.
315 Vgl. Lenk 2001a: 223 ff., Lenk 2001b: 439, Peffekoven 2001b: 428 f., Geske 2002: 293.
316 Vgl. Fehr 2001: 579, SVR 2001: 132, Peffekoven 2001b: 428.
317 Vgl. Sievert 2000: 187 ff., Geske 2001b: 220, Lenk 2001b: 435, Milbradt/Diedrichs 2001, Peffekoven 2001b: 428, SVR 2001: 134, Wendt/Elicker 2001: 766 ff. Moniert wird die willkürliche Höhe der Einbeziehung der kommunalen Finanzen. Vgl. Lenk 2002: 339 f.

6.4 Bewertung unter Beachtung der politischen und fiskalischen Folgeeffekte

Zeit ein Dorn im Auge, so nahmen doch die Kommentare zu, die sie zumindest als „*zweitbeste Lösung*" und damit als unvermeidbar erachten.[318]

Unzufrieden sind viele Finanzwissenschaftler außerdem mit den *Bundesergänzungszuweisungen*. Angekreidet wird insbesondere – trotz der Anreizsteigerung im Tarif – der zu hohe Ausgleichsgrad der Fehlbetrags-BEZ. Daneben setzten sie die Fortführung der Pol-BEZ aus, die nach ökonomischen Erwägungen ersatzlos gestrichen werden sollten.[319] Im Übrigen wird bei den Solidarpakthilfen die Verteilung nach der Einwohnerzahl, die fehlende Zweckbindung, die unsichere Weiterleitung von Anteilen an die Kommunen sowie die Ungewissheit hinsichtlich der tatsächlichen Leistungen von Korb II getadelt. Die Transfers als solche werden jedoch akzeptiert, selbst wenn zum Teil bezweifelt wird, ob deren Höhe angemessen sei.[320] Außerdem wird die Abfinanzierung des Fonds „*Deutsche Einheit*" angesichts der Tilgungsstreckung, der Einbeziehung der neuen Länder bei der Abfinanzierung und der Intransparenz gerügt.[321]

Weshalb werden die mittlerweile seit Jahrzehnten vorgetragenen Anregungen der Finanzwissenschaft, die hier im Einzelnen nicht zu kommentieren sind, von der Politik nicht umgesetzt? Zwar werden die angeführten Mängel uneingeschränkt zur Kenntnis genommen, gleichwohl spielen die zahlreichen ökonomischen Modelle und Empfehlungen in der politischen Willensbildung nur eine untergeordnete Rolle als Argumentationshilfen. Daher erlauben sich prinzipiell zwei Schlussfolgerungen: Entweder ist die Politik zu schlecht, um die anspruchsvollen Überlegungen der Finanzwissenschaft zu realisieren. Oder die Modelle taugen überhaupt nicht für die Praxis, da sie weder den Verhandlungsbedingungen und der politischen Entscheidungslogik noch den institutionellen Bedingungen der Bundesrepublik entsprechen. Beide Thesen sind sicherlich sehr gewagt und führen Extreme an, die zweifelsohne in dieser Eindeutigkeit übertrieben sind. Gleichwohl leiden ganz offensichtlich sowohl die Finanzwissenschaftler als auch die Politiker daran, dass sie sich wechselseitig nicht verstanden fühlen.[322] In Anbetracht des Wissens, dass wir durch die drei Fallstudien gesammelt haben, muss allerdings der wirtschaftswissenschaftlichen Politikberatung eine gehörige Portion Realitätsblindheit angekreidet werden. Sie ignoriert die Komplexität der politischen Prozesse, wobei hier keineswegs allein an die entscheidungsstrukturellen Bedingungen zu denken ist. Insofern greifen auch institutionenökonomische Ansätze zu kurz. Es geht vielmehr auch um die Komplexität der gesamten Bundesstaatskonstruktion samt deren entwicklungsgeschichtlicher Pfadabhängigkeit und kultureller Verankerung. Denn das Staatsbild der ökonomischen Theorie des Föderalismus ist dem deutschen System mit seiner funktionalen Aufgabenteilung wesensfremd. Andererseits übersehen viele Ökonomen, dass die Gestaltung des Finanzausgleichs sowie die Höhe des Ausgleichsniveaus – in den Grenzen der Finanzverfassung – eine politische Frage ist, die per se nicht wissenschaftlich beantwortet werden kann. Das Bundesverfassungsgericht wies hierauf in seiner Entscheidung auch explizit hin und erkannte ein Ausgleichsniveau von 95 % im Länderfinanzausgleich als verfassungskonform an. Der Vorrang des distributiven Elements des Finanz-

---

318 Kritisch äußern sich z.B. Baretti u.a. 2001a, Peffekoven 2001b: 428. Positiver ist hingegen die Einschätzung von Färber in SoA-Drs 78: 37, Renzsch 2000b: 53 f., Vesper 2001a: 183 ff., Zimmermann 2001: 226, Sünner 2002: 166, 241, Liebig 2002: 87 f. Als Basis für die Regelung diente das Gutachten von Eltges u.a. 2001. Dieses rechtfertigt eine Einwohnergewichtung (vgl. Eltges u.a. 2001: 330).
319 Vgl. Peffekoven 2001b: 429, 431.
320 Vgl. Peffekoven 2001b: 432 ff., SVR 2001: 137, Kitterer 2002: 131, Lenk 1999: 173 und 2002: 366 f.
321 Vgl. Peffekoven 2001b: 430 f.
322 Zur Kritik der Politik an der akademischen Politikberatung vgl. Brunton u.a. 2002: 270, Geske 2002: 308.

ausgleichs ist nach wie vor – und nach Maßgabe des Entwicklungsrückstands in Ostdeutschland und unter Beachtung der politischen, kulturellen und verfassungsrechtlichen Prämissen vollkommen zu Recht – politisch gewollt.[323] In diesem Sinne existiert angesichts der mehrdimensionalen Anforderungen an den Finanzausgleich prinzipiell nicht *die* sachrationale Lösung.[324]

Wünschenswert ist deshalb, auf der Basis der politisch definierten und akzeptierten Ziele ein effizientes Transfersystem zu kreieren. Mit der etwas stärker anreizorientierteren Tarifgestaltung ist dies zumindest teilweise geschehen.[325] Gleichwohl darf dabei nicht übersehen werden, dass weder über zahlreiche Elemente wie die Einwohnerwertung der Stadtstaaten oder die kommunale Finanzkraft noch über die Anreizideologie wissenschaftlich Konsens herrscht.[326] Die Kritiker der Anreizargumentation weisen auf die unzureichende theoretische und empirische Absicherung der Anreizargumentation hin.[327] Hinzu kommt, dass Motive zur Kräftigung der Wirtschafts- und Steuerleistung zuvorderst außerhalb des Finanzsystems bestehen, da der beste Garant für die Wiederwahl eine florierende Volkswirtschaft ist.[328] Angesichts der fehlenden empirischen Untermauerung und der in der Realität nur bedingt überzeugenden Argumentation gilt es, die Anreizthese und die diesbezügliche Kritik am Finanzausgleich durch eine differenziertere Betrachtung zu relativieren.[329] Unabhängig von der Einschätzung des Stellenwerts einer anreizorientierten Ausrichtung des Finanzausgleichs, ist das neue „*Prämienmodell*" ein völlig abstruses, strategieanfälliges und verfassungsrechtlich bedenkliches Instrument.[330] Glücklicherweise wird es das Transfervolumen nur minimal korrigieren.[331] Im Endeffekt handelt es sich um ein allein politisch motiviertes, sachrational nicht zu rechtfertigendes Sonderelement, das ähnlich wie andere Module (z.B. Hafenlasten, Ländersteuergarantie, Pol-BEZ) nur deshalb eingeführt wurde, um die Zustimmungsfähigkeit des Gesamtpakets zu verbreitern. Diesmal sicherten sich nicht kleine, finanzschwache Länder einen „Bonbon", sondern die finanzstarken Geberlän-

---

323 Vgl. Vesper 2000a: 18.
324 Vgl. Welti/Fakhreshafaei 2001: 103.
325 Nach Lenk (2002: 358) ergeben sich spürbare Anreizsteigerungen für die meisten alten Länder, minimale Anreizsteigerungen für die neuen Länder sowie geringere Anreize für Schleswig-Holstein und Bayern.
326 Zu diesem Ergebnis kam auch der Sonderausschuss des Bundestags. Vgl. Geske 2002: 295.
327 Vgl. Vesper 2000b: 403, Fox 2001: 342, Geske 2001: 92 f. An einem empirischen Nachweis der Fehlanreize versuchte sich Baretti (2001). Dieser gelang ihm jedoch nur ansatzweise, da die Regressionen nicht hinreichend sachlogisch untermauert waren.
328 In dieser Hinsicht wird die Fehlanreizproblematik in der Literatur häufig überbewertet. Vgl. Ebert/Meyer 1999, Mäding 2000: 33, Schatz u.a. 2000: 53, Vesper 2000b: 403, Fox 2001: 342, Geske 2001a: 92 f. und 2002: 302 f. Einen Versuch der theoretischen Untermauerung der Anreizproblematik übernahm daraufhin Baretti (2001: 113 ff.). Dieser wirkt aber sehr bemüht und kann letztlich nicht überzeugen.
329 Vgl. Vesper 1998: 18 f., Ebert/Mayer 2000: 143.
330 Das Prämienmodell gilt als ungeeigneter Ansatz, der angesichts diverser Unwägbarkeiten (z.B.: Sind Erbschaftsteuereinnahmen eine zu prämierende Leistung einer Landesregierung?) einen Zusammenhang mit der Leistung der Landespolitik suggeriert, der so nicht gegeben ist. Denn die Entwicklung der Steuereinnahmen lässt nur bedingt Rückschlüsse auf den Erfolg der Landespolitik zu, da prinzipiell vielfältige Ursachen für deren Variation verantwortlich sind. Verfassungsrechtlich bedenklich ist das neue Instrument, weil es entgegen der Zielrichtung des Finanzausgleichs auf eine Spreizung statt einer Verringerung der Finanzkraft angelegt ist und eine juristisch zweifelhafte Abweichung vom Grundsatz der umfassenden und vollen Einbeziehung aller Einnahmen darstellt. Hiermit werden andere, ausgleichsfremde Intentionen in den Länderfinanzausgleich integriert. Da es sehr schwer abschätzbar ist, erhöht das neue Modul zudem die Intransparenz des Finanzausgleichs. Aus all diesen Gründen wird das Prämienmodell als ungeeignetes Instrument betrachtet, um die ökonomischen Zielsetzungen eines allokativ effizienteren Finanzausgleichs zu erreichen. Zur Kritik am „*Prämienmodell*" vgl. Fehr 2001: 578 f., Geske 2002: 299 ff., Lenk 2002: 335.
331 Vgl. Geske 2002: 317, Lenk 2002: 336.

6.4 Bewertung unter Beachtung der politischen und fiskalischen Folgeeffekte

der. Vermutlich wird uns auch dieser Baustein – sofern Karlsruhe dem nicht eines Tages einen Riegel vorschiebt – lange erhalten bleiben. Wohlmöglich dient es den Geberländern künftig als Einfallstor, um die Ausgleichsintensität abzusenken. Dennoch brachten die finanzschwachen Länder das „*Prämienmodell*" selbst ins Spiel, da eine Absenkung des Ausgleichstarifs, die technisch erheblich feinere Lösung, für sie finanziell viel teurer würde. Als Instrument, das die Akzeptanz der Problemlösung steigerte, indem es den politischen Wunsch nach einer größeren Anreizorientierung ausdrückt, ist die Sonderregelung akzeptabel. Als objektiv gelungen ist der unkalkulierbare „*Großfeldversuch*"[332] dagegen nicht zu bezeichnen. Vor dem Hintergrund der vielfältigen ökonomischen und rechtlichen Kritik an beiden Gesetzeswerken ist der neue Finanzausgleich – wie alle seine Vorgänger – in sachlicher Hinsicht kein „Stein der Weisen", sondern das Produkt interessen- und machtpolitischer Verteilungsverhandlungen. Es handelt sich daher um keine grundlegende Reform, sondern lediglich um eine Weiterentwicklung des bestehenden Systems. In ihm spiegeln sich primär die politischen Prämissen – ein hohes Maß an finanzieller Solidarität bei struktureller Kontinuität sowie gleichzeitiger Verbreiterung der Leistungs- und Anreizgesichtspunkte – wider. Im Hinblick auf diese Ziele gelang dem Gesetzgeber bei aller Kritik in technischer Hinsicht ein Schritt nach vorn. Unter politikwissenschaftlicher Perspektive kann man prinzipiell mit dem Kompromiss Leben. Ob er tatsächlich eine solide Grundlage für 15 Jahre darstellt, muss sich in Anbetracht der zahlreichen Unwägbarkeiten erst noch herausstellen.

Ausschlaggebend hierfür werden – da die Finanzausgleichssystematik kein technischer Selbstzweck ist – die *budgetären Ausgleichsfolgen* sein. Um die Qualität der Problemlösung abschätzen zu können, ist deshalb die Bewertung der erwartbaren fiskalischen Folgen für die einzelnen Gebietskörperschaften mindestens ebenso wichtig wie die finanzwissenschaftliche und rechtliche Würdigung der neuen Gesetze. Betrachten wir die Veränderungen des neuen Rechts gegenüber dem geltenden, so wie sie die Regierungschefs bei der Gipfelkonferenz im Juni 2001 für 2005 prognostizierten (Anlage 11), führt die Neuregelung bei den Ländern zu Zugewinnen je Einwohner zwischen 9 € (Nordrhein-Westfalen, Rheinland-Pfalz) und 43 € (Bremen). Durchschnittlich steigt die Finanzkraft nach Länderfinanzausgleich um rd. 15,5 € je Einwohner. Bezogen auf einzelne Ländergruppen (Anlage 12) haben die größten Pro-Kopf-Erträge die Stadtstaaten (28 €) zu verbuchen, also jene Länder, die von den Klage führenden Ländern am schärfsten attackiert wurden. Ihnen folgen die neuen Länder, die mit Ausnahme von Thüringen allesamt einen überproportionalen Nutzen ziehen, mit durchschnittlichen Gewinnen von 20 € pro Kopf. Die Geberländer liegen mit 13 € je Einwohner knapp unter dem Mittel. Überdurchschnittlich schneiden in dieser Gruppe Bayern (11 € p.K.) und Hessen (20 € p.K.) ab. Am stärksten variieren die Ergebnisse der finanzkraftschwächeren westdeutschen Flächenländer, die im Schnitt eine Marge von 17 € pro Kopf erreichen. Im Vergleich der beiden Länderblöcke obsiegt der *Hannoveraner Kreis* (20 € p.K.) leicht gegenüber der Süd-Allianz (15 € p.K.). Lässt man die Stadtstaaten außen vor, trennt das am kräftigsten hinzugewinnende Flächenland (Brandenburg) von dem Flächenland mit dem niedrigsten Profit (Nordrhein-Westfalen) eine Spanne von 15 € je Einwohner. Also lediglich knapp mehr als der ursprüngliche 12 € Korridor (+/- 6,14 €).

Mit der Sicherung struktureller Sonderregelungen und der Verbreiterung der Bemessungsgrundlage konnten die Länder des *Hannoveraner Kreises* das Ansinnen der Klageländer abwiegeln, einen größeren Anteil vom gesamtstaatlichen Steueraufkommen zu ergat-

---
[332] Geske 2002: 296.

tern. Für die *süddeutschen Länder*, die erst durch die Verrechnung des „*Einigungszuschusses*" von der Neuregelung profitieren, hat sich der Gang nach Karlsruhe nur bedingt gelohnt. Im Kontrast zu ihren ursprünglichen Positionen setzten sie relativ wenig durch. Werten wir ihre Klagen als zum Teil provokative Maximalposition, konnten sie immerhin ansatzweise den Leistungsgedanken im Finanzausgleich installieren. Von einem offensichtlich ungerechten Verteilungsergebnis – zumindest in Bezug auf den Status quo – kann angesichts dieser Zahlen ohnehin nicht gesprochen werden, führt der neue Finanzausgleich doch lediglich zu maßvollen Umverteilungen. Allerdings handelt es sich hierbei um Schätzungen. Erst wenn die Ist-Abrechnung für 2005 vorliegt, wird sich zeigen, wie sehr der „*Schleier des Nichtwissens*" den Blick auf die Zukunft vernebelte und ob die Verteilungsergebnisse ab 2005 in ihrer Dynamik als gerecht empfunden werden.

Mit besonderer Spannung wird die weitere Entwicklung der *ostdeutschen Länder* zu beobachten sein. Sie konnten sich hinsichtlich des Volumens des Solidarpakts II gegenüber der Bundesregierung durchsetzen. Nach Einschätzung der Experten müssten die Mittel ausreichen, um den infrastrukturellen Nachholbedarf zu decken. Angesichts der fehlenden Zweckbindung der Mittel besteht jedoch die Gefahr, dass die neuen Länder, sollten ihre Budgets in eine Schieflage geraten, die Mittel für den Haushaltsausgleich anstatt für Infrastrukturinvestitionen verwenden. Zugleich ist nicht gesichert, welchen Teil der Mittel sie an ihre Kommunen weiterleiten, die in vielen Fällen die Investitionen vornehmen. Überdies werden die Finanzhilfen als nominale Festbeträge gewährt. Nicht nur die Degression (Anlage 10), sondern auch die Preisentwicklung schmilzt damit die realen Transferleistungen ein. Zu guter Letzt ist auf die Unwägbarkeiten der Korb-II-Leistungen sowie der Zahlungen der EU nach der Osterweiterung hinzuweisen.[333] Trotz dieser Einschränkungen haben sich die ostdeutschen Länder im Verteilungskampf sehr gut behauptet.[334] Mit ihrem Schulterschluss boxten sie im Schatten des horizontalen Streits ein ansehnliches Volumen im Solidarpakt durch. Daneben kommen ihnen mit der erhöhten Einbeziehung der kommunalen Finanzkraft sowie der veränderten Berechnung des kommunalen Finanzbedarfs zwei strukturelle Änderungen im Länderfinanzausgleich zugute. Ebenso wie den Stadtstaaten glückte es auch ihnen, den Angriff der süddeutschen Länder erfolgreich abzuwehren.

Im Kontext der Zweiteilung des Länderlagers konnte diesmal auch der *Bund* – im Gegensatz zu 1993 – im föderalen Verteilungsstreit seine Positionen besser wahren. Damit bleiben ihm nicht allein die Erfolge außerhalb der Finanzausgleichsagenda. Zwar rangen die Ministerpräsidenten dem Bundeskanzler im Verhandlungspoker bedeutende Zugeständnisse ab. Gleichwohl hat der Bund durchaus geschickt verhandelt und konnte – von der „*Einigungsprämie*" abgesehen – seine fiskalische Position behaupten. Das Volumen der Bundesergänzungszuweisungen wurde zurückgeführt und mit der Degression der Solidarpakthilfen verringern sich die Zahlungen des Bundes künftig weiter. Innerhalb des sekundären Finanzausgleichs gewinnen somit die horizontalen Stufen (unter Einrechnung des

---

333 Gegenwärtig erhalten die ostdeutschen Länder jährlich rd. 5 Mrd. € Korb-II-Mittel und rd. 19 Mrd. € EU-Strukturmittel. Sollten Letztere reduziert oder eingestellt werden, entsteht erneut ein Kompensationsbedarf. Vgl. Lenk 2001b: 436, Peffekoven 2001b: 433 f.
334 Offenkundig wird dies auch an der ausgesprochen positiven Reaktion der PDS im Deutschen Bundestag (vgl. BT-Drs. 14/6533: 31 f.). Als selbsternannte Anwältin der ostdeutschen Interessen hätte sie es sofort bemängelt, wenn der Verdacht einer Übervorteilung der neuen Länder bestanden hätte.

6.4 Bewertung unter Beachtung der politischen und fiskalischen Folgeeffekte 285

Umsatzsteuervorabausgleichs[335]) gegenüber den Bundesergänzungszuweisungen an Gewicht (siehe Anlage 11). Während die vertikale Umverteilung (einschließlich der Mittel des IfG „Aufbau Ost") zwischen 1995 und 2002 mit Ausnahme des Jahres 2000 stets ein größeres Volumen umfasste als die horizontalen Transfers, dominieren nach damaliger Prognose Letztere im Jahr 2005 (Anlage 13). Da der Solidaritätszuschlag unangetastet blieb, trägt zudem der Steuerzahler einen großen Teil der Solidarpakthilfen.[336] Mit der Übertragung des Umsatzsteuerfestbetrags konnte der Bund seine finanziellen Ziele prinzipiell erreichen, rechnete doch mit Reingewinnen im Bundesfinanzministerium ohnehin niemand. Unter Ausschöpfung buchungstechnischer Tricks bewiesen die Fachexperten des Bundes einmal mehr, dass sie die Klaviatur der kreativen Buchführung ausgezeichnet beherrschen, um das damals noch dominierende Ziel der Haushaltskonsolidierung bis 2006 zu erreichen.[337]

Im Vergleich zwischen Bund und Ländern können beide Ebenen auf eine relativ ausgeglichene Bilanz verweisen. Im Hinblick auf die prognostizierten Auswirkungen sämtlicher Regelungen des Solidarpaktfortführungsgesetzes ergibt sich für die öffentlichen Kassen der Länder und Kommunen zwischen 2002 und 2005 zwar die günstigere Entlastungsposition, dies darf aber über die verhältnismäßig stärkere Finanzposition des Bundes nicht hinwegtäuschen (Anlage 14). Mit schätzungsweise knapp 33 Mrd. € im Jahr 2005 werden auch künftig immense Transfersummen mobilisiert, wobei insgesamt das Resultat ebenso für den Bund wie für die einzelnen Länder mehr oder weniger akzeptabel ist. Wie noch zu sehen sein wird, entbehrt zudem die These einer zu starken Nivellierung zwischen den Ländern in Anbetracht der nur anteiligen Berücksichtigung der kommunalen Finanzkraft jeder Grundlage.[338] Damit blieb die bestehende *föderale Balance* insgesamt gewahrt. Der Kompromiss spiegelt sowohl im Hinblick auf das Entscheidungsverfahren als auch bezüglich des materiellen Ergebnisses das Denken und die *Prinzipien des kooperativen Föderalismus* wider. Den Systemwandel, den die Klage führenden Länder interessengeleitet propagierten, wehrte eine Ländermehrheit souverän ab. Gleichwohl bestand ein – wenn auch teilweise von den Süd-Ländern aufgezwungener – politischer Wille, die bestehenden Instrumente im Sinne einer stärkeren Anreizorientierung anzupassen. Selbst mit der Steigerung der Selbstbehaltquoten ist der Finanzausgleich von einem fiskalischen Wettbewerb im Sinne der ökonomischen Theorie meilenweit entfernt. Mit der in der Geschichte der Bundesrepublik erstmaligen Absenkung des Ausgleichsniveaus wurde in struktureller Hinsicht zwar ein Signal gesetzt, mit Bedacht auf die maßvolle Intensivierung des Gesamtvolumens[339] sowie unter Beachtung der Ausweitung der Bemessungsgrundlage wäre es jedoch

---

335 Es sei nochmals daran erinnert, dass der Umsatzsteuervorabausgleich formalrechtlich Bestandteil der originären Steuerverteilung ist (vgl. BVerfGE 101, 158: 221). In den Verhandlungen wird er indes faktisch (und verständlicherweise) als ein die Einnahmeverteilung zwischen den Ländern korrigierendes Instrument aufgefasst.
336 Der Solidaritätszuschlag in Höhe von 5,5 % erbrachte 2000 11.841,2 Mio. € (vgl. StatBA FS 14 R. 4 2001). Zum Vergleich: Die Sonderbedarfs-BEZ für die neuen Länder betrugen im Jahr 2000 7.158 Mio. €, die Leistungen nach dem Investitionsförderungsgesetz „Aufbau Ost" umfassten 3.374,5 Mrd. €. Addiert man die so genannten Korb-II-Mittel (rd. 5 Mrd. €) hinzu, wird der Bund effektiv lediglich mit einem knappen Drittel der Solidarpaktleistungen belastet.
337 Durch die für 2005 geplante Einstellung des Fonds in den Bundeshaushalt verringert sich die Nettokreditaufnahme des Bundes, weshalb das Ziel der Haushaltskonsolidierung einfacher zu erreichen ist. Ausführlich dazu Peffekoven 2001b: 430 f.
338 Siehe Kapitel 7. Lenk (2003: 529 f.) verweist zu Recht darauf, dass es sich bei der Finanzkraft- und der Ausgleichsmesszahl nur um Artefakte zur Berechnung des Länderfinanzausgleichs handelt, die für einen fundierten Vergleich der finanzwirtschaftlichen Lage der einzelnen Länder nicht geeignet sind.
339 Nur in Folge der Intensivierung des Umsatzsteuervorabausgleichs nimmt das Volumen des Länderfinanzausgleichs relativ ab.

euphemistisch, dies als Paradigmenwechsel zu bezeichnen.[340] Offen bleibt allerdings, welche Dynamik sich hieraus in Zukunft ergibt. Denn die Verhandlungen machten deutlich, dass der unitarisch-kooperative Föderalismus, selbst wenn er vorerst gefestigt wurde, keine statische Konstante darstellt, sondern dass mit jeder Entscheidung auch die Ausrichtung des Bundesstaats prinzipiell mit auf der Agenda steht. Allerdings sind hierbei lediglich inkrementelle Anpassungen denkbar, die der historischen Pfadabhängigkeit folgen. Damit bestätigte sich abermals die These des dynamischen Föderalismus. Der Finanzausgleich erwies sich erneut als ausgesprochen flexibel, um neue politische Zielsetzungen darzustellen sowie ein immenses Transfervolumen zu mobilisieren. Dies ist, trotz der finanzwissenschaftlichen und staatsrechtlichen Detailkritik, ein bedeutender Vorteil des deutschen Bundesstaats.

Überdies bewies sich wiederum die föderale Verhandlungsarena trotz der eklatanten Interessengegensätze als lern- und handlungsfähig. Damit verfügt das politische System über eine hinreichende *Problemlösungskapazität*. Die Erweiterung des Bundesstaats um fünf finanzwirtschaftlich arme Länder führte also nicht zu einer – im isolierten Modell wahrscheinlichen – Politikblockade. Nachdem sich die Regierungschefs auf eine deutlich abgespeckte Reformagenda verständigt hatten, gelang es ihnen, diese im geplanten Zeitfenster zu realisieren. Inwiefern die Beteiligten die Ziele zu niedrig ansetzten, kann nicht pauschal beantwortet werden. Dies hängt einerseits von der Wertschätzung des bestehenden Systems und andererseits von der Erwartung hinsichtlich der Leistungskriterien des Finanzausgleichs ab. Wird hierbei der einvernehmlichen politischen Akzeptanz über die Gestaltung der Finanzströme eine Priorität eingeräumt, fällt das Urteil erheblich besser aus, als wenn der Finanzausgleich zuvorderst als Bestandteil einer möglichst ökonomisch sachrationalen oder verfassungsrechtlich stringenten Staatsorganisation betrachtet wird. Unter den mehrdimensionalen Anforderungsprofilen dieser Studie hätte eine Fundamentalreform im Sinne der Klage führenden Länder das föderale Gefüge überfordert. Eine konsistente Lösung stand angesichts der Abkoppelung des Finanzausgleichs von der „*Modernisierung der bundesstaatlichen Ordnung*" ohnehin nicht in Aussicht. Eine beträchtlich stärkere Leistungsorientierung in der Finanzverfassung wäre mit der funktionalen Aufgabenteilung kaum kompatibel. Derartigen Reformbestrebungen fehlte daher die sachliche Grundlage. Die finanzwissenschaftlichen Modelle fanden keine angemessene Entsprechung im Politikergebnis, da ihren Ansätzen die staatsrechtlichen und politischen Kriterien teilweise zuwiderliefen. Im Hinblick auf den nach wie vor nicht abgeschlossenen Aufholprozess der Ost-Länder bildete die Anpassungsstrategie, die Argumente der Wirtschaftswissenschaft aufgriff, ohne das System selbst zu ändern, einen angemessenen Orientierungsrahmen.

Der Nachteil der Lösung liegt darin, dass sie zu Lasten Dritter geht. Neben den Steuerzahlern und der zukünftigen Generation sind hiervon besonders die Kommunen betroffen. Im Westteil des Landes werden sie auf absehbare Zeit an den Transferleistungen beteiligt, andererseits ist ihr Anteil an die Weiterleitung der Solidarpakthilfen im Ostteil nicht vertraglich fixiert. Ein weiterer Verlierer ist das *Bundesverfassungsgericht*. Dass sowohl hinsichtlich des Verfahrens als auch bezüglich des Inhalts Teile der Rechtsprechung ignoriert werden, ist für Karlsruhe freilich nicht unbekannt. Wenn die Politik hierfür jedoch partiell Unterstützung und Verständnis aus der Wissenschaft erhält, ist dies problematisch. Ebenso problematisch ist die *Rolle der Parlamente*. Im Kontrast zu 1993 engagierte sich der Bundestag verhältnismäßig stark. Er trug zu erheblich mehr Transparenz des politischen Prozesses bei, wovon nicht zuletzt diese Studie profitiert. Im Sinne einer parlamentarischen

---

340 Vgl. die Einschätzung von Fehr 2001: 579, Peffekoven 2001b: 427.

6.4 Bewertung unter Beachtung der politischen und fiskalischen Folgeeffekte

Rückkoppelung der exekutiven Verhandlungen war dies ein Fortschritt. Gleichwohl blieb der Einfluss des Bundestags minimal. Allerdings pries sich die Legislative auch nicht als besserer Problemlöser an. Verantwortlich hierfür ist auch, dass sich die meisten Abgeordneten einem Interessenkonflikt zwischen der Bundesposition einerseits und der Regionalpräferenz des jeweiligen Herkunftslandes andererseits ausgesetzt sehen. Als einziger echter Interessenvertreter des Bundes agierte somit die Bundesregierung. Entsprechend der eingeübten Routinen überließ der Bundestag die Entscheidungsfindung den Exekutiven, in dem er mit Beschlüssen abwartete, bis sich beide Ebenen verständigten. Unter demokratietheoretischen Aspekten ist diese Selbstbeschränkung der Legislative bedenklich.

Die *Performanz* der politischen Problemverarbeitung ist angesichts dieser Befunde insgesamt sehr nüchtern zu betrachten. Angesichts der bedrückenden Begleitumstände handelte es sich um eine *„wenig beeindruckende Periode der Geschichte der föderativen Finanzbeziehungen"*[341]. Geske[342] moniert daher aus gutem Grund die politisch provokative Aufkündigung des Solidarpakts durch die süddeutschen Länder, die merkwürdige Zweiteilung der Gesetzgebung durch das Bundesverfassungsgericht und den in gestalterischer Hinsicht passiven Bundestag. Verbunden mit der aufwändigen Selbstinszenierung der Politik ist das Ergebnis der jahrelangen, kostspieligen Verhandlungen ausgesprochen mager. Im Unterschied zu 1993 führten diese Umstände zu einer weniger günstigen Kosten-Nutzen-Relation der föderalen Abstimmungsprozesse. Gleichwohl erreichten die Regierungschefs ihre politisch definierten Ziele. Die bedeutendste Leistung liegt sicherlich im letzten Endes erzielten Konsens. Die Regierungschefs verständigen sich trotz der Interessenkonflikte sowie der rigiden ökonomischen Rahmenbedingungen einvernehmlich auf eine Neuordnung des Finanzausgleichs, in dem auch künftig immense Summen transferiert werden. Mit der Fortführung des Solidarpakts auf hohem Niveau bleibt die föderale Solidarität das dominanteste Charakteristikum der deutschen Finanzordnung. Dementsprechend vollbringt das Transfersystem auch weiterhin eine eminent wichtige politische Integrationsleistung. Zugleich entwickelten Bund und Länder mit der ansatzweisen Stärkung von Leistungsmerkmalen das Transfersystem inhaltlich weiter, auch wenn ihm unverändert technische Mängel anhaften. In sachlicher Hinsicht kann daher von einer insgesamt zweckdienlichen Lösung gesprochen werden, deren politischer und ggf. verfassungsrechtlicher Bestand sich allerdings erst noch beweisen muss. Sollte das Regelwerk tatsächlich über 15 Jahre mehr oder weniger die Beteiligten befrieden, wäre dies bei allen Defiziten eine phänomenale Leistung. In Anbetracht der Historie ist davon jedoch nicht auszugehen.

---

[341] Geske 2002: 309.
[342] Geske 2002: 309.

7 Föderale Finanzströme: Struktur, Entwicklung, Relevanz

Wie entwickelten sich die föderalen Finanzströme im vereinten Deutschland? Welche Bedeutung kommt ihnen für die öffentlichen Haushalte von Bund und Ländern zu? Diese Fragen gilt es zu beantworten, um das Ausmaß und die Wirkung der Problemlösungen einschätzen zu können. Denn erst im Längsschnitt und mit Distanz zu den Problemverarbeitungsprozessen zeigt sich, welcher Stellenwert den Entscheidungen beizumessen ist. Wie die drei Fallstudien manifestierten, bestimmten die fiskalischen Ergebnisinteressen die Handlungslogik. Daher darf sich eine politikwissenschaftliche Bewertung nicht allein auf technische Systemfragen konzentrieren, sondern muss die „*Relevanz des Geldes*"[1] bei der Betrachtung der Finanzbeziehungen entsprechend berücksichtigen. Deren Gestaltung wurde in den 90er Jahren maßgeblich von der Einheit geprägt. Angesichts der kolossalen Aufgabe, das Beitrittsgebiet zu integrieren und den Aufbau Ost zu bewerkstelligen, ist ein möglichst umfassender Blick auf die föderalen Transfers notwendig. Während in den Verhandlungen der Finanzausgleich im Vordergrund stand, spielten die Mischfinanzierungen ebenfalls eine gewichtige Rolle für die Modernisierung der neuen Länder. Beide Elemente sind daher eingehender zu beleuchten. Ziel der Analyse ist es dabei, fundierte empirische Aussagen über folgende Aspekte zu treffen: a) die Struktur und Entwicklung der Steuerzuteilung, des Finanzausgleichs sowie der Finanzierungskooperation, b) die finanz- und haushaltswirtschaftliche Relevanz der föderalen Zahlungsströme, c) die Finanzierung der deutschen Einheit sowie d) die Fortschritte hinsichtlich der wirtschaftlichen Konvergenz in Deutschland. Konzipiert ist die folgende Studie als statistische Struktur- und Zeitreihenanalyse. Die Befunde, die mit dem methodischen Instrumentarium und den vorliegenden Daten getroffen werden können, beziehen sich primär auf distributive Belange.[2]

7.1 Steuerzuteilung, Finanzausgleich, Mischfinanzierung

Die Wiedervereinigung führte zu keiner grundlegenden Reform der Finanzordnung. Den finanziellen Herausforderungen des Beitritts der ehemaligen DDR begegneten die Akteure vornehmlich mit budgetären Anpassungen innerhalb des etablierten Systems sowie für einen Übergangszeitraum mit dem Fonds „*Deutsche Einheit*" als Ersatzinstrument für einen bundeseinheitlichen Finanzausgleich. Damit stehen zwei Fragen im Vordergrund: Welche monetären Verschiebungen resultierten aus den Problemlösungen? Und welches Gewicht besitzen die einzelnen Komponenten des Bund-Länder Finanzgefüges?

---

1 Zur Relevanz der Finanzen in der Politikwissenschaft vgl. Mäding 1995c: 113.
2 Die allokative Wirkung kann hier nicht bzw. nicht hinreichend bestimmt werden. Ebenso muss die Frage nach der politischen Steuerungsfähigkeit der sozioökonomischen Entwicklung und damit nach dem Sinn bzw. der Wirkung ausgleichsrelevanter Instrumente ausgeblendet werden.

7.1.1 Vertikale Steuerverteilung

Mit der originären Steuerzuteilung wird die Basis geschaffen, an der die weiteren Instrumente des Finanzausgleichs anknüpfen. Es lohnt sich daher, zunächst die Entwicklung und Zusammensetzung der Steuereinnahmen sowie deren Verteilung auf die Gebietskörperschaften im vertikalen Finanzausgleich zu erfassen. Abrunden soll diese Analyse ein Blick auf die relative Einnahmeposition der öffentlichen Kassen.

Die Auswirkung der negativen Wachstumsraten von 1996 und 1997 sowie 2001 und 2002 sowie der damit verbundenen gegenwärtigen Misere der öffentlichen Kassen dokumentiert eindrucksvoll die Anlage 15. Während in den 70er Jahren noch hinreichende Prosperitätsdividenden zur Refinanzierung von föderalen Transfers existierten, verschlechterte sich diese Option sukzessive in den nachfolgenden Jahrzehnten. Verständlicher werden dadurch auch die harschen Verteilungskonflikte im Vorfeld der jüngsten Finanzausgleichsreform. Indem der Fiskus lediglich schwache bzw. teilweise sogar regressive Einnahmezuwächse verbuchen konnte, blieben keine bzw. kaum Kompensationspotenziale für steigende Transferzahlungen. Zum Ausdruck kommt hierbei die intensive Ressourcenverflechtung im deutschen Bundesstaat. Mehr als 70 % der Steuereinnahmen werden durch die Verbundsteuern[3] erzielt. Hingegen verfügen die Länder nur begrenzt über originäre Landessteuereinnahmen. Gepaart mit der nahezu vollständigen Zentralisierung der Steuergesetzgebung verbleiben den Ländern kaum Spielräume zur Verbesserung ihre Einnahmesituation. Im Kontrast dazu wird die hegemoniale Stellung des Bundes offenkundig. In erster Linie obliegen ihm eigene Steuern. Der steigende Anteil der Einnahmen aus reinen Bundessteuern am gesamtstaatlichen Steueraufkommen in den 90er Jahren belegen, dass der Zentralstaat hiervon Gebrauch machte, um sein Engagement für den Aufbau Ost zu refinanzieren.

Hinsichtlich der *Verteilung der gesamtstaatlichen Steuereinnahmen* verfügt der Bund unverändert über den größten Anteil (Anlage 16). Allerdings nahm sein Stück am „Steuerkuchen" sukzessive ab, während die „Portion" der Länder fast in gleichem Maße zulegte. Verfügte der Bund in den 70er Jahren mit knapp der Hälfte über einen deutlich höheren Teil am Steueraufkommen als die Länder, besteht mittlerweile nur noch ein geringer Vorsprung. Unter Einbeziehung des Gemeindeanteils bei den Ländern steht den nachgeordneten Gebietskörperschaften seit 1995 mehr als die Hälfte der Steuermittel zu. Verantwortlich für diese Entwicklung sind vielfältige Faktoren: Hierzu zählt die wachsende Bedeutung der Bundesergänzungszuweisungen, die in der Bundesrechnung bereits bei den Ländern zugesetzt wurden. Ferner wirkt sich der überproportionale Ressourcenbedarf der neuen Länder aus, der seit 1995 teilweise über die Korrektur der Umsatzsteuerverteilung gedeckt wird. Außerdem ist dies eine Folge der Dezentralisierung öffentlicher Aufgaben (u.a. Familienleistungsausgleich, Regionalisierung des ÖPNV). Im Vergleich zu den Ländern stellt sich die Situation für die Kommunen weniger erfreulich dar. Hier kommt einerseits die ausgesprochen schwache originäre Steuerkraft der ostdeutschen Gemeinden zum Ausdruck. Andererseits führte die erhöhte Gewerbesteuerumlage seit 1995 bei den westdeutschen Kom-

---

3 Die Finanzverfassung differenziert in Art. 106 GG vier Finanzmassen: die Verbundsteuern (Lohn-, Einkommen-, Körperschaft- Umsatz-, Einfuhrumsatz- und Zinsabschlagsteuer), die Bundessteuern, die Ländersteuern und die Gemeindesteuern. Die Abgaben an die Europäischen Gemeinschaften werden in Art. 106 I Nr. 7 GG explizit als Bundessteuern deklariert. Als indirekte Verbundsteuer ist zudem de facto die Gewerbesteuerumlage zu betrachten. Von den Gewerbesteuereinnahmen der Kommunen in Höhe von 23.489 Mio. € im Jahr 2002 erhielten hierdurch Bund und Länder 5.796 Mio. €. Davon betrug die erhöhte Gewerbesteuerumlage, die der Finanzierung des Gemeindeanteils am Solidarpakt dient, 1.891 Mrd. €.

munen zu Einbußen. Im Gegensatz zum gewachsenen Anteil der Länder lag ihre Beteiligung 2002 (11,9 %) sogar unter dem Wert von 1970 (12,0 %). Mit der Einbeziehung der ostdeutschen Haushalte in den regelgebundenen Finanzausgleich stieg, soviel kann vorerst festgehalten werden, nachhaltig die relative Finanzposition der Länder.

Das sicherlich verhängnisvollste finanzpolitische Dilemma offenbart eine Betrachtung der Aufgliederung der öffentlichen Gesamteinnahmen auf Gebietskörperschaften und Sozialversicherungen, die hier exkursorisch unternommen werden soll (Anlage 17). Mit der Einheit setzte sich der ansteigende Trend bei den Sozialversicherungsbeiträgen bis 1997 rasant fort. Deren Anteil an den öffentlichen Gesamteinnahmen stieg von 32 % (1970) auf 44 % (2002). Hier wird offenkundig, dass ein Teil der Kosten der Einheit über die Sozialversicherungshaushalte externalisiert und durch wachsende Beiträge refinanziert wird. Als weitere Faktoren wirkten sich hier die langfristig steigende Arbeitslosigkeit sowie die Besorgnis erregende demografische Entwicklung aus.

7.1.2 *Horizontale Steuerverteilung und sekundärer Finanzausgleich*

Wie werden die Verbundsteuern auf die Länder nebst ihrer Kommunen verteilt? Welches Gewicht kommt dem sekundären Finanzausgleich im vereinten Deutschland zu? Geregelt wird die Verteilung der öffentlichen Einnahmen in der Finanzverfassung sowie im Finanzausgleichgesetz. Dieser gliedert sich in der Bundesrepublik in die originäre Steuerverteilung im primären und in die Korrektur dieser Verteilung im sekundären Finanzausgleich (siehe Kapitel 3.3). Eine Zwischenstellung nimmt die *horizontale Umsatzsteuerverteilung* ein. Nach Art. 107 I GG können nämlich bis zu 25% des Länderanteils an der Umsatzsteuer an Länder mit unterdurchschnittlicher Steuerkraft verteilt werden. Diese Stufe, der seit der Integration der ostdeutschen Haushalte im regelgebundenen Finanzausgleich eine essenzielle Rolle zukommt, ist verfassungsrechtlich dem primären Finanzausgleich zuzuordnen.[4] Inhaltlich weicht dieses Element jedoch vom Maßstab der originären Steuerverteilung ab, der sich am Prinzip des örtlichen Aufkommens – im Fall der Umsatzsteuer gemessen an der Einwohnerzahl – orientiert.[5] Dieser Vorabausgleich hat explizit eine ausgleichende Funktion.[6] Er ist damit in seiner Intention den beiden Elementen des sekundären Finanzausgleichs, dem Länderfinanzausgleich und den Bundesergänzungszuweisungen, gleichzusetzen. Dementsprechend wird dieses Instrument in der politischen Praxis auch als eine von drei Ausgleichsstufen behandelt. Um die distributiven Wirkungen des Finanzausgleichs hinreichend erfassen zu können, wird deshalb in den folgenden Betrachtungen der *Umsatzsteuervorabausgleich*[7] gemäß seiner Zielsetzung als Korrekturinstanz des originären

---

4 Siehe BVerfGE 72, 330: 384 ff.
5 Mit dem Einwohnerprinzip als Maßstab fußt die Verteilung der örtlich schwer zuzurechnenden Umsatzsteuer auf der Annahme eines einheitlichen privaten Verbrauchs im Bundesgebiet. Da diese Mutmaßung die Realität nicht widerspiegelt, kommt das Verteilungskriterium einem abstrakten Bedarfselement gleich. Die schrittweise Angleichung der Finanzkraft der Länder wird demzufolge bereits mit diesem in seiner Umverteilungswirkung nicht bestimmbaren Kriterium eingeleitet. Vgl. Korioth 1997: 526 ff.
6 Die Trennung in der Finanzwissenschaft, die die originäre Steuerverteilung mit allokativen und den sekundären Finanzausgleich mit distributiven Zielsetzungen verbindet, wird in der Finanzverfassung mit der „*Zwitterstellung*" der Umsatzsteuerverteilung durchbrochen. Vgl. Ottnad/Linnartz 1997: 90 f., Korioth 1997: 535.
7 Der Umsatzsteuervorabausgleich ist in dieser Studie definiert als die Abweichung der tatsächlichen horizontalen Umsatzsteuerverteilung von der vollständigen Verteilung nach der Einwohnerzahl als abstraktem Maßstab. Die „*Umverteilung*", die aus der Vergabe nach dem Einwohnerprinzip resultiert, wird nicht berücksich-

Verteilungsprinzips dem sekundären Finanzausgleich zugerechnet. Desgleichen werden die Leistungen des Investitionsförderungsgesetzes „Aufbau Ost", die de jure Investitionshilfen nach Art. 104a IV GG darstellen, teilweise in die Analysen mit einbezogen, da sie faktisch ein Anhängsel der Sonderbedarfs-BEZ zum Abbau teilungsbedingter Lasten darstellen. Diesem Zustand trug der Finanzausgleichsgesetzgeber mit dem Solidarpaktfortführungsgesetz auch Rechnung, indem er das Investitionsförderungsgesetz ab 1.1.2002 auflöste und die Mittel fortan den Sonderbedarfs-BEZ aufschlug (siehe Kapitel 6.2.3).

Einen ersten Überblick über die *Dynamik des sekundären Finanzausgleichs* vermittelt uns Abbildung 6. Am auffälligsten ist der sprunghafte Anstieg der Transfers in Folge der Integration der Ost-Länder im Jahr 1995. Eine herausragende Rolle spielen hierbei die *Bundesergänzungszuweisungen*, die schon zuvor sukzessive an Bedeutung gewannen und seit 1995 rd. die Hälfte des sekundären Ausgleichs ausmachen.[8] Entscheidend hierfür sind die Sonderbedarfs-BEZ, die seit 1995 zwischen 9.395 Mio. € (2001) und 12.522 Mio. € (2002) betrugen (Anlage 26). Die andere Hälfte umfassen die horizontalen Transfers.

Abbildung 6: Finanzausgleich 1970 bis 2002

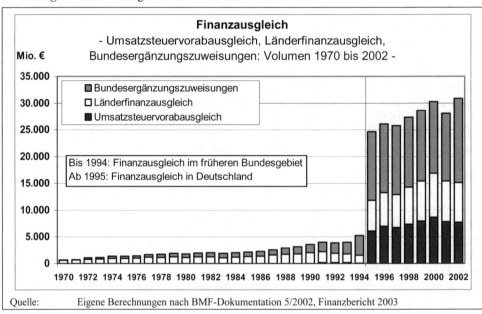

Quelle: Eigene Berechnungen nach BMF-Dokumentation 5/2002, Finanzbericht 2003

Die Komponenten des sekundären Finanzausgleichs wiesen bereits vor der Einheit eine steigende Tendenz auf (Kapitel 3.1.3). Offenkundig wird das zunehmende Gewicht dieser Ausgleichsströme im *Vergleich mit volkswirtschaftlichen Bezugsgrößen* (Anlage 18). Der Anteil des Finanzausgleichs an den kassenmäßigen Steuereinnahmen kletterte von 0,85 %

---

tigt, da die Umsatzsteuer einerseits nur begrenzt örtlich zurechenbar ist und andererseits das Grundgesetz explizit die Bevölkerungsstärke als Zuteilungsmaßstab kodifiziert.

8 Die Bundesergänzungszuweisungen wurden seit 1974 an einem Prozentsatz des Umsatzsteueraufkommens gekoppelt. Die Folge war eine Dynamisierung des Volumens. 1988 wurde der Anteil von 1,5 % auf 2 % des Umsatzsteueraufkommens angehoben. Danach näherte sich das Volumen der BEZ an das des Länderfinanzausgleichs an. Erstmals überstiegen die vertikalen BEZ 1992 die horizontalen Transfers.

7.1 Steuerzuteilung, Finanzausgleich, Mischfinanzierung

(1970) auf 1,28 % (1990). Im Verhältnis zum nominalen Bruttoinlandsprodukt nahm der Finanzausgleich von 0,19 % (1970) auf 0,28 % (1990) zu. Insgesamt vervielfältige sich die Finanzausgleichsmasse zwischen 1970 und 1990 um das 5,34-fache (zum Vergleich: BIP: 3,62, Steuereinnahmen 3,57). Mit der Wiedervereinigung gewann die innerstaatliche Umverteilung erheblich an Bedeutung. Nach Einstellung der IfG-Mittel in die Sonderbedarfs-BEZ entsprach der Finanzausgleich 2002 7,0 % der kassenmäßigen Steuereinnahmen und immerhin 1,5 % des Bruttoinlandsprodukts. Im Kontrast zu 1990 schwoll das Volumen des Finanzausgleichs bis 2002 vorwiegend aufgrund der Vereinigung um das 8,59-fache an. Hingegen nahmen das Bruttoinlandsprodukt sowie die Steuereinnahmen lediglich um das 1,66- bzw. 1,57-fache zu. Diese Zahlen verdeutlichen einmal mehr, wie groß die Herausforderung der finanziellen Integration des Beitrittsgebietes tatsächlich war. Splitten wir die Umverteilungen in horizontale und vertikale Transfers auf, konkretisiert sich dies weiter (Anlage 21). Seit 1995 umfassen die Bundesergänzungszuweisungen mehr als 5 % der Bundeseinnahmen.[9] Im Kontrast dazu betragen die horizontalen Leistungen zwischen 3,8 % (1995) und 5,1 % (2000) der Einnahmen der Länder und Kommunen. Während der Bundesanteil – unter Einrechnung der IfG-Mittel ab 2002 – einen leicht fallenden Trend aufweist, nimmt die Quote des horizontalen Transfervolumens zu. Dies erklärt die Verschärfung der Konflikte um den Länderfinanzausgleich in der zweiten Hälfte der 90er Jahre.

Abbildung 7: Finanzausgleich, Fonds „*Deutsche Einheit*", „*Berlinhilfe*" 1991-2002

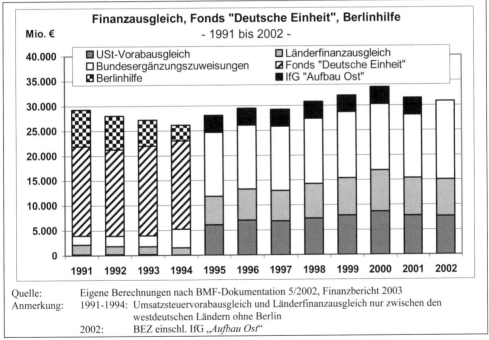

Quelle: Eigene Berechnungen nach BMF-Dokumentation 5/2002, Finanzbericht 2003
Anmerkung: 1991-1994: Umsatzsteuervorabausgleich und Länderfinanzausgleich nur zwischen den westdeutschen Ländern ohne Berlin
2002: BEZ einschl. IfG „*Aufbau Ost*"

---

9 Lediglich 2000 lag der Wert infolge der UMTS-Erlöse unter der 5 %-Schwelle. Hierbei wird der beachtliche Coup deutlich, den die rot-grüne Koalition mit der Versteigerung der UMTS-Lizenzen landete.

Vor dem Horizont dieser Ergebnisse muss diskutiert werden, wie sich die Korrektur der originären Steuerzuteilung im vereinten Deutschland konkret zusammensetzt. Abbildung 7 manifestiert die *Besonderheiten der Problemlösungen von 1990 und 1993*. Zwischen 1990 und 1994 ersetzte der Fonds „*Deutsche Einheit*" den gesamtdeutschen Finanzausgleich. Sein Volumen überstieg bereits in diesem Zeitraum deutlich die Transfers im westdeutschen Finanzausgleich. Ferner profitierte Berlin noch von der „*Berlinhilfe*", die allerdings zwischen 1990 und 1994 spürbar gekürzt worden war. Der Länderfinanzausgleich wurde in diesen Jahren getrennt in Ost- und Westdeutschland durchgeführt. Während sich das Transfervolumen im bisherigen Finanzausgleichsgebiet sogar absolut um mehr als ein Viertel verringerte[10], erreichte der in den Grafiken nicht berücksichtigte Finanzausgleich unter den neuen Ländern lediglich eine Höhe zwischen 35 Mio. € und 95 Mio. €.

Abbildung 8: Zuweisungen an die ostdeutschen Länder und Berlin 1991-2002

Das Ausgleichsprinzip der Finanzverfassung wird ab 1995 offenkundig. Die Angleichung der Finanzkraft erfolgt in mehreren Stufen und setzt mit der horizontalen Umsatzsteuerverteilung ein. Diese Stufe, die zuvor nur eine marginale Größenordnung erlangte, ist seitdem ein zentrales Instrument. Der Anteil dieses vorgeschalteten Ausgleichselements am gesamten Transfervolumen ist mittlerweile sogar knapp größer als der des Länderfinanzausgleichs (Anlage 19). Die Aufwertung dieses Moduls war der Clou, mit dem die Akteure die Integration des Beitrittsgebiets in den Finanzausgleich technisch bewältigten. Demzufolge reduzierte sich der relative Anteil des Länderfinanzausgleichs seit 1995 auf etwa ein Viertel,

---

10 Die Entwicklung des Länderfinanzausgleichs verlief uneinheitlicher als sie oft dargestellt wird. Mit Hessen, Bayern und Schleswig-Holstein konnten drei Länder ihre relative Situation deutlich verbessern. Hingegen verschlechterten sich Nordrhein-Westfalen, Bremen sowie – relativ betrachtet – Baden-Württemberg.

obwohl sich sein absolutes Volumen in etwa vervierfachte. Damit ist er in absoluten Größen bemessen umfangreicher als zuvor der gesamte sekundäre Finanzausgleich. Dies dokumentiert einmal mehr die starke Belastung der West-Länder durch den Aufbau Ost. Zu beachten ist allerdings, dass der Bund im Gegenzug für die Ausweitung der horizontalen Umverteilung ab 1995 auf 7 Prozentpunkte bei der vertikalen Umsatzsteuerverteilung verzichtete.[11] Insgesamt stiegen die Leistungen des sekundären Finanzausgleichs nach 1995 – selbst unter Hinzuzählung der zuvor erbrachten Fondsmittel – nochmals an. Dies manifestiert den „Gewinn", den die neuen Länder aus der Überwindung der Interimslösung zogen (Abbildung 8). In Folge des stockenden Wachstumsprozesses in der zweiten Hälfte der 90er Jahre wuchsen die Transfers nach 1995 abermals. Seit 1998 betrugen die Zuweisungen an die sechs Ost-Länder stets über 25 Mrd. €. Diese erhalten seit 1991 jeweils mehr als 80 % der Finanzströme.[12]

Die Mehrbelastungen, die sich für die einzelnen *West-Länder* in der Neuregelung ab 1995 gründeten, illustriert Anlage 20. Betroffen sind sowohl die reichen als auch die finanzkraftschwachen Länder. Ihr Nettoverlust je Einwohner betrug 1995 – ohne Berücksichtigungen der Zuschüsse zum Fonds *„Deutsche Einheit"* – zwischen 117 € (Hessen) und 208 € (Baden-Württemberg). Darunter lag als einziger Abweichler Bremen mit 66 € je Einwohner. Für Bremen und Saarland stellt sich die Situation ohnehin anders dar, denn beide Länder bekamen bekanntlich seit 1994 Sanierungs-BEZ. Zwischen den übrigen Ländern zeigt sich eine gewisse Spreizung durch die Neuordnung, allerdings werden bestimmte Länder bzw. Ländergruppen nicht systematisch benachteiligt.[13] Dabei sind in dieser Betrachtung die Zuschüsse zum Fonds *„Deutsche Einheit"*, die einen „Nebenfinanzausgleich" konstituieren, noch nicht integriert. Die Zuschüsse von Bund und den westdeutschen Ländern für den *Fonds „Deutsche Einheit"* können Anlage 25 entnommen werden. Sie belegen die zögerliche finanzpolitische Reaktion auf die Wiedervereinigung, indem vor allem von 1990 bis 1992 die West-Ost-Transfers vorwiegend über Kredite finanziert wurden (Anlage 26). Erst sukzessive richteten der Bund und die westdeutschen Länder ihre Haushalte an den veränderten Erfordernissen aus, so dass bereits 1994 nur noch ein kleiner Teil der Fondsleistungen über Neukredite finanziert wurde. Angesichts der Tilgungsstreckungen ab 1998 bzw. verstärkt ab 2002, die in Anlage 25 zu sehen sind, wird die Abfinanzierung des Fonds – wie im zweiten Solidarpakt vereinbart – noch mindestens bis Ende 2019 andauern.

Einen Überblick über die *Entwicklung der Finanzausgleichsströme* seit 1995 aus Sicht der einzelnen Länder gibt Anlage 22. Sie visualisiert die Nettozu- bzw. -abflüsse der einzelnen Länder im sekundären Finanzausgleich. In die Berechnungen sind ebenso die Beiträge der westdeutschen Länder und Berlins zum Fonds *„Deutsche Einheit"* wie die IfG-Mittel für die sechs Ost-Länder einbezogen. In absoluten Größen bemessen, bestehen mit Baden-Württemberg, Bayern, Hessen und Nordrhein-Westfalen vier bedeutende *Geberhaushalte*. Hinzu tritt als fünfter Nettozahler Hamburg, das infolge seiner geringeren Einwohnerzahl nominal niedrigere Beiträge leistet. Mit Ausnahme von Nordrhein-Westfalen

---

11 Es sei an dieser Stelle auch darauf hingewiesen, dass die westdeutschen Länder durch die Beteiligung des Beitrittsgebietes an der Umsatzsteuerverteilung nach Einwohnerzahl ab 1991 Einbußen in Höhe von (zunächst) jährlich über 2,5 Mrd. € zu verbuchen hatten.
12 Seit 1995 fließen durchschnittlich 83 % der Transferzahlungen in die sechs ostdeutschen Länder.
13 Eine Ausnahme betrifft *Berlin*. Faktisch ist der Stadtstaat, der 1991 noch als Ersatz für den Finanzausgleich Bundeshilfen in Höhe von über 7 Mrd. € erhielt, der große Verlierer der Neuregelungen. Die rasche Rückführung der Bundeshilfen seit 1991 (1991: 7,4 Mrd. €, 1992: 6,7 Mrd. €, 1993: 5,2 Mrd. € und 1994: 3,1 Mrd. €) führte entscheidend mit zur Haushaltsmisere des Landes.

weisen die Zahlungsverpflichtungen bei allen Zahlern zwischen 1995 und 2000 eine steigende Tendenz auf. Dieser Umstand trug maßgeblich zur Verschärfung des horizontalen Verteilungsdisputs bei. Nahe am Nullpunkt liegt Schleswig-Holstein, dessen Finanzposition sich bereits in der ersten Hälfte der 90er Jahre erheblich verbesserte und das unter Einrechnung aller Positionen mit Ausnahme des Jahres 2000 stets eine Netto-Zahler-Rolle innehatte. Dem nördlichsten Land folgen Rheinland-Pfalz und Niedersachsen. Relativ gesehen verschlechterten sich diese beiden Länder seit 1995. Leistungen auf hohem Niveau erhielten zudem das Saarland und Bremen, wobei sich die Degression der Sanierungs-BEZ seit 1999 spürbar auswirkt. Die *Hauptnutznießer* der Transfers sind die Ost-Länder und Berlin, die allesamt zwischen 1995 und 2000 tendenziell von steigenden Beiträgen profitierten.

Um die Position der einzelnen Länder im Finanzausgleich besser vergleichen zu können, ist eine Betrachtung der Pro-Kopf-Zuflüsse bzw. Pro-Kopf-Abflüsse erforderlich (Anlage 23). Demnach ist Hessen mit Beiträgen zwischen 338 € (1995) und 636 € (2000) je Einwohner der Hauptzahler. Es folgen Baden-Württemberg, Bayern und Hamburg mit Pro-Kopf-Nettozahlungen zwischen in der Regel 260 € und 370 €. Die Abflüsse Nordrhein-Westfalens liegen zwischen 180 € (2001) und 255 € (1996) je Einwohner. Die Länder Schleswig-Holstein, Niedersachsen und Rheinland-Pfalz kommen auf Ergebnisse, die zwischen Pro-Kopf-Abflüssen von 73 € und Pro-Kopf-Zuwendungen von 126 € oszillieren. Die Pro-Kopf-Leistungen an die sechs Ost-Länder betragen indes zwischen 1.231 € und 1.705 €. Darüber liegt lediglich als Pro-Kopf-Spitzenempfänger Bremen, das 1997 den bisherigen Rekordwert von 2.197 € je Einwohner erhielt. Offenkundig wird der Einfluss des Finanzausgleichs für die Geber- und Nehmerhaushalte, wenn die Nettotransferleistungen zu den jeweiligen Gesamteinnahmen der Landes- und Kommunalhaushalte in Relation gesetzt werden. Wie Anlage 24 illustriert, bezogen die sechs Ost-Länder allein im Jahr 2002 zwischen 32 % (Berlin) und 39 % (Thüringen) ihrer Einnahmen über den sekundären Finanzausgleich. Dagegen musste Hessen insgesamt Beiträge abführen, die einer Höhe von 11 % seiner Gesamteinnahmen entsprachen. Im Zeitraum zwischen 1995 und 2002 variierten die Zahlungsverpflichtungen der Geber zwischen 5 % (Hamburg 1997, Nordrhein-Westfalen 2001) und 14 % (Hessen 2000), während die neuen Länder Zuschüsse zwischen 30 % (Brandenburg 1995) und 39 % (Thüringen 2002) der Gesamteinnahmen erlangten.

Die *Angleichung der Finanzkraft im Finanzausgleich* dokumentiert Abbildung 9 beispielhaft für das Ausgleichsjahr 2002. Im Kontrast zu den offiziellen Darstellungen werden hier die Steuer- und Finanzkraft die Gemeindesteuern zu 100 % berücksichtigt, um eine umfassendere Illustration der tatsächlichen Finanzposition der Länder zu erreichen. Betrachtet man die Werte der Nehmerländer, kann von einer „(Über-)Nivellierung" nicht gesprochen werden. Die Ost-Länder, die infolge der Steuerschwäche ihrer Kommunen noch immer eine originäre Steuerkraft vor der Umsatzsteuerverteilung von unter 40 % des Länderdurchschnitts haben, erreichen nach dem Länderfinanzausgleich und den Fehlbetrags-BEZ gerade einmal gute 90 % des Länderdurchschnitts. Ebenso variiert die Finanzkraft der finanzschwachen West-Länder nach Fehlbetrags-BEZ nur um 95 % und nicht um die Sagen umwobenen 99,5 %, die im Finanzausgleich als Maßstab gelten. Diese Zahlen manifestieren eindrucksvoll, dass es sich bei der Finanzkraft- und der Ausgleichsmesszahl nur um Artefakte zur Berechnung des Länderfinanzausgleichs handelt. Infolge der nur teilweisen Anrechnung der Kommunalfinanzen sowie der Einwohnerwertungen sind sie kein Abbild der realen Finanzsituation. Erst durch die Sonderbedarfs-BEZ, deren Zweck der Ausgleich von überproportionalen Sonderlasten ist, erhalten die neuen Länder eine überdurchschnittli-

7.1 Steuerzuteilung, Finanzausgleich, Mischfinanzierung

che Finanzkraft. Eine Sonderrolle nehmen ferner die Stadtstaaten ein, die von der Einwohnergewichtung erheblich profitieren.

Abbildung 9: Steuer- bzw. Finanzkraft der Länder vor und nach dem Finanzausgleich

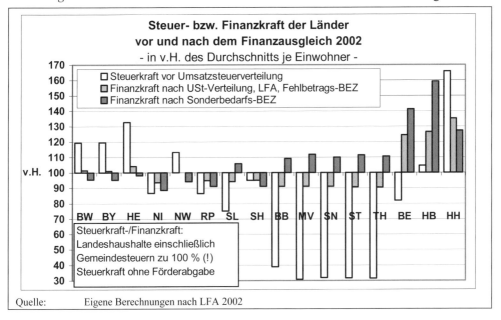

Quelle: Eigene Berechnungen nach LFA 2002

Nicht vergessen werden darf bei der Betrachtung dieser Werte, dass der Finanzausgleich nur ein Instrument ist, welches der Angleichung der Finanzkraft dient. Er ist prinzipiell nicht dazu geeignet, die Ursachen der regionalen Entwicklungsdifferenziale zu bekämpfen. Abgesehen von den Hafenlasten sowie der Einwohnerwertung der Stadtstaaten und der Kommunen wird der Finanzbedarf im Länderfinanzausgleich nur über das abstrakte Kriterium der Einwohnerzahl ermittelt. Die Finanztransfers erlauben den leistungsschwachen Ländern ihre rechtlichen und sachlichen Aufgabenverpflichtungen zu erfüllen. Es verbleiben ihnen aber nur geringe Mittel zur Verbesserung der wirtschaftsstrukturellen Bedingungen.[14] Einen Automatismus zur Egalisierung der sozioökonomischen Verhältnisse begründet der sekundäre Finanzausgleich folglich nicht. Von einer Überforderung der Geber kann außerdem nicht schon deshalb gesprochen werden, weil es nur fünf Zahlerländer gibt. Die Relation 5 Zahler/11 Empfänger führt leicht zu der Fehlinterpretation, dass eine Bevölkerungsmehrheit einseitig auf Kosten einer Bevölkerungsminderheit lebt. Dabei wird Folgendes übersehen: Im bundesdeutschen Finanzausgleich treffen viele bevölkerungsarme finanzschwache Länder auf wenige bevölkerungsstarke reiche Länder (Anlage 27). Allein in Nordrhein-Westfalen wohnen mehr Menschen als in den sechs ostdeutschen Ländern zusammen. Zwar können sie im Bundesrat von den Nehmerländern überstimmt werden, im Bundestag stellen sie indes die Mehrheit der Abgeordneten.

---

14 Die Lasten der einzelnen Länder variieren stark. Hier wirken sich unter anderem Bundesgesetze mit negativen Ausgleichseffekten (z.B. Sozialhilfe) aus. Vgl. Renzsch 2000b.

Angesichts der statistischen Analysen bleibt festzuhalten, dass bei der finanzpolitischen Bewältigung den verschiedenen Instrumenten zur Korrektur der originären Steuerverteilung samt dem Fonds „*Deutsche Einheit*" eine elementare Rolle zukam. Allerdings ist der Finanzausgleich nur bedingt geeignet, um einen wirtschaftlichen Aufholprozess einzuleiten. Nur die Sonderbedarfs-BEZ erfüllen diese Funktion. Die Finanzverfassung enthält deshalb neben der Umverteilung der Einnahmen mit den Gemeinschaftsaufgaben sowie den Finanzhilfen auch Mittel im Bereich der öffentlichen Ausgaben, die unter anderem der Angleichung der Lebensverhältnisse im Bundesgebiet dienen.

7.1.3 Föderale Finanzierungskooperationen

In den Verhandlungen über die Gestaltung der Finanzbeziehungen wurde sowohl 1992/93 als auch 2000/01 die Neuordnung der Mischfinanzierungen frühzeitig ausgeklammert. Lediglich im Einigungsprozess war das Thema von Bedeutung, wobei damals nicht die Reform im Zentrum stand, sondern die Ausweitung des bestehenden Regelwerks auf das Beitrittsgebiet. Seinerzeit verteidigten die Ministerpräsidenten ihre Besitzstände, da sie eine Umleitung der Bundeszahlungen von West- nach Ostdeutschland befürchteten. Wir müssen folglich untersuchen, welches Gewicht die vertikalen Finanzierungskooperationen für den Aufbau Ost hatten und inwiefern es hierbei zu Verlagerungen der Bundeshilfen kam. Vor dem Hintergrund der anhaltenden Kritik ist ferner zu beobachten, welche Dynamik und haushaltswirtschaftliche Relevanz die Mischfinanzierungen einnahmen.

Abbildung 10: Mischfinanzierungen: Zahlungen des Bundes 1992-2002

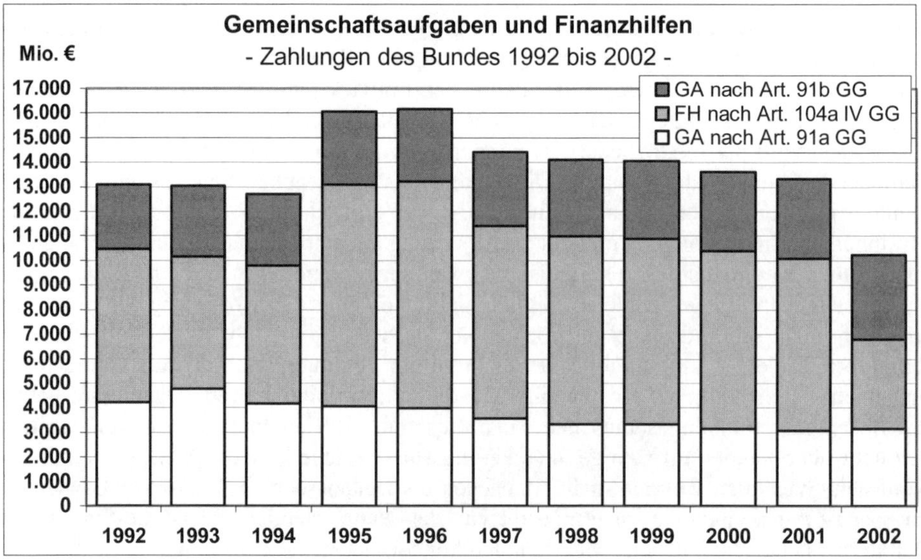

Quelle: Eigene Berechnungen nach Finanzbericht 2003, AG „*Finanzen*", Petersen 2000, BMF-Dokumentation 5/2002

Anmerkung: GA nach Art. 91b GG einschließlich Zuweisungen an Dritte

7.1 Steuerzuteilung, Finanzausgleich, Mischfinanzierung

Im Vordergrund der Analyse stehen die *Gemeinschaftsaufgabe „Regionale Wirtschaftsförderung"* (Art. 91a GG) sowie die *Investitionshilfen des Bundes* (Art. 104a IV GG), weil jene im Besonderen auch die Herstellung gleichwertiger Lebensverhältnisse intendieren. Betrug das Gesamtvolumen der Bundeszahlungen beider Instrumente 1990 noch rd. 6 Mrd. €, transferierte der Bund zwischen 1992 und 2001 mit Ausnahme von 1994 stets über 10 Mrd. €, 1995 und 1996 sogar über 13 Mrd. € an die Länder (Abbildung 10). Als erstes Ergebnis wird damit offenkundig, dass die Mischfinanzierungen ebenso eine beachtliche Bedeutung bei der Finanzierung der Einheit besaßen. Unter Hinzurechnung der Gemeinschaftsaufgaben nach Art. 91b GG liegen die Bundesleistungen bis heute bei über 10 Mrd. €. Während das Engagement des Bundes im Rahmen der zuletzt genannten Gemeinschaftsaufgaben mit einer mittleren jährlichen Veränderungsrate zwischen 1993 und 2002 von 2,7 % eine leicht steigende Tendenz aufweist, nahmen die nach 1990 sprunghaft gestiegenen GRW-Mittel seit dem Rekordwert von 1993 (4,8 Mrd. €) kontinuierlich ab (Anlage 28). Dasselbe gilt für die Investitionshilfen des Bundes. Diese erreichten zwar 1995 durch das Investitionsförderungsgesetz *„Aufbau Ost"* neue Spitzenwerte. Seit dem Rekordjahr 1996 (9,2 Mrd. €) wurde sie jedoch Jahr für Jahr zurückgeführt. Unter Ausklammerung des Investitionsförderungsgesetzes lagen die Bundeshilfen nach Art. 104a IV seit 1997 unter dem Niveau von 1991. Deutlich wird dies nach der Abschaffung des Gesetzes im Jahr 2002.

Abbildung 11: Mischfinanzierungen: Zahlungen des Bundes 2002

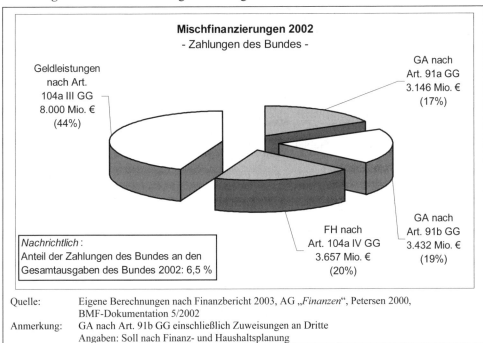

2002 überstiegen die Bundeszahlungen nach Art. 91a GG und Art. 104a IV GG mit insgesamt 6,8 Mrd. € nur noch knapp das Ausgangsniveau von 1990. Im Kontrast zur Umverteilung des Finanzausgleichs, der vorerst bis 2019 auf hohem Stand fixiert wurde und bei dem die Degression der Solidarpakthilfen erst ab 2008 einsetzt, reduzierte der Bund bei den auf eine Angleichung der Wirtschaftsstruktur abzielenden Mischfinanzierungen sein Engagement früher und vergleichsweise stärker. Gleichwohl betrugen die Zahlungen des Bundes in den Mischfinanzierungen nach Art. 91 a, b GG und 104a III, IV GG 2002 mit über 18 Mrd. € rd. 6,5 % der Gesamtausgaben des Bundes (Abbildung 11). Damit kommt diesem Instrument eine beachtliche Funktion in der öffentlichen Haushaltswirtschaft zu.[15]

Abbildung 12: Mischfinanzierungen 1995, 1998, 2002: Zahlungen des Bundes

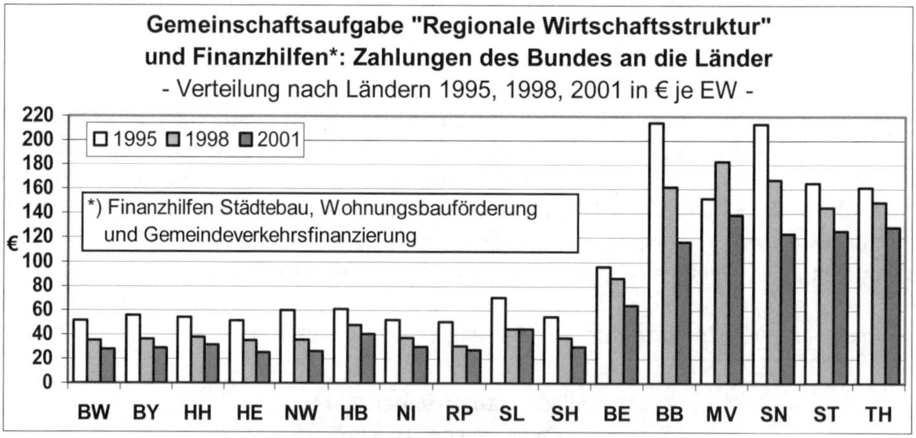

Gemeinschaftsaufgabe "Regionale Wirtschaftsstruktur" und Finanzhilfen*: Zahlungen des Bundes an die Länder
- Verteilung nach Ländern 1995, 1998, 2001 in € je EW -

*) Finanzhilfen Städtebau, Wohnungsbauförderung und Gemeindeverkehrsfinanzierung

Quelle: Eigene Berechnungen nach AG „*Finanzen*", Petersen 2000, StatJB 2003
Anmerkung: Angaben: Zahlungen des Bundes (Ist-Ergebnisse)

Hinsichtlich der *regionalen Verteilung der Bundesmittel* sind wiederum speziell die egalisierenden Mischfinanzierungskanäle relevant. Wie die Anlage 29 illustriert, profitierten im Jahr 2002 unverändert die Ost-Länder von den GRW-Leistungen sowie den Investitionshilfen des Bundes. Obwohl im Gebiet der ehemaligen DDR lediglich 18 % der Bevölkerung leben, erhalten sie 57 % der über diese Instrumente bereitgestellten Bundesgelder (Anlage 30). Splitten wir die Mittelverteilung nach Finanzkraft und Struktur der Länder auf, zeigt sich der unterschiedliche Nutzen (Anlage 31). Während im früheren Bundesgebiet im Jahr keine nennenswerten Differenzen in der Mittelzuweisung bestanden (im Durchschnitt Zuweisungen von 27 € bis 34 € je Einwohner), erhielt Berlin als „West-Ost-Land" Leistungen aus den genannten Mischfinanzierungen in Höhe von immerhin 64 € pro Kopf. Die neuen Länder erhielten mit 125 € je Einwohner nochmals fast das Doppelte. Allerdings reduzierten sich die Zuweisungen an diese Länder kontinuierlich seit 1992, als sie Mittel im Umfang von 249 € je Einwohner empfingen. Im Gegensatz dazu stiegen die Pro-Kopf-Zuwendungen an das frühere Bundesgebiet (ohne Berlin) bis 1996 leicht auf 56 € je Einwohner an. Erst seit diesem Zeitpunkt reduzierte der Bund seine Zahlungen für den Westen. Von 1998 an erhielten die westdeutschen Länder niedrigere Pro-Kopf-Zuschüsse als 1991. Somit konnten diese Länder nicht ihr 1990 formuliertes Interesse an der Besitzstandswah-

---

15 Nach den Berechnungen des Karl-Bräuer-Instituts wurden über sämtliche Mischfinanzierungskanäle zwischen allen gebietskörperschaftlichen Ebenen (EU, Bund, Länder, Kommunen) im Jahr 2000 mindestens 122,7 Mrd. € transferiert. Karl-Bräuer-Institut 2001: 20 f.

rung dauerhaft durchsetzen. Infolge des Abbaus des Bundesengagements mussten hauptsächlich die armen Länder beträchtliche Einbußen hinnehmen. Offenkundig werden die Auswirkungen des rückläufigen Trends für die einzelnen Länder in der Abbildung 12. Seit 1995 hatten alle Länder teils herbe Verluste zu verkraften.

Fazit: Im Rahmen der wissenschaftlich stark kritisierten Finanzierungskooperationen werden nochmals in erheblichem Umfang Bundesmittel zur Finanzierung von Länderaufgaben im Beitrittsgebiet bereitgestellt wurden.[16] Für die Ost-Länder hatten die Gelder teilweise, wie z.B. mit dem Gemeinschaftswerk *„Aufschwung Ost"* und dem Investitionsförderungsgesetz *„Aufbau Ost"*, eine ergänzende Funktion zum sekundären Finanzausgleich und zum Fonds *„Deutsche Einheit"*. Insgesamt verloren gleichwohl die Mischfinanzierungen seit Mitte der 90er Jahre sukzessive und spürbar an Gewicht.

7.1.4 Föderale Finanzströme

Abbildung 13: Föderale Transfers 1991 bis 2002

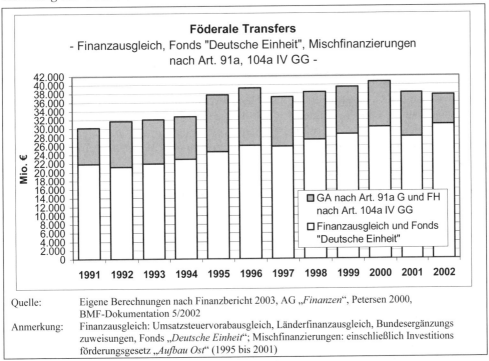

Quelle:	Eigene Berechnungen nach Finanzbericht 2003, AG *„Finanzen"*, Petersen 2000, BMF-Dokumentation 5/2002
Anmerkung:	Finanzausgleich: Umsatzsteuervorabausgleich, Länderfinanzausgleich, Bundesergänzungszuweisungen, Fonds *„Deutsche Einheit"*; Mischfinanzierungen: einschließlich Investitionsförderungsgesetz *„Aufbau Ost"* (1995 bis 2001)

Einen Überblick über die Gesamttransfers, die über diejenigen Instrumente erfolgen, die explizit eine Angleichung der Lebensverhältnisse anvisieren, illustriert die Abbildung 13. Sie manifestiert den exorbitanten Stellenwert des Finanzausgleichs (nebst Fonds *„Deutsche*

---

16 In dieser Untersuchung unberücksichtigt sind die Finanzierungskooperationen mit der Europäischen Union. Allein im Zeitraum 1994 bis 1998 erhielt Deutschland im Rahmen der drei Strukturfonds (EFRE, ESF, E-AGFL) Zuschüsse in Höhe von insgesamt 62,6 Mrd. €.

Einheit") im vereinten Deutschland. Dessen Anteil an den hier analysierten Finanzströmen streut, wie in Anlage 32 abzulesen ist, seit 1991 zwischen 65 % (1995) und 82 % (2002). Damit lag er stets deutlich höher als vor der Vereinigung (1989: unter 40%). Gleichwohl sind die Mischfinanzierungen nicht zu vernachlässigen. Über diese erhielt vornehmlich der vergleichsweise unterentwickelte Ostteil des Landes nochmals beträchtliche zweckgebundene Bundesmittel. Ihren Höhepunkt erreichten die Gesamtleistungen indes nicht unmittelbar im Anschluss an die Einheit, vielmehr weisen die Transfers bis zum Jahr 2000 eine steigende Tendenz auf. Diese belegt ebenso die Fehleinschätzungen hinsichtlich der tatsächlichen Kosten der Einheit, wie sie Ausdruck des in der zweiten Hälfte der 90er Jahre ins Stocken geratenen Aufholprozesses ist. Alles in allem wuchsen die Transfers zwischen 1991 und 2000 um insgesamt rd. 30 %. Erst in den letzten beiden hier dokumentierten Jahren setzte eine Trendwende ein. Allerdings begann im Unterschied zum sekundären Finanzausgleich der Abbau bei den Mischfinanzierungen schon früher (1996).

Hinsichtlich der Vielzahl der föderalen Finanzströme ist es sachlich wie methodisch äußerst diffizil, eine *Bilanz der Zahlungsströme* zu erstellen. Einen vorsichtigen Versuch für das Rechnungsjahr 2002 unternimmt die Grafik in Anlage 33. Mit Bedacht sind dabei sowohl bei den horizontalen Finanzströmen der Umsatzsteuervorabausgleich als auch die Zuweisungen der Länder an den Bund zum Fonds *„Deutsche Einheit"* zu sehen. Ferner ist zu berücksichtigen, dass noch zahlreiche weitere ebenenübergreifende Finanztransaktionen erfolgten. Ebenso bleibt die Steuerzerlegung unberücksichtigt. Dessen ungeachtet enthält das Schaubild die elementaren Finanzströme, die mittelbar mit dem Thema dieser Studie in Verbindung stehen. Es bietet daher einen vagen Anhaltspunkt über das Gewicht der Transfers zwischen den Gebietskörperschaften. Demnach dominieren eindeutig die Zuweisungen des Bundes an die Länder. Würden wir überdies in der Matrizenrechnung den Umsatzsteuervorabausgleich als Teil der originären Steuerverteilung eliminieren, nähmen die Bund-Länder-Zuweisungen einen Umfang von immerhin knapp 80 % ein. Die Anlage 34 illustriert daher die Aufgliederung dieser Zahlungsströme von insgesamt 38 Mrd. € (rd. 13,5 % der Bundesausgaben) im Jahr 2002. Demnach bilden die Bundesergänzungszuweisungen mit 42 % der Bundesleistungen an die Länder mit Abstand den größten Anteil.

7.2 Exkurs: Transfers und Finanzierung der deutschen Einheit

In erster Linie ist die explosive Anschwellung der föderalen Finanzströme auf die Wiedervereinigung zurückzuführen. Der Bankrott der ehemaligen DDR erforderte umfangreichere und langfristigere Hilfen als dies – politisch verblendet – manche Akteure im Einigungsprozess wahrhaben wollten. Wieviel kostete und kostet tatsächlich die Integration des Beitrittsgebiets? Obwohl mittlerweile die Transformation der ostdeutschen Wirtschaft wiederholt akademisch erforscht wurde, lässt sich diese Frage nach wie vor nur vage beantworten. Die Erstellung einer Umverteilungsrechung ist ein wissenschaftlich außerordentlich komplexes Unterfangen, das in dieser Studie nicht geleistet werden kann. Angesichts der vielfältigen Zahlungsströme konfrontiert uns die Erfassung der Transfers mit zahlreichen inhaltlichen und methodischen Problemen. Die statistischen Komplikationen beziehen sich unter anderem auf die Vermeidung von Doppelzählungen, die Eliminierung zahlungstechnischer Verzerrungen und die Gewinnung valider Daten. Viele notwendige Informationen liegen nicht oder nicht für den gesamten Zeitraum vor und können, wenn überhaupt, nur

7.2 Exkurs: Transfers und Finanzierung der deutschen Einheit

approximiert werden. Schließlich existieren inhaltliche Abgrenzungsfragen. Theoretisch können viele Leistungen des Bundes regional zugeordnet werden. Handelt es sich hierbei bereits um Umverteilungen, die in Anbetracht der regional streuenden Bundeseinnahmen als intrastaatliche Finanzströme zu deklarieren sind? Inwiefern werden Aufgaben des Bundes einbezogen, deren Intention die Entwicklung und Förderung bestimmter Regionen ist?[17] Wir können uns mit diesen Fragen nicht befassen, rechtfertigen diese doch ein eigenes, wirtschaftswissenschaftlich fundiertes Forschungsprogramm. Gleichwohl ist die Höhe der Transferleistungen[18] für uns von Interesse, da sie einen Aufschluss über die Relevanz des Finanzausgleichs und der Mischfinanzierungen für die deutsche Einheit vermittelt. Ausschlaggebend ist für unsere Zwecke nicht die – abschließend wohl kaum leistbare – Festlegung auf einen exakten Eurobetrag, sondern eine Einschätzung über die *Dimension sowie die Dynamik der West-Ost-Transfers*. Wir greifen daher auf die relativ aktuelle Studie von Ulrich Busch (2002) zurück (Abbildung 14). Dessen Berechnungen zeigen im Längsschnitt einen steigenden Trend der Bruttotransferleistungen[19] von 71 Mrd. € (1991) auf 99 Mrd. € (1999). Ein ähnliches Bild ergibt die Nettorechnung. Diese legte von 54 Mrd. (1991) auf 74 Mrd. € (1999) zu. Dabei blieben die Transferströme nach einem sprunghaften Anstieg in der ersten Hälfte der 90er Jahre seit 1995 auf einem hohen, nur noch gering wachsenden Niveau. Im Hinblick auf die Preisentwicklung kann somit von einer relativen Kontinuität in diesen Jahren gesprochen werden. Im Kontrast zu anderen Erhebungen kommt Busch, der bewusst eine dezidiert ostdeutsche Perspektive wählt, im Schnitt zu vergleichsweise niedrigen Transfers.[20]

---

17 Unter politikwissenschaftlicher Perspektive ist dieser Ansatz sehr kritisch zu betrachten, da der Bund nicht allein als Summe seiner Glieder zu bezeichnen ist. Folglich können die aus dem Handeln des Bundes resultierenden Finanzströme nicht grundsätzlich als Umverteilung klassifiziert werden (Prinzip: „von jedem Euro den der Bund ausgibt, kommen X % aus dem Land A"). In der politischen Praxis wird das Problem an folgendem Zitat von Lothar de Maizière deutlich (nach Renzsch 1997a: 49): *„Baut der Bund in Bayern eine Autobahn, ist es eine Bundesaufgabe, baut er in Sachsen eine, ist es eine Transferleistung."* Daneben sind weitere inhaltliche Abgrenzungen (wie z.B. die Einbeziehung der horizontalen Umsatzsteuerverteilung) zu ziehen. Ausführlich zur methodischen Abgrenzungsproblematik bei Systematisierung und Quantifizierung Fuest/Kroker 1993: 8 ff., Czada 1995c: 92, Boss/Rosenschon 1996: 10 ff., Bohnet/Heck 1998: 12, V. Busch 2002: 137 ff.
18 Transfers sind finanzwissenschaftlich definiert als unilaterale Transaktionen zwischen öffentlichen Haushalten, Privathaushalten und Unternehmen. Hierbei differenziert die Ökonomie zwischen monetären und realen Transfers. Vgl. U. Busch 2002: 43 ff. Neben den Transfers ergeben sich für die Geberhaushalte weitere Kosten der Einheit, die in diesen Berechnungen unberücksichtigt bleiben. Hierzu zählen z.B. die Leistungen für die ehemalige Sowjetunion oder die binnen- wie außenwirtschaftlichen Folgekosten der Einheit.
19 Die *Bruttorechnung* enthält sämtliche Transfers unter Abzug der Doppelzählungen. Die *Nettorechnung* berücksichtigt überdies die einigungsbedingten Steuermehreinnahmen des Bundes im Osten, die einigungsbedingten Mehreinnahmen der öffentlichen Haushalte im Westen (wachstumsbedingte Steuer- und Sozialbeitragsmehreinnahmen), die in den westdeutschen Haushalten entfallenden teilungsbedingten Ausgaben und Steuervergünstigungen sowie die einigungsbedingten Minderausgaben in Westdeutschland.
20 Alternative Berechnungen kommen nach U. Busch (2002: 154) zu folgenden Ergebnissen:

	Variation der Bruttoleistungen		*Variation der Nettoleistungen*	
	von	bis	von	bis
1991	71	96	54	79
1992	77	143	58	129
1993	85	132	65	112
1994	86	135	63	113
1995	92	123	63	100
1996	94	115	65	94
1997	91	115	55	94
1998	93	116	57	94

Alle Angaben in Mio. €

Abbildung 14: Öffentliche Transferleistungen an die neuen Länder und Berlin/Ost

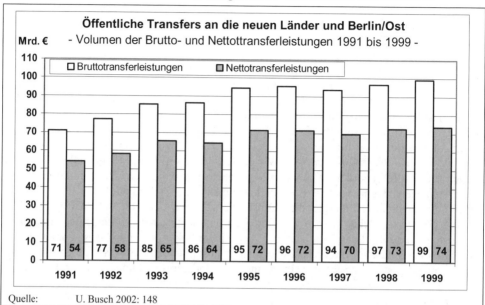

Quelle: U. Busch 2002: 148

Es werden also immense Beträge transferiert, deren Relevanz sich uns aus den absoluten Zahlen nicht hinreichend erschließt. Daher lohnt sich ein Blick auf die Anlage 35, die den relativen Anteil der Transferleistungen (nach den Rechnungen von Busch) am BIP illustriert. Entsprechend liegen die Bruttotransfers seit 1993 bei mindestens 5,0 % des BIP. Die Nettotransfers entsprechen immerhin zwischen 3,6 % (1991, 1992) und 4,0 % (1993, 1995) des BIP. Nicht nur in absoluten Größen bemessen wird somit eine beachtliche Summe seit 1990 in das Beitrittsgebiet umverteilt. Spannend ist daher die Frage, wie sich die öffentlichen Bruttoleistungen auf die einzelnen Geberhaushalte verteilen. Dies veranschaulicht die Anlage 36. Den mit Abstand größten Teil der zwischen 1991 und 1999 aufgebrachten Transfers in Höhe von 884 Mrd. € finanzierte nach der Rechnung von Busch der Bund (62 %). Ihm folgen die Sozialversicherungen mit einem Anteil von insgesamt 22 %. Hingegen ist der Beitrag der westdeutschen Länder und Gemeinden mit 5 % zuzüglich der Zuschüsse zum Fonds „*Deutsche Einheit*" vergleichsweise gering. Allerdings blendet diese Bruttobetrachtung die indirekten Belastungen der West-Länder aus. Zu denken ist hier an die Einsparung teilungsbedingter Zuschüsse vom Bund (Zonenrandförderung, „*Berlinhilfe*"), den Abbau des Strukturhilfegesetzes, die Umleitung von Mischfinanzierungen und sonstiger Bundesleistungen in die Ost-Länder oder die horizontale Umsatzsteuerverteilung. Ferner steht dem Bund ein vergleichsweise erheblich größeres Repertoire an Refinanzierungsoptionen zur Verfügung. Am eindrucksvollsten demonstriert dies der Solidaritätszuschlag, über den der Bund einen großen Teil seiner Transfers kompensiert.

Die *Refinanzierung der öffentlichen Transfers* erfolgte durch a) diverse Erhöhungen der Steuern, der Sozialabgaben, der kommunalen Gebühren und Abgaben, b) den Abbau bzw. die Reduzierung öffentlicher Leistungen sowie c) die Privatisierung staatlicher Aufgaben. Trotz dieser Refinanzierungsmaßnahmen blieb daneben d) die Staatsverschuldung als intergenerationelles Instrument der zentrale Finanzierungskanal. Angesichts der hohen parteipolitischen Relevanz des Themas und der hageren Wirtschaftsentwicklung wurde hierfür keine gesamtpolitische Strategie entwickelt.[21] Damit ist auch auf einen ebenso simplen wie häufig übersehenen Zusammenhang hinzuweisen, dass hinter den öffentlichen Transfers letztlich stets die Bürgerinnen und Bürger sowie die Wirtschaft stehen, sei es als Steuer- und Beitragszahler (bei Abgabenerhöhungen) oder als Leistungsempfänger (bei Ausgabenkürzungen). Dennoch wird, wie wir heute wissen, der Osten des Landes noch über lange Zeit auf Alimente angewiesen sein. Offenkundig wird das Dilemma des Aufholprozesses des Beitrittsgebiets bei einer Analyse der *Verwendungsstruktur der West-Ost-Ströme* (Anlage 37). Deren größter Teil floss in den 90er Jahren in Sozialleistungen, also in den konsumtiven Bereich. Lediglich 18 % wurden unmittelbar für die Infrastrukturinvestitionen und die Wirtschaftsförderung eingesetzt.[22]

Die hier vorgestellten Schaubilder demonstrieren zwei zentrale Aspekte der Finanzierung der Einheit. Zum einen mobilisierten die politischen Akteure binnen kürzester Zeit ein kolossales Transfervolumen für Ostdeutschland. Zum anderen verschoben sie die Lasten in einem iterativen Prozess ohne stichhaltiges Gesamtkonzept auf verschiedene Geberhaushalte, die wiederum vielfältige Refinanzierungskanäle beanspruchten.[23] Dies führte zu den angekreideten Verwerfungen des Einigungsprozesses. Jene belasteten immens die volkswirtschaftliche Entwicklung in den 90er Jahren und verschuldeten zumindest partiell die Rezessionen von 1992/93 und 1995/96. Bis weit über den heutigen Tag hinaus beeinträchtigen sie die finanzpolitischen Gestaltungsspielräume der öffentlichen Kassen.[24]

7.3 Öffentliche Schulden und haushaltswirtschaftliche Strukturdaten

Entscheidend hierfür ist neben den anhaltend hohen Transferverpflichtungen und der Wirtschaftsflaute speziell der Schuldendienst, der im Zuge des exorbitanten *Anstiegs der Staatsverschuldung* in der ersten Hälfte der 90er Jahre drastisch wuchs (Anlage 2). Während von 1991 bis 1995 der jährliche Schuldenanstieg zwischen ca. 9,7 % (1994) bis 20,1 % (1995) betrug, nahm er seit 1996 bis 2001 kontinuierlich ab (Anlage 38). Damit wurde ein weiterer Exodus der öffentlichen Kassen zwar vermieden, gleichwohl blieben die Staatsschuld und die Zinslasten immens. Die Anlage 2 visualisiert die Finanzierungsstrategie der Regierung Kohl. Um den Bundeshaushalt nicht unmittelbar zu beanspruchen, verbuchte sie die Lasten über Nebenhaushalte des Bundes. Daher stieg der Anteil der Sondervermögen des Bundes an der Gesamtverschuldung von 3 % (1991) auf 27 % (1995). Schröders Kabinett wiederum ruderte zurück und stellte zunächst 1999 den Erblastentilgungsfonds in den Bundes-

---

21 Vgl. Zohlnhöfer 1999.
22 U. Busch (2002: 377) beschreibt dies wie folgt: „Es wurde in erheblichem Umfang in das Lebensniveau investiert, aber zu wenig in die Produktion, mehr in den Absatzmarkt als in den Produktionsstandort Ost".
23 Die Steuer- und Beitragszahler bekamen die enormen Kosten der staatlichen Einheit aufgrund der kaskadenartigen Verteilung der Lasten erst spät zu spüren. Die sukzessiven Erhöhungen von Steuern, Gebühren, Beiträgen und Abgaben in den 90er Jahren sind ebenso wie ein großer Teil der Leistungskürzungen zumindest indirekt von der staatlichen Einheit mitverursacht, wenn nicht sogar direkt von ihr ausgelöst worden. Zur Finanzierung vgl. Fuest/Kroker 1993: 22 ff., Czada 1995c: 80 ff., 95, Mäding 1995b: 405, Andersen 1996: 294 ff., Renzsch 1997a: 65 ff., 77 ff., 109 f. und 1998a: 84, Zohlnhöfer 1999: 16 ff. Zum Dilemma der fehlenden sozialen Gerechtigkeit der Mittelaufbringung und -verwendung vgl. Czada 1995c: 79 f., 93 f. und 1998: 53, Mäding 1995c: 112 f., Tofaute 1995: 193, Schwinn 1997: 152, Bach/Vesper 2000: 218.
24 Ausführlich dazu Weizsäcker 1999: 602 f.

haushalt ein. Sichtbar wird dies in der außergewöhnlichen jährlichen Veränderungsrate bei der den Bundesschulden (Anlage 38). Damit fielen seit 1999 nur noch rd. 5 % der Staatsschuld auf die Sondervermögen des Bundes. Mit der Übernahme des Fonds „Deutsche Einheit" in den Bundeshaushalt ab 2005 reduziert sich diese Quote weiter. Die partiellen Fortschritte der Konsolidierungspolitik mit der Rückführung der jährlichen Nettoneuverschuldung illustrieren die Anlagen 38 und 39. Seit 1998 lag der jährliche Schuldenanstieg bereits unter dem Wirtschaftswachstum. Der bisherige Spitzenwert von 0,5 % wurde 2001 erzielt, als der Bund dank der außerordentlichen UMTS-Erlöse im Vorjahr seinen Schuldenberg sogar um netto 2,6 % abbauen konnte. Gleichwohl endete im selben Jahr mit dem Einbruch der Steuereinnahmen jäh der Konsolidierungskurs. Offenkundig wird die neuerliche Krise der öffentlichen Haushalte mit dem Anstieg der Staatsverschuldung um 4,1 % 2002. Gleichfalls manifestierte sich abermals, dass die öffentlichen Kassen nicht allein ein Ausgabe-, sondern unvermindert ein Einnahmeproblem haben.

Abbildung 15: Öffentliche Verschuldung nach Ländergruppen 1991-2002

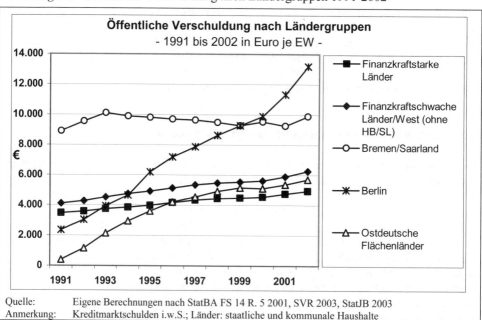

Quelle: Eigene Berechnungen nach StatBA FS 14 R. 5 2001, SVR 2003, StatJB 2003
Anmerkung: Kreditmarktschulden i.w.S.; Länder: staatliche und kommunale Haushalte

Wenn der Bund auch von der steigenden Staatsschuld stärker betroffen war als die Länder mit ihren Kommunen, litten die nachgeordneten Gebietskörperschaften ebenfalls unter der wachsenden Verschuldung ihrer Kassen. Wie Abbildung 15 dokumentiert, streut der Schuldenanstieg zwischen den einzelnen Ländergruppen eklatant. Am dramatischsten stellt sich die Lage für *Berlin* dar. Hierfür ist nicht allein das ruinöse „Monopoly" mit der Bankgesellschaft Berlin verantwortlich, das in den Jahren 2001 und 2002 den Landeshaushalt schwer belastete. Das Desaster findet – neben vielen anderen Gründen – seinen Ursprung nicht

7.3 Öffentliche Schulden und haushaltswirtschaftliche Strukturdaten

zuletzt im rasanten Abbau der Berlinförderung (Abbildung 7).[25] Daneben hatten die *neuen Länder* bis 1999 im Durchschnitt einen überproportionalen Anstieg ihrer Schulden zu verzeichnen. Lediglich die sächsische Landesregierung bremste frühzeitig ihre Nettokreditaufnahme. Die *finanzstarken Länder*, deren Kurve durch die relativ hohe Verschuldung des Stadtstaats Hamburg verzerrt wird, haben im Unterschied zu ihren Bundesgenossen ausgesprochen solide Haushalte. Mit Ausnahme von Hamburg und Nordrhein-Westfalen verfügen sie inzwischen über eine unterdurchschnittliche Pro-Kopf-Verschuldung (Anlage 43, Punkt 6). Trotz der Beitragsverpflichtungen im Länderfinanzausgleich verbesserte sich ihr Schuldenstand im Vergleich zu ihren Bündnispartnern. So lag ihre Pro-Kopf-Schuld in von Hundert des Durchschnitts im Jahr 2002 deutlich unter dem Mittelwert der Periode vor der Einführung des gesamtdeutschen Finanzausgleichs (BW 1991/94: 84 %, 2002: 66 %, BY 1991/94: 62 %, 2002: 47 %, HE 1991/94: 122 %, 2002: 95 %, NW 1991/94: 128 %, 2002: 112 %, BW 1991/94: 187 %, 2002: 183 %). Diese Zahlen sind ein wichtiges Indiz für die größeren finanzpolitischen Spielräume der Geberländer. Daneben beeinflussen die Schuldenentwicklung vielfältige Faktoren. Dies erhellt das Beispiel Sachsens, dessen Pro-Kopf-Verschuldung in von Hundert des Durchschnitts 2002 beträchtlich unter dem Vergleichswert der übrigen neuen Länder liegt (SN: 66 %, MV: 107 %, TH: 110 %, BB: 111 %, ST: 129 %). Der minimale Vorsprung, den die neuen Länder in der Staatsverschuldung 2002 im Mittel gegenüber den finanzkraftschwachen westdeutschen Flächenländern noch zu verzeichnen haben, beruht auf dem sächsischen Sonderwert. Kraft der Sanierungshilfen erzielten die größten Fortschritte bei der Haushaltskonsolidierung die Länder Bremen und Saarland (Anlagen 39, 40), wobei *Bremen* seit 2000 sowie das *Saarland* 1999 und 2002 eine positive Nettoneuverschuldung verbuchen mussten.

Im Kontrast zu den Ländern und Gemeinden hatte der *Bund* seit der Durchführung des gesamtdeutschen Finanzausgleichs in der zweiten Hälfte der 90er Jahre zunächst die höheren Finanzierungsdefizite zu verkraften. Erst mit den UMTS-Erlösen 2000 und der abermaligen Krise der öffentlichen Finanzen seit 2001 wandte sich dies (Anlage 40). Aussagekraft erhalten diese Werte in der Relation zu den Gesamtausgaben (Anlage 41, Punkt 5). Der Vergleich der Durchschnittswerte für die Perioden 1992/96 und 1997/2001 mit der Defizitquote 2002 verdeutlicht nochmals imposant die Entwicklung der öffentlichen Haushaltswirtschaft seit der Einheit. Im Mittel lag die Defizitquote des Bundes sowohl in beiden Perioden als auch 2002 über dem Länderwert, wobei sich die Differenz seit 1995 verringerte. Entsprechend der unterschiedlichen Schuldenquoten hatte der Bund überdies die beträchtlich höhere Zins-Ausgaben-Quote zu bewältigen (Anlage 41, Punkt 3). Hier vergrößerte sich der Abstand zwischen den vertikalen Ebenen, nachdem der Bund die DDR-Altschulden sowie das Treuhandvermögen übernahm. Nicht übersehen werden darf, dass der Bund dennoch einen größeren Gestaltungsspielraum in seiner Haushaltspolitik besitzt. Besonders zeigt sich dieser bei der Personalkostenquote. Im Zuge der funktionalen Aufgabenverteilung, die den Ländern vorwiegend die Verwaltung überlässt, haben jene auch einen merklich höheren Personalaufwand (Anlage 41, Punkt 2). Gleichfalls leisten die Länder sowie deren Kommunen die Mehrzahl der öffentlichen Investitionen (Anlage 41, Punkt 1). Die bei Bund und Ländern rückläufigen Investitionsquoten sind allerdings nicht allein mit den Fortschritten beim Aufbau Ost, sondern speziell mit der Misere der öffentlichen

---

25 In ihrem Gutachten für das Land Berlin, das als wissenschaftliche Basis für die Verfassungsgerichtsklage des Landes auf die Gewährung von Sanierungshilfen dient, erklärt Färber (2003) die Haushaltskrise des Landes.

Haushalte zu erklären. Der Abbau von Zukunftsausgaben bildet somit einen weiteren Abgrund der öffentlichen Finanzwirtschaft.

Die *Struktur der Haushalte der einzelnen Länder* demonstriert die Anlage 43. Sie verdeutlicht die überproportionalen Belastungen, die die *neuen Länder* zu tragen haben (Punkt 1). Außerordentlich gravierend ist dies bei den Investitionsausgaben, die infolge des infrastrukturellen Nachholbedarfs erheblich über dem Länderdurchschnitt liegen (Punkt 2). Die höchsten Pro-Kopf-Ausgaben tragen weiterhin die *Stadtstaaten* aufgrund ihrer strukturellen Besonderheit. Im Jahr 2002 überstiegen diese den Bundesdurchschnitt um 19 % (Hamburg), 45 % (Berlin) bzw. 49 % (Bremen). Abgesehen von den beträchtlichen Sozial- und Zinsausgaben[26] ist dies auch auf die vergleichsweise ausgeprägte Personalkostenquote zurückzuführen (Punkt 3). In Anbetracht dieser Werte ist eine Einwohnerwertung der Stadtstaaten im Finanzausgleich unbedingt angebracht. Speziell auch infolge der Einwohnerwertung überragten die Gesamteinnahmen der Stadtstaaten den Länderschnitt 2002 um 43 % (Bremen), 24 % (Berlin) und 18 % (Hamburg). Daneben wirkten sich weitere Sonderbestimmungen wie die Sanierungshilfen (Bremen) und der Solidarpakt (Berlin) aus (Punkt 4). Mit Hilfe des Solidarpakts verfügen die *neuen Länder* seit 1995 über überproportionale Einnahmen. Deren unzureichende Finanzausstattung in den Jahren 1991 bis 1994 sowie der Vorteil des gesamtdeutschen Finanzausgleichs enthüllt Punkt 4c. Außerdem zeigt sich, dass Berlin nicht ausschließlich ein Ausgabe-, sondern zugleich ein Einnahmeproblem hat. Kein anderes Land musste eine negativere Entwicklung seiner Einnahmen hinnehmen. Überdies gibt Punkt 4 Aufschluss über einen weiteren, in der Finanzausgleichsdebatte zentralen Aspekt. Hierbei monierten die reichen Länder wiederholt dessen „Übernivellierung". Die Betrachtung der Gesamteinnahmesituation der Länder entlarvt diese These nochmals als sachlich nicht gerechtfertigt. Ignorieren wir die Länder, die von strukturell motivierten Sonderregelungen profitieren (Stadtstaaten, Sanierungsländer, Beitrittsgebiet), verfügen die *finanzkraftstarken Flächenländer* trotz der Korrekturen im sekundären Finanzausgleich über einen deutlichen Vorsprung vor den armen Flächenländern. 2002 erreichten die Pro-Kopf-Einnahmen Hessens 107 %, Baden-Württembergs 103 %, Bayerns 102 % und Nordrhein-Westfalens 100 % des Länderdurchschnitts, während sich Schleswig-Holstein mit 92 % sowie Niedersachsen und Rheinland-Pfalz mit 90 % begnügen mussten. Die Variation der Steuerkraft wird in Punkt 5 ersichtlich. Obgleich der nivellierenden Umsatzsteuerverteilung besitzen die neuen Länder nach wie vor eine deutlich unter dem Ländermittel rangierende originäre Steuerausstattung. Hierin kommt zum Ausdruck, dass deren ökonomische Leistungskraft unverändert hinter dem Bundesdurchschnitt hinterherhinkt.

7.4 Wirtschaftliche Konvergenz im vereinten Deutschland

Dass der Aufholprozess im Beitrittsgebiet in der zweiten Hälfte der 90er Jahre ins Trudeln geriet, beschäftigte uns bereits in Kapitel 6.1 (Abbildung 4). Rasch schrumpften die Wachstumsraten, 1998 und 2001 sanken sie sogar unter den westdeutschen Wert. Dementsprechend ist die *wirtschaftliche Konvergenz* im Bundesgebiet unverändert ein fernes Ziel. 2001 betrug das reale Bruttoinlandsprodukt in Ostdeutschland immer noch lediglich 61 % des Westniveaus (jeweils ohne Berlin; Anlage 42). Trotz der gewaltigen Transferleistungen

---

26 Die Zinsausgaben der Stadtstaaten betrugen 2002 jeweils über 200 % (Bremen 248 %, Berlin 211 %, Hamburg 204 %) des Durchschnitts.

7.4 Wirtschaftliche Konvergenz im vereinten Deutschland

bestehen damit weiterhin beträchtliche Entwicklungsdifferenziale.[27] Das jahresdurchschnittliche Wachstum des realen Bruttoinlandsprodukts in den Fünfjahreszeiträumen 1992/96 und 1997/2001 wird in Anlage 44 illustriert. Sie dokumentiert beeindruckend den Wirtschaftseinbruch in den neuen Ländern. Im Kontrast dazu prosperierte im Westen des in dieser Phase die Wirtschaft deutlich stärker. Lediglich Berlin plagte eine anhaltende Rezession. Während sich die Volkswirtschaft in den reichen Ländern von 1992 bis 1996 nicht von der Entwicklung der armen West-Länder abhob, hatten im Zeitraum 1997/2001 die Geberländer Baden-Württemberg, Bayern, Hessen und Hamburg ein mittleres Wachstum von über 2,0 % zu verzeichnen. Trotz des Finanzausgleichs vergrößerte sich in diesen Jahren also wieder der Abstand zwischen den Ländern. Dies verdeutlicht eine Betrachtung der Variation des nominalen Pro-Kopf-Inlandsprodukts um den Länderdurchschnitt (Abbildung 16). Zugleich manifestiert diese Abbildung, deren Basisdaten in Anlage 45 nachvollzogen werden können, die Variation der wirtschaftlichen Leistungskraft der Länder. Demnach erzielen die Stadtstaaten Bremen und Hamburg mit Abstand die größte Pro-Kopf-Produktion. Ihnen folgen leicht abgestuft die Geberflächenländer mit einer überdurchschnittlichen Wirtschaftsleistung. Die dritte Gruppe bilden die finanzkraftschwachen West-Länder und Berlin, deren Pro-Kopf-BIP im Zeitraum 1999 bis 2001 im Mittel rd. ein Zehntel unter dem Durchschnitt blieb. Am Ende folgen die neuen Länder. Ihre nominale Wirtschaftskraft erreicht bislang lediglich rd. zwei Drittel des Länderdurchschnitts.[28]

Abbildung 16: Nominales Pro-Kopf-BIP der Länder in v.H. des Durchschnitts

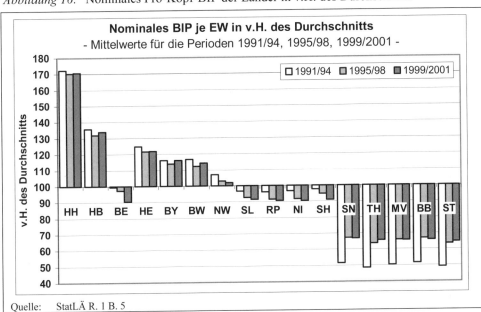

Quelle: StatLÄ R. 1 B. 5

---

27 Zur Wirkung der Transferleistungen vgl. U. Busch 2002: 281 ff.
28 Im Vergleich zu den alten Ländern erscheint die Entwicklung der neuen Länder relativ homogen. Allerdings verdeutlicht eine eingehende Betrachtung der Werte des Beitrittsgebiets durchaus beachtliche regionale Divergenzen. Hierbei handelt es sich jedoch um kein reines Süd-Nord-Gefälle, vielmehr stellt sich die Lage sehr heterogen dar. Vgl. DIW u.a. 2002, Rosenfeld 2002.

Von der vergleichsweise ausgeprägten Homogenität der „alten Bundesrepublik" ist Deutschland also auch eine Dekade nach der Einheit noch weit entfernt. Die Herstellung gleicher Lebensverhältnisse ist daher noch längst nicht Realität.[29] Infolgedessen wird den ausgleichsrelevanten Instrumenten der Finanzverfassung auch künftig eine elementare Funktion zukommen (müssen). In Anbetracht des ökonomischen Umfelds ist die Konfliktanfälligkeit des Themas unvermindert hoch. Einerseits werden die Geberländer spürbar belastet. Andererseits sind die armen alten Länder und das Beitrittsgebiet aufgrund ihrer Transformations- und Strukturprobleme auf Zuweisungen angewiesen. Ob der 2001 erzielte Frieden unter diesem prekären Umfeld bis 2019 hält, bleibt daher abzuwarten.

7.5 Fazit: Würdigung des föderalen Finanzsystems im vereinten Deutschland

Bereits in den Kapiteln 4.1, 5.1 und 6.1 befassten wir uns mit den finanzpolitischen Herausforderungen der deutschen Einheit. Bis heute ist die Bewältigung dieser Aufgabe, deren Komplexität die statistischen Erhebungen untermauerten, nicht abgeschlossen. Als bemerkenswerteste politische Leistung ist dabei anzuerkennen, dass immense Transfers in das Beitrittsgebiet mobilisiert wurden, die das zuvor übliche Niveau der föderalen Finanzströme gehörig anschwellen ließen. Bei der Beurteilung der gewählten Problemlösungen muss dies ebenso wie die vertrackten Ausgangs- und Rahmenbedingungen stets im Auge behalten werden. Berechtigterweise konzentrierten sich die Politiker auf die distributiven Fragen der Höhe der Aufbauhilfen für das Beitrittsgebiet sowie die Verteilung der Lasten auf den Bund und die westdeutschen Gebietskörperschaften. Diese Aspekte hatten Vorrang vor der Diskussion über eine Föderalismus- und Finanzverfassungsreform oder die sachliche Ästhetik des Finanzausgleichs, andernfalls hätten Politikblockaden gedroht. Dagegen werden die budgetären Anpassungsleistungen des bestehenden Systems, die zu echten und empfindlichen Umverteilungen führten, in der wissenschaftlichen Literatur häufig unterschätzt. Denn für das Beitrittsgebiet war die Bereitstellung hinreichender Ressourcen elementar.

Die im Vereinigungsprozess getroffene Interimsregelung mit dem Fonds „*Deutsche Einheit*" sorgte für keine hinreichende *Finanzausstattung der Ost-Länder*, weshalb diese sich in kürzester Zeit erheblich verschulden mussten. Zugleich finanzierten die Geber die Transfers großteils nicht aus ihren laufenden Haushalten, sondern deckten die Hilfsleistungen über den Kapitalmarkt. Durch die Verwerfungen der Übergangslösung verstärkten sich die ohnehin gravierenden Probleme für die Volkswirtschaft und die staatlichen Haushalte. Erst mit dem Solidarpakt besserte sich deren Situation grundlegend. Wie die Studien belegen, stabilisierte das „*Föderale Konsolidierungsprogramm*" zunächst das Finanzsystem. Am offensichtlichsten manifestierte sich dies einerseits in der rückläufigen Nettoneuverschuldung und andererseits in der Intensivierung des West-Ost-Transfers. Mit der gestei-

---

29 Als elementares Kriterium für den Aufholprozess müssen wir uns hier auf die Wirtschaftsleistung beschränken. Ein präziseres Bild über den Stand sowie die konkreten Probleme der Entwicklung in Ostdeutschland ergibt sich erst im Zuge einer Analyse der einzelnen Regionen und Branchen. Den Rückstand der ostdeutschen Volkswirtschaft indizieren zahlreiche weitere Kennziffern. So betrug beispielsweise der Anteil des Bruttoanlagevermögens zu Wiederbeschaffungspreisen der neuen Ländern im Jahr 2000 11,7 % des gesamtdeutschen Bruttoanlagevermögens (Bevölkerungsanteil 16,9 %). Der Anteil der neuen Länder am Kapitalstock aller Wirtschaftsbereiche betrug 1999 11,6 % (Bevölkerungsanteil 17,0 %). Daten nach StatLÄ R. 1 B. 6. Neben diesen Produktionsfaktoren ist die hohe Arbeitslosigkeit im Beitrittsgebiet (2002: 19,2 %) im Vergleich zum früheren Bundesgebiet (2002: 8,5 %) unvermindert das Hauptproblem. Ausführlich zur wirtschaftlichen und sozialen Konvergenz in Ost- und Westdeutschland U. Busch 2002: 288, 294 f., 366, 371.

7.5 Fazit: Würdigung des föderalen Finanzsystems im vereinten Deutschland

gerten Ressourcenausstattung einer ging eine Stärkung der Haushaltsunabhängigkeit der ostdeutschen Gebietskörperschaften. Die *Hauptlasten* der Osthilfen trägt der Bund, indem sowohl die vertikalen Ausgleichselemente und die Mischfinanzierungsinstrumente mit Nivellierungswirkung quantitativ an Gewicht gewannen, als auch die Umsatzsteuerverteilung zu Gunsten der Länder revidiert wurde. Insgesamt festigte dies die fiskalische Position der Länder gegenüber dem Bund. Gleichwohl konnte dieser seinen Mehraufwand durch die Einsparung teilungsbedingter Lasten und Steuererhöhungen partiell kompensieren, so dass von einer offensichtlich einseitigen Regelung nicht gesprochen werden kann. Außerdem: Merkliche Einbußen hatten auch die Länder im früheren Bundesgebiet zu verbuchen, die sich alles in allem relativ fair verteilten.[30]

Für den Verteilungskonflikt, der bald nach Einführung des bundeseinheitlichen Finanzausgleichs entfachte, sind daher – anders als dies die politische Diskussion vermuten lässt – nicht Ungerechtigkeiten des bestehenden Regelwerks maßgeblich. Immerhin profitieren von den Sonderbestimmungen im Finanzausgleich nicht allein die finanzschwachen Länder und die Stadtstaaten. Diese nutzen, wie wir beobachten konnten, mit der bislang nur hälftigen Anrechnung der kommunalen Finanzkraft substanziell den finanzstarken Ländern selbst (!). Die Aufkündigung des Verteilungskonsenses gründete vielmehr in dem hinkenden Aufholprozess in Ostdeutschland sowie der leichten Zunahme der ökonomischen Entwicklungsdifferenziale zwischen den leistungskraftstärkeren und leistungskraftschwächeren West-Ländern. Angesicht dessen spiegelte der Finanzstreit die prekäre Situation wider. Während sich die Geber angesichts beträchtlicher und in der zweiten Hälfte der 90er Jahre steigender Abflüsse zu Recht um ihre eigene Finanzausstattung sorgten, blieben die Empfängerländer auf die Zuweisungen essenziell angewiesen. Im Zentrum der Attacken der Süd-Länder stand daher nicht zuvorderst die Bundesstaatsideologie. Diese bildete lediglich den Rahmen des Finanzstreits. In erster Linie handelte es sich um einen reinen Verteilungsstreit, in dem sich die Klage führenden Länder ein größeres Stück an den gesamtstaatlichen Einnahmen sichern wollten. Dass dieses Spiel nicht zu gewinnen war, musste den aufbegehrenden Regierungen von vorneherein bewusst gewesen sein. Gelöst wurde das Dilemma de facto mittels einer weiteren vertikalen Verschiebung zu Gunsten der Länder flankiert mit einer versteckten Kreditaufnahme durch eine Tilgungsstreckung bei der Abfinanzierung des Fonds „*Deutsche Einheit*". Fiskalisch stellt dies gewiss keine ruhmreiche Lösung dar, gleichwohl gestattete sie eine Win-Win-Konstellation auf Länderseite.

Geklärt wurde der horizontale Verteilungsstreit damit letztlich nicht. Stattdessen wurde er mit Hilfe buchungstechnischer Verrechnungen in die Zukunft verlagert. Elementar wird daher sein, wie sich die Wirtschaft in Deutschland entwickelt und ob die Ost-Länder den Abstand zu den westdeutschen Bundesgenossen spürbar verkürzen können. Gelingt dies, bestenfalls im Einklang mit wirtschaftlicher Prosperität, drosselt sich das Konfliktpotenzial. Andernfalls sind tief greifende Eskalationen zwischen den Ländern vorprogrammiert. In Anbetracht dieser Problemskizze und dem unverändert Besorgnis erregenden Entwicklungsrückstand des Beitrittsgebiets erscheint der vermeintlich hohe Solidarpakt II als zweckdienlich. Inwiefern das Volumen angemessen ist, muss sich zeigen. Zu prüfen sind die regionale Verteilung und die Verwendung der Transfers. Hier erscheint eine neue Strategie für den Aufbau Ost als angebracht.

---

30 Von 1991 bis 1994 ergab sich ein Vorteil für die reichen Länder, weil diese von der Umleitung der Mischfinanzierung und dem Abbau des Strukturhilfegesetzes weniger bzw. nicht betroffen waren (vgl. Wissenschaftlicher Beirat beim BMF 1992). Seit 1995 ist die Bilanz, gemessen am Status quo ante, ausgeglichener.

Das *Dilemma der Finanzierung der deutschen Einheit* bestand weniger in der Regelung der föderalen Transferströme, sondern hauptsächlich darin, dass von Beginn an eine parteien- und ebenenübergreifende Strategie zur Refinanzierung der Aufbauleistung fehlte. Maßgeblich hierfür war der Parteienstreit im Einigungsprozess, der einer sachgerechten Lösung im Wege stand. Der *„lange Schatten der schönen Illusion"*[31] eines sich selbst finanzierenden Aufschwungs in Ostdeutschland erstreckt sich bis heute. Auch in den 90er Jahren gelang es den politischen Akteuren nicht, ein fundiertes Konzept zu entwickeln. Die Folge war eine immense und kaum mehr steuerbare Belastung der Volkswirtschaft durch Staatsverschuldung, Steuer-, Gebühren- und- Abgabenerhöhungen sowie den Abbau staatlicher Leistungen.[32] Als sich in den 90er Jahre die Überzeugung durchsetzte, dass eine Konsolidierungspolitik auch im Zuge der europäischen Währungsunion unvermeidlich sei, erschwerte das diffizile ökonomische Umfeld derartige Bestrebungen. Zwar konnte die rot-grüne Bundesregierung mit ihren Sanierungsprogramm zunächst punkten, jedoch blieben die Handlungsspielräume äußerst limitiert. Mit der neuerlichen Wirtschaftskrise zu Beginn des 21. Jahrhunderts wurde daher die Konsolidierungsstrategie rasch geopfert.

Zusammenfassend lässt sich das föderale Finanzsystem als komplexes Beziehungsgeflecht beschreiben, in dem die einzelnen Elemente in einem intensiven Wirkungszusammenhang stehen. Für die Finanzierung der Einheit wurden die umverteilungsrelevanten Instrumente komplementär eingesetzt. Eine exponierte Stellung kam der Umsatzsteuerverteilung und dem sekundären Finanzausgleich zu, dessen Volumen bisher unbekannte Dimension erreichte. Daneben spielten die Mischfinanzierungen eine essenzielle Rolle. Insgesamt bewies die Finanzverfassung vor dem Hintergrund der Herausforderung der staatlichen Einheit somit eine beachtliche Stabilität, Flexibilität und Leistungsfähigkeit. Im Zentrum der bisher im vereinten Deutschland vollzogenen Reformen stand jeweils die Frage nach dem finanziellen Output. Im Hinblick auf das wirtschaftliche Umfeld und die existenzielle Relevanz der Transferbeträge war diese Handlungslogik nicht nur rational verständlich, sondern sachlich vollkommen angemessen. Es ist daher bizarr, dass die Bedeutung des Geldes in der Literatur zwar zur Kenntnis genommen wird, sie aber in der Bewertung der politischen Prozesse und der Erarbeitung von Modellen häufig keine hinreichende Entsprechung findet. Ob das neue Finanzausgleichsgesetz bis 31.12.2019 Bestand hat, ist ungewiss. Unabhängig davon, wann der Finanzausgleich wieder auf der Agenda steht, werden alle ernstzunehmenden konzeptionellen Reformansätze das ihnen spezifische Ausgleichsniveau (Finanzausgleich) oder Kompensationsmodell (Mischfinanzierungen) begründen müssen. Auch in Zukunft werden dabei zu Recht alle politischen Reformüberlegungen von der Frage nach den monetären Folgen begleitet.

---

31 Zohlnhöfer 1999: 24 ff.
32 Ausführlich dazu Czada 1995c: 80 ff., Renzsch 1997a: 66 ff., Weizsäcker 1999: 602 ff., Zohlnhöfer 1999, Bach/Vesper 2000: 215 ff., Jacobsen o.J. Das Dilemma bestand darin, dass bei allen Finanzierungsinstrumenten negativen Begleiterscheinungen zu erwarten waren. Indem eine klare Prioritätensetzung fehlte, erfolgte zunächst eine exorbitante Ausweitung der Staatsverschuldung, da dieser Finanzierungsweg – zumindest anfangs – beim Wähler auf den geringsten Widerstand traf. Im Zuge der Rezession 1992/93 stellte sich die Frage nach der Refinanzierung erneut. Da weiterhin eine konsistente Strategie fehlte, drehten die Akteure – eher unmotiviert – an den diversen Stellschrauben. Die deshalb wiederholt formulierte Kritik an der Finanzpolitik relativiert Czada (1995c: 97) allerdings dahingehend, dass ein politisch gewolltes Lastenverteilungsprogramm in Anbetracht des Parteienwettbewerbs schwerlich durchsetzbar gewesen wäre.

8 Bilanz: Empirische Befunde, theoretische Schlussfolgerungen, Ausblick

Welche Schlüsse lassen sich in Anbetracht der Befunde für die weitere Entwicklung der föderativen Finanzbeziehungen ziehen? Die künftige Gestaltung können wir nicht vorhersehen. Gleichwohl liefern die Fallstudien wichtige Erkenntnisse, aus denen sich Parameter und Optionsspielräume für kommende Politikformulierungsprozesse ableiten lassen. Angesichts des Projektdesigns erscheint eine strikte Trennung in empirische und theoretische Ergebnisse als wenig zweckdienlich. Vielmehr sollen die empirischen Resultate im Kontext des theoretisch geleiteten Forschungsansatzes verglichen und interpretiert werden. Hierbei gilt es ebenso, den Ansatz selbst auf seine Tauglichkeit zu überprüfen. Erst dies bildet ein geeignetes Fundament, um die Perspektiven im Politikfeld benennen und die gegenwärtige Föderalismusdebatte reflektieren zu können.

8.1 Erkenntnisse

8.1.1 Politisches Entscheiden: Resultate aus handlungstheoretischer Sicht

Welche Bestimmungsgrößen beeinflussten die Entscheidungsfindung? Diese Leitfrage muss uns interessieren, wenn wir die finanzpolitische Bewältigung der Einheit aus handlungstheoretischer Sicht bilanzieren wollen. Der Beitritt der ehemaligen DDR konfrontierte das ohnehin fragile System der öffentlichen Finanzen mit einer bislang ungekannten Problematik. Damals gingen viele Kommentatoren davon aus, dass diese Herausforderung ohne grundlegende Reform nicht angemessen zu bewerkstelligen sei. Gleichfalls befürchteten sie, die erforderlichen Anpassungen würden an Blockaden innerhalb des Systems scheitern. Neben den entscheidungsstrukturellen Regeln gründete diese Skepsis in den eklatanten Entwicklungsdifferenzialen zwischen den Ländern, die zu schwerlich überbrückbaren Interessendivergenzen führten. Aus der Zweiteilung des Länderlagers entwickelte sich eine Dreiteilung in reiche, leistungskraftschwache alte und neue Länder. Wie die Untersuchungen der beiden Solidarpaktverhandlungen belegten, leiteten sich die Präferenzbildung sowie die Gruppenbildung der Länder hauptsächlich aus der jeweiligen budgetären Situation ab. Nachdem bis heute die „Landschaften" in sozioökonomischer Hinsicht in Ostdeutschland noch immer nicht flächendeckend „blühen", spalten die haushaltswirtschaftlichen Bedingungen die Länder voraussichtlich noch über längere Zeit in drei Blöcke.[1] Während das Dilemma der Zersplitterung des Länderlagers, in deren Folge sich die Realisierung von

---

1 Bei der *Dreiteilung* handelt es sich um eine Grobgliederung, unter der sich weitere Gruppierungen ausdifferenzieren. Zu nennen ist insbesondere das gemeinsame Interesse der Stadtstaaten an der Einwohnerwertung. Bei der jüngsten Reform führte dies dazu, dass sich Hamburg mit der großen Allianz der Nehmerländer im Hannoveraner Kreis solidarisierte. Daneben bestehen auch innerhalb der großen Blöcke Dissonanzen, wie dies der Streit um den Ausgleichstarif zwischen den Geberländern 1993 und 2001 verdeutlicht.

Reformen verkomplizierte, hinlänglich in der Literatur diskutiert wurde, unterschätzten viele wissenschaftliche Auguren die disziplinierende Kraft des Handlungsdrucks, der aus den prekären *sozioökonomischen und finanzwirtschaftlichen Gegebenheiten* resultierte. Den Akteuren erschien eine Nichteinigung stets als weniger lukrativ als die Verständigung auf einen Kompromiss. Ausgelöst wurde diese Problembewertung durch ein enges Zusammenspiel der exogenen mit den institutionellen Gegebenheiten. Ausschlaggebend ist hierbei, dass die raumstrukturellen Verflechtungen in der dicht besiedelten Bundesrepublik, die gepaart sind mit einer hohen interregionalen Mobilität, auf eine ebenso innerlich verzahnte föderative Staatsorganisation treffen.[2] Im vereinten Deutschland nahm der Druck zur Regelung der Finanzbeziehungen gegenüber den 80er Jahren gewaltig zu, denn aus einer Blockade drohten allen Beteiligten massive Nachteile. Damit beeinflusst das materielle Umfeld nicht allein die Interessenbildung, sondern darüber hinaus die Problemsicht und den situativen Einigungszwang der Akteure. Die Dynamik im Politikfeld, die prinzipiell föderale Finanzsysteme kennzeichnet, gründet damit besonders im wirtschaftlichen Umfeld. Für die Zukunft bedeutet dies: Der Ruf nach Anpassungen wird in dem Maße zunehmen, wie die tatsächliche Entwicklung vom prognostizierten Wachstumspfad abweicht.

Neben einer Veränderung der sozioökonomischen Lage können legislatorische Fristen sowie das Eingreifen institutioneller Vetospieler einen Anpassungsbedarf hervorrufen und damit das Thema auf die operative Agenda setzen. 1993 und 2001 veranlassten einerseits das Auslaufen der Übergangslösung (Ende 1994) bzw. des Solidarpakts (Ende 2004) sowie andererseits Verfassungsgerichtsentscheide die Neuordnung des Finanzausgleichs. Während 1993 zudem die Bundesbank mittels der Zinsschraube nachdrücklich eine Revision anmahnte, nutzte 1999 Karlsruhe seine Stellung, um eine Finanzreform zu erzwingen. Damit bewiesen die *Vetospieler* einmal mehr, dass sie nicht bloß eine negative Verhinderungsmacht besitzen, sondern sich auch als kraftvolle Agenda Setter inszenieren können.[3] Zugleich setzte sich der bereits in den 80er Jahren im Politikfeld zu beobachtende Trend fort, nach dem die politischen Exponenten zunehmend in Abhängigkeit von der Verfassungsgerichtsbarkeit agieren. Allerdings reduziert sich der Einfluss der *institutionellen Bedingungen* wie schon in der früheren Bundesrepublik nicht auf die Vetospieler. Obendrein erstreckt sich dieser prozessual auf die Strategie der Problembewältigung sowie inhaltlich auf die Bandbreite möglicher Lösungen. Nachdem die institutionellen Parameter, deren eminente Relevanz mehrfach thematisiert wurde, im Wesentlichen unverändert blieben, genügt hier eine komprimierte Zusammenfassung.

In der Wissenschaft ausführlich thematisiert wurden die *Entscheidungsregeln*, die angesichts der relativ hohen Quoren strukturkonservative Lösungen grundsätzlich begünstigen.[4] Galt dies bereits für die „alte Bundesrepublik", trifft dies umso stärker noch auf das vereinte Deutschland zu. Sowohl 1993 als auch 2001 kennzeichnete eine „doppelte Pattsituation" zwischen den beiden legislativen Kammern die Verhandlungssituation. In beiden Fällen herrschten im Bundestag und Bundesrat divergierende parteipolitische Mehrheitsver-

---

2   Rückkoppelungseffekte ergeben sich zum einen, indem regionale Krisen auf die übrigen Bundesgenossen ausstrahlen. Zum anderen beeinflusst die nationale Konjunktur maßgeblich die regionale und lokale Entwicklung. Beeinträchtigen unzulängliche finanzpolitische Entscheidungen die Wirtschaft, wie dies 1992/93 bei der teils selbst verschuldeten Krise der Fall war, bekommen alle föderalen Glieder die Auswirkungen zu spüren.
3   Vgl. Benz 2000b: 218 f.
4   Vgl. u.a. Reissert 1975, Lehmbruch 1976, Scharpf u.a. 1976, Scharpf 1978 und 1994, Benz 1992 und 1998b, Zintl 1992. Die hieraus resultierenden Phänomene wurden in der Literatur hinreichend beschrieben. Vgl. die Kapitel 1.3.3 und 2.3 mit ausführlicheren Erläuterungen und weiteren Quellenhinweisen.

8.1 Erkenntnisse

hältnisse. Daneben konterkarierte jeweils das deutliche Stimmenübergewicht der Nehmerländer im Bundesrat eine Dominanz von Bundestagsabgeordneten aus den Geberländern. Im Kontrast zu den 80er Jahren bot sich damit weder eine parteilich noch eine finanziell motivierte Mehrheitskoalition an. Angesichts der eklatanten Interessengegensätze bildete somit das Zustimmungsquorum für eine Finanzverfassungsreform eine nahezu unüberwindbare Hürde. Im Wissen um diese Barriere griffen die Akteure auf Problemvereinfachungsstrategien zurück, um zumindest einfachgesetzliche Reformen durchzuführen. An dieser Konstellation wird sich prinzipiell in absehbarer Zeit wenig ändern. Zwar ist eine parteipolitisch gleichlautende Mehrheit in beiden Kammern denkbar, eine Änderung der finanzpolitischen Spaltung des Länderlagers ist indes derzeit nicht in Sicht.

In den Verhandlungen begegnen sich die Protagonisten nicht auf gleicher Augenhöhe, vielmehr besitzt der Bund unvermindert eine hegemoniale Position. Denn er verfügt aufgrund der obligatorischen Zustimmungspflicht des Bundesparlaments nicht nur über eine Vetoposition, sondern außerdem über die erheblich größeren finanziellen Handlungsspielräume.[5] Hingegen können die Länder ihr institutionelles Gewicht gerade dann ausspielen, wenn sie einvernehmlich agieren und bestenfalls ihr Vetorecht in anderen Gesetzesmaterien an Konzessionen des Bundes bei den vertikalen Finanzfragen ketten. Diese Strategie wählten die Landesregierungen wiederholt im vereinten Deutschland. Im Hinblick auf die hierbei erzielten Lerneffekte ist künftig prinzipiell eher noch von einer Verfestigung dieser Verhaltensweise auszugehen. Dies setzt allerdings voraus, dass es ihnen gelingt, gleichzeitig damit verbundene horizontale Dissonanzen zu beseitigen. Die Entscheidungsbedingungen wirken sich somit beträchtlich auf das politische Handeln aus. Jedoch vereiteln sie weder Reformen, noch geben sie die inhaltliche Richtung für die Anpassungen vor.

Eine substanzielle Limitierung der *Wahlfreiheit der Akteure* leitet sich erst aus den Wechselwirkungen zwischen funktionaler Aufgabenteilung, allgemeinem Lastenverteilungsgrundsatz, zentraler Steuergesetzgebung sowie den Verfassungsgrundsätzen des Sozialstaats-, des Einheitlichkeits- und des Homogenitätsprinzips ab.[6] Diese Verfassungsnormen, die sich konsistent in die Bundesstaatskonstruktion einfügen, entfalten einschneidende Unitarisierungsimpulse.[7] Nachdem sich die Akteure im Einigungsprozess für einen Institutionentransfer[8] entschieden hatten, musste der Bundesgesetzgeber die neuen Länder monetär in die Lage versetzen, die Vorgaben zur gleichmäßigen Aufgabenwahrnehmung erfüllen zu können. Wegen deren kümmerlicher originärer Finanzausstattung folgte hieraus ein verfassungsrechtliches Gebot für einen umfassenden Finanzausgleich. In Verbindung mit dem Postulat der einheitlichen Lebensverhältnisse, das weiterhin die normative Prämisse des Transfersystems darstellt (Art. 106 III GG), bestand überdies eine fiskalische Beistandspflicht für den Aufholprozess im Beitrittsgebiet. Nachdem die Verfassungsprinzipien ebenso wie die finanzwirtschaftlichen Disparitäten zwischen Ost und West vorerst fortgelten, resultiert aus der Forderung nach einem „*angemessenen*" Ausgleich (Art. 107 II GG)

---

5   Als Stichworte seien hierzu nur die zentralisierte Steuergesetzgebungskompetenz und der Lastenteilungsgrundsatz genannt. Beide Regelungen belassen dem Bund eine vergleichsweise größere Gestaltungsfreiheit.
6   Den inneren Zusammenhang zwischen diesen Maßstäben und einem hohen Ausgleichsniveau weist auch Renzsch (1999e: 1, 2000b: 45 f., 2000d: 43) nach. Vgl. auch Altemeier 1999: 77, V. Busch 2002: 66.
7   Ausführlich dazu Kapitel 3.2.1; vgl. auch die Kapitel 4.3, 5.3, 6.3.
8   Verstärkt wurde dieser durch den Personen-, Know-how- und Finanztransfer. Gleichwohl ergaben sich auch Innovationen (z.B. die verwaltungspolitischen Gliederungen oder die vergleichsweise umfassenden direktdemokratischen Instrumente in den Landes- und Kommunalverfassungen). Damit erfolgte nicht allein eine Maßstabsvergrößerung der früheren Bundesrepublik. Es erhöhte sich mit den neuen Ländern die Pluralität im föderalen System. Vgl. Berlit 2000: 427, Reißig 2000: 79 f., 86, Wollmann 2001: 35 ff., 49.

auch künftig der Anspruch auf einen vergleichsweise hohen Nivellierungsgrad. Gleichwohl ordnen die Verfassungsbestimmungen nicht apodiktisch ein bestimmtes Ausgleichsniveau an. Vielmehr verbleibt den Entscheidungsinstanzen in Anbetracht des Zielkonflikts zwischen dem Bundesstaats- und dem Sozialstaatsprinzips sowie des hohen Abstraktionsgrads der Finanzverfassung und des Maßstäbegesetzes ein gewisser Handlungsspielraum. Dieser ist jedoch nicht beliebig, da sich die Finanzordnung sowie der Finanzausgleich als Folgeverfassung rechtlich wie materiell in das Bundesstaatsgefüge einordnen müssen.[9] Mit der funktionalen Aufgabenteilung und der Bundesratskonstruktion ist die Politikverflechtung tief in der Verfassung verankert.[10] Hieraus resultieren sowohl inhaltliche als auch verfahrenstechnische *„Lock-in-Effekte"*.[11] Diese erschweren fundamentale Änderungen und beschränken zugleich die Reichweite von Reformoptionen.

Das Zusammenspiel der exogenen Bedingungen mit den institutionellen Strukturen bildet den Rahmen, in dem sich die Politikergebnisse im Kontext der spezifischen *Akteurspräferenzen* erklären ließen. In allen Fällen beschritten beide Ebenen quasi routinemäßig den bewährten Weg der *informellen Exekutivverhandlungen*. Nachdem sich zudem 1993 wie 2001 eine parteiinterne Mehrheitsfindung nicht anbot, drängten sie auf eine Präjudizierung des Gesetzgebungsverfahrens, da der Gang durch die formalen Gremien zwangsläufig im Vermittlungsausschuss gemündet hätte. Aus Sorge um langwierige Prozesse und unverhältnismäßige Ergebnisse im Vermittlungsausschuss galt dieser Weg bei den Protagonisten als ultima ratio.[12] Zentralen Entscheidungsgremien waren stattdessen die Ministerpräsidentenkonferenz sowie die Klausurtagung der Regierungschefs beider Ebenen. Diese Prioritätensetzung hinsichtlich des Verfahrensmodus hatte zur Folge, dass die Einflussmöglichkeit der kleinen Koalitionäre in Bund und Ländern[13] ebenso wie in der Bundestagsfraktionen minimal blieb und die Legislativorgane vornehmlich als Akklamationsstätten dienten.

Die *Entparlamentarisierung* ist unter demokratietheoretischer Perspektive sicherlich eine schwerwiegende negative Begleiterscheinung verhandlungsdemokratischer Systeme. Gleichwohl lehrte uns speziell das dritte Fallbeispiel, dass sich der Bundestag auch nicht als besserer Problemlöser anbietet. Als einziger echter Interessenvertreter des Bundes agierte die Bundesregierung. Verantwortlich hierfür war sicherlich, dass die Parlamentarier die informellen Entscheidungsroutinen antizipierten. Dennoch ist die freiwillige Selbstbeschränkung der Legislative auch als Akt der Selbstunterforderung zu kritisieren, verfügt der

---

9   In der Rechtswissenschaft wird die Finanzverfassung des Grundgesetzes als Folgeverfassung interpretiert. Vgl. Häde 1996: 316, Korioth 1997: 445, Henneke 1989: 148 f. Schon Popitz (1927: 341 ff.) verwies in der Weimarer Republik auf den großen Stellenwert der Aufgabenverteilung für die Finanzverfassung im Bundesstaat. Ebenso argumentieren die Karlsruher Richter, wenn sie ein Ausgleichsniveau einfordern, das den Aufgaben entspricht. BVerfGE 86, 148: 215, 101, 158: 222.
10 In diesem Kontext weist Dästner (2001: 172) darauf hin, dass in Deutschland der verflochtene Exekutivföderalismus bereits länger und beständiger als die Demokratie funktioniert.
11 Vgl. Lehmbruch 2000b: 88 f.
12 Diese Einschätzung fußte speziell auch auf negativen Erfahrungen in der Vergangenheit. Die Ländervertreter verstehen den Vermittlungsausschuss als expertenfernes und hochformalisiertes Gremium, das für die Formulierung einer tragfähigen Lösung nur bedingt geeignet ist. Zugleich sollte damit der Einfluss der Bundestagsfraktionen begrenzt werden, denen auf diesem Gebiet von Länderseite keine Fachkompetenz zugetraut wurde. Vgl. Schwinn 1997: 188, Altemeier 1999: 206 ff., Färber/Sauckel 2000: 688 f.
13 Im bundesstaatlichen Verhandlungssystem haben die kleinen Koalitionspartner meist ein vergleichsweise geringes Gewicht (vgl. Lehmbruch 1999b: 415). Im Kontrast dazu verfügt die Ministerialbürokratie über einen gewissen Gestaltungsspielraum. Zwar werden die elementaren Aspekte, speziell die Verteilungsfragen, politisch gelöst, jedoch übernimmt die Arbeitsebene weitgehend die inhaltliche Vorbereitung, woraus sich begrenzte Einflussmöglichkeiten ergeben. Vgl. dazu Renzsch 1995b: 185, Altemeier 1999: 57.

8.1 Erkenntnisse

Bundestag doch formal über genügend Einfluss. Dies würde jedoch die parlamentarische Definition einer Bundesposition erfordern. Im Zuge des Wahlsystems, das mit lokalen Wahlkreisen und regionalen Landeslisten die landsmannschaftliche Herkunft betont, vermischen sich bei den Abgeordneten Bundes- und Landespositionen.[14] Damit besteht prinzipiell die Gefahr einer Zersplitterung des Bundesparlaments nach der regionalen Herkunft. Deshalb fehlt die Basis für eine eigene Initiative.[15] Von einer Änderung dieser Malaise ist angesichts der tief verankerten Verhaltensroutinen wohl nicht auszugehen. Hinsichtlich dieser Bedingungen sind unter funktionalen Gesichtspunkten Regierungsverhandlungen prinzipiell als die effektivste Form der Willensbildung anzusehen. Hingegen ist eine parlamentarische Rückkoppelung der Verfahren, wie sie der Bundestag 2000/2001 im Kontrast zum ersten Solidarpakt erfolgreich gewährleistete, bereits im Hinblick auf die Transparenz und die demokratische Einbindung der informellen Arena wünschenswert.

Ihr Handeln richten die Akteure primär an persönlichen Interessen aus. Dazu zählen auch Eitelkeiten, die individuelle Reputation und Karriereambitionen, hauptsächlich sehen sie diese jedoch in der Erfüllung ihrer politischen Funktion. Hierbei rangieren die Positionen des wahrgenommenen öffentlichen Amtes an oberster Stelle bei der Bildung der Präferenzskala der Beteiligten. Auf diese Weise treten die kollektiven Akteure vermittels ihrer Agenten als mächtige Spieler auf. Deren Prämissensetzung konzentriert sich weniger an einer möglichst sachrationalen Lösung, vielmehr dominiert eindeutig eine *fiskalische Outputorientierung* die Handlungslogik. Diese wird definiert als budgetäre Änderung der Ausgleichsfolgen durch eine Neuregelung gegenüber dem Status quo. Aufgrund der immensen Summen, die zur Disposition standen, hat sich die pekuniäre Ausrichtung der Akteure noch verfestigt. Im Kontrast zur akademischen Debatte bestimmen also nicht allokative Überlegungen die Entscheidungsfindung, sondern in erster Linie die Verteilungsfragen.

Unterhalb dieser handlungsleitenden Orientierung fielen uns bedeutende Nuancierungen auf, mit Hilfe derer sich die Konsensbildungsprozesse erst erklären ließen. Für die *Bundesregierung* stand zwar in den drei untersuchten Fällen stets die Wahrung der Bundesposition an oberster Stelle. Allerdings zeigten sich beachtliche Differenzen in der Problemwahrnehmung zwischen dem jeweiligen Bundeskanzler und dessen Finanzminister, wobei sich die Budgetchefs stets dem Primat der Richtlinienkompetenz beugen mussten. Zum Ausdruck kam dabei nicht die Gleichgültigkeit der Regierungshäupter hinsichtlich der wenig wahlkampfrelevanten Thematik. Maßgeblich war vielmehr, dass die Finanzausgleichsverhandlungen nicht isoliert erfolgten, sondern mit zahlreichen weiteren Materien mittelbar und unmittelbar vernetzt waren. Als Generalist ist der Kanzler diesen Aufgaben weit mehr verpflichtet als sein Haushaltschef. 1990 war der Finanzausgleich lediglich ein (elementarer) Bestandteil der gesamten Einigungspolitik, 1993 stand zugleich die Solidarpaktfinanzierung auf dem Spiel und 2001 versuchte Schröder – wenngleich in loser Kopplung – seine Reformagenda durchzusetzen. In Hinsicht auf den Finanzausgleich strebte der sozialdemokratische Kanzler ebenso wie sein Amtsvorgänger Kohl danach, seine Handlungsfähigkeit unter Beweis zu stellen. Begründet wird diese Haltung vorwiegend durch die zentripetale Grundorientierung im politischen System, die ebenso kulturell wie institutio-

---

14 Vgl. Stünker 2003: 17.
15 Zu spüren bekamen dies die Mitglieder des Sonderausschusses bei der jüngsten Finanzausgleichsreform. In intensiver Facharbeit machten sie sich mit der Materie vertraut, hingegen fehlte ihnen die Unterstützung der Fraktionen, um ihre Auffassung mittels einer eigenständigen Position in den Gesetzgebungsprozess einbringen zu können. Vgl. die Einschätzung von Geske 2002: 279 f.

nell motiviert ist. Dementsprechend richten sich die öffentliche Aufmerksamkeit und der Handlungsdruck hauptsächlich auf die Bundesregierung. Im Vordergrund stand damit die Absicht der Problemlösung, was die Entscheidungsfindung jeweils beträchtlich erleichterte.[16] Darüber hinaus wollten beide Kanzler, wie Lehmbruch[17] richtigerweise anmerkt, den Verbundföderalismus so berechenbar wie möglich halten, um ihre Machtstellung im Parteiensystem nicht zu gefährden. In diesem Sinne legten sie auch inhaltlich großen Wert auf Streitschlichtung, Rechtssicherheit und Planbarkeit.

Im Unterschied zum Bundeskabinett befinden sich in der Präferenzordnung der *Länderregierungen* die budgetären Folgen von Finanzreformen an oberster Stelle. Stehen sowohl Finanzausgleichskonflikte als auch parteipolitische Themen parallel auf der Tagesordnung, unterliegen – im Gegensatz zum Bundeskabinett – die Letzteren.[18] Diese komplementären Präferenzskalen weisen häufig den Ausweg aus beiden Verhandlungsdilemmata, wobei die Parlamente sowie speziell die Bundestagsopposition regelmäßig das Nachsehen haben.[19] Daher entzieht sich diese Materie den ansonsten üblichen Abstimmungsroutinen nach A- und B-Lager. Dessen ungeachtet trachteten die Akteure in allen drei Fällen danach, die Koordinierung über diese Kanäle fruchtbar zu machen.

Abgesehen von der parteiinternen Koordination machten die Länderregierungen im vereinten Deutschland abermals die Erfahrung, dass sie ihre Anliegen gegenüber dem Bund im Hinblick auf dessen Hegemonie nur durch ein einvernehmliches Vorgehen erfolgreich vertreten können. In diesen Fällen nutzten die Länder ihre Vetoposition. Zur Erklärung dieses Verhaltens lassen sich vielfältige Motive anführen. Neben situativen Bestimmungsmomenten wirkten sich besonders Lerneffekte aus. Nachdem sich die positiven Erfahrungen mit dieser Strategie seit der Einheit verfestigt haben, ist auch weiterhin gerade bei vertikalen Verteilungsfragen mit deren Anwendung zu rechnen. Gewiss ist dieses Vorgehen sehr voraussetzungsvoll, da hierfür die Ausschaltung horizontaler Dissonanzen erforderlich ist. Dies bedingt ebenso die Bereitschaft wie die Gleichbehandlung aller Akteure.[20]

---

16 Der institutionelle Hintergrund liegt in der hegemonialen Stellung des Bundes, die sich aus der weitgehend zentralisierten Steuergesetzgebungskompetenz und der größeren Finanzkraft ableitet. Zugleich trägt der Bund als übergeordnete Instanz per se die größere Verantwortung für die Funktionsfähigkeit des Gesamtsystems. Verstärkt werden diese Tendenzen durch die ebenfalls in der politischen Kultur verankerte zentripetale Ausrichtung. Für die Bundesregierung bestehen damit die größeren Risiken, da ihr ein Scheitern der Verhandlungen stärker angelastet würde als den Ländern. Im Umkehrschluss bedeutet dies hingegen auch, dass sie bei einem Gelingen ihre Führungskraft unter Beweis stellen und die Früchte des Erfolgs ernten kann.
17 Lehmbruch 2000c: 162.
18 Dies gilt im Übrigen auch für den Bund. Populärstes Beispiel hierfür ist Franz-Josef Strauß (CSU), der 1969 als Bundesfinanzminister Wegbereiter für die „*Große Finanzreform*" war. Im vereinten Deutschland vertraten die Bundesfinanzminister Theo Waigel (CSU) und Hans Eichel (SPD) jeweils die Bundesinteressen und nicht Partei- oder Landespositionen. Eine „*Wende*" hatte dabei Eichel zu vollziehen, der als hessischer Ministerpräsident Anfang 1999 ein Normenkontrollverfahren gegen das Finanzausgleichsgesetz einleitete, das er wenig später als Bundesfinanzminister in der mündlichen Verhandlung als verfassungskonform verteidigen ließ.
19 Beim politischen Junktim zwischen föderalen Finanz- und parteipolitischen Streitfragen hatte die Bundestagsopposition letztlich stets das Nachsehen. Dies zeigte sich besonders im Einigungsprozess, bei der Solidarpaktklausul 1993, bei der Verabschiedung des Steueränderungsgesetzes 1992 und bei der Steuerreform 2000. Vgl. dazu Altemeier 1999: 226 f.
20 Bereits früh lernten die Länder, dass sie ein gemeinsames Auftreten gegenüber dem Bund stärkt. Allerdings verblassten diese Erfahrungen in den 80er Jahren, als im Bundestag und Bundesrat gleichgerichtete Mehrheitsverhältnisse herrschten. Mit dem Einigungsprozess, der Ratifizierung des Maastrichter Vertragswerks, dem Solidarpakt 1993 sowie in zahlreichen weiteren Fällen reaktivierten die Länder diese Strategie. Zu Tage trat sie auch bei der Finanzreform 2001, als die Regierungen in zahlreichen vertikalen Fragen penibel auf eine einheitliche Länderposition achteten. Ausführlich dazu Kapitel 5.3, vgl. auch Altemeier 1999: 187, 240, 253 ff. Ferner Renzsch 1994: 125 f., 1997b: 91, Schwinn 1997: 168, Wachendorfer-Schmidt 2000a: 123.

8.1 Erkenntnisse

Damit verbunden ist ein weiteres Phänomen, welches das Verhalten der Länderregierungen kennzeichnet: Sie sind nicht ohne Weiteres dazu bereit, zur Durchsetzung ihrer Interessen Blockaden in Kauf zu nehmen. Diese Orientierung erleichtert maßgeblich die Konsensfindung. Begründet wird diese Handlungslogik durch verschiedene Motive. Denn in Anbetracht der Verflechtung der staatlichen Ebenen drohen im Falle einer Nichtentscheidung negative Rückkoppelungseffekte für alle Gebietskörperschaften. Überdies wirken sich hier die konsensorientierte politische Kultur sowie die öffentliche und die eigene Wahrnehmung der Akteure aus, wonach sie als Vertreter des verflochtenen Systems gemeinsam die Verantwortung für dessen Funktionsfähigkeit tragen.[21] Dieses Phänomen, das wir als „*dritte soziale Rolle*" neben dem Amt und der Funktion als relevanter Parteifunktionär bezeichnet haben, ist somit ein Produkt des unitarisch-kooperativen Bundesstaats. Indes kommt der Kennzeichnung als „*dritte soziale Rolle*" kein theoretischer Dogmatismus, sondern primär eine heuristische Funktion zu. Sie soll verdeutlichen, dass an die Länderregierungen neben den unmittelbaren Amtsinteressen weitere institutionell wie kulturell basierte Anforderungen gerichtet sind, die eine Problemlösung begünstigen. Mit dieser Rolle paart sich häufig der persönliche Antrieb der Akteure, ein „Macherimage" an den Tag zu legen, indem sie sich als handlungsfähige Problemlöser zu inszenieren suchen.[22]

In den Verhandlungen resultierte hieraus ein *konsensorientiertes Verhalten* der Akteure. Wie bereits in Kapitel 1.3.3 ausführlich dargelegt wurde, greifen die Akteure aus unterschiedlichen Motiven auf dieses Handlungsmuster zurück. Die politische Akzeptanz arriviert damit neben der budgetären Ergebnisorientierung zu dem zentralen Leistungskriterium, weshalb einvernehmliche Lösungen stets gegenüber sachrationalen Ergebnissen favorisiert werden. Institutionell erfolgt die Entscheidungsfindung im Schatten potenziell möglicher Mehrheitsregelungen und der Rechtsordnung. Dementsprechend präferieren die Akteure „*Verhandlungen*" als Interaktionsmuster und Konfliktregelungsmechanismus.[23]

Weshalb sich die Akteure 1993 und 2001 am Ende auf einen Konsens verständigen konnten, lässt sich allein mit dieser Einstellung jedoch noch nicht erklären. Ausschlaggebend für den Erfolg der Abstimmungsprozesse war überdies, dass die Regierungen von Bund und Ländern eine gemeinsame partei- und ebenenübergreifende Problemsicht und Zielsetzung definieren konnten, die über die jeweiligen Partikularinteressen hinausging. Am bedeutendsten wirkte hierbei die breite Akzeptanz massiver Subventionsleistungen für die Ost-Länder, die generell nie in Frage gestellt wurden.[24] Verankert war diese Grundhaltung in der Prämisse, dass die Herstellung der Rechts- und Wirtschaftseinheit sowie die schnellstmögliche Verwirklichung einheitlicher Lebensverhältnisse das oberste Ziel der deutschen Einheit ist. Die Selbstverständlichkeit, mit der nach wie vor die immensen Transferleistungen bereitgestellt werden, lässt sich nicht ausschließlich auf das institutionelle oder sozioökonomische Umfeld zurückführen. Sie gründet vielmehr im unitarischen Denken, das tief in der *politischen Kultur* verwurzelt ist.[25]

Gleichwohl nahmen wir einen Bewusstseinswandel in der Einschätzung des Bundesstaats zur Kenntnis. Mit den Normenkontrollklagen griffen zudem die Süd-Länder den fest verankerten Basiskonsens an. Damit steht die Frage im Raum, wie sehr sich die unitarische

---

21 Alle Akteure verbindet ein Interesse am Funktionieren des politischen Systems. Vgl. Renzsch 1995b: 189.
22 Vgl. Renzsch 1995b: 188 f.
23 Vgl. Renzsch 1995b: 185 und 2000d: 42, Altemeier 1999: 63 ff., Benz 2000b: 219.
24 Vgl. die Einschätzung von Mäding 1995a: 149, Renzsch 1997a: 52 f., 1997b: 93, Altemeier 1999: 236.
25 Vgl. die Bewertung von Jeffery 2002: 183.

Kultur, die sich seit der Reichsgründung von 1871 in Deutschland verfestigte, mittlerweile modifiziert oder gewandelt hat. Als Ursachen für einen möglichen Wandel gelten hauptsächlich a) die in der akademischen Literatur seit Jahrzehnten beklagten Defizite des kooperativen Föderalismus, b) die Änderung der sozioökonomischen und gesellschaftlichen Gegebenheiten in Folge der Einheit, c) das geringe Vertrauen in die Steuerbarkeit wirtschaftlicher und sozialer Prozesse in Anbetracht der transnationalen ökonomischen Verflechtungen, d) die ökonomische Strukturkrise gepaart mit der Einengung der finanzpolitischen Gestaltungsspielräume, e) die Stärkung föderalistischer Denkmuster in Europa sowie f) die Impulse der ökonomischen Theorie des Föderalismus, die in der Bundesstaatsdebatte gegenwärtig am stärksten betont werden.[26] Im Hinblick auf diese Frage ortete die Politikwissenschaft vielfältige Bereiche, in denen sich in den 90er Jahren Veränderungen ergaben. Dazu zählen etwa die Auffächerung des Parteiensystems,[27] die Föderalisierung der Parteien,[28] der abnehmende Einfluss der Bundespolitik auf die Landespolitik und die Landtagswahlen[29] oder das Scheitern der sozialpartnerschaftlichen Unitarisierungsstrategie.[30]

Dennoch lösen diese Entwicklungen bislang keinen Druck für eine grundlegende Bundesstaatsreform aus. Desgleichen sprechen mannigfache Indizien dafür, dass die unitarische Kultur sowohl bei der Mehrzahl der Akteure als auch in der Bevölkerung weiterhin fest verankert ist. Ebenso wie die im Bundestag vertretenen Parteien sind auch die organisierten Interessen trotz der Dezentralisierungstendenzen stark integriert und unitarisiert, wobei sich die Strukturen des Bundesstaats, des Parteiensystems und der Interessenverbände in ihrer Zentralisierungswirkung weiterhin wechselseitig verstärken.[31] Daneben legen empirische Studien[32] und heuristische Deutungen[33] den Schluss nahe, dass das Leitmotiv der einheitlichen Lebensverhältnisse eine unverändert hohe Unterstützung in der Politik wie in der Gesellschaft genießt. Eingebettet ist dieses Überzeugungssystem in ein technokratisches Politikverständnis, mit dem eine ausgeprägte Erwartungshaltung an den Staat und die Hoffnung auf dessen Steuerungsfähigkeit verbunden ist.[34] Am offenkundigsten äußert sich diese Anspruchsmentalität derzeit in den neuen Ländern, wo die „innere Einheit" maßgeblich an der Herstellung vergleichbarer Lebensverhältnisse gemessen wird.[35]

Im vergangenen Jahrzehnt zeigte sich zudem, dass dem abstrakten Wunsch nach Reföderalisierung kein entsprechendes Handeln folgt.[36] So verständigte sich die Gemeinsame Verfassungskommission zwar auf zahlreiche Änderungen, einen Paradigmenwechsel leitete

---

26 Ausführlich dazu Kesper 1998: 133 ff.
27 Vgl. Niedermayer 1997, Kropp/Sturm 1999: 40 ff., Czada 2000b: 42.
28 Vgl. Lehmbruch 2000c: 165 ff., Münch 2000: 69, Niedermayer 2001: 92, Detterbeck/Renzsch 2002: 80 f., Benz 2003b: 35 f.
29 Dazu mit diversen Beispielen Münch 1999b: 37 ff., Lehmbruch 2000c: 175, Hough/Jeffery 2003: 93 f.
30 Vgl. Lehmbruch 2003: 282.
31 Vgl. Renzsch 2000b: 42, Armingeon 2002: 228, Benz 2002b: 397 f., Grande 2002: 196 f.
32 Als Referenz seien hier zwei Erhebungen zitiert. Zum einen erachteten 1995 78 % der Bevölkerung den bundesstaatlichen Finanzausgleich als richtig (West 76 %, Ost 88 %; vgl. Grube 2001: 109 f.). Zum anderen fand bei einer Befragung von 27 der damals noch 48 lebenden aktiven und ehemaligen Ministerpräsidenten das Ziel der einheitlichen Lebensverhältnisse mit dem Wert 5,2 (1 „keine Bedeutung" bis 7 „sehr große Bedeutung") eine breite Zustimmung (vgl. H. Schneider 2001: 189).
33 Vgl. Greß 1999, Hoppenstedt 2000: 226, Münch 1997: 217, 2000: 60, Benz 2001: 147, T. Fischer/Große Hüttmann 2001: 137, Helms 2002: 146, Oschmann/Raab 2002: 474.
34 Vgl. Rohe 1993, Benz 2000b: 220 f., Hoppenstedt 2000: 226, Langguth 2000: 9, Glaeßner 2001: 26.
35 Vgl. Münch 2000: 61, U. Busch 2002: 25 f., 60 f., Oschmann/Raab 2002: 473.
36 Die feierlich erklärten Reföderalisierungsbekenntnisse Politik sind meist relativ vage und voller inhaltlicher Widersprüche. Vgl. Renzsch 2000b: 42, Wachendorfer-Schmidt 2000a: 1222.

Neu im Programm Politikwissenschaft

Daniela Forkmann /
Michael Schlieben (Hrsg.)
Die Parteivorsitzenden in der Bundesrepublik Deutschland 1949 - 2005
2005. 401 S. Göttinger Studien zur Parteienforschung. Br. EUR 29,90
ISBN 3-531-14516-9

Christiane Frantz
Karriere in NGOs
Politik als Beruf jenseits der Parteien
2005. 326 S. Bürgergesellschaft und Demokratie. Br. EUR 32,90
ISBN 3-531-14588-6

Gert-Joachim Glaeßner /
Astrid Lorenz (Hrsg.)
Europäisierung der inneren Sicherheit
Eine vergleichende Untersuchung am Beispiel von organisierter Kriminalität und Terrorismus
2005. 303 S. mit 10 Abb. Br. EUR 29,90
ISBN 3-531-14518-5

Dominik Hierlemann
Lobbying der katholischen Kirche
Das Einflussnetz des Klerus in Polen
2005. 281 S. mit 7 Abb. und 5 Tab.
Forschung Politik. Br. EUR 29,90
ISBN 3-531-14660-2

Erhältlich im Buchhandel oder beim Verlag.
Änderungen vorbehalten. Stand: Juli 2005.

Hakki Keskin
Deutschland als neue Heimat
Eine Bilanz der Integrationspolitik
2005. 296 S. Br. EUR 24,90
ISBN 3-531-14673-4

Andreas Kost (Hrsg.)
Direkte Demokratie in den deutschen Ländern
Eine Einführung
2005. 382 S. Br. EUR 19,90
ISBN 3-531-14251-8

Thomas Meyer
Theorie der Sozialen Demokratie
2005. 678 S. Br. EUR 39,90
ISBN 3-531-14612-2

Undine Ruge / Daniel Morat (Hrsg.)
Deutschland denken
Beiträge für die reflektierte Republik
2005. 206 S. Br. EUR 19,90
ISBN 3-531-14604-1

Siegfried Schumann (Hrsg.)
Persönlichkeit
Eine vergessene Größe
der empirischen Sozialforschung
2005. 397 S. Br. EUR 29,90
ISBN 3-531-14459-6

www.vs-verlag.de

VS VERLAG FÜR SOZIALWISSENSCHAFTEN

Abraham-Lincoln-Straße 46
65189 Wiesbaden
Tel. 0611.7878 - 722
Fax 0611.7878 - 400

11 Bibliographie

BMF-Dokumentation 5/2002: Bundesministerium der Finanzen. *Bund-Länder-Finanzausgleich auf der Grundlage der geltenden Finanzverfassungsordnung. Dokumentation 5/2002.* 4. Auflage. http://www.bundesfinanzmisterium.de.

BMF-Länderhaushalte, 2001: Bundesministerium der Finanzen (BMF), 2001: *Entwicklung finanzwirtschaftlicher Eckdaten der deutschen Bundesländer seit. 1970.* o.O. Zugleich: Sonderausschuss Maßstäbegesetz/Finanzausgleichsgesetz Drucksache Nr. 44.

Finanzbericht: Bundesministerium der Finanzen, diverse Jahrgänge: *Finanzbericht. Stand und voraussichtliche Entwicklung der Finanzwirtschaft in gesamtwirtschaftlichen Zusammenhang.* Jahrgangsabhängig Bonn oder Berlin.

LFA 2002: Bundesministerium der Finanzen, 2003: *Der Finanzausgleich unter den Ländern für die Zeit vom 01.01.2002-31.12.2002.* http://www.bundesfinanzmisterium.de.

StatBA 2000: Statistisches Bundesamt, 2000: *Bevölkerungsstruktur und Wirtschaftskraft der Bundesländer.* Stuttgart.

StatBA FS 14 R. 2: Statistisches Bundesamt, diverse Jahrgänge: *Fachserie 14 Finanzen und Steuern. Reihe 2 Vierteljährliche Kassenergebnisse der öffentlichen Haushalte.* Stuttgart.

StatBA FS 14 R. 3.5: Statistisches Bundesamt, diverse Jahrgänge: *Fachserie 14 Finanzen und Steuern. Reihe 3.5 Rechnungsergebnisse der öffentlichen Haushalte für soziale Sicherung und für Gesundheit, Sport, Erholung.* Stuttgart.

StatBA FS 14 R. 4: Statistisches Bundesamt, diverse Jahrgänge: *Fachserie 14 Finanzen und Steuern. Reihe 4 Steuerhaushalt.* Stuttgart.

StatBA FS 14 R. 5: Statistisches Bundesamt, diverse Jahrgänge: *Fachserie 14 Finanzen und Steuern. Reihe 5 Schulden der öffentlichen Haushalte.* Stuttgart.

StatJB: Statistisches Bundesamt, diverse Jahrgänge: *Statistisches Jahrbuch für die Bundesrepublik Deutschland.* Stuttgart.

StatLÄ R. 1 B. 4: Statistische Landesämter der 16 Bundesländer/Statistisches Bundesamt/Bürgeramt, Statistik und Wahlen Frankfurt a.M., 2002: *Volkswirtschaftliche Gesamtrechnungen der Länder. Reihe 1 Länderergebnisse. Band 4 Bruttoanlageinvestitionen in den Ländern und Ost-West-Großraumregionen Deutschlands 1991 bis 1999.* Stuttgart.

StatLÄ R. 1 B. 5: Statistische Landesämter der 16 Bundesländer/Statistisches Bundesamt/Bürgeramt, Statistik und Wahlen Frankfurt a.M., 2002: *Volkswirtschaftliche Gesamtrechnungen der Länder. Reihe 1 Länderergebnisse. Band 5 Entstehung, Verteilung und Verwendung des Bruttoinlandsprodukts in den Ländern und Ost-West-Großraumregionen Deutschlands 1991 bis 1999.* Stuttgart.

StatLÄ R. 1 B. 6: Statistische Landesämter der 16 Bundesländer/Statistisches Bundesamt/Bürgeramt, Statistik und Wahlen Frankfurt a.M., 2002: *Volkswirtschaftliche Gesamtrechnungen der Länder. Reihe 1 Länderergebnisse. Band 6 Anlagevermögen in den Ländern und Ost-West-Großraumregionen Deutschlands 1991 bis 1999.* Stuttgart.

SVR: Sachverständigenrat zur Begutachtung der gesamtwirtschaftlichen Entwicklung (SVR), diverse Jahrgänge: *Jahresgutachten.* Stuttgart. Zur Titelei der jeweiligen Jahrgänge siehe im bibliographischen Anhang.

Witt, Peter-Christian, 1992: Finanzen und Politik im Bundesstaat – Deutschland 1871-1933. In: Jochen Huhn/Peter-Christian Witt (Hg.): *Föderalismus in Deutschland. Traditionen stund gegenwärtige Probleme*. Baden-Baden, 75-99.

Wollmann, Hellmut, 2001: Die Transformation der politischen und administrativen Strukturen in Ostdeutschland – zwischen „schöpferischer Zerstörung", Umbau und Neubau. In: Hans Bertram/Raj Kollmorgen (Hg.): *Die Transformation Ostdeutschlands. Berichte zum sozialen und politischen Wandel in den neuen Bundesländern*. Opladen, 33-52.

Zelikow, Philip/Condoleezza Rice, 1995: *Germany unified and Europe transformed. A study in statecraft*. Cambridge/Mass., London.

Zimmermann, Horst, 1987: Föderalismus und „Einheitlichkeit der Lebensverhältnisse". Das Verhältnis regionaler Ausgleichsziele zu den Zielen des föderativen Staatsaufbaus. In: Kurt Schmidt (Hg.): *Beiträge zu ökonomischen Problemen des Föderalismus*. Berlin, 35-70. 796 397

Zimmermann, Horst, 2001: Haben Ballungsgebiete einen höheren Finanzbedarf? In: *Wirtschaftsdienst* 81, 222-226.

Zintl, Reinhard, 1989: Der Homo Oeconomicus: Ausnahmeerscheinung in jeder Situation oder Jedermann in Ausnahmesituationen. In: *Analyse & Kritik* 2, 52-69.

Zintl, Reinhard, 1992: Kooperation und Aufteilung des Kooperationsgewinns bei horizontaler Politikverflechtung. In: Arthur Benz/Fritz W. Scharpf/Reinhard Zintl: *Zur Theorie von Verhandlungssystemen*. Frankfurt am Main, 97-146.

Zintl, Reinhard, 1999: Politikverflechtung und Machtverteilung in Deutschland. In: Thomas Ellwein/Everhard Holtmann (Hg.): *50 Jahre Bundesrepublik Deutschland. Rahmenbedingungen – Entwicklungen – Perspektiven*. Politische Vierteljahresschrift Sonderheft 30/1999. Opladen/Wiesbaden, 471-481.

Zohlnhöfer, Reimut, 1999: *Der lange Schatten der schönen Illusion: Finanzpolitik nach der deutschen Einheit, 1990-1998*. Zentrum für Sozialpolitik Arbeitspapier Nr. 9/99. Bremen.

Zohlnhöfer, Reimut, 2001: Die Bundesrepublik Deutschland im finanzpolitischen Zielkonflikt zwischen Wiedervereinigung und europäischer Integration. In: *Zeitschrift für Politikwissenschaft* 11, 1547-1571.

Zohlnhöfer, Reimut, 2003: Institutionelle Hemmnisse für eine kohärente Wirtschaftspolitik. In: *Aus Politik und Zeitgeschichte*, B 18/19/2003, 9-15.

Zürn, Michael, 1992: *Interessen und Institutionen in der internationalen Politik. Grundlegung und Anwendung des situationsstrukturellen Ansatzes*. Opladen.

Zeitungen und Zeitschriften:

Berliner Zeitung, Bonner General-Anzeige, Börsen-Zeitung, Financial Times Deutschland, Frankfurter Allgemeine Zeitung, Focus, Frankfurter Rundschau, Handelsblatt, Neue Zürcher Zeitung, Der Spiegel, Süddeutsche Zeitung, Der Tagesspiegel, die tageszeitung (taz), Die Welt, Die Zeit

Datenquellen

Hinweis: Den statistischen Datenquellen werden Kurzbezeichnungen zugeordnet, die sich auf den jeweiligen Titel und ggf. den Herausgeber bzw. Verfasser beziehen. Die Auflistung erfolgt an dieser Stelle nach der gewählten Kurzbezeichnung und nicht nach dem Verfasser. Sofern zu einzelnen Datenquellen auf mehrere Ausgaben oder Jahrgänge rekurriert wird, findet sich die konkrete Quellenangabe im Text.

Welti, Felix/Reza Fakhreshafaei, 2001: Finanzausgleich im demokratischen und sozialen Bundesstaat. In: *Recht und Politik* 37, 102-108.
Weltring, Sylvia, 1997: *Staatsverschuldung als Finanzierungsinstrument des deutschen Vereinigungsprozesses. Bestandsaufnahme und theoretische Wirkungsanalyse.* Frankfurt am Main u.a.
Wendt, Rudolf, 1991: Finanzverfassung und Art. 7 EV. In: Klaus Stern (Hg.): *Deutsche Wiedervereinigung. Die Rechtseinheit. Band I. Eigentum – Neue Verfassung – Finanzverfassung.* Köln u.a., 213-234.
Wendt, Rudolf, 2001: *Zur verfassungsrechtlichen Zulässigkeit einer Selbstbehaltsgarantie oder Leistungsprämie im Finanzausgleich.* Stellungnahme erstattet im Auftrag des Saarlandes. Saarbrücken.
Wendt, Rudolf, 2002: *Anwendung des Deckungsquotenverfahrens und die Frage getrennter Regelkreise beim Familienleistungsausgleich.* Rechtsgutachterliche Stellungnahme erstattet im Auftrage der sechzehn Mitgliedsländer der Finanzministerkonferenz. Saarbrücken.
Wendt, Rudolf/Michael Elicker, 2001: Für die volle Einbeziehung der kommunalen Finanzkraft in den Länderfinanzausgleich. In: *Die Öffentliche Verwaltung* 54, 762-771.
Weßels, Bernhard, 1999: Die deutsche Variante des Korporatismus. In: Max Kaase/Günther Schmid (Hg.): *Eine lernende Demokratie: 50 Jahre Bundesrepublik Deutschland.* WZB-Jahrbuch 1999. Berlin, 87-113.
Wieland, Joachim, 1993: Gutachten zur Neugestaltung der Finanzbeziehungen zur Stärkung des Föderalismus im vereinten Deutschland unter besonderer Berücksichtigung des Landes Bremen. In: Senator für Finanzen der Freien Hansestadt Bremen (Hg.): *Neuordnung des Finanzausgleichs zwischen Bund und Ländern und ihre Auswirkungen auf das Land Bremen.* Bremen, 161-270
Wieland, Joachim, 2000: Das Konzept eines Maßstäbegesetzes zum Finanzausgleich. In: Hans-Jörg Schmidt-Trenz/Matthias Fonger (Hg.): *Bürgerföderalismus. Zukunftsfähige Maßstäbe für den bundesdeutschen Finanzausgleich.* Baden-Baden, 52-56.
Wieland, Joachim, 2001a: *Gutachterliche Stellungnahme zum Neuregelungsvorschlag des Bundes für die Verteilung der Umsatzsteuer-Ergänzungsanteile gemäß Art. 107 Abs. 1 Satz 4 GG.* Frankfurt am Main.
Wieland, Joachim, 2001b: *Verfassungsrechtliche Zulässigkeit der Berücksichtigung von Hafenlasten im Länderfinanzausgleich.* Gutachterliche Stellungnahme. o.O.
Wildberger, Jan P., 2000: *Der soziale Gedanke in der Erzbergerschen Finanzreform.* Frankfurt am Main u.a.
Williamson, Oliver E., 1985: *The Economic Institutions of Capitalism. Firms, Markets, Relational Contracting.* New York, London.
Wilms, Heinrich, 2003: Überlegungen zur Reform des Föderalismus in Deutschland. In: *Zeitschrift für Rechtspolitik* 36, 86-90.
Windhoff-Héritier, Adrienne, 1987: *Policy-Analyse. Eine Einführung.* Frankfurt am Main/New York.
Windhoff-Héritier, Adrienne, 1991: Institutions, Interests and Political Choice. In: Roland M. Czada/Adrienne Windhoff-Héritier (Hg.): *Political Choice. Institutions, Rules, and the Limits of Rationality.* Frankfurt am Main/Boulder, 27-52.
Wissenschaftlicher Beirat beim Bundesministerium der Finanzen, 1992: *Gutachten zum Länderfinanzausgleich in der Bundesrepublik Deutschland.* Schriftenreihe des Bundesministeriums der Finanzen, Heft 47. Bonn.
Wissenschaftlicher Beirat beim Bundesministerium der Finanzen, 1996: *Einnahmeverteilung zwischen Bund und Ländern. Probleme und Lösungsmöglichkeiten.* Schriftenreihe des Bundesministeriums der Finanzen, Heft 56. Bonn.
Wissenschaftlicher Beirat beim Bundesministerium der Finanzen, 2000: *Stellungnahme zum Finanzausgleichsurteil des Bundesverfassungsgerichts vom 11. November 1999.* Schriftenreihe des Bundesministeriums der Finanzen, Heft 68. Bonn.

Vesper, Dieter, 2001b: Zum infrastrukturellen Nachholbedarf in Ostdeutschland. In: *Deutsches Institut für Wirtschaftsforschung Wochenbericht* 68, 293-298.
Voelzkow, Helmut, 2000: Korporatismus in Deutschland: Chancen, Risiken und Perspektiven. In: Everhard Holtmann/Helmut Voelzkow (Hg.): *Zwischen Wettbewerbs- und Verhandlungsdemokratie. Analysen zum Regierungssystem der Bundesrepublik Deutschland.* Wiesbaden, 185-212.
Voigt, Rüdiger, 1991: Finanzierung des bundesstaatlichen Systems in den 80er und 90er Jahren. In: Arthur B. Gunlicks/Rüdiger Voigt (Hg.): *Föderalismus in der Bewährungsprobe: Die Bundesrepublik Deutschland in den 90er Jahren.* Bochum, 119-140.
Voigt, Rüdiger, 1995: Der kooperative Staat. Auf der Suche nach einem neuen Steuerungsmodus. In: Rüdiger Voigt (Hg.): *Der kooperative Staat. Krisenbewältigung durch Verhandlung?* Baden-Baden, 33-92.
Volkmann, Uwe, 1998: Solidarität in einem vereinten Europa. In: *Staatswissenschaften und Staatspraxis* 9, 17-44.
Vollkommer, Max (Hg.), 1998: *Föderalismus: Prinzip und Wirklichkeit.* Atzelsberger Gespräche. Erlangen.
Wachendorfer-Schmidt, Ute, 1998: Föderalismus und Finanzverfassung. In: Ursula Männle (Hg.): *Föderalismus zwischen Konsens und Konkurrenz.* Baden-Baden, 57-71.
Wachendorfer-Schmidt, Ute, 1999: Der Preis des Föderalismus. In: *Politische Vierteljahresschrift* 40, 3-39.
Wachendorfer-Schmidt, Ute, 2000a: Gewinner oder Verlierer? Der Föderalismus im vereinten Deutschland. In: Roland Czada/Hellmut Wollmann (Hg.): *Von der Bonner zur Berliner Republik. 10 Jahre Deutsche Einheit.* Leviathan Sonderheft 19/1999. Wiesbaden, 113-140.
Wachendorfer-Schmidt, Ute, 2000b: Leistungsprofil und Zukunftschancen der Demokratie. In: Hans-Dieter Klingemann/Friedhelm Neidhardt (Hg.): *Zur Zukunft der Demokratie. Herausforderungen im Zeitalter der Globalisierung.* WZB-Jahrbuch 2000. Berlin, 439-469.
Wachendorfer-Schmidt, Ute (Hg.), 2000c: *Federalism and Political Performance.* London/New York.
Wachendorfer-Schmidt, Ute, 2003: *Politikverflechtung im vereinigten Deutschland.* Wiesbaden.
Wagschal, Uwe, 1999: Blockieren Vetospieler Steuerreformen? In: *Politische Vierteljahresschrift* 40, 628-640.
Waigel, Theo, 1994: Tage, die Deutschland und die Welt veränderten. In: Theo Waigel/Manfred Schell (Hg.): *Tage, die Deutschland und die Welt veränderten: Vom Mauerfall zum Kaukasus. Die deutsche Währungsunion.* München, 26-56.
Waschkuhn, Arno, 1989: Institution(en). In: Dieter Nohlen, (Hg.): *Pipers Wörterbuch zur Politik. Band 1, N/Z: Politikwissenschaft. Theorien – Methoden – Begriffe*, herausgegeben von Dieter Nohlen und Rainer-Olaf Schultze. 3. Auflage. München/Zürich, 376-377.
Waschkuhn, Arno, 1994: Institutionentheoretische Ansätze. In: Dieter Nohlen (Hg.): *Lexikon der Politik. Band 2. Politikwissenschaftliche Methoden.* Herausgegeben von Dieter Nohlen/Rainer-Olaf Schultze. München, 188-195.
Watts, Ronald L., 2002: Federal Evolution: The Canadian Experience. In: Arthur Benz/Gerhard Lehmbruch (Hg.): *Föderalismus. Analysen in entwicklungsgeschichtlicher und vergleichender Perspektive.* Politische Vierteljahresschrift Sonderheft 32/2001. Wiesbaden, 157-176.
Weber, Max, 1985: *Wirtschaft und Gesellschaft.* 5. Auflage (zuerst 1922). Tübingen.
Wehling, Hans-Georg, 1999: Kommunale Selbstverwaltung. In: Thomas Ellwein/Everhard Holtmann (Hg.): *50 Jahre Bundesrepublik Deutschland. Rahmenbedingungen – Entwicklungen – Perspektiven.* Politische Vierteljahresschrift Sonderheft 30/1999. Opladen/Wiesbaden, 544-564.
Weixner, Bärbel Martina, 2002: *Direkte Demokratie in den Bundesländern. Verfassungsrechtlicher und empirischer Befund aus politikwissenschaftlicher Sicht.* Opladen.
Weizsäcker, Robert K. von, 1999: Steuerstaat und politischer Wettbewerb. In: Thomas Ellwein/Everhard Holtmann (Hg.): *50 Jahre Bundesrepublik Deutschland. Rahmenbedingungen – Entwicklungen – Perspektiven.* Politische Vierteljahresschrift Sonderheft 30/1999. Opladen/Wiesbaden, 598-616.

Tammler, Ulrich 2003: *Föderale Politikverflechtung und ihre Korrektur.* Ausarbeitung des Deutschen Bundestages. Berlin.
Taube, Reginbert, 1990: Ein Vorschlag zur Reform des Länderfinanzausgleichs. In: *Wirtschaftsdienst* 70, 372-380.
Teltschik, Horst, 1991: *329 Tage. Innenansichten der Einigung.* Berlin.
Ter-Minassian, Teresa (Hg.), 1997: *Fiscal Federalism in Theory and Practice.* Washington.
Thaysen, Uwe, 1985: Mehrheitsfindung im Föderalismus. Thesen zum Konsensualismus der westdeutschen Politik. In: *Aus Politik und Zeitgeschichte,* B 35/85, 3-17.
Thaysen, Uwe, 2003: Der deutsche Föderalismus zwischen zwei Konventen. In: *Aus Politik und Zeitgeschichte,* B 29-30/2003, 14-23.
Thiel, Eberhard, 1993: Neugliederung des Bundesgebiets und Konsequenzen für das System des Finanzausgleichs. In: *Probleme des Finanzausgleichs in nationaler und internationaler Sicht.* Tagungsband zur Jahrestagung der Arbeitsgemeinschaft Deutscher Wirtschaftswissenschaftlicher Forschungsinstitute e.V. Berlin, 99-113.
Thierse, Wolfgang, 2001: Von der friedlichen Revolution zur deutschen Einheit. In: Bernd Faulenbach/Heinrich Potthoff (Hg.): *Die deutsche Sozialdemokratie und die Umwälzung 1989/90.* Berlin.
Thießen, Ulrich, 2000: *Fiscal federalism in Western European and selected other countries: Centralization or decentralization? What is better for economic growth?* Deutsches Institut für Wirtschaftsforschung Discussion Paper No. 224. Berlin.
Thome, Helmut, 2003: Soziologische Wertforschung. Ein von Niklas Luhmann inspirierter Vorschlag für die engere Verknüpfung von Theorie und Empirie. In: *Zeitschrift für Soziologie* 32, 4-28.
Thöne, Michael/Christian Jacobs, 2001: *Länderfinanzausgleich in Deutschland. Analyse und umsetzungsorientierte Reformmodelle.* Berlin.
Thöni, Erich, 1986: *Politökonomische Theorie des Föderalismus.* Baden-Baden.
Thränhardt, Dietrich, 1996: *Geschichte der Bundesrepublik Deutschland.* Frankfurt am Main.
Tiebout, Charles M., 1956: A Pure Theory of Local Public Expenditures. In: *Journal of Political Economy* 64, 327-336.
Tietmeyer, Hans, 1994: Erinnerungen an die Vertragsverhandlungen. In: Theo Waigel/Manfred Schell (Hg.): *Tage, die Deutschland und die Welt veränderten: Vom Mauerfall zum Kaukasus. Die deutsche Währungsunion.* München, 57-117.
Tofaute, Hartmut, 1995: Kosten der Einheit – Refinanzierung der öffentlichen Haushalte. In: Dirk Nolte/Ralf Sitte/Alexandra Wagner (Hg.): *Wirtschaftliche und soziale Einheit Deutschlands. Eine Bilanz.* Köln, 161-194.
Tsebelis, George, 1995: Decision Making in Political Systems: Veto Players in Presidentialism, Parliamentarism, Multicameralism and Multipartyism. In: *British Journal of Political Science* 25, 289-325.
Tsebelis, George, 2000: Veto Players and Institutional Analysis. In: *Governance* 13, 441-474.
Tsebelis, George/Jeanette Money, 1997: *Bicameralism.* Cambridge.
Vesper, Dieter, 1993: Föderales Konsolidierungsprogramm: Trägt die Neuordnung der staatlichen Finanzen zur Lösung der Finanzprobleme bei? In: *Deutsches Institut für Wirtschaftsforschung Wochenbericht* 60, 651-661.
Vesper, Dieter, 1998: *Länderfinanzausgleich – besteht Reformbedarf?* DIW Diskussionspapier Nr. 170. Berlin.
Vesper, Dieter, 2000a: Die Region Berlin-Brandenburg im Länderfinanzausgleich – Welche Auswirkungen hätte eine Reform? In: Michael C. Burda/Helmut Seitz/Gert Wagner (Hg.): *Europäischer und nationaler Fiskalföderalismus*: Workshop des Arbeitskreises Berlin-Brandenburgischer Wirtschaftswissenschaftler am 20. November 1998. Berlin, 9-20.
Vesper, Dieter, 2000b: Quo vadis, Länderfinanzausgleich? In: *Deutsches Institut für Wirtschaftsforschung Wochenbericht* 67, 395-405.
Vesper, Dieter, 2001a: Die Einwohnerwertung der Stadtstaaten im Länderfinanzausgleich – mehr als gerechtfertigt. In: *Deutsches Institut für Wirtschaftsforschung Wochenbericht* 68, 173-185.

Steffani, Winfried, 1983: Die Republik der Landesfürsten. In: Gerhard A. Ritter (Hg.): *Regierung, Bürokratie und Parlament in Preußen und Deutschland von 1848 bis zur Gegenwart*. Düsseldorf, 181-213.

Stern, Klaus, 1975: Die föderative Ordnung im Spannungsfeld der Gegenwart. Politische Gestaltung im Miteinander, Nebeneinander und Gegeneinander von Bund und Ländern. In: *Politikverflechtung zwischen Bund, Ländern und Gemeinden* (ohne Herausgeber). Vorträge und Diskussionsbeiträge der 42. Staatswissenschaftlichen Fortbildungstagung der Hochschule für Verwaltungswissenschaften Speyer. Schriftenreihe der Hochschule Speyer. Band 55. Berlin, 15-40.

Stewart, William H., 1984: *Concepts of Federalism*. Lanham.

Stiftungsallianz „Bürgernaher Bundesstaat", 2003: *Handlungsfähiger Föderalismus erfordert mutige Reformschritte*. Pressemitteilung vom 15. Oktober 2003. Bonn.

Streit, Manfred E. (Hg.), 1988: *Wirtschaftspolitik zwischen ökonomischer und politischer Rationalität*. Wiesbaden.

Student, Thomas, 2000: Transnationale Kooperation im Nordwesten Europas: Die neue Hanse Interregio. In: Europäisches Zentrum für Föderalismus-Forschung Tübingen (Hg.): *Föderalismus, Subsidiarität und Regionen in Europa*. Jahrbuch des Föderalismus 2000. Baden-Baden, 439-449.

Stünker, Joachim, 2003: Das Finanzausgleichsgesetz: Konkretisierung der Maßstäbe. In: Bundesministerium der Finanzen (Hg.): *Die Neuordnung des bundesstaatlichen Finanzausgleichs. Maßstäbegesetz und Solidarpaktfortführungsgesetz*. Bonn, 16-17.

Sturm, Roland, 1991: Die Zukunft des deutschen Föderalismus. In: Ulrike Liebert/Wolfgang Merkel (Hg.): *Die Politik zur deutschen Einheit. Probleme – Strategien – Kontroversen*. Opladen, 161-182.

Sturm, Roland, 1992: Binnendifferenzierung von Staaten. Föderalismus, Regionalismus, Dezentralisierung. In: Beate Kohler-Koch (Hg.): *Staat und Demokratie in Europa*. 18. Wissenschaftlicher Kongreß der Deutschen Vereinigung für Politische Wissenschaft. Opladen, 337-341.

Sturm, Roland, 1995: *Politische Wirtschaftslehre*. Opladen.

Sturm, Roland, 1997: Föderalismus in Deutschland und in den USA. In: *Zeitschrift für Parlamentsfragen* 28, 335-345.

Sturm, Roland, 1998a: Die Wende im Stolperschritt – eine finanzpolitische Bilanz. In: Göttrik Wewer (Hg.): *Bilanz der Ära Kohl. Christlich-liberale Politik in Deutschland 1982-1998*. Ein Sonderband der Zeitschrift Gegenwartskunde. Opladen, 183-200.

Sturm, Roland, 1998b: Föderalismus als demokratisches Prinzip in Deutschland und Europa. In: Max Vollkommer (Hg.): *Föderalismus: Prinzip und Wirklichkeit*. Atzelsberger Gespräche. Erlangen, 7-16.

Sturm, Roland, 1999: Der Föderalismus im Wandel. Kontinuitätslinien und Reformbedarf. In: Eckhard Jesse/Konrad Löw (Hg.): *50 Jahre Bundesrepublik Deutschland*. Berlin, 81-99

Sturm, Roland, 2000: Aktuelle Entwicklungen und Schwerpunkte in der internationalen Föderalismus- und Regionalismusforschung. In: Europäisches Zentrum für Föderalismus-Forschung Tübingen (Hg.): *Föderalismus, Subsidiarität und Regionen in Europa*. Jahrbuch des Föderalismus 2000. Baden-Baden, 29-41.

Sturm, Roland, 2002: Fiskalföderalismus im weltweiten Praxistest – Neuere Forschungsergebnisse des Internationalen Währungsfonds (IWF). In: Europäisches Zentrum für Föderalismus-Forschung Tübingen (Hg.): *Föderalismus, Subsidiarität und Regionen in Europa*. Jahrbuch des Föderalismus 2002. Baden-Baden, 33-42.

Sturm, Roland, 2003: Zur Reform des Bundesrates. Lehren eines internationalen Vergleiches der Zweiten Kammer. In: *Aus Politik und Zeitgeschichte*, B 29-30/2003, 24-31.

Sünner, Isabel, 2002: Die Einwohnerveredelung im Finanzausgleich der Bundesrepublik Deutschland – Ein umstrittenes, aber tragfähiges Ausgleichsinstrument – und seine besondere Bedeutung für die Stadtstaaten. In: Wolfram Elsner (Hg.): *Neue Alternativen des Länder-Finanzausgleichs: Modellrechnungen und Gutachten unter besonderer Berücksichtigung der Stadtstaaten-Problematik*. Frankfurt/Main u.a., 91-251.

Selmer, Peter, 1993: *Grundsätze der Finanzverfassung des vereinten Deutschlands.* Veröffentlichungen der Vereinigung der Deutschen Staatsrechtslehrer Heft 52, 11-62.

Selmer, Peter, 1994: Die gesetzliche Neuordnung der bundesstaatlichen Finanzbeziehungen. Verfassungsrechtliche und verfassungsrechtspolitische Bemerkungen zur 2. Phase des finanzverfassungsrechtlichen Einigungsprozesses. In: *Finanzarchiv* 51, 331-357.

Selmer, Peter, 1995: Finanzverfassung im Umbruch. Das 3-Phasen-Modell des finanzverfassungsrechtlichen Einigungsprozesses. In: Ipsen, Jörn; u.a.: *Verfassungsrecht im Wandel. Wiedervereinigung Deutschlands. Deutschland in der Europäischen Union. Verfassungsstaat und Föderalismus.* Köln u.a., 231-250.

Selmer, Peter, 1996: Empfehlen sich Maßnahmen, um in der Finanzverfassung Aufgaben und Ausgabenverantwortung von Bund, Ländern und Gemeinden stärker zusammenzuführen? In: *Neue Juristische Wochenschrift* 49, 2062-2068.

Senator für Finanzen der Freien Hansestadt Bremen (Hg.), 1993: *Neuordnung des Finanzausgleichs zwischen Bund und Ländern und ihre Auswirkungen auf das Land Bremen.* Bremen.

Sichelschmidt, Henning, 2000: Die „Seehafenlasten" des Länderfinanzausgleichs in der Kritik. In: *Wirtschaftsdienst* 80, 488-493.

Siegel, Nico A./Sven Jochem, 2000: Der Sozialstaat als Beschäftigungsbremse? Deutschlands steiniger Weg in die Dienstleistungsgesellschaft. In: Roland Czada/Hellmut Wollmann (Hg.): *Von der Bonner zur Berliner Republik. 10 Jahre Deutsche Einheit.* Leviathan Sonderheft 19/1999. Wiesbaden, 539-566.

Sievert, Olaf, 2000: Gründe für oder gegen eine vollständige Berücksichtigung der Gemeindesteuern im Finanzausgleich. In: Hans-Jörg Schmidt-Trenz/Matthias Fonger (Hg.): *Bürgerföderalismus. Zukunftsfähige Maßstäbe für den bundesdeutschen Finanzausgleich.* Baden-Baden, 187-189.

Simmel, Georg, 1922: *Soziologie. Untersuchung über die Formen der Vergesellschaftung.* München/Leipzig.

Simon, Herbert A., 1991: Organizations and Markets. In: *Journal of Economic Perspectives* 5, 25-44.

Simon, Herbert A., 1993: *Homo rationalis. Die Vernunft im menschlichen Leben.* Frankfurt am Main.

Singer, Otto, 1993: Das Spiel am föderalen Abgrund. Zur Neuregelung des bundesstaatlichen Finanzausgleichs. In: *Blätter für deutsche und internationale Politik* 38, 200-210.

Smend, Rudolf, 1916: Ungeschriebenes Verfassungsrecht im monarchischen Bundesstaat. In: *Festgabe für Otto Mayer zum siebzigsten Geburtstag. Dargebracht von Freunden, Verehrern und Schülern.* Tübingen, 247-270.

Söllner, Fritz, 2000: Der Länderfinanzausgleich nach dem Urteil des Bundesverfassungsgerichts. In: *Wirtschaftsdienst* 80, 611-616.

Söllner, Fritz, 2001: Ein Weg aus der Krise des deutschen Länderfinanzausgleichs. In: Fritz Söllner/Arno Wilfert (Hg.): *Die Zukunft des Sozial- und Steuerstaates.* Festschrift zum 65. Geburtstag von Dieter Fricke. Heidelberg, 181-207.

Spahn, Paul Bernd/Oliver Franz, 2000: Zwischenstaatliche Kooperation und die Reform des Finanzausgleichs in Deutschland. In: *Wirtschaftsdienst* 80, 713-721.

Stahl, Dieter, 2000: *Aufgabenverteilung zwischen Bund und Ländern. Ökonomische Kriterien und Bewertung ausgewählter Reformvorschläge.* Marburg.

Stamm, Barbara/Gerhard Merkl, 1998: Kompetitiver Föderalismus. Ordnungsprinzipien – politische Grundlagen – politische Konsequenzen. In: *Zeitschrift für Rechtspolitik* 31, 467-475.

Stauch, Matthias/Stefan Klusewitz/Manfred Gurgsdies, 1993: Die Neuordnung des bundesstaatlichen Finanzausgleichs durch die Finanzreform 1995 einschließlich der Regelungen zur Haushaltssanierung Bremens und des Saarlandes. In: Senator für Finanzen der Feien Hansestadt Bremen (Hg.): *Neuordnung des Finanzausgleichs zwischen den Ländern und ihre Auswirkungen auf das Land Bremen.* Bremen, 11-47.

Steden, Werner, 2003: *Eine verteilungspolitische Überlegung zum Länderfinanzausgleich.* Diskussionsbeiträge des Fachbereichs Wirtschaftswissenschaft der Freien Universität Berlin Nr. 2003/6. Berlin.

Schultze, Rainer-Olaf, 1985c: Entwicklung des Föderalismus in Deutschland, Kanada und Australien: Wider dem Fatalismus unbefragter Unitarisierungsannahmen. In: Rainer-Olaf Schultze: *Das politische System Kanadas im Strukturvergleich. Studien zu politischer Repräsentation, Föderalismus und Gewerkschaftsbewegung.* Zuerst 1984. Bochum, 89-102.

Schultze, Rainer-Olaf, 1993: Statt Subsidiarität und Entscheidungsautonomie – Politikverflechtung und kein Ende: Der deutsche Föderalismus nach der Vereinigung. In: *Staatswissenschaften und Staatspraxis* 4, 225-255.

Schultze, Rainer-Olaf, 1998: Wieviel Asymmetrie verträgt der Föderalismus? In: Dirk Berg-Schlosser u.a. (Hg.): *Politikwissenschaftliche Spiegelungen: Ideendiskurs – institutionelle Fragen – politische Kultur und Sprache.* Festschrift für Theo Stammen zum 65. Geburtstag. Opladen, 199-216.

Schultze, Rainer-Olaf, 1999: Föderalismusreform in Deutschland: Widersprüche – Ansätze – Hoffnungen. In: *Zeitschrift für Politik* 46, 173-199.

Schultze, Rainer-Olaf, 2000: Indirekte Entflechtung: Eine Strategie für die Föderalismusreform? In: *Zeitschrift für Parlamentsfragen* 31, 681-698.

Schultze, Rainer-Olaf/Tanja Zinterer, 2002: Föderalismus und regionale Interessenkonflikte im Wandel: Fünf Fallbeispiele. In: Arthur Benz/Gerhard Lehmbruch (Hg.): *Föderalismus. Analysen in entwicklungsgeschichtlicher und vergleichender Perspektive.* Politische Vierteljahresschrift Sonderheft 32/2001. Wiesbaden, 253-276.

Schumpeter, Joseph A., 1942: *Capitalism, Socialism and Democracy.* New York.

Schuppert, Gunnar Folke, 1993: Maßstäbe für einen künftigen Länderfinanzausgleich. In: *Staatswissenschaften und Staatspraxis* 4, 26-42

Schuppert, Gunnar Folke, 1995: Der bundesstaatliche Finanzausgleich: Status-quo-Denken oder Reformprojekt? In: *Staatswissenschaften und Staatspraxis* 6, 675-693.

Schuppert, Gunnar-Folke/Christian Bumke (Hg.), 2000: *Bundesverfassungsgericht und gesellschaftlicher Grundkonsens.* Baden-Baden.

Schütz, Alfred/Thomas Luckmann, 1984: *Strukturen der Lebenswelt.* Band 2. Frankfurt am Main. 655 674-2

Schweinitz, Sebastian von, 2003: *Das Maßstäbegesetz,* Berlin.

Schwelling, Birgit, 2001: Politische Kulturforschung als kultureller Blick auf das Politische. Überlegungen zu einer Neuorientierung der Politischen Kulturforschung nach dem „cultural turn". In: *Zeitschrift für Politikwissenschaft* 11, 601-629.

Schwinn, Oliver, 1997: *Die Finanzierung der deutschen Einheit. Eine Untersuchung aus politisch-institutionalistischer Perspektive.* Opladen.

Seibel, Wolfgang, 1994: Strategische Fehler oder erfolgreiches Scheitern? Zur Entwicklungslogik der Treuhandanstalt 1990-1993. In: *Politische Vierteljahresschrift* 35, 3-39.

Seibel, Wolfgang, 1995: Nicht-intendierte wirtschaftliche Folgen politischen Handelns. Die Transformationspolitik des Bundes in Ostdeutschland seit 1990. In: Wolfgang Seibel/Arthur Benz (Hg.): *Regierungssystem und Verwaltungspolitik.* Beiträge zu Ehren von Thomas Ellwein. Opladen, 216-251.

Seibel, Wolfgang, 2002: Die „Treuhand" als „Winkelried". In: Hans-Georg Wehling (Hg.): Deutschland *Ost – Deutschland West. Eine Bilanz.* Opladen, 199-221.

Seidel, Bernhard/Dieter Vesper, 2000: *Infrastrukturausstattung und Nachholbedarf in Ostdeutschland.* Gutachten des DIW im Auftrage der ostdeutschen Länder. Berlin.

Seidel, Bernhard/Dieter Vesper, 2001: *Einige Ergänzungen zur Berechnung des staatlichen Anlagevermögens in Ost- und Westdeutschland.* Expertise im Auftrag des Bundesfinanzministeriums. Berlin.

Seitz, Helmut, 2002: *Der Einfluss der Bevölkerungsdichte auf die Kosten der öffentlichen Leistungserstellung.* Gutachten im Auftrag der Finanzministerien der Länder Mecklenburg-Vorpommern und Brandenburg. Berlin.

Selmer, Peter, 1991: Die bundesstaatliche Finanzverfassung und die Kosten der deutschen Einheit. In: Klaus Stern (Hg.): *Deutsche Wiedervereinigung. Die Rechtseinheit. Band I. Eigentum – Neue Verfassung – Finanzverfassung.* Köln u.a., 189-211.

Schmidt, Manfred G., 1998: Das Leistungsprofil der Demokratien. In: Michael Th. Greven (Hg.): *Demokratie – eine Kultur des Westens?* 20. Wissenschaftlicher Kongreß der Deutschen Vereinigung für Politische Wissenschaft. Opladen, 181-199.
Schmidt, Manfred G., 2000: Immer noch auf dem „mittleren Weg"? Deutschlands Politische Ökonomie am Ende des 20. Jahrhunderts. In: Roland Czada/Hellmut Wollmann (Hg.): *Von der Bonner zur Berliner Republik. 10 Jahre Deutsche Einheit.* Leviathan Sonderheft 19/1999. Wiesbaden, 491-513.
Schmidt, Manfred G., 2001: Thesen zur Reform des Föderalismus der Bundesrepublik Deutschland. In: *Politische Vierteljahresschrift* 42, 474-491.
Schmidt, Torsten, 2001: *Finanzreformen in der Bundesrepublik Deutschland. Analyse der Veränderungen der Finanzverfassung von 1949 bis 1989.* Berlin.
Schmidt-Bleibtreu, Bruno, 1991: Die Eingliederung der neuen Bundesländer und ihrer Gemeinden in die Finanzordnung des Grundgesetzes. In: Klaus Stern (Hg.): *Deutsche Wiedervereinigung. Die Rechtseinheit. Band I. Eigentum – Neue Verfassung – Finanzverfassung.* Köln u.a., 161-167.
Schmidt-Bleibtreu, Bruno, 1994: Zur rechtlichen Gestaltung des Staatsvertrags vom 18. Mai 1990. In: Theo Waigel/Manfred Schell (Hg.): *Tage, die Deutschland und die Welt veränderten: Vom Mauerfall zum Kaukasus. Die deutsche Währungsunion.* München, 226-242.
Schnapp, Kai-Uwe/Christian Welzel, 2000: Wohin steuert das politische System? Institutionelle Machtverschiebungen im vereinten Deutschland. In: Roland Czada/Hellmut Wollmann (Hg.): *Von der Bonner zur Berliner Republik. 10 Jahre Deutsche Einheit.* Leviathan Sonderheft 19/1999. Wiesbaden, 328-348.
Schneider, Hans-Peter, 1998: Nehmen ist seliger als Geben. Oder: Wieviel „Föderalismus" verträgt der Bundesstaat? In: *Neue Juristische Wochenschrift* 51, 3757-3759.
Schneider, Hans-Peter/Uwe Berlit, 2000: Die bundesstaatliche Finanzverteilung zwischen Rationalität, Transparenz und Politik. In: *Neue Zeitschrift für Verwaltungsrecht* 19, 841-848.
Schneider, Herbert, 2001: *Ministerpräsidenten. Profil eines Amtes im deutschen Föderalismus.* Opladen.
Schneider, Volker, 1997: Zwischen Beschränkung und Ermöglichung: Strukturalistische Erklärungen in der Politikanalyse. In: Arthur Benz/Wolfgang Seibel (Hg.): *Theorieentwicklung in der Politikwissenschaft – eine Zwischenbilanz.* Baden-Baden, 165-190.
Schnell, Rainer/Paul B. Hill/Elke Esser, 1989: *Methoden der empirischen Sozialforschung.* 2. Auflage. München.
Schodder, Thomas F.W., 1989: *Föderative Gewaltenteilung in der Bundesrepublik Deutschland. Eine Untersuchung ihrer gegenwärtigen Probleme und Wirkungen.* Frankfurt am Main.
Schoder, Matthias, 2002: *Die Finanzverfassung der Bundesrepublik Deutschland im interessengeleiteten Reformprozeß.* Bayreuth.
Schreyer, Bernhard/Manfred Schwarzmeier, 2000: *Grundkurs Politikwissenschaft: Studium der politischen Systeme.* Wiesbaden.
Schröter, Eckhard, 2001: Staats- und Verwaltungsreformen in Europa: Internationale Trends und nationale Profile. In: Eckhard Schröter (Hg.): *Empirische Policy- und Verwaltungsforschung. Lokale, nationale und internationale Perspektiven.* Opladen, 415-445.
Schubert, Klaus, 1991: *Politikfeldanalyse.* Opladen.
Schuh, Petra, 1997: Die SPD (West) im Einigungsprozess 1989/90. In: Petra Schuh/Bianca M. von der Weiden: *Die deutsche Sozialdemokratie 1989/90. SDP und SPD im Einigungsprozess.* Schriftenreihe der Forschungsgruppe Deutschland. München.
Schultze, Rainer Olaf, 1985a: Politikverflechtung und konföderaler Föderalismus: Entwicklungslinien und Strukturprobleme im bundesrepublikanischen und kanadischen Föderalismus. In: Rainer-Olaf Schultze: *Das politische System Kanadas im Strukturvergleich. Studien zu politischer Repräsentation, Föderalismus und Gewerkschaftsbewegung.* Zuerst 1982. Bochum, 57-88.
Schultze, Rainer-Olaf, 1985b: Föderalismus im Vergleich. In: Rainer-Olaf Schultze: *Das politische System Kanadas im Strukturvergleich. Studien zu politischer Repräsentation, Föderalismus und Gewerkschaftsbewegung.* Zuerst 1983. Bochum, 103-115.

Scharpf, Fritz W./Bernd Reissert/Fritz Schnabel, 1976: *Politikverflechtung: Theorie und Empirie des kooperativen Föderalismus in der Bundesrepublik.* Kronberg.
Scharpf, Fritz. W., 1987: *Sozialdemokratische Krisenpolitik in Europa. Das „Modell" Deutschland im Vergleich.* Frankfurt am Main.
Schatz, Heribert/Robert Chr. van Ooyen/Sascha Werthes, 2000: *Wettbewerbsföderalismus. Aufstieg und Fall eines politischen Streitbegriffes.* Baden-Baden.
Schäuble, Wolfgang, 1991: *Der Vertrag. Wie ich über die deutsche Einheit verhandelte.* Stuttgart.
Scherf, Konrad, 2001: Neugliederungsvorschläge und Länderbildung in der damaligen DDR. In: Karl Eckart/Helmut Jenkis (Hg.): *Föderalismus in Deutschland.* Berlin, 61-94.
Scherf, Wolfgang, 2000: *Der Länderfinanzausgleich in Deutschland – ungelöste Probleme und Ansatzpunkte einer Reform.* Auftragsgutachten für die Regierung des Landes Hessen. Frankfurt am Main u.a.
Scherf, Wolfgang, 2001a: *Das Hessen-Modell zur Reform des Länderfinanzausgleichs.* Finanzwissenschaftliche Arbeitspapiere des Fachbereichs Wirtschaftswissenschaften der Justus-Liebig-Universität Gießen Nr. 59/2001. Gießen.
Scherf, Wolfgang, 2001b: Ein Vorschlag für einen gerechten und effizienten Länderfinanzausgleich. In: *Wirtschaftsdienst* 81, 227-234.
Schick, Gerhard, 2003: *Doppelter Föderalismus in Europa.* Frankfurt/Main.
Schimank, Uwe, 1985: Der mangelnde Akteurbezug systemtheoretischer Erklärungen gesellschaftlicher Differenzierung. In: *Zeitschrift für Soziologie* 14, 421-434.
Schimank, Uwe, 1992: Determinanten sozialer Steuerung – akteurtheoretisch betrachtet. Ein Themenkatalog. In: Heinrich Bußhoff (Hg.): *Politische Steuerung. Steuerbarkeit und Steuerungsfähigkeit. Beiträge zur Grundlagendiskussion.* Baden-Baden, 165-102.
Schimank, Uwe, 1995: Teilsystemevolution und Akteurstrategien. Die zwei Seiten struktureller Dynamiken moderner Gesellschaften In: *Soziale Systeme* 1, 73-100.
Schimank, Uwe/Raymund Werle, 2000: Gesellschaftliche Komplexität und kollektive Handlungsfähigkeit. In: Raymund Werle/Uwe Schimank (Hg.): *Gesellschaftliche Komplexität und kollektive Handlungsfähigkeit.* Frankfurt am Main/New York, 9-20.
Schleswig-Holsteinischen Landtages, Der Präsident des, 2003: *Föderalismuskonvent der deutschen Landesparlamente.* Dokumentation. Kiel.
Schmid, Josef, 2002a: Sozialpolitik und Wohlfahrtsstaat in Bundesstaaten. In: Arthur Benz/Gerhard Lehmbruch (Hg.): *Föderalismus. Analysen in entwicklungsgeschichtlicher und vergleichender Perspektive.* Politische Vierteljahresschrift Sonderheft 32/2001. Wiesbaden, 279-305.
Schmid, Josef, 2002b: Die „neue" Bundesrepublik und der „alte" Föderalismus. Veränderte Rahmenbedingungen, institutioneller Wandel und fiskalische Persistenz. In: Europäisches Zentrum für Föderalismus-Forschung Tübingen (Hg.): *Föderalismus, Subsidiarität und Regionen in Europa.* Jahrbuch des Föderalismus 2002. Baden-Baden, 211-223.
Schmidt, Johannes/Reinhard Zintl, 1996: Rational Choice – Möglichkeiten und Grenzen. In: *Politische Vierteljahresschrift* 37, 575-597.
Schmidt, Kurt, 1996: Mehr Klarheit im Finanzgefüge zwischen Bund und Ländern. In: *Wirtschaftsdienst* 76, 327-331.
Schmidt, Manfred G., 1992: *Regieren in der Bundesrepublik Deutschland.* Opladen.
Schmidt, Manfred G., 1993a: Theorien in der international vergleichenden Staatstätigkeitsforschung. In: Adrienne Héritier (Hg.): *Policy-Analyse. Kritik und Neuorientierung.* Politische Vierteljahresschrift Sonderheft 24/1993. Opladen, 371-393.
Schmidt, Manfred G., 1993b: Die politische Verarbeitung der deutschen Vereinigung im Bund-Länder-Verhältnis. In: Wolfgang Seibel/Arthur Benz/Heinrich Mäding (Hg.): *Verwaltungsreform und Verwaltungspolitik im Prozeß der deutschen Einigung.* Baden-Baden, 448-453.
Schmidt, Manfred G., 1995: Policy-Analyse. In: Mohr, Arno (Hg.): *Grundzüge der Politikwissenschaft.* München/Wien, 567-604.

Sarrazin, Thilo, 1994: Die Entstehung und Umsetzung des Konzepts der deutschen Wirtschafts- und Währungsunion. In: Theo Waigel/Manfred Schell (Hg.): *Tage, die Deutschland und die Welt veränderten: Vom Mauerfall zum Kaukasus. Die deutsche Währungsunion*. München, 160-225.

Sarrazin, Thilo, 1998: *Reform der Finanzverfassung*. Managerkreis der Friedrich-Ebert-Stiftung. Bonn.

Sartori, Giovanni, 1994: *Constitutional Engineering*. London.

Scharpf, Fritz W., 1978: Die Theorie der Politikverflechtung: ein kurzgefaßter Leitfaden. In: Joachim Jens Hesse (Hg.): *Politikverflechtung im föderativen Staat: Studien zum Planungs- und Finanzierungsverbund zwischen Bund, Ländern und Gemeinden*. Baden-Baden, 21-31.

Scharpf, Fritz W., 1985: Die Politikverflechtungsfalle: Europäische Integration und deutscher Föderalismus im Vergleich. In: *Politische Vierteljahresschrift* 26, 323-356.

Scharpf, Fritz W., 1989: Der Bundesrat und die Kooperation auf der „dritten Ebene". In: Bundesrat (Hg.): *Vierzig Jahre Bundesrat*. Tagungsband zum wissenschaftlichen Symposium in der Evangelischen Akademie Tutzing vom 11. bis 14. April 1989. Baden-Baden, 121-162.

Scharpf, Fritz W., 1990a: Föderalismus an der Wegscheide: eine Replik. In: *Staatswissenschaften und Staatspraxis* 1, 579-587.

Scharpf, Fritz W., 1990b: *Entwicklungslinien des bundesdeutschen Föderalismus*. Bonn.

Scharpf, Fritz W., 1991a: Political Instituions, Decision Styles, and Policy Choices. In: Roland M. Czada/Adrienne Windhoff-Héritier (Hg.): *Political Choice. Institutions, Rules, and the Limits of Rationality*. Frankfurt am Main/Boulder, 53-86.

Scharpf, Fritz W., 1991b: *Koordination durch Verhandlungssysteme: Analytische Konzepte und institutionelle Lösungen am Beispiel der Zusammenarbeit zwischen zwei Bundesländern*. Köln

Scharpf, Fritz W., 1992a: Einführung: Zur Theorie von Verhandlungssystemen. In: Arthur Benz/Fritz W: Scharpf/Reinhard Zintl: *Horizontale Politikverflechtung. Zur Theorie von Verhandlungssystemen*. Frankfurt am Main/New York, 11-27.

Scharpf, Fritz W., 1992b: Die Handlungsfähigkeit des Staates am Ende des zwanzigsten Jahrhunderts. In: Beate Kohler-Koch (Hg.): *Staat und Demokratie in Europa*. 18. Wissenschaftlicher Kongreß der Deutschen Vereinigung für Politische Wissenschaft. Opladen, 93-115.

Scharpf, Fritz W., 1993a: Versuch über Demokratie im verhandelnden Staat. In: Roland Czada/Manfred G. Schmidt, (Hg.): *Verhandlungsdemokratie, Interessenvermittlung, Regierbarkeit*. Festschrift für Gerhard Lehmbruch. Opladen, 25-50.

Scharpf, Fritz W., 1993b: Positive und negative Koordination in Verhandlungssystemen. In: Adrienne Héritier (Hg.): *Policy-Analyse. Kritik und Neuorientierung*. Politische Vierteljahresschrift Sonderheft 24/1993. Opladen, 57-83.

Scharpf, Fritz W., 1994: *Optionen des Föderalismus in Deutschland und Europa*. Frankfurt am Main/New York.

Scharpf, Fritz W., 1996: Föderalismus und Demokratie in der transnationalen Ökonomie. In: Klaus von Beyme/Manfred Offe (Hg.): *Politische Theorien in der Ära der Transformation*. Politische Vierteljahresschrift Sonderheft 26/1995. Opladen, 211-235.

Scharpf, Fritz W., 1999a: *Governing in Europe: Effective and Democratic?* Oxford.

Scharpf, Fritz W., 1999b: Demokratieprobleme in der europäischen Mehrebenenpolitik. In: Wolfgang Merkel/Andreas Busch (Hg.): *Demokratie in Ost und West. Für Klaus Beyme*. Frankfurt am Main, 672-694.

Scharpf, Fritz W., 2000: *Interaktionsformen. Akteurzentrierter Institutionalismus in der Politikforschung*. Opladen.

Scharpf, Fritz W., 2002: Kontingente Generalisierung in der Politikforschung. In: Renate Mayntz (Hg.): *Akteure – Mechanismen – Modelle. Zur Theoriefähigkeit makro-sozialer Analysen*. Frankfurt am Main/New York, 213-235.

Scharpf, Fritz W., 2003: *Stellungnahme zur Anhörung am 12. Dezember 2003*. Kommission von Bundestag und Bundesrat zur Modernisierung der bundesstaatlichen Ordnung. Kommissionsdrucksache 0007. Berlin.

Röper, Erich, 2001: Einwohnerwertung im Finanzausgleich. In: *Zeitschrift für Rechtspolitik* 34, 216-219.
Rosen, Howard, 2001: U.S. Federal Transfers to the States: Devolution and Dollars. In: Franz Greß/Jackson Janes (Hg.): *Reforming Governance. Lessons from the United States of America and the Federal Republic of Germany*. Frankfurt am Main/New York, 183-212.
Rosenfeld, Martin T.W., 2002: Die Wirtschaftsentwicklung in den neuen Ländern: Allgemeine Probleme, regionale Unterschiede und Implikationen für die regionale Wirtschaftsförderung. In: Europäisches Zentrum für Föderalismus-Forschung Tübingen (Hg.): *Föderalismus, Subsidiarität und Regionen in Europa*. Jahrbuch des Föderalismus 2002. Baden-Baden, 182-198.
Rudolf, Walter, 1998: Funktion und Stellung des Bundesrates. In: Eckart Klein (Hg.): *Die Rolle des Bundesrates und der Länder im Prozeß der deutschen Einheit*. Berlin, 11-31.
Rupp, Hans Heinrich, 2000: Länderfinanzausgleich. Verfassungsrechtliche und verfassungsprozessuale Aspekte des Urteils des BVerfG vom 11.11.1999. In: *Juristen Zeitung* 55, 269-272.
Rutz, Werner, 2001: Neugliederungsvorschläge für das vereinigte Deutschland seit 1990. In: Karl Eckart/Helmut Jenkis (Hg.): *Föderalismus in Deutschland*. Berlin, 37-60.
Sabatier, Paul A., 1993: Advocacy-Koalitionen, Policy-Wandel und Policy-Lernen: Eine Alternative zur Phasenheuristik. In: Adrienne Héritier (Hg.): *Policy-Analyse. Kritik und Neuorientierung*. Politische Vierteljahresschrift Sonderheft 24/1993. Opladen, 116-148.
Sachverständigenkommission zur Vorklärung finanzverfassungsrechtlicher Fragen für künftige Neufestlegungen der Umsatzsteueranteile, 1981: *Maßstäbe und Verfahren zur Verteilung der Umsatzsteuer nach Art. 106 Abs. 3 und Abs. 4 Satz 1 GG. Gutachten erstattet den Regierungschefs des Bundes und der Länder*. Schriftenreihe des Bundesministeriums der Finanzen, Heft 30. Bonn.
Sachverständigenrat zur Begutachtung der gesamtwirtschaftlichen Entwicklung (SVR), 1990: *Auf dem Weg zur wirtschaftlichen Einheit Deutschlands*. Jahresgutachten 1990/91. Stuttgart.
Sachverständigenrat zur Begutachtung der gesamtwirtschaftlichen Entwicklung (SVR), 1991: *Die wirtschaftliche Integration in Deutschland. Perspektiven – Wege – Risiken*. Jahresgutachten 1991/92. Stuttgart.
Sachverständigenrat zur Begutachtung der gesamtwirtschaftlichen Entwicklung (SVR), 1992: *Für Wachstumsorientierung – gegen lähmenden Verteilungsstreit*. Jahresgutachten 1992/93. Stuttgart.
Sachverständigenrat zur Begutachtung der gesamtwirtschaftlichen Entwicklung (SVR), 1993: *Zeit zum Handeln – Antriebskräfte stärken*. Jahresgutachten 1993/94. Stuttgart.
Sachverständigenrat zur Begutachtung der gesamtwirtschaftlichen Entwicklung (SVR), 1996: *Reformen voranbringen*. Jahresgutachten 1996/97. Stuttgart.
Sachverständigenrat zur Begutachtung der gesamtwirtschaftlichen Entwicklung (SVR), 1997: *Wachstum, Beschäftigung und Währungsunion – Orientierungen für die Zukunft*. Jahresgutachten 1997/98. Stuttgart.
Sachverständigenrat zur Begutachtung der gesamtwirtschaftlichen Entwicklung (SVR), 1998: *Vor weitreichenden Entscheidungen*. Jahresgutachten 1998/99. Stuttgart.
Sachverständigenrat zur Begutachtung der gesamtwirtschaftlichen Entwicklung (SVR), 2000: *Chancen auf einen höheren Wachstumspfad*. Jahresgutachten 2000/01. Stuttgart.
Sachverständigenrat zur Begutachtung der gesamtwirtschaftlichen Entwicklung (SVR), 2001: *Für Stetigkeit – gegen Aktionismus*. Jahresgutachten 2001/02. Stuttgart.
Sachverständigenrat zur Begutachtung der gesamtwirtschaftlichen Entwicklung (SVR), 2002: *Zwanzig Punkte für Beschäftigung und Wachstum*. Jahresgutachten 2002/03. Stuttgart.
Sachverständigenrat zur Begutachtung der gesamtwirtschaftlichen Entwicklung (SVR), 2003: *Staatsfinanzen konsolidieren – Steuersystem reformieren*. Jahresgutachten 2003/04. Stuttgart.
Sally, Razeen/Douglas Webber, 1994: The German Solidarity Pact. A Case Study in the Politics of the Unified Germany. In: *German Politics* 3, 18-46.
Šarčević, Edin, 2000: *Das Bundesstaatsprinzip. Eine staatsrechtliche Untersuchung zur Dogmatik der Bundesstaatlichkeit des Grundgesetzes*. Tübingen.

Renzsch, Wolfgang, 1999e: *Modernisierung der Finanzverfassung: Möglichkeiten und Grenzen*. FES-Analyse – Verwaltungspolitik. Bonn.
Renzsch, Wolfgang, 2000a: Föderale Finanzverfassungen: Ein Vergleich Australiens, Deutschlands, Kanadas, der Schweiz und der USA aus institutioneller Perspektive. In: Europäisches Zentrum für Föderalismus-Forschung Tübingen (Hg.): *Föderalismus, Subsidiarität und Regionen in Europa*. Jahrbuch des Föderalismus 2000. Baden-Baden, 42-54.
Renzsch, Wolfgang, 2000b: Reform der Finanzverfassung zwischen ökonomischer Effizienz, bundesstaatliche Funktionalität und politischer Legitimität. In: Thiess Büttner (Hg.): *Finanzverfassung und Föderalismus in Deutschland und Europa*. Schriftenreihe des ZEW. Band 49. Baden-Baden, 39-59.
Renzsch, Wolfgang, 2000c: Bundesstaat oder Parteienstaat: Überlegungen zu Entscheidungsprozessen im Spannungsfeld von föderaler Konsensbildung und parlamentarischen Wettbewerb in Deutschland. In: Everhard Holtmann/Helmut Voelzkow (Hg.): *Zwischen Wettbewerbs- und Verhandlungsdemokratie. Analysen zum Regierungssystem der Bundesrepublik Deutschland*. Wiesbaden 2000, 53-78.
Renzsch, Wolfgang, 2000d: Kompetenzzuordnung und Finanzverantwortung – Eine Vorbemerkung und zehn Thesen –. In: Hans-Jörg Schmidt-Trenz/Matthias Fonger (Hg.): *Bürgerföderalismus. Zukunftsfähige Maßstäbe für den bundesdeutschen Finanzausgleich*. Baden-Baden, 42-46.
Renzsch, Wolfgang, 2001a: Bundesstaat und Parteiensystem. Die Beispiele Deutschland und Kanada. In: Europäisches Zentrum für Föderalismus-Forschung Tübingen (Hg.): *Föderalismus, Subsidiarität und Regionen in Europa*. Jahrbuch des Föderalismus 2001. Baden-Baden, 56-86.
Renzsch, Wolfgang, 2001b: *Einwohnerwertung der Stadtstaaten – Berücksichtigung von Integrationsleistungen*. Gutachten im Auftrag der Bürgerschaft der Freien und Hansestadt Hamburg. Magdeburg.
Renzsch, Wolfgang, 2002a: Challenges and Perspectives for German Federalism. In: Maiken Umbach (Hg.): *German Federalism. Past, Present, Future*. New York, 189-205.
Renzsch, Wolfgang, 2002b: Der Streit um den Finanzausgleich. Die Finanzverfassung als Problem des Bundesstaates. In: Hans-Georg Wehling (Hg.): *Die Deutschen Länder. Geschichte, Politik, Wirtschaft*. 2., überarbeitete Auflage. Opladen, 347-367.
Renzsch, Wolfgang/Stefan Schieren, 1996: Zur Pauschalierung kommunaler Investitionszuweisungen. Überlegungen unter besonderer Berücksichtigung der neuen Länder. In: *Verwaltungsarchiv* 87, 618-643.
Reuter, Norbert, 1994: Institutionalismus, Neo-Institutionalismus, Neue Institutionelle Ökonomie und andere „Institutionalismen". Eine Differenzierung konträrer Konzepte. In: *Zeitschrift für Wirtschafts- und Sozialwissenschaften* 114, 5-23.
Rheinisch-Westfälisches Institut für Wirtschaftsforschung e.V. (RWI), 1999: *Zur finanzwissenschaftlichen Beurteilung der Einwohnerwertung der Stadtstaaten im Länderfinanzausgleich*. Gutachten im Auftrag der Finanzbehörde der Freien und Hansestadt Hamburg. Essen.
Rheinisch-Westfälisches Institut für Wirtschaftsforschung e.V. (RWI), 2000: *Infrastruktureller Nachholbedarf Ostdeutschlands in mittelfristiger Sicht*. Gutachten im Auftrag des Sächsischen Staatsministeriums der Finanzen. Essen.
Rheinisch-Westfälisches Institut für Wirtschaftsforschung e.V. (RWI), 2001: *Zur Berücksichtigung kommunaler Sonderbedarfe im Länderfinanzausgleich aus finanzwissenschaftlicher Sicht*. Gutachten im Auftrag des Finanzministeriums des Landes Nordrhein-Westfalen. Essen.
Rice, Stuart A., 1928: *Quantitative Methods in Politics*. New York.
Riescher, Gisela/Sabine Ruß/Christoph M. Haas (Hg.), 2000: *Zweite Kammern*. München/Wien.
Ritter, Ernst-Hasso, 1999: Zur Entwicklung der Landespolitik. In: Thomas Ellwein/Everhard Holtmann (Hg.): *50 Jahre Bundesrepublik Deutschland. Rahmenbedingungen – Entwicklungen – Perspektiven*. Politische Vierteljahresschrift Sonderheft 30/1999. Opladen/Wiesbaden, 343-362.
Rohe, Karl, 1993: The State Tradition in Germany: Continuities and Changes. In: Dirk Berg-Schlosser/Ralf Rytlewski (Hg.): *Political Culture in Germany*. New York, 215-231.
Rokeach, Milton, 1973: *The Nature of Human Values*. New York.

Reißig, Rolf, 2000: Nach dem Systemschock. Transformation im Osten und Wandel der „alten" Bundesrepublik. In: Roland Czada/Hellmut Wollmann (Hg.): *Von der Bonner zur Berliner Republik. 10 Jahre Deutsche Einheit.* Leviathan Sonderheft 19/1999. Wiesbaden, 73-88.

Renzsch, Wolfgang, 1989: Föderale Finanzbeziehungen im Parteienstaat. Eine Fallstudie zum Verlust politischer Handlungsmöglichkeit. In: *Zeitschrift für Parlamentsfragen* 20, 331-345.

Renzsch, Wolfgang, 1991: *Finanzverfassung und Finanzausgleich.* Bonn.

Renzsch, Wolfgang, 1992: Die Rolle der Bundesregierung bei der Gestaltung der Finanzverfassung bis 1969. Entscheidungsmuster für die Einbeziehung der ostdeutschen Bundesländer? In: Hans-Hermann Hartwich/Göttrik Wewer (Hg.): *Regieren in der Bundesrepublik IV. Finanz- und wirtschaftspolitische Bestimmungsfaktoren des Regierens im Bundesstaat – unter besonderer Berücksichtigung des deutschen Vereinigungsprozesses.* Opladen, 101-131.

Renzsch, Wolfgang, 1994: Föderative Problembewältigung: Zur Einbeziehung der neuen Länder in einen gesamtdeutschen Finanzausgleich ab 1995. In: *Zeitschrift für Parlamentsfragen* 25, 116-138.

Renzsch, Wolfgang, 1995: Konfliktlösung im parlamentarischen Bundesstaat. Zur Regelung finanzpolitischer Bund-Länder-Konflikte im Spannungsfeld von Administration und Politik – Vorläufige Überlegungen. In: Rüdiger Voigt (Hg.): *Der kooperative Staat. Krisenbewältigung durch Verhandlung?* Baden-Baden, 167-192.

Renzsch, Wolfgang, 1996a: Der Föderalismus in der innerdeutschen Bewährung: Der Kampf um die Neuregelung des Finanzausgleichs. In: Uwe Andersen (Hg.): *Der deutsche Föderalismus in der doppelten Bewährungsprobe.* Schwalbach/Ts., 39-54.

Renzsch, Wolfgang, 1996b: Finanzreform – ein politisches Problem. In: *Wirtschaftsdienst* 76, 331-336.

Renzsch, Wolfgang, 1996c: Finanzpolitische Rahmenbedingungen des Regierungshandelns in den neuen Ländern. Das Beispiel des Landes Brandenburg. In: Axel Murswieck (Hg.): *Regieren in den neuen Bundesländern. Institutionen und Politik.* Opladen, 79-86.

Renzsch, Wolfgang, 1996d: Finanzreform – ein politisches Problem. In: *Wirtschaftsdienst* 76, 331-336.

Renzsch, Wolfgang, 1997a: Budgetäre Anpassung statt institutionellen Wandels. Zur finanziellen Bewältigung der Lasten des Beitritts der DDR zur Bundesrepublik. In: Hellmut Wollmann u.a.: *Transformation der politisch-administrativen Strukturen in Ostdeutschland.* Opladen, 49-118.

Renzsch, Wolfgang, 1997b: Einheitlichkeit der Lebensverhältnisse oder Wettbewerb der Regionen? In: *Staatswissenschaften und Staatspraxis* 8, 87-108.

Renzsch, Wolfgang, 1998a: Die finanzielle Unterstützung der neuen Länder durch die alten Länder. In: Eckart Klein (Hg.): *Die Rolle des Bundesrates und der Länder im Prozeß der deutschen Einheit.* Berlin, 73-86.

Renzsch, Wolfgang, 1998b: Parteien im Bundesstaat. Sand oder Öl im Getriebe? In: Ursula Männle (Hg.): *Föderalismus zwischen Konsens und Konkurrenz.* Baden-Baden, 93-100.

Renzsch, Wolfgang, 1998c: Die Finanzierung der deutschen Einheit und der finanzpolitische Reformstau. In: *Wirtschaftsdienst* 78, 348-356.

Renzsch, Wolfgang, 1999a: „Finanzreform 2005" – Möglichkeiten und Grenzen. In: *Wirtschaftsdienst* 79, 156-163.

Renzsch, Wolfgang, 1999b: Aufgabenschwerpunkte und -verschiebungen im Bund. In: Thomas Ellwein/Everhard Holtmann (Hg.): *50 Jahre Bundesrepublik Deutschland. Rahmenbedingungen – Entwicklungen – Perspektiven.* Politische Vierteljahresschrift Sonderheft 30/1999. Opladen/Wiesbaden, 363-384.

Renzsch, Wolfgang, 1999c: Finanzausgleich und die Zukunft des Föderalismus. In: Christoph Hüttig/Frank Nägel (Hg.): *Verflochten und Verschuldet: Zum (finanz-)politischen Reformbedarf des deutschen Föderalismus in Europa.* Loccum, 24-46.

Renzsch, Wolfgang, 1999d: Das Urteil zum Finanzausgleich: Enge Fristsetzung. In: *Wirtschaftsdienst* 79, 716-721.

Peffekoven, Rolf, 1994: Reform des Finanzausgleichs – eine vertane Chance. In: *Finanzarchiv* 51, 281-311.
Peffekoven, Rolf, 1998: Reform des Länderfinanzausgleichs tut not. In: *Wirtschaftsdienst* 78, 80-83.
Peffekoven, Rolf, 1999: Das Urteil des Bundesverfassungsgerichts zum Länderfinanzausgleich. In: *Wirtschaftsdienst* 79, 709-715.
Peffekoven, Rolf, 2001a: Die Verteilung der Umsatzsteuer ist keine reine Rechenoption. In. *Wirtschaftsdienst* 81, 206-213.
Peffekoven, Rolf, 2001b: Statt grundlegender Reform fragwürdige Änderungen im Detail. In: *Wirtschafsdienst* 81, 427-434.
Perrow, Charles, 1986: Economic Theory of Organization. In: *Theory and Society* 15, 11-45.
Perschau, Oliver Dirk, 1998: *Die Schwächen der deutschen Finanzverfassung*. Berlin.
Pesch, Volker, 2000: *Handlungstheorie und politische Kultur*. Wiesbaden.
Petersen, Hans-Georg, 2000: *Modernisierung der bundesstaatlichen Ordnung: Mischfinanzierungen und Gemeinschaftsaufgaben*. Gutachten im Auftrag des Ministeriums der Finanzen des Landes Bandenburg. Teil a, Text des Gutachtens. Teil b, tabellarischer Anhang. Potsdam.
Pieroth, Bodo, 2000: Die Missachtung gesetzter Maßstäbe durch das Maßstäbegesetz. In: *Neue Juristische Wochenschrift* 53, 1086-1087.
Pilz, Frank, 2002: Das bundesstaatliche Finanzsystem und sein Reformspielraum: Von der Anpassungsfähigkeit zur Reformunfähigkeit der Politik? In: *Zeitschrift für Politik* 49, 1-35.
Pilz, Frank/Heike Ortwein, 1992: *Das vereinte Deutschland*. Stuttgart.
Pitlik, Hans, 1997: *Politische Ökonomie des Föderalismus*. Frankfurt am Main, u.a.
Popitz, Johannes, 1927: Der Finanzausgleich. In: Wilhelm Gerloff/Franz Meisel (Hg.): *Handbuch der Finanzwissenschaft*. Band II. Tübingen, 338-375.
Popitz, Johannes, 1932: *Der künftige Finanzausgleich zwischen Reich, Ländern und Gemeinden*. Gutachten erstattet der Studiengesellschaft für den Finanzausgleich. Berlin.
Postlep, Rolf-Dieter/Thomas Döring, 1996: Entwicklungen in der ökonomischen Föderalismusdiskussion und im föderativen System der Bundesrepublik Deutschland. In: Rolf-Dieter Postlep (Hg.): *Aktuelle Fragen zum Föderalismus. Ausgewählte Probleme aus Theorie und politischer Praxis des Föderalismus*. Marburg, 7-44.
Prätorius, Rainer, 1997: Theoriefähigkeit durch Theorieverzicht? Zum staatswissenschaftlichen Ertrag der Policy-Studies. In: Arthur Benz/Wolfgang Seibel (Hg.): *Theorieentwicklung in der Politikwissenschaft – eine Zwischenbilanz*. Baden-Baden, 283-301.
Prittwitz, Volker von, 1993: Katastrophenparadox und Handlungskapazität. Theoretische Orientierungen der Politikanalyse. In: Adrienne Héritier (Hg.): *Policy-Analyse. Kritik und Neuorientierung*. Politische Vierteljahresschrift Sonderheft 24/1993. Opladen, 328-355.
Prittwitz, Volker von, 1994: *Politikanalyse*. Opladen.
Ragnitz, Joachim, 2002: Die Wirtschaft in Deutschland Ost und in Deutschland West. In: Hans-Georg Wehling (Hg.): *Deutschland Ost – Deutschland West. Eine Bilanz*. Opladen, 222-236.
Rauh, Manfred, 1973: *Föderalismus und Parlamentarismus im Wilhelminischen Reich*. Herausgegeben von der Kommission für Geschichte des Parlamentarismus und der politischen Parteien. Düsseldorf.
Rawls, John, 1975: *Eine Theorie der Gerechtigkeit*. Frankfurt.
Reformkommission Soziale Marktwirtschaft, 1998: *Reform der Finanzverfassung*. Gütersloh.
Reichard, Christoph/Manfred Röber, 2001: Konzepte und Kritik des New Public Management. In: Eckhard Schröter (Hg.): *Empirische Policy- und Verwaltungsforschung. Lokale, nationale und internationale Perspektiven*. Opladen, 371-392.
Reissert, Bernd, 1975: *Die finanzielle Beteiligung des Bundes an den Aufgaben der Länder und das Postulat der „Einheitlichkeit der Lebensverhältnisse im Bundesgebiet"*. Berlin.
Reissert, Bernd, 1984: *Staatliche Finanzzuweisungen und kommunale Investitionspolitik*. Berlin.
Reissert, Bernd, 1989: Artikel Föderalismus. In: Dieter Nohlen (Hg.): *Pipers Wörterbuch zur Politik. Band 1, A/M: Politikwissenschaft. Theorien – Methoden – Begriffe*, herausgegeben von Dieter Nohlen und Rainer-Olaf Schultze. 3. Auflage. München, 238-244.

Oeter, Stefan, 1998: *Integration und Subsidiarität im deutschen Bundesstaat. Untersuchungen zu Bundesstaatstheorie unter dem Grundgesetz.* Tübingen.
Olsen, Johan P., 1991: Political Science and Organizational Theory. Parallel Agendas but Mutual Disregard. In: Roland M. Czada/Adrienne Windhoff-Héritier (Hg.): *Political Choice. Institutions, Rules, and the Limits of Rationality.* Frankfurt am Main/Boulder, 87-120.
Olson, Mancur, 1965: *The Logic of Collective Action. Public Goods and the Theory of Groups.* Cambridge.
Olson, Mancur, 1969: The Principle of "Fiscal Equivalence": The Division of Responsibilities Among Different Levels of Government. In: *American Economic Review* 59, 479-487.
Oschatz, Georg-Berndt/Silke Podschull, 2002: Der Bundesrat und die Länder als Akteure im Prozess der deutschen Einheit. In: Europäisches Zentrum für Föderalismus-Forschung Tübingen (Hg.): *Föderalismus, Subsidiarität und Regionen in Europa.* Jahrbuch des Föderalismus 2002. Baden-Baden, 141-162.
Oschmann, Arndt/Jörg Raab, 2002: Das institutionelle Erbe de "Treuhand-Regimes" in Ostdeutschland: Zentralisierung oder Auflösung in der bundesstaatlichen Normalverfassung? In: *Politische Vierteljahresschrift* 43, 445-477.
Ostrom, Elinor, 1990: *Governing the Commons. The Evolution of Institutions for Collective Action.* Cambridge.
Ostrom, Elinor/Roy Gardner/James Walker, 1994: *Rules, Games and Common-Pool Ressources.* Ann Arbor.
Ottnad, Adrian, 1998: Spitzenausgleich oder Spitze des Eisbergs staatlicher Umverteilung? In: *Wirtschaftsdienst* 78, 393-400.
Ottnad, Adrian, 2001: Neufassung des Länderfinanzausgleichs: Anstoß für eine Neugliederung des Bundesgebiets? In: Karl Eckart/Helmut Jenkis (Hg.): *Föderalismus in Deutschland.* Berlin, 175-210.
Ottnad, Adrian/Edith Linnartz, 1997: *Föderaler Wettbewerb statt Verteilungsstreit. Vorschläge zur Neugliederung der Bundesländer und zur Reform des Finanzausgleichs.* Frankfurt am Main/New York.
Pagenkopf, Hans, 1981: *Der Finanzausgleich im Bundesstaat: Theorie und Praxis.* Stuttgart.
Pappi, Franz Urban, 1986: Politische Kultur. Forschungsparadigma, Fragestellungen, Untersuchungsmöglichkeiten. In: Max Kaase (Hg.): *Politische Wissenschaft und politische Ordnung. Analysen zur Theorie und Empirie demokratischer Regierungsprozess.* Festschrift für Rudolf Wildenmann. Opladen, 279-291
Pappi, Franz Urban, 1993: Policy-Netze: Erscheinungsformen moderner Politiksteuerung oder methodischer Ansatz? In: Adrienne Héritier (Hg.): *Policy-Analyse. Kritik und Neuorientierung.* Politische Vierteljahresschrift Sonderheft 24/1993. Opladen, 84-94.
Patzelt, Werner, 1987: *Grundlagen der Ethnomethodologie. Theorie, Empirie und politikwissenschaftlicher Nutzen einer Soziologie des Alltags.* München.
Patzelt, Werner, 1997: *Einführung in die Politikwissenschaft.* Passau.
Patzig, Werner, 1981: *Die Gemeinschaftsfinanzierung von Bund und Ländern: Notwendigkeit und Grenzen des kooperativen Föderalismus.* Bonn.
Peffekoven, Rolf, 1990a: Deutsche Einheit und Finanzausgleich. In: *Staatswissenschaften und Staatspraxis* 1, 485-511.
Peffekoven, Rolf, 1990b: Finanzausgleich im vereinigten Deutschland. In: *Wirtschaftsdienst* 70, 346-352.
Peffekoven, Rolf, 1992: Das Urteil des Bundesverfassungsgerichts zum Länderfinanzausgleich. In: *Wirtschaftsdienst* 72, 349-354.
Peffekoven, Rolf, 1993: Finanzausgleich im Spannungsfeld zwischen allokativen und distributiven Zielsetzungen. In: *Probleme des Finanzausgleichs in nationaler und internationaler Sicht.* Tagungsband zur Jahrestagung der Arbeitsgemeinschaft Deutscher Wirtschaftswissenschaftlicher Forschungsinstitute e.V. Berlin, 11-27.

Münch, Ursula/Tanja Zinterer, 2000: Reform der Aufgabenverteilung zwischen Bund und Ländern: Eine Synopse verschiedener Reformansätze zur Stärkung der Länder 1985 – 2000. In: *Zeitschrift für Parlamentsfragen* 31, 657-680.
Münkler, Herfried/Karsten Fischer (Hg.), 2002: *Gemeinwohl und Gemeinsinn. Rhetoriken und Perspektiven sozial-moralischer Orientierung.* Berlin.
Musgrave, Richard A./Peggy B. Musgrave, 1973: *Public Finance in Theory and Practice.* New York.
Nahamowitz, Peter, 1995: Hierarchie und Kooperation als staatliche Handlungsmuster. Ein Plädoyer für Steuerungsrealismus und Rechtsstaatlichkeit. In: Rüdiger Voigt (Hg.): *Der kooperative Staat. Krisenbewältigung durch Verhandlung?* Baden-Baden, 119-141.
Nakath, Detlef/Gerd-Rüdiger Stephan, 1996: *Countdown zur deutschen Einheit. Eine dokumentarische Geschichte der deutsch-deutschen Beziehungen 1987-1990.* Berlin.
Naschold, Frieder, 1999: Kommunale Verwaltungsmodernisierung im Netzwerk. 2. ZöD-Tagung zum Netzwerk „Kommunen der Zukunft". In: Herbert Mai (Hg.): *Lernen im Netzwerk „Kommunen der Zukunft".* Frankfurt am Main, 14-28.
Naschold, Frieder/Maria Oppen/Alexander Wegener, 1998: *Kommunale Spitzeninnovationen. Konzepte, Umsetzung, Wirkungen in internationaler Perspektive.* Berlin.
Naßmacher, Hiltrud, 1991: *Vergleichende Politikforschung.* Opladen.
Naßmacher, Hiltrud, 1994: *Politikwissenschaft.* München/Wien.
Naßmacher, Hiltrud, 1999: Zur Entwicklung kommunaler Aufgaben. In: Thomas Ellwein/Everhard Holtmann (Hg.): *50 Jahre Bundesrepublik Deutschland. Rahmenbedingungen – Entwicklungen – Perspektiven.* Politische Vierteljahresschrift Sonderheft 30/1999. Opladen/Wiesbaden, 329-342.
Niedermayer, Oskar, 1997: Das gesamtdeutsche Parteiensystem. In: Oscar W. Gabriel/Oskar Niedermayer/Richard Stöß (Hg.): *Parteiendemokratie in Deutschland.* Opladen, 106-130.
Niedermayer, Oskar, 2001: Von der Hegemonie zur Pluralität: Die Entwicklung des ostdeutschen Parteiensystems. In: Hans Bertram/Raj Kollmorgen (Hg.): *Die Transformation Ostdeutschlands. Berichte zum sozialen und politischen Wandel in den neuen Bundesländern.* Opladen, 77-95.
Nierhaus, Wolfgang, 1994: *Die Neuordnung des bundesstaatlichen Finanzausgleichs im Spannungsfeld zwischen Wachstums- und Verteilungszielen.* Methodenband. Gutachten im Auftrag des Bundesministeriums für Wirtschaft. ifo Studien zur Finanzpolitik; 54. München.
Niskanen, William A., 1971: *Bureaucracy and Representative Government.* Chicago.
Noetzel, Thomas, 1999: Politische Philosophie und politische Theorie. In: Dirk Berg-Schlosser/Sven Quenter (Hg.): *Literaturführer Politikwissenschaft: eine kritische Einführung in Standardwerke und „Klassiker" der Gegenwart.* Stuttgart/Berlin/Köln, 27-49.
Nohlen, Dieter, 1994a: Fallstudie. In: Dieter Nohlen (Hg.): *Lexikon der Politik. Band 2. Politikwissenschaftliche Methoden.* Herausgegeben von Dieter Nohlen/Rainer-Olaf Schultze. München, 128-129.
Nohlen, Dieter, 1994b: Vergleichende Methode. In: Dieter Nohlen (Hg.): *Lexikon der Politik. Band 2. Politikwissenschaftliche Methoden.* Herausgegeben von Dieter Nohlen/Rainer-Olaf Schultze. München, 507-517.
Nohlen, Dieter, 1994c: Inkrementalismus. In: Dieter Nohlen (Hg.): *Lexikon der Politik. Band 2. Politikwissenschaftliche Methoden.* Herausgegeben von Dieter Nohlen/Rainer-Olaf Schultze. München, 187-188.
Nolte, Dirk, 1995: Politik der Treuhandanstalt. In: Dirk Nolte/Ralf Sitte/Alexandra Wagner (Hg.): *Wirtschaftliche und soziale Einheit Deutschlands. Eine Bilanz.* Köln, 66-87.
North, Douglass C., 1992: *Institutionen, institutioneller Wandel und Wirtschaftsleistung.* Zuerst 1990: Institutions, Institutional Change, and Economic Performance, Cambridge. Tübingen.
Oates, Wallace E., 1972: *Fiscal Federalism.* New York u.a.
Oates, Wallace. E., 1991: *Studies in Fiscal Federalism.* Aldershot/Brookfield.
OECD (Organisation for Economic Co-operation and Development), 1998: *Economic Surveys 1997-1998 Germany.* Paris.

Meuser, Michael/Ulrike Nagel, 1994a: Experteninterview. In: Dieter Nohlen (Hg.): *Lexikon der Politik. Band 2. Politikwissenschaftliche Methoden*. Herausgegeben von Dieter Nohlen/Rainer-Olaf Schultze. München, 123-124.

Meuser, Michael/Ulrike Nagel, 1994b: Expertenwissen und Experteninterview. In: Ronald Hitzler u.a. (Hg.): *Expertenwissen. Die institutionalisierte Kompetenz zur Konstruktion von Wirklichkeit*. Opladen, 180-192.

Meyer, Steffen, 2000: *Zwischenstaatliche Finanzzuweisungen im zusammenwachsenden Europa. Zur Gestaltung eines Finanzausgleichs für die Europäische Union*. Frankfurt am Main u.a.

Mielke, Siegfried/Christian Bräuer, 2002: Vom kooperativen zum kompetitiven Föderalismus? In: Werner Süß (Hg.):*Deutschland in den neunziger Jahren. Politik und Gesellschaft zwischen Wiedervereinigung und Globalisierung*. Opladen, 141-159.

Milbradt, Georg, 1991a: Finanzausstattung der neuen Bundesländer und gesamtdeutscher Finanzausgleich im Dienste der Einheit. In: *Staatswissenschaften und Staatspraxis* 2, 304-315.

Milbradt, Georg, 1991b: Die neuen Bundesländer zügig in die Finanzverfassung einbeziehen – nicht abkoppeln! In: *Wirtschaftsdienst* 71, 59-63.

Milbradt, Georg, 1993: Die Finanzausstattung der neuen Bundesländer. In: Wolfgang Seibel/Arthur Benz/Heinrich Mäding (Hg.): *Verwaltungsreform und Verwaltungspolitik im Prozeß der deutschen Einigung*. Baden-Baden, 271-287.

Milbradt, Georg/Dirk Diedrichs, 2001: Berücksichtigung der kommunalen Einnahmeautonomie beim Finanzausgleich. In: *Wirtschaftsdienst* 81, 331-339.

Ministerpräsidentenkonferenz (MPK), 1993: Ergebnisprotokoll der Konferenz der Regierungschefs der Länder in Potsdam am 26. und 27. Februar 1993. In: Senator für Finanzen der Feien Hansestadt Bremen (Hg.): *Neuordnung des Finanzausgleichs zwischen den Ländern und ihre Auswirkungen auf das Land Bremen*. Bremen, 145-148.

Müller-Brandeck-Bocquet, Gisela, 1992: Europäische Integration und deutscher Föderalismus. In: Michael Kreile (Hg.): *Die Integration Europas*. Politische Vierteljahresschrift Sonderheft 23. Opladen, 160-182.

Müller-Overheu, Thilo, 1994: *Der bundesstaatliche Finanzausgleich im Rahmen der deutschen Einheit*. Frankfurt am Main u.a.

Münch, Richard, 2003: *Soziologische Theorie*. Band 2: Handlungstheorie. Frankfurt/Main, New York.

Münch, Ursula, 1997: *Sozialpolitik und Föderalismus. Zur Aufgabenverteilung im sozialen Bundesstaat*. Opladen.

Münch, Ursula, 1999a: Die Diskussion um eine Reform des bundesdeutschen Föderalismus vor dem Hintergrund der Entwicklungslinien des deutschen Bundesstaates vor und nach der Vereinigung. In: Reinhard C. Meier/Gerhard Hirscher (Hg.): *Krise und Reform des Föderalismus. Analysen zu Theorie und Praxis bundesstaatlicher Ordnungen*. München, 89-110.

Münch, Ursula, 1999b: *Freistaat im Bundesstaat. Bayerns Politik in 50 Jahren Bundesrepublik Deutschland*. München.

Münch, Ursula, 1999c: Entwicklung und Perspektiven des deutschen Föderalismus. In: *Aus Politik und Zeitgeschichte*, B 13/99, 3-11.

Münch, Ursula, 2000: Die Folgen der Vereinigung für den deutschen Bundesstaat. In: Europäisches Zentrum für Föderalismus-Forschung Tübingen (Hg.): *Föderalismus, Subsidiarität und Regionen in Europa*. Jahrbuch des Föderalismus 2000. Baden-Baden, 57-70.

Münch, Ursula, 2001: Konkurrenzföderalismus für die Bundesrepublik: Eine Reformdebatte zwischen Wunschdenken und politischer Machbarkeit. In: Europäisches Zentrum für Föderalismus-Forschung Tübingen (Hg.): *Föderalismus, Subsidiarität und Regionen in Europa*. Jahrbuch des Föderalismus 2001. Baden-Baden, 115-127.

Münch, Ursula, 2002: Vom Gestaltungsföderalismus zum Beteiligungsföderalismus. Die Mitwirkung der Länder an der Bundespolitik. In: Hans-Georg Wehling (Hg.): *Die Deutschen Länder. Geschichte, Politik, Wirtschaft*. 2., überarbeitete Auflage. Opladen, 329-345.

Mäding, Heinrich, 1995c: Reform oder Rekonstruktion: föderative Finanzkonflikte im Einigungsprozeß und ihre Beurteilung. In: Gerhard Lehmbruch (Hg.): *Einigung und Zerfall. Deutschland und Europa nach dem Ende des Ost-West-Konflikts*. Opladen, 103-114.

Mäding, Heinrich, 2000: Optionen für eine Reform des Finanzausgleichs. In: Hans-Jörg Schmidt-Trenz/Matthias Fonger (Hg.): *Bürgerföderalismus. Zukunftsfähige Maßstäbe für den bundesdeutschen Finanzausgleich*. Baden-Baden, 21-37.

Mäding, Heinrich, 2001: Haushaltswirtschaft im Spannungsverhältnis zwischen Haushaltskonsolidierung und Reform. In: Eckhard Schröter (Hg.): *Empirische Policy- und Verwaltungsforschung. Lokale, nationale und internationale Perspektiven*. Opladen, 359-370.

Maizière, Thomas de u.a., 2002: *Föderalismusreform. Die deutsche Finanzordnung auf dem Prüfstand*. Zukunftsforum Politik Nr. 44. Broschürenreihe herausgegeben von der Konrad-Adenauer-Stiftung e.V. Sankt Augustin.

March, James G./Johan P. Olsen, 1984: The New Institutionalism. Organizational Factors in Political Life. In: *American Political Science Review* 78, 734-749.

March, James G./Johan P. Olsen, 1989: *Rediscovering Institutions. The Organizational Basic of Politics*. New York.

Margedant, Udo, 2003: Die Föderalismusdiskussion in Deutschland. In: *Aus Politik und Zeitgeschichte*, B 29-30/2003, 6-13.

Mayntz, Renate, 1982: Problemverarbeitung durch das politisch-administrative System: Zum Stand der Forschung. In: Joachim Jens Hesse (Hg.): *Politikwissenschaft und Verwaltungswissenschaft*. Politische Vierteljahresschrift Sonderheft 13/1982. Opladen, 74-89. 13

Mayntz, Renate, 1990a: Föderalismus und die Gesellschaft der Gegenwart. In: *Archiv für Öffentliches Recht* 115, 232-247.

Mayntz, Renate, 1990b: Organisierte Interessenvertretung und Föderalismus. Zur Verbändestruktur in der Bundesrepublik Deutschland. In: *Jahrbuch zur Staats- und Verwaltungswissenschaft* 4, 145-156.

Mayntz, Renate, 1990c: Politische Steuerung und Reformblockaden. In: S*taatswissenschaften und Staatspraxis* 1, 283-302.

Mayntz, Renate, 1993: Policy-Netzwerke und die Logik von Verhandlungssystemen. In: Adrienne Héritier (Hg.): *Policy-Analyse. Kritik und Neuorientierung*. Opladen, 39-56.

Mayntz, Renate, 1995: Föderalismus und die Gesellschaft der Gegenwart. In: Karlheinz Bentele/Bernd Reissert/Ronald Schettkat (Hg.): *Die Reformfähigkeit von Industriegesellschaften*. Fritz W. Scharpf. Festschrift zu seinem 60. Geburtstag. Frankfurt am Main/New York, 131-144.

Mayntz, Renate, 1996: Politische Steuerung: Aufstieg, Niedergang und Transformation einer Theorie. In: Klaus von Beyme/Claus Offe (Hg.): *Politische Theorien in der Ära der Transformation*. Politische Vierteljahresschrift Sonderheft 26/1995. Opladen, 146-168.

Mayntz, Renate, 2002: Zur Theoriefähigkeit makro-sozialer Analyse. In: Renate Mayntz (Hg.): *Akteure – Mechanismen – Modelle. Zur Theoriefähigkeit makro-sozialer Analysen*. Frankfurt am Main/New York, 7-43.

Mayntz, Renate/Fritz W. Scharpf (Hg.), 1995: *Gesellschaftliche Selbstregelung und politische Steuerung*. Frankfurt am Main.

Mayntz, Renate u.a., 1988: *Differenzierung und Verselbständigung. Zur Entwicklung gesellschaftlicher Teilsysteme*. Frankfurt am Main/New York.

Mead, George Herbert, 1934: *Mind, Self, and Society. From the Standpoint of a Social Behaviorist*. Chicago.

Meier Reinhard C./Gerhard Hirscher, (Hg.): *Krise und Reform des Föderalismus. Analysen zu Theorie und Praxis bundesstaatlicher Ordnungen*. München.

Metzger, Oswald, 2000: *Aktivierender Föderalismus als Teil nachhaltiger Finanzpolitik*. Berlin.

Meuser, Michael/Ulrike Nagel, 1991: ExpertInneninterviews – vielfach erprobt, wenig bedacht. Ein Beitrag zur qualitativen Methodendiskussion. In: Detlef Garz/Klaus Kraimer (Hg.): *Qualitativ-empirische Sozialforschung: Konzepte, Methoden, Analysen*. Opladen, 441-471.

Liberales Institut der Friedrich-Naumann-Stiftung, 2002: *Für einen reformfähigen Bundesstaat: Landtage stärken, Bundesrat erneuern.* Vorschläge einer Experten-Kommission unter Vorsitz von Dr. Otto Graf Lambsdorff. Potsdam.

Liebig, Christoph, 2002: Die Umstellung der Lohn- und Einkommensteuer auf das Betriebstätten-Prinzip – Eine Simulationsrechung zur Finanzkraftsteigerung des Stadtstaates Bremen. In: Wolfram Elsner (Hg.): *Neue Alternativen des Länder-Finanzausgleichs: Modellrechnungen und Gutachten unter besonderer Berücksichtigung der Stadtstaaten-Problematik.* Frankfurt/Main u.a., 69-89.

Lijphart, Arend, 1999: *Patterns of Democracy. Government Forms and Performance in Thirty-six Countries.* New Haven/London.

Linck, Joachim, 2000: Das „Maßstäbegesetz" zur Finanzverfassung – ein dogmatischer und politischer Irrweg. In: *Die Öffentliche Verwaltung* 53, 325-329.

Lindenberg, Siegwart, 1989: Social Production Functions, Deficits and Social Revolutions. Prerevolutionary France and Russia. In: *Rationality and Society* 1, 51-77.

Littmann, Konrad, 1991: Über einige Untiefen der Finanzverfassung. In: *Staatswissenschaften und Staatspraxis* 2, 31-45.

Loeffelholz, Hans-Dietrich von, 1993: Finanzreform 1969: Anspruch und Wirklichkeit. Eine kritische Analyse des bundesdeutschen Finanzausgleichs in den vergangenen zweieinhalb Jahrzehnten. In: *Probleme des Finanzausgleichs in nationaler und internationaler Sicht.* Tagungsband zur Jahrestagung der Arbeitsgemeinschaft Deutscher Wirtschaftswissenschaftlicher Forschungsinstitute e.V. Berlin, 29-52.

Luhmann, Niklas, 1968: *Zweckbegriff und Systemrationalität.* Tübingen.

Luhmann, Niklas, 1984: Die Differenzierung von Interaktion und Gesellschaft. Probleme der sozialen Solidarität. In. Robert Kopp (Hg.): *Solidarität in der Welt der 80er Jahre. Leistungsgesellschaft und Sozialstaat.* Basel, Frankfurt/Main, 79-96.

Luthardt, Wolfgang, 1996: Die deutsche Vereinigung und die Zukunft des Föderalismus. In: *Berliner Debatte Initial: Zeitschrift für sozialwissenschaftlichen Diskurs* 7, Heft 3, 35-50.

Luthardt, Wolfgang, 1999a: Herausforderungen und Entwicklungslinien des deutschen Föderalismus. In: *Zeitschrift für Parlamentsfragen* 30, 168-177.

Luthardt, Wolfgang, 1999b: Abschied vom deutschen Konsensmodell? Zur Reform des Föderalismus. In: *Aus Politik und Zeitgeschichte*, B 13/99, 12-23.

Mackenstein, Hans/Charlie Jeffery, 1999: Financial Equalization in the 1990s: On the Road Back to Karlsruhe? In: Charlie Jeffery (Hg.): *Recasting German Federalism. The Legacies of Unification.* London, New York, 155-176.

Mäding, Heinrich, 1988: Probleme einer Beurteilung von Politik. In: Heinrich Mäding (Hg.): *Grenzen der Sozialwissenschaft.* Konstanz.

Mäding, Heinrich, 1989: Autonomie und Abhängigkeit in finanzpolitischen Entscheidungsprozessen im föderativen Staat: das Beispiel Strukturhilfe. In: *Politische Vierteljahresschrift* 31, 567-584.

Mäding, Heinrich, 1992: Die föderativen Finanzbeziehungen im Prozeß der deutschen Vereinigung – Erfahrungen und Perspektiven. In: Hans-Hermann Hartwich/Göttrik Wewer (Hg.): *Regieren in der Bundesrepublik IV. Finanz- und wirtschaftspolitische Bestimmungsfaktoren des Regierens im Bundesstaat – unter besonderer Berücksichtigung des deutschen Vereinigungsprozesses.* Opladen, 183-213.

Mäding, Heinrich, 1993: Die föderativen Finanzbeziehungen im Prozeß der deutschen Einheit – Erfahrungen und Perspektiven. In: Wolfgang Seibel/Arthur Benz/Heinrich Mäding (Hg.): *Verwaltungsreform und Verwaltungspolitik im Prozeß der deutschen Einigung.* Baden-Baden, 309-341.

Mäding, Heinrich, 1995a: „Geld regiert die Welt" – Beobachtungen zur Finanzpolitik im vereinigten Deutschland. In: Wolfgang Seibel/Arthur Benz (Hg.): *Regierungssystem und Verwaltungspolitik. Beiträge zu Ehren von Thomas Ellwein.* Opladen, 142-153.

Mäding, Heinrich, 1995b: Art. Öffentliche Finanzen. In: Uwe Andersen/Wichard Woyke (Hg.): *Handwörterbuch des politischen Systems der Bundesrepublik Deutschland.* Bonn, 401-410.

Lehmbruch, Gerhard, 2003: Das deutsche Verbändesystem zwischen Unitarismus und Föderalismus. In: Renate Mayntz/Wolfgang Streeck (Hg.): *Die Reformierbarkeit der Demokratie. Innovationen und Blockaden*. Festschrift für Fritz W. Scharpf. Frankfurt am Main/New York, 259-288.

Lehner, Franz/Klaus Schubert, 1994: Ökonomische Theorien der Politik. In: Dieter Nohlen (Hg.): *Lexikon der Politik. Band 2. Politikwissenschaftliche Methoden*. Herausgegeben von Dieter Nohlen/Rainer-Olaf Schultze. München, 277-285.

Leipold, Helmut, 1996: Zur Pfadabhängigkeit der institutionellen Entwicklung. Erklärungsansätze des Wandels von Ordnungen. In: Dieter Cassel (Hg.): *Entstehung und Wettbewerb von Systemen*. Berlin, 93-115.

Lenk, Thomas, 1993: *Reformbedarf und Reformmöglichkeiten des deutschen Finanzausgleichs. Eine Simulationsstudie*. Baden-Baden.

Lenk, Thomas, 1999: Bei der Reform der Finanzverfassung die neuen Bundesländer nicht vergessen! In: *Wirtschaftsdienst* 79, 164-173.

Lenk, Thomas, 2000: *Die Berücksichtigung der Gemeindefinanzkraft im Länderfinanzausgleich*. Gutachten im Auftrag des Landes Sachsen. Leipzig.

Lenk, Thomas, 2001a: Finanzwirtschaftliche Auswirkungen des Bundesverfassungsgerichtsurteils zum Länderfinanzausgleich vom 11.11.1999. In: Karl Eckart/Helmut Jenkis (Hg.): *Föderalismus in Deutschland*. Berlin, 211-228.

Lenk, Thomas, 2001b: Im „Schleier des Nichtwissens" das Maßstäbegesetz verabschiedet? In *Wirtschaftsdienst* 81, 434-441.

Lenk, Thomas, 2001c: Die Berücksichtigung der Gemeindefinanzkraft im Länderfinanzausgleich § 8 Finanzgleichsgesetz. Gutachten im Auftrag des Sächsischen Staatsministeriums der Finanzen. In: Thomas Lenk: *Aspekte des Länderfinanzausgleichs. Tarifgestaltung, Gemeindefinanzkraft, Fonds „Deutsche Einheit"*. Frankfurt am Main u.a, 45-80.

Lenk, Thomas, 2001d: Die Berücksichtigung der Finanzierungslasten des Fonds „Deutsche Einheit" im Länderfinanzausgleich. Gutachten im Auftrag des Sächsischen Staatsministeriums der Finanzen. In: Thomas Lenk: *Aspekte des Länderfinanzausgleichs. Tarifgestaltung, Gemeindefinanzkraft, Fonds „Deutsche Einheit"*. Frankfurt am Main u.a, 81-112.

Lenk, Thomas, 2001e: Länderfinanzausgleich: Reform des Ausgleichsmechanismus. In: Thomas Lenk: *Aspekte des Länderfinanzausgleichs. Tarifgestaltung, Gemeindefinanzkraft, Fonds „Deutsche Einheit"*. Frankfurt am Main u.a, 1-43.

Lenk, Thomas, 2002: Finanzwirtschaftliche Bedeutung der Neuregelung des bundesstaatlichen Finanzausgleichs. Eine allokative und distributive Wirkungsanalyse für das Jahr 2005. In: Christoph Hüttig/Frank Nägele (Hg.): *Neue Maßstäbe? Finanzausgleich und die Zukunft des Föderalismus*. Rehburg-Loccum, 319-395.

Lenk, Thomas, 2003: Die Finanzkraftreihenfolge im bundesstaatlichen Finanzausgleich. In: *Wirtschaftsdienst* 83, 524-530.

Lenk, Thomas/Anja Birke, 2000: Neuordnung der Finanzierungslasten des Fonds „Deutsche Einheit". In: *Wirtschaftsdienst* 80, 722-729.

Lenk, Thomas/Friedrich Schneider, 1999: Zurück zum Trennsystem als Königsweg zu mehr Föderalismus in Zeiten des „Aufbau Ost"? In: *Jahrbücher für Nationalökonomie und Statistik* 219, 409-437.

Leonardy, Uwe, 1999: Deutscher Föderalismus jenseits 2000: Reformiert oder deformiert. In: *Zeitschrift für Parlamentsfragen* 30, 135-162.

Leonardy, Uwe, 2002: Parteien im Föderalismus der Bundesrepublik Deutschland. Scharniere zwischen Staat und Politik. In: *Zeitschrift für Parlamentsfragen* 33, 180-195.

Lepsius, M. Rainer, 1990: Die Prägung der politischen Kultur der Bundesrepublik durch institutionelle Ordnungen. In: M. Rainer Lepsius (Hg.): *Interessen, Ideen und Institutionen*. Opladen, 63-84.

Leunig, Sven, 2003: *Föderale Verhandlungen. Bundesrat, Bundestag und Bundesregierung im Gesetzgebungsprozess*. Frankfurt am Main u.a.

Lhotta, Roland, 1993: Der „verkorkste Bundesstaat" – Anmerkungen zur bundesstaatlichen Reformdiskussion. In: *Zeitschrift für Parlamentsfragen* 24, 117-132.

Küsters, Hanns Jürgen/Daniel Hofmann, 1998: *Dokumente zur Deutschlandpolitik. Deutsche Einheit. Sonderedition aus den Akten des Bundeskanzleramtes 1989/90.* München.

Kux, Stephan, 2000: Die Oberrhein-Kooperation: Zwischen Tradition und Innovation. In: Europäisches Zentrum für Föderalismus-Forschung Tübingen (Hg.): *Föderalismus, Subsidiarität und Regionen in Europa.* Jahrbuch des Föderalismus 2000. Baden-Baden, 417-427.

Lammers, Norbert, 1999: Neugliederung des Bundesgebietes zwischen Standortwettbewerb und Finanzverfassung. In: *Wirtschaftsdienst* 79, 429-433.

Lancaster, Thomas D./Alexander M. Hicks, 2000: The impact of federalism and neo-corporatism on economic performance. In: Ute Wachendorfer-Schmidt (2000): Federalism and Political Performance. London/New York, 228-242.

Landfried, Christine, 1992: Die Rolle des Bundesverfassungsgerichts im Finanzstreit zwischen Bund und Ländern. In: Hans-Hermann Hartwich/Göttrik Wewer (Hg.): *Regieren in der Bundesrepublik IV. Finanz- und wirtschaftspolitische Bestimmungsfaktoren des Regierens im Bundesstaat – unter besonderer Berücksichtigung des deutschen Vereinigungsprozesses.* Opladen, 133-142.

Langguth, Gerd, 2000: Machtteilung und Machtverschränkung in Deutschland. In: *Aus Politik und Zeitgeschichte,* B 6/2000, 3-11.

Larsen, Clifford, 1999: States Federal, Financial, Sovereign and Social. A Critical Inquiry into an Alternative to American Financial Federalism. In: *The American Journl of Comparative Law* 47, 429-488.

Laufer, Heinz/Ursula Münch, 1997: *Das föderative System der Bundesrepublik Deutschland.* Bonn.

Lehmbruch, Gerhard, 1976: *Parteienwettbewerb im Bundesstaat.* Stuttgart.

Lehmbruch, Gerhard, 1990: Die improvisierte Vereinigung: Die Dritte deutsche Republik. In: *Leviathan* 18, 462-486.

Lehmbruch, Gerhard, 1991: Die deutsche Vereinigung: Strukturen und Strategien. In: *Politische Vierteljahresschrift* 32, 585-604.

Lehmbruch, Gerhard, 1995: Sektorale Variationen in der Transformationsdynamik der politischen Ökonomie Ostdeutschlands. In: Wolfgang Seibel/Arthur Benz (Hg.): *Regierungssystem und Verwaltungspolitik.* Beiträge zu Ehren von Thomas Ellwein. Opladen, 180-215.

Lehmbruch, Gerhard, 1998: *Parteienwettbewerb im Bundesstaat.* 2. Auflage. Opladen.

Lehmbruch, Gerhard, 1999a: Die Große Koalition und die Institutionalisierung der Verhandlungsdemokratie. In: Max Kaase/Günther Schmid (Hg.): *Eine lernende Demokratie: 50 Jahre Bundesrepublik Deutschland.* WZB-Jahrbuch 1999. Berlin, 41-61.

Lehmbruch, Gerhard, 1999b: Verhandlungsdemokratie, Entscheidungsblockaden und Arenenverflechtung. In: Wolfgang Merkel/Andreas Busch (Hg.): *Demokratie in Ost und West. Für Klaus Beyme.* Frankfurt am Main, 402-424.

Lehmbruch, Gerhard, 2000a: Institutionelle Schranken einer ausgehandelten Reform des Wohlfahrtsstaates. Das Bündnis für Arbeit und seine Erfolgsbedingungen. In: Roland Czada/Hellmut Wollmann (Hg.): *Von der Bonner zur Berliner Republik. 10 Jahre Deutsche Einheit.* Leviathan Sonderheft 19/1999. Wiesbaden, 89-112.

Lehmbruch, Gerhard, 2000b: Bundesstaatsreform als Sozialtechnologie? Pfadabhängigkeit und Veränderungsspielräume im deutschen Föderalismus. In: Europäisches Zentrum für Föderalismus-Forschung Tübingen (Hg.): *Föderalismus, Subsidiarität und Regionen in Europa.* Jahrbuch des Föderalismus 2000. Baden-Baden, 71-93.

Lehmbruch, Gerhard, 2000c: *Parteienwettbewerb im Bundesstaat.* 3. Auflage. Wiesbaden.

Lehmbruch, Gerhard, 2002a: *Der unitarische Bundesstaat in Deutschland: Pfadabhängigkeit und Wandel.* MPIfG Discussion Paper 02/2. Köln.

Lehmbruch, Gerhard, 2002b: Restriktionen und Spielräume einer Reform des Bundesstaats. In: *Wirtschaftsdienst* 82, 197-201.

Lehmbruch, Gerhard, 2002c: Einheit als Improvisation. In: Hans-Georg Wehling (Hg.): Deutschland Ost – Deutschland West. *Eine Bilanz.* Opladen, 35-53.

Kluckhohn, Clyde, 1962: Values and Value Orientation in the Theory of Action: An Exploration in Definition and Classification. In Talcott Parsons/Edward A. Shils (Hg.): *Towards a General Theory of Action*. 5. Auflage (Zuerst 1951). Cambridge, 388-433.
Kohl, Helmut, 1996: *„Ich wollte Deutschlands Einheit"*. Dargestellt von Kai Diekmann. 3. Auflage. Berlin.
Köhler, Horst, 1994: Alle zogen mit. In: Theo Waigel/Manfred Schell (Hg.): *Tage, die Deutschland und die Welt veränderten: Vom Mauerfall zum Kaukasus. Die deutsche Währungsunion*. München, 118-134.
Kommission für die Finanzreform, 1966: *Gutachten über die Finanzreform in der Bundesrepublik Deutschland (Troeger-Gutachten)*. Stuttgart.
König, Thomas/Thomas Bräuninger, 2000: Politikwechsel im Föderalismus. In: Everhard Holtmann/Helmut Voelzkow (Hg.): *Zwischen Wettbewerbs- und Verhandlungsdemokratie. Analysen zum Regierungssystem der Bundesrepublik Deutschland*. Wiesbaden, 129-147.
Korioth, Stefan, 1991: Die Finanzverfassung der neuen Bundesländer. Übergangsprobleme der bundesstaatlichen Finanzverfassung. In: *Deutsches Verwaltungsblatt* 106, 1048-1058.
Korioth, Stefan, 1996: Die bundesstaatliche Finanzverfassung ist besser als ihr Ruf. In: *Wirtschaftsdienst* 76, 339-344.
Korioth, Stefan, 1997: *Der Finanzausgleich zwischen Bund und Ländern*. Tübingen.
Korioth, Stefan, 2000a: Gründe für oder gegen eine Berücksichtigung von Hafenlasten. In: Hans-Jörg Schmidt-Trenz/Matthias Fonger (Hg.): *Bürgerföderalismus. Zukunftsfähige Maßstäbe für den bundesdeutschen Finanzausgleich*. Baden-Baden, 141-146.
Korioth, Stefan, 2000b: *Maßstabsgesetzgebung im bundesstaatlichen Finanzausgleich – Möglichkeiten zur gesetzgeberischen Umsetzung des Urteils des Bundesverfassungsgerichts vom 11. November 1999*. Rechtsgutachten im Auftrag der Finanzressorts der Länder Bremen, Mecklenburg-Vorpommern und Niedersachsen. Greifswald.
Krämer, Raimund, 1999: The Transfederal Relations of the East German Länder: The Case of Brandenburg. In: Charlie Jeffery (Hg.): *Recasting German Federalism. The Legacies of Unification*. London, New York, 234-262.
Krämer, Raimund, 2000: Die regionale Kooperation ostdeutscher Länder mit den Staaten Mittel- und Osteuropas. In: Europäisches Zentrum für Föderalismus-Forschung Tübingen (Hg.): *Föderalismus, Subsidiarität und Regionen in Europa*. Jahrbuch des Föderalismus 2000. Baden-Baden, 450-457.
Kroll, Thorsten, 2000: Das Bundesverfassungsgericht setzt „Maßstäbe" – Wie geht es nun weiter im Finanzausgleich zwischen Bund und Ländern? Anmerkungen zum Urteil des Zweiten Senats des Bundesverfassungsgerichts vom 11.11.1999. In: *Steuer und Wirtschaft* 77, 45-80.
Kromphardt, Jürgen, 1987: *Arbeitslosigkeit und Inflation*. Göttingen.
Kröning, Volker, 1997: Reform des bundesstaatlichen Finanzausgleichs. Ein Vorschlag zur Stärkung der Leistungsanreize für finanzschwache Länder. In: *Zeitschrift für Rechtspolitik* 30, 442-444.
Kröning, Volker, 2003: Das Maßstäbegesetz: Leistung und Aufgabe des Gesetzgebers. In: Bundesministerium der Finanzen (Hg.): *Die Neuordnung des bundesstaatlichen Finanzausgleichs. Maßstäbegesetz und Solidarpaktfortführungsgesetz*. Bonn, 10-15.
Kropp Sabine/Roland Sturm, 1999: Politische Willensbildung im Föderalismus. Parteienwettbewerb, Regierungsbildung und Bundesratsverhalten in den Ländern. In: *Aus Politik und Zeitgeschichte*, B 13/99, 37-46.
Kruis; Konrad, 2003: Finanzautonomie und Demokratie im Bundesstaat. In: *Die Öffentliche Verwaltung* 56, 10-16.
Kurth, Peter/Beate Milbrandt, 2001: Die politische Rationalität des Finanzausgleichs – die Sicht des Landes Berlin. In: *Wirtschaftsdienst* 81, 697-705.
Küsters, Hanns Jürgen, 1998: Entscheidung für die deutsche Einheit. In: Hanns Jürgen Küsters/Daniel Hofmann, 1998: *Dokumente zur Deutschlandpolitik. Deutsche Einheit*. Sonderedition aus den Akten des Bundeskanzleramtes 1989/90. München, 21-236.

Kirchhof, Ferdinand, 2003: Die Finanzen des Föderalismus. In: Europäisches Zentrum für Föderalismus-Forschung (Hg.); *Europäischer Föderalismus im 21. Jahrhundert*. Baden-Baden, 48-61.
Kirsch, Guy (Hg.), 1977: *Föderalismus*. Stuttgart/New York.
Kirsch, Guy, 1987: Über zentrifugale und zentripetale Kräfte im Föderalismus. In: Kurt Schmidt (Hg.): *Beiträge zu ökonomischen Problemen des Föderalismus*. Berlin, 13-34.
Kirste, Ulrike, 1995: *Die Finanzhilfen des Bundes an die neuen Länder nach Artikel 104a Absatz 4 Grundgesetz*. Sinzheim.
Kitterer, Wolfgang, 1993a: Rechtfertigung und Risiken einer Finanzierung der deutschen Einheit durch Staatsverschuldung. In: Karl-Heinrich Hansmeyer (Hg.): *Finanzierungsprobleme der deutschen Einheit I. Staatsverschuldung, EG-Regionalfonds, Treuhandanstalt*. Berlin, 39-76.
Kitterer, Wolfgang, 1993b: Gutachten zur Neugestaltung der Finanzbeziehungen zur Stärkung des Föderalismus im vereinten Deutschland unter besonderer Berücksichtigung des Landes Bremen. In: Senator für Finanzen der Freien Hansestadt Bremen (Hg.): *Neuordnung des Finanzausgleichs zwischen Bund und Ländern und ihre Auswirkungen auf das Land Bremen*. Bremen, 271-383.
Kitterer, Wolfgang, 2002: Die Ausgestaltung der deutschen West-Ost-Transfers im Solidarpakt II. In: *Konjunkturpolitik* 48, 123-146.
Kiwit, Daniel/Stefan Voigt, 1995: Überlegungen zum institutionellen Wandel unter Berücksichtigung des Verhältnisses interner und externer Institutionen. In: Hans Otto Lenel u.a. (Hg.): *ORDO. Jahrbuch für die Ordnung von Wirtschaft und Gesellschaft*. Band 46. Stuttgart u.a., 117-148.
Klatt, Hartmut, 1982: Parlamentarisches System und bundesstaatliche Ordnung. Konkurrenzföderalismus als Alternative zum kooperativen Bundesstaat. In: *Aus Politik und Zeitgeschichte*, B 31/82, 3-24.
Klatt, Hartmut, 1991a: Der kooperative Bundesstaat: Entwicklungslinien und neue Herausforderungen. In: Arthur B. Gunlicks/Rüdiger Voigt (Hg.): *Föderalismus in der Bewährungsprobe: Die Bundesrepublik Deutschland in den 90er Jahren*. Bochum, 228-260.
Klatt, Hartmut, 1991b: Deutsche Einheit und bundesstaatliche Ordnung. In: *Verwaltungsarchiv* 82, 430-458.
Klatt, Hartmut, 1991c: Das föderative System der Bundesrepublik Deutschland als Rahmen für das Verhältnis von Zentralstaat und Ländern. In: Gerhard Hirscher (Hg.): *Die Zukunft des kooperativen Föderalismus*. Bayreuth, 41-82.
Klatt, Hartmut, 1996: Die zentrale Rolle des Bundesrats. In: Uwe Andersen (Hg.): *Der deutsche Föderalismus in der doppelten Bewährungsprobe*. Schwalbach/Ts., 24-38.
Klatt, Hartmut, 1998: Europapolitik im föderalistischen System der Bundesrepublik. In: *Staatswissenschaften und Staatspraxis* 9, 45-84.
Klatt, Hartmut, 1999: Plädoyer für einen Wettbewerbsföderalismus. In: Reinhard C. Meier/Gerhard Hirscher (Hg.): *Krise und Reform des Föderalismus. Analysen zu Theorie und Praxis bundesstaatlicher Ordnungen*. München, 64-78.
Klatt, Hartmut, 2002: Reformbedürftiger Föderalismus in Deutschland? In: Hans-Georg Wehling (Hg.): *Die Deutschen Länder. Geschichte, Politik, Wirtschaft*. 2., überarbeitete Auflage. Opladen, 9-16.
Klein, Franz, 1993: Grundlagen des staatlichen Finanzrechts (Finanzverfassungsrecht). In: Franz Klein (Hg.): *Öffentliches Finanzrecht*. 2., neubearbeitete Auflage. Neuwied/Kriftel/Berlin, 1-67.
Klemm, Peter, 1994: Die Verhandlungen über die deutsch-deutsche Währungsunion. In: Theo Waigel/Manfred Schell (Hg.): *Tage, die Deutschland und die Welt veränderten: Vom Mauerfall zum Kaukasus. Die deutsche Währungsunion*. München, 135-148.
Kleßmann, Christoph, 1991: *Die doppelte Staatsgründung*. Bonn.
Klöti, Ulrich, 1994: Entscheidungstheorie. In: Dieter Nohlen (Hg.): *Lexikon der Politik. Band 2. Politikwissenschaftliche Methoden*. Herausgegeben von Dieter Nohlen/Rainer-Olaf Schultze. München, 96-99.

Junkernheinrich, Martin/Gerhard Micosatt, 2001: *Hamburg = Bundesland plus Großstadt ohne Umland – Analyse der Einwohnerbewertung Hamburgs aus gemeindefinanzpolitischer Sicht.* Gutachten im Auftrag der Enquete-Kommission „Zukunft der Finanzbeziehungen zwischen Bund und Ländern" der Bürgerschaft der Freien und Hansestadt Hamburg. Trier.

Jürgens, Gunther, 1993: *Direkte Demokratie in den Bundesländern. Gemeinsamkeiten – Unterschiede – Erfahrungen: Vorbildfunktion für den Bund?* Stuttgart.

Kahnemann, Daniel/Paul Slovic/Amos Tversky (Hg.), 1982: *Judgement under Uncertainty. Heuristics and Biases.* New York.

Kaiser, André, 1999: Die politische Theorie des Neo-Institutionalismus: James March und Johan Olsen. In: André Brodocz/Gary S. Schaal (Hg.): *Politische Theorien der Gegenwart.* Opladen, 189-211.

Kappelhoff, Klaus, 1997: Rational Choice, Macht und die korporative Organisation der Gesellschaft. In: Günter Ortmann u.a. (Hg.): *Theorien der Organisation: die Rückkehr der Gesellschaft.* Opladen, 218-258. Karl-Bräuer-Institut des Bundes der Steuerzahler, 2001: *Abbau von Mischfinanzierungen. Wichtiger Beitrag zu rationaler Finanzpolitik, zu Einsparungen und Entlastungen.* Stellungnahmen des Karl-Bräuer-Instituts des Bundes der Steuerzahler Nr. 28. Bonn.

Karrenberg, Hanns/Engelbert Münstermann, 2002: Gemeindefinanzbericht 2002. Städtische Finanzen: Kollaps oder Reformen! In: der städtetag. Zeitschrift für Kommunale Politik und Praxis 55, Nummer 4/2002, 14-96.

Keman, Hans, 2000: Federalism and policy performance. A conceptual and empirical inquiry. In: Ute Wachendorfer-Schmidt (Hg.): *Federalism and Political Performance.* London/New York, 196-227.

Kenyon, Daphne A./John Kincaid, 1996: Fiscal Federalism in the United States: The Relutance to Equalize Jurisdication. In: Werner W. Pommerehne/Georg Rees (Hg.): *Finanzverfassung im Spannungsfeld zwischen Zentralstaat und Gliedstaaten.* Baden-Baden 34-56.

Kepplinger, Hans Mathias, 1998: *Die Demontage der Politik in der Informationsgesellschaft.* Freiburg, München.

Kerber, Markus C., 2001: *Finanzausgleich und Maßstäbegesetz. Institutionelle Probleme des Föderalismus aus normativ-finanzwissenschaftlicher Sicht.* Diskussionspapier 2001/12. Herausgegeben von der Wirtschaftswissenschaftlichen Dokumentation der Technischen Universität Berlin. Berlin.

Kersting, Norbert, 1999: Methoden und Wissenschaftstheorie. In: Dirk Berg-Schlosser/Sven Quenter (Hg.): *Literaturführer Politikwissenschaft: eine kritische Einführung in Standardwerke und „Klassiker" der Gegenwart.* Stuttgart/Berlin/Köln, 50-77.

Kesper, Irene, 1998: *Bundesstaatliche Finanzordnung. Grundlagen, Bestand, Reform.* Baden-Baden.

Kevenhörster, Paul, 1997: *Politikwissenschaft. Band 1: Entscheidungen und Strukturen in der Politik.* Opladen.

Kilper, Heiderose, 1996: Deutscher Föderalismus und europäische Integration. In: Uwe Andersen (Hg.): *Der deutsche Föderalismus in der doppelten Bewährungsprobe.* Schwalbach/Ts., 70-81.

Kilper, Heiderose/Roland Lhotta, 1996: *Föderalismus in der Bundesrepublik Deutschland.* Opladen.

Kincaid, John, 2002: Federalism in the United States of America: A Continual Tension Between Persons and Places. In: Arthur Benz/Gerhard Lehmbruch (Hg.): *Föderalismus. Analysen in entwicklungsgeschichtlicher und vergleichender Perspektive.* Politische Vierteljahresschrift Sonderheft 32/2001. Wiesbaden, 134-156.

Kirchhof, Ferdinand, 2001: Neue Wege durch ein Maßstabsgesetz? Die Entscheidung des Bundesverfassungsgerichts zum Finanzausgleich zwischen Bund und Ländern. In: Europäisches Zentrum für Föderalismus-Forschung Tübingen (Hg.): *Föderalismus, Subsidiarität und Regionen in Europa.* Jahrbuch des Föderalismus 2001. Baden-Baden, 143-153.

Kirchhof, Ferdinand, 2002: Die Erfüllung finanzverfassungsrechtlicher Vorgaben durch das Maßstäbegesetz vom September 2001. In: Europäisches Zentrum für Föderalismus-Forschung Tübingen (Hg.): *Föderalismus, Subsidiarität und Regionen in Europa.* Jahrbuch des Föderalismus 2002. Baden-Baden, 224-231.

Hüther, Michael, 1993: Reform des Finanzausgleichs: Handlungsbedarf und Lösungsvorschläge. In: *Wirtschaftsdienst* 73, 43-52.
ifo Institut für Wirtschaftsforschung, 2000: *Untersuchungen zum infrastrukturellen Nachholbedarf der neuen Bundesländer in ausgewählten Bereichen.* Gutachten im Auftrag der ostdeutschen Länder. München.
Institut „Finanzen und Steuern", 1954: *Die Finanzreform.* Schriftenreihe des Instituts „Finanzen und Steuern". Band 33. Bonn.
Institut „Finanzen und Steuern", 1956: *Finanzverwaltung und Finanzausgleich in der Weimarer Republik.* Schriftenreihe des Instituts „Finanzen und Steuern". Band 42. Bonn.
Institut für Weltwirtschaft, 2001: *Anwendung des Deckungsquotenverfahrens und die Frage getrennter Regelkreise beim Familienleistungsausgleich.* Finanzwissenschaftliches Gutachten im Auftrag der sechzehn Mitgliedsländer der Finanzministerkonferenz. Kiel.
Institut für Wirtschaftsforschung Halle (IWH), 2000: *Simulationsrechnungen zu den Auswirkungen einer Kürzung der Transferleistungen für die neuen Bundesländer.* Gutachten im Auftrag des Sächsischen Staatsministeriums der Finanzen. Halle.
Isensee, Josef, 1992: Einheit in Ungleichheit: der Bundesstaat. Vielfalt der Länder als Legitimationsbasis des deutschen Föderalismus. In: Kurt Bohr (Hg.): *Föderalismus. Demokratische Struktur für Deutschland und Europa.* München, 139-162.
Jachtenfuchs, Markus, 1996: Regieren durch Überzeugen: Die Europäische Union und der Treibhauseffekt. In: Markus Jachtenfuchs/Beate Kohler-Koch (Hg.): *Europäische Integration.* Opladen, 429-454.
Jacobs, Christian u.a., 1999: *Finanzwissenschaftliche Überprüfung und Bewertung des Länderfinanzausgleichs.* Gutachten des Finanzwissenschaftlichen Forschungsinstituts an der Universität zu Köln im Auftrag des Finanzministeriums des Landes Nordrhein-Westfalen. Köln.
Jacobsen, Liv K., o.J.: *Die Finanzierung der deutschen Einheit 1990-1998.* http://www.studienforum-berlin.de/finanzierung_deutsche_einheit.htm (20.1.2003).
Jäger, Wolfgang, 1998: *Die Überwindung der Teilung. Der innerdeutsche Prozeß der Vereinigung 1989/90.* Stuttgart.
Jann, Werner, 1989: Artikel Politikfeldanalyse. In: Dieter Nohlen, (Hg.): *Pipers Wörterbuch zur Politik. Band 1, N/Z: Politikwissenschaft. Theorien – Methoden – Begriffe,* herausgegeben von Dieter Nohlen und Rainer-Olaf Schultze. 3. Auflage. München/Zürich, 711-716.
Jann, Werner, 1994: Ansatz. In: Dieter Nohlen (Hg.): *Lexikon der Politik. Band 2. Politikwissenschaftliche Methoden.* Herausgegeben von Dieter Nohlen/Rainer-Olaf Schultze. München, 308-314.
Jann, Werner, 1999: Zur Entwicklung der öffentlichen Verwaltung. In: Thomas Ellwein/Everhard Holtmann (Hg.): *50 Jahre Bundesrepublik Deutschland. Rahmenbedingungen – Entwicklungen – Perspektiven.* Politische Vierteljahresschrift Sonderheft 30/1999. Opladen/Wiesbaden, 520-543.
Jeffery, Charlie, 1999: From Cooperative Federalism to a "Sinatra Doctrine" of the Länder? In: Charlie Jeffery (Hg.): *Recasting German Federalism. The Legacies of Unification.* London, New York, 329-342.
Jeffery, Charlie, 2002: German Federalism from Cooperation to Competition. In: Maiken Umbach (Hg.): *German Federalism. Past, Present, Future.* New York, 172-188.
Jenkis, Helmut, 2001: Die Neugliederung des Bundesgebietes: Schwächung oder Stärkung des Föderalismus? Effizienzüberlegungen. In: Karl Eckart/Helmut Jenkis (Hg.): *Föderalismus in Deutschland.* Berlin, 95-147.
Johne, Roland, 2000: *Die deutschen Landtage im Entscheidungsprozeß der Europäischen Union. Parlamentarische Mitwirkung im europäischen Mehrebenensystem.* Baden-Baden.
Jones, Charles O., 1977: *An Introduction to the Study of Public Policy.* Belmond.
Jung, Otmar, 1994: *Grundgesetz und Volksentscheid : Gründe und Reichweite der Entscheidungen des Parlamentarischen Rats gegen Formen direkter Demokratie.* Opladen.

Hoffmann, Lutz, 2000: Die Währungsunion – Eine Entscheidung mit Folgen. In: Deutsches Institut für Wirtschaftsforschung: *Vierteljahreshefte zur Wirtschaftsforschung* 69, 152-162.
Holste, Heiko, 2002: *Der deutsche Bundesstaat im Wandel (1867-1933)*. Berlin.
Holzinger, Katharina, 1995: Ökonomische Theorie der Politik. In: Dieter Nohlen (Hg.): *Lexikon der Politik. Band 1. Politische Theorien.* Herausgegeben von Jürgen Kriz/Dieter Nohlen/Rainer-Olaf Schultze. München, 383-391.
Holzinger, Katharina/Christoph Knill, 2003: Faktoren des Steuerungswandels: Das Zusammenspiel von Ideen, Bedingungen und Mustern politischer Steuerung. In: Katharina Holzinger/Christoph Knill/Dirk Lehmbkuhl (Hg.): *Politische Steuerung im Wandel: Der Einfluss von Ideen und Problemstrukturen.* Opladen, 7-27.
Homburg, Stefan, 1994: Anreizwirkungen des deutschen Finanzausgleichs. In: *Finanzarchiv* 51, 312-330.
Homburg, Stefan, 1996: Notwendigkeit einer Finanzreform. In: *Wirtschaftsdienst* 76, 336-339.
Hoppe, Andrea/Helmut Voelzkow, 1999: Raumordnungs- und Regionalpolitik. Rahmenbedingungen, Entwicklungen, Perspektiven. In: Thomas Ellwein/Everhard Holtmann (Hg.): *50 Jahre Bundesrepublik Deutschland. Rahmenbedingungen – Entwicklungen – Perspektiven.* Politische Vierteljahresschrift Sonderheft 30/1999. Opladen/Wiesbaden, 279-296.
Hoppenstedt, Hendrik, 2000: *Die bundesstaatliche Ordnung des Grundgesetzes zwischen Unitarismus und Föderalismus. Ein Beitrag zur Entwicklung des föderalen Systems seit 1949 unter besonderer Berücksichtigung des Bundesrates.* Würzburg.
Hough, Daniel/Charlie Jeffery, 2003: Landtagswahlen: Bundestestwahlen oder Regionalwahlen? In: *Zeitschrift für Parlamentsfragen* 34, 79-94.
Howlett, Michael/M. Ramesh, 1993: Policy-Instrumente, Policy-Lernen und Privatisierung: Theoretische Erklärungen für den Wandel in der Instrumentenwahl. In: Adrienne Héritier (Hg.): *Policy-Analyse. Kritik und Neuorientierung.* Politische Vierteljahresschrift Sonderheft 24/1993. Opladen, 245-264.
Hrbek, Rudolf, 1987: Die deutschen Länder in der EG-Politik. In: *Außenpolitik* 38, 120-133.
Huber, Bernd, 1999: *Ökonomische Wirkungen des Finanzausgleichs.* Gutachten im Auftrag der Bayerischen Staatsregierung. München.
Huber, Bernd, 2000: Föderaler Wettbewerb: Möglichkeiten und Grenzen. In: Thiess Büttner (Hg.): *Finanzverfassung und Föderalismus in Deutschland und Europa.* Schriftenreihe des ZEW. Band 49. Baden-Baden, 123-135.
Huber, Bernd/Karl Lichtblau, 1998: Konfiskatorischer Finanzausgleich verlangt eine Reform. In: *Wirtschaftsdienst* 78,.
Huber, Bernd/Karl Lichtblau, 2000: *Ein neuer Finanzausgleich: Reformoptionen nach dem Verfassungsgerichtsurteil.* Beiträge zur Wirtschafts- und Sozialpolitik. Institut der deutschen Wirtschaft. Köln.
Huber, Erwin, 1998: Länderfinanzausgleich: Grenzen der Solidarität. In: *Wirtschaftsdienst* 78, 71-73.
Huckemann, Stefan, 1997: *Finanzhilfen im kooperativen Föderalismus.* Wiesbaden.
Huhn, Jochen, 1992: Die Aktualität der Geschichte. Die westdeutsche Föderalismus-Diskussion 1945 – 1949. In: Jochen Huhn/Peter-Christian Witt (Hg.): *Föderalismus in Deutschland. Traditionen und gegenwärtige Probleme.* Baden-Baden, 31-53.
Hummel, Marlies, 2001: *Einwohnerwertung der Stadtstaaten gem. § 9 Abs. 2 FAG – Aktualisierung der Ergebnisse des Gutachtens des Ifo-Instituts aus dem Jahre 1986/87.* Expertise im Auftrag der Finanzressorts Berlin, Bremen und Hamburg. München/Königswinter.
Hummel, Marlies/Wolfgang Nierhaus, 1994: *Die Neuordnung des bundesstaatlichen Finanzausgleichs im Spannungsfeld zwischen Wachstums- und Verteilungszielen.* Hauptband. Gutachten im Auftrag des Bundesministeriums für Wirtschaft. ifo Studien zur Finanzpolitik; 54. München.
Hunter, John S. H., 1996: Fiscal Federalism in Australia: Characteristics, Problems and Reform Proposals in Comparison to Germany. In: Werner W. Pommerehne/Georg Rees (Hg.): *Finanzverfassung im Spannungsfeld zwischen Zentralstaat und Gliedstaaten.* Baden-Baden 77-93.
Husserl, Gerhart, 1955: *Recht und Zeit. Fünf rechtsphilosophische Essays.* Frankfurt am Main.

Henke, Klaus-Dirk, 2000: Zur Rolle des parafiskalischen Finanzausgleichs. In: Hans-Jörg Schmidt-Trenz/Matthias Fonger (Hg.): *Bürgerföderalismus. Zukunftsfähige Maßstäbe für den bundesdeutschen Finanzausgleich.* Baden-Baden, 199-205.

Henke, Klaus-Dirk/Gunnar-Folke Schuppert, 1993: *Rechtliche und finanzwissenschaftliche Probleme der Neuordnung der Finanzbeziehungen von Bund und Ländern im vereinten Deutschland.* Baden-Baden.

Henneke, Hans-Günter, 1990: *Öffentliches Finanzwesen, Finanzverfassung: Eine systematische Darstellung.* Heidelberg.

Henneke, Hans-Günter, 1998: *Landesfinanzpolitik und Verfassungsrecht. Gestaltungsspielräume und Bindungen – dargestellt am Beispiel Niedersachsens –.* Heidelberg.

Henneke, Hans-Günter, 1999: *Reform der Aufgaben- und Finanzbeziehungen von Bund, Ländern und Kommunen – in Trippelschritten oder aus einem Guß?* Heidelberg.

Hesse, Joachim Jens, 1993: Das föderative System der Bundesrepublik vor den Herausforderungen der deutschen Einigung. In: Wolfgang Seibel/Arthur Benz/Heinrich Mäding (Hg.): *Verwaltungsreform und Verwaltungspolitik im Prozeß der deutschen Einigung.* Baden-Baden, 431-447.

Hesse, Joachim Jens, 1998: Die bundesstaatliche Ordnung zwischen Vereinigung und Europäisierung – Thesen. In: Ursula Männle (Hg.): *Föderalismus zwischen Konsens und Konkurrenz.* Baden-Baden, 41-47.

Hesse, Joachim Jens, 1999: 50 Jahre Bundesrepublik Deutschland. Staat und Politik zwischen Hoffnungen und Befürchtungen. In: Thomas Ellwein/Everhard Holtmann (Hg.): *50 Jahre Bundesrepublik Deutschland. Rahmenbedingungen – Entwicklungen – Perspektiven.* Politische Vierteljahresschrift Sonderheft 30/1999. Opladen/Wiesbaden, 643-660.

Hesse, Joachim Jens, 2000: Die bundesstaatliche Ordnung als Strukturprinzip und Gestaltungsaufgabe: Zur Parallelität der deutschen und europäischen Föderalismusdiskussion. In: Thiess Büttner (Hg.): *Finanzverfassung und Föderalismus in Deutschland und Europa.* Schriftenreihe des ZEW. Band 49. Baden-Baden, 9-37.

Hesse, Joachim Jens/Arthur Benz, 1988: *Staatliche Institutionspolitik im internationalen Vergleich.* Speyer 1988.

Hesse, Joachim Jens/Arthur Benz, 1990: *Die Modernisierung der Staatsorganisation. Institutionenpolitik im internationalen Vergleich: USA, Großbritannien, Frankreich, Bundesrepublik Deutschland.* Baden-Baden.

Hesse, Joachim Jens/Thomas Ellwein, 1992: *Das Regierungssystem der Bundesrepublik Deutschland.* 7. Auflage. Opladen.

Hesse, Joachim Jens/Wolfgang Renzsch, 1991: Zehn Thesen zur Entwicklung und Lage des deutschen Föderalismus. In: Joachim Jens Hesse/Wolfgang Renzsch (Hg.): *Föderalstaatliche Entwicklung in Europa.* Baden-Baden, 29-42.

Hesse, Konrad, 1962: *Der unitarische Bundesstaat.* Karlsruhe.

Heun, Werner, 1992: Strukturprobleme des Finanzausgleichs. In: *Der Staat* 31, 205-232.

Hidien, Jürgen W., 1998: *Der bundesstaatliche Finanzausgleich in Deutschland. Geschichtliche und staatsrechtliche Grundlagen.* Baden-Baden.

Hidien, Jürgen W., 1999: Nichts ist unmöglich: Aus dem Kuriositätenkabinett des bundesstaatlichen Finanzausgleichs. In: *Die Öffentliche Verwaltung* 52, 903-909.

Hidien, Jürgen W., 2000: *Die Berücksichtigung der Finanzkraft und des Finanzbedarfs der Gemeinden (Gemeindeverbände) im Finanzausgleich nach Art. 107 Abs. 2 Satz 1 Grundgesetz.* Gutachten im Auftrag der Finanzministerien der Länder Baden-Württemberg, Bayern, Hessen und Nordrhein-Westfalen. Baden-Baden.

Hillmann, Karl-Heinz, 1989: *Wertwandel. Zur Frage soziokultureller Voraussetzungen alternativer Lebensformen.* Darmstadt.

Hilmer, Richard, 2003: Bundestagswahl 2002: eine zweite Chance für Rot-Grün. In: *Zeitschrift für Parlamentsfragen* 34, 187-219.

Hirte, Georg, 1996: *Effizienzwirkungen von Finanzausgleichsregelungen.* Frankfurt am Main.

Häberle, Peter, 1993: Die Entwicklung des Föderalismus in Deutschland – insbesondere in der Phase der Vereinigung. In: Jutta Kramer (Hg.): *Föderalismus zwischen Integration und Sezession. Chancen und Risiken bundesstaatlicher Ordnung*. Baden-Baden, 201-243.
Habermas, Jürgen, 1981: *Theorie kommunikativen Handelns*. Frankfurt am Main.
Häde, Ulrich, 1996: *Finanzausgleich: die Verteilung der Aufgaben, Ausgaben und Einnahmen im Recht der Bundesrepublik Deutschland und der Europäischen Union*. Tübingen 1996.
Haller, Gert, 1994: Das Wort „Anschluß" war tabu; einige persönliche Erinnerungen. In: Theo Waigel/Manfred Schell (Hg.): *Tage, die Deutschland und die Welt veränderten: Vom Mauerfall zum Kaukasus. Die deutsche Währungsunion*. München, 149-159.
Halmes, Gregor, 2000: Das Karlsruher Abkommen und seine bisherige Umsetzung. In: Europäisches Zentrum für Föderalismus-Forschung Tübingen (Hg.): *Föderalismus, Subsidiarität und Regionen in Europa*. Jahrbuch des Föderalismus 2000. Baden-Baden, 428-438.
Hanebeck, Alexander, 2000: Zurückhaltung und Maßstäbegesetz. Das Urteil des BVerfG zum Länderfinanzausgleich. In: *Kritische Justiz* 33, 262-274.
Hansmeyer, Karl-Heinrich, 1992: Die Entwicklung von Finanzverfassung und Finanzausgleich in der Bundesrepublik Deutschland bis zum Jahr 1990 aus finanzwissenschaftlicher Sicht. In: Jochen Huhn/Peter-Christian Witt (Hg.): *Föderalismus in Deutschland. Traditionen und gegenwärtige Probleme*. Baden-Baden, 165-183.
Harms, Katharina, 1994: Kompetenzen des Bundes aus der „Natur der Sache"? In: *Der Staat* 33, 409-428.
Hartmann, Jürgen, 1995: Funktionale Theorien der Politik. In: Dieter Nohlen (Hg.): *Lexikon der Politik. Band 1. Politische Theorien*. Herausgegeben von Jürgen Kriz/Dieter Nohlen/Rainer-Olaf Schultze. München, 129-137.
Haus, Michael, 2000: Vom Schein zum Sein? Ein Kommentar zu Hans Herbert von Arnims Föderalismuskritik. In: *Zeitschrift für Politikwissenschaft* 10, 943-966.
Hayek, Friedrich A. von, 1945: The Use of Knowledge in Society. In: American Economic 35, 519-530.
Hayek, Friedrich A. von, 1979: *Die drei Quellen der menschlichen Werte*. Tübingen.
Heckt, Wilhelm, 1973: *Die Entwicklung des bundesstaatlichen Finanzausgleichs in der Bundesrepublik Deutschland*. Bonn.
Heide, Hans-Jürgen von der, 1994: Gleichwertigkeit der Lebensverhältnisse. In: Akademie für Raumforschung und Landesplanung: *Raumordnungspolitik in Deutschland*. Wissenschaftliche Plenarsitzung 1993. Hannover.
Heilemann, Ulrich/Heinz Gebhardt/Hans Dietrich von Loeffelholz, 1996: *Wirtschaftspolitische Chronik der Bundesrepublik 1960 bis 1995*. Stuttgart.
Heilemann, Ulrich/Hermann Rappen, 2000: *Zehn Jahre Deutsche Einheit – Bestandsaufnahme und Perspektiven*. RWI-Papiere, Nr. 67. Essen.
Heilmann, Martin, 1992: Vorschläge zur Neuordnung des Bund-Länder-Finanzausgleichs im vereinten Deutschland – eine kritische Bestandsaufnahme. In: Eckhard Wegner (Hg.): *Finanzausgleich im vereinten Deutschland*. Probleme der Einheit Band 9. Marburg, 45-106.
Heinelt, Hubert, 1993: Policy und Politics. Zum Verhältnis von Politikinhalten und Politikprozessen. In: Adrienne Héritier (Hg.): *Policy-Analyse. Kritik und Neuorientierung*. Politische Vierteljahresschrift Sonderheft 24/1993. Opladen, 307-327.
Heinemann, Frank, 1994: *Staatsverschuldung. Ursachen und Begrenzung. Beiträge zur Wirtschafts- und Sozialpolitik*. Köln.
Helbig, Petra, 2002: *Der steuerverfassungsrechtliche Halbteilungsgrundsatz. Maßstab für Steuerbelastung und Ausgleichsverpflichtung im Länderfinanzausgleich? Zugleich ein Valet der verfassungsrechtlichen Anbindung des Äquivalenzprinzips*. Berlin.
Helms, Ludger, 2002: Strukturelemente und Entwicklungsdynamiken des deutschen Bundesstaates im internationalen Vergleich. In: *Zeitschrift für Politik* 49, 126-148.
Henke, Klaus-Dirk, 1993: Maßnahmen zur Stärkung der Eigenstaatlichkeit der Länder und die Finanzierung der deutschen Einheit. In: *Staatswissenschaften und Staatspraxis* 4, 10-25.

Geske, Otto-Erich, 2001b: Wenn gesetzliche Konkretisierungen zu allgemeinen Maßstäben führen sollen. In: *Wirtschaftsdienst* 81, 214-221.
Geske, Otto-Erich, 2002: Politische Vorgaben für das Maßstäbegesetz und das Finanzausgleichsgesetz. In: Christoph Hüttig/Frank Nägele (Hg.): *Neue Maßstäbe? Finanzausgleich und die Zukunft des Föderalismus.* Rehburg-Loccum, 273-318.
Glaeßner, Gert-Joachim, 2001: Der neue Staatsinterventionismus. Institutionelle und politische Aspekte des Vereinigungsprozesses. In: Karin Bock/Werner Fiedler (Hg.): *Umbruch in Ostdeutschland.* Wiesbaden, 13-28.
Goetz, Klaus H., 1995: Kooperation und Verflechtung im Bundesstaat. Zur Leistungsfähigkeit verhandlungsbasierter Politik. In: Rüdiger Voigt (Hg.): *Der kooperative Staat. Krisenbewältigung durch Verhandlung?* Baden-Baden, 145-166.
Göhler, Gerhard, 1997: Wie verändern sich Institutionen? Revolutionärer und schleichender Institutionenwandel. In: Gerhard Göhler (Hg.): *Institutionenwandel.* Leviathan Sonderheft 16/1997. Opladen, 21-56.
Göhler, Gerhard, 1999: Rationalität und Symbolizität der Politik. In: Michael Th. Greven/Rainer Schmalz-Bruns (Hg.): *Politische Theorie – heute. Ansätze und Perspektiven.* Baden-Baden, 255-274.
Görner, Rüdiger, 1996: *Einheit durch Vielfalt. Föderalismus als politische Lebensform.* Opladen.
Gottfried, Peter/Wolfgang Wiegard, 1991: Finanzausgleich nach der Vereinigung: Gewinner sind die alten Länder. In: *Wirtschaftsdienst* 71, 453-461.
Grande, Edgar, 2002: Parteiensystem und Föderalismus – Institutionelle Strukturmuster und politische Dynamiken im internationalen Vergleich. In: Arthur Benz/Gerhard Lehmbruch (Hg.): *Föderalismus. Analysen in entwicklungsgeschichtlicher und vergleichender Perspektive.* Politische Vierteljahresschrift Sonderheft 32/2001. Wiesbaden, 179-212.
Grande, Edgar/Burkhard Eberlein, 2000: Der Aufstieg des Regulierungsstaates im Infrastrukturbereich. Zur Transformation des politischen Ökonomie der Bundesrepublik Deutschland. In: Roland Czada/Hellmut Wollmann (Hg.): *Von der Bonner zur Berliner Republik. 10 Jahre Deutsche Einheit.* Leviathan Sonderheft 19/1999. Wiesbaden, 631-650.
Greß, Franz, 1999: Aktuelle Probleme und Perspektiven des Föderalismus in der Bundesrepublik Deutschland und den USA. In: Reinhard C. Meier/Gerhard Hirscher (Hg.): *Krise und Reform des Föderalismus. Analysen zu Theorie und Praxis bundesstaatlicher Ordnungen.* München, 121-139.
Greulich, Susanne, 1995: *Länderneugliederung und Grundgesetz.* Baden-Baden.
Große Hüttmann, Martin, 2002: Die föderale Staatsform in der Krise? Die öffentliche Debatte um Cheques and balances im deutschen Föderalismus. In: Hans-Georg Wehling (Hg.): *Die Deutschen Länder. Geschichte, Politik, Wirtschaft.* 2., überarbeitete Auflage. Opladen, 289-311.
Grossekettler, Heinz, 1993: Ökonomische Maßstäbe für den Bund-Länder-Finanzausgleich. In: *Staatswissenschaften und Staatspraxis* 4, 91-109.
Grossekettler, Heinz, 1994: Die deutsche Finanzverfassung nach der Finanzausgleichsreform. In: Erhard Kantzenbach/Bruno Molitor/Otto G. Mayer (Hg.): *Hamburger Jahrbuch für Wirtschafts- und Gesellschaftspolitik.* 39. Jahr. Tübingen, 83-116.
Grosser, Dieter, 1998: *Das Wagnis der Währungs-, Wirtschafts- und Sozialunion. Politische Zwänge im Konflikt mit ökonomischen Regeln.* Geschichte der deutschen Einheit. Band 2. Stuttgart.
Grube, Norbert, 2001: Föderalismus in der öffentlichen Meinung der Bundesrepublik Deutschland. In: Europäisches Zentrum für Föderalismus-Forschung Tübingen (Hg.): *Föderalismus, Subsidiarität und Regionen in Europa.* Jahrbuch des Föderalismus 2001. Baden-Baden, 101-114.
Grüske, Karl-Dieter, 1998: Föderalismus und Finanzausgleich. In: Max Vollkommer (Hg.): *Föderalismus: Prinzip und Wirklichkeit.* Atzelsberger Gespräche. Erlangen, 17-40.
Gunlicks, Arthur B., 2000: Financing the German Federal System: Problems and Prospects. In: *German Studies Review* 23, 533-555.

Fischer, Helmut, 1992: Hat der Länderfinanzausgleich im vereinten Deutschland Zukunft? In: Eckhard Wegner (Hg.): *Finanzausgleich im vereinten Deutschland*. Probleme der Einheit Band 9. Marburg, 17-44.
Fischer, Thomas, 2003: Deutscher Föderalismus vor der Herausforderung einer europäischen Verfassung. In: *Aus Politik und Zeitgeschichte*, B 29-30/2003, 3-5.
Fischer, Thomas/Martin Große Hüttmann, 2001: Aktuelle Diskussionsbeiträge zur Reform des deutschen Föderalismus – Modelle, Leitbilder und die Chancen ihrer Übertragbarkeit. In: Europäisches Zentrum für Föderalismus-Forschung Tübingen (Hg.): *Föderalismus, Subsidiarität und Regionen in Europa*. Jahrbuch des Föderalismus 2001. Baden-Baden, 128-142.
Föttinger, Wolfgang/Paul Bernd Spahn, 1993: Für einen kostenorientierten Finanzausgleich. In: *Wirtschaftsdienst* 73, 237-246.
Fox, Klaus-Peter, 2001: Schieflagen in der Diskussion des grundgesetzlichen Finanzausgleichs. In: *Wirtschaftsdienst* 81, 340-342.
Franke, Siegfried F., 1991: Zur Neuordnung der Finanzverfassung im vereinten Deutschland. In: *Verwaltungsarchiv* 82, 526-542.
Franke, Siegfried F., 2001: Der Verfassungsstreit um den Länderfinanzausgleich aus politikwissenschaftlicher Sicht. In: *Wirtschaftsdienst* 81, 706-712.
Frey, René L., 1977: *Zwischen Föderalismus und Zentralismus*. Frankfurt am Main.
Friedrich-Naumann-Stiftung, 1998: *Für eine Neuordnung der Finanzverantwortung von Bund und Ländern*. Berlin.
Friedrich-Naumann-Stiftung, 1999: *Für eine neue Aufgabenverteilung zwischen Bund, Ländern und Gemeinden: Subsidiarität ohne Wenn und Aber!* Vorschläge einer Experten-Kommission unter Vorsitz von Dr. Otto Graf Lambsdorff. Potsdam.
Friedrich-Naumann-Stiftung, 2002a: Für einen reformfähigen Bundesstaat: Landtage stärken, Bundesrat erneuern. Vorschläge einer Experten-Kommission unter Vorsitz von Dr. Otto Graf Lambsdorff. Potsdam.
Friedrich-Naumann-Stiftung, 2002b: *Dokumentation „Föderalismus" / „Reform des Föderalismus*. Berlin.
Fuchs, Helmut, 1963: *Die Entwicklung des Finanzausgleichs unter den Ländern von 1949 bis 1958*. Bonn.
Fuest, Winfried/Rolf Kroker, 1993: *Die Finanzpolitik nach der Wiedervereinigung*. Köln.
Fuest, Winfried/Karl Lichtblau, 1991: *Finanzausgleich im vereinten Deutschland*. Köln.
Fürst, Dietrich, 1982: Budgetpolitik. In: Joachim Jens Hesse (Hg.): *Politikwissenschaft und Verwaltungswissenschaft*. Politische Vierteljahresschrift Sonderheft 13/1982. Opladen, 414-430.
Gabriel, Oscar W., 1994: Föderalismus und Parteiendemokratie in der Bundesrepublik Deutschland. In: Arthur B. Gunlicks/Rüdiger Voigt (Hg.): *Föderalismus in der Bewährungsprobe: Die Bundesrepublik Deutschland in den 90er Jahren*. 2. Auflage. Bochum, 101-124.
Gabriel, Oscar W., 1999: Kommunale Selbstverwaltung in Deutschland. In: Thomas Ellwein/Everhard Holtmann (Hg.): *50 Jahre Bundesrepublik Deutschland. Rahmenbedingungen – Entwicklungen – Perspektiven*. Politische Vierteljahresschrift Sonderheft 30/1999. Opladen/Wiesbaden, 154-167.
Geiger, Willi, 1962: *Mißverständnisse um den Föderalismus*. Vortrag gehalten vor der Berliner Juristischen Gesellschaft am 24. Januar 1962. Berlin.
Geske, Otto-Erich, 1991: Die Finanzierung der ostdeutschen Länder nach dem Einigungsvertrag. In: *Wirtschaftsdienst* 71, 33-39.
Geske, Otto-Erich, 1992: Der Länderfinanzausgleich wird ein Dauerthema. In: *Wirtschaftsdienst* 72, 250-259.
Geske, Otto-Erich, 1998: Eine neue Finanzverfassung zur Wiederherstellung eines strikten Konnexitätsprinzips? In: *Wirtschaftsdienst* 78, 556-564.
Geske, Otto-Erich, 1999: Worüber entscheidet das Bundesverfassungsgericht beim Länderfinanzausgleich? In: *Wirtschaftsdienst* 79, 487-496.
Geske, Otto-Erich, 2001a: *Der bundesstaatliche Finanzausgleich*: München.

Engel, Hans, 1991: Finanzverfassung im vereinten Deutschland und Einigungsvertrag. Leistungen für die neuen Länder In: Klaus Stern (Hg.): *Deutsche Wiedervereinigung. Die Rechtseinheit. Band I. Eigentum – Neue Verfassung – Finanzverfassung.* Köln u.a., 169-177.
Engels, Nicole, 2001: *Chancengleichheit und Bundesstaatsprinzip.* Berlin.
Esser, Clemens, 1994: Der neue Länderfinanzausgleich. In: *Wirtschaftsdienst* 74, 358-364.
Esser, Hartmut, 1990: „Habits", „Frames" und „Rational Choice". In: *Zeitschrift für Soziologie* 19, 231-247.
Esser, Hartmut, 1993: *Soziologie. Allgemeine Grundlagen.* Frankfurt am Main.
Etzioni, Amitai, 1988: *The Moral Dimension Toward a New Economics.* New York.
Exler, Ulrich, 1991: Aktuelle Probleme der Finanzpolitik und des Finanzausgleichs. In: Gerhard Hirscher (Hg.): *Die Zukunft des kooperativen Föderalismus.* Bayreuth, 83-104.
Faber, Klaus u.a., 1991: *Gemeinschaftsaufgaben von Bund und Ländern im Hochschulbereich.* Bad Honnef.
Färber, Gisela, 1992a: Kommentar zum Referat von Heinrich Mäding: Die föderativen Finanzbeziehungen im Prozeß der deutschen Vereinigung. In: Hans-Hermann Hartwich/Göttrik Wewer (Hg.): *Regieren in der Bundesrepublik IV. Finanz- und wirtschaftspolitische Bestimmungsfaktoren des Regierens im Bundesstaat – unter besonderer Berücksichtigung des deutschen Vereinigungsprozesses.* Opladen, 215-225.
Färber, Gisela, 1992b: Länderfinanzausgleich und Gemeindefinanzen – Anmerkungen zu einigen häufig übersehenen Tatsache. In: Kurt Bohr (Hg.): *Föderalismus. Demokratische Struktur für Deutschland und Europa.* München, 85-122.
Färber, Gisela, 1993: Reform des Länderfinanzausgleichs. In: *Wirtschaftsdienst* 73, 305-313.
Färber, Gisela, 1999a: Finanzverfassung. Unbestrittener Reformbedarf divergierende Reformvorstellungen. In: Bundesrat (Hg.): *50 Jahre Herrenchiemseer Verfassungskonvent – Zur Struktur des Föderalismus.* Tagungsband zum wissenschaftlichen Symposium vom 19. bis 21. August 1998 in Kloster Seeon. Bonn, 89-131.
Färber, Gisela, 1999b: *Probleme der regionalen Steuerverteilung im bundesstaatlichen Finanzausgleich.* Gutachten im Auftrag der Saarländischen Landesregierung. Speyer.
Färber, Gisela, 2000: *Finanzwissenschaftliche Stellungnahme zum Gutachten von Jacobs/Thöne/Kitterer/Ewringmann „Finanzwissenschaftliche Überprüfung und Bewertung des Länderfinanzausgleichs".* Forschungsgutachten im Auftrag des Niedersächsischen Ministeriums der Finanzen. Speyer.
Färber, Gisela, 2003: *Zur extremen Haushaltsnotlage Berlins. Befunde, Ursachen, Eigenanstrengungen, Sanierungsbeihilfen.* Gutachten im Auftrag der Senatsverwaltung für Finanzen Berlin. Speyer.
Färber, Gisela, 2004: *Probleme des föderativen Systems in Deutschland und Europa.* Gutachten im Auftrag der Friedrich-Ebert-Stiftung. Bonn.
Färber, Gisela/Marika Sauckel, 2000: Die Krise der föderalen Finanzverfassung. In: Roland Czada/Hellmut Wollmann (Hg.): *Von der Bonner zur Berliner Republik. 10 Jahre Deutsche Einheit.* Leviathan Sonderheft 19/1999. Wiesbaden, 671-693.
Fehr, Hans, 2001: Fiskalische und allokative Konsequenzen des neuen Finanzausgleichs. In: *Wirtschaftsdienst* 81, 573-579.
Fehr, Hans/Michael Tröger, 2002: Die verdeckten Verteilungswirkungen des bundesstaatlichen Finanzausgleichs. In: *Wirtschaftsdienst* 82, 609-617.
Feld, Lars P./Christoph A. Schaltegger, 2002: Wähler, Interessengruppen und Finanzausgleich: Die Politische Ökonomie vertikaler Finanztransfers. In: *Konjunkturpolitik* 48, 93-122.
Fischer, Angela, 1996: *Entscheidungsprozeß zur deutschen Wiedervereinigung. Der außenpolitische Entscheidungsprozeß der Koalitionsregierung Kohl/Genscher in den Schicksalsjahren 1989/90.* Frankfurt am Main u.a.
Fischer, Heinz Joachim, 1971: *Parlamentarischer Rat und Finanzverfassung.* Kiel.

Deutsche Bundesbank, 1998: *Monatsberichte der Deutschen Bundesbank.* 50. Jahrgang, Nr. 4. Frankfurt am Main.
Deutsche Bundesbank, 2001: *Monatsberichte der Deutschen Bundesbank.* 53. Jahrgang, Nr. 6. Frankfurt am Main.
Deutscher Bundestag (Hg.), 1993: *Bericht der Gemeinsamen Verfassungskommission gemäß Beschluß des Deutschen Bundestags, Drucksachen 12/590, 12/670 und Beschluß des Bundesrats, Drucksache 741/91 (Beschluß).* Bonn.
Deutsches Institut für Wirtschaftsforschung (DIW), 2000: *Infrastrukturausstattung und Nachholbedarf in Ostdeutschland.* Gutachten im Auftrag der Finanzminister der neuen Länder. Berlin.
Deutsches Institut für Wirtschaftsforschung (DIW) u.a., 2002: *Fortschritte beim Aufbau Ost. Fortschrittsbericht wirtschaftswissenschaftlicher Forschungsinstitute über die wirtschaftliche Entwicklung in Ostdeutschland.* Berlin.
Dolzer, Rudolf, 1999: Das parlamentarische Regierungssystem und der Bundesrat – Entwicklungsstand und Reformbedarf. In: *VVDStRL* Heft 58. Berlin/New York.
Donges, Juergen B. u.a. (Kronberger Kreis), 2000: *Die föderative Ordnung in Not. Zur Reform des Finanzausgleichs.* Schriftenreihe des Frankfurter Instituts Band 36. Bad Homburg.
Donner, Hartwig/Uwe Berlit, 1992: Verfassungsrechtliche und verfassungspolitische Konsequenzen der Wiedervereinigung für die Bundesstaatlichkeit Deutschlands. In: *Zeitschrift für Parlamentsfragen* 23, 316-338.
Döring, Thomas, 2001: *Institutionenökonomische Fundierung finanzwissenschaftlicher Politikberatung. Grundfragen und Anwendungsfall der Reform des bundesstaatlichen Ausgleichssystems in Deutschland.* Marburg.
Döring, Thomas/Dieter Stahl, 2000: Die föderale Finanzverfassung – grundlegend reformbedürftig? In: *Raumforschung und Raumordnung* 58, 512-518.
Downs, Anthony, 1968: *Ökonomische Theorie der Demokratie.* Zuerst 1957: An Economic Theory of Democracy, New York. Tübingen.
Dreger, Christian u.a., 2003: *Simulationsrechnung zu den Auswirkungen einer Kürzung von Transferleistungen für die neuen Bundesländer.* Gutachten des Instituts für Wirtschaftsforschung Halle im Auftrag der ostdeutschen Länder. Halle.
Easton, David, 1965: *A Framework of Political Analysis.* New York.
Ebert, Werner/Stefan Meyer, 1999: Die Anreizwirkungen des Finanzausgleichs. In: *Wirtschaftsdienst* 79, 106-114.
Ebert, Werner/Steffen Meyer, 2000: Reform der föderalen Finanzbeziehungen. Einige kritische Anmerkungen zur aktuellen Debatte. In: *WSI-Mitteilungen* 53, 134-145.
Edelman, Murray, 1964: *The Symbolic Uses of Politics.* Urbana.
Eder, Klaus, 1989: Politik und Kultur. Zur kultursoziologischen Analyse politischer Partizipation. In: Axel Honneth u.a. (Hg.): *Zwischenbetrachtungen. Im Prozeß der Aufklärung.* Jürgen Habermas zum 60. Geburtstag. Frankfurt am Main, 519-548.
Edling, Herbert K., 1984: *Zentralistische Verflechtungstendenzen im Föderalismus: eine empirische Analyse und ein bürokratietheoretischer Erklärungsansatz am Beispiel der Bundesrepublik Deutschland.* Frankfurt am Main.
Ehringhaus, Henner, 1971: *Der kooperative Föderalismus in den vereinigten Staaten von Amerika.* Frankfurt am Main.
Elazar, Daniel J., 1987: *Exploring Federalism.* Alabama.
Elster, Jon, 1989: *Nuts and Bolts for the Social Science.* New York u.a.
Eltges, Markus u.a., 2002: *Abstrakte Mehrbedarfe im Länderfinanzausgleich.* Gutachten des Wissenschaftlichen Bereichs des Bundesamtes für Bauwesen und Raumordnung im Auftrag des Bundesministeriums der Finanzen. Schriftenreihe des Bundesministeriums der Finanzen Heft 72. Bonn.
Eltges, Markus/Michael Zarth/Peter Jakubowski, 2001: Abstrakte Mehrbedarfe sind keine Fiktion. In: *Wirtschaftsdienst* 81, 323-330.

Czada, Roland, 1998: Vereinigungskrise und Standortdebatte. Der Beitrag der Wiedervereinigung zur Krise des westdeutschen Modells. In: *Leviathan* 26, 24-59.

Czada, Roland, 1999: Reformloser Wandel. Stabilität und Anpassung im politischen Akteursystem der Bundesrepublik. In: Thomas Ellwein/Everhard Holtmann (Hg.): *50 Jahre Bundesrepublik Deutschland. Rahmenbedingungen – Entwicklungen – Perspektiven.* Politische Vierteljahresschrift Sonderheft 30/1999. Opladen/Wiesbaden, 397-412.

Czada, Roland, 2000a: Die Tragweite des Eigentums. Vereinigungspolitik, marktwirtschaftliche Transformation und offene Vermögensfragen. In: Roland Czada/Hellmut Wollmann (Hg.): *Von der Bonner zur Berliner Republik. 10 Jahre Deutsche Einheit.* Leviathan Sonderheft 19/1999. Wiesbaden, 467-488.

Czada, Roland, 2000b: Konkordanz, Korporatismus und Politikverflechtung: Dimensionen der Verhandlungsdemokratie. In: Everhard Holtmann/Helmut Voelzkow (Hg.): *Zwischen Wettbewerbs- und Verhandlungsdemokratie. Analysen zum Regierungssystem der Bundesrepublik Deutschland.* Wiesbaden, 23-49.

Czada, Roland, 2003: Der Begriff der Verhandlungsdemokratie und die vergleichende Policy-Forschung. In: Renate Mayntz/Wolfgang Streeck (Hg.): *Die Reformierbarkeit der Demokratie. Innovationen und Blockaden.* Festschrift für Fritz W. Scharpf. Frankfurt am Main/New York, 173-204.

Czada, Roland/Gerhard Lehmbruch, 1990: Parteienwettbewerb, Sozialstaatspostulat und gesellschaftlicher Wertewandel. In: Udo Bermbach/Bernhard Blanke/Carl Böhret (Hg.): *Spaltungen der Gesellschaft und die Zukunft des Sozialstaats.* Beiträge eines Symposiums aus Anlaß des 60. Geburtstages von Hans-Hermann Hartwich. Opladen, 55-84.

Czada, Roland/Uwe Schimank, 2000: Institutionendynamiken und politische Institutionengestaltung: Die zwei Gesichter sozialer Ordnungsbildung. In: Raymund Werle/Uwe Schimank (Hg.): *Gesellschaftliche Komplexität und kollektive Handlungsfähigkeit.* Frankfurt am Main/New York, 23-43.

Dästner, Christian, 1998: Die Mitwirkung der Länder bei den Entscheidungen zur Wiederherstellung der Einheit Deutschlands. In: Eckart Klein (Hg.): *Die Rolle des Bundesrates und der Länder im Prozeß der deutschen Einheit.* Berlin, 33-59.

Dästner, Christian, 1999: Politikentflechtung im Bundesstaat – ein Konzept mit Zukunft? In: *Recht und Politik* 35, 235-243.

Dästner, Christian, 2001: Entflechtung der Kompetenzen? Auf der Suche nach einer Verbesserung der politischen Handlungsfähigkeit im Bundesstaat. In: Karl Eckart/Helmut Jenkis (Hg.): *Föderalismus in Deutschland.* Berlin, 149-173.

David, Paul A., 1997: *Path dependence and the quest for historical economics: One more chorus of the ballad of QWERTY.* Discussion Papers in Economic and Social History 20. Oxford.

Degenhart, Christoph, 2000: Maßstabsbildung und Selbstbindung des Gesetzgebers als Postulat der Finanzverfassung des Grundgesetzes. In: *Zeitschrift für Gesetzgebung* 15, 79-90.

deLeon, Peter, 1992: The Democratization of the Policy Sciences. In: *Public Administration Review* 52, 125-129.

deLeon, Peter, 1993: Demokratie und Policy-Analyse: Ziele und Arbeitsweise. In: Adrienne Héritier (Hg.): *Policy-Analyse. Kritik und Neuorientierung.* Politische Vierteljahresschrift Sonderheft 24/1993. Opladen, 471-485.

Detterbeck, Klaus/Wolfgang Renzsch, 2002: Politischer Wettbewerb im deutschen Föderalismus. In: Europäisches Zentrum für Föderalismus-Forschung Tübingen (Hg.): *Föderalismus, Subsidiarität und Regionen in Europa.* Jahrbuch des Föderalismus 2002. Baden-Baden, 69-81.

Deuerlein, Ernst, 1972: *Föderalismus.* München.

Deutsche Bundesbank, 1990: *Monatsberichte der Deutschen Bundesbank.* 42. Jahrgang, Nr. 4. Frankfurt am Main.

Deutsche Bundesbank, 1995: *Monatsberichte der Deutschen Bundesbank.* 47. Jahrgang, Nr. 4. Frankfurt am Main.

11 Bibliographie

Bundesministerium der Finanzen (BMF), 1992: Thesenpapier des Bundes zur Neuordnung der Bund/Länder-Finanzbeziehungen. Bonn. Abgedruckt in: Senator für Finanzen der Freien Hansestadt Bremen (Hg.), 1993: *Neuordnung des Finanzausgleichs zwischen Bund und Ländern und ihre Auswirkungen auf das Land Bremen.* Bremen, 100-116.

Bundesministerium der Finanzen (BMF), 2000: *Umsetzung des Urteils des BVerfG vom 11. November 1999. Stand der Überlegungen der Bundesregierung – Eckpunkte –.* Bonn.

Bundesministerium der Finanzen (BMF), 2002: *Finanzbericht 2003. Stand und voraussichtliche Entwicklung der Finanzwirtschaft in gesamtwirtschaftlichen Zusammenhang.* Berlin.

Bundesministerium der Finanzen (BMF) (Hg.), 2003: *Die Neuordnung des bundesstaatlichen Finanzausgleichs. Maßstäbegesetz und Solidarpaktfortführungsgesetz.* Schriftenreihe des Bundesministeriums der Finanzen, Heft 73. Bonn.

Bundesrat (Hg.), 1992: *Stärkung des Föderalismus in Deutschland und Europa sowie weitere Vorschläge zur Änderung des Grundgesetzes.* Bericht der Kommission Verfassungsreform des Bundesrats. Bonn.

Burns, Tom R./Thomas Baumgartner/Phillippe Deville, 1985: *Man, Decisions, Society. The Theory of Actor-System Dynamics for Social Scientists.* New York.

Busch, Andreas, 1991: Die deutsch-deutsche Währungsunion: Politisches Votum trotz ökonomischer Bedenken. In: Ulrike Liebert/Wolfgang Merkel (Hg.): *Die Politik zur deutschen Einheit. Probleme – Strategien – Kontroversen.* Opladen, 185-207.

Busch, Andreas, 1999: Das oft geänderte Grundgesetz. In: Wolfgang Merkel/Andreas Busch (Hg.): *Demokratie in Ost und West. Für Klaus Beyme.* Frankfurt am Main, 549-574.

Busch, Ulrich, 2002: *Am Tropf. Die ostdeutsche Transfergesellschaft.* Berlin.

Bußhoff, Heinrich (Hg.), 1992: *Politische Steuerung. Steuerbarkeit und Steuerungsfähigkeit. Beiträge zur Grundlagendiskussion.* Baden-Baden.

Calliess, Christian, 1997: Die Justiziabilität des Art. 72 Abs. 2 GG vor dem Hintergrund von kooperativem und kompetitivem Föderalismus. In: Josef Aulehner u.a. (Hg.): *Föderalismus – Auflösung oder Zukunft der Staatlichkeit?* München, 293-313.

Carl, Dieter, 1995: *Bund-Länder-Finanzausgleich im Verfassungsstaat.* Baden-Baden

Castles, Francis G., 2000: Federalism, fiscal dezentralization and economic performance. In: Ute Wachendorfer-Schmidt (Hg.): *Federalism and Political Performance.* London/New York, 177-195.

Cattoir, Phillippe, 1998: *Fédéralisme et solidarité financière. Une étude comparative de six-pays.* Brüssel.

Christmann, Thomas, 2000: Vom Finanzausgleich zum Maßstäbegesetz. In: *Die Öffentliche Verwaltung* 53, 315-324.

Coase, Ronald H., 1960: The Problem of Social Cost. In: *Journal of Law and Economics* 3, 1-44.

Coleman, James S., 1990: *Foundations of Social Theory.* Cambridge.

Czada, Roland, 1993: Konfliktbewältigung und politische Reform in vernetzten Entscheidungsstrukturen. In: Roland Czada/Manfred G. Schmidt (Hg.): *Verhandlungsdemokratie, Interessenvermittlung, Regierbarkeit.* Festschrift für Gerhard Lehmbruch. Opladen, 73-98.

Czada, Roland, 1994: Schleichweg in die „Dritte Republik". Politik der Vereinigung und politischer Wandel in Deutschland. In: *Politische Vierteljahresschrift* 35, 245-270.

Czada, Roland, 1995a: Institutionelle Theorien der Politik. In: Dieter Nohlen (Hrsg): *Lexikon der Politik. Band 1. Politische Theorien.* Herausgegeben von Jürgen Kriz/Dieter Nohlen/Rainer-Olaf Schultze. München, 205-213.

Czada, Roland, 1995b: Der „kooperative Staat" im Prozeß der deutschen Vereinigung. In: Rüdiger Voigt (Hg.): *Der kooperative Staat. Krisenbewältigung durch Verhandlung?* Baden-Baden, 195-216.

Czada, Roland, 1995c: Der Kampf um die Finanzierung der deutschen Einheit. In: Gerhard Lehmbruch (Hg.): *Einigung und Zerfall. Deutschland und Europa nach dem Ende des Ost-West-Konflikts.* Opladen, 73-102.

tionaler und internationaler Sicht. Tagungsband zur Jahrestagung der Arbeitsgemeinschaft Deutscher Wirtschaftswissenschaftlicher Forschungsinstitute e.V. Berlin, 79-98.

Boss, Alfred/Astrid Rosenschon, 1996: *Öffentliche Transferleistungen zur Finanzierung der deutschen Einheit. Eine Bestandsaufnahme.* Kiel.

Braun, Dietmar, 1993: Zur Steuerbarkeit funktionaler Teilsysteme: Akteurtheoretische Sichtweisen funktionaler Differenzierung moderner Gesellschaften. In: Adrienne Héritier (Hg.): *Policy-Analyse. Kritik und Neuorientierung.* Politische Vierteljahresschrift Sonderheft 24/1993. Opladen, 199-222.

Braun, Dietmar, 1995: Handlungstheorien. In: Dieter Nohlen (Hg.): *Lexikon der Politik. Band 1. Politische Theorien.* Herausgegeben von Jürgen Kriz/Dieter Nohlen/Rainer-Olaf Schultze. München, 168-173.

Braun, Dietmar, 1996: Der bundesdeutsche Föderalismus an der Wegscheide. Interessenkonstellationen, Akteurskonflikte und institutionelle Lösungen. In: *Staatswissenschaften und Staatspraxis* 7, 101-135.

Braun, Dietmar, 1997: Handlungstheoretische Grundlagen in der empirisch-analytischen Politikwissenschaft. Eine Kritische Übersicht. In: Arthur Benz/Wolfgang Seibel (Hg.): *Theorieentwicklung in der Politikwissenschaft – eine Zwischenbilanz.* Baden-Baden, 45-73.

Braun, Dietmar, 1998: Der Einfluß von Ideen und Überzeugungssystemen auf die politische Problemlösung. In: *Politische Vierteljahresschrift* 39, 797-818.

Braun, Dietmar, 1999: *Theorien rationalen Handelns in der Politikwissenschaft.* Opladen.

Braun, Dietmar, 2000a: Gemeinwohlorientierung im modernen Staat. In: Raymund Werle/Uwe Schimank (Hg.): *Gesellschaftliche Komplexität und kollektive Handlungsfähigkeit.* Frankfurt am Main/New York, 125-153.

Braun, Dietmar, 2000b: Politische Gesellschaftssteuerung zwischen System und Akteur. In: Stefan Lange/Dietmar Braun: *Politische Steuerung zwischen System und Akteur. Eine Einführung.* Opladen, 99-176.

Braun, Dietmar, 2002a: Finanzpolitik und makroökonomische Steuerung in Bundesstaaten. In: Arthur Benz/Gerhard Lehmbruch (Hg.): *Föderalismus. Analysen in entwicklungsgeschichtlicher und vergleichender Perspektive.* Politische Vierteljahresschrift Sonderheft 32/2001. Wiesbaden, 333-362.

Braun, Dietmar, 2002b: Hat die vergleichende Föderalismusforschung eine Zukunft? In: Europäisches Zentrum für Föderalismus-Forschung Tübingen (Hg.): *Föderalismus, Subsidiarität und Regionen in Europa.* Jahrbuch des Föderalismus 2002. Baden-Baden, 97-116.

Bremers, Markus, 2001: *Die Gemeinsame Verfassungskommission. Warum gilt das Grundgesetz? Verfassungstheoretische Herausforderungen und parlamentarische Bewältigung der Verfassungsdebatte der deutschen Einheit.* Wiesbaden.

Breton, Albert/Anthony Scott, 1978: *The Economic Constitution of Federal States.* Toronto u.a.

Brümmerhoff, Dieter, 1992: *Finanzwissenschaft.* München/Wien.

Brunton, William u.a., 2002: Maßstäbegesetz, Neuregelung des bundesstaatlichen Finanzausgleichs und Fortführung des Solidarpakts. In: Christoph Hüttig/Frank Nägele (Hg.): *Neue Maßstäbe? Finanzausgleich und die Zukunft des Föderalismus.* Rehburg-Loccum, 231-272.

Buchanan, James M./Gordon Tullock, 1962: *The Calculus of Consent. Logical Foundations of Constitutional Democracy.* Ann Arbor.

Buhl, Hans-Ulrich/Andreas Pfingsten, 1991: Zehn Gebote für das Finanzausgleichsverfahren und ihre Implikationen. In: *Wirtschaftsdienst* 71, 481-484.

Bull, Hans Peter, 1999: Finanzausgleich im „Wettbewerbsstaat". In: *Die Öffentliche Verwaltung* 52, 269-281.

Bull, Hans Peter/Veith Mehde, 2000: Der rationale Finanzausgleich – ein Gesetzgebungsauftrag ohnegleichen. In: *Die Öffentliche Verwaltung* 53, 305-314.

Bundesamt für Bauwesen und Raumordnung, 2001: *Abstrakte Mehrbedarfe im Länderfinanzausgleich.* Gutachten im Auftrag des Bundesministeriums der Finanzen. Bonn.

Beyme, Klaus von, 2003: Die Asymmetrisierung des postmodernen Föderalismus. In: Renate Mayntz/Wolfgang Streeck (Hg.): *Die Reformierbarkeit der Demokratie. Innovationen und Blockaden.* Festschrift für Fritz W. Scharpf. Frankfurt am Main/New York, 239-258.
Biehl, Dieter, 1983: Die Entwicklung des Finanzausgleichs in ausgewählten Bundesstaaten. Bundesrepublik Deutschland. In: Fritz Neumark (Hg.): *Handbuch der Finanzwissenschaft. Band IV: Finanzausgleich auf nationaler Ebene. Internationale finanzwirtschaftliche Beziehungen. Die öffentliche Finanzwirtschaft einiger ausgewählter Länder.* Tübingen, 69-122.
Biehl, Dieter u.a., 2000: *Ermittlung des infrastrukturellen Nachholbedarfs im Rahmen der Fortsetzung des Aufbaus Ost und der Vorbereitung des Solidarpakts II.* Gutachten des Instituts für ländliche Strukturforschung an der Johann Wolfgang Goethe-Universität im Auftrag der ostdeutschen Länder. Frankfurt am Main.
Bird, Richard M., 1996: Federal Finance in Canada and Germany: Parallels and Differences. In: Werner W. Pommerehne/Georg Rees (Hg.): *Finanzverfassung im Spannungsfeld zwischen Zentralstaat und Gliedstaaten.* Baden-Baden 57-76.
Blumenwitz, Dieter, 1998: Konsens und Konkurrenz beim Ausbau föderativer Strukturen – Anmerkungen zum Länderfinanzausgleich und zur Föderalisierung der Sozialversicherung. In: Ursula Männle (Hg.): *Föderalismus zwischen Konsens und Konkurrenz.* Baden-Baden, 49-56.
Blumenwitz; Dieter, 1999: Föderalismus und Rückverlagerung von Kompetenzen. Anmerkungen zum Länderfinanzausgleich und zur Föderalisierung der Sozialversicherung. In: Reinhard C. Meier/Gerhard Hirscher (Hg.): *Krise und Reform des Föderalismus. Analysen zu Theorie und Praxis bundesstaatlicher Ordnungen.* München, 36-49.
Blumer, Herbert, 1969: *Symbolic Interactionism. Perspective and Method.* Englewood Cliffs.
Bohnet, Armin/Stephan Heck, 1998: Die deutsche Wirtschafts- und Finanzpolitik nach der Vereinigung. Finanzwissenschaftliche Arbeitspapiere des Fachbereichs Wirtschaftswissenschaften der Justus-Liebig-Universität Gießen Nr. 55/1998. Gießen.
Boldt, Hans, 1989: Rahmenbedingungen nordrhein-westfälischer Politik II: Finanzverteilung und Finanzausgleich in der Bundesrepublik. In: Hans Boldt (Hg.): *Nordrhein-Westfalen und der Bund.* Köln, 78-99.
Boldt, Hans, 1991: Wiedervereinigung und föderative Ordnung. In: Rudolf Wildenmann (Hg.): *Nation und Demokratie. Politisch-strukturelle Gestaltungsprobleme im neuen Deutschland.* Baden-Baden, 35-50.
Boldt, Hans, 1992: Die Bundesrepublik vor und nach der Finanzreform von 1969. In: Jochen Huhn/Peter-Christian Witt (Hg.): *Föderalismus in Deutschland. Traditionen und gegenwärtige Probleme.* Baden-Baden, 145-164.
Bombach, Gottfried u.a., 1976: *Der Keynesianismus I. Theorie und Praxis keynesianischer Wirtschaftspolitik.* Berlin u.a.
Bönker, Frank/Hellmut Wollmann, 2000: Sozialstaatlichkeit im Übergang: Entwicklungslinien der bundesdeutschen Sozialpolitik in den Neunzigerjahren. In: Roland Czada/Hellmut Wollmann (Hg.): *Von der Bonner zur Berliner Republik. 10 Jahre Deutsche Einheit.* Leviathan Sonderheft 19/1999. Wiesbaden, 514-538.
Borowsky, Peter, 1993: *Deutschland 1945 – 1969.* Hannover.
Borrmann, Gero-Falk, 1992: *Öffentliche Finanzwirtschaft: ein Studienbuch.* Köln u.a.
Börzel, Tanja A., 2002: Föderative Staaten in einer entgrenzten Welt: Regionaler Standortwettbewerb oder gemeinsames Regieren jenseits des Nationalstaates? In: Arthur Benz/Gerhard Lehmbruch (Hg.): *Föderalismus. Analysen in entwicklungsgeschichtlicher und vergleichender Perspektive.* Politische Vierteljahresschrift Sonderheft 32/2001. Wiesbaden, 363-388.
Bösinger, Rolf, 1999: *Die Neuordnung des bundesstaatlichen Finanzausgleichs 1995. Eine theoretische Analyse unter Berücksichtigung von allokationstheoretischen und polit-ökonomischen Gesichtspunkten.* Frankfurt am Main u.a.
Boss, Alfred, 1993: Wettbewerb der Regionen und Finanzverfassung. Prinzipien einer Reform des Finanzausgleichs in der Bundesrepublik Deutschland. In: *Probleme des Finanzausgleichs in na-*

States of America and the Federal Republic of Germany. Frankfurt am Main/New York, 135-152.
Benz, Arthur, 2002a: Themen, Probleme und Perspektiven der vergleichenden Föderalismusforschung. In: Arthur Benz/Gerhard Lehmbruch (Hg.): *Föderalismus. Analysen in entwicklungsgeschichtlicher und vergleichender Perspektive.* Politische Vierteljahresschrift Sonderheft 32/2001. Wiesbaden, 9-50.
Benz, Arthur, 2002b: Lehren aus entwicklungsgeschichtlichen und vergleichenden Analysen – Thesen zur aktuellen Föderalismusdiskussion. In: Arthur Benz/Gerhard Lehmbruch (Hg.): *Föderalismus. Analysen in entwicklungsgeschichtlicher und vergleichender Perspektive.* Politische Vierteljahresschrift Sonderheft 32/2001. Wiesbaden, 391-403.
Benz, Arthur, 2003a: Konstruktive Vetospieler in Mehrebenensystemen. In: Renate Mayntz/Wolfgang Streeck (Hg.): *Die Reformierbarkeit der Demokratie. Innovationen und Blockaden.* Festschrift für Fritz W. Scharpf. Frankfurt am Main/New York, 205-236.
Benz, Arthur, 2003b: Reformpromotoren oder Reformblockierer? Die Rolle der Parteien im Bundesstaat. In: *Aus Politik und Zeitgeschichte*, B 29-30/2003, 32-38.
Benz, Arthur, 2003c: *Öffentliche Anhörung am 12. Dezember 2003. „Zuordnung von Gesetzgebungszuständigkeiten auf Bund und Länder sowie Zuständigkeiten und Mitwirkungsrechte der Länder in der Bundesgesetzgebung, insbesondere vor dem Hintergrund der Weiterentwicklungen der Europäischen Union.* Kommission von Bundestag und Bundesrat zur Modernisierung der bundesstaatlichen Ordnung. Kommissionsdrucksache 0010. Berlin.
Benz, Arthur/Gerhard Lehmbruch (Hg.), 2002: *Föderalismus. Analysen in entwicklungsgeschichtlicher und vergleichender Perspektive.* Politische Vierteljahresschrift Sonderheft 32/2001. Wiesbaden.
Benz, Arthur/Fritz W. Scharpf/Reinhard Zintl, 1992: *Horizontale Politikverflechtung. Zur Theorie von Verhandlungssystemen.* Frankfurt am Main/New York.
Benz, Arthur u.a., 1999: *Regionalisierung. Theorie – Praxis – Perspektiven.* Opladen.
Berger, Peter/Thomas Luckmann, 1980: *Die soziale Konstruktion der Wirklichkeit. Eine Theorie der Wissenssoziologie.* Frankfurt am Main.
Berg-Schlosser, Dirk, 1994: Politische Kulturforschung. In: Dieter Nohlen (Hg.): *Lexikon der Politik. Band 2. Politikwissenschaftliche Methoden.* Herausgegeben von Dieter Nohlen/Rainer-Olaf Schultze. München, 345-352.
Berg-Schlosser, Dirk, 1999: Vergleichende Politikwissenschaft. In: Dirk Berg-Schlosser/Sven Quenter (Hg.): *Literaturführer Politikwissenschaft: eine kritische Einführung in Standardwerke und „Klassiker" der Gegenwart.* Stuttgart/Berlin/Köln, 133-156.
Berg-Schlosser, Dirk/Theo Stammen, 1995: *Einführung in die Politikwissenschaft.* 6. Auflage. München.
Berlit, Uwe, 2000: Wie weit trägt das Bonner Grundgesetz? Verfassungsentwicklung nach der deutschen Vereinigung. In: Roland Czada/Hellmut Wollmann (Hg.): *Von der Bonner zur Berliner Republik. 10 Jahre Deutsche Einheit.* Leviathan Sonderheft 19/1999. Wiesbaden, 425-450.
Berlit, Uwe/Irene Kesper, 2000: Ein Eingriff in die demokratische Gestaltungsverantwortung. Fallstricke in der Entscheidung des Bundesverfassungsgerichts zum Länderfinanzausgleich. In: *Kritische Justiz* 33, 607-623.
Bertelsmann-Kommission „Verfassungspolitik & Regierungsfähigkeit", 2000: *Entflechtung 2005. Zehn Vorschläge zur Optimierung der Regierungsfähigkeit im deutschen Föderalismus.* Gütersloh.
Beyme, Klaus von, 1996: *Das politische System der Bundesrepublik Deutschland.* München.
Beyme, Klaus von, 1999: Institutionelle Grundlagen der deutschen Demokratie. In: Max Kaase/Günther Schmid (Hg.): *Eine lernende Demokratie: 50 Jahre Bundesrepublik Deutschland.* WZB-Jahrbuch 1999. Berlin, 19-39
Beyme, Klaus von, 2000: *Die politischen Theorien der Gegenwart. Eine Einführung.* 8. Auflage. Wiesbaden.

11 Bibliographie

Benda, Ernst, 1998: Welche Föderalismus-Reformen sind möglich? In: Ursula Männle (Hg.): *Föderalismus zwischen Konsens und Konkurrenz*. Baden-Baden, 37-40.
Benedict, Ruth, 1934: *Patterns of Culture*. Boston.
Benz, Arthur, 1985: *Föderalismus als dynamisches System*. Baden-Baden.
Benz, Arthur, 1987: *Anpassungsprozesse in der föderativen Staatsorganisation der Bundesrepublik Deutschland*. Speyer.
Benz, Arthur, 1989: Regierbarkeit im kooperativen Bundesstaat. Eine Bilanz der Föderalismusforschung. In: Stephan von Bandemer/Göttrik Wewer (Hg.): *Regierungssystem und Regierungslehre*. Opladen, 181-192.
Benz, Arthur, 1991a: Perspektiven des Föderalismus in Deutschland. In: *Die Öffentliche Verwaltung* 44, 586-598.
Benz, Arthur, 1991b: Umverteilung durch Verhandlungen? Kooperative Staatspraxis bei Verteilungskonflikten. In: *Staatswissenschaften und Staatspraxis* 2, 46-75.
Benz, Arthur, 1991c: Bund-Länder Beziehungen in den 80er Jahren. In: Arthur B. Gunlicks/Rüdiger Voigt (Hg.): *Föderalismus in der Bewährungsprobe: Die Bundesrepublik Deutschland in den 90er Jahren*. Bochum, 197-227.
Benz, Arthur, 1992a: Institutionenpolitik und institutioneller Wandel im Prozeß der deutschen Einigung. In: Beate Kohler-Koch (Hg.): *Staat und Demokratie in Europa*. 18. Wissenschaftlicher Kongreß der Deutschen Vereinigung für Politische Wissenschaft. Opladen, 345-348.
Benz, Arthur, 1992b: Mehrebenen-Verflechtung: Verhandlungsprozesse in verbundenen Entscheidungsarenen. In: Arthur Benz/Fritz W. Scharpf/Reinhard Zintl: *Zur Theorie von Verhandlungssystemen*. Frankfurt am Main, 147-205.
Benz, Arthur, 1993: Reformbedarf und Reformchancen des kooperativen Föderalismus nach der Vereinigung Deutschlands. In: Wolfgang Seibel/Arthur Benz/Heinrich Mäding (Hg.): *Verwaltungsreform und Verwaltungspolitik im Prozeß der deutschen Einigung*. Baden-Baden, 454-473.
Benz, Arthur, 1995a: Verhandlungssysteme und Mehrebenen-Verflechtung im kooperativen Staat. In: Wolfgang Seibel/Arthur Benz (Hg.): *Regierungssystem und Verwaltungspolitik*. Beiträge zu Ehren von Thomas Ellwein. Opladen, 83-102.
Benz, Arthur, 1995b: Verfassungspolitik im kooperativen Bundesstaat. In: Karlheinz Bentele/Bernd Reissert/Ronald Schettkat (Hg.): *Die Reformfähigkeit von Industriegesellschaften*. Fritz W. Scharpf. Festschrift zu seinem 60. Geburtstag. Frankfurt am Main/New York, 145-164.
Benz, Arthur, 1998a: Postparlamentarische Demokratie? Demokratische Legitimation im kooperativen Staat. In: Michael Th. Greven (Hg.): *Demokratie – eine Kultur des Westens?* 20. Wissenschaftlicher Kongreß der Deutschen Vereinigung für Politische Wissenschaft. Opladen, 201-222.
Benz, Arthur, 1998b: Politikverflechtung ohne Politikverflechtungsfalle – Koordination und Strukturdynamik im europäischen Mehrebenensystem. In: *Politische Vierteljahresschrift* 39, 558-589.
Benz, Arthur, 1998c: Dezentralisierung und Demokratie – Anmerkungen zur Aufgabenverteilung im Bundesstaat. In: Ursula Männle (Hg.): *Föderalismus zwischen Konsens und Konkurrenz*. Baden-Baden, 21-30.
Benz, Arthur, 1999: Der deutsche Föderalismus. In: Thomas Ellwein/Everhard Holtmann (Hg.): *50 Jahre Bundesrepublik Deutschland. Rahmenbedingungen – Entwicklungen – Perspektiven*. Politische Vierteljahresschrift Sonderheft 30/1999. Opladen/Wiesbaden, 135-153.
Benz, Arthur, 2000a: Politische Steuerung in lose gekoppelten Mehrebenensystemen. In: Raymund Werle/Uwe Schimank (Hg.): *Gesellschaftliche Komplexität und kollektive Handlungsfähigkeit*. Frankfurt am Main/New York, 97-124.
Benz, Arthur, 2000b: Anmerkungen zur Diskussion über Verhandlungsdemokratien. In: Everhard Holtmann/Helmut Voelzkow (Hg.): *Zwischen Wettbewerbs- und Verhandlungsdemokratie. Analysen zum Regierungssystem der Bundesrepublik Deutschland*. Wiesbaden, 215-221.
Benz, Arthur, 2001: From Cooperation to Competition? The Modernization of the German Federal System. In: Franz Greß/Jackson Janes (Hg.): *Reforming Governance. Lessons from the United*

Arndt, Hans-Wolfgang, 1997: *Finanzausgleich und Verfassungsrecht.* Gutachten zum Länderfinanzausgleich im Auftrag der Länder Bayern und Baden-Württemberg. Mannheim.
Arndt, Wolfgang, 1998: Erneuerter Föderalismus – Thesen zu einer veränderten Balance zwischen Bund und Ländern. In: Ursula Männle (Hg.): *Föderalismus zwischen Konsens und Konkurrenz.* Baden-Baden, 31-36.
Arrow, Kenneth J., 1951: *Social Choice and Individual Values.* New York.
Bach, Stefan/Dieter Vesper, 2000: Finanzpolitik und Wiedervereinigung – Bilanz nach 10 Jahren. In: Deutsches Institut für Wirtschaftsforschung: *Vierteljahresheft zur Wirtschaftsforschung* 69, 194-223.
Bailey, Stephen J., 1999: *Local Government Economics.* London.
Balog, Andreas, 1998: Soziologie und die „Theorie des Handelns". In: Andreas Balog/Manfred Gabriel (Hg.): *Soziologische Handlungstheorie. Einheit oder Vielfalt.* Österreichische Zeitschrift für Soziologie Sonderband 4. Wiesbaden, 25-54.
Bandemer, Stephan von/Henny Cordes, 1989: Policy-Forschung und Regierungslehre. Der politikwissenschaftliche Beitrag zur Erklärung politischer Ergebnisse. In: Stephan von Bandemer/Göttrik Wewer (Hg.): *Regierungssystem und Regierungslehre.* Opladen, 289-306.
Barbarino, Otto, 1971: Entfaltung der eigenen Angelegenheiten der Länder unter den Aspekten der Aufgabenbereiche und ihrer Finanzierung. In: *Entwicklung der Aufgaben und Ausgaben von Bund, Ländern und Gemeinden* (ohne Herausgeber). Vorträge und Diskussionsbeiträge der 39. Staatswissenschaftlichen Fortbildungstagung der Hochschule für Verwaltungswissenschaften Speyer. Schriftenreihe der Hochschule Speyer. Band 55. Berlin, 81-108.
Barbarino, Otto, 1975: Zur Reformbedürftigkeit der gegenwärtigen Finanzverfassung. In: *Politikverflechtung zwischen Bund, Ländern und Gemeinden* (ohne Herausgeber). Vorträge und Diskussionsbeiträge der 42. Staatswissenschaftlichen Fortbildungstagung der Hochschule für Verwaltungswissenschaften Speyer. Schriftenreihe der Hochschule Speyer. Band 55. Berlin, 103-120.
Baretti, Christian, 2001: *Anreizeffekte des Länderfinanzausgleichs. Theoretische und empirische Analyse.* ifo Beiträge zur Wirtschaftsforschung; 6.München.
Baretti, Christian/Bernd Huber/Karl Lichtblau, 2001: Weniger Wachstum und Steueraufkommen durch den Finanzausgleich. In: *Wirtschaftsdienst* 81, 38-44
Baretti, Christian u.a., 2000: *Chancen und Grenzen föderalen Wettbewerbs.* ifo Beiträge zur Wirtschaftsforschung; 1. München.
Baretti, Christian u.a., 2001: *Die Einwohnergewichtung auf Länderebene im Länderfinanzausgleich.* Gutachten im Auftrag der Länder Baden-Württemberg, Bayern, Hessen und Nordrhein-Westfalen. ifo Institut für Wirtschaftsforschung. München.
Bauer, Hartmut, 1997: Die finanzverfassungsrechtliche Integration der neuen Länder. In: Josef Isensee/Paul Kirchhof (Hg.): *Handbuch des Staatsrechts der Bundesrepublik Deutschland.* Band IX: *Die Einheit Deutschlands – Festigung und Übergang –.* Heidelberg, 259-304.
Bayerischer Landtag (Hg.), 2002: *Reform des Föderalismus – Stärkung der Landesparlamente.* Enquete-Kommission des Bayerischen Landtags. Beiträge zum Parlamentarismus Band 14. München.
Bayerisches Staatsministerium der Finanzen, 1998: *Der neue Finanzausgleich: einfach – föderal – gerecht. Das Modell zur Neuordnung.* München.
Becker, Joachim, 2000: Forderung nach einem Maßstäbegesetz – Neue Maßstäbe in der Gleichheitsdogmatik. In: *Neue Juristische Wochenschrift* 53, 3742-3746.
Behnke, Joachim, 1999: Die politische Theorie des Rational Choice, Anthony Downs. In: André Brodocz/Gary S. Schaal (Hg.): *Politische Theorien der Gegenwart.* Opladen, 311-336.
Behring, Karin u.a., 2000: *Infrastruktureller Nachholbedarf der neuen Bundesländer. Quantifizierung in ausgewählten Bereichen bis zum Jahr 2005.* Gutachten im Auftrag der ostdeutschen Bundesländer. ifoDresden-Studien 26. München.
Bellers, Jürgen/Gerhard W. Wittkämper, 1992: Öffentliche Finanzen und Wiedervereinigung. In: Beate Kohler-Koch (Hg.): *Staat und Demokratie in Europa.* 18. Wissenschaftlicher Kongreß der Deutschen Vereinigung für Politische Wissenschaft. Opladen, 388-393.

11 Bibliographie

Dokumente

Angaben über verwendete Gesetzestexte, amtliche Drucksachen, Verfassungsgerichtsentscheide, Ergebnisprotokolle und Vermerke finden sich in den Fußnoten im Text!

Bibliographie

Abromeit, Heidrun, 1992: *Der verkappte Einheitsstaat.* Opladen.
Abromeit, Heidrun, 1993: *Interessenvermittlung zwischen Konkurrenz und Konkordanz.* Opladen.
Abromeit, Heidrun/Felix W. Wurm, 1996: Der bundesdeutsche Föderalismus – Entwicklung und neue Herausforderungen. In: Uwe Andersen (Hg.): *Der deutsche Föderalismus in der doppelten Bewährungsprobe.* Schwalbach/Ts., 10-23.
Albert, Helmut, 1992: Die Föderalismusdiskussion im Zuge der deutschen Einigung. In: Kurt Bohr (Hg.): *Föderalismus. Demokratische Struktur für Deutschland und Europa.* München, 1-29.
Alemann, Ulrich von/Wolfgang Tönnesmann, 1995: Grundriss: Methoden in der Politikwissenschaft. In: Ulrich von Alemann (Hg.): *Politikwissenschaftliche Methoden: Grundriss für Studium und Forschung.* Opladen, 17-140.
Alexander, Jeffrey (Hg.), 1985: *Neofunctionalism.* Beverly Hills.
Alexander, Jeffrey/Paul Colomy (Hg.), 1990: *Differention Theory and Social Change. Comparative and Historical Perspectives.* New York.
Almond, Gabriel A./G. Bringham Powell, 1966: *Comparative Politics. A Developmental Approach.* Boston.
Almond, Gabriel A./Sidney Verba, 1963: *The Civic Culture.* Princeton.
Altemeier, Jens, 1999: *Föderale Finanzbeziehungen unter Anpassungsdruck. Verteilungskonflikte in der Verhandlungsdemokratie.* Frankfurt am Main/New York.
Andersen, Uwe, 1992a: Innerdeutsche Wirtschafts- und Währungsunion im Vergleich. In: Beate Kohler-Koch (Hg.): *Staat und Demokratie in Europa.* 18. Wissenschaftlicher Kongreß der Deutschen Vereinigung für Politische Wissenschaft. Opladen, 342-344.
Andersen, Uwe, 1992b: Die Finanzierung der deutschen Einheit. In: Hans-Hermann Hartwich/Göttrik Wewer (Hg.): *Regieren in der Bundesrepublik IV. Finanz- und wirtschaftspolitische Bestimmungsfaktoren des Regierens im Bundesstaat – unter besonderer Berücksichtigung des deutschen Vereinigungsprozesses.* Opladen, 227-243.
Andersen, Uwe, 1996: Artikel Finanzierung der Einheit. In: Werner Weidenfeld/Karl-Rudolf Korte (Hg.): *Handbuch zur deutschen Einheit.* Aktualisierte Neuausgabe. Bonn, 294-307.
Apolte, Thomas, 1999: *Die ökonomische Konstitution eines föderativen Systems.* Tübingen.
Arbeitsgruppe „Finanzen", 2002: *Bericht zu den Themenbereichen Mischfinanzierungen und Steuergesetzgebungen. Bestandsaufnahme 13. Dezember 2002.* 2 Teilberichte: *„Mischfinanzierungstatbestände"* (samt Ergänzung) und *„Steuergesetzgebungskompetenzen.* o.O.
Armingeon, Klaus, 2002: Verbändesystem und Föderalismus. Eine vergleichende Analyse. In: Arthur Benz/Gerhard Lehmbruch (Hg.): *Föderalismus. Analysen in entwicklungsgeschichtlicher und vergleichender Perspektive.* Politische Vierteljahresschrift Sonderheft 32/2001. Wiesbaden, 213-233.

FN	Fußnote
FS	Fachserie
GA	Gemeinschaftsaufgaben nach Art. 91a, b GG
GG	Grundgesetz
GKS	Gebietskörperschaften
GRW	Gemeinschaftsaufgabe zur Förderung der regionalen Wirtschaftsstruktur nach Art. 91a GG
GVFG	Gemeindeverkehrsfinanzierungsgesetz
HB	Hansestadt Bremen
HE	Hessen
HH	Hansestadt Hamburg
i.d.F.v.	in der Fassung vom
i.d.P.	in der Praxis
IfG	Investitionsförderungsgesetz Aufbau Ost
IWF	Internationaler Währungsfonds
KöSt	Körperschaftsteuer
KPD	Kommunistische Partei Deutschlands
KPdSU	Kommunistische Partei der Sowjetunion
LAF	Lastenausgleichsfonds
LDP	Liberaldemokratische Partei
LFA	Länderfinanzausgleich
LT-Drs.	Landtagsdrucksache
Mio.	Millionen
MPK	Ministerpräsidentenkonferenz
MPK/Ost	Regionalkonferenz der Regierungschefs der sechs ostdeutschen Länder
Mrd.	Milliarden
MV	Mecklenburg-Vorpommern
n.F.	neue Fassung
NI	Niedersachsen
NW	Nordrhein-Westfalen
ÖPNV	Öffentlicher Personennahverkehr
p.a.	per anno
p.K.	pro Kopf
PDS	Partei des Demokratischen Sozialismus
Pol-BEZ	BEZ wegen überdurchschnittlich hoher Kosten politischer Führung
R.	Reihe
rd.	rund
RP	Rheinland-Pfalz
SH	Schleswig-Holstein
SL	Saarland
SN	Sachsen
SoA	Sonderausschuss
SPD	Sozialdemokratische Partei Deutschlands
ST	Sachsen-Anhalt
StatBA	Statistisches Bundesamt
StatJB	Statistisches Jahrbuch
SVR	Sachverständigenrat zur Begutachtung der gesamtwirtschaftlichen Entwicklung
TH	Thüringen
THA	Treuhandanstalt
UdSSR	Union der sozialistischen Sowjetrepubliken
ÜG	Überleitungsgesetz
UMTS	Universal Mobile Telecommunications System
USt	Umsatzsteuer
v.H.	vom Hundert
Vgl.	Vergleiche
WWSU	Währungs-, Wirtschafts- und Sozialunion
ZDL	Zentrale Datenstelle der Länderfinanzminister
ZerlG	Zerlegungsgesetz
ZK	Zentralkomitee

10 Abkürzungsverzeichnis

a.F.	alte Fassung
AG	Ausgaben
A-Länder	Länder unter Führung der SPD
AMZ	Ausgleichsmesszahl
Art.	Artikel
BAföG	Bundesausbildungsförderungsgesetz
BB	Brandenburg
BE	Berlin
BEZ	Bundesergänzungszuweisungen
BGBl.	Bundesgesetzblatt
Bill.	Billionen
BIP	Bruttoinlandsprodukt
B-Länder	Länder unter Führung der CDU/CSU
BMA	Bundesministerium für Arbeit und Sozialordnung
BMF	Bundesministerium der Finanzen
BR-Drs.	Drucksache des Bundesrats
BT-Drs.	Drucksache des Deutschen Bundestags
BVerfG	Bundesverfassungsgericht
BVerfGE	Amtliche Sammlung der Entscheidungen des Bundesverfassungsgerichts
BvS	Bundesamt für vereinigungsbedingte Sonderaufgaben
BW	Baden-Württemberg
BY	Bayern
CdS	Chefs der Staats- und Senatskanzleien der Länder
CDU	Christlich-Demokratische Union
CSU	Christlich-Soziale Union
DA	Demokratischer Aufbruch
DDR	Deutsche Demokratische Republik
DFP	Deutsche Forumspartei
DM	Deutsche Mark
DVP	Deutsche Volkspartei
EAGFL	Europäischer Ausrichtungs- und Garantiefonds für die Landwirtschaft
EFRE	Europäischer Fonds für regionale Entwicklung
EG	Europäische Gemeinschaft
EG-Vertr	Vertrag zur Gründung der Europäischen Gemeinschaft
ERP	European Recovery Program
ESF	Europäischer Sozialfonds
ESt	Einkommensteuer
EU	Europäische Union
EVertr	Einigungsvertrag
EW	Einwohner
EWS	Europäisches Währungssystem
FAG	Finanzausgleichsgesetz
FB	Finanzbericht
FDE	Fonds „Deutsche Einheit"
FDP	Freie Demokratische Partei
FH	Finanzhilfen des Bundes nach Art. 104a IV GG
FKP	Föderales Konsolidierungsprogramm
FKPG	Gesetz zur Umsetzung des Föderalen Konsolidierungsprogramms
FMZ	Finanzkraftmesszahl

Anlage 44: Reales Pro-Kopf-BIP: Jahresdurchschnittliches Wachstum nach Ländern

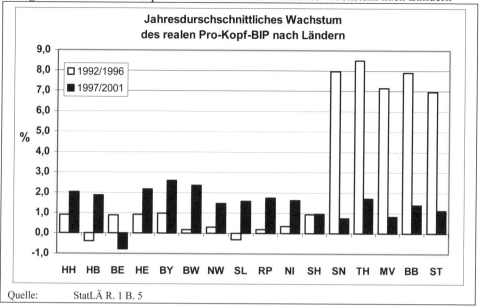

Quelle: StatLÄ R. 1 B. 5

Anlage 45: Nominales Pro-Kopf-Bruttoinlandsprodukt der Länder 1991 bis 2001

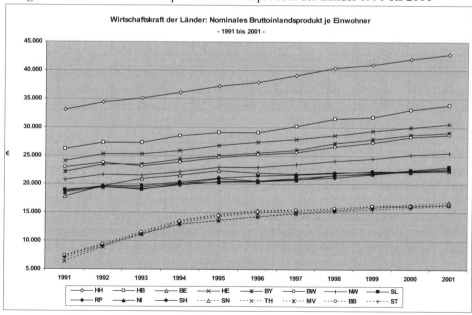

9 Anlage

4. Gesamteinnahmen der Länder (Haushalte der Länder und Kommunen):

	BW	BY	HE	NW	NI	RP	SL	SH	HB	HH	BE	BB	MV	SN	ST	TH
a. Mittlere Veränderung gegenüber dem Vorjahr in v.H.																
1991/1994	3%	5%	5%	4%	3%	4%	9%	4%	11%	2%	2%	10%	7%	9%	9%	7%
1995/1998	2%	2%	2%	2%	1%	2%	0%	1%	0%	4%	2%	4%	3%	3%	4%	3%
1999/2002	1%	0%	0%	0%	0%	0%	-2%	-1%	-3%	-3%	-3%	-1%	-2%	-2%	-2%	-2%
2002	1%	-2%	-7%	3%	2%	-3%	-5%	-5%	-7%	-4%	-7%	-6%	-4%	-3%	-5%	-7%
b. Durchschnittliches Volumen je Einwohner in Euro																
1991/1994	3.586	3.531	3.778	3.449	3.359	3.197	3.470	3.467	5.048	4.462	5.116	3.292	3.550	3.376	3.285	3.369
1995/1998	3.734	3.820	4.052	3.723	3.461	3.364	4.093	3.634	6.071	4.997	5.286	4.194	4.409	4.302	4.155	4.141
1999/2002	3.980	4.042	4.381	3.859	3.536	3.552	3.932	3.695	6.037	4.937	5.261	4.343	4.467	4.299	4.307	4.254
2002	3.932	3.894	4.105	3.839	3.463	3.440	3.743	3.516	5.477	4.542	4.752	4.140	4.324	4.176	4.135	4.047
c. Durchschnittliches Volumen je Einwohner in v.H. des Durchschnitts der Länder																
1991/1994	101	99	106	97	95	90	97	98	142	126	144	92	100	95	92	95
1995/1998	98	100	106	98	91	88	107	95	159	131	139	110	116	113	109	109
1999/2002	100	102	111	97	89	90	99	93	152	124	133	110	113	108	109	107
2002	103	102	107	100	90	90	98	92	143	118	124	108	113	109	108	106

5. Steuereinnahmen der Länder (Haushalte der Länder und Kommunen):

	BW	BY	HE	NW	NI	RP	SL	SH	HB	HH	BE	BB	MV	SN	ST	TH
a. Quote: Durchschnittlicher Anteil an den Gesamteinnahmen des Landes (einschl. der kommunalen Haushalte)																
1991/1994	71%	69%	71%	72%	65%	67%	60%	64%	54%	76%	38%	30%	27%	30%	29%	28%
1995/1998	70%	68%	71%	70%	67%	68%	54%	67%	45%	73%	44%	47%	43%	46%	46%	46%
1999/2002	73%	71%	74%	72%	68%	67%	59%	66%	46%	84%	46%	48%	46%	49%	48%	48%
2002	70%	71%	73%	71%	66%	65%	58%	67%	49%	88%	48%	47%	45%	47%	48%	47%
b. Mittlere Veränderung gegenüber dem Vorjahr in v.H.																
1991/1994	1%	4%	5%	2%	4%	3%	4%	6%	4%	1%	21%	28%	29%	22%	24%	27%
1995/1998	3%	3%	3%	3%	2%	2%	1%	2%	-2%	4%	0%	14%	13%	12%	13%	14%
1999/2002	0%	1%	0%	0%	-1%	-1%	-1%	-1%	0%	1%	-2%	0%	-1%	-1%	-2%	-1%
2002	-4%	-2%	-7%	4%	-4%	-2%	-6%	-4%	1%	2%	-5%	-7%	-8%	-8%	-8%	-8%
c. Durchschnittliches Volumen je Einwohner in Euro																
1991/1994	2.537	2.432	2.700	2.469	2.173	2.151	2.061	2.211	2.703	3.405	1.964	994	973	1.018	971	958
1995/1998	2.631	2.597	2.858	2.624	2.303	2.281	2.191	2.420	2.725	3.663	2.336	1.960	1.906	1.958	1.917	1.887
1999/2002	2.900	2.851	3.255	2.774	2.400	2.366	2.311	2.443	2.778	4.140	2.434	2.089	2.054	2.096	2.070	2.039
2002	2.753	2.760	2.994	2.720	2.274	2.245	2.171	2.344	2.685	3.985	2.262	1.957	1.930	1.972	1.969	1.918
d. Durchschnittliches Volumen je Einwohner in v.H. des Durchschnitts der Länder																
1991/1994	117	112	125	114	100	99	95	102	125	157	90	45	44	47	44	44
1995/1998	108	106	117	107	94	93	90	99	112	150	96	80	78	80	78	77
1999/2002	109	107	122	104	90	89	87	92	104	156	91	79	77	79	78	77
2002	108	108	118	107	89	88	85	92	106	157	89	77	76	77	77	75

6. Schulden der Länder (Haushalte der Länder und Kommunen):

	BW	BY	HE	NW	NI	RP	SL	SH	HB	HH	BE	BB	MV	SN	ST	TH
a. Mittlere Veränderung gegenüber dem Vorjahr in v.H.																
1991/1994	5%	2%	5%	4%	7%	5%	4%	6%	3%	9%	26%	118%	91%	87%	123%	100%
1995/1998	3%	5%	3%	5%	4%	5%	-2%	5%	0%	4%	17%	12%	21%	11%	17%	10%
1999/2002	3%	1%	2%	4%	3%	4%	-2%	4%	3%	5%	11%	3%	4%	1%	4%	5%
2002	2%	5%	6%	5%	7%	6%	5%	6%	8%	3%	16%	7%	5%	2%	7%	4%
b. Durchschnittliches Volumen je Einwohner in Euro																
1991/1994	2.990	2.192	4.338	4.523	4.371	4.185	7.892	4.931	12.322	6.650	3.497	2.076	1.313	1.376	1.881	1.780
1995/1998	3.334	2.493	4.901	5.316	5.145	4.941	7.767	5.908	12.675	8.387	7.470	5.216	4.288	3.235	5.146	4.563
1999/2002	3.631	2.654	5.116	6.051	5.583	5.822	7.166	6.577	13.238	9.929	10.920	5.949	5.696	3.669	6.826	5.879
2002	3.796	2.732	5.446	6.456	6.017	6.261	7.013	6.957	14.499	10.535	13.174	6.360	6.169	3.782	7.413	6.326
c. Durchschnittliches Volumen je Einwohner in v.H. des Durchschnitts der Länder																
1991/1994	84	62	122	128	123	118	223	139	348	187	97	55	35	37	50	47
1995/1998	72	54	106	115	111	106	168	127	274	181	160	112	92	70	110	98
1999/2002	68	50	95	113	104	109	134	123	247	185	203	111	106	69	127	110
2002	66	47	95	112	105	109	122	121	252	183	229	111	107	66	129	110

Quelle: Eigene Berechnungen nach SVR 2003, StatJB 2003, StatBA FS 14 R. 5 2001
Anmerkung: Gesamteinnahmen um Zahlungen von gleicher Ebene bereinigt

Anlage 43: Strukturdaten der Länderhaushalte (einschl. Kommunen) 1991-2002

1. Gesamtausgaben der Länder (Haushalte der Länder und Kommunen):

	BW	BY	HE	NW	NI	RP	SL	SH	HB	HH	BE	BB	MV	SN	ST	TH
a. Mittlere Veränderung gegenüber dem Vorjahr in v.H.																
1991/1994	2%	5%	5%	5%	5%	4%	4%	5%	3%	5%	7%	13%	11%	7%	14%	14%
1995/1998	1%	1%	1%	1%	0%	2%	0%	0%	1%	1%	-1%	1%	1%	0%	1%	0%
1999/2002	3%	2%	2%	2%	3%	2%	1%	1%	1%	-2%	0%	1%	0%	-1%	-1%	-1%
2002	-1%	2%	-1%	1%	1%	0%	1%	3%	1%	-8%	-7%	2%	2%	1%	0%	-3%
b. Durchschnittliches Volumen je Einwohner in Euro																
1991/1994	3.731	3.620	4.003	3.662	3.623	3.435	3.755	3.710	5.551	4.993	5.911	4.159	4.156	3.954	4.021	4.026
1995/1998	3.850	3.942	4.262	3.972	3.704	3.669	3.943	3.907	6.032	5.487	6.406	4.749	4.989	4.569	4.779	4.628
1999/2002	4.088	4.075	4.525	4.118	3.851	3.857	4.022	3.890	6.326	5.478	6.334	4.721	4.889	4.370	4.754	4.615
2002	4.171	4.166	4.548	4.207	3.968	3.931	4.065	3.963	6.377	5.090	6.210	4.765	4.997	4.392	4.800	4.520
c. Durchschnittliches Volumen je Einwohner in v.H. des Durchschnitts der Länder																
1991/1994	97	94	104	95	94	89	97	96	144	129	153	107	107	102	103	104
1995/1998	94	96	104	97	90	90	96	95	147	134	156	116	122	112	117	113
1999/2002	97	97	107	98	91	92	96	92	150	130	150	112	116	104	113	110
2002	98	98	107	99	93	92	95	93	149	119	145	112	117	103	112	106

2. Investitionsausgaben der Länder (Haushalte der Länder und Kommunen):

	BW	BY	HE	NW	NI	RP	SL	SH	HB	HH	BE	BB	MV	SN	ST	TH
a. Quote: Durchschnittlicher Anteil an den Gesamtausgaben des Landes (einschl. der kommunalen Haushalte)																
1991/1994	20%	25%	17%	15%	17%	18%	14%	16%	12%	12%	17%	31%	29%	34%	31%	34%
1995/1998	16%	22%	13%	12%	14%	15%	11%	14%	12%	11%	14%	25%	27%	30%	27%	25%
1999/2002	16%	19%	11%	10%	13%	13%	10%	12%	15%	10%	12%	21%	22%	24%	22%	21%
2002	16%	18%	11%	9%	11%	12%	9%	11%	16%	9%	9%	21%	20%	22%	19%	19%
b. Mittlere Veränderung gegenüber dem Vorjahr in v.H.																
1991/1994	-4%	4%	-1%	2%	2%	0%	-1%	0%	-7%	1%	-3%	5%	14%	-1%	16%	10%
1995/1998	0%	-2%	-6%	-4%	-3%	-1%	2%	-4%	7%	-2%	-4%	-3%	-4%	-2%	-1%	-7%
1999/2002	2%	-2%	0%	-4%	-1%	-3%	-6%	-3%	6%	-2%	0%	0%	-7%	-7%	-10%	-7%
2002	-13%	-5%	-12%	-10%	-20%	-13%	-11%	-8%	3%	-18%	-50%	8%	-3%	-3%	-12%	-11%
c. Durchschnittliches Volumen je Einwohner in Euro																
1991/1994	733	899	668	562	598	602	515	591	684	612	991	1.267	1.227	1.339	1.233	1.356
1995/1998	617	865	549	480	523	544	448	538	721	595	910	1.185	1.331	1.389	1.293	1.173
1999/2002	663	775	501	428	496	516	418	470	966	551	747	1.006	1.062	1.054	1.027	986
2002	656	746	483	390	450	459	376	420	1.042	476	536	1.002	981	966	901	847
d. Durchschnittliches Volumen je Einwohner in v.H. des Durchschnitts der Länder																
1991/1994	92	113	84	71	75	76	65	74	86	77	125	159	154	168	154	170
1995/1998	86	120	76	66	72	75	62	74	100	82	126	164	184	192	179	162
1999/2002	102	120	77	66	76	80	64	73	150	85	114	155	164	163	158	152
2002	110	125	81	65	75	77	63	70	174	79	90	167	164	161	150	141

3. Personalausgaben der Länder (Haushalte der Länder und Kommunen):

	BW	BY	HE	NW	NI	RP	SL	SH	HB	HH	BE	BB	MV	SN	ST	TH
a. Quote: Durchschnittlicher Anteil an den Gesamtausgaben des Landes (einschl. der kommunalen Haushalte)																
1991/1994	39%	39%	38%	39%	41%	40%	39%	39%	38%	39%	33%	33%	34%	33%	35%	33%
1995/1998	41%	39%	39%	39%	42%	41%	40%	39%	35%	36%	33%	34%	31%	32%	35%	33%
1999/2002	41%	39%	37%	39%	40%	41%	42%	40%	33%	35%	34%	32%	33%	33%	35%	33%
2002	41%	39%	37%	39%	39%	43%	40%	31%	38%	35%	31%	33%	33%	36%	34%	
b. Mittlere Veränderung gegenüber dem Vorjahr in v.H.																
1991/1994	5%	5%	5%	4%	4%	5%	3%	4%	1%	4%	8%	16%	7%	5%	14%	10%
1995/1998	1%	2%	2%	2%	1%	2%	1%	1%	-2%	-1%	-1%	1%	1%	1%	0%	0%
1999/2002	2%	2%	0%	1%	0%	2%	2%	2%	0%	0%	1%	-1%	0%	0%	0%	0%
2002	3%	3%	3%	3%	0%	2%	4%	-1%	1%	1%	-2%	1%	2%	0%	0%	
c. Durchschnittliches Volumen je Einwohner in Euro																
1991/1994	1.469	1.398	1.527	1.445	1.480	1.382	1.482	1.444	2.096	1.937	1.954	1.368	1.406	1.299	1.427	1.342
1995/1998	1.583	1.534	1.648	1.561	1.543	1.515	1.578	1.540	2.127	1.949	2.095	1.600	1.561	1.441	1.650	1.518
1999/2002	1.663	1.599	1.669	1.620	1.548	1.595	1.686	1.567	2.062	1.896	2.121	1.524	1.605	1.427	1.686	1.519
2002	1.720	1.639	1.671	1.655	1.554	1.617	1.745	1.604	2.000	1.923	2.145	1.487	1.634	1.449	1.717	1.540
d. Durchschnittliches Volumen je Einwohner in v.H. des Durchschnitts der Länder																
1991/1994	99	95	103	98	100	94	100	98	142	131	132	92	95	88	96	90
1995/1998	100	97	104	98	97	95	99	97	134	123	132	101	98	91	104	96
1999/2002	102	98	102	99	95	98	103	96	126	116	130	93	98	87	103	93
2002	104	99	101	100	94	97	105	97	120	116	129	90	98	87	103	93

9 Anlage

Anlage 41: Strukturdaten der Haushalte von Bund und Ländern

	BUND	LÄNDER/GESAMT -einschl. kommun. Haushalte -
	1. Investitionsquote: Investitionsausgaben in Relation zu den Gesamtausgaben	
1992/1996	9,0%	19,5%
1997/2001	6,8%	16,3%
2002	6,3%	14,0%
	2. Personalkostenquote: Personalausgaben in Relation zu den Gesamtausgaben	
1992/1996	11,2%	38,4%
1997/2001	10,2%	38,9%
2002	9,7%	38,9%
	3. Zins-Ausgaben-Quote: Zinsausgaben in Relation zu den Gesamtausgaben	
1992/1996	10,3%	6,4%
1997/2001	13,2%	7,2%
2002	13,3%	7,2%
	4. Steuer-Einnahmen-Quote: Steuereinnahmen in Relation zu den Gesamteinnahmen	
1992/1996	90,1%	62,4%
1997/2001	84,0%	66,2%
2002	86,9%	66,4%
	5. Defizitquote: Finanzierungssaldo in Relation zu den Gesamtausgaben	
1992/1996	12,0%	8,5%
1997/2001	6,3%	4,7%
2002	11,7%	10,2%
Quellen:	Eigene Berechnungen nach SVR 2003, StatJB 2003	
Anmerkung:	Angaben für 1992/1996 und 1997/2001 jew. mittlere Anteilswerte	

Anlage 42: Reales Pro-Kopf-BIP: Ost- und Westdeutschland 1991-2001

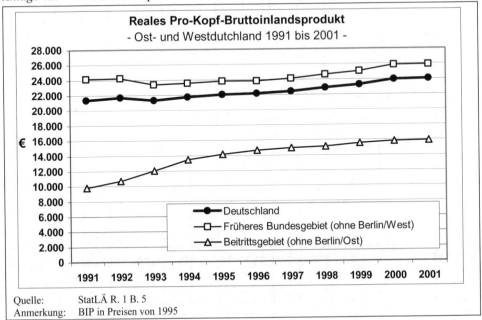

Quelle: StatLÄ R. 1 B. 5
Anmerkung: BIP in Preisen von 1995

Anlage 39: Schulden, Gesamtsteuereinnahmen, BIP: Veränderungsrate im Vergleich

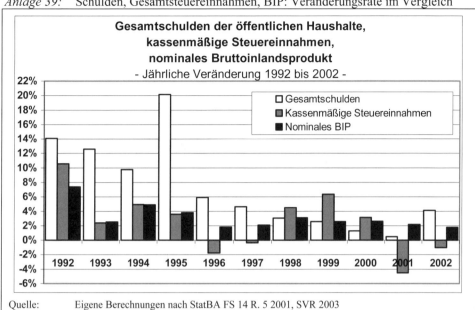

Quelle: Eigene Berechnungen nach StatBA FS 14 R. 5 2001, SVR 2003
Anmerkung: Kreditmarktschulden i.w.S.

Anlage 40: Finanzierungssalden nach Ländergruppen 1992-2002

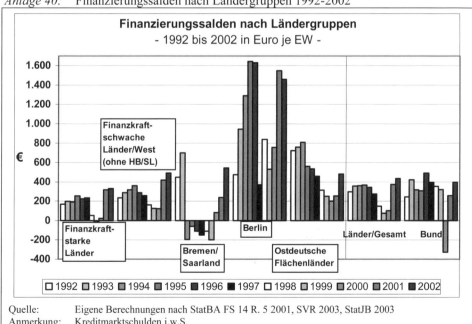

Quelle: Eigene Berechnungen nach StatBA FS 14 R. 5 2001, SVR 2003, StatJB 2003
Anmerkung: Kreditmarktschulden i.w.S.

9 Anlage

Anlage 37: Verwendungsstruktur der öffentlichen West-Ost-Transfers 1991-1999

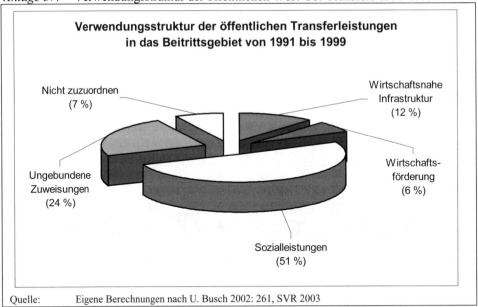

Anlage 38: Jährliche Veränderungsrate der Verschuldung der öffentlichen Haushalte

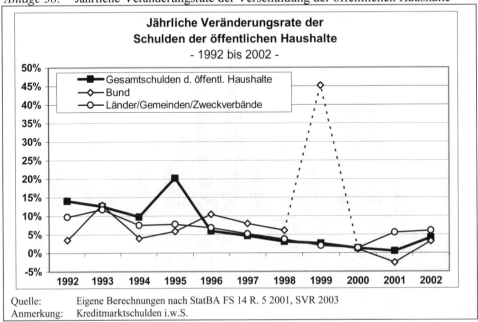

Anlage 35: Anteil der öffentlichen West-Ost-Transferleistungen am BIP

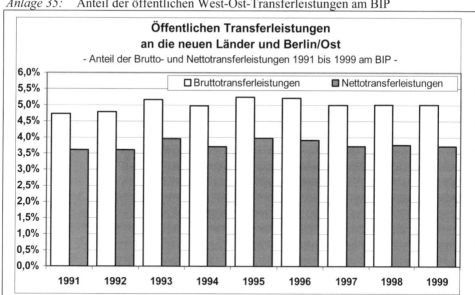

Quelle: Eigene Berechnungen nach U. Busch 2002: 148, SVR 2003

Anlage 36: Finanzierung der öffentlichen West-Ost-Transfers nach Geberhaushalten

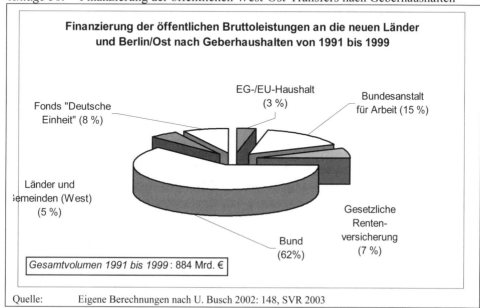

Quelle: Eigene Berechnungen nach U. Busch 2002: 148, SVR 2003

Anlage 33: Föderale Finanzströme 2002: Aufgliederung nach Fließrichtung

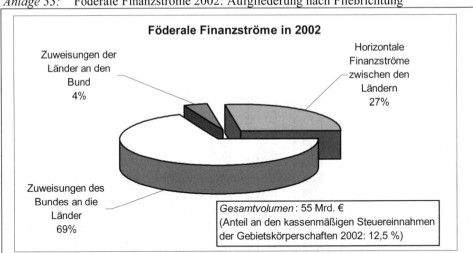

Quelle:	Eigene Berechnungen nach BMF-Dokumentation 5/2002, AG „*Finanzen*", Finanzbericht 2003, StatBA FS 14 R. 4 2002
Anmerkung:	*Zuweisungen des Bundes an die Länder*: Art. 91a, 91b, 104a III, IV GG (Art. 91b GG: Nur Zahlungen des Bundes an die Länder, nicht Zahlungen an Dritte, Art. 104a III GG: Soll nach Finanz- und Haushaltsplanung), BEZ und Zuweisung zum ÖPNV
	Zuweisungen der Länder an den Bund: Zuweisungsbeträge der Länder an den Bund für den Fonds „Deutsche Einheit"
	Horizontale Zuweisungen: Umsatzsteuervorabausgleich, Länderfinanzausgleich

Anlage 34: Föderale Finanzströme 2002: Zuweisungen des Bundes an die Länder n

Föderale Finanzströme
- Zuweisungen des Bundes an die Länder in 2002 -

- Geldleistungen nach Art. Art. 104a III GG 21%
- BEZ 42%
- weisung ÖPNV 18%
- Gemeinschaftsaufgaben nach Art. 91b GG 1%
- Finanzhilfen nach Art. 104a IV GG 10%
- Gemeinschaftsaufgaben nach Art. 91a GG 8%

Gesamtvolumen: 38 Mrd. €

Quelle:	Eigene Berechnungen nach BMF-Dokumentation 5/2002, AG „*Finanzen*", Finanzbericht 2003, StatBA FS 14 R. 4 2002
Anmerkung:	Art. 91b GG: Nur Zahlungen des Bundes an die Länder, nicht Zahlungen an Dritte
	Art. 104a III GG: Soll nach Finanz- und Haushaltsplanung

Anlage 31: GRW und Finanzhilfen: Regionale Verteilung der Zahlungen des Bundes

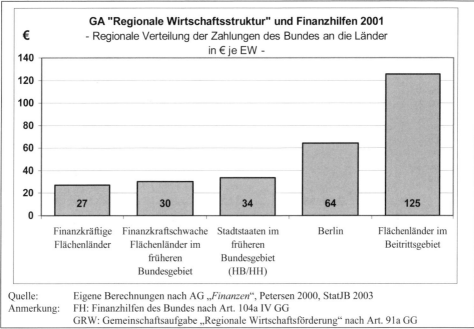

Quelle:	Eigene Berechnungen nach AG „*Finanzen*", Petersen 2000, StatJB 2003
Anmerkung:	FH: Finanzhilfen des Bundes nach Art. 104a IV GG
	GRW: Gemeinschaftsaufgabe „Regionale Wirtschaftsförderung" nach Art. 91a GG

Anlage 32: Föderale Transfers 1991-2002

Föderale Transfers : Finanzausgleich, Fonds "Deutsche Einheit", Mischfinanzierungen nach Art. 91a, 104a IV GG
- Volumen in Mio. €, Struktur und Veränderung 1991 bis 2002 -

Finanzausgleich und Fonds "Deutsche Einheit"								*GA (Art. 91a GG) und FH (Art. 104a IV GG)*						*Gesamttransfers*	
USt-Vorab-ausgleich	LFA	BEZ	Fonds "Dt. Einheit"	*Insgesamt:*			GA	FH	*Insgesamt:*			Summe	Veränd.
					Summe	Veränd.	Anteil			Summe	Veränd.	Anteil		
1991	192	2.003	1.806	17.895	21.897	-	73%	3.534	4.756	8.289	-	27%	30.186	-
1992	167	1.714	2.017	17.333	21.231	-3%	67%	4.209	6.246	10.455	26%	33%	31.687	5%
1993	166	1.618	2.196	17.997	21.978	4%	68%	4.761	5.380	10.141	-3%	32%	32.119	1%
1994	76	1.486	3.705	17.691	22.958	4%	70%	4.155	5.637	9.792	-3%	30%	32.750	2%
1995	6.119	5.724	12.819	-	24.662	7%	65%	4.068	9.028	13.096	34%	35%	37.758	15%
1996	6.982	6.253	12.858	-	26.093	6%	66%	3.984	9.239	13.223	1%	34%	39.316	4%
1997	6.779	6.135	12.902	-	25.816	-1%	69%	3.568	7.837	11.406	-14%	31%	37.222	-5%
1998	7.336	6.920	13.117	-	27.373	6%	71%	3.327	7.664	10.991	-4%	29%	38.363	3%
1999	7.919	7.465	13.222	-	28.606	5%	72%	3.320	7.561	10.881	-1%	28%	39.487	3%
2000	8.647	8.273	13.339	-	30.259	6%	74%	3.158	7.237	10.396	-4%	26%	40.655	3%
2001	7.849	7.589	12.637	-	28.075	-7%	74%	3.067	7.005	10.072	-3%	26%	38.147	-6%
2002	7.683	7.399	15.768	-	30.850	10%	82%	3.146	3.657	6.804	-32%	18%	37.654	-1%
Mittlere Veränderungsrate:						3,3%					-0,4%			2,2%

Anmerkungen:
Fonds "Dt. E." Transferleistungen des Fonds "Deutsche Einheit"
GA: Gemeinschaftsaufgaben nach Art. 91a GG: Zahlungen des Bundes
FH: Finanzhilfen des Bundes nach Art. 104a IV GG: Zahlungen des Bundes, einschl. IfG "Aufbau Ost"
Quellen: Eigene Berechnungen nach Finanzbericht 2003, AG "Finanzen", Petersen 2000, BMF-Dokumentation 5/2002

9 Anlage 363

Anlage 29: Mischfinanzierungen: Ost-West-Verteilung der Zahlungen des Bundes 2002

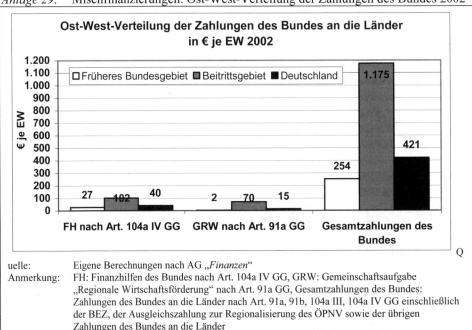

Quelle: Eigene Berechnungen nach AG „*Finanzen*"
Anmerkung: FH: Finanzhilfen des Bundes nach Art. 104a IV GG, GRW: Gemeinschaftsaufgabe „Regionale Wirtschaftsförderung" nach Art. 91a GG, Gesamtzahlungen des Bundes: Zahlungen des Bundes an die Länder nach Art. 91a, 91b, 104a III, 104a IV GG einschließlich der BEZ, der Ausgleichszahlung zur Regionalisierung des ÖPNV sowie der übrigen Zahlungen des Bundes an die Länder

Anlage 30: GRW und Finanzhilfen: Ost-West-Verteilung der Zahlungen des Bundes

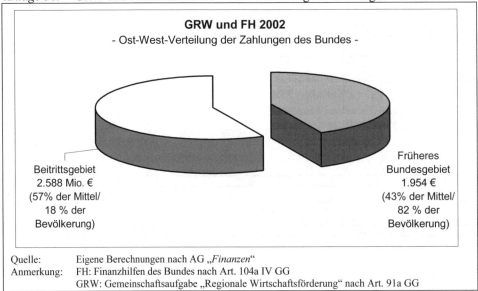

Quelle: Eigene Berechnungen nach AG „*Finanzen*"
Anmerkung: FH: Finanzhilfen des Bundes nach Art. 104a IV GG
GRW: Gemeinschaftsaufgabe „Regionale Wirtschaftsförderung" nach Art. 91a GG

Anlage 28: Gemeinschaftsaufgaben und Finanzhilfen 1991-2002

	Gemeinschaftsaufgaben nach Art. 91a GG (GA)							GA nach Art. 91b GG			Finanzhilfen des Bundes nach Art. 104a IV GG (FH)					FH insgesamt:			GA/FH Insgesamt:	
	Hoch-schulbau[1]	Reg. Wirt.-Struktur[1,2]	Agrarstr./ Küstensch.[1]	GA (Art. 91a GG) insgesamt				GA (Art. 91b GG) insgesamt:			IfG Aufbau Ost	GVFG	Stadtsan./ -entwicklg.	Wohnungs-bau[1]	Sonstige FH					
				Summe	Veränd.	Anteil		Summe[1,2]	Veränd.	Anteil						Summe	Veränd.	Anteil	Summe	Veränd.
1991	845	1.447	1.242	3.534	-	32,1%		k.A.	-	-	-	1.996	691	1.066	1.002	4.756	-	-	-	-
1992	818	1.852	1.540	4.209	19,1%	36,5%		2.645	-	20,2%	-	3.241	485	1.440	1.080	6.246	31,3%	47,7%	13.100	-
1993	859	2.328	1.575	4.761	13,1%	32,7%		2.906	9,9%	22,3%	-	2.969	406	1.081	924	5.380	-13,9%	41,2%	13.047	-0,4%
1994	859	1.860	1.436	4.155	-12,7%	25,3%		2.906	0,0%	22,9%	-	2.929	407	1.298	1.004	5.637	4,8%	44,4%	12.698	-2,7%
1995	920	1.807	1.341	4.068	-2,1%	24,7%		2.979	2,5%	18,5%	3.375	2.886	475	1.352	942	9.028	60,2%	56,2%	16.075	26,6%
1996	920	1.796	1.268	3.984	-2,1%	23,6%		2.935	-1,5%	18,2%	3.375	2.895	413	1.522	1.034	9.239	2,3%	57,2%	16.158	0,5%
1997	920	1.657	991	3.568	-10,4%	23,6%		3.029	3,2%	21,0%	3.375	1.548	369	1.496	1.050	7.837	-15,2%	54,3%	14.435	-10,7%
1998	920	1.530	877	3.327	-6,8%	23,6%		3.114	2,8%	22,1%	3.375	1.527	356	1.471	935	7.664	-2,2%	54,3%	14.105	-2,3%
1999	1.023	1.437	861	3.320	-0,2%	23,2%		3.183	2,2%	22,6%	3.375	1.524	317	1.255	1.091	7.561	-1,3%	53,8%	14.064	-0,3%
2000	1.023	1.287	849	3.158	-4,9%	23,0%		3.220	1,2%	23,6%	3.375	1.529	321	1.073	940	7.237	-4,3%	53,2%	13.615	-3,2%
2001	1.132	1.132	802	3.067	-2,9%	30,7%		3.268	1,5%	24,5%	3.375	1.493	347	818	974	7.005	-3,2%	52,5%	13.340	-2,0%
2002	1.100	1.211	835	3.146	2,6%			3.268	0,0%	31,9%	-	1.564	390	662	1.041	3.657	-47,8%	35,7%	10.236	-23,3%
Mittlere jährliche Veränderungsrate:					-0,7%				2,2%								1,0%				-1,8%

Angaben und Zahlungen des Bundes in Mio. €

Abkürzungen und Erläuterungen:
Hochschulbau: Ausbau und Neubau von Hochschulen einschl. Hochschulkliniken
Reg. Wirt.-Struktur: Verbesserung der regionalen Wirtschaftsstruktur
Agrarstr./Küstensch.: Verbesserung der Agrarstruktur und des Küstenschutzes
IfG: Investitionsförderungsgesetz Aufbau Ost
GVFG: Leistungen nach dem Gemeindeverkehrsfinanzierungsgesetz (Verbesserung der Verkehrsverhältnisse der Gemeinden)
Stadtsan./-entwicklg.: Leistungen zur Stadtsanierung und Stadtentwicklung nach dem Städtebauförderungsgesetz
Wohnungsbau: Finanzhilfen für Wohnungsbau und -modernisierung
Sonstige FH: Sonstige Finanzhilfen nach Petersen 2000: 48
Anteil: Anteil an den gesamten Zahlungen des Bundes im Rahmen der Gemeinschaftsaufgaben nach Art. 91a,b GG und Finanzhilfen nach Art. 104a IV GG
Veränd.: Veränderung gegenüber dem Vorjahr in v.H.

[1] 1991-2001 Ist-Ergebnisse, 2002 Haushalts- und Finanzplanung
[2] Grundförderung und Sonderprogramme; 1992 und 1993 einschl. Zuweisungen aus dem Europäischen Regionalfonds (1992: 189,3 Mio. €, 1993: 205,7 Mio. €)
[3] Von den Zahlungen des Bundes fließt nur rd. 15 % an die Länder ("Blaue Liste", Hochschulsonderprogramme/2002: 510,4 Mio. €, 14,9 %), der übrige Betrag wird direkt Dritten (Forschungsorganisationen, HGF-Zentren, Akademienprogramme/2002 insgesamt: 2.921,5 Mio. €) bereitgestellt

Nachrichtlich: Geldleistungen nach Art. 104a III GG in 2002: 8.000 Mio. € (Soll)

Quelle: Eigene Berechnungen nach Finanzbericht 2003, AG "Finanzen", Petersen 2000, BMF-Dokumentation 5/2002

Anlage 26: Fonds „Deutsche Einheit": Finanzierung und Abfinanzierung 1990-2002

Mio. €	Volumen	Finanzierung				Abfinanzierung			Schulden: (31.12. des jew. Jahres)
		Kreditaufnahme	Zuschuss des Bundes	Zuschuss der Länder/West	Summe	Schuldendienst			
						Bund	Länder/West	Summe	
1990	11.250	10.226	1.023	-	11.248	-	-	0	10.120
1991	17.895	15.850	2.045	-	17.895	511	511	1.022	25.811
1992	17.333	12.271	5.062	-	17.333	1.304	1.304	2.608	38.025
1993	17.997	7.669	7.276	3.050	17.995	1.917	1.915	3.832	44.828
1994	17.691	2.556	9.945	5.190	17.691	2.301	2.287	4.588	45.752
1995						1.355	3.503	4.858	44.557
1996						1.355	3.502	4.857	42.717
1997						1.355	3.503	4.858	40.731
1998						733	2.570	3.303	40.274
1999						655	2.647	3.302	40.102
2000						578	2.725	3.303	39.680
2001						733	2.570	3.303	39.638
2002						277	2.185	2.462	39.441
Quelle: Bach/Vesper 2000, StatBA FS 14 R. 4 2002, StatBA FS 14 R. 5 2002									

Anlage 27: Einwohnerverhältnis der „*Geber-*" und „*Nehmerländer* "

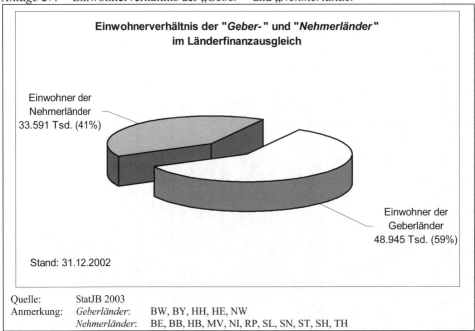

Quelle:	StatJB 2003	
Anmerkung:	*Geberländer*:	BW, BY, HH, HE, NW
	Nehmerländer:	BE, BB, HB, MV, NI, RP, SL, SN, ST, SH, TH

Anlage 24: Haushaltswirtschaftliche Relevanz des Finanzausgleichs 2002

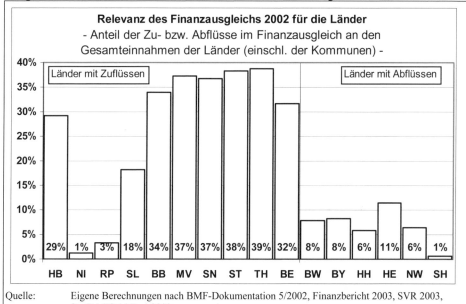

Quelle:	Eigene Berechnungen nach BMF-Dokumentation 5/2002, Finanzbericht 2003, SVR 2003, StatBA FS 14 R. 4 2002
Anmerkung:	Finanzausgleich: Umsatzsteuervorabausgleich, Länderfinanzausgleich, BEZ, Investitionsförderungsgesetz „Aufbau Ost", Zuschüsse zum Fonds „Deutsche Einheit"

Anlage 25: Fonds „Deutsche Einheit": Leistungen von Bund und westdeutschen Ländern

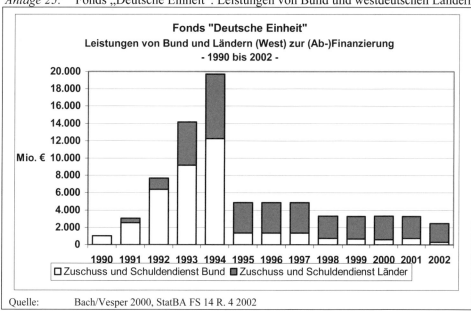

Quelle: Bach/Vesper 2000, StatBA FS 14 R. 4 2002

Anlage 23: Finanzausgleich 1995-2002: Zu- und Abflüsse je Einwohner nach Ländern

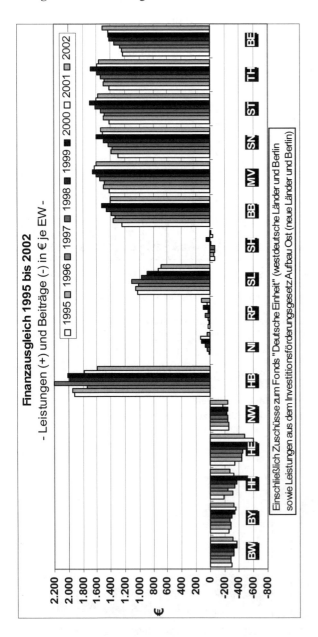

Quelle: Eigene Berechnungen nach BMF-Dokumentation 5/2002, Finanzbericht 2003, StatBA FS 14 R. 4 2002

Anlage 22: Finanzausgleich 1995-2002: Zu- und Abflüsse nach Ländern

Quelle: Eigene Berechnungen nach BMF-Dokumentation 5/2002, Finanzbericht 2003, StatBA FS 14 R. 4 2002

9 Anlage 357

Anlage 20: Westdeutsche Länder im Finanzausgleich 1991-1995

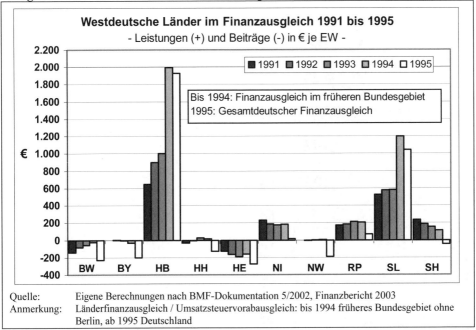

Quelle: Eigene Berechnungen nach BMF-Dokumentation 5/2002, Finanzbericht 2003
Anmerkung: Länderfinanzausgleich / Umsatzsteuervorabausgleich: bis 1994 früheres Bundesgebiet ohne Berlin, ab 1995 Deutschland

Anlage 21: Relatives Volumen der horizontalen und vertikalen Umverteilung 1995-2002

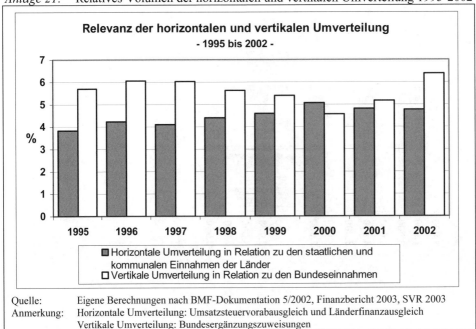

Quelle: Eigene Berechnungen nach BMF-Dokumentation 5/2002, Finanzbericht 2003, SVR 2003
Anmerkung: Horizontale Umverteilung: Umsatzsteuervorabausgleich und Länderfinanzausgleich
Vertikale Umverteilung: Bundesergänzungszuweisungen

Anlage 18: Finanzausgleich in Relation zu volkswirtschaftlichen Bezugsgrößen

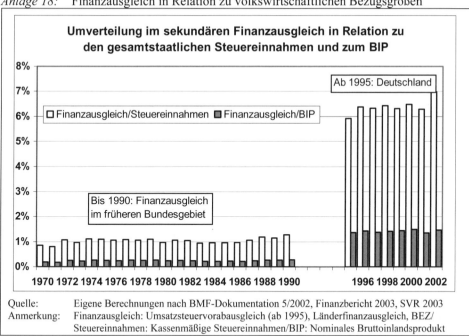

Quelle: Eigene Berechnungen nach BMF-Dokumentation 5/2002, Finanzbericht 2003, SVR 2003
Anmerkung: Finanzausgleich: Umsatzsteuervorabausgleich (ab 1995), Länderfinanzausgleich, BEZ/ Steuereinnahmen: Kassenmäßige Steuereinnahmen/BIP: Nominales Bruttoinlandsprodukt

Anlage 19: Finanzausgleich 1991-2002

	Umsatzsteuer-vorabausgleich	Länderfinanz-ausgleich	BEZ	davon: Fehl-BEZ	Sonder-BEZ	Gesamt:	Nachrichtlich: Fonds "Dt. E."	Berlinhilfe	IfG "Aufbau O."
	1. Absolute Beträge in Mio. €								
1991	192	2.003	1.806	1.780	26	4.001	17.895	7.405	-
1992	167	1.714	2.017	1.945	72	3.899	17.333	6.740	-
1993	166	1.618	2.196	2.124	72	3.981	17.997	5.206	-
1994	76	1.486	3.705	1.967	1.738	5.267	17.691	3.161	-
1995	6.119	5.724	12.819	2.449	10.370	24.662	-	-	3.375
1996	6.982	6.253	12.858	2.557	10.301	26.093	-	-	3.375
1997	6.779	6.135	12.902	2.669	10.233	25.816	-	-	3.375
1998	7.336	6.920	13.117	2.953	10.164	27.373	-	-	3.375
1999	7.919	7.465	13.222	3.331	9.891	28.606	-	-	3.375
2000	8.647	8.273	13.339	3.696	9.643	30.259	-	-	3.375
2001	7.849	7.589	12.637	3.242	9.395	28.075	-	-	3.375
2002	7.683	7.399	15.768	3.246	12.522	30.850	-	-	-
	2. Anteile am sekundären Finanzausgleich einschließlich Umsatzsteuervorabausgleich in v.H.								
1991	4,8	50,1	45,1	44,5	0,6				
1992	4,3	44,0	51,7	49,9	1,9				
1993	4,2	40,7	55,2	53,4	1,8				
1994	1,4	28,2	70,4	37,3	33,0				
1995	24,8	23,2	52,0	9,9	42,0				
1996	26,8	24,0	49,3	9,8	39,5				
1997	26,3	23,8	50,0	10,3	39,6				
1998	26,8	25,3	47,9	10,8	37,1				
1999	27,7	26,1	46,2	11,6	34,6				
2000	28,6	27,3	44,1	12,2	31,9				
2001	28,0	27,0	45,0	11,5	33,5				
2002	24,9	24,0	51,1	10,5	40,6				

Quelle: Eigene Berechnungen nach BMF-Dokumentation 5/2002, Finanzbericht 2003
Anmerkung: Länderfinanzausgleich / Umsatzsteuervorabausgleich: bis 1994 früheres Bundesgebiet ohne Berlin, ab 1995 Deutschland

9 Anlage

Anlage 16: Verteilung der Steuereinnahmen auf die staatlichen Ebenen

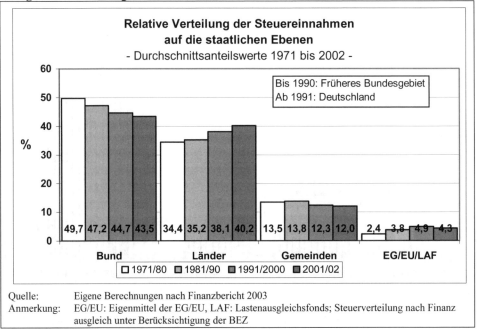

Anlage 17: Verteilung der öffentlichen Gesamteinnahmen

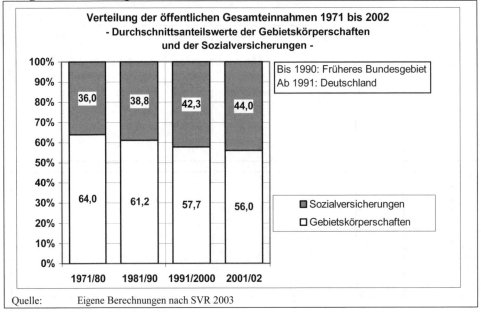

Anlage 14: Auswirkungen des Solidarpaktfortführungsgesetzes 2002-2005 (Prognose)

Quelle: BR-Drs. 734/01: 5 ff.
Anmerkung: Prognose zum Zeitpunkt des Gesetzesbeschlusses

Anlage 15: Jahresdurchschnittliches Wachstum der kassenmäßigen Steuereinnahmen

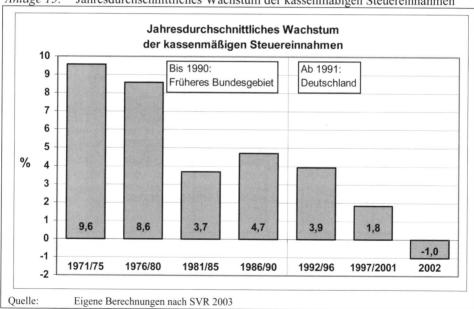

Quelle: Eigene Berechnungen nach SVR 2003

9 Anlage

Anlage 12: Finanzausgleich 2005: Prognostizierte Auswirkung nach Ländergruppen

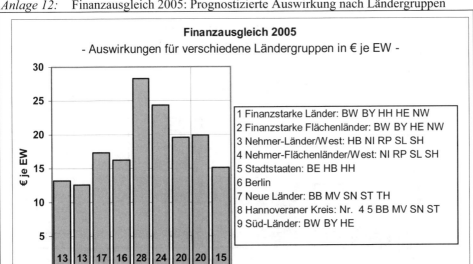

Quelle: BT-Drs. 14/6577: 7
Anmerkung: Prognostizierte Auswirkungen auf Basis der Steuerschätzung vom Mai 2001

Anlage 13: Horizontale und vertikale Umverteilung im Finanzausgleich 1995-2005

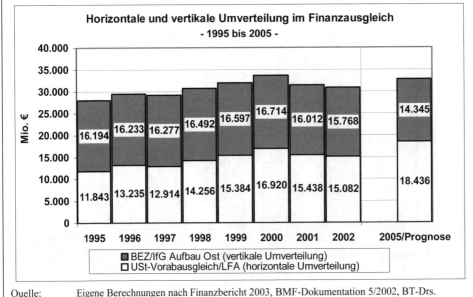

Quelle: Eigene Berechnungen nach Finanzbericht 2003, BMF-Dokumentation 5/2002, BT-Drs. 14/6577:
Anmerkung: 2005: Prognostizierte Auswirkungen auf Basis der Steuerschätzung vom Mai 2001

Anlage 10: Relevanz der Umverteilungsstufen im Finanzausgleich (1991, 1995, 2005)

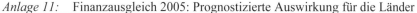

Quelle: Finanzbericht 2003, BMF-Dokumentation 5/2002, BT-Drs. 14/6577: 7, BR-Drs. 734/01: 5 ff.

Anlage 11: Finanzausgleich 2005: Prognostizierte Auswirkung für die Länder

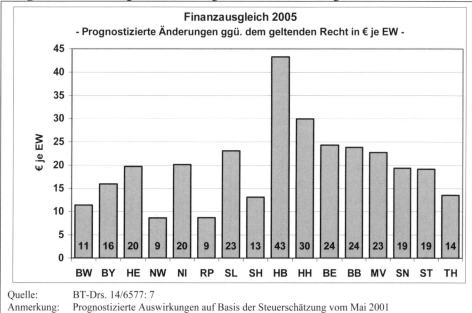

Quelle: BT-Drs. 14/6577: 7
Anmerkung: Prognostizierte Auswirkungen auf Basis der Steuerschätzung vom Mai 2001

9 Anlage

Anlage 8: Finanzielle Auswirkung der Modelle zur Finanzausgleichsreform 2005

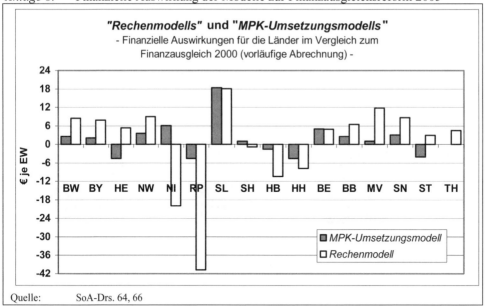

Quelle: SoA-Drs. 64, 66

Anlage 9: Sonderbedarfs-BEZ zur Deckung teilungsbedingter Lasten (2005-2019)

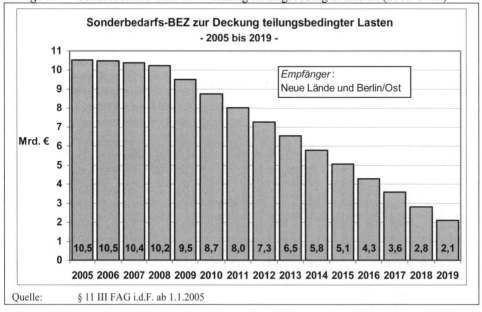

Quelle: § 11 III FAG i.d.F. ab 1.1.2005

Anlage 6: Auswirkung der Neuordnung von 1995 für die westdeutschen Länder

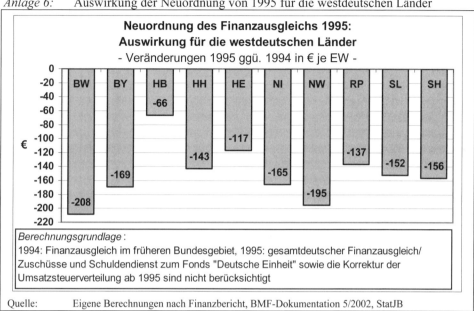

Quelle: Eigene Berechnungen nach Finanzbericht, BMF-Dokumentation 5/2002, StatJB

Anlage 7: Modelle zur Finanzausgleichsreform 2005: Selbstbehalt im Vergleich

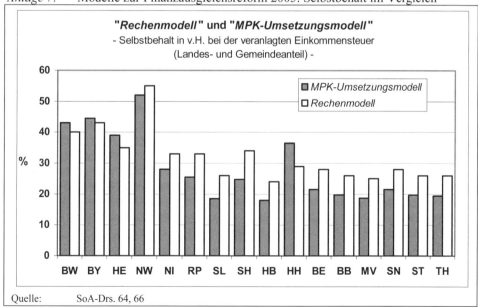

Quelle: SoA-Drs. 64, 66

9 Anlage

Anlage 4: Auswirkungen der Modelle zur Neuregelung des Finanzausgleichs ab 1995

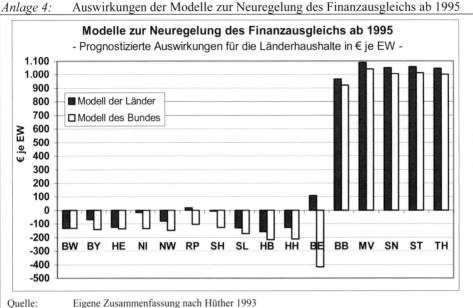

Quelle: Eigene Zusammenfassung nach Hüther 1993

Anlage 5: Veränderung der Finanzausstattung der Länder durch den Solidarpakt I

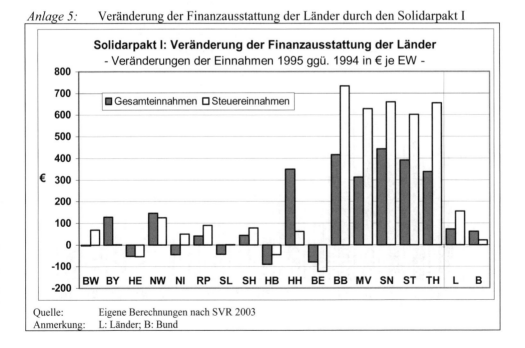

Quelle: Eigene Berechnungen nach SVR 2003
Anmerkung: L: Länder; B: Bund

Anlage 2: Verschuldung der öffentlichen Haushalte 1989-2002

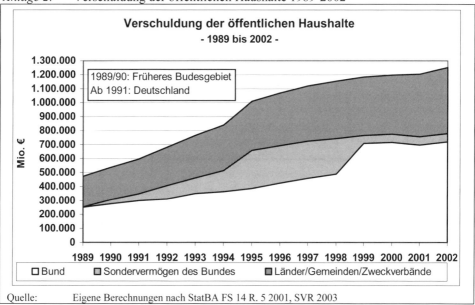

Quelle: Eigene Berechnungen nach StatBA FS 14 R. 5 2001, SVR 2003

Anlage 3: Modelle für die Solidarpakthilfen für Ostdeutschland ab 1995

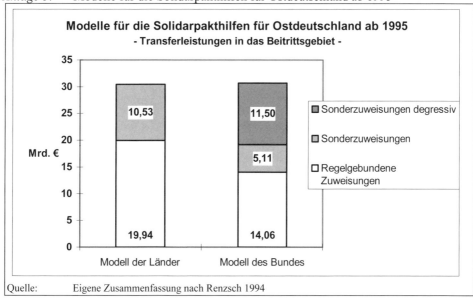

Quelle: Eigene Zusammenfassung nach Renzsch 1994

9 Anlage

III. Länderfinanzausgleich:		
1. FMZ: Erfassung aller ausgleichsrelevanten Landeseinnahmen, Berücksichtigung der Gemeindeeinnahmen zur Hälfte und Abzug der anrechenbaren Sonderlasten von Seehäfen (HH, HB, SH) 2. AMZ: Ermittlung getrennt für die Einnahmen der Länder und Kommunen: Ermittlung des Anteils an der Summe aller ausgleichsrelevanter Ländereinnahmen, der dem Anteil des Landes an der Gesamtzahl der gewerteten Einwohnerzahlen entspricht; Wertung der Einwohnerzahl der Stadtstaaten bei der Ländersteuer mit dem Faktor 1,35 gewertet; Wertung der Einwohnerzahl der Kommunen bei den kommunalen Einnahmen je nach Gemeindegröße mit einem Faktor zwischen 1 und 1,36 gewichtet. 3. Ausgleichspflichtig über bzw. unter der Ausgleichsmesszahl liegt 4. a) Zahlertarif: Beträge von - 100 % - 102 % der Ausgleichsmesszahl: 0 % - 102 % - 110 % der Ausgleichsmesszahl:70 % - mehr als 110 % der Ausgleichsmesszahl: 100 % b) Empfängertarif: Beträge von - kleiner als 92 % der Ausgleichsmesszahl: 100 % - 92 % 100 % der Ausgleichsmesszahl fehlt: 37,5 % 5. Ländersteuergarantie: a) Jedes finanzausgleichspflichtige Land muss nach 4. mind. über eine Finanzkraft von 100 % bzw. b) jedes finanzausgleichsberechtigte Land muss nach 4. mind. über eine Finanzkraft von 95 % der Länderdurchschnitts verfügen; Fehlbeträge werden zu 100 % ausgeglichen.	Getrennte Durchführung des Länderfinanzausgleichs in den Steuerverteilungsgebieten West und Ost nach dem bisherigen Verfahren (jeweils ohne Berlin); als Ersatz für einen gesamtstaatlichen Finanzausgleich erhalten die neuen Bundesländer und Ost-Berlin Zuweisungen aus dem von Bund und Ländern zur Hälfte zu bedienenden Fonds „Deutsche Einheit" (abzüglich eines vom Bund direkt zur Verfügung zu stellenden Anteils von 10,2 Mrd. €); Vereinbarung der Transfers wie folgt: 1990: 11,2 Mrd. € 1991: 17,9 Mrd. € 1992: 14,3 Mrd. € 1993: 10,2 Mrd. € 1994: 5,1 Mrd. € *Summe: 58,8 Mrd. €* Das Beitrittsgebiet erhält der Bund von diesen Mitteln 15 % zur Erfüllung zentraler öffentlicher	Dreimalige Aufstockung der Fondsleistungen zu Gunsten des Beitrittsgebiets ; Verzicht des Bundes auf seinen 15 %-Anteil am Fonds „Deutsche Einheit"; Verteilung der Transfers (Endbeträge): 1990: 11,2 Mrd. € 1991: 17,9 Mrd. € 1992: 17,3 Mrd. € 1993: 18,0 Mrd. € 1994: 17,7 Mrd. € *Summe: 82,2 Mrd. €*	Durchführung des Länderfinanzausgleichs im gesamten Bundesgebiet; Übernahme des bisherigen Regelwerks mit Änderungen zu folgenden Punkten: 1. MV kann ebenso wie HH, HB und SH Sonderlasten für Seehafen geltend machen. 2. Die Stadtstaateneinwohnerveredelung gilt auch für Berlin. 4a. Der Zahlertarif ändert sich wie folgt: Der Betrag von - 100 % - 101 %: 15 % - 101 % - 110 %: 66 % - mehr als 110 %: 80 % 5c. Entsprechende Fehlbeträge aus 5a) werden zu 25 %, aus 5b) werden zu 50 % ausgeglichen
IV. Bundesergänzungszuweisungen:			
1. Fehlbetrags-BEZ an finanzschwache Länder in Höhe von 90 % des auf 100 % der Ausgleichsmesszahl fehlenden Betrages (Ausgleichsintensität: 99,5 %) 2. Sonderbedarfs-BEZ an die Länder HB, RP, SL und SH zur Deckung der Kosten der politischen Führung (Vorabbeträge) 3. Begrenzung der BEZ auf die Höhe von 2 % des USt-Gesamtaufkommens	Keine Änderungen im früheren Bundesgebiet; keine Berücksichtigung der ostdeutschen Bundesländer.	- Keine Nachbesserungen - Zur Sanierung ihrer Haushalte erhalten HB und dem SL Sonderbedarfs-BEZ	1. Fehlbetrags-BEZ wie bisher 2. Sonderbedarfs-BEZ für a) Kosten politischer Führung an BE, TH, MV, BB, ST b) Abbau teilungsbedingter Lasten an BE,BB, MV, SN, ST, TH c) Übergang NI, HB, RP, SL, SH d) Haushaltssanierung HB, SL 3. Keine Begrenzung der BEZ

Anlage 1: Synopse des Finanzausgleichs zum 2.10.1990, vom 3.10.1990 bis 31.12.1994, zum 1.1.1995

Finanzausgleich bis zum 3.10.1990 (ohne Berlin; Stand: 2.10.1990)	Interimsregelung nach dem EVertr (Stand 3.10.1990)	Korrekturen 1991/94	Regelung nach dem FKPG (Stand 1.1.1995)
Prämisse der Steuerertragsverteilung: Steuerertragskompetenzen			
Finanzmassen: a) Bundes-, Länder-, Gemeindesteuern b) Verbundsteuern (ESt, KöSt, USt)	Keine Änderung	Keine Änderung	Keine Änderung
I. Vertikale Verteilung der Verbundsteuern:			
ESt/KöSt: Bund 65 %, Länder 35 %, Kommunen 15 % USt: Bund 63 %, Länder 37 %	Keine Änderung	USt ab 1.1.1993: Bund 63 %/ Länder 37 %	ESt/KöSt: Keine Änderung USt: Bund 56 %/ Länder 44 % (später: weitere Revisionen)
II. Horizontale Verteilung der Ländereinnahmen an den Verbundsteuern:			
ESt/KöSt: Verteilung nach dem Prinzip des örtlichen Aufkommens USt: 1. Verteilung von 75 % nach der Einwohnerzahl 2. Verteilung von max. 25 % an die steuerkraftschwächsten Länder in Höhe der Beträge, die auf 92 % der durchschnittlichen Ländersteuerkraft fehlen (Umsatzsteuervorausgleich) 3. Steuerkraftschwache Länder (92 % - 100 % des Länderdurchschnitts) erhalten den noch fehlenden Differenzbetrag, der ihnen bei einer Verteilung zu 100 % nach der Einwohnerzahl zusteht 4. Ggf. verbleibende Restbeträge der Ergänzungsmittel werden entsprechend der Einwohnerzahl an die steuerkraftstarken Länder (Steuerkraft vor USt-Verteilung mind. 100 % des Länderdurchschnitts) verteilt 5. Sinkt die Steuerkraft eines steuerstarken Landes nach den Schritten 1 bis 4 unter den Länderdurchschnitt, wird der fehlende Betrag zu Lasten der übrigen steuerstarken Länder aufgefüllt	ESt/KöSt: Keine Änderung; USt: Getrennte Verteilung des Länderanteils an der USt in den alten und den neuen Bundesländern getrennt; Anteil der neuen Länder bemisst sich an Hand der wie folgt gewichteten: Einwohnerzahl: 1991: 55 % - 1992: 60 % 1993: 65 % - 1994: 70 % Umsatzsteuervorausgleich erfolgt nur im früheren Bundesgebiet (ohne Berlin); Berlins Anteil (nach der Einwohnerzahl) wird zu Beginn der Verteilung in beiden Gebieten abgezogen	ESt/KöSt: Keine Änderung; USt: Aufteilung des Länderanteils auf die Verteilungsgebiete Ost und West ab 1.1.1991 nach der Einwohnerzahl (Einwohnergewichtung jeweils 100 %); Umsatzsteuervorabausgleich weiterhin nur im früheren Bundesgebiet (ohne Berlin)	ESt/KöSt: Keine Änderung USt: Bundeseinheitliche Regelung: 1./2. unverändert 3. a) Im 2. Schritt nicht ausgeschöpfte Beträge des 25 %-igen Ergänzungsanteils werden an die übrigen Länder im Verhältnis der Einwohner verteilt b) Ist der Ergänzungsteil zur Deckung der auf 92 % der durchschnittlichen Steuerkraft der Länder nicht ausreichend, so werden die Ansprüche dieser Länder entsprechend der Einwohnerzahl herabgesetzt

9 Anlage

Anlage 1: Synopse des Finanzausgleichs zum 2.10.1990, vom 3.10.1990 bis 31.12.1994, zum 1.1.1995 346
Anlage 2: Verschuldung der öffentlichen Haushalte 1989-2002 348
Anlage 3: Modelle für die Solidarpakthilfen für Ostdeutschland ab 1995 348
Anlage 4: Auswirkungen der Modelle zur Neuregelung des Finanzausgleichs ab 1995 349
Anlage 5: Veränderung der Finanzausstattung der Länder durch den Solidarpakt I 349
Anlage 6: Auswirkung der Neuordnung von 1995 für die westdeutschen Länder 350
Anlage 7: Modelle zur Finanzausgleichsreform 2005: Selbstbehalt im Vergleich 350
Anlage 8: Finanzielle Auswirkung der Modelle zur Finanzausgleichsreform 2005 351
Anlage 9: Sonderbedarfs-BEZ zur Deckung teilungsbedingter Lasten (2005-2019) 351
Anlage 10: Relevanz der Umverteilungsstufen im Finanzausgleich (1991, 1995, 2005) 352
Anlage 11: Finanzausgleich 2005: Prognostizierte Auswirkung für die Länder 352
Anlage 12: Finanzausgleich 2005: Prognostizierte Auswirkung nach Ländergruppen 353
Anlage 13: Horizontale und vertikale Umverteilung im Finanzausgleich 1995-2005 353
Anlage 14: Auswirkungen des Solidarpaktfortführungsgesetzes 2002-2005 (Prognose) 354
Anlage 15: Jahresdurchschnittliches Wachstum der kassenmäßigen Steuereinnahmen 354
Anlage 16: Verteilung der Steuereinnahmen auf die staatlichen Ebenen 355
Anlage 17: Verteilung der öffentlichen Gesamteinnahmen 355
Anlage 18: Finanzausgleich in Relation zu volkswirtschaftlichen Bezugsgrößen 356
Anlage 19: Finanzausgleich 1991-2002 356
Anlage 20: Westdeutsche Länder im Finanzausgleich 1991-1995 357
Anlage 21: Relatives Volumen der horizontalen und vertikalen Umverteilung 1995-2002 357
Anlage 22: Finanzausgleich 1995-2002: Zu- und Abflüsse nach Ländern 358
Anlage 23: Finanzausgleich 1995-2002: Zu- und Abflüsse je Einwohner nach Ländern 359
Anlage 24: Haushaltswirtschaftliche Relevanz des Finanzausgleichs 2002 360
Anlage 25: Fonds „Deutsche Einheit": Leistungen von Bund und westdeutschen Ländern 360
Anlage 26: Fonds „Deutsche Einheit": Finanzierung und Abfinanzierung 1990-2002 361
Anlage 27: Einwohnerverhältnis der „*Geber-*" und „*Nehmerländer*" 361
Anlage 28: Gemeinschaftsaufgaben und Finanzhilfen 1991-2002 362
Anlage 29: Mischfinanzierungen: Ost-West-Verteilung der Zahlungen des Bundes 2002 363
Anlage 30: GRW und Finanzhilfen: Ost-West-Verteilung der Zahlungen des Bundes 363
Anlage 31: GRW und Finanzhilfen: Regionale Verteilung der Zahlungen des Bundes 364
Anlage 32: Föderale Transfers 1991-2002 364
Anlage 33: Föderale Finanzströme 2002: Aufgliederung nach Fließrichtung 365
Anlage 34: Föderale Finanzströme 2002: Zuweisungen des Bundes an die Länder n 365
Anlage 35: Anteil der öffentlichen West-Ost-Transferleistungen am BIP 366
Anlage 36: Finanzierung der öffentlichen West-Ost-Transfers nach Geberhaushalten 366
Anlage 37: Verwendungsstruktur der öffentlichen West-Ost-Transfers 1991-1999 367
Anlage 38: Jährliche Veränderungsrate der Verschuldung der öffentlichen Haushalte 367
Anlage 39: Schulden, Gesamtsteuereinnahmen, BIP: Veränderungsrate im Vergleich 368
Anlage 40: Finanzierungssalden nach Ländergruppen 1992-2002 368
Anlage 41: Strukturdaten der Haushalte von Bund und Ländern 369
Anlage 42: Reales Pro-Kopf-BIP: Ost- und Westdeutschland 1991-2001 369
Anlage 43: Strukturdaten der Länderhaushalte (einschl. Kommunen) 1991-2002 370
Anlage 44: Reales Pro-Kopf-BIP: Jahresdurchschnittliches Wachstum nach Ländern 372
Anlage 45: Nominales Pro-Kopf-Bruttoinlandsprodukt der Länder 1991 bis 2001 372

öffentlicher Güter und Leistungen im Bundesgebiet gewahrt werden. Gepaart mit der Beibehaltung des Ziels gleichwertiger Lebensverhältnisse bedeutete dies eine enorme integrationsfördernde und stabilisierende Wirkung. In einer mehrdimensionalen Bewertung sind der Finanzausgleich und das Gefüge der Finanzbeziehungen damit weit besser als ihr Ruf.

Als Ergebnis dieser Arbeit lässt sich zusammenfassend feststellen, dass es gelungen ist, die Ost-Länder unter einer insgesamt zufrieden stellenden Performanz in den Bund-Länder-Finanzkomplex zu integrieren. Erreicht wurde dies in einem iterativen Prozess, dem kein schlüssiges Gesamtkonzept zugrunde lag. Hierbei verständigten sich die Akteure im Einigungsprozess auf eine wenig befriedigende, aber kurzfristig durchsetz- und darstellbare Interimsregelung, die zahlreicher Nachbesserungen bedurfte. Dieser folgten bis heute zwei weitere Anpassungsreformen, mit denen das Transfersystem an die veränderten Bedingungen ausgerichtet wurde. Vor dem Horizont der diffizilen Kontextbedingungen zeigten die Entscheidungsträger ein beachtliches Maß an Lernfähigkeit, womit sie Politikblockaden verhindern konnten. Hierbei behauptete sich die bundesstaatliche Machtbalance ebenso, wie die Grundprinzipien des kooperativen Föderalismus.

Allerdings unterliegt der Bundesstaat einer permanenten Dynamik. Deshalb kennt er keine Finalität und bleibt – wie andere Staatsformen in der Praxis auch – stets einzigartig. Der Finanzausgleich wird über kurz oder lang wieder auf der operativen Reformagenda stehen. An seiner Brisanz wird das Thema nicht verlieren, weil die Auflösung der Spannungslage zwischen bundesstaatlicher Vielfalt und sozialstaatlich motivierter Gleichwertigkeit eine politisch zu lösende Frage ist, mit der die Interessen der Beteiligten verwoben sind. Abgesehen von dem politischen, sozioökonomischen und finanzwirtschaftlichen Umfeld wird speziell die Entwicklung des Föderalismusleitbilds eine ausschlaggebende Funktion bei Reformen haben. Dieses wird die Wirklichkeitsdeutung beeinflussen und gegebenenfalls zu veränderten Problem- und Lösungsdefinitionen führen. Zu erwarten ist auch in Zukunft weder eine optimalen Sachlösung noch einer grundlegende Reform. Dessen ungeachtet legen die Befunde dieser Studie nahe, dass sukzessive Weiterentwicklungen innerhalb des bestehenden Systems durchaus einen sachlich geeigneten wie politisch angemessenen Rahmen der Problembewältigung bilden können. Eine optimale Basis für einen solchen Weg wäre, wenn in der politischen wie akademischen Föderalismusdebatte neben den Defiziten auch die Vorzüge und Funktionsmechanismen des bestehenden Systems umfassender beachtet würden. Als Fazit lässt sich deshalb festhalten, dass für eine sinnvolle Fortentwicklung des Bundesstaats sowie der Finanzordnung eine Balance zwischen den rechtlichen, politischen und sachlichen Leistungskriterien erforderlich ist. Daneben gelänge der bedeutendste Fortschritt dann, wenn die bürokratisch-staatsorganisatorische Perspektive von Föderalismusreformen zu Gunsten einer stärkeren Fokussierung auf die Bedürfnisse der Bürgerinnen und Bürger weichen würde.

8.4 Zusammenfassung

im vereinten Deutschland funktioniert. Hiervon abgesehen ist das Ergebnis sehr ambivalent zu bewerten. Bund und Länder lösten den Verteilungskonflikt mittels einer versteckten Kreditaufnahme durch eine Tilgungsstreckung bei der Abfinanzierung des Fonds *„Deutsche Einheit"*. Fiskalisch stellt dies gewiss keine ruhmreiche Lösung dar, gleichwohl ermöglichte sie eine „Win-Win-Konstellation" auf Länderseite. Damit wurde der Finanzstreit letztlich wiederum nicht geklärt, sondern lediglich vertagt. Der Erfolg liegt erneut in der Integrationsleistung. Die Regierungschefs verständigen sich trotz der schwierigen Rahmenbedingungen einvernehmlich auf eine Reform, mit der auch künftig beachtliche Summen umverteilt werden. Mit der Fortführung des Solidarpakts auf hohem Niveau blieb die föderale Solidarität ein dominantes Charakteristikum des deutschen Bundesstaats. Zugleich entwickelten Bund und Länder mit der ansatzweisen Stärkung von Leistungsmerkmalen das Transfersystem inhaltlich weiter, wenngleich in sachlicher Hinsicht zahlreiche umstrittene Detailregelungen erhalten blieben bzw. mit dem Prämienmodell neu eingeführt wurden. Der Bestand der Neuregelung muss sich erst noch erweisen. Ebenso wird sich herausstellen, wie sachangemessen die Neuordnung – speziell im Hinblick auf den Aufbau Ost – ist.

In den empirischen Fallstudien bewies sich das projektleitende Erklärungsmodell in heuristischer Perspektive als geeignetes Instrument zum Nachvollziehen und Erklären der Entwicklung der Finanzbeziehungen im vereinten Deutschland. Somit bestätigte sich zugleich die dem Forschungsansatz zugrundeliegende Arbeitshypothese, wonach sich das Politikergebnis aus dem Zusammenspiel zwischen den spezifischen Akteurspräferenzen und den situativen politisch-prozessualen Kontextbedingungen interpretieren lässt. Die Präferenzbildung der Handelnden wird vornehmlich geprägt durch die Erfüllung des politischen Amtes, darüber hinaus folgen die Beteiligten auch weiteren sozialen Rollen sowie ihren individuellen Interessen. Ihre Wahlfreiheit ist stark eingeschränkt, wobei als zentrale Faktoren ebenso die institutionellen, materiellen und kognitiven Bedingungen wie politisch-kulturell normierte Prämissen und Verhaltensweisen handlungsprägend, handlungsermöglichend und handlungsbegrenzend die Entscheidungsfindung beeinflussen. In Anbetracht dieser Konstellation orientieren sich die Protagonisten in ihrer Handlungslogik nicht primär an der ökonomischen Sachrationalität, es dominierten vielmehr die Maßstäbe der Konsens- und Outputorientierung. Hierbei beherrschen die Akteure infolge früherer und prozessbegleitender Erfahrungen und Lerneffekte die Klaviatur des kooperativen Föderalismus. Prinzipiell verfügen sie deshalb über eine hinreichende Problemlösungskapazität. Allerdings begünstigen die Entscheidungsregeln, die institutionellen *„Lock-in-Effekte"* sowie die strategischen Handlungsorientierungen der Akteure strukturkonservative Regelungen. Dementsprechend zeichneten sich die Lösungen als pfadabhängige und kleinschrittige Anpassungsleistungen aus, die nicht durch ihre Sachoptimalität, sondern durch ihre vorübergehende politische Akzeptanz überzeugten.

In der Retrospektive zeichnet sich das föderale Finanzsystem des vereinten Deutschland unter politökonomischen, demokratie- und föderalismustheoretischen Argumentationstopoi als defizitär aus. Gleichwohl bewährten sich die Finanzverfassung und der Finanzausgleich, indem sie Flexibilitätspotenziale bereithielten, um auf die veränderten materiellen und politischen Rahmenbedingungen zu reagieren. Strukturell bewies die Finanzordnung eine hohe innere Logik zur föderativen Staatsorganisation. Sie bildete eine geeignete Basis, um die neuen Länder zu integrieren und die finanzpolitischen Herausforderungen zu meistern. Dank der beträchtlichen und dauerhaften Ressourcentransfers in die neuen Länder konnten die Rechts- und Wirtschaftseinheit sowie die weitgehend ähnliche Bereitstellung

che Perspektive gewährte. Dabei zeigte sich das föderative (Finanz-)System als sehr leistungsfähig und flexibel. Somit gelang eine politisch beeindruckende Integrationsleistungen und eine sachlich relativ zweckdienliche, aber temporär begrenzte Problembewältigung.

Die erneute Eskalation des Finanzstreits bald nach Einführung des bundeseinheitlichen Finanzausgleichs gründete in der Zurückstellung horizontaler Verteilungsfragen im ersten Solidarpakt sowie in der prekären finanzwirtschaftlichen Kräftekonstellation im vereinten Deutschland. Er wurde ausgelöst durch den hinkenden Aufholprozess in Ostdeutschland und die leichte Zunahme der ökonomischen Entwicklungsdifferenziale zwischen den leistungskraftstärkeren und leistungskraftschwächeren West-Ländern. Während sich die Geberländer angesichts ihrer beträchtlichen und in der zweiten Hälfte der 1990er Jahre steigenden Abflüsse berechtigterweise um ihre eigene Finanzausstattung sorgten, blieben die Empfängerländer auf die Zuweisungen essenziell angewiesen. Als Aufhänger für den von den Süd-Ländern initiierten Konflikt diente zwar der Kampf um das Bundesstaatsverständnis, im Kern ging es aber um einen reinen Verteilungsdisput. Nachdem eine Annäherung zwischen den Ländern auf politischem Weg nicht zu erreichen war, wandten sich die diese Länder alsbald an das Bundesverfassungsgericht (Kapitel 6).

In seiner Entscheidung machte Karlsruhe dem Bundesgesetzgeber die Formulierung eines Maßstäbegesetzes bis Ende 2002 zur Aufgabe, das die abstrakten Begriffe der Finanzverfassung konkretisieren und ergänzen sollte. Indem die Verfassungshüter die Maßstabbildung als politische Aufgabe definierten, wiesen sie das Thema ohne inhaltliche Richtungsvorgabe an Bund und Länder zurück. Mit dem verfahrensrechtlichen Auftrag zur Maßstabsgesetzgebung verbanden die Verfassungshüter lediglich Prüfaufträge für zahlreiche Bestandteile des bestehenden Regelwerks. Die Kläger scheiterten also mit ihrer Absicht, einen Auftrag für eine grundlegende Reform des Finanzausgleichs zu erhalten. Das Urteil beeinflusste die politische Agenda hauptsächlich durch die enge Fristsetzung. Hingegen fanden die Ideen, die Karlsruhe mit der maßstabbildenden Vorranggesetzgebung verband, in der Praxis wenig Anerkennung.

Ebenso wie beim ersten Solidarpakt nahmen die Regierungen in den Verhandlungen frühzeitig Abstand von einer Fundamentalreform. Im Unterschied zu 1993, als die Länder vertikale Fragen in den Vordergrund rückten, stießen sie diesmal an die Grenzen ihrer Konsensfähigkeit. Zu groß blieb die Kluft zwischen den drei finanzstarken Süd-Ländern und dem Hannoveraner Kreis, in dem sich bis auf Thüringen alle Nehmerländer und der Stadtstaat Hamburg organisierten. Erst als die Möglichkeiten zur länderinternen Konfliktlösung offenkundig erschöpft waren, schaltete sich die Bundesregierung mit eigenen Konzepten in die Verhandlungen ein. Damit griffen die Akteure auf die bewährte Strategie zurück, durch Mittelzuführung des Bundes redistributive Entscheidungen in eine distributive transformieren. Erst damit eröffnete sich die Option, einen für alle zustimmungsfähigen Kompromiss zu erzielen, dessen Grundlage eine zumindest vorübergehende finanzielle Besserstellung aller Länder bildete. Verbunden hiermit war der bis Ende 2019 befristete Solidarpakt II für das Beitrittsgebiet, den die ostdeutschen Regierungschefs zugleich durchsetzen konnten. Im Unterschied zum ersten Solidarpakt agierte die Bundesregierung diesmal cleverer. Dabei profitierte sie auch von der Spaltung des Länderlagers. Im Übrigen siegte, ebenso wie 1993, der Kanzler, da er sich im Gegenzug für seine Zugeständnisse im Finanzausgleich die Durchsetzung der Rentenreform und der Kindergelderhöhung sicherte.

Mit dem Konsens über das Maßstäbegesetz, den Finanzausgleich und den Solidarpakt II bewiesen die Regierungschefs beider Ebenen, dass das föderale System unverändert auch

8.4 Zusammenfassung

nicht im erhofften Maße prosperierte, mussten die öffentlichen Kassen angesichts der ausbleibenden Steuereinnahmen weit mehr Kredite aufnehmen als geplant. Im Detail stellt die im Einigungsprozess vereinbarte „*Notunterkunft*"[133] eine in föderaler wie ökonomischer Hinsicht unbefriedigende Lösung dar, deren politische und materielle Folgekosten ausgesprochen hoch waren. Die Finanzbeschlüsse müssen daher als Achillesferse der Einigungspolitik bezeichnet werden. In Anbetracht der komplizierten Rahmenbedingungen waren sie unter Berücksichtigung der materiellen Nachbesserungen befristet akzeptierbar. Als gelungene Lösung können sie nicht bezeichnet werden. Allerdings überdeckten die politischen Verdienste der Einigungspolitik diese Defizite.

Angesichts des auf den kurzen Einigungsboom folgenden konjunkturellen Einbruchs, des deutlich hinter den Erwartungen zurückbleibenden Wirtschaftswachstums in Ostdeutschland sowie der mit diesen Entwicklungen korrespondierenden krisenhaften Entwicklung der öffentlichen Finanzen konnte die Unzulänglichkeit der im Einigungsprozess getroffenen Regelung bald nicht mehr ignoriert werden. Um die Voraussetzungen für eine Verbesserung der ökonomischen Lage zu schaffen und um eine weitere Verengung des wirtschafts- und finanzpolitischen Gestaltungsspielraums zu verhindern, musste unweigerlich eine Konsolidierung der öffentlichen Haushalte eingeleitet werden. In diesem Kontext galt es auch, das Finanzsystem an die realen Verhältnisse anzupassen. Dass hierbei die Transferleistungen in die neuen Länder nicht zu verringern, sondern sogar noch zu steigen waren, blieb von Beginn an unbestritten (Kapitel 5). Zur Überraschung vieler Kommentatoren konnten sich nach intensiven Verhandlungen die Regierungschefs von Bund und Ländern – einstimmig (!) – mit dem Solidarpakt auf eine Neujustierung der föderalen Finanzen verständigen. Wiederum verzichteten die Akteure auf einen grundlegenden Strukturwandel. Vielmehr verständigten sie sich auf eine vornehmlich monetäre Modifizierung des bestehenden Systems. Anders als in den 80er Jahren schaffte es die Bundesregierung nicht, die Länder zu spalten und ihre Interessen durchzusetzen. Mit einer Einheitsfront gelang jenen, den häufig prognostizierten Zentralisierungsschub zu vermeiden und budgetär die Hauptlasten der Einheit dem Bund aufzubürden. Dabei kam ihnen dabei zugute, dass der Bundeskanzler in Folge seines hauptsächlich am Parteienwettbewerb ausgerichteten Interessenhorizonts zu Konzessionen bereit war. So konnten sich die Regierungschefs auf eine Paketlösung einigen, die sich inhaltlich durch Strukturerhalt und monetär durch beträchtliche fiskalische Anpassungsleistungen auszeichnete. Im Ergebnis erfolgte die Integration der ostdeutschen Gebietskörperschaften in den regelgebundenen Finanzausgleich hauptsächlich mittels einer immensen Intensivierung der Transferleistungen.

Indem der Bund die Hauptlasten der Finanzierung des Beitrittsgebiets übernahm, festigten die Länder ihre Finanzposition. Gleichwohl konnte der Bund seinen Mehraufwand durch die Einsparung teilungsbedingter Lasten, Ausgabenkürzungen und Steuererhöhungen weitgehend kompensieren, so dass von einer einseitigen Regelung nicht gesprochen werden kann. Mit dem Solidarpakt legten die Akteure den Grundstein für eine (zumindest ansatzweise) Konsolidierung der öffentlichen Haushalte, allerdings bestand das Defizit weiterhin in der Refinanzierung der West-Ost-Transfers, für die noch immer eine überzeugende Strategie fehlte. Der größte Verdienst des „Föderalen Konsolidierungsprogramms" lag sicherlich darin, dass einvernehmlich eine beachtliche West-Ost-Umverteilung mobilisiert wurde, die den ostdeutschen Gebietskörperschaften nicht nur eine gleichberechtigte Partizipation am Finanzausgleich, sondern auch eine solidere und unabhängigere haushaltswirtschaftli-

---

133 Lehmbruch 1991: 589.

findet. Dabei zeigte sich die Finanzordnung zwar sachlich stets als unausgereift, gleichwohl bestach sie durch eine beachtliche Flexibilität und insgesamt beeindruckende Performanz.

Selbst wenn die Wertschätzung für die Leistungen des bundesstaatlichen Finanzsystems in der politischen und wissenschaftlichen Föderalismusdiskussion aufgrund sachlicher Funktionsdefizite, fehlender Kapazitäten zur Selbstreform sowie der veränderten Problemlagen zunehmend in den Hintergrund geriet, knüpfte die Fortschreibung im vereinten Deutschland an diese Bilanz an. Als bemerkenswerteste Leistung war hierbei anzuerkennen, dass durch budgetäre Anpassungen des bestehenden Systems immense Transfers in das Beitrittsgebiet mobilisiert wurden, die das bis dahin übliche Niveau der Finanzströme gehörig anschwellen ließen. In Anbetracht der vertrackten Rahmenbedingungen genoss die Verteilungsfrage in den Verhandlungsprozessen berechtigterweise die oberste Priorität. Zwar ist es seit 1990 gelungen, immense West-Ost-Transferleistungen bereitzustellen, allerdings waren die Lösungen in ihrer Qualität und Wirkung sehr unterschiedlich.

Im Einigungsprozess reagierten die Akteure wegen des immensen Zeit- und Entscheidungsdrucks bei gleichzeitig erheblicher Sachkomplexität und Unsicherheit mit einer Strategie der Problemvereinfachung sowie der Konfliktvertagung (Kapitel 4). Anstelle einer sofortigen Neuordnung der Finanzbeziehungen einigten sie sich auf eine Interimslösung, um die finanziellen Risiken der freundlichen Übernahme der DDR darstellbar erscheinen zu lassen. Damit leiteten die Entscheidungsträger einen iterativen Prozess der finanzpolitischen Bewältigung der Einheit ein. In Anbetracht des immensen Handlungsdrucks wurde 1990 – entgegen öffentlicher Willensbekundungen seitens der Länder – von keinem Akteur eine grundlegende Reform der föderalen Finanzordnung angestrebt. In der Konsenssuche, die weitgehend ohne die DDR-Regierung erfolgte, orientierten sich Bund und Länder vornehmlich an den für sie akzeptierbaren Belastungen und weniger an fundierten Prognosen der finanzwirtschaftlichen Verhältnisse im Beitrittsgebiet. Die Länderchefs schöpften ihr starkes Gewicht im unitarisch-kooperativen Föderalismus voll aus und setzten ihre oberste Maxime durch, die Kosten der Einheit in einer kalkulierbaren Größe zu halten. Allerdings beugte sich die Bundesregierung, die ansonsten die Einigungspolitik souverän dominierte und den Ländern viel abverlangte, dieser Strategie nicht gänzlich unfreiwillig. Sie wollte den raschen Anschluss der DDR nicht an den für die Länder ebenso wie für den Bundestagswahlkampf elementaren Finanzfragen scheitern lassen. Zugleich fand auch sie Gefallen an einer Kostendeckelung. Dementsprechend konzentrierten sich beide Ebenen im Einigungsprozess nicht auf die Optimierung des Finanzsystems, sondern auf eine pragmatische und (im Westen) allseits akzeptable Lösung, die Lastenbegrenzung und Kalkulierbarkeit versprach. Um eine Überforderung ihrer Budgets zu umgehen, definierten sie für das Beitrittsgebiet zahlreiche Sonder- und Übergangsregelungen. Bis Ende 1994 sollte kein bundeseinheitlicher Finanzausgleich erfolgen; in dieser Zeit sollte der Transferbedarf der neuen Länder über den Fonds „*Deutsche Einheit*" bereitgestellt werden. Dem Prinzip der Minimierung der Konsenskosten folgend, entschieden sich Bund und Länder mit der Kreditfinanzierung des Fonds für den Weg des geringsten Widerstandes.

Das im Einigungsprozess gefundene Ergebnis stellte sich nicht allein deshalb als unzureichend dar, weil die neuen Länder nicht gleichberechtigt in den Finanzausgleich integriert wurden. Problematischer war vielmehr, dass das ursprünglich beabsichtigte Transfervolumen nicht annähernd zur Deckung des Finanzbedarfs des Beitrittsgebietes ausreichte. Das Volumen des Fonds „*Deutsche Einheit*" musste daher bis Ende 1994 in mehreren Schritten aufgestockt und weitere Bundesleistungen organisiert werden. Nachdem die Wirtschaft

Westen wie im Osten des Landes stärken. Erreichten Bund und Länder einvernehmliche Entscheidungen, die in diese Richtung weisen, hätten diese den unermesslichen Vorteil der politischen Akzeptanz. Auf diesem Weg könnte eine Balance zwischen der politischen und sachlichen Mehrdimensionalität der Problemlagen in Fragen der bundesstaatlichen Ordnung samt der Finanzverfassung erreicht werden.

8.4 Zusammenfassung

Inwiefern ist es den Akteuren gelungen, die föderalen Finanzbeziehungen im vereinten Deutschland in Anbetracht der Herausforderungen der Einheit angemessen weiterzuentwickeln? Unter dieser zentralen Fragestellung widmete sich das Forschungsprojekt der Bewältigung dieser Aufgabe. Im Vordergrund stand dabei der bundesstaatliche Finanzausgleich, dessen politische Gestaltung vor dem Hintergrund einer historischen Problemverortung in drei Fallstudien analysiert und bewertet wurde. Als interaktionszentrierte Politikfeldanalyse diente das empirisch-analytische Forschungsprogramm dazu, die Singularität der Einzelfälle zu erfassen sowie Erkenntnisse über das Zustandekommen, die Wirkungen und die Funktionsbedingungen des politischen Handelns im Bereich der bundesstaatlichen Finanzen zu gewinnen. Auf dieser Grundlage galt es, theoretische und empirische Aussagen über akteurbezogene und strukturelle Aspekte sowie kausale Zusammenhänge zwischen ihnen zu manifestieren und mit dem bestehenden Wissen in Verbindung zu setzen. Das Fundament hierfür bildete die pragmatisch orientierte Verknüpfung der empirischen Studien mit der theoretischen Forschungskonzeption. Diese wurde im zweiten Kapitel entwickelt. Als sinnvoll erwies sich ein handlungstheoretischer Zugang, der die kontextuelle Gebundenheit der Akteure hinreichend darstellt. Aus diesem Grund wurde eklektisch ein Ansatz formuliert, der dem Konzept des akteurzentrierten Strukturalismus entlehnt ist (Kapitel 2). Dieser erlaubte als situatives Erklärungsmodell, Strukturen und Individuen als interdependente Größen zu begreifen und deren spannungsreiche Wechselbeziehungen widerzuspiegeln. Demnach verfügen die Entscheidungsträger zwar über eine gewisse Wahlfreiheit, diese ist aber strukturell wie materiell eng begrenzt. Dabei ist das Politikergebnis als abhängige Variable zu verstehen, das sich aus der Funktion des komplexen Zusammenspiels der situationsspezifischen Akteursinteressen, der institutionellen und kulturellen Strukturen sowie der materiellen Umweltbedingungen ergibt.

Mit Hilfe des Ansatzes untersuchten wir die Anpassung der föderalen Finanzbeziehungen in den drei bislang essenziellen Fällen: der Festschreibung einer Übergangslösung im Einigungsprozess (1990), der Integration der Ost-Länder in den regelgebundenen Finanzausgleich mit dem ersten Solidarpakt (1993) sowie der Revision des Transfersystems verbunden mit der Fortführung des Solidarpakts (2001). Die Fallstudien fußten auf einer intertemporalen Strukturanalyse des Finanzgefüges in der „alten Bundesrepublik", um die Gestaltung der Finanzbeziehungen im vereinten Deutschland im Kontext der historischen Dynamik interpretieren zu können (Kapitel 3). Die Betrachtung der entwicklungsgeschichtlichen Dimension lehrte uns, dass die Entwicklungsdynamik der bundesstaatlichen Ordnung und des Finanzsystems von einer ausgeprägten Pfadabhängigkeit gekennzeichnet ist, die ihre Grundlage sowohl in den besonderen politischen und ökonomischen Bedingungen der früheren Bundesrepublik als auch in den institutionellen und kulturellen Strukturen

Verantwortlichkeiten sowie die Steigerung der Zweckmäßigkeit und Effizienz der Aufgabenerfüllung. Während sich die Akteure einig waren in dem Ziel, die Funktionsfähigkeit des Bundesstaats durch Entflechtung oder Verbesserung des Verflechtungsmanagements zu steigern, prallten im Konkreten unterschiedliche Interessen von Bund und Ländern, von den Parteien sowie von reichen und armen Ländern aufeinander. Im Unterschied zur Neuordnung des Finanzausgleichs waren der Einigungswille und der Handlungsdruck offenbar nicht groß genug, um eine Problemlösung im ersten Anlauf zu bewerkstelligen. Mit dem Scheitern der Bundesstaatskommission wird der Druck des Bundesstaats, sich an veränderte Bedingungen anzupassen, weiter zunehmen. Ein Coup gelänge den Akteuren, wenn sie nach der für den Herbst 2005 angekündigten Bundestagswahl doch noch eine Reform verabschieden könnten, die ähnlich wie 1969 die Grundlagen für die nächsten zwei bis drei Jahrzehnte schüfe. Allerdings werden auch innerhalb einer solchen Zeitspanne permanent *neue Herausforderungen* zu bewältigen sein. Konkret sind derzeit drei Entwicklungen zu beobachten, die Rückkoppelungen auf den Bundesstaat und die Finanzbeziehungen haben. *Erstens* die *Europäische Union*, die selbst als föderales System sui generis eine dynamische Entwicklung erlebt. Allerdings sind die Folgewirkungen in den einzelnen Politikfeldern sehr ambivalent. Vor voreiligen Generalisierungen hinsichtlich deren Implikationen für den Bundesstaat ist daher zu warnen.[132] *Zweitens* die ökonomische *Globalisierung*, die mit der Osterweiterung der EU aus deutscher Perspektive nochmals an Schwung gewinnt. Die Internationalisierung der Märkte veränderte schon in den vergangenen Jahrzehnten drastisch die Steuerungskapazitäten politischen Handelns. Dementsprechend werden die Strategien und Instrumente der Politik sich weiter an die sich immer rascher wandelnden Gegebenheiten anpassen müssen. *Drittens* stellen die – besonders auch aus der *deutschen Einheit* resultierenden – Aufgaben der *Konsolidierung der öffentlichen Haushalte* sowie der *Umbau der sozialen Sicherungssysteme* nach wie vor eminent wichtige Probleme dar. Daneben bestehen im *föderalen Finanzsystem* zahlreiche weitere Unwägbarkeiten, die eine Anpassung der Finanzbeziehungen auslösen können. Hierzu zählen künftige Bundesverfassungsgerichtsentscheide, so zum Beispiel in Bezug auf eine Haushaltsnotlage Berlins, Reformen im Steuerwesen, eine Fusion der Länder Berlin und Brandenburg, eine unerwartete Wendung im Aufholprozess der neuen Länder sowie eine Revision der Vergabe der EU-Strukturmittel im Zuge der Osterweiterung.

Exakte Prognosen darüber, wie sich diese Faktoren auf die Entwicklung des Bundesstaats auswirken werden, sind nicht opportun. Maßgeblich wird sein, wie die Akteure die künftigen Herausforderungen wahrnehmen. Inwiefern sodann eine problemangemessene Regelung gelingt, liegt ebenso am Willen und der Lernbereitschaft der Beteiligten, wie an der Tragfähigkeit eines gemeinsamen Grundkonsenses hinsichtlich der Zieldefinition. Neben den situativen Interessen der Entscheidungsträger werden hierbei auch kulturelle Prämissen zum Tragen kommen. Eine Fundamentalreform ist dennoch ebenso wenig zu erwarten wie eine optimale Sachlösung. Im günstigsten Fall erfolgen Reformen, die zu einer sinnvollen Entflechtung führen und die die Handlungsfähigkeit *aller* staatlichen Ebenen im

---

132 Hierzu zählt auch die folgende These von Renzsch (2002b: 367): „*Einheitlichkeitsvorstellungen, die im geschlossenen Nationalstaat Berechtigung haben mochten, sind in einem Europa ohne Grenzen kaum noch vermittelbar. Zumal wenn der Bezugsrahmen des Bürgers nicht mehr der nationale Rahmen, sondern der weitaus flexiblere europäische ist.*" Eine solche Bewusstseinsverschiebung ist jedoch in absehbarer Zeit nicht zu erwarten, stattdessen dürften die Grenzen der Solidarität im engeren Sinne vorerst auf den nationalstaatlichen Rahmen begrenzt bleiben. Immerhin zählt der Mangel an kollektiver Identität nach wie vor zu den Grundproblemen der europäischen Integration. Vgl. Volkmann 1998: 40, Scharpf 1999a.

präzisen Vorschlägen für die Effizienzsteigerung des Interdependenzmanagements.[126] In Anbetracht der Flexibilitätspotenziale besteht prinzipiell die Möglichkeit – sofern dies politisch gewünscht ist –, innerhalb des etablierten Systems mehr föderale Vielfalt zu arrangieren.[127] Im Bereich der Finanzordnung ist allerdings der *„finanzrechtliche Reföderalisierungsspielraum (...) verfassungspolitisch möglicherweise geringer, jedenfalls unbedeutender, als gemeinhin erwartet wird"*.[128]

In der politischen Rhetorik zeigt sich häufig ein unauflösbarer Widerspruch zwischen der abstrakten Forderung nach Stärkung des Dezentralen und dem Votum für die Beibehaltung des Leitbilds gleichwertiger Lebensverhältnisse.[129] Vielfalt drückt sich indes nicht allein in unterschiedlicher Regelsetzung wie Ladenöffnungszeiten oder der Anzahl der Schuljahre bis zum Abitur, sondern eben auch in der Akzeptanz dauerhafter Unterschiede in der Versorgung mit öffentlichen Gütern und Leistungen sowie der wirtschaftlichen Entwicklung aus. Dies zu benennen ist erforderlich, um zu ermessen, ob und in welchem Ausmaß Einheitlichkeit oder Vielfalt konkret gewünscht werden. Bislang noch wird die Relevanz substanzieller Niveauunterschiede in der politischen und akademischen Föderalismusdebatte weitgehend ausgeblendet. Selbst im Kontext der jüngst tagenden Bundesstaatskommission spielte die sinnstiftende Auseinandersetzung über die normativen Prämissen des föderativen Systems keine vordergründige Rolle, vielmehr werden allein technokratische Reformüberlegungen diskutiert. Vermutlich liegt eine Ursache hierfür in einem weit verbreiteten funktionalen Föderalismusverständnis. In diesem Fall bleibt die Forderung nach einer grundlegenden Bundesstaatsdebatte ein frommer Wunsch. Dessen ungeachtet wird die *kulturelle Entwicklung des Föderalismusleitbilds* die Wirklichkeitsdeutung beeinflussen und damit gegebenenfalls zu veränderten Problem- und Lösungsdefinitionen führen.[130] Selbst wenn es keinen gesellschaftspolitischen Leitbilddiskurs gibt, ist es Aufgabe der Wissenschaft, aufmerksam zu beobachten, ob und inwieweit sich die Prämissen bei den Akteuren und in der Bevölkerung modifizieren.

8.3.2 Reformbedarf, neue Herausforderungen, Entwicklungshorizonte

Die Brisanz des Themas konnten wir zuletzt an der am 16./17.10.2003 von Bundestag und Bundesrat gemeinsam eingesetzten *„Kommission zur Modernisierung der bundesstaatlichen Ordnung"* beobachten.[131] Schwerpunkte der sachlich intensiv geführten Kommissionsarbeit bildeten die Verteilung der Gesetzgebungskompetenzen auf Bund und Länder, die Zuständigkeiten und Mitwirkungsrechte der Länder bei der Gesetzgebung, die Vertretung der Bundesrepublik in der EU sowie die Finanzbeziehungen zwischen Bund und Ländern mit Ausnahme des Finanzausgleichs. Dabei stand von vorneherein nicht die Frage nach einer fundamentalen Reform auf der Agenda, vielmehr ging es um die Verbesserung der Handlungs- und Entscheidungsfähigkeit von Bund und Ländern, die Zuordnung von

---

126 Vgl. Goetz 1005: 160, Benz 1999: 150 f., 2000a.
127 Ähnlich argumentieren Renzsch 2000b: 56, M.G. Schmidt 2001: 486.
128 Hidien 1999: 908.
129 Zum Ausdruck kommt dies in den Vorstellungen eines gerechten Wettbewerbs bzw. in der gleichzeitigen Betonung der bündischen Solidarität und dem Anspruch auf regionale Vielfalt. Vgl. Görner 1996: 205, Renzsch 2000b: 42, Benz 2003b: 36.
130 Vgl. zur Wirkung von Diskurskoalitionen Lehmbruch 2002a: 17.
131 BT-Drs. 15/1685, BR-Drs. 750/03.

nicht allein in der „beratungsresistenten" Politik als vielmehr auch in der Qualität der Politikempfehlungen liegt. Die Ökonomen haben damit die Wahl, ob sie sich der theoretisch orientierten Modellentwicklung oder der problemorientierten Politikfeldforschung widmen und ihre Ansätze auf die tatsächlichen Anreiz- und Einflussstrukturen im politischen Prozess erweitern.[118] „*Wer den Anspruch erhebt, den bundesstaatlichen Finanzausgleich auf einer wissenschaftlichen Ebene rational konstruieren zu wollen, ist zu bewundern, aber auch dafür zu schelten, dass er den tatsächlichen Ablauf der Dinge nicht ausreichend erkannt hat oder wahrnehmen will.*"[119] Will die Finanzwissenschaft ihren Einfluss auf politische Entscheidungen steigern, lässt sich nur mittels des zweiten Wegs die tiefe Kluft zwischen Politik und Wissenschaft überwinden. Die Chancen hierzu liegen in der interdisziplinären Ergänzung der Befunde der staatswissenschaftlichen Fachrichtungen. Der Grundstein dafür ist die wechselseitige Wahrnehmung der Erkenntnisse. Abgesehen von den Analysen der Finanzwissenschaft sind besonders die Befunde der staatsrechtlichen und politikwissenschaftlichen Analyse stärker zu beachten.[120] Hier ist auch die Politikwissenschaft gefordert. Es ist erforderlich, die relativ unstrukturierte Diskussion besser zu systematisieren.[121] Allerdings werden allein modelltheoretische Maßstäbe dem Problem nicht gerecht. Vielmehr ist die föderale Ordnung in ihrer gesamten inneren Komplexität sowie in ihrer spezifischen Wechselwirkung mit den prozessualen, kulturellen und sozioökonomischen Bedingungen zu erfassen.[122] Überdies ist der politische Gehalt einer Bundesstaats- und Finanzausgleichsreform anzuerkennen. Weder erlauben die Erkenntnisse der Forschung den Schluss, es gäbe eine sachrationale und damit richtige Lösung, noch entspräche eine solche Haltung einem liberalen Demokratieverständnis. Wünschenswert wäre ferner, wenn die bürokratisch-staatsorganisatorische Perspektive, die nahtlos an den „*expertokratischen Charakter*"[123] des Bundesstaats anknüpft, stärker zu Gunsten einer Orientierung an den Bedürfnissen der Bürgerinnen und Bürger in den Hintergrund träte. Immer wieder schotten sich Politikfeldanalysen „*effektiv von den Wünschen, Bedürfnissen und – besonders den kritischen – Wertvorstellungen der Personen, denen sie helfen sollen, ab*".[124]

Hinsichtlich der inhaltlichen Ausrichtung von Reformszenarien ist eine *stärkere Orientierung an der bisherigen Entwicklungslogik* geboten. Nachdem diejenigen Reformwege ebenso erfolgreich wie durchsetzbar sein können, die den Entwicklungspfad sukzessive fortschreiten, ohne die Kerninstitutionen des unitarisch-kooperativen Föderalismus in Frage zu stellen, gilt es, Möglichkeiten zur konsistenten Weiterentwicklung des bestehenden Systems aufzuzeigen. Als Ausgangspunkt hierfür sind sowohl die Leistungen und Defizite konkreter Aspekte des kooperativen Föderalismus als auch die Vor- und Nachteile sowie die Transformationskosten möglicher Entflechtungsalternativen kritisch gegeneinander abzuwägen.[125] Nachdem eine solche Bilanz in einer Vielzahl der Politikfelder keine oder nur eine bedingte Aufgabenentflechtung anbieten wird, bedarf es der Formulierung von

---

118 Diese Überlegungen müssen sowohl die politischen Leistungskriterien berücksichtigen, als auch Transformationsstrategien und Implementationspfade für einen sukzessiven Einstieg in ökonomisch langfristig als effizienter erachtete Problemlösungen aufzeigen. Vgl. Döring 2001: 138, Lehmbruch 2002b: 198.
119 Fox 2001: 341.
120 Kritisch zur unzureichenden interdisziplinären Zusammenarbeit Meyer 2000: 340, Benz 2002b: 401.
121 Vgl. die Einschätzung von Schultze 1999: 185.
122 Vgl. u.a. Benz 1993: 466 f., Lhotta 1993: 123, 126, Goetz 1995: 160, Korioth 1996: 341, Sturm 1998b: 15, Wachendorfer-Schmidt 1998: 70. Aus theoretischer Perspektive dazu Braun 2000b: 172.
123 Wachendorfer-Schmidt 2000a: 134.
124 deLeon 1993: 476. Ebenso Mäding 1988: 157, deLeon 1992: 126.
125 Vgl. M.G. Schmidt 2000, Siegel/Jochem 2000.

kratischen Verfahren eine Mehrheit erreichen kann. Vielmehr ist davon auszugehen, dass selbst bei großem Eifer nur Reformen mit begrenzter Reichweite erzielt werden.

Im Wissen um diese Vorbehalte kann der Wettbewerbsansatz lediglich als abstraktes Modell betrachtet werden, das normativ ein idealisiertes Gesellschafts- und Staatsmodell propagiert. Er ignoriert ebenso die historische Pfadabhängigkeit wie die kulturellen, institutionellen und sozioökonomischen Gegebenheiten. Unter staatsrechtlichen und politikwissenschaftlichen Kriterien kann der Ansatz damit nicht überzeugen. Als Alternativkonzept ist er daher ungeeignet, zumal die Befunde dieser Studie nahe legen, dass eine fundamentale Abkehr vom bisherigen Entwicklungspfad nicht notwendig ist.[112] Die Forderungen nach einem „*Wettbewerbsföderalismus*" sind somit eine „*sozialtechnologische Utopie*"[113]. Allenfalls kann das ökonomische Modell, wie Lehmbruch zu Recht hinweist, noch akademische Gedankenspiele beflügeln.[114] Für die Praxis ist es aber zu voraussetzungsvoll. Seine Leistung besteht darin, unter finanzwissenschaftlichen Gesichtspunkten Funktionsschwächen benannt und Reformwege aufgezeigt zu haben. In diesem Sinne sind die Überlegungen, die aus der ökonomischen Theorie abgeleitet wurden, als Anregungen für die gegenwärtige Föderalismusdebatte zu sehen.[115] Indessen ist eine Reform innerhalb des etablierten Systems und anknüpfend an den bisherigen Entwicklungspfad sowohl zu empfehlen als auch möglich. Daneben wäre es wünschenswert, die Modernisierung der öffentlichen Verwaltungen nach den Konzepten des New Public Managements voranzutreiben sowie eine stärkere Partizipation der Bürger zu ermöglichen.[116] Dies wäre sicherlich erheblich wirkungsvoller, als sich am Konzept des „*Wettbewerbsföderalismus*" zu verbeißen.

8.3 Perspektiven

8.3.1 Empfehlungen für die wissenschaftliche Politikberatung

Genau das erfolgte jedoch häufig in der *akademischen Föderalismusdebatte*. Viele Beiträge verkürzten bei der Rezeption der ökonomischen Theorie des Föderalismus die Wahrnehmung der Probleme des föderativen Systems. Abermals wurde übersehen, dass der Wettbewerbsansatz, wie im Übrigen jedes andere theoretische geschlossene Modell auch, die soziale und politische Wirklichkeit nicht hinreichend abbilden kann und will. Demzufolge sind die vor allem in der Finanzwissenschaft zu hörenden Klagen über die Politik zu relativieren. Dieser wird vorgeworfen, die ökonomisch-rationale Sachlogik zu ignorieren, indem sie den in der akademischen Literatur erhobenen Reformforderungen nicht bzw. nicht hinreichend folgt.[117] Gleichwohl deuten die Erkenntnisse dieser Studie an, dass das Problem

---

112 Kritisch äußern sich zu den Chancen föderalen Wettbewerbs z.B. Heilmann 1992: 92 ff., Renzsch 1999e: 2, 2002a: 201, Lehmbruch 2000b: 71, 93, 2002a: 10, Benz 2001: 146 f., 149, 2002b: 392 f., Kerber 2001: 35.
113 Lehmbruch 1999a: 55.
114 Lehmbruch 1999b: 420.
115 Vgl. Helbig 2002: 182 ff.
116 Die neuen Steuerungsmodelle (contract-model, customers-choice-model, citizen-driven-model), die vor allem auf lokaler Ebene ansetzen, erreichen als pragmatische Ansätze die mit dem abstrakten Konzept des „*Wettbewerbsföderalismus*" intendierten Ziele deutlich besser. Plebiszite als Korrektiv zur repräsentativen Willensbildung würden zudem die Rückkoppelung der Politik verbessern. Vgl. Jürgens 1993, Jung 1994, Benz 1998a: 216, Benz u.a. 1999: 133 ff., Naschold 1998, Naschold 1999, Gabriel 1999: 165, Naßmacher 1999: 329 ff., Wehling 1999: 550, Braun 2000b: 171, Weixner 2002.
117 Vgl. Döring 2001: 20 f. Zur Diskrepanz zwischen der ökonomischen und der politischen Logik Streit 1988.

als deren Effizienz steigern.[103] Über die mangelnde Kongruenz der Systeme hinaus ist zudem zu monieren, dass das Grundgesetz nicht einseitig auf allokative Effizienz- und Nutzensteigerung ausgerichtet ist. Dies verkennt das ökonomische Konzept.[104]

Zweifel hinsichtlich der Realisierungs- und Wirkungskraft kompetitiver Föderalismuskonfigurationen wirft auch der *internationale Vergleich* auf. Neuere Forschungsergebnisse zeigen, dass Dezentralisierungsbestrebungen kaum zu den theoretisch unterstellten positiven Effekten führen.[105] Zudem findet sich kein anderer Bundesstaat, dessen föderale Strukturen denen der Bundesrepublik grundsätzlich überlegen wären.[106] Wenngleich sich gravierende Differenzen im Ausmaß des Dualismus und dem Dezentralisierungsgrad der föderativen Systeme zeigen, bestehen in sämtlichen vergleichbaren Bundesstaaten mannigfache Ressourcenverflechtungen sowie finanzielle Abhängigkeiten der Gliedstaaten vom Bund.[107] Überdies ist die Finanzordnung nirgendwo unproblematisch oder unumstritten.[108] Während in Deutschland durchaus auch Wettbewerbspotenziale vorhanden sind, existiert in keinem anderen Föderalstaat eine Reinform des dualen Systems.[109] Bundesstaaten zeichnen sich damit per se durch Mischformen aus Vielfalt und Einheit aus, die im Zeitablauf dynamisch sind. Ihnen allen ist eine gewisse Ebenenverflechtung inhärent. Im Übrigen können die institutionellen Erfahrungen anderer Staaten nur mit größter Vorsicht als „Vorbilder" dienen.[110] Die Übertragung von Regeln und Erfahrungen anderer Staaten ist nicht unproblematisch. Die föderative Staatsorganisation ist Bestandteil eines komplexen Gesamtsystems, in dem die Institutionen in einer vielfältigen Wechselwirkungen mit dem prozessualen, kulturellen und materiellen Kontext stehen. Daher können dieselben institutionellen Arrangements im Zusammenspiel mit unterschiedlichen politisch-kulturellen Einflüssen, Parteiensystemen oder sozialen, wirtschaftlichen und raumstrukturellen Bedingungen jeweils anders wirken.[111] Es wäre ein Trugschluss, würde man von der sturen Übertragung von bestimmten Bundesstaatselementen, die sich in einem anderen Land als erfolgreich erwiesen, dieselben Ergebnisse auch in der Bundesrepublik erhoffen.

Abgesehen von diesen sachlichen und institutionellen Einwänden hinsichtlich der Funktionsfähigkeit einer wettbewerbsorientierten Finanzverfassung enthält dieses Modell einen entscheidenden Nachteil: Zwar werden gegenwärtig wiederholt Reformforderungen postuliert, es besteht aber bei weitem *keine Einigkeit über Art und Umfang einer Reform*. Es erscheint in absehbare Zeit als ausgeschlossen, dass der Wettbewerbsansatz im demo-

---

103 Abgesehen hiervon wäre dies schwer mittels einfachgesetzlichen Normen verfassungskonform darzustellen. Ausführlicher wurde dies bereits in den Erklärungskapiteln (4.3, 5.3, 6.3) dargelegt.
104 Vgl. Hidien 1999: 908, Vesper 2000a: 10, 18, Kerber 2001: 5 ff., Helbig 2002: 182 ff., 244.
105 In den jüngeren Studien (siehe speziell den Sammelband von Wachendorfer-Schmidt 2000c) zeigte sich kein direkter Zusammenhang zwischen fiskalischer Dezentralisierung und wirtschaftlicher Performanz. Föderalismus im Sinne von Dezentralisierung kann sich zwar positiv auf die Wirtschaftsentwicklung auswirken, dies ist jedoch abhängig vom Zusammenspiel mit weiteren Variablen. Vgl. Castles 2000: 192 ff., Keman 2000: 2222 f., Lancaster/Hicks 2000: 238 f., Thießen 2000, Sturm 2002: 35.
106 Vgl. M.G. Schmidt 2001: 482.
107 Vgl. zu den Finanzverflechtungen in anderen Bundesstaaten Bird 1996, Kenyon/Kincaid 1996, Renzsch 2000a, Rosen 2001, Grande 2002: 199, Helms 2002: 135 f., Kincaid 2002.
108 In den USA finden sich auch positive Stimmen über die deutsche Finanzverfassung. Geschätzt werden die Systematik (!) sowie die Angleichung der Lebensverhältnisse. Vgl. Larsen 1999: 429.
109 Auch stärker dezentralisierte Bundesstaaten kommen nicht umhin, Sozialprogramme zentralstaatlich zu steuern. Vgl. Blumenwitz 1998: 55.
110 Ausführlich zu den methodischen Problemen des internationalen Vergleichs von Bundesstaaten T. Fischer/Große Hüttmann 2001: 138, Braun 2002b: 98 ff.
111 Vgl. T. Fischer/Große Hüttmann 2001: 138, Benz 2002a: 12, Braun 2002b: 103 f.

8.2 Folgerungen

Vor dem Hintergrund der Befunde dieser Studie kann dieses Konzept als Reformalternative aus politikwissenschaftlicher Sicht nicht überzeugen. Die Crux liegt dabei in der *Übertragung des marktwirtschaftlichen Wettbewerbsmechanismus* auf den öffentlichen Bereich. Dies erscheint aus verschiedenen Gründen als sehr problematisch. Bereits in seiner Grundidee verkennt die „*Voting-by-feet-Idee*" andere Leistungskriterien wie allen voran die regionale Verbundenheit durch Heimat, Kultur, Freunde und Familie. Aus diesen Gründen würde sich die Konkurrenz der Länder bevorzugt auf die mobilen Gruppen konzentrieren.[97] Diese haben prinzipiell die Wahlfreiheit zwischen den Angeboten verschiedener Länder. Die Konkurrenz um das Kapital als dem mobilsten Produktionsfaktor wirkt sich schon im kooperativen Föderalismus aus. Es bestehen weit mehr Optionen für einen regionalen Wettbewerb als gemeinhin vermutet.[98] Für weniger mobile Gruppen würde hingegen die regionale Konkurrenz nicht zwangsläufig zu einer Verbesserung der staatlichen Leistungen führen. Zu denken ist hier ebenso an regional verbundene Arbeitnehmer wie an lokal verhaftete Unternehmen. Insbesondere bei wohlfahrtsstaatlichen Gütern wäre deshalb eine Verringerung des Leistungsniveaus für immobile Gruppen zu prognostizieren.[99]

Zudem ist ungewiss, in welchem Umfang sich die Länderexekutiven dem Wettbewerb stellen würden. Immerhin existiert mit 16 Ländern nur eine vergleichsweise kleine Anzahl potenzieller Konkurrenten. Obendrein werden die Länder von unitarisch ausgerichteten Parteien regiert, die sich politisch in zwei Blöcke gruppieren lassen.[100] Abgesehen von dieser oligopolistischen Angebotsstruktur ist der Bundesstaat in seiner Tradition dezidiert wettbewerbsfeindlich. Neben den formalen Verflechtungen wirkt auch die freiwillige vertikale und horizontale Koordination der Einzelressorts konkurrenzvermeidend. Ebenso wie in der Politik und der Ministerialbürokratie finden sich auch in den teils kulturell normierten Einstellungen in der Bevölkerung keine Anzeichen für ein Wettbewerbsbewusstsein in Bezug auf die Staatsorganisation.[101] In diesem Kontext ist auch in Frage zu stellen, inwiefern die aus einem funktionierenden Wettbewerb resultierenden Wanderungsbewegungen überhaupt politisch gewünscht wären. Die jahrzehntelangen staatlich geförderten Programme zur Eigenheimförderung und Ähnliches weisen auf das Gegenteil hin.

Überdies steht das Wettbewerbsmodell in einem *inneren Widerspruch zur funktionalen Aufgabenteilung* und zum bestehenden Lastenteilungsgrundsatz. Demgemäß fügt sich der Entwurf weder in das geltende Normengefüge ein, noch steht er in einer entwicklungsgeschichtlichen Logik zu ihm. Sofern keine Radikalreform erfolgen würde, bestünde bei einer unreflektierten Übernahme einzelner Module die Gefahr einer inkonsistenten Regelung, die wiederum selbst beträchtliche Verwerfungen nach sich zöge.[102] Ein solches Set würde einer sachgerechten Erfüllung der öffentlichen Aufgaben eher behindern,

---

279, Lenk/F. Schneider 1999, W. Scherf 2000 und 2001b, Söllner 2000 und 2001, Spahn/Franz 2000, Baretti 2001: 203 ff., Lenk 2001e, Ottnad 2001: 180 ff., Thöne/Jacobs 2001.
97 Vgl. Apolte 1999: 85.
98 Über die standortrelevanten Kompetenzen (Wirtschaftsförderung, Infrastruktur, etc.) verfügen die Länder und Kommunen. Vgl. Scharpf 1996: 219, Renzsch 1997b: 104, Kesper 1998: 54, Greß 1999, Benz 2002b: 394.
99 Vgl. Scharpf 1996: 219, Benz 1998c: 22 ff.
100 Trotz der Diversifizierung der Landesregierungen in den 90er Jahren hat angesichts der Dominanz der Volksparteien die Spaltung nach A- und B-Ländern weiterhin Bestand.
101 Vgl. die Bewertung von Schultze 1998: 213 f., Greß 1999, Benz 2001: 146 f.
102 Solange die funktionale Aufgabenteilung und der Bundesrat unangetastet bleiben, bleibt ein hohes Maß an Verflechtung. Nur mittels einer Abschaffung dieser historisch gewachsenen und politisch bewährten Institutionen könnten die kooperativen Momente merklich reduziert werden.

nativkonzept zum unitarisch-kooperativen Bundesstaat propagiert.[92] Die Verfechter dieses Ansatzes, die insbesondere in der Finanzwissenschaft beheimatet sind, plädieren für eine Stärkung der Eigenstaatlichkeit der Länder auf der Grundlage einer wettbewerbsorientierten Bundesstaatskonzeption. Diese entstammt der wohlfahrtsökonomischen Analyse von Bundesstaaten und basiert auf der von der Theorie der öffentlichen Güter abgeleiteten ökonomischen Theorie des Föderalismus.[93] Demnach soll mittels eines verstärkten Wettbewerbs zwischen den Gebietskörperschaften, der durch die betriebliche Standort- und die private Wohnortwahl ausgelöst wird, eine zunehmende Effizienz der öffentlichen Bedarfsdeckung, eine höhere Innovationsfähigkeit im Staatssektor und eine kostenminimale Bereitstellung öffentlicher Güter erzielt werden.[94] Aus den theoretischen Überlegungen leiten die Befürworter konkrete Forderungen für eine Reform der bundesstaatlichen Ordnung in Deutschland ab.[95] Im Zentrum steht hierbei die Formulierung von Gestaltungsprinzipien für eine primär unter Effizienzgesichtspunkten angemessene föderale Kompetenzordnung und Ressourcenverteilung. Sie fordern, die Aufgabenbereiche der Gebietskörperschaften zu entflechten, wobei die nachgeordneten Ebenen gestärkt werden sollen, um das öffentliche Leistungsangebot nach den Prinzipien der föderativen Vielfalt stärker zu differenzieren. Hiermit verknüpft möchten sie eine Konnexität zwischen Gesetzgebungs-, Verwaltungs- und Finanzierungskompetenz sehen. Dabei soll auch die regionale Einnahmeautonomie gesichert werden, indem die Länder eigene Steuergesetzgebungskompetenzen oder zumindest ein Steuerzuschlagsrecht zu den direkten Steuern erhalten. Im Hinblick auf die Finanzbeziehungen wird eine Abschaffung oder inhaltliche wie quantitative Reduzierung der Mischfinanzierungstatbestände begehrt. Im Finanzausgleich soll schließlich dem Ziel der effizienten Ressourcenallokation eine vorrangige Position eingeräumt werden.[96]

---

92 Vgl. z.B. Boss 1993: 81 ff., Henke 1993: 10 ff., Peffekoven 1993, 1994, Henke/Schuppert 1993: 30 ff., Arndt 1998, Ottnad/Linnartz 1997, Grüske 1998: 18 ff., Baretti 2001.

93 Die theoretische Grundannahme beruht auf der Überlegung, dass in einem mehrstufigen politischen System der Kompetenzbereich der gebietskörperschaftlichen Ebenen der optimalen Reichweite des jeweiligen öffentlichen Gutes entsprechen sollte. Dabei stellt sie auf der räumliche Inzidenz der Nachfrage nach öffentlichen Gütern, die unterschiedliche Skalenelastizität bei deren Bereitstellung sowie die innovationsfördernde Wirkung des innerstaatlichen Wettbewerbs ab. Das Optimierungsproblem föderativer Staaten liegt demzufolge in der Entscheidung über den Zentralisierungsgrad staatlicher Zuständigkeiten (Prinzip der fiskalischen Äquivalenz). Für eine Zentralisierung öffentlicher Leistung sprechen externe Effekte dezentraler Aufgabenerfüllung. Eine Dezentralisierung wird indessen durch die niedrigeren Informations- und Verwaltungskosten, die höheren Partizipationsmöglichkeiten der Bürger und die bessere Befriedigung regionalspezifischer Präferenzen begründet. Zur theoretischen Basis siehe Hayek 1945, Tiebout 1956, Olson 1969, Oates 1972, Musgrave 1973, Kirsch 1977, Breton/Scott 1978. Neuere Beiträge: Oates 1991, Ter-Minassian 1997, Apolte 1999, Bailey 1999. Zum Föderalismus aus ökonomischer Sicht vgl. Thöni 1986, Postlep/Döring 1996: 7 ff., Pitlik 1997, Perschau 1998: 6 ff., Apolte 1999, B. Huber 2000: 125, Döring 2001: 40 ff., Schoder 2002: 17 ff.

94 Diese so genannte „*Voting-by-feet-Idee*" geht auf den Ansatz von Tiebout (1956) zurück. Danach konkurrieren die Regionen um mobile Haushalte und Unternehmen, die bei mangelnder Berücksichtigung ihrer Präferenzen den Wohn- bzw. Standort wechseln. Hierzu wird der Preismechanismus privater Märkte auf den Staat übertragen, wobei die Gebietskörperschaften als Anbieter öffentlicher Güter und Leistungen sowie die Bürger und Unternehmen als Nachfrager agieren. Von der räumlichen Mobilität der privaten Wirtschaftssubjekte erwartet die Theorie Effizienzgewinne, indem politische Lerneffekte und Innovationen gefördert werden.

95 Einen Überblick über Reformvorschläge und Reformbereiche geben z.B. Henneke 1999: 61 ff., Zintl 1999: 475 f., Donges u.a. 2000, Döring/Stahl 2000, Schoder 2002: 97 ff.

96 Demgemäß sollen die distributiven Zielsetzungen zurückgeschraubt werden. Gefordert wird ein Abbau der „*Übernivellierung*", der Intransparenz und der Strategieanfälligkeit des Finanzausgleichs. Konkrete Vorschläge entwickelten u.a. Taube 1990, Buhl/Pfingsten 1991: 481 ff., Fuest/Lichtblau 1991, SVR 1992: 212 ff., 1997: 194 ff., 2001, Wissenschaftlicher Beirat beim BMF 1992 und 2000, Boss 1993, Henke/Schuppert 1993, C. Esser 1994, Föttinger/Spahn 1993: 243 ff., Hirte 1996, Ottnad/Linnartz 1997, B. Huber/Lichtblau 1998 und 2000, Peffekoven 1998: 81 ff., Reformkommission Soziale Marktwirtschaft 1998, Bösinger 1999:

könnten ein neues Urteil des Bundesverfassungsgerichts oder eine Änderung der sozioökonomischen Lage eine Neuregelung erforderlich machen. Der Finanzausgleich wird jeweils dann reformiert, wenn die Entscheidungsträger einen schwerwiegenden bzw. unumgänglichen rechtlichen oder sachlichen Handlungsdruck erkennen. In solchen Situationen eint die Akteure die Einsicht, dass gemeinsam agiert und die Herausforderung bewältigt werden muss. Erst dies setzt regelmäßig jene Kräfte frei, die erforderlich sind, um potenzielle Blockaden zu vermeiden. Elementare Basis ist der übergreifende Wille, eine Neuordnung zu bewerkstelligen. Dieser stärkt die Motivation zur prozessualen Lernbereitschaft, ohne die sich die Interessengegensätze nicht überwinden lassen.[89] Erleichtert wird eine Reform, wenn eine hinreichende Konvergenz im Hinblick auf die Problemsicht und die Zieldefinition besteht. Dabei ist ein gewisser Schatz an vereinbaren Prämissen und Wertvorstellungen hilfreich. Daneben spielt eine zentrale Rolle, inwieweit die Verteilungsinteressen divergieren und ob sich eine kalkulierbare, am Status quo orientierte Lösung anbietet. Sofern Wachstumsdividenden in Aussicht stehen oder der Bund sich als Träger der Kompensationskosten anbietet, begünstigt dies die Konsensfindung erheblich.[90] Je umfangreicher diese Bedingungen gegeben und Konsensreserven vorhanden sind, desto größer ist die Chance für eine erfolgreiche Problembewältigung.[91] Welche Voraussetzungen ergeben sich aus diesen Befunden für die *Entwicklung eines plausiblen Reformkonzepts*?

1. Inhaltlich muss es sich in die gesamte Komplexität der bundesstaatlichen Ordnung und der Finanzverfassung einfügen.
2. Zudem ist die entwicklungsgeschichtliche Pfadabhängigkeit zu beachten und an diese anzuknüpfen, um die Anschlussfähigkeit und Berechenbarkeit zu gewähren.
3. Vor diesem Hintergrund sind die politisch und kulturell normierten Prämissen in das Modell einzubeziehen.
4. Überdies benötigt das Konzept einen Gestaltungsspielraum bezüglich der konkreten Ausgleichsfolgen, damit sich die politisch gewünschte Verteilungswirkung justieren lässt. Elementarer Maßstab ist eine Orientierung am budgetären Status quo. Sollte die Reform eine asymmetrische Korrektur der Ausgleichszahlungen bewirken, sind entsprechende Kompensations- und Übergangsregelungen zu integrieren.

Entwürfe, die diesen Kriterien *nicht* entsprechen, können Defizite attestieren und sinnvolle Hinweise auf notwendige Änderungen geben. Solche Modelle genügen indes nicht den komplexen Entscheidungsbedingungen. Politisch sind sie damit nicht durchsetzbar.

8.2.2 Föderalismusdebatte: Kompetitiver Föderalismus – eine Alternative?

Es bedarf wenig Phantasie um festzustellen, dass die Vision des kompetitiven Föderalismus in der Version der *ökonomischen Theorie des Föderalismus* diesen Anforderungen nicht entspricht. Dennoch wird in der akademischen Debatte dieses Modell nachhaltig als Alter-

---
89 Vgl. Prittwitz 1994: 60 f., Renzsch 1994: 135 f., 1996d: 332., V. Schneider 1997: 187.
90 Vgl. die Überlegungen von Benz 1999: 141, M.G. Schmidt 2001: 485.
91 Vgl. zur Bewertung der Reformvoraussetzungen Benz 1995a: 98, Schultze 1999: 188, Renzsch 2000b: 44.

gleich nicht nur unter ökonomischen und finanzwirtschaftlichen Maßstäben bestehen, sondern auch politische Akzeptanz und föderale Solidarität gewährleisten. Diese politischen Leistungskriterien können nicht hinlänglich in ökonomische Modelle integriert werden. Außerdem existiert keine dauerhaft gültige und optimale Verteilung der Aufgaben und Ressourcen im Bundesstaat. Die Problemlagen und Verteilungswirkungen verändern sich im Zeitablauf und mit ihr die Anforderungen an die Finanzordnung.[84] Die Auflösung der Spannungslage zwischen bundesstaatlicher Vielfalt und sozialstaatlicher Chancengleichheit ist – im Rahmen der Vorgaben des Grundgesetzes und der Verfassung – eine politische Frage.[85] Die Antworten hierauf entfalten stets nur eine temporär begrenzte Wirkung. Damit wohnt dem Föderalismus und dem Finanzsystem per se eine gewisse Dynamik inne, weshalb deren Anpassung eine regelmäßig wiederkehrende Herausforderung ist.[86]

8.2 Folgerungen

8.2.1 Theoretische Schlüsse: Ableitungen für die Entwicklung des Politikfelds

Ungeachtet der föderalen Dynamik, ist mit einer konzeptionellen Neuausrichtung des Bundesstaats nach dem Prinzip des dualen „*Wettbewerbsföderalismus*" nicht zu rechnen. In Anbetracht der tiefen verfassungsrechtlichen Verankerung des unitarisch-kooperativen Föderalismus bedürfte ein Systemwandel einer Radikalreform, die zumindest eine Überwindung der funktionalen Aufgabenteilung enthalten und die Bundesratskonstruktion in Frage stellen müsste. Während eine fundamentale Umkehr der Kompetenzverteilung enorme Transaktionskosten nach sich zöge, mit der erhebliche Unsicherheiten verbunden wären, müssten sich die Mitglieder des Bundesrats selbst in ihren Kompetenzen beschneiden.[87] Im Hinblick auf die *inkrementelle Problembewältigungsstrategie* erscheinen solche Schritte als nahezu unvorstellbar. Nachdem sich überdies die Akteure auf die vorherrschenden Strukturen eingestellt haben und sich die Bundesstaatskonstruktion wiederholt als flexibel und leistungsfähig erwies, dürfte ein kategorischer Wandel auch keine optimale Lösung sein. Gestützt wird diese These durch die Erkenntnis, dass sukzessive Anpassungen durchaus geeignet sein können, um die Funktionsfähigkeit des Bundesstaats zu steigern.[88]

Eine Strategie der kleinen Schritte ist in Folge der Lehren aus der Geschichte wahrscheinlicher als ruckartige Umbrüche. Die Entwicklungen, die wir momentan beobachten, legen nahe, dass wir uns bereits mitten in einem derartigen Anpassungsprozess befinden. Ob sich dies bewahrheitet, welche Zeiträume hierfür erforderlich sein werden und wie weit die Modifikationen reichen, wird von vielen Faktoren abhängig sein. Der Finanzausgleich wird ohnehin spätestens in 15 Jahren wieder auf der operativen Agenda stehen, wenn das Maßstäbegesetz und das Finanzausgleichsgesetz zum 31.12.2019 außer Kraft treten. Früher

---

84 „Die Vorläufigkeit der jeweiligen und aktuellen Finanzausgleichsordnung ist evident und die Finanzausgleichsgeschichte bleibt unabgeschlossen." Hidien 1998: 479. Dazu auch Pagenkopf 1981: 198, Benz 1985, Lehmbruch 1998: 136, Renzsch 1999a: 161.
85 Demnach ist auch der Nivellierungsgrad im Finanzausgleich eine politisch zu bestimmende Größe. Den politischen Aspekt der Frage Einheitlichkeit vs. Vielfalt sowie der Egalisierung im Finanzausgleich betonen u.a. Schuppert 1993: 40, Renzsch 1996d: 331 f., M.G. Schmidt 1997: 330, Vesper 2000a: 18, Engels 2001: 236, 246, Fox 2001: 342, Welti/Fakhreshafaei 2001: 107, Große Hüttmann 2002: 307, Helms 2002: 146.
86 Vgl. J.J. Hesse/Benz 1990: 244, Benz 2002a: 11, 2002b: 400.
87 Mit Reformalternativen für die zweite Kammer befasst sich Sturm 2003: 25 ff.
88 Vgl. die Einschätzung von Grande 2002: 208 f.

8.1 Erkenntnisse

pien des unitarisch-kooperativen Systems aufgegeben wurden.[76] Welche Dynamik sich hieraus jedoch in Zukunft ergibt, bleibt offen.

Bilanzierend ergibt sich insgesamt ein eher optimistisches Bild. Entgegen zahlreicher Unkenrufe und ungeachtet unbestreitbarer Defizite funktioniert der unitarisch-kooperative Bundesstaat. Vor dem Horizont der diffizilen Kontextbedingungen im vereinten Deutschland bewiesen die Akteure ein beachtliches Maß an Lernfähigkeit. Zugleich bewährten sich die föderalen Institutionen sowie die Machtverteilung. Ebenso erwies sich die funktionale Aufgabenteilung als angemessen.[77] Dabei unterschätzten zahlreiche Kommentatoren die Flexibilitätsreserven der föderativen Staatsorganisation. Die Steuerungsleistungen im vereinten Deutschland sind demzufolge weit positiver zu bewerten, als sie oft dargestellt werden.[78] Sofern ein sachlicher, rechtlicher oder politischer Druck zum Handeln besteht und der Wille zur Problemlösung vorhanden ist, verfügt das System über eine beachtliche Leistungsfähigkeit.[79] Hierbei erfolgen jedoch eher kleinschrittige Anpassungen an die veränderten Bedingungen und, nur soweit nötig, institutionelle Neuerungen.[80] In diesem Sinne bestätigte sich die Theorie des dynamischen Föderalismus. Hingegen zeigte sich der Politikverflechtungsansatz als zu statisch, da er als isoliertes Verhandlungsmodell die Entscheidungsregeln überbetont und die exogenen Einflüsse, die Lerneffekte, kulturelle Grundkonsense und Wechselwirkungen mit anderen Themen nicht hinreichend erfasst.[81]

Im Bereich der Finanzbeziehungen stellte sich die Verhandlungsdemokratie als angemessene Form der Gewaltenteilung dar.[82] Die „doppelte Pattsituation", die 1993 und 2001 zu überwinden war, bot letztlich eine wirkungsvolle Ausgangssituation für akzeptable und faire Lösungen. Die hohen Entscheidungshürden waren somit ein Hemmnis für grundlegende Reformen. Sie bildeten aber die Basis für Anpassungslösungen, mit denen eine vorübergehende Befriedung und mittelfristige Planbarkeit in diesem politisch äußerst sensiblen Problemfeld möglich war. Inkrementelle Reformen können damit sowohl einen sachlich geeigneten als auch politisch praktikablen Rahmen der Problembewältigung bilden und die Funktionsfähigkeit des Finanzsystems gewährleisten.[83] Unter finanzwirtschaftlichen Effizienzkriterien werden diese Lösungen jedoch niemals optimal sein. Dies liegt einerseits daran, dass die erforderliche Kompromissbildung der systematischen Realisierung eines konsistenten Gesamtkonzepts prinzipiell entgegensteht. Andererseits muss der Finanzaus-

---

76 Zu diesem Ergebnis kommt auch Schmid 2002b. Zur Entwicklung des Föderalismus im vereinten Deutschland vgl. Benz 1999, Sturm 1999, Wachendorfer-Schmidt 2000a, Mielke/Bräuer 2002.
77 Renzsch (2000d: 43) weist darauf hin, dass *„für Deutschland als kleinem, aber dicht besiedeltem Staat ohne nennenswerte kulturelle, sprachliche oder religiöse ‚cleavages', aber mit hohen interregionalen sozialen und wirtschaftlichen Verflechtungen (...) das funktionale Föderalismusmodell durchaus angemessen"* ist.
78 Abgesehen von der Integration der neuen Länder ist hier etwa an den Wandel vom Leistungs- zum Regulierungsstaat im Infrastruktursektor, an die Staats- und Verwaltungsmodernisierung oder den sukzessiven Umbau in der Sozialpolitik zu denken. Darüber hinaus erwies sich der Bundesstaat zu schnellen Reaktionen, innovativer Politik und massiven Umverteilungen in der Lage. Vgl. z.B. die Analysen von Bönker/Wollmann 2000, Grande/Eberlein 2000, König/Bräuninger 2000, Wollmann 2000: 726 f., Lehmbruch 2000a: 93 f., Renzsch 2000c: 53 f., 63 ff., Wachendorfer-Schmidt 2000a: 133, 2003: 410.
79 Vgl. die Bewertungen von Renzsch 1994: 134 ff., 2000c, Czada 1995c: 97, 2000b, Mäding 1995c: 112, Korioth 1997: 417, Wachendorfer-Schmidt 1998: 65, König/Bräuninger 2000, Benz 2002b: 399 f.
80 Vgl. Wachendorfer-Schmidt1999: 6, 8, 2000a: 128.
81 Vgl. Renzsch 1994, Münch 1997: 35, Wachendorfer-Schmidt 2003: 48. Zur Überbewertung der Blockadethese siehe auch Benz 2000b: 216 ff., Lehmbruch 2000a: 94.
82 Vgl. die Einschätzung von Benz 2000b: 220 f.
83 Die positive Bewertung der Leistungsfähigkeit inkrementeller Reformen teilen u.a. Renzsch 1995: 183, H.-P. Schneider 1998: 3759, Ebert/Meyer 2000: 145, Wachendorfer-Schmidt 2000a: 128, Grande 2002: 208 f.

weit „*besser als sein Ruf*".[71] Gleichfalls existiert aufgrund der mehrdimensionalen Anforderungen keine allein wissenschaftlich bestimmbare, sachoptimale Lösung.

Welche Auswirkungen ergeben sich aus diesen Erkenntnissen für den deutschen Bundesstaat? Im Hinblick auf die *föderale Balance* zeigten die Fallstudien, dass sich die hergebrachten Strukturen insgesamt durchsetzten und festigten. Die Zentralisierungstendenzen, die sich Anfang der 90er Jahre mit dem Treuhand-Regime, der Gauck-Behörde sowie den vielfältigen wirtschaftspolitischen, infrastrukturellen und kulturellen Interventionen des Bundes in Ostdeutschland offenbarten, schwächten sich bald ab.[72] Ausschlaggebend hierfür war, dass die unter föderalismustheoretischer Perspektive bedenklichen Begleiterscheinungen der Interimsregelung mit dem ersten Solidarpakt ohne bleibende Schäden ausgemerzt und die Ressourcenausstattung der neuen Länder massiv verbessert werden konnten. Indem die Länder mit ihrer Einheitsfront die zentralistische Variante des Bundes abwehren konnten, stärkten sie nicht allein ihre budgetäre Position, sondern behaupteten zugleich ihr politisches Gewicht. Trotz der Angriffe auf das bestehende System spiegelte die Finanzausgleichsreform von 2001 sowohl hinsichtlich des Verfahrens als auch im Ergebnis das Denken und die Prinzipien des kooperativen Föderalismus wider. Mit der in der Geschichte der Bundesrepublik erstmaligen Absenkung des Ausgleichsniveaus setzten die Akteure zwar dahingehend ein Signal, dass die Entwicklungslogik nicht per se in Richtung Egalisierung weisen muss. Gleichwohl erfolgte nur eine graduelle Stärkung der Anreizorientierung, deren Änderungen zudem budgetär kompensiert wurden. Damit begründete die Reform ebensowenig einen Systemwandel, wie ihr ein Paradigmenwechsel zugrunde lag.

Ähnliche Tendenzen wie im Bund-Länder-Finanzsystem lassen sich in Puncto europäische Integration und bundesstaatliche Kompetenzverteilung erkennen. Wenngleich die Europäisierung auch Chancen für eine Regionalisierung in bestimmten Politikfeldern bietet, führte die Stärkung der Beteiligungsrechte der Länder in der Europapolitik zu einer Intensivierung der Politikverflechtung. Ebenso zeigt sich in vielen Bereichen ein Trend zur Entflechtung und Dezentralisierung, ohne dass ein grundlegender institutioneller Wandel vollzogen wurde. Allerdings profitieren von der Erweiterung der regionalen Gestaltungspotenziale nicht alle, sondern vorwiegend die finanzstarken Länder.[73] Ebenfalls im Zeichen einer hohen sachlichen Kontinuität standen die vielfältigen Verfassungsänderungen, die von der „*Gemeinsamen Verfassungskommission*" beschlossen wurden. Insgesamt verdeutlichen sich in der Retrospektive sehr wohl Veränderungen im föderativen System. Diese knüpften aber am Entwicklungspfad der früheren Bundesrepublik an.[74] Sie erfolgten in erster Linie als sukzessive Anpassung an die neuen Herausforderungen. Gleichwohl offenbart sich im Bundesstaat ein höherer Grad an politischer und kultureller Vielfalt,[75] ohne dass die Prinzi-

---

71 Diese These stützen zahlreiche Analysen, die sich unter verschiedenen Perspektiven mit der Finanzverfassung und dem Finanzausgleich befassen (vgl. Mäding 1992: 206, Korioth 1996: 344, Hidien 1998: 777, Renzsch 1999a, 2000b, Dästner 2001).
72 Vgl. zu den Zentralisierungstendenzen in der Frühphase der 90er Jahre J.J. Hesse/Renzsch 1991: 35, Benz 1993: 457 ff., Schultze 1993: 235, Renzsch 1994: 118 f., U. Münch 1997: 170 ff., Lehmbruch 1998: 133.
73 Eingebettet sind diese Prozesse in die zweite Welle der Staats- und Verwaltungsmodernisierung, die auch eine Folge der Finanzkrise nach der Einheit ist. Vgl. Benz 1999: 142, Jann 1999: 530 f., Wachendorfer-Schmidt 2000a: 120, 134, Wollmann 2000: 726 f. Evident wurde in diesem Kontext auch, dass im kooperativen Föderalismus durchaus Freiräume für föderale Vielfalt und weit mehr Optionen für einen regionalen Wettbewerb bestehen, als dies meist dargestellt wird. Vgl. Scharpf 1996: 219, Renzsch 1997b: 104, Kesper 1998: 54, Greß 1999, Wachendorfer-Schmidt 2000a: 134, Benz 2002b: 394.
74 Vgl. Czada 1995b.
75 Vgl. die Einschätzung von Oschatz/Podschull 2002: 162.

gen wäre nichts einzuwenden, wenn die Maßnahmen einem strategischen Konzept folgen würden. Dies ist jedoch nicht der Fall, vielmehr handelt es sich allein um einen Ausweg aus dem Verhandlungsdilemma. Trugen die immensen Kosten der Einheit ohnehin zur gegenwärtigen Krise der öffentlichen Kassen und des Wohlfahrtsstaates bei, verschärfte das Ausbleiben eines schlüssigen finanzpolitischen Programms diese noch.[64]

Eine *zusammenfassende Bewertung des Finanzausgleichs* und der Finanzverfassung im vereinten Deutschland kann damit an das Resümee über deren Entwicklung in der früheren Bundesrepublik anknüpfen. Zu keinem Zeitpunkt konnten die verfassungsrechtlichen und einfachgesetzlichen Normen der Finanzordnung als sachlogisch gelungen bezeichnet werden. Ihre technische Ausformung war nie ausgereift und die Regelungen blieben an vielen Punkten inkonsistent, fragmentarisch oder abstrakt. Auch das neue Maßstäbegesetz änderte daran nichts grundsätzlich.[65] In Anbetracht der exorbitant gewachsenen Finanzströme und der veränderten politischen und sozioökonomischen Bedingungen nahm die Kritik am Finanzsystem noch weiter zu. Unter politökonomischen, demokratie- und föderalismustheoretischen Argumentationstopoi wurde abermals von Politik, Wissenschaft und Wirtschaft auf die Defizite und den Reformbedarf verwiesen. Gleichwohl bewährte sich die Finanzordnung, indem sie Flexibilitätspotenziale bereithielt, um auf die veränderte Situation zu reagieren. Sie bewies sich – gerade wegen der Abstraktheit und der Vielzahl logisch ineinander greifender Stellschrauben – als sehr anpassungsfähig. Strukturell kennzeichnet die Finanzverfassung eine hohe innere Logik zur Staatsorganisation, wobei sie sich als Folgeverfassung an der Aufgaben- und Kompetenzverteilung orientiert.[66] Dabei bilden die Finanzbeziehungen selbst ein historisch gewachsenes und keinesfalls irrationales Beziehungsgeflecht, dessen einzelne Module in einem intensiven Wirkungszusammenhang stehen.[67] Die Regelleistungen des Finanzausgleichs sind Instrumente, die der Angleichung der Finanzkraft mit dem Ziel der Bereitstellung eines gleichmäßigen Angebots öffentlicher Güter und Leistungen dienen. Folglich trägt der Finanzausgleich nicht dazu bei, die Ursachen regionaler Entwicklungsunterschiede zu beheben. Daher variiert die Finanzlage der verschiedenen Länder auch nach dem Finanzausgleich erheblich.[68] Erst mit Hilfe der Sonderbedarfs-BEZ und über die Mischfinanzierungen können regionale Impulse zur strukturellen Verbesserung der Leistungskraft gesetzt werden.[69] Nachdem sich die politischen Leistungskriterien, allen voran die Akzeptanz und die bündische Solidarität, nicht hinreichend in einer ökonomischen Wohlfahrtsfunktion ausdrücken lassen, bleiben die Verdienste des Finanzausgleichs häufig verkannt.[70] Beachten wir deren Wert, ist das Finanzsystem

---

64 Vgl. Lehmbruch 2000a: 93.
65 Hidien (1998: 776) beanstandet dies wie folgt: „*Die Verfassungssprache spricht jeder guten Verfassungggebungskunst Hohn.*"
66 Vgl. Popitz 1927: 346, Wendt 1996: 20, Korioth 1996: 341, 1997: 445, Kesper 1998: 41, Hidien 1999a: 620, Renzsch 2000b: 41, 46.
67 Vgl. die Einschätzung von Ebert/Meyer 2000: 145.
68 Demnach verfügen die reichen Länder über vergleichsweise gute Möglichkeiten, durch eine solide Finanzpolitik und öffentliche Investitionen ihre Position zu festigen (vgl. Renzsch 2002b: 363). Nicht übersehen werden darf, dass außerdem Faktoren wie sektorale Trends, die geographische Lage oder sonstige Rigiditäten die regionale Entwicklung beeinflussen. Vgl. Heilemann/Rappen 2000: 26 ff.
69 Vgl. Lehmbruch 1999a: 55.
70 Vgl. zur Problematik Czada 1995c: 98.

deren Ineffizienz sie ebenfalls beklagen. Damit hört der Tadel noch nicht auf, akademisch umstritten sind überdies die mangelnden Steuergesetzgebungskompetenzen der Länder sowie der Lastenteilungsgrundsatz, der es dem Bund erlaubt, politische Ziele zu Lasten der Länder zu verfolgen. Allerdings sind diese Defizite – sowohl hinsichtlich der Analyse als auch in Bezug auf mögliche Alternativen – umstritten.[59] Unabhängig davon, wie die einzelnen Punkte vom jeweiligen Betrachter gewürdigt werden, entspringen Finanzausgleich und Mischfinanzierungen offensichtlich nicht allein der puren Sachlogik, vielmehr sind sie als Produkte von politischen Kompromissen mit zahlreichen technischen Mängeln behaftet.

Doch diesen Schwächen stehen wichtige *Leistungen und Vorzüge* gegenüber. An oberster Stelle ist zu nennen, dass sich die Finanzverfassung als geeignetes Fundament erwies, um die neuen Länder zu integrieren und die finanzpolitischen Herausforderungen zu bewältigen.[60] Sie bot die Flexibilität, um beträchtliche und dauerhafte Ressourcentransfers in den Osten zu ermöglichen. Damit konnte die Rechts- und Wirtschaftseinheit und in vielen Bereichen eine ähnliche Bereitstellung öffentlicher Güter und Leistungen gewährleistet werden. Verbunden mit der Beibehaltung des Ziels gleichwertiger Lebensverhältnisse im Bundesgebiet bedeutete dies eine enorme integrationsfördernde und stabilisierende Wirkung. Diese Leistung wird nach wie vor unterschätzt, zumal die Politikergebnisse (zumindest vorübergehend) von allen Betroffenen akzeptiert wurden und der Finanzausgleich als solcher weiterhin unbestritten ist. Nachdem die gegenwärtige Regelung in ihren Grundzügen von 1995 bis 2004 Bestand hatte, kann trotz des politischen Streits von einer vergleichsweise langen Phase materieller Stabilität gesprochen werden. Sollte die Anschlusslösung tatsächlich bis Ende 2019 funktionieren, wäre dies eine überaus beeindruckende Kontinuität. Zugleich ist der Finanzausgleich im Verwaltungsvollzug sehr sicher. Das Gesetzeswerk mag kompliziert sein, in der Anwendung sind Unklarheiten bislang aber nicht bekannt geworden.[61] Die historische Problemverortung verdeutlichte uns, dass der Finanzausgleich in der früheren Bundesrepublik grundlegend zur demokratischen und politischen Beständigkeit sowie zum sozialen Frieden in der früheren Bundesrepublik beitrug.[62] An diese Verdienste knüpfte das Finanzsystem im vereinten Deutschland nach anfänglichem Zögern nahtlos an. Im Wissen um die Befindlichkeit der ostdeutschen Bürger, die die „innere Einheit" an der Herstellung ebenbürtiger Lebensverhältnisse messen, ist dies ein außerordentlich bedeutender Beitrag zur Stabilität im vereinigten Deutschland.[63]

Das Dilemma der Finanzierung der Ost-Länder resultierte weniger aus der fragwürdigen Allokationseffizienz der Transferströme, sondern hauptsächlich daraus, dass von Beginn an eine parteien- und ebenenübergreifende Strategie zur Refinanzierung der Aufbauleistung fehlte. Maßgeblich hierfür war primär der Parteienstreit, der einer konsistenten Lösung im Wege stand. Überdies ist die föderale Handlungslogik im Finanzausgleichsstreit für eine nachhaltige Finanzpolitik nicht gerade förderlich. Um einvernehmliche Lösungen zu erzeugen, tendieren die Akteure zur Einigung zu Lasten Dritter. Besonders betroffen sind hiervon die Steuerzahler, die zukünftigen Generationen und die Kommunen. Hierge-

---

59 Vgl. Kapitel 6.4, 8.2.2. Die Analyse der technischen Detailregelung ist vornehmlich die Aufgabe problemorientierten Politikfeldanalyse der Rechts- und Finanzwissenschaft. An dieser Stelle sei nur auf aktuelle finanz- (z.B. Ottnad/Linnartz 1997, Apolte 1999, Bösinger 1999, Baretti 2001, Geske 2001a) und rechtswissenschaftliche (vgl. z.B. Carl 1995, Häde 1996, Korioth 1997, Hidien 1998, Kesper 1998) Analysen hingewiesen.
60 Vgl. die Einschätzung von Renzsch 1999e: 1.
61 Vgl. H.-P. Schneider/Berlit 2000: 846.
62 Vgl. Renzsch 1999e: 1, 2002b: 362, Wachendorfer-Schmidt 2000a: 114, 134, M.G. Schmidt 2001: 48.
63 Vgl. Münch 2000: 61, U. Busch 2002: 25 f., 60 f., Oschmann/Raab 2002: 473.

8.1 Erkenntnisse

Ländern regelte. Angesichts des stockenden Aufholprozesses entflammte allerdings rasch der horizontale Verteilungskonflikt, der im Vordergrund der Finanzausgleichsreform 2001 stand. Eine einvernehmliche Lösung ließ sich wiederum durch die Einbeziehung der vertikalen Ausgleichselemente einschließlich des Solidarpakts II finden.

Während sich die Reformen inhaltlich durch Strukturerhaltung (1993) bzw. durch graduelle Änderungen innerhalb des etablierten Systems (2001) auszeichneten, vollzogen sich budgetär bemerkenswerte Umstellungen. Die Finanzströme wurden massiv ausgeweitet und in den Osten umgelenkt. Hierbei organisierten die Akteure echte Umverteilungen, die sie komplementär über sämtliche umverteilungsrelevante Kanäle der Finanzordnung mobilisierten. Nachdem sowohl die vertikalen Ausgleichselemente und die Mischfinanzierungen mit Nivellierungswirkung quantitativ an Relevanz gewannen, als auch die Umsatzsteuerverteilung zu Gunsten der Länder revidiert wurde, trug der Bund die Hauptlasten der Finanzierung des Beitrittsgebiets. Insgesamt festigten die Länder ihre fiskalische Position gegenüber dem Bund dank ihrer (meist) diszipliniert durchgezogenen Einheitsfront bei vertikalen Fragen. Gleichwohl kompensierte der Bund seine Lasten partiell durch die Einsparung teilungsbedingter Lasten und durch Steuererhöhungen. Überdies hatten auch die Länder im früheren Bundesgebiet beachtliche finanzielle Einbußen zu verzeichnen, die insgesamt relativ fair verteilt wurden. Von einer Regelung, die eine Ebene oder bestimmte Länder offenkundig bevorzugt oder benachteiligt, kann nicht gesprochen werden. Allein Berlin leidet unter dem raschen Abbau der Bundeshilfe zu Beginn der 90er Jahre. Wie dies finanzverfassungsrechtlich zu beurteilen ist, wird das Bundesverfassungsgericht in nächster Zeit zu entscheiden haben. Beim Aufbau Ost konnten mittlerweile bedeutende Erfolge erzielt werden. Neben der Etablierung leistungsfähiger Verwaltungsstrukturen verbesserte sich inzwischen, gerade infolge der Bildung regionaler Wachstumspole, ebenso die Wettbewerbsfähigkeit der ostdeutschen Wirtschaft, wie der Kapitalstock erheblich modernisiert wurde. Zugleich stiegen – nicht zuletzt auch dank der hohen Transfers – die Einkommen der privaten Haushalte kräftig. Trotz dieser Fortschritte geriet der Aufholprozess spürbar ins Stocken. Die größte Malaise ist die hohe Arbeitslosigkeit. Daneben bestehen unverändert Defizite in der Infrastrukturausstattung. Für die öffentlichen Kassen der neuen Länder ist zudem die unverändert schwache originäre Finanzkraft ein enormes Problem.[56] Deutlich wird dies daran, dass nach wie vor mehr als vier Fünftel des Finanzausgleichsvolumens (einschließlich des Umsatzsteuervorabausgleichs) in die neuen Länder (Einwohneranteil 2002: 20,7 %) fließen. Noch weit über den heutigen Tag hinaus wird daher das Finanzsystem maßgeblich von der Überwindung der Teilung Deutschlands geprägt, bleibt Ostdeutschland als *„Transfergesellschaft"*[57] von den föderalen Hilfen abhängig.

Trotz der Anpassungen steht der Finanzausgleich und mit ihm das System der *Bund-Länder-Finanzbeziehungen unverändert in der Kritik*. Moniert wird vor allem von Seiten der Finanzwissenschaft die fehlende Allokationseffizienz. Gleichfalls beanstanden sie damit die einseitige Fixierung der Entscheidungsträger auf die verteilungsrelevanten Aspekte des Finanzausgleichs. Im Zuge der Reform zum Jahr 2005 erkennen sie zwar einzelne Verbesserungen im Detail, im Wesentlichen blieben aber, so lautet der Vorwurf, die Fehlanreize des Systems erhalten.[58] Nicht besser bewerten die Ökonomen die Mischfinanzierungen,

---

56 Zur Entwicklung und Situation der ostdeutschen Wirtschaft vgl. Bach/Vesper 2000: 221 f., Heilemann/Rappen 2000: 11 ff., DIW u.a. 2002, Kitterer 2002: 125 ff., Ragnitz 2002: 225 ff.
57 U. Busch 2002: 42.
58 Ausführlicher dazu Kapitel 6.4.

bei eine reichhaltige Wechselwirkung zwischen den einzelnen Bestimmungsfaktoren und den Handlungsorientierungen der Akteure offenkundig wurde.

Im Hinblick auf die Rezeption handlungstheoretischer Überlegungen in der empirischen Politikwissenschaft manifestierte sich, dass die Stellung der Institutionen häufig aufgrund einer isolierten Betrachtung ihres Einflusses überschätzt wird. Zu wenig beachtet wird hingegen häufig das Gewicht der politischen Kultur, des Parteiensystems, der materiellen Rahmenbedingungen sowie der situativen Handlungsanreize. In diesem Sinne war der Verzicht auf eine Reduzierung des handlungstheoretischen Konzepts auf das Rationalitätsprinzip richtig. Die Wahrnehmung dessen, was als politische Handlungslogik bezeichnet wurde, könnte bei einer Generalisierung ökonomisch-rationalen Wahlhandelns ebensowenig hinreichend erfasst werden wie die strategischen Interaktionen.[53] Insgesamt bewährte sich der Forschungsansatz für die Zwecke dieser Studie. Als Fundament für die Ex-Post-Analysen ermöglichte er eine prozess- und interaktionsorientierte Erklärung der Politikergebnisse. Er erweiterte den Blick auf die unterschiedlichen Momente, die die Problemverarbeitung beeinflussten und erlaubte zugleich eine pragmatische Systematisierung. Mit dessen Hilfe ließen sich sowohl die zentralen Motive der beteiligten Akteure als auch die strukturellen, kognitiven und situationsspezifischen Barrieren identifizieren. Damit konnte das komplexe Wechselverhältnis zwischen Akteurshandeln und den Kontextbedingungen aufgedeckt werden. Unbedingt zu beachten ist dabei Folgendes: Eine exakte Abgrenzung der verschiedenen Einflussgrößen ist letztlich nicht möglich, weshalb es sich bei dem Erklärungsmodell lediglich um ein heuristisches Konzept zur Analyse der Fallstudien handelt. Weder kommt ihm damit ein Theoriestatus zu, noch kann es dazu dienen, eine eigenständige Theorie zu formulieren. Dementsprechend verfügen die theoretischen Befunde nicht über die Kraft eines Beweises, sie können allein Plausibilität für sich beanspruchen.[54]

8.1.2 Würdigung der Politikergebnisse und deren Folgen für den Bundesstaat

Die Finanzbeziehungen nahmen eine Schlüsselfunktion im Einigungsprozess sowie bei der Modernisierung der neuen Länder ein. Entsprechend der manifestierten Handlungsmotive entschieden sich die Akteure für eine *schrittweise Bewältigung der Herausforderungen*. Gerade in der Frühphase näherten sie sich den finanzpolitischen Problemen des Einigungsschocks mit einer „*schleichende(n) Anpassung*"[55]. Im Einigungsprozess beschränkten sie sich auf eine kurzfristig durchsetzbare Lösung und vertagten die Neuausrichtung des regulären Finanzausgleichs, indem mit dem Fonds „*Deutsche Einheit*" eine Interimsregelung vereinbart wurde. Dadurch sicherten sie zunächst die Funktionsfähigkeit des föderalen Systems, gleichwohl verstärkte die in vielfacher Hinsicht insuffiziente Übergangsbestimmung die sozioökonomische Misere, die schon bald überdeutlich wurde. Mit dem Solidarpakt vom März 1993 verständigten sich Bund und Länder auf einen bundeseinheitlichen Finanzausgleich. Damit korrigierten sie zahlreiche Fehlwirkungen der Fondslösung. Zur Durchsetzung ihrer Einheitsstrategie blendeten die Länder die horizontalen Streitpunkte weitgehend aus, weshalb der Solidarpakt in erster Line die Verbesserung der Ressourcenausstattung der neuen Länder und die vertikale Lastenteilung zwischen Bund und West-

---

53 Vgl. die Einschätzung von R. Münch 2003: 141 f.
54 Vgl. zur theoretischen Problematik Mayntz 2002: 17.
55 Czada 1995b: 209.

8.1 Erkenntnisse 323

Lösungen.[49] Nicht allein die Entscheidungsregel und die institutionellen Lock-in-Effekte, sondern auch die strategischen Handlungsorientierungen der Akteure fördern somit strukturkonservative Regelungen. Dementsprechend zeichnen sich die Resultate als pfadabhängige und kleinschrittige Anpassungsleistungen aus.[50]

Das konkrete *Ergebnis* war letztendlich stets das Produkt des situativen Einigungsdrucks sowie der spezifischen Interessen- und Kräftekonstellation. Angesichts der Prämisse der Gleichbehandlung sind die Länder nicht zur internen Lösung horizontaler Konflikte in der Lage, sobald merkliche Umverteilungen erforderlich sind, die sich nicht anderweitig kompensieren lassen. In derartigen Situationen, die in allen drei Fällen gegeben waren, ist regelmäßig die Mitfinanzierung des Bundes erforderlich, um akzeptable Resultate für die einzelnen Länder zu ermöglichen.[51] Im Resultat müssen sich die wesentlichen Partikularinteressen der Beteiligten widerspiegeln, die ebenso materiell wie symbolisch motiviert sein können. Auf dieser Grundlage begreifen die Akteure die einzelnen Elemente als aufeinander aufbauende Module mit Stellschraubenfunktion. Diese kombinieren sie so lange, bis der politisch gewünschte Verteilungseffekt erzielt ist. Das Ineinandergreifen horizontaler und vertikaler Ausgleichsstufen ist demzufolge für eine Konsensfindung ausgesprochen zweckdienlich. Desgleichen erleichtert die Kopplung verschiedener Materien die Erweiterung der Gestaltungsspielräume, wodurch sich asymmetrische Interessenkonflikte bewältigen lassen.[52] Die Vereinbarungen, die unter solchen Konditionen getroffen werden, können angesichts ihrer Entstehungslogik nicht als sachlich optimal glänzen; ihre Kraft entfalten sie durch die (vorübergehende) Akzeptanz und die politische Integrationsleistung.

Die Erkenntnisse der Fallstudien bestätigen also die dem *Forschungsansatz* zugrunde liegende Arbeitshypothese. Das Politikergebnis lässt sich demnach als das komplexe Zusammenspiel zwischen den spezifischen Akteurspräferenzen und den situativen politisch-prozessualen Kontextbedingungen interpretieren. In der Präferenzbildung der Handlungssubjekte dominiert die Erfüllung des politischen Amtes, allerdings folgen die Beteiligten auch anderen sozialen Rollen sowie ihren individuellen Interessen. Dabei unterliegt die Wahlfreiheit der Handlungssubjekte prinzipiell rigiden Schranken. Als zentrale Bestimmungsgrößen beeinflussen die institutionellen, kulturellen, materiellen und kognitiven Bedingungen die Entscheidungsfindung, indem sie handlungsprägend, handlungsermöglichend und handlungsbegrenzend auf das Verhalten der Akteure einwirken. Die Relevanz dieser Faktoren ist beträchtlich, obgleich sie nicht automatisch und akteursunabhängig die Problemlösung determinieren. Die institutionellen und kulturellen Strukturen kennzeichnet ein hohes Maß an intertemporaler Kontinuität, auch wenn wir Nuancierungen im Zeitablauf identifizierten. Gepaart mit den vielfältigen Lock-in-Effekten im Bundesstaatsgefüge sowie den hohen Entscheidungshürden folgt hieraus eine ausgeprägte entwicklungsgeschichtliche Pfadabhängigkeit. Im Längsschnitt lassen sich damit das Finanzsystem und der Finanzausgleich als historisches Resultat verschiedener Verteilungskompromisse erklären. Diese sind das Produkt der jeweiligen politischen Interessen- und Einflusskonstellationen sowie der institutionellen, kulturellen und finanzwirtschaftlichen Bedingungen. Die Gestaltung der föderalen Finanzbeziehungen ist folglich in vielfacher Hinsicht kontextuell gebunden, wo-

---

49 Vgl. Schwinn 1997: 162, 185 f., Altemeier 1999: 87 f., Färber/Sauckel 2000: 673, Wachendorfer-Schmidt 2000a: 121.
50 Vgl. Czada 1995c: 90, Renzsch 1995b: 183 f., Altemeier 1999: 230, Lehmbruch 2000b: 78, 92 f.
51 Mit dieser Strategie befasst sich auch Benz (1999: 141).
52 Vgl. Benz 1991b: 66.

paritäten hinweg zu einen. Unter Ausschöpfung der parteiinternen Integrationskraft bemühten sie sich, den Weg für einen Interessenausgleich zu bereiten. Auf diesem Weg wollten die Parteien ihre innere Einheit und Handlungsfähigkeit sichern.[45] Wie die Analyse der Fälle offenbart, ist diese Strategie mit unterschiedlichem Erfolg gekrönt worden. Den Parteien kommt folglich in Finanzausgleichsfragen die Funktion eines potenziellen Katalysators zu.[46] Damit verfügt das politische System über eine hinreichende *Problemlösungskapazität*. Deshalb lässt sich das Fazit von Benz[47] über die Politikverflechtung in der Europäischen Integration umstandslos auf die innerstaatlichen Finanzkonflikte übertragen. Demnach enthält die Politikverflechtung *„zwar genügend Fallen, in welche die Politik hineingeraten kann, aber sie bietet auch genügend Auswege, auf denen die Politik diese Fallen vermeiden oder aus ihnen herauskommen kann"*.

Eingebettet ist die *Entscheidungsfindung* in ein hoch professionalisiertes Expertennetzwerk, in dem ebenso gewisse Routinemuster gepflegt, wie prozessbegleitende Lerneffekte angestrebt werden. In den Beratungen können unterschiedliche Handlungsressourcen wie die technische und personelle Ausstattung, das Verhandlungsgeschick der Akteure oder die Qualität der internen Rückkoppelung zwischen Arbeits- und politischer Ebene gewisse Vor- oder Nachteile verschaffen. Nachdem die Finanzbeziehungen eine immense Sprengkraft besitzen, lassen sich die Blockaden erst auf politischer Ebene durch die Regierungschefs lösen. Hierzu dienen Strategien der Konfliktminimierung und Komplexitätsreduzierung. Entschieden werden vorrangig diejenigen Aspekte – gegebenenfalls zu Paketen verknüpft –, für die ein zwingender Handlungsdruck besteht. Darüber hinausgehende Probleme werden ausgeklammert und vertagt, sofern sich keine kurzfristig durchsetzbaren Lösungen anbieten. In den drei Fallstudien bedeutete dies, dass auf eine grundlegende Finanz- und Föderalismusreform stets verzichtet wurde.[48]

Um zu einem Abschluss zu gelangen, folgten die Protagonisten einer *politischen Handlungslogik*, die dominiert wurde von den Maßstäben Konsens- und Outputorientierung. Dies erforderte die Gleichbehandlung der Akteure. Im Zentrum stand damit die Erzielung eines akzeptablen Verteilungskompromisses. Jener sollte für alle bzw. für alle vergleichbaren Länder zu relativ einheitlichen Ergebnissen führen. Dadurch wurden substanzielle Veränderungen erheblich erschwert bzw. partiell sogar ausgeschlossen. Ferner scheuten die Akteure Neuerungen, da diese die Unsicherheiten weiter erhöht hätten. Dies widersprach ihrem Drang zur Risikobegrenzung, der sich darin ausdrückte, die budegetären Folgen so kalkulierbar als möglich zu halten. In Anbetracht dessen erschienen den Akteuren die Beibehaltung des Systems und die Begrenzung struktureller Änderungen als optimale

---

45 Die Parteien befürchten, dass interne Konflikte den Eindruck der fehlenden Geschlossenheit aufkommen lassen. Vgl. Mäding 1995a: 145 f., Renzsch 1996a: 45.
46 Die parteiinterne Koordination spielt folglich auch bei föderalen Themen eine wichtige Rolle. Um diese Funktion erfüllen zu können, passten sie ihre Strukturen an das bundesstaatliche System an und entwickelten Modi zur Lösung von Bund-Länder-Konflikten. In der politikwissenschaftlichen Literatur wurde die Bedeutung der Parteien bei föderalen (Finanz-)Fragen ausgiebig diskutiert. Vgl. z.B. Renzsch 1992: 121, 1995b: 186 ff., 1998b: 94, 99, 2000b: 43 f., 2000c: 54 f., 58, 60, 72 f., 75, Gabriel 1994: 97, Wachendorfer-Schmidt 1998: 65, Benz 2000b: 219, 2003b: 34, Czada 2000b: 41, Leonardy 2002: 184 ff., Schmid 2002a: 296 f.
47 Benz 1998b: 586.
48 Statt einer Lösung aus einem Guss, die ebenso die Aufgabenteilung wie die Finanzbeziehungen konsistent reformiert, separierten die Akteure wiederholt beide Bereiche, um die Konflikträchtigkeit und die Komplexität zu begrenzen. Anfang der 90er Jahre entkoppelten sie die Finanzausgleichsreform von der Gemeinsamen Verfassungskommission, Ende der 90er Jahre verschoben sie die Bundesstaatsreformkommission, um zunächst den Finanzausgleich nach den Vorgaben des Bundesverfassungsgerichts zu novellieren.

8.1 Erkenntnisse

sie jedoch nicht ein. Im Gegenteil: Im Zuge der Ratifizierung der Maastrichter Verträge verständigten sich die Akteure sogar auf eine Intensivierung der Politikverflechtung. Jüngst spiegelten sich bei der Finanzreform 2001 sowohl hinsichtlich der Entscheidungsfindung als auch der materiellen Ergebnisse das Denken und die Prinzipien des kooperativen Föderalismus wider. Fasst man diese Erkenntnisse zusammen, so ist zwar eine Entwicklung der politischen Kultur seit 1990 feststellbar, gleichwohl führte diese keinesfalls zu einem Kulturbruch.[37] Selbst wenn die föderative Ordnung mittlerweile als Eigenwert eine positivere Bewertung erfährt[38] und sich in der Wählerschaft eine Polarisierung zwischen „*Leistungsdenken*" und „*Gerechtigkeitsempfinden*"[39] auftut, sind die Unitarisierungsvorstellungen noch vergleichsweise stark ausgeprägt. Ferner fehlt die Tradition für die Selbstverständlichkeit regionaler Vielfalt, wie sie in anderen Föderalstaaten meist stärker gegeben ist. Bei den bisherigen Veränderungen handelt es sich demnach zuerst um die Reaktion auf die veränderten politischen, ökonomischen und gesellschaftlichen Bedingungen und weniger um eine Neuformierung der Leitbilder. Aus dieser Entwicklung können sich langfristig Rückkoppelungen auf die kulturell normierten Einstellungen in der Bevölkerung oder in der politischen Arena ergeben. Nachdem sich kulturelle Prämissen empirisch nicht messen lassen, können der Grad und der Einfluss der unitarischen Kultur auf die Finanzausgleichsverhandlungen nicht exakt bestimmt werden. Ebenso wenig sind Prophezeiungen über die künftige Entwicklung der kulturellen Prämissen möglich. Trotz der zu beobachtenden Dezentralisierungsbestrebungen ist mit einer grundlegenden Abkehr von der Einheitlichkeitsprämisse in absehbarer Zeit nicht zu rechnen.[40]

Die Konsensorientierung sowie die Verständigung auf eine gemeinsame Problem- und Zieldefinition bilden die Basis für die Handlungsfähigkeit des politischen Systems in Fragen der föderalen Finanzen. In Verbindung mit dem jeweils vorhandenen institutionellen und materiellen Einigungszwang bestand zudem ein aktiver und passiver Druck zur Problemlösung.[41] Demzufolge kam es nie zu *Blockaden*, die angesichts der entscheidungsstrukturellen Rigiditäten und der diametralen Interessengegensätze im isolierten Modell als nicht unwahrscheinliches Szenario nahe liegend waren. Grund dafür war, dass die Akteure das Entscheidungsdilemma kennen.[42] Sie suchten deshalb in den Verhandlungen nach einvernehmlichen Ergebnissen, wobei sie auf einen breiten Erfahrungsschatz an Praktiken und Routinen zurückgreifen konnten. Ihre Vetomacht setzten sie strategisch unter Beachtung der möglichen Folgen ein. Gleichfalls zeigten sie ein hohes Maß an Anpassungs- und Lernbereitschaft.[43] Gestützt wurden die Akteure durch das Verhalten der (großen) *Parteien*. Da die Finanzkonflikte in der föderalen Arena behandelt wurden und sich innerhalb der Parteien ebenfalls die Konfliktlinien widerspiegelten, hielten sich diese mit Positionierungen zurück.[44] Dennoch waren sie keine „neutralen" Interaktionsorgane zur parteiinternen Koordinierung, vielmehr strebten speziell die Volksparteien, die bei diesem Thema die Willensbildung bestimmen, danach, die Gebietskörperschaften über ihre sozioökonomischen Dis-

---

37 Vgl. Benz u.a. 1999: 133 f., Schröter 2001: 437.
38 Vgl. Lehmbruch 2002a: 6 f.
39 Vgl. Hilmer 2003: 211 ff., 218 f.
40 Vgl. die Einschätzung von Benz 2001: 147.
41 Vgl. Wachendorfer-Schmidt 2000a: 133 f.
42 Vgl. Benz 1995a: 91.
43 Vgl. Renzsch 1995b: 186, Schwinn 1997: 191.
44 Selbst wenn die Union nach wie vor stärker föderalistisch orientiert ist als die SPD (vgl. H. Schneider 2001: 177 ff.), hielt sich die Bundes-CDU mit entsprechenden Forderungen ebenso bei der Finanzausgleichsreform 2001 wie in der jüngst tagenden Bundesstaatskommission zurück.